D1878868

मनोविज्ञान का इतिहास

मनोविज्ञान का इतिहास

डॉ. रामप्रसाद पाण्डेय

राजकमल प्रकाशन
नयी दिल्ली पटना इलाहाबाद

ISBN : 978-81-267-2191-7

मूल्य : ₹ 850

© डॉ. रामप्रसाद पाण्डेय

पहला संस्करण : 2012

प्रकाशक : राजकमल प्रकाशन प्रा. लि.
1-बी, नेताजी सुभाष मार्ग
नई दिल्ली-110 002

शाखाएँ : अशोक राजपथ, साइंस कॉलेज के सामने, पटना-800 006
पहली मंजिल, दरबारी बिल्डिंग, महात्मा गांधी मार्ग, इलाहाबाद-211 001

वेबसाइट : www.rajkamalprakashan.com
ई-मेल : info@rajkamalprakashan.com

आवरण : मनोज श्रीवास्तव

मुद्रक : बी.के. ऑफसेट
नवीन शाहदरा, दिल्ली-110 032

MANOVIGYAN KA ITIHAS
by Dr. Ram Prasad Pandey

इस पुस्तक के सर्वाधिकार सुरक्षित हैं। प्रकाशक की लिखित अनुमति के बिना इसके किसी भी अंश की, फोटोकॉपी एवं रिकॉर्डिंग सहित इलेक्ट्रॉनिक अथवा मशीनी, किसी भी माध्यम से अथवा ज्ञान के संग्रहण एवं पुनर्प्रयोग की प्रणाली द्वारा, किसी भी रूप में, पुनरुत्पादित अथवा संचारित-प्रसारित नहीं किया जा सकता।

पूज्या माताजी के चरणों
में
सादर समर्पित

दो शब्द

मनोविज्ञान पर हिन्दी में कई पुस्तकें अब तक निकल चुकी हैं। इस परम्परा के निर्वाह में मेरी भी पुस्तक 'सामान्य मनोविज्ञान' 1954 में विद्यार्थियों की माँग पर प्रकाशित हुई, जिसके कई संस्करण निरन्तर प्रकाशित होते रहे हैं।

पठन-पाठन के क्रम में मनोविज्ञान के इतिहास पर ऐसी कोई पुस्तक हिन्दी में दृष्टिगोचर नहीं हुई जो विद्यार्थियों की जिज्ञासा शान्त कर सके। इस अभाव की पूर्ति के लिए सहयोगी-मित्रों एवं अध्ययनशील छात्रों का आग्रह होता रहा, फलतः इस दिशा में कार्य करने की मेरी इच्छा उत्पन्न हुई और लेखन कार्य आरम्भ किया। यह सर्वथा सत्य है कि 'मनोविज्ञान का इतिहास' जैसे दुरुह एवं समयसाध्य विषय पर थोड़े प्रयास में लिख पाना किसी के लिए भी असम्भव नहीं तो कठिन तो अवश्य है, अतः शीघ्रता में कुछ लिख जाना मेरे लिए भी सम्भव नहीं था।

अतः पठन-पाठन के क्रम में किए गए अध्ययन एवं मनोविज्ञान के आरम्भिक स्वरूप से लेकर अद्यावधि मनोविज्ञान के स्वरूप, विकास एवं विभिन्न विचारधाराओं का उल्लेख, भविष्य में मनोविज्ञान के स्वरूपादि की चर्चा करते हुए पुस्तक की समाप्ति की गई है, जो लगभग शताधिक वर्षों के कालयापन की प्रामाणिकता को सिद्ध करता है। किसी भी वाद या परम्परा के विकास की धारा कदापि अवरुद्ध नहीं होती, मनोविज्ञान के साथ भी यह बात सर्वमान्य रूप से सिद्ध है, तभी तो सैकड़ों वर्षों की यात्रा के क्रम में मनोविज्ञान अभिनवाभिनव स्वरूप ग्रहण करता चला गया है, आगे भी विकास की सम्पूर्ण सम्भावनाएँ हैं, उसी दृष्टि से तो मैंने सभी पाठकों एवं शोधकर्ताओं के लिए अपनी पुस्तक में संकेत मात्र दिया है। आशा है, शोधार्थी इसके विकास की अगली

कड़ी सिद्ध होंगे। सम्प्रति मनोविज्ञान, स्नातक (आनर्स) एवं एम.ए. कक्षा के हिन्दीभाषी छात्र विशेष लाभान्वित होंगे, ऐसा मेरा विश्वास है।

इस पुस्तक के निर्माण में मेरी स्वर्गीया पूज्या माताजी ही प्रमुख कारण हैं, अतः इस पुस्तक को उनके चरणों में समर्पित करते हुए मुझे अपार हर्ष हो रहा है। उन्हें मेरा शतशः नमन।

इस सन्दर्भ में मेरी धर्मपत्नी का सहयोग भी कम सराहनीय नहीं है, जिन्होंने आरम्भ से अन्त तक पढ़ने-लिखने का स्वस्थ वातावरण प्रस्तुत किया है। यदि ऐसा नहीं होता तो सम्भवतः मेरी पहली पुस्तक भी स्वरूप ग्रहण नहीं कर पाती।

मेरी द्वितीय पुत्री डॉ. आशा भी स्नेह की पात्रा है, जिसने पुस्तक की पाण्डुलिपि तैयार कर उसे प्रकाशन के योग्य बनाया। मेरे जामाता डॉ. एस.एन. पाण्डेय (रीडर एवं अध्यक्ष संस्कृत विभाग; वर्कर्स कॉलेज, जमशेदपुर) भी बधाई के पात्र हैं, जिन्होंने भाषा की शुद्धता एवं उपयुक्त शब्दों के चयन में अपना सहयोग दिया है।

मनोविज्ञान के विश्रुत विद्वान डॉ. एस. जलोटा, जो मेरे गुरु भी रह चुके हैं, ने मनोविज्ञान के इतिहास-लेखन की ओर मेरा ध्यान आकृष्ट किया था। उनके प्रति भी कृतज्ञता ज्ञापित किए बिना मैं नहीं रह सकता। इसी क्रम में समसामयिक मित्र एवं विभागीय सहयोगी भी (मनोविज्ञान विभाग, ललित नारायण मिथिला विश्वविद्यालय, दरभंगा) धन्यवाद के पात्र हैं, जिन्होंने पुस्तक-लेखन में येन-केन प्रकारेण अपना अमूल्य सहयोग दिया है।

—डॉ रामप्रसाद पाण्डेय

अध्यक्ष, मनोविज्ञान विभाग (अवकाश प्राप्त)
ललित नारायण मिथिला विश्वविद्यालय
कामेश्वर नगर, दरभंगा

विषय-क्रम

मनोविज्ञान का आरम्भ

मनोविज्ञान के इतिहास पर प्रकाश डालने के पूर्व इन प्रश्नों पर विचार कर लेना अनिवार्य प्रतीत होता है—क्या मनोविज्ञान के इतिहास का अध्ययन आवश्यक है? क्या मनोविज्ञान का इतिहास मनोवैज्ञानिक समस्याओं को समझने में सहायक है? ये प्रश्न हमें यह सोचने को प्रेरित करते हैं कि मनोविज्ञान का उद्भव और विकास कब और कैसे हुआ तथा मनोविज्ञान के स्वरूप पर उनका क्या प्रभाव पड़ा।

जहाँ तक मनोविज्ञान के उद्भव एवं विकास का प्रश्न है, यह कहा जा सकता है कि आदिकाल से ही मनुष्य में अपने विविध व्यवहारों को समझने की जिज्ञासा रही है। फलस्वरूप उसने सदा अपने हर्ष-विषाद, प्रेम-घृणा, स्वप्न आदि को समझने की चेष्टा की है। अतः मनोविज्ञान का आरम्भ आदिकाल से ही माना जा सकता है। मानव-स्वभाव के सम्बन्ध में जो प्रश्न आरम्भ में महत्त्वपूर्ण थे, वे आज भी उतने ही महत्त्वपूर्ण हैं।

आधुनिक मनोविज्ञान और पूर्ववर्ती मनोविज्ञान में उन प्रश्नों को लेकर उतना अन्तर नहीं है, जितना कि विधियों को लेकर। यहाँ यह उल्लेख्य है कि वैज्ञानिक प्रगति के साथ-साथ मनोविज्ञान के अध्ययन की विधियों में परिवर्तन होते गए। भौतिक-विज्ञान, रसायन विज्ञान, शरीर विज्ञान, जीव विज्ञान आदि से मनोविज्ञान अप्रभावित नहीं रह सका। इस सम्बन्ध में यह बतला देना समीचीन प्रतीत होता है कि मानव स्वभाव को समझने के लिए उन्नीसवीं शताब्दी के अन्त तक अनुमान (Speculation) एवं अन्तर्ज्ञान (Intuition) जैसी विधियों का सहारा लिया गया, किन्तु जब विज्ञान की प्रगति के फलस्वरूप नियन्त्रित निरीक्षण एवं प्रयोग जैसी वैज्ञानिक विधियों को अपनाकर मानव-स्वभाव सम्बन्धी प्रश्नों के उत्तर ढूंढ़े जाने लगे, तब दृष्टिकोण में एक क्रान्तिकारी परिवर्तन आया। सचमुच जब मनुष्य ने मानव-स्वभाव के अध्ययन में नियन्त्रित निरीक्षण एवं प्रयोग को अपनाया तभी मनोविज्ञान दर्शनशास्त्र से बिलकुल स्वतंत्र एक विज्ञान के रूप में स्थापित हो सका। दर्शनशास्त्र से स्वतन्त्र होने के बाद मनोविज्ञान के इतिहास में एक निश्चित परिवर्तन आया। फलस्वरूप मनोविज्ञान की विधियों एवं तकनीकों में भी निरन्तर परिमार्जन होता गया और मनोवैज्ञानिक प्रश्नों के उत्तरों में अधिकाधिक निश्चितता (Accuracy) एवं वस्तु-

निष्ठता (Objectivity) आती गई। इसीलिए आधुनिक मनोविज्ञान की विधियों में आरम्भिक मनोवैज्ञानिक प्रयोगशालाओं में प्रयुक्त विधियों से बहुत ही कम समानता है और प्राग्वैज्ञानिक दार्शनिक मनोविज्ञान की विधियों से और भी बहुत कम। वास्तव में आज का मनोविज्ञान निकट-अतीत का परिचायक है और यह वास्तव में इसकी गतिशीलता को द्योतित करता है। इस सम्बन्ध में शुल्ज (Schultz) के विचार उल्लेखनीय हैं–"निस्संदेह मनोविज्ञान का विकास इतना गतिशील है कि महज पच्चीस साल पहले का मनोविज्ञान भी दूरवर्ती जान पड़ता है।"[1]

ऐसी स्थिति में प्रश्न यह है कि क्या सौ-पचास वर्ष पहले के मनोविज्ञान का ज्ञान आधुनिक मनोविज्ञान को समझने में सहायक हो सकता है? इसका उत्तर 'हाँ' में दिया जा सकता है क्योंकि मनोवैज्ञानिक प्रश्नों एवं समस्याओं में एक निरन्तरता है। इस निरन्तरता के कारण अतीत के साथ इसका स्पष्ट रूप से सम्बन्ध माना जा सकता है। फलस्वरूप मनोविज्ञान पर विचार करते समय मनोवैज्ञानिकों ने सदा इसके विकास पर ध्यान दिया है। प्रसिद्ध मनोवैज्ञानिक बोरिंग (Boring) ने भी मनोविज्ञान के इतिहास के महत्त्व को स्वीकार किया है और जोर देकर कहा है कि इसके बिना आधुनिक मनोविज्ञान का स्वरूप स्पष्ट नहीं हो पाता।

जब आधुनिक वैज्ञानिक तथ्यों एवं वस्तु-सामग्रियों पर पहले के तथ्यों एवं वस्तु सामग्रियों को दृष्टि में रखकर विचार किया जाता है, तभी वे सार्थक प्रतीत होती हैं। मनोविज्ञान के साथ भी ऐसी ही बात है। जब अतीत के मनोविज्ञान को दृष्टि में रखकर आधुनिक मनोविज्ञान पर विचार किया जाता है, तभी वह सार्थक जान पड़ता है–अन्यथा पुराने तथ्यों एवं विचारों को नया समझने की गलती की सम्भावना बनी रहती है तथा प्रायः नवीन आन्दोलनों एवं विधियों का समुचित मूल्यांकन नहीं हो पाता।[2]

इसके अतिरिक्त विज्ञान के इतिहास पर ध्यान देना इसलिए भी आवश्यक है कि वैज्ञानिक पहले की बातों को दुहरा नहीं पाएँ और ठीक उसी प्रकार एक मनोवैज्ञानिक के लिए भी आवश्यक है कि वह मनोविज्ञान के विकास को दृष्टि में रखते हुए ही आधुनिक अथवा नवीन मनोविज्ञान पर विचार करे।

मनोविज्ञान के इतिहास के महत्त्व की ओर संकेत करते हुए रोलोमे (Rollomay) का कहना है कि हम इतिहास के अध्ययन के आधार पर ही यह जान सकते हैं कि किस प्रकार सामाजिक एवं सांस्कृतिक शक्तियों से प्रभावित होकर मनोवैज्ञानिकों की मनोवृत्तियों में परिवर्तन आया, जिसके फलस्वरूप आधुनिक मनोविज्ञान को एक निश्चित स्वरूप प्रदान किया जा सका। वास्तव में, हमारे सिद्धान्त, हमारी विधियाँ तथा हमारे व्यक्तित्व आदि विगत सामाजिक-सांस्कृतिक शक्तियों में परम्पराओं के ही प्रतिफल हैं।

वर्दीमेयर (1970) ने भी मनोविज्ञान के इतिहास के अध्ययन को दो कारणों से अत्यन्त महत्त्वपूर्ण माना है। पहला तो यह कि आधुनिक मनोविज्ञान के विभिन्न तथ्यों

एवं सिद्धान्तों में समन्वय स्थापित करने के लिए मनोविज्ञान के इतिहास का ज्ञान अनिवार्य है। निस्सन्देह मनोविज्ञान के विभिन्न क्षेत्रों का परस्पर सम्बन्ध मनोविज्ञान के इतिहास के आधार पर ही स्पष्ट हो पाता है। उन्होंने एक-दूसरे कारण को इससे भी अधिक महत्त्वपूर्ण माना है और वह है बौद्धिक जिज्ञासा (Intellectual Curiosity)। मनुष्य में स्वाभाविक रूप से यह जिज्ञासा होती है कि वह अपने अतीत को जानकर वर्तमान के साथ उसके सम्बन्ध पर विचार करे, और उस पृष्ठभूमि में ही आधुनिक विचारों का मूल्यांकन करे।

अब विचारणीय प्रश्न यह है कि मनोविज्ञान के इतिहास का आरम्भ कहाँ से माना जाए। वैसे तो मनोविज्ञान के इतिहास सम्बन्धी कुछ पाठ्य-ग्रन्थों में मनोविज्ञान के इतिहास का आरम्भ हिपोक्रेट्स (Hippocrates), प्लेटो (Plato) अरस्तु (Aristotle) आदि ग्रीक दार्शनिकों के समय से ही माना गया है। पर वास्तव में इसका आरम्भ तब से मानना अधिक युक्तिसंगत प्रतीत होता है जब से यह दर्शन शाखा से बिलकुल अलग एक स्वतंत्र विज्ञान के रूप में स्थापित हुआ और उस रूप में इसे मान्यता दी जाने लगी। इस दृष्टि से इसका आरम्भ लगभग उन्नीसवीं शताब्दी के अन्तिम काल से माना जा सकता है। दूसरे शब्दों में यह कहा जा सकता है कि मनोविज्ञान को लगभग विगत एक सौ वर्षों से स्वतन्त्र विज्ञान के रूप में मान्यता प्रदान की जाने लगी है।

निस्सन्देह उस अवधि में मनोविज्ञान के विकास के अनेक लक्षण दीख पड़े। सबसे पहला तो यह कि उस अवधि में ही वुन्ट (Wundt) ने सर्वप्रथम 1879 में जर्मनी के लिपजिग में विश्व की सबसे पहली मनोवैज्ञानिक प्रयोगशाला की स्थापना की। दूसरा यह कि पुनः वुन्ट ने ही 1881 में मनोविज्ञान का पहला जॉर्नल (Journal) प्रकाशित किया।[3] तीसरा यह कि उसी अवधि में 1888 में सबसे पहले पेन्सिलवेनिया विश्वविद्यालय के जेम्स मैककीन कैटेल (James M.C. Keen Cattell) की नियुक्ति मनोविज्ञान के प्रोफेसर के पद पर हुई, जो विश्व में मनोविज्ञान के प्रोफेसर का पहला पद था। इसके पूर्व मनोवैज्ञानिकों की नियुक्तियाँ दर्शन-विभागों में ही हुआ करती थीं। कैटेल की इस नियुक्ति के साथ ही मनोविज्ञान को दर्शन-शास्त्र से बिलकुल स्वतन्त्र औपचारिक मान्यता प्राप्त हो गई। चौथा यह कि जी. स्टैनले हॉल (G. Stanlay Hall) ने 1887 में सबसे पहला अमरीकी मनोवैज्ञानिक जॉर्नल (अमेरिकन जॉर्नल ऑफ साइकोलॉजी) प्रकाशित किया। पाँचवाँ यह कि 1880 से 1895 के बीच संयुक्त राज्य में चौबीस मनोवैज्ञानिक प्रयोगशालाओं की स्थापनाएँ हुईं तथा तीन मनोविज्ञान के जॉर्नल प्रकाशित हुए। छठा और अत्यन्त महत्त्वपूर्ण लक्षण यह है कि 1892 में मनोवैज्ञानिकों का पहला वैज्ञानिक संगठन स्थापित हुआ जिसे अमरीकी मनोवैज्ञानिक संघ (American Psychological Association) की संज्ञा दी गई।निष्कर्ष यह कि आधुनिक प्रयोगात्मक मनोविज्ञान का आरम्भ प्रायः 1879 से माना जाता है, जबकि वुन्ट ने विश्व में सबसे पहले मनोवैज्ञानिक प्रयोगशाला की स्थापना की।

आधुनिक मनोविज्ञान के आरम्भ होने के पहले की स्थिति

यन्त्र युग : विश्व एक यन्त्र के रूप में–सत्रहवीं शताब्दी यन्त्र युग था। उस युग में विविध प्रकार के यन्त्रों का आविष्कार हुआ तथा विज्ञान, उद्योग और मनोरंजन को दृष्टि में रखकर उन्हें काफी उन्नत किया गया। यहाँ प्रश्न यह है कि आधुनिक-मनोविज्ञान के इतिहास से यन्त्रों का क्या सम्बन्ध है? इस पर विचार करने से ऐसा जान पड़ता है कि आधुनिक मनोविज्ञान से यन्त्रों का बड़ा गहरा और सीधा सम्बन्ध रहा है। ऐसी स्थिति में आधुनिक मनोविज्ञान पर उनका प्रभाव पड़ना सहज-स्वाभाविक है। वस्तुतः सत्रहवीं से उन्नीसवीं शताब्दी तक की युग चेतना के कारण आधुनिक मनोविज्ञान को पल्लवित एवं पुष्पित होने के लिए बौद्धिक पृष्ठभूमि प्राप्त हुई। फलस्वरूप सत्रहवीं शताब्दी के यन्त्रवाद से आधुनिक मनोविज्ञान बहुत प्रभावित हुआ।

सत्रहवीं शताब्दी के आरम्भ में भौतिक विज्ञान (Physics) में प्रगति की नवचेतना आई। गैलीलियो (Galileo) तथा न्यूटन (Newton) के कार्यों ने भौतिक विज्ञान में क्रान्ति उपस्थित कर दी। उनके अनुसार विश्व में जो कुछ भी है वह गतिशील पदार्थ-कण (Particles of Matter in Motion) के अतिरिक्त और कुछ नहीं है। गैलीलियो के अनुसार पदार्थ पृथक्-पृथक् अणुओं से निर्मित होते हैं और सीधे सम्पर्क के द्वारा एक-दूसरे को प्रभावित करते रहते हैं।

यदि यह मान लिया जाए कि विश्व का निर्माण केवल गतिशील अणुओं से ही हुआ है, तो इसका तात्पर्य यह हुआ कि प्रत्येक भौतिक प्रभाव (प्रत्येक अणु की गति) दूसरे अणु की गति के आघात से उत्पन्न होता है और इसलिए उस पर माप (Measurement) तथा गणना (Calculation) के नियम लागू हो सकते हैं तथा उसका पूर्वकथन (Prediction) भी किया जा सकता है। निष्कर्ष के रूप में कहा जा सकता है कि अन्य यन्त्रों की भाँति भौतिक-विश्व की व्यवस्थित, नियमित तथा पूर्व कथनीय है।

उन दिनों वैज्ञानिक विधियों का महत्त्व तेजी से बढ़ रहा था। फलस्वरूप विज्ञान के अध्ययन में निरीक्षण प्रयोग तथा माप को अपनाया गया। अब प्रश्न यह है कि यन्त्रवाद और इन वैज्ञानिक विधियों का मानव के अध्ययन में क्या महत्त्व है? यदि सम्पूर्ण विश्व को एक यन्त्र के समान व्यवस्थित, नियमित, निरीक्षणीय एवं पूर्वकथनीय मान लिया जाए तो मानव के अध्ययन में भी इसी दृष्टिकोण को क्यों नहीं अपनाया गया। इसी परिप्रेक्ष्य में ऐसा सोचा जाने लगा कि मनुष्य का स्वभाव भी यान्त्रिक है। फलस्वरूप मनुष्य के अध्ययन में भी निरीक्षण, प्रयोग तथा माप को अपनाया जा सकता है। फ्रेंच दार्शनिक डी ला मेट्री (De La Metric) ने 1748 में यह निष्कर्ष निकाला कि मनुष्य भी एक यन्त्र ही है–"That man is a machine."

आधुनिक मनोविज्ञान का प्रारम्भिक काल : दार्शनिकों का मनोविज्ञान पर प्रभाव

प्रायः मनोविज्ञान का आरम्भ डेकार्टे से माना जाता है। किन्तु डेकार्टे के पूर्व प्लेटो तथा अरस्तु के विचारों की ओर भी संकेत करना अपेक्षित जान पड़ता है क्योंकि चिन्तन का इतिहास अनवरत चलता रहता है और मनोविज्ञान के इतिहास के साथ भी यही बात सत्य है। कहना न होगा कि दर्शन शास्त्र के साथ मनोविज्ञान का सम्बन्ध इतना प्राचीन है कि लगभग दो हजार वर्षों तक मनोविज्ञान दार्शनिकों से प्रभावित होता रहा। ईसा के पाँच सौ वर्ष पूर्व ग्रीस के दार्शनिकों ने मानव अनुभूतियों और व्यवहारों की व्याख्या आत्मा (Soul) के आधार पर की। उस समय के प्रमुख दार्शनिक प्लेटो ने विचारों के साथ मन (Mind) का तादात्म्य स्थापित किया। विचारों की व्याख्या करते हुए उन्होंने स्पष्ट किया कि विचार अभौतिक होते हैं तथा उनका अस्तित्व भौतिक शरीर से स्वतन्त्र है। निष्कर्ष यह कि प्लेटो ने शरीर और मन (Body and Mind) को एक-दूसरे से भिन्न माना।

Aristatle (अरस्तू) (ईसा से पूर्व 384-)

अरिस्टोटल (अरस्तू) चिन्तन के इतिहास में सर्वाधिक प्रतिभाशाली व्यक्ति माने जाते हैं। अतः यदि उनके विचारों में आधुनिक मनोविज्ञान के पूर्वाभास उपलब्ध हों तो कोई आश्चर्य नहीं। उन्होंने शरीर के साथ विचारों के सम्बन्ध पर प्रकाश डालते हुए स्पष्ट किया कि शरीर से स्वतन्त्र विचारों का अपना कोई अस्तितव नहीं है। विचार शरीर के ही कार्यक्रम हैं। उनके अनुसार विचारों की उत्पत्ति प्राणी पर वातावरण के प्रभाव के फलस्वरूप होती है। वातावरण की उत्तेजनाएँ ज्ञानेन्द्रियों को प्रभावित करती हैं और ये प्रभाव मनुष्य के हृदय में पहुँचकर विचारों की सृष्टि करते हैं। इस प्रकार अरस्तु ने अनुभूति और व्यवहार की व्याख्या के लिए प्राणी की आन्तरिक शारीरिक बनावट की ओर संकेत किया जिसे बाद में चलकर प्रयोगात्मक मनोविज्ञान ने भी अपनाया और मनोवैज्ञानिक अनुभूति और व्यवहार की व्याख्या स्नायुमंडल (Nervous System) के आधार पर की जाने लगी। अतः अरस्तु ही इस दृष्टिकोण के अग्रदूत माने जाते हैं।

अरस्तू ने पदार्थ (Substance) के बारे में कहा है कि पदार्थ दो प्रकार के होते हैं—जीवित तथा निर्जीव। जीवित पदार्थ में आत्मा होती है। अरस्तू ने जिस जीवित पदार्थ की धारणा उपस्थित की, उसे आधुनिक मनोविज्ञान ने अपनाया। तभी तो मनोविज्ञान की परिभाषा में जीवित पदार्थ अर्थात् प्राणी के व्यवहार के अध्ययन की बात कही गई है।[4] अरस्तू के अनुसार प्रत्येक पदार्थ का विश्लेषण आकार (Form) तथा भौतिक पदार्थ (Matter) में किया जा सकता है। यद्यपि ये दोनों एक-दूसरे से स्वतन्त्र हैं तथापि इन्हें एक-दूसरे से बिलकुल अलग नहीं किया जा सकता। वास्तव में ये दोनों एक-दूसरे पर निर्भर हैं। बिना आधार के भौतिक तत्त्व का कोई अस्तित्व

सम्भव नहीं, वैसे ही बिना भौतिक तत्त्व के किसी आकार का भी अस्तित्व सम्भव नहीं है। किन्तु उन्होंने आकार को श्रेष्ठ माना तथा भौतिक तत्त्व को उससे निम्न माना है। इससे मात्रा का संकेत मिलता है जिसे आधुनिक मनोविज्ञान में उच्चतर मानसिक प्रक्रिया (Higher Mental Process) की संज्ञा दी जाती है।

अरस्तू ने आत्मा अथवा मन के स्वरूप पर प्रकाश डालते हुए कहा है कि यह एकात्मक स्वरूप (Unitary Nature) का होता है। उन्होंने आत्मा अथवा मन को समष्टि (Whole) के रूप में ग्रहण किया है। स्पष्टतः अरस्तू के इस विचार में जेस्टाल्ट मनोविज्ञान (Gestalt Psychology) का पूर्वाभास मिलता है। अरस्तू के बाद इस विचार का समर्थन डकार्ते, विलियम जेम्स आदि ने भी किया और अन्ततोगत्वा यह जेस्टाल्ट मनोविज्ञान का केन्द्रबिन्दु बन गया।

उन्होंने संवेदना का भी सम्यक् प्रकार से विवेचन किया है और प्रत्यक्षीकरण की ओर भी संकेत किया है। उन्होंने सीधे तौर पर महसूस करने (Sensing) तथा निर्णय (Judgment) में भेद किया। इसे स्पष्ट करते हुए यह कहा जा सकता है कि हम किसी सफेद वस्तु को सीधे सफेद के रूप में देखें और उसे कागज के रूप में देखें जिस पर लिखा जाता है तो ये दोनों दो बातें हुईं। पहली में संवेदना है और दूसरी में निर्णय (Judgement) निहित है। इस प्रकार अरस्तू ने संवेदना और प्रत्यक्षीकरण के भेद की ओर संकेत किया जिस पर एक केन्द्रीय समस्या के रूप में लॉक (Locke) के समय से लेकर जेस्टाल्ट मनोविज्ञान तक एक केन्द्रीय समस्या के रूप में विचार होता रहा।

स्मृति का विवेचन करते हुए अरस्तू ने साहचर्य (Association) की ओर संकेत किया। उनके इस विवेचन पर ही साहचर्यात्मक मनोविज्ञान के परम्परागत नियम जैसे समानता (Similarity) विरोध (Contrast) तथा समीपता (Contiquits) आदि निर्भर करते हैं।

यहाँ यह उल्लेख्य है कि मनोविज्ञान की अधिकांश आधुनिक बुनियादी धारणाएँ अरस्तू के चिन्तन में पाई जाती हैं।

Decartes (डकार्ते) (1596-1650)

वास्तव में डकार्ते से ही आधुनिक मनोविज्ञान का आरम्भ माना जा सकता है। डकार्ते प्रधान रूप से एक दार्शनिक थे, किन्तु अपने आरम्भिक काल में वे एक गणितज्ञ थे। जब वे वयस्क हुए तो उनकी रुचि विज्ञान में हुई। उन्होंने भौतिक विज्ञान पर लिखा जिसमें विशेष रूप से प्रकाश विज्ञान के सिद्धान्त का उल्लेख है। उन्होंने शरीर-विज्ञान (Physiology) पर भी लिखा साथ-ही-साथ उस पर कई प्रयोग भी किए। शरीर-विज्ञान में उनका काफी प्रवेश था। भौतिक विज्ञान को शरीर विज्ञान पर लागू करने की उनमें प्रबल प्रेरणा थी। उन्होंने मानव शरीर को एक यन्त्र के रूप में माना और इस धारणा की पुष्टि में उन्हें भौतिक विज्ञान से काफी सहायता मिली।

डकार्ते की सबसे महत्त्वपूर्ण देन है मन तथा शरीर की द्वयात्मक स्थिति (Dualistic Position) का समाधान। प्लेटो के समय से ही अधिकांश विचारक मन तथा शरीर की द्वयात्मक स्थिति को मानते आ रहे थे। उन सबों की मान्यता यह थी कि मन तथा शरीर एक-दूसरे से अलग एवं भिन्न स्वरूप के होते हैं। तब प्रश्न उठता है कि मन तथा शरीर के बीच कैसा सम्बन्ध है? क्या वे एक-दूसरे को प्रभावित करते हैं या दोनों एक-दूसरे से बिलकुल स्वतन्त्र हैं?

डकार्ते के पहले के विचारक यह मानते थे कि मन का तो शरीर पर काफी प्रभाव पड़ता है, पर शरीर का मन पर बहुत कम। लौरी (Lowry, 1971)[5] ने मन तथा शरीर के सम्बन्ध पर प्रकाश डालते हुए कहा है कि ये दोनों परस्पर उसी प्रकार सम्बन्धित हैं, जिस प्रकार गुड़िया और गुड़िया को नचाने वाला परस्पर सम्बन्धित होता है। यहाँ मन को गुड़िया को नचानेवाला कहा गया है क्योंकि मन के हाथ में शरीर की डोरी होती है। वह जिधर चाहे शरीर को खींचकर ले जा सकता है। इस प्रकार मन की प्रधानता को स्वीकार किया गया और शरीर को गौण माना गया। डकार्ते ने भी इस द्वयात्मक स्थिति को स्वीकार किया और मन तथा शरीर को एक-दूसरे से भिन्न माना किन्तु दोनों के बीच के सम्बन्ध के स्वरूप पर उनकी धारणा पहले के विचारकों से भिन्न थी। उनके अनुसार मन शरीर को प्रभावित करता है, इसमें कोई सन्देह नहीं पर शरीर भी मन को काफी प्रभावित करता है। वस्तुतः दोनों के बीच परस्पर-क्रिया (Inter-action) का सम्बन्ध है। सत्रहवीं शताब्दी के लिए डकार्ते का यह विचार बहुत क्रान्तिकारी माना गया। मन के महत्त्व को तो विचारक बहुत पहले से स्वीकार करते आ रहे थे, पर डकार्ते ने शरीर को भी बहुत महत्त्वपूर्ण माना। यही उनके चिन्तन की नवीनता है। जहाँ पहले चिन्तन (Thought) के अतिरिक्त प्रत्यक्षीकरण, गति आदि सभी क्रियाओं की व्याख्या भी मन के ही आधार पर की जा रही थीं। जहाँ डकार्ते ने मन की केवल एक ही क्रिया को स्वीकार किया और वह है चिन्तन की क्रिया, अन्य सभी क्रियाओं को उन्होंने शरीर की क्रिया मात्र माना। मन तथा शरीर के सम्बन्ध में डकार्ते का विचार सर्वथा मौलिक एवं नवीन कहा जा सकता है। उनकी नवीनता इस बात को लेकर है कि यद्यपि ये दोनों एक-दूसरे से बिलकुल अलग हैं, तथापि मनुष्य में निरन्तर इन दोनों की पारस्परिक क्रिया (Inter-action) चलती रहती है। डकार्ते के कहने का तात्पर्य यह है कि मन शरीर को प्रभावित करता है तथा शरीर मन को प्रभावित करता है। इसे उन्होंने पारस्परिक क्रियावाद का मन-शरीर सिद्धान्त कहा।

मनोविज्ञान में डकार्ते की एक बहुत बड़ी देन है शरीर की यान्त्रिक धारणा (Mechanistic Concept of The Body)। मन से अलग शरीर पर विचार करते हुए उन्होंने उसे यन्त्रवत माना है। उनके अनुसार शरीर के कार्यों की व्याख्या वस्तुओं की गति के यान्त्रिक नियमों के आधार पर की जा सकती है। इसी तर्क के आधार

पर उन्होंने 'शरीर विज्ञान की भौतिकी' (Physics of Physiology) का विकास किया।

डकार्ते उस युग की यान्त्रिक चेतना से बहुत अधिक प्रभावित थे। फलस्वरूप उन्होंने शारीरिक क्रियाओं को यान्त्रिक स्वरूप का माना। उन्होंने यह पाया कि शारीरिक गतियाँ व्यक्ति की चेतन इच्छा के बिना ही बार-बार घटित होती हैं। इसके आधार पर वे इस निष्कर्ष पर पहुँचे कि व्यक्ति की कोई भी गति उसकी इच्छा से निर्धारित नहीं होती। उनकी इस धारणा के कारण ही प्रायः प्रतिक्षेप क्रिया के सिद्धान्त (Theory of Reflex Action) का श्रेय इन्हीं को दिया जाता है।

मन के सम्बन्ध में डकार्ते का कहना है कि यह अभौतिक होता है तथा इसमें चिन्तन एवं चेतना की क्षमता होती है। परिणामस्वरूप यह बाह्य विश्व का भी ज्ञान प्रदान करता है। इसकी सर्वाधिक महत्त्वपूर्ण विशेषता है–चिन्तन-क्षमता। इसकी यह चिन्तन-क्षमता स्वतन्त्र तथा अभौतिक होती है।

डकार्ते के सामने एक महत्त्वपूर्ण प्रश्न यह भी था कि मन तथा शरीर के बीच होने वाली पारस्परिक क्रिया (Ineraction) कहाँ होती है, वह कौन-सा बिन्दु है जहाँ से मन तथा शरीर एक-दूसरे को प्रभावित करते हैं। इस सम्बन्ध में उनका विश्वास था कि वह बिन्दु कहीं मस्तिष्क के भीतर ही सम्भव है। क्योंकि अनुसंधानों के आधार पर यह ज्ञात हो चुका था कि संवेदनाएँ मस्तिष्क द्वारा होती हैं तथा गतियाँ भी मस्तिष्क में ही उत्पन्न होती हैं। इससे स्पष्ट है कि मन की क्रियाओं के लिए केन्द्रबिन्दु मस्तिष्क ही है। चूँकि मस्तिष्क में पियूष ग्रन्थि (Pineal Gland) ही ऐसी है जो अकेली और एकात्मक स्वरूप की है, इसलिए डकार्ते का कहना है कि मन तथा शरीर की पारस्परिक क्रिया का बिन्दु पियूष ग्रन्थि ही है।

डकार्ते का 'विचारों का सिद्धान्त' (Doctrine of Ideas) मनोविज्ञान में एक महत्त्वपूर्ण देन है। उस सिद्धान्त ने मनोविज्ञान के विकास को काफी प्रभावित किया है। डकार्ते के अनुसार मन से दो प्रकार के विचार उत्पन्न होते हैं–एक अर्जित तथा दूसरा जन्मजात। अर्जित विचार बाह्य उत्तेजनाओं से उत्पन्न होते हैं। जब दृश्य, श्रव्य तथा अन्य उत्तेजनाओं से ज्ञानेन्द्रियाँ प्रभावित होती हैं, तो ज्ञानेन्द्रियजन्य अनुभूतियाँ होती हैं। अर्जित विचार इन ज्ञानेन्द्रियजन्य अनुभूतियों के ही परिणाम हैं।

जन्मजात विचारों की धारणा और भी अधिक महत्त्वपूर्ण है। ये जन्मजात विचार बाह्य उत्तेजनाओं से प्रभावित ज्ञानेन्द्रियों के कारण उत्पन्न नहीं होते बल्कि ये एकमात्र मन अथवा चेतना द्वारा ही उत्पन्न होते हैं। इनका अस्तित्व ज्ञानेन्द्रियजन्य अनुभूतियों से स्वतन्त्र होता है, यद्यपि इनका बोध समुचित ज्ञानेन्द्रियजन्य अनुभूति की उपस्थिति में ही होता है। डकार्ते के अनुसार कुछ ऐसे जन्मजात विचार हैं : आत्म (Self), ईश्वर, पूर्णता, अनन्त (Infinity) आदि। यहाँ यह उल्लेखनीय है कि अन्ततोगत्वा

जन्मजात विचारों की धारणा की परिणति प्रत्यक्षीकरण के सहजात्य सिद्धान्त (Nativistic Theory) तथा जेस्टाल्ट विचारधारा (Gestalt School) में हुई।

निष्कर्ष के रूप में यह कहा जा सकता है कि डकार्ते का कार्यवाद आगे चलकर मनोविज्ञान में आने वाली अनेक प्रवृत्तियों के लिए प्रेरणा-स्रोत सिद्ध हुआ। उनके ऐसे कार्यों में मुख्यतः निम्नलिखित की चर्चा की जा सकती है–

1. मन तथा शरीर का द्वयात्मवाद,
   (Dualism of mind and body)
2. पारस्परिक क्रिया का मन-शरीर सिद्धान्त,
   (Theory of mind and interactionism)
3. मस्तिष्क में मन की क्रियाओं का स्थान निरूपण,
   (Localization of the mind's function in the body brain)
4. जन्मजात विचारों का सिद्धान्त,
   (Doctrine of Innatedeas)

ऑगस्ट कॉम्टे
(August Comte)

डेकार्ट के बाद सामान्य रूप से आधुनिक विज्ञान का विकास और विशेष रूप से मनोविज्ञान का विकास तीव्र गति से हुआ। उन्नीसवीं सदी के मध्य तक पूर्व वैज्ञानिक युग का अन्त हो गया। इस अवधि में यूरोपीय दार्शनिक चिन्तन अपनी नई शक्ति के साथ विकसित हुआ, जिसे प्रत्यक्षवाद की संज्ञा दी गई। यह प्रत्यक्षवाद की धारणा तथा यह शब्द दोनों ही ऑगस्ट कॉम्टे (August Comte) की देन हैं।

प्रत्यक्षवाद एक ऐसी पद्धति का द्योतक है जो अविवादास्पद निरीक्षणीय तथ्यों पर आधारित है। यह कल्पना अथवा अनुमान मात्र को स्वीकार नहीं करता। उसे एक भ्रम मानता है। प्रत्यक्षवादी दर्शन केवल ऐसे तथ्यों पर ही विचार करता है जिन्हें ज्ञानेन्द्रियों के द्वारा जाना जा सकता है।

भौतिकवादियों ने केवल ऐसी वस्तुओं में ही विश्वास किया जिन्हें भौतिक शब्दावली में व्यक्त किया जा सके तथा पदार्थ एवं ऊर्जा के भौतिक गुणों के प्रकाश में समझा जा सके। उनका यह भी विश्वास था कि चेतना की व्याख्या भौतिकी (Physics) तथा रसायन विज्ञान (Chemistry) की शब्दावली में की जा सकती है। मानसिक क्रियाओं के विवेचन में भी उन्होंने भौतिक पक्षों पर ही विचार किया। जैसे मस्तिष्क की रचना एवं उसके कार्य।

अनुभववादी दार्शनिकों ने यह बतलाया कि मन कैसे ज्ञान प्राप्त करता है और इस सम्बन्ध में यह स्पष्ट किया कि ज्ञान का एक मात्र सही स्रोत ऐन्द्रिक अनुभूति (Sensory Experience) ही है। अनुभववादी दार्शनिक इंगलैंड में विशेष रूप से सक्रिय थे।

उस अवधि में स्वयं अपने सम्बन्ध में तथा विश्व के सम्बन्ध में मनुष्य की धारणा तीव्र गति से बदल रही थी। प्रत्यक्षवाद, भौतिकवाद तथा अनुभववाद, ये तीनों नवीन मनोविज्ञान के दार्शनिक आधार बन रहे थे। मनोवैज्ञानिक तथ्यों की व्याख्या ऐन्द्रिक अनुभूति पर आधारित निरीक्षणात्मक तथा संख्यात्मक प्रमाणों के आधार पर की जाने लगी। मानसिक क्रियाओं में निहित दैहिक प्रक्रियाओं पर विशेष जोर दिया जाने लगा। इन तीनों दृष्टिकोणों में भी नवीन मनोविज्ञान के प्रारम्भिक विकास में अपेक्षाकृत अनुभववाद ने सबसे महत्त्वपूर्ण भूमिका अदा की।

नवीन मनोविज्ञान की विधि तथा सिद्धान्त ये दोनों ही अनुभववाद की देन हैं। अनुभववादियों ने विधि के रूप में मुख्यतः निरीक्षण को अपनाया और कुछ हद तक प्रयोग को भी। प्राचीन विधि थी तर्क तथा अनुमान अथवा कल्पना। इसके विपरीत अनुभववाद ने पूर्णरूपेण बाह्य निरीक्षण का सहारा लिया।

अनुभववाद के सैद्धान्तिक पक्ष का सम्बन्ध दो बातों से है–(1) मन का विकास तथा शमन कैसे ज्ञान अर्जित करता है। अनुभववादियों के अनुसार मन ऐन्द्रिक अनुभूतियों के प्रगतिशील संचय के द्वारा विकसित होता है। यह विचार स्पष्टतः डेकार्टे के सहजात्य (Nativistic) दृष्टिकोण के विपरीत है क्योंकि डेकार्टे ने यह माना कि कुछ विचार जन्मजात होते हैं। अब यहाँ ब्रिटेन के कुछ प्रमुख अनुभववादियों का उल्लेख किया जाएगा।

जॉन लॉक
(John Lock)

मनोविज्ञान के क्षेत्र में जॉन लॉक का सर्वाधिक महत्त्वपूर्ण कार्य है। मानविकी समझ (Human Understanding) सम्बन्धी उनका एक निबन्ध है। यह निबन्ध उनके 20 वर्षों के सतत अध्ययन एवं चिन्तन का परिणाम है जो 1690 में प्रकाशित हुआ। यह इतना लोकप्रिय हुआ कि 1700 ई. तक इसके चार संस्करण हो गए तथा फ्रेंच और और लैटिन में इसका अनुवाद भी हो गया। इसका सर्वाधिक महत्त्व इस बात को लेकर है कि ब्रिटिश अनुभववाद (British Empiricism) का आरम्भ उसी निबन्ध से माना जाता है।

लॉक के समक्ष प्रमुख समस्या यह थी कि मन किस प्रकार ज्ञान अर्जित करता है। इस प्रश्न के उत्तर देने के क्रम में उन्होंने सबसे पहले जन्मजात विचारों के अस्तित्व को अस्वीकार किया। उनका तर्क यह था कि जन्म के समय मनुष्य में किसी भी प्रकार के ज्ञान की जन्मजात क्षमता नहीं होती। उनका कहना है कि वयस्क को ऐसा लगता है कि उसके कुछ विचार जन्मजात होते हैं, जैसे ईश्वर-सम्बन्धी विचार आदि किन्तु वास्तव में ऐसे विचार जन्मजात नहीं होते। वे इसलिए जन्मजात मालूम पड़ते हैं कि बचपन से ही बच्चों में ये विचार उत्पन्न कर दिए जाते हैं। इस प्रकार लॉक के

अनुसार जन्मजात विचार आदत तथा सीखने के परिणाम हैं न कि वे व्यक्ति में जन्म से ही विद्यमान रहते हैं।

मन किस प्रकार ज्ञान अर्जित करता है, इसकी व्याख्या करते हुए उन्होंने काफी जोर देकर कहा कि मनुष्य अनुभव के द्वारा सीखता है और सभी ज्ञान अनुभव से ही उत्पन्न होते हैं।[6]

लॉक ने दो प्रकार के अनुभवों को मान्यता दी–एक जो सीधे संवेदना से उत्पन्न होते हैं और दूसरे जो चिन्तन (Reflection/Thinking) से उत्पन्न होते हैं। उन्होंने संवेदना से उत्पन्न अनुभवों को 'सरल ऐन्द्रिक प्रभावों' (Simple Sensory Impressions) की संज्ञा दी तथा चिन्तन की मानसिक क्रिया को भी ऐन्द्रिक अनुभवों पर ही निर्भर माना। वस्तुतः चिन्तन द्वारा उत्पन्न विचार पूर्वानुभूत ऐन्द्रिक प्रभावों पर ही निर्भर करते हैं। व्यक्ति के विकास क्रम में पहले संवेदना आती है और यह संवेदना निश्चित रूप से चिन्तन के पहले आती है। मन चिन्तन योग्य तभी होता है जब पहले से उसमें ऐन्द्रिक प्रभावों का भण्डार वर्तमान रहता है। चिन्तन में व्यक्ति पूर्व ऐन्द्रिक प्रभावों का ही स्मरण करता है और उन्हें अमूर्त तथा उच्चस्तरीय विचारों का रूप देने के लिए विभिन्न रीतियों से उन्हें परस्पर मिश्रित करता है। निष्कर्ष के रूप में यह कहा जा सकता है कि सभी विचार चाहे वे कितने भी अमूर्त तथा जटिल हों दो स्रोतों से ही उत्पन्न होते हैं–संवेदना तथा चिन्तन।

लॉक ने सरल तथा जटिल विचारों के बीच भी भेद किया। सरल विचार दोनों स्रोतों से उत्पन्न होते हैं–संवेदना तथा चिन्तन। ये सरल विचार मन द्वारा उपलब्ध होते हैं तथा तात्त्विक (Elemental) एवं अविश्लेषणात्मक (Unanalyzing) स्वरूप के होते हैं। मन सक्रिय रूप से चिन्तन प्रक्रिया के द्वारा अन्य विचारों के मिश्रण से नए जटिल विचार उत्पन्न करता है। इन व्युत्पन्न विचारों (Derived Ideas) को ही लॉक ने जटिल विचारों की संज्ञा दी है। इससे स्पष्ट है कि जटिल विचारों का निर्माण भी सरल विचारों से ही होता है।

सारांश यह है कि लॉक के अनुसार मन भौतिक विश्व के नियमों के अनुरूप कार्य करता है, जिस प्रकार गैलीलियो-न्यूटन-पद्धति में भौतिक अणु के अस्तित्व को स्वीकार किया गया है, ठीक उसी प्रकार मानसिक जगत के मूलभूत अणु के रूप में सरल विचार को स्वीकार किया गया है। इस सम्बन्ध में लौरी (Lowry, 1971) की उक्ति द्रष्टव्य है–"लॉक के सम्पूर्ण मनोविज्ञान को लघु रूप में न्यूटन के ब्रह्माण्ड के समान देखना सम्भव है।"[7]

सरल विचार मन के मूलभूत तत्त्व हैं। वे अविभाज्य हैं। उन्हें कई तत्त्वों में नहीं बाँटा जा सकता। किन्तु यह सम्भव है कि वे विभिन्न रूपों में आपस में मिलकर अधिक जटिल विचारों की सृष्टि कर सकते हैं। इस प्रकार मन को भी शरीर के समान यन्त्रवत समझना मनोविज्ञान के क्षेत्र में एक अत्यन्त महत्त्वपूर्ण कदम है।

लॉक का प्राथमिक तथा माध्यमिक गुणों का सिद्धान्त (Notion A Primary and Secondary Qualities) भी मनोविज्ञान के क्षेत्र में महत्त्वपूर्ण योगदान है। यह सिद्धान्त सरल विचारों पर लागू होता है। प्राथमिक गुण वस्तु में ही निहित रहते हैं, चाहे हम उन्हें देख सकें या नहीं। माध्यमिक गुण वस्तु में नहीं होते, वे अनुभव कर्ता पर निर्भर करते हैं। उदाहरण के लिए, किसी भी वस्तु का आकार-प्रकार उसके प्राथमिक गुण हैं, पर गंध, स्वाद और आवाज आदि माध्यमिक गुण हैं जो स्वतः वस्तु में निहित नहीं रहते। इस प्रकार माध्यमिक गुणों का अस्तित्व व्यक्ति के प्रत्यक्षीकरण की प्रक्रिया में होता है, न कि वस्तु में।

यहाँ यह उल्लेख्य है कि यह कोई पहला अवसर नहीं था जब प्राथमिक तथा माध्यमिक गुणों के बीच भेद किया गया। गैलिलियो ने भी अनिवार्यतः ऐसा भेद किया था।[8] लॉक ने ऐसा भेद करते हुए भी विश्व के प्रत्यक्षीकरण को बहुत हद तक आत्मनिष्ठ माना। वास्तव में भौतिक जगत् तथा व्यक्ति द्वारा उसके प्रत्यक्षीकरण में सदा हू-ब-हू अनुरूपता नहीं पाई जाती, इस तथ्य की व्याख्या के लिए ही माध्यमिक गुणों की धारणा को प्रस्तुत किया गया।

लॉक के बाद जॉर्ज बर्कले ने यह प्रश्न उठाया कि क्या लॉक द्वारा किया गया प्राथमिक तथा माध्यमिक गुणों का अन्तर ग्राह्य है? इसका उत्तर देते हुए उन्होंने स्वतः कहा–"कदाचित् सभी प्रत्यक्षीकरण आत्मनिष्ठ ही होते हैं, व्यक्ति पर ही निर्भर करते हैं; उनमें माध्यमिक गुण ही विद्यमान रहते हैं, प्राथमिक गुण वर्तमान नहीं रहते।"

जॉर्ज बर्कले
(George Borkley : 1685-1753)

जॉर्ज बर्कले की दो पुस्तकों का मनोविज्ञान पर काफी प्रभाव पड़ा–(i) "दृष्टि के नवीन सिद्धान्त के प्रति एक निबंध"[9] तथा (ii) मानव-ज्ञान के सिद्धान्तों से सम्बन्धित एक निबन्ध।[10] इन दो पुस्तकों के साथ ही मनोविज्ञान में उनकी देन समाप्त हो गई।

बर्कले इस बात में लॉक से सहमत थे कि बाह्य विश्व का समस्त ज्ञान अनुभव से प्राप्त होता है, किन्तु वे लॉक के प्राथमिक तथा माध्यमिक गुणों के सिद्धान्त से सहमत नहीं थे। उनका कहना था कि प्राथमिक गुण बिलकुल होते ही नहीं, केवल माध्यमिक गुण ही होते हैं और समस्त ज्ञान अनुभवकर्ता अथवा प्रत्यक्षीकरण करने वाले व्यक्ति पर ही निर्भर हैं। कुछ वर्षों के बाद इसे मानसिकवाद (Mentalism) की संज्ञा दी गई और बर्कले ने केवल मानसिक कार्यों पर ही जोर दिया। बर्कले का कहना है कि प्रत्यक्षीकरण ही एकमात्र वास्तविकता है। भौतिक वस्तुओं के स्वरूप के सम्बन्ध में निश्चित होना सम्भव नहीं है।

बर्कले ने यह भी कहा है कि यदि प्रत्यक्षीकरण को हटा लिया जाए, तो गुण लुप्त हो जाएँगे। उदाहरणार्थ, रंग के प्रत्यक्षीकरण के बिना रंग का अपना कोई

अस्तित्व नहीं। किसी भी वस्तु का अस्तित्व तभी है जब हमें उसका प्रत्यक्षीकरण हो। इस सम्बन्ध में उनका तर्क यह है कि सभी अनुभव हमारे ही अन्दर होते हैं, इसलिए उनका सम्बन्ध सापेक्षतया हमारे प्रत्यक्षीकरण से होता है। अतः हम निश्चयपूर्वक वास्तविक वस्तुओं के स्वरूप को नहीं जान सकते। हम केवल उसके सम्बन्ध में अपने प्रत्यक्षीकरण को ही जान सकते हैं।

बर्कले ने साहचर्य के सिद्धान्त के आधार पर वास्तविक जगत् की वस्तुओं के सम्बन्ध में हमारे ज्ञान की व्याख्या की थी। यह ज्ञान वास्तव में सरल विचारों का मिश्रण है, जो साहचर्य द्वारा निर्मित होता है। इस प्रकार मन सरल विचारों से जटिल विचारों का निर्माण करता है।

बर्कले ने साहचर्य के सिद्धान्त के आधार पर गहराई के प्रत्यक्षीकरण (Depth Perception) की भी व्याख्या की। गहराई का प्रत्यक्षीकरण एक सरल ऐन्द्रिक अनुभूति नहीं है, बल्कि विचारों का साहचर्य है, जिसे व्यक्ति को सीखना पड़ता है। इस प्रकार कदाचित् पहली बार विशुद्ध मनोवैज्ञानिक प्रक्रिया की व्याख्या संवेदनाओं के साहचर्य के रूप में की गई। निष्कर्ष के रूप में यह कहा जा सकता है कि उन्होंने साहचर्यवादी परम्परा को कायम रखा।

डेविड ह्यूम
(David Hume : 1711-1776)

डेविड ह्यूम ने 1739 में मनोविज्ञान के लिए अपनी सर्वाधिक महत्त्वपूर्ण पुस्तक 'मानव स्वभाव का एक निबंध' प्रकाशित की।[11] ह्यूम ने लॉक के सरल विचारों को मिश्रित कर जटिल विचारों के निर्माण सम्बन्धी सिद्धान्त पर काफी जोर दिया तथा साहचर्य के सिद्धान्त को विकसित कर उसे अधिक स्पष्ट किया। वे बर्कले के साथ इस बात पर सहमत थे कि किसी भी भौतिक पदार्थ का अस्तित्व उसके प्रत्यक्षीकरण में ही है, प्रत्यक्षीकरण से अलग उसका कोई अस्तित्व नहीं है। एक कदम और आगे बढ़कर ह्यूम ने कहा कि मन भी पदार्थ के समान एक माध्यमिक गुण ही है। इसको भी प्रत्यक्षीकरण द्वारा ही जाना जा सकता है। सुल्ज के शब्दों में–''ह्यूम का विश्वास था कि मन विचारों, संवेदनाओं, स्मृतियों आदि के प्रवाह से अधिक और कुछ नहीं है।''[12]

मनोविज्ञान में ह्यूम का महत्त्वपूर्ण योगदान यह है कि उन्होंने दो प्रकार के मानसिक विषयों (Mental Contents) में भेद किया–प्रभाव (Impression) तथा विचार (Ideas)। प्रभाव मानसिक जीवन के मूलभूत तत्त्व हैं और 'संवेदना' तथा 'प्रत्यक्षीकरण' के ही समान हैं। विचार किसी भी उत्तेजक पदार्थ की अनुपस्थिति में घटित मानसिक अनुभूति है, जिसे आधुनिक मनोवैज्ञानिक शब्दावली में 'बिम्ब' (Image) की संज्ञा दी गई है। ये दोनों मानसिक विषय अपने उद्गम बिन्दु में एक-

दूसरे से भिन्न नहीं हैं, ये केवल अपनी सापेक्ष शक्ति में एक-दूसरे से भिन्न हैं। प्रभाव बहुत प्रबल तथा स्पष्ट होते हैं, जबकि विचार तुलनात्मक दृष्टि से दुर्बल होते हैं।

जटिल विचार साहचर्य के द्वारा सरल विचारों के सम्मिश्रण से उत्पन्न होते हैं। ह्यूम ने दो प्रकार के साहचर्य-नियमों का उल्लेख किया है–पहला सादृश्य का नियम (Law of Resemblance) तथा दूसरा काल तथा स्थान में समीपता का नियम (Law of Contiquity in Time and Space)। उनके अनुसार दो विचारों में जितनी ही अधिक समानता तथा समीपता होती है, उनके बीच उतनी ही आसानी से साहचर्य स्थापित हो जाता है। उन्होंने यह भी स्पष्ट किया कि भौतिक विश्व में जो स्थान आकर्षण-शक्ति के नियम का है, मानसिक जगत में वही स्थान साहचर्य नियमों का है। इस प्रकार उनके कार्य यान्त्रिक चेतना की पृष्ठभूमि में निरन्तर विकसित हो रहे अनुभववाद तथा साहचर्यवाद के अनुरूप थे।

डेविड हर्टले
(Devid Hartley : 1705-1757)

डेविड हर्टले का मनोविज्ञान के इतिहास में एक महत्त्वपूर्ण स्थान है क्योंकि उन्होंने ही साहचर्यवाद की स्थापना की। वास्तव में वे इसके जन्मदाता नहीं कहे जा सकते क्योंकि बर्कले तथा ह्यूम ने इसे काफी विकसित किया था। किन्तु इसे एक विचारधारा (School of Thought) के रूप में स्थापित करने का श्रेय हर्टले को ही है। किसी विचार के जन्मदाता (Originater) तथा संस्थापक (Founder) में भेद होता है। वस्तुतः ये दोनों दो बातें हैं। जब किसी विषय से सम्बन्धित सारे केन्द्रीय विचार सामने आ जाते हैं, जब जो कोई आगे बढ़कर उन्हें संगठित करता, क्रमबद्ध रूप देता, प्रकाश में लाता और उन पर काफी जोर देता है, उसे ही संस्थापक होने का श्रेय मिलता है। अतः जिस किसी ने साहचर्य के विचार को जन्म दिया हो, पर इसे एक विचारधारा के रूप से औपचारिक रूप में स्थापित करने का श्रेय हर्टले को ही है।

1749 में हर्टले ने अपनी प्रसिद्ध पुस्तक 'मनुष्य के निरीक्षण' (Observation on man) को प्रकाशित किया तथा इस पुस्तक में उन्होंने साहचर्यवाद का क्रमबद्ध विवेचन प्रस्तुत किया।

हर्टले का साहचर्य सम्बन्धी मूलभूत नियम है–समीपता का नियम (Law of Contiguity)। इस नियम के द्वारा ही उन्होंने संवेग, स्मृति, चिन्तन, ऐच्छिक तथा अनैच्छिक क्रिया आदि की व्याख्या करने की चेष्टा की। उनके अनुसार जो विचार एक साथ घटित होते हैं, या तो एक ही समय में या एक के बाद दूसरे, उनके बीच साहचर्य स्थापित हो जाता है। फलस्वरूप भविष्य में जब उन दोनों में से कोई एक उपस्थित होता है तो दूसरा भी सामने आ जाता है। उन्होंने कहा कि समीपता के अतिरिक्त साहचर्य स्थापित होने में पुनरावृत्ति का भी हाथ होता है। अतः हर्टले ने साहचर्य के

लिए दो शर्तों को आवश्यक माना–(1) समीपता (2) पुनरावृत्ति। एबिंग हॉस ने अपने स्मृति सम्बन्धी प्रयोगात्मक अध्ययन में पुनरावृत्ति को महत्त्वपूर्ण स्थान दिया और स्मृति के लिए उसे एक आवश्यक शर्त माना।

हर्टले ने सभी प्रकार की मानसिक क्रियाओं की व्याख्या साहचर्य के सिद्धान्त के आधार पर करने की चेष्टा की। हर्टले लॉक के इस विचार से पूर्णतया सहमत थे कि विचार एवं ज्ञान ऐन्द्रिक अनुभव से उत्पन्न होते हैं। जन्म के समय किसी प्रकार का साहचर्य सम्भव नहीं है। जब बच्चा बढ़ता और विविध प्रकार के ऐन्द्रिक अनुभवों का संचय करता है, तब उसमें अधिक-से-अधिक जटिल साहचर्य स्थापित होते हैं। जब वह वयस्क हो जाता है, तब उसमें उच्च विचार एवं चिन्तन विकसित होते हैं। उच्च मानसिक क्रियाएँ अनेक प्रकार के साहचर्यों के मिश्रण से उत्पन्न होती हैं। उच्च मानसिक क्रियाओं को समझने के लिए विभिन्न तत्त्वों में उनका विश्लेषण अनिवार्य है।

हर्टले मन तथा शरीर के द्वयात्मक स्वरूप के समर्थक थे। डेकार्टे के बाद स्पष्ट रूप से द्वयात्मकता को मानने वाले ये पहले व्यक्ति थे। शरीर विज्ञान में अभिरुचि के कारण ही ये मन तथा शरीर दोनों की द्वयात्मकता में विश्वास रखते थे। इसीलिए ये दोनों आरम्भिक शरीर विज्ञानी मनोवैज्ञानिक (Physiological Psychologist) माने जाते हैं, हालाँकि दोनों के शरीर-विज्ञान सम्बन्धी दृष्टिकोण में अन्तर है। हर्टले के शरीर विज्ञान में एक चिकित्सक का दृष्टिकोण है जबकि डेकार्टे के शरीर-विज्ञान में एक वैज्ञानिक का दृष्टिकोण है।

शरीर विज्ञान के स्तर पर सर्वप्रथम हर्टले ने यह बतलाया कि शरीर के वे कौन से अंग हैं, जिनका मन के साथ सम्बन्ध है। इस सम्बन्ध में उनका कहना है कि मस्तिष्क, सुषुम्ना तथा स्नायुओं के साथ मानसिक क्रियाओं का सम्बन्ध है। संवेदना और गति में इन तीनों का हाथ रहता है, किन्तु विचार मात्र मस्तिष्क पर ही निर्भर है।

न्यूटन के अनुसार भौतिक विश्व के आवेगों (Impulses) में कम्पन (vibration) होता है। हर्टले ने न्यूटन के इस सिद्धान्त के आधार पर मस्तिष्क तथा स्नायु-मंडल की क्रियाओं की व्याख्या की है। स्नायुओं में होने वाले कम्पन आवेगों को शरीर के एक भाग से दूसरे भाग में ले जाते हैं। स्नायुओं में होने वाले ये कम्पन मस्तिष्क में छोटे-छोटे कम्पन उत्पन्न करते हैं; जिन्हें हर्टले ने विचारों के शारीरिक प्रतिरूपों (Physiological Counterparts) की संज्ञा दी है। मनोविज्ञान में इस सिद्धान्त का महत्त्व इस बात को लेकर है कि यान्त्रिक विश्व के सिद्धान्तों को प्रतिमान मानकर मानव-स्वभाव को समझने की चेष्टा की गई है।

जेम्स मिल

(James Mill : 1773-1836)

हर्टले से सीधे जेम्स मिल तक पहुँचने का अर्थ है लगभग सत्तर वर्ष पार कर जाना। प्रयोगात्मक मनोविज्ञान के इतिहास की दृष्टि से ऐसा करना युक्तिसंगत ही है,

क्योंकि इस अवधि के बीच प्रयोगात्मक मनोविज्ञान के क्षेत्र में कोई ख़ास महत्त्वपूर्ण कार्य नहीं हुआ।

जेम्स मिल कोई व्यावसायिक दार्शनिक अथवा मनोवैज्ञानिक नहीं थे, क्योंकि उनकी रुचि प्रधान रूप से इतिहास में थी, न कि मनोविज्ञान में। फिर भी उन्होंने 1829 में एक पुस्तक प्रकाशित की–'मानव मन के व्यापारों का विश्लेषण' (Analysis of the Phenomena of the Human Mind)। मनोविज्ञान के इतिहास में इस पुस्तक का बड़ा महत्त्वपूर्ण स्थान है। वैसे उनकी पुस्तक 'ब्रिटिश भारत का इतिहास' जो 1817 में प्रकाशित हुई थी, सर्वाधिक महत्त्वपूर्ण मानी जाती है। इस पुस्तक की तुलना में 'मानव मन के व्यापारों का विश्लेषण' का दूसरा स्थान माना जाता है। किन्तु मनोविज्ञान के क्षेत्र में इस पुस्तक का योगदान बहुत महत्त्वपूर्ण है।

इस पुस्तक के प्रथम तीन अध्याय अत्यन्त महत्त्वपूर्ण हैं। प्रथम दो अध्यायों में 'संवेदना' तथा 'विचार' का विवेचन प्रस्तुत किया गया है तथा तीसरे अध्याय में 'विचारों के साहचर्य' का विशद विवेचन है। शेष बाइस अध्यायों में चेतना, धारणा, कल्पना, स्मृति, सुख-दुःख, इच्छा आदि अनेक विषयों की विवेचना की गई है।

मिल की दृष्टि में संवेदनाएँ 'चेतना की प्राथमिक अवस्थाएँ' हैं तथा विचार दूसरी अवस्थाएँ। इस दृष्टि से वे हर्टले तथा ह्यूम से मिलते-जुलते हैं। किन्तु ह्यूम से वे इस बात में भिन्न हैं कि विचार संवेदनाओं से दुर्बल अथवा क्षीण होते हैं। मिल यह मानते हैं कि विचार संवेदना की प्रतिलिपि मात्र है। दोनों बहुत हद तक एक-दूसरे के समान हैं, फिर भी दोनों में अन्तर है। जब तक संवेदना पहले न हो चुकी हो, तब तक विचार नहीं आ सकता और दूसरा अन्तर यह है कि विचारों पर साहचर्य का नियम लागू होता है, पर संवेदनाओं पर नहीं। अभी तक 'बिम्ब' शब्द का प्रयोग पारिभाषिक अर्थ में नहीं हो रहा था, किन्तु मिल ने प्रतिलिपि (Copy) शब्द के साथ-साथ 'बिम्ब' (Image) शब्द का भी प्रयोग किया।

जेम्स मिल की पुस्तक के तीसरे अध्याय में 'विचारों के साहचर्य' का विवेचन है। यह अति उत्कृष्ट माना जाता है, क्योंकि साहचर्यवाद भी सम्पूर्ण शक्ति एवं उनके दोषों का प्रतिनिधित्व करता है।

साहचर्य के सम्बन्ध में मिल का कहना है कि साहचर्यवाद कोई शक्ति नहीं है, न कोई कारण है, बल्कि यह संयोग (Concurrence) अथवा समीपता (Contiguity) का ही दूसरा नाम है। विचारात्मक समीपताएँ (Ideational Contiguities) ऐन्द्रिक-समीपताओं (Sensory Contiguities) की अनुकरण मात्र है।

मनोविज्ञान में मिल का बहुत बड़ा योगदान यह है कि उन्होंने यान्त्रिक विचार को व्यापक रूप में और सीधे मानव को मन पर लागू किया। ऐसा उनके पूर्ववर्ती विचारकों ने नहीं किया था। मिल का लक्ष्य था आत्मनिष्ठता को बिलकुल मिटाकर मानव-मन को एक यन्त्र का रूप देना। वास्तव में उन्होंने मानव-मन को यन्त्र से

अधिक कुछ माना ही नहीं। उनके अनुसार मन बिलकुल निष्क्रिय होता है। यह बाह्य उत्तेजनाओं से उत्तेजित होता है। व्यक्ति सिर्फ उन उत्तेजनाओं के प्रति प्रतिक्रिया प्रकट करता है, स्वेच्छा से कुछ भी करने में असमर्थ होता है। इसका तात्पर्य यह है कि इच्छा की स्वतन्त्रता नाम की कोई चीज नहीं है। यह यान्त्रिक दृष्टिकोण आज भी व्यवहारवाद में स्पष्ट रूप से देखने को मिलता है।

मन के अध्ययन में भी मिल ने यान्त्रिक दृष्टिकोण अपनाया और उसे समझने के लिए कुछ बुनियादी तत्त्वों में विश्लेषण पर जोर दिया। मिल का कहना है कि किसी भी जटिल मानसिक क्रिया को समझने के लिए उसका छोटे-छोटे तत्त्वों में विश्लेषण आवश्यक है। उन्हीं के शब्दों में–"जिन तत्त्वों से किसी धारणा का निर्माण होता है, उसकी निश्चित जानकारी के लिए उन तत्त्वों का विशिष्ट ज्ञान अनिवार्य है।"[13]

मानसिक तत्त्वों के सम्बन्ध में उनका कहना है कि संवेदना तथा विचार, ये ही दो प्रकार के मानसिक तत्त्व होते हैं। सभी प्रकार के ज्ञान का आधार है–संवेदना और साहचर्य की प्रक्रिया। संवेदनाओं से ही उच्च स्तर के सभी जटिल विचार उत्पन्न होते हैं। साहचर्य का एकमात्र आधार है समीपता (Contiguity) या संयोग (Concurrence) और वह या तो समकालिक (Symcronous) होता है या क्रमिक (Successive)। साहचर्य के प्रति भी मिल का दृष्टिकोण यान्त्रिक ही रहा है।

उन्नीसवीं शताब्दी के पूर्वार्द्ध का जर्मन मनोविज्ञान

जोहान फ्रेड्रिक हर्बर्ट (Johann Friedrich Herbert : 1776-1841)–ब्रिटिश अनुभववाद तथा साहचर्यवाद के उल्लेख के उपरान्त प्रसिद्ध जर्मन दार्शनिक तथा शिक्षाशास्त्री हर्बर्ट के विचारों को प्रस्तुत करना समीचीन प्रतीत होता है, क्योंकि मनोविज्ञान में उनकी काफी महत्त्वपूर्ण देन है। उनके विचारों में कई मनोवैज्ञानिक धारणाओं का पूर्वाभास मिलता है।

हर्बर्ट एक दार्शनिक एवं शिक्षाशास्त्री थे। उन्होंने वैज्ञानिक शिक्षाशास्त्र (Scientific Pedagogy) को मनोविज्ञान के आधार पर स्थापित किया। इसीलिए वे वैज्ञानिक शिक्षाशास्त्र के जनक के रूप में प्रसिद्ध हैं। मनोविज्ञान पर उनकी दो महत्त्वपूर्ण पुस्तकें प्रकाशित हुई हैं।[14]–यद्यपि उन्होंने मनोवैज्ञानिक प्रयोग की सम्भावना को कभी भी स्वीकार नहीं किया, फिर भी उनकी इन दोनों पुस्तकों का बाद के प्रयोगात्मक मनोविज्ञान पर काफी प्रभाव पड़ा।

अब यहाँ मनोविज्ञान के सम्बन्ध में उनके कुछ महत्त्वपूर्ण विचारों को प्रस्तुत किया जा रहा है :

मनोविज्ञान एक विज्ञान है। एक सुनिश्चित विचार के रूप में यह एक नई बात थी और विशेषतः इस पर विज्ञान की गणितीय विधि को लागू करना और भी नई बात थी।

मनोविज्ञान एक अनुभवाश्रित विज्ञान (Empirical Science) है, क्योंकि यह अनुभव पर आधारित है। हर्बर्ट ने इसे प्रयोगात्मक विज्ञान नहीं माना क्योंकि प्रयोग तो एक विधि है। मनोविज्ञान की विधि प्रयोग नहीं, बल्कि निरीक्षण (Obsrvation) है। इस प्रकार उनका विचार ब्रिटिश अनुभववादी मनोविज्ञान के समान है जिसने नवीन मनोविज्ञान के लिए दार्शनिक पृष्ठभूमि तैयार की।

मनोविज्ञान एक गणितीय विज्ञान है। मनोविज्ञान तथा भौतिकी (Physics) के बीच यही प्रधान अन्तर है कि भौतिकी गणना (Calculation) तथा प्रयोग, इन दोनों वैज्ञानिक विधियों को काम में लाता है, किन्तु मनोविज्ञान केवल गणना को ही काम में लाता है। इस प्रकार हर्बर्ट ने मनोविज्ञान में गणित का प्रयोग किया। आगे चलकर फेक्नर ने इसे अपनाया। फेक्नर की मानसिक माप (Mental Measurement) कोई नई धारणा नहीं थी। उस पर हर्बर्ट का प्रभाव था। किन्तु फेक्नर की मौलिकता इस बात में थी कि उन्होंने हर्बर्ट के गणित तथा वेबर के प्रयोग इन दोनों का एक साथ उपयोग किया।

हर्बर्ट के अनुसार मनोविज्ञान एक अभौतिक-विज्ञान (Metaphysical Science) है। उनका यह विश्वास था कि मनोविज्ञान का यह अभौतिक स्वरूप ही उसे भौतिक विज्ञान (Physical Science) से अलग करता है। उनके इस विचार को नवीन मनोविज्ञान (New Psychology) ने नहीं अपनाया। वुन्ट जैसे मनोवैज्ञानिकों ने उनके इस विचार को बिलकुल नहीं माना। वुन्ट ने मनोविज्ञान को प्रयोगात्मक स्वरूप का माना। इसीलिए जर्मनी में नवीन मनोविज्ञान के जन्मदाता वुन्ट माने गए, न कि हर्बर्ट।

हर्बर्ट ने मन को एकात्मक स्वरूप का माना। इसलिए उन्होंने स्पष्ट रूप से घोषित किया कि मनोविज्ञान विश्लेषणात्मक नहीं है। विश्लेषण का विरोध कर उन्होंने अपने को ब्रिटिश अनुभववादियों से अलग कर लिया। निस्सन्देह प्रयोगात्मक विधि विश्लेषणात्मक होती है, किन्तु मनोविज्ञान अप्रयोगात्मक विज्ञान है। इसलिए उन्होंने विश्लेषणात्मक विधि को नहीं अपनाया। किन्तु अपनी उद्घोषणा के बावजूद हर्बर्ट अपने को विश्लेषणात्मक विधि से बिलकुल दूर रख सके। इस सन्दर्भ में बोरिंग (Boring) के विचार द्रष्टव्य हैं। उन्होंने स्पष्ट शब्दों में कहा है–"अप्रयोगात्मक गणितीय विज्ञान भी विश्लेषणात्मक जान पड़ता है।"[15]

हर्बर्ट का मनोविज्ञान यान्त्रिक था। उन्होंने चेतना के सीमित क्षेत्र के मूलभूत तथ्य की यान्त्रिक व्याख्या की। उनके अनुसार किसी भी क्षण चेतना की रचना अनेक विचारों की यान्त्रिक अन्तःक्रिया का प्रतिफल है।

हर्बर्ट अपने संप्रत्यक्षण के सिद्धान्त (Doctrine of Apperception) के लिए प्रसिद्ध हैं। इस शब्द का हर्बर्ट ने उसी अर्थ में प्रयोग किया जिस अर्थ में लिबनिज (Leibnitz) ने किया था। संप्रत्यक्षण की प्रक्रिया अनेक संवेदनाओं का संयोग है, जिसे व्यक्ति समष्टि के रूप में देखता है। किसी भी नवीन विचार का आत्मसात्करण (Assimilation) मन में पहले से विद्यमान पृष्ठभूमि पर निर्भर करता है। किसी नए

विचार के प्रत्यक्षीकरण में व्यक्ति अपने सभी विगत अनुभूतियों को काम में लाता है। इसे उन्होंने संप्रत्यक्षण-समूह (Apperception Mass) की संज्ञा दी है। उदाहरणार्थ, चाय में किसी खास गुण का प्रत्यक्षीकरण इस बात पर निर्भर है कि मनुष्य की पूर्व संचित अनुभूतियों में चाय के असंख्य जायके हैं।

हर्बर्ट ने अपने इस सिद्धान्त का उपयोग शिक्षा के क्षेत्र में भी किया। उनका विश्वास था कि शिक्षा जीवनपर्यन्त इस सिद्धान्त को काम में ला सकती है। उनके अनुसार सम्पूर्ण पाठ्यक्रम को बच्चे की आत्मसात करने की योग्यता के अनुसार क्रमबद्ध ढंग से प्रस्तुत करना चाहिए। उनका यह विचार युगान्तरकारी था। शैक्षिक विधि अनुभवाश्रित अध्ययन (Empirical Study) बन गई। उन्होंने एक प्रयोगात्मक विद्यालय की भी स्थापना की। शिक्षकों के प्रशिक्षण के लिए कक्षाओं की व्याख्या की। विद्यालय में पाठ्य-सामग्रियों को प्रस्तुत करने की विभिन्न विधियों की तुलना की। उन्हें यह आशा थी कि मनोविज्ञान को सुनिश्चित (Exact) तथा अनुभवाश्रित विज्ञान (Empirical Science) बनाया जा सकता है। मनोविज्ञान की सुनिश्चित बनाने में तो उन्हें सफलता नहीं मिली, किन्तु अनुभवाश्रित बनाने में वे बहुत हद तक सफल हुए।

साहचर्यवाद के इतिहास के साथ हर्बर्ट का सम्बन्ध अपने ढंग का अकेला कहा जा सकता है, क्योंकि एकमात्र ये ही ऐसे साहचर्यवादी मनोवैज्ञानिक हुए हैं, जिन्होंने यह माना कि अनुभूति के तत्त्वों को मापा जा सकता है।

मनोविज्ञान में हर्बर्ट की एक प्रमुख देन है चेतना की अवसीमा तथा अचेतन की धारणा। चेतना की अवसीमा से उनका तात्पर्य यह है कि अवरोधन (Inhibition) के द्वारा कोई भी विचार बिलकुल नष्ट नहीं होता, बल्कि वह प्रवृत्ति (Tendency) के रूप में विद्यमान रहता है, लेकिन उसकी प्रबलता (Intensity) कम हो जाती है और वह अस्पष्ट हो जाता है। वह चेतना की अवसीमा से नीचे होता है। अतः अचेतन होता है। ठीक इसके विपरीत, जो विचार प्रबल होता है, वह अवसीमा से ऊपर होता है, वह स्पष्ट होता है। उसे चेतन कहा जाता है।

यहाँ यह उल्लेख्य है कि लिबनिज ने अचेतन के सम्पूर्ण सिद्धान्त का पूर्वाभास दिया तथा हर्बर्ट ने उसे वास्तविक रूप में आरम्भ किया। वुन्ट ने भी पहले प्रत्यक्षीकरण की व्याख्या के लिए और बाद में संप्रत्क्षण की व्याख्या के लिए अचेतन अनुमान (Unconscious Inferance) का सहारा लिया। फेक्नर ने हर्बर्ट से चेतन की मात्रा को मापने की धारणा तथा सर्वाधिक महत्त्वपूर्ण अवसीमा की धारणा को ग्रहण किया। इस बात की भी सम्भावना है कि फ्रायड ने अचेतन के वर्णन में हर्बर्ट से प्रेरणा ग्रहण की है।

हर्बर्ट के प्रमुख योगदानों की समीक्षा करते हुए कहा जा सकता है कि अनुभव पर आधारित वैज्ञानिक मनोविज्ञान का उनका विश्वास अभी भी कायम है। उनकी

गणितीय विधि की सार्थकता तब सिद्ध हुई जब प्रयोग के साथ उनका संयोग कराया गया। अचेतन के साथ चेतन के सम्बन्ध पर उनका विचार अनेक संशोधनों के साथ आज भी मान्य है। उनका मनोविज्ञान का अभौतिक आधार (Metaphysical Basis) बिलकुल मान्य नहीं है।

हर्बर्ट के कार्यों का फेक्नर तथा वुन्ट पर सीधा प्रभाव पड़ा। वह प्रभाव दो रूपों में अभिव्यक्त हुआ है–एक तो यह कि उन दोनों ने हर्बर्ट की कुछ बातों को अपना लिया और दूसरा यह कि कुछ बातों को अस्वीकार कर दिया।

अनुभववाद

संक्षेप में अनुभववाद (Empiricism) के विकास के साथ ही दर्शनशास्त्र तर्कवाद (Rationalism) तथा मताग्रह (Dogmatism) की अपनी प्राचीन परम्परा से दूर होता गया। किन्तु अभी भी पहले की समस्याओं को छोड़ नहीं पाया था, पर उन पर विचार करने का ढंग बदल गया था। अब उन समस्याओं पर विचार करने का दृष्टिकोण अनुभवाश्रित (Empirical), आणविक (Atomistic) तथा यान्त्रिक (Mechanism) हो गया था।

उन्नीसवीं शताब्दी के मध्य तक आते-आते मनोविज्ञान विज्ञान होने के कगार तक पहुँच चुका था और इसका पूर्वाभास देने वाला दर्शनशास्त्र अपनी विषय-वस्तु तथा विधि दोनों में अनुभवाश्रित दृष्टिकोण अपना चुका था। इस प्रकार मानव के इस प्राकृतिक विज्ञान का सैद्धान्तिक मूलाधार स्थापित हो चुका था। इसे व्यावहारिक रूप देने के लिए बस एक ही बात की आवश्यकता थी और वह यह कि विषय-वस्तु का अध्ययन प्रयोगात्मक दृष्टिकोण से होने लगे और यह महत्त्वपूर्ण कार्य प्रयोगात्मक शरीर विज्ञान के प्रभाव से सम्पन्न हुआ। शरीर विज्ञान ने मनोविज्ञान को प्रयोगात्मक विधि प्रदान किया जिसके आधार पर नवीन मनोविज्ञान की नींव पड़ी। अतः यहाँ शरीर विज्ञान में हुए कुछ प्रारम्भिक कार्यों का उल्लेख अपेक्षित है।

मनोविज्ञान पर शरीर विज्ञान का प्रभाव

जोहानिस मूलर (Johanes Muller : 1801-1858)–1830 के लगभग और विशेषतः जोहानिस मूलर के कार्यों से प्रभावित होकर शरीर विज्ञान प्रयोग की ओर अग्रसर हो चुका था। मूलर शरीर विज्ञान में प्रयोगात्मक विधि के बहुत बड़े पक्षधर थे। उन्होंने शरीर विज्ञान पर एक पुस्तक लिखी–जिसका नाम था 'शरीर विज्ञान की पुस्तिका' (Hand book of Physiology)। 1833 से 1840 के बीच इस पुस्तक के कई संशोधित संस्करण प्रकाशित हुए। इस पुस्तक में उस समय हुए सभी शोध कार्यों का विवेचन था। अतः शरीर विज्ञान के सम्बन्ध में ज्ञान के लिए वह पुस्तक बहुत उपयोगी सिद्ध हुई।

उनकी दूसरी पुस्तक 'स्नायुओं के विशिष्ट ऊर्जाओं के सिद्धान्त' (Theory of the Specific Energies of Nervus) के चलते मूलर का शरीर विज्ञान तथा मनोविज्ञान, दोनों ही में प्रमुख स्थान है। फिर भी यहाँ यह उल्लेख कर देना अनिवार्य प्रतीत होता है कि इस सिद्धान्त में ऐसी कोई बात नहीं है जिसे सर्वप्रथम मूलर ने ही कहा हो। वस्तुतः इस सिद्धान्त में निहित सभी प्रमुख बातों का उल्लेख मूलर से पहले सर चार्ल्स बेल (Sir Charles Bell) कर चुके थे। इसलिए कुछ लोगों का कहना है कि सिद्धान्ततः चार्ल्स बेल का नाम जुड़ा रहना चाहिए न कि मूलर का। यहाँ यह भी उल्लेख्य है कि चार्ल्स बेल के भी बहुत पहले इस सिद्धान्त के कई आवश्यक तथ्य अरस्तु, डेकार्टे तथा लॉक के द्वारा व्यक्त किए जा चुके थे। वास्तव में इस विचार में निरन्तरता (Continuity) है, अतः यह निर्धारित करना बड़ा कठिन है कि सचमुच यह विचार कब आरम्भ हुआ। फिर भी ऐसा कहना समीचीन प्रतीत होता है कि बेल को इस बात का श्रेय अवश्य है कि उन्होंने ही उन सभी तथ्यों का अर्थ स्पष्ट किया, किन्तु वे इसे सिद्धान्त के रूप में प्रस्तुत नहीं कर सके और न इसे कोई विशिष्ट नाम ही प्रदान कर सके। यह काम किया मूलर ने।

इन्होंने निश्चित शब्दों में इसे एक सिद्धान्त का रूप दिया, एक नाम भी प्रदान किया और अपनी शरीर विज्ञान की पुस्तिका में स्थान देकर इसके महत्त्व को काफी आगे बढ़ा दिया। यह ठीक है कि उन्होंने इस सिद्धान्त में कोई मौलिक अथवा नई बात नहीं कही है, किन्तु इस पर मौलिकता की मुहर लगाने का श्रेय उन्हें ही है। यदि उन्होंने ऐसा नहीं किया होता तो, हमारे सामने न तो हेल्महोज का क्रमन-सिद्धान्त आया होता और न हेल्महोज या हेरिंग का दृष्टि-सिद्धान्त।

संक्षेप में 'स्नायुओं की विशिष्ट ऊर्जा के सिद्धान्त' को स्पष्ट करते हुए कहा जा सकता है कि जब कोई विशेष स्नायु उत्तेजित होती है तो उससे एक विशेष प्रकार की संवेदना उत्पन्न होती है क्योंकि प्रत्येक ऐन्द्रिक स्नायु की अपनी विशिष्ट ऊर्जा होती है। इस विचार से प्रभावित होकर कई शोध कार्य हुए जिनमें स्नायु-मंडल के अन्तर्गत क्रियाओं के स्थान-निरूपण की चेष्टा की गई।

कई आरम्भिक शरीर वैज्ञानिकों ने मस्तिष्क की क्रियाओं के अध्ययन में काफी योगदान किया। उनके कार्यों का मनोविज्ञान में इसलिए महत्त्व है कि उन्होंने मस्तिष्क में विभिन्न क्षेत्रों की खोज की। इसके अतिरिक्त, उन्होंने ऐसी शोध-विधियों का भी विकास किया जिनका बाद में शरीर मनोविज्ञान (Physiological Phychology) में काफी प्रयोग हुआ।

मार्शल हॉल (Marshal Hall : 1790-1857)—मार्शल हॉल का प्रतिपेक्ष क्रिया की खोज में महत्त्वपूर्ण योगदान है। उन्होंने अपने प्रयोगों के आधार पर यह भी बतलाया कि विभिन्न स्तरों के व्यवहार मस्तिष्क तथा स्नायु-मंडल के विभिन्न भागों पर निर्भर करते हैं। विशेष रूप से उनकी यह धारणा थी कि ऐच्छिक गति वृहन्मस्तिष्क

पर निर्भर है, प्रतिक्षेप गति (Reflex Movement) सुषुम्ना पर निर्भर है, श्वास-गति सुषुम्ना शीर्ष (Medulla) पर निर्भर है तथा अनैच्छिक गति मांसपेशियों के सीधे तौर पर उत्तेजित होने से उत्पन्न होती है।

पेरी फ्लॉरेन्स

(Peerree Flaurens : 1794-1867)

फ्लॉरेन्स के पूर्व संक्षेप में लुगी रोलैंडो (Luge Rolando, 1770-1831) की चर्चा अपेक्षित जान पड़ती है। रोलैंडो एक शरीर-रचना विज्ञान (Anatomy) के विशेषज्ञ थे। बृहन्मस्तिष्कीय वल्क के मध्य दरार (Cactral Fissure) के साथ इनका नाम जुड़ा हुआ है जिसे रोलैंडो की दरार (Fissure of Rolando) कहते हैं। इस क्षेत्र में उनका योगदान अत्यन्त महत्त्वपूर्ण है।

रोलैंडो की अभिरुचि प्रधान रूप से शरीर-रचना विज्ञान (Anatomy) तथा मस्तिष्क की विकृति (Pathology) में थी, किन्तु उन्होंने शरीर विज्ञान में भी कुछ प्रयोग किए जिनका प्रकाशन 1809 में हुआ। अपने इन कार्यों के आधार पर उन्होंने मस्तिष्क के विभिन्न भागों की क्रियाओं के ठीक-ठीक निरूपण में फ्लॉरेन्स की अपेक्षा अपने को प्राथमिकता दी। उन्होंने यह भी दावा किया कि यह कार्य पहले उन्होंने ही किया, न कि फ्लॉरेन्स ने। उनके तथा फ्लॉरेन्स के कार्यों की विवेचना के क्रम में बोरिंग की उक्ति युक्तिसंगत जान पड़ती है। उन्हीं के शब्दों में यदि 'रोलैंडो अपने प्रयोगों में अविश्वसनीय तथा सिद्धान्तों में अस्पष्ट एवं अनिवार्यतः गलत थे, तो पेरी फ्लॉरेन्स अपनी प्रविधि में सुनिश्चित, लेखन में स्पष्ट एवं प्रभावशाली तथा अपने निष्कर्षों में अनिवार्यतः सही थे–आज जिसे सत्य स्वीकार किया जा रहा है, उस ओर उन्होंने विधि तथा तथ्य दोनों ही में एक निश्चित कदम की ओर संकेत किया है।"[16]

फ्लॉरेन्स का सर्वाधिक महत्त्वपूर्ण योगदान है मस्तिष्क के विभिन्न भागों की क्रियाओं का निरूपण। मस्तिष्क के विभिन्न भागों की क्रियाओं के अध्ययन में उन्होंने उन्मूलन विधि (Extirpation Method) को अपनाया। इसीलिए मस्तिष्क के शरीर विज्ञान में वे इस अति महत्त्वपूर्ण विधि के जनक माने जाते हैं। उनकी खोजों के प्रमुख विषय थे–बृहन्मस्तिष्कीय अर्द्धखण्ड (Cerebral Hemispheres), लघु मस्तिष्क (Cerebellum), सुषुम्ना-शीर्ष (Medulla oblongata), सुषुम्ना (Spinal Cord), स्नायु (Nerves) आदि। मस्तिष्क के जिस भाग की क्रियाओं का अध्ययन करना होता था, उसे स्पष्ट रूप से मस्तिष्क से हटा देते थे। इस विधि को अपनाकर उन्होंने जो अध्ययन किए, उनके आधार पर संक्षेप में निम्नांकित निष्कर्षों का उल्लेख किया जा सकता है–

1. बृहन्मस्तिष्कीय खंडों (Cerebral Lobes) की प्रमुख क्रियाएँ हैं–इच्छा करना, निर्णय करना, स्मरण करना, देखना, सुनना, प्रत्यक्षीकरण करना आदि। दूसरे शब्दों में बृहन्मस्तिष्क उच्चतर मानसिक क्रियाओं का संचालन एवं नियन्त्रण करता है। उन्नीसवीं सदी के उत्तरार्द्ध के शरीर-विज्ञान ने फ्लॉरेन्स के इस निष्कर्ष को चुनौती दी, किन्तु पुनः बीसवीं सदी में फ्लॉरेन्स के निष्कर्ष की दिशा में शोध होने लगे।

2. लघु मस्तिष्क का कार्य है चलने-फिरने की गतियों में समन्वय स्थापित करना। मस्तिष्क से लघु मस्तिष्क को हटा लेने पर पशु चलने-फिरने की चेष्टा कर सकता है, पर वह गिर जाता है, चल-फिर नहीं पाता। यह बात अभी भी मान्य है।

3. मध्य मस्तिष्क के कुछ भाग निम्न कोटि के प्राणियों में देखने-सुनने से सम्बन्धित प्रतिक्षेपों का नियन्त्रण करते हैं।

4. सुषुम्ना-शीर्ष संरक्षण का अवयव (Organ of Conservation) है। यह प्राणी के जीवन के लिए अनिवार्य है क्योंकि हृदय की गति, श्वास क्रिया आदि जीवन के लिए अत्यावश्यक क्रियाओं का संचालन एवं नियंत्रण करता है। यह स्नायु-मंडल के लिए भी अनिवार्य है। वस्तुतः उसका तो यह मर्मस्थल ही है।

5. सुषुम्ना का कार्य है स्नायुओं का संचरण (Conduction) एवं उद्दीपन (Excitation)।

निष्कर्ष के रूप में उन्होंने कहा है कि यद्यपि स्नायु-मंडल के विभिन्न भागों के द्वारा विभिन्न प्रकार की विशिष्ट क्रियाएँ संपादित होती हैं, तथापि स्नायु-मंडल के ये भाग समष्टि के रूप में काम करते है। वास्तव में स्नायु-मंडल एक एकात्मक तंत्र (Unitary System) है। इस प्रकार फ्लॉरेन्स को इस दृष्टिकोण ने एक शताब्दी पहले ही आज के जेस्टाल्ट मनोविज्ञान का पूर्वाभास दे दिया था। यह सचमुच मनोविज्ञान के क्षेत्र में फ्लॉरेन्स की एक बहुत बड़ी देन है।

पॉल ब्रोका
(Paul Broca : 1824-1880)

उन्नीसवीं शताब्दी के मध्य में मस्तिष्क के अध्ययन के लिए दो विधियाँ अपनाई गईं–एक नैदानिक विधि (Clinical Method) तथा दूसरी विद्युद्दीपन विधि (Electrical-Stimulation Method)। 1861 में एक फ्रेंच चिकित्सक पॉल ब्रोका ने नैदानिक विधि विकसित की, जब वे एक ऐसे रोगी की शव-परीक्षा कर रहे थे जिसमें कई वर्षों से बोलने की क्षमता नहीं रह गई थी, अर्थात् वह वाक् शून्यता (Aphasia) से ग्रस्त था। वह शब्दों को सुन सकता था, किन्तु उसमें उनके अर्थ समझने की क्षमता नहीं थी। वह बोल भी सकता था, किन्तु उसके द्वारा व्यक्त शब्दों या वाक्यों से कोई अर्थ नहीं निकल सकता था। इससे स्पष्ट है कि वाक्-शून्यता न तो ज्ञानवाही दोष (Sensory

Defeet) है और न गति वाही दोष (Motor Defect) बल्कि यह एक साहचर्य दोष (Association defect) है। ब्रोका द्वारा की गई शव-परीक्षा से यह स्पष्ट हो गया कि बृहन्मस्तिष्कीय बल्क के तृतीय अग्रवेष्टन (Third Frontel convolition) में क्षति है। उन्होंने मस्तिष्क के इस भाग को वाक्-केन्द्र (Speech Centre) की संज्ञा दी। तब से इसे ब्रोका का क्षेत्र (Broca's Area) कहा जाने लगा।

ब्रोका की इस खोज का महत्त्व विशेषतः दो बातों को लेकर है–एक तो यह कि इसने फ्लॉरेन्स के बृहन्मस्तिष्क की एकात्मकता के सिद्धान्त को चुनौती दी। दूसरी यह कि यह स्पष्ट हो गया कि मस्तिष्क में विभिन्न क्रियाओं के लिए अलग-अलग क्षेत्र हैं। इसका तात्पर्य यह है कि उन्होंने मस्तिष्क में क्रियाओं के स्थान निरूपण (Localization) के सामान्य सिद्धान्त को स्थापित किया। उनकी इस खोज के महत्त्व को बोरिंग ने खुलकर स्वीकार किया है। उन्हीं के शब्दों में–"ब्रोका की खोज एक बड़ी खोज थी, यद्यपि आधुनिक प्रवृत्ति फ्लॉरेन्स की स्थिति की ओर लौटने की है।"

ब्रोका की नैदानिक विधि काफी उपयोगी सिद्ध हुई। इस विधि ने उन्मूलन विधि (Extirpation Method) के लिए पूरक का काम किया, क्योंकि ऐसा मानव-प्रयोज्य मिलना बहुत कठिन था जो अपने मस्तिष्क के किसी भाग को हटा लेने पर सहमत हो।

फ्रिस्क तथा हिटजिग
(Fritsch and Hitzig)

1870 में फ्रिस्क तथा हिटजिग ने विद्युद्दीपन विधि (Electrical Strimulation Method) के द्वारा बृहन्मस्तिष्कीय वल्क में गतिवाही क्रियाओं (MotorFunctions) के स्थान-निरूपण की प्रयोगात्मक खोज की घोषणा की। जहाँ तक वैज्ञानिक विचार का प्रश्न है, इस घोषणा ने एक बहुत ही दिलचस्प स्थिति पैदा कर दी। इसके पूर्व लगभग आधी शताब्दी तक करीब-करीब सभी शरीर वैज्ञानिक 'बृहन्मस्तिष्कीय वल्क की अनुत्तेजनशीलता' (Inexcitability of the Cerebral Cortex) को एक सिद्धांत के रूप में स्वीकार कर चुके थे। इतना ही नहीं उन्होंने बृहन्मस्तिष्कीय वल्क की असंवेदनशीलता (Insensitivity) को भी मान लिया था। अधिकांश शरीर-वैज्ञानिकों के बीच यह एक मान्य सिद्धान्त के रूप में स्वीकृत हो चुका था कि बृहन्मस्तिष्कीय बल्क अनुत्तेजनशील तथा असंवेदनशील होता है।

हिटजिग तथा फ्रिस्क ने अपने प्रयोग में पाया कि बृहन्मस्तिष्कीय बल्क के विद्युद्दीपन के कारण मनुष्य की आँखों में गति उत्पन्न हुई। हिटजिग ने एक खरगोश पर प्रयोग कर अपनी इस खोज का सत्यापन किया। पुनः उन्होंने फ्रिस्क के सहयोग से एक कुत्ते के बृहन्मस्तिष्कीय वल्क का क्रमबद्ध अध्ययन विद्युद्दीपन के द्वारा किया।

इस अध्ययन के द्वारा भी उनकी खोज का सत्यापन हुआ। अर्थात्, उन्होंने बृहन्मस्तिष्कीय वल्क में गति का प्रमाण पाया। फ्रिस्क तथा हिटजिग की खोजों को भी सत्यापित किया गया और कुछ ही वर्षों में गतिवाही केन्द्रों का विस्तृत मानचित्र प्रस्तुत किया गया।

यहाँ इसका विस्तृत विवेचन प्रस्तुत न कर सिर्फ इतना ही कहना लक्ष्य है कि किस प्रकार प्रयोगात्मक शरीर विज्ञान ने स्वतन्त्र प्रयोगात्मक मनोविज्ञान के विकास का मार्ग प्रशस्त किया।

अन्त में यह कहा जा सकता है कि इन सारी खोजों ने यह संकेत किया कि मनुष्य को एक यान्त्रिक एवं भौतिक प्रतिमा के रूप में देखा जा सकता है। फलस्वरूप यह माना जाने लगा कि मन के समान स्नायुमंडल भी आणविक रचनाओं (Atomistic Structure) से निर्मित है और जब इन्हें मिश्रित किया जाता है तो अधिक जटिल फल सामने आते हैं।

उन्नीसवीं शताब्दी के शरीर-विज्ञान में यन्त्रवाद की प्रवृत्ति वैसी ही प्रबल थी, जैसी उस समय के दर्शनशास्त्र में और यह जर्मनी से अधिक और कहीं भी नहीं थी। 1840 के लगभग वैज्ञानिकों के एक समुदाय ने, जिसमें अधिकांश जोहानिस मुलर के पहले के विद्यार्थी थे–बर्लिन भौतिक परिषद् (Berlin Physical Society) का संगठन किया। इन युवा वैज्ञानिकों का यह विश्वास था कि सभी तथ्यों या घटनाओं की व्याख्या भौतिक शब्दों में की जा सकती है। उन्होंने शरीर विज्ञान को भौतिकी (Physics) के साथ सम्बन्धित करने की चेष्टा की।

भौतिकवाद (Materialism), यन्त्रवाद (Mechanism), अनुभववाद (Empiricism), प्रयोग, (Experimentation), माप (Measurement)–ये सभी उन्नीसवीं सदी के मध्य तक शरीर-विज्ञान (Physiology) के केन्द्र-बिन्दु बन गए।

आरम्भिक शरीर-विज्ञान के विकास से यह ज्ञात होता है कि शरीर-विज्ञान में जो शोध-कार्य हुए और जो शोध-विधि अपनाई गई उनके प्रभाव के फलस्वरूप मन की मनोवैज्ञानिक खोज में भी वैज्ञानिक दृष्टिकोण अपनाया गया। प्रमुख बात यह है कि यदि दर्शनशास्त्र मन को प्रयोगात्मक विधि से समझने का मार्ग प्रशस्त कर रहा था, तो शरीर विज्ञान मानसिक क्रियाओं में निहित शारीरिक रचनाओं (Mechanisms) की प्रयोगात्मक विधि से खोज कर रहा था। अब दूसरा कदम था मन पर प्रयोगात्मक विधि को लागू करना।

ब्रिटेन के अनुभववादियों का कहना था कि मनुष्य के समस्त ज्ञान का एक मात्र स्रोत है संवेदना। शरीर वैज्ञानिकों ने ज्ञानेन्द्रियों की रचना और क्रिया को परिभाषित किया था। अब आवश्यकता इस बात की थी कि संवेदना की आत्मनिष्ठ अनुभूति (Subjective Exprience) पर प्रयोग किया जाए और उसे संख्यात्मक अभिव्यक्ति दी जाए। शरीर की खोज करने के लिए तो विधियाँ उपलब्ध थीं, अब उन्हें मन के

अन्वेषण के लिए विकसित करने की आवश्यकता थी। सारांश यह कि प्रयोगात्मक मनोविज्ञान के आरम्भ होने का मार्ग प्रशस्त हो चुका था।

सन्दर्भ

1. "Indeed, the development of psychology has been so dynamic that psychology of only twenty five years ago seems remote," Schultz.
2. "The psychologist sees the present in distorted perspective...mistakes old facts and old views for new, and...remains unable to evaluate the significance of new movements and methods."
3. Philosophical Study?
4. "Psychology is a positive science of the behaviour of living Things." Boring. A History of experimental Psychology.
5. The evolution of psychological theory : 1950 to the present. Lowry, R. Chicago Aldine—Atherton, 1971 (Chaptrs 1-4).
6. An essay concerning human understanding. Locke, J., New York: Dover, 1959. First Published in 1960.
7. "It is possible to see the whole of Locke's Psychology as a kind of Newtonian Cosmos in Miniature." The evolution of psychological theory. Lowry, R. Chicago, Illinois : Aldine—Alherton, 1971.
8. I think that if ears, tongues and noses were removed shapes and numbers and motions (primaley qualities) would remain, but not odousnor tastes nor sounds. The latter, I believe are nothing more than names when seherated from living beings. Boas, 1962.
9. An essay towards a new theory of vision, 1709.
10. A treatise concering the principles of human knowledge, 1710.
11. A trgatise of human nature 1739.
12. "Hume believed that mind is nothing more than the flow of ideas; sensations, memories and so on."
13. "A distinct knowledge of the elements in indispensable to an accurate conception of that which is compounded of them."
14. I Lehrbuch Lur Psychologie; 1816.
    II Psychologie als wyssenschaft, 1824-1825.
15. "Even unexprimental mathematical science would seen to be analytical" Page 242, Boring—A History of Experimental Psychology.
16. If Ronaldo was unconvincing in his experiments and vague and rescentailly incorrect in his theories. Pierre Florins was precise in his technique, clear and treatment in his luriting and essentially correct in his conciusions—at least he marks co definite step in both method and fact toward what is accepted as truth today. E. G. Boring, A History of Experimental Psychology; p. 60.

प्रयोगात्मक मनोविज्ञान का आरम्भ
अथवा
प्रयोगात्मक मनोविज्ञान की स्थापना

मनोविज्ञान में प्रयोगात्मक विधि को आरम्भ में लागू करने का श्रेय विशेष रूप से वेबर, फेक्नर, हेल्मरोज तथा वुन्ट को है। ये सभी जर्मन थे। वैसे तो उन्नीसवीं शताब्दी में पश्चिमी यूरोप के कई देशों में वैज्ञानिक विचार का विकास हो रहा था, किन्तु प्रयोगात्मक मनोविज्ञान का आरम्भ जर्मनी में ही हुआ, न कि फ्रांस या इंगलैंड में। लगभग एक शताब्दी तक जर्मनी के बौद्धिक इतिहास ने प्रयोगात्मक मनोविज्ञान की स्थापना का मार्ग प्रशस्त किया। जहाँ फ्रांस तथा ब्रिटेन ने अपने को भौतिक विज्ञान (Physics) तथा रसायनविज्ञान (Chemistry) तक सीमित रखा, वहाँ जर्मनी ने उदारतापूर्वक अनेक विषयों का वैज्ञानिक अध्ययन किया : जैसे भाषा विज्ञान (Philalogy), स्वर विज्ञान (Phonetics), सौन्दर्य विज्ञान (Aesthetic Science), तर्क शास्त्र (Logic), पुरातत्त्व विज्ञान (Archeology) आदि। मनुष्य के मन जैसे जटिल विषय के वैज्ञानिक अध्ययन में जहाँ अन्य लोगों को संशय हुआ वहाँ जर्मनी के इन विचारकों ने आगे बढ़कर वैज्ञानिक विधि की सहायता से मन की खोज की और उसे मापने की चेष्टा की।

ई.एच. वेबर (E.H. Weber, 1795-1878)–वेबर की अभिरुचि प्रधान रूप से शरीर-विज्ञान की दृष्टि से ज्ञानेन्द्रियों के सम्बन्ध में शोध-कार्य में थी। उनका इस क्षेत्र में काफी योगदान है। उनके पहले के शोध कार्य मुख्यतः दृष्टि तथा श्रवण सम्बन्धी उच्च ज्ञानेन्द्रियों तक ही सीमित थे। किन्तु उन्होंने नए क्षेत्रों में खोज की। उनके शोध-कार्य प्रधानतः त्वचा तथा मांसपेशियों की संवेदनाओं से सम्बन्धित थे। उन्होंने शरीर विज्ञान की वैज्ञानिक विधियों के द्वारा मनोवैज्ञानिक समस्याओं का अध्ययन किया, जिसकी खूब सराहना हुई। उनके स्पर्शेन्द्रिय-सम्बन्धी प्रयोगों के कारण मनोविज्ञान की स्थिति में एक बुनियादी-परिवर्तन हुआ। यदि दर्शनशास्त्र के साथ मनोविज्ञान का सम्बन्ध बिलकुल टूट नहीं गया तो, कम-से-कम बहुत कमजोर तो हो ही गया।

उन्होंने मनोविज्ञान को प्राकृतिक विज्ञानों के निकट ले जाने की भरपूर चेष्टा की और इस प्रकार मन के प्रयोगात्मक अध्ययन का मार्ग प्रशस्त किया। वैसे तो वेबर ने दृष्टि-श्रवण तथा घ्राण सम्बन्धी संवेदनाओं पर भी कई प्रयोग किए किन्तु वे अपने स्पर्शेन्द्रिय तथा मांसपेशीय प्रयोगों के लिए ही अधिक प्रसिद्ध हैं। अतः यहाँ इन दोनों के सम्बन्ध में ही विशेष रूप से विचार किया जाएगा।

स्पर्शेन्द्रिय-सम्बन्धी प्रयोग

द्वि-बिन्दु अवसीमा (Two-point Threshold)–द्वि-बिन्दु अवसीमा की खोज मनोविज्ञान में वेबर की बहुत बड़ी देन है। उन्होंने त्वचा पर दो बिन्दुओं के बीच भेद की सुनिश्चितता का प्रयोगात्मक निर्धारण किया। उन्होंने दो बिन्दुओं के बीच इस दूरी का पता लगाया जहाँ पहुँचने पर प्रयोज्य को दो बिन्दुओं की संवेदना होती है। उन्होंने कम्पास सदृश यन्त्र के सहारे प्रयोज्य की त्वचा को दो बिन्दुओं से स्पर्श किया। प्रयोज्य को आँखों का प्रयोग किए बिना यह बतलाना था कि उसे एक बिन्दु की संवेदना का अनुभव हो रहा है अथवा दो बिन्दु की संवेदना का। जब दोनों बिन्दुओं की दूरी बहुत कम थी तो प्रयोज्य ने एक बिन्दु पर ही स्पर्श-संवेदना का अनुभव किया। जैसे-जैसे दोनों बिन्दुओं की दूरी बढ़ाई गई, वैसे-वैसे आरम्भ में प्रयोज्य को संदेह होने लगा कि उसे एक बिन्दु की स्पर्श-संवेदना हो रही है अथवा दो बिन्दुओं की। अन्ततोगत्वा दोनों बिन्दुओं की दूरी ऐसी हो जाती है, जहाँ प्रयोज्य के दो बिन्दुओं के बीच की दूरी एक ऐसी अवसीमा (Threshold) पर पहुँच जाती है जहाँ प्रयोज्य दो बिन्दुओं की स्पर्श-संवेदना का अनुभव करता है। इसे ही द्वि-बिन्दु अवसीमा (Two-point threshold) कहते हैं। वेबर की यह खोज इस बात का प्रमाण है कि अवसीमा की धारणा का यह पहला क्रमबद्ध तथा प्रयोगात्मक अध्ययन है। अवसीमा की धारणा के सम्बन्ध में पहले भी अध्ययन हो चुके हैं किन्तु इसे सर्वप्रथम क्रमबद्ध एवं वैज्ञानिक स्वरूप प्रदान करने का श्रेय वेबर को ही है।

इसे सुल्ज ने मुक्तकंठ से स्वीकार किया है। उन्हीं के शब्दों में–"Weber's research marks the first systematic, experimental demonstration of the concept of threshold, a concept widely used in the new Psychology from its beginnings to the present day."[1]

अपने अन्य अनुसंधानों के आधार पर वेबर ने यह भी पाया कि यह द्वि-बिन्दु अवसीमा एक ही प्रयोज्य के शरीर के विभिन्न भागों के लिए एक-सी नहीं होती, बल्कि भिन्न-भिन्न होती है। जिह्वा तथा उंगलियों के अग्रभाग पर द्वि-बिन्दु-अवसीमा के लिए दोनों बिन्दुओं के बीच अपेक्षाकृत कम दूरी की आवश्यकता पड़ती है, जबकि हथेलियों, कलाइयों, होठों तथा कंधों पर अपेक्षाकृत अधिक दूरी थी। द्वि-बिन्दु अवसीमा में व्यक्ति विभिन्नताएँ भी पाई जाती हैं। शरीर के एक ही भाग की द्वि-बिन्दु अवसीमा विभिन्न

लोगों में अलग-अलग होती है। इस तथ्य की व्याख्या के लिए उन्होंने ज्ञानेन्द्रिय-वृत्तों (Sensory circles) की परिकल्पना की। किन्तु उनके इस प्रयास का महत्त्व कम होता गया, पर उनकी प्रयोगात्मक विधि की सार्थकता स्थायी रूप से बनी रही।

मांसपेशीय सम्बन्धी प्रयोग

केवल पहचानने भर का अन्तर (Just Noticeable Difference)–वेबर की केवल पहचानने भर के अन्तर (J.N.D.) की धारणा मनोविज्ञान के क्षेत्र में एक अति महत्त्वपूर्ण योगदान है, क्योंकि इसके कारण मनोविज्ञान में पहली बार सच्चे अर्थों में संख्यात्मक नियम की स्थापना हुई। उन्होंने दो वजनों के बीच कम-से-कम उस अन्तर को निर्धारित करने की चेष्टा की जिसे पहचाना जा सके। इसके लिए उन्होंने एक प्रयोग किया, जिसमें प्रयोज्य को बारी-बारी से दो वजनों को उठाना था–एक प्रामाणिक वजन (Standard Weight) को तथा दूसरा तुलनीय वजन (Comparison Weight) को और यह बतलाना था कि दूसरा वजन पहले वजन से भारी है या हल्का। जब दोनों वजनों के बीच बहुत कम अन्तर बच गया तो प्रयोज्य ने उन्हें बराबर कहा। जब दोनों वजनों के बीच अन्तर बढ़ा दिया गया तो प्रयोज्य ने दोनों के बीच अन्तर बतलाया। अन्ततोगत्वा वेबर इस निष्कर्ष पर पहुँचे कि दो वजनों के बीच महज पहचानने भर का अन्तर एक स्थिर अनुपात (Constant Ratio) में होता है, जैसे प्रामाणिक वजन 1:40 का है, तो इसका तात्पर्य यह है कि 40 ग्राम के प्रामाणिक वजन से 41 ग्राम के वजन के बीच प्रयोज्य महज पहचानने भर के अन्तर का रिपोर्ट करेगा।

इसके बाद वेबर ने विभिन्न मात्राओं के वजनों के बीच भेद करने के सम्बन्ध में मांसपेशीय संवेदनाओं के योगदान की खोज की। उन्होंने यह पाया कि जब वजनों को प्रयोज्य के हाथ में रख देने के बदले उसे वजनों को उठाकर निर्णय देने का अवसर दिया गया, तब यह पाया कि प्रयोज्य ने वजनों के बीच बहुत अधिक मात्रा में ठीक-ठीक अन्तर बतलाया। इसका कारण यह है कि वजनों को उठाने में स्पर्श तथा मांसपेशी सम्बन्धी दोनों प्रकार की संवेदनाएँ काम करती हैं। इसके विपरीत, जब वजन उसके हाथ में रख दिया जाता है, तब वह केवल स्पर्श-संवेदना का ही अनुभव करता है। इससे वेबर ने यह निष्कर्ष निकाला कि विभेदीकरण (Discrimination) में आन्तरिक मांसपेशियों का प्रभाव पड़ता है।

अपने प्रयोगों के आधार पर वेबर ने पाया कि विभेदीकरण दो वजनों के बीच के अन्तर की निरपेक्ष मात्रा (Absolute Magnitide) पर निर्भर नहीं करता बल्कि वह सापेक्ष अन्तर अथवा एक-दूसरे के बीच अनुपात (Ratio) पर निर्भर करता है। अतः दो उत्तेजनाओं के बीच केवल पहचानने भर के अन्तर (J.N.D.) को एक अंश (Fraction) के रूप में ग्रहण किया जा सकता है जो किसी विशेष ज्ञानेन्द्रिय के लिए स्थिर (Constant) होता है। उन्होंने दृष्टि-विभेदकीरण (Visual Discrimination)

सम्बन्धी प्रयोगों के आधार पर यह निष्कर्ष निकाला कि इसका अंश (Fraction) मांसपेशीय सम्बन्धी प्रयोगों के प्राप्त अंश की अपेक्षा छोटा होता है। इससे वे इस निष्कर्ष पर पहुँचे कि प्रत्येक इन्द्रिय के लिए पहचानने भर के अन्तर के लिए एक नित्य अंश (Constant Fraction) होता है। वेबर के इस नियम का मनोविज्ञान के क्षेत्र में एक महत्त्वपूर्ण स्थान है।

वेबर के प्रयोगों से स्पष्ट है कि भौतिक उत्तेजना तथा उसके प्रत्यक्षीकरण के बीच सीधे तौर पर समानुपात का सम्बन्ध नहीं होता। यहाँ यह उल्लेखनीय है कि वेबर, हेल्महोज के ही समान शरीर-विज्ञान सम्बन्धी प्रक्रियाओं से सम्बन्धित थे, न कि इस बात से कि उनके प्रयोगों का मनोविज्ञान के लिए क्या महत्त्व है। उनके प्रयोगों से यह अवश्य स्पष्ट हुआ कि मन तथा शरीर के बीच के सम्बन्ध की खोज कैसे की जा सकती है, उत्तेजना तथा उससे उत्पन्न संवेदना के बीच के सम्बन्ध को कैसे जाना जा सकता है। मनोविज्ञान के लिए यह एक बहुत बड़ी बात थी। इस दिशा में अधिक खोजों के लिए वेबर ने मार्ग प्रशस्त किया, इसमें कोई सन्देह नहीं।

वेबर के कार्यों की समीक्षा करते हुए यह कहा जा सकता है कि उनके शोध-कार्य बिलकुल प्रयोगात्मक थे। उन्होंने भलीभाँति नियन्त्रित अवस्थाओं में उत्तेजनाओं में क्रमबद्ध ढंग से परिवर्तन कर प्रयोज्य की अनुभूति पर उनके विशिष्ट प्रभावों का अध्ययन किया। उनके प्रयोगों ने अधिकाधिक शोध-कार्यों के लिए शरीर वैज्ञानिकों को प्रेरित किया। फलस्वरूप हेल्महोज, फेक्नर आदि ने अनेक मनोवैज्ञानिक समस्याओं के अध्ययन में प्रयोगात्मक दृष्टिकोण अपनाया। प्रयोगात्मक दृष्टिकोण की सत्यता (Validity) तथा महत्त्व की ओर विशेष रूप से उनका अध्ययन किया। स्वयं वेबर द्वारा किए गए कार्य भी मनोविज्ञान के लिए बहुत महत्त्वपूर्ण सिद्ध हुए। वेबर के कार्यों का मूल्यांकन करते हुए शुल्ज ने कहा है—"अवसीमा-माप पर वेबर का कार्य नवीन मनोविज्ञान के लिए सर्वोपरि महत्त्व का सिद्ध हुआ तथा उनका यह प्रमाणित कर देना कि संवेदनाओं की माप की जा सकती ह," ने वास्तव में आज तक मनोविज्ञान के प्रत्येक पक्ष को प्रभावित किया है।"[2]

शुल्ज की भाँति मर्फी ने भी वेबर के कार्यों के सम्बन्ध में कुछ ऐसा ही विचार व्यक्त किया है। उन्होंने स्पष्ट रूप से कहा है कि शरीर-विज्ञान सम्बन्धी प्रयोगों में वेबर की रुचि ने शरीर वैज्ञानिकों को कुछ ऐसी महत्त्वपूर्ण मनोवैज्ञानिक समस्याओं की ओर आकर्षित किया जिसकी अब तक उपेक्षा की गई थी।[3] वेबर के नियम के महत्त्व का उल्लेख करते हुए मर्फी ने उनके प्रयोगात्मक दृष्टिकोण की काफी सराहना की है और इस बात की भी सराहना की है कि उन्होंने शोध-कार्य के लिए लोगों को प्रेरित किया, जिसके फलस्वरूप अनेक समस्याओं के प्रयोगात्मक अध्ययन हुए।[4]

गस्टव थियोडोर फेक्नर (Gustav Theodor Fechner : 1801-1887)—गस्टव थियोडोर फेक्नर बहुमुखी प्रतिभा के व्यक्ति थे। उन्होंने सत्तर वर्षों से अधिक समय

तक सक्रिय बौद्धिक जीवन व्यतीत किया। इस लम्बी अवधि में अनेक विषयों पर किए गए उनके चिन्तन-मनन एवं अनुसन्धान द्रष्टव्य हैं, यथा–दर्शनशास्त्र, शरीर-विज्ञान, भौतिकी, मनोभौतिकी, प्रयोगात्मक-सौन्दर्यशास्त्र, व्यंग्य काव्य आदि। यहाँ यह भी उल्लेखनीय है कि वे अपने दृष्टिकोण में वैज्ञानिक होते हुए भी मूलतः मानवतावादी थे। अतः उनकी प्रबल इच्छा दार्शनिक होने की ही थी, क्योंकि वे भौतिकवाद से बिलकुल ऊब चुके थे और उसके स्थान पर अपने नवीन अध्यात्म के सिद्धान्त को स्थापित करना चाहते थे। इस नवीन सिद्धान्त के द्वारा जन-जीवन में जागृति लाना ही उनका एकमात्र उद्देश्य था। इस उद्देश्य को दृष्टि में रखकर आरम्भ में उन्होंने भौतिकवाद पर कई व्यंग्यात्मक निबन्ध लिखे।

1851 में उनकी प्रसिद्ध पुस्तक 'Gend-Avesta' प्रकाशित हुई। इस पुस्तक में फेक्नर को मनोभौतिकी (Psychophysics) का कार्यक्रम निहित था। अतः 'प्रयोगात्मक मनोविज्ञान' के साथ इसका प्राचीन सम्बन्ध कहा जा सकता है। इस पुस्तक में उन्होंने यह प्रतिपादित किया कि चेतना सभी में है–पृथ्वी, पेड़-पौधे आदि। पृथ्वी को उन्होंने 'माता' कहा और यह बतलाया कि हम लोगों के सामान ही पृथ्वी में भी जीव है और वह हमलोगों से कहीं अधिक पूर्ण है। उन्होंने यह भी कहा कि आत्मा अमर है, उसका कभी नाश नहीं होता। वे अपने दार्शनिक विचारों से लोगों में जागृति लाना चाहते थे। इस उद्देश्य की पूर्ति के लिए उन्होंने दर्शनशास्त्र की सात पुस्तकें प्रकाशित कीं। इस प्रकार वे एक दार्शनिक बनना चाहते थे। लेकिन विधि का विधान कुछ और ही था। उन्हें सर्वाधिक ख्याति मिली मनोभौतिकी (Psychophysics) में। उन्होंने यह कभी नहीं चाहा कि लोग उन्हें इस रूप में जानें, किन्तु हुआ यही। उन्होंने वुन्ट के समान कभी भी यह चेष्टा नहीं की कि प्रयोगात्मक मनोविज्ञान की स्थापना करें। उनकी तो एक ही आकांक्षा थी और वह यह कि तत्कालीन भौतिकवाद के स्थान पर अध्यात्म के सिद्धान्त को स्थापित करें, किन्तु वे प्रसिद्ध हुए एक मनोभौतिकी के अनुसंधानकर्त्ता के रूप में ही। मनोभौतिकी के उनके अनुसंधानों का प्रयोगात्मक मनोविज्ञान की स्थापना में काफी योगदान है।

मनोभौतिकी के अतिरिक्त प्रयोगात्मक सौन्दर्यशास्त्र (Experimental Aesthetics) में भी फेक्नर की काफी रुचि थी। इस विषय पर उनका पहला निबन्ध 1865 में प्रकाशित हुआ। पुनः 1860 से 1872 तक लगभग एक दर्जन निबन्ध प्रकाशित हुए। अन्ततोगत्वा 1876 में उनकी प्रसिद्ध पुस्तक 'Vorschule dev Aesthetic' प्रकाशित हुई। इस क्षेत्र में अपने महत्त्वपूर्ण कार्यों के कारण ये सौन्दर्यशास्त्र के संस्थापक माने जाते हैं। बोरिंग के शब्दों में–"यदि फेक्नर ने मनोभौतिकी की स्थापना की तो उन्होंने प्रयोगात्मक सौन्दर्यशास्त्र की भी स्थापना की।"[5]

वुन्ट की मनोवैज्ञानिक प्रयोगशाला की स्थापना के बहुत पहले ही 1860 में मनोभौतिकी पर फेक्नर की प्रसिद्ध पुस्तक 'Elemente Dev Psychophysik' प्रकाशित

हो चुकी थी। इसके पूर्व उन्होंने 1858 में मानसिक माप (Mental Measurement) पर एक वैज्ञानिक निबन्ध भी लिखा था। फेक्नर की पुस्तक पर दोनों ही प्रकार की प्रतिक्रियाएँ हुईं। यदि कुछ लोगों को इस पुस्तक से अनुसंधान के लिए प्रेरणा मिली तो कुछ लोगों ने इसकी आलोचना भी की। किन्तु सारी आलोचनाओं के बावजूद मनोभौतिकी के अनुसंधानों ने वुन्ट को एक ऐसे सुनिश्चित विज्ञान (Exact Science) की खोज की ओर प्रेरित किया, जो मानसिक घटनाओं के साथ भौतिक उत्तेजनाओं के सम्बन्ध का अध्ययन कर सके। फलस्वरूप एक स्वतन्त्र विज्ञान के रूप में प्रयोगात्मक मनोविज्ञान की स्थापना हुई। हेल्महोज (Helmholtz), मैक (Mach), वोल्कमैन (Volkmann) आदि ने फेक्नर से प्रभावित होकर मनोभौतिकी पर अनुसंधान कार्य किए। हेल्महोज ने 1859 में फेक्नर के बुनियादी सूत्र में परिमार्जन किया। मैक ने वेबर के नियम का परीक्षण किया, जिसे 1863 में प्रकाशित किया। फेक्नर के मित्र तथा साले ने 1863 में मनोभौतिकी पर कुछ निबन्ध प्रकाशित किए। वुन्ट ने 1862 के अपने प्रथम मनोवैज्ञानिक प्रकाशनों तथा पुनः 1863 के अपने मनोवैज्ञानिक प्रकाशनों में फेक्नर के कार्यों के महत्त्व की ओर लोगों का ध्यान आकर्षित किया। गार्डनर मर्फी (Gardner Murphy) के शब्दों में–"निस्सन्देह, एक लम्बी अवधि तक–सावधानीपूर्वक किए गए फेक्नर के अनुसंधान ने वुन्ट तथा उनके समकालीन अन्य लोगों को प्रयोगात्मक मनोविज्ञान की योजना प्रदान करने के लिए बहुत कुछ किया।[6] शुल्ज ने भी इस पुस्तक की मौलिकता की सराहना की है। उन्हीं के शब्दों में–"यह पुस्तक मनोविज्ञान के विकास में विशिष्ट मौलिक योगदानों में से एक मानी जाती है।"[7]

मन तथा शरीर के बीच मात्रात्मक सम्बन्ध
(Quantitative Relation Between Mind and Body)

मन तथा शरीर के सम्बन्ध पर विचार करते हुए फेक्नर ने स्पष्ट किया कि मन तथा शरीर, ये दोनों विश्व की प्रत्येक वस्तु पर विचार करने के दो वैकल्पिक मार्ग हैं। इनका परस्पर सम्बन्ध ठीक वैसा ही है, जैसा वृत्त (Circle) के अभ्यन्तर का सम्बन्ध बाह्य से है। इन दोनों के बीच का अन्तर वस्तुतः दो प्रकार के दृष्टिकोणों का प्रतिफल है। वास्तव में इन दोनों का तादात्म्य सम्बन्ध है। ये दोनों एक ही मूलभूत इकाई के दो पहलू हैं। फेक्नर के इस नवीन दर्शन को एक ठोस वैज्ञानिक नींव की आवश्यकता थी, क्योंकि इसके बिना इस समय की भौतिक बौद्धिकता इसे कभी भी स्वीकार नहीं करती। स्वयं फेक्नर को भी मान्य नहीं होता, क्योंकि वे भी तो एक भौतिक वैज्ञानिक थे। इसलिए उन्होंने अपने इस नवीन विचार को वैज्ञानिक रूप देने का प्रयास किया, जिसका मूल्यांकन करते हुए शुल्ज का कहना है–"अपने दार्शनिक विचारों को प्रयोग के आधार पर सत्यापित करने का उनका प्रयास मनोविज्ञान के इतिहास में एक मील-स्तम्भ है।"[8]

जब फेक्नर 1850 के 22 अक्टूबर की सुबह बिछावन पर लेटे-लेटे इस समस्या पर विचार कर रहे थे, तो उन्हें एकाएक इसका समाधान सूझ गया। फलस्वरूप उन्होंने घोषित किया कि दैनिक भौतिक जीवन के तथ्यों में मात्रात्मक सम्बन्ध (Quantitative Relation) है। इस बात को दृष्टिकोण में रखते हुए उन्होंने यह स्पष्ट किया कि उत्तेजना में प्रबलता की वृद्धि के साथ-साथ संवेदना की प्रबलता में भी वृद्धि होती है, किन्तु वह वृद्धि समान मात्रा में नहीं होती। यदि संवेदना की प्रबलता में वृद्धि गणितीय क्रम (Arithmetical Series) में होती है, तो उत्तेजना की प्रबलता में ज्यामितीय क्रम (Geometrical Series) में। उदाहरण के लिए, पहले से बज रही दस घंटियों की आवाज में एक घंटी की आवाज जोड़ने से उत्पन्न संवेदना की अपेक्षा पहले से बज रही एक घंटी की आवाज में और एक घंटी की आवाज जोड़ने से उत्पन्न संवेदना अधिक तीव्र होती है। इसका तात्पर्य यह है कि उत्तेजना की प्रबलता का प्रभाव निरपेक्ष (Absolute) नहीं होता, बल्कि सापेक्ष (Relative) होता है। यह प्रभाव पहले से विद्यमान संवेदना की मात्रा पर निर्भर करता है।

फेक्नर के अनुसार संवेदना में वृद्धि अथवा परिवर्तन की माप के लिए उत्तेजना में वृद्धि अथवा परिवर्तन की माप अनिवार्य है क्योंकि संवेदना उत्तेजना पर ही निर्भर करती है। इस आधार पर उनका विश्वास था कि मानसिक तथा भौतिक जगत के बीच मात्रात्मक सम्बन्ध स्थापित किया जा सकता है। यह बात देखने में तो सरल और स्पष्ट ज़ान पड़ती है, किन्तु इसे वास्तविकता में परिणत करना एक कठिन समस्या है। इस कठिनाई को दूर करने के लिए फेक्नर ने यह सोचा कि मानसिक तथा भौतिक, आत्मनिष्ठ (Subjective) तथा वस्तुनिष्ठ (Objective) दोनों ही प्रकार की प्रबलताओं की माप अनिवार्य है इसमें कोई शक नहीं कि उत्तेजना की माप सरल है, किन्तु संवेदना की माप कठिन है। फिर भी फेक्नर ने इस कठिन काम को किया।

फेक्नर ने संवेदना की माप के दो मार्ग बताए—एक तो यह कि उत्तेजना की उपस्थिति अथवा अनुपस्थिति की माप की जाए, अर्थात् यह माप की जाए कि प्रयोज्य को उत्तेजना का अनुभव हो रहा है या नहीं, और तब उत्तेजना की उस प्रबलता को भी मापा जा सकता है जहाँ प्रयोज्य को संवेदना का अनुभव हो सके। इसे ही संवेदनशीलता की निरपेक्ष अवसीमा (Absolute threshold of sensitivity) की संज्ञा दी गई है। इसका तात्पर्य है उत्तेजना की प्रबलता का वह बिन्दु जिसके नीचे संवेदना का अनुभव नहीं होता है। यहाँ यह स्पष्ट कर देना आवश्यक जान पड़ता है कि इस धारणा का सर्वप्रथम प्रयोग फेक्नर ने नहीं किया था, बल्कि इसके पहले हर्बर्ट तथा वेबर इसका प्रयोग कर चुके थे।

संवेदनशीलता की निरपेक्ष अवसीमा (Absolute Threshold) की यह माप उपयोगी तो है, किन्तु सीमित है, क्योंकि इसके द्वारा एक ही संवेदना मूल्य (Sensation Value) को निर्धारित किया जा सकता है—न्यूनतम मूल्य। इसलिए फेक्नर ने संवेदनशीलता

की विभेदक अवसीमा (Differential Threshold) की माप पर जोर दिया। विभेदक अवसीमा का तात्पर्य है। उत्तेजना में कम-से-कम मात्रा जो संवेदना में परिवर्तन उत्पन्न कर सके। उदाहरणार्थ, वजन उठाने सम्बन्धी प्रयोगों (Weight Lifting experiments) में यह निर्धारित करना कि वजन के भारीपन में कितनी वृद्धि करने से प्रयोज्य वजन के भारीपन में परिवर्तन का अनुभव करेगा, इसे ही केवल पहचानने भर का अन्तर (Just Noticeable Difference) या विभेदक अवसीमा (Differential Threshold) की संज्ञा दी जाती है। अपने प्रयोगों में फेकनर ने यह भी पाया कि प्रत्येक इन्द्रिय-संवेदना के लिए उत्तेजना में कुछ निश्चित सापेक्ष वृद्धि करने से ही संवेदना की तीव्रता में द्रष्टव्य परिवर्तन होता है। इस प्रकार यह स्पष्ट है कि संवेदना (Mind) तथा उत्तेजना (Body) की माप की जा सकती है और दोनों के बीच के सम्बन्ध को इस समीकरण (Equation) द्वारा व्यक्त किया जा सकता है–S = Klog R इसमें 'S' का प्रयोग संवेदना की मात्रा के लिए 'K' का constant के लिए तथा 'R' का उत्तेजना की मात्रा के लिए किया गया है। दोनों के बीच का सम्बन्ध लघुगणकीय (Logarythmic) है, अर्थात् संवेदना में गणितीय क्रम से वृद्धि होती है तो उत्तेजना में ज्यामितीय क्रम से। यह समीकरण वेबर-फेकनर नियम (Weber-Fechner Law) के रूप में विख्यात है। चूँकि यह नियम मूलतः वेबर के नियम से भिन्न नहीं है, बल्कि उसका ही संशोधित रूप है, इसीलिए इस नियम के साथ वेबर तथा फेक्नर, दोनों के नाम जुड़े हुए हैं। फेक्नर की विशेषता यह है कि उन्होंने वेबर के विचार को स्पष्ट किया तथा उसे गणितीय तथा मात्रात्मक (Quantitative) स्वरूप प्रदान किया।

यद्यपि वेबर तथा फेक्नर, दोनों के विचार मूलतः समान थे, फिर भी दोनों की परिकल्पनाओं में अन्तर था। जहाँ वेबर की रुचि केवल पहचानने भर के अन्तर में थी, वहाँ फेक्नर का उद्देश्य भौतिक एवं आध्यात्मिक जगत के बीच के सम्बन्ध की गणितीय व्याख्या करना था। उन्होंने अपने विचार के परीक्षण के लिए बहुत दिनों तक श्रमसाध्य प्रयोग किए। इस क्रम में उन्होंने दो अन्य पूरक परिल्कपनाओं पर भी विचार किया। एक परिकल्पना यह थी कि संवेदनाओं को मापा जा सकता है तथा दूसरी यह कि सभी संवेदनाओं के लिए एक शून्य बिन्दु (Zero point) होता है। ये दोनों परिकल्पनाएँ काफी विवादास्पद थीं। इसके बावजूद फेक्नर ने आरम्भ से ही सदा यह महसूस किया कि ये दोनों उनके उद्देश्य की पूर्ति के लिए अनिवार्य हैं। उन्होंने इस बात को बार-बार दुहराया था कि संवेदना की माप का उनका प्रधान उद्देश्य है वस्तुनिष्ठ जगत का आत्मनिष्ठ जगत के साथ सम्बन्ध की खोज करना। वस्तुतः उनकी आकांक्षा थी विश्व की ऐसी व्याख्या प्रस्तुत करना, जो उस समय की वैज्ञानिक विधियों के अनुरूप हो। दूसरे शब्दों में, अनुभूति के गुणों तथा विज्ञान की मात्राओं के बीच सम्बन्ध निर्धारित करना ही उनका प्रधान लक्ष्य था।

मनोभौतिकी की विधियाँ
(Methods of Psychophysics)

अपनी प्रसिद्ध पुस्तक 'Elmenteder Psychophysik' में फेक्नर ने पहले मनोभौतिकी की परिभाषा की। उनके अनुसार मनोभौतिकी मन तथा शरीर के बीच कार्यात्मक सम्बन्धों अथवा आश्रितता के सम्बन्धों का एक सुनिश्चित विज्ञान है। उनके अनुसार इसके अन्तर्गत संवेदना, प्रत्यक्षीकरण, भाव, क्रिया, ध्यान आदि का अध्ययन किया जा सकता है। उस समय के विज्ञान की स्थिति पर विचार करते हुए उन्हें संवेदना की माप की सबसे अधिक गुंजाइश जान पड़ी। यह मानकर कि संवेदना एक परिमेय मात्रा (Measurable Magnitude) है, उन्होंने मनोभौतिकी की विधियों को विकसित किया।

फेक्नर ने मनोभौतिकी की तीन प्रधान विधियों का उपयोग कर कई प्रयोग किए हैं। वे तीन प्रधान विधियाँ है–(1) औसत भूल विधि (Method of Average Error) (2) सीमा विधि (Method of Limits) तथा (3) नित्य उत्तेजना विधि (Method of Constant Stimuli)।

औसत भूल-विधि (Method of Average Error)–फेक्नर ने ए. डब्ल्यू. वोल्कमैन (A.W. Wolkman) के सहयोग से औसत भूल विधि को विकसित किया। इस विधि का प्रयोग प्रयोज्य द्वारा उत्तेजना-मूल्य (Stimulus Value) के प्रत्यक्षीकरण में की गई भूल की औसत मात्रा को निर्धारित करने के लिए किया जाता है। इसमें प्रयोज्य के समक्ष एक मानक उत्तेजना (Standard Stimulus) प्रस्तुत की जाती है, जिसका मूल्य सदा एक-सा रहता है और उसके साथ-साथ एक परिवर्त्य उत्तेजना (Variable Stimulus) उपस्थित की जाती है, जिसका मूल्य परिवर्तित होता रहता है। इस परिवर्त्य उत्तेजना को तुलना उत्तेजना (Comparison Stimuls) भी कहते हैं। प्रयोज्य को परिवर्त्य उत्तेजना की मात्रा को घटा-बढ़ाकर इस प्रकार अभियोजित करना पड़ता है कि वह मानक उत्तेजना के बराबर हो जाए। ऐसा करने में प्रयोज्य जो भूल करता है, उसके कारण मानक उत्तेजना तथा परिवर्त्य उत्तेजना के मूल्य में अन्तर हो जाता है। कई प्रयासों में मानक उत्तेजना के प्रत्यक्षीकरण में प्रयोज्य द्वारा की गई भूलों का औसत निकाल लिया जाता है, जो प्रत्यक्षीकरण में औसत भूल का प्रतिनिधित्व करता है। यह विधि ऐसा मानती है कि ज्ञानेन्द्रियों में परिवर्तनशीलता पाई जाती है। इसीलिए सही माप सम्भव नहीं हो पाती। फलस्वरूप हम लोग कई प्रयासों में प्रयोज्य द्वारा रिपोर्ट की गई मापों का औसत निकाल लेते हैं, जो लगभग सही मूल्य (True Value) का प्रतिनिधित्व करता है।

यह विधि विपर्यय की मात्रा (Extent of Illusion), प्रतिक्रिया काल (Reaction Time) तथा दृष्टि एवं विभेदीकरण (Visual and Auditory Discrimination) आदि की माप के लिए उपयोगी माना जाता है। यह विधि आधुनिक शोध कार्यों के लिए

भी उपयोगी है, क्योंकि हम प्रायः प्रत्येक प्रयास में औसत निकालते हैं और ऐसा करना वास्तव में औसत भूल विधि का ही उपयोग करना है।

सीमा विधि (Method of limits)—मूल रूप में सीमा-विधि का उल्लेख 1700 में ही हो चुका था, किन्तु 1827 में डेलेजेन (Delezenne) ने इसे औपचारिक रूप दिया। वेबर ने भी इस विधि का प्रयोग 'केवल पहचानने भर के अन्तर' के रूप में किया था, किन्तु फेक्नर ने दृष्टि तथा तापमान भी संवेदनाओं पर किए गए प्रयोगों के आधार पर इसे अधिक औपचारिक रूप में विकसित किया।

इस विधि में दो प्रकार की उत्तेजनाओं को प्रस्तुत किया जाता है—एक मानक उत्तेजना और दूसरी परिवर्त्य उत्तेजना। इसमें प्रयोज्य को यदि पहली बार परिवर्त्य उत्तेजना की प्रबलता के मानक उत्तेजना की अपेक्षा अधिक रखकर उसे प्रबलता को क्रमबद्ध ढंग से बढ़ाना पड़ता है। इसी प्रकार प्रयोज्य को कई प्रयास करने पड़ते हैं। उन प्रयासों के अन्त में प्राप्त वस्तु से 'केवल पहचानने भर के अन्तरों' का औसत निकालकर विभेद अवसीमा (DL) को निर्धारित किया जाता है। इस विधि में एक ही उत्तेजना को अवरोही (Descending) तथा आरोही (Ascending) क्रम में प्रस्तुत कर निरपेक्ष अवसीमा का निर्धारण किया जाता है। दूसरे शब्दों में, इस विधि के द्वारा उत्तेजना-मूल्य की वह निम्न अथवा उच्च सीमा निर्धारित की जाती है जिसे मात्र पहचाना भर जा सकता है।

नित्य उत्तेजना विधि (The Method of Constant Stimuli)—नित्य उत्तेजना विधि को 1852 में ही विरोर्ट (Vierordt) ने आरम्भ कर दिया था। फेक्नर ने इसका विस्तृत रूप में प्रयोग किया। उन्होंने वजन उठाने (Weight Lifting) सम्बन्धी अपने प्रयोगों में 67,000 से भी कुछ अधिक वजनों की तुलना की ।

इस विधि में उत्तेजनाओं को स्थिर (Constant) रखा जाता है। इसमें एक मानक उत्तेजना होती है और कुछ तुलना-उत्तेजनाएँ होती हैं। इसके द्वारा निरपेक्ष अवसीमा तथा विभेदक अवसीमा, इन दोनों का निर्धारण किया जाता है। निरपेक्ष अवसीमा के निर्धारण में प्रयोज्य को यह रिपोर्ट करना पड़ता है कि वह उत्तेजना को पहचान रहा है अथवा नहीं। विभेदक अवसीमा के निर्धारण में प्रयोज्य को यह रिपोर्ट देना पड़ता है कि किसी मानक उत्तेजना की तुलना में दूसरी उत्तेजना का क्या मूल्य है। उदाहरणार्थ, वजन उठाने सम्बन्धी प्रयोग में पहले मानक वजन और तब दूसरा वजन उठाकर यह रिपोर्ट करना पड़ता है कि दूसरा वजन पहले वजन से भारी है, हल्का है या बराबर है। यद्यपि परिवर्त्य उत्तेजना के विभिन्न मूल्यों को अनिश्चित क्रम में प्रस्तुत किया जाता है, किन्तु सभी प्रयासों में एक ही मूल्य की उत्तेजनाओं का प्रयोग किया जाता है। इसीलिए इस विधि को नित्य उत्तेजना विधि कहते हैं। यह विधि ऐन्द्रिक अवसीमाओं तथा अभिवृत्तियों (Aptitudes) की माप में काफी उपयोगी सिद्ध हुई है।

हर्मन वॉन हेल्महोज (Hermann Von Helmholtz, 1821-1894)–हेल्महोज की गणना उन्नीसवीं शताब्दी के सर्वाधिक महान वैज्ञानिकों में की जाती है। उनका कार्य-क्षेत्र अत्यन्त व्यापक था। उनकी अभिरुचि विभिन्न विषयों में थी। उनके सर्वाधिक महत्त्वपूर्ण अनुसंधान भौतिकी (Physics), शरीर विज्ञान (Physilogy) तथा मनोविज्ञान (Psychology) में हुए। वास्तव में, वे अपनी रुचि एवं अपने संस्कार से एक भौतिक विज्ञानी थे, किन्तु परिस्थिति ने उन्हें पहले तो शरीर विज्ञान की ओर अग्रसर किया और तब मनोविज्ञान की ओर। उनकी रुचि की दृष्टि से मनोविज्ञान तीसरे दर्जे पर था। उन्होंने वुन्ट के समान मनोविज्ञान को एक स्वतंत्र विज्ञान के रूप में स्थापित करने की चेष्टा नहीं की, किन्तु मनोविज्ञान के लिए उनके कार्य इतने महत्त्वपूर्ण सिद्ध हुए कि उनका नाम वुन्ट तथा फेक्नर के साथ मनोविज्ञान के संस्थापकों में लिया जाता है।[9]

मनोविज्ञान में हेल्महोज की अभिरुचि कुछ तो जोहनिसमुलर के सम्पर्क में आने के कारण हुई और इससे भी बड़ी बात यह थी कि जो व्यक्ति व्यापक अभिरुचि एवं बहुमुखी प्रतिभा का हो, वह भला एक जगह कैसे टिका रह सकता है? फल यह हुआ कि उन्होंने अपने को केवल शरीर-विज्ञान-सम्बन्धी अनुसंधानों तक ही सीमित न रखकर उस समय के दैहिक मनोविज्ञान (Physiological Psychology) की समस्याओं में भी रुचि ली। वस्तुतः हेल्महोज की प्रतिभा का सर्वाधिक उपयोग दैहिक प्रकाश (Physiological Optics) तथा दैहिक ध्वनि (Physiological Acoustics) में हुआ। उन्होंने मनोविज्ञान की समस्याओं में भी काफी रुचि ली, क्योंकि यह समय का तकाजा था।

17 वर्ष की आयु में उन्होंने बर्लिन चिकित्सा-संस्थान (Berlin Medical Institute) में प्रवेश किया। 1838 से 1842 तक वहाँ रहकर अध्ययन करने के बाद उन्होंने 7 वर्षों तक सैनिक सर्जन के रूप में काम किया। इस अवधि में उन्होंने गणित एवं भौतिकी का अध्ययन किया तथा कई शोध-निबंध प्रकाशित किए। सैनिक सेवा से हटने के बाद उन्होंने कोनिंग्सवर्ग में फिर बोन में तथा हेडेलवर्ग में शरीर-विज्ञान के प्रोफेसर के रूप में कार्य किया और अन्त में बर्लिन में भौतिकी के प्रोफेसर के रूप में नियुक्त हुए।

हेल्महोज ने 1842 में अपना पहला चिकित्सा-सम्बन्धी शोध-निबंध प्रकाशित किया, जो तत्कालीन स्नायु-कोष के सिद्धान्त (Theory of Neurone) पर छा गया। इसके बाद तो दो सौ से अधिक शोध-निबन्ध तथा उनकी कई पुस्तकें प्रकाशित हुईं। 1847 में उनका प्रसिद्ध शोध-निबंध 'शक्ति संचरण का नियम' (Law of Conservation of Energy) प्रकाशित हुआ। इस निबंध के द्वारा उनका लक्ष्य था यह दिखलाना कि यह सिद्धान्त शारीरिक यंत्र के अन्तर्गत कार्य करता है। दूसरे शब्दों में, जीवित प्राणी भौतिकी के नियमों का अपवाद नहीं है। इस पर अपना मत

व्यक्त करते हुए बोरिंग ने कहा है–"यह विचार नया नहीं है। डेकार्ट के समय से ही ऐसे लोग थे जिन्होंने शरीर को एक यन्त्र के रूप में समझा।"

जब हेल्महोज कोनिंग्सवर्ग में थे, तो उन्होंने जो सबसे पहला महत्त्वपूर्ण वैज्ञानिक कार्य किया, वह था–स्नायु-प्रवाह के संचरण की गति की माप (Measurement of The Rate of Conduction of the Nerve Impulse) वहीं उनकी रुचि संवेदना की समस्याओं में हुई और वे वैज्ञानिक अनुभववाद (Scientific Empiricism) की ओर उन्मुख हुए। फलस्वरूप उन्होंने कान्ट के अन्तर्ज्ञानवाद (Intiutionism) का विरोध किया। उन्होंने दैहिक प्रकाश (Physiological Optics) का अध्ययन किया और 1851 में दृष्टिपटलदर्शी (Opthalmascope) का अनुसंधान किया। इस यन्त्र के द्वारा आँख के भीतरी भाग को सीधे देखा जा सकता था। इसी अवधि में 1802 में मौलिक रूप में यंग (Young) द्वारा प्रतिपादित रंग-दृष्टि सिद्धान्त (Theory of Colour Vision) को व्यापक रूप दिया, जो यंग-हेल्महोज के रंग-दृष्टि सिद्धान्त के नाम से प्रसिद्ध है। इन कार्यों के फलस्वरूप 1886 में उनकी प्रसिद्ध पुस्तक 'Handbuch der Physilogischen Optic' का प्रथम भाग प्रकाशित हुआ। दूसरा भाग 1806 में तथा तीसरा 1866 में प्रकाशित हुआ। समग्र रूप में इन तीनों भागों का प्रकाशन 1867 में हुआ।

हेल्महोज ने दैहिक ध्वनि (Physiological Acoustics) के क्षेत्र में भी काम किया। इसके फलस्वरूप 1863 में उनकी प्रसिद्ध पुस्तक 'Tonempfindungen' प्रकाशित हुई जिसमें सुनने का प्रतिध्वनि सिद्धान्त (Resonance Theory of Hearing) सन्निहित है।

हेल्महोज के कुछ प्रमुख योगदान

इन्द्रिय-शरीर विज्ञान (Sensory Physiology)–इन्द्रिय-शरीर-विज्ञान के क्षेत्र में हेल्महोज की प्रसिद्ध खोज है–स्नायु-प्रवाह की गति की माप। इनके पहले इस समस्या पर बहुत कम काम हुआ था। मुलर ने इस दिशा में कुछ काम किया था। उन्होंने अपने अध्ययन के आधार पर बतलाया था कि स्नायु-संचरण (Nerve Conduction) की गति की तुलना प्रकाश की गति से की जा सकती है। हेल्महोज ने इस समस्या का अध्ययन किया। उन्होंने मेढ़क की गतिवाही स्नायुओं (Motor Nerves) में संचरण-गति (Speed of Conduction) की माप की। कुछ प्रयोगों में उन्होंने मांसपेशी (Muscle) के निकटस्थ स्नायु पर एक बिन्दु को उत्तेजित किया तथा अन्य प्रयोगों में मांसपेशी से काफी दूर स्नायु पर एक बिन्दु को उत्तेजित किया। इन दोनों प्रकार के प्रयोगों में उत्तेजना से आरम्भ कर मांसपेशीय संकुचन (Muscular of Contraction) तक समय के अन्तरालों (Intervals) की भिन्नता की माप की, जो संचरण-काल (Conduction Time) का द्योतक है। इस विधि के द्वारा उन्हें विश्वसनीय परिणाम प्राप्त हुए।

इस समस्या के अध्ययन को हेल्महोज ने पशुओं तक ही सीमित नहीं रखा, बल्कि मानव-प्रयोज्यों पर भी प्रतिक्रिया-काल निर्धारित करने के लिए प्रयोग किया। उन्होंने ज्ञानेन्द्रियों की उत्तेजना से लेकर गतिवाही प्रतिक्रिया (Motor Reaction) के सम्पूर्ण क्षेत्र का अध्ययन किया। प्रयोगात्मक परिणामों से ज्ञात हुआ कि एक व्यक्ति का प्रतिक्रिया-काल दूसरे व्यक्ति से भिन्न होता है। एक ही व्यक्ति के प्रतिक्रिया-काल में भी एक प्रयास से दूसरे प्रयास में अन्तर पाया जाता है। इन विभिन्नताओं के कारण उन्होंने प्रतिक्रिया-काल सम्बन्धी अनुसन्धान का परित्याग कर दिया, क्योंकि उनका एकमात्र उद्देश्य था स्नायुओं में संचरण की गति की प्रतिक्रिया काल सम्बन्धी व्यक्ति-विभिन्नताओं की माप। व्यक्ति-विभिन्नताओं के अध्ययन में गाल्टन की काफी रुचि थी, पर हेल्महोज की बिलकुल नहीं।

यहाँ यह भी उल्लेख्य है कि हेल्महोज की रुचि केवल स्नायु-प्रवाह की गति की माप में थी, न कि उसकी मनोवैज्ञानिक सार्थकता में। किन्तु एक डच मनोवैज्ञानिक डौन्डर्स (Donders) की रुचि इस समस्या की मनोवैज्ञानिक सार्थकता में काफी थी। फलस्वरूप उन्होंने इस समस्या का अध्ययन किया और अपने प्रयोगात्मक फलों के आधार पर तीन प्रकार के प्रमुख प्रतिक्रिया-कालों का उल्लेख किया–सरल प्रतिक्रिया-काल (Simple Reaction Time), विभेदन प्रतिक्रिया-काल (Discrimination Reaction Time), तथा चयन प्रतिक्रिया-काल (Choice Reaction Time)।

दृष्टि-संवेदना के क्षेत्र में हेल्महोज का सर्वाधिक महत्त्वपूर्ण योगदान है। उनकी प्रसिद्ध पुस्तक 'Handbook der Physiologischen Optic' जिसका उल्लेख पहले ही किया जा चुका है। पहले यह पुस्तक तीन भागों में प्रकाशित हुई, पर बाद में सभी भागों को समाहित करते हुए सम्पूर्ण पुस्तक का प्रकाशन 1867 में हुआ। अपने जीवन के अन्तिम दिनों में उन्होंने इस पुस्तक का संशोधन किया। अपने संशोधित रूप में इस पुस्तक का दूसरा संस्करण उनकी मृत्यु के पश्चात् 1896 में प्रकाशित हुआ। इस पुस्तक के महत्त्व पर प्रकाश डालते हुए बोरिंग ने कहा है–"यह इस क्षेत्र में आज भी वेद-वाक्य बना हुआ है।"[10]

'Optic' में अनेक विधियों का विवेचन है। इस पुस्तक के प्रथम भाग में दृष्टि-संवेदना की विवेचना की गई है और ऐसा करने में भौतिक-विज्ञानी दृष्टिकोण अपनाया गया है। दूसरे भाग में शरीर-विज्ञानी दृष्टिकोण अपनाया गया है तथा तीसरे भाग में मनोवैज्ञानिक दृष्टिकोण। मनोविज्ञान के प्रायः सभी विद्यार्थी इनके रंग-दृष्टि सिद्धान्त से परिचित हैं जो रंग-दृष्टि के यंग-हेल्महोज सिद्धान्त (Young-Helmholtz Theory of Colour Vision) के नाम से प्रसिद्ध है। इस पुस्तक के अन्तिम भाग में अनुभववाद (Empiricism) तथा अचेतन अनुमान (Unconscious Influence) की विवेचना की गई है। अपने विषय की यह वृहत् पुस्तक है, जिसमें लगभग पाँच लाख शब्द हैं।

हेल्महोज की दूसरी पुस्तक श्रवण संवेदना से सम्बन्धित है। उनकी दूसरी पुस्तक है–"Tonempfindungen' जो 'Optic' के समान विस्तृत नहीं है, किन्तु अपने क्षेत्र में उसका महत्त्व कम नहीं है। यह ध्वनि मनोविज्ञान (Psychology of Acoustics) की मौलिक पुस्तक मानी जाती है। संशोधित रूप में इसका प्रकाशन 1865, 1870 तथा 1877 में हुआ। 1875 में इसका अंग्रेजी में भी अनुवाद हुआ। इसका उपयोग मनोविज्ञान तथा संगीत दोनों विषयों के विद्यार्थियों ने किया। वास्तव में ध्वनि-सम्बन्धी हेल्महोज का कार्य बहुत ही ठोस और युगान्तरकारी कहा जा सकता है। मर्फी के शब्दों में–"ध्वनि विज्ञान में हेल्महोज का कार्य प्रकाश-विज्ञान में उनके कार्य के समान ही ठोस तथा युगान्तरकारी दोनों ही हैं।"[11]

इस पुस्तक के तीन भागों में से पहला भाग मनोवैज्ञानिकों के लिए अधिक महत्त्वपूर्ण है। इसमें सुनने के प्रतिध्वनि-सिद्धान्त (Resonance Theory of Hearing) की विवेचना की गई है। इसमें श्रवण-उत्तेजनाओं के स्वरूप, स्वर-मिश्रण आदि पर शोध सन्निहित हैं। पुस्तक के अन्य दो भागों में समस्वरता (Harmony) तथा अन्य संगीतात्मक सम्बन्धों की व्याख्या की गई है।

हेल्महोज की दोनों पुस्तकें–एक ध्वनि विज्ञान पर तथा दूसरी प्रकाश विज्ञान पर, ऐतिहासिक दृष्टि से बहुत महत्त्वपूर्ण हैं। इनका प्रकाशन ठीक वैसे समय में हुआ, जब मनोविज्ञान का अर्थ स्पष्ट हो रहा था। उसी समय फेक्नर ने यह घोषित किया था कि मनोविज्ञान में माप की वैज्ञानिक विधि का उपयोग किया जा सकता है। हेल्महोज ने यह स्पष्ट किया कि दृष्टि तथा श्रवण संवेदनाओं के क्षेत्र में महत्त्वपूर्ण अनुसंधानात्मक कार्य किए जा सकते हैं। संक्षेप में, मनोविज्ञान को एक स्वतन्त्र प्रयोगात्मक विज्ञान के रूप में स्थापित होने का मार्ग प्रशस्त हो रहा था। अब तो बस केवल एक ऐसे व्यक्ति की आवश्यकता थी जो इस अवसर का लाभ उठाकर मनोविज्ञान को एक स्वतन्त्र विज्ञान के रूप में स्थापित कर दे। इस अवसर पर लाभ उठाया वुन्ट ने और मनोविज्ञान को एक स्वतंत्र विज्ञान घोषित कर दिया। उसकी विषयवस्तु और विधियों को भी निर्धारित कर दिया और इस प्रकार मनोविज्ञान एक स्वतन्त्र विज्ञान के रूप में स्थापित हो गया।

अनुभववाद
(Experientialism)

हेल्महोज ने केवल दृष्टि-संवेदना पर ही विचार नहीं किया, बल्कि दृष्टि प्रत्यक्षीकरण तथा सामान्य रूप से प्रत्यक्षीकरण पर भी विचार किया। क्रमबद्ध मनोविज्ञान (Systematic Psychology) में प्रत्यक्षीकरण का बड़ा महत्त्वपूर्ण स्थान रहा है। इसलिए यह कहा जा सकता है कि क्रमबद्ध मनोवैज्ञानिक चिन्तन के इतिहास में हेल्महोज का प्रमुख स्थान है। वे प्रधान रूप से एक प्रयोगवादी थे और एक प्रयोगवादी के मनोविज्ञान

में क्रमबद्धता का होना अनिवार्य ही है। वास्तव में प्रयोगात्मक मनोविज्ञान के दो आवश्यक अंग हैं–एक प्रयोग और दूसरा क्रमबद्धता।

हेल्महोज मनोवैज्ञानिक अनुभववाद के बहुत बड़े समर्थक थे। इसीलिए वे एक जर्मन होते हुए भी लिबनिज (Libnitz) तथा कान्ट (Kant) जैसे जर्मन चिन्तकों की परम्परा के न होकर जॉन लॉक, जॉर्ज बर्कले, डेविड ह्यूम, डेविड हर्टले, जेम्स मिल आदि ब्रिटिश अनुभववादियों एवं साहचर्यवादियों की परम्परा के थे। जर्मन दार्शनिक मनोवैज्ञानिकों ने अन्तर्ज्ञानवाद (Intuitionism) का समर्थन किया। अन्तर्ज्ञानवाद में जन्मजात विचारों के सिद्धान्त (Doctirne of Innate Ideas) की प्रधानता थी। ब्रिटिश अनुभववाद की प्रमुख मान्यता यह थी कि मन की उत्पत्ति व्यक्तिगत अनुभव से होती है।

मनोविज्ञान में प्रत्यक्षीकरण को लेकर आनुवंशिकतावाद (Geneticism) तथा सहजात्यवाद (Nativeism) के बीच काफी विरोध था। आनुवंशिकतावाद का पक्ष लिया हेल्महोज तथा वुन्ट ने और सहजात्यवाद का पक्ष लिया हेरिंग (Haring) ने। हेल्महोज का कहना था कि प्रत्यक्षीकरण की व्याख्या में सहजात्यवाद का सिद्धान्त अनावश्यक है। किन्तु अनुभव का आधार ठोस है, क्योंकि उसके द्वारा प्रत्यक्षीकरण प्रदर्शित किया जा सकता है।[12] उन्होंने अपने ऑप्टिक (Optic) के तीसरे भाग की भूमिका में अनुभववादी सिद्धान्त (Empiricistic Theory) की विशद व्याख्या करते हुए स्पष्ट किया कि–"अनुभववादी सिद्धान्त यह दिखलाने की चेष्टा करता है कि हम लोगों के मन की ज्ञात शक्तियों के परे उनकी उत्पत्ति के लिए कम-से-कम किसी अन्य शक्ति की आवश्यकता नहीं है, यद्यपि इन शक्तियों की पूर्ण व्याख्या नहीं की जा सकती।"[13] कान्ट (Kant) तथा फिकटे (Fechte) ने ज्यामितीय स्वयंसिद्धियों (Geometrical Axioms) को प्रागनुभव अन्तर्ज्ञान (Aprionintuition) के उदाहरण स्वरूप प्रस्तुत किया था, किन्तु हेल्महोज ने उन्हें भी अनुभव के ही परिणाम रूप में माना। इस विषय पर उनके सात शोध-निबन्ध भी प्रकाशित हुए, जिनमें उन्होंने अपने इस विचार की पुष्टि की है।

यहाँ यह उल्लेख्य है कि हेल्महोज पर मुलर का काफी प्रभाव पड़ा। हेल्महोज ने मुलर की महानता को स्वीकार किया और विशेषतः "स्नायुओं की विशिष्ट ऊर्जाओं के सिद्धान्त" को तो बहुत अधिक महत्त्व प्रदान किया। इसके बावजूद एक बहुत दिलचस्प बात यह है कि कि मुलर एक सहजात्यवादी थे। उनके अनुसार स्थान (Space) मन के लिए जन्मजात हैं। अतः उनको उसका प्रत्यक्षीकरण सहजरूप में होता है। किन्तु हेल्महोज एक अनुभववादी थे। अतः उन्होंने मुलर के इस विचार का विरोध किया और लॉन्ज़े के समान स्थान-प्रत्यक्षीकरण (Space Perception) को अनुभव जन्य माना।

अचेतन अनुमान
(Unconscious Inference)

'अचेतन अनुमान का सिद्धान्त' (Doctrine of Unconscious Inference) ऐतिहासिक दृष्टि से हेल्महोज के प्रत्यक्षीकरण के सिद्धान्त का अत्यन्त महत्त्वपूर्ण अंग है। यह सिद्धान्त वास्तव में अनुभववाद का परिणाम है। यह हेल्महोज के रंग-विरोध सिद्धान्त (Theory of Colour Contrast) से सम्बन्धित है। रंग-विरोध-सिद्धान्त यह मानता है कि लाल और हरा एक-दूसरे के पूरक भी हैं और विरोधी भी हैं। अतः लाल पृष्ठभूमि पर सफेद उत्तेजना हरी-सी (Greenish) जान पड़ती है। इस प्रकार का प्रत्यक्षीकरण अवचेतन अनुमान द्वारा होता है। इसके समर्थन में हेल्महोज का तर्क यह है कि प्रत्यक्षीकरण में ऐसी बहुत-सी अनुभवजन्य वस्तु सामग्रियाँ (Data) निहित रहती हैं जिनका प्रतिनिधित्व तात्कालिक उत्तेजना में नहीं हो पाता, जैसे विपर्यय (Illusion)। प्रत्यक्षीकरण के ये पहलू विगत अनुभूति (Past Experience) पर निर्भर करते हैं और अचेतन रूप से निर्धारित होते हैं। अचेतन रूप से निर्धारित ऐसे तथ्यों को हेल्महोज ने अचेतन अनुमान की संज्ञा दी।

हेल्महोज के अचेतन अनुमान का सिद्धान्त उनके अनुभववाद का अनिवार्य पहलू है। सर्वप्रथम यह 1855 में प्रकाशित उनके एक भाषण में व्यक्त हुआ था। पुनः 'Optic' के दूसरे तथा तीसरे भाग में इसका विस्तृत विवेचन हुआ। वुन्ट ने भी अपनी पुस्तक 'Beitrage Tur Theoric dur Sinne—Swahrnehmung' में इस सिद्धान्त का समर्थन किया।

अचेतन अनुमान के स्वरूप की विवेचना करते हुए उन्होंने तीन तथ्यों का उल्लेख किया–

1. अचेतन अनुमान सामान्यतः अप्रतिरोध (Irresistible) होते हैं। उदाहरण के रूप में रंग-विरोध के अनुभव को प्रस्तुत किया जा सकता है। कारण हम रंग-विरोध के अनुभव को चिन्तन द्वारा संशोधित नहीं कर सकते। अचेतन होने के कारण न तो प्रतिरोध ही सम्भव है और न चेतन तर्क या चिन्तन द्वारा उनमें परिमार्जन ही सम्भव है।

2. अचेतन अनुमान अनुभव द्वारा निर्मित होते हैं। अतः हम उन्हें अनुभववाद का एक उपकरण मात्र मान सकते हैं। हेल्महोज के अनुसार ये अनुमान पहले चेतन ही होते हैं, किन्तु बाद में साहचर्य तथा पुनरावृत्ति के द्वारा अचेतन के रूप में विकसित हो जाते हैं। अन्तर्निरीक्षणात्मक मनोविज्ञान यह मानता है कि चेतन अनुभव पुनरावृत्ति तथा आदत के नियमों के अनुसार अचेतन स्तर पर चले जाते हैं। हेल्महोज के ये विचार इस बात के द्योतक हैं कि आदत के कारण चेतना का ह्रास होता है। उन्होंने अपने इस अनुभववादी तर्क के समर्थन में ज्यामितीय दृष्टि-विपर्ययों (Geometrical Optical Illusions) को प्रस्तुत किया है।

3. अनुरूपता (Analogy) की दृष्टि से अचेतन अनुमान अपने परिणाम में चेतन अनुमानों के ही सदृश्य होते हैं और इसलिए ये आगमनात्मक (Inductive) होते हैं। इस सन्दर्भ में उन्होंने जेम्स मिल के निगमनिक तर्क (Syllogism) को प्रस्तुत किया है, जिसमें निष्कर्ष पहले से ही मालूम रहता है और तब आधार वाक्य (Major Premise) का निर्माण किया जाता है। उदाहरण के लिए, सभी मनुष्य मरणशील हैं; मोहन एक मनुष्य है; इसलिए मोहन मरणशील है। यहाँ स्पष्ट है कि आधार वाक्य को सिद्ध करने के लिए सभी मनुष्य का निरीक्षण करना सम्भव नहीं है। अतः हम अधिकांश मनुष्य के निरीक्षण के आधार पर अनुरूपता के नियम के अनुसार मोहन में मनुष्य होने तथा मरणशीलता का प्रत्यक्षीकरण करते हैं।

निष्कर्ष के रूप में यह कहा जा सकता है कि हेल्महोज एक मनोवैज्ञानिक नहीं थे और मनोवैज्ञानिक समस्याओं में उनकी अभिरुचि भी नहीं थी, लेकिन उनके प्रयोगात्मक दृष्टिकोण तथा अनुसंधानों का मनोविज्ञान पर इतना अधिक प्रभाव पड़ा कि उनकी गणना नवीन प्रयोगात्मक मनोविज्ञान के संस्थापकों में की जाती है।

नवीन प्रयोगात्मक मनोविज्ञान की औपचारिक स्थापना

नवीन प्रयोगात्मक मनोविज्ञान के उद्भव में अनेक रचनात्मक चिन्तकों का योगदान है, किन्तु औपचारिक रूप से एक निश्चित विचारधारा के रूप में इसे स्थापित करने का श्रेय विल्हेल्म वुन्ट को ही है, जिन्हें मनोविज्ञान के इतिहास के प्रथम-प्रयोगात्मक मनोवैज्ञानिक के रूप में स्वीकार किया गया है। एक प्रयोगात्मक मनोवैज्ञानिक के रूप में उन्होंने ही प्रथम मनोवैज्ञानिक प्रयोगशाला की स्थापना की, प्रथम शोध पत्र का सम्पादन किया तथा एक स्वतन्त्र विज्ञान के रूप में मनोविज्ञान की स्थापना की। इसमें कोई सन्देह नहीं कि उस समय की युगचेतना भी नवीन प्रयोगात्मक मनोविज्ञान की स्थापना के लिए काफी अनुकूल थी, जिसे वुन्ट ने भली-भाँति समझा तथा समसामयिक विचारों, विधियों एवं तकनीकों को समन्वित रूप देकर एक स्वतन्त्र विज्ञान के रूप में नवीन प्रयोगात्मक मनोविज्ञान की स्थापना की।

नवीन प्रयोगात्मक मनोविज्ञान की स्थापना के सम्बन्ध में प्रायः यह प्रश्न किया जाता है कि इसका श्रेय किसे दिया जाए, फेक्नर को या वुन्ट को? फेक्नर प्रसिद्ध पुस्तक 'मनोभौतिकी के तत्त्व' (Elements of Psychophysics) का प्रकाशन 1860 में ही हो चुका था, जबकि वुन्ट ने इसके लगभग 15 वर्षों बाद नवीन प्रयोगात्मक मनोविज्ञान की स्थापना की। स्वतः वुन्ट ने भी फेक्नर के इस कार्य की सराहना की है और खुले शब्दों में स्वीकार किया है कि सचमुच फेक्नर के इस कार्य ने मनोविज्ञान में 'प्रथम विजय' का प्रतिनिधित्व किया। प्रायः मनोविज्ञान के सभी इतिहासकारों ने भी फेक्नर के महत्त्व को स्वीकार किया है। कुछ ने तो यहाँ तक कहा है कि यदि फेक्नर ने पहले से मनोविज्ञान के क्षेत्र में मार्गदर्शक का कार्य नहीं किया होता,

तो मनोविज्ञान का जब आरम्भ हुआ, उस समय उसका आरम्भ ही नहीं हुआ होता। तब प्रश्न यह है कि जब फेक्नर के वुन्ट के पहले नवीन प्रयोगात्मक मनोविज्ञान की स्थापना की दिशा में इतना महत्त्वपूर्ण कार्य किया, तब मनोविज्ञान के इतिहास ने इस नवीन प्रयोगात्मक मनोविज्ञान की स्थापना का श्रेय उन्हें क्यों नहीं दिया? इस प्रश्न का उत्तर बोरिंग ने बड़े अच्छे शब्दों में दिया है : ''जब सारे केन्द्रीय विचार उत्पन्न हो जाते हैं, तब कोई प्रवर्तक उन्हें अपने हाथों में ले लेता है, उन्हें संगठित रूप देता है, उनमें अनिवार्य बातों को जोड़ता है, उनका प्रकाशन तथा विज्ञापन करता है।''[14] यह काम वुन्ट ने ही किया।

फेक्नर ने तो नवीन प्रयोगात्मक मनोविज्ञान की बात कभी सोची ही नहीं, इसकी स्थापना की उन्होंने कभी चेष्टा ही नहीं की। उनके अध्ययन का लक्ष्य तो केवल इतना ही जानना था कि भौतिक तथा आध्यात्मिक जगत के बीच, शरीर तथा मन के बीच कैसा सम्बन्ध है। इसके विपरीत, वुन्ट ने जो कुछ भी किया, वह इस लक्ष्य को दृष्टि में रखकर किया कि उन्हें एक नवीन प्रयोगात्मक मनोविज्ञान की स्थापना करनी है। तभी तो उन्होंने 1874 में प्रकाशित अपनी प्रसिद्ध पुस्तक 'दैहिक मनोविज्ञान के सिद्धान्त' (Principles of Physiological Psychology) के प्रथम संस्करण की भूमिका में ही स्पष्ट रूप से घोषित कर दिया कि ''मैं जो कार्य यहाँ लोगों के समक्ष प्रस्तुत कर रहा हूँ, यह विज्ञान के एक नए क्षेत्र में सीमांकन का प्रयास है।''[15]

तात्पर्य यह है कि वुन्ट के सारे प्रयास मनोविज्ञान को एक नवीन विज्ञान के रूप में स्थापित करने की दिशा में ही हुए। अतः नवीन प्रयोगात्मक मनोविज्ञान की स्थापना का श्रेय उन्हें ही है।

उन्नीसवीं सदी के उत्तरार्ध तक युगचेतना भी आधुनिक प्रयोगात्मक मनोविज्ञान की स्थापना के अनुरूप थी, जिसका लाभ उठाया वुन्ट ने और एक नई विचारधारा का सूत्रपात किया, जिसे संरचनावाद की संज्ञा दी गई। बाद में उनके शिष्य टिचेनर ने उसे अन्तिम स्वरूप (Final Form) प्रदान किया और औपचारिक रूप से उसकी स्थापना की।

नवीन प्रयोगात्मक मनोविज्ञान : संरचनावाद का प्रारम्भिक स्वरूप

1892 में विलियम जेम्स की प्रसिद्ध पुस्तक–'मनोविज्ञान के सिद्धान्त' (Principles of Psychology) का संक्षिप्त संस्करण प्रकाशित हुआ, जिसमें उन्होंने मनोविज्ञान को परिभाषित करते हुए उसे 'चेतना की अवस्थाओं का वर्णन और व्याख्या' कहा। उस समय मनोविज्ञान की वही परिभाषा प्रामाणिक थी। 1892 में ही नवीन प्रयोगात्मक मनोविज्ञान के संस्थापक वुन्ट ने भी मनोविज्ञान को परिभाषित किया। उन्होंने मनोविज्ञान को 'आन्तरिक अनुभूति' का विज्ञान कहा और उसे 'बाह्य अनुभूति की वस्तुओं' से अलग माना। पुनः 1896 में उन्होंने 'आन्तरिक अनुभूति' के स्थान पर

'तात्कालिक अनुभूति' को अपनाया ताकि मनोविज्ञान में बाह्य वस्तुओं की अनुभूतियाँ भी सन्निहित हो सके। सचमुच हमें अपने बाहर की वस्तुओं की भी चेतना होती है और अपने आदर के भाव चिन्तन आदि की भी चेतना होती है। अतः चेतना के विज्ञान में इन दोनों प्रकार की अनुभूतियों का सन्निहित रहना अनिवार्य है।

वुन्ट ने यह स्पष्ट किया कि मनोविज्ञान के तीन प्रधान काम हैं–चेतन अनुभूति के स्वरूप को निर्धारित करना, उसमें निहित विभिन्न तत्त्वों का विश्लेषण करना तथा उन तत्त्वों के परस्पर संगठित होने की प्रक्रिया पर प्रकाश डालना। संक्षेप में चेतन अनुभूति की संरचना (Structure) का अध्ययन ही मनोविज्ञान की विषय-वस्तु है। ऐसा कहकर वास्तव में उन्होंने 'संरचनात्मक मनोविज्ञान (Structural Psychology) का मानचित्र प्रस्तुत कर दिया, किन्तु स्वतः उन्होंने 'संरचनातमक मनोविज्ञान' शब्द का प्रयोग न कर प्रयोग किया केवल 'मनोविज्ञान' शब्द का। ऐसा करना युक्तिसंगत ही था, क्योंकि तात्कालिक युगचेतना की यही माँग थी कि कोई स्पष्ट शब्दों में यह कहे कि बस यही मनोविज्ञान है और ऐसा सर्वप्रथम वुन्ट ने ही किया और तबसे व्यवस्थित रूप में संरचनात्मक दृष्टिकोण से चेतन अनुभूति का अध्ययन होने लगा। यह सचमुच वुन्ट का एक महत्त्वपूर्ण निर्णय था, फिर भी अमरीका में यह परम्परा बन गई थी कि लोग वुन्ट को 'संरचनात्मक मनोविज्ञान' का अग्रदूत समझें और टिचेनर को औपचारिक रूप से इसे विकसित करने का श्रेय दें। पर अमरीकावासियों का ऐसा सोचना युक्तिसंगत नहीं कहा जा सकता, क्योंकि नवीन प्रयोगात्मक मनोविज्ञान की स्थापना-क्रम में 'संरचनात्मक' शब्द का प्रयोग किए बिना ही उन्होंने जो कुछ भी सोचा और किया वह वस्तुतः 'संरचनात्मक मनोविज्ञान' ही था। अतः उन्हें संरचनात्मक मनोविज्ञान का केवल अग्रदूत मानना काफी नहीं है। इसमें भी कोई सन्देह नहीं कि 1898 में सर्वप्रथम अपने मनोविज्ञान को 'प्रकार्यात्मक मनोविज्ञान' (Functional Psychology) से अलग करने के लिए 'संरचनात्मक मनोविज्ञान' शब्द का प्रयोग टिचेनर ने ही किया। इसलिए 'संरचनात्मक मनोविज्ञान' को औपचारिक रूप से स्थापित करने और उसे अन्तिम स्वरूप प्रदान करने का श्रेय टिचेनर को ही है।

प्रश्न यह है कि मनोविज्ञान में सर्वप्रथम एक व्यवस्थित विचारधारा के रूप में संरचनावाद का ही विकास क्यों हुआ? इसका कारण यह है कि उस समय की युगचेतना इसके विकास के लिए बिलकुल उपयुक्त थी। फल्स्वरूप नवीन प्रयोगात्मक मनोविज्ञान की विषय-वस्तु (चेतन अनुभूति) तथा चेतना की संरचना की प्रयोगात्मक खोज, इन दोनों ही का मार्ग प्रशस्त किया उस समय की युगचेतना ने। ब्रिटिश अनुभववाद (British Empiricism) तथा जर्मन प्रयोगात्मक दैहिक विज्ञान (German Experimental Physiology) का नवीन मनोविज्ञान पर प्रभाव पड़ा। इसके फलस्वरूप मनोविज्ञान ने प्राचीन प्राकृतिक विज्ञानों के मूलभूत दृष्टिकोण तथा प्रयोगात्मक विधियों को अपने में समाहित कर लिया।

निष्कर्ष यह है कि संरचनावादियों ने चेतन अनुभूति के स्वरूप को समझने के लिए विभिन्न तत्त्वों में उसका विश्लेषण कर उसकी संरचना पर प्रकाश डाला। इसमें उन्हें कहाँ तक सफलता मिली तथा बाद के मनोविज्ञान को संरचनावाद ने किस रूप में प्रभावित किया, उसका विवेचन आगे किया जाएगा।

विल्हेल्म वुन्ट
(Wilhelm Wundt : 1832-1920)

जिन वैज्ञानिक प्रभावों के कारण नवीन प्रयोगात्मक मनोविज्ञान की स्थापना का मार्ग प्रशस्त हो रहा था, उन्हें वुन्ट ने भलीभाँति समझा और दर्शनशास्त्र से बिलकुल स्वतन्त्र मनोविज्ञान को एक विज्ञान के रूप में स्थापित किया। उनकी प्रसिद्ध पुस्तक 'दैहिक मनोविज्ञान के सिद्धान्त' (Principles of Physiological Psychology) के प्रकाशन तथा उनके द्वारा स्थापित विश्व की प्रथम मनोवैज्ञानिक प्रयोगशाला के पहले मनोविज्ञान की स्थिति एक लावारिस के समान थी, जिसका मर्फी ने बड़ा ही स्पष्ट चित्र उपस्थित किया है। उन्हीं के शब्दों में–''वुन्ट के अपने दैहिक मनोविज्ञान को प्रकाशित करने तथा प्रयोगशाला स्थापित करने के पहले मनोविज्ञान बहुत हद तक एक लावारिस की तरह था जो कभी शरीर-विज्ञान का दरवाजा खटखटाता तो कभी आचारशास्त्र का, तो कभी ज्ञान मीमांसा का''।[16] तात्पर्य यह कि वुन्ट के पूर्व मनोविज्ञान का अपना कोई स्वतन्त्र अस्तित्व नहीं था। उसे अस्तित्व में लाने का श्रेय वुन्ट को ही है। इसीलिए वुन्ट नवीन-प्रयोगात्मक मनोविज्ञान अथवा आधुनिक मनोविज्ञान के जनक थे।

वुन्ट ने इस नवीन प्रयोगात्मक मनोविज्ञान के अनेक पहलुओं को समन्वित करने की चेष्टा की, जैसे प्रयोगात्मक मनोविज्ञान, बाल मनोविज्ञान, पशु मनोविज्ञान, लोक मनोविज्ञान (Folk Psychology) आदि। संक्षेप में, उन्होंने मानसिक जीवन के प्रत्येक कोने में झाँकने और आँकने का प्रयास किया। उन्होंने सभी समस्याओं का प्रयोगात्मक अध्ययन किया। जहाँ प्रयोग सम्भव नहीं था, वहाँ भी उन्होंने शोध-कार्यों को काफी प्रोत्साहित किया। मर्फी के समान ही शुल्ज (Schultz) ने भी वुन्ट के कार्यों का मूल्यांकन करते हुए कुछ उसी प्रकार विचार व्यक्त किए हैं। उन्होंने कहा है– ''वुन्ट की पुस्तक, प्रयोगशाला तथा विद्वतापूर्ण शोध-पत्र के द्वारा नवीन मनोविज्ञान का मार्ग प्रशस्त हो रहा था।''[17]

वास्तव में नवीन प्रयोगात्मक मनोविज्ञान की पूर्ण अभिव्यक्ति वुन्ट में ही हुई। इसीलिए मनोविज्ञान के इतिहास में उनका विशिष्ट स्थान है। सचमुच वे ही सर्वप्रथम एक ऐसे व्यक्ति हुए जिन्हें निस्संकोच एक मनोवैज्ञानिक कहा जा सकता है। उनके पहले जिन लोगों ने मनोविज्ञान के क्षेत्र में सराहनीय कार्य किए, वे मनोवैज्ञानिक नहीं थे। इसीलिए बोरिंग ने कहा है कि ''उनके (वुन्ट के) पहले मनोविज्ञान तो बहुत

था, पर मनोवैज्ञानिक नहीं थे।"[18] जोहानिस मुलर एक शरीर मनोवैज्ञानिक थे। जॉन स्टुअर्ट मिल एक तर्कशास्त्री एवं अर्थशास्त्री थे। लत्जे एक तत्त्व मीमांसक (Metaphy sicist) थे। हेल्महोज एक दैहिक एवं भौतिक वैज्ञानिक थे। बेन अनौपचारिक रूप से एक मनोवैज्ञानिक तो थे, पर वे भी औपचारिक रूप से एक तर्कशास्त्री ही थे। फेकनर जिनकी गणना मनोविज्ञान के संस्थापकों में की जाती है, वे भी प्रधान रूप से एक भौतिक वैज्ञानिक ही थे और उन्होंने स्वयं अपने को सदा दार्शनिक ही माना, मनोवैज्ञानिक कभी नहीं, क्योंकि मनोवैज्ञानिक कहलाने की उनकी बिलकुल इच्छा नहीं थी। यद्यपि वुन्ट जर्मन मनोवैज्ञानिक परम्परा के अनुरूप दर्शनशास्त्र के प्रोफेसर थे, किन्तु उन्होंने अपने को सदा एक मनोवैज्ञानिक ही माना और विश्व की दृष्टि में भी वे सदा एक मनोवैज्ञानिक ही बने रहे। इसमें भी कोई सन्देह नहीं कि उन्होंने मनोविज्ञान को एक स्वतन्त्र विज्ञान के रूप में काफी आगे बढ़ाया।

वुलमैन (1960) ने मुक्तकंठ से यह स्वीकार किया है कि "1879 में लिपजिग में प्रथम मनोवैज्ञानिक प्रयोगशाला की स्थापना करना एक बहुत ही साहसिक कार्य था। उस समय ऐसा करने के लिए सचमुच एक ऐसे व्यक्ति की आवश्यकता थी जो समसामयिक मनोविज्ञान, दर्शन तथा दैहिक-विज्ञान, इन तीनों में समान रूप से निष्णात हो और साथ-ही-साथ उसमें इन तीनों के बीच समन्वय स्थापित करने की क्षमता हो। उस समय ऐसे व्यक्ति बस एक ही थे और वे थे वुन्ट।"[19] वुन्ट ने स्पष्ट रूप से घोषित किया कि मनोविज्ञान तभी एक प्रयोगात्मक विज्ञान बन सकता है जब उसमें परिमेय (Measurable) उत्तेजनाओं और प्रतिक्रियाओं का अध्ययन सम्भव हो और मनोविज्ञान की यह स्थिति तभी हो सकती है जब प्राचीन मानसिक दर्शन से उसका सम्बन्ध बिलकुल टूट जाए, आत्मा तथा अन्तर्निरीक्षण का मनोविज्ञान में कोई स्थान न रह जाए। किन्तु वुन्ट ने यह महसूस किया कि आत्मा का पूर्ण परित्याग तो सम्भव है, पर अन्तर्निरीक्षण का बहिष्कार सम्भव नहीं है। हाँ, यह सम्भव है कि अन्तर्निरीक्षण को परिमार्जित कर उसे प्रयोगात्मक मनोविज्ञान के लिए उपयुक्त बनाया जा सके। इसलिए उन्होंने ऐसा ही किया। उन्होंने मनोविज्ञान की विषय-वस्तु के सम्बन्ध में एक साहसिक निर्णय लिया और वह यह कि उन्होंने स्पष्ट रूप से घोषित किया कि मनोविज्ञान चेतन अनुभूति का विज्ञान है। सचमुच यह निर्णय बड़ा महत्त्वपूर्ण था, क्योंकि इससे अमर आत्मा और नश्वर शरीर के बीच के सम्बन्ध का विवाद ही समाप्त हो गया। उन्होंने बहुत जोर देकर कहा कि मनोविज्ञान का आत्मा से कोई सम्बन्ध ही नहीं है। उस समय के लिए यह सचमुच एक बहुत महत्त्वपूर्ण कदम था।

अपने अध्ययन-मनन एवं प्रयोगों के फलस्वरूप वुन्ट ने कई महत्त्वपूर्ण पुस्तकें लिखीं तथा शोध निबन्ध प्रकाशित किए। जब वे हेडेलबर्ग में थे तो उन्होंने 1856-57 में दैहिक विज्ञान सम्बन्धी तीन शोध-निबन्ध प्रकाशित किए। आरम्भ में उनकी सर्वाधिक अभिरुचि शरीर-रचना विज्ञान (Anatomy) में थी किन्तु बाद में उनकी

अभिरुचि दैहिक विज्ञान में अधिक हो गई और साथ-ही-साथ मनोविज्ञान की ओर भी उनका झुकाव होने लगा। 1858 में उन्होंने 'ऐन्द्रिक प्रत्यक्षीकरण के सिद्धान्त में देन' (Beitrage Zur Theorie dir Sinneswahrnehman) (Contribution of the Theory of Sensory Perceptions) के प्रथम भाग को प्रकाशित किया। पुनः 1858 से 1862 के बीच उस पुस्तक के कई भाग प्रकाशित हुए। इस पुस्तक में उन्होंने अपने मौलिक प्रयोगों के साथ-साथ नवीन प्रयोगात्मक मनोविज्ञान की विधियों का भी उल्लेख किया है। उन्होंने ही पहली बार अपनी इस पुस्तक में 'प्रयोगात्मक मनोविज्ञान' शब्द का प्रयोग किया। इसीलिए फेक्नर की प्रसिद्ध पुस्तक 'Elements' के साथ-साथ प्रायः इस पुस्तक से ही नवीन प्रयोगात्मक मनोविज्ञान का आरम्भ माना जाता है। इसमें प्रयोगात्मक मनोविज्ञान की समस्याओं का सम्यक् विवेचन किया गया है। वुन्ट द्वारा प्रकाशित प्रयोगात्मक मनोविज्ञान की यह पहली पुस्तक है।

1883 में Beitrage से भी अधिक महत्त्वपूर्ण पुस्तक 'मानव तथा पशुओं के मन पर व्याख्यान' (Lectures on the Minds of Men and Animals) प्रकाशित हुई। पुनः लभग 30 वर्षों के बाद उसका संशोधन तथा अंग्रेजी में अनुवाद हुआ। वुन्ट की मृत्यु तक इस पुस्तक के कई पुनर्मुद्रण हुए। उसमें वैयक्तिक समीकरण (Presonal Equation) के साथ-साथ प्रतिक्रिया सम्बन्धी प्रयोग, प्रत्यक्षीकरण, मनोभौतिक विधियों जैसी कई मनोवैज्ञानिक समस्याएँ सन्निहित थीं, जो अनेक वर्षों तक प्रयोगात्मक मनोवैज्ञानिकों का ध्यान आकर्षित करती रहीं।

1867 में वुन्ट ने हेडेलवर्ग में दैहिक मनोविज्ञान (Physiological Phychology) पर व्याख्यान देना आरम्भ किया जिसकी परिणति 'दैहिक मनोविज्ञान के सिद्धान्त' 'Ground Luge der Physiologicehen Phychologic' (Principals of Physiological Phychology) नामक पुस्तक में हुई। यह मनोविज्ञान के इतिहास में सर्वाधिक महत्त्वपूर्ण पुस्तक मानी जाती है। इसका प्रथम भाग 1873 में तथा द्वितीय भाग 1874 में प्रकाशित हुआ। 37 वर्षों में इसके छः संस्करण हुए। अन्तिम संस्करण 1911 में हुआ। एक ओर तो यह पुस्तक हेडेलवर्ग में वुन्ट के बौद्धिक विकास का द्योतक मानी जाती है तथा दूसरी ओर इस बात की प्रतीक भी मानी जाती है कि वे किस प्रकार एक दैहिक वैज्ञानिक से मनोवैज्ञानिक हुए तथा एक नए विज्ञान का सूत्रपात किया। निस्सन्देह, इस पुस्तक के प्रकाशन के साथ ही मनोविज्ञान एक प्रयोगात्मक विज्ञान के रूप में स्थापित हो गया तथा उसकी अपनी समस्याएँ और अध्ययन-विधियाँ भी निर्धारित हो गईं।

वुन्ट की प्रतिभा एक अन्य क्षेत्र में भी अभिव्यक्त हुई, जिसका बीजारोपण 1862 में ही उनकी पुस्तक Beitrage में हो चुका था और वह क्षेत्र था 'लोक मनोविज्ञान' 'Valkrpsychologic' (Folk Phychology)। उनकी दृष्टि में उच्च मानसिक प्रक्रियाओं की समस्या का वैज्ञानिक उत्तर मानव का स्वाभाविक इतिहास ही हो सकता है।

इस विषय पर प्रकाश डालने के उद्देश्य से ही उन्होंने इस पुस्तक की रचना की थी। उसका सम्बन्ध भाषा, कला, नैतिकता, पौराणिक कथाओं तथा सामाजिक रीति-रिवाजों से है। इन सबों के द्वारा ही मानव जाति के मानसिक विकास की विविध अवस्थाओं की खोज करना सम्भव है। 1900 से 1920 तक यह पुस्तक दस भागों में प्रकाशित हुई।

मनोविज्ञान में इस पुस्तक का सर्वाधिक महत्त्व इस बात को लेकर है कि इसनें मनोविज्ञान को दो वर्गों में बाँट दिया–एक प्रयोगात्मक मनोविज्ञान तथा दूसरा समाज मनोविज्ञान। इस वर्गीकरण की सार्थकता पर प्रकाश डालते हुए वुन्ट का कहना है कि प्रयोगशाला में सरल मानसिक क्रियाओं, जैसे संवेदना, प्रत्यक्षीकरण आदि का ही अध्ययन सम्भव है क्योंकि इन पर प्रयोग किया जा सकता है। किन्तु उच्च मानसिक प्रक्रियाओं, जैसे चिन्तन आदि का अध्ययन प्रयोगों के द्वारा सम्भव नहीं है, क्योंकि ये तो सांस्कृतिक प्रशिक्षण तथा भाषा सम्बन्धी आदतों के प्रतिफल हैं। निस्सन्देह, वुन्ट एक प्रयोगवादी थे, किन्तु उनका प्रयोगवाद उनके दार्शनिक विचारों का परिणाम था।

अतः स्वाभाविक रूप से यह प्रश्न उठता है कि उन्हें क्या माना जाए–प्रयोगवादी या दार्शनिक। इस सम्बन्ध में यह कहा जा सकता है कि उन्होंने युक्तिसंगत दार्शनिक विधि से आरम्भ किया अवश्य किन्तु अन्ततोगत्वा प्रयोगात्मक विधि पर पहुँच गए। फलस्वरूप उन्होंने एक मनोवैज्ञानिक प्रयोगशाला की स्थापना की, एक प्रयोगात्मक शोध पत्र (Experimental Journal) का प्रकाशन किया, कई प्रयोगात्मक शोध किए, अपने सिद्धान्तों का मूल्यांकन उपलब्ध प्रयोगात्मक तथ्यों के आधार पर करते रहे तथा नए प्रयोगों के आलोक में उनमें निरन्तर परिमार्जन भी करते रहे। इसके बावजूद, उन्होंने यह कभी नहीं माना कि प्रयोगात्मक विधि सम्पूर्ण मनोविज्ञान के लिए उपयुक्त है, बल्कि उन्होंने यह स्वीकार किया कि उच्च मानसिक प्रक्रियाओं का अध्ययन मानव-स्वभाव के इतिहास द्वारा ही सम्भव है, न कि प्रयोगात्मक विधि द्वारा।[20]

पहले जो कुछ कहा जा चुका है, उसके अतिरिक्त वुन्ट के योगदानों को दो वर्गों में प्रस्तुत किया जा सकता है–सुव्यवस्थित मनोवैज्ञानिक (Systematic Psychologist) के रूप में तथा दूसरा एक प्रयोगवादी (Experimentalist) के रूप में।

सुव्यवस्थित मनोवैज्ञानिक के रूप में वुन्ट के योगदान : वुन्ट की विचारधारा

(Wundt's Contribution as a Systematic Psychologist : Wundtian System)

वुन्ट के अनुसार मनोविज्ञान अनुभूति का विज्ञान है। यह तत्त्व मीमांसा (Metaphysics) नहीं है। हर्बर्ट ने मनोविज्ञान को अनुभूति, तत्त्वमीमांसा तथा गणित पर आधारित

विज्ञान माना था, न कि प्रयोग पर आधारित विज्ञान। यद्यपि फेक्नर ने मनोविज्ञान के लिए प्रयोग को अनिवार्य माना, किन्तु दर्शन में अपनी सर्वाधिक अभिरुचि के कारण तत्त्वमीमांसा का बहिष्कार नहीं कर सके। निस्सन्देह जर्मन-मनोविज्ञान तत्त्वमीमांसा से सदा सम्बन्धित रहा है, फिर भी वुन्ट ने तत्त्वमीमांसा का बहिष्कार किया। उन्होंने तत्त्वमीमांसा के विरुद्ध परम्परा स्थापित की, जो आज भी विद्यमान है। मनोविज्ञान को वुन्ट की यह बहुत बड़ी देन है।

अनुभूति के सम्बन्ध में वुन्ट का कहना है कि मनोविज्ञान तात्कालिक अथवा प्रत्यक्ष अनुभूति (Immediate Experience) का अध्ययन करता है न कि अप्रत्यक्ष अनुभूति (Mediate Experience) का। उदाहरण के लिए, जब हमारे सामने कोई वस्तु उपस्थित होती है तो हमें उसके रंग, आकार आदि की अनुभूति होती है, न कि उस वस्तु की। वस्तु के रंग आकार आदि की अनुभूति तात्कालिक अथवा प्रत्यक्ष कही जाएगी तथा उस वस्तु की अनुभूति अप्रत्यक्ष। उनके अनुसार इन तात्कालिक अनुभूतियों से ही चेतना की मूलभूत अवस्थाओं (BasicStates) अथवा मन के तत्त्वों (Elemants of Mind) का निर्माण होता है।

चेतन अनुभूति के तत्त्व

वुन्ट ने चेतन अनुभूति के स्वरूप को स्पष्ट करने के लिए उसका विश्लेषण सर्वाधिक प्राथमिक तत्त्वों में किया। उन्होंने यह जानने की चेष्टा की कि किन-किन प्राथमिक तत्त्वों से चेतना का निर्माण हुआ है। उनके अनुसार चेतन अनुभूति के प्राथमिक तत्त्व प्रधानतः दो प्रकार के होते हैं–(1) संवेदनाएँ तथा (2) भाव। संवेदनाएँ बाह्य उत्तेजनाओं के द्वारा ज्ञानेन्द्रियों के उत्तेजित होने से उत्पन्न होती हैं, जैसे रंग, स्वर, प्राथमिक स्वाद एवं स्पर्श आदि संवेदनाएँ। उन्होंने संवेदनाओं और बिम्बों (Image) में कोई बुनियादी अन्तर नहीं माना। भाव बाह्य उत्तेजनाओं से नहीं उत्पन्न होते, बल्कि वे हमारे अन्दर होते हैं।

भावों के अन्तर्गत अनुभूति की वे सारी विशेषताएँ सन्निहित हैं जो न तो ज्ञानेन्द्रियों से उत्पन्न हुई हैं और न बिम्बों से आई हैं। जहाँ तक प्राथमिक भावों का प्रश्न है, सुख तथा असुख के भावों पर सभी मनोवैज्ञानिक एक मत हैं। किन्तु वुन्ट ने इनके अतिरिक्त भावों की अन्य दो दिशाओं अथवा आयामों का भी उल्लेख किया है और वे हैं आवेश शान्ति (Excitement Ouet) तथा तनाव विश्रान्ति (Tension Relaxation)। इस प्रकार उन्होंने भावों की तीन दिशाओं का उल्लेख किया जो भावों के त्रिदिशात्मक सिद्धान्त के रूप में विख्यात है उनका यह सिद्धान्त बहुत ही विवादास्पद है। भावों के इन तीनों आयामों से विभिन्न मात्राओं का बोध होता है, यथा अत्यल्प सुख से लेकर अत्यधिक सुख तथा अत्यल्प असुख से लेकर अत्यधिक असुख। भावों की इन विभिन्न मात्राओं को हम सुख-असुख के आयाम में कहीं-न-कहीं निरूपित

कर सकते हैं। आवेश-शान्ति तथा तनाव-विश्रान्ति के आयामों की भी व्याख्या इसी प्रकार की जा सकती है।

संवेग जैसी जटिल अनुभूतियों की व्याख्या करते हुए वुन्ट ने कहा है कि ये संवेदनाओं तथा भावों से ही निर्मित होती हैं। उन्होंने इच्छा (Willor Volition) की भी व्याख्या भावों के आधार पर ही की है। उनका कहना है कि इच्छा को भावों से अलग नहीं किया जा सकता। इच्छा भावों की ही एक शृंखला है जिसमें सर्वप्रथम विचारों के साथ संवेगात्मक तत्त्व विद्यमान रहते हैं, तब संकल्प (Resolution) के विलक्षण भाव उत्पन्न होते हैं और अन्ततोगत्वा बाह्य क्रिया सम्पन्न होती है। संक्षेप में, भावों की एक विशेष प्रकार की शृंखला से इच्छा की क्रिया (Act of will) उत्पन्न होती है जिसे हम निर्णय (Decision) अथवा संकल्प (Resoultion) की संज्ञा देते हैं।

स्पष्ट है कि वुन्ट सोपेनहावर (Schopenhauer) से प्रभावित थे, जिन्होंने इच्छा को अपने दर्शन का केन्द्र-बिन्दु माना और बतलाया कि जीवन मूलतः एक संघर्ष है, जिसमें प्रत्येक सन्तुष्टि एक नए संघर्ष को जन्म देती है। तात्पर्य यह कि जीवन में पूर्ण सन्तुष्टि तब तक सम्भव नहीं है, जब तक हमारी इच्छाएँ बिलकुल समाप्त न हो जाएँ अर्थात् हम बिलकुल निष्काम न हो जाएँ। स्पष्टतः सोपेनहावर का यह विचार भारतीय चिन्तन के अनुरूप है। विश्वविख्यात ग्रन्थ श्रीमद्भगवद्गीता में निष्काम कर्म का विस्तृत विवेचन है। इस सन्दर्भ में वह द्रष्टव्य है।[21] सोपेनहावर के तत्त्व मीमांसा का जर्मन-चिन्तन पर काफी प्रभाव पड़ा। फलस्वरूप उनके ही समान वुन्ट ने भी इच्छा को अनिवार्य तथा मौलिक माना, जो विकास क्रम में विकृत होकर यान्त्रिक प्रतिक्षेप-क्रिया (Mechanical Reflexatioon) का रूप ग्रहण कर लेती है। संक्षेप में, वुन्ट पूर्णतया स्वेच्छावादी (Volantarist) थे और जीवन को अभिप्राययुक्त (Purposive) मानते थे। वुन्ट के इस दृष्टिकोण के सम्बन्ध में मर्फी के विचार द्रष्टव्य हैं।[22]

वस्तुतः वुन्ट के अनुसार मनोविज्ञान संवेदना, भाव तथा इच्छा की प्रक्रियाओं का अध्ययन है और इन प्रक्रियाओं का एकीकरण ही चेतना है। ये प्रक्रियाएँ घटित होती हैं और चेतना में जाती हैं। हम जो निरीक्षण करते हैं, वह या तो चेतना की क्षणिक अवस्था होती है अथवा सम्पूर्ण चेतना होती है। अतः सम्पूर्ण चेतन अनुभूति को समझने के लिए संवेदना भाव तथा इच्छा इन तीनों के समन्वय पर विचार करना अनिवार्य है। यहाँ यह भी स्मरणीय है कि इस समन्वय की धारणा ने ही वुन्ट के संप्रत्यक्ष के सिद्धान्त (Theory of Apperception) को जन्म दिया।

वुन्ट का सम्प्रत्यक्ष का सिद्धान्त
(Wundt's Theory of apperception)

लिबनिज ने दो प्रकार के प्रत्यक्षीकरण में भेद किया–एक अस्पष्ट प्रत्यक्षीकरण तथा दूसरा स्पष्ट प्रत्यक्षीकरण अर्थात् संप्रत्यक्ष (Appperception) अधिकांश विचारकों ने

इस पर ध्यान नहीं दिया तथा केवल केन्द्रीय चेतना (Focal Conscionsness) के अध्ययन तक ही अपने को सीमित रखा। अपेक्षाकृत बहुत थोड़े-से लोगों ने ही सम्पूर्ण चेतना के अध्ययन पर ध्यान दिया। स्पष्ट है कि सम्पूर्ण चेतना को समझे बिना सम्पूर्ण अनुभूतियों को नहीं समझा जा सकता।

कान्ट तथा हर्बर्ट ने भी संप्रत्यक्ष की व्याख्या की है। उनके अनुसार नवीन प्रभावों को आत्मसात कर उसकी व्याख्या करने की प्रक्रिया ही संप्रत्यक्ष है। दूसरे शब्दों में, सम्पूर्ण चेतना में नवीन संवेदनाओं का संश्लेषण ही संप्रत्यक्ष है। भाव नवीन संवेदनाओं के प्रति प्रतिक्रिया है तथा इच्छा सक्रियता का द्योतक है। संप्रत्यक्ष चेतना का केन्द्र बिन्दु (Focal Point) है। वुन्ट ने यह महसूस किया कि जब हम वास्तविक संसार में किसी वस्तु को देखते हैं तो उसमें सन्निहित विभिन्न संवेदनाओं को नहीं देखते, वरन् सम्पूर्ण रूप में उस वस्तु को देखते हैं, जैसे कोई फूल, पौधा तथा वृक्ष। हम प्रायः किसी फूल, पौधा तथा वृक्ष के रंग, आकार आदि को नहीं देखते, बल्कि हमें प्रायः उनकी अनुभूति सम्पूर्णता अथवा एक इकाई के रूप में होती है, न कि उनमें निहित विभिन्न संवेदनाओं तथा भावों की, जिनसे उनका निर्माण हुआ है। इस संगठित चेतन अनुभूति (Unified Consic Experience) की व्याख्या के लिए ही वुन्ट ने संप्रत्यक्ष के सिद्धान्त का प्रतिपादन किया। संप्रत्यक्ष की धारणा को स्पष्ट करते हुए वुन्ट ने कहा है कि यह एक ऐसी प्रक्रिया है जिसके द्वारा अनुभूति के संगठित तत्त्वों को स्पष्ट तथा अन्तनिरीक्षणात्मक चेतना में लाया जा सकता है। दूसरे शब्दों में, मानसिक प्रक्रियाओं का संगठनात्मक तत्त्व ही संप्रत्यक्ष है। विभिन्न तत्त्वों को एक इकाई के रूप में संगठित करने की इस प्रक्रिया को वुन्ट ने रचनात्मक संश्लेषण (Creative Synthesis) की संज्ञा दी है और उन्होंने यह बतलाया है कि इस संगठन के कारण उसमें नई विशेषताएँ उत्पन्न हो जाती हैं, जो विभिन्न तत्त्वों की विशेषताओं के योग से भिन्न होती हैं। वुन्ट (1896) के ही शब्दों में–"प्रत्येक मानसिक संगठन की अपनी विशेषताएँ होती हैं, जो किसी भी हालत में तत्त्वों की विशेषताओं की योग मात्र नहीं होतीं।"[23]

निष्कर्ष यह कि अनुभूति के विभिन्न तत्त्व संगठित होकर एक नई वस्तु का निर्माण कर देते हैं। 1912 में जेस्टाल्ट मनोविज्ञान ने इसी विचार को व्यक्त करते हुए कहा कि समष्टि अपने अंशों के योग से अधिक होती है।[24]

वुन्ट की संप्रत्यक्ष की धारणा का जर्मन मनोविज्ञान पर काफी प्रभाव पड़ा। फिर भी आगे चलकर 'संप्रत्यक्ष' शब्द का बहिष्कार कर दिया गया, किन्तु इस सिद्धान्त की कुछ विशेषताओं को अपना लिया गया, जैसे संगठन या इकाई की विशेषता। संगठन और इकाई की यह धारणा जेस्टाल्ट मनोविज्ञान में अभिव्यक्त हुई।

संप्रत्यक्ष के सिद्धान्त के सन्दर्भ में यह उल्लेख्य है कि वुन्ट ने संश्लेषण से अधिक विश्लेषण को महत्त्व दिया। चेतन अनुभूति के संश्लेषण की अपेक्षा उसके

विश्लेषण पर उनका अधिक ध्यान गया। फिर भी इतना तो मानना ही पड़ेगा कि उनकी औपचारिक विचारधारा में इसका ऐतिहासिक महत्त्व कम नहीं है, क्योंकि इससे मनोवैज्ञानिक चिन्तन अप्रभावित नहीं रह सका।

मनोविज्ञान की विधियाँ
(Methods of Psychology)

वुन्ट ने विधि के रूप में अन्तर्निरीक्षण पर जोर देते हुए भी यह माना कि मनोवैज्ञानिक समस्याओं के अध्ययन के लिए प्रयोग तथा मानव-मन के सांस्कृतिक उत्पादनों (Cultural Products) का विश्लेषण भी अनिवार्य है। अतः उन्होंने मनोवैज्ञानिक समस्याओं के अध्ययन में तीनों विधियों के उपयोग पर बल दिया।

वुन्ट के लिए अन्तर्निरीक्षण-विधि कोई नई नहीं थी। इसका उपयोग सुकरात के समय से ही होता आ रहा था। किन्तु इसमें वुन्ट ने एक महत्त्वपूर्ण परिवर्तन किया। उन्होंने इस पर प्रयोगात्मक नियन्त्रण लागू कर इसे अधिक वैज्ञानिक बना दिया। यह उनकी महती देन मानी जा सकती है।

सामान्यतः लोगों का ऐसा विश्वास है कि अन्तर्निरीक्षण-विधि मनोविज्ञान में दर्शनशास्त्र से आई। पर यह विचार भ्रमात्मक है। वस्तुतः यह विधि मनोविज्ञान में दर्शनशास्त्र से नहीं प्रत्युत भौतिक विज्ञान (Physics) तथा दैहिक विज्ञान (Physiology) से आई। भौतिक विज्ञान ने प्रकाश एवं ध्वनि के अध्ययन में इसका उपयोग किया तथा दैहिक-विज्ञान ने ज्ञानेन्द्रियों के अध्ययन में। यद्यपि अपने विकास-क्रम में इन विज्ञानों ने अन्तर्निरीक्षण का परित्याग कर दिया, किन्तु मनोविज्ञान में आज भी इसके महत्त्व को अस्वीकार नहीं किया जा सकता है।

अन्तर्निरीक्षण का तात्पर्य है अपनी मानसिक प्रक्रियाओं का स्वतः निरीक्षण करना। प्रयोगशाला में अन्तर्निरीक्षण का समुचित ढंग से उपयोग हो सके, इसके लिए वुन्ट ने कुछ नियमों का निर्माण किया : (1) अन्तर्निरीक्षक में यह निर्णय करने की क्षमता हो कि अन्तर्निरीक्षण की प्रक्रिया कब आरम्भ की जाए, (2) अन्तर्निरीक्षक तत्परता की अवस्था में हो (3) प्रयोगात्मक अवस्थाएँ ऐसी हों जिनमें उत्तेजनाओं के नियन्त्रित परिचालन द्वारा पुनरावृत्ति परिवर्तन किया जा सके तथा (4) निरीक्षण की पुनरावृत्ति सम्भव हो। इस प्रकार वुन्ट का अन्तर्निरीक्षण एक विशेष प्रकार का प्रयोगात्मक अन्तर्निरीक्षण था, जिसके लिए काफी प्रशिक्षण की आवश्यकता थी। जैसा कि बोरिंग ने कहा है स्वतः वुन्ट ने भी लगभग 10,000 बार अन्तर्निरीक्षण का अभ्यास कर चुकने के बाद ही प्रयोज्यों से प्रतिक्रिया-काल सम्बन्धी प्रयोगों में प्रदत्तों वस्तु सामग्रियों का संग्रह किया।

यह प्रश्न विचारणीय है कि वुन्ट ने अन्तर्निरीक्षण के साथ-साथ प्रयोग को क्यों आवश्यक माना? इसके उत्तर में यह कहा जा सकता है कि जब व्यक्ति अपनी

मानसिक प्रकिया का निरीक्षण आरम्भ करता है, तो वह मानसिक प्रक्रिया ही लुप्त हो जाती है और उसके स्थान पर दूसरी मानसिक प्रक्रिया आरम्भ हो जाती है। अतः उन्होंने अन्तर्निरीक्षण के साथ-साथ प्रयोग पर भी जोर दिया। उनकी दृष्टि में प्रयोग की दो प्रमुख विशेषताएँ हैं–एक तो यह कि मनोवैज्ञानिक प्रयोग ऐसी बाह्य अवस्थाएँ उत्पन्न कर देता है जिसमें कोई निश्चित मानसिक प्रक्रिया घटित होती है और दूसरी यह कि उस मानिसक प्रक्रिया से संलग्न चेतना की अवस्था लगभग अपरिवर्तित रह जाती है। ऐसी स्थिति में निरीक्षण सम्भव हो जाता है। इसलिए वुन्ट ने प्रयोगात्मक विधि को बहुत महत्त्व प्रदान किया है।[25]

वुन्ट ने यह महसूस किया कि प्रयोगात्मक विधि की अपनी सीमाएँ हैं। यह कतिपय मानसिक प्रक्रियाओं पर तो लागू की जा सकती है पर, सभी मानसिक प्रक्रियाओं पर नहीं। सम्पूर्ण मनोवैज्ञानिक क्षेत्र में कुछ हिस्सों का ही प्रयोगात्मक विधि द्वारा अध्ययन किया जा सकता है। इस विधि के द्वारा उच्चतर मानसिक प्रक्रियाओं का अध्ययन नहीं किया जा सकता।

प्रयोगात्मक विधि की इन सीमाओं को दृष्टि में रखते हुए ही वुन्ट ने मानव-मन के सांस्कृतिक उत्पादनों के विश्लेषण द्वारा उच्चतर मानसिक प्रक्रियाओं के अध्ययन पर जोर दिया। सांस्कृतिक उपादानों के उदाहरणस्वरूप भाषा, रीति-रिवाज, परम्परा, सामाजिक संस्थान आदि को लिया जा सकता है। उन्होंने यह माना कि सम्पूर्ण मानव संस्कृति के विश्लेषण द्वारा ही अप्रत्यक्ष रूप से उच्चतर मानसिक प्रक्रियाओं का अध्ययन किया जा सकता है। यही इस विधि की विशेषता है, इसलिए वुन्ट ने अन्तर्निरीक्षण, प्रयोग तथा सांस्कृतिक उत्पादनों का विश्लेषण, इन तीनों विधियों पर जोर दिया ताकि सभी मनोवैज्ञानिक समस्याओं का अध्ययन सम्भव हो सके।

मनोविज्ञान के लक्ष्य–मनोविज्ञान की विषय-वस्तु तथा विधियों के विवेचन-क्रम में स्पष्ट हो चुका है कि वुन्ट ने मनोविज्ञान के तीन लक्ष्यों पर विचार किया– (1) चेतन अनुभूति का विभिन्न तत्त्वों में विश्लेषण (2) उनके परस्पर सम्बन्धित होने की प्रक्रिया तथा (3) उनके परस्पर सम्बन्धित होने के नियमों का निर्धारण।

संक्षेप में यह कहा जा सकता है कि शुरू से अन्त तक वुन्ट का मुख्यतः एक ही लक्ष्य था और वह यह कि चेतना के विभिन्न तत्त्वों का भलीभाँति विवेचन किया जा सके। चेतन अनुभूति का भलीभाँति वर्णन किया जा सके।

वुन्ट ने यह महसूस किया कि जब हम वास्तविक संसार में किसी वस्तु को देखते हैं तो उसमें सन्निहित विभिन्न संवेदनाओं को नहीं देखते वरन एक इकाई के रूप में उस वस्तु को देखते हैं, जैसे कोई फूल। हम प्रायः फूल के रंग, आकार आदि को नहीं देखते, बल्कि उस सम्पूर्ण फूल को देखते हैं। हमारी अनुभूति एक इकाई के रूप में उस फूल की होती है न कि उसमें निहित विभिन्न संवेदनाओं और भावों की, जिनसे उसका निर्माण हुआ है। इस संगठित चेतन अनुभूति (Unified

Conscious Experience) की व्याख्या के लिए ही वुन्ट ने अपने संप्रत्यक्ष के सिद्धान्त का प्रतिपादन किया।

एक प्रयोगवादी के रूप में वुन्ट के योगदान

(Wundt's Contributions as an Experimentalist)

एक प्रयोगवादी के रूप में वुन्ट का मनोविज्ञान पर काफी प्रभाव पड़ा। लिपजिग में प्रयोगशाला स्थापित कर उन्होंने सर्वप्रथम मनोविज्ञान की समस्याओं को स्पष्ट कर दिया और तब से उन समस्याओं पर प्रयोग होने लगे। फलस्वरूप लिपजिग-प्रयोगशाला के प्रयोगों ने यह सिद्ध कर दिया कि प्रयोगों पर आधारित मनोविज्ञान हो सकता है।

वुन्ट ने आरम्भ में उन्हीं समस्याओं पर शोध करना उचित समझा जिन पर पहले से काम हौता आ रहा था और वह काम मात्रात्मक स्वरूप (Quantitative Form) ग्रहण कर चुका था। उन्होंने पहले से हो रहे कार्यों को क्रमबद्ध कर औपचारिक रूप देने की चेष्टा की तथा उनका और भी विस्तृत रूप से अध्ययन किया। उनके वे सारे प्रयोगात्मक अध्ययन उनके शोध-पत्र–'Philosophische studies' में प्रकाशित हुए। प्रयोगशाला स्थापित होने के प्रारम्भिक 20 वर्षों में 100 से कुछ अधिक ही प्रयोगात्मक शोध-कार्य हुए।

सर्वप्रथम दृष्टि संवेदना, श्रवण–संवेदना एवं प्रत्यक्षीकरण के सम्बन्ध में प्रयोग हुए। इनके अतिरिक्त निम्न ज्ञानेन्द्रियों के कार्यों के सम्बन्ध में भी प्रयोग हुए। दृष्टिक्षेत्र में जिन समस्याओं पर अध्ययन हुए, उनमें प्रधान ये हैं–रंग-विरोध (Colour Contrast), रंग-अंधापन (Colour Blindness), परिधीय दृष्टि (Peripheral Vision), दृष्टि विरोध (Visnal Contrast), दृष्टि आकार (Visnal Size), प्रतिरूप अनुबिम्ब (Negative After Image), दृष्टि विपर्यय (Optical Illusions) आदि। यहाँ यह उल्लेख्य है कि न्यूटन के समय से लेकर हेल्महोज तक दृष्टि क्षेत्र में काफी काम हो चुका था। वुन्ट के अध्ययन की विशेषता यह थी कि उन्होंने फेकूनर की नवीन माप-विधि को अपना कर काम किया। श्रवण-संवेदना के क्षेत्र में मनोदैहिक विधियों (Phsychophysical Methods) को अपनाकर स्वर मिश्रण (Combination of Tones), स्वर संयोजन (Fusion of tones) आदि समस्याओं के सम्बन्ध में अध्ययन किए गए। स्पर्श संवेदना के क्षेत्र में स्पर्श-स्थान-निरूपण (Tactual Localization) तथा द्विबिन्दु अवसीमा (Two Point Threshold) सम्बन्धी समस्याओं पर अध्ययन हुए। काल-बोध (Time Sense), काल-अन्तराल (Temporal Interval) आदि समस्याओं पर भी प्रयोगात्मक अध्ययन हुए।

लिपजिग-प्रयोगशाला का ध्यान प्रतिक्रिया-काल सम्बन्धी प्रयोगों की ओर भी गया। प्रतिक्रिया-काल का अध्ययन अठारहवीं शताब्दी के अन्त में हेल्महोज तथा

डौंडर्स ने किया था। इस सम्बन्ध में वुन्ट का कहना था कि किसी भी उत्तेजना के प्रति प्रतिक्रिया में निहित तीन अवस्थाओं को प्रयोगात्मक रीति से दिखलाया जा सकता है–प्रत्यक्षीकरण, संप्रत्यक्ष तथा इच्छा। जब व्यक्ति के समक्ष कोई उत्तेजना उपस्थित की जाती है, तो उसे उसका प्रत्यक्षीकरण होता है और तब वह उसे अपने ध्यान केन्द्र–(Focus of Attention) में लाता है, अर्थात् उसका संप्रत्यक्ष (Apperception) होता है और उसके बाद उसे प्रतिक्रिया व्यक्त करने की इच्छा होती है, जिसके फलस्वरूप मांसपेशीय गति (Muscular Movement) होती है। प्रतिक्रियाकाल सम्बन्धी प्रयोगों में वुन्ट की अभिरुचि इसलिए थी कि वे इसके द्वारा मन का काल-मापन (Chronometry of Mind) विकसित करना चाहते थे। वे विभिन्न मानसिक क्रियाओं में लगे हुए समय को मापना चाहते थे। किन्तु एक्सनर (Exner), कैटेल (Cattell) आदि कुछ लोगों ने इससे बिलकुल भिन्न धारणा प्रस्तुत की। उनका कहना था कि भलीभाँति अभ्यस्त प्रयोज्यों में ये तीनों अवस्थाएँ स्पष्ट नहीं हो पातीं।

वुन्ट के अनुसार किसी भी क्षण सम्पूर्ण चेतना के केवल अल्पांश का ही स्पष्ट प्रत्यक्षीकरण होता है जिसे ध्यान-केन्द्र कहा गया है। लिपजिग-प्रयोगशाला में ध्यान-क्षेत्र तथा ध्यान-अस्थिरता के सम्बन्ध में भी अध्ययन हुए। वुन्ट के शिष्य मैक्कीन कैटेल ने ध्यान-विस्तार (Span of Attention) की समस्या का प्रयोगात्मक अध्ययन किया और इस निष्कर्ष पर पहुँचे कि जब क्षण मात्र के लिए उत्तेजनाएँ उपस्थित की जाती हैं, तब प्रयोज्य को चार, पाँच या छः इकाइयों का ही प्रत्यक्षीकरण हो पाता है।

वुन्ट के द्वारा प्रतिपादित भावों के निदिशात्मक सिद्धान्त की पुष्टि के लिए भी लिपजिग-प्रयोगशाला में प्रयोग किए गए। इस क्षेत्र में अन्तर्निरीक्षणात्मक दृष्टिकोण से किया गया कोहन (Kohn) का अध्ययन उल्लेखनीय है। उन्होंने युगल तुलना-विधि (Method of Paired Comparison) के द्वारा भावों का अध्ययन किया। कुछ लोगों ने अभिव्यक्ति की विधि (Method of Expression) को अपनाकर भी भावों से संबद्ध शारीरिक परिवर्तनों जैसे–नाड़ी की गति, श्वास की गति आदि की खोज की।

वुन्ट ने सर फ्रांसिस गाल्टन (Sir Francis Galton) द्वारा आरम्भ किए गए साहचर्य-विश्लेषण (Analysis of Association) के क्षेत्र में भी प्रयोग किए। उन्होंने अपने प्रयोगों में उत्तेजनाओं के रूप में एक-एक शब्द को ही प्रयोज्य के समक्ष उपस्थित किया, किन्तु प्रतिक्रिया एक-एक शब्द में न लेकर कई प्रकार से ली गई। इस विधि में कई तरह की कठिनाइयाँ पाई गईं। अतः वुन्ट ने इसे संशोधित कर सरल एवं सुनिश्चित रूप दिया, जिसके फलस्वरूप प्रयोज्य की प्रतिक्रिया एक-एक शब्द में ही ली जाने लगी। अब उत्तेजना तथा प्रतिक्रिया के बीच सम्बन्ध का मूल्यांकन करना आसान हो गया और साथ ही दोनों के बीच के समय को मापना भी सम्भव हो गया।

मनोभौतिकी (Psychophysics) के क्षेत्र में भी वुन्ट का महत्त्वपूर्ण योगदान है। उनकी दृष्टि में मनोभौतिकी ने कई मात्रात्मक समस्याएँ (Quantitative Problems) उपस्थित कीं। एक अति विचारणीय समस्या जिसकी ओर उनका ध्यान आकर्षित हुआ, वह यह कि संवेदनाओं की माप नहीं की जा सकती। सही अर्थ में माप केवल उत्तेजनाओं पर ही लागू हो सकती है, संवेदनाओं पर नहीं। इसलिए भौतिक तथा मानसिक जगत के बीच सम्बन्ध ढूँढ़ना व्यर्थ है। उनकी दृष्टि में मनोदैहिक विधियों के द्वारा संवेदना की प्रबलताओं (Sensation of Intensities) तथा निर्णय की प्रक्रिया (Process of Judgment) के बीच के सम्बन्ध का ही अध्ययन किया जा सकता है।

वुन्ट ने कुछ हद तक बाल मनोविज्ञान तथा पशु मनोविज्ञान पर भी विचार किया, किन्तु इन क्षेत्रों में उन्होंने कोई प्रयोगात्मक अध्ययन नहीं किया। लेकिन लोक मनोविज्ञान (Folk Psychology) में उनकी काफी अभिरुचि थी। उनका विश्वास था कि मनोविज्ञान की समुचित विषय वस्तु है सांस्कृतिक उत्पादन (Cultural products)। अतः मानव विज्ञान (Anthropology), इतिहास, भाषा आदि वस्तु-सामग्रियों की क्रमबद्ध मनोवैज्ञानिक विवेचना अनिवार्य है। भाषा-सम्बन्धी उनके अध्ययन अत्यन्त महत्त्वपूर्ण माने जाते हैं। उनके अनुसार भाषा और व्याकरण मनुष्य की मानसिक रचना के द्योतक हैं। उनकी भाषा की मनोवैज्ञानिक व्याख्या सम्बन्धी अध्ययनों की सार्थकता पर विचार व्यक्त करते हुए मर्फी ने उन अध्ययनों को वुन्ट का सर्वाधिक महत्त्वपूर्ण योगदान माना है।[26]

वुन्ट की उपलब्धियों का मूल्यांकन विभिन्न मनोवैज्ञानिकों ने विभिन्न ढंग से किया है। वुलमैन का कहना है कि वुन्ट की उपलब्धियाँ उनके वैज्ञानिक प्रयासों के अनुरूप नहीं हो सकीं, क्योंकि उनका मनोविज्ञान कान्ट, हर्बर्ट तथा सोपेनहावर की तत्त्व मीमांसा की ओर काफी झुका हुआ था। उन्होंने पूर्णतया प्रयोगात्मक होना चाहा अवश्य किन्तु न तो उनकी अन्तर्निरीक्षणात्मक विधि ही ऐसी थी और न प्रयोगात्मक प्रदत्त ही ऐसे थे कि वे सफलतापूर्वक तथ्यों का सामान्यीकरण कर सकें।[27] मर्फी तथा शुल्ज ने भी उनकी उपलब्धियों को अत्यन्त महत्त्वपूर्ण माना है।

मर्फी ने उनकी विद्वता और प्रयोगात्मक अध्ययनों पर अपना विचार व्यक्त करते हुए कहा है कि मनोविज्ञान के क्षेत्र में उन्होंने जो समन्वय उपस्थित किया है वैसा उनके समय में अन्य किसी ने भी नहीं किया है।[28]

शुल्ज का कहना है कि वुन्ट के मनोविज्ञान की कुछ सीमाओं का विरोध तो हुआ किन्तु उन विरोधों के बावजूद उनकी उपलब्धियों में और वृद्धि ही हुई। वस्तुतः वुन्ट के कारण आधुनिक प्रयोगात्मक मनोविज्ञान को आरम्भ में ही इतना सबल आधार मिला कि उसके विरोध में विभिन्न विचारधाराएँ आईं और मनोविज्ञान आगे की ओर अग्रसर होता गया।[29]

सन्दर्भ

1. Schultz : A Histroy of Modren Psychology, 2nd ed. 1975, p. 44-45.
2. "Weber's Work on threshold meanurment was to be of parmanent importance in the new Psychology, and his demonstration that sensation can be measured has influenced virtually every aspect of Psychology to be present day". Schultz, A History of Modern Psychology.
3. "His interest in Physiological experimentation Serve to turn the attention of Physiologists to the legitimacy and importance of approaching in the laborator, certain genuinely psychological problem which had through out history been neglected." Murphy, A Historical Introduction to Modern Psychology.
4. "Important as this law was to be come as a hypothesis for voluminous research Weber's greatest significance lies rather in his conception of an experimental approach to psychological questions, and in the stimulation of research through which ultimatly a vast variety of problems other than his have been inductivily studid."
5. "If Fechner, 'founded Psychophysis, has also 'founded' Experimental aesthetics."
6. "Indeed, Fechner's long and careful research did much to give Wundt and his contemporaries the plan of an experimental Psychology." Boring—(A History of An Experimental Psychology).
7. "The book as considered to be one of the outstanding original contribution to the development of the science of Psychology.
8. "His attempt to verify his philosophical views emprically is a milestone in the history of Psychology".
9. Unlike Wundt, Helmholtz held no brief for the formdust establishment of Psychology as an independent science; nevertheless the weight of his work and the influence of his greatness were such as to make him with Wundt and Frechner, a 'founder' of the new science'—Boring, A History of Experimental Psychology.

   'He was not really involved with the establihment of Psychology..."The new science" Schultz. A History of Modern Pscychology. p. 42
10. 'It remains today the gospel in this field"—Boring, A History of Experimental Psychology.
11. "Helmholtz's work in accousties is both as substantial and as epoch-making as his work in optics."—Murphy, An historical Introduction to Modern Psychology.
12. "In general he believed that the nativistic view was unnecessary and gratuitous, that the development of perception in experience is to a certain extent demonstrable and that there is no need of hypotlhesizing in addition another ground of perception unless positive evidence can be adduced for it"—Boring, A History of Experimental Psychology.

13. 'The empiricistic theory seeks to demonstrate that at least no other force are necessary for their origin beyond the known faculties of our minds, even though these forces themselves may remain entirely unexplained." Helmholtz, optic, 1866.
14. "When The central ideas are all born, some promotor takes them in hand, organizes them, adding whatever else seems to him essential, published and advertises them, ensists upon them, and in short, 'founds' a school"—Boring, A History of Experimental Psychology."
15. "The Work I here Presant to the Public in an attempt to mark out a newof science.—Wundt, Principles of Physiological Psychology. P...
16. Before Wundt published his Physiological Psychology and established his laboratory, Psychology was litte more than a waif knocking now at the door of Physiology, now at the door of ethics, now at the door of eopistenology.—Murphy, An Historical Introduction to Modern Psychology.
17. With Wundt's Handbook, Laboratory and scholary by journal, the new Psychology was well under way."
Schultz—A History of Modrem Psychology, 2nd. ed., p. 58
18. ..."Before him there had been Psychology Enough, but no Psychologists."—Boring, A History of Experimental Psychology.
19. "It took a great deal of courage to establist in 1879, in Leipzig, The first Psychological laboratory. A man was needed who was well versed in contemporary Psychology, Philosophy and Physiology and capable of combining all the three. Wundt was the man"—Benjamin B. Wolman, contemporary, theories and systems in Psychology, 1960, p.11.
20. "Wundt never held that the Experimental Method is adequate to the whole of Psychology; the higher processes, he thought, must be got at by the study of the History of Human Nature." Boring, A History of Experimental Psychoogy.
21. गीता के श्लोक।
22. "Wundt was heat and soul a volentarist, a believe in the purposive nature of all life, from the most primitive amoeboid conduct to the most abstract intellectualism. The will, thought structurally a compound, is of the very life of the organism."—Murphy, A Historical Introduction to Modern Psychology, p. 165
23. "Every psychic compound has charactaristics which are by no means the more sum of the characteristics of the elements" Wundt, 1896, p. 375.
24. "The whole is more than the sum of its parts".—Schultz, 1975, A History of Modern Phychology, p. 63.
25. "Psychological experiments creates external condition that looks towards the production of a determinate mental process at a given movement. In the second place, it makes the observer so far master of the general situation, that the state of consciousness accompanying this process remains

approximately unchanged. The great importance of the experimental method, therefore, lies also essentially in the further fact that it makes observation itself possible for as."—Wilhelm Wundt, Principles of Psychological Psyccology (5th ed. Translated, Mac Millan, 1910 Authors preface.

26. His studies on psychological interpretation of language are perphaps his best-known contributions."—Murphy, An Historical Introduction to Modren Psychology, p. 172.
27. Obviously the content of wundt's findings could not match his scientific strivings...His system leaned heavily uopon the metaphysics of Kant, Herbert, and schoepenhawr. Deopite Wundt's endeavour to be Thoroughly empirical, neither the intropectionist method nor the amount of empirical data permitted fruitful genelalizations..."—Wolman, B. B., Contemprary Theories and System in Psychology, 1960, p. 13-14.
28. In consequence of his vast learning and the many problems on which he worked. Wundt gave a unity to the field of Psychology such as no one else in his day conceived."—Murphy, An Historical Introduction to Mordern Psychology, p. 172.
29. Wundt's achievements, however, are not diminished by the fact that much of the history of psychology after him consisted of rebellion against some of the limitations he had placed on the field. Indeed, the fact enhances his achievements. Foward movement must have something to push against and Wilhelm Wunt provided a compelling and maginificent begommomg to modern experimental Psychology."—Schultz, D; A History of Modren Psychology 2nd ed., 1975, p. 67.

संरचनावाद

(Structuralism)

अमरीका में टिचेनर ने जर्मनी की मनोवैज्ञानिक परम्परा का प्रतिनिधित्व किया तथा वहाँ वुन्ट के नवीन मनोविज्ञान की स्थापना की। कॉर्नेल विश्वविद्यालय में कार्यरत रहते हुए उन्होंने वुन्ट के मनोविज्ञान को काफी विकसित किया और उसे एक व्यवस्थित रूप दिया। यद्यपि वुन्ट और टिचेनर में कुछ बातों को लेकर मतभेद था, तो भी यह कहा जा सकता है कि टिचेनर निश्चित रूप से वुन्ट के ही विषय, विधि और दृष्टिकोण को अपनाकर काम कर रहे थे। इस सम्बन्ध में वुलमैन (Wolman) का तो यहाँ तक कहना है कि कदाचित स्वतः वुन्ट से भी अधिक उनके विचारों को टिचेनर ने ही अपनाया।[1]

मनोविज्ञान की विषय-वस्तु

टिचेनर यह मानते थे कि सभी विज्ञान अपना अध्ययन 'अनुभूति' से ही प्रारम्भ करते हैं। अन्य विद्वानों की भाँति मनोविज्ञान भी अनुभूति का ही अध्ययन करता है। किन्तु अन्य विद्वानों से यह इस बात में भिन्न है कि जहाँ अन्य विद्वान वातावरण से सम्बन्धित अनुभूति का अध्ययन करते हैं, वहाँ मनोविज्ञान प्राणी से सम्बन्धित अनुभूति का अध्ययन करता है। दूसरे शब्दों में, मनोविज्ञान, "अनुभव करने वाले व्यक्ति पर निर्भर अनुभूति का अध्ययन करता है, जबकि अन्य विज्ञान अनुभव करने वाले व्यक्ति से स्वतन्त्र अनुभूति का अध्ययन करते हैं।"

टिचेनर ने मनोविज्ञान की विषय-वस्तु को स्पष्ट करते हुए उसकी तुलना भौतिकी से की। उनके अनुसार भौतिकी तथा मनोविज्ञान, दोनों की विषय-वस्तु एक ही है, अन्तर केवल इतना ही है कि भौतिकी 'अनुभव करने वाले व्यक्ति से स्वतन्त्र रूप में अनुभूति' का अध्ययन करता है, जबकि मनोविज्ञान अनुभव करने वाले व्यक्ति के संदर्भ में अनुभूति का अध्ययन करता है। उदाहरण के लिए, स्थान, काल, वजन, ताप, ध्वनि, प्रकाश आदि का अध्ययन भौतिकी भी करता है और मनोविज्ञान भी।

दोनों में अन्तर केवल इतना ही है कि भौतिकी व्यक्ति से बिलकुल अलग होकर स्वतन्त्र रूप में अनुभूति का अध्ययन करता है और इसीलिए उसे स्थान, काल, वजन, ताप, ध्वनि, प्रकाश आदि सदा एक समान जान पड़ते हैं, क्योंकि उन पर अनुभव करने वाले व्यक्ति का तो कोई प्रभाव पड़ता ही नहीं, किन्तु मनोविज्ञान में स्थान, काल, वजन, ताप, ध्वनि, प्रकाश आदि अनुभव करने वाले व्यक्ति की अवस्थाओं से प्रभावित होकर बदलते रहते हैं, जैसे स्थान कभी छोटा लगता है तो कभी बड़ा, समय कभी कम जान पड़ता है तो कभी अधिक, वजन, कभी भारी जान पड़ता है तो कभी हल्का और इसी प्रकार ताप, ध्वनि और प्रकाश में भी कमी-बेशी का अनुभव होता रहता है। इसीलिए टिचेनर ने मनोविज्ञान को परिभाषित करते हुए कहा है कि मनोविज्ञान 'अनुभव करने वाले व्यक्ति पर निर्भर अनुभूति' है।

टिचेनर ने चेतना तथा मन की परिभाषा को भी स्पष्ट किया। उन्होंने चेतना के सम्बन्ध में कहा कि यह किसी खास क्षण में घटित मानसिक प्रक्रियाओं का कुल योग है और मन व्यक्ति के सम्पूर्ण जीवन में घटित सभी मानसिक प्रक्रियाओं का कुल योग है। इस प्रकार चेतना तथा मन सामान्यतः एक ही माने जा सकते हैं, उनमें अन्तर इतना ही है कि चेतना किसी खास क्षण में घटित मानसिक प्रक्रियाओं की द्योतक है तथा मन व्यक्ति के सम्पूर्ण जीवन-काल में संचित मानसिक प्रक्रियाओं का द्योतक है।

यहाँ यह उल्लेख्य है कि टिचेनर की अभिरुचि व्यक्तिगत अथवा खास ढंग के मानव-मन के अध्ययन में नहीं थी, बल्कि वुन्ट के समान ही उनकी भी अभिरुचि 'सामान्यीकृत वयस्क मानव-मन' (Generalized adult human mind) के अध्ययन में ही थी। उनकी अभिरुचि व्यक्ति-विभिन्नताओं के अध्ययन में भी नहीं थी। उन्होंने बच्चे, पशु तथा असामान्य व्यक्तियों के अध्ययन को भी महत्त्व प्रदान नहीं किया, क्योंकि उनकी दृष्टि में मनोविज्ञान की विषय-वस्तु, वयस्क मानव-चेतना ही थी, जिसकी तात्कालिक अनुभूति संभव है। यद्यपि उन्होंने मनोविज्ञान की वस्तु-सामग्रियों (Data) को प्राप्त करने के स्रोतों के रूप में बाल मनोविज्ञान, पशु मनोविज्ञान, असामान्य मनोविज्ञान आदि की उपेक्षा नहीं की, किन्तु मनोविज्ञान की विषय-वस्तु के रूप में उन्होंने सामान्यकृत वयस्क मानव-मन को ही स्वीकार किया और इसके अध्ययन को ही मनोविज्ञान का लक्ष्य माना।

टिचेनर ने मनोविज्ञान के स्वरूप को भी स्पष्ट किया। इस सम्बन्ध में उनका कहना है कि मनोविज्ञान का मूल्यों (Values) अथवा उपयोगिताओं से कोई सम्बन्ध नहीं है। किसी भी विज्ञान का मूल्यों से कोई सम्बन्ध नहीं होता। निस्सन्देह सामान्य लोगों की दृष्टि में विज्ञान का काफी मूल्य है, क्योंकि वैज्ञानिक खोजों के कारण उपलब्ध पदार्थों की दैनिक जीवन में काफी उपयोगिताएँ हैं, किन्तु वैज्ञानिक तो विज्ञान का अध्ययन निष्पक्ष रूप से ही करता है, न कि उपयोगिताओं की दृष्टि से। अन्य

वैज्ञानिकों की भाँति एक मनोवैज्ञानिक भी बिलकुल अवैयक्तिक तथा निष्पक्ष रूप से ही मानसिक प्रक्रियाओं का अध्ययन करता है। वास्तव में प्रत्येक दृष्टि से टिचेनर व्यावहारिक मनोविज्ञान (Applied Psychology) के विरुद्ध विशुद्ध मनोविज्ञान (Pure Psychology) के समर्थक थे। अतः उन्होंने स्पष्ट रूप से घोषित किया कि मनोविज्ञान का काम न तो समाज को सुधारना है और न मानसिक रोगियों का उपचार ही। दूसरे शब्दों में, इसका दृष्टिकोण उपयोगितावादी नहीं है। इसका काम तो केवल इतना ही है कि निष्पक्ष रूप से मानसिक तथ्यों की खोजकर उन्हें प्रस्तुत कर दे।

टिचेनर ने वुन्ट के मनोदैहिक समानान्तरवाद (Psychophysical Parallelism) के सिद्धान्त को अपनाया। उन्होंने इस सिद्धान्त को इसलिए नहीं अपनाया कि उन्हें स्वतः मनोदैहिक समस्याओं में अभिरुचि थी, बल्कि इसलिए कि इस सिद्धान्त के आधार पर मानसिक तथा शारीरिक प्रक्रियाओं में भेद कर उन दोनों के परस्पर सम्बन्धों को जानना सरल था। इस सिद्धान्त के अनुसार मानसिक तथा शारीरिक प्रक्रियाएँ ठीक उसी प्रकार साथ-साथ चलती हैं, जिस प्रकार समानान्तर धाराएँ साथ-साथ चलती हैं। इन दोनों के बीच कारण-कार्य (Cause-effect) सम्बन्ध नहीं है, किन्तु जब एक में परिवर्तन होता है तो दूसरे में भी परिवर्तन होता है। इसीलिए टिचेनर ने इस सिद्धान्त को एक योजना (Scheme) के रूप में स्वीकार किया जिसके सहारे मानसिक तथा शारीरिक दोनों प्रकार की वस्तु-सामग्रियाँ (Data) प्राप्त की जा सकती हैं। फलस्वरूप तत्त्वमीमांसा (Metaphysics) पर ध्यान दिए बिना ही अनुभूति के सम्पूर्ण तथ्यों पर विचार किया जा सकता है।

मनोविज्ञान की विधि

सभी विज्ञानों ने अध्ययन-विधि के रूप में निरीक्षण को ही अपनाया है। मनोविज्ञान भी चेतन अनुभूति के निरीक्षण पर ही निर्भर करता है, जिसे अन्तर्निरीक्षण की संज्ञा दी जाती है। अन्तर्निरीक्षण का तात्पर्य है अन्दर की ओर देखना अर्थात् चेतन अनुभूति का निरीक्षण कर उसे शब्दों में व्यक्त करना। निरीक्षण में दो बातें अन्तर्निहित हैं–(i) तथ्यों पर ध्यान देना तथा (ii) उन्हें शब्दों में व्यक्त करना। दूसरे शब्दों में अनुभूति की स्पष्टता तथा शब्दों में उसका विवरण। टिचेनर ने यह भी स्वीकार किया कि स्पष्ट अनुभूति तथा उसके यथार्थ विवरण के लिए प्रयोग का सहारा लेना अनिवार्य है। इसीलिए मनोविज्ञान निरीक्षण न केवल अन्तर्निरीक्षणात्मक स्वरूप का ही नहीं माना गया है, बल्कि प्रयोगात्मक स्वरूप का भी माना गया है। प्रयोग को स्पष्ट करते हुए टिचेनर का कहना है कि प्रयोग एक ऐसा निरीक्षण है जिसे दुहराया जा सकता है, पृथक् तथा परिवर्तित किया जा सकता है। सचमुच निरीक्षण को जितना ही अधिक दुहराया जाएगा, वह उतना ही अधिक स्पष्ट और सही होगा। निरीक्षण को जितनी सख्ती से पृथक् किया जाएगा, वह उतना ही सरल ढंग से सम्पन्न हो जएगा। निरीक्षण

को जितना ही अधिक परिवर्तित किया जाएगा, अनुभूति में उतनी ही अधिक अनुरूपता पाई जाएगी और नियमों को खोज निकालने की सम्भावना बढ़ जाएगी। इन बातों को दृष्टि में रखते हुए ही टिचेनर ने वुन्ट की अपेक्षा अन्तर्निरीक्षण को अधिक विकसित किया तथा उसे औपचारिक रूप दिया और स्पष्ट रूप से घोषित किया कि वास्तव में अन्तर्निरीक्षण केवल भली-भाँति प्रशिक्षित व्यक्तियों द्वारा ही सम्भव है अप्रशिक्षित व्यक्तियों द्वारा कदापि नहीं।

उन्होंने यह महसूस किया कि प्रत्येक व्यक्ति अपनी अनुभूति का वर्णन उत्तेजना के रूप में ही करता है और ऐसा करना दैनिक जीवन के लिए अनिवार्य भी है और उपयोगी भी। किन्तु प्रयोगशाला में ऐसा करना वांछनीय नहीं है। अतः प्रशिक्षित अन्तर्निरीक्षण को पुनः यह सीखना पड़ता है कि वह किस प्रकार उत्तेजना के बदले अपनी चेतनावस्था का वर्णन कर सके। सामान्यतः व्यक्ति किसी वस्तु, अथवा घटना का ही निरीक्षण करता है, न कि अपनी चेतना का। इसे ही उत्तेजना भूल (Stimulus Error) कहते हैं। उदाहरण के लिए, यदि किसी अन्तर्निरीक्षक के समक्ष कुर्सी रखी हुई हो और वह उसे कुर्सी के रूप में ही देखे तो हम कहेंगे कि वह 'उत्तेजना-भूल' कर रहा है क्योंकि वह उत्तेजना पर ध्यान दे रहा है, न कि उस उत्तेजना के कारण उत्पन्न चेतन प्रक्रिया (Conscious Process) पर। यदि उसने चेतन प्रक्रिया पर ध्यान दिया होता तो उसे स्थान, रंग एवं तीव्रता की अनुभूति हुई होती, न कि कुर्सी की। कुर्सी की अनुभूति तो वास्तव में उत्तेजना की व्याख्या है, उत्तेजना में अर्थ जोड़ना है, न कि उत्तेजना का निरीक्षण। इस प्रकार के वैज्ञानिक निरीक्षण को अधिक विश्वसनीय रूप देने के लिए ही उन्होंने लिपजिग तथा कॉर्नेल की मनोवैज्ञानिक प्रयोगशालाओं में विशेष प्रकार के भलीभाँति प्रशिक्षित प्रयोज्य का उपयोग किया।

अन्तर्निरीक्षण की आलोचना

ऐसी बात पशु मनोविज्ञान, बाल मनोविज्ञान, मानसिक परीक्षण, मनोचिकित्सा-विज्ञान (Psychiatry) आदि के अन्तर्निरीक्षण को अनुपयोगी सिद्ध कर दिया क्योंकि मनोविज्ञान 'आन्तरिक अनुभूति' की सीमा से काफी आगे निकल चुका था जहाँ अन्तर्निरीक्षण की उपयोगिता ही नहीं रह गई थी। मनोवैज्ञानिक अनुसन्धान की विधि में बीने-साइमन परीक्षण का महत्त्वपूर्ण स्थान बन चुका था। बीने-साइमन तर्क (Reasoning) तथा समस्या समाधान (Problem Solving) की अत्यन्त जटिल मानसिक प्रक्रियाओं का अध्ययन कर रहे थे, जिन्हें उन्होंने बुद्धि की संज्ञा दी। मानसिक परीक्षण का सर्वप्रथम पेरिस में 1905 में प्रकाशन हुआ जिसे अनेक प्रख्यात मनोवैज्ञानिकों ने अपनाया, उनमें संशोधन किया तथा उन्हें अपने ढंग से विकसित किया। ग्रेट ब्रिटेन में स्पीयरमैन तथा बर्ट (Spearman and Burt) ने, जर्मनी में स्टर्न तथा म्यूमैन (Stern and Meumann) ने तथा अमेरिका में कुहलमैन, थौर्नडाइक, टर्मन तथा यर्कस ने भी ऐसा

ही किया। बिने-परीक्षण को स्टैनफोर्ड ने 1916 तथा 1937 में संशोधित रूप में प्रकाशित किया, जिसका व्यापक रूप में प्रयोग हुआ।

इस प्रकार अन्तर्निरीक्षण का सहारा लिए बिना ही उच्चतर मानसिक क्रियाओं की इस तरह माप होने लगी कि व्यवहार तथा उपलब्धियों का पूर्वकथन (Prediction) किया जा सके। बुद्धि के स्वरूप के सम्बन्ध में काफी सैद्धान्तिक विवाद रहते हुए भी शिक्षा, चिकित्सा तथा औद्योगिक मनोविज्ञान में मानसिक परीक्षणों का महत्त्व स्वीकार किया जा चुका है। इस प्रकार बुद्धि-परीक्षणों ने यह सिद्ध कर दिया कि महत्त्वपूर्ण मानसिक प्रक्रियाओं की जानकारी अन्तर्निरीक्षण के बिना भी हो सकती है।

चिकित्सा-विज्ञान ने भी अन्तर्निरीक्षण को चुनौती दी। शार्को (Charcot), जैने (Jenet) आदि ने यह सिद्ध कर दिया कि मनुष्य अपनी आन्तरिक मानसिक क्रिया को जाने बिना ही उनका सम्पादन करता रहता है, जैसे प्रेम करना, घृणा करना आदि। वह मनोविज्ञान जो केवल चेतन मानसिक क्रियाओं के अध्ययन तक ही सीमित हो, सम्पूर्ण मानसिक प्रक्रियाओं को अपने में समाहित नहीं करता। इसके अतिरिक्त, चेतन प्रक्रियाओं में सीमित मनोविज्ञान अपने उस सीमित क्षेत्र में भी असफल सिद्ध होता है, क्योंकि अधिकांश चेतन प्रक्रियाओं को भी अचेतन-तत्त्व ही निर्धारित करते हैं। संसूचन (Suggestion), सम्मोहन (Hypnosis), स्वतन्त्र साहचर्य (Free Association) तथा अचेतन के अध्ययनों से स्पष्ट हो चुका है कि जो मनोविज्ञान आन्तरिक अनुभूति तक ही सीमित होगा, वह मानव व्यवहार की व्याख्या एवं पूर्वकथन कभी भी नहीं कर सकता।

कुछ मनोवैज्ञानिकों ने यह स्वीकार किया कि मनोविज्ञान मानव जीवन की सभी समस्याओं की व्याख्या नहीं कर सकता, यथा मानव-मानव के बीच होने वाली अन्तर्निक्रिया (Human Interaction), सामाजिक सम्बन्ध (Social Relation), सांस्कृतिक समस्याएँ, ऐतिहासिक घटनाएँ आदि। स्वतः वुन्ट ने भी अपनी सीमाओं को स्वीकार किया। उन्होंने यह महसूस किया कि अन्तर्निरीक्षण-विधि द्वारा समाज मनोविज्ञान की समस्याओं का अध्ययन नहीं किया जा सकता।

पशु मनोविज्ञान ने भी अन्तर्निरीक्षण को चुनौती दी। डार्विन ने मनुष्य तथा पशुओं में संवेगात्मक अभिव्यक्ति का अध्ययन किया। अपने अध्ययन के आधार पर उन्होंने पाया कि मनुष्य के समान ही पशुओं में भी संवेगात्मक प्रतिक्रियाएँ होती हैं। अतः उन्होंने पशुओं के व्यवहारों की व्याख्या भी मानव के समान ही की। जीवन के इन निरीक्षणों से यह स्पष्ट हो गया कि पशु तथा मानव के व्यवहारों में काफी समानता है।[2] अतः मानव मनोविज्ञान पशुओं के व्यवहारों का अध्ययन कर बहुत कुछ प्राप्त कर सकता है।

यद्यपि अन्तर्निरीक्षकों ने अपने आपको अन्तर्निरीक्षणात्मक तथ्यों तक ही सीमित रखा, किन्तु पशुओं के सम्बन्ध में किए गए अध्ययनों ने अन्तर्निरीक्षण में सक्षम

प्रयोगशाला के वयस्क मानव प्रयोज्यों तथा अन्य मानवों एवं पशुओं के बीच के कृत्रिम बन्धनों को तोड़ दिया। फलस्वरूप निम्न-प्राणियों के अध्ययनों के आधार पर प्रामाणिकता की परवाह किए बिना ही मनोवैज्ञानिक उच्चतर प्राणियों की क्रियाओं की व्याख्या करने लगे।

उदाहरण के लिए, लॉयड मार्गन के 'मितव्ययिता के सिद्धान्त' (Principle of Parsimany) की ओर मनोवैज्ञानिक खूब आकर्षित हुए। यद्यपि उनका यह सिद्धान्त प्रामाणिक सिद्ध नहीं हो पाया था, फिर भी मनोवैज्ञानिकों ने इससे प्रभावित होकर अन्तर्निरीक्षणात्मक मनोविज्ञान के विपरीत दिशा में सोचना आरम्भ कर दिया। लॉयड मॉर्गन का सिद्धान्त यह था कि यदि किसी क्रिया की व्याख्या निम्न मानसिक क्षमता के परिणाम के आधार पर की जा सके तो उसकी व्याख्या उच्चतर मानसिक क्षमता के परिणाम के रूप में करने की क्या आवश्यकता है?[3]

ऐसी बात नहीं थी कि अन्तर्निरीक्षण का प्रयोग सर्वप्रथम वुन्ट तथा टिचेनर ने ही किया। इस विधि का प्रयोग तो बहुत पहले से होता आ रहा था। अन्तर केवल इतना ही है कि पहले इसे बहुत व्यापक अर्थ में लिया गया था, जबकि वुन्ट और टिचेनर ने इसे विशेष अर्थ में लिया और विशिष्ट प्रकार के अन्तर्निरीक्षण का प्रयोग किया। चूँकि यह विधि पुरानी है, इसलिए इसकी आलोचना भी कोई नई नहीं है। इसकी आलोचना भी बहुत पहले से होती आ रही है। कान्ट (Kant) ने इस विधि की आलोचना करते हुए कहा था कि अन्तर्निरीक्षण करने की चेष्टा चेतन अनुभूति को ही बदल देती है क्योंकि चेतन अनुभूति में निरीक्षण के तत्त्व का समावेश हो जाता है।

वुन्ट के नवीन मनोविज्ञान की स्थापना के कई दशक पूर्व ही ऑगस्ट कॉम्टे (August Camte) ने भी इस विधि की आलोचना की थी। उनका कहना था कि मन अन्य सभी तथ्यों अथवा घटनाओं का निरीक्षण कर सकता है, किन्तु स्वतः अपना नहीं, क्योंकि ऐसी स्थिति में निरीक्षण करने वाला तथा निरीक्षक एक ही हो जाता है जो तर्कसंगत तथा स्वाभाविक नहीं जान पड़ता। निरीक्षण करने के लिए आवश्यक है कि मन थोड़ी देर के लिए रुक जाए और तब अपनी मानसिक क्रिया का निरीक्षण करे, किन्तु इस स्थिति में प्रश्न यह उठता है कि जब मन थोड़ी देर के लिए रुक ही जाएगा तो फिर निरीक्षण किसका करेगा, क्योंकि मानसिक क्रिया तो होगी ही नहीं।[4]

हेनरी मॉडस्ले (Henery Maudslay, 1867) ने भी अन्तर्निरीक्षण की आलोचना की है। उन्होंने अपनी आलोचना में निम्नांकित बातों का उल्लेख किया है–

1. अन्तर्निरीक्षकों के बीच बहुत कम सहमति हो पाती है।
2. जहाँ सहमति होती भी है, वहाँ इसलिए कि अन्तर्निरीक्षक काफी प्रशिक्षित होते हैं जिसके फलस्वरूप उनके निरीक्षणों में पक्षपात आ जाता है।

3. अन्तर्निरीक्षण पर आधारित ज्ञान के द्वारा खोज सम्भव नहीं है, क्योंकि अन्तर्निरीक्षक इस बात के लिए प्रशिक्षित होते हैं कि उन्हें क्या निरीक्षण करना है।
4. मन की विकृति के कारण आत्म-निरीक्षण विश्वसनीय नहीं होता।
5. अन्तर्निरीक्षणात्मक ज्ञान में विज्ञान से अपेक्षित सामान्यीकरण (Generalization) नहीं पाई जाती, क्योंकि अन्तर्निरीक्षण प्रशिक्षित वयस्क प्रयोज्यों तक ही सीमित होता है।
6. अधिकांश व्यवहार, क्रिया तथा आदत चेतन, सहसम्बन्धक (Conscious Conclates) के बिना ही घटित होते हैं।

यद्यपि इन आलोचनाओं को दृष्टि में रखते हुए अन्तर्निरीक्षण में इस प्रकार परिमार्जन किया गया कि वह प्रयोग के समान विश्वसनीय हो सके, फिर भी इस विधि की आलोचना में कमी नहीं आई। इस विधि को जितना ही अधिक विशिष्ट रूप दिया गया, उतनी ही अधिक इसकी आलोचना हुई।

अन्तर्निरीक्षण के सम्बन्ध में यह आलोचना की जाती है कि अन्तर्निरीक्षण वास्तव में अन्तर्निरीक्षण नहीं होता, उसे अनुनिरीक्षण (Retropection) कहना अधिक उपयुक्त है क्योंकि अनुभूति की प्रक्रिया एवं अनुभूति के रिपोर्ट के बीच कुछ समय अवश्य गुजर जाता है। फलस्वरूप अनुभूति के तुरन्त बाद भूलने की क्रिया तीव्र गति से होती है, इसलिए इस बात की सम्भावना रहती है कि अनुभूति के कुछ अंश भूल जाएँ।

अन्तर्निरीक्षण के साथ एक दूसरी बहुत बड़ी समस्या यह है कि जब हम सूक्ष्म रूप से अनुभूति का अन्तर्निरीक्षणात्मक ढंग से मूल्यांकन आरम्भ करते हैं तो मूलतः वह अनुभूति ही बदल जाती है। उदाहरण के लिए, जब हम क्रोध की चेतनावस्था का अन्तर्निरीक्षण आरम्भ करते हैं तो वह क्रोध कम हो जाता है अथवा पूर्ण रूप से समाप्त ही हो जाता है।

संरचनावाद की केवल विधि की ही आलोचना नहीं हुई, बल्कि विषय-वस्तु की भी हुई। चेतन अनुभूति का तत्त्वों में विश्लेषण कृत्रिम एवं अनुपयोगी माना गया क्योंकि तात्त्विक अंशों (Elemental Parts) का कोई भी संश्लेषण (Synthesis) अथवा संयोजन (Compounding) समग्र अनुभूति को उसके मौलिक रूप में प्रस्तुत नहीं कर सकता। इसका कारण यह है कि कोई भी अनुभूति अलग-अलग ऐन्द्रिक, काल्पनिक अथवा भावात्मक तत्त्वों के रूप में नहीं होती, बल्कि एक समष्टि के रूप में होती है। फलस्वरूप जब हम अनुभूति का कृत्रिम रूप से अलग-अलग तत्त्वों में विश्लेषण करते हैं, तो अनुभूति के कुछ अंश अवश्य ही लुप्त हो जाते हैं। जेस्टॉल्ट ने मनोविज्ञान के इसी बिन्दु पर संरचनावाद का विरोध किया।

संरचनावाद द्वारा की गई मनोविज्ञान की परिभाषा भी अत्यन्त संकुचित थी। मनोविज्ञान का अध्ययन-क्षेत्र दिनानुदिन विस्तृत हो रहा था। बच्चों, पशुओं तथा चिकित्सा-विज्ञान सम्बन्धी समस्याओं पर तीव्र गति से मनोवैज्ञानिक अध्ययन हो रहे थे, किन्तु टिचेनर ने उनकी उपेक्षा की, क्योंकि वे उनके द्वारा निर्धारित मनोविज्ञान विषय-वस्तु एवं विधि के अनुकूल नहीं थी।

मनोविज्ञान के अध्ययन-क्षेत्र के विस्तृत होने के साथ ही यह शंका व्यक्त की जाने लगी कि क्या वास्तव में मनोविज्ञान को चेतना का विज्ञान मानना उचित है? इससे तो अधिक उपयुक्त यह कि मनोविज्ञान को व्यवहार का विज्ञान माना जाए। टिचेनर ने भी यह स्वीकार किया कि मनोविज्ञान व्यवहार का विज्ञान हो सकता है किन्तु उसे मनोविज्ञान मानना उचित नहीं है। यह जीव विज्ञान का एक हिस्सा हो सकता है। टिचेनर के अनुसार जैविक तथा मनोवैज्ञानिक दृष्टिकोण एक-दूसरे से बिलकुल भिन्न हैं, क्योंकि जीव विज्ञान प्राणी का अध्ययन वातावरण को दृष्टि में रखकर करता है, जबकि मनोविज्ञान प्राणी को दृष्टि में रखकर चेतन अनुभूति का अध्ययन करता है। चेतन अनुभूति का वातावरण के साथ सीधा सम्बन्ध नहीं है, उसका सीधा सम्बन्ध तो प्राणी के अन्दर घटित होने वाली प्रक्रियाओं से है, विशेष रूप से स्नायु-मंडल से। किन्तु व्यवहार का सीधा सम्बन्ध वातावरण से है, इसलिए यह जीव विज्ञान का विषय है। टिचेनर ने विशुद्ध मनोविज्ञान तथा व्यवहार के विज्ञान के बीच स्पष्ट रेखा खींचने की चेष्टा की, किन्तु उन्होंने इन दोनों को परस्पर घनिष्ठ रूप से सम्बन्धित पाया। फलस्वरूप उन्होंने अपनी पुस्तकों में क्रियात्मक (Functional) तथा संरचनात्मक (Structural) दोनों प्रकार की वस्तु-सामग्रियों को समाहित किया। वास्तविकता यह थी कि मनोविज्ञान टिचेनर के विचारों की सीमा को पार कर बहुत तेजी से आगे बढ़ रहा था।[5]

संरचनावाद का मनोविज्ञान में योगदान

1. इन सारी आलोचनाओं के बावजूद यह कहा जा सकता है कि टिचेनर ने मनोविज्ञान को एक विज्ञान का रूप दिया। यह उनकी बहुत बड़ी उपलब्धि है। उनके प्रयास के फलस्वरूप ही विज्ञान तथा दर्शनशास्त्र से बिलकुल स्वतन्त्र रूप में मनोविज्ञान एक विज्ञान के रूप में स्थापित हो सका तथा वैज्ञानिक दृष्टिकोण से मनोवैज्ञानिक समस्याओं की विवेचना होने लगी। हाइडब्रेडर (Heidbreder) के शब्दों में "टिचेनर का मनोविज्ञान वैज्ञानिक दृष्टिकोण के प्रति यथार्थ प्रगति का संकेत है।"[6]

2. टिचेनर ने मनोविज्ञान के स्वरूप को भी स्पष्ट किया। उन्होंने मनोविज्ञान की परिभाषा निश्चित की तथा अध्ययन-विधि की घोषणा की। तब से मनोविज्ञान की एक स्पष्ट रूपरेखा सामने आई, जिसके अन्तर्गत काफी अध्ययन हुए। विषय-वस्तु के रूप में चेतन अनुभूति का अध्ययन होने लगा। एक विशिष्ट विधि के रूप में

तो उन्होंने अन्तर्निरीक्षण को ही सर्वाधिक महत्त्व प्रदान किया, किन्तु प्रयोग और माप को भी अपनाया। इस प्रकार उन्होंने वैज्ञानिक परम्परा का निर्वाह किया।

3. अन्तर्निरीक्षण को अपनाकर ही गाल्टन ने मानसिक प्रतिभा (Mental imagery) का अध्ययन किया और व्यक्ति-विभिन्नताओं के सिद्धान्त को स्थापित किया। फ्रायड ने आत्म-विश्लेषण (Self-analysis) के द्वारा ही स्वप्नों की व्याख्या की। ये दोनों ही कार्य मनोविज्ञान के क्षेत्र में अत्यन्त महत्त्वपूर्ण माने जाते हैं। वुडवर्थ तथा शीहान के शब्दों में, "The heritage of psychology would be less rich without such studies as Francis Galton's questionnaire on mental imagery which established the fact of individual differencess (1880) or Sigmund Freud's self-analysis as it is crer)"

4. टिचेनर ने मनोविज्ञान के लक्ष्यों का भी निर्धारण किया। उनके अनुसार मनोविज्ञान के तीन प्रमुख लक्ष्य हैं–1. चेतन प्रक्रियाओं का सरलतम तथा सर्वाधिक बुनियादी तत्त्वों में विश्लेषण 2. उनके संयोग (Combination) के नियम की खोज करना। दूसरे शब्दों में यह बतलाना कि तत्त्व परस्पर किस प्रकार मिलकर एक हो जाते हैं तथा 3. शारीरिक अवस्थाओं के साथ उन तत्त्वों को सम्बन्धित करना। इस प्रकार मनोविज्ञान के लक्ष्य प्राकृतिक विज्ञानों के अनुरूप जान पड़ते हैं।

5. यद्यपि अब संरचनावाद द्वारा दी गई मनोविज्ञान की परिभाषा तथा लक्ष्य का कोई महत्त्व नहीं रह गया है, तथापि आज भी अन्तर्निरीक्षण का प्रयोग विभिन्न क्षेत्रों में 'वाचिक विवरण' (Verbal Report) के रूप में हो रहा है। उदाहरण के लिए, दैहिक समस्याओं से सम्बन्धित प्रयोगों में रोगियों के द्वारा दिए गए विवरणों में व्यक्तित्त्व अथवा मनोवृत्ति परीक्षणों में प्रयोज्यों के द्वारा दिए गए प्रत्युत्तरों के रूप में 'वाचिक विवरणों' के प्रयोग हो रहे हैं, जो अन्तर्निरीक्षणात्मक स्वरूप के ही हैं। इस प्रकार अनुभूति पर आधारित वाचिक विवरणों के अनेक उदाहरण दिए जा सकते हैं, जिनका उपयोग वस्तु-सामग्रियों के संग्रह (Data Collection) में किया जाता है। निस्सन्देह अभी जिस प्रकार के अन्तर्निरीक्षण का उपयोग किया जा रहा है, वह संरचनावादियों के अन्तर्निरीक्षण से भिन्न स्वरूप का है। आज भी अन्तर्निरीक्षण का प्रयोग व्यवहारवादियों की भाषा में 'वाचिक विवरण' के रूप में हो रहा है।

6. टिचेनर ने कई प्रमुख पुस्तकों की रचना की, कई महत्त्वपूर्ण एवं विवादास्पद लेख लिखे। अपने विचारों से छात्रों को काफी प्रभावित किया और इस प्रकार अमरीका में पनप रहे मनोविज्ञान को स्थापित करने में महत्त्वपूर्ण भूमिका निभाई। उन्होंने चार प्रसिद्ध पाठ्य-पुस्तकों की रचना की–1. ऐन आउटलाइन ऑफ साइकॉलॉजी, 2. ए प्राइमर ऑफ साइकॉलॉजी, 3. ए टेक्स्टबुक ऑफ साइकॉलॉजी तथा, 4. ए बिगिनर्स साइकॉलॉजी। इनमें 'ए टेक्स्टबुक ऑफ साइकॉलॉजी' एक सर्वाधिक उत्कृष्ट पुस्तक है, जिसमें टिचेनर के विचारों का सम्यक् विवेचन है। उनकी पुस्तक 'एक्सपेरिमेन्टल

साइकॉलाजी : ए मैनुअल फॉर लेबोरेटरी प्रैक्टिस' भी एक महती उपलब्धि मानी जाती है। इसके चार खंड हैं–दो में गुणात्मक प्रयोगों (Quantitative Experiments) का विवेचन है तथा दो में मात्रात्मक प्रयोगों (Quantitative Experiment) का। प्रत्येक खंड में एक छात्र-नियम पुस्तिका है तथा एक प्रशिक्षक-नियम पुस्तिका। उनका यह सराहनीय कार्य प्रयोगात्मक मनोविज्ञान के अस्तित्व का एक लिखित प्रमाण माना जाता है। उनके द्वारा रचित 'साइकॉलॉजी ऑफ फीलिंग एण्ड अटेन्शन' तथा 'एक्सपेरिमेन्टल साइकॉलॉजी ऑफ द हायर थैट प्रोसेस' विवादास्पद विषयों की विवेचना करने की उनकी अपूर्व क्षमता के प्रतीक समझे जाते हैं।

7. कदाचित् संरचनावाद की सबसे बड़ी उपलब्धि तो इस बात में निहित है कि यह अनेक मनोवैज्ञानिक विचारधाराओं का केन्द्र बिन्दु बन गया। इसकी आलोचना अथवा विरोध के फलस्वरूप ही मनोविज्ञान में अनेक नई विचारधाराओं का उदय हुआ, जैसे प्रकार्यवाद (Functionalism), व्यवहारवाद (Behaviourism), जेस्टाल्ट मनोविज्ञान (Gertalt Psychology) तथा मनोविश्लेषण (Psychoanalysis)। यह स्वाभाविक है कि कोई भी नई विचारधारा प्रायः पुरानी विचारधारा के विरोध या उसके संशोधन के ही परिणामस्वरूप उत्पन्न होती है। इस प्रकार मनोविज्ञान को प्रगति की ओर ले जाने में संरचनावाद ने एक ठोस आधारशिला का काम किया। हाइडब्रेडर ने स्पष्ट रूप से इस ओर संकेत किया है और इस रूप में संरचनावाद के महत्त्व को स्वीकार किया है।[7] वुन्ट तथा टिचेनर के कार्यों की सराहना करते हुए वुलमैन ने भी स्वीकार किया है कि इन दोनों ने मनोविज्ञान को वैज्ञानिक रूप दिया। विषय-वस्तु को मानव-चेतना के रूप में परिभाषित किया तथा प्रयोगाश्रित शोध-विधियों को अपनाया, यथा निरीक्षण, प्रयोग एवं माप।[8]

मनोविज्ञान की स्थिति
(Status of Psychology)

अन्तर्निरीक्षणात्मक मनोविज्ञान की सीमाओं के कारण मनोविज्ञान की धारणा बदल रही थी और वह दूसरी दिशाओं में बढ़ता जा रहा था। इस बात को अन्तर्निरीक्षणात्मक मनोवैज्ञानिकों ने नहीं समझा। फलस्वरूप कई नई-नई विचारधाराएँ सामने आने लगीं तथा मनोविज्ञान की नई-नई व्याख्याएँ होने लगीं। इस प्रकार मनोविज्ञान का क्षेत्र व्यापक होता गया। सर्वप्रथम प्रकार्यवाद ने मानव-क्रियाओं के अध्ययन को मनोविज्ञान का विषय घोषित किया। फिर व्यवहारवाद ने समग्र व्यवहार के अध्ययन को अपनाया और अन्तर्निरीक्षण का परित्याग कर बाह्य निरीक्षण का उपयोग किया, जैसा कि भौतिकी एवं रसायन विज्ञान में किया जा रहा था। अब संरचनावादियों की 'आन्तरिक अनुभूति' का स्थान बाह्य व्यवहार ने ले लिया और अन्तर्निरीक्षण का स्थान बाह्य निरीक्षण ने

ले लिया। मनोविज्ञान के क्षेत्र के अन्तर्गत बाह्य अनुभूति, बाह्य व्यवहार, उत्तेजना एवं प्रतिक्रिया आदि का अध्ययन होने लगा और चेतना के अस्तित्व तक को स्वीकार नहीं किया गया। बाहृय व्यवहार के क्षेत्र में अधिकाधिक शोध कार्य हुए तथा अनेक प्राचीन धारणाएँ समाप्त हो गईं।

फ्रायड के मनोविश्लेषण ने मानव-व्यवहार में पाए जाने वाले असंगत तत्त्वों (Irrational Elements) से अपना विचार आरम्भ किया और मानव-स्वभाव के सम्बन्ध में एक व्यापक सिद्धान्त विकसित किया। उन्होंने अचेतन की खोज की और उसके आधार पर सम्पूर्ण मानव-व्यवहार की व्याख्या की। अब चेतना तथा अन्तर्निरीक्षण के लिए मनोविज्ञान में कोई स्थान नहीं रह गया। मनोविश्लेषण के मूल सिद्धान्तों को मानते हुए भी युंग तथा एडलर ने मानव-व्यवहार की व्याख्या फ्रायड से कुछ भिन्न ढंग से की। बाद के मनोविश्लेषकों ने फ्रायड को अचेतन अनुप्रेरणा (Unconscious Motivation) के महत्त्व को स्वीकार करते हुए जैविक तत्त्वों के बदले वातावरण सम्बन्धी तत्त्वों पर अधिक जोर दिया। उन्होंने सामाजिक तथा सांस्कृतिक पृष्ठभूमि में मानव-व्यवहार की व्याख्या की। इस चिन्तनधारा के समर्थकों में हौर्नी, सुलिवान, फ्रौम आदि प्रमुख हैं।

कान्ट के अनुयायियों ने, विशेषतः विल्हेल्म डिल्थे ने वुन्ट-टिचेनर के मनोविज्ञान का विरोध व्यवहारवाद से बिलकुल भिन्न दृष्टि को अपनाकर किया। डिल्थे के अनुसार मनोवैज्ञानिक प्रयोगशालाओं में जो कुछ हो रहा था, वह कुछ खास तथ्यों के सम्बन्ध में वर्णन मात्र था, उनके सम्बन्ध में जानकारी नहीं। उन्होंने, मानव-विज्ञानों ने मनोविज्ञान का उपयोग किया, जबकि प्राकृतिक विज्ञानों ने गणित का उपयोग किया। डिल्थे ने अपनी बात को और भी स्पष्ट करते हुए कहा कि मनोविज्ञान व्यक्ति के अध्ययन को महत्त्वपूर्ण मानता है। उसका प्रधान उद्देश्य व्यक्ति का वर्णन अथवा विश्लेषण करना नहीं है, बल्कि उसे समझना है। डिल्थे ने यह महसूस किया कि सांस्कृतिक विज्ञानों की विधि के रूप में मनोविज्ञान का उपयोग होना चाहिए, जिस प्रकार प्राकृतिक विज्ञानों में गणित का उपयोग होता है। प्राकृतिक तथा सांस्कृतिक विज्ञानों के इस द्विभाजन के कारण मनोवैज्ञानिक काफी असमंजस में पड़े हुए थे। विलियम स्टर्न ने 'व्यक्ति बनाम वस्तु' में इस असमंजस को दूर करने की चेष्टा की। जेस्टॉल्ट मनोवैज्ञानिकों ने सम्पूर्ण भौतिक संसार को ही एक समष्टि मानकर इस समस्या का समाधान करने की चेष्टा की।

सन्दर्भ

1. "Titchener was perhaps more Wundticen than Wundt himself.
   B. Wolman, Contemporary theories & systems in Psychology, p. 14.
2. Charles Darwin, Expression of emotions in man and animals, 1872.

3. "In no case may we interpret an action as the outcome of a higher psychical faculty, if it can be interpreted as the outcome of the exerceise of one which study lower in the psychical scale."
4. "Lioyd Morgan, An introduction to comparative Psychology, W. Scott, 1894, & 53. The mind, followers" (1896, vol. I, p. 9) p. 102, Schultz.
5. "Psychology was moving beyond him, and moving very quickly", Schutz, A history of modern Psychology, 2nd ed. p. 105.
6. "Titchener's Psychology marked a genuine advance toward the scientific point of view." Heidbreder, Seven Psychology, 1933, p. 151.
7. Beyond question, the psychology of Titchener played a major role in the development of American psychology, not only as a distinct and lasting achievement, but also as a gallant and enlightening failure, Heidbreder, seven Psychologies, 1933, p. 151.
8. "Despite all criticisms, Wundt's and Titchener's work must be regarded as impt. scientific systems in psychology. The subject matter was well difined, it was the human consciousness. The research methods were impirical, namely, observation, experiment and measurement." Contemeporary theories & systems in psychology. Benjamine B. Wolman, 1960, p. 15.

प्रकार्यवाद
(Functionalism)

वुन्ट तथा टिचेनर के संरचनावाद के विरोध में प्रकार्यवाद की स्थापना हुई। जैसा कि इस शब्द से ही व्यक्त होता है, यह मन भी क्रियाओं का अध्ययन करता है न कि संरचना का। प्रकार्यवाद ने मन की संरचना के अध्ययन को अत्यन्त संकुचित और सीमित माना, क्योंकि उनकी दृष्टि में वह इन प्रश्नों के उत्तर देने में सक्षम नहीं है कि मन क्या करता है? कैसे करता है? और क्यों करता है? इस सम्बन्ध में वुडवर्थ और शीहान का कहना है कि प्रकार्यात्मक मनोविज्ञान ने इन तीनों प्रश्नों के निश्चित तथा व्यवस्थित उत्तर देने की चेष्टा की है कि, "मनुष्य क्या करते हैं?" "कैसे करते हैं?" तथा "क्यों करते हैं?" उदाहरण के लिए किसी व्यक्ति को क्रुद्ध देखकर एक प्रकार्यवादी मनोवैज्ञानिक इस तथ्य से आरम्भ करता है कि व्यक्ति क्रुद्ध होता है और वह यह जानना चाहता है कि वह कैसे क्रुद्ध होता है? और क्यों क्रुद्ध होता है?

प्रकार्यवाद का दृष्टिकोण व्यावहारिक तथा उपयोगितावादी है। उसकी अभिरुचि इस प्रश्न के उत्तर में है कि मन अथवा मानसिक प्रक्रियाओं की क्या उपलब्धियाँ हैं, उसके क्या प्रयोजन हैं। दूसरे शब्दों में प्रकार्यवाद यह जानना चाहता है कि वातावरण के प्रति प्राणी के समायोजन में मानसिक प्रक्रियाओं की क्या उपयोगिता है। इससे स्पष्ट है कि मनोविज्ञान जीव-विज्ञान के अति निकट है। यहाँ यह उल्लेख्य है कि मनोविज्ञान के इतिहास में पहली बड़ी क्रान्ति है मनोविज्ञान का दर्शनशास्त्र से अलग होकर अपना स्वतन्त्र अस्तित्व स्थापित करना और दूसरी बड़ी क्रान्ति है जीव-विज्ञान की ओर उसका उन्मुख होना।

मनोवैज्ञानिकों ने यह महसूस किया कि अन्य विज्ञानों की अपेक्षा जीव-विज्ञान (Biology) मनोवैज्ञानिक समस्याओं के समाधान में अधिक सक्षम है। जीव वैज्ञानिकों ने मानव को एक ऐसे जीवित प्राणी के रूप में ग्रहण किया जो अपने अस्तित्व के लिए सतत संघर्ष करता है, वातावरण के प्रति अपने को अभियोजित करता है तथा संतोष की कामना करता है।

यद्यपि प्रकार्यवाद ने संरचनावाद का विरोध किया, किंतु इसने एक स्वतन्त्र विचारधारा के रूप में अपने को स्थापित करने की कभी भी चेष्टा नहीं की। फलस्रूप इसमें कट्टरता नहीं आ पाई। इसलिए संरचनावाद की तरह कोई एक ही प्रकार्यात्मक मनोविज्ञान नहीं था, बल्कि कई प्रकार्यात्मक मनोविज्ञान थे और उन सबों के बीच कुछ विभिन्नताएँ भी थीं। किन्तु मन अथवा चेतना की क्रियाओं के अध्ययन में सभी प्रकार के प्रकार्यात्मक मनोवैज्ञानिकों की समान रूप से अभिरुचि थी। फलस्वरूप सभी ने वातावरण में प्राणियों की क्रियाओं के अध्ययन पर जोर दिया।

प्रकार्यवाद ने संरचनावाद द्वारा दी गई मनोविज्ञान की परिभाषा का विरोध किया, क्योंकि उसमें मन अथवा चेतना भी क्रियाओं के व्यावहारिक पक्ष तथा उपयोगिता पर बिलकुल ध्यान नहीं दिया गया था।

यद्यपि प्रकार्यवादी मनोवैज्ञानिकों ने संरचनावाद द्वारा दी गई मनोविज्ञान की परिभाषा का विरोध किया, किन्तु लिपजिग तथा कॉर्नेल में हो रहे शोध के विषयों तथा विधियों का विरोध नहीं किया। उन्होंने न तो अन्तर्निरीक्षण का विरोध किया और न चेतना के प्रयोगात्मक अध्ययन का।

इसमें कोई सन्देह नहीं कि प्रकार्यवाद ने एक नई विचारधारा की अनेक विशेषताओं को अपनाया, किन्तु एक नई विचारधारा के रूप में स्थापित होने का उसका लक्ष्य नहीं था। उसका लक्ष्य केवल इतना ही था कि संरचनावाद की परम्परा में संशोधन हो। वह स्वतः संरचनावाद का स्थान लेना नहीं चाहता था। प्रकार्यात्मक मनोवैज्ञानिक केवल इतने से ही सन्तुष्ट थे कि संरचनावाद को चुनौती देकर मनोविज्ञान के आधार और क्षेत्र को विस्तृत स्वरूप प्रदान किया जा सके और इस कार्य में उन्हें काफी सफलता मिली।

प्रकार्यवाद के अग्रदूत अथवा प्रकार्यवाद पर पूर्ववर्ती प्रभाव

(Forerunners of Functionalism) or (Antecedent influences on Functionalism) Herbert Spencer (1820-1903)

स्पेन्सर (Spencer), डार्विन (Darwin) तथा गाल्टन (Galton) ने मनोविज्ञान में विकास तथा समायोजन के जैविक सिद्धान्तों को सन्निविष्ट किया। 1855 में स्पेन्सर की पुस्तक 'मनोविज्ञान के सिद्धान्त' (Principles of Psychology) का प्रकाशन हुआ। इस पुस्तक में उन्होंने विकास तथा समायोजन की व्याख्या प्रस्तुत की है। बाह्य अवस्थाओं के प्रति समायोजन की अनवरत प्रक्रिया के कारण परिवर्तन होते रहते हैं। प्रत्येक पशु अपने वातावरण के प्रति विशेष प्रकार से प्रतिक्रिया व्यक्त करता है। जो पशु विकास की प्रक्रिया में जितना ही ऊपर होता है, उसकी प्रतिक्रिया उतनी ही अधिक जटिल एवं स्वतन्त्र होती है। सबसे सरल प्रतिक्रियाओं में लचीलापन नहीं होता। वैसी प्रतिक्रियाएँ वातावरण के प्रति समग्र समायोजन का प्रतिनिधित्व करती हैं। उन्हें प्रतिक्षेपों (Raflects)

की संज्ञा ही जाती है। उच्चतर पशुओं में मूल प्रवृत्तियाँ (Instincts) पाई जाती है, जिन्हें 'मिश्रित प्रतिक्षेप क्रिया' (Mixed Reflextion) कहते हैं।

व्यवहार की व्याख्या करते हुए स्पेन्सर का कहना है कि जो पशु विकास की प्रक्रिया में जितना ही ऊपर होता है, उसका व्यवहार उतना ही अधिक जटिल एवं लचीला होता है। समायोजन की प्रक्रिया में उच्चतर क्रियाएँ निम्न क्रियाओं से विकसित होती हैं। मानसिक क्रियाएँ इस प्रक्रिया की ही एक अंग हैं और वे जैविक दृष्टि से काफी उपयोगी हैं। यहाँ यह उल्लेख्य है कि जो क्रिया जितनी ही अधिक उपयोगी होती है, वह उतनी ही अधिक आनन्ददायक भी होती है। इस प्रकार स्पेन्सर का समायोजन में आनन्द पर जोर देना फ्रायड के 'आनन्द के सिद्धान्त' (Pleasure Principle) का अग्रदूत कहा जा सकता है।

मनोविज्ञान पर डार्विन के विचारों का प्रभाव

उन्नीसवीं सदी के उत्तरार्द्ध में मनोविज्ञान पर डार्विन के विचारों का काफी प्रभाव पड़ा। विकासवाद के सिद्धान्त ने मानव तथा पशुओं के बीच मानसिक क्रियाओं की अनवरतता की सम्भावना की ओर स्पष्ट संकेत किया। उनके अनुसार यदि मानव-मन का विकास आदिम मन से हुआ है, तो इसका अर्थ यह हुआ कि पशु तथा मानव की मनोवृत्तियों में समानता पाई जाएगी। स्पष्ट रूप से इस दृष्टिकोण ने पहली बार डेकार्टे के उस विचार को चुनौती दी जिसमें उन्होंने पशु तथा मानव के बीच काफी दूरी की बात की है। इस सिद्धान्त के फलस्वरूप अनेक वैज्ञानिक पशुओं की मानसिक क्रियाओं की खोज की ओर अग्रसर हुए। इसका परिणाम यह हुआ कि मनोविज्ञान में पशु मनोविज्ञान का अध्ययन महत्त्वपूर्ण माना जाने लगा और इस क्षेत्र में शोध-अध्ययन होने लगे।

डार्विन के प्रभाव के फलस्वरूप मनोविज्ञान के लक्ष्य में भी स्पष्ट रूप से परिवर्तन आया। जहाँ संरचनावादियों ने चेतना के विभिन्न तत्त्वों के विश्लेषण पर ध्यान केन्द्रित किया था, वहाँ डार्विन से प्रभावित होकर कुछ अमरीकी मनोवैज्ञानिकों ने चेतना की क्रियाओं का अध्ययन बहुतों को चेतना के तत्त्वों को निर्धारित करने के बदले उसकी क्रियाओं का अध्ययन अधिक महत्त्वपूर्ण जान पड़ा। इस प्रकार मनोविज्ञान का सम्बन्ध वातावरण के प्रति प्राणी के समायोजन से होता गया और वह चेतना के तत्त्व-विश्लेषण से दूर होता गया।

डार्विन के विकासवाद का तीसरा प्रभाव यह पड़ा कि मनोविज्ञान में व्यक्ति विभिन्नताओं का अध्ययन महत्त्वपूर्ण होता गया। सचमुच यदि प्रत्येक पीढ़ी एक समान ही होती, तो विकास का प्रश्न ही नहीं उठता। अतः किसी भी विकासवादी सिद्धान्त के लिए विभिन्नता एक आवश्यक तत्त्व है। जहाँ संरचनावादी मनोवैज्ञानिक सभी प्रकार के मन (Minds) को समाहित करने के लिए सामान्य नियमों की खोज कर रहे थे,

वहाँ डार्विन से प्रभावित होकर कुछ दूसरे मनोवैज्ञानिक यह अध्ययन कर रहे थे कि किस प्रकार व्यक्तिगत मन एक-दूसरे से भिन्न होते हैं। इससे स्पष्ट है कि मनोवैज्ञानिकों का ध्यान व्यक्ति-विभिन्नताओं के अध्ययन की ओर जाना आरम्भ हो गया था। संरचनावादी मनोविज्ञान में पशु-मन तथा व्यक्ति-विभिन्नताओं के अध्ययन की गुंजाइश नहीं थी, किन्तु प्रकार्यवादी मनोविज्ञान में इसकी काफी गुंजाइश थी। फलस्वरूप प्रकार्यवादी मनोवैज्ञानिकों ने इन दोनों समस्याओं पर जमकर अध्ययन किया।

सर फ्रांसिस गाल्टन (1822-1911)

नवीन अथवा आधुनिक मनोविज्ञान का मार्ग प्रशस्त किया जर्मनी तथा अमरीका ने, ग्रेट ब्रिटेन ने उसका अनुसरण किया। 1890-1910 तक जर्मनी तथा अमरीका में मनोवैज्ञानिक प्रयोगशालाओं तथा व्यावसायिक (Professional) प्रयोगात्मक मनोवैज्ञानिकों की भरमार हो गई और तब ग्रेट ब्रिटेन भी उस ओर धीरे-धीरे अग्रसर होने लगा। यहाँ यह उल्लेख्य है कि जर्मनी तथा अमरीका में मनोविज्ञान का विकास दार्शनिक मनोविज्ञान (Philosophical Psychology) से प्रयोगात्मक मनोविज्ञान (Experimental Psychology) और तब व्यावहारिक मनोविज्ञान (Applied Psychology) में हुआ। प्रयोगात्मक मनोविज्ञान का आरंभ अमरीका से पहले जर्मनी में हुआ, किन्तु व्यावहारिक मनोविज्ञान के क्षेत्र में अमरीका ने सबसे पहले महत्त्वपूर्ण प्रगति की। ग्रेट ब्रिटेन में वार्ड तथा स्टर्डट के संरक्षण में बहुत दिनों तक दार्शनिक मनोविज्ञान की ही प्रधानता बनी रही। बहुत हाल में व्यावहारिक मनोविज्ञान का आरंभ हुआ। ऑक्सफोर्ड ने आधुनिक मनोविज्ञान का विरोध किया। फलस्वरूप वहाँ किसी भी महत्त्वपूर्ण पद पर प्रमुख मनोवैज्ञानिकों की नियुक्ति नहीं हो पाई। कैम्ब्रिज में वार्ड (Ward) नैतिक दर्शन (Maral Philosophy) के प्रोफेसर थे और साथ-ही-साथ एक मनोवैज्ञानिक भी थे, किन्तु उनका झुकाव प्रयोग की ओर बिलकुल नहीं था। फिर भी कैम्ब्रिज में मायर्स के संरक्षण में एक मनोवैज्ञानिक प्रयोगशाला थी, जिसमें शोध-कार्य हो रहे थे, पर उस प्रयोगशाला के निदेशक प्रोफेसर नहीं थे। लंदन में स्पीयरमैन तर्कशास्त्र के प्रोफेसर थे। यद्यपि इनका प्रशिक्षण जर्मनी में हुआ था और आधुनिक मनोविज्ञान के प्रति सहानुभूति भी थी, किन्तु जर्मन तथा अमरीकियों के समान ही वे भी प्रयोगवादी नहीं थे। मैकडूगल एक प्रयोगवादी जरूर थे और उन्होंने इंग्लैंड में प्रयोगात्मक दैहिक मनोविज्ञान (Experimental Physiological Psychology) को स्थापित करने के लिए बहुत कुछ किया भी था, किन्तु वे भी वहाँ के किसी विश्वविद्यालय में कोई महत्त्वपूर्ण पद प्राप्त नहीं कर सके थे। इंग्लैंड में गाल्टन ने ही प्रयोगात्मक मनोविज्ञान का आरंभ किया।

गाल्टन का जन्म 1822 में वर्मिंघम (इंगलैंड) के निकट एक समृद्ध एवं सुशिक्षित परिवार में हुआ था। उनकी बुद्धि असाधारण (अनुमानित बुद्धिलब्धि 200) थी। उनकी

प्रतिभा एवं अभिरुचि बहुआयामी (Multi-dimensional) थी। फलस्वरूप शायद ही कोई ऐसा क्षण हो, जो उनसे अछूता रह गया हो।[1] वस्तुतः वे नवीन विचारों के धनी थे। उनमें अपूर्व रचनात्मक जिज्ञासा (Creative Curiosity) थी, जिसने अनेक क्षेत्रों में उन्हें कार्य करने के लिए प्रेरित किया। उनकी इन विशेषताओं को दृष्टि में रखते हुए ही सुल्ज (Schultz) ने कहा है कि आधुनिक मनोविज्ञान के इतिहास में कदाचित् उनके समान कोई दूसरा नहीं हुआ।[2]

एक मनोवैज्ञानिक के रूप में गाल्टन की देन

मर्फी के अनुसार, ''मनोविज्ञान के क्षेत्र में डार्विन के निकटतम अनुयायियों के बीच सर फ्रांसिस गाल्टन सबसे बड़े थे।'' वस्तुतः उन्होंने मनोविज्ञान में जो भी शोध-कार्य किए, वे सभी डार्विन के विकासवाद के सिद्धान्त की व्याख्या में सहायक थे और मानव विकास की समस्याओं से ही सम्बन्धित थे। वे ही ऐसे प्रथम व्यक्ति थे, जिन्होंने परिवर्तन (Variation), चयन (Selection) तथा समायोजन (Adaptation) के सिद्धान्तों को मानव-व्यक्तियों एवं जातियों (Races) पर लागू करने का जमकर प्रयास किया। उनकी प्रमुख देनों को संक्षेप में इस प्रकार प्रस्तुत किया जा सकता है।

मानसिक वंशानुक्रम (Mental Inheritance)–डार्विन की प्रसिद्ध पुस्तक 'जातियों के उद्गम' (Origin of Species) के प्रकाशन के एक दशक बाद 1896 में गाल्टन की पुस्तक 'आनुवंशिक प्रतिभा' (Hereditary Genius) का प्रकाशन हुआ। इस पुस्तक में उन्होंने स्पष्ट रूप से यह दिखलाने की चेष्टा की है कि व्यक्तिगत बड़प्पन अथवा प्रतिभा वंशानुक्रमिक है। इस तथ्य की व्याख्या वातावरण अथवा अवसर के आधार पर संभव नहीं है। गाल्टन ने स्पष्ट रूप से बतलाया कि प्रतिभा अथवा प्रतिभा की कमी वंशानुक्रम की क्रिया है, न कि वातावरण अथवा अवसर की। उन्होंने कुछ प्रमुख वैज्ञानिकों, लेखकों, एवं विधिवेत्ताओं की वंशावली का अध्ययन किया और अपने अध्ययन में पाया कि लोग केवल प्रतिभा को ही वंश परम्परा से ग्रहण नहीं करते बल्कि विशिष्ट प्रकार की प्रतिभा को ग्रहण करते हैं। उदाहरण के लिए, प्रायः प्रमुख विधिवेत्ता उसी परिवार में जन्म लेते हैं जिसमें पहले बहुत बड़े विधिवेत्ता हो चुके हैं। प्रसिद्ध वैज्ञानिक प्रायः उसी परिवार में जन्म लेता है जिसमें पहले महान वैज्ञानिक हो चुके हैं। लेखक भी प्रायः वैसे ही परिवार से आते हैं जिनमें पहले लेखक हो चुके हैं।

व्यक्ति विभिन्नताएँ (Individual differences)–मनोविज्ञान के विषय के रूप में सर्वप्रथम गाल्टन ने ही व्यक्ति-विभिन्नताओं का गम्भीरता से अध्ययन किया। इसके पहले मनोविज्ञान में व्यक्ति-विभिन्नताओं की समस्या उपेक्षित थी। इस उपेक्षा को मर्फी ने पूर्व मनोविज्ञान में एक असाधारण अन्ध-बिन्दु कहा है।[3] उपेक्षित होने का तात्पर्य यह नहीं है कि इस पर गाल्टन के पहले किसी ने सोचा ही नहीं था, बल्कि

यह कि कुछ-कुछ अध्ययन हुए थे, पर जमकर किसी ने इसका अध्ययन नहीं किया था। उन्नीसवीं सदी में गाल्टन के पहले टॉमस ब्राउन तथा हर्बर्ट ने साहचर्य के क्रम में इस विषय पर कुछ विचार किया था। प्रयोगवादियों में भी वेबर, फेक्नर तथा हेल्महोज ने व्यक्ति विभिन्नताओं का उल्लेख किया था, किन्तु व्यवस्थित रूप में गम्भीरता से इस विषय पर अध्ययन नहीं हो पाया था। इसलिए यह कहा जाता है कि व्यक्ति-विभिन्नताओं के क्षेत्र में सर्वप्रथम गाल्टन ने ही प्रमुख रूप से सराहनीय कार्य किया।

गाल्टन ने वंशानुक्रमिक संरचना की दृष्टि से भी विभिन्न मानव जातियों की तुलना की और यह बतलाया कि विशिष्ट वातावरण के प्रति समायोजनों के कारण ही विभिन्न मानव जातियों का विकास हुआ। उन्होंने केवल व्यक्ति-व्यक्ति के बीच की विभिन्नता को ही स्वीकार नहीं किया, बल्कि यह माना कि व्यापक रूप से विभिन्नता (Variation) एवं चयन (Selection) के कारण ही नई मानव-जातियों का विकास हुआ। उनकी यह मान्यता थी कि वंशानुक्रम ही व्यक्ति का निर्माता है। विभिन्न व्यक्तियों के बीच पाई जाने वाली शारीरिक, बौद्धिक, यहाँ तक कि आपराधिक विशिष्टताएँ भी आनुवांशिक ही होती हैं।[4]

विकासवादी सिद्धान्त एवं ब्रह्म वैज्ञानिक मताग्रह के बीच संघर्ष (Conflict between Evolutionary Doctrine and Theological Dogma)–''आनुवंशिक प्रतिभा'' के प्रकाशन के चौदह वर्षों के बाद 1883 में गाल्टन की प्रसिद्ध पुस्तक 'मानव क्षमता की जाँच तथा उसका विकास' (Inquiries into Human Faculty and Its Development) प्रकाशित हुई। कभी-कभी यह पुस्तक वैज्ञानिक वैयक्तिक मनोविज्ञान (Scientific Individual Psychology) एवं मानसिक परीक्षणों का आरम्भ मानी जाती है, किन्तु इस पुस्तक के सम्बन्ध में स्वयं गाल्टन की मान्यता कुछ और थी। उन दिनों इंग्लैंड में विकासवादी सिद्धान्त (Evolutionary Principle) तथा ब्रह्म वैज्ञानिक मताग्रह (Theological Dogma) के बीच तीव्र संघर्ष चल रहा था। वहाँ के जो वैज्ञानिक डार्विन के विचार से सहमत थे, उन्हें सामान्यतः धर्म विरोधी समझा जा रहा था। ऐसी स्थिति में गाल्टन ने बिलकुल वैज्ञानिक वस्तुनिष्ठता के साथ इस विवादास्पद विषय पर विचार किया और यह निष्कर्ष निकाला कि इसका कोई प्रमाण नहीं मिलता कि किसी वस्तु या विषय में व्यक्ति के विश्वास की प्रबलता के आधार पर उसे सत्य मान लिया जाए। इन्हीं शब्दों में, किसी वस्तु अथवा विषय में मात्र प्रबल विश्वास का होना उसकी सत्यता को प्रमाणित नहीं करता। अपनी इस पुस्तक में उन्होंने प्रार्थना के वस्तुनिष्ठ प्रभाव पर विवेचन करते हुए यह निष्कर्ष निकाला कि इसका कोई प्रमाण नहीं मिलता कि डॉक्टर चिकित्सकीय अभिकर्त्ता (Theraputic Agent) के रूप में प्रार्थना का उपयोग करता है, अथवा मौसम विज्ञानी मौसम के पूर्व कथन में प्रार्थना का उपयोग करता है।

गाल्टन को विश्वास था कि विभिन्न धर्मावलम्बियों तथा मताग्रहियों के बीच मानवता के साथ सम्बन्ध तथा उनकी मानसिक शान्ति के प्रश्न पर बहुत कम मतभेद था। इसलिए वे विश्व को एक नया वैज्ञानिक विचार देना चाहते थे। वे यह चाहते थे कि विश्व को धार्मिक मताग्रह के स्थान पर विकासवाद पर आधारित प्रगति में विश्वास प्रदान करना जिसे अपने जीवन का लक्ष्य मानकर मनुष्य सतत प्रयत्नशील रहे। उन्होंने मानव-प्रयत्नशीलता के लक्ष्य के रूप में अतिमानव (Superman) को स्वीकार किया न कि स्वर्ग को।

इन दोनों पुस्तकों के प्रकाशन के अतिरिक्त वंशानुक्रम की समस्याओं पर उनके लगभग 30-40 शोध पत्र भी प्रकाशित हुए। गाल्टन ने सुजनन-विज्ञान-सम्बन्धी खोजों में पाया कि इस बात की अधिक सम्भावना रहती है कि औसत व्यक्तियों की अपेक्षा प्रसिद्ध व्यक्तियों के लड़के भी प्रसिद्ध होंगे।

सुजनन विज्ञान आन्दोलन–एक सामाजिक समस्या के रूप में मानव-वंशावली में पाई जाने वाली विभिन्नताओं में गाल्टन की बड़ी अभिरुचि थी। इसलिए उन्होंने सुजनन-विज्ञान आन्दोलन का प्रवर्त्तन किया। यह उनकी एक महती उपलब्धि कही जा सकती है। इस आन्दोलन का लक्ष्य था अनुप्रयुक्त व्यक्तियों को मिटाना तथा जैविक नियमों के उपयोग द्वारा उपयुक्त अथवा उत्कृष्ट व्यक्तियों का अधिकाधिक उत्पादन। स्पेन्सर ने जैविक तत्त्वों पर विचार किए बिना ही मानव-जाति के भविष्य पर सामाजिक तथा नैतिक दृष्टि से विवेचन किया था। डार्विन ने भी यह स्पष्ट किया था कि उनके विकासवाद में केवल विभिन्न मानव-जातियों में परिवर्तन ही सन्निहित नहीं है, बल्कि यह भी कि कुछ मिट जाएँ और कुछ दूसरों में वृद्धि हो। गाल्टन के सामने महत्त्वपूर्ण प्रश्न यह था कि क्या कोई ऐसा नया जैविक आधार स्थापित करना सम्भव नहीं है जिस पर समुचित सामाजिक संगठन का निर्माण किया जा सके। किन्तु जहाँ तक सुजनन-विज्ञान आन्दोलन की सामाजिक उपलब्धि का प्रश्न है, यह कहा जा सकता है कि उस दिशा में यह बहुत महत्त्वपूर्ण कार्य नहीं कर सका। इस का महत्त्व इस बात में अवश्य है कि इसने मनोविज्ञान को सामाजिक दृष्टि से महत्त्वपूर्ण शील गुणों (Traits) की माप के लिए अधिक उपयुक्त तकनीकं की खोज के लिए प्रेरित किया–जैसे बुद्धि की माप।

गाल्टन की प्रथम पुस्तक के बाद 1874 में English men of Science तथा 1889 में Netureral in Heritance का प्रकाशन हुआ। इन पुस्तकों में जैविक शोध कार्यों तथा उनकी सर्वोत्तम विवेचनाओं एवं व्याख्याओं की बहुलता है।

अतः चयनात्मक प्रजनन (Selective Breeding) के द्वारा मानव-जाति को उन्नत किया जा सकता है। इस दृष्टि से ही उन्होंने वंशानुक्रम-विज्ञान तथा सुजनन-विज्ञान का प्रतिपादन किया। फलस्वरूप एक शोध-पत्रिका बायोमेट्रिका (Biometrica) का भी प्रकाशन हुआ। इसके अतिरिक्त यूनिवर्सिटी कॉलेज, लंदन में '1904 में' सुजनन

विज्ञान की एक प्रयोगशाला भी स्थापित हुई तथा जातीय उन्नति के विचार को आगे बढ़ाने के लिए एक संगठन की भी स्थापना की गई। इस प्रकार उनका लक्ष्य यह था कि समाज में अधिक-से-अधिक सुयोग्य लोग उत्पन्न हों तथा अयोग्य लोग कम-से-कम हों। इस लक्ष्य की पूर्ति के लिए उन्होंने चयनात्मक प्रजनन (Selective Breeding) पर काफी जोर दिया।

सांख्यिकीय विधियाँ–सांख्यिकी तथा माप में गाल्टन की विशेष अभिरुचि थी। अपने सम्पूर्ण जीवनकाल में उन्होंने जिन समस्याओं का अध्ययन किया, उन्हें संख्यात्मक रूप देने की चेष्टा की और उनके सांख्यिकीय विश्लेषण का भी प्रयास किया।

सांख्यिकी का आरम्भ सत्रहवीं शताब्दी से माना जा सकता है, जब व्यक्तियों के जन्म, विवाह एवं मरण का सारणीयन (Tabulation) किया गया। पुनः गलतियों की विभिन्न मात्राओं को निर्धारित करने की विधियों की खोज के क्रम में यह और भी अधिक विकसित हुआ। एडोल्फ क्वेटलेट (Adolph Quetelet) नामक एक ज्योतिर्विद ने सर्वप्रथम जैविक तथा सामाजिक प्रदत्तों (Data) पर सांख्यिकीय विधियों तथा सामान्य संभाव्यता वक्र (Normal Probability Curve) को लागू किया। सामान्य वक्र की खोज पहले ही हो चुकी थी और मापों के वितरण में तथा वैज्ञानिक निरीक्षण में पाई जाने वाली गलतियों के निर्धारण में इसका प्रयोग भी हो चुका था, किन्तु क्वेटलेट के पहले सामान्य वितरण (Normal Distribution) के सिद्धान्त को मानव-विभिन्नताओं पर लागू नहीं किया गया था।

क्वेटलेट से प्रभावित होकर गाल्टन ने सर्वप्रथम यह सोचा कि उनके सिद्धान्त को मानव की मानसिक तथा शारीरिक विशेषताओं पर भी लागू किया जा सकता है। उन्होंने अपने अध्ययन में पाया कि विश्वविद्यालय परीक्षा में दिए गए अंकों की व्याख्या सामान्य वक्र वितरण (Normal Curve Distribution) के आधार पर की जा सकती है। वक्र की सरलता तथा अनेक शील गुणों में इसकी सुसंगति (Consistency) को दृष्टि में रखते हुए गाल्टन की मान्यता है कि मापों के सम्पूर्ण क्षेत्र को सार्थक ढंग से परिभाषित किया जा सकता है तथा दो संख्याओं में उसके सारांश को प्रस्तुत किया जा सकता है–(1) वितरण का औसत मूल्य (Average Value of Distribution) तथा (2) विभिन्नता का फैलाव अथवा क्षेत्र (Dispertion or Area of Variation) , जिन्हें आज की शब्दावली में मध्यमान (Mean) एवं प्रमाण विचलन (Standard Deviation) की संज्ञा दी जाती है।

दो परिवर्त्यों (Variables) के बीच किस हद तक कारणात्मक सम्बन्ध है। इसे व्यक्त करने की कोई भी प्रामाणिक प्रक्रिया गाल्टन के पहले नहीं थी। गाल्टन ने ही सर्वप्रथम ऐसी मानक प्रक्रिया की खोज की, जिसे 'सह-सम्बन्ध' (Corelation) कहते हैं। उनकी यह सह-सम्बन्ध की धारणा सामान्यता (Madiocrity) की ओर

प्रतिगमन (Regression) के सिद्धान्त के आधार पर आई। उन्होंने यह पाया कि आनुवंशिक विशेषताओं की प्रवृत्ति वितरण के मध्यमान (Mean) की ओर प्रतिगमन (Regression) की होती है। यहाँ यह उल्लेख्य है कि परीक्षणों की सत्यता एवं विश्वसनीयता (Validity and Reliability) को निर्धारित करने की आधुनिक विधियाँ तथा तत्त्व-विश्लेषणात्मक विधियाँ (Factor Analysics Method) गाल्टन के सह-सम्बन्ध की खोज की ही परिणाम हैं।

गाल्टन ने शारीरिक मापों में सह-सम्बन्ध का प्रयोग किया तथा यह बतलाया कि शरीर की ऊँचाई तथा सिर की लम्बाई के बीच सह-सम्बन्ध है। गाल्टन का प्रोत्साहन पाकर उनके विद्यार्थी कार्ल पियर्सन (Karl Pearson) ने सह-सम्बन्ध गुणांक (Co-relation Coefficient) के निश्चित परिकलन (Calculation) के लिए गणितीय सूत्र विकसित किया, जिसे "Pearson product movement correlation coffecient" की संज्ञा दी गई। सह सम्बन्ध गुणांक का परम्परागत प्रतीक है जो 'Regression' शब्द के प्रथम अक्षर से लिया गया है। इसका महत्त्व इसलिए है कि यह गाल्टन की उस प्रसिद्ध खोज की याद दिलाता है, जिसमें उन्होंने स्पष्ट किया है कि मानव-विशेषताओं के वंशानुक्रम में सामान्यता अथवा औसत की ओर प्रतिगमन की प्रवृत्ति होती है।

इस सह-सम्बन्ध के सिद्धान्त का प्राकृतिक, सामाजिक तथा व्यवहारवादी विज्ञानों में अनिवार्य रूप से महत्त्वपूर्ण स्थान है। गाल्टन के इस मार्गदर्शक कार्य से प्रेरित होकर कई प्रकार की सांख्यिकीय विधियाँ विकसित हुईं, जिनका आज व्यापक रूप में प्रयोग हो रहा है।[5]

मानसिक परीक्षण (Mental Tests)–गाल्टन ने अपने अध्ययनों के आधार पर पाया कि मानसिक क्षमता जन्मजात होती है। वह प्रशिक्षण पर निर्भर नहीं करती। जिन व्यक्तियों में मानसिक क्षमता होती है, वे विपरीत परिस्थिति में भी प्रमुखता प्राप्त कर लेते हैं। उन्होंने यह भी पाया कि मानसिक तथा शारीरिक गुणों में काफी व्यक्ति विभिन्नताएँ पाई जाती हैं। जहाँ वुन्ट तथा उनके अनुयायियों की अभिरुचि सामान्यीकृत मानव मन (Generalized Human mind) के अध्ययन में थी, वहाँ गाल्टन की अभिरुचि मानव-मन की विभिन्नताओं के अध्ययन में थी। उन्होंने व्यक्ति विभिन्नताओं के अध्ययन में दो प्रकार के उपकरणों को अनिवार्य माना–(1) व्यक्तियों की क्षमताओं में पाई जाने वाली विभिन्नताओं को व्यक्त करने वाले परीक्षण तथा (2) परीक्षणों के द्वारा प्राप्त वस्तु-सामग्रियों (प्रदत्तों) के विश्लेषण के लिए सांख्यिकीय विधियाँ। गाल्टन ने इन दोनों प्रकार के उपकरणों का निर्माण किया तथा उन्हें मनोविज्ञान में प्रमुख स्थान दिया। सांख्यिकीय विधियों पर पहले ही विचार किया जा चुका है। अब मानसिक परीक्षणों पर विचार करना अभीष्ट है। परीक्षण एक ऐसा साधन है जो किसी विशेष निष्पादन (Performance) में व्यक्ति की क्षमता को व्यक्त

करता है न कि निष्पादन की प्रक्रिया को। इस प्रकार परीक्षण और प्रयोग में भेद है। प्रयोग निष्पादन की सम्पूर्ण प्रक्रिया को व्यक्त करता है, न कि केवल व्यक्ति की निष्पादन क्षमता को।

गाल्टन ने सर्वप्रथम कुछ विशिष्ट मानसिक परीक्षणों का निर्माण किया। वास्तव में मानसिक परीक्षणों के सम्पूर्ण विचार को आरम्भ करने का श्रेय उन्हें ही है, यद्यपि इस शब्द का प्रयोग बाद में चलकर हुआ।[6] इसीलिए वे कभी-कभी मानसिक परीक्षणों के जनक कहे जाते हैं।[7] उनकी मान्यता यह है कि ऐन्द्रिक क्षमता के स्तर पर बुद्धि की माप की जा सकती है। उनके अनुसार ऐन्द्रिक क्षमता तथा बुद्धि के बीच सह-सम्बन्ध है। अतः व्यक्ति में ऐन्द्रिक विभेदीकरण (Sensory Discrimination) की क्षमता जितनी ही उच्च स्तर की होगी उसकी बुद्धि भी उतनी ही अधिक होगी।

मानसिक परीक्षणों के लिए उन्होंने कई प्रकार के यन्त्रों का निर्माण किया ताकि शीघ्रता से और सही ढंग से अधिकाधिक लोगों की क्षमता की जाँच हो सके। उच्चतम श्रव्य ध्वनि को निर्धारित करने के लिए उन्होंने एक सीटी का निर्माण किया और उसके द्वारा केवल मनुष्य की सुनने की क्षमता की ही जाँच नहीं की, बल्कि पशुओं की सुनने की क्षमता की भी जाँच की। वह 'गाल्टन-सीटी' (Galton whistle) के नाम से प्रसिद्ध है। यह 'गाल्टन-सीटी' अपने उन्नत रूप में प्रामाणिक मनोवैज्ञानिक यन्त्र बन गया और तब तक इसे प्रामाणिक माना जाता रहा जब तक इलेक्ट्रॉनिक यन्त्र का निर्माण नहीं हो गया।

गाल्टन ने अन्य कई यन्त्रों का निर्माण किया। उन्होंने एक प्रकार के पेन्डुलम (Pendulum) का निर्माण किया, जिसके द्वारा ध्वनि तथा प्रकाश के प्रति व्यक्ति के प्रतिक्रिया काल का निर्धारण किया जा सके। उन्होंने एक प्रकाशमापी (Photometer) का निर्माण किया जिसके द्वारा यह मापा जा सके कि प्रयोज्य कितना ठीक-ठीक रंग के दो स्थानों को एक-सा बना पाता है। उन्होंने एक ऐसे यन्त्र का भी निर्माण किया जिसके द्वारा रंग-अंधापन (Colour Blindness) की जाँच की जा सके। उन्होंने एक ऐसे शलाका (Bar) का निर्माण किया जिसमें विभिन्न दूरियों का मापदंड था। जिसके द्वारा दृष्टि-विस्तार (Visual Extention) के मूल्यांकन की क्षमता की जाँच की जा सके। इस यन्त्र को 'गाल्टन-शलाका' (Galton Bar) कहते हैं। उन्होंने घ्राण-विभेदीकरण (Olfactory Discrimination) की जाँच के लिए विभिन्न पदार्थों से भरे हुए बोतल-समूहों का प्रयोग किया। उन्होंने स्पर्श-जन्य स्थानिक विभेदीकरण (Techual Spatial Discrimination) की जाँच के लिए एक स्पर्शानुभूतिक यन्त्र (Aesthisiometer) का निर्माण किया। गाल्टन के अधिकांश परीक्षण आज के मनोवैज्ञानिक प्रयोगशालाओं में व्यवहृत किए जाने वाले प्रामाणिक उपकरणों (Standared Equipements) के आदि प्रारूप हैं।

अपने इन नव-निर्मित परीक्षणों के सहारे गाल्टन ने काफी बड़ी संख्या में प्रयोज्यों से वस्तु-सामग्रियों (Data) का संग्रह किया। इसके लिए उन्होंने 1884 में अन्तर्राष्ट्रीय स्वास्थ्य-प्रदर्शनी में एक मानव भित्ति-प्रयोगशाला (Anthr opometric aboratory) की स्थापना की। बाद में यह प्रयोगशाला लंदन के दक्षिण केन्सिगटन संग्रहालय में स्थानान्तरित किया गया जहाँ यह छह वर्षो तक सक्रिय रहा और बहुत बड़े पैमाने पर वस्तु सामग्रियों (Data) का संग्रह किया। लगभग 9000 लोगों पर इसे लागू किया गया। छोटे कमरे के एक ओर एक लम्बे टेबुल पर मानव भित्ति तथा मनोभित्ति सम्बन्धी मापों के लिए यन्त्र व्यवस्थित ढंग से रख दिए गए। तीन पेन्स प्रवेश-शुल्क पर क्रमिक ढंग से लोगों की मापें कर ली जाती थीं और एक कार्ड पर वस्तु-सामग्रियाँ भर ली जाती थीं। ऊँचाई, वजन, श्वास लेने की क्षमता, खींचने तथा दबाने की क्षमता, प्रहार करने की शीघ्रता, श्रवण, दृष्टि तथा रंग-चेतना आदि की माप ली गई।

इतने बड़े पैमाने पर गाल्टन के परीक्षण कार्यक्रम का लक्ष्य था मानव-क्षमताओं के क्षेत्र का निर्धारण करना। उन्होंने ग्रेट ब्रिटेन की सम्पूर्ण जनसंख्या का परीक्षण करना चाहा ताकि पहली बार वहाँ के लोगों की मानसिक क्षमताओं के स्तर का सही ज्ञान हो सके। मानसिक परीक्षणों के निर्माण तथा प्रयोगशाला की स्थापना के कारण ही गाल्टन के सम्बन्ध में कहा जाता है कि उन्होंने पहली बार मनोविज्ञान को एक व्यवसाय (Profession) के रूप में ग्रहण किया।[8]

साहचर्य (Association)–गाल्टन द्वारा साहचर्य तथा मानसिक प्रतिभाओं के अध्ययन को मर्फी ने युगान्तरकारी कहा है। उन्होंने अपनी पुस्तक 'Enquaries in to Human Faculty and Its Development' में इन दोनों अध्ययनों की क्रियाविधि (Procedure) तथा परिणामों की रूपरेखा प्रस्तुत की है।[9] गाल्टन के पहले साहचर्य के अध्ययन में प्रयोगात्मक विधि का उपयोग नहीं हुआ था। अतः साहचर्य के अध्ययन में सर्वप्रथम प्रयोगात्मक विधि को लागू करने का श्रेय गाल्टन को ही है। सुल्ज ने भी ऐसा ही मत व्यक्त किया है।[10]

गाल्टन ने संख्यात्मक ढंग से विभिन्न प्रकार के साहचर्य का अध्ययन किया। साहचर्य के क्षेत्र में उनकी अभिरुचि विशेषतः दो समस्याओं के अध्ययन में थी–विचारों के साहचर्यों की विस्तृत विविधता का अध्ययन तथा साहचर्यो को व्यक्त करने में व्यक्ति द्वारा लिए गए समय का अध्ययन।

गाल्टन की गणना करने की आदत थी। अपनी इस आदत का अनुसरण करते हुए जब वे टहलते रहते थे, तो किसी वस्तु पर तब तक ध्यान लगाए रहते थे, जब तक उससे एक या दो सम्बद्ध विचार उनके मन में नहीं आ जाए। जब पहली बार उन्होंने ऐसा किया तो यह पाकर उन्हें आश्चर्य हुआ कि लगभग 300 वस्तुओं को देखने से उनके मन में काफी संख्या में साहचर्य विकसित हुए। उनमें से अधिकांश साहचर्य विगत अनुभूतियों के अनुस्मरण (Recollection) थे। उन साहचर्यों में

अधिकांश ऐसी घटनाएँ सन्निहित थीं, जिन्हें वे बहुत पहले भूल चुके थे। उन्होंने कुछ दिनों बाद तक अपने इस टहलने की आदत की पुनरावृत्ति की और तब पाया कि पहली बार टहलने में जो साहचर्य कायम हुए थे, उनकी काफी पुनरावृत्ति हुई। इसके कारण साहचर्यों के अध्ययन के इस पहलू में उनकी अभिरुचि बहुत कम हो गई। तब वे प्रतिक्रिया काल सम्बन्धी प्रयोगों की ओर मुड़े, जिनके बहुत ही उपयोगी परिणाम निकले।

गाल्टन ने अलग-अलग चिट पर 75 शब्दों की एक सूची तैयार की। एक सप्ताह बाद एक-एक कर उन्होंने शब्दों को देखा और प्रत्येक शब्द से उत्पन्न दो साहचर्यों में लगे समय को एक कालमापी यन्त्र के द्वारा माप लिया। अधिकांश साहचर्य एक शब्द में व्यक्त हुए, किन्तु कुछ साहचर्य एक शब्द के बदले एक प्रतिभा अथवा एक मानसिक चित्र में व्यक्त हुए जिसके वर्णन में अनेक शब्दों की आवश्यकता पड़ी। अब ,उनके सामने समस्या थी इन साहचर्यों के संभव स्रोत की खोज करना। इस प्रयास में उन्होंने यह पाया कि अधिकांश साहचर्यों का सम्बन्ध बचपन तथा किशोरावस्था की अनुभूतियों से था। अधिक अभिनव साहचर्य अपेक्षाकृत बहुत कम थे। वयस्क के व्यक्तित्त्व पर आरम्भिक जीवन की अनुभूतियों के महत्त्व को प्रदर्शित करने का उनका यह अत्यन्त प्रारम्भिक प्रयास था।

साहचर्य के सम्बन्ध में किए गए अध्ययनों के परिणामों की अपेक्षा अधिक महत्त्वपूर्ण बात यह थी कि साहचर्य का प्रयोगात्मक अध्ययन शुरू हो गया। वुन्ट ने अपनी लिपजिग प्रयोगशाला में काफी उन्नत तकनीक के साथ गाल्टन के साहचर्य-प्रयोग को शीघ्र अपना लिया। उन्होंने प्रतिक्रिया को केवल एक शब्द में सीमित कर गाल्टन की विधि को अपनाकर साहचर्य का अध्ययन किया।

मानसिक प्रतिभा—गाल्टन ने मानसिक प्रतिभा का विस्तृत अध्ययन किया। यह अध्ययन उन्होंने प्रयोग के बदले मनोवैज्ञानिक प्रश्नावली के सहारे किया। वास्तव में यह प्रश्नावली का पहला व्यापक मनोवैज्ञानिक प्रयोग कहा जा सकता है। उन्होंने अपने प्रयोज्यों को कहा कि वे किसी विशेष दृश्य, जैसे प्रातःकाल के अपने नाश्ते के टेबुल का स्मरण करें और उस दृश्य से सम्बन्धित प्रतिभाओं को अपने मन में लाएँ और यह बतलाएँ कि क्या प्रतिभाएँ धुँधली हैं या स्पष्ट? क्या उनकी तुलना वास्तविक दृश्य की चमक के साथ की जा सकती है? क्या वे रंगीन हैं अथवा रंगहीन? आदि। इस अध्ययन की सबसे बड़ी विशेषता यह है कि इसमें परिमाणात्मक विधि (Quantitative Method) का उपयोग किया गया था।

प्रतिभाओं के अध्ययन में गाल्टन को व्यक्ति-विभिन्नताओं के काफी प्रमाण मिले। उन्होंने यह पाया कि कुछ व्यक्तियों को विशेष क्षेत्रों में प्रतिभाओं का बिलकुल अनुभव ही नहीं हुआ। यहाँ तक कि कुछ प्रमुख चित्रकारों को भी दृष्टि-प्रतिभाओं का बिलकुल अनुभव नहीं हुआ। इसके विपरीत कुछ औसत योग्यता के लोगों ने

बहुत स्पष्ट प्रतिभाओं का अनुभव किया। गाल्टन ने यह भी पाया कि स्त्री तथा बच्चों की प्रतिभाएँ विशेष रूप से विस्तृत एवं मूर्त्त स्वरूप की थीं। जिस प्रकार एक प्रयोगात्मक समस्या के रूप में साहचर्य के अध्ययन में परिमार्जन हुआ, उसी प्रकार प्रतिभाओं के अध्ययन में भी परिमार्जन हुआ। जर्मन तथा अमरीकी प्रयोगशालाओं में प्रतिभाओं की खोज करना एक मानक समस्या (Standared Problem) बन गई। मर्फी ने स्पष्ट शब्दों में व्यक्त किया है कि व्यक्ति विभिन्नताओं के अध्ययन में प्रतिभाओं का अध्ययन सर्वाधिक समृद्ध क्षेत्र सिद्ध हुआ। ऐसी वस्तु-सामग्रियाँ जिनकी माप किसी मानदंड द्वारा नहीं की जा सकती थी, उनके सांख्यिकीय नियन्त्रण का प्रयास मनोविज्ञान के लिए बहुत महत्त्वपूर्ण था।[11]

अन्य समस्याओं की तरह प्रतिभाओं की समस्या में भी गाल्टन की अभिरुचि प्रधानतः इस बात को लेकर ही थी कि वे किस हद तक आनुवंशिक समानता को प्रमाणित कर सकते हैं। उन्होंने यह पाया कि जिन व्यक्तियों के बीच कोई सम्बन्ध नहीं है, उनकी अपेक्षा भाई-बहनों में अधिक समानताएँ हैं। किन्तु गाल्टन की अपनी अन्तर्दृष्टि तथा आलोचकों की टीका-टिप्पणियों ने यह स्पष्ट कर दिया कि वातावरण की बिलकुल उपेक्षा कर किसी भी विशेषता अथवा गुण की खोज करना आसान नहीं है। परिवार पर परम्परा के प्रभाव को अस्वीकार नहीं किया जा सकता। उदाहरण के लिए, एक शिक्षित परिवार में शैक्षिक वातावरण का होना स्वाभाविक है और यह भी स्वाभाविक है कि शिक्षित परिवार के बच्चे अशिक्षित परिवार के बच्चों की अपेक्षा शिक्षा की ओर अधिक उन्मुख होंगे। इस कारण उस घर के बच्चों की प्रतिभाओं में भी समानता का होना सहज-स्वाभाविक है। किन्तु मूलतः गाल्टन ने आनुवंशिक समानता पर ही अधिक जोर दिया है। प्रतिभाओं का अध्ययन तथा प्रतिभाओं में पाई जाने वाली व्यक्ति विभिन्नताओं का अध्ययन सचमुच अन्तर्निरीक्षणात्मक मनोविज्ञान में गाल्टन की सबसे बड़ी देन कही जा सकती है।

निष्कर्षात्मक टिप्पणी

गाल्टन के सम्बन्ध में यह कहा जा सकता है कि वे वास्तव में उस सीमा तक एक मनोवैज्ञानिक नहीं थे जिस सीमा तक एक सुजनन-विज्ञानी अथवा मानव विज्ञानी थे और साथ-ही-साथ वे अतिशय प्रतिभाशाली भी थे। इसलिए उन्हें किसी एक विषय की सीमा में नहीं बाँधा जा सकता था। फलस्वरूप उन्होंने अनेक क्षेत्रों में काम आरम्भ किया, जिनमें मनोवैज्ञानिकों ने काफी रुचि ली, यथा समायोजन, आनुवंशिकता, साहचर्य, प्रतिभा, व्यक्ति विभिन्नताएँ, मानसिक परीक्षण, सांख्यिकीय विधियाँ, प्रश्नावली आदि। विविध विषयों में अपनी अभिरुचि के कारण ही गाल्टन मनोविज्ञान के क्षेत्र में सक्रिय रूप से केवल 15 वर्षों तक ही काम कर सके। किन्तु इस लघु अवधि में ही उन्होंने मनोविज्ञान को काफी प्रभावित किया। फ्लूगल (Flugel) तथा वेस्ट

(West) ने 1964 में उनके सम्बन्ध में कहा है कि विज्ञान के इतिहास में फिर कोई दूसरा उनकी तरह प्रतिभाशाली व्यक्ति नहीं हो सका, जिसकी अभिरुचि इतनी व्यापक तथा योग्यता इतनी बहुआयामी हो और साथ-ही-साथ वह पूर्वधारणा से बहुत कम प्रभावित भी हो। उन्होंने केवल विलियम जेम्स को अपवाद माना है।[12]

गाल्टन के सम्बन्ध में कार्ल पियर्सन ने एक विवादास्पद प्रश्न उठाया कि इंग्लैंड में प्रयोगात्मक मनोविज्ञान के मार्गदर्शक होते हुए भी बाद की जर्मन-परम्परा के पक्ष में गाल्टन की उपेक्षा क्यों की गई? उन्हें इंग्लैंड में प्रयोगात्मक मनोविज्ञान का पिता क्यों नहीं माना गया? जिस प्रकार वुन्ट को जर्मनी में माना गया? बोरिंग ने इस प्रश्न का उत्तर दिया है और वे पियर्सन के विचार से सहमत नहीं हैं। बोरिंग का कहना है कि इसमें कोई सन्देह नहीं कि गाल्टन सापेक्षतया एक महान व्यक्ति थे, उनमें निपुणता थी और सर्वतोमुखी प्रतिभा भी थी। उनकी गणना प्रतिभावान व्यक्तियों में की जाती है। अभी भी उनके द्वारा निर्मित कुछ मनोवैज्ञानिक यन्त्रों का तथा उनकी विधियों का मनोविज्ञान में प्रयोग होता है। प्रतिभाओं के क्षेत्र में उनकी देन आज भी अत्यन्त महत्त्वपूर्ण है। उन्होंने वैयक्तिक मनोविज्ञान तथा मानसिक परीक्षणों का आरम्भ किया। साथ-ही-साथ उनके बहुत सारे काम व्यर्थ भी सिद्ध हुए। कदाचित उनकी सर्वतोमुखी प्रतिभा ही इंग्लैंड में प्रयोगात्मक मनोविज्ञान के पिता बनने के मार्ग में बाधक सिद्ध हुई। यदि उनके प्रयासों का अपव्यय कम हुआ होता तो सम्भव था कि सीमित क्षेत्र के अन्दर उनके द्वारा किए गए प्रयोगों के अधिक निश्चयात्मक तथा स्थायी परिणाम निकलते। उन्होंने यह भी स्वीकार किया कि गाल्टन मनोविज्ञान के अनेक क्षेत्रों में नवीन विचारों के प्रवर्त्तक थे। किन्तु किस हद तक उन्होंने कैटेल तथा अमरीकी वैयक्तिक मनोविज्ञान एवं मानसिक परीक्षणों को प्रभावित किया, यह निश्चयपूर्वक नहीं कहा जा सकता। यदि वे अपने कुछ प्रयासों में सफल सिद्ध हुए तो कुछ में असफल भी।[13]

वुन्ट और गाल्टन : एक तुलनात्मक दृष्टि

आधुनिक जर्मन-मनोविज्ञान से आधुनिक ब्रिटिश मनोविज्ञान की भिन्नता स्पष्ट है और यह भिन्नता वुन्ट तथा गाल्टन के बीच सबसे अधिक कही जा सकती है। वुन्ट विद्वान थे और निस्सन्देह, उन्होंने मनोविज्ञान के क्षेत्र में सराहनीय कार्य किया था, किन्तु वे गाल्टन के समान मौलिक एवं प्रतिभाशाली नहीं थे। वुन्ट ने मनोविज्ञान में एक नवीन विचारधारा का प्रणयन किया, उसे एक व्यवस्थित रूप दिया, किन्तु गाल्टन ने किसी निश्चित विचारधारा की स्थापना नहीं की। अतः उनके मनोवैज्ञानिक में वुन्ट की भाँति कोई विशेष व्यवस्था नहीं थी। वुन्ट सुव्यवस्थित थे, गाल्टन बहुमुखी प्रतिभा के थे। वुन्ट के विज्ञान में उनका दर्शन सर्वत्र अन्तर्व्याप्त था, गाल्टन का विज्ञान असम्बद्ध था और उसमें संरचनात्मकता नहीं थी। वुन्ट बहुत तर्क-वितर्क करने वाले

थे, गाल्टन सदा निरीक्षण में लीन रहने वाले थे। वुन्ट एक औपचारिक आत्म-चेतन विचारधारा में बँधे हुए थे, गाल्टन के साथ ऐसी बात नहीं थी। उनका केवल प्रभाव मात्र था, उनके अनेक मनोवैज्ञानिक मित्र थे। वुन्ट में व्यक्तिगत रूप से सहनशक्ति नहीं थी, गाल्टन में सहनशक्ति थी तथा वे अपनी गलती स्वीकार करने को सदा तत्पर रहते थे। वुन्ट एक व्यावसायिक (Professional) मनोवैज्ञानिक थे, गाल्टन व्यावसायिक मनोवैज्ञानिक नहीं थे। वुन्ट अपने वैज्ञानिक कार्यों में असामाजिक थे, गाल्टन सामाजिक थे और सदा अपने समकालीन प्रमुख मित्रों के सम्पर्क में रहते थे। मनोविज्ञान के स्वरूप को निश्चित कर चुकने के बाद वुन्ट सदा उसे ही सुदृढ़ करने की चेष्टा करते रहे, क्योंकि उनके चिन्तन एवं कार्य की एक सीमा निर्धारित हो चुकी थी। इसके विपरीत गाल्टन किसी सीमा में बँधे हुए नहीं थे, वे बिलकुल स्वतन्त्र थे। वे न तो मनोवैज्ञानिक थे न मानव विज्ञानी (Anthropologist), न कुछ और। उनकी व्यापक अभिरुचि जब जिधर ले जाए, उधर ही चले जाते थे। उनमें अपूर्व क्षमता थी, किन्तु किसी खास विषय में विशेषज्ञता प्राप्त करने की सीमा में बँधे हुए नहीं थे।

निस्सन्देह, गाल्टन ग्रेट ब्रिटेन में 'नवीन मनोविज्ञान' अथवा 'प्रयोगात्मक मनोविज्ञान' के पथ-प्रदर्शक थे। ऐसा होते हुए भी जिस प्रकार जर्मनी में वुन्ट को प्रयोगात्मक मनोविज्ञान का जनक (Father of Experimental Psychology) माना गया, उस प्रकार गाल्टन को ग्रेट ब्रिटेन में वह सम्मान नहीं मिल पाया। वे ग्रेट ब्रिटेन में प्रयोगात्मक मनोविज्ञान के जनक के रूप में स्वीकार नहीं किए गए। कारण यह था कि वहाँ के अधिकांश युवा मनोवैज्ञानिक जर्मनी को ही अपना प्रेरणा-स्रोत मानते रहे। निस्सन्देह, गाल्टन के अधिकांश मनोवैज्ञानिक शोध-परिणामों को आधुनिक मनोविज्ञान ने अपना लिया है, फिर भी मनोविज्ञान के क्षेत्र में उन्हें वह स्थान प्राप्त नहीं हो सका, जो वुन्ट को प्राप्त हुआ। इसका प्रधान कारण यह है कि गाल्टन की अभिरुचि बहु-आयामी थी, उनकी चिन्तन दिशा निर्धारित नहीं थी। फलस्वरूप मनोविज्ञान में उनकी जितनी बड़ी उपलब्धि हो सकती थी, वह नहीं हो सकी। दूसरा कारण यह भी है कि उन्होंने कुल 15 वर्षों तक ही मनोविज्ञान के क्षेत्र में काम किया, वह भी पूरे मन से नहीं, बल्कि आधे मन से ही। इसके विपरीत वुन्ट ने लगातार साठ वर्षों तक मनोविज्ञान के क्षेत्र में ही काम कया।

अमरीकी मनोविज्ञान : प्रकार्यवाद के अनुकूल

उन्नीसवीं सदी में अमरीकी युगचेतना प्रकार्यवाद के लिए बहुत अनुकूल थी, क्योंकि अमरीका व्यावहारिक, उपयोगी तथा प्रकार्यात्मक मनोविज्ञान की ओर झुका हुआ था। विकासवाद तथा उससे उत्पन्न क्रियात्मक प्रवृत्ति को अमरीका ने तत्परता के साथ अपनाया। उसने यह महसूस किया कि व्यक्ति की सफलता और उसका अस्तित्व

इस बात पर निर्भर है कि वह किस हद तक अपने को वातावरण के साथ समायोजित कर पाता है। तात्पर्य यह कि प्रकार्यात्मक मनोविज्ञान को अपनाने के लिए अमरीका बिलकुल तैयार था। इसीलिए प्रकार्यवाद, अमेरिका में ही फूला-फला और विकसित हुआ। कारण यह था कि अमरीकी उस समय के मनोविज्ञान को अपनाने के लिए मानसिक रूप से बिलकुल तैयार थे। अब प्रश्न यह है कि जब प्रकार्यात्मक मनोवृत्ति इंग्लैंड में उत्पन्न हुई तो प्रकार्यात्मक मनोविज्ञान का विकास वहाँ नहीं होकर अमरीका में क्यों हुआ? इसके उत्तर में यह कहा जा सकता है कि उस समय अमरीका का संस्कार, वहाँ की मानसिकता प्रकार्यात्मक मनोविज्ञान के लिए सर्वाधिक अनुकूल थी।

यद्यपि विलियम जेम्स स्वयं प्रयोगवादी नहीं थे, फिर भी उन्होंने ही अमरीका में प्रयोग आरम्भ किया और मन की क्रियात्मक व्याख्या पर जोर देकर नवीन प्रयोगात्मक मनोविज्ञान पर अमरीका की मुहर लगाई। जेम्स के छात्र हॉल (Hall) ने सर्वप्रथम वहाँ शिक्षा मनोविज्ञान के लिए प्रयोगात्मक प्रयोगशाला की स्थापना की। वास्तव में वे सभी नए विचारों के मार्गदर्शक थे। लैड (Ladd) ने जेम्स की प्रसिद्ध पुस्तक 'मनोविज्ञान के सिद्धान्त' (Principle of Psychology) के पहले ही मनोविज्ञान की पाठ्य-पुस्तक लिखी थी। वे भी एक प्रकार्यवादी मनोवैज्ञानिक ही थे, यद्यपि तब तक प्रकार्यवादी मनोविज्ञान की स्थापना एक औपचारिक विचारधारा के रूप में नहीं हो सकी थी। लगभग 1888 से 1895 के बीच अमरीका में प्रयोगशाला स्थापित करने की एक तेज लहर आई। कई अमरीकी मनोवैज्ञानिक जर्मनी में, विशेषतः लिपजिग में वुन्ट के पास गए और वहाँ से वे अमरीकी मनोविज्ञान को प्रयोगवादी स्वरूप प्रदान करने का प्रोत्साहन लेकर आए। किन्तु जब कैटेल (Cattall) जर्मनी से लौटे तो उन पर वुन्ट की अपेक्षा गाल्टन का अधिक प्रभाव था। वे टिचेनर की सामान्यीकृत वयस्क मानव-मन की धारणा से उतना प्रभावित नहीं थे, जितना कि मानव-स्वभाव में पाए जाने वाले व्यक्ति विभिन्नताओं के गाल्टन के सिद्धान्त से प्रभावित थे। बाल्डविन (Baldwin) ने उनका समर्थन किया। अन्ततोगत्वा जॉन डीवी (John Dewey) तथा उपयोगितावाद (Pragmatism) से प्रभावित होकर शिकागो में अमरीकी मनोविज्ञान का स्वरूप स्पष्ट होने लगा जहाँ दार्शनिक तथा मनोवैज्ञानिक एक साथ मिलकर काम कर रहे थे। इसी पृष्ठभूमि में वुन्ट-टिचेनर के संरचनावादी मनोविज्ञान के विरोध में अमरीकी प्रकार्यवाद की स्थापना हुई। कैटेल की अपनी कोई व्यवस्थित विचारधारा नहीं थी, किन्तु प्रकार्यवाद पर कोलम्बिया का प्रभाव अवश्य था।

1900 तक अमरीकी मनोविज्ञान की विशेषताएँ स्पष्ट हो चुकी थीं, उसका अपना एक स्वरूप निश्चित हो चुका था, जैसा कि बोरिंग के विचारों से स्पष्ट है। बोरिंग के अनुसार अमरीकी मनोविज्ञान ने जर्मन प्रयोगवाद से वंशानुगत रूप में भौतिक शरीर (Physical Body) किन्तु डार्विन से मन (Mind) ग्रहण किया था। अमरीकी मनोविज्ञान मन के उपयोगितावादी अथवा क्रियात्मक अध्ययन से सम्बन्धित था।[14]

यह पहले ही व्यक्त किया जा चुका है कि कैटेल की अपनी कोई स्पष्ट एवं सुव्यवस्थित विचारधारा नहीं थी। थौर्नडाइक ने प्रयोगशाला में पशु-मनोविज्ञान का अध्ययन आरम्भ किया और पुनः वे विद्यालय के छात्रों के अध्ययन की ओर जुड़े। फलस्वरूप मानसिक परीक्षणों में तीव्र गति से वृद्धि हुई। इस प्रकार 1910 तक अमरीकी मनोविज्ञान ने प्रयोगात्मक मनोविज्ञान, पशु मनोविज्ञान तथा मानसिक परीक्षणों को अपना लिया। यदि कुछ रूढ़िवादी मनोवैज्ञानिक वुन्ट के विचारों को मानने वाले थे, तो कुछ परिवर्तनवादी मनोवैज्ञानिक प्रकार्यवाद को मानने वाले थे तथा अधिकांश मनोवैज्ञानिक इस सम्बन्ध में स्पष्ट नहीं थे। ठीक ऐसे ही समय में वाट्सन ने व्यवहारवाद की स्थापना की, क्योंकि वह समय व्यवहारवाद के लिए सर्वाधिक अनुकूल था। यदि वे इस समय चूक जाते तो कदाचित् व्यवहारवाद की स्थापना ही नहीं कर पाते।[15] उस समय तक मनोविज्ञान की यही रूपरेखा थी।

विलियम जेम्स : प्रकार्यवाद के अग्रदूत

वुलमैन ने वियिलम जेम्स का परिचय बहुत अच्छे ढंग से दिया है। उनके अनुसार वह आदमी जिसने मनोविज्ञान के प्रति जैविक-उपयोगितावादी दृष्टिकोण के महत्त्व को भली-भाँति समझा और जिसने मनोविज्ञान के सामने प्रश्न रखा, किस लिए 'अर्थात् मनोविज्ञान का क्या प्रयोजन है? अथवा उसकी क्या उपयोगिता है? उसे ही विलियम कहते हैं।[16] जेम्स एक मनोवैज्ञानिक ही नहीं बल्कि जीव-विज्ञानी भी थे, शरीर-रचना विज्ञान (Anatomy) तथा शरीर विज्ञान (Phisiology) के विशेषज्ञ भी थे तथा एक दार्शनिक के रूप में सर्वोपरि थे। इस प्रकार विविध विषयों के ज्ञाता होने के कारण यदि उनमें समाकलन (Integration) की अपूर्व क्षमता हो तो कोई आश्चर्य नहीं। उनकी इस अपूर्व क्षमता का ही परिणाम है कि उन्हें इंग्लैंड, फ्रांस, जर्मनी तथा स्कॉटलैंड की विचारधाराओं के समन्वय (समाकलन) में अभूतपूर्व सफलता मिली। उन्होंने उक्त सभी विचारधाराओं की पुनर्व्याख्या कर उनके बीच एक ऐसा एकत्व स्थापित किया कि उनमें नवीनता के दर्शन होने लगे।

जेम्स के ज्ञान की सीमा व्यापक थी। अतः उनकी अभिरुचि स्कॉटलैंड के मनोविज्ञान तथा साहचर्यवादी मनोविज्ञान में हो गई। इन दोनों का मिला-जुला रूप इंग्लैंड में काफी विकसित हुआ। वे अपने दार्शनिक तथा धार्मिक स्वभाव के कारण स्कॉटलैंड की परम्परा से बहुत प्रभावित हुए। उन पर जर्मन मनोविज्ञान का भी प्रभाव पड़ा। लिपजिग की गतिविधि ने कुछ ऐसी तथ्यात्मक सामग्रियाँ प्रस्तुत कीं जिनकी जेम्स ने सराहना की किन्तु प्रयोगशाला विधि को उन्होंने उपयुक्त नहीं माना। उनकी दृष्टि में जर्मनी ने ऐसा कुछ नहीं दिया जिसके आधार पर मनोविज्ञान को 'नवीन मनोविज्ञान' की संज्ञा दी जा सके। फ्रेंच मनोवैज्ञानिकों की मनश्चिकित्सीय खोजों को भी जेम्स ने काफी महत्त्व प्रदान किया। उन पर शार्कोट (Charcot), जैनेट (Janet)

आदि का भी प्रभाव पड़ा, जिन्होंने हिस्टीरिया, सम्मोहन (Hypnotism) तथा व्यक्तित्त्व-विघटन (Personality Dissociation) का अध्ययन किया था।

विलियम जेम्स एक ऐसे मनोवैज्ञानिक हैं, जिन्हें मनोविज्ञान की किसी विशेष विचारधारा के अन्तर्गत नहीं रखा जा सकता। उन्हें न तो किसी विचारधारा का संस्थापक ही कहा जा सकता है और न उसका समर्थक ही। वे प्रधान रूप से एक व्यक्ति थे और व्यक्ति के रूप में ही अपने युग के अमरीकी चिन्तन को प्रभावित किया था। यहाँ यह उल्लेखनीय है कि किसी विशेष विचारधारा के संस्थापक अथवा समर्थक नहीं होते हुए भी मनोविज्ञान में विलियम जेम्स का महत्त्वपूर्ण स्थान है। इस तथ्य को बोरिंग तथा शुल्ज ने मुक्त कंठ से स्वीकार किया है।[17] बोरिंग ने यह प्रश्न प्रस्तुत किया है कि यदि जेम्स प्रयोगवादी नहीं थे तो उस युग के मनोविज्ञान पर उनका उतना प्रभाव क्यों था, जबकि उस समय मनोविज्ञान में प्रयोग की ही प्रधानता थी? वे प्रायः अमरीका के एक सबसे बड़े मनोवैज्ञानिक माने जाते हैं। फिर स्वयं उन्होंने इन प्रश्नों के उत्तर भी दिए। उनके अनुसार जेम्स के महान समझे जाने का पहला कारण तो व्यक्तिगत है। उनकी लेखन शैली कुछ ऐसी विलक्षण है कि लगता है कि सर्वत्र उनका व्यक्तित्त्व अभिव्यक्त हो रहा है। उनकी लेखन शैली में सहजता, प्रांजलता, स्पष्टता और अपूर्व आकर्षण है, जो अन्यत्र दुर्लभ है। यदि किसी अन्य लेखक ने इन्हीं बातों को पांडित्य-प्रदर्शन की दृष्टि से अस्पष्ट एवं दुरूह भाषा में लिखा होता तो पाठकों पर उनका ऐसा प्रभाव कभी नहीं हुआ होता।

दूसरा कारण नकारात्मक है, ठीक उसी प्रकार जिस प्रकार सभी आन्दोलन तथा सभी विचारधाराएँ प्रायः नकारात्मक होती हैं। जेम्स ने जर्मनी में चल रहे वुन्ट के मनोविज्ञान का विरोध किया। उन्होंने विभिन्न तत्त्वों में चेतना के विश्लेषण पर आपत्ति प्रकट की।

तीसरा कारण सकारात्मक है। जेम्स के विचारों में प्रकार्यवाद की धारणा और उसके साथ-ही-साथ मानसिक परीक्षण तथा व्यवहारवाद भी अन्तर्निहित है।[18] उन्होंने यह स्पष्ट किया है कि चेतना तथा अनुभूति का विभिन्न तत्त्वों में विश्लेषण अनावश्यक है। चेतना का काम है प्राणी को इस प्रकार निर्देशित करना कि वह वातावरण के साथ अपने को सफलतापूर्वक अभियोजित कर सके।

अमरीकी मनोविज्ञान में जेम्स का क्या स्थान है, इस सम्बन्ध में काफी विरोधाभास है। एक ओर तो वे निश्चित रूप से अमरीका में प्रकार्यवाद के अग्रदूत माने जाते हैं और दूसरी ओर वे स्वयं ही अपने को न तो एक मनोवैज्ञानिक मानते हैं और न यह मानते हैं कि कोई 'नवीन मनोविज्ञान' भी है। उन्होंने वुन्ट के समान औपचारिक रूप से किसी भी विचारधारा की स्थापना नहीं की। वास्तव में वुन्ट तथा जेम्स में काफी अन्तर है। जहाँ वुन्ट एक अति व्यवस्थित मनोवैज्ञानिक (Systematic Psychologist) कहे जा सकते हैं, वहाँ जेम्स एक अति अव्यवस्थित मनोवैज्ञानिक

(Unsystematic Psychologist)। जेम्स की रुचि क्रम निर्धारण अथवा व्यवस्था में कभी भी नहीं रही। उनकी रुचि इस बात में थी कि वे अपने पाठकों के समक्ष चिन्तन-मनन के लिए सदा अधिकाधिक सामग्रियाँ प्रस्तुत करते रहें। इसका ज्वलन्त उदाहरण है उनकी पुस्तक 'मनोविज्ञान के सिद्धान्त' (Principles of Psychology)। इस पुस्तक में आन्तरिक सुसंगति एवं सामंजस्य का अभाव है। किन्तु इसमें चिन्तन-मनन के लिए पर्याप्त सामग्रियाँ हैं। मर्फी ने स्पष्ट शब्दों में व्यक्त किया है कि जेम्स में क्रमबद्धता अथवा सुसंगति ढूँढ़ना ठीक वैसा ही है जैसा कि ब्लेक की कविताओं में स्पष्ट एवं सुसंगत अर्थ ढूँढ़ना।[19]

जेम्स वुन्ट से इस बात में भी भिन्न हैं कि जहाँ वुन्ट की रुचि मन की संरचना (Structure of Mind) के अध्ययन में थी, वहाँ उनकी रुचि मन के कार्यों (Functions of Mind) के अध्ययन में थी। उनका कहना है कि मन अथवा मानसिक अनुभूति का विश्लेषण विभिन्न तत्त्वों में नहीं किया जा सकता क्योंकि वह (अनुभूति) तो एक समग्रता का द्योतक है।

जेम्स वुन्ट की विश्लेषणात्मक विधि के भी विरोधी थे, क्योंकि उनकी दृष्टि में अनुभूति को समझने के लिए यह उपयुक्त विधि नहीं थी। अनुभूति तो जैसी है, वैसी है। विश्लेषण के आधार पर उसे नहीं समझा जा सकता। इस सम्बन्ध में मर्फी का विचार द्रष्टव्य है।[20]

इस दृष्टिकोण के अनुरूप जेम्स ने वुन्ट से भिन्न एक युगान्तरकारी विचार उपस्थित किया, जिसका आधुनिक मनोविज्ञान पर काफी प्रभाव पड़ा। उनके अनुसार चेतना को समय की दृष्टि से विभिन्न अवस्थाओं में बाँटना उचित नहीं है, क्योंकि वह तो एक सतत प्रवाह है, एक चिन्तनधारा है। उनकी दृष्टि में चेतना अथवा चेतन अनुभूति को सामयिक अवस्थाओं में बाँटने का प्रयास हास्यास्पद है।

यद्यपि टिचेनर तथा जेम्स दोनों एक ही समय में हुए और समान रूप से प्रभावशाली भी हुए, किन्तु दोनों के विचारों में भिन्नता है। टिचेनर प्राचीन आध्यात्मिक अथवा अभौतिक मनोविज्ञान (Metaphysical Psychology) को छोड़ चुके थे, किन्तु जेम्स के विचारों में इसका स्पष्ट रूप से प्रभाव था। वास्तव में जेम्स का मनोविज्ञान संधिकाल का मनोविज्ञान था जिसमें अध्यात्म का भी प्रभाव था और जो साथ-ही-साथ विज्ञान की ओर भी अग्रसर हो रहा था।

दोनों में इस बात को लेकर भी स्पष्ट अन्तर है कि जहाँ टिचेनर की आकांक्षा नवीन मनोविज्ञान को विज्ञान बनाने की थी, वहाँ जेम्स की अभिरुचि इस बात में थी कि नवीन मनोविज्ञान ही विज्ञान बन जाए।[21]

यद्यपि जेम्स की चिन्तनधारा अमरीकी मनोविज्ञान की चिन्तनधारा के अनुरूप है, किन्तु यह कहना कठिन है कि उन्होंने किस हद तक अमरीकी चिन्तनधारा का निर्धारण किया है और किस हद तक उसे केवल प्रतिबिम्बित किया है। वास्तव में

उनके प्रभाव का मूल स्रोत उनके व्यक्तित्त्व में, उनकी दृष्टि में तथा उनकी साहित्यिक शैली में है, उन्होंने जो कुछ भी लिखा है, जो कुछ भी कहा है उनका व्यक्तित्त्व अभिव्यक्त होता है। वास्तविकता यह है कि उनके लेखन से उन्हें अलग किया ही नहीं जा सकता क्योंकि ऐसा लगता है कि लेखन और व्यक्ति, दोनों एकाकार हो गए हैं।

अपनी शिक्षा समाप्त करने के बाद जेम्स 1872 में हार्वर्ड कॉलेज में शरीर विज्ञान (Physiology) के प्रशिक्षक नियुक्त हुए। इस नियुक्ति के बाद उनके सामने प्रश्न यह था कि वे अपने कार्य-क्षेत्र के रूप में दर्शनशास्त्र को अपनाएँ अथवा शरीर विज्ञान को। अन्ततः उन्होंने शरीर-विज्ञान को ही अपनाया क्योंकि उसके अन्तर्गत दैहिक मनोविज्ञान (Physiological psychology) के अध्ययन की गुँजाइश जान पड़ी और इस प्रकार अप्रत्यक्ष रूप से दर्शनशास्त्र से उनका सम्बन्ध बना का बना रह गया। स्टम्प्ट (Stumpt) की भाँति वे भी यह मानते हैं कि दर्शनशास्त्र और शरीर विज्ञान के बीच कोई निश्चित विभाजक रेखा नहीं है। 1875-76 में उन्होंने मनोविज्ञान के प्रथम पाठ्यक्रम का अध्यापन किया जिसका शीर्षक था–"शरीर विज्ञान तथा मनोविज्ञान के बीच सम्बन्ध।"[22] यह था नवीन प्रयोगात्मक मनोविज्ञान का अमरीका को प्रथम उपहार। 1876 में उन्हें शरीर विज्ञान का सहायक प्रोफेसर नियुक्त किया गया। 1878 में प्रकाशक से अपनी पुस्तक 'मनोविज्ञान के सिद्धान्त' (Principles of Psychology) के प्रकाशन की बात निश्चित की क्योंकि उन्हें आशा थी कि दो वर्षों में पुस्तक तैयार हो जाएगी, किन्तु वह पुस्तक 12 वर्षों में, 1890 में प्रकाशित हो सकी। दो वर्षों के बाद 1892 में उन्होंने पाठ्यक्रम के लिए उपयोगी इसका संक्षिप्त संस्करण प्रकाशित किया। 1880 में एक दार्शनिक के रूप में उन्हें काफी ख्याति मिली। फलस्वरूप उनकी नियुक्ति दर्शनशास्त्र के सहायक प्रोफेसर के रूप में हो गई। 1885 में वे दर्शनशास्त्र के प्रोफेसर हो गए। पुनः 1889 में दर्शनशास्त्र के बदले मनोविज्ञान के प्रोफेसर बनाए गए। किन्तु यह परिवर्तन उनके मानसिक विकास के अनुरूप नहीं था क्योंकि मनोविज्ञान के प्रति उनके मन में घृणा का भाव था।

मनोविज्ञान में योगदान के बाद जेम्स ने अपने जीवन के अन्तिम 20 वर्षों को दर्शनशास्त्र के चिन्तन-मनन में बिताया और वे अमरीका के सुप्रसिद्ध दार्शनिकों में अग्रगण्य माने जाने लगे। 1899 में उनकी पुस्तक 'शिक्षकों को दिए गए भाषण' (Talks to Teachers) प्रकाशित हुई। इस पुस्तक में उनके कई भाषण थे, जो शिक्षकों को दिए गए थे। इन भाषणों में यह व्यक्त किया गया है कि शिक्षक किस प्रकार वर्ग कक्ष में सीखने की परिस्थिति पर मनोविज्ञान को लागू कर सकते हैं। 1901-1902 में 'धार्मिक अनुभव की विविधताएँ' (Varieties of Religious Experience) नामक पुस्तक का प्रकाशन हुआ। 1907 में 'उपयोगितावाद' (Pragmatism), 1909 में 'अनेकवादी विश्व' (A Pluralistic universe) तथा 1909 में ही एक दूसरी पुस्तक

'सत्य का अर्थ' (The Meaning of Truth) प्रकाशित हुई। इन पुस्तकों के प्रकाशन के बाद 68 वर्ष की आयु में उनकी मृत्यु हो गई और इसके साथ ही मन तथा शरीर के बीच संघर्ष का विवाद भी समाप्त हो गया।

जेम्स की प्रमुख देन

मनोविज्ञान के सिद्धान्त : जेम्स की सर्वाधिक प्रमुख देन है उनकी पुस्तक 'मनोविज्ञान के सिद्धान्त' क्योंकि इस पुस्तक में उनका मनोविज्ञान अपने पूर्ण रूप में अभिव्यक्त हुआ है। तभी तो इस पुस्तक के प्रकाशन के बाद जेम्स ने घोषित किया कि उन्हें मनोविज्ञान के सम्बन्ध में जो कुछ भी कहना था, सब कह चुके, अब कहने को कुछ बाकी नहीं रहा। उनकी इस उक्ति की पुष्टि हाइडब्रेडर की उन पंक्तियों से हो जाती है, जिनमें उन्होंने मुक्त कंठ से स्वीकार किया है कि मनोवैज्ञानिक संसार में इस पुस्तक के प्रकाशन का एक महत्त्वपूर्ण घटना के रूप में घर तथा बाहर समान रूप से स्वागत हुआ है। इसमें न केवल सीखने के नवीन क्षेत्र का व्यापक सर्वेक्षण है, और न केवल मनोविज्ञान के तथ्यों का नवीन संश्लेषण ही है, बल्कि यह स्वतः मनोविज्ञान को एक अपूर्व देन है। इसमें ऐसे अनेक उत्प्रेरक संकेत हैं जो मनोवैज्ञानिकों के लिए चिन्तन के प्रेरणा स्रोत हैं।[23]

इस पुस्तक की सबसे प्रमुख विशेषता है मनोविज्ञान को एक प्राकृतिक विज्ञान और विशेष रूप से एक जैविक विज्ञान मानना। जेम्स ने चेतन प्रक्रियाओं को प्राणी की क्रियाओं के रूप में देखा, जिनके कारण प्राणी के जीवन में संशोधन अथवा परिवर्तन होते हैं। उन्होंने मानसिक प्रक्रियाओं को प्राणी के लिए उपयोगी माना क्योंकि वे वातावरण के साथ समायोजन स्थापित करने में सहायक होते हैं। वस्तुतः जीवन समायोजन की ही एक प्रक्रिया है। हम लोग जीवन में जो कुछ भी करते हैं, उन सबका एक ही प्रयोजन है–सर्वोत्कृष्ट समायोजन।

संक्षेप में इस पुस्तक की रूपरेखा इस प्रकार प्रस्तुत की जा सकती है। प्रथम छह अध्यायों में मनोविज्ञान के आधार के रूप में जैविक धारणाओं (Biological Concepts) को प्रस्तुत किया गया है। जेम्स ने मानसिक जीवन के लिए महत्त्वपूर्ण स्नायविक क्रियाओं पर भी विचार किया है और आदत पर एक अध्ययन ही लिख डाला है। उन्होंने यह महसूस किया है कि स्नायु मंडल में व्यक्ति की क्रिया के द्वारा मानसिक जीवन के परिमार्जित होते रहने की प्रवृत्ति पाई जाती है और यह प्रवृत्ति ही मनुष्य के सम्पूर्ण मानसिक जीवन का निर्धारण करती है। जब एक बार किसी क्रिया के सम्पादन के बाद फिर उसी प्रकार की क्रिया सम्पन्न की जाती है तो उसमें सरलता जान पड़ती है। इस प्रकार आदत का निर्माण हो जाता है और तब वह आदत मानसिक जीवन का एक महत्त्वपूर्ण अंग बन जाती है। इसके अतिरिक्त उन्होंने

मन तथा शरीर के सम्बन्धों पर भी पर्याप्त रूप में विचार किया है। इस खंड के शेष भाग में मनोविज्ञान की विषय-वस्तु एवं विधियों पर विचार किया गया है।

दूसरा खंड संवेदना से आरम्भ करता है और प्रत्यक्षीकरण, चिन्तन, विश्वास, मूल प्रवृत्ति, इच्छा आदि पर विचार करता है। अन्तिम दो अध्याय करीब-करीब परिशिष्ट हैं। उनमें से एक अध्याय 'सम्मोहन' पर है। जेम्स के समय में लोगों का सम्मोहन के प्रति काफी आकर्षण हो गया था। दूसरा एवं अन्तिम अध्याय 'आवश्यक सत्य' पर है जो मनो-आनुवंशिकी पर विचार करता है। इसके अन्तर्गत जेम्स ने व्यक्ति तथा जातीय (Racial) विकास पर विचार किया है।

उनकी यह पुस्तक निरीक्षणों, सिद्धान्तों, तर्कों, प्रयोगात्मक सामग्रियों, व्याख्याओं एवं अन्तर्दृष्टियों से भरा हुआ है। उन सबों का विवेचन यहाँ अपेक्षित नहीं है। अतः कुछ ऐसे प्रमुख अंशों को ही विचार के लिए चुना गया है, जो सम्पूर्ण पुस्तक का प्रतिनिधित्व कर सके।

मनोविज्ञान की विषय वस्तु : जेम्स के मनोविज्ञान को भली-भाँति समझने के लिए मनोविज्ञान की विषय-वस्तु तथा विधियों पर उनके विचार को जानना अनिवार्य है और साथ-ही-साथ यह जानना भी आवश्यक है कि प्राकृतिक जगत के साथ मानसिक जीवन का क्या सम्बन्ध है। उनकी पुस्तक 'मनोविज्ञान के सिद्धान्त' इस वाक्य से आरम्भ होती है–'मनोविज्ञान के सिद्धान्त/मनोविज्ञान मानसिक जीवन के तथ्यों और उनकी अवस्थाओं' इन दोनों का विज्ञान हैं।'[24] यहाँ 'तथ्य' तात्कालिक अनुभूति (Immediate Experience) के द्योतक हैं तथा अवस्थाएँ (Condition) मानसिक जीवन में शरीर के महत्त्व को, विशेषतः मस्तिष्क के महत्त्व को द्योतित करते हैं। तात्कालिक अनुभूति चेतना के द्वारा अभिव्यक्त होती है। अतः जेम्स की अभिरुचि का केन्द्र बिन्दु है चेतना का अध्ययन। उन्होंने चेतना के शारीरिक आधार को मनोविज्ञान के महत्त्वपूर्ण अंग के रूप में स्वीकार किया है। अनुभूति के स्वरूप पर प्रकाश डालते हुए उन्होंने स्पष्ट किया है कि अनुभूति विभिन्न तत्त्वों का समूह नहीं है, बल्कि वह एक इकाई है और उसे ठीक उसी रूप में ग्रहण करना उचित है, जिस रूप में वह है। विभिन्न तत्त्वों में उसका विश्लेषण वांछनीय नहीं है।

जेम्स ने चेतन के स्वरूप को स्पष्ट करने के लिए उसकी कुछ प्रमुख विशेषताओं की ओर भी ध्यान आकृष्ट किया है। उनके अनुसार चेतना की निम्नांकित विशेषताएँ हैं–

1. चेतना गतिशील होती है। वह सदा प्रवाहित होती रहती है। इसे जेम्स ने 'चेतना का प्रवाह' (Stream of Consciousness) कहा है। चूँकि चेतना प्रवाहमान है। इसलिए इसे विभिन्न तत्त्वों में बाँटने का प्रयास युक्तिसंगत नहीं है। मर्फी ने चेतना के प्रवाह की धारणा को युगान्तरकारी कहा है और उनके इस विचार के साथ अपनी सहमति व्यक्त की है। बोरिंग ने भी जेम्स के इस विचार की पुष्टि की है। कदाचित् 'चेतना के प्रवाह' को दृष्टि में रखकर ही वुन्ट ने भी कहा है कि मन एक समग्र प्रक्रिया है और वे तत्त्ववादियों के विचार से सहमत नहीं हैं।

2. चेतना वैयक्तिक होती है, क्योंकि प्रत्येक विचार किसी-न-किसी व्यक्ति से जुड़ा हुआ होता है। चेतना के सम्बन्ध में यह एक अनिवार्य तथ्य है। वार्ड तथा स्टाउट जैसे मनोवैज्ञानिकों से सहमत होकर जेम्स आत्म-मनोविज्ञान (Self-psychology) की स्थापना कर रहे थे।

3. चेतना सदा परिवर्तनशील होती है। अतः कोई भी अवस्था जो एक बार घटित हो चुकी उसकी हू-ब-हू उसी रूप में पुनरावृत्ति कभी भी नहीं हो सकती। यहाँ जेम्स का तात्पर्य यह है कि हमें वातावरण की एक ही वस्तु की एक से अधिक बार अनुभूति हो सकती है। किन्तु इस बार की अनुभूति अलग-अलग होगी, बिलकुल एक जैसी नहीं हो सकती, कारण यह है कि प्रत्येक चेतनावस्था मनोदैहिक समग्रता में घटित होती है और वह सदा एक-सी नहीं रहती अर्थात् उसकी हू-ब-हू पुनरावृत्ति नहीं हो सकती। वह हर बार एक नई चेतनावस्था होती है। स्पष्ट है कि जेम्स का तन्त्रवाद में बिलकुल विश्वास नहीं था। उनका विश्वास सम्पूर्णता में था। उनका यह विचार निश्चित रूप से जेस्टॉल्ट मनोविज्ञान के उद्‌भव के लगभग ढाई वर्ष पहले ही उसका (जेस्टॉल्ट मनोविज्ञान) का पूर्वाभास दे दिया था।

4. चेतना के प्रवाह में कोई सुनिश्चित विराम नहीं होता, बल्कि अनवरतता होती है। उसमें सापेक्ष अन्तर हो सकते हैं। यह इस बात पर निर्भर है कि चेतना के प्रवाह की गति तीव्र है अथवा धीमी। यह सम्भव है कि चेतना के प्रवाह में काल के अन्तर (Time Gaps) हों किन्तु विराम नहीं हो सकता। उदाहरण के लिए जब कोई व्यक्ति सोने के बाद जागता है, तो उसे पूर्व चेतना के साथ अपनी वर्तमान चेतना का सम्बन्ध जोड़ने में कठिनाई नहीं जान पड़ती।

5. चेतना चयनात्मक होती है। वातावरण की अनेक उत्तेजनाओं में से वह किसी एक को चुन लेती है और बाकी का परित्याग कर देती है। यह चयन उत्तेजना की प्रासंगिकता (Relevance) पर निर्भर है। दूसरे शब्दों में, किसी खास क्षण में चेतना अनेक उत्तेजनाओं में से केवल उस उत्तेजना को ही चुनती है, जो प्रासंगिक होती है। प्रासंगिक उत्तेजना का यह चयन इसलिए अनिवार्य है कि चेतना तार्किक ढंग से कार्य कर सके और अन्ततोगत्वा बुद्धिसंगत निष्कर्ष पर पहुँच सके।

6. चेतना की सर्वाधिक महत्त्वपूर्ण विशेषता है प्राणी के लिए उसकी जैविक उपयोगिता। चेतना का कार्य है वातावरण के प्रति प्राणी के समुचित समायोजन में सहायता प्रदान करना। जब प्राणी के समक्ष कोई नई समस्या आती है, तो उसे नए ढंग से समायोजन की आवश्यकता होती है और तब चेतना समायोजन में सहायता प्रदान करती है। चेतना का यह कार्य अथवा उसकी यह उपयोगिता डार्विन के विकासवाद के सिद्धान्त का परिणाम है। इस प्रकार हम यह पाते हैं कि जेम्स ने क्रिया पर जोर देकर अमरीकी प्रकार्यवाद का मार्ग प्रशस्त किया और उसके केन्द्र बिन्दु की ओर संकेत किया।[25]

मनोविज्ञान की विधियाँ

जेम्स ने मनोविज्ञान की विधियों में सर्वप्रथम अन्तर्निरीक्षण को स्थान दिया। इस विधि को उन्होंने नितान्त आवश्यक माना, क्योंकि मनोविज्ञान अत्यन्त वैयक्तिक एवं तात्कालिक चेतना का अध्ययन करता है। चेतना का विश्लेषण सम्भव नहीं है। इसलिए जेम्स ने वुन्ट तथा टिचेनर से भिन्न प्रकार के अन्तर्निरीक्षण को अपनाया। उनके अनुसार अन्तर्निरीक्षण के लिए प्रशिक्षण आवश्यक नहीं है। उन्होंने तो यह माना कि अन्तर्निरीक्षण एक प्राकृतिक प्रतिभा है, जिसके सहारे व्यक्ति किसी खास क्षण में घटित होने वाली घटना का निरीक्षण कर उसका विवरण प्रस्तुत करता है।[26]

जेम्स अन्तर्निरीक्षण की कठिनाइयों एवं सीमाओं से अवगत थे। साथ-ही-साथ वे यह भी मानते थे कि अन्तर्निरीक्षणात्मक परिणामों का सत्यापन (Verification) विभिन्न निरीक्षणों के अन्तर्निरीक्षणात्मक विवरणों की तुलना के आधार पर किया जा सकता है। इस प्रकार के सत्यापन को विज्ञान स्वीकार भी करता है।

यद्यपि जेम्स स्वयं प्रयोगवादी नहीं थे, किन्तु वे मनोविज्ञान में प्रयोगात्मक विधि के विरुद्ध नहीं थे। उन्होंने इसे मनोवैज्ञानिक ज्ञान के लिए उपयोगी माना।

जेम्स ने अन्तर्निरीक्षणात्मक तथा प्रयोगात्मक विधियों के सहायक के रूप में तुलनात्मक विधि (Comparative Method) को भी अपनाने पर जोर दिया। इस विधि की उपयोगिता इस बात में है कि यह मानसिक जीवन को उसकी विविधताओं में व्यक्त करती है। यह विधि पशुओं, बच्चों, आदिम जातियों, असामान्य व्यक्तियों, भाषाओं, रीति-रिवाजों तथा पौराणिक कथाओं के मनोविज्ञान के सम्बन्ध में सूचनाएँ प्राप्त करती हैं। इस विधि की अपनी कुछ सीमाएँ भी हैं।

इस विधि में निश्चितता की कमी होती है और परिणामों के आधार पर की गई व्याख्याओं में भूलों की गुँजाइश रहती है। उनका कहना है कि तुलनात्मक विधि के आधार पर किए गए अध्ययनों के परिणाम तभी सुनिश्चित हो सकते हैं, जब उनका उपयोग किसी विशेष परिकल्पना की जाँच करने में किया गया हो। उन्हीं के शब्दों में 'तब केवल एक ही बात है कि आप जितना सम्भव हो उतनी दूरदर्शिता से काम लें और जितना निष्पक्ष हो सकते हैं उतना निष्पक्ष रहें।[27]

इन विभिन्न विधियों की समीक्षा करते हुए जेम्स ने बार-बार यह स्पष्ट किया है कि इनके प्रयोग में जो कठिनाइयाँ हैं, उनसे वे भलीभाँति अवगत हैं। अन्तर्निरीक्षण प्रायः अयथार्थ होता है। प्रयोग कभी-कभी अधिक श्रम-साध्य और निरर्थक होता है। तुलनात्मक मनोविज्ञान के परिणामों की व्याख्या अनियन्त्रित होती है।

इन विशिष्ट विधियों के अतिरिक्त उच्च स्तर पर जेम्स ने उपयोगितावाद अथवा परिणामवाद के महत्त्व पर जोर दिया। उपयोगितावादी दृष्टिकोण की मान्यता यह है कि किसी भी विचार अथवा ज्ञान की सत्यता (Validity) की जाँच केवल उसके परिणाम से किया जाना चाहिए। दूसरे शब्दों में, "कोई भी वस्तु सत्य है यदि वह

कार्य का सम्पादन करे।" वैसे उपयोगितावादी अथवा परिणामवादी दृष्टिकोण का उल्लेख जेम्स से भी पहले एक बड़े दार्शनिक चार्ल्स एस. पेयर्स (Charles S. Peirce) ने किया था, किन्तु यह दृष्टिकोण तब तक उपेक्षित रहा, जब तक जेम्स की पुस्तक 'उपयोगितावाद' (Pragmatism) 1907 में प्रकाशित नहीं हो गई।

संवेग

संवेग तथा उसकी शारीरिक अभिव्यक्तियों के बीच सर्वप्रथम सम्बन्ध स्थापित करने का श्रेय विलियम जेम्स को ही है। उन्होंने 1884 में 'Mind' में इस विषय पर एक लेख लिखा जो छह वर्षों के बाद 'मनोविज्ञान के सिद्धान्त' (Principles of Psychology) में सन्निहित किया गया। उनके इस सिद्धान्त की काफी प्रसिद्धि हुई और अन्य विचारकों ने भी इस विषय पर क्रियात्मक स्वरूप के अनुसंधान किए, जो संवेग सम्बन्धी आधुनिक सिद्धान्तों के लिए प्रबल प्रेरणा स्रोत सिद्ध हुए।

जेम्स का संवेग-सिद्धान्त उनके विकासवादी जैविक दृष्टिकोण का ही तार्किक परिणाम था। उनके पहले सामान्य धारणा यह थी कि संवेगात्मक अनुभूति पहले होती है और तब शारीरिक परिवर्तन होते हैं। उन्होंने इस क्रम को बदल दिया और यह माना कि शारीरिक परिवर्तन की अनुभूति ही संवेग है। दूसरे शब्दों में, पहले शारीरिक परिवर्तन होते हैं और तब संवेग की अनुभूति होती है। इसे स्पष्ट करते हुए उन्होंने कहा, "हम रोते हैं, इसलिए दुःख का अनुभव होता है, आक्रमण करते हैं, इसलिए क्रोध का अनुभव होता है तथा हम काँपते हैं, इसलिए भय का अनुभव होता है। ऐसी बात नहीं है कि हम दुःख, क्रोध अथवा भय का अनुभव करते हैं, इसलिए रोते, आक्रमण करते या काँपते हैं।"[28] इस कथन से स्पष्ट है कि पहले शारीरिक परिवर्तन होते हैं, और तब संवेगात्मक अनुभूति होती है। जेम्स के संवेग-सम्बन्धी विचार को मर्फी ने युगान्तरकारी कहा है, केवल इसलिए नहीं कि उन्होंने संवेग तथा शारीरिक परिवर्तनों के क्रम को बदल दिया–बल्कि इसलिए कि उन्होंने संवेग को भी संवेदना के समान शारीरिक अनुभूति ही माना।[29]

जिस समय अमरीकी मनोवैज्ञानिक जेम्स ने अपने संवेग सिद्धान्त का प्रतिपादन किया, ठीक उसी समय डेनमार्क निवासी लांजे ने भी संवेग सिद्धान्त का प्रतिपादन किया।

उन दोनों सिद्धान्तों में अत्यधिक समता के कारण उन्हें एक ही नाम से पुकारा जाता है–जेम्स लाँजे का संवेग सिद्धान्त।

सीखना एवं स्मरण करना

जेम्स का सीखने का सिद्धान्त साहचर्यवादी मनोवैज्ञानिकों द्वारा स्थापित प्रतिमान से अलग नहीं था। उनका साहचर्यवाद यान्त्रिक तथा अन्तर्निरीक्षणात्मक स्वरूप का भी नहीं था बल्कि वह व्यवहारवाद की ओर ले जाने वाला था।

जेम्स के स्मरण सिद्धान्त का ऐतिहासिक महत्त्व है। उनके सिद्धान्त ने स्मरण के सम्बन्ध में पहले से चली आ रही शक्ति मनोविज्ञान की धारणा (Faculty Psychology Motion) को मान्यता प्रदान नहीं की। उन्होंने प्रयोगों के आधार पर सिद्ध कर दिया कि अभ्यास के द्वारा स्मृति को उन्नत नहीं किया जा सकता।

मूल प्रवृत्तियाँ

जेम्स ने व्यवस्थित रूप से मूल प्रवृत्तियों की सूची प्रस्तुत की। उनके अनुसार मूल प्रवृत्तियाँ आनुवंशिक होती हैं। ये किसी भी वर्ग अथवा जाति के सभी सदस्यों में समान रूप से पाई जाती हैं। ये सामान्यतः उपयोगी एवं आनन्ददायक होती हैं।

मानव की मूल प्रवृत्तियों (Instincts) तथा प्रतिक्षेपों (Reflexes) की प्रथम सूची प्रेयर ने प्रस्तुत की। जेम्स ने उनकी सूची को स्वीकार किया और उसे और भी अधिक विस्तृत रूप प्रदान किया। उन्होंने इस बात पर भी जोर दिया कि अन्य पशुओं की अपेक्षा मनुष्य में अधिक संख्या में मूल प्रवृत्तियाँ पाई जाती हैं।

स्व अथवा व्यक्तित्त्व की धारणा
(Concept of Self or Personality)

एक अतिशय अनुभववादी के रूप में जेम्स ने व्यक्तित्त्व की एकता (Unity of Personality) को चुनौती दी। उन्होंने यह माना कि प्रत्येक व्यक्ति का 'स्व' अथवा 'व्यक्तित्त्व' एक से अधिक होता है। भौतिक 'स्व' (Material Self) शरीर एवं सम्पत्ति आदि सभी भौतिक सम्पदाओं का कुल योग अथवा सम्पूर्णता है। अतः सम्पदाओं की वृद्धि तथा ह्रास पर हर्ष एवं विषाद निर्भर करता है। सामाजिक 'स्व' (Social Self) परिवार तथा अन्य सामाजिक समूहों के साथ तादात्म्य पर निर्भर करता है। अतः सामाजिक प्रतिष्ठा की वृद्धि तथा ह्रास पर हर्ष एवं विषाद निर्भर करता है। आध्यात्मिक 'स्व' (Spirtitual Self) में सभी मानसिक प्रवृत्तियाँ निहित रहती हैं और यह आध्यात्मिक 'स्व' ही सभी क्रियाओं एवं समायोजनों का केन्द्र है।

भौतिक 'स्व', 'सामाजिक 'स्व' तथा आध्यात्मिक 'स्व'-ये तीनों मिलकर अनुभवाश्रित 'स्व' (Emperical Self) का निर्माण करते हैं। निष्कर्ष यह है कि किसी भी व्यक्ति का व्यक्तित्त्व समरूप (Homogeneous) नहीं होता, विषम (Heterogenious) ही हुआ करता है। इस विषमता के कारण ये तीनों सदा शान्ति में नहीं रह पाते हैं। निस्सन्देह जेम्स ने 'स्व' का विवेचन बड़े ही अच्छे ढंग से किया है। इसकी पुष्टि हाइडब्रेडर ने भी की है।[30]

जेम्स ने व्यक्तित्त्व में असाधारण परिवर्तनों का भी उल्लेख किया है, जैसे विखंडित चेतना, विघटित अवस्था तथा व्यक्तित्त्व में विकृत परिवर्तन आदि। इन प्रमाणों के आधार पर उन्होंने यह कहा कि 'स्व' पूर्ण एकता का द्योतक नहीं है, जैसा कि लोग

मानते आ रहे हैं। चेतना के सम्बन्ध में जेम्स का 'यह' विचार वुन्ट तथा टिचेनर से भिन्न है। उन्होंने चेतना को एक चिन्तन-धारा माना, अनेकता में एकता माना।

जेम्स के अनुसार मानव-जीवन में असंगत अथवा अविवेकपूर्ण (Non-rational) तत्त्वों की प्रधानता होती है। बौद्धिक क्रियाओं में भी ये तत्त्व पाए जाते हैं। धारणा (Conceptions), तर्क (Reasoning) आदि बौद्धिक क्रियाओं को भी मनुष्य इसलिए अपनाता है कि उनके द्वारा वह अपने को इस विश्व में अच्छी तरह कायम रख पाता है अथवा समायोजन स्थापित कर पाता है।

जिस प्रकार धारणाओं (Concepts) का निर्माण होता है, उससे स्पष्ट है कि धारणाएँ चिन्तन करने वाले व्यक्ति पर निर्भर करती हैं। इसलिए चिन्तन करने वाले व्यक्ति से अलग उनका कोई महत्त्व नहीं है और यह भी तथ्य है कि वह चिन्तन करने वाला व्यक्ति अपनी अनुप्रेरणाओं (Motivations) से निर्देशित होता है, जैसे लक्ष्य, अभिप्राय आदि।

धारणाओं के समान तर्क भी असंगत अथवा अविवेकपूर्ण तत्त्वों से प्रभावित होता है। व्यक्ति के लिए इसका भी उपयोग कार्य-सम्पन्नता के लिए ही है।

धारणाओं और तर्क के समान ही विश्वास (Belief) भी असंगत तत्त्वों द्वारा ही निर्धारित होता है। जेम्स के अनुसार विश्वास हमारी इच्छाओं पर निर्भर है। हम किस चीज में विश्वास करेंगे। यह किसी प्रमाण पर निर्भर नहीं करता बल्कि हमारी इच्छा और निर्णय पर निर्भर करता है।

संक्षेप में, जेम्स ने अपने मनोविज्ञान में क्रिया को महत्त्व दिया, जो बाद में अमरीकी प्रकार्यवाद का मूल सिद्धान्त बन गया। इस प्रकार उन्होंने अमरीका में प्रकार्यवाद का मार्ग प्रशस्त किया, किन्तु तो भी परम्परागत रूप में उनकी गणना प्रकार्यवादी मनोवैज्ञानिक के रूप में नहीं की जाती है। उनके परिणामवादी (Cogrnative) मित्र जॉन डीवी की गणना प्रकार्यवादी मनोवैज्ञानिकों में की जाती है। इतना ही नहीं, उनकी गणना तो इस विचारधारा के जन्मदाताओं में की जाती है।

वास्तव में जेम्स के किसी विशेष शोध-कार्य का उतना महत्त्व नहीं है जितना कि उनके नवीन दृष्टिकोण का है, परिणामवादी दार्शनिक विचार का है तथा मनोवैज्ञानिक क्रियाओं को समायोजन की प्रक्रिया के रूप में ग्रहण करने का है। उन्होंने सबके सामने यह महत्त्वपूर्ण प्रश्न रखा–आखिर मनोविज्ञान का प्रयोजन क्या है? उसकी उपयोगिता क्या है? इस प्रश्न का महत्त्व इस बात में है कि इसने अनेक मनोवैज्ञानिकों को एक विशेष दिशा में चिन्तन-मनन करने की प्रेरणा दी।

जी. स्टैनले हॉल (1844-1924)
(G. Stanley Hall)

अमरीकी मनोविज्ञान के इतिहास में विलियम जेम्स प्रथम महान मनोवैज्ञानिक थे। उन्हीं के समकालीन दूसरे महत्त्वपूर्ण मनोवैज्ञानिक थे जी. स्टैलने हॉल। ये दोनों अमरीका

में नवीन मनोविज्ञान के पथ-प्रदर्शक थे। इन दोनों ने निर्माण-काल में अमरीकी मनोविज्ञान को खूब प्रभावित किया। इन दोनों में से किसी की भी अलग अपनी कोई विचारधारा (School of Thought) नहीं थी। किन्तु दोनों के अनुयायियों की संख्या काफी थी। जेम्स ने अपने चिन्तन-मनन को दार्शनिक रूप में प्रस्तुत किया, किन्तु हॉल दर्शन को अव्यावहारिक मानते थे, पर साथ-ही-साथ उसमें विज्ञान की तकनीक का भी अभाव था। इसलिए उन्होंने नवीन मनोविज्ञान को एक मध्यमार्ग के रूप में स्वीकार किया।

हॉल प्रकार्यवाद के संस्थापक नहीं हैं, किन्तु नवीन क्षेत्रों में क्रियाओं में उनके योगदान बड़े महत्त्वपूर्ण हैं तथा उनके कार्यों में निश्चित रूप से क्रियात्मक विशिष्टता है। वे जेम्स के समान बहुआयामी अभिरुचि के व्यक्ति रहे हैं। फलस्वरूप उन्होंने विविध क्षेत्रों में काम किया। फलस्वरूप अमरीकी मनोविज्ञान में वे एक ऐसे व्यक्ति हैं, जिन्होंने कई क्षेत्रों में प्रथम स्थान प्राप्त कर कीर्तिमान स्थापित किया। मनोविज्ञान में प्रथम अमरीकी डॉक्टरेट की उपाधि उन्होंने ही प्राप्त की। वुन्ट की प्रथम प्रयोगशाला के प्रथम वर्ष के अमरीकी छात्र वे ही थे। अमरीका में प्रथम मनोवैज्ञानिक प्रयोगशाला की स्थापना उन्होंने ही की। मनोविज्ञान में प्रथम अमरीकी जॉर्नल (शोधपत्र)[31] का प्रकाशन उन्होंने ही किया। क्लार्क विश्वविद्यालय के प्रथम अध्यक्ष वे ही थे। अमरीकी मनोवैज्ञानिक संघ के भी प्रथम अध्यक्ष वे ही थे। धार्मिक मनोविज्ञान के जॉर्नल[32], व्यावहारिक मनोविज्ञान के जॉर्नल[33] तथा आनुवंशिक मनोविज्ञान के जॉर्नल[34] का भी सूत्रपात उन्होंने ही किया। कदाचित उनकी इस प्रतिभा को दृष्टि में रखते हुए ही बोरिंग ने कहा है कि हॉल सदा नवीन विचारों का प्रवर्तन करते रहे। उन्होंने कुछ नए-नए विचारों का संग्रह किया, जो उनके अपने मौलिक विचार नहीं थे, पर अपने अध्ययन के आधार पर उन विचारों के समर्थन में अन्य विचार भी जोड़ते गए।[35]

हॉल के बौद्धिक जीवन की विशेषता थी उनकी विविध अभिरुचियाँ। वे वुन्ट के समान किसी एक ही केन्द्र-बिन्दु पर टिकने वाले नहीं थे। उन्होंने अपना चिन्तन दर्शन से आरम्भ किया, किन्तु शीघ्र ही मनोविज्ञान पर आ गए और ऐसा महसूस किया कि मनोविज्ञान ही दर्शन के प्रति सम्यक् दृष्टिकोण प्रदान कर सकता है। इसके लिए उन्होंने मानवों के मनोविश्लेषण को महत्त्वपूर्ण माना। फलस्वरूप उन्होंने फ्रायड तथा युंग के नवीन सिद्धान्तों को अपनाया। उन्होंने फ्रायड तथा युंग को क्लार्क विश्वविद्यालय की बीसवीं वर्षगाँठ के अवसर पर अनेक सम्मेलनों में भाग लेने के लिए आमन्त्रित भी किया, जो सचमुच उस समय के लिए एक अत्यन्त साहसिक काम था। वे इन दोनों के विचारों से प्रभावित हुए तथा उनके इस विश्वास को बहुत बड़ा बल मिला कि मनोविज्ञान की एकमात्र विधि अन्तर्निरीक्षण ही है, यह युक्तिसंगत नहीं है। अपने अध्ययन-क्रम में उन्हें ऐसी बहुत सारी वस्तु-सामग्रियाँ उपलब्ध हुईं, जिनमें व्यवहारवाद का स्वर था, यद्यपि बहुत आगे चलकर व्यवहारवाद की स्थापना हुई।

अन्तर्निरीक्षण की अनुपयुक्तता के कारण हॉल ने अपने को चेतना तक सीमित न रखकर स्वतन्त्रतापूर्वक जहाँ कहीं भी उपयोगी वस्तु-सामग्रियाँ प्राप्त हुईं, उन्हें ग्रहण किया। अतः उन्होंने वुन्ट-टिचेनर के नवीन मनोविज्ञान की सीमाओं से हटकर 'संश्लेषणात्मक मनोविज्ञान' (Synthetic Psychology) को अपनाया। यह वाक्यांश केवल उनके नाम के साथ ही जुड़ा हुआ था और यह व्यापक रूप से उनके उदार विचार का प्रतीक था।

यहाँ यह उल्लेखनीय है कि हॉल की बौद्धिकता अनेक दिशाओं में घूमती रही, लेकिन तो भी उन सब के मूल में सदा एक ही विषय व्याप्त रहा और वह था विकासवाद का सिद्धान्त। इस सिद्धान्त के इर्द-गिर्द ही उनके सारे चिन्तन घूमते रहे। उन्होंने अनेक मनोवैज्ञानिक विषयों पर विचार किया, किन्तु सब के मूल में यही पाया कि मन के सामान्य विकास को कई विकासवादी अवस्थाओं (Evolutionary Steps) से गुजरना पड़ता है। वस्तुतः उन्होंने अपने सम्पूर्ण सैद्धान्तिक चिन्तन के लिए विकासवाद के सिद्धान्त को ही एक प्रतिमान के रूप में अपने सामने रखा।

हॉल को प्रायः एक आनुवंशिक मनोवैज्ञानिक (Genetic Psychologist) की संज्ञा दी जाती है, क्योंकि उन्होंने प्रमुख रूप से मानवों तथा पशुओं के विकास पर ही विचार किया। साथ-ही-साथ उन्होंने समायोजन तथा विकास से सम्बन्धित दूसरी बहुत सारी समस्याओं पर भी विचार किया।

हॉल की आनुवंशिकता ने उन्हें बच्चे तथा किशोरों के मनोवैज्ञानिक अध्ययन की प्रेरणा दी। बच्चे के अध्ययन में उन्होंने प्रश्नावली विधि का विस्तृत रूप से प्रयोग किया। इस विस्तृत प्रयोग के कारण ही अमरीका में प्रश्नावली विधि का श्रेय हॉल को दिया जाता है, जबकि उनसे पहले गाल्टन ने इस विधि का प्रयोग किया था। बच्चों के विकास के सम्बन्ध में उनका पुनरावर्तन का सिद्धान्त प्रमुख है। इस सिद्धान्त के अनुसार बच्चे अपने वैयक्तिक विकास में अपनी जाति के जीवन इतिहास को दोहराते हैं। बच्चे के खेलों में यह प्रकृति स्पष्ट रूप से देखने को मिलती है।

यहाँ तक उल्लेख कर देना भी समीचीन प्रतीत होता है कि प्रयोगात्मक मनोविज्ञान की अपेक्षा शिक्षा मनोविज्ञान में हॉल की बहुत अधिक देन है। निस्सन्देह, अपने रचनात्मक जीवन की आरम्भिक अवस्थाओं में उन्होंने प्रयोगात्मक मनोविज्ञान का प्रतिनिधित्व किया, किन्तु उसकी सीमाओं के कारण उसमें अपने को सीमित नहीं रख सके। वास्तव में, उनके लक्ष्यों के लिए प्रयोगात्मक मनोविज्ञान अत्यन्त संकुचित सिद्ध हुआ। उन्होंने यह महसूस किया कि मानव स्वभाव की महत्त्वपूर्ण समस्याओं के लिए प्रयोगशाला के कार्य पर्याप्त नहीं हैं। प्रयोगशाला से बाहर अनेक महत्त्वपूर्ण क्षेत्र पड़े हुए हैं जिनका अध्ययन वांछनीय है।

हॉल का सर्वाधिक महत्त्वपूर्ण कार्य है दो वृहत् खंडों में उनकी पुस्तक 'किशोरावस्था', उसका मनोविज्ञान तथा उसका शरीर-विज्ञान, मानव-विज्ञान, समाजशास्त्र, काम,

अपराध, धर्म तथा शिक्षा के साथ सम्बन्ध, जो 1904 में प्रकाशित हुई।[36] यह पुस्तक ऐसे समय पर आई, जब वैज्ञानिक शिक्षा का दरवाजा बन्द हो रहा था। इस पुस्तक ने वैज्ञानिक शिक्षा के दरवाजे खोल दिए। इस पुस्तक के प्रकाशन के बाद बाल मनोविज्ञान के अध्ययन में उनकी अभिरुचि काफी बढ़ गई और विशेष रूप से उन्होंने विकास, कल्पना, खेल आदि का अध्ययन किया।

बौद्धिक जीवन के उत्तरार्द्ध में उनकी अभिरुचि धर्म के मनोविज्ञान में हुई, जिसकी परिणति एक पुस्तक के प्रकाशन में हुई जिसका नाम है–"जीसस क्राइस्ट, मनोविज्ञान के प्रकाश में।"[37]

जब हॉल अधिक उम्र के हुए तो उनकी अभिरुचि बुढ़ापे के मनोविज्ञान (Psychology of the Old Age) में हुई और लगभग 78 वर्ष की आयु में दो खंडों में अपनी पुस्तक 'साभिठयाव' का प्रकाशन किया।[38] किसी भी भाषा में उपलब्ध यह पहला मनोवैज्ञानिक ढंग का विस्तृत जरा-चिकित्सीय सर्वेक्षण था। अपने जीवन के अन्तिम वर्षों में उन्होंने आत्मचरितात्मक ढंग की दो और पुस्तकें लिखीं–'एक मनोवैज्ञानिक के मनोविनोद'[39] तथा 'एक मनोवैज्ञानिक का जीवन तथा स्वीकारोक्तियाँ।'[40]

मूल्यांकन

हॉल बहुमुखी प्रतिभा तथा विविध अभिरुचियों के व्यक्ति थे। उन्होंने अनेक क्षेत्रों में प्रथम स्थान प्राप्त किया, यह उनकी महती उपलब्धि मानी जाती है। उन्हें सामान्य मनुष्य की तरह जीना पसन्द नहीं था। अतः वे पूर्ण उत्साह के साथ आजीवन विशिष्ट कार्य करते रहे। सामान्यता के प्रति उनके दृष्टिकोण का उल्लेख रौस (Ross, 1972, p.12) की इस पंक्ति में मिलता है–"His most adolescent fear was the fear of mediocrity." यद्यपि अपने जीवन के आरम्भ में उन्होंने हॉपकिन्स में प्रयोगशाला की स्थापना की और प्रयोगात्मक मनोविज्ञान के क्षेत्र में कुछ काम भी किया, किन्तु उस सीमा के बाहर कई क्षेत्रों में महत्त्वपूर्ण कार्य किए। अतः बोरिंग ने उनके सम्बन्ध में कहा है–"हॉल का व्यक्तिगत प्रभाव मुख्यतः प्रयोगात्मक मनोविज्ञान के बाहर ही रहा, फिर भी अमरीका प्रयोगशाला के एक समर्थक एवं संस्थापक के रूप में उनका काफी ऋणी है।"[41]

जेम्स मैक्कीन कैटेल
(James Mckeen Cattell 1860-1944)

निस्सन्देह, अमरीका के लिए मनोविज्ञान एक नया विज्ञान था और इसे आवश्यकता थी एक ऐसे व्यक्ति की, जो उसके विकास के पथ को प्रशस्त कर सके। ऐसे ही व्यक्ति थे जेम्स मैक्कीन कैटेल। उन्होंने अमरीकी मनोविज्ञान की स्वाभाविक प्रवृत्ति के अनुकूल उसका मार्गदर्शन किया। उस समय अमरीकी मनोविज्ञान में प्रधानता

थी प्रकार्यवादी दृष्टिकोण की, जो एक व्यावहारिक दृष्टिकोण था। कैटेल ने मानसिक प्रक्रियाओं के अध्ययन में व्यावहारिक दृष्टिकोण को अपनाकर प्राणी के जीवन में उनकी उपयोगिता पर बल दिया। उन्होंने वुन्ट-टिचेनर की चेतना के बदले मानव-योग्यताओं के अध्ययन को अपनाया और इस प्रकार अमरीकी प्रकार्यवादी प्रवृत्ति का प्रतिनिधित्व किया।

अमरीकी चिन्तन पर विकासवाद का सिक्का जम चुका था और मनोविज्ञान में विकासवाद का तात्पर्य था व्यक्ति विभिन्नताओं का अध्ययन। कहना नहीं होगा कि मनोविज्ञान में व्यक्ति विभिन्नताओं के अध्ययन को कैटेल ने सर्वाधिक महत्त्व प्रदान किया। व्यक्ति विभिन्नताओं की यह धारणा उन्होंने गाल्टन से ग्रहण नहीं की थी बल्कि जिन परिस्थितियों के कारण गाल्टन ने इसे अपनाया था, ठीक उन्हीं परिस्थितियों के कारण वे भी स्वतन्त्र रूप से इसके अध्ययन की ओर मुड़े।

कैटेल किसी विशेष दार्शनिक पद्धति से बँधे हुए नहीं थे। अतः उनमें संकीर्णता बिलकुल नहीं थी और वे अत्यन्त व्यावहारिक दृष्टिकोण के व्यक्ति थे। अमरीका का वातावरण भी वैसा ही था। वहाँ स्वतन्त्रता तथा व्यावहारिकता की प्रधानता थी। वहाँ लोग परम्पराओं के बन्धन से मुक्त थे, विशेषतः वहाँ के विश्वविद्यालयों में ब्रिटेन के विश्वविद्यालयों की अपेक्षा अधिक स्वतन्त्रता थी। इस स्वतन्त्रता के वातावरण में विकासवाद के सिद्धान्त ने वहाँ मनोविज्ञान का मार्ग प्रशस्त किया। विलियम जेम्स जी, स्टैनले हॉल आदि के विचारों पर विकासवाद का काफी प्रभाव पड़ा। परम्पराओं से युक्त स्वतन्त्र वातावरण के कारण ही अमरीका मनोविज्ञान में प्रोफेसर के पद की स्थापना कर सका। जर्मनी तथा इंग्लैंड में केवल दर्शनशास्त्र में ही प्रोफेसर के पद थे, क्योंकि वहाँ के लोग परम्पराओं से बँधे हुए थे। कैटेल दार्शनिक नहीं थे। अतः वे मनोविज्ञान में प्रोफेसर के पद पर कार्यरत होकर स्वतन्त्र रूप से मनोविज्ञान को आगे बढ़ाने के लिए तत्पर थे। फलस्वरूप वे पेनसिलवेनिया विश्वविद्यालय में मनोविज्ञान के प्रोफेसर के पद पर नियुक्त हो गए और वहाँ एक मनोवैज्ञानिक प्रयोगशाला की स्थापना की। इस नियुक्ति का उस समय बड़ा महत्त्व था क्योंकि विश्व में यह मनोविज्ञान के प्रोफेसर का पहला पद था, जिस पर कैटेल की नियुक्ति हुई थी। इस नियुक्ति ने औपचारिक रूप से मनोविज्ञान के स्वतन्त्र-अस्तित्व का प्रतिनिधित्व किया। इसके पूर्व मनोवैज्ञानिकों की नियुक्ति दर्शन विभाग में ही हुआ करती थी।

जब मनोविज्ञान चेतना के दार्शनिक विश्लेषण से मुक्त हुआ, तो उसने व्यापक दृष्टिकोण अपनाया। कैटेल भी अपने दृष्टिकोण में बहुत उदार थे। फलस्वरूप उन्होंने केवल दर्शन का ही परित्याग नहीं किया, बल्कि मनोवैज्ञानिक व्यवस्थापन (Psychological Systematisation) का भी परित्याग किया, क्योंकि वह भी तो एक प्रकार का प्रवीणताहीन दार्शनिक चिन्तन ही था। यहाँ यह उल्लेख्य है कि व्यवस्थापन में

विश्वास नहीं करते हुए भी उन्होंने औपचारिक रूप से अन्तर्निरीक्षण का परित्याग नहीं किया, किन्तु उसकी अनेक विशिष्टताओं को स्वीकार नहीं किया और इस प्रकार व्यवहारवाद का मार्ग प्रशस्त किया।

कैटेल ने अमरीकी मनोविज्ञान की स्वाभाविक प्रवृत्ति का प्रतिनिधित्व किया। कोलम्बिया विश्वविद्यालय में मनोविज्ञान के प्रोफेसर एवं अध्यक्ष के रूप में कार्यरत रहते हुए उन्होंने वहाँ के मनोविज्ञान को काफी प्रभावित किया। उनके प्रभाव का एक महत्त्वपूर्ण कारण था कोलम्बिया की मनोवैज्ञानिक प्रयोगशाला जहाँ उन्हें लगातार 25 वर्षों तक काम करने और छात्रों को निर्देशन देने का अवसर मिला। वे विश्वविद्यालय में शिक्षकों एवं विद्यार्थियों की स्वतन्त्रता के बहुत बड़े समर्थक थे। फलस्वरूप उन्होंने अपने विद्यार्थियों को स्वतन्त्र रूप से शोध-कार्य करने का पूर्ण अवसर दिया। उनका व्यक्तित्त्व बड़ा आकर्षक था। उनमें अपूर्व उत्साह था तथा उन्हें अनेक महत्त्वपूर्ण व्यक्तियों के सम्पर्क में आने का अवसर.भी मिला। अतः वे अमरीका के मनोवैज्ञानिक जीवन में बहुत प्रभावशाली सिद्ध हुए, जबकि उन्होंने मनोविज्ञान की कोई पाठ्य-पुस्तक भी नहीं लिखी और अपने प्रभाव की तुलना में शोध-कार्य भी कम ही किए।

कैटेल 1880 में लिपजिग प्रयोगशाला गए और बाद में वुन्ट के सहायक के रूप में काम करने लगे। उन्होंने अपनी पहल पर तथा वुन्ट के कुछ सुझावों पर कई प्रयोग किए, जो बाद के शोध-कार्यों के लिए आधार सिद्ध हुए।[42] फिर जब वे 1880 में अमरीका के पेन्सिलवेनिया विश्वविद्यालय में मनोविज्ञान के प्रोफेसर के रूप में लौटकर गए, तो भी एक प्रयोगवादी के रूप में उनके जीवन में किसी प्रकार की बाधा नहीं आई और वे नई-नई समस्याओं पर प्रयोग करते रहे।

कैटेल के शोध-कार्य बिखरे हुए थे, पर उनके छह विद्यार्थियों ने 1914 में छह विषयों के अन्तर्गत उन्हें संगठित किया और उनके महत्त्व पर प्रकाश डाला। यहाँ उनका संक्षिप्त विवेचन प्रस्तुत है।

कैटेल ने प्रतिक्रिया-काल का विस्तृत अध्ययन किया। उन्होंने अपना यह अध्ययन हॉपकिन्स में आरम्भ किया और लिपजिग गए, तब भी इस अध्ययन को जारी रखा। 1902 तक उन्होंने लगभग इसके सम्पूर्ण क्षेत्र को अपने अध्ययन में सन्निहित कर लिया। लिपजिग में उन्होंने प्रतिक्रिया माप काल के केवल शारीरिक पहलुओं का ही विवेचन नहीं किया, बल्कि अन्तर्निरीक्षणात्मक विश्लेषण पर भी ध्यान दिया। प्रतिक्रिया काल के अध्ययन क्रम में स्पष्टतः दो बातें सामने आईं—एक प्रत्यक्षीकरण सम्बन्धी प्रक्रियाओं की गति की माप तथा दूसरी साहचर्य-प्रयोग में वर्गीकरण की विधियों का उपयोग।

प्रत्यक्षीकरण तथा पढ़ने में लगे समयों के अध्ययन में कैटेल को मार्गदर्शक माना जा सकता है। उन्होंने दृष्टि-प्रत्यक्षीकरण के अक्षिपटीय काल (Retinal Time) की खोज की और वस्तुओं, रंगों, आकारों, अक्षरों और वाक्यों को देखकर रिपोर्ट

करने में लगे समयों का भी अध्ययन किया। उन्होंने 'टैचिस्टोकोप' नामक यन्त्र के सहारे ध्यान-विस्तार (Span of Attention) की माप की और पाया कि रेखाओं एवं अक्षरों का ध्यान-विस्तार पाँच से अधिक नहीं हो सकता। छोटे शब्दों का ध्यान-विस्तार भी लगभग उतना ही पाया गया। वास्तव में कैटेल की अभिरुचि इस बात में थी कि परिचितता के साथ समय का क्या सम्बन्ध है? उन्होंने यह पाया कि जब कई अक्षर मिलकर शब्द बन जाते हैं, तो कम समय में अधिक अक्षरों का प्रत्यक्षीकरण हो सकता है। इससे स्पष्ट है कि प्रत्यक्षीकरण में लगे समय का सम्बन्ध अक्षरों अथवा शब्दों के परिचित स्वरूप से है, न कि अक्षरों अथवा शब्दों से। अक्षरों की अपेक्षा उनसे बने शब्दों से हम अधिक परिचित होते हैं तथा शब्दों की अपेक्षा उन शब्दों से बने वाक्यों से अधिक परिचित होते हैं। ठीक यही बात पढ़ने में लगे समय के साथ भी होती है। कैटेल ने यह पाया कि विभिन्न भाषाओं की परिचितता (सुविज्ञता) (Familiarity) के अनुसार उनके पढ़ने में लगे समयों में भी परिवर्तन होते हैं।

कैटेल ने साहचर्य-प्रयोग में वर्गीकरण-विधि को अपनाकर प्रत्येक प्रतिक्रिया शब्द (Response Word) की बारम्बारता (Frequency) के आधार पर प्रतिक्रियाओं का वर्गीकरण किया। यह प्रथम बारम्बारता-सारणी (Frequency Table) थी, जिसका बाद में चलकर व्यापक रूप से व्यवहार किया गया। सोमर (Sommer) ने उसका प्रयोग मनोचिकित्सा में किया और केन्ट तथा रोजेनौफ (Kent and Rosanoff) ने 1910 में इसका प्रयोग सामान्य (Normal) तथा मनोविकृत (Psychopathic) दोनों ही प्रकार के प्रयोज्यों पर किया।

शब्द साहचर्य विधि (Word Association Method) से स्वाभाविक रूप में नियन्त्रित साहचर्य (Controlled Association) का उद्भव हुआ, जिसमें प्रयोज्य को किसी एक शब्द के द्वारा अपनी प्रतिक्रिया व्यक्त नहीं करनी थी, बल्कि ऐसे शब्द के द्वारा प्रतिक्रिया व्यक्त करनी थी, जिसका उत्तेजक शब्द से विशिष्ट सम्बन्ध हो। इन प्रयोगों में कैटेल ने यह पाया कि सामान्यतः स्वतन्त्र साहचर्य (Free Association) की अपेक्षा नियन्त्रित साहचर्य में प्रतिक्रिया तीव्र गति से होती है।

मनो-भौतिकी (Psycho-physics) के क्षेत्र में कैटेल ने गाल्टन की भाँति 'भूल के नियम' (Law of Error) को लागू किया। वे अन्तर्निरीक्षण के सम्बन्ध में वुन्ट, फेक्नर तथा मुलर से सहमत नहीं थे। फलस्वरूप उन्होंने 1904 में यह घोषित किया–"मुझे ऐसा लगता है कि अधिकांश शोध कार्य जो मेरे द्वारा अथवा मेरी प्रयोगशाला में किए गए हैं, अन्तर्निरीक्षण से अलग उतने ही स्वतन्त्र हैं, जितने कि भौतिकी अथवा प्राणी-विज्ञान के कार्यों से।"[43] फुलर्टन (Fullerton) के साथ कैटेल का एक उत्कृष्ट मोनोग्राफ 1892 में प्रकाशित हुआ। इसमें उन्होंने औसत भूल विधि (Method of Average Error) तथा मात्र दर्शनीय अन्तर विधि (Just Method of Noticeable Differences) इन दोनों ही की आलोचना की। उनका झुकाव फेक्नर की नित्य उत्तेजना

विधि (Method of Constant Stimuli) की ओर था और वह सिर्फ इसलिए कि वह सामान्य भूल के नियम (Normal Law of Error) को व्यवहार में लाता है।

कैटेल तथा फुलर्टन ने वेबर-फेक्नर नियम के स्थान पर एक दूसरा गणितीय नियम दिया, जिसके आधार पर ऐन्द्रिक विभेदीकरण (Sensory Discrimination) की व्याख्या की जाती है। इस नियम के अनुसार उत्तेजना के प्रति ऐन्द्रिक प्रतिक्रिया उत्तेजना की तीव्रता के वर्गमूल के अनुसार परिवर्तित होती है। ऐसी ऐन्द्रिक प्रतिक्रियाओं में निरीक्षण की भूलें (Errors of Observation) सन्निहित रहती हैं और जिस प्रकार उत्तेजना में वृद्धि होती है, उसी प्रकार सीधे निरीक्षण में भूल उत्पन्न करने वाले तत्त्वों में भी वृद्धि नहीं होती है, बल्कि उत्तेजना के वर्गमूल के अनुसार वृद्धि होती है। यह कैटेल की नई मनोभौतिक विधि है, जिसके आधार पर ऐन्द्रिक विभेदीकरण की माप प्रतिक्रिया-काल के द्वारा की जाती है। इसके अतिरिक्त, कैटेल की एक और प्रमुख विधि भी है और वह है गुण-क्रम की विधि (Method of Order of Merit) अथवा सापेक्ष स्थिति की विधि (Method of Rlative Position), जिसे उन्होंने 1902 में विकसित किया। इस विधि के सहारे अनेक निर्णायकों द्वारा प्रदान किए गए क्रमों (Ranks) के अनुसार उत्तेजनाओं का क्रम-निर्धारण प्रत्येक उत्तेजना को प्रदान किए गए औसत क्रम की परिगणना के क्रम की परिगणना के आधार पर किया जाता है। यह विधि प्रमुख अमरीकी वैज्ञानिकों पर सफलतापूर्वक लागू की गई, जो प्रयोगशाला में सम्भव नहीं था। इस कार्य के फलस्वरूप 1906 में कैटेल की प्रसिद्ध पुस्तक 'विज्ञान के अमरीकी लोग' (American Men of Science) हमारे सामने आ सकी।

यहाँ यह उल्लेख्य है कि इन सभी अध्ययनों के मूल में प्रमुख रूप से एक ही समस्या थी–व्यक्ति-विभिन्नताओं की समस्या। कैटेल ने 1890 में मानसिक परीक्षणों एवं मापों पर एक शोध-पत्र प्रकाशित किया तथा 1893 में एक दूसरा शोध-पत्र इन्द्रियों तथा शक्तियों से सम्बन्धित परीक्षणों पर प्रकाशित किया। उन्होंने स्पष्ट रूप से यह घोषित किया–"निश्चय ही वैज्ञानिकों के लिए यह समय विज्ञान की प्रगति को तीव्र करने वाली अथवा बाधा उपस्थित करने वाली परिस्थितियों के निर्धारण में वैज्ञानिक विधियों को लागू करने का है।"[44] सचमुच जब तक 1891 में वे कोलम्बिया गए, तब तक मानसिक परीक्षणों के विकास में उनकी सर्वाधिक अभिरुचि हो गई थी। उससे कुछ वर्ष पहले भी जब वे पेन्सिलवेनिया में थे तो अनेक परीक्षणों का निर्माण किया था और 1890 में अपने एक शोध-पत्र में उन्होंने 'मानसिक परीक्षण' (Mental Tests) शब्द का प्रयोग किया। अपने परीक्षण कार्यक्रम को उन्होंने कोलम्बिया में भी जारी रखा और कक्षाओं में प्रवेश करने वाले नए विद्यार्थियों पर प्रयोग कर काफी वस्तु-सामग्रियों (Data) का संग्रह किया। इन परीक्षणों में मुख्यतः स्वतन्त्र तथा नियन्त्रित साहचर्य (Free and Controlled Association) प्रत्यक्षीकरण सम्बन्धी सरल प्रक्रियाएँ (Simple Perceptual Processes)

प्रतिक्रिया-काल (Reaction-Time) तथा स्मरण (Remembering) आदि सन्निहित हैं। इन परीक्षण फलों की व्याख्या के लिए उन्नत सांख्यिकीय विधियों की परम आवश्यकता थी। अतः केन्द्रीय प्रवृत्ति तथा परिवर्तनशीलता (Central Tendency and Variability) पर कैटेल का विशेष रूप से ध्यान गया। संक्षेप में उनका सर्वाधिक प्रभाव मानसिक परीक्षणों के समर्थन में ही पाया गया। उनसे प्रभावित होकर उनके छात्र ई.एल. थौर्नडाइक (E.L. Thorndike) ने अमरीका में मानसिक परीक्षणों का नेतृत्व किया और इस मानसिक परीक्षण-आन्दोलन में कई वर्षों तक कोलम्बिया विश्वविद्यालय सबसे आगे रहा। निस्सन्देह, अमरीका का उस समय का परिवेश भी उस आन्दोलन के लिए अनुकूल था। फलस्वरूप अमरीका ने उसके प्रति सर्वाधिक अनुकूल प्रतिक्रिया व्यक्त की।

यहाँ यह स्पष्ट कर देना आवश्यक जान पड़ता है कि कैटेल अपने सभी अध्ययनों में स्पष्टतः वुन्ट की विधि की सीमाओं से बहुत आगे निकल चुके थे। अतः यह कहा जा सकता है कि वे वुन्ट की अपेक्षा गाल्टन के अधिक निकट थे। फलस्वरूप उन्होंने सभी चीजों की व्याख्या मात्रात्मक शब्दों में करने की सतत चेष्टा की है।[45]

कैटेल ने बाल्डविन (Baldwin) के साथ 1894 में एक जॉर्नल प्रकाशित किया– The Psychological Review. 1906 में उन्होंने कई पुस्तकें भी प्रकाशित कीं, जैसे "American Men of Science. Leaders in Education तथा The Dictionary of American Scholars, 1900 में उन्होंने Popular Science Monthly का प्रकाशन किया जिसका बाद में नाम बदलकर 1915 में Scientific Monthly के नाम से उसे प्रकाशित किया। पुनः उन्होंने एक और साप्ताहिक School and Society का प्रकाशन किया।

मूल्यांकन

कैटेल का मनोविज्ञान केवल मानसिक परीक्षणों, प्रतिक्रिया-कालों तथा सांख्यिकीय विधियों का ही मनोविज्ञान नहीं है, बल्कि वह तो मानव-शक्ति (Human Capacity) का मनोविज्ञान है।[46] वह यह निर्धारित करना चाहता है कि मनुष्य किस दिशा में कितना अच्छा कर सकता है। मानव-शक्तियों के चेतन तथा शारीरिक कारणों के विश्लेषण में भी उनकी उतनी अभिरुचि नहीं थी। गाल्टन के समान उनकी भी अभिरुचि विस्तार (Range) एवं परिवर्तनशीलता (Variability) की दृष्टि से मानव स्वभाव के वर्णन में रही है। बोरिंग के अनुसार, 'शक्ति का यह मनोविज्ञान, निस्सन्देह, क्रियात्मक मनोविज्ञान है।'[47] अमरीकी मनोविज्ञान आन्दोलन में इसका बड़ा महत्त्वपूर्ण स्थान है, क्योंकि किसी भी दूसरी विचारधारा की अपेक्षा इसने अमरीकी प्रवृत्ति को अधिक स्पष्ट रूप से व्यक्त किया है। बोरिंग ने तो यहाँ तक कहा है कि व्यवहारवाद कोई बिलकुल नया आन्दोलन नहीं है, वह तो केवल अमरीकी विश्वास का प्रतिपादन मात्र

है जो इस तरह से आया कि लोगों को नया जान पड़ा, लेकिन वह तो अपने में प्रत्येक वस्तु को समाहित किए हुए था, क्योंकि वह नया नहीं था।[48]

शुल्ज ने कैटेल के कार्यों का मूल्यांकन करते हुए कहा है कि अमरीकी मनोविज्ञान पर उनका प्रभाव किसी विशेष मनोवैज्ञानिक विचारधारा के विकास के कारण उतना नहीं था, उनके प्रकाशनों के कारण भी उतना नहीं था, जितना मनोवैज्ञानिक तथ्यों को संगठित कर प्रस्तुत करने की योग्यता के कारण था। उन्होंने बहुत हद तक मनोविज्ञान के एक राजदूत के समान अपने व्याख्यानों, जॉर्नल के प्रकाशनों तथा मनोविज्ञान की व्यावहारिक उपयोगिताओं को प्रकाश में लाकर उसे प्रभावित किया। उन्होंने अपने मानसिक परीक्षणों, व्यक्ति-विभिन्नताओं की मापों तथा व्यावहारिक मनोविज्ञान के प्रवर्तन के द्वारा अमरीकी मनोविज्ञान में प्रकार्यवाद के आन्दोलन की गति को तेज किया।[49]

सन्दर्भ

1. "No field was beyond his possible interest. No domain was Marked off in advance as being out of his Province." Boring. E.G. A history of Experimental Psychology. p. 455.
2. Possessed of a remarkably high degree of intelligence (an estimate 9Q of 200) and a wealth of moved ideas. Dalton is perhaps wihout equal in the history of Modern, Psychology.—Schultz, D.A. History of Modern Pshychology, 2nd ed. 1975, p.116.
3. "Perhaps their neglect had been the most extra ordinary blindspot inprevious psychology." Murpy. G. A Historical Introduction to Modern Psychology. p. 123.
4. 'The deficiency of conscience in criminals.....by no uneasy dreams." Murphy, A Historical Introduction to Modern Psychology. p. 124.
5. "Many present day statistical tools and techniques developed in large measure from this pioneering works of Galton. 's"—Schultz, D. A History of Modern Psychology, 2nd, ed. p. 120.
6. Indeed, it may be said that he (Galton) intiated the whole idea of mental tests (although the term itself came later). Schultz, D. A History of Modern Psychology. 2nd, ed. p.120.
7. "He is sometimes called the father of mental loss. Heidherader, E. Scuen Psychologes, Ist Indian editing, 1971, p. 107.
8. Due to his development of mental tests on the establishment of his laboratory, Galton may properly be called the first practioner of psychology". Schultz, D. A History of Modern Psychology. 2nd, ed. p.121.
9. "In his inquiries into human faculty and its development (1883) he outlined the procedure and result of two epoch-making studies." Murphy, G. A History of Modern Psychology. p. 125.
10. Galton's invention of the word association test marked the first attempt

to subject association to laboratory experimantaion." Schultz. D. A History of Modern Psychology. 2nd, ed. p. 122.

11. "Imagery proved to be one of the richest field for the study of individual differences. And the attempt to get statistical control of data that could not be meagered by the gard-stick was highly significant for psychology"—Murphy, G. A History of Modern Psychology. p. 127.
12. Never again the history of the sceince........do we meet an investigator so brilliant, so versatile, so wide in his interest and abilities, so little bound by prejudice or preconception compared with him, all others (with the own exception perhaps of William James) are apt to appear and little ponderous and pedantic, a little blinkered in their outlook." Schultz, D. A History of Modern Psychology. 2nd, ed. p. 123-124.
13. "In all he was a stimulating originator both fertile and futile, he was first." Boring, E.G. A History of Experimental Psychology. p. 478.
14. "It inherited its physical body from German experimentalism, but it got its mind from Darwin, American psychology was to deal mind in use." Boring, E.G. A History of Exprimental Psychology. p. 494.
15. "Watson founded behaviourism because every thing was already for the founding otherwise, he could not have done it." Boring, E.G. A History of Experimental Pshychology, p. 494.
16. The man who grasped the significance of the biological utilitarian approach to psychology and posed to psychology the question : What for? Was William James"—Wolman, B.B.Contemporary Theories and Systems in Psychology, 1960, p. 23
17. "There can be no doubt that James is America's for most Psychologist,"—Boring, E.G.A. History of Experimental Pshychology, p. 495.
He was also the pioneer of the new scientific psychology in America and America's senior psychologist who, to this day is considered by many to be this country's greatest psychologist." Schultz, D. A. History of Modern psychology. p. 128.
18. "This Alternative picture contained......behaviourism". Boring, E.G. A. History of Experimental Pshychology, p. 498.
19. The chapter of the principles passes little, if any, enternal harmony. To look for it would be like looking for one clear-cut and consistent meaning evident in all of blake's poems." Murphy, G. Historical Introduction to Modern Psychology. p. 210.
20. Experience really is just what is seems to be, all such arbitrary analysis is vicious." Murphy, G. A History Intruduction of Modern Psychology. p. 211.
21. Whereas Titchener was intent cheifly on making the new psychology a science, James was more concerned that the new science be psychology".—Heidbredir, E. Seven Psychologies, p. 152.
22. The Relations between Psychology and Psychology.

23. "The publication of the principles was hailed both at home and abroad as an event of the first magnitude in the phychological world. Not only was it a comprehensive survey of a new field of learning, not only was it a new synthesis of the facts of psychology; it was itself a contribution to psychology of its freshness and power ....in the history of psychology. Heidbreder Seven Psychologies, p. 197.
24. Psychology is the science of mental life, both of its phenomena and of other conditions—William James. Principles of Psychology.
25. "Consciousness....has in all probability been evolved, like all other functions, for a use it is to the highest degree improbable priori that it should have no use."
26. "With James, introspection was the exercise of a natural gift. it consisted in catching the very life of a movement as it passed, in a fixing and reporting of the feeling event as it occured in its natural setting. It was not the introspection of the laboratory, aided by brass instruments: it was the quick and sure arresting of an impression by a sensitive and acute observer." Heidbredeer, Seven Psychology. 1933, p. 171.
27. "The only thing then is to use as much sagacity as you possess and to be as candid as you can". William James, The Principles of Psychology, I.P.192-193.
28. "We feel sorry because we cry, angry because we strive, afraid because we tremble, and not that we cry, strike or tremble, because we are sorry, angry, or fearfull, as the case may be." William James.
29. His views was epoch-making, not only in that it reversed the order in which emotion and psychological change were said to occur, but in its radical insistence that emotion is just as much a bodily feelings as is the simplest sensation."—Murphy, An Historical Introduction to Modern Psychology, p.215-216.
30. "In no portion of the principles is James's manner better displayd them is his treatment of the self." Heidbreder, E. Seven Psychology.—1933. p. 181.
31. American Journal of Psychology (1887).
32. Journal of Religious Psychology (1904).
33. Journal of Applied Psychology (1915).
34. Journal of Genetic Psychology (1995).
35. Hall was "Forever founding ideas, that is to say, he would....bring together certain new ideas that were not original with himself, (and add to then a supporting mass of other ideas drawn from his Qunivoro us reading." Boring, E.G. A History of Experimental Psychology. 1950, p. 518.
36. Adolescenc : Its Psychology, and its relations to Physiology, Anthropdogy, sociology, Sex crime, religion and education (1904).
37. Jesus, the Christ in the light of psychology (1917).
38. Senescence (1922).

39. Recreation of a Psychologist (1920).
40. The Life and confessions of a Psychologist (1923).
41. Hall's personal influence is therefore mainly outside of experimental psychology, nevertheless the laboratory in America is indebted to him as a promoter and a founder." Boring, E G. Boring, A History of Experimental Psychology, p. 510.
42. Partly on his own initiative and parts as a result of suggestions from Wundt, he performed a series of experiments which are corner stones of subsequent research.–Murphy, G. A Historical Introduction to Modern Psychology, p. 174.
43. It seems to me that most of the research work that has been done by me or in my laboratory is nearly as independent of introspection as work in Physics or Zoolgy," Boring E. G. A History of Experimental Psychology. p. 525.

    It is surestime for scientific men to apply scientific method to determine the circumstances that promote or heider advancement of science." Boring, E. G. A History of Experimental Psychology. p. 527.
44. It seems to me that most of the research work that has been done by me or in my laboratory is nearly as independent of introspection as work in Physics or Zoology."—Boring, E.G. A History of Experimental Psychology." p. 525.
45. "Perhaps the most striking of Cattell's characteristics as a psychologist has been the constant effort to reduce everything to quantitiative terms in which general principles and individual variability win equal attention." Murphy, G. A Historical Introduction to Modern Psychology. p. 178.
46. "It is a psychology of human capacity"–Boring, E.G. A History of Experiment Psychology. p. 527.
47. "This psychology of capacity is, of course functional psychology."–Boring, E.G. A History of Experimental Psychology. p. 527.
48. Behaviourism instead of being a brand-new movement, is simply a formulation of the American faith, which can about in a way that made it look new, but assimilated everything to itself because it was not new." Boring, E.G. A History of Experimental Psychology. p. 527.
49. "Through his work on mental testing. The measurement of individual differences, and the promotion of applied psychology, Cattell energetically reinforced the movement of functionalism in American Psychology." Schutz, D. A History of Modern Psychology. 2nd ed. 1975, p. 149.

प्रकार्यवाद : औपचारिक स्थापना

प्रकार्यवाद में सन्निहित विचारों का उल्लेख इसके पूर्ववर्ती प्रभावों के क्रम में किया जा चुका है। यह भी स्पष्ट किया जा चुका है कि अमरीकी मनोविज्ञान ने वुन्ट-टिचेनर की संरचनावादी विचारधारा का विरोध किया। स्पेन्सर, डार्विन तथा गाल्टन के कार्यों से प्रभावित होकर जेम्स, हॉल तथा कैटेल ने प्रकार्यवादी आन्दोलन को एक निश्चित स्वरूप प्रदान किया। उन्होंने न केवल प्रयोगशाला में प्रकार्यवाद को विकसित किया, बल्कि वास्तविक संसार में भी उसकी उपयोगिता को स्पष्ट किया। इस प्रकार उन्होंने मनोविज्ञान को संकीर्ण घेरे से निकालकर विकास के लिए उसे एक विस्तृत क्षेत्र प्रदान किया। फलस्वरूप शिक्षा मनोविज्ञान, बाल मनोविज्ञान, पशु मनोविज्ञान, व्यक्ति-विभिन्नताओं के मनोविज्ञान तथा मानसिक परीक्षणों के क्षेत्र में उल्लेखनीय कार्य हुए, जो संरचनावादी मनोविज्ञान के अनुरूप नहीं थे, उनमें प्रकार्यवादी दृष्टिकोण की प्रधानता थी।

केवल अमरीका में ही वुन्ट-टिचेनर के मनोविज्ञान का प्रभाव क्षीण नहीं हो रहा था, बल्कि अन्यत्र भी यही स्थिति थी। जर्मनी में ब्रेन्टैनो (Brantano) ने क्रिया-मनोविज्ञान (Act of Psychology) पर जोर दिया, जिसके फलस्वरूप वहाँ वुन्ट-टिचेनर के संरचनावादी मनोविज्ञान में बहुत कमी आ गई। फ्रांस में मनोवैज्ञानिकों ने मानसिक असामान्यताओं के अध्ययन को महत्त्व प्रदान किया, जिसमें क्रियात्मक धारणाओं (Functional Concepts) की प्रधानता थी। इंग्लैंड में जेम्स वार्ड (James Ward) ने अपने प्रसिद्ध निबन्ध 'मनोविज्ञान' (Psychology) में 'स्व' अथवा 'आत्म' (Self) की क्रिया के अध्ययन पर जोर दिया। वार्ड से प्रभावित होकर स्टाउट (Stout) ने अपने मनोविज्ञान में तीन प्रकार की क्रियाओं का उल्लेख किया, न कि वस्तुओं अथवा विषयों (Contents) का। वे तीन प्रकार की क्रियाएँ हैं–संज्ञान (Cognition) भाव (Affection) तथा संकल्प अथवा इच्छा (Conation)। डेनमार्क निवासी हॉफडिंग (Hoffding) ने मनोवैज्ञानिक प्रक्रियाओं (Processes) को क्रिया के प्रकारों के रूप में ग्रहण किया। उन्होंने अपनी पुस्तक 'मनोविज्ञान की रूपरेखा' (Outlines of Psychology) में मन के तीन वर्गीकरण किए–संज्ञान, भाव तथा संकल्प अथवा इच्छा

और यह स्पष्ट किया कि ये तीन तरीके हैं जिनके अनुसार मन विभिन्न अवसरों पर कार्य सम्पादित करता है। दूसरे शब्दों में, ये तीनों कोई 'शक्ति' नहीं है, बल्कि कार्य सम्पन्न करने के तरीके हैं।

प्रकार्यवादी मनोवैज्ञानिकों ने स्पष्ट रूप से मानसिक प्रक्रियाओं का अध्ययन कार्यों के रूप में किया, जो जीवन के लिए उपयोगी होते हैं। वे कार्य वातावरण के प्रति व्यक्ति के समायोजन में सहायक होते हैं। प्रकार्यवाद को और भी स्पष्ट करने के लिए संरचनावादी मनोविज्ञान से उसकी कुछ प्रमुख भिन्नताओं का उल्लेख आवश्यक प्रतीत होता है। इन दोनों में निम्नलिखित प्रधान अन्तर हैं–

1. संरचनावादी मनोविज्ञान तथा प्रकार्यवादी मनोविज्ञान में सर्वप्रथम अन्तर तो यह है कि पहले ने मानसिक प्रक्रियाओं का अध्ययन विभिन्न तत्त्वों के रूप में किया, जबकि दूसरे ने उनका अध्ययन क्रियाओं के रूप में किया।

2. इन दोनों के बीच दूसरा अन्तर यह है कि संरचनावाद ने मानसिक प्रक्रियाओं का अध्ययन विशुद्ध विज्ञान (Pure Science) के दृष्टिकोण से किया, जबकि प्रकार्यवाद ने उनका अध्ययन व्यावहारिक विज्ञान (Applied Science) के दृष्टिकोण से किया। फलस्वरूप पहले ने केवल मानसिक प्रक्रियाओं में निहित तत्त्वों का विवेचन किया, किन्तु दूसरे ने उन प्रक्रियाओं की उपयोगिताओं पर प्रकाश डाला और यह बतलाने की चेष्टा की कि जीवन में उनकी क्या उपयोगिता है, वे कहाँ तक वातावरण के प्रति व्यक्ति के समायोजन में सहायक होती हैं।

3. इन दोनों के बीच तीसरा अन्तर मूल रूप में विषय-वस्तु एवं विधि को लेकर है। संरचनावादी मनोवैज्ञानिकों की मान्यता यह है कि क्रियाएँ प्रत्यक्ष रूप से अनुभूति में व्यक्त नहीं हो सकतीं और इसलिए उनका अन्तर्निरीक्षण संभव नहीं है। अतः वे मनोविज्ञान के विषय के रूप में स्वीकार्य नहीं हैं। प्रकार्यवादियों के अनुसार मानसिक प्रक्रियाओं पर कार्यों के रूप में विचार करना अनिवार्य है। ऐसी स्थिति में न तो चेतना को मनोविज्ञान का विशिष्ट विषय मानना युक्तिसंगत है और न अन्तर्निरीक्षण को उसकी विशिष्ट विधि मानना।

यहाँ यह द्रष्टव्य है कि उन्नीसवीं सदी के अन्त तक प्रकार्यवाद की कोई औपचारिक विचारधारा स्थापित नहीं हो पाई थी, यद्यपि उस समय तक प्रकार्यवाद में सन्निहित विचारों का अमरीकी मनोविज्ञान पर काफी प्रभाव पड़ चुका था। अब यहाँ विचारणीय है कि आखिर एक औपचारिक विचारधारा के रूप में इसकी स्थापना कैसे हुई?

पहले ही यह बतलाया जा चुका है कि जो लोग इस विचारधारा से सम्बद्ध थे, उन्होंने संरचनावाद का विरोध अवश्य किया, किन्तु उसके स्थान पर किसी दूसरे 'वाद' को स्थापित करने की उनकी इच्छा बिलकुल नहीं थी। यह एक संयोग की बात है कि स्वयं टिचेनर ने ही 'संरचनात्मक' शब्द को स्पष्ट करने के लिए 'प्रकार्यात्मक'

शब्द का प्रयोग किया, जिसका उल्लेख 1898 में प्रकाशित उनके शोध-पत्र 'संरचनात्मक मनोविज्ञान की अवधारणाएँ' ('The postulates of a structural psychology') में मिलता है। अतः यह कहा जाता है कि आंशिक रूप से टिचेनर ने ही प्रकार्यवाद की स्थापना के लिए लोगों को बाध्य किया। इस सम्बन्ध में हैरिसन (Harison) के विचार उल्लेखनीय हैं। उन्होंने कहा है कि टिचेनर जिसका विरोध कर रहे थे, उसका कहीं नाम भी नहीं था। उन्होंने ही सर्वप्रथम उसका नामकरण किया और तब से मनोविज्ञान में 'प्रकार्यवाद' शब्द का प्रयोग होने लगा।[1]

यहाँ यह स्पष्ट कर देना आवश्यक जान पड़ता है कि प्रकार्यवाद के प्रवर्तन का सम्पूर्ण श्रेय टिचेनर को नहीं दिया जा सकता। किन्तु मनोविज्ञान के इतिहास ने जिन लोगों को प्रकार्यवाद का प्रवर्तक माना है, उनके बीच टिचेनर का भी नाम लिया जाना युक्तिसंगत है। जिन लोगों को प्रकार्यवाद का प्रवर्तक माना गया है, वे सचमुच इसके प्रवर्तन के लिए अनिच्छुक रहे हैं, जैसा कि आगे के विवेचन से स्पष्ट हो जाएगा।

प्रकार्यवाद की शिकागो-विचारधारा
(The Chicago School of Functionalism)

यह एक बड़ी दिलचस्प बात है कि एक नई विचारधारा स्थापित करने की महत्त्वाकांक्षा न तो डीवी (Dewey) में थी और न ऐंजिल (Angell) में। फिर भी शिकागो विश्वविद्यालय में इन्होंने जो कुछ भी किया, उसके फलस्वरूप, इनके न चाहने के बावजूद स्वतः एक नई विचारधारा पनप गई, जिसका श्रेय उस विश्वविद्यालय के वातावरण को दिया जा सकता है। वास्तव में यह बहुत महत्त्वपूर्ण तथ्य है कि डीवी और ऐंजिल के न चाहते हुए भी अमरीका में संरचनावाद के विरोध में एक नई विचारधारा स्थापित हो गई, जिसे प्रकार्यवाद की संज्ञा दी गई। इसे हाइडब्रेडर ने बड़े स्पष्ट शब्दों में व्यक्त किया है।[2]

यहाँ यह उल्लेखनीय है कि जिस प्रकार टिचेनर की पुस्तक संरचनावाद का प्रतिनिधित्व करती है, उसी प्रकार ऐसी कोई भी एक पुस्तक अथवा कोई एक शोध-प्रबन्ध नहीं है जो प्रकार्यवाद का प्रतिनिधित्व कर सके। डीवी ने ऐसा कभी भी कुछ नहीं लिखा, जो प्रकार्यवाद का क्रमबद्ध विवरण प्रस्तुत कर सके। यद्यपि उनके अनेक लेखों में प्रकार्यवाद के विचार अन्तर्निहित माने जा सकते हैं। ऐंजिल ने भी जो पुस्तकें लिखीं, उनमें प्रकार्यात्मक दृष्टिकोण अवश्य अन्तर्निहित है, किन्तु उनका लक्ष्य प्रकार्यवाद को क्रमबद्ध रूप में प्रस्तुत करना नहीं है। निस्सन्देह, अमरीकी मनोविज्ञान में प्रकार्यवाद का विकास हो रहा था, किन्तु ऐसी कोई एक पुस्तक नहीं थी जिसके बारे में यह कहा जा सके कि वह प्रकार्यवादी आन्दोलन तथा क्रियाओं का प्रतिनिधित्व करती है। फिर भी प्रकार्यवादी आन्दोलन की तीन अवस्थाओं का

उल्लेख किया जा सकता है, जैसा कि हाइडब्रेडर ने किया है। वे तीन अवस्थाएँ हैं–(1) डीवी के द्वारा इसका आरम्भ, (2) ऐंजिल के नेतृत्व में इसका विकास तथा (3) कार (Carr) द्वारा निश्चित प्रभाव के रूप में इसका परिरक्षण (Preservation)।[3]

जॉन डीवी
(John Dewey, 1859-1952)

मनोविज्ञान की एक निश्चित विचारधारा के रूप में प्रकार्यवाद के विकास का श्रेय प्रायः जॉन डीवी को दिया जाता है। प्रकार्यवाद की औपचारिक स्थापना में 1896 में प्रकाशित उनका लेख 'मनोविज्ञान में प्रतिक्षेप-धनु की धारणा'[4] सर्वाधिक महत्त्वपूर्ण एवं युगान्तरकारी माना जाता है। अपने इस लेख में उन्होंने कहा है कि किसी भी मनोवैज्ञानिक क्रिया को विभिन्न तत्त्वों में नहीं बाँटा जा सकता है। उन्हें एक अनवरत समग्रता (Continuous Whole) के रूप में ग्रहण करना ही युक्तिसंगत है। स्पष्ट है कि जेम्स के समान जॉन डीवी मनोवैज्ञानिक अणुवाद (Psychological Atomism) का विरोध कर रहे थे। अणुवाद अथवा तत्त्ववाद का यह विरोध कोई नया नहीं था। यह विरोध जेम्स मिल के समय से ही चला आ रहा था। उन्होंने अणुवाद के सिद्धान्त को निरर्थक सिद्ध कर दिया था। यहाँ तक कि वुन्ट भी स्पष्ट रूप से तत्त्ववादी नहीं थे, जैसा कि उनके आलोचक समझते हैं, क्योंकि उन्होंने भी 'प्रक्रिया' शब्द के व्यवहार पर जोर दिया था और वास्तविकता के सिद्धान्त (Theory of Actuality) का प्रतिपादन किया था। डीवी ने इससे बहुत आगे बढ़कर सोचा और उन्होंने प्रतिक्षेप-धनु का उत्तेजना-प्रतिक्रिया में विश्लेषण करने की क्रिया का भी विरोध किया। सम्पूर्ण क्रिया का प्रतिक्षेप-धनु में विश्लेषण करने का भी विरोध किया तथा सम्पूर्ण समन्वयों (Coordinations) का उनके भूत और भविष्य से पृथक्करण का भी विरोध किया। समन्वय की व्याख्या करते हुए उन्होंने कहा कि यह 'किसी व्यापक फल के सन्दर्भ में साधनों का एक संगठन है।' "A coordination is an organization of means with reference to a comprehensive end." उनकी मान्यता यह थी कि मनोविज्ञान में सम्पूर्णता (Totality) का अध्ययन करना ही अभीष्ट है। इस प्रकार उनके विचारों में आधुनिक जेस्टॉल्ट मनोविज्ञान का पूर्वाभास मिलता है।

प्लेटो के समय से चले आ रहे मन-शरीर के विश्लेषणात्मक द्विभाजन (Analytical Dichotony of Mind-body) को डीवी ने नहीं माना और इसका विरोध किया। उनके अनुसार अनुभूति के शारीरिक तथा मानसिक पहलू एक-दूसरे से अलग नहीं किए जा सकते। मानसिक क्रियाएँ विशुद्ध रूप से मानसिक नहीं होतीं, उनमें शारीरिक तथा मानसिक दोनों प्रकार की क्रियाएँ परस्पर सन्निहित रहती हैं। निस्सन्देह, यह आपत्ति इस बात का संकेत है कि उन्होंने जेम्स से लेकर कैटेल तक के सम्पूर्ण अमरीकी आन्दोलन को अपने में समाविष्ट कर लिया था और इसीलिए प्रतिक्षेप-धनु के विवेचन क्रम में उन्होंने सम्पूर्ण मनोविज्ञान के बारे में लिखा।

डीवी ने यह स्पष्ट कर दिया कि जब व्यवहार का कृत्रिम विश्लेषण किया जाता है, तो वह व्यवहार अपना अर्थ खो बैठता है। व्यवहार के अध्ययन की सार्थकता तो इस बात में है कि वह यह बतलाए कि वातावरण के प्रति प्राणी के समायोजन में उसका क्या हाथ है। निष्कर्ष के रूप में यह कहा जा सकता है कि डीवी के अनुसार मनोविज्ञान की विषय-वस्तु है वातावरण के प्रति सम्पूर्ण प्राणी के क्रियाओं का अध्ययन।

डीवी विकासवाद के सिद्धान्त से बहुत प्रभावित थे। अतः व्यावहारिक मनोविज्ञान की ओर उनका झुकाव स्वाभाविक ही था। यही कारण है कि उनका दर्शन सामाजिक परिवर्तन के सिद्धान्त पर आधारित है। फलतः वे किसी वस्तु की निश्चलता अथवा गतिहीनता में विश्वास नहीं करते थे। वे यह मानते थे कि वास्तविकता के साथ बुद्धि के संघर्ष के फलस्वरूप ही प्राणी प्रगति की ओर अग्रसर होता है। इस संघर्ष में चेतना तथा क्रिया दोनों ही प्राणी को प्रगति की ओर ले जाते हैं। क्रिया जीवन रक्षा के लिए प्राणी का सम्पूर्ण समन्वय है और यह समन्वय ही समायोजन है। वास्तव में "प्रकार्यात्मक मनोविज्ञान कार्यरत मनोदैहिक प्राणी का अध्ययन है।"[5] डार्विन का जीवन-रक्षा (Survival) तथा समायोजन (Adjustment) का सिद्धान्त प्राणी के लिए सर्वाधिक महत्त्वपूर्ण व्यावहारिक सिद्धान्त है। इसीलिए डीवी के विचारों पर इसका बहुत प्रभाव पड़ा।

डीवी प्रधानतः न तो मनोवैज्ञानिक ही कहे जा सकते हैं और न शिक्षाशास्त्री ही, बल्कि उन्हें एक दार्शनिक कहना अधिक उपयुक्त है। यहाँ यह उल्लेख्य है कि एक दार्शनिक के रूप में उनकी रुचि मानव-कल्याण में थी, मानव के सामाजिक, शारीरिक तथा नैतिक समायोजन में थी। उन्होंने मानव की मनोवैज्ञानिक प्रक्रियाओं, जैसे चिन्तन एवं सीखने को उसके जीवन में समायोजन के लिए सर्वाधिक महत्त्वपूर्ण माना।

उन्होंने चिन्तन को एक उपकरण माना जिसके सहारे मनुष्य अपने जीवन की आवश्यकताओं को पूरा करता है। वास्तव में मनुष्य जीवन को उन्नत करने के लिए ही चिन्तन करता है।

चूँकि जीवन में हम सदा कुछ-न-कुछ सीखते रहते हैं, इसलिए डीवी ने सीखने की समस्या को भी मनोविज्ञान का अत्यन्त महत्त्वपूर्ण विषय माना है। उनके अनुसार जीवन सीखना ही है। उनके इस विचार से थौर्नडाइक, वाटसन तथा टौलमैन, गुथरी, हल, स्किनर आदि नव्य व्यवहारवादी (Neo-behaviourists) काफी प्रभावित हुए। डीवी ने सीखने की समस्या को मनोविज्ञान का केन्द्र बिन्दु माना।

यह बिलकुल स्वाभाविक ही है कि व्यावहारिक मनोविज्ञान के प्रति आकर्षण होने के कारण डीवी ने शिक्षा के क्षेत्र में महत्त्वपूर्ण कार्य किया। उन्होंने अपने लेख 'मनोविज्ञान तथा सामाजिक परिवर्तन' 1900[6] में प्रगतिशील शिक्षा आन्दोलन के कार्यक्रम को स्पष्ट किया। अतः शिक्षा में उपयोगितावादी दृष्टिकोण को लागू करने

का सर्वाधिक श्रेय डीवी को ही दिया जाता है। शिक्षा छात्र-केन्द्रित हो, न कि विषय-केन्द्रित, इस विचार के वे प्रबल समर्थक माने जाते हैं। डीवी उस समय के अमरीका के अग्रगण्य उपयोगितावादियों में से एक थे। अतः वे पियर्स (Peirce) तथा जेम्स के इस विचार से सहमत थे कि ज्ञान क्रिया का ही प्रतिफल है। दूसरे शब्दों में पहले क्रिया सम्पन्न होती है और तब ज्ञान प्राप्त होता है। अतः उन्होंने जीवन को एक क्रिया माना।

अब यहाँ यह विचारणीय प्रतीत होता है कि चिन्तन तथा ज्ञान का जीवन में क्या स्थान है? इस पर विचार करते समय स्वभावतः डीवी के उपकरणवाद (Instrumentalism) पर विचार करना अनिवार्य हो जाता है। उनके अनुसार मनुष्य चिन्तन करता है, ताकि वह जीवित रह सके। चिन्तन एक ऐसा उपकरण है जिसके सहारे व्यक्ति जीवन की व्यावहारिक परिस्थितियों में अपने को समायोजित करता है। मनुष्य जीवित रहने के लिए जो प्रयास करता है, ज्ञान उसका ही प्रतिफल है। ज्ञान जीवन-धारणा (Survival) तथा समायोजन (Adjustment) का एक साधन है। ज्ञान के सहारे ही प्रकृति, समाज तथा आचार के सम्बन्ध में मनुष्य के विचारों में स्पष्टता आती है।

डीवी ने विशिष्ट मूल प्रवृत्तियों के सिद्धान्त को नहीं माना। इसके स्थान पर उन्होंने मनोवेगों (Impulses) को स्वीकार किया है तथा मनोवेगों के सहारे ही मानव-क्रियाओं अथवा व्यवहारों की व्याख्या की है। उन्होंने कहा है कि कोई भी क्रिया मनोवेग से ही आरम्भ होती है। मनोवेग बड़े लचीले होते हैं। कोई भी मनोवेग किसी भी प्रवृत्ति के रूप में संगठित हो सकता है। यह इस बात पर निर्भर है कि परिस्थिति तथा मनोवेग के बीच किस प्रकार की अन्तःक्रिया (Interaction) परस्पर क्रिया होती है, अर्थात् दोनों एक-दूसरे को किस प्रकार प्रभावित करते हैं। उदाहरण के लिए, भय कायरता का रूप ले सकता है और सावधानी अपने से बड़ों के प्रति श्रद्धा का भी रूप ले सकती है। यह इस बात पर निर्भर है कि भय का मनोवेग अन्य किन-किन मनोवेगों से सम्बद्ध है तथा परिस्थिति के कारण किस हद तक उसकी अभिव्यक्ति अथवा दमन सम्भव है। ये मनोवेग अपने वास्तविक रूप में भी व्यक्त हो सकते हैं और परिमार्जित रूप में भी। यह इस बात पर निर्भर है कि वातावरण के सम्पर्क में आने के कारण अथवा सीखने के कारण इनमें परिमार्जन हुआ है या नहीं। परिमार्जित मनोवेगों को डीवी ने उन्नमित मनोवेगों (Sublimated Impulses) की संज्ञा दी है, जो फ्रायड के उन्नयन (Sublimation) की धारणा से मिलती-जुलती है। डीवी ने उन्नयन की व्याख्या सामाजिक समायोजन के रूप में की है, जो सीखने के द्वारा सम्पन्न होता है। उदाहरण के लिए, क्रोध सामाजिक अन्याय को मिटाने के दृढ़ विश्वास एवं कार्यान्वयन का रूप ले सकता है। इसे हम डीवी के शब्दों में क्रोध के मनोवेग का उन्नयन कहेंगे।

डीवी ने प्राणी तथा वातावरण के बीच अन्तःक्रिया (परस्पर-क्रिया) को नियन्त्रित करने वाली यन्त्र रचनाओं (Mechanisms) को आदतों की संज्ञा दी है। आदतों के स्वरूप पर प्रकाश डालते हुए उन्होंने कहा है कि आदतें व्यवहार की जटिल यन्त्र रचनाएँ (Mechnisims) हैं। उन्होंने दैनिक आदतों (Routine Habits) तथा बुद्धिसंगत आदतों (Intelligent Habits) में भेद किया है और बतलाया है कि दैनिक आदतें अल्पाधिक स्थायी वातावरण के प्रति सन्तोषजनक समायोजन प्रदान करती हैं, किन्तु जब वातावरण परिवर्तनशील हो, तो अधिक लचीले समायोजन की आवश्यकता होती है। ऐसी स्थिति में बुद्धि का सहारा लेना पड़ता है, क्योंकि बुद्धि एक लचीली आदत है जो परिवर्तनशील वातावरण में प्राणी को अधिक अच्छा समायोजन प्रदान करती है।

मनोविज्ञान में डीवी के प्रमुख योगदानों के रूप में उनकी दो प्रमुख पुस्तकें हैं—एक 'हम कैसे सोचते हैं।'[7] तथा दूसरी 'मानव स्वभाव एवं आचरण'।[8] अपनी पहली पुस्तक में उन्होंने इस बात पर जोर दिया है कि वास्तविक संसार में चिन्तन का क्या स्थान है? दूसरी पुस्तक में उन्होंने व्यक्ति तथा वातावरण के बीच घनिष्ठ सम्बन्ध पर विचार किया है और आदत को समाज मनोविज्ञान की कुँजी के रूप में ग्रहण किया है।

डीवी के कार्यों का मूल्यांकन

मनोविज्ञान पर डीवी का प्रभाव उनके व्यापक दर्शन से अधिक सम्बन्धित है। संक्षेप में उनके कार्यों का मूल्यांकन करते हुए निम्नांकित बातें प्रस्तुत की जा सकती हैं :

1. सर्वप्रथम यह उल्लेख्य है कि डीवी की उपकरणवाद की धारणा ने मनोविज्ञान के प्रति क्रियात्मक दृष्टिकोण तथा अभिप्राययुक्त चिन्तन का मार्ग प्रशस्त कर दिया।

2. उनका दूसरा महत्त्वपूर्ण योगदान समायोजन तथा सीखने के क्षेत्र में है, जिसके फलस्वरूप अनेक प्रयोगशालाओं में महत्त्वपूर्ण शोध-कार्य हुए।

3. उन्होंने संरचनावादियों की विश्लेषणात्मक विधि का विरोध किया तथा समग्रता के दृष्टिकोण (समष्ट्यात्मक दृष्टिकोण) (Molar Viewpoint) को अपनाकर मानसिक प्रक्रियाओं पर जोर दिया।

4. उनके वैज्ञानिक दृष्टिकोण ने मनोविज्ञान के क्षेत्र में काम कर रहे शोधकर्त्ताओं को काफी प्रेरित एवं प्रोत्साहित किया, जिनमें हॉल तथा टौलमैन प्रमुख हैं।

5. डीवी संक्रियावाद (Operationism) के प्रबल समर्थक थे। अतः उन्होंने खोज की एक विधि के रूप में इसे अपनाने पर काफी जोर दिया और इस प्रकार शोधकर्त्ताओं के समक्ष शोध की एक नई दिशा प्रस्तुत की।

डीवी का महत्त्व इस बात में है कि उन्होंने दूसरों को प्रोत्साहित किया। 25 वर्षों के अपने कार्यकाल में उन्होंने मनोविज्ञान को उतना प्रभावित नहीं किया जितना कि अमरीका के बुद्धिजीवियों को, क्योंकि उन्होंने बार-बार मानव-स्वभाव की समस्याओं

पर प्रकाश डाला।[9] जब उन्होंने शिकागो विश्वविद्यालय को छोड़ दिया तो प्रकार्यवाद का नेतृतव ऐंजिल ने किया।

जेम्स रोलैण्ड ऐंजिल
James Rowland Angell (1869-1949)

बीसवीं सदी के आरम्भ में ही प्रकार्यात्मक मनोविज्ञान का स्वरूप स्पष्ट हो गया। शिक्षा मनोविज्ञान का महत्त्व बढ़ने लगा। मानसिक परीक्षण आन्दोलन तीव्र होता गया। बिनेट (Binet) का बुद्धि-परीक्षण के क्षेत्र में सराहनीय कार्य हो रहा था। प्रयोगात्मक पशु मनोविज्ञान का विकास हो रहा था। मनोविज्ञान के व्यावहारिक एवं जैविक पक्ष अधिकाधिक स्पष्ट होते जा रहे थे। ये सभी प्रकार्यात्मक मनोविज्ञान के विकास में सहायक सिद्ध हो रहे थे।

1903 में इर्विंग किंग (Irving King) ने बाल विकास का मनोविज्ञान (Psychology of Child Development) प्रकाशित किया, जिसमें डीवी के विचार स्पष्ट रूप से प्रतिबिम्बित हुए तथा मनोविज्ञान के अध्ययन के लिए एक नवीन दृष्टिकोण की स्थापना हो गई। ठीक उसी साल ऐंजिल तथा मीड (Angell and Mead) ने कुछ शोध-पत्र प्रकाशित किए, जिनमें प्रकार्यात्मक दृष्टिकोण और भी अधिक स्पष्ट हुआ।

1904 में ऐंजिल की पुस्तक 'मनोविज्ञान' का प्रकाशन हुआ। इस पुस्तक में प्रकार्यात्मक दृष्टिकोण की व्याख्या के बदले उदाहरणों के सहारे उसका स्पष्टीकरण किया गया। यह पुस्तक काफो लोकप्रिय सिद्ध हुई। इसके फलस्वरूप शीघ्र ही उसका दूसरा संस्करण प्रकाशित हुआ और 1908 तक तो उसका चौथा संस्करण प्रकाशित हो गया।

1906 में ऐंजिल ने अमरीकी मनोवैज्ञानिक संघ में अध्यक्ष पद से जो भाषण दिया, उसका प्रकाशन 'प्रकार्यात्मक मनोविज्ञान के क्षेत्र' (The Province of Functional Psychology) नामक शोध-पत्र के रूप में हुआ। डीवी के शोध-पत्र 'प्रतिक्षेप-धनु की धारणा' के समान ही ऐंजिल का यह शोध-पत्र भी प्रकार्यात्मक मनोविज्ञान के इतिहास में अपना महत्त्वपूर्ण स्थान रखता है। यदि डीवी के शोध-पत्र को यह श्रेय प्राप्त है कि उन्होंने प्रकार्यवाद को सूत्रबद्ध किया, तो ऐंजिल के शोध-पत्र को प्रकार्यवाद के सिद्धान्तों की रूपरेखा प्रस्तुत करने का श्रेय है। ऐंजिल ने अपने इस शोध-पत्र के द्वारा यह स्पष्ट कर दिया कि प्रकार्यात्मक मनोविज्ञान अद्यतन एक दृष्टिकोण, एक कार्यक्रम, एक महत्त्वाकांक्षा मात्र नहीं है, बल्कि इससे बढ़कर एक निश्चित प्रगतिशील विचार का द्योतक है।[10]

ऐंजिल मनोविज्ञान में विकासात्मक पहलुओं (Evolutionary Aspects) के प्रबल समर्थक हैं। उनका कहना है कि मानव-मन वातावरण के प्रति अच्छे-से-अच्छे समायोजन के लिए अनवरत् प्रयास करता रहता है। इसके फलस्वरूप मानव-मन सदा विकसित

होता रहता है। उनकी इस महानता ने मनोवैज्ञानिक चिन्तन में एक नया मोड़ ला दिया और यह सिद्ध करने की चेष्टा की कि मानव-जीवन परिवर्तन तथा समायोजन की जैविक प्रक्रियाओं का एक अनिवार्य अंग है।

ऐंजिल ने स्पष्ट किया कि जहाँ संरचनावादियों ने 'क्या' मनोविज्ञान (What Psychology) पर विचार किया, वहाँ प्रकार्यवादियों ने 'कैसे' तथा 'क्यों' मनोविज्ञान को विचार का विषय माना।[11] उनके अनुसार मानव-जीवन को मानसिक तत्त्वों के अध्ययन के द्वारा नहीं समझा जा सकता, उसे समझने के लिए तो प्राणी का समष्टि के रूप में अध्ययन अपेक्षित है। वस्तुतः मनोविज्ञान के प्रति समग्रता का दृष्टिकोण (Molar Viewpoint) ही वांछनीय है न कि आणविक दृष्टिकोण (Molecular Viewpoint) । अतः चेतना के विभिन्न तत्त्वों के अध्ययन में प्राणी तथा वातावरण के बीच एक मध्यस्थ के रूप में मन की क्रियाओं का अध्ययन अभीष्ट है।

चूँकि प्रकार्यवाद की प्रमुख समस्या है, समायोजन का अध्ययन, इसलिए ऐंजिल तथा अन्य प्रकार्यवादियों ने व्यवहार में परिमार्जन की प्रक्रिया को बहुत महत्त्व प्रदान किया है। इसके फलस्वरूप आदत-निर्माण तथा सीखने के सिद्धान्त में मनोवैज्ञानिकों की अभिरुचि बहुत बढ़ गई। फलस्वरूप इस क्षेत्र में कार (Carr), रॉबिन्सन (Robinson), मेल्टन (Melton), मैकगूक्स (Mc Goocks) आदि ने सराहनीय कार्य किए।

ऐंजिल ने यह स्पष्ट किया कि प्रकार्यात्मक मनोविज्ञान बिलकुल नया नहीं है, बल्कि वह तो आरम्भिक काल से ही मनोविज्ञान का एक महत्त्वपूर्ण अंग रहा है। सत्यता तो यह है कि संरचनात्मक मनोविज्ञान ने मनोविज्ञान के इस प्राचीन एवं अधिक व्यापक स्वरूप से अपने को अलग कर लिया।

ऐंजिल ने अपने शोध-पत्र 'प्रकार्यात्मक मनोविज्ञान के क्षेत्र' में प्रकार्यवाद में निहित तीन धारणाओं पर विचार किया, जिन्हें नीचे प्रस्तुत किया जा रहा है :

1. प्रकार्यवाद को संरचनावाद का विरोधी कहा जा सकता है, क्योंकि जहाँ संरचनावाद तत्त्वों को विचार का विषय मानता है, वहाँ प्रकार्यवाद संकार्यों (Operations) को। संरचनावादी मनोवैज्ञानिक चेतना का विभिन्न तत्त्वों में विश्लेषण करता है, किन्तु प्रकार्यवादी मनोवैज्ञानिक यह खोज करता है कि मानसिक प्रक्रिया किस प्रकार कार्य सम्पादित करती है, इसकी क्या उपलब्धि है और यह किन अवस्थाओं में घटित होती है। संरचनात्मक मनोविज्ञान ने 'क्या', 'कैसे' तथा 'क्यों', इन तीनों प्रश्नों को एक-दूसरे से अलग एवं स्वतन्त्र माना, किन्तु प्रकार्यवाद ने इन तीनों को परस्पर अन्तर्निहित माना।

2. प्रकार्यवाद की अभिरुचि मानसिक प्रक्रिया की उपयोगिताओं में है। प्रकार्यात्मक मनोविज्ञान यह मानता है कि मानसिक प्रक्रिया प्राणी की आवश्यकताओं तथा वातावरण के बीच मध्यस्थता करती है। मानसिक प्रक्रिया का अपने आप में कोई महत्त्व नहीं है, बल्कि उसका सर्वाधिक महत्त्व प्राणी के जैविक विकास के एक अंग के रूप में

है। वास्तव में, प्रकार्यवाद को 'चेतना की बुनियादी उपयोगिताओं का मनोविज्ञान' कहा जा सकता है। प्रकार्यवादी यह मानते हैं कि सामान्य रूप से चेतना का प्रधान काम है 'चयनात्मक समायोजन' (Selective accommodation)। प्रत्यक्षीकरण भाव, इच्छा आदि विशिष्ट मानसिक प्रक्रियाओं का प्रकार्यात्मक दृष्टिकोण से भी वर्गीकरण किया जा सकता है, क्योंकि वर्गीकरण सदा उपयोगितावादी अथवा अभिप्रायमूलक होता है। इन सभी प्रक्रियाओं से किसी-न-किसी रूप में 'चयनात्मक समायोजन' ही अभिव्यक्त होता है।

3. प्रकार्यात्मक मनोविज्ञान को मनोदैहिक सम्बन्धों (Psychophysical Relations) का मनोविज्ञान कहा जा सकता है। वास्तव में इसे मन-शरीर (Mind-body) की समस्या पर विचार करने वाली एक विशिष्ट विधि के रूप में ग्रहण किया जा सकता है। यह मानसिक तथा शारीरिक क्रियाओं के बीच वास्तविक भेद नहीं मानता। यह भी नहीं मानता कि इन दोनों का अस्तित्व एक-दूसरे से बिलकुल अलग है, ये दो अलग-अलग घटनाएँ हैं, बल्कि यह मानता है कि मन और शरीर का यह भेद मात्र चिन्तन की सुविधा के लिए है। यह भेद हमारे हाथ में एक ऐसे उपयोगी उपकरण के रूप में है, जिसका प्रयोग अनुभूति को समझने में किया जा सकता है। वास्तव में अनुभूति की अधिक प्रारम्भिक अवस्थाओं में तो इसका कोई एहसास ही नहीं होता, इसका तो एहसास हमें तब होता है, जब हम चिन्तन-मनन करने लगते हैं। यदि हम इसे निरपेक्ष (Absolute) मानें तो अभौतिक अथवा आध्यात्मिक कठिनाइयाँ उत्पन्न हो जाती हैं, जिनका कोई समाधान नहीं। इन बातों को दृष्टि में रखते हुए मन-शरीर के भेद को विधि-सम्बन्धी भेद ही मानना उचित है। इन पर एक ही घटना-क्रम के रूप में विचार करना अभीष्ट है।

ऐंजिल ने इन तीनों में से किसी एक धारणा पर अपना विचार केन्द्रित नहीं किया, क्योंकि उन्होंने इन तीनों के बीच अन्योन्याश्रय सम्बन्ध पाया। वास्तव में उनका शोध-पत्र 'प्रकार्यात्मक मनोविज्ञान का क्षेत्र' प्रकार्यात्मक मनोविज्ञान का सार संग्रह है। इसलिए बोरिंग ने कहा है कि यह तथ्य है कि उन्होंने ही प्रकार्यवादी विचारधारा की स्थापना की।[12] इसके विपरीत, यह भी सत्य है कि ऐंजिल ने जानबूझकर इस विचारधारा की स्थापना नहीं की। वे तो बिलकुल सामान्य रूप से मनोविज्ञान की व्याख्या कर रहे थे, केवल यह बतला रहे थे कि मनोविज्ञान क्या है? इस क्रम में उन्होंने जो कुछ भी कहा, वह प्रकार्यात्मक विचारधारा के बिलकुल अनुरूप था। मनोविज्ञान की तत्कालीन धारा से संरचनावादियों ने सर्वप्रथम अपने को अलग कर एक नवीन मनोविज्ञान की स्थापना करने की चेष्टा की, जो उनके लिए घातक सिद्ध हुआ। कारण यह था कि उस समय पशु मनोविज्ञान, असामान्य मनोविज्ञान आदि विकसित हो रहे थे जिनमें स्पष्ट रूप से प्रकार्यात्मक दृष्टिकोण अभिव्यक्त हो रहा था। ठीक उसी समय जब व्यवहारवाद की स्थापना हुई, तो

धीरे-धीरे प्रकार्यात्मक मनोविज्ञान भी लुप्त होता गया क्योंकि व्यवहारवाद ने उस दृष्टिकोण को अपने में पूर्ण रूप से समाहित कर लिया था। फलस्वरूप स्वयं ऐंजिल ने भी प्रकार्यात्मक मनोविज्ञान पर जोर नहीं दिया, क्योंकि एक अलग विचारधारा के रूप में इसे स्थापित करने की कभी इच्छा नहीं थी, जैसा कि पहले ही व्यक्त किया जा चुका है।

हार्वे ए. कार
Harvey A. Carr (1873-1954)

कार (Carr) ने प्रकार्यवाद का प्रतिनिधित्व तब किया जब वह एक विचारधारा के रूप में मान्यता प्राप्त कर चुका था। अतः यह कहना युक्तिसंगत प्रतीत होता है कि डीवी तथा ऐंजिल के मनोविज्ञान ने प्रकार्यवादी आन्दोलन की प्रारम्भिक अवस्थाओं का प्रतिनिधित्व किया तथा कार ने प्रकार्यवाद के अंतिम स्वरूप का प्रतिनिधित्व किया। वास्तव में कार के नेतृत्व में प्रकार्यवाद विकास की अपनी पराकाष्ठा पर पहुँच चुका था। इसलिए उन्होंने यह घोषित किया कि प्रकार्यवादी मनोविज्ञान ही अमरीकी मनोविज्ञान है। उनके अनुसार मनोविज्ञान के प्रति अन्य दृष्टिकोण जैसे व्यवहारवाद, जेस्टॉल्ट मनोविज्ञान तथा मनोविश्लेषण उसके अति संकुचित पहलुओं पर अनावश्यक रूप से अतिरंजित विचार प्रस्तुत कर रहे थे। अतः कार का कहना था कि उन विचारधाराओं के पास ऐसी कोई महत्त्वपूर्ण बात नहीं थी, जिसे वे अति व्यापक प्रकार्यवादी मनोविज्ञान में जोड़ सकें।

कार की पुस्तक 'मनोविज्ञान' (1925)[13] ने वर्तमान प्रकार्यवादी मनोविज्ञान का प्रतिनिधित्व किया। अपनी पुस्तक में उन्होंने मनोविज्ञान की परिभाषा और विधियों पर जमकर विचार किया और साथ-ही-साथ यह भी बतलाया कि मनोविज्ञान का अन्य विज्ञानों से क्या सम्बन्ध है।

मनोविज्ञान की विषय-वस्तु : कार के अनुसार मनोविज्ञान की विषय-वस्तु है मानसिक क्रिया। मानसिक क्रियाओं से उनका तात्पर्य स्मृति, प्रत्यक्षीकरण, कल्पना, तर्क, भाव, निर्णय तथा इच्छा से है। उन्होंने मानसिक क्रिया को स्पष्ट करते हुए उसकी कुछ विशेषताओं का उल्लेख किया है। उनका कहना है कि मानसिक क्रिया का सम्बध अनुभूतियों के अर्जन (Acquisition), स्थिरीकरण (Fixation), धारण (Retention), संगठन (Organization) तथा मूल्यांकन से है और फिर आचरण (Conduct) के निर्देशन में उन्हें उपयोग में लाने से है। आचरण में जिस मानसिक क्रिया की अभिव्यक्ति होती है, उसे उन्होंने समायोजनात्मक व्यवहार की संज्ञा दी। इस प्रकार प्रत्येक मानसिक क्रिया का सम्बन्ध इस बात से है कि वह अनुभूति का इस प्रकार उपयोग करे कि वातावरण के प्रति व्यक्ति का समायोजन सर्वाधिक प्रभावशाली हो। अतः प्रत्येक मानसिक क्रिया का अध्ययन उसके तीन पहलुओं को

दृष्टि में रखकर किया जा सकता है : (i) पूर्वानुभूति पर मानसिक क्रिया की निर्भरता, (ii) उसका समायोजनात्मक महत्त्व तथा (iii) प्राणी की भावी क्रिया पर उसका प्रभाव।

मानसिक क्रिया का वर्णन करते हुए कार ने स्पष्ट किया है कि यह मनोदैहिक होती है। यह इस अर्थ में मानसिक है कि व्यक्ति को सामान्यतः अपनी क्रिया का ज्ञान रहता है। ऐसा नहीं होता कि तथ्यों की जानकारी के बिना ही उसमें तर्क, चिन्तन, इच्छा, भाव आदि होते हैं। यह दैहिक इस अर्थ में है कि यह दैहिक प्राणी (Physical Organism) की प्रतिक्रिया है। कार ने यह स्पष्ट किया है कि मानसिक क्रियाएँ समायोजनात्मक क्रियाओं की मात्र मानसिक पहलू नहीं हैं। 'मानसिक' शब्द सम्पूर्ण प्रक्रिया का द्योतक है, जिसमें मानसिक तथा शारीरिक, दोनों ही प्रकार की क्रियाएँ सन्निहित रहती हैं। शारीरिक क्रिया से बिलकुल अलग एवं स्वतन्त्र मानसिक क्रिया का कोई अर्थ ही नहीं है, वह तो कल्पना मात्र (Mere Abstraction) है। इसलिए कार ने इस बात पर जोर दिया है कि मानसिक क्रियाओं का अध्ययन मनोदैहिक घटनाओं के रूप में करना ही श्रेयस्कर है।

कार ने यह भी स्पष्ट किया है कि मनोविज्ञान का काम केवल इतना ही नहीं है कि वह क्रियाशील प्राणी की क्रियाओं का वर्णन कर दे, बल्कि यह भी कि वह उसकी व्याख्या करे कि कोई क्रिया क्यों एक विशेष रूप ग्रहण कर लेती है तथा एक विशेष दिशा की ओर निर्देशित हो जाती है। इसका स्वयं उत्तर देते हुए उन्होंने कहा है कि समायोजनात्मक क्रिया में तीन बातें निहित रहती हैं : "अनुप्रेरक उत्तेजना, ऐन्द्रिक परिस्थिति तथा प्रतिक्रिया जो परिस्थिति को इस प्रकार बदल देती है, कि वह अनुप्रेरक अवस्थाओं को सन्तुष्ट कर सके।"[14]

उदाहरण के लिए, कोई भी व्यक्ति भोजन की सामग्री उपलब्ध कर उसे तब तक खाता रहता है, जब तक कि उसकी भूख नहीं मिट जाए, तो इसका अर्थ यह हुआ कि वह समायोजनात्मक ढंग से प्रतिक्रिया व्यक्त कर रहा है। जब एक बार अनुप्रेरक अवस्था की सन्तुष्टि हो जाती है तब व्यक्ति उसके प्रति प्रतिक्रिया बन्द कर देता है। यहाँ भूख अनुप्रेरक उत्तेजना है, भोजन ऐन्द्रिक परिस्थिति का एक अंग तथा भोजन करना समायोजनात्मक प्रतिक्रिया है।

मानसिक क्रिया की अध्ययन विधियाँ : मानसिक क्रिया की अध्ययन विधियों के रूप में कार ने अन्तर्निरीक्षण तथा बाह्य निरीक्षण, दोनों ही को अपनाया, यद्यपि उनका प्रधान रूप से झुकाव बाह्य निरीक्षण की ओर था। उन्होंने प्रयोगात्मक विधि को भी बाह्य निरीक्षण के पूरक के रूप में अपनाया। इस विधि के सम्बन्ध में उनका मत यह है कि निस्सन्देह यह विधि सर्वाधिक वांछनीय विधि है, किन्तु उन्होंने यह भी स्वीकार किया किया कि मानसिक क्रिया की समुचित प्रयोगात्मक खोज यदि असम्भव नहीं, तो सर्वाधिक कठिन अवश्य है। वुन्ट के बाद उन्होंने यह भी स्वीकार

किया कि अप्रत्यक्ष रूप से कला, साहित्य, अन्वेषण, भाषा, धार्मिक रीति-रिवाज, विश्वास आदि मानव के सृजनात्मक कृत्यों के द्वारा भी मानसिक क्रिया का अध्ययन किया जा सकता है। मानसिक क्रियाओं का अध्ययन शरीर-रचना विज्ञान (Anatomy) तथा शरीर क्रिया विज्ञान (Physiology) के दृष्टिकोण से भी किया जा सकता है। कार का कहना है कि शारीरिक रचना तथा शारीरिक क्रियाएँ परस्पर इतने घनिष्ठ रूप से सम्बन्धित हैं कि इन दोनों की जानकारी के बिना मानसिक क्रियाओं का समुचित ज्ञान सम्भव नहीं है। अन्य विज्ञानों की भाँति मनोविज्ञान भी ऐसे महत्त्वपूर्ण तथ्यों का अध्ययन करता है जो मनोवैज्ञानिक दृष्टि से महत्त्वपूर्ण हैं, चाहे वे जैसे, जहाँ से या जिसके द्वारा प्राप्त हों। ज्ञान के विभिन्न स्रोत एक-दूसरे के पूरक होते हैं। अतः मनोविज्ञान विभिन्न स्रोतों से प्राप्त वस्तु-सामग्रियों अथवा प्रदत्तों (Data) को संगठित कर व्यवस्थित रूप देने की चेष्टा करता है।

मनोवैज्ञानिक ज्ञान के लिए संरचनावाद ने केवल अन्तर्निरीक्षण पर निर्भर किया, किन्तु प्रकार्यवाद ने किसी एक विधि पर निर्भर न रहकर ज्ञान के विभिन्न स्रोतों को अपनाया, परन्तु वास्तविक व्यवहार में उसका झुकाव निश्चित रूप से वस्तुनिष्ठता की ओर ही था। शिकागो में किए गए अधिकांश शोध-कार्यों में अन्तर्निरीक्षण का उपयोग ही नहीं किया गया और जिनमें किया भी गया, उनकी भी यथासम्भव वस्तुनिष्ठ नियन्त्रणों (Objective Controls) से जाँच की गई। स्पष्ट है कि यद्यपि अन्तर्निरीक्षण का पूर्ण रूप से परित्याग नहीं किया गया, फिर भी निस्सन्देह बाह्य निरीक्षण पर काफी जोर दिया गया।

अन्य विज्ञानों के साथ मनोविज्ञान के सम्बन्ध : जहाँ तक अन्य विज्ञानों के साथ मनोविज्ञान के सम्बन्ध का प्रश्न है, इसे जैविक विज्ञानों के समुदाय में रखा जा सकता है, जो जीवित प्राणियों की क्रियाओं का अध्ययन करते हैं। मनोविज्ञान का शरीर विज्ञान से बड़ा निकट का सम्बन्ध है क्योंकि दोनों ही जीवित प्राणियों की प्रतिक्रियाओं का अध्ययन करते हैं।

प्रकार्यवाद की शिकागो विचारधारा ने एकमात्र चेतना का अध्ययन न कर बाह्य व्यवहार का भी अध्ययन किया। इस प्रकार प्रकार्यवाद ने संरचनावाद की ठीक विपरीत दिशा में अमरीकी मनोविज्ञान के जाने का मार्ग प्रशस्त कर दिया। इसके फलस्वरूप अमरीकी मनोविज्ञान ने मन अथवा चेतना के अध्ययन का पूर्णतया परित्याग कर दिया और एकमात्र व्यवहार के अध्ययन पर ही जोर दिया। इस प्रकार प्रकार्यवाद ने संरचनावाद तथा व्यवहारवाद के बीच सेतु का काम किया। वस्तुतः इन दोनों के बीच कोई विभाजक रेखा नहीं खींची जा सकती। जहाँ मनोविज्ञान वातावरण के प्रति प्राणी की समायोजनात्मक प्रतिक्रियाओं का अध्ययन करता है, वहाँ शरीर विज्ञान (Physiology) जीवन के लिए अनिवार्य क्रियाओं, जैसे रक्त-प्रवाह (Blood Circulation), पाचन क्रिया (Digestion) आदि का अध्ययन करता है।

जैसा कि पहले कहा जा चुका है, मनोविज्ञान विभिन्न स्रोतों से तथ्यों को ग्रहण करता है, जैसे समाज-विज्ञान (Sociology), तन्त्रिका-विज्ञान (Neurology), शरीर-विज्ञान (Physiology), जीव-विज्ञान (Biology), मानव-विज्ञान (Anthropology), मनोचिकित्सा (Psychiatry), शिक्षा आदि। निष्कर्ष यह कि मनोविज्ञान मानव से सम्बन्धित किसी भी क्षेत्र से तथ्यों का संग्रह कर उनका अध्ययन करता है और विभिन्न क्षेत्रों में अपने विचारों से महत्त्वपूर्ण योगदान करता है।

कोलम्बिया में प्रकार्यवाद : गत्यात्मक मनोविज्ञान
(Functionalism at Columbia : Dynamic Psychology)

रॉबर्ट एस. वुडवर्थ (Robert S. Woodworth, 1869-1962)—आरम्भ में ही यह स्पष्ट कर देना अनिवार्य जान पड़ता है कि वुडवर्थ को ऐंजिल तथा कार की परम्परा में औपचारिक रूप से प्रकार्यवादी मनोवैज्ञानिक नहीं कहा जा सकता। वास्तव में उन्हें किसी एक विचारधारा में बँधना बिलकुल ही पसन्द नहीं था। 1930 में उन्होंने स्वयं कहा भी है कि जिस प्रकार के मनोविज्ञान को उन्होंने विकसित किया वह किसी भी विचारधारा की सीमा में नहीं बँध सकता। अतः हम वुडवर्थ को सुनिश्चित रूप से प्रकार्यवादी मनोवैज्ञानिक की कोटि में नहीं रख सकते। किन्तु उन्होंने मनोविज्ञान के सम्बन्ध में जो भी विचार व्यक्त किए, वे शिकागो की प्रकार्यवादी विचारधारा के अनुरूप अवश्य थे, उनमें निश्चय ही प्रकार्यवादी विचारधारा का पुट विद्यमान था। साथ-ही-साथ यहाँ यह भी विशेष रूप से उल्लेखनीय है कि उन्होंने उसमें कुछ नए विचार भी जोड़े।

प्रकार्यवाद में गत्यात्मक मनोविज्ञान (Dynamic Psychology) को लाने का श्रेय वुडवर्थ को ही है। वुडवर्थ का गत्यात्मक मनोविज्ञान एक तरह से जेम्स तथा डीवी के विचारों का ही प्रतिफल है। 'गत्यात्मक' शब्द का प्रयोग बहुत पहले 1884 में डीवी ने तथा 1908 में जेम्स ने किया था। ए.ए. रोबैक ने जेम्स के जीवन चरित[15] तथा अमरीकी मनोविज्ञान के इतिहास[16] में लिखा है कि 1908 में जेम्स ने भाव तथा ध्यान के प्रारम्भिक मनोविज्ञान पर टिचेनर द्वारा दिए गए व्याख्यानों पर पेंसिल से जो कुछ भी लिखा है, उससे स्पष्ट है कि संरचनात्मक मनोविज्ञान से गत्यात्मक दृष्टिकोण किस प्रकार भिन्न है। 'गत्यात्मक' शब्द का सम्बन्ध परिवर्तन से है तथा यह परिवर्तन के कारणों की व्याख्या भी करता है।

1918 में वुडवर्थ की प्रसिद्ध पुस्तक 'गत्यात्मक मनोविज्ञान'[17] का प्रकाशन हुआ और उसके साथ ही उनकी मनोवैज्ञानिक स्थिति व्यवस्थित रूप से हमारे सामने आ गई। उन्होंने यह स्पष्ट किया है कि गत्यात्मक मनोविज्ञान कारण-कार्य (Cause and Effect) का विज्ञान है। उनका कहना है कि वास्तव में एक मनोवैज्ञानिक के लिए यह जानना अत्यावश्यक है कि यदि कोई व्यक्ति कुछ करता है तो वैसा क्यों करता है, वह

जैसा अनुभव करता है वैसा ही क्यों अनुभव करता है आदि। इन्हें जानने के लिए उसे कारण-कार्य के मनोविज्ञान पर ध्यान देना होगा। अतः मनोविज्ञान के लिए केवल इतना ही काफी नहीं है कि वह व्यवहार का निरीक्षण करे, बल्कि यह भी आवश्यक है कि व्यवहार के कारणों की खोज़ करे। मनोविज्ञान के लिए केवल उत्तेजना-प्रतिक्रिया का अध्ययन पर्याप्त नहीं है, बल्कि इन दोनों के बीच प्राणी का क्या स्थान है, इस पर विचार करना भी अनिवार्य है। वास्तव में किसी भी प्रतिक्रिया का कारण केवल उत्तेजना नहीं है, बल्कि प्राणी भी है जो अपनी विगत अनुभूतियों तथा अनुप्रेरकों से निर्देशित होकर प्रतिक्रिया का निर्धारण करता है। निस्सन्देह, उत्तेजना प्राणी को उत्तेजित करती है और प्राणी अपने आन्तरिक प्रणोदनों (Drives) के अनुरूप उस उत्तेजना के प्रति अपनी प्रतिक्रिया व्यक्त करता है। वस्तुतः वुडवर्थ के गत्यात्मक मनोविज्ञान में अनुप्रेरणा (Motivation) का बड़ा महत्त्वपूर्ण स्थान है। तभी तो वुडवर्थ ने 1897 में अनुप्रेरणा-विज्ञान (Motivatlogy) को विकसित करने का अपना विचार व्यक्त किया था।

वुडवर्थ ने टिचेनर के इस विचार का विरोध किया कि मनोविज्ञान केवल चेतना का विज्ञान है तथा वाटसन के इस विचार का भी विरोध किया कि मनोविज्ञान केवल बाह्य व्यवहार का विज्ञान है तथा अन्तर्निरीक्षण सर्वथा त्याज्य है। वुडवर्थ ने स्पष्ट रूप से कहा कि मनोविज्ञान में चेतना तथा व्यवहार, दोनों ही का अध्ययन अनिवार्य है। इसलिए वुडवर्थ ने उत्तेजना-प्रतिक्रिया (S-R) के अध्ययन के स्थान पर उत्तेजना-प्राणी-प्रतिक्रिया (S-O-R) के अध्ययन को मनोविज्ञान का विषय माना। प्राणी से उनका तात्पर्य प्राणी की रचना तथा क्रिया दोनों से है। उनके अनुसार मनोविज्ञान तथा शरीर-विज्ञान दो समानान्तर प्रक्रियाओं का अध्ययन नहीं करते, बल्कि दोनों एक ही प्रक्रिया का अध्ययन करते हैं। उन्होंने यह भी स्पष्ट किया है कि अनुप्रेरक प्रणोदन (Motivating Drives) शारीरिक अंगों से सम्बन्धित हो भी सकते हैं, जैसे भूख, प्यास, थकान आदि तथा शारीरिक अंगों से सम्बन्धित नहीं भी हो सकते हैं, जैसे उत्सुकता (Curiosity), आत्म-स्थापन (Self-assertion) आदि। वास्तव में गत्यात्मक मनोविज्ञान की धारणा अनुप्रेरणा की ओर झुकाव का प्रतिनिधित्व करती है।

प्रत्येक प्राणी में विशेष प्रकार से कार्य सम्पन्न करने की जन्मजात क्षमताएँ अन्तर्निहित रहती हैं। उत्तेजना-प्रतिक्रिया सम्बन्ध व्यवहार की एक क्रिया-विधि (Mechanism) है, किन्तु इसके पीछे प्रणोदन महत्त्वपूर्ण है, जो क्रिया विधि को अनुप्रेरित करता है। दूसरे शब्दों में क्रिया-विधि इस बात से सम्बन्धित होती है कि कोई क्रिया कैसे सम्पन्न की जाती है तथा प्रणोदन का सम्बन्ध इस बात से है कि कोई क्रिया क्यों सम्पन्न की जाती है। क्रिया-विधियाँ (Mechanisms) तथा प्रणोदन (Drives) इस बात में समान हैं कि दोनों ही प्राणी की प्रतिक्रियाएँ हैं। क्रिया-विधियाँ प्रणोदन का रूप ले सकती हैं तथा प्रणोदन क्रिया-विधियों का। यदि एक क्रिया-विधि दूसरी क्रिया-विधि में सहायक होती है तथा उसका पुनर्बलन (Reinforcement) करती है,

तो वह प्रणोदन के रूप में काम कर सकती है। अर्जित आदतें (Acquired Habits) प्रणोदन के रूप में काम कर सकती हैं जिसके फलस्वरूप नई क्रियाएँ सम्पन्न होती हैं। वुडवर्थ ने मैकडूगल की विशिष्ट मूल प्रवृत्तियों के बदले सामान्य अनुप्रेरणा के विचार को तरजीह दी है।

वुडवर्थ के गत्यात्मक मनोविज्ञान ने अनुप्रेरणा पर काफी जोर दिया है और इस प्रकार वह उर्जवर्ग विचारधारा के अति निकट आ गया, जिसकी मान्यता यह थी कि मानव क्रियाओं के सम्पन्न होने में अनुप्रेरणा का हाथ रहता है। उस विचारधारा के अनुसार मनुष्य का चिन्तन (Thinking) मानसिक तत्परता (Mental Set) से अनुप्रेरित होता है। मानसिक तत्परता निस्सन्देह एक आन्तरिक प्रणोदन है।

वुडवर्थ के अनुप्रेरणा के सिद्धान्त को टौलमैन (Tolman) के मध्यवर्ती परिवर्त्यों (Intervening Variables) का अग्रदूत कहा जा सकता है। वुडवर्थ ने यह स्पष्ट किया कि बाह्य उत्तेजना तथा प्रतिक्रिया के बीच व्यक्ति के भीतर विद्यमान प्रणोदन अनुप्रेरणात्मक शक्ति के रूप में काम करता है। वस्तुतः केवल उत्तेजना क्रिया उत्पन्न नहीं कर सकती, बल्कि क्रिया के सम्पन्न होने में उत्तेजना के साथ आन्तरिक प्रणोदन का विद्यमान रहना भी अनिवार्य है।

1956 में अमरीकी मनोविज्ञान संस्था ने वुडवर्थ को पुरस्कार के रूप में प्रथम स्वर्ण पदक प्रदान करते हुए इन शब्दों में उनके कार्यों का मूल्यांकन किया, 'वैज्ञानिक मनोविज्ञान के भाग्य-निर्माता' तथा 'मनोवैज्ञानिक ज्ञान के समन्वयकर्त्ता एवं संगठनकर्त्ता' के रूप में वुडवर्थ के योगदान अद्वितीय हैं।

वुडवर्थ ने यह स्वीकार किया कि उनका दृष्टिकोण कोई नया नहीं है, बल्कि वह 'अच्छे मनोवैज्ञानिकों' द्वारा अनुसरण किया गया दृष्टिकोण मात्र हैं और वुडवर्थ मनोविज्ञान के क्षेत्र में 70 वर्षों से अधिक समय तक एक सफल शिक्षक, लेखक, शोधकर्त्ता तथा सम्पादक के रूप में सक्रिय रहे।

इस लम्बी अवधि में उनकी कई पुस्तकें प्रकाशित हुईं। 1918 में 'गत्यात्मक मनोविज्ञान' तथा 1958 में 'व्यवहार का गति-विज्ञान' प्रकाशित हुए। 1911 में उन्होंने लैड (Ladd) की पुस्तक 'शारीरिक विज्ञान' का संशोधन किया। 1921 में 'मनोविज्ञान' नामक एक पाठ्यपुस्तक की रचना की। 1947 तक इस पुस्तक के पाँच संस्करण हो गए। उन्होंने अपनी प्रसिद्ध पुस्तक 'प्रयोगात्मक मनोविज्ञान' की रचना 1938 में की तथा 1954 में हैरोल्ड स्कौल्स वर्ग (Harold Scholasberg) के साथ उसका संशोधन किया। 1931 में उन्होंने अपनी प्रमुख पुस्तक 'मनोविज्ञान की समसामयिक विचारधाराएँ' की रचना की। 1948 में तथा पुनः 1954 में मेरी शीहान (Mary Sheehan) के साथ इस पुस्तक का संशोधन किया। अन्तिम दोनों पुस्तकें अनेक विश्वविद्यालयों में पाठ्यग्रन्थ के रूप में अति प्रसिद्ध एवं लोकप्रिय सिद्ध हुईं। वुडवर्थ मनोविज्ञान के क्षेत्र में 70 वर्षों से अधिक समय तक सक्रिय रहा।

निष्कर्ष के रूप में यह कहा जा सकता है कि वुडवर्थ का मनोवैज्ञानिक दृष्टिकोण उदारवादी रहा है। उन्होंने न तो अपने को किसी एक व्यवस्थित विचारधारा में सीमित रखा और न कोई अपनी ही अलग विचारधारा विकसित करने की चेष्टा की है। उनका विरोध में भी विश्वास नहीं था। अतः उनका मनोविज्ञान विभिन्न विचारों के समन्वय पर आधारित है। उन्होंने सभी विचारधाराओं की सर्वोत्तम बातों को ग्रहण कर उनमें सामान्य धारणाओं और लक्ष्यों की खोज की है और उनके बीच समन्वय स्थापित कर सन्तुलित विचार व्यक्त करने की चेष्टा की है।

प्रकार्यवाद का मूल्यांकन तथा उसकी वर्तमान स्थिति

प्रकार्यवाद पर सर्वप्रथम संरचनावादी मनोवैज्ञानिकों ने प्रहार किया। टिचेनर ने प्रकार्यवाद को संरचनावाद से भिन्न बतलाते हुए उसकी आलोचना इस बात को लेकर की कि जहाँ संरचनावाद तथ्यों का ज्यों-का-त्यों अध्ययन करता है, वहाँ प्रकार्यवाद उनका अध्ययन प्रयोजन अथवा उपयोगिता को दृष्टि में रखकर करता है। प्रकार्यवाद के इस दृष्टिकोण को टिचेनर ने आपत्तिजनक माना, क्योंकि यह अन्तर्निरीक्षण विधि के अनुरूप नहीं था और उनकी मान्यता यह थी कि इस विधि से अलग होकर किया गया अध्ययन मनोविज्ञान नहीं हो सकता।

टिचेनर तथा उनके अनुयायियों ने विभिन्न तत्त्वों में मन अथवा चेतना के अन्तर्निरीक्षणात्मक विश्लेषण के अतिरिक्त अन्य किसी भी प्रकार के अध्ययन को मनोविज्ञान नहीं माना। यहाँ यह ज्ञातव्य है कि प्रकार्यवादियों ने तो मनोविज्ञान की इस परिभाषा पर ही आपत्ति की थी, फिर इसे मानने का प्रश्न ही कहाँ उठता है? सचमुच यदि हम टिचेनर की आलोचना पर ध्यान दें तो ऐसा जान पड़ेगा कि उनकी आलोचना आंशिक रूप से ही तर्कसंगत हो सकती है, पूर्णरूप से कदापि नहीं, क्योंकि बहुत से तथ्य ऐसे हैं जिन्हें हम उनके प्रयोजन अथवा उपयोगिता को जाने बिना नहीं समझ सकते। उदाहरण के लिए, मान लीजिए कोई व्यक्ति ट्रेन पकड़ने के लिए दौड़ रहा है और हम उसके केवल दौड़ने का तथ्यात्मक वर्णन मात्र करें, तो हम उस दौड़ने की क्रिया में निहित सर्वाधिक महत्त्वपूर्ण तथ्य (ट्रेन पकड़ना) के ज्ञान से वंचित रह जाएँगे। अतः टिचेनर की आलोचना का पूर्ण औचित्य स्वीकार नहीं किया जा सकता।

प्रकार्यवाद की आलोचना इसकी अस्पष्ट परिभाषा को लेकर भी हुई। 'प्रकार्य' (Function) शब्द का प्रयोग किसी एक सुनिश्चित अर्थ में नहीं किया गया है। अतः 'प्रकार्य' शब्द अत्यन्त भ्रामक है। इस सम्बन्ध में रुकमिक ने जो टिचेनर के शिष्य थे (C.A. Ruckmick), काफी खोजबीन की है। उन्होंने मनोविज्ञान की पन्द्रह पाठ्य-पुस्तकों के आधार पर विभिन्न लेखकों के द्वारा की गई 'प्रकार्य' शब्द की परिभाषाओं पर विचार किया और बतलाया कि सामान्यतः इस शब्द का प्रयोग दो अर्थों में किया गया है–एक क्रिया (Activity) अथवा प्रक्रिया (Process) के अर्थ

में तथा दूसरा अन्य प्रक्रियाओं अथवा सम्पूर्ण प्राणी के लिए उपयोगिता के अर्थ में। रुकमिक का कहना है कि प्रकार्यवादियों ने कभी तो इस शब्द का प्रयोग क्रिया के अर्थ में किया है और कभी उपयोगिता के अर्थ में, और यही प्रकार्यवाद के सम्बन्ध में भ्रम उत्पन्न करता है। ऐसा प्रयोग निश्चित रूप में असंगत तथा भ्रामक कहा जाएगा। इस आलोचना के 17 वर्षों के बाद कार ने इसका विश्लेषण कर प्रकार्यवाद की स्थिति को स्पष्ट किया। इसे हाइडब्रेडर (1933) ने इन शब्दों में व्यक्त किया है, 'प्रकार्यवाद ने पहले धारणा का प्रयोग किया और तब उसे परिभाषित किया, तथा घटनाओं का यही क्रम इस आन्दोलन की विशेषता है।''[18]

कुछ आलोचकों ने व्यावहारिक मनोविज्ञान (Applied Psychology) के प्रति प्रकार्यवादियों के झुकाव की आलोचना की है। संरचनावादियों ने तो स्पष्ट रूप से विशुद्ध मनोविज्ञान (Pure Psychology) का ही पक्ष लिया तथा व्यावहारिक मनोविज्ञान का पूर्णतया बहिष्कार किया। प्रकार्यवादी कभी भी विशुद्ध मनोविज्ञान के समर्थक नहीं रहे। कार ने तो यह भी दावा किया कि वैज्ञानिक विधियों को विशुद्ध मनोविज्ञान तथा व्यावहारिक मनोविज्ञान, दोनों पर समान रूप से लागू किया जा सकता है तथा औद्योगिक वातावरण एवं विश्वविद्यालय की प्रयोगशाला, दोनों ही में समान रूप से सत्य एवं विश्वसनीय शोध-कार्य किए जा सकते हैं। उन्होंने बहुत जोर देकर कहा कि विषय-वस्तु नहीं, बल्कि विधि यह निर्धारण करती है कि कोई भी अध्ययन कितना वैज्ञानिक है। अब समसामयिक अमरीकी मनोविज्ञान में विशुद्ध तथा व्यावहारिक विज्ञान का विवाद अपने अतिशय रूप में नहीं रह गया है। वास्तव में प्रकार्यवाद का यह पक्ष उस विचारधारा की एक सराहनीय विशेषता है, आलोचना का विषय नहीं है।

प्रकार्यवाद के उदार दृष्टिकोण की भी आलोचना की गई है क्योंकि इसने अपने को चेतना तथा अन्तर्निरीक्षण तक सीमित नहीं रखा। निश्चय ही प्रकार्यवादी मनोवैज्ञानिकों ने संरचनावाद द्वारा निर्मित मनोविज्ञान की सीमा को पार कर मनोविज्ञान के विस्तृत क्षेत्र का अध्ययन किया। फलस्वरूप पशु मनोविज्ञान, असामान्य मनोविज्ञान, बाल-मनोविज्ञान, शिक्षा-मनोविज्ञान आदि को भी इसने मनोवैज्ञानिक अध्ययन में समाहित कर लिया। मनोविज्ञान के प्रति यह उदार दृष्टिकोण एक गुण है, न कि अवगुण, क्योंकि उदारता के साथ-साथ इसने वैज्ञानिक नियन्त्रण तथा वैज्ञानिक विधियों को भी अपनाया।

प्रकार्यवाद की उदारता का ही फल है कि मनोविज्ञान में अन्तर्निरीक्षण के अतिरिक्त मनोदैहिक विधियों (Psychophysical Methods), प्रश्नावलियों, मानसिक परीक्षणों, व्यवहार के वस्तुनिष्ठ निरीक्षणों एवं वर्णनों का भी उपयोग होने लगा। जहाँ सम्भव हुआ, वहाँ प्रयोगात्मक विधि का भी उपयोग किया गया। मनोवैज्ञानिक विधियों के प्रति इस उदार दृष्टिकोण के फलस्वरूप मनोवैज्ञानिक अध्ययन का क्षेत्र अति विस्तृत होता गया, जिसकी चर्चा पहले ही की जा चुकी है। इन सभी विधियों

को नहीं अपनाने के कारण ही संरचनात्मक मनोविज्ञान का अध्ययन क्षेत्र अत्यन्त संकुचित बना रहा।

प्रकार्यवाद का मनोविज्ञान में एक उल्लेखनीय योगदान है और वह है कि उसने व्यवहारवाद का मार्ग प्रशस्त किया। यद्यपि प्रारम्भिक प्रकार्यवादी मनोवैज्ञानिकों ने अन्तर्निरीक्षण को अपनाया, किन्तु उन्होंने भी यह महसूस किया कि समायोजन की प्रक्रियाओं का बाह्य निरीक्षण किया जा सकता है। निस्सन्देह, समायोजन में आदत और सीखने का प्रमुख हाथ होता है। इसीलिए ऐंजिल तथा अन्य प्रकार्यवादी मनोवैज्ञानिकों ने इन्हें काफी महत्त्व प्रदान किया है।

प्रकार्यवाद ने केवल वाट्सन के व्यवहारवाद का ही मार्ग प्रशस्त नहीं किया, बल्कि मैकडूगल के प्रयोजनवादी मनोविज्ञान (Hormic Psychology) की उत्पत्ति में भी महत्त्वपूर्ण भूमिका अदा की है। प्रकार्यवादी मनोवैज्ञानिकों ने ही सर्वप्रथम मनोविज्ञान में 'किस लिए' (What for) अथवा उपयोगिता का प्रश्न उठाया, जिस पर मैकडूगल ने जमकर विचार किया, जिसके फलस्वरूप उनका प्रयोजनवाद (Purposivism) विकसित हुआ।

एक मनोवृत्ति अथवा सामान्य दृष्टिकोण के रूप में प्रकार्यवाद इतना सफल हुआ कि वह मनोविज्ञान की मुख्यधारा का एक अंग बन गया। जब अमरीकी मनोविज्ञान एक नए विज्ञान के रूप में विकसित हो रहा था, ठीक उसी समय प्रकार्यवाद द्वारा संरचनावाद का विरोध अत्यन्त महत्त्वपूर्ण सिद्ध हुआ। 1920 में वुन्ट की मृत्यु के समय तक प्रकार्यवादी विचारधारा का व्यावहारिक दृष्टिकोण संरचनावादी मनोविज्ञान पर छा गया। 1930 तक तो निश्चित रूप से अमरीका में प्रकार्यवादी मनोविज्ञान स्थापित हो गया। आज भी वहाँ मनोविज्ञान अपने दृष्टिकोण में प्रकार्यवादी ही है, यद्यपि अब वहाँ एक अलग विचारधारा के रूप में उसका कोई अस्तित्व नहीं है।[19] वास्तव में अब वहाँ उसके अलग अस्तित्व की कोई आवश्यकता भी नहीं है, क्योंकि प्रकार्यवादी मनोविज्ञान अब वहाँ इतना सफल हो चुका है कि एक अलग विचारधारा के रूप में उसे अपनाए रहने का कोई अर्थ ही नहीं रह गया है।

सन्दर्भ

1. "What Titchener was attacking was in fact nameless untill he named it, hence he thrust the movement into high relief and did more than any one else to get the term functionalism significance into psychological currency." Harrison, R. Functionalism and its historical significance. Genetic. Psychology Monographs, 1963, 68, p. 387-423.
2. "The Phenomenon of a school growing up of itself, about leader who were not at all eager to found a school, is in itself significant. Perhaps something in the atmoshphere of the new university of Shicago was responsible for the fact."—Heidbreder, E. Seven Psychologes.

3. For Convenience, three phases of the movement may be distinguished; its unitiation by Dewey, its development under Angell's leadership and its preservation as a difinite influence by Carr." Heidbredir, E. Seven Psychologies. 1933, p. 208-209.
4. John Dewey, "The reflex arc concept in psychology." Psychological Reveiew. 1896, 3, 357-370.
5. "Functional Psychology is the study of the psychophysical organism in use." Boring. E.G. A History of Experimental Psychology. p.54
6. Psychology and social change. John Dewey. 1900.
7. "How we think".—Dewey.
8. "Human nature and conduct".—Dewey.
9. "While he (Dewey) has had in last twenty five years little effect upon psychology proper, he has led a very influential life in its effect upon intellectual America, expounding repeatedly the problems of human nature.".—Boring, E.G. A History of Experimental Psychology, p. 542.
10. "Functional psychology is at the present movement little more than a point of view, a programe, an ambition." (Angell, 1907, p. 61)
11. "We should adopt the biological point of view....we shall regard all the operations of consciousness—all our sensation, all our and truies and all our acts of will—as so many expressions of organic adapations to our environment, an environment which we must remember is social as will as physical......" *Ibid*, p. 7.
12. "In a sense his paper may be taken as a credo of functional psychology, and it is a fact that he founded for a time a school." Boring, A History of Experimental Psychology, p. 544.
13. Harvey A. Carr, Psychology, New york. Longmans, Green, 1925.
14. "An adaptic act has three characteristics—a motivating stimulus, a sensory situation, and a reponse that others that situation in a way that satisfies the motivation conditions." outsted by Heidbreder, Seven Psychology. p. 222-223. Carr Psychology, 1925.
15. A.A. Roback, Willaim James : His Marginalia, Personality and Contribution, Science and Art, 1942. p. 55.
16. A.A. Roback, History of American Psychology, Library Publisher, 1953, p. 146.
17. Robert S. Woodworth, Dynamic Psychology, Columbia University, 1917. p. 67.
18. "Functionalism used the concept first and defenid it later, and this sequence of events is characteristic of the movement." Heidbreder. Seven Psychologies, p. 228.
19. Schultz, D. A History of Modern Psychology, 2nd ed, 1975.

व्यवहारवाद पर पूर्ववर्ती प्रभाव

(Antecedent Influences on Behaviourism)

यह पहले ही व्यक्त किया जा चुका है कि संरचनावाद इतनी सशक्त विचारधारा थी कि उसके विरोध में ही मनोविज्ञान की लगभग सभी महत्त्वपूर्ण विचारधाराओं का उद्भव एवं विकास हुआ, व्यवहारवाद, जेस्टाल्टवाद, मनोविश्लेषण आदि। अब यहाँ यह व्यक्त कर देना अभीष्ट है कि जिस प्रकार प्रकार्यवाद संरचनावाद के प्रति क्रान्ति नहीं, बल्कि उसका ही विकास मात्र है, एक परिमार्जित रूप है, उस प्रकार व्यवहारवाद नहीं है। उसने तो संरचनावाद की सम्पूर्ण व्यवस्था का ही विरोध किया–उसकी विषय-वस्तु का भी तथा विधि का भी।

वाट्सन ने इस क्रान्ति का सूत्रपात 'साइकोलॉजिकल रिव्यू' (Psychological Review) में प्रकाशित अपने एक शोध-पत्र के द्वारा किया।[1] बाद को उनकी पुस्तक 'बिहेवियर'(Behaviour) में उनके वे विचार आए। उनके इन क्रान्तिकारी विचारों को व्यवहारवादी घोषणापत्र (Behaviourisitc Manifesto) की संज्ञा दी गई। इस घोषणापत्र ने मनोविज्ञान की स्थापित विचारधारा का विरोध किया। वाट्सन ने यह स्पष्ट किया कि यदि मनोविज्ञान को एक प्रगतिशील विज्ञान बनना है तो इसे वर्तमान व्यवस्था का विरोध करना पड़ेगा क्योंकि वह तो बिलकुल असफल हो गया है।

इस अध्ययन का लक्ष्य है व्यवहारवाद के पूर्ववर्ती प्रभावों पर विचार करना। उन सभी प्राचीन तथ्यों पर विचार करना जिनके बीच समन्वय स्थापित कर वाट्सन ने अपने नवीन व्यवहारवादी मनोविज्ञान की स्थापना की।[2] वाट्सन तीन प्रमुख प्रवृत्तियों से अत्यधिक प्रभावित हुए–(i) वस्तुवाद (Objectives) तथा यान्त्रिकवाद (Mechanism), (2) पशु मनोविज्ञान, (3) प्रकार्यवाद। मनोविज्ञान में 1913 तक वस्तुवादी दृष्टिकोण कोई नया नहीं था। वस्तुतः इस (1596-1650) दृष्टिकोण का आरम्भ तो डेकार्ट के समय से ही हो गया था जबकि उन्होंने शरीर और मन की व्याख्या यान्त्रिक ढंग से करने की चेष्टा की। डेकार्ट से भी महत्त्वपूर्ण कार्य ऑगस्ट काम्टे (1798-1857) का है जो प्रत्यक्षवादी आन्दोलन (Positivistic Movement) के संस्थापक माने जाते

हैं। प्रत्यक्षवाद की व्याख्या करते हुए उन्होंने कहा कि यह ऐसा ज्ञान है जो विवाद से परे है क्योंकि इसका आधार बाह्य निरीक्षण है। उन्होंने अन्तर्निरीक्षण का पूर्णतया बहिष्कार किया। ऐसे सभी विचारों का बहिष्कार किया जिनमें आत्मगत तत्त्व निहित हों। उन्होंने चेतना का भी बहिष्कार किया क्योंकि यह वैयक्तिक होती है।

बीसवीं सदी के आरम्भ तक आते-आते भौतिकवाद, यन्त्रवाद एवं वस्तुवाद का प्रभाव इतना व्यापक हो चुका था कि मनोविज्ञान का भी स्वरूप बदल गया और उसमें चेतना, मन अथवा आत्मा के लिए कोई स्थान नहीं रह गया। फलस्वरूप मनोविज्ञान व्यवहार का विज्ञान समझा जाने लगा और मनुष्य को एक यन्त्र के समान माना जाने लगा।

अब हम पशु मनोविज्ञान तथा प्रकार्यवाद का विस्तृत विवेचन प्रस्तुत करेंगे जिनका व्यवहारवाद की स्थापना में महत्त्वपूर्ण योगदान है।

पशु मनोविज्ञान

डार्विन के विकासवाद के सिद्धान्त ने पशु मनोविज्ञान की प्रेरणा दी। डार्विन ने यह सिद्ध कर दिया कि पशु तथा मानव में कोई मूलभूत अन्तर नहीं है तथा मानव पशु का ही विकसित रूप है। अतः पशु तथा मानव की शारीरिक और मानसिक क्रियाओं में एक अनवरतता है, न कि द्विभागीकरण (Dechotony) जैसा कि डेकार्टे का कहना है।

डार्विन के मित्र जॉर्ज. जे. रोमानिज (George J. Romanis, 1848-1894) ने मानसिक विकास के प्रश्न पर सीधा और क्रमबद्ध-दृष्टिकोण अपनाया। उन्होंने 1883 में अपनी पुस्तक 'एनिमल इंटेलिजेन्स' (Animal intelligence) प्रकाशित की जो सामान्यतः तुलनात्मक मनोविज्ञान के क्षेत्र में पहली पुस्तक मानी जाती है। उन्होंने कथा विधि (Anecdotal Mehtod) को अपनाकर पक्षी, मछली, घरेलू पशु तथा बन्दरों के व्यवहारों के सम्बन्ध में प्रदत्त अथवा वस्तु-सामग्री (Data) का संग्रह किया। इस विधि पर आधारित वस्तु-सामग्रियों को विश्वसनीय नहीं माना गया। पशु मनोवैज्ञानिक रोमानिज के मानवीकरण की प्रवृत्ति से भी सहमत नहीं थे। अतः उन्होंने कथा-विधि का परित्याग कर दिया। फिर भी यह कहा जा सकता है कि रोमानिज की इतनी देन अवश्य है कि उन्होंने तुलनात्मक मनोविज्ञान के लिए निरीक्षणात्मक विधि का मार्ग प्रशस्त किया।

सी. लॉयड मॉर्गन (C. Lloyd Morgan 1852-1936) ने कथा-विधि की त्रुटियों को समझा और उन्होंने मितव्ययिता के नियम (Law of Parsiomony) का प्रतिपादन किया ताकि वे पशुओं के मानवीकरण की प्रवृत्ति को रोक सकें। उनका नियम यह कहता है कि पशुओं के व्यवहारों की व्याख्या उच्चतर मानसिक प्रक्रियाओं के रूप में नहीं, बल्कि निम्नतर मानसिक प्रक्रियाओं के रूप में होनी चाहिए।

मॉर्गन ने पशु मनोविज्ञान के क्षेत्र में प्रयोगात्मक विधि का सूत्रपात किया। प्रयोगशाला के प्रयोगों के समान इस पर कठोर नियन्त्रण तो नहीं था, किन्तु फिर भी यह रोमानिज की विधि से बहुत ही उन्नत था। अतः विधि के क्षेत्र में इसे एक प्रगतिशील कदम कहा जा सकता है।

जैक्स लोब (Jacques Loeb, 1859-1924) ने मनोविज्ञान को पूर्ण रूप से यान्त्रिक स्वरूप (Mechanical Nature) प्रदान किया। उन्होंने कहा कि पशु की प्रतिक्रिया उत्तेजना की क्रिया है। इस प्रकार चेतना से बिलकुल अलग हटकर उन्होंने पशु व्यवहार की व्याख्या उत्तेजना के प्रति प्रतिक्रिया के रूप में की।

बीसवीं सदी के आरम्भ तक थौर्नडाइक ने प्रयोगात्मक पशु मनोविज्ञान को विकसित किया और अब पशु-व्यवहारों का अध्ययन प्रयोगशाला की नियन्त्रित अवस्थाओं में प्रयोगात्मक विधि द्वारा होने लगा। 1900 ई. में डब्ल्यू. एस. स्मॉल (W.S. Small) ने चूहे पर प्रयोग के लिए भूलभुलैया (Maze) का निर्माण किया और तब सीखने के अध्ययन में उजले चूहे भूलभुलैया का धड़ल्ले से प्रयोग होने लगा। फलस्वरूप तुलनात्मक मनोविज्ञान की प्रयोगशालाएँ स्थापित हुईं और 1911 में पशु-व्यवहार के सम्बन्ध में एक शोध पत्रिका (Journal) का प्रकाशन हुआ–'जॉर्नल ऑफ एनिमल बिहेवियर' (Journal of Animal Behaviour)। आगे चलकर इसका नाम 'जॉर्नल ऑफ कम्पैरेटिव साइकॉलॉजी' (Journal of Comperative Psychology) रखा गया। 1909 में यर्क्स (Yerks) मौर्गुलिस (Morgulis) ने एक शोध-प्रकाशित किया जिसके द्वारा अमरीकियों का प्रसिद्ध रूसी मनोवैज्ञानिक पावलव (Pavlov) के कार्यों से परिचय हुआ। पावलव के कार्यों ने सामान्य रूप से वस्तुनिष्ठ मनोविज्ञान (Objective Psychology) तथा विशेष रूप से वाट्सन के व्यवहारवाद का समर्थन किया।

व्यवहारवाद के विकास में थौर्नडाइक तथा पावलव के कार्य महत्त्वपूर्ण हैं। अतः इन दोनों के कार्यों का उल्लेख किया जाएगा।

ई. एल. थौर्नडाइक
(E.L. Thorndike, 1874-1949)

पशु मनोविज्ञान के विकास में थौर्नडाइक का बड़ा महत्त्वपूर्ण स्थान है। उनके पहले रोमानिज तथा लॉयड मॉर्गन ने कुल प्रयोगात्मक अनुसंधान किए, किन्तु उनके अध्ययन मुख्यतः स्वाभाविक परिस्थिति में निरीक्षण पर आधारित थे न कि मनोवैज्ञानिक प्रयोगशाला की नियन्त्रित अवस्थाओं पर। थौर्नडाइक ने मनोवैज्ञानिक प्रयोगशाला की नियन्त्रित अवस्थाओं में प्रयोग किया।

सीखने के क्षेत्र में इनके प्रयोगात्मक अध्ययन बड़े महत्त्वपूर्ण हैं। इन्होंने सीखने के वस्तुनिष्ठ एवं यान्त्रिक सिद्धान्त का प्रतिपादन किया। इन्होंने चेतना के बदले

बाह्य व्यवहार के अध्ययन पर जोर दिया। इस प्रकार इन्होंने प्रकार्यवादियों द्वारा आरम्भ की गई वस्तुनिष्ठ प्रवृत्ति को और भी आगे बढ़ाया और सीखने की व्याख्या उत्तेजना-प्रतिक्रिया सम्बन्ध के आधार पर की।

थौर्नडाइक का सम्बन्धवाद

थौर्नडाइक का दृष्टिकोण यान्त्रिक था। इसलिए उन्होंने व्यवहार को उत्तेजना-प्रतिक्रिया इकाई में बाँटकर समझने की चेष्टा की। उनके अनुसार सीखना उत्तेजना-प्रतिक्रिया सम्बन्ध है।[3] प्राचीन साहचर्यवाद से उनका यह सिद्धान्त इस अर्थ में भिन्न है कि जहाँ उसमें विचारों के बीच साहचर्य अथवा सम्बन्ध की बात की गई है, वहाँ थौर्नडाइक ने उत्तेजना-प्रतिक्रिया के बीच सम्बन्ध की बात की है। दूसरा अन्तर यह है कि प्राचीन साहचर्यवाद ने प्रयोज्य के रूप में मानवों का उपयोग किया, जबकि थौर्नडाइक ने पशुओं पर अपने प्रयोग किए। उन प्रयोगों में उनका दृष्टिकोण वस्तुनिष्ठ था। उन्होंने प्रयोगशाला में उलझन बक्स (Puzzle-box) तथा भूलभुलैया (Maze) के सहारे पशुओं के सीखने का प्रयोगात्मक अध्ययन किया। इन अध्ययनों की विशेषता थी वस्तुनिष्ठता क्योंकि इन अध्ययनों में पशुओं के निष्पादनों (Performances) का निरीक्षण माप तथा अंकन सम्भव था। इस प्रकार उन्होंने सीखने की व्याख्या में संख्यात्मक मापों (Quantitative Measures) को अपनाया। सीखने के क्रम में की गई गलत प्रक्रियाओं की संख्या को अंकित किया गया और साथ ही सही प्रतिक्रिया अथवा समस्या के समाधान में लगे समय को नोट कर लिया गया।

प्रयोगों के आधार पर उन्होंने सीखने की व्याख्या अपने अभ्यास-नियम तथा प्रभाव-नियम के आधार पर की और निष्कर्ष निकाला कि प्राणी प्रयत्न और भूल द्वारा सीखते हैं।

पावलव का दृष्टिकोण बिलकुल भौतिकवादी, यान्त्रिक तथा वस्तुनिष्ठ था। अतः उन्होंने पशुओं की भाँति ही मानव-व्यवहार की व्याख्या दैहिक विज्ञान की सुनिश्चित शब्दावली में की। अपने दृष्टिकोण के अनुरूप ही उन्होंने अपने शोध के लिए तीन समस्याओं को चुना–(1) पहली समस्या थी हृदय के स्नायुओं की क्रिया का अध्ययन और (2) दूसरी समस्या थी प्राथमिक पाचक ग्रन्थियों (Primary Digestive glands) का अध्ययन। इस शोध-कार्य के चलते उन्हें सम्पूर्ण विश्व में ख्याति मिली और साथ-ही-साथ नोबेल पुरस्कार भी। (3) तीसरी समस्या थी मस्तिष्क के उच्चतर स्नायविक केन्द्रों का अध्ययन। यह अध्ययन उन्होंने सम्बन्ध-प्रत्यावर्तन की प्रविधि (Techniques) को अपनाकर किया। सम्बन्ध-प्रत्यावर्तन की प्रविधि उनकी सबसे बड़ी वैज्ञानिक उपलब्धि कही जा सकती है। इस प्रविधि को विकसित करने के साथ ही उनके चिन्तन की दिशा ही बदल गई और उन्होंने मनोविज्ञान के विकास को काफी

प्रभावित किया। निस्सन्देह, मनोविज्ञान के इतिहास में यह उनका प्रमुख योगदान माना जाता है और यह वस्तुनिष्ठता तथा सुनिश्चितता का प्रतिमान भी माना जाता है।

पावलव ने अपने अध्ययनों के आधार पर यह सिद्ध कर दिया कि पशु-प्रयोज्यों पर उच्चतर मानसिक प्रक्रियाओं का अध्ययन दैहिक विज्ञान की शब्दावली में भलीभाँति किया जा सकता है। फल यह हुआ कि अन्ततोगत्वा उन्होंने मनोविज्ञान की दिशा को अधिकाधिक वस्तुनिष्ठता को भी मोड़ दिया जिसके फलस्वरूप मनोविज्ञान के विषय तथा विधि, दोनों में ही वस्तुनिष्ठता की प्रधानता हो गई। व्यववहारवाद पशु-व्यवहार के समान ही मानव-व्यवहार का अध्ययन सम्बन्ध-प्रत्यावर्तन को अपना कर करने लगा। इस प्रकार व्यवहारवाद के विकास में पावलव ने महत्त्वपूर्ण भूमिका अदा की। इनके कार्यों तथा दृष्टिकोणों से प्रभावित होकर वाट्सन आदि व्यवहारवादी मनोवैज्ञानिकों ने प्रयोगशाला में पशु-प्रयोज्यों पर सीखने जैसी उच्चतर क्रियाओं का जमकर अध्ययन किया और अपने अध्ययनों में सम्बन्ध-प्रत्यावर्तन खूब अपनाया।

वी.एम. बेक्टेरिव
(V.M. Bekhteriv, 1857-1927)

पावलव के समकालीन बेक्टेरिव को पावलव से स्वतन्त्र रूप में सम्बन्ध-प्रत्यावर्तन में रुचि थी। पावलव का सम्बन्ध-प्रत्यावर्त्तन सम्बन्धी शोध केवल ग्रन्थि-स्राव (Glandular Secretion) तक ही सीमित था। किन्तु बेक्टेरिव की अभिरुचि गतिवाही सम्बन्ध प्रत्यावर्तित प्रतिक्रिया (Motor Conditioned Response) में थी। इस प्रकार बेक्टेरिव ने पावलव के सम्बन्ध-प्रत्यावर्तन सिद्धान्त को धारीदार मांसपेशियों पर लागू कर व्यापकता प्रदान की। गतिवाही प्रतिक्रियाओं (Motor Responses) के अध्ययन के सहारे वे सम्बद्ध प्रतिक्षेप अथवा सहज क्रिया (Associated Reflex) की धार पर पहुँचे। उन्होंने अपने प्रयोगों में पाया कि सहज क्रिया सम्बन्धी गतियाँ, जैसे विद्युत-आघात से अपनी अँगुली को हटा लेना केवल स्वाभाविक उत्तेजना (विद्युत आघात) से ही उत्पन्न नहीं होती, बल्कि उन उत्तेजनाओं से भी उत्पन्न होती है जो स्वाभाविक उत्तेजना से सम्बद्ध हो चुकी हैं।

साहचर्यवादियों ने ऐसी प्रतिक्रियाओं की व्याख्या मानसिक प्रक्रियाओं के आधार पर की है, किन्तु बेक्टेरिव ने इनकी व्याख्या सहज क्रिया (Reflex Action) के आधार पर की है। उनका कहना है कि इन निम्न स्तर की गतिवाही सहज क्रियाओं की जिस प्रकार व्याख्या की जाती है, ठीक वैसी ही व्याख्या उच्च स्तर के व्यवहारों की भी की जा सकती है। उन्होंने तो चिन्तन प्रक्रियाओं जैसी उच्च मानसिक क्रियाओं की व्याख्या भी आन्तरिक सम्भाषण सम्बन्धी मांसपेशियों के आधार पर ही की है। उन्होंने मानसिकतावादी शब्दावली एवं धारणाओं के बदले सभी प्रकार की मनोवैज्ञानिक क्रियाओं की व्याख्या बिलकुल वस्तुनिष्ठ दृष्टिकोण के आधार पर की। उनका वस्तुनिष्ठ

दृष्टिकोण उनकी पुस्तक Objective Psychology 1907 में भलीभाँति अभिव्यक्त हुआ है। अँग्रेजी में इस पुस्तक का प्रकाशन 1932 में General Principles of Human Reflexology के नाम से हुआ।

मनोवैज्ञानिक प्रयोगों में प्रायः प्रयोज्यों के रूप में पशुओं को अपनाया गया है। इसके अनेक लाभ हैं। पहला लाभ तो यह है कि प्रयोग की अवस्थाओं पर अपेक्षाकृत अधिक नियन्त्रण सम्भव है। दूसरा लाभ यह है कि प्रयोग में जटिलता उत्पन्न करने वाले तत्त्व बहुत कम हो जाते हैं, क्योंकि पशुओं की रचना में अपेक्षाकृत जटिलता कम पाई जाती है। अतः प्रयोगात्मक फलों में सुनिश्चितता की सम्भावना अधिक रहती है। तीसरा लाभ यह है कि पशु-जीवन की सम्पूर्ण अवधि का अध्ययन करना सम्भव है क्योंकि पशु अपेक्षाकृत थोड़े दिनों तक ही जीवित रह पाते हैं। कुछ अत्यल्प काल तक जीवित रहने वाले पशुओं के तो कई वंशों का अध्ययन करना भी सम्भव है। अन्तिम किन्तु सर्वप्रथम लाभ तो यह है कि हम पशुओं की ज्ञानेन्द्रियों अथवा मस्तिष्क के विभिन्न भागों को विनष्ट कर किसी विशेष क्रिया पर उनके प्रभावों का अध्ययन कर सकते हैं। उदाहरण के लिए, सीखने की क्रिया पर मस्तिष्क के प्रभावों का अध्ययन इसी क्रिया-विधि (Procedure) को अपनाकर किया गया है।

निष्कर्ष के रूप में यह कहा जा सकता है कि बीसवीं सदी के आरम्भ तक पशु मनोविज्ञान अपनी विषय-वस्तु तथा विधि, दोनों में ही बिलकुल वस्तुनिष्ठ दृष्टिकोण अपना चुका था। फलस्वरूप उसमें ग्रन्थि-स्राव (Glandular Secretions) सम्बन्ध प्रत्यावर्तित प्रतिक्रिया, व्यवहार, क्रिया आदि के अध्ययन होने लगे थे, जो इस बात के द्योतक हैं कि उसमें आत्मनिष्ठता की कोई गुँजाइश ही नहीं रह गई थी। अतः पशु मनोविज्ञान व्यवहारवाद के लिए एक प्रतिमान बन गया और व्यवहारवाद के प्रणेता वाट्सन ने अपने मनोवैज्ञानिक शोध-कार्यों में प्रयोज्य के रूप में मानव की अपेक्षा पशु-प्रयोज्यों पर ही अपने अधिकांश अध्ययन किए।

प्रकार्यवाद
(Functionalism)

व्यवहारवाद की स्थापना के पूर्व वुन्ट तथा टिचेनर के आत्मनिष्ठ मनोविज्ञान से अलग हटकर प्रकार्यवादी मनोवैज्ञानिक वस्तुनिष्ठ मनोविज्ञान की ओर अग्रसर हुए। यद्यपि प्रकार्यवादी मनोविज्ञान पूर्णतया वस्तुनिष्ठ नहीं था, किन्तु व्यवहारवाद के पहले सर्वाधिक वस्तुनिष्ठता का प्रतिनिधित्व इसी ने किया। प्रकार्यवादी मनोवैज्ञानिकों ने चेतना के तत्त्वों के अध्ययन के बदले उसकी क्रियाओं के अध्ययन पर जोर दिया। साथ ही विधि के रूप में अन्तर्निरीक्षण के अतिरिक्त बाह्य निरीक्षण को भी अपनाया। यद्यपि उन्होंने अन्तर्निरीक्षण का पूर्णतया परित्याग तो नहीं किया, किन्तु वस्तुनिष्ठ विधियों पर ही अधिक जोर दिया।[4]

फलस्वरूप उन्होंने पशु-व्यवहारों, बाल-व्यवहारों तथा असामान्य व्यवहारों के अध्ययन को भी मनोविज्ञान में स्थान दिया।

1904 में जेम्स मैक्कीन कैटेल ने सेंट लुइस मिसौरी में विश्व मेले के अवसर पर दिए गए अपने भाषण में कहा था–''मैं यह नहीं मानता कि मनोविज्ञान को चेतना के अध्ययन में ही सीमित होना चाहिए...बल्कि यह सुप्रचारित विचार कि अन्तर्निरीक्षण से अलग कोई मनोविज्ञान है ही नहीं, उपलब्ध तथ्य के कटु तर्क द्वारा खंडित हो जाता है। मुझे ऐसा लगता है कि मेरे द्वारा अथवा मेरी प्रयोगशाला में किए गए अधिकांश शोध-कार्य अन्तर्निरीक्षण से लगभग उतने ही स्वतन्त्र हैं जितना भौतिकी अथवा प्राणी विज्ञान में किया गया काम।''

वर्नहम (1968) ने रिपोर्ट किया है कि वाट्सन ने कैटेल के इस भाषण को सुना। बाद में आए हुए वाट्सन के व्यवहारवादी विचार तथा कैटेल की इस उक्ति में इतना अधिक साम्य है कि कैटेल को 'वाट्सन के व्यवहारवाद का पितामह' कहा जा सकता है।[5]

प्रकार्यवादी मनोवैज्ञानिक अपने दृष्टिकोण में काफी उदार थे, न कि संरचनावादी मनोवैज्ञानिकों के समान संकुचित। परिणामस्वरूप उन्होंने मनोदैहिक विधियों, मानसिक परीक्षण तथा व्यवहार के वस्तुनिष्ठ निरीक्षणों के अतिरिक्त जहाँ तक सम्भव हो सका, प्रयोगात्मक विधि का भी उपयोग किया।

जेम्स ऐंजिल बड़े दूरदर्शी थे। अतः उन्होंने यह समझ लिया कि अमरीकी मनोविज्ञान जो क्रियात्मक स्वरूप ग्रहण कर चुका है, वस्तुनिष्ठता की दिशा में इससे भी और अधिक आगे जाएगा। उन्होंने 1910 में तो यहाँ तक घोषणा कर दी कि जिस प्रकार मनोविज्ञान से 'आत्मा' शब्द का लोप हो गया ठीक उसी भाँति इसकी बहुत अधिक सम्भावना है कि 'चेतना' शब्द भी लुप्त हो जाएगा। 1913 में वाट्सन के व्यवहार घोषणा पत्र (Behaviour Manifesto) के आने के पहले ही उन्होंने यह भी स्पष्ट कर दिया था कि यह अत्यन्त लाभप्रद सिद्ध होगा, यदि लोग चेतना के 'सम्भव अस्तित्व' को भी भूल जाएँ और पशु तथा मानव व्यवहारों का अध्ययन वस्तुनिष्ठ ढंग से करने लगें।[6]

कार (Carr) ने भी वैज्ञानिक विधि के महत्त्व पर काफी जोर दिया। उन्होंने तो यहाँ तक कह दिया कि किसी भी परिस्थिति में किसी भी विषय-वस्तु का अध्यनन वैज्ञानिक समझा जा सकता है, यदि वह अध्ययन वैज्ञानिक विधि का अनुसरण कर किया गया हो।[7]

व्यवहारवाद की स्थापना के कई वर्ष पहले ही मैकडूगल (1905) ने अपनी पुस्तक 'फिजियोलॉजिकल सॉइकॉलॉजी' (दैहिक मनोविज्ञान) में मनोविज्ञान को 'जीवित प्राणियों के आचरण के समर्थक विज्ञान' के रूप में परिभाषित किया। पुनः 1908 में प्रकाशित अपनी पुस्तक 'समाज मनोविज्ञान की भूमिका' में अपनी परिभाषा में

'व्यवहार' शब्द को जोड़ दिया। इस प्रकार उन्होंने मनोविज्ञान को 'आचरण अथवा व्यवहार के समर्थक विज्ञान' के रूप में परिभाषित कर मनोविज्ञान में व्यवहार के अध्ययन की महत्ता पर जोर दिया।[8]

पिल्सबरी ने भी व्यवहारवाद की स्थापना के दो वर्ष पहले ही मनोविज्ञान को 'मानव व्यवहार के 'विज्ञान' के रूप में परिभाषित किया और यह भी स्पष्ट किया कि भौतिक विश्व के किसी भी अन्य पहलू के समान मानव-व्यवहार का भी अध्ययन वस्तुनिष्ठ ढंग से किया जा सकता है। इस प्रकार पिल्सबरी ने खुलकर मनोविज्ञान में वस्तुनिष्ठता का प्रतिनिधित्व किया और वाट्सन के व्यवहारवाद का मार्ग प्रशस्त किया।[9]

निष्कर्ष के रूप में यह कहा जा सकता है कि औपचारिक रूप से वाट्सन द्वारा व्यवहारवाद की स्थापना के पहले ही ऐसी युग-चेतना का निर्माण हो चुका था, जो वस्तुनिष्ठ मनोविज्ञान अथवा व्यवहार के अनुकूल थी। वाट्सन ने इस युगचेतना को पहचाना और वुन्ट के सदृश उस समय विद्यमान सभी विचारों को समन्वित कर औपचारिक रूप से मनोविज्ञान में एक नई विचारधारा की स्थापना की, जिसे व्यवहारवाद की संज्ञा दी गई।

सन्दर्भ

1. Watson, J.B. "Psychology as the behaviourist views it." Psychological Review, 1913, 20, 158-177.
2. Behaviour. An introduction to comparative psychology. New York, Hott Rinchart and Winston, Inc, 1914.
3. 'Learning is convecting. The mind is man's connection-system.' Thorndike 1931, p.122.
4. "Though introspection has not been discarded, a marked shifts in imphasis has been made toward observation from the outside." Heidbreder, Seven Psychologies, 1933, p.221.
5. "I am not convinced that psychology should be limited to the study of consciousness as such......the rather wide spread notion that those is no psychology apart from introspection rejected by the brute argument of accomplished fact. It seems to me that most of the research work that has been done by me or in my laboratory is nearly as independent of introspection as work in Physics or in Zoolgy."—Burnham. On the origins of behaviourism journal, the history of the behavioural sciences. 1968, 4(2), 143-151.
6. "It would be profitable if the "possible existence' of consiousness were forgotten and that animal and human behaviour we described objectively instead."—Schultz, D. A History of Modern Psychology. 1975, p. 192.

7. 'It is adherence to scientific methods that makes a study scientific—not the subject-matter it deals with nor the setting in which it is carried out."—Heidbreder, Seven Psychologies, 1933.
8. "Psychology may be best and most comperihensively defined as the postive science of the conduct of living creatures." Mcdougall, W. Physiological Psychology, 1905.
   "Psychologists must.......boldly assert its claim to be the positive science.....of conduct or behaviour." Introduction to Soc. Psychology,1908.
9. "Psychology may be most satisfactorily defined as the science of human behaviour."—Pillsbury, D.B., Essentials of Psychology, 1911.

व्यवहारवाद

पूर्ववर्ती प्रभावों के फलस्वरूप जॉन ब्रोडस वाट्सन ने व्यवहारवाद की स्थापना की। उन्होंने कोई नवीन मौलिक विचार नहीं दिया, बल्कि उस समय के मनोविज्ञान में विद्यमान व्यवहारवादी प्रवृत्ति को ही स्पष्ट किया। वे मौलिक चिन्तक नहीं थे, किन्तु उनकी दृष्टि सूक्ष्म थी और उनमें समन्वय की अपूर्व क्षमता थी। अतः उस समय पशु मनोविज्ञान में हो रहे शोध कार्यों का उन पर अत्यधिक प्रभाव पड़ा। फलस्वरूप उनकी दृष्टि में पशु मनोवैज्ञानिक ही सही अर्थ में वैज्ञानिक शोध कर रहे थे, क्योंकि उन्होंने अपने शोध कार्यों में न तो किसी भी प्रकार की मानसिकतावादी धारणाओं को ही स्थान दिया था औन न अन्तर्निरीक्षण को ही। अतः वाट्सन उनके कार्यों से प्रभावित होकर मानव व्यवहारों का भी अध्ययन उसी प्रकार करने लगे जिस प्रकार पशुओं के व्यवहारों का अध्ययन हो रहा था। इस प्रकार उन्होंने पशु व्यवहारों तथा मानव व्यवहार के बीच के अन्तर को पाट दिया। कदाचित इसलिए वुलमैन ने वाट्सन का परिचय देते हुए कहा है, "जिस व्यक्ति ने सेतु को पार कर पशु व्यवहार के अध्ययन तथा मानव व्यवहार के अध्ययन के बीच के अन्तर को पाट दिया, वही जॉन ब्रोडस वाट्सन है।"[1] स्वयं वाट्सन 1929 ने भी व्यवहारवाद की उत्पत्ति में पशु मनोविज्ञान की महत्ता को स्वीकार किया है। उन्हीं के शब्दों में "व्यवहारवाद बीसवीं शताब्दी के प्रथम दशक में किए गए पशु व्यवहार के अध्ययनों का सीधा परिणाम है।" स्पष्ट है कि व्यवहारवाद की उत्पत्ति पर सर्वाधिक पूर्ववर्त्ती प्रभाव पशु मनोविज्ञान का ही है।

वाट्सन के सम्बन्ध में कहा जा चुका है कि उनमें समन्वय की विलक्षण क्षमता थी। तभी तो उन्होंने एक ही पद्धति के अन्तर्गत जेम्स के दार्शनिक उपयोगितावाद, डीवी के मनोवैज्ञानिक प्रकार्यवाद, यर्क्स के पशु मनोविज्ञान की प्रयोगात्मक विधि तथा पावलव एवं बेक्टेरिव के सम्बन्ध प्रत्यावर्तन को समाहित कर लिया।[2]

यहाँ यह उल्लेख्य है कि वे चेतना जैसी अदृश्य (Intergibles) एवं अगम्य (Unapproachables) धारणाओं से ऊब चुके थे। पशु मनोविज्ञान की अस्पष्ट स्थिति से भी ऊब चुके थे। अतः वे चाहते थे कि मनोविज्ञान में केवल मूर्त तथ्यों का ही

अध्ययन हो। डेकार्टे के समय से ही यह बात मान ली गई थी कि पशु में सीधे न तो चेतना का निरीक्षण ही संभव है और न तार्किक आधार पर उसके अस्तित्व को ही सिद्ध किया जा सकता है। ठीक उसी समय पशु मनोवैज्ञानिक सीखने तथा समस्या-समाधान जैसी मनोवैज्ञानिक समस्याओं के क्षेत्र में सराहनीय कार्य कर रहे थे। इस प्रकार के मनोवैज्ञानिकों के लिए मार्ग प्रशस्त कर रहे थे ताकि वे किसी प्रकार की मानसिक धारणा एवं अन्तर्निरीक्षण को छोड़कर मनोवैज्ञानिक समस्याओं का अध्ययन कर सकें। वाट्सन इस विचार से काफी प्रभावित हुए एवं परम्परावादी संरचनात्मक मनोविज्ञान को चुनौती दी। साथ-ही-साथ उन्होंने प्रकार्यवाद को भी अस्पष्ट एवं अप्रभावी घोषित किया क्योंकि इसने संरचनावादी चेतना का खुलकर विरोध किया। उसने क्रिया के अध्ययन पर जोर अवश्य दिया, किन्तु चेतना को भी अस्वीकार नहीं किया। वाट्सन ने तो चेतना की धारणा को ही व्यर्थ माना क्योंकि वे तो ऐसे मनोविज्ञान के समर्थक थे, जिसमें चेतना के लिए कोई स्थान ही न हो। उनका तो विचार यह था कि मनोविज्ञान अतीत को बिलकुल भूल जाए और चेतना की धारणा का पूर्णतया परित्याग कर दे और एक नवीन विज्ञान के रूप में मनोविज्ञान का निर्माण करे। उन्होंने तो यहाँ तक कहा कि यदि मनोविज्ञान को विज्ञान बनना है तो उसे भौतिक विज्ञानों का उदाहरण अपनाकर ''भौतिकवादी, यन्त्रवादी, निर्णयवादी एवं वस्तुनिष्ठ'' बनना चाहिए।

स्पष्टतया वाट्सन ने परम्परावादी मनोविज्ञान के प्रति क्रान्ति की। अतः मन, चेतना, अन्तर्निरीक्षण तथा सभी प्रकार की मानसिक धारणाओं का बहिष्कार किया। उनकी यह नकारात्मक मनोवृत्ति ही क्रान्ति का द्योतक है, यही उनकी नवीनता है। वुडवर्थ तथा शीहान ने वाट्सन के इस क्रान्तिकारी विचार को इन शब्दों में व्यक्त किया है–'मन को समाप्त कीजिए, चेतना के बारे में अब और अधिक बात न कीजिए, अन्तर्निरीक्षण करना बन्द कीजिए, मानसिकतावादी धारणाओं का बहिष्कार कीजिए, यह कल्पना करना बन्द कीजिए कि मस्तिष्क में क्या होता है।[3]

वाट्सन ने परम्परावादी संरचनात्मक मनोविज्ञान को केवल अस्वीकार ही नहीं किया, केवल अपनी नकारात्मक मनोवृत्ति का ही परिचय नहीं दिया, बल्कि उन्होंने यह भी स्थापित किया कि मनोविज्ञान का अध्ययन किस रूप में हो, उसकी विषय-वस्तु तथा अध्ययन-विधि क्या हो? उन्होंने अपने व्यवहारवादी घोषणा-पत्र में इन विचारों को स्पष्ट किया है–

1. परिभाषा–मनोविज्ञान एक विज्ञान है–चेतना का विज्ञान नहीं, बल्कि व्यवहार का विज्ञान।

2. क्षेत्र–इसमें पशु तथा मानव दोनों के व्यवहारों का अध्ययन सन्निहित है। उन्होंने यह स्पष्ट किया कि मानव के जटिल व्यवहार की अपेक्षा पशु का व्यवहार अधिक सरल तथा बुनियादी होता है।

3. विधि–इसे अन्तर्निरीक्षण का पूर्णतया परित्याग कर वस्तुनिष्ठ प्रदत्तों पर ही निर्भर रहना है। अतः वस्तुनिष्ठ विधि ही मनोविज्ञान के लिए उपयुक्त है।

4. धारणाएँ–इसे मानसिक धारणाओं का परित्याग करना है, जैसे संवेदना, प्रत्यक्षीकरण, संवेग आदि और इनके बदले व्यवहारवादी धारणाओं को अपनाना है, जैसे उत्तेजना प्रतिक्रिया, सीखना, आदत आदि।

5. उपयोग–मनोविज्ञान का काम है व्यवहार (Application) के पूर्वकथन एवं नियंत्रण के लिए वैज्ञानिक आधार प्रस्तुत करना और साथ-ही-साथ व्यवहार सम्बन्धी समस्याओं का समाधान भी प्रस्तुत करना।

6. तत्त्वमीमांसा (Metaphysics)–मन की धारणा के समाप्त होते ही मन-शरीर की समस्या तथा अन्तःक्रिया (Interaction) एवं समानान्तरवाद (Parallelism) के प्रतिद्वन्द्वी सिद्धान्त भी खत्म हो गए। मनोविज्ञान के अध्ययन विषय में केवल वस्तुनिष्ठ ढंग से निरीक्षणीय तथ्य ही रह गए।

मनोविज्ञान की परिभाषा एवं विषय-वस्तु

यह सही है कि लगभग 1900 ई. तक अधिकांश मनोवैज्ञानिक क्रियाओं का अध्ययन करने लगे थे, किन्तु उन्होंने भी औपचारिक रूप से मनोविज्ञान की परिभाषा के रूप में चेतना के विज्ञान को ही स्वीकार किया था। उन्होंने अपनी प्रयोगशाला में किए गए कार्यों के आधार पर मनोविज्ञान को परिभाषित करने का प्रयास नहीं किया। सर्वप्रथम ऐसा प्रयास सम्भवतः 1904 में जेम्स मैक्कीन कैटेल ने किया जिसका वाट्सन पर प्रभाव पड़ा। तत्पश्चात् 1905 और 1908 में मैकडूगल ने मनोविज्ञान को आचरण अथवा व्यवहार के विज्ञान के रूप में परिभाषित किया और 1911 में पिल्सबरी ने स्पष्ट शब्दों में मनोविज्ञान की परिभाषा व्यवहार के विज्ञान के रूप में की। (पूर्व अध्याय में पृष्ठ 7-8 देखें)

यहाँ यह उल्लेखनीय है कि पिल्सबरी ने भी चेतना का पूर्णतया परित्याग नहीं किया। चूँकि चेतना व्यवहार पर प्रकाश डालती है, अतः उन्होंने इसके महत्त्व को स्वीकार किया। इसके लिए वाट्सन ने पिल्सबरी की आलोचना की और कहा कि चेतना तथा अन्तर्निरीक्षण के महत्त्व को थोड़ा भी स्वीकार करना पीछे की परिभाषा की ओर मुड़ना है। वाट्सन ने तो चेतना और व्यवहार को एक-दूसरे से बिलकुल अलग माना। उनके अनुसार तो मनोविज्ञान को एकमात्र व्यवहार के विज्ञान के रूप में ही परिभाषित करना चेतना तथा अन्तर्निरीक्षण से बिलकुल दूर हट जाना, उनकी ओर कभी थोड़ा भी मुड़कर नहीं देखना वांछनीय है।

वाट्सन ने स्पष्ट शब्दों में घोषित किया "ऐसा लगता है कि अब वह समय आ गया है जब मनोविज्ञान को चेतना के सारे सन्दर्भों का परित्याग कर देना चाहिए, जब इसे अपने को और अधिक समय तक इस भ्रम में नहीं रखना चाहिए कि यह

मानसिक अवस्थाओं को निरीक्षण का विषय मानता है...'।[4] तात्पर्य यह कि वाट्सन चेतना तथा सभी प्रकार की मानसिक अवस्थाओं के अध्ययन के विरोधी थे। क्योंकि उनका बाह्य निरीक्षण सम्भव नहीं था इसलिए उन्होंने मन, इच्छा, प्रतिभा आदि मानसिक अवस्थाओं के अध्ययन का बहिष्कार किया। उन्होंने ऐसे मनोविज्ञान का निर्माण करना चाहा जिसमें केवल निरीक्षणीय तथ्यों का अध्ययन किया जा सके।

वाट्सन के मनोविज्ञान ने प्राणी के बाह्य एवं निरीक्षणीय व्यवहार के अध्ययन को अपना विषय माना। अतः उसने मांसपेशीय गतियों (Muscular Movements) तथा ग्रन्थि-स्रावों (Glandular Secretions) का अध्ययन किया। वाट्सन के अनुसार व्यवहार के विज्ञान के रूप में मनोविज्ञान में केवल ऐसी क्रियाओं का ही अध्ययन होना चाहिए जिनकी व्याख्या उत्तेजना एवं प्रतिक्रिया, आदत-निर्माण तथा आदत-समन्वय के रूप में की जा सके। पशु तथा मानव-व्यवहारों की व्याख्या में किसी भी प्रकार के मानसिकतावादी शब्दों (Mentalistic terms) का प्रयोग न हो।[5] व्यवहार के वस्तुनिष्ठ अध्ययन में उत्तेजना के आधार पर प्रतिक्रिया का पूर्वकथन तथा प्रतिक्रिया के आधार पर पूर्ववर्ती उत्तेजना का पूर्वकथन किया जा सकता है।

यद्यपि व्यवहारवाद व्यवहार को उत्तेजना-प्रतिक्रिया के रूप में समझने की चेष्टा करता है, तथापि वाट्सन का कहना है कि व्यवहारवाद का सम्बन्ध प्राणी के सम्पूर्ण व्यवहार से है–किसी भी परिस्थिति के प्रति प्राणी की सम्पूर्ण प्रतिक्रिया से है। इस प्रकार व्यवहार के प्रति उनका दृष्टिकोण समग्रता का था।

वाट्सन अपनी प्रयोगशाला में केवल ऐसी वस्तुओं तथा घटनाओं का ही अध्ययन करना चाहते थे जो दृश्य, श्रव्य तथा स्पृश्य हो ताकि उसका वस्तुनिष्ठ निरीक्षण सम्भव हो और यह दूसरे निरीक्षण के लिए भी सुलभ हो। उन्होंने यह भी स्वीकार किया कि प्राणी के भीतर कुछ ऐसी क्रियाएँ होती हैं जिन्हें हम बाहर से देख नहीं सकते, जैसे विभिन्न ग्रन्थियों के स्राव, विभिन्न मांसपेशियों तथा अँतड़ियों की गतियाँ, स्नायु-प्रवाहों का मस्तिष्क में आना-जाना आदि। ये सारी आन्तरिक गतियाँ तथा स्राव भी व्यवहार ही हैं। निस्सन्देह ये बाह्य व्यवहार नहीं हैं, आन्तरिक व्यवहार हैं। आन्तरिक व्यवहार की इस धारणा को लाकर उन्होंने इस अनिवार्यता को शिथिल कर दिया कि मनोविज्ञान के सारे विषय वास्तविक रूप में निरीक्षणीय हों। बाह्य व्यवहारों को तो हम वास्तविक रूप में देखते हैं, किन्तु आन्तरिक व्यवहारों को प्रच्छन्न रूप से ही देख सकते हैं। इस प्रकार पीछे की ओर मुड़कर उन्होंने इस दार्शनिक तथ्य को स्वीकार कर लिया कि प्रत्येक वस्तु को देखा जा सकता है क्योंकि उसमें निरीक्षणीयता विद्यमान रहती है।

निष्कर्ष के रूप में यह कहा जा सकता है कि व्यवहारवाद वातावरण के प्रति समायोजन के रूप में सम्पूर्ण प्राणी के व्यवहारों का अध्ययन करता है। व्यवहारवादी दृष्टिकोण से मनोविज्ञान की सामान्य समस्या है। व्यवहारों को समझना, पूर्वकथन

करना तथा उन्हें नियन्त्रिण करना। मानव के प्रति मनोवैज्ञानिक का दृष्टिकोण ठीक वैसा ही होना चाहिए जैसा कि एक इंजीनियर का मशीन के प्रति होता है।

व्यवहारवाद की विधियाँ

व्यवहारवाद ने केवल वस्तुनिष्ठ विधियों को ही मान्यता प्रदान की। अन्तर्निरीक्षण का पूर्णतया बहिष्कार किया। वाट्सन ने मुख्यतः चार विधियों का उल्लेख किया, जिनके आधार पर प्रयोगशाला में प्राणी के व्यवहारों का अध्ययन किया जा सकता है–(1) वस्तुनिष्ठ निरीक्षण विधि, (2) परीक्षण विधि (3) वाचिक प्रतिवेदन विधि तथा (4) सम्बन्ध-प्रत्यावर्तन विधि।

निरीक्षण विधि सर्वाधिक मौलिक विधि है जो अन्य विधियों के लिए आवश्यक आधार प्रस्तुत करती है। जहाँ तक वस्तुनिष्ठ परीक्षणों का प्रश्न है, इनका प्रयोग तो पहले से ही होता आ रहा था, किन्तु वाट्सन ने यह स्पष्ट किया कि जब एक व्यवहारवादी परीक्षणों का उपयोग करता है तो वह यह मानता है कि ये व्यवहार को मापते हैं, वस्तुनिष्ठ परिस्थितियों के प्रति प्रयोज्य की प्रतिक्रियाओं को मापते हैं, न कि मानसिक योग्यता अथवा व्यक्तित्व को। सम्बन्ध-प्रत्यावर्तन का भी प्रयोग व्यवहारवाद की स्थापना के पहले से ही होता आ रहा था, किन्तु वाट्सन ने अमरीकी मनोवैज्ञानिक शोधकार्यों में व्यापक स्तर पर इसका प्रयोग किया। यद्यपि वाट्सन ने अन्तर्निरीक्षण का बहिष्कार किया, किन्तु वाचिक प्रतिवेदन विधि के रूप में इसका प्रयोग किया। चूँकि वाट्सन के व्यवहारवाद में वाचिक प्रतिवेदन विधि का विशिष्ट स्थान है, इसलिए इस पर विशेष रूप से विचार किया जाएगा। अत्यधिक महत्त्वपूर्ण होने के कारण सम्बन्ध-प्रत्यावर्तन पर भी विशेष रूप से चर्चा की जाएगी।

वाट्सन अन्तर्निरीक्षण का घोर विरोधी था। प्रश्न यह है कि ऐसा क्यों? इसके कई कारण प्रस्तुत किए जा सकते हैं–(1) जो लोग पशु-व्यवहार के सम्बन्ध में शोध कर रहे थे, वे इसका उपयोग नहीं कर सकते थे। (2) इस विधि की यथार्थता में वाट्सन को विश्वास नहीं था। (3) काफी प्रशिक्षित अन्तर्निरीक्षक भी इस बात पर एकमत नहीं हो सके कि उन्होंने क्या निरीक्षण किया। (4) सबसे बड़ी आपत्ति तो यह थी कि एक व्यवहारवादी अपनी प्रयोगशाला में ऐसी किसी भी वस्तु का प्रवेश नहीं चाहते जिसका वस्तुनिष्ठ निरीक्षण सम्भव न हो। वाट्सन तो केवल ऐसी ही घटनाओं का अध्ययन करना चाहते थे, जो दृश्य, श्रव्य तथा स्पृश्य हो। अतः उन्होंने अन्तर्निरीक्षण का विरोध किया क्योंकि अन्तर्निरीक्षक प्राणी के भीतर होने वाली आन्तरिक घटनाओं के अध्ययन का दावा करते हैं जिनका वस्तुनिष्ठ निरीक्षण द्वारा सत्यापन सम्भव नहीं है।

एक ओर तो वाट्सन ने व्यवहारवाद के प्रवेश द्वार से अन्तर्निरीक्षण को पूर्ण रूप से निष्कासित कर दिया और दूसरी ओर वाचिक प्रतिवेदन के रूप में पिछले

द्वार से उसे प्रवेश करा दिया। इस पर कुछ लोगों ने काफी आपत्ति उपस्थित की, किन्तु वाट्सन ने अपनी ओर से इसे युक्तिसंगत सिद्ध करने की चेष्टा की है। उनका कहना है कि मनोभौतिकी में अन्तर्निरीक्षण का उपयोग कर जितने सारे शोध-कार्य हुए हैं, उन्हें अमान्य नहीं किया जा सकता। इसलिए उन्होंने कहा कि वाचिक प्रतिक्रियाओं का वस्तुनिष्ठ निरीक्षण संभव है और वे अन्य गतिवाही प्रतिक्रियाओं (Motor Reactions) की तरह ही सार्थक हैं। उनके अनुसार बोलना करना ही है। अतः वह व्यवहार है। इसलिए वह मनोविज्ञान का विषय हो सकता है। उन्हीं के शब्दों में, "दूसरे से बोलना अथवा अपने आप बोलना (चिन्तन) ठीक उसी प्रकार एक व्यवहार है जैसा कि बेसबॉल।"[6]

आलोचकों ने वाचिक प्रतिवेदन विधि की काफी आलोचना की है। स्वतः वाट्सन ने भी इसे एक सुनिश्चित (Exact) विधि नहीं माना है। इसलिए उन्होंने इसके प्रयोग को केवल वैसी परिस्थितियों के लिए सीमित कर दिया जहाँ यह बिलकुल सुनिश्चित हो और सत्यापित हो सके, स्वरों के बीच अन्तर का निरीक्षण। उन्होंने वाचिक प्रतिवेदनों को प्रतिमाहीन चिन्तन (Imageless Thought) तथा भावात्मक अवस्थाओं (Feeling States) के सम्बन्ध में उपयुक्त नहीं माना क्योंकि इनका सत्यापन सम्भव नहीं है। उन्होंने वाचिक प्रतिवेदना के प्रयोग को सीमित करने की बात तो कही, लेकिन यह कैसे होगा, स्पष्ट नहीं कर सके।

व्यवहारवाद की स्थापना के दो वर्ष बाद 1915 से ही उसकी सर्वाधिक महत्त्वपूर्ण शोध-विधि सम्बन्ध-प्रत्यावर्तन को व्यवहार में लाया जा सका। वाट्सन के अनुसार कोई भी प्रतिक्रिया तब सम्बन्ध-प्रत्यावर्तित (Conditioned) कही जाती है जब वह ऐसी उत्तेजना से सम्बन्धित होती है, जिसने मूल रूप में उत्पन्न नहीं किया था। उदाहरण के लिए, पावलव के कुत्तों में भोजन को देखे बिना ही केवल घंटी की आवाज सुनकर लार का टपकना सम्बन्ध-प्रत्यावर्तित प्रतिक्रिया है। इस विधि का महत्त्व इस बात में है कि यह व्यवहार के विश्लेषण का वस्तुनिष्ठ तरीका प्रस्तुत करता है। वाट्सन का कहना है कि व्यवहार उत्तेजना-प्रतिक्रिया की सरल इकाइयों से निर्मित होता है, मानव का जटिल व्यवहार भी उत्तेजना-प्रतिक्रिया सम्बन्धों का ही समन्वय है। अतः सम्बन्ध-प्रत्यावर्तन विधि द्वारा उसका भी अध्ययन किया जा सकता है।

ब्रिटिश अनुभववादियों ने जिस आणविक (Atomic) तथा यान्त्रिक (Mechanical) परम्परा की स्थापना की तथा जिसका वुन्ट ने अनुसरण किया, उसे वाट्सन ने भी अपनाया और उसके आधार पर ही व्यवहार की व्याख्या की। उनका कहना था कि जिस प्रकार एक भौतिक विज्ञानी विभिन्न तत्त्वों में बाँटकर विश्व का अध्ययन करता है, ठीक उसी प्रकार मनोवैज्ञानिकों को भी मानव व्यवहार का अध्ययन करना चाहिए।

व्यवहारवाद ने केवल वस्तुनिष्ठ विधियों को अपनाने पर ही जोर दिया। इसके फलस्वरूप मनोवैज्ञानिक प्रयोगशाला में मानव-प्रयोज्यों की भूमिका में काफी अन्तर

आ गया। जहाँ वुन्ट-टिचेनर की प्रयोगशाला- परम्परा में उन्हें निरीक्षणकर्त्ता (Observer) तथा निरीक्षित (Observed) दोनों की भूमिका निभानी पड़ती थी, वहाँ वाट्सन की व्यवहारवादी प्रयोगशाला में उन्हें केवल निरीक्षित की ही भूमिका निभानी पड़ी, क्योंकि यहाँ तो प्रयोगकर्त्ता उनके व्यवहारों अथवा उनके द्वारा व्यक्त की गई प्रतिक्रियाओं का निरीक्षण करता है। व्यवहारवादी परम्परा में प्रयोगकर्त्ता प्रयोग की अवस्थाओं को निर्धारित कर उनके प्रति व्यक्त की गई प्रयोज्य की प्रतिक्रियाओं का अध्ययन करता है।

स्पष्ट है कि व्यवहारवाद में मानव-प्रयोज्यों का महत्त्व बहुत कम हो जाता है क्योंकि अब वह अपनी चेतन अनुभूति का निरीक्षण नहीं करता, बल्कि वह तो अब केवल व्यवहार करता है, अपनी प्रतिक्रियाएँ व्यक्त करता है। वह ठीक उसी प्रकार केवल व्यवहार करता है जिस प्रकार पशु, बच्चे तथा मानसिक रोगी अपने व्यवहार व्यक्त करते हैं। इससे अधिक प्रयोगशाला में उसकी कोई भूमिका नहीं रह जाती।

ऊपर के विवेचन से स्पष्ट है कि व्यवहारवाद में मानव के प्रति ठीक वैसा ही दृष्टिकोण अपनाया जाता है जैसा दृष्टिकोण एक इंजीनियर अपने मशीन के प्रति अपनाता है, वस्तुनिष्ठ तथा यान्त्रिक दृष्टिकोण। इस बदले हुए दृष्टिकोण का मूल्यांकन करते हुए बर्ट (Burt 1962) ने ठीक ही कहा है कि मानव "एक उत्तेजना-प्रतिक्रिया मशीन के समान है : आप अनेक छिद्रों में से किसी एक छिद्र में उत्तेजना डाल दीजिए और बाहर प्रतिक्रियाओं का पुलिन्दा आ जाएगा।"[7]

विधि तथा विषय-वस्तु की दृष्टि से व्यवहारवाद के स्वरूप को स्पष्ट करने के लिए वुडवर्थ तथा शीहान (1964) ने दो प्रकार के व्यवहारवाद का उल्लेख किया है : (1) विध्यात्मक व्यवहारवाद (Methodological Behaviourism) तथा (2) धारणात्मक व्यवहारवाद (Conceptual Behaviourism).

मनोविज्ञान में मात्र वस्तुनिष्ठ विधियों का प्रयोग करना ही विध्यात्मक व्यवहारवाद (Methodological Behaviourism) है। इस प्रकार व्यवहारवादियों ने मनोविज्ञान में इनके अपनाए जाने पर काफी जोर दिया। अतः आरम्भ में कुछ लोगों को ऐसा लगा कि मनोविज्ञान के क्षेत्र में यह एक क्रान्तिकारी कदम है। किन्तु गम्भीरता से विचार करने पर यह स्पष्ट हो जाता है कि वास्तव में यह कोई नई देन नहीं है, क्योंकि जब से मनोविज्ञान का एक प्रयोगात्मक विज्ञान के रूप में अध्ययन आरम्भ हुआ तभी से वस्तुनिष्ठ विधियों का प्रयोग होता आ रहा है। फेक्नर और हेल्महोज के समय से ही वस्तुनिष्ठ विधियों को मान्यता प्राप्त हो चुकी थी और इनका तब भी प्रयोग हो रहा था जब वुन्ट और टिचेनर ने अन्तर्निरीक्षण को मनोविज्ञान की एक विशिष्ट विधि मानकर चेतना का अध्ययन किया। स्वयं वाट्सन ने भी 'वाचिक विवरण' के रूप में अन्तर्निरीक्षण को कुछ अध्ययनों में अपनाया। अतः विधि के क्षेत्र में व्यवहारवादियों की कोई मौलिक क्रान्तिकारी देन नहीं है।[8] केवल इतना ही कहा जा सकता है कि व्यवहारवादियों ने वस्तुनिष्ठ विधियों को व्यापकता प्रदान की।

मनोविज्ञान की प्रगति में धारणात्मक व्यवहारवाद की महत्त्वपूर्ण देन है। इसने क्रियात्मक धारणाओं को स्पष्ट किया और उनके महत्त्व पर काफी जोर दिया। प्राणी क्या करता है, इसके वस्तुनिष्ठ अध्ययन पर वाट्सन ने जोर दिया। उन्होंने चिन्तन तक का अध्ययन एक क्रिया के रूप में ही किया। इस प्रकार उन्होंने मांसपेशियों तथा ग्रन्थियों के आधार पर सभी प्रकार की मानसिक क्रियाओं का अध्ययन किया। फलस्वरूप उनके कुछ आलोचकों ने उनके व्यवहारवादी मनोविज्ञान को दैहिक विज्ञान का ही एक छोटा-सा अंश कहा है। किन्तु वाट्सन ने इस आलोचना का उत्तर दिया है। उन्होंने यह स्पष्ट किया है कि दैहिक विज्ञान प्राणी के विशेष अवयवों (Organs) का अध्ययन करता है, सम्पूर्ण वातावरण के साथ उसके सम्बन्धों का अध्ययन नहीं करता। दैहिक मनोवैज्ञानिक यह नहीं जानता कि किस प्रकार व्यक्ति के प्रतिदिन के जीवन की सम्पूर्ण परिस्थितियाँ उसकी क्रियाओं तथा व्यवहारों को प्रभावित करती हैं। जहाँ तक मनोविज्ञान का प्रश्न है, वह तो वातावरण के सन्दर्भ में सम्पूर्ण प्राणी की क्रियाओं का अध्ययन करता है। प्राणी की विभिन्न क्रियाओं के विवेचन-क्रम में यह बात स्पष्ट हो जाएगी।

मनोविज्ञान की विषय-वस्तु तथा विधि दोनों ही दृष्टियों से वाट्सन के व्यवहारवादी मनोविज्ञान ने एक ऐसे विज्ञान के निर्माण का प्रयास किया जो मानसिकतावादी विचारों तथा आत्मनिष्ठ विधियों से बिलकुल मुक्त हो तथा भौतिक विज्ञान के समान बिलकुल वस्तुनिष्ठ हो।

एक क्रमबद्ध सिद्धान्तवादी की तरह वाट्सन ने अपने व्यवहारवादी दृष्टिकोण के आधार पर व्यवहार के सभी क्षेत्रों की व्याख्या की, जैसे संवेदना, प्रत्यक्षीकरण, भाव, संवेग आदि। उन्होंने इन सब की व्याख्या वस्तुनिष्ठ उत्तेजना-प्रतिक्रिया के आधार पर की।

उत्तेजना-प्रतिक्रिया—जिस प्रकार वुन्ट ने जटिल चेतन अनुभूतियों को समझने के लिए संवेदना तथा भावों इन दो तत्त्वों में उनका विश्लेषण करना आवश्यक माना, उसी प्रकार वाट्सन ने जटिल व्यवहारों के परिज्ञान के लिए उत्तेजना-प्रतिक्रिया इन दो इकाइयों में उनके विश्लेषण पर जोर दिया। उन्होंने सभी व्यवहारों की व्याख्या उत्तेजना प्रतिक्रिया के आधार पर ही की और इन इकाइयों को प्रतिक्षेपों (Reflexes) की संज्ञा दी। उन्होंने उत्तेजना को स्पष्ट करने के लिए उदाहरणस्वरूप प्रकाश, ध्वनि, गंध, रस, स्पर्श को प्रस्तुत किया जो क्रमशः आँख, कान, नाक, जीभ तथा त्वचा को उत्तेजित करते हैं तथा उससे और आगे बढ़कर वातावरण में उपस्थित वस्तुओं एवं सम्पूर्ण परिस्थितियों को भी उन्होंने उत्तेजनाओं के रूप में ही ग्रहण किया। प्रतिक्रियाओं के उदाहरण के रूप में उन्होंने घुटने के झटके (Knee Jerk) से आरम्भ कर खाने-पीने, पढ़ने-लिखने तथा भवन-निर्माण तक का उल्लेख किया। अन्ततोगत्वा उन्होंने यह भी कहा कि ऐसे प्रदत्तों तथा नियमों का निर्धारण होना चाहिए जिसके

आधार पर हम यह कह सकें कि अमुक उत्तेजना परिस्थिति हो तो अमुक प्रतिक्रिया ही होगी। ठीक इसी प्रकार यदि कोई प्रतिक्रिया उपस्थित हो तो यह पूर्वकथन कर सकें कि यह किस उत्तेजना से उत्पन्न हुई।

प्रतिक्रियाओं का वर्गीकरण जन्मजात तथा सीखी हुई प्रतिक्रियाओं के रूप में तथा बाह्य एवं आन्तरिक प्रतिक्रियाओं के रूप में किया जा सकता है। व्यवहारवादी मनोवैज्ञानिकों ने मूलप्रवृत्यात्मक प्रतिक्रियाओं (Instinctive Responses) तथा सीखी हुई प्रतिक्रियाओं के बीच भेद किया। उन्होंने सीखने के नियमों को भी स्पष्ट किया। उन्होंने यह भी बतलाया कि किस प्रकार आदतों का निर्माण होता है। उन्होंने ज्ञानेन्द्रियों को दृष्टि में रखकर भी प्रतिक्रियाओं में भेद किया। इस प्रकार उन्होंने घ्राण, श्रवण, स्वाद तथा स्पर्श-प्रतिक्रियाओं में भी भेद किया। संवेदना के प्रति व्यवहारवादियों के दृष्टिकोण के उल्लेख-क्रम में यह बात और भी स्पष्ट हो जाएगी।

संवेदना एवं प्रत्यक्षीकरण–पशुओं में चेतना नहीं होती। अतः यह नहीं कहा जा सकता कि उनमें देखने, सुनने आदि की संवेदनाएँ होती हैं। किन्तु वे दृष्टि, श्रवण, घ्राण आदि उत्तेजनाओं के प्रति गतिवाही प्रतिक्रिया (Motor Response) व्यक्त करते हैं। निश्चय ही उत्तेजना तथा गतिवाही प्रतिक्रिया वस्तुनिष्ठ प्रदत्त हैं। अतः व्यवहारवादी मनोविज्ञान में इन पर विचार किया जाना समीचीन प्रतीत होता है। व्यवहारवादी मनोवैज्ञानिक ठीक इसी प्रकार मानव में भी चेतन अनुभूति की बात नहीं करते। उनका कहना है कि यदि मानव में चेतन अनुभूति होती भी हो तो हम उसे देख नहीं पाते और जो अदृश्य और अगम्य है, वह कभी भी मनोविज्ञान का विषय नहीं हो सकता। ऐसी स्थिति में हम मानव भी दृष्टि, श्रवण आदि उत्तेजनाओं के प्रति दृष्टि प्रतिक्रिया, श्रवण प्रतिक्रिया आदि पर विचार करते हैं। उदाहरण के लिए, मानव-प्रयोज्यों से हम पूछते हैं कि "आप क्या देख रहे हैं।" यदि वह उत्तर देता है कि "मैं लाल रंग देख रहा हूँ", तो उसकी यह वाचिक प्रतिक्रिया बिलकुल वस्तुनिष्ठ कही जाएगी। निष्कर्ष यह कि मानव में भी चेतन अनुभूति मानने की कोई आवश्यकता नहीं है। उसने तो महज वाचिक प्रतिक्रिया व्यक्त की जो बिलकुल वस्तुनिष्ठ तथ्य है। उन्होंने प्रत्यक्षीकरण की भी व्याख्या ठीक इसी प्रकार उत्तेजना प्रतिक्रिया के आधार पर की।

स्मृति प्रतिमाएँ–वाट्सन के अनुसार कोई भी व्यवहार सम्पूर्ण प्राणी की क्रिया है, जिसमें मस्तिष्क ऐन्द्रिक स्नायुओं को गतिवाही स्नायुओं से सम्बन्धित कर देता है। इस प्रकार ज्ञानेन्द्रियाँ मांसपेशियों से सम्बन्धित हो जाती हैं। बाह्य उत्तेजनाओं के कारण उत्पन्न जो ऐन्द्रिक आवेश ऐन्द्रिक स्नायुओं के द्वारा मस्तिष्क में आते हैं वे तत्काल गतिवाही स्नायुओं में चले जाते हैं। इसलिए सभी व्यवहार ऐन्द्रिक-गतिवाही (Sensory Motor) होते हैं। स्मृति प्रतिमाओं के साथ भी ऐसी ही बात है। प्रायः सभी लोग दृष्टि, श्रवण, घ्राण तथा स्पर्श प्रतिमाओं के बारे में रिपोर्ट करते हैं जब

उनसे किसी देखी हुई वस्तु, सुने हुए गीत, किसी वस्तु की गंध तथा स्पर्श को मन में लाने की बात कही जाती है। ये प्रतिमाएँ भी संवेदनाओं के ही समान होती हैं, यद्यपि आँख, कान, नाक तथा त्वचा के समक्ष कोई उत्तेजना विद्यमान नहीं रहती। ये एक मात्र मस्तिष्क द्वारा उत्पन्न संवेदनाओं के समान लगती हैं, पर बात ऐसी नहीं है। वाट्सन के अनुसार ये वास्तव में ऐन्द्रिक गतिवाही प्रतिक्रियाएँ हैं।

भाव एवं संवेग–प्रतिमाओं के ही समान सुख तथा दुःख के भाव भी अनेक मनोवैज्ञानिकों को बिलकुल मस्तिष्क की क्रिया जान पड़ते हैं, जिनमें ज्ञानेन्द्रियों तथा गतिवाही क्रियाओं का कोई हाथ नहीं होता। इसे प्रमाणित करने के उद्देश्य से हृदय की धड़कन, रक्त-चाप एवं श्वास-क्रिया में परिवर्तन की खोज करने की चेष्टा की गई है, किन्तु इस सम्बन्ध में कोई निश्चित निष्कर्ष नहीं निकल पाया है। वाट्सन का कहना है कि सुखद भाव वास्तव में ऐन्द्रिक गतिवाही क्रिया (Sensor Motor Affair) है। इसे स्पष्ट करते हुए उन्होंने यह उल्लेख किया है कि ऐन्द्रिक आवेश कामेन्द्रियों अथवा अन्य कामोत्तेजक क्षेत्रों से मस्तिष्क में आते हैं और वहाँ से मस्तिष्क उसे गतिवाही स्नायुओं में भेजता है और फिर गतिवाही आवेश मांसपेशियों में जाकर अपेक्षित वस्तु को प्राप्त करने के लिए आरम्भिक गतियाँ उत्पन्न कर देते हैं। दुःखद भाव में ठीक इसके विपरीत अवस्थाएँ होती हैं।

वाट्सन द्वारा स्मृति-प्रतिमाओं तथा भावों की व्याख्या के प्रयास में दो बातों पर ध्यान देना आवश्यक है–पहली बात तो यह है कि उन्होंने स्मृति प्रतिमाओं तथा भावों को अवास्तविक नहीं माना। यदि उन्होंने ऐसा माना होता तो इन दोनों की व्याख्या करने की चेष्टा नहीं की होती। दूसरी बात यह कि यदि वे ऐन्द्रिक गतिवाही प्रक्रियाएँ (Sensory Motor Processes) हैं, तो व्यवहार हैं और इसलिए वाट्सन को मान्य हैं, यद्यपि उत्तेजना तथा प्रतिक्रिया दोनों आन्तरिक एवं अनुमानिक (परिकल्पित) हैं। व्यवहारवादियों की यह मान्यता है कि प्राणी के भीतर ऐन्द्रिक-गतिवाही प्रक्रियाओं के अतिरिक्त और कुछ नहीं होता।

सुख-दुःख के भावों की अपेक्षा संवेग अधिक जटिल होते हैं। वाट्सन के अनुसार संवेग विशेष प्रकार की उत्तेजनाओं के प्रति शारीरिक प्रतिक्रियाओं के अतिरिक्त और कुछ नहीं हैं। इस सम्बन्ध में प्राचीन मत यह था कि संवेगात्मक परिस्थिति के प्रत्यक्षीकरण के फलस्वरूप संवेगात्मक अनुभूति होती है और तब शारीरिक परिवर्तन होते हैं। जेम्स-लाँजे के अनुसार, संवेगात्मक परिस्थिति के प्रत्यक्षीकरण के फलस्वरूप शारीरिक परिवर्तन होते हैं और तब संवेगात्मक अनुभूति होती है। जेम्स ने स्पष्ट रूप से कहा है कि शारीरिक परिवर्तनों की अनुभूति ही संवेग है। वाट्सन जेम्स के इस विचार से बिलकुल सहमत नहीं थे। अतः उन्होंने जेम्स के इस विचार की आलोचना करते हुए कहा कि जेम्स के कारण संवेगों के मनोविज्ञान को एक बड़ा धक्का लगा, जिससे उबरने की चेष्टा उसने बिलकुल हाल में ही शुरू की है।[9]

वाट्सन ने संवेगात्मक परिस्थिति के प्रत्यक्षीकरण की चेतन प्रक्रिया को नहीं माना और यह स्पष्ट किया कि संवेगों की व्याख्या वस्तुनिष्ठ संवेगात्मक परिस्थिति, बाह्य शारीरिक प्रतिक्रिया तथा यान्त्रिक परिवर्तनों (Visceral Changes) के आधार पर की जा सकती है। उनके अनुसार संवेगों में "सम्पूर्ण शारीरिक रचना-तन्त्र में काफी परिवर्तन होते हैं और ये परिवर्तन खासकर आन्त्रिक तथा ग्रन्थि तथ्यों में होते हैं।"[10] यद्यपि सभी संवेगात्मक प्रतिक्रियाओं में बाह्य तत्त्व ही विद्यमान रहते हैं, जैसे हाथ, पैर, आँख और शरीर की धड़ में गतियाँ, किन्तु प्रधानता होती है आन्त्रिक तथा ग्रन्थि-तत्त्वों की ही।[11]

वाट्सन ने यह महसूस किया कि उनके संवेग सिद्धान्त ने शिशुओं में संवेगों के विकासात्मक अध्ययन का मार्ग प्रशस्त कर दिया। फलस्वरूप इस दिशा में उनके कुछ महत्त्वपूर्ण योगदान हैं। उन्होंने शिशुओं में तीन प्रकार के प्रारम्भिक अथवा मूल संवेगात्मक व्यवहारों का उल्लेख किया, जिन्हें सीखने की आवश्यकता नहीं होती क्योंकि ये जंन्मजात होते हैं। अन्य सभी संवेगों का निर्माण इन्हीं से होता है, जो वस्तुतः सम्बन्ध प्रत्यावर्तन द्वारा सीखने के परिणाम होते हैं। बच्चों में आरम्भ से ही पाए जाने वाले ये मूल संवेग हैं—भय, क्रोध एवं प्रेम। जोर की आवाज तथा एकाएक सहारा हटा लेने के कारण भय, स्वतन्त्र शारीरिक गतियों में अवरोध के कारण क्रोध तथा शरीर को सहलाने और थपथपाने के कारण प्रेम उत्पन्न होते हैं। अन्य उत्तेजनाएँ तो सम्बन्ध-प्रत्यावर्तन के द्वारा संवेगों को उत्पन्न करने में प्रभावकारी सिद्ध होती हैं। अतः ये मूल संवेग सम्बन्ध-प्रत्यावर्तन के द्वारा अन्य उत्तेजनाओं से भी उत्पन्न हो सकते हैं।

वाट्सन ने अपनी बातों को प्रयोगात्मक अध्ययनों के द्वारा सिद्ध करने की चेष्टा की। उन्होंने ग्यारह महीने के अलबर्ट नामक एक बच्चे पर प्रयोग किया। उसमें सम्बन्ध-प्रत्यावर्तन द्वारा उजले चूहे के प्रति भय उत्पन्न किया। ऐसा इस प्रकार किया गया :

जब अलबर्ट के सामने उजला चूहा उपस्थित किया गया, तब वह उसके साथ खेलने लगा, उसमें भय का कोई भी चिह्न नहीं दीख पड़ा। किन्तु जब उसके सामने उजला चूहा उपस्थित किया गया और जोर की आवाज की गई तो वह डर गया। इस प्रक्रिया को कई बार दुहराया गया। फलस्वरूप उजले चूहे को देखते ही वह डरने लगा और अब जोर की आवाज की भी आवश्यकता नहीं पड़ी। इस सम्बन्ध-प्रत्यावर्तन का सामान्यीकरण भी हुआ। फलतः वह उजले चूहे के समान सभी उत्तेजनाओं से डरने लगा जैसे उजले रोएँदार कोट, उजले खरगोश, उजली रूई के समूह आदि। वाट्सन के वयस्कों के भय, घृणा, चिन्ता आदि संवेग भी प्रारम्भिक बाल्यावस्था में ठीक इसी प्रकार से स्थापित सम्बन्ध-प्रत्यावर्तन के परिणाम हैं। इसके साथ-ही-साथ

उन्होंने यह भी कहा कि प्रयोगात्मक रीति से पूर्व स्थापित सम्बन्ध-प्रत्यावर्तन को मिटाया भी जा सकता है और प्रयोगशाला में ऐसा करके दिखलाया भी।

बच्चों के संवेगों के सम्बन्ध में वाट्सन के प्रदत्तों एवं निष्कर्षों की आलोचना भी हुई। शर्मन (1927) ने आलोचना करते हुए कहा कि वाट्सन के निष्कर्ष बिलकुल वस्तुनिष्ठ प्रदत्तों पर आधारित नहीं थे। मैग्डा अर्नोल्ड ने भी अपनी पुस्तक "संवेग तथा व्यक्तित्व" (Emotions and Personality, 1960) के दो भागों में यह स्पष्ट कर दिया है कि वाट्सन ने संवेगों के प्रति जिस वस्तुनिष्ठ दृष्टिकोण को अपनाकर उनकी व्याख्या की है, उस व्याख्या की सत्यता संदिग्ध है। उन्होंने बड़े स्पष्ट शब्दों में कहा है कि हम प्रत्यक्ष रूप से जो अनुभव करते हैं और बिना वैज्ञानिक शब्दावली किए पहचानते हैं, वह एक तथ्य है और इसलिए मान्य है। आगे वह कहती हैं कि यदि उन्हें आनन्द की अनुभूति होती है, तो इस विशेष अनुभूति की व्याख्या कोई भी मांसपेशीय तनाव अथवा स्वसंचालित उद्दीपन काफी अच्छी तरह नहीं कर सकते, क्योंकि हम तो उस अनुभूति की विशेषता से अवगत होते हैं, न कि तनाव अथवा उद्दीपन से।[12]

सीखना–वाट्सन ने अपने व्यवहारवाद में न तो मूलप्रवृत्तियों (Instincts) को ही स्थान दिया और न वंश परम्परागत क्षमताओं अथवा किसी प्रकार के प्रतिभावों को ही स्वीकार किया। उनकी यह मान्यता थी कि व्यक्ति तो बाल्यकाल के सम्बन्ध-प्रत्यावर्तन का प्रतिफल है। इस प्रकार उन्होंने मानव-जीवन में सीखने की क्रिया को बड़ा महत्त्व प्रदान किया।

वाट्सन ने थौर्नडाइक के प्रभाव के नियम (Law of Effect) का विरोध किया, क्योंकि उसमें सन्तोष-असन्तोष की बात कही गई है जो व्यवहारवादी दृष्टिकोण के अनुरूप नहीं है। सन्तोष और असन्तोष तो मानसिक अवस्थाओं के द्योतक हैं। अतः ये आत्मनिष्ठ धारणाएँ हैं और आत्मनिष्ठ धारणाओं के लिए वाट्सन के व्यवहारवाद में कोई स्थान नहीं है। उनकी दृष्टि में तो सीखना पूर्णतया भौतिक तथा यान्त्रिक क्रिया है। अतः अपने सीखने के सिद्धान्त में उन्होंने समीपता के द्वारा साहचर्य अथवा सम्बन्ध-प्रत्यावर्तन को महत्त्व प्रदान किया।

सम्बन्ध-प्रत्यावर्तन के सम्बन्ध में वाट्सन के विचारों में प्रगतिशील परिवर्तन द्रष्टव्य है। उन्होंने 1913 में 'साइकॉलॉजिकल रिव्यू' में प्रकाशित अपने शोध-पत्र में[13] सम्बन्ध प्रत्यावर्तन का उल्लेख नहीं किया। 1914 में प्रकाशित अपनी प्रथम पुस्तक[14] में भी उन्होंने पावलव के सम्बन्ध-प्रत्यावर्तन सम्बन्धी प्रयोगों पर बहुत कम जोर दिया। नरवानरों पर सम्बन्ध-प्रत्यावर्तन के प्रयोग पर तो उन्होंने शंका भी व्यक्त की है। किन्तु 1915 में अमरीकी मनोवैज्ञानिक संघ के अपने अध्यक्षीय भाषण में उन्होंने यह विचार व्यक्त किया कि अन्तर्निरीक्षण के स्थान पर सम्बन्ध-प्रत्यावर्तन का व्यवहार होना चाहिए। 1919 में उन्होंने अर्जित भय की व्याख्या में सम्बन्ध-प्रत्यावर्तित

प्रतिक्रिया की धारणा का उपयोग किया, जैसा कि अलबर्ट नामक बच्चे पर उनके द्वारा किए गए प्रयोग में देखा जा चुका है। 1924 तक उन्हें इस विचार में सन्देह होने लगा कि सभी आदतों का निर्माण सम्बन्ध-प्रत्यावर्तन द्वारा होता है।

यद्यपि वाट्सन ने अपने शोध कार्यों में सम्बन्ध-प्रत्यावर्तन का उपयोग किया, किन्तु पावलव के पुनर्वलन के नियम (Law of Reinforcement) को नहीं माना, क्योंकि वह थौर्नडाइक के प्रभाव-नियम से सम्बन्धित जान पड़ा। अन्त में यह कहा जा सकता है कि कुल मिलाकर वाट्सन के सीखने के सिद्धान्त में प्राचीन साहचर्यवादी नियमों की प्रधानता रही, क्योंकि उन्होंने सीखने के प्रधान तत्त्वों के रूप में बारम्बारता तथा आसन्नता को अपनाया और अभ्यास नियम (Law of Exercise) पर जोर दिया। यहाँ यह उल्लेख्य है कि वे सीखने के सन्तोषजनक सिद्धान्त को कभी भी विकसित नहीं कर सके।

चिन्तन—व्यवहारवाद के विकास के पूर्व चिन्तन प्रक्रियाओं के सम्बन्ध में परम्परागत विचार यह था कि ये प्रक्रियाएँ मस्तिष्क में घटित होती हैं। इसे चिन्तन के केन्द्रीय सिद्धान्त की संज्ञा दी गई। इस सिद्धान्त के अनुसार मांसपेशियों तथा ग्रन्थियों में किसी प्रकार की प्रतिक्रिया नहीं होती। जब चिन्तन के समय मांसपेशियों में गतियाँ होतीं ही नहीं केवल मस्तिष्क के द्वारा ही चिन्तन-प्रक्रिया सम्पन्न हो जाती है, तो ऐसी स्थिति में निरीक्षण और प्रयोग तो सम्भव है नहीं। अतः चिन्तन अमूर्त तथा बिलकुल मानसिक स्वरूप का है। चिन्तन के सम्बन्ध में केन्द्रीय सिद्धान्त की यही मान्यता थी।

वाट्सन ने चिन्तन के केन्द्रीय सिद्धान्त को चुनौती दी और उसके स्थान पर चिन्तन के गतिवाही अथवा परिधीय सिद्धान्त (Motor or Peripheral Theory of Thinking) की स्थापना की। उन्होंने स्पष्ट शब्दों में घोषित किया कि चिन्तन आन्तरिक गतिवाही व्यवहार के अतिरिक्त और कुछ नहीं है। अन्य सभी व्यवहारों की तरह यह भी एक प्रकार का ऐन्द्रिक गतिवाही व्यवहार है। इसे और भी स्पष्ट करते हुए उन्होंने कहा कि चिन्तन आन्तरिक सम्भाषण (Subvocal Talking) है, जिसमें मांसपेशीय गतियाँ सन्निहित रहती हैं। चिन्तन में भाषा के महत्त्व को सभी ने स्वीकार किया है। वुलमैन का तो कहना है : "भाषा ही चिन्तन है और चिन्तन ही भाषा।"

वाट्सन के अनुसार बच्चों की भाषा आरम्भ में बाह्य व्यवहार के रूप में अभिव्यक्त होती है और क्रमशः आन्तरिक व्यवहार में परिणत होती जाती है। यह परिवर्तन वातावरण के प्रभाव के फलस्वरूप होता है। यह प्रभाव बच्चे पर विशेष रूप से माता तथा परिचारिका (नर्स) के कारण पड़ता है। बच्चा आरम्भ में जोर-जोर से बोलकर चिन्तन करता है, किन्तु माता अथवा परिचारिका के मना करने पर धीरे-धीरे बोलना शुरू कर देता है, जिसे हम फुसफुसाहट (Whispering) कह सकते हैं। फुसफुसाहट के समय होंठों में गति पाई जाती है। क्रमशः इसमें भी परिवर्तन होता

है और तीसरी अवस्था आती है आन्तरिक सम्भाषण की, जो वयस्कों के चिन्तन में पाई जाती है। इस प्रकार जब हम बोलना सीख लेते हैं तो चिन्तन आन्तरिक सम्भाषण का रूप ले लेता है। यहाँ यह उल्लेख्य है कि न तो बाह्य व्यवहार में और न आन्तरिक व्यवहार में ही चेतना अथवा अन्तर्निरीक्षण की आवश्यकता होती है।

यद्यपि चिन्तन में आन्तरिक सम्भाषण की प्रधानता होती है, तथापि चिन्तन में संकेतों का भी हाथ रहता है, जैसे भ्रूभंग, कन्धे उचकाना, सिर हिलाना आदि। गूंगे लोगों के सीखने में हस्त-संचालन की प्रधानता होती है। वे अपने हाथों से ही बात करते हैं। हाथों की गतियों के अतिरिक्त अन्य आन्तरिक गतियों को भी वाट्सन ने स्वीकार किया और यहाँ तक कहा कि निस्सन्देह हम लोग सम्पूर्ण शरीर के सहारे चिन्तन करते हैं। किन्तु यह उल्लेखनीय है कि इन सारी मान्यताओं के बावजूद उन्होंने आन्तरिक सम्भाषण पर ही सर्वाधिक बल दिया। इसलिए चिन्तन को प्रायः कंठ सम्बन्धी आदत (Lyrangeal Habit) की संज्ञा दी जाती है।

वाट्सन का सिद्धान्त अधिकांश लोगों को तर्कसंगत जान पड़ता है क्योंकि लोग प्रायः चिन्तन के समय मन-ही-मन बोलते रहते हैं। यह सिद्धान्त कोई नया नहीं है, किन्तु व्यवहारवादी दृष्टिकोण से इसे प्रस्तुत करना वाट्सन की नवीनता और मौलिकता कही जा सकती है। वास्तव में व्यवहारवाद का तकाजा यह रहा है कि आन्तरिक सम्भाषण में वास्तविक आन्तरिक गतियाँ विद्यमान हों। आरम्भ में वाट्सन ने यह माना कि चिन्तन में निहित आन्तरिक व्यवहारों अथवा गतियों की केन्द्र बिन्दु हैं कंठ की मांसपेशियाँ। किन्तु जब उनका ध्यान इस ओर आकर्षित किया गया कि ऑपरेशन के द्वारा जिनका कंठ हटा दिया गया, उनमें भी चिन्तन की क्रिया पाई गई, तब उन्होंने कंठ के बदले जीभ और मुँह पर जोर दिया।

वाट्सन के इन विचारों ने प्रयोगकर्त्ताओं को आकर्षित किया और उन्होंने प्रयोगों के आधार पर यह सिद्ध करने की चेष्टा की कि चिन्तन में ये आन्तरिक गतियाँ होती हैं अथवा नहीं। पहले यान्त्रिक रिकार्डर के द्वारा यह जानने की चेष्टा की गई पर इसमें सफलता नहीं मिली। तब विद्युत-यन्त्र का सहारा लिया गया। इस प्रयोग में यह पाया गया कि आन्तरिक सम्भाषण के समय कभी-कभी जीभ की मांसपेशियाँ सक्रिय हो जाती हैं, पर हमेशा ऐसी स्थिति नहीं पाई जाती (जैकोब्सन, 1932)। मैक्स (1937) ने रिपोर्ट किया है कि जब गूंगे लोग अपने हाथों के सहारे बोलकर चिन्तन करते हैं तो उनकी बाँहों की मांसपेशियों में सक्रियता आ जाती है। विद्युत परीक्षण के आधार पर यह पाया गया कि कठिन चिन्तन में तो इन मांसपेशियों में सक्रियता पाई जाती है, किन्तु सरल चिन्तन में नहीं। यद्यपि इन अध्ययनों में कोई भी निर्णायक परिणाम उपलब्ध नहीं हो सका, लेकिन तो भी वाट्सन ने यह माना कि चिन्तन में आन्तरिक सम्भाषण सम्बन्धी गतियां विद्यमान रहती हैं और जब अधिक सूक्ष्म एवं उन्नत यन्त्रों का विकास होगा तो इनके प्रमाणित होने की सम्भावनाएँ हैं।

व्यक्तित्व–सामान्यतः 'व्यक्तित्व' शब्द का प्रयोग व्यक्ति के सामाजिक प्रभाव के अर्थ में किया जाता है। हम किसी को अधिकार प्रिय, आकर्षक, विकर्षक, प्रभावशाली, प्रभावहीन आदि शब्दों के द्वारा द्योतित करते हैं। इसलिए यह अनिवार्य है कि व्यक्तित्व की जानकारी के लिए हम व्यक्ति के सम्बन्ध में विशेष प्रकार की सूचनाओं से अवगत हों, जैसे उसकी कार्य-प्रणाली, शिक्षा, मनोवृत्ति, संवेगात्मक रुझान, सामाजिक समायोजन, प्रिय मनोविनोद एवं खेल, यौन-जीवन, पारम्परिक मान्यताओं के प्रति प्रतिक्रियाएँ, विलक्षणता आदि।

व्यवहारवाद ने व्यक्ति की सम्पूर्ण प्रतिक्रियाओं एवं व्यवहारों को दृष्टि में रखते हुए ही व्यक्तित्व को "व्यवहार-प्रणालियों की समग्रता" (Totality of Behaviour Patterns) के रूप में परिभाषित किया है। व्यवहार प्रणालियों से तात्पर्य है व्यक्ति की सभी प्रकार की आदत एवं प्रतिक्रियाओं की प्रवृत्तियों से। व्यवहार प्रणालियाँ बिलकुल संगत होते हुए भी परिवर्तनशील होती हैं। उनमें यह परिवर्तन सम्बन्ध प्रत्यावर्तन द्वारा आता है। व्यक्ति अपनी पुरानी आदतों को छोड़कर नई आदतों को अपना लेता है। फलस्वरूप व्यक्तित्व में परिवर्तन होता है। यह परिवर्तन धीरे-धीरे होता है न कि तीव्र गति से। इस परिवर्तन के कारण कोई भी व्यक्ति प्रायः सम्पूर्ण जीवन में एक-सा नहीं रह पाता। इसीलिए व्यवहारवाद यह मानता है कि किसी खास क्षण में व्यक्ति की सर्वाधिक अभ्यास अथवा व्यवहार-प्रणालियाँ ही उस समय उसके व्यक्तित्व की द्योतक होती हैं।

व्यवहारवाद के अनुसार जब व्यक्तित्व आदतों अथवा व्यवहारों की प्रणाली मात्र है, तो विज्ञान की वस्तुनिष्ठ विधियों के द्वारा इसका अध्ययन किया जा सकता है। यदि आज व्यक्ति का पूर्ण रूप से अध्ययन करना सम्भव नहीं हो पा रहा है तो इसलिए नहीं कि व्यक्तित्व में कोई ऐसी बात है जिसका वैज्ञानिक अध्ययन सम्भव नहीं है, बल्कि इसलिए कि उसके अध्ययन के लिए समुचित वैज्ञानिक विधियों का विकास ही नहीं हो पाया है।

अपने व्यवहारवादी दृष्टिकोण के अनुरूप वाट्सन ने व्यक्तित्व की भी व्याख्या बिलकुल यान्त्रिक ढंग से की है और सम्पूर्ण व्यक्तित्व को सम्बन्ध-प्रत्यावर्तन की प्रक्रिया द्वारा कुछ सरल प्रतिक्रियाओं से निर्मित माना है। इस प्रकार व्यक्तित्व के प्रति उनका दृष्टिकोण बिलकुल यान्त्रिक है। उन्होंने स्पष्ट रूप से कहा है कि सम्पूर्ण मानव "कार्य करने के लिए तत्पर एक संग्रहीत जैविक यन्त्र" है।

वातावरण : मानव व्यवहार में नियन्त्रण एवं सुधार–वाट्सन ने वंशपरम्परा के विरुद्ध वातावरण पर अत्यधिक बल दिया। उन्होंने यह स्वीकार नहीं किया कि हमारी मानसिक प्रवृत्तियाँ, अभिरुचियाँ एवं योग्यताएँ वंशानुक्रमिक होती हैं। उन्होंने तो यह दावा किया कि मनुष्य के निर्माण में वातावरण ही सर्वोपरि है।[15] उनका यह क्रान्तिकारी विचार काफी लोकप्रिय सिद्ध हुआ। इसने सम्पूर्ण जनमानस को झकझोर दिया, क्योंकि

उन्होंने एक ऐसे विश्व की घोषणा की जो वैज्ञानिक रूप से निर्मित एवं नियन्त्रित व्यवहारों पर आधारित हो तथा प्राचीन रीति-रिवाजों एवं परम्पराओं से मुक्त हो। सचमुच जो लोग प्राचीन विश्वासों एवं परम्पराओं से ऊब चुके थे, उन्हें वाट्सन के इस व्यवहारवादी दृष्टिकोण में आशा की स्पष्ट किरण दीख पड़ी। वाट्सन ने अपनी प्रसिद्ध पुस्तक "व्यवहारवाद" के अन्तिम अनुच्छेद में मानव जाति को उन्नत करने के सम्बन्ध में स्पष्ट रूप से कहा है कि मानव को इस सीमा तक उन्नत किया जा सकता है कि यह विश्व ही बिलकुल बदल जाएगा, जिसमें लोगों का जीवन अधिक वैज्ञानिक और अधिक उन्नत होगा और ऐसे समाज का निर्माण हो जाएगा, जो मानव के लिए सर्वाधिक उपयुक्त होगा।[16]

वाट्सन ने मानव की उन्नति एवं कल्याण के लिए शैशवावस्था को बहुत महत्त्व प्रदान किया है। बाल्यकाल में निहित व्यवहारों एवं क्षमताओं के नियन्त्रण तथा परिमार्जन की प्रक्रिया को निश्चित रूप से इसी अवधि में आरम्भ होना चाहिए। इसका कारण यह है कि हमारी आदतों का निर्माण प्रायः इसी अवधि में होता है। इसीलिए वाट्सन ने इस बात पर जोर दिया है कि बाल्यकाल में ही सम्बन्ध प्रत्यावर्तन के व्यवहारों का नियन्त्रण एवं परिमार्जन अनिवार्य है। उन्होंने यह कहा है कि मानव-जीवन को सुखी बनाने का सबसे प्रभावशाली माध्यम शिक्षा है और शिक्षा मात्र सम्बन्ध प्रत्यावर्तन है। इसमें व्यवहारवादी मनोवैज्ञानिकों का सराहनीय योगदान हो सकता है। इस लक्ष्य की प्राप्ति में माता-पिता का भी महत्त्वपूर्ण हाथ हो सकता है। कदाचित इन बातों को दृष्टि में रखते हुए वाट्सन ने व्यवहारवाद के सिद्धान्तों पर आधारित प्रयोगात्मक आचार शास्त्र (Experimental Ethics) का एक कार्यक्रम प्रस्तुत किया। किन्तु प्राचीन काल्पनिक आचार शास्त्र (Speculative ethics) के स्थान पर प्रयोगात्मक आचार शास्त्र का क्रियान्वयन नहीं हो सका। एक बात जरूर हुई और वह यह कि इस दिशा में चिन्तन एवं शोध-कार्य का मार्ग प्रशस्त हुआ। आगे चलकर वाट्सन की इस भावना के अनुरूप बी.एफ. स्किनर ने वैज्ञानिक रूप से निर्मित आदर्श समाज का व्यापक कार्यक्रम प्रस्तुत किया।

जिस साहस के साथ वाट्सन ने अपने इन क्रान्तिकारी विचारों को अति प्रभावशाली शब्दों में व्यक्त किया है, वुडवर्थ एवं शीहान (1964) ने उसकी सराहना की है। उनके अनुसार उस समय के मनोवैज्ञानिकों ने उनकी वास्तविक वैज्ञानिक उपलब्धियों को बहुत महत्त्व प्रदान नहीं किया। उनकी धारणाओं एवं विधियों को भी विज्ञान की प्रगति में बड़ा महत्त्वपूर्ण नहीं माना। उन्होंने सर्वाधिक सराहना की उनके साहस की, उनके दृढ़ विचारों की, परम्परा एवं रहस्य के प्रति उनके तिरस्कार की, साथ-ही-साथ मानव-क्रिया-कलाप के उत्तरदायित्व ग्रहण करने की विज्ञान की क्षमता में उनके आशावादी विश्वास की।[17]

व्यवहारवाद का मूल्यांकन

वाट्सन के व्यवहारवाद के औपचारिक विकास के पहले से ही अमरीकी मनोविज्ञान वस्तुनिष्ठता की दिशा में अग्रसर हो रहा था। किन्तु सभी मनोवैज्ञानिक वाट्सन के उस अतिशय व्यवहारवादी दृष्टिकोण से सहमत नहीं थे, जिसमें किसी भी प्रकार के ऐन्द्रिक एवं प्रत्यक्षात्मक प्रक्रियाओं के लिए कोई स्थान न हो। मान लीजिए वाट्सन के सभी प्रयोज्य उत्तेजनाओं के प्रति प्रतिक्रियाएँ व्यक्त करें, किन्तु उनमें ऐसी कोई क्रिया न हो जिन्हें मानसिक कहा जाए, जैसे भाव, चिन्तन, प्रत्यक्षीकरण आदि तो एक व्यवहारवादी कैसे जान पाएगा कि उसके प्रयोज्यों में कौन-सी प्रक्रियाएँ घटित हुई? वह अपने प्रयोज्य की मात्र प्रतिक्रियाओं के आधार पर कैसे किसी सिद्धान्त को विकसित कर सकेगा? इन्हीं कठिनाइयों के कारण कुछ वैसे मनोवैज्ञानिकों ने भी जो सामान्यतः वाट्सन के व्यवहारवादी आन्दोलन के समर्थक थे, यह महसूस किया कि मनोविज्ञान के महत्त्वपूर्ण अंश, जैसे ऐन्द्रिक एवं प्रत्यक्षात्मक प्रक्रियाएँ व्यवहारवादी मनोविज्ञान में छूट गए हैं, उन पर विचार नहीं हो पाया है। सचमुच यह विचारणीय प्रश्न है कि किसी समस्या को छोड़ देना उसका समाधान नहीं है। यह वाट्सन के व्यवहारवाद की एक उल्लेखनीय कमी है।

वाट्सन के मनोविज्ञान में चेतना के लिए कोई स्थान नहीं है। उन्होंने "बिना चेतना के मनोविज्ञान" के अध्ययन पर जोर दिया क्योंकि वे किसी भी वैसी मानसिक प्रक्रिया के विरुद्ध थे जो अदृश्य और अगम्य हो। मैकडूगल वाट्सन के विचारों से सहमत नहीं थे। किन्तु उन्होंने यह स्वीकार किया कि मनोविज्ञान में व्यवहार के प्रदत्तों का अध्ययन आवश्यक है, पर उन्होंने यह भी जोर देकर कहा कि चेतना के प्रदत्तों का अध्ययन भी समान रूप से अनिवार्य है। उनके साथ-साथ अन्य आलोचकों ने भी इस बात पर जोर दिया कि मनोविज्ञान में दोनों प्रकार के प्रदत्तों का अध्ययन आवश्यक है। यह ठीक है कि थौर्नडाइक, वाट्सन तथा सभी पशु मनोवैज्ञानिकों ने एक दिशा में मनोविज्ञान के क्षेत्र का विस्तार किया तथा फ्रायड ने दूसरी दिशा में। जब मनोविज्ञान ने ऐसे व्यवहारों को अपनाया जिसे दूसरे देख सकें (वाट्सन) और साथ-ही-साथ ऐसे व्यवहारों को भी अपनाया जिसे प्रयोज्य न देख सके, उनका प्रत्यक्षीकरण न कर सके (फ्रायड के अचेतन व्यवहार), तो चेतना को मनोविज्ञान से अलग करने की कोई आवश्यकता नहीं रह जाती। यद्यपि चेतना मनोविज्ञान का एक सीमित विषय है, किन्तु है बिलकुल युक्तिसंगत।

स्पष्ट है कि वाट्सन ने चेतना के बिना मनोविज्ञान की बात की। कुछ शोध-कार्य में रत विशेषज्ञ भले ही व्यवहारवाद की महत्ता मात्र इसकी वस्तुनिष्ठ विधियों के कारण मान लें, किन्तु अधिकांश मनोवैज्ञानिक व्यवहारवाद की सर्वाधिक सार्थकता इस बात के लिए ही मानते हैं कि मनोविज्ञान में चेतना के लिए कोई स्थान नहीं है, जहाँ मूल प्रश्न सामने आता है और इस पर विचार होने लगता है। कारण स्पष्ट

है। चेतना का पूर्णरूप से परित्याग कर व्यवहारवाद मनोविज्ञान की पूर्ण व्याख्या नहीं कर पाता। इसे किसी-न-किसी रूप में चेतना का सहारा लेना ही पड़ता है।

लैश्ले ने अपने सैद्धान्तिक निबन्ध "चेतना की व्यवहारवादी व्याख्या"[18] में यह सिद्ध करने का प्रयास किया है कि चेतना की प्रत्येक विशेषता की व्याख्या शारीरिक तन्त्रों (Bodily Mechanisms) के आधार पर की जा सकती है और प्रत्येक मानसिक क्रिया को शारीरिक क्रिया में परिवर्तित किया जा सकता है। ऐसी स्थिति में चेतना की बात करना निरर्थक है। किन्तु इस निष्कर्ष का औचित्य तभी है जब यह मान लिया जाए कि भौतिक क्रिया मानसिक क्रिया से अधिक वास्तविक है। यहाँ यह उल्लेख्य है कि बर्कले तथा जर्मन आदर्शवादियों के अनुसार भौतिक क्रिया मानसिक क्रिया में परिवर्तित की जा सकती है। अतः यह प्रश्न विवादास्पद है कि अधिक वास्तविक क्या है—भौतिक क्रिया अथवा मानसिक क्रिया? वास्तव में ये दोनों एक-दूसरे के पूरक हैं अथवा विरोधी यह निश्चित करना कठिन है। व्यवहार और चेतना के दृष्टिकोण से जो भी बातें की जाती हैं, उनके बीच इतनी सहमति पाई जाती है कि इन्हें एक-दूसरे का विरोधी नहीं कहा जा सकता। निष्कर्ष यह कि चेतना के सम्बन्ध में वाट्सन के विचार स्पष्ट नहीं हैं।

वाट्सन अपने कार्यक्रम सम्बन्धी वादा को नहीं निभा सके। उन्होंने वादा किया था कि वे एक ऐसा मनोविज्ञान देंगे जिसमें उत्तेजना के आधार पर प्रतिक्रिया का पूर्वकथन किया जा सकेगा तथा जिसमें केवल निरीक्षणीय प्रदत्त ही सन्निहित रहेंगे। पर वाट्सन अपने इस वादा पर कायम नहीं रह सके। उन्होंने "वाचिक विवरण" को अपनाकर अन्तर्निरीक्षण का मार्ग प्रशस्त कर दिया। वाचिक विवरण का उनका विचार तर्क पर खरा नहीं उतरता क्योंकि यदि वह किसी एक स्थिति में विश्वसनीय है, तो दूसरी में क्यों नहीं और यदि वह विश्वसनीय एवं वस्तुनिष्ठ विधि है ही, तो व्यवहारवाद की क्या आवश्यकता? यदि आत्म-निरीक्षण के आधार पर दिया गया प्रयोज्य का "वाचिक विवरण" ग्राह्य है तो मनोविज्ञान का अन्तर्निरीक्षणवाद की ओर लौट जाना भी उचित है।

वास्तव में अन्तर्निरीक्षण की अनिवार्यता की उपेक्षा करना वाट्सन के लिए सम्भव नहीं हो सका। कदाचित् इसीलिए वे केवल शब्दावली में परिवर्तन कर "वाचिक विवरण" के रूप में उसे अपनाए रहे। यहाँ अन्तर्निरीक्षण की अनिवार्यता सम्बन्धी मैकडूगल के विचार द्रष्टव्य हैं। उन्होंने व्यवहारवादियों और विशेष रूप से वाट्सन से पूछा कि अन्तर्निरीक्षण के बिना प्रयोज्य की प्रतिक्रिया का अर्थ कैसे निर्धारित किया जा सकता है? कल्पनाओं, दिवा-स्वप्नों तथा सौन्दर्यानुभूति आदि को कैसे जाना जा सकता है? संगीतात्मक रसानुभूति की कैसे व्याख्या की जा सकती है? "वाचिक विवरण को स्वीकार करना वाट्सन की उल्लेखनीय पराजय कही जा सकती है।

वाट्सन की मान्यता थी कि मानव-व्यवहार का पूर्णतया पूर्वकथन किया जा सकता है। उनके अनुसार मानव जो कुछ भी करता है, वह विगत अनुभूति का परिणाम है। इसलिए यदि विगत घटनाओं या अनुभूतियों की जानकारी हो तो उसके वर्तमान व्यवहार का पूर्वकथन किया जा सकता है। यदि सभी व्यवहार पूर्वकथनीय हैं तो "स्वतंत्र इच्छा" अथवा रुचि–स्वातन्त्र्य के लिए मनोविज्ञान में कोई जगह नहीं है। मैकडूगल तथा कई अन्य मनोवैज्ञानिकों ने वाट्सन के इस विचार की आलोचना की। वस्तुतः निर्धारणवाद तथा स्वतंत्र इच्छा के सम्बन्ध में विवाद बहुत पहले से चला आ रहा था। यदि विज्ञान पूर्व निर्धारित प्राकृतिक विश्व के विचार का समर्थक रहा है, तो ब्रह्म-विज्ञान (Theology) तथा कुछ दर्शन इच्छा-स्वातंत्र्य को मानते रहे हैं।

मैकडूगल ने यह तर्क उपस्थित किया कि यदि निर्धारणवाद सही है, अर्थात् लोगों में इच्छा की स्वतंत्रता नहीं है, उनके सारे कार्य भौतिक रूप से पूर्व निर्धारित हैं और इसलिए वे अपने कार्यों के लिए उत्तरदायी नहीं हैं, तो इसका तात्पर्य यह हुआ कि अपने-आपको तथा समाज को उन्नत करने के लिए उनमें इच्छा तथा प्रयास नाम की कोई चीज नहीं होती। ऐसी स्थिति में कोई भी युद्ध, अन्याय आदि को रोकने की कोई चेष्ट नहीं करेगा अथवा व्यक्तिगत एवं सामाजिक आदर्शों को प्राप्त करने का भी प्रयास नहीं करेगा। यहाँ यह उल्लेखनीय है कि निर्धारणवाद तथा स्वतंत्र इच्छा सम्बन्धी विवाद का समाधान सम्भव नहीं है और शायद कभी भी सम्भव नहीं है।[19] कई व्यवहारवादी, जैसे वाट्सन तथा बी.एफ. स्कीनर ने भी व्यक्ति तथा समाज को उन्नत करने के ठोस कार्यक्रम प्रस्तुत किए।

वाट्सन के व्यवहारवाद को मूल रूप में सभी व्यवहारवादियों ने भी स्वीकार नहीं किया क्योंकि कई प्रकार के व्यवहारवाद हैं। ऐसे मनोवैज्ञानिक बहुत कम हैं जो बिना किसी विशेषण के अपने को व्यवहारवादी कहते हैं। यदि कुछ ने मनोविज्ञान से चेतना के बहिष्कार को ठीक माना तो उनकी वंश-परम्परा की धारणा से सहमत नहीं हो सके। कुछ ने यह नहीं माना कि सभी प्रकार के व्यवहारों का निर्माण सम्बन्ध-प्रत्यावर्तन के द्वारा होता है, जबकि उन्होंने यह माना कि मनोविज्ञान में वस्तुनिष्ठ विधियों का प्रयोग अनिवार्य है।

मनोविज्ञान में व्यवहारवाद के योगदान

अमरीकी मनोविज्ञान में व्यवहारवाद का उदय विशिष्ट एवं महत्त्वपूर्ण सिद्ध हुआ। इसने कई प्रकार की समस्याएँ प्रस्तुत कीं, विचार-विमर्श की प्रेरणा दी तथा शोध कार्यों को प्रोत्साहित किया। इस प्रकार वाट्सन का व्यवहारवाद अमरीकी मनोविज्ञान पर छा गया। फलस्वरूप इसने अमरीकी मनोविज्ञान को दो वर्गों में बाँट दिया- व्यवहारवादी मनोविज्ञान तथा अव्यवहारवादी मनोविज्ञान। वहाँ ऐसी परिस्थिति उत्पन्न हो गई कि मनोविज्ञान की स्थिति को व्यवहारवाद के सन्दर्भ में ही समझा जाने

लगा। यहाँ तक कि इसने अमरीकी रीति-रिवाजों एवं प्रथाओं को भी प्रभावित किया।

अमरीका में व्यवहारवाद इतना लोकप्रिय हो गया कि शायद ही कोई क्षेत्र इससे अछूता रह गया हो। इसकी चर्चा साहित्यिक आलोचनाओं, सम्पादकीय टिप्पणियों तथा सामाजिक, राजनैतिक वाद-विवादों में भी होने लगी। होल्ट ने "फ्रायडियन इच्छा" में इसका समर्थन किया। सन्तायन ने साहित्यिक मनोविज्ञान में इसकी चर्चा की। रसेल ने आत्म-निरीक्षण की अपेक्षा व्यवहार के बाह्य निरीक्षण में अधिक अभिरुचि दिखलाई। अमरीकियों ने मनोविश्लेषणात्मक सिद्धान्त के अतिरिक्त मनोविज्ञान की किसी भी व्याख्या से व्यवहारवाद में अधिक रुचि व्यक्त की। वैज्ञानिक विधियों के द्वारा मानव को उन्नत करने का वाट्सन का कार्यक्रम जनमानस पर छा गया।

व्यवहारवाद की एक विशिष्ट एवं तात्कालिक उपलब्धि थी अमरीकी मनोविज्ञान को रूढ़िवादी परम्पराओं से मुक्त करना। व्यवहारवाद के प्रभाव के फलस्वरूप अमरीकी मनोविज्ञान चेतना के विज्ञान की सीमा में नहीं रह सका। उसने चेतना के विज्ञान को बिलकुल अस्वीकार कर दिया। परिणाम यह हुआ कि उसने मनोवैज्ञानिक प्रक्रियाओं को जैविक पृष्ठभूमि में देखना शुरू कर दिया। मानव मनोविज्ञान में पशु मनोविज्ञान के दृष्टिकोण एवं विधियों की उपयोगिता को भी भली-भाँति महसूस किया। सर्वाधिक महत्त्वपूर्ण बात यह थी कि व्यवहारवाद ने केवल वस्तुनिष्ठ ज्ञान को ही वैज्ञानिक माना। अतः उसने मनोविज्ञान को पूर्णतया वस्तुनिष्ठ विज्ञान के रूप में समझने पर जोर दिया और यह मनोविज्ञान में उसकी स्थायी एवं महत्त्वपूर्ण देन है। व्यवहारवाद का आरम्भ पशु-मनोविज्ञान से हुआ और इसमें कार्यरत मनोवैज्ञानिकों ने प्राणी के व्यवहार के निरीक्षण पर जोर दिया। फलस्वरूप व्यवहारवाद में ऐसी समस्याओं के अध्ययन को अधिक महत्त्व प्रदान किया गया जो बिलकुल स्पष्ट थीं तथा जिनका अमरीकी जनमानस पर अधिक प्रभाव पड़ा।

व्यवहारवाद ने केवल वस्तुनिष्ठ विधियों के व्यवहार पर जोर दिया, यह उसकी अपनी विशेषता है। इस सन्दर्भ में यह उल्लेख्य जान पड़ता है कि वस्तुनिष्ठ विधियों का आरम्भ व्यवहारवाद ने नहीं किया। ये विधियाँ तो फेक्नर तथा हेल्महोज के समय से ही चली आ रही थीं, जब अन्तर्निरीक्षण ही मनोविज्ञान की एकमात्र विधि मानी जाती थी। किन्तु व्यवहारवाद ने केवल वस्तुनिष्ठ विधियों पर जोर देकर सचमुच एक क्रान्तिकारी काम किया। फलस्वरूप अमरीकी मनोविज्ञान का यह एक अंग बन गया और जाने-अनजाने सभी अमरीकी मनोवैज्ञानिकों ने वाट्सन के विधि-सम्बन्धी व्यवहारवाद को अपना लिया जो बर्गमैन के कथन से स्पष्ट है।[20]

एक धारणा के रूप में व्यवहारवाद में संरचनावाद के समान ही दृढ़ता एवं निश्चितता है। अतः अमरीकी मनोविज्ञान में व्यवहारवाद सन्दर्भ बिन्दु के रूप में

अनिवार्य बन गया। अपनी वस्तुनिष्ठ शब्दावली तथा वस्तुनिष्ठ विधियों के प्रयोग के कारण व्यवहारवाद मुख्यतः अमरीकी मनोविज्ञान ही बन गया।

मर्फी ने वाट्सन के व्यवहारवाद का मूल्यांकन करते हुए कहा है कि सही या गलत अधिकांश मनोवैज्ञानिकों के लिए व्यवहारवाद का अर्थ है मानव-व्यक्तित्व के प्रति केवल जैविक दृष्टिकोण जिसके द्वारा इसकी सारी सम्भावनाओं की परीक्षा की जा सकती है तथा उन्हें उपयोग में लाया जा सकता है। वाट्सन के व्यवहारवाद का दावा है कि एक दिन ऐसा आएगा, जब मनोविज्ञान अपने को भौतिक विज्ञान की तरह वस्तुनिष्ठ बना लेगा और भौतिक प्रयोग के समान ही इसके सभी तथ्यों का सत्यापन हो सकेगा।[21]

कुछ प्रमुख आरम्भिक व्यवहारवादी मनोवैज्ञानिक

वाट्सन व्यवहारवाद के संस्थापक होने के साथ-साथ लगभग दो दशकों तक सर्वाधिक प्रभावशाली ढंग से उसका प्रतिनिधित्व भी करते रहे। ठीक उसी अवधि में कुछ ऐसे भी प्रमुख मनोवैज्ञानिक हुए जिन्होंने उनके दृष्टिकोण को ज्यों-का-त्यों नहीं अपनाया, यद्यपि उनका सामान्य दृष्टिकोण वाट्सन के दृष्टिकोण के ही सदृश था। इनके अतिरिक्त कुछ और भी समसामयिक मनोवैज्ञानिक हुए जिन्हें व्यवहारवादी कहना अधिक उपयुक्त होगा।

ई.बी. होल्ट (1873-1946) : अपरम्परागत व्यवहारवाद (Unorthodox Behaviourism)

वाट्सन तथा कई अन्य व्यवहारवादियों ने मनोविज्ञान से चेतना का पूर्णतया बहिष्कार किया तथा मानव को एक दैहिक यन्त्र (Physiological Apparatus) के रूप में प्रस्तुत करने की चेष्टा की। किन्तु होल्ट चेतना के पूर्ण बहिष्कार के पक्ष में नहीं थे, क्योंकि उनके अनुसार चेतना का सम्बन्ध ज्ञानशास्त्रीय वास्तविकतावाद (Epistemological Realism) से है। होल्ट का ऐसा दृष्टिकोण कदाचित इसलिए था कि वे केवल एक प्रयोगवादी ही नहीं थे, बल्कि एक दार्शनिक भी थे। उनके अनुसार चेतना भौतिक वस्तुओं के प्रति ऐन्द्रिक-गतिवाही समायोजन मात्र है। इससे स्पष्ट है कि होल्ट में मानसिकता की बू बिलकुल नहीं है, क्योंकि उन्होंने चेतना को भौतिक वस्तु के प्रति ऐन्द्रिक गतिवाही समायोजन की प्रक्रिया का लेबल मात्र माना है।[22] इस प्रकार किसी वस्तु की चेतना का तात्पर्य है उस वस्तु के प्रति प्राणी के ऐन्द्रिक-गतिवाही पक्षों का सम्बन्ध।

1914 में प्रकाशित वाट्सन की प्रथम पुस्तक[23] के सम्बन्ध में होल्ट ने कहा कि यह उनके साहस तथा स्पष्ट विचारों की द्योतक अवश्य है, किन्तु इसमें व्यवहार की समुचित व्याख्या की कमी है। उन्होंने 1915 में प्रकाशित अपनी पुस्तक[24] में

व्यवहार की परिभाषा स्पष्ट की है। उनके अनुसार उपस्थित वस्तु के प्रति प्राणी के व्यवहार का वर्णन तात्कालिक उत्तेजना के आधार पर नहीं किया जा सकता। वस्तुतः प्राणी के व्यवहार को तो वातावरण में उपस्थित दूरस्थ वस्तु के आधार पर ही समझा जा सकता है।[25]

1931 की प्रकाशित अपनी पुस्तक में उन्होंने निषेचित अण्डे से वयस्कावस्था तक व्यक्ति के व्यवहार के विकास की रूपरेखा प्रस्तुत करने की चेष्टा की है और ऐसा उन्होंने बिलकुल दैहिक शब्दावली में किया है। उन्होंने यह स्पष्ट रूप से कहा है कि व्यवहार का सम्बन्ध वातावरण की वस्तुओं से है और वातावरण के साथ उसका समन्वय भी स्थापित होता है। जब दो विरोधी प्रतिक्रियाएँ एक ही साथ उत्पन्न होती हैं तो परस्पर विरोधी मांसपेशियाँ भी उत्पन्न हो जाती हैं जो तुरन्त व्यवहार में उत्पन्न नहीं कर पाती, बल्कि 'चिन्तन' तथा "विचारात्मक" प्रयत्न और भूल की प्रक्रिया आरम्भ हो जाती है। इस प्रकार 'उच्चतर मानसिक प्रक्रियाएँ' ऐन्द्रिक गतिवाही दैहिक क्रिया की उन्नत अवस्थाओं के रूप में घटित होती हैं। तात्पर्य यह कि उन्होंने कहीं भी गुप्त रूप से मानसिक सिद्धान्त का व्यवहार नहीं किया है। उनके सम्बन्ध में वुडवर्थ तथा शीहान (1964) की उक्ति द्रष्टव्य है जिसमें उन्होंने कहा है कि होल्ट चेतना तथा मानसिक प्रक्रियाओं की विभीषिका से वंचित रहे और समन्वित व्यवहार का वर्णन दैहिक शब्दों में की।[26]

वाट्सन के समान होल्ट ने भी व्यवहार की व्याख्या में वंशपरम्परा के विचार का बहिष्कार किया। वे ऐसा मानते थे कि स्वाभाविक प्रतिक्षेप-क्रियाएँ भी वंश-परम्परागत नहीं हैं बल्कि अर्जित हैं। वे या तो जन्म के पहले अर्जित की जाती हैं अथवा जन्म के तुरन्त बाद।

व्यवहार दो प्रकार से अर्जित किए जाते हैं : (1) सीखने के द्वारा तथा (2) व्यवहार के शैशव प्रतिमानों (Childish Patterns) के वयस्कावस्था परिरक्षण (Preservating) के द्वारा। सीखने की क्रिया या तो बाह्य अनुप्रेरणा के प्रति प्रतिक्रिया के रूप में सम्पन्न होती है या आन्तरिक अनुप्रेरणा के प्रति प्रतिक्रिया के रूप में। बाह्य अनुप्रेरणा बाह्य उत्तेजनाओं की द्योतक है तथा आन्तरिक अनुप्रेरणा आन्तरिक उत्तेजनाओं को द्योतित करती है। होल्ट ने यह कहकर कि सीखना आन्तरिक आवश्यकताओं का परिणाम है, हल के सीखने के सिद्धान्त का मार्ग प्रशस्त कर दिया, जिन्होंने सीखने के लिए आन्तरिक आवश्यकंताओं को पूरा अथवा कम करने पर जोर दिया। होल्ट ने मनुष्य के सभी व्यवहारों को सम्बन्ध-प्रत्यावर्तन में सीमित नहीं किया। उनके अनुसार वयस्क प्रायः व्यवहार के शैशव-प्रतिमानों का परिरक्षण कर उसे कायम रखते हैं।

होल्ट इस पक्ष में नहीं थे कि व्यवहार का तत्त्वों में विश्लेषण किया जाए, चाहे वह उत्तेजना प्रतिक्रिया के रूप में, या किसी अन्य रूप में हो। वे प्रतिक्रियाओं के प्रति समग्र दृष्टिकोण (Molar View Point) के पक्षपाती थे, न कि आणविक

दृष्टिकोण (Molecular Viewpoint) के। वे विस्तृत पैमाने पर ऐसे व्यवहार के समर्थक थे, जिसमें एकत्व (Unity) भी हो और अभिप्राय (Purpose) भी। वाट्सन के व्यवहारवाद में एकत्व और अभिप्राय के लिए कोई स्थान नहीं है। होल्ट के इस दृष्टिकोण ने बाद के नव-व्यवहारवादी ई.सी. टौलमैन के लिए प्रेरणा का काम किया।

अपने अपम्परागत व्यवहारवाद के कारण होल्ट अमरीकी व्यवहारवाद की मुख्य धारा के बाहर की समस्याओं में भी अभिरुचि लेने में समर्थ थे। उन्होंने अनेक स्रोतों का भी उपयोग किया। उदाहरण के लिए, उन्होंने अपनी पुस्तक "द फ्रायडियन विश एण्ड इट्स प्लेस इन एथिक्स" में व्यवहारवाद तथा मनोविश्लेषण की अनेक विशेषताओं के संश्लेषण की चेष्टा की।

ए.पी. वेस्स (1879-1931) : जैविक सामाजिक व्यवहारवाद (Biosocial Behaviourism)

वेस्स ने ओहियो राज्य विश्वविद्यालय में मुख्य रूप से बाल विकास का अध्ययन करते हुए एक व्यवहारवादी मनोवैज्ञानिक के रूप में अपनी जीवनवृत्ति को जारी रखा। उन्होंने 1925 में अपनी पुस्तक "मानव व्यवहार का सैद्धान्तिक आधार"[27] को प्रकाशित किया, जिसमें अपने व्यवहारवाद के कार्यक्रम की रूपरेखा प्रस्तुत की। उन्होंने कहा कि मनोविज्ञान एक प्राकृतिक विज्ञान है। अतः इसमें चेतना अथवा किसी भी प्रकार की मानसिक धारणाओं, जैसे संवेदना, प्रत्यक्षीकरण भाव, चिन्तन आदि के लिए कोई स्थान नहीं है। विधि के रूप में अन्तर्निरीक्षण का भी पूर्णतया बहिष्कार होना चाहिए। कारण ये सभी शोध-कार्य में बाधक हैं। मानव के सभी व्यवहारों की व्याख्या व्यवहारवाद की शब्दावली में होना चाहिए।

वेस्स के व्यवहारवाद ने न्यूनीकरण (Reductions) के अतिवादी स्वरूप पर अधिक जोर दिया। उन्होंने कहा कि मनोविज्ञान का सम्बन्ध केवल उन्हीं भौतिक तत्त्वों से होना चाहिए जिनसे भौतिक विज्ञान का सम्बन्ध है। किसी भी विज्ञान की विषय धारित वस्तु है भौतिक प्रक्रियाएँ। मनोविज्ञान भी विज्ञान होने के नाते स्नायुमण्डल में होने वाली भौतिक अथवा दैहिक प्रक्रियाओं से ही सम्बन्धित है। मनोविज्ञान में भी ऐसी किसी भी विषय-वस्तु का उल्लेख नहीं होना चाहिए जो अभौतिक हो, जैसे चेतना आदि।

वेस्स ने व्यवहार के विश्लेषण में जैविक तथा सामाजिक तत्त्वों पर जोर दिया। सामाजिक तत्त्वों पर जोर देकर उन्होंने मनोविज्ञान तथा दैहिक विज्ञान के बीच एक विभाजक रेखा खींच दी। दोनों ही स्नायुमण्डल में घटित होने वाले दैहिक क्रियाकलापों का अध्ययन करते हैं, किन्तु मनोविज्ञान प्राणी तथा वातावरण के बीच की अन्तक्रिया (Interaction) पर अधिक जोर देता है। इस दृष्टिकोण ने मनोविज्ञान को प्राकृतिक विज्ञानों के क्षेत्र में रखते हुए भी उसे सामाजिक तथा सांस्कृतिक समस्याओं के विश्लेषण

की क्षमता प्रदान की। वेस्स का कहना है कि मनुष्य जो कुछ भी करता है, वह प्रकृति के नियमों के अनुसार ही करता है। जीव-विज्ञान की और मनोविज्ञान भौतिक विज्ञान की ही एक शाखा है। अतः इसे किसी भी ऐसे तत्त्व अथवा घटना का विषय-वस्तु के रूप में अध्ययन नहीं करना चाहिए जो अभौतिक हो। इसीलिए उन्होंने व्यवहार के जैविक तत्त्वों पर अधिक जोर दिया है जिनका भौतिक तत्त्वों में विश्लेषण किया जा सकता है। मानव के सम्बन्ध में उनका स्पष्ट मत है कि वह केवल जैविक नहीं है, बल्कि सामाजिक भी है और इसीलिए उन्होंने मनुष्य को जैविक सामाजिक प्राणी (Bio-social Organism) कहा है क्योंकि उसके निर्माण में जैविक तथा सामाजिक, इन दोनों तत्त्वों का हाथ रहता है। उनके इस मत का महत्त्व इस बात को लेकर है कि यह शोधकर्त्ताओं के लिए एक नया परिप्रेक्ष्य प्रस्तुत करता है।

कदाचित् नवजात शिशु का मात्र जैविक अस्तित्व होता है, किन्तु वह जैसे-जैसे विकसित होता जाता है, वैसे-वैसे उसके व्यवहारों में परिवर्तन होते जाते हैं। मनोविज्ञान का सर्वाधिक महत्त्वपूर्ण कार्य है मानव-व्यवहारों पर सामाजिक शक्तियों के प्रभावों का अध्ययन करना। मानव-व्यवहार सदा जैविक भी है और सदा सामाजिक भी। अतः मनोविज्ञान प्रधान रूप से नवीन एवं परिवर्तनशील सामाजिक परिस्थिति के प्रति होने वाली नवीन प्रतिक्रियाओं का अध्ययन करता है। मनोवैज्ञानिक अध्ययन के समुचित क्षेत्र हैं बाल विकास तथा सीखना। अन्य प्राकृतिक विज्ञानों के समान मनोवैज्ञानिक अध्ययन की विधियाँ है—निरीक्षण एवं प्रयोग। वेस्स की ऐसी वस्तुनिष्ठ अध्ययन की योजना में चेतना, अन्तर्निरीक्षण एवं मानसिक, शब्दावली के लिए वेस्स को अपने साहसपूर्ण एवं सुसंगत शोध कार्यक्रम को कार्यान्वित करने का मौका नहीं मिल सका। उनके इस विचार को कि प्राणी तथा उसके सामाजिक वातावरण के बीच अन्तर्क्रिया होती है, अच्छी तरह स्वीकार कर लिया गया तथा अनेक शोध-कर्त्ताओं ने उनके द्वारा प्रारम्भ की गई धारणाओं पर शोध-कार्य भी जारी रखा।

डब्ल्यू एस. हन्टर (1889-1954) : मानव-विधि-विज्ञान (Anthroponomy)

मानव व्यवहार के नवीन मनोविज्ञान के समुचित प्रतिनिधित्व के लिए हन्टर ने 'मानव-विधि-विज्ञान' शब्द का प्रयोग किया। उन्होंने यह स्पष्ट रूप से कहा कि प्रयोग की प्रगति के साथ-साथ मनोविज्ञान भी मानव-व्यवहार के वस्तुनिष्ठ अध्ययन की ओर अग्रसर होता गया। इस सम्बन्ध में हन्टर का कहना है कि मनोविज्ञान बाह्य सामाजिक वातावरण के प्रति प्राणी के बाह्य व्यवहार का वर्णन एवं व्याख्या तथा पूर्वकथन एवं नियन्त्रण करता है।[28]

यद्यपि वाट्सन के व्यवहारवादी घोषणा-पत्र के पहले से ही हन्टर ने अपना मनोवैज्ञानिक जीवन आरम्भ किया था, किन्तु 1922 तक उन्होंने स्पष्ट रूप से घोषित

किया कि मनोविज्ञान में केवल व्यवहारवाद ही समुचित वैज्ञानिक दृष्टिकोण प्रस्तुत करता है। वास्तव में यह एक ऐसा दृष्टिकोण है जो यह मानता है कि चेतना तथा अन्तर्निरीक्षण के बिना ही सभी मनोवैज्ञानिक समस्याओं की समुचित व्याख्या की जा सकती है।

हन्टर ने वुन्ट-टिचेनर के संरचनावादी मनोविज्ञान की आलोचना करते हुए कहा कि चेतन अनुभूति के विश्लेषण से ऐसा कोई तथ्य सामने नहीं आया है जो पहले से लोगों को मालूम नहीं हो। सामान्य निरीक्षण के आधार पर देखने, सुनने, भाव, चिन्तन आदि की खोज बहुत पहले ही हो चुकी थी। अतः चेतना के अधिकांश तत्त्व सामान्य लोगों को बिलकुल ही मानसिक नहीं जान पड़ा। उन्हें ऐसा लगता है कि वे सारे तत्त्व वातावरण से सम्बन्धित हैं। हन्टर का तो यह कहना है कि जिसे सामान्य लोग वातावरण कहते हैं, एक मनोवैज्ञानिक उसे ही चेतना अथवा अनुभूति कहता है।[29]

हन्टर का चेतना के लिए 'वातावरण' शब्द का प्रयोग समुचित नहीं माना जा सकता। इसलिए इसकी कड़ी आलोचना हुई है। वुडवर्थ तथा शीहान ने स्पष्ट शब्दों में कहा है कि वातावरण और व्यक्ति द्वारा वातावरण का प्रत्यक्षीकरण एक नहीं है।[30]

हन्टर ने ही सबसे पहले कालिक भूलभुलैया (Temporal Maze) के द्वारा गतिवाही सीखने की प्रक्रियाओं का अध्ययन किया। उस कालिक भूलभुलैया में अन्ध-पथ (Blind Alleys) नहीं थे। उनके प्रयोगात्मक पशुओं ने भूलभुलैया में इस प्रकार क्रिया का सम्पादन किया मानो वे पुनरावृत्ति से दूर रहना चाहते थे। उनकी रुचियाँ अति चयनात्मक जान पड़ीं, न कि मात्र प्रयत्न और भूल। यह मनोविज्ञान में उनका महत्त्वपूर्ण योगदान है।

विलम्बित प्रतिक्रिया काल-सम्बन्धी प्रयोगों का श्रेय भी हन्टर को ही है। उनके कुत्ते, चूहे तथा रकूनों ने काल-व्यवधान (Lapse of Time) के बावजूद मौलिक उत्तेजना के प्रति सफलतापूर्वक प्रतिक्रिया व्यक्त की। इस प्रतिक्रिया को हन्टर ने विलम्बित प्रतिक्रिया-काल की संज्ञा दी।

क्लार्क तथा ब्राउन विश्वविद्यालयों में सक्रिय प्रशासनिक जीवन व्यतीत करते हुए राष्ट्रीय शोध परिषद[31] के लिए किए गए उनके काम तथा उनके द्वारा मनोवैज्ञानिक सारांशों[32] के संगठन एवं निर्देशन मनोविज्ञान के क्षेत्र में बड़े ही महत्त्वपूर्ण योगदान कहे जा सकते हैं।

कार्ल एस. लैश्ले
(Karl S. Lashley : 1890-1958)

लैश्ले की गणना स्नायु-मण्डल के दैहिक विज्ञान में मार्गदर्शक अधिकारी विद्वानों में की जाती है। व्यवहारवाद में उनकी निष्ठा (ससक्ति) से वाट्सन की व्याख्या करने की विधि काफी गौरवान्वित हुई है। उनके अध्ययनों की अपनी खूबियाँ हैं तथा

मनोवैज्ञानिक सिद्धान्त के लिए उनकी अर्थवत्ता पावलव, बेक्टेरिव तथा बाइकोव के समान है।[33]

लैश्ले व्यवहारवाद के कट्टर समर्थक थे। अतः उन्होंने मनोविज्ञान में वस्तुनिष्ठता का जोरदार समर्थन किया। उन्होंने अन्तर्निरीक्षण का विरोध किया और उसे 'वैज्ञानिक विधि के विकृति के उदाहरण'[34] के रूप में प्रस्तुत किया। उन्होंने संवेदना, बिम्ब जैसी चेतन अनुभूतियों को अस्वीकार किया जो अन्तर्निरीक्षण का परिणाम समझी जाती हैं। उनका तो यह दावा है कि मानव के सम्पूर्ण क्रिया-कलापों को यान्त्रिक विज्ञान तथा रसायन विज्ञान की धारणाओं के द्वारा व्यक्त किया जा सकता है और व्यवहारवाद का यही सार है।[35]

यद्यपि लैश्ले वाट्सन के प्रबल समर्थक रहे हैं लेकिन तो भी उनके द्वारा किए गए प्रयोगों के परिणाम वाट्सन के सैद्धान्तिक रूपरेखा के अनुरूप सिद्ध नहीं हुए। उन्होंने वाट्सन की तरह पावलव के सम्बन्ध-प्रत्यावर्तन के सिद्धान्त को ज्यों-का-त्यों स्वीकार नहीं किया। उन्होंने यह नहीं माना कि सम्बन्ध-प्रत्यावर्तन द्वारा स्थापित उत्तेजना प्रतिक्रिया सम्बन्ध व्यवहार की व्याख्या के लिए सर्वाधिक प्रभावशाली है। उन्होंने अपने प्रयोगों के आधार पर पावलव से भिन्न परिणाम पाया। अतः उन्होंने पावलव के सामान्यीकरण की धारा (Concept of Generalization) को स्वीकार नहीं किया। उनका कहना था कि सामान्यीकरण प्राणी की प्रकृति पर अधिक निर्भर करता है तथा उत्तेजना के स्वरूप पर अपेक्षाकृत बहुत कम। उन्होंने यह भी स्पष्ट किया कि अभ्यास-शक्ति (Habit Strength) का अनुपात सम्बन्धों के सामान्यीकरण का प्रतिफल नहीं होता, बल्कि वह तो प्राणी की उत्तेजना अवसीमा (Stimulus Threshold) पर निर्भर करता है।[36]

लैश्ले ने अपने शोध परिणामों को अपनी पुस्तक 'मस्तिष्क की यन्त्र रचनाएँ तथा बुद्धि' में प्रस्तुत किया है और उन शोध-परिणामों के आधार पर अपने दो प्रमुख सिद्धान्तों को प्रस्तुत किया है–(1) पूँजीगत क्रिया का सिद्धान्त (Theory of Mass Action) तथा (2) समक्षमता का सिद्धान्त (Theory of Equipotentiality)। पूँजीगत क्रिया का तात्पर्य है कि सीखना बृहन्मस्तिष्कीय वल्क की मात्रा पर निर्भर करता है, न कि उसके किसी विशेष भाग पर। जिस अनुपात में बृहन्मस्तिष्कीय वल्क क्षतिग्रस्त होता है, उसी अनुपात में सीखने में कमी आ जाती है। इससे स्पष्ट है कि सीखने की क्रिया इस बात पर निर्भर है कि बृहन्मस्तिष्कीय वल्क किस परिणाम से क्षतिग्रस्त हुआ है, न कि किसी विशेष भाग के समन्वय पर। लैश्ले के इन अध्ययनों ने यह सिद्ध कर दिया कि दैहिक विज्ञान में भी समग्रता का दृष्टिकोण अधिक उपादेय है।

लैश्ले ने मस्तिष्क की क्रियाओं का उललेख करते हुए कहा कि मस्तिष्क के सभी भागों में समक्षमता पाई जाती है। दूसरे शब्दों में, मस्तिष्क के सभी भागों में

सभी क्रियाओं के सम्पादन की क्षमता पाई जाती है। फलस्वरूप यदि मस्तिष्क के किसी विशेष भाग में क्षति हो जाती है, तो मस्तिष्क के अन्य क्षतिहीन भाग उसके कार्यों का सम्पादन करने लगते हैं। इसे ही लैश्ले ने मस्तिष्क की समक्षमता का सिद्धान्त कहा है। उनके अनुसार मस्तिष्क की यह समक्षमता पूँजीभूत क्रिया के सिद्धान्त पर आधारित है।

लैश्ले ने अपने शिक्षक एस.आइ. फ्रैंज के साथ कई प्रयोग किए। उन्होंने अपने प्रयोग चूहों, बिल्लियों तथा बन्दरों पर किए। उनके प्रयोग की विधि अत्यन्त सरल थी। जब कोई पशु किसी व्यवहार को भलीभाँति सीख लेता, जैसे उलझन बक्स से बाहर निकलना, तब वे मस्तिष्क के विभिन्न भागों को ऑपरेशन द्वारा हटा लेते थे ताकि सीखे गए व्यवहार पर उनके प्रभावों का अध्ययन कर सकें। उन्होंने थौर्नडाइक के ढंग के उलझन-बक्स पर ही अधिक प्रयोग किए। उनके प्रयोगों के आधार पर ही वे ऊपर उल्लिखित पूँजीगत क्रिया समक्षमता के सिद्धान्त पर पहुँचे।

फलस्वरूप स्नायु-शल्य-चिकित्सा विज्ञान में किए गए अपने प्रयोगात्मक अध्ययनों के आधार पर लैश्ले जेस्टॉल्ट सिद्धान्त के अति निकट आ गए। अपने प्रयोगात्मक अध्ययनों के आधार पर उन्होंने प्रत्यक्षीकरण तथा सीखने में जेस्टॉल्ट-विचारों पर अधिक जोर दिया। फिर भी उन्हें जेस्टॉल्टवादियों की श्रेणी में नहीं रखा जा सकता, क्योंकि वे कोलाहल के उद्दीपन के क्षेत्र-सिद्धान्त के बहुत बड़े आलोचक थे तथा वाट्सन-पावलव के सिद्धान्तों से उनका सदा काफी लगाव रहा।

लैश्ले ने सीखने की प्रक्रिया में क्रमशः केन्द्रीय तत्त्वों पर काफी जोर दिया। इस काम में वे हल, हौलमैन अथवा स्कीनर से आगे रहे। जब वे इस निष्कर्ष पर पहुँचे कि उत्तेजनाओं में जो प्रबल तत्त्व होते हैं, उन्हीं का सम्बन्ध-प्रत्यावर्तन होता है, तो भी वे कोहलर की अपेक्षा पावलव के ही निकट थे। पावलव के अध्ययनों में भी यही निहित है कि प्रबल उत्तेजना का ही सम्बन्ध-प्रत्यावर्तन होता है। जी. राजरान (G. Razran) ने तत्परता के विचार (Idea of Set) अथवा चयनात्मक सम्बन्ध- प्रत्यावर्तन (Slsective Conditioning) को विकसित किया, लेकिन वे कभी भी जेस्टॉल्टवादी नहीं थे। वे तो निरन्तर पावलव के प्रतिभाशाली एवं मौलिक व्याख्याता रहे।

लैश्ले ने सीखने में संगठन के तत्त्व पर जोर दिया। उन्होंने क्रेश्वेस्की के सिद्धान्त का समर्थन किया जो यह मानता है कि चूहे की क्रिया निरर्थक नहीं होती, बल्कि चयनात्मक होती है। उन्होंने कहा कि "स्नायविक समन्वय की यन्त्र रचना ही ऐसी है कि जब भी कोई उत्तेजना समूह स्नायविक क्रिया उत्पन्न करता है, तो वह क्रिया शीघ्र ही संगठित हो जाती है और कुछ तत्त्व अथवा अंग प्रतिक्रिया के लिए प्रबल हो जाते हैं।"[37] फिर भी लैश्ले को एक व्यवहारवादी की ही श्रेणी में रखा जाएगा, लेकिन उन्हें वाट्सन के रूढ़िवादी अनुयायी के रूप में नहीं माना जा सकता।

लैश्ले के प्रयोगात्मक फलों ने वाट्सन के इस विचार को चुनौती दी कि प्रतिक्षेपों में बिन्दु-दर-बिन्दु सम्बन्ध होता है और जटिल व्यवहार का निर्माण सम्बन्ध-प्रत्यावर्तन के द्वारा थोड़ा-थोड़ा कर के होता है। उनका कहना है कि मस्तिष्क सीखने में काफी सक्रिय रहता है। उसकी व्याख्या मात्र उत्तेजना-प्रतिक्रिया के रूप में नहीं की जा सकती तथा केवल सम्बन्ध-प्रत्यावर्तित प्रतिक्षेप के रूप में भी नहीं की जा सकती है। लैश्ले के अनुसार, "उत्तेजना तथा प्रतिक्रिया का स्वरूप आन्तरिक रूप से ऐसा होता है कि वह प्रतिक्षेपों में सरल बिन्दु-दर-बिन्दु सम्बन्ध के सिद्धान्त को प्रतिबाधित कर देता है।"[38]

निष्कर्ष अथवा मूल्यांकन

लैश्ले का रुढ़िवादी व्यवहारवाद में कभी भी विश्वास नहीं रहा। अतः वे वाट्सन से दूर और गोल्डस्टेन के अधिक निकट माने जा सकते हैं। उन्होंने अपने अध्ययनों के आधार पर प्राणी के जीवन में निरन्तरता की खोज करने की चेष्टा की। जीवन को अति सरल से अति विस्तृत रूप में संगठित माना। उन्हें शारीरिक-मानसिक निरन्तरता में विश्वास था। अतः उन्होंने केवल शारीरिक आधार पर मानव-क्रिया कलापों की व्याख्या नहीं की।

मस्तिष्क की क्रियाओं पर किए गए अपने प्रयोगात्मक अध्ययनों के फलस्वरूप अन्य व्यवहारवादियों की अपेक्षा उनमें सामान्यीकरण की ओर कम झुकाव था। कुछ व्यवहारवादियों ने समस्याओं के समाधान के बदले उन्हें अति सरल रूप में प्रस्तुत करने की चेष्टा की। उनका विश्वास था कि मानव व्यवहार को प्राणी की बाह्य क्रियाओं तथा वातावरण के साथ अन्तक्रिया के रूप में उपस्थित किया जा सकता है। इस प्रकार मनोविज्ञान को दैहिक विज्ञान की शब्दावली में प्रस्तुत किया जा सकता है, किन्तु वे उपयुक्त वैज्ञानिक तरीके से ऐसा करने में असफल रहे। फलस्वरूप अपने रुढ़िवादी रूप में व्यवहारवाद कायम नहीं रह सका।

यद्यपि वाट्सन के व्यवहारवाद के कुछ बिन्दुओं पर लैश्ले का मत भिन्न रहा है, फिर भी उन्होंने वाट्सन के इस मूलभूत विचार का पूर्ण रूप से समर्थन किया है कि मनोविज्ञान में केवल पूर्णतया वस्तुनिष्ठ विधियों का ही उपयोग होना चाहिए। सचमुच उन्होंने अपने प्रयोगात्मक अध्ययनों के द्वारा वस्तुनिष्ठ विधियों के महत्त्व को स्पष्ट रूप से सिद्ध कर दिखाया है।

नव व्यवहारवाद
(Neo-behaviourism)

1920-1930 के लगभग नव-व्यवहारवाद का उदय हुआ। कई प्रकार की विचारधाराएँ पनपीं, जिनमें चार प्रमुख हैं। उनके प्रणेता क्रमशः गुथरी, टौलमैन, हल तथा स्कीनर

हैं। इन चारों विचारधाराओं को संक्रियावाद (Operationism) की धारणा से काफी बल मिला। व्यवहारवाद और संक्रियावाद, इन दोनों ने एक-दूसरे को प्रभावित किया। जहाँ संक्रियावाद ने व्यवहारवाद की पुष्टि की, वहाँ व्यवहारवाद ने संक्रियावाद की स्वीकृति का मार्ग प्रशस्त किया।

संक्रियावाद को एक औपचारिक विचारधारा के बदले एक मनोवृत्ति अथवा सामान्य सिद्धान्त के रूप में ग्रहण करना अधिक युक्तिसंगत है। इसके दो प्रधान लक्ष्य हैं–एक तो यह कि विज्ञान की भाषा और शब्दावली अधिक वस्तुनिष्ठ तथा चुस्त हो तथा दूसरा यह कि विज्ञान ऐसी समस्याओं से बिलकुल मुक्त हो जो निरीक्षणीय तथा भौतिक रूप से प्रदर्शनीय नहीं हों।

एडविन रे गुथरी
(Edwin Ray Guthrie, 1886-1959)

गुथरी ने पेनसिलवेनिया विश्वविद्यालय से पी-एच.डी. की उपाधि प्राप्त करने के बाद वाशिंगटन विश्वविद्यालय में अपना शैक्षिक जीवन आरम्भ किया और वहीं से सेवानिवृत्त हुए। जब वे अध्ययनरत थे, तभी मनोविज्ञान के प्रति व्यवहारवादी दृष्टिकोण के प्रबल समर्थक बन गए और तब से उनकी इस मनोवृत्ति में कभी परिवर्तन नहीं हुआ। यद्यपि वे मूलरूप में एक व्यवहारवादी हैं, किन्तु उनका व्यवहारवाद वाट्सन, हल तथा टौलमैन के व्यवहारवाद से बिलकुल स्वतंत्र है। उनका व्यवहारवाद के प्रति झुकाव 1910 में ही आरम्भ हो गया, जब उन्होंने 'एक निरीक्षणीय वस्तु के रूप में मन' (Mind as an Deservable Object) पर प्रोफेसर ई.ए. सिंगर का भाषण सुना। उस भाषण से उन्हें काफी प्रेरणा मिली, जिसमें सिंगर ने मन के वैज्ञानिक अध्ययन के लिए वस्तुनिष्ठ विधि पर जोर दिया था। गुथरी अपने सहकर्मी स्टिवेन्सन स्मिथ से भी काफी प्रभावित हुए, जिनके सहयोग से उन्होंने एक व्यवहारवादी पाठ्यक्रम लिखा।

गुथरी सम्बन्ध-प्रत्यावर्तन के प्रबल समर्थक हैं। वे समय की समीपता के द्वारा साहचर्य अथवा 'समकालिक सम्बन्ध-प्रत्यावर्तन' को मनोविज्ञान का सर्वाधिक सामान्य नियम मानते हैं। उनका कहना है कि "किसी प्रतिक्रिया के समय सक्रिय रहने वाली उत्तेजनाएँ बाद में भी जब कभी उपस्थित होती हैं तो वह प्रतिक्रिया उत्पन्न हो जाती है।" सीखने की प्रक्रियाएँ समय की समीपता के द्वारा साहचर्य अथवा समकालिक सम्बन्ध-प्रत्यावर्तन के सामान्य नियम का प्रतिनिधित्व करती हैं।

गुथरी ने तथ्यों की अपेक्षा सिद्धान्तों को बहुत अधिक महत्त्व प्रदान किया है। अपने इस विचार के समर्थन में उन्होंने स्पष्ट रूप से कहा है कि सिद्धान्तों का अस्तित्व बहुत दिनों तक कायम रह जाता है, जबकि तथ्य अपेक्षाकृत क्षणिक अथवा अस्थायी होते हैं। सिद्धान्त कई वर्षों अथवा पीढ़ियों तक कायम रहते हैं, जबकि तथ्यों के साथ ऐसी बात नहीं होती। सिद्धान्त न कि तथ्य, प्रकृति तथा घटनाओं

पर नवीन नियन्त्रण रखने में सफल होते हैं?[39] प्रकृति की घटनाओं का 'पूर्वकथन तथा नियन्त्रण' विज्ञान का प्रमुख काम है तथा वैज्ञानिक शोध का प्रमुख लक्ष्य है प्राकृतिक घटनाओं के पूर्वकथन सम्बन्धी वैज्ञानिक नियमों की खोज करना।

गुथरी ने अपने अति प्रयोगवाद (Radical Empiricism) के साथ कभी भी समझौता नहीं किया और स्पष्ट शब्दों में घोषित किया कि वैज्ञानिक नियमों का सम्बन्ध केवल निरीक्षणीय क्रिया-कलापों से है। उन्हीं के शब्दों में "विज्ञान के नियम उन निरीक्षणीय अवस्थाओं का वर्णन करते हैं, जिनमें विशेष वर्गों की घटनाएँ घटित होती हैं।"[40] उदाहरण के लिए, उन्होंने थौर्नडाइक के सन्धि-स्थलों (Synapses) के सिद्धान्त को नहीं माना, क्योंकि वह निरीक्षणीय वस्तु-सामग्रियों पर आधारित नहीं है और इसी आधार पर मस्तिष्क के जेस्टॉल्ट-सिद्धान्त को भी नहीं माना।

मनोवैज्ञानिक विधि की दृष्टि से गुथरी की स्थिति एक अति प्रयोगवादी की है, क्योंकि ऐन्द्रिक प्रत्यक्षीकरण के परे की बात कभी सौंपी ही नहीं। उन्होंने सदा निरीक्षणीय व्यवहार को ही तरजीह दी। फलस्वरूप वे अपने लघुकरण विरोधी विचार (Anti Reductionistic Idea) पर कायम रहे, किन्तु दैहिक विज्ञान को अस्वीकार नहीं किया। उन्होंने केवल मनोविज्ञान की निरीक्षणीय वस्तु-सामग्रियों को उन सिद्धान्तों से जोड़ने का विरोध किया जिनका सम्बन्ध स्नायु-मण्डल के अदृश्य तत्त्वों से है।

सीखना—एक व्यवहारवादी होने के नाते गुथरी की अभिरुचि ऐसी प्रतिक्रियाओं के अध्ययन में थी जिनका निरीक्षण सम्भव हो। सीखने के क्रम में सम्पन्न प्राणी की गतियों का निरीक्षण किया जा सकता है। इसलिए उन्होंने गतियों के अध्ययन पर जोर दिया। गतियों की व्याख्या करते हुए उन्होंने बतलाया कि गतियाँ क्रियावाही (Motor) तथा ग्रन्थीय (Glandular) प्रतिक्रियाएँ हैं। पावलव के सन्बन्ध-प्रत्यावर्तन का सम्बन्ध अधिकांशतः गतियों से ही है। कोई भी गति एक ही प्रयास में सम्पन्न हो जाती है। उसे अनेक प्रयासों की आवश्यकता नहीं होती।

गुथरी का कहना है कि सभी सीखना अथवा व्यवहार का परिमार्जन एकमात्र उत्तेजना-प्रतिक्रिया की समीपता पर ही निर्भर करता है। इस प्रकार यदि कोई उत्तेजना केवल एक बार प्रतिक्रिया उत्पन्न कर देती है तो उस उत्तेजना प्रतिक्रिया के बीच सम्बन्ध स्थापित हो जाता है। यह सम्बन्ध 'विद्युत बटन के बन्द होने के समान'[41] अतिशीघ्र स्थापित हो जाता है। इसे हम एक ही प्रयास में सीखने की संज्ञा दे सकते हैं, जो उनका प्रमुख सिद्धान्त है। उत्तेजना तथा उससे उत्पन्न गति का एक बार में ही जुड़ जाना साहचर्य स्थापित करने के लिए काफी है और यही सीखना है। उन्होंने सीखने के लिए थौर्नडाइक के प्रभाव के नियम (Law of Effect) को अनिवार्य नहीं माना, पावलव के प्रबलन के नियम (Law of Reinforcement) को तथा बारम्बारता के प्राचीन नियम (Law of Frequency) को भी नहीं माना। उन्होंने मात्र समकालिक सम्बन्ध-प्रत्यावर्तन को ही स्वीकार किया।

गुथरी ने अपने सीखने के सिद्धान्त को स्पष्ट करने के लिए क्रिया तथा गति में भेद किया है। कोई भी क्रिया एक गति है, कोई भी परागति क्रिया नहीं है। कोई भी क्रिया एक गति अथवा ऐसा गति-समूह है जो परिणाम उत्पन्न करता है। सीखने का सम्बन्ध गतियों से है, न कि क्रिया से। गुथरी ने उत्तेजनाओं तथा प्रतिक्रिया सम्बन्धी गतियों के बीच सम्बन्ध की व्याख्या समीपता के आधार पर की है। उनकी रुचि, केवल गतियों के अध्ययन में थी, जबकि थौर्नडाइक की रुचि क्रिया के अध्ययन में थी। थौर्नडाइक का प्रभाव का नियम (Law of Effect) क्रिया से सम्बन्धित है न कि गतियों से। उन्होंने यह जानने की चेष्टा की कि उनके प्रयोज्यों ने कितनी बातों को सीखा, उनके कितने लब्धांक (Score) हुए तथा उन्होंने कितना टाइप किया आदि। इसलिए गुथरी का कहना है कि थौर्नडाइक का सम्बन्ध सीखने के (बुनियादी) नियमों से नहीं है। यही कारण है कि उन्होंने थौर्नडाइक के विचारों को अस्वीकार किया और अपनी स्थिति को स्पष्ट करते हुए कहा, "हमारी स्थिति यह है कि जिनके बीच साहचर्य स्थापित होता है, वे हैं उत्तेजना और प्रतिक्रिया। कदाचित् यह कहना और भी अधिक सटीक होगा कि जिनके बीच साहचर्य स्थापित होता है, वे हैं ज्ञानेन्द्रियों के कुछ उद्दीपन तदनुरूप मांसपेशीय संकुचन (Muscular Contractions) तथा ग्रन्थीय स्राव (Glandular Secretions)। उन्हें सम्बन्धित कहने से हमारा तात्पर्य यह है कि दोनों के विगत साहचर्य के कारण उद्दीपन प्रतिक्रिया के लिए एक अवसर बन गया है।[42]

गुथरी ने हार्टन के साथ एक प्रयोग किया और उसके द्वारा यह सिद्ध करने की चेष्टा की कि सीखना साहचर्य की प्रक्रिया के अतिरिक्त और कुछ नहीं है। उनके प्रयोग में बिल्ली को यह सीखना था कि बक्से के बाहर कैसे निकला जा सकता है। अपने इस प्रयोग में उन्होंने पाया कि बिल्ली ने समस्या का शीघ्र ही समाधान कर लिया। उसे थौर्नडाइक के बिल्ली के समान कई प्रयासों की आवश्यकता नहीं हुई। एक बार समस्या का समाधान कर चुकने के बाद जब पुनः उसे बक्से में बन्द किया गया तो उसने पहले किए गए अपने व्यवहार को दुहराया। इससे यह स्पष्ट है कि एक बार में ही सीखने की क्रिया (बक्से से बाहर निकलना) अपनी सम्पूर्ण शक्ति के साथ संपन्न हो जाती है। गुथरी ने यह माना कि सीखने के सभी सिद्धान्तों की व्याख्या मात्र "समय की समीपता" के आधार पर की जा सकती है। सम्बन्ध-प्रत्यावर्तन को भी एक ही प्रयत्न में स्थापित होना चाहिए। उन्हीं के शब्दों में "यह पूर्णतया सम्भव है कि यदि पावलव ने कुछ उत्तेजनाओं के बदले सभी उत्तेजनाओं को नियन्त्रित किया होता तो पचास अथवा उससे अधिक प्रयासों के बदले एक ही प्रयास में निश्चित रूप से सम्बन्ध-प्रत्यावर्तन स्थापित हो गया होता।"

गुथरी ने सीखने से सम्बन्धित कुछ प्रमुख धारणाओं की भी व्याख्या की, जैसे भूलना, स्थानान्तरण, दंड-पुरस्कार, समझ, अभ्यास आदि।

भूलने की व्याख्या करते हुए गुथरी ने कहा है कि हम भूलते इसलिए हैं कि किसी एक प्रतिक्रिया को सीख लेने के बाद जब दूसरी प्रतिक्रिया को सीखते हैं तो दूसरी प्रतिक्रिया पहली प्रतिक्रिया के स्थायी रूप में अंकित होने में बाधा पहुँचाती है।

गुथरी ने सीखने के स्थानान्तरण की व्याख्या थौर्नडाइक के समान ही की है। उनका कहना है कि जब पुराने सीखने और नए सीखने में कुछ समान तत्त्व (Identical Elements) होते हैं तो पुराने सीखने का स्थानान्तरण नए सीखने में हो जाता है। दूसरे शब्दों में, समान तत्त्वों के कारण उत्तेजना प्रतिक्रिया सम्बन्ध का स्थानान्तरण एक परिस्थति से दूसरी परिस्थिति में होता है।

गुथरी ने पुरस्कार तथा दंड के सम्बन्ध में कहा है कि पुरस्कार सीखे हुए उत्तेजना प्रतिक्रिया सम्बन्ध को भूलने से बचाता है। प्रभाव अथवा प्रबलन के नियम को उन्होंने सीखने के लिए आवश्यक नहीं माना है। दंड के सम्बन्ध में उनका कहना है कि कड़ा दंड प्रतिक्रिया को भंग कर देता है, किन्तु हल्का दंड बाधक होने के बदले प्रतिक्रिया के सीखने में सहायक होता है।

गुथरी ने अन्तर्दृष्टि जैसी आत्मनिष्ठ धारणा को मान्यता नहीं दी। अतः उन्होंने सीखने की व्याख्या अन्तर्दृष्टि के बदले तत्परता प्रतिक्रिया (Readiness Reaction) के आधार पर की। तत्परता प्रतिक्रिया विगत अनुभूति पर निर्भर है। अतः साहचर्यात्मक सिद्धान्त से इसका कोई विरोध नहीं है।

गुथरी के अनुसार अभ्यास उत्तेजना-प्रतिक्रिया सम्बन्ध को प्रभावित नहीं करता, क्योंकि सीखना तो एक ही प्रयास में सम्पन्न हो जाता है, किन्तु यह सीखने के परिणाम को प्रभावित करता है।

अनुप्रेरणा (Motivation)–गुथरी के द्धिान्त में बाह्य उत्तेजना तथा बाह्य प्रतिक्रिया के अतिरिक्त किसी अन्य तत्त्व के लिए कोई स्थान नहीं है। फलस्वरूप उन्होंने अनुप्रेरणा की समस्या की उपेक्षा की, जिसे प्रायः सभी ने किसी-न-किसी रूप में सीखने के लिए आवश्यक माना है। उन्होंने एक उदाहरण द्वारा यह स्पष्ट किया कि केवल भोजन करने की क्रिया के द्वारा भूख का सम्बन्ध-प्रत्यावर्तन से सम्बन्ध हो सकता है, अन्यथा नहीं। अपने आप में भूख का सम्बन्ध-प्रत्यावर्तन में कोई हाथ नहीं होता। वास्तव में भूख, भोजन आदि का व्यवहार अथवा प्रतिक्रिया के प्रबलन में कोई हाथ नहीं होता। वे सिर्फ एक नयी परिस्थिति उत्पन्न कर देते हैं, जिसके कारण प्राणी सीखी हुई प्रतिक्रिया अथवा व्यवहार को भूल नहीं पाता। संक्षेप में यह कहा जा सकता है कि गुथरी के सिद्धान्त में "संतोष" तथा "असंतोष" के लिए कोई स्थान नहीं है। ऐसा नहीं है कि संतोष के कारण कोई प्रतिक्रिया प्रबल रूप से प्राणी में कायम हो जाती है तथा असंतोष के कारण त्याग दी जाती है, जैसा कि थौर्नडाइक मानते हैं। गुथरी के सिद्धान्त में प्रबलन के नियम (Law of Reinforcement) का भी कोई

स्थान नहीं है। हल ने प्रबलन की व्याख्या आवश्यकता को कम करने वाले तत्त्व के रूप में की। किन्तु गुथरी ने ऐसा नहीं माना।[43]

मनोचिकित्सा–गुथरी की अभिरुचि मनोचिकित्सा में भी थी। 1938 में उनकी पुस्तक 'मानव-संघर्ष का मनोविज्ञान' प्रकाशित हुई। अपनी इस पुस्तक में उन्होंने स्पष्ट किया है कि प्रायः एक ही साथ व्यक्ति के सामने अनेक प्रकार की उत्तेजनाएँ उपस्थित हो जाती हैं और उसे परस्पर विरोधी प्रतिक्रियाएँ व्यक्त करने की आवश्कता पड़ती है। ऐसी परिस्थिति में सामान्यतः ऐसा होता है कि किसी एक प्रकार की प्रतिक्रियाएँ अति प्रबल सिद्ध होती हैं तथा दूसरी को पूर्णतया दबा देती है। किन्तु जब कभी ऐसा नहीं हो पाता तो व्यक्ति को संघर्ष का सामना करना पड़ता है। जिसके फलस्वरूप उसमें संवेगात्मक तनाव उत्पन्न हो जाता है तथा उसका व्यवहार प्रभावहीन हो जाता है।

यद्यपि गुथरी ने फ्रायड को उनकी प्रतिभा तथा मौलिकता के लिए श्रेय प्रदान किया है, किन्तु जैने (Jannet) के काम को अधिक ठोस माना है। जैने ने व्यवहारवाद का स्वागत किया तथा एक व्यावहारिक एवं चिकित्सीय वस्तुनिष्ठ मनोविज्ञान विकसित किया जिसे उन्होंने "आचरण का मनोविज्ञान" (Psychology of Conduct) की संज्ञा दी (1930)।

गुथरी के सिद्धान्त की सरलता ने अनेक मनोवैज्ञानिकों को आकर्षित किया। केवल समीपता के आधार पर सीखने के सभी तथ्यों की व्याख्या निश्चित रूप से अत्यन्त सरल नहीं कही जा सकती है। एक ही प्रयास में सीखने की क्रिया का सम्पन्न होना भी कम सरल नहीं है। यहाँ यह उल्लेख्य है कि उनके सिद्धान्त की सरलता की जहाँ प्रशंसा हुई है, वहाँ आलोचना भी हुई है। आलोचकों का कहना है कि उनका सिद्धान्त सरल इसलिए जान पड़ता है कि उन्होंने जटिल समस्याओं को बिलकुल छोड़ ही दिया। उनकी व्याख्या करने की चेष्टा ही नहीं की। अब हम प्रयोगों के आधार पर विचार करेंगे कि उनका सिद्धान्त कहाँ तक मान्य है।

सेवार्ड[44] ने अपने प्रयोगों के आधार पर गुथरी के सिद्धान्त की सत्यता (Validity) को चुनौती दी। उन्होंने चूहों के दो समूहों पर प्रयोग किया। दोनों समूहों के चूहों को भोजन प्राप्त करने के लिए एक छड़ को दबाना था। इस छड़ दबाने की परिस्थिति में केवल एक समूह के चूहों को भोजन प्राप्त करने दिया गया, किन्तु दूसरे समूह के चूहों को इससे वंचित रखा गया। यह प्रयोग इस दृष्टि से किया गया कि गुथरी की इस परिकल्पना का सत्यापन हो सके कि सीखने में पुरस्कार का कोई हाथ नहीं होता। सीखना तो मात्र समीपता पर निर्भर है। इस प्रयोग में सेवार्ड ने यह पाया कि दोनों समूहों के चूहों ने छड़ को दबाना सीखा, किन्तु पुरस्कृत समूह के चूहों की प्रगति अपुरस्कृत समूह के चूहों की अपेक्षा अधिक तीव्र गति से हुई। इससे स्पष्ट है कि गुथरी की परिकल्पना सत्यापित नहीं हो सकी और सीखने में पुरस्कार का हाथ पाया गया।

शेफिल्ड तथा रोबी[45] ने अपने प्रयोगात्मक अध्ययन में सैकरिन के अपोषक स्वाद का पुरस्कार के रूप में व्यवहार किया। सैकरिन खिलाए जाने के बाद चूहे के व्यवहार में कुछ परिवर्तन हुए। यह ठीक है कि यह प्रयोग प्रबलन के द्वारा आवश्यकता को कम करने (Need Reduction) के हल के सिद्धान्त को सिद्ध नहीं कर पाता। किन्तु थौर्नडाइक के प्रभाव के नियम अथवा प्रबलतर उत्तेजना द्वारा पावलव के प्रबलन की धारणा का खंडन नहीं कर पाता। इससे ऐसा लगता है कि गुथरी के सिद्धान्त को प्रयोगात्मक समर्थन है, किन्तु बात ऐसी नहीं है क्योंकि सैकरिन ''संतोषप्रद'' हो सकता है। अतः इसे पुरस्कार माना जा सकता है, जबकि उनकी परिकल्पना है कि सीखने में पुरस्कार का कोई हाथ नहीं होता। यह चीनी के साथ सम्बद्ध द्वितीय श्रेणी का सम्बन्ध-प्रत्यावर्तित उत्तेजना हो सकता है। इस प्रकार शेफिल्ड तथा रोबी का प्रयोग गुथरी के समीपता सिद्धान्त (Contiguity Theory) का अनिवार्य रूप से समर्थन नहीं कर पाता।

इन आलोचनाओं के बावजूद यह तो मानना ही पड़ेगा कि गुथरी के सिद्धान्त में प्रयोगाश्रित प्रयोगों के कुछ भाग अवश्य सन्निहित हैं। कई प्रयोगकर्त्ताओं ने यह सिद्ध किया है कि बिना ''संतोष'' अथवा ''असंतोष'' के भी सम्बन्ध-प्रत्यावर्तन स्थापित हो सकता है। इससे यह स्पष्ट है कि गुथरी की यह परिकल्पना कि बिना पुरस्कार के भी सीखने की क्रिया मात्र समीपता के आधार पर स्थापित हो सकती है—मान्य है। इस सम्बन्ध में बाइकोव का अध्ययन महत्त्वपूर्ण है जिन्होंने यह सिद्ध किया है कि सीखना बिना पुरस्कार अथवा प्रबलन के भी हो सकता है। इससे गुथरी के सिद्धान्त की पुष्टि होती है जिन्होंने अपने अध्ययनों के आधार पर यह स्पष्ट किया है कि ''पुरस्कार'' अथवा ''आनन्द'' अथवा ''आवश्यकता की कमी'' के रूप में प्रबलन के बिना भी सीखने की क्रिया सम्पन्न होती है। सामान्यतः एक ही प्रयास में मात्र समीपता के आधार पर सम्बन्ध-प्रत्यावर्तन स्थापित हो जाता है।

गुथरी की छात्रा वोक्स (1950) ने उनके सिद्धान्त को औपचारिक रूप देने की चेष्टा की।[46] इसके लिए उन्होंने कई अभिधारणाओं का सहारा लिया। किन्तु वोक्स के इस महत्त्वपूर्ण कार्य के बावजूद गुथरी का सिद्धान्त इस प्रश्न का उत्तर नहीं दे सका कि क्यों कुछ प्रयोगों में एक ही ''समीपता'' के आधार पर सीखने की क्रिया सम्पन्न हो जाती है, किन्तु अन्य प्रयोगों में नहीं हो पाती। साथ-ही-साथ, गुथरी की विचारधारा में अध्ययन के अन्य अतिरिक्त क्षेत्रों को भी सन्निहित नहीं किया जा सकता है। इस प्रकार कारण की समस्या ज्यों-की-त्यों रह गई।

उपर्युक्त प्रयोगात्मक फलों से स्पष्ट है कि जहाँ कुछ प्रयोग गुथरी के सिद्धान्त का विरोध करते हैं, वहाँ कुछ ने समर्थन भी किया है। इस विवाद के कारण कुछ मनोवैज्ञानिकों ने तो इसे सीखने के सामान्य सिद्धान्त के रूप में स्वीकार करने में भी हिचकिचाहट व्यक्त की है। इसे सीखने के सामान्य सिद्धान्त के रूप में मान्यता

प्रदान करने में उन्होंने जिस सबसे बड़ी कठिनाई का उल्लेख किया है, वह यह है कि यह इस मूल प्रश्न का उत्तर नहीं दे पाता कि "समीपता" के आधार पर सामान्य रूप से सभी प्रयोगों में सीखने की क्रिया क्यों नहीं सम्पन्न होती?

गुथरी ने अति प्रयोगवाद के चक्कर में प्रबलन के नियम को बिलकुल नहीं माना। सम्बन्ध-प्रत्यावर्तन क्यों स्थापित होता है, इस पर उन्होंने विचार ही नहीं किया। डेविड ह्यूम[47] का अनुसरण करते हुए उन्होंने कारण की समस्या पर बिलकुल ध्यान ही नहीं दिया। अतः वे यह उत्तर नहीं दे पाए कि सम्बन्ध-प्रत्यावर्तन क्यों घटित होता है? कदाचित् इसलिए वुलमैन ने कहा है कि सचमुच यह आश्चर्यजनक है कि गुथरी के सिद्धान्त ने सीखने की कुछ भी व्याख्या की है या नहीं। उनकी विचारधारा तो इस प्रश्न पर विचार ही नहीं करती कि कोई घटना क्यों घटती है, वह तो मात्र यह वर्णन करती है कि कोई घटना कैसे घटित होती है। वह तो व्याख्या की अपेक्षा अधिक प्रस्तुतीकरण है।[48]

हिलगार्ड ने गुथरी के सिद्धान्त से सम्बन्धित अनेक प्रयोगों का सारांश प्रस्तुत किया है।[49] औसगुड ने भी कई प्रयोगों के फलों का विश्लेषण किया है।[50] उन सभी को दृष्टि में रखते हुए यह कहना अधिक उपयुक्त जान पड़ता है कि गुथरी के सिद्धान्त की सरलता वस्तुतः भ्रामक है। इस सम्बन्ध में म्यूलर एवं शोयन फिल्ड के विचार उल्लेखनीय हैं। उन्होंने कहा है कि गुथरी ने कम-से-कम शब्दों में सम्बन्ध-प्रत्यावर्तन की व्याख्या की है। वैज्ञानिक दृष्टि से ऐसा करना प्रत्यक्षतः वांछनीय जान पड़ता है, किन्तु भली-भाँति विश्लेषण करने पर स्पष्ट हो जाता है कि सम्यक् व्याख्या के लिए कई अभिधारणाओं एवं पूर्वानुमानों की आवश्यकता है और ऐसा करने पर ही उनका सिद्धान्त प्रयोगात्मक प्रदत्तों पर लागू हो सकेगा। आगे उन्होंने यह भी कहा है कि सीखने के क्षेत्र में गुथरी के सिद्धान्त के अनेक पुनरवलोकनों ने उनके सिद्धान्त की अपूर्णता को सरलता मान लेने की गलती है।[51]

गुथरी ने अपने सिद्धान्त को अति सरल ढंग से प्रस्तुत कर उसे दोष मुक्त करने की चेष्टा की है और यही उनके सिद्धान्त के प्रति संशय उत्पन्न कर देता है। थौर्नडाइक की विचारधारा में दंड के प्रभाव के सम्बन्ध में प्रयोगात्मक प्रमाणों के आधार पर संशोधन हुए। हल की विचारधारा में भी उपलब्ध तथ्यों के आधार पर लगातार संशोधन एवं पुनर्मूल्यांकन हुए। किन्तु गुथरी के सिद्धान्त में लगभग 25 वर्षों से अधिक सक्रिय मनोवैज्ञानिक प्रयोगों की अवधि में भी कोई परिवर्तन नहीं हुआ, यही संशय उत्पन्न कर देता है। हिलगार्ड ने उनके सिद्धान्त का मूल्यांकन करते हुए कहा है कि या तो उनका सिद्धान्त आश्चर्यजनक ढंग से उत्प्रेरक है या बहुत सुनिश्चित रूप से प्रस्तुत ही नहीं किया गया है और इसीलिए वह प्रयोगात्मक प्रदत्तों के प्रति बहुत संवेदनशील नहीं है।[52]

गुथरी के क्रांतिकारी प्रयोगवाद (Revolutionary Empiricism) ने वैसी सभी तार्किक अभिधारणाओं का परित्याग किया है जो प्रयोगाश्रित नहीं हैं। इस प्रकार उन्होंने सभी अनिरीक्षणीय तत्त्वों का बहिष्कार किया है। उनका ऐसा करना सिद्धान्त निर्माण में बाधक सिद्ध हुआ है, न कि सहायक। इस सन्दर्भ में यहाँ यह उल्लेख कर देना अभीष्ट है कि कोई भी सिद्धान्त इस सत्य की अनदेखी नहीं कर सकता कि कुछ तथ्य प्रयोगाश्रित नहीं होते हुए भी अन्य निरीक्षणीय तथ्यों को प्रभावित करते हैं।

थौर्नडाइक के विपरीत, गुथरी निश्चित रूप से एक व्यवहारवादी हैं, जिन्होंने आत्मनिष्ठ शब्दावली से अपने को बिलकुल मुक्त रखने की चेष्टा की है। इसके फलस्वरूप उन्होंने वाट्सन के समान ही 'चिन्तन' के बदले 'आन्तरिक सम्भाषण' शब्द के व्यवहार पर अधिक जोर दिया है। गत्योत्पन्न उत्तेजनाओं (Movement Produced Stimuli) पर उनका अधिक बल देना भी वाट्सन की प्राचीन व्यवहारवादी परम्परा का ही एक अंग है। इस अर्थ में वे निस्सन्देह एक पारम्परिक व्यवहारवादी हैं, लेकिन तो भी उनका व्यवहारवाद अनौपचारिक है। अतः उसमें संशोधन की गुंजाइश है। शेफिल्ड ने उसमें संशोधन किया भी, जिसके फलस्वरूप उन्होंने सीखने को गतिहीन प्रतिक्रिया माना।

प्रबल व्यवहारवादी झुकाव के बावजूद गुथरी वस्तुतः एक साहचर्यवादी ही रहे हैं। निस्सन्देह साहचर्यवादी परम्परा सदा कायम रहेगी, परन्तु गुथरी द्वारा साहचर्यवाद की की गई एक विशेष प्रकार की व्यवहारवादी व्याख्या 'संज्ञानात्मक मनोविज्ञान' (Cognitive Psychology) के आगमन के साथ ही समाप्त हो जाएगी।[53]

प्रतिदिन के जीवन में घटित होने वाली क्रियाओं और विचारों को गुथरी ने चुटकुलों एवं उदाहरणों के सहारे बड़े आकर्षक ढंग से सरल शब्दों में प्रस्तुत किया है। उनकी इस अपूर्व क्षमता की हिलगार्ड ने बड़ी प्रशंसा की है और इसे मनोविज्ञान में एक महत्त्वपूर्ण योगदान माना है क्योंकि इससे प्रभावित होकर अनेक युवक-युवतियों ने मनोविज्ञान को एक रचनात्मक जीवन-वृत्ति के रूप में अपनाया।[54]

गुथरी के योगदानों की समीक्षा की गई। अब यह उल्लेख्य है कि 1958 में उनके योगदानों के महत्त्व को औपचारिक रूप से भी मान्यता प्राप्त हुई, जब उन्हें अमरीकी मनोवैज्ञानिक संस्था द्वारा पुरस्कार के रूप में स्वर्ण पदक प्रदान किया गया। यह भी उल्लेखनीय है कि सीखने का अभिनव सांख्यिकीय मॉडल अधिकांशतः गुथरी की योजना पर ही आधारित है। समसामयिक मनोविज्ञान में उनकी विचारधारा पर गम्भीरता से विवेचन-विश्लेषण होता है। अतः शुल्ज का यह निष्कर्ष समुचित जान पड़ता है कि अपनी सारी त्रुटियों के बावजूद गुथरी अपनी सैद्धान्तिक तथा सीखने के एक अग्रणी सिद्धान्ती के रूप में अपनी महत्ता को सफलतापूर्वक कायम रखने में सक्षम सिद्ध हुए हैं।[55]

ई.सी. टौलमैन (1886-1959) : प्रयोजनवादी व्यवहारवाद (Purposive Behaviourism)

जब विभिन्न मनोवैज्ञानिक विचारधाराएँ अपने विकास की यौवनावस्था में थीं, तब जेस्टॉल्टवाद एवं व्यवहारवाद के समन्वय की बात करना एक पागलपन अथवा मजाक जैसी बात थी, किन्तु ठीक उसी समय टौलमैन ने ऐसा करने की चेष्टा की और इसमें उन्हें काफी सफलता भी मिली। ऐसा करने की प्रेरणा कदाचित इसलिए मिली कि उन्हें जर्मनी में प्रसिद्ध जेस्टॉल्टवादी मनोवैज्ञानिक कर्ट कोफ्का के अन्दर रहकर उन्हें अध्ययन करने का अवसर प्राप्त हुआ था। साथ-ही-साथ स्नातक कक्षा में वुन्ट-टिचेनर की परम्परा में शिक्षा ग्रहण करते हुए उन्हें वाट्सन के व्यवहारवाद के सम्पर्क में आने का भी अवसर मिला था, जिससे वे काफी प्रभावित भी हुए थे। इस पृष्ठभूमि में यह स्वाभाविक ही था कि उन्हें जेस्टॉल्टवाद तथा व्यवहारवाद, इन दोनों विचारधाराओं में समन्वय की गुंजाइश ज़ान पड़ी। बर्कले विश्वविद्यालय में कार्यरत रहते हुए उन्हें तुलनात्मक मनोविज्ञान के अध्यापन का अवसर भी मिला और उन्होंने सीखने के सम्बन्ध में चूहों पर प्रयोग भी किए और तब वे निश्चित रूप से एक व्यवहारवादी मनोवैज्ञानिक बन गए। यहाँ यह उल्लेखनीय है कि उनका व्यवहारवाद वाट्सन के व्यवहारवाद से भिन्न है।

टौलमैन की व्यवहारवादी विचारधारा का विकास धीरे-धीरे पचीस वर्षों से भी अधिक समय में हुआ। सर्वप्रथम उनके विचारों की अभिव्यक्ति 1932 में प्रकाशित उनकी पुस्तक "पशु तथा मानव में प्रयोजनवादी व्यवहार[56] में हुई। उनकी विचारधारा अनवरत रूप से उनके शोध-पत्रों एवं पुस्तकों के द्वारा विकसित होती गई। 1942 में 'युद्ध के प्रति प्रणोदन'[57] तथा 1951 में 'मनोविज्ञान में संग्रहीत शोध-पत्र'[58] प्रकाशित हुए। उनकी अंतिम कृति "प्रयोजनवादी व्यवहार के सिद्धान्त"[59] का प्रकाशन 1959 में हुआ। इसमें उनकी विचारधारा के मूलभूत सिद्धान्त निहित हैं।

सामान्य रूप से टौलमैन का दृष्टिकोण एक ही साथ व्यवहारवादी तथा जेस्टॉल्टवादी, दोनों ही है। वे व्यवहारवादी इसलिए माने जाते हैं कि उन्होंने मनोविज्ञान की विषय-वस्तु के रूप में चेतना को तथा विधि के रूप में अन्तर्निरीक्षण को नहीं अपनाया। वे जेस्टॉल्टवादी इसलिए कहे जाते हैं कि उन्होंने व्यवहार की व्याख्या में सम्पूर्णता अथवा समष्टि के दृष्टिकोण को अपनाया, न कि आंशिक दृष्टिकोण को। उन्होंने वाट्सन के समान व्यवहार को विभिन्न तत्त्वों में बाँटकर समझने की चेष्टा नहीं की, उसे उत्तेजना-प्रतिक्रिया के बीच सम्बन्ध के रूप में ग्रहण नहीं किया, व्यवहार को स्नायुओं (Nerves), मांसपेशियों (Muscles) तथा ग्रन्थियों (Glands) की क्रियाओं के रूप में भी स्वीकार नहीं किया, बल्कि उन्होंने तो सम्पूर्ण प्राणी की सम्पूर्ण क्रिया के अध्ययन पर जोर दिया। इस प्रकार भी उनकी विचारधारा में व्यवहारवादी तथा जेस्टॉल्टवादी दोनों प्रकार की धारणाएँ सन्निहित हैं।

टौलमैन ने वाट्सन के विचारों की आलोचना की और व्यवहार को प्रयोजनवादी माना, जबकि वाट्सन ने व्यवहार और प्रयोजन को एक-दूसरे का विरोधी माना। फलस्वरूप उन्होंने प्रयोजन को अन्तर्निरीक्षणात्मक अन्धविश्वास मानकर व्यवहार से उसका बहिष्कार किया। किन्तु टौलमैन का कहना है कि स्वतः व्यवहार में ही वस्तुनिष्ठ प्रयोजन सन्निहित है। अतः प्रयोजन तो व्यवहार का अभिन्न अंग है। फलतः उसके निष्कासन का कोई प्रश्न ही नहीं है। वाट्सन के सम्बन्ध में उनका कहना है कि वाट्सन द्वारा दी गई व्यवहार की परिभाषा न तो संगत है और न स्पष्ट। वाट्सन ने तो स्पष्ट रूप से कहा है कि जिसका वस्तुनिष्ठ निरीक्षण किया जा सके, जिसे देखा जा सके, उसे ही व्यवहार की संज्ञा दी जाएगी। किन्तु उन्होंने आन्तरिक व्यवहार (Implicit Behaviour) की बात की है, जैसे चिन्तन को आन्तरिक सम्भाषण कहा है, जिसका वास्तव में वस्तुनिष्ठ निरीक्षण सम्भव नहीं है।

भूलभुलैया सम्बन्धी प्रयोगों में चूहे का व्यवहार अभिप्राययुक्त है, लक्ष्य निर्देशित है। जब एक मार्ग से चलकर चूहा अपने लक्ष्य (भोजन) तक नहीं पहुँच पाता तो कई मार्गों को अपनाता है, जब तक कि लक्ष्य तक पहुँच नहीं जाता। वह केवल एक ही प्रयास कर छोड़ नहीं देता, बल्कि अनेक प्रयास करता है, यही इस बात का द्योतक है कि उसका व्यवहार लक्ष्य निर्देशित है, उसमें अभिप्राय अथवा प्रयोजन अन्तर्निहित है। भूलभुलैया में अन्ध-पथों (Blind Alleys) का परित्याग तथा सर्वाधिक छोटे मार्ग को अपनाना, इस बात का संकेत है कि चूहा लक्ष्य तक पहुँचने वाले मार्ग को सीख लेता है, लक्ष्य प्राप्ति के माध्यम को सीख लेता है। टौलमैन ने इसे लक्ष्य प्राप्ति अथवा प्रयोजन का निर्णायक प्रमाण माना है। उनके अनुसार यह संज्ञान (Cognition) का भी प्रमाण है, क्योंकि भूलभुलैया से अवगत होना तो संज्ञान ही है।

यद्यपि सरसरी नजर से देखने पर अभिप्राय और व्यवहार का संयोग विचित्र जान पड़ता है, किन्तु टौलमैन ने इन दोनों के संयोग को युक्तिसंगत बतलाया है और इसीलिए उन्होंने व्यवहारवाद को प्रयोजनवादी व्यवहारवाद (Purposive Behaviourism) कहा है।

टौलमैन के संज्ञान एवं प्रयोजन की धारणाओं की संरचनावादियों तथा व्यवहारवादियों ने समान रूप से कटु आलोचना की। उन्होंने कहा कि पशुओं में संज्ञान एवं प्रयोजन तभी सम्भव है जब हम उनमें चेतना के अस्तित्व को स्वीकार करें, अन्यथा नहीं। किन्तु टौलमैन ने अपनी पुस्तकों तथा शोध-पत्रों के द्वारा यह स्पष्ट किया है कि वे कभी भी चेतना की ओर लौटने के पक्ष में नहीं हैं, क्योंकि वे एक व्यवहारवादी हैं और व्यवहारवादी होने के नाते चेतना तथा अन्तर्निरीक्षण जैसी व्यक्तिगत क्रियाओं में उनका कोई विश्वास नहीं है। अतः उन्होंने संरचनावादियों की चेतना तथा अन्तर्निरीक्षण दोनों को बिलकुल नहीं माना। उन्होंने वाट्सन के आन्तरिक व्यवहार अथवा क्रिया को भी नहीं माना क्योंकि यह भी व्यक्तिगत तथा आत्मनिष्ठ ही है।

इसका भी तो बाह्य निरीक्षण सम्भव नहीं है। टौलमैन ने किसी भी प्रकार की चेतन प्रक्रियाओं को अवलोकित व्यवहार (Observed Behaviour) से लिए गए अनुमानित निष्कर्ष के रूप में ग्रहण किया, उन्होंने आत्मनिष्ठ एवं व्यक्तिगत क्रियाओं अथवा अनुभूतियों को नहीं माना क्योंकि ये कभी भी विज्ञान के विषय नहीं हो सकतीं। इन्हें तो विज्ञान में तभी स्थान मिल सकता है, जब इन व्यक्तिगत एवं आत्मनिष्ठ अनुभूतियों का रिपोर्ट कर इन्हें सार्वजनिक रूप दिया जा सके।[60]

टौलमैन कम-से-कम दो महत्त्वपूर्ण बातों में वाट्सन से निश्चित रूप से भिन्न हैं–एक तो यह कि वे आंशिक दृष्टिकोण (Molecular viewpoint) को अपनाकर व्यवहार के अध्ययन के बिलकुल विरोधी हैं और दूसरा यह कि वे व्यवहार को प्रयोजनवादी मानते हैं। इस प्रकार यह स्पष्ट है कि टौलमैन वाट्सन की परम्परा के व्यवहारवादी नहीं हैं। वास्तव में वे अन्य व्यवहारवादियों की अपेक्षा कम नकारात्मक मनोवृत्ति के हैं। फलस्वरूप वे स्वतन्त्र रूप में खुले दिमाग से सभी मनोवैज्ञानिक विचारधाराओं पर विचार करने के समर्थक हैं और इसीलिए ऐसी धारणाओं को भी अपनाने पर अधिक जोर दिया है, जो व्यवहारवाद की विरोधी विचारधाराओं में हैं, जैसे जेस्टॉल्टवाद एवं मनोविश्लेषण। वास्तव में वे तो ऐसी सभी धारणाओं को मनोविज्ञान में स्थान देने के पक्षपाती हैं जिन्हें व्यवहारवादी अथवा दैहिक शब्दावली में व्यक्त किया जा सके और ऐसी सभी मनोवैज्ञानिक कार्यों को अपनाने के भी पक्षधर हैं, जिनमें वस्तुनिष्ठ विधियों का प्रयोग किया गया हो।

टौलमैन ने समग्र व्यवहार (Molar Behaviour) के अध्ययन पर जोर दिया। इसीलिए उन्हें जेस्टॉल्टवादी समझा जाता है। उनका कहना है कि समग्र व्यवहार यान्त्रिक नहीं होता, बल्कि लचीला होता है। वह प्रशिक्षणीय तथा लक्ष्य-निर्देशित होता है। उन्होंने अपने प्रयोगों में पाया कि उनके प्रयोगात्मक पशु अपने व्यवहारों में परिवर्तन करते हैं। उनमें लक्ष्य की ओर ले जाने वाले सुगम एवं छोटे मार्ग के चयन करने की क्षमता भी होती है। लम्बे एवं कठिन मार्ग की अपेक्षा छोटे एवं सुगम मार्ग को अपनाने की इस प्रवृत्ति को हिलगार्ड ने न्यूनतम प्रयास का सिद्धान्त (Principle of Least Effort) कहा है। इससे स्पष्ट है कि टौलमैन व्यवहार को संज्ञानात्मक (cognitive) मानते हैं।

मध्यवर्ती परिवर्त्यों (Intervening Variables) की धारणा

टौलमैन मध्यवर्ती परिवर्त्य की धारणा के लिए विख्यात हैं। इस धारणा को सर्वप्रथम स्पष्ट एवं सुव्यवस्थित रूप में प्रस्तुत करने का श्रेय प्रायः उन्हें ही दिया जाता है। मनोविज्ञान में यह उनका सबसे महत्त्वपूर्ण एवं उपयोगी योगदान माना जाता है।

टौलमैन के अनुसार स्वतन्त्र परिवर्त्यों तथा आश्रित परिवर्त्यों का बाह्य निरीक्षण किया जा सकता है तथा संक्रियात्मक रूप से (Operationally) उन्हें परिभाषित भी

किया जा सकता है। किन्तु उन्होंने इन दोनों के बीच कुछ ऐसे मध्यवर्ती परिवर्त्यों का भी उल्लेख किया है, जिनका प्रत्यक्ष रूप से निरीक्षण नहीं किया जा सकता, पर प्रतिक्रिया अथवा व्यवहार के निर्धारण में इनका प्रमुख हाथ होता है। ये ऐसी आन्तरिक प्रक्रियाएँ हैं जो प्राणी में घटित होती हैं और व्यवहार उत्पन्न करती हैं।

उन्होंने स्वतन्त्र परिवर्त्यों को व्यवहार के आरम्भिक करण के रूप में ग्रहण किया है तथा आश्रित परिवर्त्यों को उनके द्वारा उत्पन्न व्यवहार के रूप में। उन्होंने इस प्रकार के पाँच प्रमुख स्वतन्त्र परिवर्त्यों का उल्लेख किया है–(1) वातावरण की उत्तेजनाएँ (Environmental Stimuli), (2) दैहिक प्रणादेन (Physiological Drive), (3) वंश परम्परा (Hereditasy), (4) पूर्व प्रशिक्षण (Previous Training) तथा (5) परिपक्वता अथवा आयु (Matuarity or Age) और उन्हें संकेत चिह्नों के रूप में S, P, H, T, A के द्वारा द्योतित किया है। उन्होंने यह स्पष्ट किया है कि प्राणी का व्यवहार इनके द्वारा ही उत्पन्न होता है। इसे सूत्र के रूप में उन्होंने इस प्रकार व्यक्त किया है–

$$B = fx\ (S, P, H, T, A)$$

यहाँ यह स्पष्ट कर देना भी अनिवार्य जान पड़ता है कि वातावरण में उपस्थित उत्तेजना तथा दैहिक प्रणोदन के द्वारा ही व्यवहार आरम्भ होते हैं और वंश परम्परा, पूर्व प्रशिक्षण तथा परिपक्वता अथवा आयु उनके स्वरूप का निर्धारण करते हैं।

वाट्सन आदि व्यवहारवादियों ने व्यवहार की व्याख्या केवल उत्तेजना-प्रतिक्रिया के आधार पर की है। उन्होंने प्राणी की उपेक्षा की है। किन्तु टौलमैन ने प्रतिक्रिया अथवा व्यवहार में प्राणी की महत्त्वपूर्ण भूमिका पर जोर दिया है। इसीलिए उनके अन्दर पाई जाने वाली कुछ मध्यवर्ती परिवर्त्यों को उत्तेजना-प्रतिक्रिया के बीच जोड़ा है और कहा है कि वास्तव में ये आन्तरिक प्रक्रियाएँ ही उत्तेजना तथा प्रतिक्रिया के बीच सम्बन्ध स्थापित करती हैं। सचमुच इन आन्तरिक प्रक्रियाओं का वैज्ञानिक मूल्य भी तभी है, जब ये स्वतन्त्र परिवर्त्य तथा आश्रित परिवर्त्य से जुड़ी हुई हों। मध्यवर्ती परिवर्त्य के उदाहरण के रूप में भूख को प्रस्तुत किया जा सकता है। भूख का बाह्य निरीक्षण सम्भव नहीं है। किन्तु निश्चित रूप से इसका सम्बन्ध स्वतन्त्र परिवर्त्य के साथ जोड़ा जा सकता है और तभी इसकी वैज्ञानिक सार्थकता भी है, जैसे प्राणी ने कितना पहले भोजन किया था। भोजन करने की कालावधि के आधार पर भूख की मात्रा का निर्धारण किया जा सकता है। भूख का आश्रित परिवर्त्य अथवा प्रतिक्रिया के साथ भी सम्बन्ध जोड़ा जा सकता है, जैसे प्राणी ने कितना खाया और किस गति के साथ खाया। इस प्रकार बाह्य रूप से अनिरीक्षणीय मध्यवर्ती परिवर्त्यों को भी प्रयोगात्मक एवं संख्यात्मक रूप में व्यक्त किया जा सकता है।

टौलमैन ने प्राणी के व्यवहार की व्याख्या में कम-से-कम दो प्रकार के परिवर्त्यों को उपयोगी माना–माँग-परिवर्त्य (Demand Variables) तथा संज्ञानात्मक परिवर्त्य

(Cognitive Variables)। माँग-परिवर्त्यों में प्रणोदन निहित है, जैसे—भूख, यौन, खतरे से सुरक्षा की भावना आदि। संज्ञानात्मक परिवर्त्य योग्यताओं के द्योतक हैं। इनके उदाहरणस्वरूप वस्तुओं के प्रत्यक्षीकरण, गतिवाही कुशलता (Motor Skills) आदि को प्रस्तुत किया जा सकता है।

1951 में उन्होंने मध्यवर्ती परिवर्त्यों में संशोधन कर तीन प्रकार के मध्यवर्ती परिवर्त्यों का उल्लेख किया—आवश्यकता-समूह (Need Systems), विश्वास मूल्य प्रेरक (Belief—Value Motives) तथा व्यवहार क्षेत्र (Behaviour Spaces)। आवश्यकता-समूह का तात्पर्य है दैहिक वंचना (Physiological deprivation)। इससे किसी खास क्षण में प्रणोदन की परिस्थिति का बोध होता है। विश्वास मूल्य-प्रेरक किसी विशेष लक्ष्य से सम्बन्धित वस्तुओं के लिए तरजीह देने की तीव्रता के द्योतक हैं। इनका सम्बन्ध इस बात से भी है कि आवश्यकताओं की तृप्ति में ये वस्तुएँ अपेक्षाकृत कहाँ तक सक्षम हैं। व्यवहार-क्षेत्र का तात्पर्य यह है कि कोई भी घटना प्राणी के व्यवहार-क्षेत्र के अन्तर्गत ही घटित होती है और व्यवहार-क्षेत्र की कुछ वस्तुएँ प्राणी के लिए आकर्षक होती हैं तथा कुछ विकर्षक।

मध्यवर्ती परिवर्त्यों की यह धारणा व्यवहार का एक ग्राह्य सिद्धान्त विकसित करने में उपयोगी सिद्ध हो सकती है यदि इन्हें प्रयोगात्मक रूप से स्वतंत्र तथा आश्रित परिवर्त्यों से जोड़ा जाए।

टौलमैन का सीखने का सिद्धान्त

टौलमैन के अनुसार सरलतम प्रतिक्षेपों (Reflexes) एवं अनुवर्तनों (Tropisms) के अतिरिक्त अन्य सभी प्रकार के व्यवहार अनुभवों के द्वारा परिमार्जित हो सकते हैं। अतः टौलमैन की विचारधारा में सीखने का महत्त्वपूर्ण स्थान है।

वाट्सन, पावलव, गुथरी, हल तथा स्किनर से भिन्न टौलमैन के सीखने के सिद्धान्त में ज्ञान, चिन्तन, योजना, अनुमान, अभिप्राय आदि की प्रधानता है। उनके अनुसार प्राणी अर्थ सीखता है, न कि गति-प्रणाली (Movement Pattern)। वह व्यवहार के मार्ग (Behaviour route) सीखता है। लक्ष्य अथवा पुरस्कार प्राप्त करना सीखता है।

टौलमैन के सीखने का मर्म स्थल है चिह्नों का सीखना (Sign Learning)। उनका कहना है कि प्राणी सीखने के क्रम में चिह्न-जेस्टॉल्ट (Sign Gestalt) का निर्माण कर लेता है जो संज्ञानात्मक स्वरूप (Cognitive Nature) के होते हैं। उसमें एक प्रत्याशा (Expectation) का निर्माण हो जाता है जो यह बतलाती है कि अमुक संकेत (Cue) लक्ष्य की ओर ले जाने वाला है। जब उसकी इस प्रत्याशा की पुष्टि हो जाती है, तब चिह्न-जेस्टाल्ट का दृढ़ीकरण हो जाता है। चिह्न-जेस्टाल्ट के इस सम्पूर्ण प्रणाली (पैटर्न) को टौलमैन ने 'संज्ञानात्मक मानचित्र' (Cognitive Map)

की संज्ञा दी है और जोर देकर कहा है कि पशु संज्ञानात्मक मानचित्र सीखता है, न कि गतिवाही प्रतिक्रियाएँ (Motor Responses)।

सीखने के सम्बन्ध में थौर्नडाइक का कहना है कि सीखना उत्तेजना-प्रतिक्रिया सम्बन्ध है। प्राणी यह उत्तेजना-प्रतिक्रिया सम्बन्ध कैसे सीखता है, इसकी व्याख्या उन्होंने प्रभाव-नियम (Law of Effect) के आधार पर की है। उन्होंने पुरस्कार (Reward) अथवा प्रबलीकरण (Reinforcement) की बात जरूर की है, पर यह कभी नहीं कहा कि प्राणी उत्तेजना-प्रतिक्रिया-प्रबलीकरण के सम्पूर्ण अनुक्रम (Sequence) को सीखता है। उन्होंने यह कहा कि प्राणी केवल उत्तेजना-प्रतिक्रिया सम्बन्ध को ही सीखता है। टौलमैन को थौर्नडाइक का यह प्रतिबन्ध नहीं जँचा और उन्होंने जोर देकर कहा कि प्राणी उत्तेजना-प्रतिक्रिया-प्रबलीकरण (S-R-R-F) के सम्पूर्ण अनुक्रम को सीखता है न कि केवल उत्तेजना-प्रतिक्रिया को। उन्होंने थौर्नडाइक के प्रभाव-नियम के स्थान पर सीखी जाने वाली सम्पूर्ण परिस्थिति के संज्ञानात्मक मानचित्र पर जोर दिया। भूलभुलैया में चूहा तभी लक्ष्य प्राप्त करना सीख पाता है जब उसमें सम्पूर्ण भूलभुलैया के एक संज्ञानात्मक मानचित्र का निर्माण हो जाता है।

टौलमैन ने सीखने के तीन प्रकार के सिद्धान्तों का उल्लेख किया–प्रयत्न और भूल का सिद्धान्त, सम्बन्ध प्रत्यावर्तन का सिद्धान्त और जेस्टॉल्ट-सिद्धान्त। उन्होंने अपने सीखने के सिद्धान्त को जेस्टॉल्ट सिद्धान्त का ही एक उप-प्रकार (Sub-variety) माना।

प्रयत्न और भूल की व्याख्या करते हुए उन्होंने कहा कि इस प्रकार के सीखने में भी चिह्न-जेस्टॉल्ट का निर्माण हो जाता है। जब प्राणी सही और गलत दोनों प्रकार की प्रतिक्रियाओं को अपनाकर समस्या-समाधान की चेष्टा करता है तो उसे दोनों प्रकार की प्रतिक्रियाओं के सापेक्ष परिणाम का संज्ञान (Cognition) हो जाता है। फलस्वरूप उसमें सही चिह्न-जेस्टॉल्ट का निर्माण हो जाता है। अतः टौलमैन के अनुसार सीखना वस्तुतः 'चिह्न-जेस्टॉल्ट का निर्माण, परिष्कार, चयन तथा आविष्कार का क्रिया-कलाप' है।[61]

टौलमैन के अनुसार सम्बन्ध-प्रत्यावर्तन द्वारा सीखने में भी जब पावलव का कुत्ता चिह्न-जेस्टॉल्ट-प्रत्याशा (Sign-Gestalt Expectancy) अर्जित कर लेता है, तभी सीखने की क्रिया सम्पन्न हो पाती है।

टौलमैन ने कोहलर के सूझ के सिद्धान्त (Insight Theory) की भी व्याख्या चिह्न-जेस्टॉल्ट-प्रत्याशा (Sign Gestalt Expectancy) अथवा संज्ञानात्मक मानचित्र (Cognitive Map) के आधार पर ही की है। कोहलर के वनमानुष ने तभी सीखा जब उसमें चिह्न-जेस्टॉल्ट-प्रत्याशा का निर्माण हुआ अथवा उसने सम्पूर्ण परिस्थिति का एक संज्ञानात्मक मानचित्र अर्जित किया।

टौलमैन ने अपने सिद्धान्त की व्याख्या तीन प्रकार के प्रयोगों के आधार पर की–स्थान सीखने के सम्बन्ध में किए गए प्रयोग (Place Learning Experiments), अव्यक्त सीखने के सम्बन्ध में किए गए प्रयोग (Latent Learning Experiments) तथा पुरस्कार-प्रत्याशा के सम्बन्ध में किए गए प्रयोग (Reward Expectancy Expriments)।

स्थान-सीखना (Place Learning)–सामान्यतः सीखना 'प्रणोदन तथा उसकी सन्तुष्टि की सम्भावना' पर निर्भर करता है। उदाहरण के लिए, भूख और भोजन। किन्तु टौलमैन ने कहा है कि सीखना प्रत्यक्षात्मक अनुभूतियों को संगठित करने के अतिरिक्त और कुछ नहीं है।[62] कई प्रयोगों के आधार पर चूहों में अनुमान (Inference) अथवा सूझ की परीक्षा की गई। इसके लिए एक विशेष प्रकार की भूलभुलैया का निर्माण किया गया, जिसमें लक्ष्य (भोजन) तक पहुँचने के तीन मार्ग थे और उन तीनों की लम्बाई अलग-अलग थी। प्रारम्भिक प्रशिक्षण में मार्ग संख्या 'एक' को जो सबसे छोटा था, अवरुद्ध कर दिया गया। तब चूहों ने मार्ग संख्या 'दो' को, जो उससे बड़ा, किन्तु मार्ग संख्या 'तीन' से छोटा था, अपनाकर भोजन तक पहुँचने की चेष्टा की। प्रथम इन दोनों मार्गों का भोजन ले जाने वाला भाग समान था। जब उस भाग को भी अवरुद्ध कर दिया गया तो चूहों ने मार्ग संख्या "तीन" को अपनाकर भोजन तक पहुँचने की चेष्टा की। यह मार्ग सबसे लम्बा था और प्रारम्भिक प्रशिक्षण में सबसे कम चुना गया था। टौलमैन के अनुसार चूहों का व्यवहार इस बात का द्योतक है कि उनके मस्तिष्क में एक संज्ञानात्मक मानचित्र (Cognitive Map) बन गया था। इसीलिए उन्होंने सबसे छोटे मार्ग को सबसे अधिक चुना और सबसे लम्बे मार्ग को सबसे कम। इस प्रकार के स्थान सीखने को टौलमैन ने यान्त्रिक-प्रयत्न और भूल तथा सम्बन्ध-प्रत्यावर्तन सिद्धान्तों से बिलकुल भिन्न माना तथा सीखने में संज्ञानात्मक प्रतिक्रियाओं के महत्त्व पर अधिक जोर दिया। यह प्रयोग टौलमैन तथा हौंजिक ने 1930 में किया।[63] प्रतिदिन के जीवन में भी प्रायः यह देखने को मिलता है कि हम जिस नगर से परिचित होते हैं उसका एक संज्ञानात्मक मानचित्र विकसित हो जाता है। फल यह होता है कि हम विभिन्न मार्गों के द्वारा नगर में एक स्थान से दूसरे स्थान तक जा सकते हैं।

अव्यक्त सीखना (Latent Learning)–टौलमैन के सिद्धान्त में अव्यक्त रूप से सीखना एक मूल धारणा है और साथ-ही-साथ बहुत विवादास्पद भी है। इसे अव्यक्त रूप से सीखना इसलिए कहते हैं कि इसे प्रत्यक्ष रूप से देखा नहीं जा सकता, किन्तु यह कुछ विशेष अवस्थाओं में कार्य निष्पादन (Performance) में अभिव्यक्त होता है। यह टौलमैन तथा हौंजिक के प्रयोगों से स्पष्ट है। उन्होंने चूहों के तीन समूहों पर प्रयोग किया–(1) अपुरस्कृत समूह (2) नियमित रूप से पुरस्कृत समूह तथा (3) विलम्ब से पुरस्कृत समूह। पहले समूह के चूहों को प्रतिदिन पुरस्कार (भोजन) तथा

तीसरे समूह के चूहों को आरम्भ में दस दिनों तक पुरस्कार (भोजन) नहीं दिया गया। किन्तु जब ग्यारहवें दिन भोजन दिया गया तो यह पाया गया कि इस समूह के चूहों का कार्य-निष्पादन लगभग दूसरे समूह के चूहों के कार्य निष्पादन के समान हुआ, जिन्हें प्रतिदिन पुरस्कार के रूप में भोजन दिया गया था। इसके आधार पर टौलमैन का कहना है कि अन्वेषण की उत्सुकता के कारण बिना पुरस्कार के भी चूहों में दस दिनों तक अव्यक्त रूप से सीखने की क्रिया होती रही। इसीलिए ग्यारहवें दिन जब उन्हें पुरस्कार के रूप में भोजन दिया गया तो उनका सीखना लगभग दूसरे समूह के नियमित रूप से पुरस्कृत चूहों के बराबर हो गया।[64]

पुरस्कार-प्रत्याशा (Reward Expectancy)–टौलमैन के अनुसार सीखना प्रधानतः पुरस्कार अथवा लक्ष्य-उपलब्धि की प्रत्याशा और उसकी सन्तुष्टि पर निर्भर करता है। प्रयोगों में पशु प्रायः पुरस्कार अथवा लक्ष्य प्राप्ति का पूर्वानुमान कर लेते हैं। अतः जब वांछित पुरस्कार बिलकुल अनुपस्थित रहता है अथवा उसमें परिवर्तन कर दिया जाता है तो पशुओं का व्यवहार विघटित हो जाता है। इस सम्बन्ध में इलिएट (Elliot, 1928) का प्रयोग उल्लेखनीय है। इलिएट ने अपने प्रयोग में प्रयोगात्मक समूह के चूहों को वांछित पुरस्कार (भूसी की दलिया) तथा नियन्त्रित समूह के चूहों को सूर्यमुखी फूल के बीज प्राप्त करने का प्रशिक्षण दिया। जब दसवें दिन भूसी की दलिया के स्थान पर सूर्यमुखी फूल के बीज रख दिए गए तो प्रयोगात्मक समूह के चूहों का सीखना विघटित हो गया, क्योंकि उनकी प्रत्याशा की पुष्टि नहीं हुई।[65]

बाद को वनमानुषों पर क्रमबद्ध रूप से प्रयोग किए गए। प्रयोगात्मक पशुओं के व्यवहार से यह जान पड़ा कि उनमें लक्ष्य प्राप्ति की प्रत्याशा का निर्माण हो चुका है। इन प्रयोगों के आधार पर ही टौलमैन ने लक्ष्य की प्रत्याशा और उसकी सम्पुष्टि को सीखने का आधार माना है।

टौलमैन की चिन्तनधारा में अनुभव के द्वारा प्रत्याशा की सम्पुष्टि की धारणा लगभग वैसी ही है, जैसी हल की चिन्तनधारा में प्रबलीकरण सम्बन्धी पुरस्कार की धारणा।

संक्षेप में यह कहा जा सकता है कि टौलमैन का सिद्धान्त सीखने में संज्ञानात्मक मानचित्र पर जोर देता है, जिसका प्रबलीकरण प्रत्याशा और उसकी सम्पुष्टि के द्वारा होता है। इसका यह अर्थ नहीं है कि उन्होंने अभ्यास तथा पुरस्कार की पूर्णतया उपेक्षा की है, बल्कि अपने ढंग से उसके महत्त्व पर प्रकाश डाला है। उनके अनुसार अभ्यास का महत्त्व केवल इसलिए है कि वह चिन्तन-जेस्टॉल्ट अथवा संज्ञानात्मक मानचित्र प्राप्त करने का अवसर प्रदान करता है, न कि इसके कारण कि इसके द्वारा सीखना सम्पन्न होता है। पुरस्कार का महत्त्व केवल इसलिए है कि यह कार्य-निष्पादन (Performance) को व्यवस्थित रूप देता है, न कि इसलिए कि यह सही प्रतिक्रिया के लिए प्रबलीकरण का काम करता है।

सन्दर्भ

1. "The man who crossed the bridge and closed the gap between the study of animal behaviour and the study of human behaviour was John Broadus Watson", Benjamin B. Wolman, contemporary theories and systems in psychology, 1960. p. 76.
2. "Watson combined into one system the philosophical pragmatism of James, the psychological functionalism of Dewey, the experimental method of animal psychology of Yerks and the conditioning of Pavlov and Bekhterav" Benjamin, B. Wholman, contemporary theories and systems in psychology, 1960. p. 76.
3. "Drop the mind, say no more about consciousness, cease introspecting, eliminate mentalistic concepts, stop speculating on what goes on in the brain." Woodwowrth, R.S. and Sheehan, M.R. contemporary schools of psychology. 1964, p. 113.
4. "The time seems to have come when psychology must discard all reference to consciousness, when it need no longer delude itself into thinking that it is making mental status the object of observation"—J. B. Watson, Psychology as the behaviourist views it. Psychological Review, 1913, 20 158-177.
5. "Psychology is the science of consciousness has no community of data. The reader will find no discussion of consciousness and no reference to such terms as sensation, perception, attention, image, will and the like..... I frontely do not know what they mean, nor do I believe that any one can use the consistently."- Psychology from the standpoint of a behaviourist, Lippincott, 1919.
6. "Speaking overtly or to ourselves (thinking) in just as objective a type of behaviour as a besahall." J.B. Watson, Behaviourism. 1930, p. 6
7. "By insisting on objective methods and on the exclusive use of objective methods behaviourism has a brought about a shift in emphasis that amount to a revolution- E. Heidbreder Seven Psychologies. 1933, p. 262
8. "On the positive side the behaviourists had nothing revolutionary to contribute"- R. S. Woodworth and M. R. Sheehan, contemporary schools of psychology, Methum and Co. Ltd., 1964, p. 117
9. "James gave to psychology to emotions a setback from which has only recently begun to recover."—J.B. Watson, Behaviourism, Revd. ed. p. 140.
10. "Profound changes of the bodily mechanism as a whole, but particularly of the visceral and glandular systems." J.B. Watson, Psychology from the standpoint of a behaviourist, 1919, p. 195.
11. "Notwithstanding the fact that in all emotional responses there are overt facts such as movement of the eyes and the arms and the legs and the trunk visceral and glandular factors predominate." Behaviouries, 1925, p. 130.

12. "I am going to talk about emotions as a human experience, a human activity and shall not apologize for taking as fact what you the reader, and I, the writer experience first hand and can identify without scientific terminology...If I experience joy, no measurement of excaitation can give a more valid account of this particular experience...we are not aware of a pattern of excitation but a quality of experience..." 1964, reprinted 1976, Great britain p. 124.
13. "Psychology as the behaviourist views it."- J.B. Watson, Psychological Review, 1913, 20, 158-177.
14. Behaviour : An introduction to comparative Psychology, 1914.
15. Give me a dozen healthy infants, welll-formed, and my own specified world to bring them up in and I'll guarantee to take any one at random and train him to become any type of specialist I might select - doctor, lawyer, artist, merchant chief and, yes, even beggar man and thus regardless of his talents, penchants, tendencies, abilities, vocations and race of his anecestors. Watson, J.B. Behaviourism Revd. ed. 1930, p. 104.
16. Behaviourism ought to be a science that prepares men and women for unde-standing the principles of their own behaviour........For the universe will change if you bring up your children, not in the freedom of the libertine, but in behaviouristic freedom - a freedom which we can not even picture in words, so little do we know of it, will not these children in turn with their better ways of living and thinking, replace us as society and in turn bring up their children in a still more scientific way until the world finally becomes a place fit for human habitation.
17. For the psychologists of the time, it was not so much Watson's actual scientific achievements, which were considerable, nor even his system of concepts and methods, that made him a standard bearer in the forward march of the science, it was, rather, his boldness, tough-mindedness, scorn of tradition and mystery, along with his optimistic faith in the capacity of science to take charge of human affairs. [Woodworth R.S. and Sheehan M.R. contemporary schools of Psychology, 1964, p. 128-129.]
18. Psychological Review, 1923, 30, 237-272, 329-439.
19. "The free will determined controversy can not be resolved of the time and may never be." D. Schultz, A History of Modern Psychology, 1975, p. 220.
20. "Vertually every American psychologist, whether he knows it or not, is now-a-days a methodological behaviourist"- G. Bergman, The contribution of John B Watson Psychological Review, 1956, 63, 265-276.
21. "Accurately or inaccurately, "behaviourism" means to many psychologists simply the biological approach to human personality, through which all its possibilities are to be examined and utilized. It promises that psychology shall one day make itself as objective as physical science and that all its facts shall be verified in the manner of the physical experiment." –G. Murphy, An Historical Introduction to Modern Psychology, 1968, p. 278.

22. "Holt believed that consciousness was simply label given to the process of sensory motor adjustment to a physical object." D. Schultz, A Study of Modern Psychology, p. 224.
23. Behaviour : An introduction to comparative Psychology, 1914.
24. E.B. Holt, The Freudian wish and its place in Ethics, Holt, 1915.
25. "Animal drives and learning process", Holt, 1931.
26. "Evidently Holt did not share Watson's horror of consciousness and mental processes; he pinned his faith to an adequate physiological description of integreted behaviour." Woodworth and Sheehan, contemporary schools of psychology, 1964, p. 130.
27. A theoretical basis of human behaviour, - A.P. Weiss.
28. "Psychology seems to describe and explain, to predict and control, the exterintic behaviour of the organism to an external environment which is predominantly social." W.S. Hunter, the psychological study of behaviour, Psychological Review, 1932, 39, 1-24.
29. "I wish to point out that the consciousness or experience for the psychologist is merely a name which he applies to what other people call envionment." W.S. Hunter, Anthroponomy and Psychology, in C. Murchison (ed.), Psychologies of 1930, Clark University, 1930, p. 283.
30. "Environment is not the same thing as the individual perception of the environment." R.S. Woodworth and M. Sheehan, contemporary schools of Psychology, 1964, p. 132.
31. Natioanl Research Council.
32. Psychological Abstracts.
33. "Lashley is one of the leading authorities..... studies of Pavlov, Bekhterev and Bykov." Wolman, p. 89
34. "An example of pathology of scientific method." Wolman, p. 89, (See Footnote).
35. "To me the essence of behaviourism..... mechanics and chemistry", Wolman, p. 89 (See Footnote).
36. "Lashley believed that ...... threshold of the organism" Wolman, p. 89 (See Footnote).
37. "The mechanism of nervous integration..... others become ineffective" (See Wolman p. 91, last para and also footnote).
38. The nature of the stimulus and of the response..... point-to-point connection in reflexs." (See Wolman p. 92, I[st] para and also Footnote).
39. "It is theories that ensure, not facts.... It is theory that lasts for years or for generations. It is theory rather than fact that leads to new controls over nature and events." E.R. Guthrie, Pavlov's theory of conditioning." Psychological Review, 1934, 41, 199-206.
40. "The laws of science describe the observable conditions under which certain classes of events take place", E.R. Guthrie The Psychology of learning, Harker, 1935, p. 187.

41. "S-R association is established-like the closing of an electric switch." - Woodworth and Sheehan, contemporary schools of Psychology, p. 160.
42. Guthrie, Psychology of Learning, p. 152.
43. Guthrie, The Psychology of Human Conflict, 1938.
44. J.P. Seward, "An experimental study of Guthrie's theory of reinforcement." Journal of experimental Psychology, 1942, 30, 247-256.
45. F.D. Sheffield and T.B. Roby, "Reward value of a non-nutritive sweet taste", Journal of Comparative and Physiological Psychology, 1950, 47, 349-354.
46. V.W. Vocks, "Formalization and clarification of a theory of learning", Journal of Psychology, 1950, 30, 341-362.
47. David Hume, "A breatise of human nature", Clarendon, 1896, vol. III.
48. "One may wonder whether Guthrie's theory explains anything at all, His system is a description of how event takes place without tackling the question of why they happen. It is more presentation than explanation." B.B. Wolman, contemporary systems and theories in Psychology, 1960, p. 104.
49. E.R. Hilgard, theories of learning, 4th ed. Indian reprint, 1975, P. 111-121.
50. C.E. osgood, method and theory in experimental Psychology, 1953 Sixth printing, 1968, p. 370-372.
51. "It is undoubtedly true that many reviews of Guthrie in the literature has mistaken incompleteness for simplicity". C.G. Muller Jr. and W.N. Schoenfeld, 1954, E.R. Guthrie. In W.K. Estes it. al. Modern Learning Theory, 345-379.
52. "Either the theory is a miraculontly inspired one or it is not stated very precisely, and hence is not very sensitive to experimental data", E.R. Hilgard, theories of Learning 4th ed. Indian Reprint 1975, p. 120.
53. "Although the associatonist tradition will doubtless continue on, the particular set of behaviouristic renditions of it given by Guthrie seem to have lost their appeal to succording generations, with the advent in recent times of "Cognitive Psychology". E.R. Hilgard, Theories of Learning, 4th ed. Indian reprint, 1975, p. 121.
54. E.R. Hilgard, Theories of learning, 4th ed. Indian reprint, 1975, P. 121.
55. Nevertheless, Cruthrie was able to successfully maintain his theoritical position and stature as a learning theorist". -D. Schultz, A History of Modern Psychology 2nd ed. 1975, p. 237.
56. Nevertheless, Gutthrie was able to successfully maintain his theoritical position and stature as a reading learning theorist, O.Schultz. A History of Modern Psychology, 2nd ed. 1975, p. 237.
57. Purposive behaviour in animal and men, 1932, W. 3 Doines towards war 1942.
58. Collected papers in Psychology, 1951.
59. Principles of purposive behaviour.

60. "Now what is essentially private cannot be made the subject matter of science.... only to the extent that private experience can be reported, made public, can it have any place in science." Woodworth and Sheehan, contemporary schools of Psychology, 8th ed. 1951, p. 136.
61. learning is an affair of sign-gestalt formation, refinement, selection and invention"—Wolman, contemporary Theories and systems in Psychology p. 147.
62. Learning itself is the bringing together and organizing of perceptual experience and nothing else." Benjamin, B. Wolman, contemporary Theories and systems in Psychology. p.153
63. Edward, C. Zolman and Charles H.Hourick. "Inight in rats university of california publications in Psychology. 1930, 4, 215-232.
64. Edward C. Tolman and C. M. Honzick, : Introduction and removal of reward and make performance in rats" university of California Publications in Psychology, 1930, 4, 257-275.
65. Elliat., M. H. The effect of change of reward on the maze performance of rats." university of California. Publication in Psychology. 4, 1928, 19-30.

टौलमैन के व्यवहारवाद की समीक्षा

शुल्ज का कहना है कि पूर्ण रूप से संगठित सैद्धान्तिक प्रणाली स्थापित करने में टौलमैन की असफलता की आलोचना हुई।

टौलमैन ने व्यवहार को अधिक आन्तरिक क्रिया, जैसे संज्ञानात्मक अवस्थाओं के साथ सम्बन्धित करने की चेष्टा की, किन्तु समुचित रूप से ऐसा करने में असफल रहे। उन्होंने अपने व्यवहारवाद की व्याख्या में जैसी भाषा का प्रयोग किया, उसकी भी आलोचना हुई क्योंकि वह अत्यन्त आत्मनिष्ठ एवं मानसिकतावादी है।

टौलमैन के आलोचकों ने चिह्न-जेस्टॉल्ट संज्ञान तथा प्रत्याशा जैसे परिवर्त्यों (Variables) को स्वीकार नहीं किया, क्योंकि उत्तेजना-प्रतिक्रिया परिवर्त्यों के समान इनकी माप सम्भव नहीं है।

टौलमैन की धारणाएँ अधिक व्यापक हैं। अतः उनके उपयोग के क्षेत्र भी विस्तृत हैं। किन्तु प्रयोगों के सहारे उन्हें सत्यापित करना यदि असम्भव नहीं तो अत्यन्त कठिन अवश्य है।

इन आलोचनाओं के बावजूद टौलमैन ने मनोविज्ञान को काफी प्रभावित किया, वह भी विशेष रूप से सीखने के क्षेत्र में। उनका प्रभाव चालीस वर्षों से अधिक समय तक रहा और इसके अतिरिक्त सबसे बड़ी बात यह कि आज भी मनोविज्ञान पर उनका प्रभाव है।[1]

इसके कई कारण हैं। टौलमैन ने मनोविज्ञान में मध्यवर्ती परिवर्त्य की धारणा प्रस्तुत की। यह मनोविज्ञान के क्षेत्र में उनका महत्त्वपूर्ण योदान है व्यवहार के अध्ययन में इसके महत्त्व को चैपकिन तथा क्रैविक ने स्पष्ट शब्दों में स्वीकार किया है।[2]

टौलमैन ने सीखने के क्षेत्र में मनोवैज्ञानिकों को शोध की प्रेरणा दी–यह उनकी महती उपलब्धि मानी जा सकती है। कई मनोवैज्ञानिकों ने उनके स्थान तथा अव्यक्त सीखने से सम्बन्धित प्रयोगों से प्रभावित होकर सीखने के क्षेत्र में शोध किए।

टौलमैन पहले व्यक्ति हैं जिन्होंने अपने अव्यक्त सीखने से सम्बन्धित प्रयोगों के आधार पर सीखने तथा कार्य निष्पादन (Performance) के बीच स्पष्ट रूप से

भेद किया। ऐसा कर उन्होंने सिद्धान्तियों का ध्यान सीखे हुए व्यवहार को क्रियाशीलता प्रदान करने तथा व्यवस्थित रूप देने में अनुप्रेरणात्मक परिवर्त्यों के महत्त्व की ओर आकृष्ट किया। उनकी इस सूझ के फलस्वरूप हल को यह अभिधारणा (Postulate) स्थापित करने की प्रेरणा मिली कि निश्चित रूप से कार्य निष्पादन का सम्बन्ध प्रणोदन (Drive) तथा अभ्यास शक्ति (Habit Strength) से है। सीखने में प्रत्यक्षीकरण के महत्त्व पर भी टौलमैन ने काफी जोर दिया और उन्होंने यहाँ तक कह दिया कि प्रत्यक्षात्मक अनुभूतियों के संगठन के अतिरिक्त सीखना और कुछ नहीं है।

मनोवैज्ञानिक अध्ययनों में उपयुक्त प्रयोज्य के रूप में टौलमैन ने चूहों के प्रयोग पर काफी बल दिया जो सीखने के क्षेत्र में बहुत महत्त्वपूर्ण माना जाता है।

टौलमैन एक समन्वयवादी चिन्तक हैं। अतः उनकी चिन्तनधारा में विभिन्न विचारधाराओं का समन्वय है। तभी तो उनके चिन्तन में वाट्सन के व्यवहारवाद तथा पावलव के सम्बन्ध-प्रत्यावर्तन के साथ थौर्नडाइक के प्रभाव-नियम, मैकडूगल के प्रयोजनवाद तथा लेविन के क्षेत्र-सिद्धान्त से अनुरंजित प्रत्यक्षीकरण के जेस्टाल्ट सिद्धान्त का सुन्दर संयोग देखने को मिलता है। वास्तव में वे पूर्णतया किसी के विरोधी नहीं हैं। इससे यह भ्रम नहीं उत्पन्न होना चाहिए कि उनका सिद्धान्त मात्र विभिन्न विचारों का पुंज है, वास्तव में उनका व्यवहारवाद अपने ढंग का अकेला है। वह निरीक्षणीय व्यवहार के अध्ययन पर जोर देता है। उनका सीखने का सिद्धान्त जेस्टाल्टवादी है। यह व्यवहार के सामान्य विचार में प्रयोजनवादी है।

सी.एल. हल (1884-1952) : निगमनात्मक व्यवहारवाद (Deductive Behaviourism)

अपनी प्रारम्भिक अभिरुचियों के अनुरूप हल एक गणितज्ञ भी हो सकते थे और एक तर्कशास्त्री भी हो सकते थे, किन्तु वे मुड़ गए खनन-अभियांत्रिकी (Mining Engineering) की ओर, पर वहाँ भी उनका मन नहीं टिक सका और अन्ततोगत्वा उन्हें सन्तोष मिला मनोविज्ञान में, जो अभी विज्ञान के रूप में विकसित हो रहा था। उन्होंने मनोविज्ञान में गणित की भाषा का उपयोग कर उसे भौतिकी के समान वस्तुनिष्ठ स्वरूप प्रदान करने की चेष्टा की। वे इस बात के प्रबल समर्थक थे कि विज्ञान में जो भी खोज की जाए, वह गणित की भाषा में प्रस्तुत की जाए। अतः उन्होंने मनोवैज्ञानिक सिद्धान्तों में गणित की भाषा का प्रयोग करने का मार्ग प्रशस्त किया और इस अर्थ में मनोविज्ञान में उनका विशिष्ट स्थान है। इसीलिए वुलमैन का कहना है : ''समसामयिक मनोवैज्ञानिक सिद्धान्त में क्लार्क एल. हल को विशिष्ट स्थान प्राप्त है।''[3] अपने जीवन में अनेक प्रकार की कठिनाइयों से जूझते हुए हल ने मनोविज्ञान के क्षेत्र में सराहनीय स्थान प्राप्त किया। बचपन से ही खराब स्वास्थ्य, रोगग्रस्तता,

सम्पूर्ण जीवन नेत्र-दोष की पीड़ा तथा परिवार की दयनीय आर्थिक स्थिति से संघर्ष करते हुए भी उन्होंने मनोविज्ञान में कुछ विशिष्ट एवं अतुलनीय कार्य किए।

1918 में उन्होंने विस्कौन्सिन विश्वविद्यालय से पी-एच.डी. की उपाधि प्राप्त की। वे वहाँ एक दशक तक संकाय के सदस्य भी रहे। 1920 में उन्होंने धारणा-निर्माण (Concept Formation) का अध्ययन किया तथा 1924 में व्यवहार-कुशलता पर तम्बाकू के प्रभाव की खोज की। उन्होंने परीक्षणों एवं मापों का सर्वेक्षण किया और अन्ततोगत्वा 1928 में अपनी प्रारम्भिक अभिवृत्ति-परीक्षण (Aptitude Test) प्रकाशित किया। उन्होंने सांख्यिकीय विश्लेषण की व्यावहारिक विधियों के विकास पर भी काम किया तथा 1925 में सह-सम्बन्धों के परिकलन (Calculation) के लिए एक परिकलन-यन्त्र (Calculating Machine) की भी खोज की।

1929 में हल येल में शोध-प्रोफेसर नियुक्त हुए। उन्होंने 1927 में पहली बार पावलव के सम्बन्ध-प्रत्यावर्तन सिद्धान्त को पढ़ा और उससे काफी प्रभावित हुए और तब से अपने अध्ययनों में उसका खूब उपयोग किया। 1930 से उन्होंने सक्रिय रूप में उनके सम्बन्ध-प्रत्यावर्तन के नियमों के आधार पर व्यवहार के सिद्धान्त स्थापित करने की चेष्टा शुरू कर दी। सीखने की व्याख्या में भी उन्होंने पावलव के सम्बन्ध-प्रत्यावर्तन का उपयोग किया। इस पर कई शोध-पत्र भी लिखे और यह सिद्ध करने की चेष्टा की कि जटिल व्यवहारों की व्याख्या भी सम्बन्ध-प्रत्यावर्तन के मूल नियमों के आधार पर की जा सकती है।

1933 में अपनी प्रसिद्ध पुस्तक सम्मोहन एवं परामर्शग्रहिता (Hypnosis and Suggestibility) प्रकाशित हुई। पुनः 1940 में उन्होंने अपने पाँच सहयोगियों के साथ मिलकर एक पुस्तक का प्रकाशन किया जिसका शीर्षक है "रटकर सीखने का गणितीय निगमनात्मक सिद्धान्त : वैज्ञानिक प्रणाली विज्ञान के सम्बन्ध में एक अध्ययन" (हल, हॉलैण्ड, रौस, हॉल, पार्किन्स तथा फिट्च)।[4] वैज्ञानिक मनोविज्ञान के विकास में इसे एक महती उपलब्धि मानी जाती है। किन्तु यह ग्रन्थ इतना कठिन है कि बहुत थोड़े से लोग ही इसे पढ़ सके।

हल की दूसरी पुस्तक 'व्यवहार के सिद्धान्त' (Principles of Behaviour) का प्रकाशन 1943 में हुआ। यह अपेक्षाकृत पढ़ने-समझने में आसान है। इसमें उन्होंने एक ऐसी व्यापक सैद्धान्तिक रूपरेखा प्रस्तुत की है, जिसमें सभी प्रकार के व्यवहार समाहित हो जाते हैं। इस पुस्तक के प्रकाशन से उनकी पद्धति (System) ने बहुत महत्त्वपूर्ण स्थान ग्रहण कर लिया और सीखने के सिद्धान्त पर उसका काफी प्रभाव पड़ा। वह शोध-कार्य के लिए भी अति प्रेरणादायिनी सिद्ध हुई। फलतः हल अपनी प्रसिद्धि की पराकाष्ठा पर पहुँच गए। उनकी पद्धति में निरन्तर संशोधन होते गए और अन्तिम संशोधित-रूप में उनकी पुस्तक "एक व्यवहार प्रणाली" (A Behaviour System) 1952 में प्रकाशित हुई और उसी वर्ष वे इस संसार से चल बसे।

हल आरम्भ में व्यवहारवाद तथा जेस्टॉल्ट मनोविज्ञान, दोनों के ही सम्पर्क में आए, किन्तु उन्हें इन दोनों में से किसी से भी पूर्ण संतोष नहीं मिला। यद्यपि अन्तर्निरीक्षण की निरर्थकता एवं वस्तुनिष्ठता की खूबियों को लेकर वाट्सन की ओर उनका झुकाव था, किन्तु वे उनके मताग्रह एवं नकारात्मक मनोवृत्ति से सहमत नहीं थे। उनका कहना था कि वाट्सन ने तथ्यों के अनुरूप व्यवहारवाद को स्पष्ट रूप से प्रस्तुत नहीं किया।[5] जहाँ तक जेस्टॉल्ट मनोविज्ञान का प्रश्न है, उनके अनुसार कौफ्का भी वाट्सन के ही समान अपने दृष्टिकोण में नकारात्मक थे। यह इस बात से स्पष्ट है कि जब वे विस्कौन्सिन विश्वविद्यालय में जेस्टॉल्ट मनोविज्ञान को प्रस्तुत कर रहे थे तो उन्होंने अधिकांश समय वाट्सन की आलोचना में ही लगाया न कि जेस्टॉल्टवाद को स्पष्ट करने में।[6] इसलिए हल ने न तो वाट्सन के व्यवहारवाद को अपनाया और न जेस्टॉल्टवाद को।

हल ने प्रायः अपने को व्यवहारवादी नहीं कहा, क्योंकि उनकी दृष्टि में व्यवहारवादी कहलाने के अधिकारी वस्तुतः वे हैं जो उनकी विचारधारा से बिलकुल भिन्न वाट्सन की विचारधारा के समर्थक हैं। उन्होंने अपने विचारों को "वस्तुनिष्ठ" एवं "स्वाभाविक" कहा और अन्तर्निरीक्षण तथा मानवीकरण के सभी चिह्नों से काट-छाँटकर उन्हें अलग रखने का प्रयास किया।[7] उनका व्यवहारवाद बिलकुल अपने ढंग का था, जिसे नव-व्यवहारवाद (Neo Behaviourism) की संज्ञा दी जा सकती है। उसमें प्रधानतः व्यवहार के परिमाणात्मक नियमों (Quantitative Laws) तथा निगमनात्मक व्यवस्थापन (Deductive Systematization) की प्रधानता है।

वास्तव में हल एक अन्वेषक रहे हैं। अतः उन्होंने एक ऐसी सैद्धान्तिक पद्धति का निर्माण करना चाहा जिसके आधार पर व्यवहार के निश्चित नियमों का निर्धारण और सत्यापन सम्भव हो। मनोविज्ञान में विभिन्न विरोधी विचारधाराओं के सम्बन्ध में उन्होंने कहा कि वे इस बात की द्योतक हैं कि मनोविज्ञान अभी विकास की वास्तविक वैज्ञानिक अवस्था तक नहीं पहुँच पाया है तथा अभी तक मनोवैज्ञानिक धारणाओं की कोई समुचित पद्धति स्थापित नहीं हो पाई है। अतः व्यवहार की व्याख्या के लिए आवश्यक है "एक परिकल्पित निगमनात्मक पद्धति" (A Hypothesis-Deductive System) की। इस प्रकार हल ने वाट्सन के व्यवहारवाद को ज्यों-का-त्यों अपनाने के बदले उसे उन्नत रूप दिया और उसे अधिक परिमाणात्मक एवं गणितात्मक भाषा में प्रस्तुत किया। उनके अनुसार ऐसी पद्धति कुछ अभिधारणाओं (Postulates) एवं परिभाषाओं से आरम्भ होती हैं और उनके संयोग से तार्किक निगम (Logical Deductions) अथवा परिणाम उत्पन्न होते हैं। ये परिणाम रेखागणितीय परिणाम के समान तार्किक होते हैं। फिर भी इस बात की आवश्यकता होती है कि वैज्ञानिकता के लिए निरीक्षणीय तथ्यों के आलोक में इनका निरीक्षण किया जाए। यदि इनका सत्यापन नहीं हो सके तो अभिधारणाओं एवं परिभाषाओं की पुनःपरीक्षा की जानी

चाहिए ताकि कुछ संशोधनों के द्वारा इस पद्धति की वस्तुनिष्ठता को अक्षुण्ण रखा जा सके। यह क्रम कई वर्षों तक चल सकता है जब तक कि इस पद्धति से उत्पन्न परिकल्पनाओं (Hypothesis) का परीक्षण द्वारा सत्यापन नहीं हो जाए।

वाट्सन ने थौर्नडाइक के प्रभाव नियम (Law of Effect) को बिलकुल अस्वीकार कर दिया। हल ने उसे अपनाया, अपने अनुकूल बनाया तथा अपने ढंग से उसकी व्याख्या की। उन्होंने थौर्नडाइक के 'संतोष' के बदले 'आवश्यकता के न्यूनीकरण (Reduction of Need) अथवा 'प्रणोदन उत्तेजनाओं (Drive Stimuli) के न्यूनीकरण' की बात की है। उन्हें टौलमैन के अभिप्राय अथवा लक्ष्य (Purpose) तथा संज्ञान (Cognition) की वास्तविकता में भी संदेह नहीं था, किन्तु उन्होंने इन सभी की व्याख्या अपने ढंग से वस्तुनिष्ठ शब्दावली में की। उनके अनुसार अभिप्राय तथा संज्ञान सरल सम्बन्ध-प्रत्यावर्तन के ही परिणाम हैं। हल ने अपनी पुस्तक 'व्यवहार के सिद्धान्त' में लिखा है–''तथाकथित अभिप्राय-युक्त व्यवहार का भी आदर्शतः समुचित सिद्धान्त रंगीन गति तथा मात्र ग्रहणशील आवेशों (Receptive Impulses) से आरम्भ होना चाहिए और इनसे ही समायोजित तथा कुसमायोजित व्यवहार का निर्माण होना चाहिए।[8] इस प्रकार अभिप्राय, संज्ञान, सूझ, चेतना जैसी मानसिक प्रक्रियाओं के प्रति जहाँ वाट्सन का दृष्टिकोण नकारात्मक था, वहाँ हल का दृष्टिकोण सकारात्मक था। हम सामान्यतः जिन्हें मानसिक प्रक्रियाओं की संज्ञा देते हैं उन्हें हल ने शारीरिक प्रक्रियाओं अथवा भौतिक रासायनिक प्रक्रियाओं के रूप में ग्रहण किया। उन्होंने चेतना के अस्तित्व को भी अस्वीकार नहीं किया, जबकि वाट्सन ने चेतना का बिलकुल परित्याग कर दिया। यहाँ एक बात उल्लेखनीय है कि उन्होंने चेतना के अस्तित्व को नकारा तो नहीं, किन्तु उसे प्रधानता नहीं दी और उसके सम्बन्ध में कहा कि उसके द्वारा किसी समस्या का समाधान सम्भव नहीं है क्योंकि वह तो स्वयं एक समस्या है। उन्होंने चुनौती के स्वर में कहा कि क्या कोई भी सुपरिभाषित चेतन प्रक्रियाओं से आरम्भ कर ऐसी तार्किक पद्धति (Logical System) का निर्माण कर सकता है, जो पशु तथा मानव दोनों के वास्तविक व्यवहारों का पूर्वकथन कर सके? स्पष्ट है कि उनके अनुसार ऐसा सम्भव नहीं है।

हल की पद्धति
(Hull's system)

जैविक सन्दर्भ में–हल के अनुसार मानव-व्यवहार प्राणी तथा वातावरण के बीच परस्पर क्रिया का प्रतिफल है। इस परस्पर क्रिया में उत्तेजना वातावरण से प्राप्त होती है तथा प्रतिक्रिया प्राणी से। उत्तेजना तथा प्रतिक्रियाएँ दोनों ही तथ्य निरीक्षणीय हैं। किन्तु यह सम्पूर्ण परस्पर क्रिया व्यापक सन्दर्भ में घटित होती है। अतः उसे मात्र निरीक्षणीय उत्तेजना-प्रतिक्रिया के आधार पर नहीं समझा जा सकता।

यह व्यापक सन्दर्भ है प्राणी का वातावरण के साथ जैविक समायोजन। यह जैविक समायोजन प्राणी के जीवन को सरल-सजग बना देता है, किन्तु जब जैविक समायोजन प्राणी के जीवन में सहायक नहीं होता तो उसमें आवश्यकता की अवस्था उत्पन्न हो जाती है। इस प्रकार हल ने जीवन धारण के लिए जैविक समायोजन के महत्त्व को स्वीकार किया। उनमें यह विचार विकासवाद के प्रभाव के कारण आया। उन पर प्रकार्यवादियों के उस विचार का भी प्रभाव पड़ा जिसमें उन्होंने वातावरण के प्रति प्राणी के समायोजन पर जोर दिया।

हल के अनुसार जब आवश्यकता उत्पन्न होती है तो प्राणी सक्रिय हो जाता है। उस सक्रियता के फलस्वरूप प्राणी की आवश्यकता कम हो जाती है। अतः हल का कहना है कि प्राणी का व्यवहार लक्ष्य-निर्देशित होता है और वह लक्ष्य है आवश्यकता को कम करना। जब आवश्यकता कम हो जाती है तो जीवन-धारण के लिए अनुकूल अवस्थाएँ उत्पन्न हो जाती हैं।

हल की पद्धति में प्रणोदन का महत्त्वपूर्ण स्थान है। उन्होंने प्रणोदन को सामान्य माना, न कि विशिष्ट। प्रणोदन की व्याख्या करते हुए उन्होंने इसे एक अभाव की अवस्था कहा, जैसे भोजन का अभाव, जल का अभाव, यौन-सम्बन्ध का अभाव आदि। प्रणोदन के सामान्य होने का अर्थ यह है कि वह स्वयं व्यवहार को निर्देशित नहीं करता, बल्कि व्यवहार में अधिक सक्रियता ला देता है अथवा उसे शक्ति प्रदान करता है। व्यवहार का निर्देशन तो वातावरण की उत्तेजनाएँ करती हैं।

हल ने दो प्रकार के प्रणोदनों का उल्लेख किया है–प्रधान प्रणोदन (Primary Drives) तथा गौण प्रणोदन (Secondary Drives)। प्रधान प्रणोदनों का सम्बन्ध प्राणी की जैविक आवश्यकताओं से है। ऐसे प्रणोदनों के उदाहरणस्वरूप भूख, प्यास, यौन सम्बन्ध, नींद, हवा, तापमान, कष्टों से छुटकारा आदि को प्रस्तुत किया जा सकता है। ये सभी प्राणी की मूलभूत जन्मजात प्रक्रियाएँ हैं और जीवन के लिए अनिवार्य हैं। इनके अतिरिक्त हल ने कुछ ऐसे प्रणोदनों का भी उल्लेख किया है जो वातावरण की उन अवस्थाओं अथवा उत्तेजनाओं के द्योतक हैं, जो प्रधान प्रणोदनों को कम करने से सम्बन्धित होते हैं और अन्ततः वे स्वतः प्रधान प्रणोदनों का स्थान ले लेते हैं। उनका यह विचार पावलव के सम्बन्ध-प्रत्यावर्तन के समान है। उनकी यह मान्यता है कि आवश्यकता के कम हुए बिना सम्बन्ध-प्रत्यावर्तन सम्भव नहीं है। आगे वे यह कहते हैं कि जब प्रबलन (Reinforcement) आवश्यकता को कम कर देता है तब सम्बन्ध-प्रत्यावर्तन स्थापित होता है। उनके अनुसार "सम्बन्ध-प्रत्यावर्तन प्रभाव-नियम का ही एक विशिष्ट उदाहरण है।"[9] स्पष्ट है कि हल पर थौर्नडाइक के प्रभाव-नियम का भी प्रभाव है।

हल के अनुसार प्रणोदनों के तीन प्रधान कार्य हैं–(1) प्रणोदन के बिना प्रधान प्रबलन (Primary Reinforcement) सम्भव नहीं है क्योंकि उसके लिए प्रणोदन का

कम होना (Drive Reduction) अनिवार्य है। यहाँ यह भी उल्लेख्य है कि प्रधान प्रबलन के बिना गौण प्रबलन (Secondary Reinforcement) सम्भव नहीं है, क्योंकि यह तभी उत्पन्न होता है जब उत्तेजना का प्रधान प्रबलन के साथ सम्बन्ध स्थापित हो जाता है। (2) प्रतिक्रिया के लिए प्रणोदन अनिवार्य है, क्योंकि यही अभ्यास-शक्ति (Habit Strength) को सक्रियता प्रदान करता है। फलस्वरूप उत्तेजना में शक्ति आती है। (3) प्रणोदन-उत्तेजनाओं (Drive Stimuli) में भेद किए बिना प्राणी की आवश्यकताओं के अनुसार उसमें आदत व्यवस्थित रूप नहीं ग्रहण कर पाती। उदाहरण के लिए, विभेद-शक्ति (Discrimination Power) के बिना प्राणी यह नहीं सीख सकता कि भूख लगने पर उसे एक स्थान पर जाना है तथा प्यास लगने पर दूसरे स्थान पर जाना है।

हल की पद्धति को पूर्णतया परिवर्तनकारी व्यवहारवाद कहा जा सकता है, जिसमें समझौते के लिए कोई गुंजाइश नहीं है। उनके व्यवहारवाद में वाट्सन से अधिक अनम्यता (Regidity) है। उन्होंने प्रत्येक धारणा की व्याख्या वस्तुनिष्ठ शब्दावली में करने की चेष्टा की है, फिर भी उन्होंने मध्यवर्ती परिवर्त्यों को अस्वीकार नहीं किया है। उन्होंने यह ध्यान अवश्य रखा है कि उनका सम्बन्ध वस्तुनिष्ठ उत्तेजना एवं प्रतिक्रिया की अवस्थाओं के साथ जोड़ा जाए ताकि उनकी माप की जा सके और उन्हें परिमाणात्मक शब्दावली (Quantitative Terms) में व्यक्त किया जा सके।

यहाँ यह उल्लेख्य है कि टौलमैन तथा हल के मध्यवर्ती परिवर्त्यों के बीच काफी समानता है। इन दोनों ने ही प्रणोदन, उत्प्रेरक (Incentive) तथा कार्य के निरोधक तत्त्व (Inhibitory Factor) के महत्त्व को स्वीकार किया है। यद्यपि टौलमैन की 'प्रत्याशा' की धारणा तथा हल की 'अभ्यास शक्ति' की धारणा विभिन्न प्रकार के चिन्तन के परिणाम हैं, फिर भी टौलमैन की 'प्रत्याशा' को इस अर्थ में हल की 'अभ्यास शक्ति' का प्रतिरूप माना जा सकता है कि दोनों का निर्माण प्रबलन के द्वारा ही होता है। प्रणोदन (हल का D) अथवा उत्प्रेरक (हल का K) की अनुपस्थिति में अथवा बहुत अधिक निरोध (हल का IR) की स्थिति में भली-भाँति स्थापित आदत भी निष्पादन में अभिव्यक्त नहीं हो पाती।

हल ने स्पष्ट शब्दों में घोषित किया कि किसी भी अवस्था में मानव-व्यवहार की व्याख्या वस्तुनिष्ठ शब्दों में ही की जानी चाहिए और ऐसा करने के लिए पशु-मनोविज्ञान की शब्दावली में चिन्तन करना आवश्यक है। इतना ही नहीं, उन्होंने तो मानव को एक स्वचालित यन्त्र के समान समझा और ऐसा मानकर ही मानव-व्यवहार की व्याख्या भी की। उन्होंने मनोविज्ञान को भौतिकी के समान वस्तुनिष्ठ माना और स्पष्ट शब्दों में कहा कि मनोविज्ञान और भौतिकी में यदि कोई भेद है तो वह बहुत ही कम है और वह भी केवल मात्रा का भेद है न कि प्रकार का।[10]

समग्र अथवा आणविक दृष्टिकोण (Molar or molecular viewpoint)–समग्र दृष्टिकोण प्राणी के व्यवहार पर सम्पूर्ण रूप में विचार करता है, जबकि आणविक दृष्टिकोण प्राणी के व्यवहार को समझने के लिए विभिन्न तत्त्वों में उसका विश्लेषण करता है। वैसे तो हल ने आणविक दृष्टिकोण को ही तरजीह दी, किन्तु साथ-ही-साथ यह भी चेतावनी दी कि जब तक स्नायविक दैहिक विज्ञान (Neurophysiology) की दैहिक रासायनिक समस्याओं का समुचित समाधान नहीं हो जाता, तब तक इस दृष्टिकोण को अपनाकर व्यवहार के सिद्धान्त की निश्चित व्याख्या नहीं की जा सकती। अतः अभी तक निकट भविष्य में व्यवहार का कोई भी सिद्धान्त समग्र सिद्धान्त (Molar Theory) ही होगा।[11] हिलगार्ड ने भी हल के दृष्टिकोण के सम्बन्ध में ऐसा ही कहा है।[12] इससे ऐसा जान पड़ता है कि हल का दृष्टिकोण ऐसा है जिसे अभी रूपान्तरणवाद (Reductionism) की संज्ञा नहीं दी जा सकती।

वास्तव में हल की प्रमुख परिभाषाओं तथा अभिधारणाओं (Postulates) का मूल दैहिक विज्ञान अथवा किसी दूसरे विज्ञान में नहीं है। उनके निरीक्षणीय अनुभवाश्रित अथवा प्रयोगात्मक प्रदत्त (Data) न तो दैहिक रासायनिक (Physio-Chemical) हैं, न दैहिक (Physiological) हैं और न स्नायविक (Neurological) हैं। ये प्राणी के बाह्य व्यवहार से लिए गए तथा परिभाषित किए गए हैं। उन्होंने अनिरीक्षणीय प्रदत्तों, जैसे आवश्यकता, प्रणोदन आदि को स्नायविक-दैहिक शब्दावली (Neuro-physiological Terms) में परिभाषित किया है। हल के व्यवहारपरक तथा स्नायविक दैहिक शब्दावलियों में अनुरूपता नहीं है। निस्सन्देह उन्होंने इन दोनों के बीच अनुरूपता की आशा में ही अपने लेखन में इनका व्यवहार किया, किन्तु अभी तक ऐसी अनुरूपता प्रमाणित नहीं हो पाई है।

हल ने अपने अभी के (Not-yet Reduction) अरूपान्तरणवाद को सिद्धान्त रूप में नहीं माना, बल्कि इसे स्नायविक-दैहिक (Neuro-physiological) अभाव की स्थिति के रूप में ग्रहण किया। चूँकि वे रूपान्तरणवाद के समर्थक थे, अतः जहाँ कहीं सम्भव जान पड़ा, उन्होंने स्नायविक दैहिक धारणाओं को प्रस्तुत किया। इसलिए अन्त में यह कहना समुचित जान पड़ता है कि उनकी चिन्तन शैली निस्सन्देह दैहिक-आणविक (Physiological Molecular) सन्दर्भ में सदा प्रभावित रही है, किन्तु उन्होंने काम लिया अक्सर वास्तविक व्यवहार सम्बन्धी तत्त्वों (Behavioural Elements) से ही। निष्कर्ष के रूप में यह व्यक्त कर देना समुचित जान पड़ता है कि व्यवहारवादी परम्परा के अनुरूप उन्होंने व्यवहार की व्याख्या स्नायुमण्डल के माध्यम में वातावरण के साथ प्राणी की परस्पर क्रिया के रूप में ही की।

सीखने का सिद्धान्त–हल का सीखने का सिद्धान्त उनके जीवन-काल की सर्वाधिक महत्त्वपूर्ण उपलब्धि है। किन्तु कुछ लोगों का मत है कि उनकी सर्वाधिक

अभिरुचि सीखने में न होकर अनुप्रेरणा के अध्ययन में थी और सीखने को तो उन्होंने मात्र आवश्यकता पूर्ति के रूप में ग्रहण किया। इसकी पुष्टि में शुल्ज ने कोफर तथा ऐपले (Cofer and Applay 1964) की पंक्ति उद्‌धृत की है : "अन्तिम विश्लेषण में सीखना एक माध्यम मात्र है जो प्राणी को उसकी आवश्यकताओं की दृष्टि के निमित्त किए जाने वाले प्रयासों के क्षेत्र एवं विविधता को व्यापक रूप देने का अवसर प्रदान करता है।"[13] निस्सन्देह अपनी पद्धति को विकसित करने के क्रम में हल ने सीखने की अपेक्षा व्यवहार को प्रभावित करने वाले अन्य तत्त्वों पर अधिक ध्यान दिया, लेकिन तो भी वे अपने सीखने के सिद्धान्त को लेकर ही सर्वाधिक विख्यात हैं और इसको लेकर ही उनके सम्बन्ध में सर्वाधिक अध्ययन भी हुए हैं।[14]

हल के सिद्धान्त का विकास क्रमिक रूप में हुआ है। उनके सिद्धान्त का प्रारम्भिक रूप 1915 में ही आ गया था, किन्तु 1952 में उनकी मृत्यु के समय तक भी वह अधूरा ही रह गया। 1943 तक उनका सिद्धान्त इस सीमा तक विकसित हो गया कि पुस्तक के रूप में उसका प्रकाशन भी हो गया। उस पुस्तक का शीर्षक है–'व्यवहार के सिद्धान्त' (Principles of Behaviour)। प्राकृतिक तथ्यों को समझने में वे न्यूटन के दृष्टिकोण से काफी प्रभावित थे। अतः उन्होंने अपने सीखने के सिद्धान्त के निर्माण में गणितीय निगमनात्मक विधि (Mathematico Deductive Method) को अपनाया और उसे संगठित रूप में अभिधारणाओं (Postulates), साध्यों (Theorems) तथा उपसाध्यों (Corollaries) के रूप में प्रस्तुत किया, जिनका उल्लेख वाचिक तथा गणितीय दोनों रूपों में किया गया है। वे अपने सिद्धान्त में निरन्तर संशोधन करते गए और सीखने में अधिकाधिक जटिल क्षेत्रों में उसका उपयोग करते गए। फलस्वरूप उनकी अन्तिम पुस्तक 'व्यवहार-पद्धति' (A Baheviour System) का प्रकाशन हुआ। इस बीच 1940 में उनकी पुस्तक 'रटकर-सीखने का गणितीय-निगमनात्मक सिद्धान्त' (Mathematico-deductive Theory of Rote Learning) प्रकाशित हुई। इस पुस्तक में कुछ और लोगों का भी सहयोग था। 1943 में उनकी प्रसिद्ध पुस्तक 'व्यवहार के सिद्धान्त' (Principles of Behaviour) तथा 1951 में 'व्यवहार के मूल तत्त्व' (Essentials of Behaviour) का प्रकाशन हुआ।

अब यहाँ संक्षेप में 1940, 1943 तथा 1952 में प्रकाशित पुस्तकों की विशेषताओं का उल्लेख किया जा रहा है। 'रटकर सीखने के गणितीय निगमनात्मक सिद्धान्त' में हल तथा उसके सहयोगियों ने रटकर सीखने के नियमनिष्ठ क्रम स्थापन (व्यवस्थापन) (Rigorous Systematization) की चेष्टा की और परस्पर सम्बन्धित परिकल्पनाओं (Hypothesis) का प्रयोगात्मक परीक्षण किया। इसे गणितीय निगमनात्मक सिद्धान्त इसलिए कहा गया कि यह केवल परिकल्पित निगमनात्मक विधि (Hypo Thitico Deductive Method) का ही प्रयोग नहीं करता, बल्कि उसका उपयोग परिमाणात्मक

ढंग से करता है। इसमें बिलकुल औपचारिक दृष्टिकोण अपनाया गया है। आरम्भिक धारणाओं एवं परिभाषाओं से आरम्भ कर अभिधारणाओं (Postulates), साध्यों (Theorems), उपसाध्यों (Corollaries) तथा समस्याओं की ओर अग्रसर होने का प्रयास किया गया हे। यह सिद्धान्त जटिल है। इसमें 18 अभिधारणाएँ एवं 12 उप-साध्य (हल की पद्धति का 1951 संशोधन) हैं। इससे क्रमिक सीखने (Serial Learning) के सम्बन्ध में कई साध्य (Theorems) प्राप्त किए गए हैं। उनमें से अधिकांश को कई प्रयोगों के आधार पर सत्यापित भी किया गया है।

इस पुस्तक पर अपना मत व्यक्त करते हुए हिलगार्ड ने कहा है कि मनोवैज्ञानिक जगत में इस पुस्तक को अति कुतूहलपूर्ण ढंग से ग्रहण किया गया है। औपचारिक एवं लघु रूप में सिद्धान्त प्रस्तुतीकरण की कीर्तिमान स्थापित करने वाली उपलब्धि के रूप में इसका स्वागत भी किया गया है और इसे अत्यन्त उबाने वाली पुस्तक भी माना गया है। अनेक लोगों ने इसका उल्लेख किया है, किन्तु बहुत थोड़े से लोगों ने ही इसे पढ़ा है अथवा अपने शोध में इससे प्रभावित हुए हैं।

अपनी पुस्तक "व्यवहार सिद्धान्त" (1943) में उन्होंने अभिधारणाओं एवं उपसाध्यों के सहारे अपने सिद्धान्त की व्याख्या की है। उत्तेजना, प्रतिक्रिया एवं मध्यवर्ती प्रक्रियाओं (Intervening processes) की सहायता से अपने सिद्धान्त को प्रस्तुत किया है।

हल ने अभिधारणाओं को परिमाणात्मक शब्दावली में प्रस्तुत किया। जहाँ आवश्यकता जान पड़ी, वहाँ अपनी अभिधारणाओं में संशोधन करते गए। ये संशोधित अभिधारणाएँ अन्तिम रूप में हल की मृत्यु के बाद 1952 में उनकी पुस्तक 'व्यवहार-पद्धति' (A Behaviour System) में प्रकाशित हुईं।

हल की 1943 तथा 1952 की पुस्तकों में अन्तर बड़े स्पष्ट हैं। 1943 की उनकी सम्पूर्ण अथवा लगभग सम्पूर्ण पुस्तक में अभिधारणाओं एवं उप-साध्यों की पद्धति विकसित की गई है, जबकि 1952 की पुस्तक में संक्षिप्त रूप में उन सभी को प्रथम अध्याय में ही प्रस्तुत कर दिया गया है। पुस्तक के शेष भाग में अधिक जटिल एवं विविध प्रकार के सीखने के व्यवहारों में उनका उपयोग किया गया है। जैसे प्रयत्न और भूल द्वारा सीखना, विभेदीकरण सीखना (Discrimination Learning) भूल-भूलैया सीखना (Maze Learning) तथा समस्या समाधान।

हल पावलव से बहुत प्रभावित थे। पावलव के व्यवहारवादी दृष्टिकोण, उनके सम्बन्ध-प्रत्यावर्तन के सिद्धान्त तथा प्रयोगाश्रित शोध-कार्यों के कार्यक्रम ने हल को उनकी ओर इस प्रकार उन्मुख कर दिया कि उन्होंने अपने सिद्धान्त के प्रतिपादन में उनके सम्बन्ध-प्रत्यावर्तन का उपयोग किया। वास्तव में, सम्बन्ध-प्रत्यावर्तन इसके सिद्धान्त का केन्द्र बिन्दु बन गया और उन्होंने इसे सीखने का सर्वाधिक मूल रूप

माना, जिसके सहारे अधिक जटिल ढंग से सीखने की खोज एवं व्याख्या की जा सकती है।

हल ने अपने सिद्धान्त में थौर्नडाइक के प्रभाव-नियम तथा पावलव के सम्बन्ध-प्रत्यावर्तन के बीच समन्वय स्थापित करने की चेष्टा की है। उनके अनुसार प्रबलन (Reinforcement) के बिना सीखना सम्भव नहीं है और प्रबलन मूलतः थौर्नडाइक के 'प्रभाव' से भिन्न नहीं है। यहाँ यह उल्लेख्य है कि इसका प्रबलन थौर्नडाइक के 'संतोष' के अर्थ में नहीं है, बल्कि आवश्यकता के न्यूनीकरण (Need Reduction) के अर्थ में है और इसके सिद्धान्त की यही आधारशिला है। इसीलिए उन्होंने अपने सीखने के सिद्धान्त को आवश्यकता-न्यूनीकरण का सिद्धान्त कहा है। उन्होंने इसे प्रबलन का सिद्धान्त भी कहा है, क्योंकि प्रबलन के बिना सीखने की क्रिया सम्पन्न नहीं हो सकती।

हल के अनुसार सीखना उत्तेजना-प्रतिक्रिया सम्बन्ध है और यह अभ्यास पर निर्भर करता है। इस अभ्यास पर प्रबलन का महत्त्वपूर्ण प्रभाव पड़ता है। प्रबलन के कारण अभ्यास शक्ति (Habit Strength) बढ़ जाती है। इस प्रकार उत्तेजना-प्रतिक्रिया सम्बन्ध की शक्ति अथवा अभ्यास शक्ति प्रबलन की बारम्बारता (Frequency) पर निर्भर है। दूसरे शब्दों में, प्रबलन की संख्या जितनी ही अधिक होगी, उत्तेजना-प्रतिक्रिया सम्बन्ध अथवा अभ्यास-शक्ति उतनी ही प्रबल होगी।

सीखने के सम्बन्ध में हल का मत थौर्नडाइक तथा गुथरी से भिन्न है। थौर्नडाइक तथा गुथरी ने सीखने की प्रक्रिया की व्याख्या नहीं की है, केवल उसका वर्णन मात्र किया है, किन्तु हल ने स्पष्ट रूप से अपनी अभिधारणाओं के सहारे सीखने की प्रक्रिया की व्याख्या की है।

हल ने अपने सीखने के सिद्धान्त में व्यक्ति-विभिन्नताओं के सिद्धान्त पर भी विचार किया है। उन्होंने इस बात पर जोर दिया है कि सीखने के सभी सिद्धान्तों को व्यक्ति-विभिन्नताओं पर अवश्य ध्यान देना चाहिए। पशु तथा मानव प्रयोज्यों के बड़े समूहों पर बार-बार किए गए प्रयोगों के आधार पर सांख्यिकीय दृष्टि से व्यक्ति विभिन्नताओं से मुक्त सिद्धान्तों की स्थापना कर सीखने की व्याख्या करना श्रेयस्कर है।

यह पहले ही व्यक्त किया जा चुका है कि सीखने की सरल परिस्थितियों के अतिरिक्त इसे दूसरे क्षेत्रों में भी लागू किया जा सकता है, जैसे–विभेदीकरण सीखने में, भूल-भुलैया सीखने में तथा समस्या समाधान सीखने में। इनके अतिरिक्त हल के सिद्धान्त को मूल्यों के क्षेत्र में भी लागू किया जा सकता है। उन्होंने इस समस्या के प्रति अनेक दार्शनिक दृष्टिकोणों का सर्वेक्षण किया और सीखने के सिद्धान्त की शब्दावली में मूल्यों के सिद्धान्त के प्रति प्राकृतिक विज्ञान के दृष्टिकोण अपनाने के अपने सुझाव दिए।

परिकल्पित निगमनात्मक विधि
(Hypothetico Deductive Method)

परिकल्पित निगमनात्मक विधि की विवेचना के पूर्व मनोविज्ञान की विधियों के प्रति हल के सामान्य दृष्टिकोण को प्रस्तुत करना अनिवार्य जान पड़ता है।

वस्तुनिष्ठता (Objectivity) मनोविज्ञान की विधियों के सम्बन्ध में हल का सुचिन्तित विचार यह है कि उन्हें यथासम्भव वस्तुनिष्ठ होना चाहिए। इस विचार के आलोक में ही उन्होंने उत्तेजना को परिभाषित करते हुए उसे सामान्य उत्तेजना शक्ति की संज्ञा दी, जैसे ध्वनि, प्रकाश आदि। किन्तु वे वास्तविक व्यवहार में इसका निर्वाह नहीं कर पाए। अपने प्रयोगों में उन्होंने उत्तेजना की इस परिभाषा के अनुरूप कार्य नहीं किया, बल्कि उत्तेजना को वातावरण के एक अंग के रूप में ग्रहण किया, जैसा कि अन्य सभी वस्तुवादियों (Objectivists) ने भी किया था।

मनोविज्ञान विधियों के प्रति हल का दृष्टिकोण परिमाणात्मक रहा है। उन्होंने स्पष्ट शब्दों में घोषित किया कि व्यवहार के नियमों की अभिव्यक्ति गणित की सुनिश्चित (Precise) भाषा में होनी चाहिए। उन्होंने जोर देकर कहा कि मनोवैज्ञानिकों के लिए केवल गणित का ज्ञान पर्याप्त नहीं है, बल्कि उन्हें तो सदा गणित ही सोचना चाहिए। उनके अनुसार मनोविज्ञान की प्रगति गणित के आधार पर ही होनी चाहिए और मनोविज्ञान का स्वरूप भी उसी के द्वारा निर्धारित होना चाहिए। निष्कर्ष यह कि इसके व्यवहारवाद की दूसरी प्रमुख आधारशिला है परिमाणात्मकता। इसके इस दृष्टिकोण की सराहना करते हुए वुलमैन ने कहा है कि गणित तथा औपचारिक तर्कशास्त्र पर जितना अधिकार हल को था, उतना बहुत थोड़े से मनोवैज्ञानिकों को ही रहा है। जिस प्रकार हल ने मनोवैज्ञानिक सिद्धान्त में गणित की भाषा का उपयोग किया वैसा किसी दूसरे मनोवैज्ञानिक ने नहीं किया।[15]

हल ने अपने सिद्धान्त को परिमाणात्मक स्वरूप प्रदान करने की भरपूर चेष्टा की, किन्तु उनके व्यवहार के सिद्धान्त 1943 में अधिकांश परिमाणन (Quantification) मात्र योजना बनकर रह गए। वे अपनी कई अभिधारणाओं (Postulates) को गणितात्मक स्वरूप प्रदान नहीं कर सके, यद्यपि वे अपनी इन त्रुटियों से भलीभाँति अवगत थे। इसीलिए उन्होंने वास्तविक परिमाण के अपने प्रयास को जारी रखा और फलस्वरूप 1952 तक उनके कार्यों में काफी प्रगति हो गई। कौक 1954 ने उल्लेख किया है कि हल वास्तविक व्यवहार में ऐसी उत्तेजनाओं का उपयोग नहीं कर सके जो उनकी परिभाषा के अनुरूप हों जैसा कि मार्क्स एवं हिलिक्स ने कहा है।[16]

हल ने वैज्ञानिक सत्य की खोज के लिए चार विधियों को उपयोगी माना– सरल अनियोजित निरीक्षण (Simple Unplanned Observation), क्रमबद्ध नियोजित निरीक्षण (Systematic Planned Observation), प्रयोगात्मक परीक्षण (Experimental Testing) तथा परिकल्पित निगमनात्मक विधि (Hypothetico Deductive Method)।

इनमें से पहली तीनों विधियाँ तो पहले से ही उपयोग में आ रही हैं, रही बात चौथी विधि की। हल की दृष्टि में चौथी विधि ही सबसे अधिक उपयोगी विधि है। इस विधि को संक्षेप में इस प्रकार प्रस्तुत किया जा सकता है :

सर्वप्रथम कुछ परिभाषाओं से आरम्भ कर अति सुचिन्तित अभिधारणाएँ प्रस्तुत की जाती हैं। इन दोनों के परिणामस्वरूप विस्तृत रूप से कई साध्य (Theorms) प्रस्तुत किए जाते हैं। पुनः इन परिभाषाओं, अभिधारणाओं एवं साध्यों की समग्रता के आधार पर क्रमबद्ध एवं संगठित सिद्धान्त का निर्माण होता है और तब सावधानी पूर्वक नियन्त्रित प्रयोगों के द्वारा उसका परीक्षण किया जाता है। सिद्धान्त का जो अंश प्रयोगात्मक परीक्षण पर खरा नहीं उतरता, उसे पुनः प्रयोगात्मक प्रमाण के द्वारा संशोधित किया जाता है। संशोधन के बाद ही उसे स्वीकार किया जाता है।

हल ने परिकल्पित निगमनात्मक विधि को सर्वाधिक मान्यता प्रदान की, क्योंकि उनकी दृष्टि में केवल गणितीय एवं औपचारिक-तार्किक कथनों में ही असीमित सामान्यता अथवा व्यापकता होती है। अतः यदि मनोविज्ञान को अन्य प्राकृतिक मनोविज्ञानों के समान वस्तुनिष्ठ मनोविज्ञान बनाना है तो उसके लिए सर्वाधिक उपयुक्त विधि परिकल्पित निगमनात्मक विधि ही है। इस विधि के द्वारा ही वैज्ञानिक सिद्धान्त पर पहुँचा जा सकता है।

हल ने ऐसे वैज्ञानिक सिद्धान्त के चार मानदण्डों का उल्लेख किया है– (1) परिभाषाएँ एवं अभिधारणाएँ, (2) परिभाषाओं एवं अभिधारणाओं से निकले हुए निहितार्थ (Implecation) एवं अनुमान (Intereces), (3) प्रयोगाश्रित प्रदत्तों के साथ साध्यों का निकट का सम्बन्ध तथा (4) सिद्धान्त का प्रयोगात्मक प्रमाण।

परिभाषाओं एवं अभिधारणाओं के सम्बन्ध में उनका कहना है कि उन्हें स्पष्ट रूप से परिभाषित होना चाहिए, परस्पर विरोधी नहीं होना चाहिए, इस प्रकार सूत्रबद्ध होना चाहिए कि उनसे साध्य उपलब्ध किए जा सकें तथा वे यथासम्भव कम-से-कम हों।

दूसरे मानदण्ड के सम्बन्ध में उनका कहना है कि निहितार्थों एवं अनुमानों को स्पष्ट, बिलकुल प्रत्यक्ष एवं व्यापक होना चाहिए।

तीसरे मानदण्ड के सम्बन्ध में उनका कहना है कि साध्य प्रयोगाश्रित प्रदत्तों के साथ निकट रूप से सम्बन्धित हों ताकि उनका प्रयोगात्मक निरीक्षण सम्भव हो सके।

चौथे मानदण्ड का सम्बन्ध सिद्धान्त के प्रयोगात्मक प्रमाण से है, क्योंकि इसके बिना सिद्धान्त की सत्यता प्रमाणित नहीं हो सकती।

यहाँ यह उल्लेख्य है कि 1940 में हल अपनी पद्धति को अर्द्धपरिमाणात्मक शब्दावली में ही प्रस्तुत कर सके। 1952 में उसे लगभग पूर्ण रूप से परिमाणात्मक शब्दावली में प्रस्तुत करने में सफल हो सके।

समीक्षा

मनोविज्ञान की प्राचीन विचारधाराओं अथवा पद्धतियों (Systems) से हल की पद्धति भिन्न है। प्राचीन पद्धतियों में विकास की गति रुक गई है, क्योंकि शोध कार्य बन्द हो चुके हैं। हल की पद्धति अबाध गति से विकसित होती जा रही है क्योंकि उसके समर्थकों द्वारा निरन्तर शोध-कार्य किए जा रहे हैं। अतः मनोविज्ञान में हल के योगदानों का अन्तिम रूप से मूल्यांकन सम्भव नहीं है। यह तो भविष्य में मनोविज्ञान के इतिहास लिखने वाले ही कर सकते हैं। हल की पद्धति अभी इतिहास नहीं बन पाई है।[17]

हल की पद्धति आरम्भ में ही इतनी प्रसिद्ध हो गई कि इसकी स्थापना के समय से ही इसके सम्बन्ध में आलोचना शुरू हो गई। यही इस बात को सिद्ध कर देता है कि उनकी पद्धति का मनोविज्ञान पर कितना व्यापक प्रभाव पड़ा। इस प्रभाव के बावजूद उसकी आलोचना भी कम नहीं हुई।

हल के सिद्धान्त की सर्वप्रथम त्रुटि है उसमें सामान्यीकरण का अभाव। आलोचकों का कहना है कि सुनिश्चित शब्दावली में अपने परिवर्त्यों (Variables) को परिभाषित करने के प्रयास में उन्होंने अतिशय विशिष्टतावादी दृष्टिकोण (Particularistic Viewpoint) अपनाया और सामान्यतः केवल एक ही प्रयोगात्मक परिणाम के आधार पर अपनी अभिधारणाओं (Postulates) का निर्माण कर लिया। उनका ऐसा करना वैज्ञानिक दृष्टि से समुचित नहीं कहा जा सकता। आलोचकों का यह भी कहना है कि केवल पशुओं पर किए गए प्रयोगों से प्राप्त सीमित प्रदत्तों के आधार पर किए गए सामान्यीकरण के आलोक में सभी प्रकार के प्राणियों के व्यवहारों की व्याख्या करना युक्तिसंगत नहीं है।

हल की पद्धति के गुण अथवा दोष पर विचार करते समय उसके किसी विशेष बिन्दु पर ध्यान न देकर सिद्धान्त-निर्माण पर ध्यान केन्द्रित करना अनिवार्य है, क्योंकि उनकी पद्धति की सर्वाधिक प्रमुख समस्या सिद्धान्त-निर्माण ही है। रेखागणित में परिकल्पित निगमनात्मक विधि (Hypothetico Deductive Method) विकसित कर पेरी ने रेखागणित को वस्तुनिष्ठ स्वरूप प्रदान करने की भरपूर चेष्टा की। किन्तु अभी भी यह विवाद का विषय है कि पेरी की विधि प्रयोगाश्रित विज्ञानों के लिए कहाँ तक उपयोगी है। यदि उपयोगी होगी, तो भी प्रश्न यह है कि क्या उसे मनोविज्ञान में सिद्धान्त-निर्माण की सर्वोत्तम विधि माना जा सकता है? हल के कुछ आलोचकों ने उनकी निर्विवाद अध्यवसायिता के प्रति आकर्षित होते हुए भी ऐसा महसूस किया है कि अभी परिकल्पित निगमनात्मक मनोविज्ञान विकसित करने का समय नहीं आया है।

कौक ने हल के सिद्धान्त को स्वतन्त्र, आश्रित एवं मध्यवर्ती परिवर्त्य सान्तत्यक (Continuum) पर प्रस्तुत करने की चेष्टा की है। निस्सन्देह हल ने टौलमैन के मध्यवर्ती परिवर्त्यों को स्वीकार किया और इसलिए कौक ने उनके सिद्धान्त का मूल्यांकन

त्रि-परिवर्त्य सान्तत्यक (Three Variables Continuum) पर करने का प्रयास किया। यहाँ यह उल्लेख्य है कि वस्तुतः हल के सिद्धान्त त्रि-परिवर्त्य सान्तत्यक का अनुसरण नहीं किया। उनका सिद्धान्त बहुत हद तक पेरी के व्यावहारिक रेखागणित के निकट पड़ता है, जिसके प्रथम भाग में अधिकांश कथन (Statements) स्वयं सिद्ध माने जाते हैं और उन कथनों अथवा अभिधारणाओं (Postulates) से ही तार्किक अनुमान के द्वारा अन्य बातें प्राप्त की जाती हैं। दूसरे भाग में प्रयोगात्मक परिणामों के आलोक में अभिधारणाओं की जाँच की जाती है। जैसे ही प्रयोग के द्वारा परिमाणात्मक प्रदत्त उपलब्ध हो जाते हैं, वैसे ही हल अपनी अभिधारणाओं को परिमाणात्मक कथनों में रूपान्तरित कर देते हैं।

कौक ने हल की परिमाणात्मक अभिधारणाओं की आलोचना की है। उनका कहना है कि हल की परिमाणात्मक अभिधारणाएँ "मनमाने ढंग के परिकलन द्वारा प्राप्त सुदूर अनुमानों पर आधारित हैं। हल सम्भवतः पूर्ण एवं सुगठित परिमाणात्मक पद्धति का निर्माण नहीं कर सके। उनमें कई विसंगतियाँ (Inconsistenceis) हैं। वस्तुतः ऐसी पद्धति अभी मनोवैज्ञानिक ज्ञान के क्षेत्र के परे है।[18] कदाचित् इसीलिए वुलमैन ने कहा है कि हल गणित में अपनी अत्यधिक अभिरुचि के शिकार थे। फलस्वरूप उन्होंने गणित पर आवश्यकता से अधिक बल दिया और मनोविज्ञान को गणित की भाषा में ही व्यक्त करने की चेष्टा की।[19]

कौक के अतिरिक्त, ऐमसेल ने भी हल के सिद्धान्त की अति परिमाणात्मक प्रवृत्ति से अपनी असहमति व्यक्त की है और उनके सिद्धान्त पर मनमानेपन का दोष लगाया है।[20] हिलगार्ड तथा बोऊर ने भी हल के अति परिमाणन (Quantification) की आलोचना की है।[21]

हल के न्यूनीकरण अथवा रूपान्तरणवाद (Reductionism) की भी आलोचना हुई है। इसके सम्बन्ध में आलोचकों का कहना है कि यह धारणा अस्पष्ट है। उन्होंने अपने सिद्धान्त को जीवित प्राणी तथा स्नायुमण्डल से जोड़ना चाहा है। एक ओर तो उन्होंने अवलोकित मनोवैज्ञानिक तथ्यों (Observed Psychological Facts) की भाषा का प्रयोग किया है और दूसरी ओर कल्पित दैहिक तत्त्वों (Assumed Physiological Factors) की भाषा का। एक ही साथ इन दो प्रकार की भाषाओं के प्रयोग के कारण उनकी न्यूनीकरण अथवा रूपान्तरणवाद की धारणा में अस्पष्टता आ गई है।

दैहिक विज्ञान के लिए हल के मन में सर्वाधिक प्रशंसा का भाव था। उसमें उनका असीमित विश्वास था। फिर भी उन्होंने अपने सिद्धान्त में दैहिक शब्दावली का उपयोग नहीं किया है। यह एक विरोधाभास है। वुलमैन ने दैहिक विज्ञान के प्रति इनके प्रेम की तुलना गणित के प्रति लेविन के प्रेम से की है और यह विरोधाभास भी व्यक्त किया है कि उन दोनों में से किसी ने भी अपनी पसन्दगियों का पूर्ण रूप से उपयोग नहीं किया है।[22] इस विरोधाभास के कारण भी हल की स्थिति अस्पष्ट

हो गई है। अतः यह कहना अधिक युक्तिसंगत जान पड़ता है कि हल की स्थिति प्रस्तावित न्यूनीकरण (Proposed Reductionsim) की है, न कि सुव्यवहृत न्यूनीकरण (Well Practiced Reductionism) की।

हल के आलोचकों ने इस विरोधाभास की ओर भी संकेत किया है कि हल का विश्वास तो था आणविक दृष्टिकोण में, किन्तु उन्होंने समग्रता के दृष्टिकोण को अपनाया। उनका विश्वास था कि स्नायु कोषों (Nerve Cells) के विस्तृत ज्ञान पर आधारित आणविक सिद्धान्त (Molecular Theory) विकसित किया जा सकता है, किन्तु अपने इस विश्वास के विपरीत उन्होंने व्यवहार की व्याख्या समग्रता के दृष्टिकोण (Molar Viewpoint) के आधार पर की।

इन आलोचनाओं के बावजूद यह कहा जा सकता है कि समसामयिक मनोवैज्ञानिक सिद्धान्त के क्षेत्र में हल का विशिष्ट स्थान है। येल विश्वविद्यालय में कार्यरत रहते हुए उन्होंने अपने छात्रों, सहकर्मियों तथा अनुयायियों को काफी प्रभावित किया। उनके कुछ सहकर्मी एवं अनुयायी सीखने के समसामयिक सिद्धान्त में अग्रणी माने जाते हैं, जैसे–मिलर, मोरर, स्पेन्स, ऐमसेल, लोगन आदि। एन.ई. मिलर (1959) तथा ओ.एच. मोरर (1960) ने हल की परम्परा का अनुसरण करते हुए अपनी स्वतन्त्र शैली में सीखने के सम्बन्ध में बहुत कुछ लिखा है। के. डब्लू. स्पेन्स ने भी उनकी सैद्धान्तिक परम्परा का अनुसरण करते हुए उनके सिद्धान्त में आवश्यक एवं महत्त्वपूर्ण संशोधन किए। उनकी दो प्रमुख पुस्तकें 'व्यवहार के सिद्धान्त एवं सम्बन्ध-प्रत्यावर्तन'[23] तथा 'व्यवहार के सिद्धान्त एवं सीखना'[24] उनके दृष्टिकोण का भली-भाँति प्रतिनिधित्व करती हैं।

हल के सिद्धान्त के सम्बन्ध में अनेक छात्रों ने कई ठोस प्रयोग किए और उन प्रयोगों के आधार पर निश्चित परिणाम पर भी पहुँचे। अन्य सिद्धान्तों की अपेक्षा हल के सिद्धान्त ने शोध के लिए मनोवैज्ञानिकों को अनुप्रेरित किया। मनोविज्ञान में यह उनका महत्त्वपूर्ण योगदान माना जाता है।

हल ने वस्तुनिष्ठ तथा परिमाणात्मक शब्दावली में व्यवहार की व्याख्या की। अन्य मनोवैज्ञानिकों ने भी उनकी शब्दावली को स्वीकार किया, जिसके परिणामस्वरूप मनोवैज्ञानिक प्रदत्तों के प्रति एक नवीन दृष्टिकोण का सृजन हुआ। वस्तुतः उन्होंने मनोविज्ञान में व्यवहारवादी दृष्टिकोण का प्रबल रूप से समर्थन किया, उसे व्यापक रूप दिया तथा उसके आधार पर मनोविज्ञान की सम्यक व्याख्या प्रस्तुत की।

इसमें कोई सन्देह नहीं कि हल के स्वतः अपने सिद्धान्त से कहीं अधिक उनका योगदान सामान्य रूप से किसी भी क्रमबद्ध मनोवैज्ञानिक सिद्धान्त के निर्माण में है। उन्होंने एक नई दिशा दी। मनोवैज्ञानिकों को गणित की भाषा में सिद्धान्त-निर्माण के लिए प्रेरित किया। फलस्वरूप सीखने के सिद्धान्त का निर्माण भी गणित की भाषा में होने लगा।[25] यद्यपि कतिपय मनोवैज्ञानिकों ने उनके सम्पूर्ण सिद्धान्त अथवा उसके

कुछ अंशों की आलोचना की है, किन्तु हल द्वारा परिकल्पित निगमनात्मक विधि को अपनाकर सिद्धान्त निर्माण करने के प्रयास की सराहना भी की है। वुलमैन ने इसकी विशेषताओं पर प्रकाश डालते हुए लिखा है : "उनकी तर्क शैली निर्दोष है, उनकी व्याख्याएँ प्रांजल हैं तथा अनुभवाश्रित प्रमाण के आलोक में उनके द्वारा अपरिवर्तनीय दोहरा परीक्षण प्रतिस्पर्धा उत्पन्न करने वाला है।"[26]

हल ने न्यूटन की विधि को अपनाकर सीखने के निगमनात्मक सिद्धान्त का निर्माण किया और मनोवैज्ञानिकों को सीखने के परिमाणात्मक सिद्धान्त की ओर प्रेरित किया। चैपलिन तथा क्रेविक ने इस बात को लेकर उनकी काफी सराहना की है। उन्होंने कहा है : "उनके सर्वाधिक कटु आलोचक भी यह परवाह किए बिना कि उनकी पद्धति के अन्तर्गत कुछ विशिष्टताओं का अन्तिम परिणाम क्या हो सकता है, यह स्वीकार करते हैं कि सीखने के निगमनात्मक सिद्धांत के निर्माण में हल का भगीरथ प्रयत्न उनकी प्रतिभाशाली उपलब्धि का प्रतिनिधित्व करता है।"[27]

हल के सिद्धान्त का समसामयिक मनोविज्ञान पर इतना अधिक प्रभाव पड़ा कि अधिकांश प्रयोगात्मक मनोविज्ञान ने उनके सिद्धान्त के किसी पहलू का या तो समर्थन किया अथवा विरोध। दूसरे शब्दों में, हल का मनोवैज्ञानिक सिद्धान्त चिन्तन का प्रधान केन्द्र बिन्दु बन गया। इस ओर औसगुड ने बड़े स्पष्ट शब्दों में संकेत किया है : "आधुनिक वर्षों में इस क्षेत्र के अधिकांश प्रयोगात्मक साहित्य का लक्ष्य या तो हल के सिद्धान्त के कुछ पहलुओं की आलोचना अथवा समर्थन रहा है; अधिकांशतः ऐसा इसलिए कि इसका सिद्धान्त बहुत ही स्पष्ट रूप से निर्मित है और इसलिए सर्वाधिक परीक्षणीय है।"[28]

बी.एफ. स्किनर

(B.F. Skinner, 1904)

आगमनात्मक अथवा वर्णनात्मक व्यवहारवाद

स्किनर बहुमुखी प्रतिभा के हैं। अतः उनकी बौद्धिक जिज्ञासा किसी विशेष क्षेत्र में सीमित नहीं रह सकी। स्वभावतः उनकी अभिरुचि विविध क्षेत्रों में थी। उन्होंने संक्रियात्मक व्यवहार (operational Behaviour) के अध्ययन पर जोर दिया, व्यवहार के अध्ययन में प्रत्यक्षवादी (Positivistic) एवं वर्णनात्मक दृष्टिकोण को अपनाया, व्यवहार पर प्रबलन की सूचियों (Schedules of Reinforcement) का अध्ययन किया, वाचिक व्यवहार (Verbal Report) का विश्लेषण किया, कबूतरों को प्रक्षेपणास्त्रों (Missiles) को निर्देशित करने का प्रशिक्षण दिया, समाज को उन्नत करने का ठोस कार्यक्रम प्रस्तुत किया, जिसका विशद् वर्णन उनके प्रसिद्ध उपन्यास "वाल्डेन टू"

(Walden Two, 1948) में मिलता है। इनके अतिरिक्त उन्हीं ने स्किनर-बक्स, वातानुकूलित शिशु-शैया (Aircrile), अध्यापन-यन्त्र (Teaching Machine) आदि का निर्माण किया।

स्किनर ने वाट्सन के व्यवहारवाद का परिमार्जन कर उसे नवजीवन प्रदान किया। उनकी लेखनी में आज भी वाट्सन की आत्मा के स्वर गूँजते हैं। मैक लियोड ने स्पष्ट शब्दों में इस विचार को व्यक्त किया है।[29] वास्तव में जब हम व्यवहारवादी मनोविज्ञान के विकास पर ध्यान देते हैं, तो स्पष्ट हो जाता है कि वाट्सन ने व्यवहार के विश्लेषण में उत्तेजना-प्रतिक्रिया सूत्र को अपनाया, जो प्राणी तथा वातवरण के सम्बन्ध पर प्रकाश डालता है। गुथरी ने समीपता के सिद्धान्त (Principle of contiguity) के आधार पर व्यवहार की व्याख्या की विश्लेषण की इकाई के रूप में गतियों (Movements) को अपनाया। हल ने प्राणी तथा वातवरण के सम्बन्ध पर प्रकाश डालते हुए स्पष्ट किया कि प्राणी के व्यवहार की व्याख्या के लिए मात्र उत्तेजना प्रतिक्रिया सूत्र काफी नहीं है, क्योंकि प्रतिक्रिया पर प्राणी का प्रभाव पड़ता है। अतः हल ने उत्तेजना-प्रतिक्रिया सूत्र के बदले उत्तेजना-प्राणी प्रतिक्रिया सूत्र को अपनाया। उन्होंने अपनी परिकल्पनात्मक निगमनात्मक पद्धति में उत्तेजना-प्रतिक्रिया के बीच मध्यवर्ती परिवर्त्य के रूप में प्राणी पर काफी जोर दिया। हल के उत्तेजना-प्राणी-प्रतिक्रिया मनोविज्ञान के विपरीत स्किनर का मनोविज्ञान प्रतिक्रिया मनोविज्ञान (R. Psychology) है।

हल तथा स्किनर दोनों ही नव-व्यवहारवादी हैं, किन्तु दोनों में काफी अन्तर है। पहला अन्तर तो यह है कि यदि हल ने सिद्धान्त-निर्माण पर जोर दिया तो स्किनर ने बिना सिद्धान्त निर्माण के ही प्रयोगात्मक फलों के प्रस्तुतीकरण को अपनाया। उन्होंने प्रयोगात्मक प्रदत्तों से आरम्भ किया और सावधानीपूर्वक धीरे-धीरे सम्भावित सामान्यीकरण की ओर बढ़ते गए। दूसरा अन्तर यह है कि जहाँ हल ने मनोवैज्ञानिक शोध में निगमनात्मक विधि (Deductive Method) का प्रतिनिधित्व किया, वहाँ स्किनर ने आगमनात्मक विधि (Inductive Method) अथवा वर्णनात्मक दृष्टिकोण (Descriptive Viewpoint) का प्रतिनिधित्व किया।

स्किनर का दृष्टिकोण गुथरी से भी भिन्न है। गुथरी ने सीखे हुए व्यवहार की व्याख्या में सिद्धान्त का सहारा लिया, किन्तु स्किनर ने अपने प्रयोगात्मक फलों का वस्तुनिष्ठ वर्णन किया है जो बिलकुल असैद्धान्तिक है। वास्तव में उनकी पद्धति (System) अपने लक्ष्य में वर्णनात्मक है, न कि व्याख्यात्मक (Atheorctical)। इन दोनों में दूसरा अन्तर यह है कि गुथरी की पद्धति में सीखे हुए व्यवहार अनुक्रमों (Learning Sequences) में मध्यस्थों (Mediatool) के रूप में उत्तेजनाओं और विशेषतः गतिबोधक उत्तेजनाओं की प्रधानता है। इसके विपरीत, स्किनर ने उत्तेजना के विश्लेषण को आवश्यक एवं अवांछनीय माना है। उन्होंने मध्यवर्ती परिवर्तनों के

विश्लेषण के विरुद्ध प्रतिक्रियाओं के अध्ययन पर आधारित वर्णनात्मक व्यवहारवाद को मान्यता प्रदान की है।

स्किनर कुछ बिन्दुओं पर टौलमैन से भी भिन्न हैं। जहाँ टौलमैन अपने मध्यवर्ती परिवर्त्यों की धारणा के लिए विख्यात हैं, वहाँ स्किनर इसके बिलकुल विरुद्ध हैं। टौलमैन ने व्यवहार की व्याख्या में प्रणोदन एवं संज्ञान जैसी मानसिक धारणाओं का सहारा लिया है, किन्तु स्किनर ने इन्हें बिलकुल अस्वीकार कर दिया है। उनका कहना है कि हम किसी व्यवहार को तभी भली-भाँति समझ सकते हैं, जब हम यह जानते हों कि उसका किस प्रकार पूर्वकथन एवं नियन्त्रण किया जा सकता है। उनके अनुसार मानसिक व्याख्याएँ बिलकुल व्यर्थ हैं क्योंकि वे यह नहीं बता पातीं कि परिवर्त्यों का किस प्रकार परिचालन करने से व्यवहार को नियन्त्रित किया जा सके। ये व्याख्याएँ एक तो अपूर्ण हैं और दूसरे व्यवहार के क्रियात्मक विश्लेषण में बाधक हैं।

यद्यपि स्किनर उम्र में हल तथा टौलमैन से काफी छोटे हैं, फिर भी वे 1930 के आस-पास व्यवहारवाद के ''नवजन्म'' में उन लोगों के साथ सक्रिय रहे हैं। वे नव-व्यवहारवादी होते हुए भी अन्य नव-व्यवहारवादियों से भिन्न हैं, जैसा कि बतलाया जा चुका है वे सबसे भिन्न प्रकार के व्यवहारवादी क्यों हैं? यह उन्होंने स्वयं ही अपनी पुस्तक ''वैज्ञानिक विधि में व्यक्तिवृत्त'' में बतलाया है।[30] जब उन्होंने एक जीव-विज्ञानी के रूप में स्नातक विद्यालय में प्रवेश किया तो उन्हें वाट्सन तथा पावलव को पढ़ने का अवसर मिला। वे उनसे काफी प्रभावित हुए और तभी से ''सम्पूर्ण मानव के व्यवहार में विधि सम्मत प्रक्रियाओं की खोज में लग गए।'' अन्ततोगत्वा उन्हें पावलव से यह संकेत मिला–''अपनी अवस्थाओं को नियन्त्रित करो और तुम्हें व्यवस्था नजर आ जाएगी।''[31] तब से उन्होंने इस दिशा में छानबीन शुरू कर दी। फलस्वरूप उन्होंने चूहे के अनेक प्रकार के व्यवहारों को प्रतिदर्श (Sample) के रूप में अपनाया और अवस्थाओं के नियन्त्रण के लिए कई प्रकार के यन्त्रों का निर्माण किया। उन्होंने यह भी सोचा कि किस प्रकार असंगत उत्तेजनाओं का बहिष्कार किया जा सकता है, प्रयोगात्मक पशु के निष्पादन (Performance) के अनावश्यक अंशों को हटाया जा सकता है, प्रबलन को प्रामाणिक रूप प्रदान किया जा सकता है तथा केवल कभी-कभी दिए गए प्रबलनों से वांछित परिणाम प्राप्त किए जा सकते हैं। इन सभी विचारों की परिणति हुई उनकी पुस्तक 'प्राणियों के व्यवहार' में।[32] फलस्वरूप उन्होंने अपनी पुस्तक 'वैज्ञानिक विधि में व्यक्तिवृत्त' में व्यवस्था (Order) एवं क्रमबद्धता (Consistency) प्राप्त करने की शाश्वत समस्या को सर्वोपरि घोषित किया। उन्होंने आगे कहा, ''मैंने कभी भी परिकल्पना का निर्माण कर समस्या पर विचार नहीं किया। मैंने कभी भी निगमन के आधार पर साध्यों को प्राप्त नहीं किया अथवा उनकी प्रयोगात्मक परीक्षा नहीं की। जहाँ तक मैं समझता हूँ, मैंने व्यवहार का कभी

भी पूर्वकल्पित मॉडल नहीं रखा–निश्चय ही न तो दैहिक, न मानसिकतावादी और मेरा विश्वास है कि धारणात्मक भी नहीं।[33] (1956, p. 227)

स्किनर ने प्राणी के नियन्त्रण को महत्त्वपूर्ण माना और यह बतलाया कि वातावरण की अवस्थाओं के परिचालन के द्वारा ऐसा नियन्त्रण सम्भव है। इस नियन्त्रण के फलस्वरूप हम व्यवहार को जैसा चाहें वैसा बना सकते हैं और अपनी इच्छा के अनुसार उसे अनिश्चितकाल तक कम भी रख सकते हैं।[34] अपने इस विशेष प्रकार के व्यवहारवाद को उन्होंने अपने नये "व्यवहार के प्रयोगात्मक विश्लेषण के जॉर्नल" (Journal of Experimental Analysis of Behaviour, 1958) में स्पष्ट किया है। उन्होंने एक ऐसी टेक्नालॉजी विकसित करने की चेष्टा की जो पशु-प्रशिक्षण एवं मानव-शिक्षा के सफल सम्पादन में सहायक हो सके। उनका कहना है कि जब इस प्रकार प्राणी का व्यावहारिक नियन्त्रण सम्भव हो जाएगा तो व्यवहार के सिद्धान्तों की कोई सार्थकता नहीं रह जाएगी। जब व्यवहार में व्यवस्था एवं क्रमबद्धता आ जाएगी तो व्यवहार के दैहिक अथवा मानसिकतावादी कारणों से हमारा कोई सम्बन्ध नहीं रह जाएगा।[35] (1938, P. 230)

यद्यपि स्किनर की पद्धति असैद्धान्तिक है, किन्तु इसका यह तात्पर्य नहीं है कि वे सिद्धान्त-निर्माण के बिलकुल विरोधी हैं। निस्सन्देह, वे पर्याप्त प्रदत्तों के अभाव, अपरिपक्व सिद्धान्त-निर्माण के विरोधी हैं, किन्तु समुचित सिद्धान्त-निर्माण में उनकी अभिरुचि रही है। तभी तो उन्होंने अपनी एक पुस्तक का उपशीर्षक रखा है–'एक सैद्धान्तिक विश्लेषण' (1969)।[36] उनका यह स्पष्ट मत है कि अपरिपक्व अथवा 'बचकाने सिद्धान्त' (Juvenile Theories) व्यवहार की विशेषताओं की जिस किसी प्रकार व्याख्या भले ही कर दें, किन्तु व्यवहार के नियन्त्रण में सहायक नहीं हो सकते। उन्होंने मध्यवर्ती परिवर्त्यों को ऐसे ही बचकाने सिद्धान्तों के अन्तर्गत रखा है। उन्होंने अपनी प्रारम्भिक पुस्तक 'प्राणियों के व्यवहार' में सुविधाजनक मानकर इनका विरोध नहीं किया, किन्तु व्यवहारवादी मनोविज्ञान के अपने प्रमुख पाठ्य-ग्रन्थ 'विज्ञान एवं मानव व्यवहार' (1953) में इनका जमकर विरोध किया और स्पष्ट शब्दों में कहा : 'जो परिवर्त्य वातावरण में तत्काल उपलब्ध रहते हैं, वे प्राणी से बाहर, उसके तात्कालिक वातावरण में तथा उसके वातावरण सम्बन्धी इतिहास में पाए जाते हैं...हमारे पास एक कारणात्मक शृंखला होती है जो तीन सम्बन्धों से निर्मित है; (1) बाहर से प्राणी पर सम्पादित संक्रिया–उदाहरण के लिए, जल-वंचन (Water Deprivation); (2) आन्तरिक अवस्था–उदाहरण के लिए–दैहिक...प्यास; तथा (3) एक प्रकार का व्यवहार; उदाहरण के लिए, पीना...दूसरा सम्बन्ध व्यवहार के नियन्त्रण के लिए व्यर्थ है, यदि हम उसका संचालन नहीं कर सकें...हम लोग प्रायः पहले के द्वारा दूसरे सम्बन्ध को स्थापित करते हैं...हमें पूर्वकथन तथा नियन्त्रण के लिए दूसरे सम्बन्ध के परे जाना होगा।[37]

संक्षेप में, प्रत्यक्ष रूप से आन्तरिक प्रक्रियाओं का परिचालन सम्भव नहीं है। वातावरण-सम्बन्धी परिवर्त्यों को नियन्त्रित कर व्यवहार के नियमों की खोज़ की जा सकती है।

स्किनर ने अपरिपक्व सिद्धान्तों का विरोध अवश्य किया, किन्तु वे पर्याप्त प्रयोगात्मक प्रदत्तों के आधार पर निर्मित परिपक्व एवं उपयुक्त सिद्धान्तों के समर्थक रहे हैं। 1968 में एक इन्टरव्यू में कही गई उनकी बातों से यह स्पष्ट है–"लेकिन मैं मानव-व्यवहार के ऐसे व्यापक सिद्धान्त की उत्सुकतापूर्वक प्रतीक्षा कर रहा हूँ, जिसमें पर्याप्त तथ्य होंगे और वह अधिक सामान्य ढंग से अपने को अभिव्यक्त करेगा। उस प्रकार के सिद्धान्त के प्रवर्तन में मेरी काफी अभिरुचि होगी और मैं अपने को एक सिद्धान्तवादी समझूँगा।"[38]

स्किनर ने प्रयोज्यों के बड़े समूहों पर प्रयोग करने के बदले केवल एक ही प्रयोज्य पर प्रयोग कर विस्तृत रूप से प्राणी के व्यवहार के अध्ययन पर अधिक जोर दिया है। प्रयोज्यों के कई समूहों की सांख्यिकीय तुलना में भी उनका विश्वास नहीं है। उन्होंने स्पष्ट शब्दों में कहा है कि प्रायः प्रयोगात्मक नियन्त्रणों में कमी को छिपाने की दृष्टि से प्रयोज्यों के बड़े समूहों पर प्रयोग कर व्यवहार का अध्ययन किया जाता है। जब बड़े समूहों पर प्रयोग किया जाता है तो समूह की सांख्यिकीय विशेषताएँ प्रधान हो जाती हैं और प्रयोज्य का व्यक्तिगत व्यवहार गौण हो जाता है। प्रयोगकर्त्ता का ध्यान प्रायः औसत प्रतिक्रियाओं पर केन्द्रित हो जाता है और वह व्यक्तिगत प्रतिक्रियाओं एवं प्रतिक्रियाओं में व्यक्तिगत विभिन्नताओं की उपेक्षा करता है। फलस्वरूप प्रयोगात्मक प्रदत्तों में व्यक्तिगत विभिन्नताएँ नहीं पाई जातीं। अतः स्किनर का कहना है कि बड़े प्रयोज्य समूहों पर किए गए प्रयोगों के आधार पर प्राणी के व्यवहार का पूर्वकथन एवं नियन्त्रण सम्भव नहीं है, जो विज्ञान का प्रधान लक्ष्य है। फलस्वरूप उन्होंने भलीभाँति नियन्त्रित अवस्थाओं में केवल एक ही प्रयोज्य पर प्रयोग कर पर्याप्त प्रदत्तों के आधार पर व्यवहार के अध्ययन का समर्थन किया है, क्योंकि ऐसी स्थिति में व्यवहार का पूर्वकथन एवं नियन्त्रण सम्भव है।

स्किनर ने प्रत्यक्षवाद (Positivism) को अपनाया है। उनका प्रत्यक्षवाद ऑगस्ट कॉम्टे (August Comte) के प्रत्यक्षवाद से निकट रूप से सम्बन्धित है। उन्होंने केवल निरीक्षणीय व्यवहार के अध्ययन पर ही जोर दिया है और ऐसी सभी विधियों को अस्वीकार किया है, जो ऐन्द्रिक निरीक्षण पर आधारित नहीं हैं। उन्होंने शोध के लिए तीन बातों को आवश्यक माना है–(1) निरीक्षित प्रदत्तों को भलीभाँति समझने के बाद स्पष्ट शब्दों में उनका उल्लेख हो, (2) ज्ञात तथ्यों को वर्गों तथा श्रेणियों में बाँटकर ऐसे नियमों का उल्लेख हो जो उनके परस्पर सम्बन्धों का प्रतिनिधित्व कर सकें तथा (3) उच्च श्रेणी की धारणाओं का विकास हो।

स्किनर ने अपने वर्णनात्मक व्यवहारवाद के अनुरूप व्यवहार की व्याख्या के बदले उसके वर्णन पर जोर दिया है। उन्होंने निरीक्षणीय व्यवहार के अध्ययन के आधार पर उत्तेजना एवं प्रतिक्रिया के बीच क्रियात्मक सम्बन्ध स्थापित करने की चेष्टा की है।

उत्तेजना-प्रतिक्रिया के बीच प्राणी के अन्दर क्या होता है, इस पर विचार करना उन्होंने बिलकुल अनावश्यक माना है, चाहे वे दैहिक प्रक्रियाएँ (Physiological Processes) हों अथवा मध्यवर्ती परिवर्त्य (Intervening Variables) हों। कारण स्पष्ट है। उत्तेजना-प्रतिक्रिया के बीच जो कुछ भी घटित होता है, वस्तुनिष्ठ प्रदत्त प्रस्तुत नहीं करता, जिसका निरीक्षण कर वर्णन किया जा सके। संक्षेप में, उनका वर्णनात्मक व्यवहार वस्तुतः रिक्त-प्राणी-दृष्टिकोण (Empty Organism Approach) में विश्वास करता है।

स्किनर ने स्पष्ट किया है कि विज्ञान में अब कारण-कार्य (Cause Effect) शब्दों का व्यापक रूप से प्रयोग नहीं हो रहा है। 'कारण' के बदले 'स्वतन्त्र परिवर्त्य में परिवर्तन' तथा 'कार्य' के बदले 'आश्रित परिवर्त्य में परिवर्तन' शब्दों का प्रयोग किया जाने लगा है। वैज्ञानिक प्रायः प्राणी के व्यवहार का पूर्वकथन एवं नियन्त्रण करने का प्रयास करते हैं और यही आश्रित परिवर्त्य है, यही कार्य है। रही बात कारण की। इसके सम्बन्ध में उनका मत है कि बाह्य अवस्थाएँ स्वतन्त्र परिवर्त्य हैं, जिनके कारण व्यवहार उत्पन्न होते हैं। इस मनोवृत्ति ने उन्हें संक्रियावाद के अति निकट ला दिया है। संक्रियावाद सम्प्रति वैज्ञानिक खोज के लिए सर्वाधिक महत्त्वपूर्ण माना जा रहा है।

संक्रियावाद एक क्रान्तिकारी प्रयोगवाद है, जो वैज्ञानिक खोज में किसी प्रकार के काल्पनिक दृष्टिकोण को स्वीकार नहीं करता। यह वैज्ञानिकों के द्वारा सम्पादित संक्रियाओं पर ध्यान देने की अनिवार्यता पर जोर देता है। यह वैज्ञानिक कथनों के रूप में केवल उन्हें ही स्वीकार करता है, जो पूर्णतया शोध-कार्यों पर आधारित होते हैं।

वाट्सन, हल आदि व्यवहारवादी मनोवैज्ञानिकों के विपरीत, स्किनर न्यूनीकरण (Reductionism) के विरोधी हैं। फलस्वरूप उन्होंने मनोविज्ञान में ऐसे शब्दों के प्रयोग का जमकर विरोध किया जो 'कल्पित अभौतिक घटनाओं' के द्योतक हैं, जैसे संवेदना, प्रतिभा, प्रणोदन आदि। यदि कोई ऐसा मानता है कि इस प्रकार की अभौतिक घटनाएँ हैं, तो यह कहा जा सकता है कि वे निस्सन्देह आमलोगों के लिए तथा वस्तुनिष्ठ अध्ययन के लिए वैयक्तिक एवं अगम्य हैं। उन्होंने तो बड़े स्पष्ट रूप में कहा है कि मनोवैज्ञानिक का काम तो बस यही है कि वह निरीक्षणीय प्रदत्तों को उस वातावरण के साथ सम्बन्धित कर दे, जिसमें वे घटित हुई हैं। उन्होंने यह भी स्पष्ट किया है कि उनके प्रदत्तों को किसी अन्य स्तर पर निरीक्षण द्वारा प्राप्त प्रदत्तों के साथ सम्बन्धित न किया जाए। उनके अनुसार तो वैज्ञानिक खोज का उद्देश्य केवल इतना ही है कि वह यह पता लगाए कि प्रयोकर्त्ता द्वारा नियन्त्रित उत्तेजन एवं अन्य प्रयोगात्मक

परिवर्त्यों तथा प्रयोगात्मक प्रयोज्य की प्रतिक्रिया के बीच क्या सम्बन्ध है। आज हम जिसे शोध के लिए अनुपलब्ध 'व्यक्तिगत घटना' (संवेदना, प्रतिभा आदि) मान रहे हैं, सम्भव है कि वह अन्ततोगत्वा शोध-प्रविधि (Research Technique) की प्रगति के साथ ऐसा व्यापक रूप ग्रहण कर ले, जिसका वस्तुनिष्ठ एवं वैज्ञानिक अध्ययन सम्भव हो जाए।[39]

प्रतिक्रियात्मक एवं संक्रियात्मक व्यवहार (Respondentant and Operant Behaviour) पारम्परिक उत्तेजना-प्रतिक्रिया के मनोविज्ञान से अलग हटकर स्किनर ने प्रतिक्रियात्मक तथा संक्रियात्मक व्यवहार में भेद किया और संक्रियात्मक व्यवहार के अध्ययन पर अधिक जोर दिया। वाट्सन ने स्पष्ट शब्दों में घोषित किया था– ''उत्तेजना नहीं तो, प्रतिक्रिया नहीं'' (No Stimulas No Response)। उनका विश्वास था कि प्रतिक्रिया का अर्थ ही है उत्तेजना की उपस्थिति, चाहे उत्तेजना प्रत्यक्ष रूप से निरीक्षणीय हो अथवा नहीं। किन्तु स्किनर ने वाट्सन द्वारा प्रस्तुत इस विचार को अनावश्यक तथा अवांछनीय माना है।

स्किनर ने उत्तेजना द्वारा उत्पन्न की गई प्रतिक्रिया (Elicited Response) तथा स्वतः उत्पन्न प्रतिक्रिया (Emitted Response) में भेद किया है। इस भेद को हम सम्बन्ध-प्रत्यावर्तन के सन्दर्भ में भलीभाँति समझ सकते हैं। पावलव के सम्बन्ध-प्रत्यावर्तन में व्यवहारात्मक प्रतिक्रिया विशेष प्रकार की निरीक्षणीय बाह्य उत्तेजना द्वारा उत्पन्न की जाती है। इसलिए स्किनर ने इसे प्रतिक्रियात्मक व्यवहार की संज्ञा दी है। किन्तु स्किनर के सम्बन्ध-प्रत्यावर्तन में व्यवहारात्मक प्रतिक्रया बिना किसी निरीक्षणीय बाह्य उत्तेजना के उत्पन्न होती है। अतः प्राणी की यह प्रतिक्रिया स्वतः एवं सहज ढंग की होती है। परन्तु इसका यह तात्पर्य कदापि नहीं है कि यह प्रतिक्रिया बिना किसी उत्तेजना के ही उत्पन्न होती है, बल्कि यह कि जब यह प्रतिक्रिया होती है, तब यह नहीं बतलाया जा सकता कि यह किस उत्तेजना द्वारा उत्पन्न की गई है, उत्तेजना की कोई पहचान नहीं हो पाती। ऐसा हम इसलिए कहते हैं कि प्रयोगकर्त्ता ने न तो किसी उत्तेजना का उपयोग किया है और न किसी उत्तेजना को देख ही पाया है।

संक्रियात्मक व्यवहार एवं प्रतिक्रियात्मक व्यवहार में दूसरा अन्तर यह है कि संक्रियात्मक व्यवहार में प्राणी स्वतः वातावरण में क्रिया का सम्पादन करता है, जबकि प्रतिक्रियात्मक व्यवहार ऐसा नहीं होता। पावलव के प्रयोग में उनका कुत्ता स्वतः कुछ नहीं करता। वह तो तभी प्रतिक्रिया व्यक्त करता है, जब प्रयोगकर्त्ता उसके समक्ष उत्तेजना (भोजन) उपस्थित करता है। उत्तेजना को प्राप्त करने के लिए कुत्ता अपने आप कुछ नहीं करता। किन्तु स्किनर के प्रयोग में उनका चूहा उत्तेजना (भोजन) को प्राप्त करने के लिए स्वतः बिलकुल सहजभाव से सक्रिय रहता है। जब वह स्वतः छड़ को दबाता है, तभी उसे भोजन प्राप्त होता है। जब तक वह छड़ को नहीं दबाता

तब तक उसे भोजन नहीं मिल पाता। स्पष्ट है कि संक्रियात्मक सम्बन्ध प्रत्यावर्तन में पहले प्रतिक्रिया हो जाती है और तब उसका प्रबलन (Reinforcement) होता है। अधिकांश मानव-व्यवहार संक्रियात्मक स्वरूप के ही होते हैं, जैसे–चाय पीना, पत्र लिखना, गाड़ी चालाना आदि। अतः स्किनर का कहना है कि व्यवहार के विज्ञान के लिए सर्वोत्तम दृष्टिकोण यही है कि वह संक्रियात्मक व्यवहारों में सम्बन्ध प्रत्यावर्तन का अध्ययन करे।

अर्जन का नियम (Law of acquisition)–स्किनर बक्स (स्किनर ने इसे संक्रियात्मक प्रकोष्ठ (Operant Chamber) कहना अधिक पसन्द किया) में भोजन सं वंचित अर्थात् भूखे चूहे को भोजन का पता लगाने अथवा स्किनर-बक्स की छानबीन करने का अवसर दिया गया। फलस्वरूप अपने सामान्य अन्वेषणात्मक व्यवहार के क्रम में चूहे ने जल्द या देर से अचानक छड़ को दबाया और उसे भोजन प्राप्त हो गया। कुछ प्रबलनों के बाद सम्बन्ध-प्रत्यावर्तन प्रायः तेजी से हुआ। अपने इस प्रयोग के आधार पर स्किनर ने अर्जन का नियम स्थापित किया।

चूहों के अतिरिक्त उन्होंने कबूतरों एवं मनुष्यों पर भी प्रयोग किए और इसी निष्कर्ष पर पहुँचे। मनुष्यों पर किए गए प्रयोगों में समस्या समाधान संक्रियात्मक व्यवहार था तथा वाचिक प्रशंसा एवं फल का ज्ञान अथवा सही उत्तर प्रबलन।

अर्जन के नियम का तात्पर्य यह है कि जब संक्रियात्मक व्यवहार करने पर प्रबलन (भोजन) प्राप्त होता है तो संक्रियात्मक व्यवहार अधिक शक्तिशाली हो जाता है। निस्सन्देह, संक्रियात्मक व्यवहार की गति को तेज करने में अभ्यास का महत्त्व है, पर इसके लिए प्रधान तत्त्व है प्रबलन, क्योंकि अभ्यास स्वतः संक्रियात्मक व्यवहार (छड़ का दबाना) की गति में वृद्धि नहीं कर सकता; यह केवल प्रबलन के प्रस्तुत होने का अवसर प्रदान कर सकता है।

स्किनर का अर्जन का नियम थौर्नडाइक के प्रभाव नियम (संतोष-असंतोष) तथा हल के प्रणोदन के न्यूनीकरण (Drive Reduction) से भिन्न है। जहाँ थौर्नडाइक ने प्रबलन की व्याख्या संतोष-असंतोष के आधार पर की है, हल ने प्रणोदन के न्यूनीकरण के आधार पर की है, वहाँ स्किनर ने इन दोनों से भिन्न ढंग से उसकी व्याख्या की है। थौर्नडाइक तथा हल की पद्धति व्याख्यात्मक है, स्किनर की पद्धति वर्णनात्मक है। उन्होंने प्रणोदन को उत्तेजना अथवा दैहिक अवस्था के रूप में ग्रहण करने के बदले उसे मात्र संक्रिया समूह (Set of Operation) के रूप में ग्रहण किया है, जो प्रतिक्रिया को प्रभावित करता है। उन्होंने प्रणोदन की परिभाषा वस्तुनिष्ठ ढंग से वंचन (Deprivation) के अर्थ में किया है। दूसरे शब्दों में, उन्होंने यह बतलाने की चेष्टा की है कि कितने घंटे तक प्राणी को भोजन से वंचित रखने पर उस वंचन का उसकी प्रतिक्रिया पर क्या प्रभाव पड़ेगा।

प्रबलन की सूचियाँ
(Schedules of reinforcement)

अधिकांश मनोवैज्ञानिकों की दृष्टि में स्किनर का सर्वाधिक महत्त्वपूर्ण शोध है प्रबलन की सूचियों का निर्धारण। सचमुच प्रयोज्य को उसकी प्रतिक्रिया के लिए प्रबलन कब दिया जाए, यह एक महत्त्वपूर्ण प्रश्न है। इस सन्दर्भ में यह उल्लेख्य है कि स्किनर ने सीखने में उपयुक्त कालान्तर पर दिए जाने वाले प्रबलन के महत्त्व को भलीभाँति समझा। फलस्वरूप उन्होंने प्रबलन के कालान्तर (Time Interval) तथा प्रतिक्रियाओं के अनुपात (Ratio Scales) की खोज की। प्रबलन की सूचियों को फर्स्टर तथा स्किनर (1957) ने स्पष्ट किया है कि उनका प्रधान उद्देश्य है यह मूल्यांकन करना कि किस हद तक प्राणी का अपना ही व्यवहार उसके परवर्ती व्यवहार का निर्धारण करता है।[40] स्किनर के छड़ दबाने से सम्बन्धित प्रयोग (Bar-pressing Experiment) ने आरम्भ में ही यह स्पष्ट कर दिया कि स्किनर बक्स में चूहे के संक्रियात्मक व्यवहार में प्रबलन का क्या हाथ है। प्रयोगात्मक परिस्थिति में जब-जब चूहे ने छड़ को दबाया, तो प्रबलन के रूप में उसे भोजन प्राप्त हुआ। किन्तु स्किनर ने हमारा ध्यान इस बात की ओर आकृष्ट किया है कि वास्तविक संसार में यह प्रबलन निरन्तर अनवरत रूप से प्राप्त नहीं होता। वह कभी-कभी ही प्राप्त होता है। फिर भी हमारे संक्रियात्मक व्यवहार होते रहते हैं। उदाहरण के लिए, पत्नी प्रतिदिन भोजन बनाती है, पर प्रतिदिन उसे प्रबलन (प्रशंसा अथवा कोई पुरस्कार) नहीं मिलता। उद्योग-धन्धों में भी कर्मचारी सदा काम करते रहते हैं; किन्तु उन्हें प्रतिदिन काम के लिए प्रबलन (प्रशंसा अथवा पुरस्कार) प्राप्त नहीं होता। शिक्षण-संस्थाओं में छात्र निरन्तर पढ़ने में लगे रहते हैं, पर उन्हें सदा प्रबलन (प्रशंसा अथवा पुरस्कार) नहीं मिलता। वैज्ञानिक, कवि एवं कलाकार सदा उपयोगी एवं रचनात्मक कार्य करते रहते हैं, पर उन्हें प्रबलन के रूप में पुरस्कार तो कभी-कभी ही मिलता है।

स्किनर ने यह खोज करने की चेष्टा की है कि कभी-कभी मिलने वाले प्रबलन (Intermittent) का व्यवहार पर क्या प्रभाव पड़ता है। इस खोज के आधार पर उन्होंने मुख्यतः दो प्रकार के प्रबलन को प्रस्तुत किया है–पहला नियत अन्तराल प्रबलन (Fixed Interval Reinforcement) तथा दूसरा नियत अनुपात प्रबलन (Fixed Ratio Reinforcement)। पहले में प्रबलन प्रतिक्रियाओं की संख्या पर निर्भर नहीं करता, बल्कि इस बात पर निर्भर करता है कि नियत कालान्तर (Time Interval) कब आता है। उदाहरण के लिए, प्रयोगकर्त्ता पहले ही तय कर लेता है कि अमुक कालान्तर जैसे पाँच मिनट पर प्रबलन दिया जाएगा, तो प्रत्येक पाँच मिनट पर ही प्रयोज्य को प्रबलन प्राप्त होगा, उसकी प्रतिक्रियाएँ चाहे जितनी भी हों। दूसरे में, जिसे नियत अनुपात प्रबलन (Fixed Ratio Reinforcement) कहते हैं, प्रतिक्रियाओं की पूर्व निर्धारित संख्या पर प्रबलन दिया जाता है, न कि विशेष कालान्तर पर। अतः इसमें

प्रबलन का प्राप्त होना प्राणी पर ही निर्भर करता है। उदाहरण के लिए, यदि प्रयोगकर्त्ता ने यह तय कर लिया है कि बीस बार प्रतिक्रिया करने के बाद ही प्रबलन दिया जाएगा, तो प्रबलन का प्राप्त होना इस बात पर निर्भर करेगा कि प्रयोज्य कितनी जल्दी-जल्दी बीस प्रतिक्रियाएँ करता है। इसका किसी विशेष कालान्तर से कोई सम्बन्ध नहीं होगा।

प्रयोगों के आधार पर स्किनर ने पाया कि प्रयोज्य नियत कालान्तर की अपेक्षा नियत अनुपात की अवस्था में तीव्रगति से प्रतिक्रिया करता है। कारण स्पष्ट है। नियत कालान्तर की अवस्था में प्रयोज्य चाहे जितनी भी तीव्र गति से प्रतिक्रिया करे, उसे प्रबलन तो तभी प्राप्त होगा, जब प्रबलन का नियत कालान्तर आएगा। इसके विपरीत, नियत अनुपात की स्थिति में यदि प्रतिक्रिया की गति तीव्र होगी तो बहुत जल्दी-जल्दी प्रबलन प्राप्त होगा। यहाँ यह उल्लेख्य है कि चूहे, कबूतर तथा मानव, तीनों प्रकार के प्रयोज्यों पर किए गए प्रयोगों से यही निष्कर्ष निकलता है।

उद्योग-धन्धे तथा व्यापारों में प्रायः नियत अनुपात प्रबलन का प्रयोग किया जाता है। जहाँ उद्योग-धन्धों में कर्मचारी का वेतन (प्रबलन) इस बात पर निर्भर करता है कि उसने कितना उत्पादन किया, वहाँ स्वभावतः अधिक उत्पादन होता है, क्योंकि प्रबलन उत्पादन की मात्रा पर निर्भर है, न कि इस बात पर कि कर्मचारी ने कितनी देर तक काम किया। इसी प्रकार किसी विक्रेता का कमीशन (प्रबलन) इस बात पर निर्भर रहता है कि उसने कितनी बिक्री की। स्पष्ट है कि उद्योग-धन्धे तथा व्यापारों में भी नियत अन्तरिम प्रबलन की अपेक्षा नियत अनुपात प्रबलन अधिक प्रभावशाली होता है।

यहाँ यह भी उल्लेखनीय है कि नियत अनुपात प्रबलन की सर्वाधिक प्रभावोत्पादकता इस बात पर निर्भर है कि नियत अनुपात का स्तर क्या है तथा प्रयास के सन्दर्भ में प्रबलन का मूल्य क्या है, अर्थात् वह प्रयास अथवा कार्य के अनुकूल है या नहीं। यदि नियत अनुपात का स्तर प्रयोज्य की क्षमता से बहुत अधिक न हो तो नियत अनुपात सूची प्रभावोत्पादक होती है। दूसरी बात यह कि यदि प्रबलन प्रयास अथवा कार्य के अनुरूप है, तो नियत अनुपात सूची प्रभावोत्पादक होगी।

नियत अन्तराल तथा नियत अनुपात प्रबलनों के अतिरिक्त कुछ अन्य प्रबलन सूचियाँ भी हैं, जैसे परिवर्त्य अन्तराल प्रबलन (Variable Interval Reinforcement), परिवर्त्य अनुपात प्रबलन (Variable Ratio Reinforcement) तथा मिश्रित सूचियाँ (Mixed Schedules)। स्किनर 1961 ने अपनी पुस्तक 'प्रबलन सम्भाव्यताएँ' (Contingencies of Reinforcement) में इनकी विशद विवेचना प्रस्तुत की है।[41]

निर्माणकारी प्रविधि (Shaping Technique)–प्राणियों को प्रशिक्षित करने में स्किनर की रुचि रही है। उन्होंने अपने जीवन के आरम्भिक काल में ही एक प्रशिक्षण-प्रविधि विकसित की, जिसे निर्माणकारी प्रविधि कहते हैं। इसमें वांछित

प्रतिक्रिया तक पहुँचने के लिए आरम्भ में प्रयोज्य को उससे मिलती-जुलती प्रत्येक प्रतिक्रिया के लिए पुरस्कृत करना पड़ता है। उदाहरण के लिए, यदि हम चाहते हैं कि कोई चूहा सीढ़ी पर चढ़ना सीख ले, तो हमें उसके सीढ़ी पर चढ़ने के क्रम में हुई प्रत्येक प्रतिक्रिया के लिए उसे पुरस्कृत करना पड़ेगा। सर्वप्रथम उसे तब पुरस्कार प्रदान किया जाएगा, जब वह केवल सीढ़ी के सम्मुख होगा। बाद में क्रमशः तब पुरस्कार दिया जाएगा, जब वह पुनः सीढ़ी की ओर बढ़ेगा, उसे छूएगा, उस पर चढ़ना शुरू करेगा और अन्ततोगत्वा सीढ़ी पर चढ़ जाएगा। इस प्रकार अन्तिम प्रतिक्रिया तक पहुँचने के पहले की गई प्रत्येक प्रतिक्रिया के लिए पुरस्कार प्रदान करना उपादेय है। स्किनर के दो प्रारम्भिक सहयोगियों केलर तथा मेरियन ब्रेलैंड ने निर्माणकारी प्रविधि विकसित करने में उनका सहयोग किया।[42] उन दोनों ने स्किनर के साथ इस दिशा में काम किया, जिसका प्रतिफल है ''प्रक्षेपण-कबूतर'' (Project Pigeon)। इसमें कबूतरों को लक्ष्य पर सफलतापूर्वक बम फेंकने का प्रशिक्षण दिया गया। स्किनर ने 1960 में इसका आकर्षक विवरण प्रस्तुत किया है।[43]

वाचिक व्यवहार (Verbal Behaviour)--मानव क्षेत्र में स्किनर का उल्लेखनीय कार्य है वाचिक व्यवहार का विश्लेषण जिसका विशद् विवेचन उनकी पुस्तक 'वाचिक व्यवहार' (1957) में मिलता है।[44] उस पुस्तक का प्रधान लक्ष्य है सभी प्रकार एवं सभी स्तर के लिखने-बोलने को संक्रियात्मक व्यवहार के क्षेत्र में लाना ताकि उनका प्रयोगात्मक विश्लेषण एवं नियन्त्रण किया जा सके। इस पुस्तक में बहुत अधिक प्रयोगों का उल्लेख नहीं है। स्किनर की दृष्टि में इनकी आवश्यकता भी नहीं है, क्योंकि वाचिक व्यवहार से सम्बन्धित मूल तथ्यों का ज्ञान प्रायः सभी शिक्षित लोगों को रहता ही है। जहाँ तक इसके प्रदत्तों का प्रश्न है, ये अनेक क्षेत्रों में उपलब्ध हैं, यथा नर्सरी में, प्रतिदिन की बातचीत में, भाषणों एवं अनेक प्रकार के साहित्य में--कविता से लेकर गणित तक में।

वाचिक व्यवहार में बहुत पहले से ही स्किनर की प्रबल अभिरुचि रही है। उन्होंने इस सन्दर्भ में मनुष्य और चूहे की तुलना करते हुए कहा है कि जिस प्रकार भोजन के द्वारा चूहे की छड़ दबाने की संक्रियात्मक प्रतिक्रिया का प्रबलीकरण किया जाता है, ठीक उसी प्रकार बोलने तथा तर्क करने में मानवों के द्वारा अभिव्यक्त की गई ध्वनियों (संक्रियात्मक प्रतिक्रिया) का प्रबलीकरण अन्य ध्वनियों तथा संकेतों (Gestures) के द्वारा किया जा सकता है।

स्किनर के अनुसार वाचिक व्यवहार में दो व्यक्तियों के बीच परस्पर-क्रिया होती है, जिसमें एक वक्ता तथा दूसरा श्रोता होता है। श्रोता अपने व्यवहार के द्वारा वक्ता की बातों का या तो प्रबलीकरण करता है या दण्डित करता है। इस प्रकार वह वक्ता के व्यवहार को नियन्त्रित करता है। उदाहरण के लिए, यदि वक्ता किसी ऐसे शब्द का प्रयोग करता है, जिसके लिए श्रोता उसकी प्रशंसा करता है तथा प्रोत्साहन

देता है तो उस शब्द अथवा उस श्रेणी के शब्दों के प्रयोग की सम्भावना बढ़ जाती है। इसके विपरीत, यदि श्रोता अपने भ्रूभंगों, क्रोधात्मक संकेतों तथा प्रतिकूल टीका-टिप्पणियों के द्वारा उस शब्द के प्रयोग के लिए अप्रसन्नता व्यक्त करता है तो इस बात की सम्भावना बढ़ जाती है कि वक्ता उस शब्द अथवा उस श्रेणी के शब्दों का प्रयोग करना बन्द कर देगा। इस विधि की सर्वाधिक उपयोगिता यह है कि इसका प्रयोग कर माता-पिता अपने बच्चों को उपयुक्त शब्दों का व्यवहार करना सिखलाते हैं। इतना ही नहीं, वाचिक समाज (Verbal Community) व्यक्ति के वाचिक व्यवहार को नियन्त्रित करता है।

स्किनर ने यह दिखलाने की चेष्टा की है कि किस प्रकार उनकी पद्धति में भाषा के उच्चस्तरीय प्रयोगों को सन्निहित किया जा सकता है। उन्होंने साहित्यिक रचनाओं, सम्पादकियों, सूचना-सम्प्रेषणों, वैज्ञानिक शोधों एवं चिन्तन का विश्लेषण किया। चिन्तन को प्रायः 'आन्तरिक वाचिक व्यवहार' माना जाता है। किन्तु यहाँ यह उल्लेख्य है कि 'आन्तरिक' शब्द पर जोर देने की कोई आवश्यकता नहीं है, क्योंकि जब हम अकेले में रहते हैं, तब प्रायः जोर-जोर से बोलकर ही चिन्तन करते हैं। यद्यपि वाचिक व्यवहार के साथ चिन्तन का तादात्म्य स्थापित करना आकर्षक जान पड़ता है, पर यह विचारणीय प्रश्न है कि अवाचिक चिन्तन भी कोई कम नहीं होते। अतः इस सम्बन्ध में एक मात्र यही निष्कर्ष युक्तिसंगत जान पड़ता है, "चिन्तन मात्र व्यवहार है, चाहे वह वाचिक हो अथवा अवाचिक, आन्तरिक हो अथवा बाह्य।"[45]

यहाँ यह उल्लेखनीय है कि स्किनर के वाचिक व्यवहार का लक्ष्य विध्यात्मक व्यवहारवाद (Methodological Behaviourism) में योगदान नहीं, बल्कि आध्यात्मिक व्यवहारवाद (Metaphysical Behaviourism) में योगदान है। वास्तव में इसका आरम्भ 1934 में उस समय हुआ जब उन्होंने प्रसिद्ध दार्शनिक अल्फ्रेड नौर्थ ह्वाइटहेड को व्यवहारवाद की ओर मोड़ना चाहा और उन्हें यह चुनौती मिली कि वे किस प्रकार व्यवहारवाद की अपनी पद्धति के अनुरूप मानव-भाषा की व्याख्या कर सकते हैं। उन्होंने इस चुनौती को स्वीकार किया और यह सिद्ध करने की चेष्टा की कि किस प्रकार अन्य संक्रियात्मक व्यवहारों के समान मानव का वाचिक व्यवहार भी उत्तेजनाओं एवं प्रबलनों के द्वारा निर्धारित होता है। निष्कर्ष यह कि स्किनर के अनुसार वाणी (Speech) एक व्यवहार है। अतः इसका प्रबलन, पूर्वकथन एवं नियन्त्रण सम्भव है।

स्किनर के व्यवहारवाद में प्रयुक्त यन्त्र अथवा उपकरण–स्किनर ने एक ऐसे बक्स का निर्माण किया, जिसके सहारे उन्होंने पशुओं पर संक्रियात्मक सम्बन्ध-प्रत्यावर्तन के सम्बन्ध में कई प्रयोग किए। वह स्किनर-बक्स के नाम से विख्यात है। इसका पहले उल्लेख किया जा चुका है।

उनका दूसरा महत्त्वपूर्ण योगदान है वातानुकूलित शिशु-शैया (Aircrib)। यह एक ऐसा यन्त्र है, जिसमें एक वातानुकूलित, ताप-नियन्त्रित, कीटाणु मुक्त तथा ध्वनि निरोधी (Sound Proof) कक्ष होता है, जिसमें बच्चा सो सकता है, शतरंजी के अतिरिक्त बिना कम्बल अथवा कपड़ों के भी खेल सकता है, बिलकुल स्वतन्त्रतापूर्वक घूम-फिर सकता है तथा अपेक्षाकृत ठंडक तथा गर्मी से मुक्त रह सकता है। (राइस, 1968)[46]

उनके इस वातानुकूलित शिशु-शैया ने शिशु के पालन-पोषण को यान्त्रिक बना दिया। फलस्वरूप माताएँ अत्यधिक श्रम से बच गईं और उन्हें बच्चों को भलीभाँति पालन-पोषण की सुविधा भी मिल गई।

उनकी सर्वाधिक महत्त्वपूर्ण खोज है अध्यापन यन्त्र (Teaching Machine)। वातानुकूलित शिशु शैया की भाँति इसका विकास भी स्वतः उनके अनुभव के ही आधार पर हुआ। जब उन्होंने अपनी पुत्री के चतुर्थ वर्ग कक्षा का निरीक्षण किया तो आश्चर्यचकित होकर कहा कि वहाँ की स्थिति सचमुच भयावह है। वहाँ छात्र अपनी बुद्धि को नष्ट कर रहे हैं। वे इस स्थिति में सुधार ला सकते हैं (राइस, 1968)।[47] इस दिशा में उन्हें कितनी सफलता मिली, यह विवाद का विषय हो सकता है। किन्तु उनके अध्यापन यन्त्र अथवा कार्यक्रम के अनुसार सीखने (Programmed Learning) का कई क्षेत्रों में प्रयोग किया गया। प्रारम्भिक गणित से लेकर संगीत तक में इसका उपयोग किया गया। उन्होंने 1968 में 'अध्ययन-शिल्प-विज्ञान' (The Technology of Teaching) प्रकाशित किया।[48]

लगभग तीस वर्ष पहले प्रेस्सी ने इस दिशा में काम किया था, किन्तु उन्हें सफलता नहीं मिल पाई। स्किनर को इसमें काफी सफलता मिली। इसका एक कारण तो यह हो सकता है कि सम्प्रति सीखने की सामग्रियाँ अधिक अच्छी तरह संगठित हैं। दूसरा यह कि इनके अनेक अनुयायियों ने कई क्षेत्रों में इसका उत्साहपूर्वक उपयोग किया। तीसरा यह कि संक्रियात्मक सम्बन्ध-प्रत्यावर्तन के द्वारा पशु-व्यवहार का नियन्त्रण सम्भव हो गया था, जिससे प्रेरणा ग्रहण कर मानव व्यवहार को नियन्त्रित करने की चेष्टा की गई और उसमें बहुत हद तक सफलता मिली। चौथा यह कि उस समय की युग-चेतना भी इसके अनुकूल थी। अतः इसके उपयोग में काफी प्रगति हुई।

वाल्डेन टू- एक व्यवहारवादी समाज–स्किनर ने व्यवहार के नियन्त्रण के लिए एक ठोस कार्यक्रम प्रस्तुत किया है, जिसमें उन्होंने अपनी प्रयोगशाला में किए गए प्रयोगात्मक फलों को समाज में स्थानान्तरित करने की चेष्टा की है। इस प्रकार उन्होंने व्यवहार का एक शिल्प विज्ञान (Technology of Behaviour) विकसित किया है। जहाँ वाट्सन ने सामान्य रूप से केवल इतना ही उल्लेख किया है कि किस प्रकार सम्बन्ध-प्रत्यावर्तन के द्वारा अच्छी जिन्दगी की नींव डाली जा सकती है, वहाँ स्किनर

ने उन्नत समाज की ठोस रूपरेखा प्रस्तुत की है।

1948 में उन्होंने एक उपन्यास प्रकाशित किया, जिसका शीर्षक है 'वाल्डेन टू' (Walden Two)[49]। इसमें उन्होंने विस्तृत रूप से यह वर्णन किया है कि एक हजार सदस्यों वाले ग्रामीण समाज के जीवन के प्रत्येक पहलू को किस प्रकार सकारात्मक प्रबलन के द्वारा नियन्त्रित किया जा सकता है।

यहाँ यह उल्लेख कर देना समीचीन प्रतीत होता है कि जो चिन्तन-धारा गैलिलियो तथा न्यूटन से आरम्भ होकर वुन्ट तथा वाट्सन तक पहुँची थी, उसकी परिणति स्किनर के परिकल्पित समाज (Designed Society) तथा मानव-यन्त्र (Man the machine) में हुई। फलस्वरूप मानव-स्वभाव की वैज्ञानिक व्याख्या होने लगी। स्किनर ने अपने दृष्टिकोण को स्पष्ट करते हुए कहा–"यदि हमें मानव के क्रिया-कलापों में विज्ञान की विधियों का प्रयोग करना हो, तो यह मानकर चलना चाहिए कि व्यवहार नियमबद्ध एवं निर्धारित होता है...मनुष्य जो कुछ भी करता है, वह विशेष प्रकार की अवस्थाओं का प्रतिफल है और जब एक बार इन अवस्थाओं का पता चल जाता है, तो हम उसकी क्रियाओं का पूर्वकथन कर सकते हैं और कुछ हद तक उसे निर्धारित भी कर सकते हैं।"[50]

स्किनर के संक्रियात्मक सम्बन्ध-प्रत्यावर्तन में प्रबलन के सफल प्रयोग ने व्यवहारवादियों को आश्वस्त कर दिया कि सकारात्मक प्रबलन का समुचित प्रयोग कर मानव-व्यवहार को नियन्त्रित, निर्देशित एवं परिमार्जित किया जा सकता है और इस प्रकार मानव का वांछित निर्माण करना सम्भव है।

यदि स्किनर का 'वाल्डेन टू' एक आदर्श समाज के निर्माण की ओर संकेत करता है, तो 1971 में प्रकाशित उनकी पुस्तक 'स्वतन्त्रता एवं गरिमा के परे' (Beyond Freedom and Degnity) स्किनर तथा अन्य व्यवहारवादियों के द्वारा प्रदान की गई व्यवहार की प्रविधियों का प्रयोग कर समाज को उन्नत करने की चुनौती देती है। स्किनर ने अपनी पुस्तक में उत्तेजना भरे शब्दों में ललकारा है कि अच्छी दुनिया के निर्माण में स्वतन्त्रता एवं गरिमा बाधक हैं। उनके इस विचार ने सम्पूर्ण अमरीकी राष्ट्र का ध्यान आकृष्ट किया। फलस्वरूप वहाँ के उप-राष्ट्रपति स्पिरो अग्न्यू (Spiro Agnew) ने कड़े शब्दों में इस पर टिप्पणी की।[51]

व्यवहार परिमार्जन आन्दोलन (Behaviour Modification Movement) में स्किनर का महत्त्वपूर्ण योगदान है। व्यक्तित्व तथा मनोचिकित्सा पर विचार करते हुए उन्होंने व्यवहार के परिमार्जन पर काफी जोर दिया है। व्यक्तित्व के पारम्परिक मनोगत्यात्मक सिद्धान्तों (Psychodynamic Theories) की मान्यता है कि सभी प्रकार के व्यवहार और विशेषतः असामान्य व्यवहार व्यक्तित्व की विशेषताओं, प्रेरकों, इच्छाओं तथा मानसिक संघर्षों के परिणाम हैं। इस विचार के प्रणेताओं में फ्रायड सर्वाधिक महत्त्वपूर्ण हैं। जब चिन्ता और आन्तरिक संघर्ष इस हद तक तीव्र हो जाते

हैं कि उनका समाधान नहीं हो पाता तो वे प्रायः मनोस्नायु विकृति एवं मनोविकृति के लक्षणों में अथवा अन्य किसी भी प्रकार की मानसिक गड़बड़ी में अभिव्यक्त होते हैं। स्किनर ने इस मनोगत्यात्मक व्याख्या को स्वीकार नहीं किया। उन्होंने स्पष्ट किया कि व्यवहार की व्याख्या वर्तमान निरीक्षणीय घटनाओं एवं अवस्थाओं के आधार पर करना वांछनीय है। व्यवहार विशेष से सम्बन्धित विगत इतिहास पर भी विचार किया जाना चाहिए। उनका निष्कर्ष यह है कि मानसिक गुण (Mental Traits) व्यवहार की व्याख्या के लिए व्यर्थ हैं। इसके बदले उन्होंने सामाजिक प्रतिमानों के सन्दर्भ में व्यवहार की व्याख्या पर जोर दिया। बन्दुरा तथा माइकेल (Bandura, 1971 and Mischel, 1968, 1971)[52] ने भी अपने सीखने के सिद्धान्तों में इस विचार पर ही जोर दिया। नैदानिक मनोविज्ञान (Clinical Psychology) ने भी इस दृष्टिकोण को अपनाकर असामान्य व्यवहारों को दूर करने की चेष्टा की है (Bergin and Garfield, 1971)।[53] सामूहिक परिस्थितियों में, जैसे वर्ग-कक्षों तथा अस्पताल के वार्डों में व्यवहार परिमार्जन की प्रविधि का सफलतापूर्वक प्रयोग किया गया है।

कालिश (1977)[54] ने उल्लेख किया है कि यद्यपि व्यवहार-परिमार्जन की अधिकांश केन्द्रीय धारणाएँ थौर्नडाइक, पावलव तथा वाट्सन द्वारा विकसित की जा चुकी थीं; तथापि व्यवहार-परिमार्जन की प्रविधियों ने स्किनर के प्रयास के फलस्वरूप ही आन्दोलन का रूप ग्रहण किया। व्यवहार-परिमार्जन पर अनेक पुस्तकें लिखी गईं, कई महत्त्वपूर्ण अध्ययन हुए तथा व्यापक स्तर पर उसका व्यवहार किया जाने लगा। आरम्भ से ही स्किनर ने इस आन्दोलन को प्रोत्साहित किया है तथा इसके बौद्धिक औचित्य को सिद्ध करने का प्रयास किया है।

मूल्यांकन

आगमनात्मक प्रयोगवाद (Inductive Empiricism)–स्किनर आगमनात्मक प्रयोगवाद को दृढ़तापूर्वक लागू करने के लिए विख्यात हैं। उनके सम्बन्ध में वुलमैन का कहना है–"कठोर निरीक्षण एवं प्रयोग की उनकी विधि निस्सन्देह प्रभावोत्पादक है।"[55] आगे उन्होंने यहाँ तक कहा है–"यदि सन्तुलित सामान्यीकरण एवं धारणाओं के कम-से-कम उपयोग के लिए पुरस्कार प्रदान करना हो तो निश्चय ही वह स्किनर को ही दिया जाएगा।"[56]

सतही न्यूणीकरण एवं द्वयात्मक परिकल्पनाएँ (Shallow reductionism and Dualistic hypothesis)–उन्होंने सतही न्यूणीकरण (Shallow Reductionism) एवं अनुपयुक्त द्वयात्मक परिकल्पनाओं (Dualistic Hypothesis) को कभी भी स्वीकार नहीं किया। उन्होंने निरीक्षणों के औचित्य को आधार मानकर ही सामान्यीकरण किए, यथा संक्रियात्मक व्यवहार, सकारात्मक-नकारात्मक सम्बन्ध प्रत्यावर्तन, कभी-कभी दिए जाने वाले प्रबलन की धारणाएँ आदि। इस प्रकार स्किनर ने जो भी विचार दिए,

वे सभी निरीक्षित क्रियाकलापों (तथ्यों) तथा परस्पर सम्बन्धों पर आधारित हैं।

अनुप्रेरणा की समस्या (Problem of motivation)–स्किनर ने अनुप्रेरणा की महत्त्वपूर्ण समस्या पर विचार ही करना अस्वीकार कर दिया। इस सम्बन्ध में उनका तर्क यह है कि अनुप्रेरणा को प्रत्यक्ष रूप से नियन्त्रित नहीं किया जा सकता, अतः उनके अध्ययन का कोई औचित्य नहीं है। उन्होंने कहा है : "हम प्राणी की भूख, प्यास और यौन प्रणोदन में प्रत्यक्ष रूप से परिवर्तन कर उसके व्यवहार को नियन्त्रित नहीं कर सकते। अप्रत्यक्ष रूप से इन अवस्थाओं में परिवर्तन करने के लिए वंचन एवं परितृप्ति के सम्बन्ध परिवर्त्यों पर विचार करना होगा तथा इन संचालनों की सारी जटिलताओं का सामना करना होगा।"[57]

वास्तव में हम अप्रत्यक्ष रूप से भी मानव-व्यवहार को नियन्त्रित नहीं कर सकते। कोई भी मनोवैज्ञानिक यौन-इच्छा, समलैंगिकता, हत्या आदि की इच्छा को प्रयोगात्मक रूप से उत्पन्न नहीं कर सकता, क्योंकि मनोवैज्ञानिक प्रयोगशाला में प्रयोग की अपनी सीमाएँ हैं और उन सीमाओं के अन्दर ही सब कुछ सम्भव है। जहाँ तक मानव-प्रणोदनों एवं संवेगों का सम्बन्ध है, प्रयोग का क्षेत्र बहुत ही सीमित है।

स्पष्ट है कि स्किनर मानव-व्यवहार को समझने के लिए प्राणी के अन्दर देखने की परम्परा के विराधी हैं। इस सम्बन्ध में वुलमैन का कहना है कि वे अपने व्यवहारवादी दृष्टिकोण में जे.बी. वाट्सन से अधिक क्रान्तिकारी हैं।[58]

अब प्रश्न यह है कि क्या हम मनोवैज्ञानिक खोज के क्षेत्र से मानव-प्रणोदनों, संवेगों एवं अन्य आन्तरिक प्रक्रियाओं को अलग कर सकते हैं? इसमें कोई संदेह नहीं कि स्किनर ने जो भी अध्ययन किया, वह सम्यक् रूप से किया, किन्तु यह भी विचारणीय है कि उन्होंने जिन्हें छोड़ दिया, वे भी मानव-व्यवहार की कुछ प्रमुख समस्याओं का प्रतिनिधित्व कर सकती हैं। मानव-व्यवहार की जिन आन्तरिक व्याख्याओं को बड़ी सावधानी से स्किनर ने छोड़ दिया, उन्हें छोड़ा नहीं जा सकता। उदाहरण के लिए, रूपान्तरण हिस्टीरिया (Conversion Hysteria), मनोदैहिक चिकित्सा आदि के चिकित्सीय एवं प्रयोगात्मक अध्ययनों में आन्तरिक व्याख्याओं को छोड़ा नहीं जा सकता।

कई अन्य वैज्ञानिकों के समान स्किनर ने भी प्रकृति को भौतिक तथा मानसिक, इन दो भागों में बाँटने का विरोध किया। उन्होंने यह माना कि प्राणी वातावरणं के प्रति "केवल प्रतिक्रिया व्यक्त करता है।" किन्तु यह बात इतनी सरल नहीं है, जैसा कि स्किनर मानते हैं। वातावरण के प्रति मानव प्राणी की प्रतिक्रिया ठीक वैसी ही नहीं होती जैसी अमीबा की होती है। मानव प्राणी की प्रतिक्रियाओं के कुछ 'आन्तरिक कारण' अवश्य होते हैं। ये 'आन्तरिक कारण' दैहिक सिद्ध किए जा सकें अथवा नहीं, किन्तु इनकी उपेक्षा नहीं की जा सकती। वस्तुतः विज्ञान का काम है, सभी तथ्यों का अध्ययन करना, चाहे वे किसी विशेष दृष्टिकोण के अनुरूप

हों अथवा नहीं।

निस्सन्देह, स्किनर ने निरीक्षण में काफी सतर्कता एवं सावधानी बरती है। फलस्वरूप उन्होंने सफलतापूर्वक अधिकांश मनोविश्लेषणात्मक खोजों को प्रस्तुत किया है। उन्होंने फ्रायड की कार्य-पद्धतियों (Mechanism) का सहारा लिये बिना ही दमन (Repression), प्रतीक (Symbol), प्रतिक्रिया-निर्माण (Reaction Formation) आदि की व्याख्या की है और स्वतन्त्र एवं आश्रित परिवर्त्यों के बीच फ्रायड द्वारा प्रतिमानों (Models) को सन्निविष्ट करने की आलोचना की है।

स्किनर की पद्धति का महत्त्व इस बात में है कि उन्होंने इस प्रश्न के बाहर जाना अस्वीकार कर दिया कि क्यों प्रतिकूल (नकारात्मक) उत्तेजनाएँ प्रतिकूल हैं तथा सकारात्मक उत्तेजनाएँ प्रबलनात्मक हैं। इसके बाहर जाने का अर्थ है तथाकथित 'निजी घटनाओं' पर विचार करना और फ्रायड ने यही किया। फ्रायड का महत्त्व इसी बात में है कि उन्हें निरीक्षणीय प्रदत्तों से बाहर जाने का साहस था। यह कहा जा सकता है कि स्किनर और फ्रायड ने वस्तुतः एक ही वस्तु को देखने की चेष्टा की, पर अन्तर केवल इतना ही है कि स्किनर ने उसे बाहर से देखा और फ्रायड ने अन्दर से। अतः दोनों ने निरीक्षित प्रदत्तों के दो विभिन्न पहलुओं का विवरण प्रस्तुत किया।

प्रत्यक्षवाद (Positivism)–स्किनर के अतिशय प्रत्यक्षवाद की काफी आलोचना हुई है। उनके प्रत्यक्षवाद ने सिद्धान्त-निर्माण का विरोध किया। उनके इस सिद्धान्त-निर्माण विरोधी दृष्टिकोण के सम्बन्ध में आलोचकों का कहना है कि सभी प्रकार के सिद्धान्त-निर्माण से अपने को मुक्त रखना सम्भव नहीं है। किसी भी प्रयोग के पहले उसकी योजना बनानी पड़ती है और वह योजना कुछ विचारों अथवा सिद्धान्तों पर ही आधारित होती है। इससे यह प्रमाणित होता है कि सिद्धान्त निर्माण से बिलकुल दूर रहना सम्भव नहीं है।

स्किनर ने शोध के लिए सम्बन्ध-प्रत्यावर्तन के मूलभूत सिद्धान्तों को स्वीकार किया है। यह भी इस बात को प्रमाणित कर देता है कि वे चाहते हुए भी सिद्धान्त-निर्माण का परित्याग नहीं कर सके।

उन्होंने मानव-व्यवहार के सामाजिक, आर्थिक, राजनैतिक आदि पक्षों पर भी अपने निश्चित विचार व्यक्त किए हैं। अन्य जटिल मानव-समस्याओं के बारे में भी उन्होंने प्रयोगात्मक प्रदत्तों से दूर हटकर अपने विचार व्यक्त किए हैं। प्रयोगात्मक प्रदत्तों की परवाह किए बिना विचार व्यक्त करना निश्चय ही सिद्धान्त-निर्माण विरोधी दृष्टिकोण के साथ मेल नहीं खाता। इससे भी यह प्रमाणित होता है कि न चाहते हुए भी वे अपने को सिद्धान्त-निर्माण से अलग नहीं रख सके।

आलोचकों का कहना है कि जब उन्होंने एक नए समाज की रूपरेखा प्रस्तुत की तो निश्चय ही अपने प्रयोगात्मक प्रदत्तों से बहुत दूर चले गए, क्योंकि नए समाज की उनकी परिकल्पना निरीक्षणीय प्रदत्तों पर आधारित नहीं है। इससे भी प्रमाणित

होता है कि वे सिद्धान्त-निर्माण से बिलकुल अलग नहीं रह सके।

यहाँ यह उल्लेख कर देना अनिवार्य जान पड़ता है कि स्किनर के आलोचकों ने उन्हें बिलकुल सिद्धान्त-विरोधी मानकर उनकी आलोचना की है। पर वास्तविकता यह है कि वे सिद्धान्त-निर्माण के बिलकुल विरोधी नहीं रहे हैं। उनका विरोध केवल वैसे सिद्धान्तों से रहा है जो अपरिपक्व हैं तथा पर्याप्त प्रयोगात्मक प्रदत्तों पर आधारित नहीं हैं।

दूसरी बात यह कि स्किनर के अनुसार सिद्धान्तों को वैज्ञानिक प्रयासों का अन्तिम परिणाम होना चाहिए। इसका तात्पर्य यह है कि सिद्धान्तों का निर्माण तभी होगा जब उनके समर्थन के लिए पर्याप्त प्रयोगात्मक प्रदत्त उपलब्ध हों, अन्यथा नहीं।

तीसरी बात यह कि अपरिपक्व परिकल्पना से समय की बर्बादी होती है और वह गलत दिशा में भी ले जा सकती है। उन्होंने यह भी जोर देकर कहा है कि यदि परिकल्पनाओं से बिलकुल दूर रहना सम्भव नहीं तो उनका कम-से-कम उपयोग होना चाहिए क्योंकि वे गलत दिशा में न भी ले जाएँ, उनसे समय की बर्बादी न भी हो तो भी वे व्यक्तिगत उलझन और विवाद के स्रोत तो होते ही हैं। अतः पर्याप्त एवं उपयुक्त प्रयोगात्मक प्रदत्तों के आधार पर ही सिद्धान्त-निर्माण वांछनीय है।

जहाँ तक जटिल मानव-समस्याओं एवं नए समाज की रूपरेखा का प्रश्न है, स्किनर का कहना है कि उनकी धारणात्मक रूप रेखा (Conceptional Framework) से उत्पन्न संकेतों (Suggestions) की अपनी उपादेयता है, क्योंकि वे विचारोत्तेजक एवं अनुप्रेरक तो सिद्ध होंगे ही। दूसरी बात यह कि जिस हद तक सरल विचारों को जटिल परिस्थितियों अथवा प्रक्रियाओं पर लागू किया जा सकेगा, उसी हद तक वह प्रयोगात्मक दृष्टिकोण को प्रमाणित कर सकेगा।

परिधिवाद (Peripheralism)–दो बिन्दुओं पर स्किनर की काफी आलोचना हुई है। एक तो यह कि वे अदैहिक पूर्वाग्रह (Aphysiological Bias) से ग्रस्त रहे हैं। अतः उन्होंने उत्तेजना प्रतिक्रिया के बीच किसी भी प्रकार के दैहिक परिवर्त्य को स्वीकार नहीं किया। दूसरा यह कि उन्होंने उत्तेजना प्रतिक्रिया के बीच किसी भी मध्यवर्ती मनोवैज्ञानिक प्रक्रियाओं को स्वीकार नहीं किया। इन दोनों बिन्दुओं पर उनकी आलोचना के सम्बन्ध में कहा जा सकता है कि यह तो व्यक्ति की व्यक्तिगत अभिरुचि की बात है कि वह किस दृष्टिकोण को अपनाता है। यदि कोई दैहिक अथवा मानसिकतावादी शब्दावली में नहीं सोचना चाहे तो यह उसका विशेषाधिकार है। अतः यह आलोचना का विषय नहीं है।

यहाँ यह भी उल्लेख्य है कि स्किनर वस्तुतः वास्तविक दैहिक मनोविज्ञान के विरोधी नहीं हैं। उनका तो विरोध केवल इस बात को लेकर है कि जब व्यवहारों की व्याख्या निरीक्षणीय तथ्यों के आधार पर नहीं हो सके तो दैहिक शब्दावली की शरण ली जाए। वे मात्र वाचिक व्याख्याओं (Verbal Explanations) के भी विरोधी

रहे हैं, चाहे वे दैहिक हों अथवा मानसिकतावादी (Mentalistic)।

स्किनर तथा उनके कुछ अनुयायियों ने मनोवैज्ञानिक भाषा को परिष्कृत करने के लिए संवेग, अनुप्रेरणा, प्रत्यक्षीकरण जैसे आत्मनिष्ठ शब्दों का उत्साहपूर्वक बहिष्कार करने की चेष्टा की। आलोचकों का कहना है कि इसके फलस्वरूप कुछ महत्त्वपूर्ण समस्याओं की उपेक्षा हुई और उनका ऐसा कहना बहुत हद तक उचित भी प्रतीत होता है।

अतिरंजित बहिर्वेशन (Exessive extrapolation)–मानव समस्याओं के सन्दर्भ में स्किनर प्रायः अपने प्रयोगात्मक प्रदत्तों के बाहर चले गए। उनकी पुस्तक 'विज्ञान एवं मानव व्यवहार' (1953) से यह बात स्पष्ट हो जाती है। उन्होंने संक्रियात्मक सम्बन्ध-प्रत्यावर्तन की प्रविधि को कार्यक्रमानुसार सीखने (Programmed Learning) पर हू-ब-हू लागू करने की चेष्टा की। कूक (Cook, 1963) ने इसकी आलोचना की है। हिलिक्स एवं मार्क्स (Hellex and Marx, 1960), रोजेनबॉम एवं हेविट (Rosen Banm and Hewett, 1966) तथा रोजेनबॉम एवं शुल्ज (Rosen Banm and Schultz, 1967) आदि भी कूक के विचार से सहमत हैं। इन आलोचकों ने यह प्रमाणित किया है कि मानवों को सीखने के लिए बाह्य प्रतिक्रिया करने की कोई आवश्यकता नहीं है। इसके विपरीत, यह पाया गया कि बाह्य प्रतिक्रिया किए बिना ही अपेक्षाकृत अधिक अच्छी तरह सीखा जा सकता है। दूसरी बात यह भी पाई गई कि प्रबलन की अपेक्षा अनुबोधन-विधि (Prompting Method) द्वारा अधिक अच्छी तरह सीखा जा सकता है। यदि सही प्रतिक्रिया करने पर प्रबलन देने के बदले प्रयोज्यों को यह बतला दिया जाए कि उन्होंने जो प्रतिक्रिया व्यक्त की है, वही सही है तो आगे के प्रयासों में उनका सीखना अधिक अच्छी तरह सम्पन्न होगा। इन दोनों खोजों के आधार पर यह कहा जा सकता है कि संक्रियात्मक सम्बन्ध-प्रत्यावर्तन के सिद्धान्त को मानव-व्यवहारों पर लागू करना समुचित नहीं है, इसे पशु व्यवहारों तक ही सीमित रखना उचित है।

वाचिक व्यवहार की व्याख्या (Account of verbal behaviour)–प्रसिद्ध भाषाविद् नोम कॉम्सकी (Noam Chomsky) ने 1959 में स्किनर की पुस्तक 'वाचिक व्यवहार' (Verbal Behaviour) तथा 1971 में उनकी पुस्तक 'स्वतन्त्रता एवं गरिमा के परे' (Beyond Freedom and Degnity) की समीक्षा की है और यह स्पष्ट किया है कि मात्र उत्तेजना-प्रतिक्रिया-सम्बन्धों के आधार पर व्यवहार की व्याख्या नहीं की जा सकती। इसके लिए प्राणी की आन्तरिक रचना एवं अवस्थाओं का ज्ञान आवश्यक है। केवल निरीक्षणीय उत्तेजनाओं एवं प्रतिक्रियाओं तक सीमित रहकर आन्तरिक रचना के सिद्धान्त की उपेक्षा करना खामखाह विज्ञान के विकास में बाधा उपस्थित करना है। उन्होंने विशेषतः उत्तेजना, प्रतिक्रिया, प्रबलन आदि स्किनर की धारणाओं

की आलोचना की है।

कॉम्सकी की समीक्षा कॉक (Koch, 1954) द्वारा की गई हल की समीक्षा के समान है। एक दृष्टिकोण से यह कहा जा सकता है कि इन दोनों की आलोचनाओं का कोई औचित्य नहीं है, क्योंकि हल तथा स्किनर, दोनों ही कार्यक्रम अथवा योजना निर्माता रहे हैं। अतः उनके विस्तृत विवरण में कुछ त्रुटियों का होना स्वाभाविक है। इस सम्बन्ध में कॉम्सकी का कहना है कि स्किनर के विवरण में इतनी त्रुटियाँ हैं कि संक्रियात्मक सिद्धान्तों को वाचिक व्यवहार पर लागू करने का सम्पूर्ण कार्यक्रम ही निरर्थक हो जाता है। किन्तु मार्क्स तथा हिलिक्स ने कहा है कि संज्ञानात्मक क्रान्ति की धारा में कॉम्सकी सही हो सकते हैं क्योंकि ऐसा जान पड़ता है कि स्किनर के कार्यक्रम की अपेक्षा कॉम्सकी के कार्यक्रम में लोगों की अधिक दिलचस्पी जान पड़ी। इसके बावजूद, स्किनर के वाचिक व्यवहार कार्यक्रम के औचित्य को बिलकुल अस्वीकार नहीं किया जा सकता। बेम ने बहुत अधिक प्रभावित नहीं होते हुए भी उनके 'वाचिक व्यवहार' तथा लेन्नेवर्ग के 'भाषा के जैविक आधार' (The Biological Foundation of Language 1967) की तुलना करते हुए कहा है : संक्षेप में इन दोनों कृतियों में वाचिक व्यवहार के विशेष विचारों के सम्बन्ध में जो तर्क उपस्थित किए गए हैं, उन्हें सत्याभाष (ऊपर से विश्वसनीय) तर्क की संज्ञा दी जा सकती है।" 1968

स्किनर का विश्वास है कि इन आलोचनाओं का आधार है मानसिकतावादी मनोविज्ञान (Mentalistic Psychology) तथा जन्मजात विचार (Innate Ideas) आदि जो निरर्थक हैं। वे इस बात के लिए आश्वस्त हैं कि बहुत दिनों के बाद ही सही, पर वह दिन आएगा, जब लोगों की चिन्तनधारा इस ओर मुड़ेगी।

मैककौर कोडेल (Maccarquodale, 1969) ने भी स्किनर के इस विचार से अपनी सहमति व्यक्त की है। उन्होंने कॉम्सकी को फटकारते हुए कहा है : "कॉम्सकी ने स्किनर के व्यवहारवाद तथा वाट्सन एवं हल के व्यवहारवाद के अन्तरों को नहीं समझा है, उनकी आलोचनाएँ यद्यपि शैली की दृष्टि से प्रभावशाली हैं, किन्तु वाचिक व्यवहार की दृष्टि से अधिकांशतः अप्रासंगिक हैं।"[59] पुनः स्किनर की प्रसिद्ध पुस्तक 'वाचिक व्यवहार' के सम्बन्ध में कॉम्सकी द्वारा की गई आलोचना के सम्बन्ध में कहा है : "वे बिलकुल गलत थे। यह एक महान पुस्तक है।"[60]

वातावरणवाद (Environmentalism)–'प्राणियों के व्यवहार' (Behaviour of Organisms, 1938) में स्किनर की स्थिति बिलकुल एक वातावरणवादी के रूप में प्रस्तुत की गई है। उन्होंने सीखे हुए व्यवहार की सर्वव्यापकता पर काफी जोर दिया है और संक्रियात्मक सम्बन्ध प्रत्यावर्तन में अपना पूर्ण विश्वास व्यक्त किया है। किन्तु बेलैंड और बेलैंड (Breland and Breland 1961-1966) ने अनेक प्रकार के पशुओं को प्रशिक्षित करने के क्रम में कुछ ऐसे विचार व्यक्त किए हैं, जो स्किनर के

संक्रियात्मक सम्बन्ध प्रत्यावर्तन के विचारों से भिन्न हैं। उन्होंने संक्रियात्मक व्यवहार (Operational Behaviour) के बदले मूल प्रवृत्यात्मक व्यवहार (Instinctive Behaviour) पर अधिक जोर दिया है।

लोकार्ड (Lockard, 1971) ने पशु व्यवहार को सहज-स्वाभाविक माना न कि संक्रियात्मक। उन्होंने व्यवहार के दो आधारों को स्वीकार किया–पहला आनुवंशिक तथा दूसरा समायोजनात्मक। पहले का सम्बन्ध प्राकृतिक चयन (Natural Selection) से है तथा दूसरे का सम्बन्ध वातावरण से है। उन्होंने आनुवंशिक एवं समायोजनात्मक, दोनों प्रकार के व्यवहारों के पर्याप्त प्रमाण दिए।

स्किनर के एक अन्य विद्यार्थी आर.जे. हर्स्टन (R.J. Herrustein, 1977) ने भी स्किनरवाद-विरोधी उठते ज्वार का उल्लेख किया।

इस सम्बन्ध में अपनी स्थिति को स्वयं स्पष्ट करते हुए स्किनर ने कहा है कि उनमें अतिशय वातावरणवाद है ही नहीं। उन्होंने अपनी स्थिति को दो आधारों पर स्पष्ट किया है–एक व्यवहार का जातिवृत्त आधार (Phylogency) तथा दूसरा व्यक्तिवृत्त आधार (Ontogency)। किसी भी एक ओर वे अधिक नहीं झुके और स्पष्ट रूप से कहाः "जातिवृत्त एवं व्यक्तिवृत्त मैत्रीपूर्ण प्रतिद्वन्द्वी हैं और इनमें से किसी की भी सदा विजय नहीं होती" (1977)।[61] उन्होंने ऐसे कई उदाहरण प्रस्तुत किए हैं, जिनमें सीखे हुए व्यवहार की घुसपैठ मूल प्रवृत्यात्मक व्यवहार में है और मूल प्रवृत्यात्मक व्यवहार की घुसपैठ सीखे हुए व्यवहार में है।

सांख्यिकी की उपेक्षा–स्किनर तथा उनके अनुयायियों को प्रायः सांख्यिकीय परीक्षणों में दिलचस्पी नहीं रही है। सिडमैन (Sidman, 1960) की पुस्तक 'वैज्ञानिक शोध की युक्ति' (Tactics of Scientific Research) उनकी मनोवृत्ति का सम्भवतः सर्वोत्तम प्रतिनिधित्व करती है। उन्होंने सांख्यिकीय परीक्षणों के बदले नियन्त्रित अवस्थाओं में व्यक्तिगत प्रयोज्यों के अध्ययन पर जोर दिया है। इस विधि के द्वारा विश्वसनीय क्रियात्मक सम्बन्धों (Functional Relations) का पता लगाया जा सकता है। वे विभिन्न व्यक्तियों पर विभिन्न अवस्थाओं में अध्ययन कर विश्वसनीय क्रियात्मक सम्बन्धों की खोज करने में विश्वास करते हैं। इस प्रकार उन्होंने सांख्यिकी की उपेक्षा की है, जिसकी कुछ लोगों ने आलोचना की है।

स्पष्ट है कि स्किनर की काफी प्रशंसा भी हुई है और आलोचना भी हुई है, पर उनके सम्पूर्ण योगदानों पर विचार करते हुए यह कहने को बाध्य होना पड़ता है कि व्यवहारवादी मनोविज्ञान में उनका विशिष्ट स्थान है। शुल्ज (1975) के शब्दों में, "स्किनर व्यवहारवादी मनोविज्ञान के निर्विवाद रूप से मार्गदर्शक एवं समर्थक हैं तथा इतिहास में अन्य किसी भी मनोवैज्ञानिक के कार्य की अपेक्षा समसामयिक अमरीकी मनोविज्ञान उनके कार्य से अधिक प्रभावित हुआ है।"[62]

अमरीकी मनोविज्ञान में उनके महत्त्वपूर्ण योगदानों के कारण अमरीकी मनोवैज्ञानिक संघ ने उन्हें 'विशिष्ट वैज्ञानिक योगदान पुरस्कार' (Distinguished Scientific

Contribution Award) प्रदान करते हुए निम्नांकित शब्दों में उनकी सराहना की है : "वे वैज्ञानिक बातों में महत्त्वपूर्ण वस्तुनिष्ठता तथा वैयक्तिक सम्पर्कों में गर्मजोशी एवं उत्साह की विशेषता से युक्त एक कल्पनाशील एवं रचनात्मक वैज्ञानिक हैं। विषय-वस्तु के रूप में सरल संक्रियात्मक व्यवहार का चयन करते हुए उन्होंने व्यवहार के वैकल्पिक विश्लेषणों को चुनौती दी और इस बात पर जोर दिया कि परिकल्पनाओं से विवरण अधिक श्रेयस्कर है।"[63] 'विशिष्ट वैज्ञानिक योगदान पुरस्कार' के अतिरिक्त उन्हें 1968 में 'विज्ञान का राष्ट्रय पदक' तथा 1971 में अमरीकी मनोवैज्ञानिक संघ द्वारा 'स्वर्ण पदक' प्रदान किए गए।

निष्कर्ष

अमरीकी मनोविज्ञान में क्रान्तिकारी युग-चेतना के अनुरूप वाट्सन ने मानसिकतावादी मनोविज्ञान के विरुद्ध क्रान्ति की और औपचारिक रूप से व्यवहार के पूर्णतया वस्तुनिष्ठ विज्ञान की स्थापना की। अमरीकी मनोविज्ञान में वाट्सन की क्रान्ति ने प्रबलन प्रत्यक्षवादी युग (Positivistic Era) का सूत्रपात किया। तब से कई प्रकार के व्यवहारवाद की स्थापना हुई। सामान्य रूप से अमरीकी मनोवैज्ञानिकों ने संक्रियावाद को अपना लिया।

यद्यपि एक औपचारिक विचारधारा के रूप में व्यवहारवाद का अन्त हो चुका है, लेकिन नव-व्यवहारवादी चेतना अभी भी औपचारिक विचारधारा के बदले एक मनोवृत्ति के रूप में विद्यमान है। आज का कोई भी मनोवैज्ञानिक अपने को व्यवहारवादी नहीं कहता। अब इसकी कोई आवश्यकता भी नहीं है। सम्प्रति अमरीकी प्रयोगात्मक मनोविज्ञान वस्तुनिष्ठ, यान्त्रिक, प्रयोगाश्रित तथा वातावरणवादी हो गया है। अतः यह कहा जा सकता है कि वाट्सन के व्यवहारवाद का मूल अभी भी मौजूद है।

यहाँ यह उल्लेख्य है कि मनोवैज्ञानिकों के एक समुदाय ने व्यवहारवादी दृष्टिकोण को चुनौती देना शुरू कर दिया है। इन मानवतावादी (Humanistic) मनोवैज्ञानिकों ने मनोविज्ञान को व्यवहार के विज्ञान के रूप में ग्रहण नहीं किया है। अतः यह कहा जा सकता है कि व्यवहार के विज्ञान के अन्त होने की शुरुआत हो गई है।

सन्दर्भ

1. "Tolman exercised great influence on psychology, particularly in the area of learning, for a period of more than 40 years: moreover, his influence is still felt in psychology today." Schultz D, A History of Modern Psychology 2nd ed., p. 234.
2. "It is to Tolman's great credit that he was the first to define clearly and point out the importance of this orientation to the study of behaviour."

Chaplin, J.P and Krawiee, T.S., Systems and Theories of Psychology, 2nd ed. 1908, p. 286.

3. "Clark, L. Hull occupies a distinguished position in the contemporary psychological theory." B.J. Wolman, Contemporary Theories and Systems in Psychology, 1960, p. 105.
4. "The mathemati co-education theory of rote learning: A study in scientific methodology", Hull, Hovland, Ross, Hall, Perkins and Fitch, 1940.
5. "Personally, while inclined to be sympathetic with Watson's views concerning fusility of introspection and the general virtues of objectivity. I felt very uncertain about many of his dogmatic claims."
6. "........... His exporitory approach was strinkings negative ..... as facts warranted." Woodworth and Sheehan, Contemporary Schools of Psychology, p. 141.
7. Woodworth and Sheehan, Contemporary Schools of Psychology, P. 148.
8. "An ideally adequate theory even of so called purposive behaviour ought .... to begin with colourless movement and were receptive impulses as such and from these to build up step by step both adaptive and maladaptive behaviour." C.L. Hull, Principles of Behaviours, 1943, p. 25.
9. "The conditioned reaction is a special case of the law of effect." B.J. Wolman Contemporary Theories and Systems in Psychology, p. 108.
10. "Clearly, there is little, if any difference between psychology and physics, as far as Hull is concerned. Indeed, any such difference is, as he states, only in degree, not in kind." D. Schultz, A History of Modern Psychology, 2nd ed. p. 240.
11. "Any theory of behaviour is at present and must be for some time to come a molar theory." As quoted by Wolman, Contemporary Theories and Systems in Psychology, p. 110.
12. "Hull's system was characterized by him as molar, by which he meant non-psychological." Hilgard, Theories of Learning, 1975, p. 170.
13. "Learning was, in the last analysis, only an instrumentality that permitted an organism to extend the range, variety of its efforts to satisfy its made." Coffer and Applay 1964. Quoted from Schultz, A History of Modern Psychology.
14. In course of developing his system....... studied in terms of his theory of learning"- Schultz, A history of modern Psychology, 2nd ed. 1975, p. 262.
15. "Few psychologists have had such a mastery of mathematics and formal logic as Hull had. Hull applied the language of mathematics to psychological theory in a manner used by no other psychologists." Contemporary theories and system in Psychology, B. G. Wolman, p. 105.
16. "Koch (1954) showed that Hull's operations with stimuli did not however at all confirm to this distinction. "System and Theories in Psychology, Marx and Hillicks, 1387, p. 317.
17. "It remains for future books on the history of psychology to attempt to evaluate whether Hull's profrance will have made lasting contributions to

psychological theory. It is not yet history. - D. Schultz, A History of Modern Psychology, p. 244.

18. "Such a system still his far beyond the scope of Psychological knowledge." Woodworth and Sheehan, Contemporary Schools of Psychology, 1964, p. 147.
19. "One is tempted to say that Hull became, to a certain extend, a victim of zest for mathematics..... Whenever opportunity came, he quantified his statements sometimes pursuing the issue ed. absurdum." B. J. Wolmamn, Contemporary Theories and Systems in Psychology. 1900, p. 124.
20. Amsel, A (1965) ..... (See 639, Hilgard), Theories of Learning for full reference.
21. Hilgard, E.R. and Bower, G. H. (1966)- p. 655.
22. "His love for Physiology reminds us of Lewin's love for mathematics. Neither of them fully utilized his much professed scientific preferences." B.J. Wolman, Contemporary Theories and Systems in Psychology, 1960, p. 124-125.
23. K.W. Spence, Behaviour Theory and Conditioning, 1956.
24. K.W. Spence, Behaviour Theory and Learning, 1960.
25. It was the quantitative ambition of Hull's programme and the agreements for it which he so persuasively stated that set the stage for easier development in mathematical learning theory." E.R. Hilgard, Theories of Learning, 1975, p. 174.
26. Hull's way of reasoning is impeceable, his explanations are lucid, and his constant double check of theory against impirical evidence invites emulation." B.J. Wolman, Contemporary Theories and Systems in Psychology, 1960, p. 125.
27. "Even his severest critics admit that Hull's herculean effort to fomulat a deductive theory of learning represents a brilliant achievement irrespective of what the final outcome may be with respect to the particulars within the system." J.P. Chaplin and T.S. Kraveic, System and Theories of Psychology 1974, p. 270.
28. Much of the experimental literature in the field in recent years has been aimed either in criticism or in support of some aspects of Hull's theory: in large part this is because Hull's theory is the most explicitl worked out position and hence the most testable." C.E. Osgood, Method and Theory in Experimental Psychology, sixth printing 1968, p. 38.
29. Watson's spirit is indestructible, cleaned and purified, it breathes through the writings of B.F. Skinner."—Mcpeod, R.B. Review of Cumulative Record by B.F. Skinner, 1959, 130, 34-35.
30. A case history in scientific method. Amer Psychologist, 11, 221-223, 1956 Also in B.F. Skinner cummulative record. New York Applation- century-Crofts, 1959.
31. Looking for lawful processes in the behaviour of the In fact organism...... I had the clue from Pavlov : control your conditions and you will see

order."- Woodworth and Sheehan, Contemporary Schools of Psychology, reprinted 1967, p. 162.

32. The behaviour of organisms: An experimental analysis. New York Appleton Century Crafts, 1938.
33. "I never attacked a problem by constructing a hypothesis ... I believe, not a conceptual one." A Case History in Scientific Method. 1956, p. 227. from p. 162 3rd para. Woodworth and Sheehan.
34. "When we have achieved a practical control ..... Physiological and mentalistic causes." (3rd para p. 163, Woodworth & Sheehan Contemporary Schools of Psychology)
35. Contingencies of reinforcements : A Theoretical Analysis. New York Appleton Century Crafts, 1969.
36. Contingencies of reinforcements : A Theoretical Analysis, New York : Appleton Century Crafts, 1969.
37. Science and human behaviour—New York, Macmillan, 1953, p. 31-35
38. "But I look towards to an overall theory of human behaviour which will bring together a lot of facts and express them in a more general way. That kind of theory. I would be very much interested in promoting, and I consider myself to be a theoretician". Euans R, B.F. Skinner : The man and his ideas, New York Dulton 1968, p. 88.
39. " What is considered today a 'private' event inaccessible to scientific research will eventually, with the progress of research technique, becomes amplified and accessible to objective, public and scientific study." B.B. Wolman, Contemporary systems and Theories in Psychologies. Harper and Brothers Publisher New York, 1960, p. 120.
40. In schedules of reinforcement (1957), Ferster and Skinner describe as their primary purpose "....... to evalute the extent to which organism's behaviour enters in to the determination of its subsequent behaviour." —Quoted from Woodworth and Sheehan. Contemporary Schools of Psychology, Methuen and Co. Ltd. London, p. 165.
41. Contingencies of reinforcement, New York Appleton, 1969.
42. Herrstein and the evolution of behaviourism–American Psychologist 1977, 32, 1006 and 1012.
43. Pigeon's in a pelican American Psychologist, 1977, 15, 28-37.
44. Verbal Behaviour—New York, Appleton Century Crafts, 1957.
45. "And though it is tempting to identify thought entirely with verbal behaviour's there is also much non-verbal thinking and the only comprehensive statement is that "thought is simply behaviour verbal or non verbal, covert or overt." -Woodworth and Sheehan, Contemporary Schools of Psychology, Methum and Co. Ltd. London, 1964, p. 167-168.
46. Rice New York Times Magazine, March 17, 1968, p. 98.
47. Ibid.

48. B.F. Skinner, the technology of teaching, New York, Appleton, 1968.
49. B.F. Skinner, Walden Two, New York: Macmillan, 1948.
50. If we are to use the method of Science in the field of human affairs, we must assume that behaviour is lawful and determined ... that what a man does is the result of specifiable conditions and that once these conditions have been discovered, we can anticipate and to some extemt determine his actions." (complete the whole quotation from Schultz, last but one para, p. 254)

    B.F. Skinner, Science and Human Behaviour, New York, Macmillan, 1953.
51. Goodall, K: Tie line, Psychology today, 1972, 5, 24-28.
52. Bandura, A. social learning theory, New York, General Learning Press. Mixhd, W. 1968, Personality and Assessment, New York, Lisleng, Mixhd, W. 1971, Introduction to Personality, New York : Holt Rinehart and Winston.
53. Bargin, A.E. and Garfield, S.D. (Eds), 1971, Handbook of Psychotherapy and Behavioural Change, New York : Wiley.
54. Kalish, H.I., 1977, conditioning and learning in behaviour modification. In M.H. Marx and M.E. Bunch (Eds.) Fundamentals and applications of learning New York, Macmilan, p. 205-298.
55. "His method of rigorous observation and experimenation is, indeed, impressive "B.B. Wolman, Contemporary Theories and Systems in Psychology, 1960, p. 138.
56. "If a prize were offered for Sober generalization and parsimonious.... use of concepts it would be surely given to Skinner." Reference as above.
57. "We can not control the behaviour....... of there operations." Wolman, p. 138.
58. Skinner seems to have taken ...... There J.B. Watson's. Wolman, p. 139.
59. "Chomsky did not grasp differences between Skinnerian and Watsonian-Hullian behaviourism, and his criticism, although stylistically effective, were mostly irrelevent to verbal behaviour." (Mac car quodale, 1969).
60. "He was simply wrong. This is a great book "Mark and Hillix, Systems and theories in Psychology 1981, 43 ed. p. 366.
61. "Phylogeny and Ontogeny are rivals and friends neither one always wins" from Marx and Hellix, p. 368.
62. Skinner is the incontestable leader and champion of a behaviouristic Psychology, and that contemporary American Psychology is molded more by his work than by the work of any other Psychologist in History.
63. An imaginative and creative scientist, characterised by great objectivity to scientific matters and by warmth and enthusiasm in personal contacts. Choosing simple operant behaviour as subject-matter, he has challenged alternative analysis of behaviour insisting that description take precedence over hypothesis, Schultz. A History of Modern Psychology, 2nd ed. 1975, p. 256.

जेस्टॉल्ट मनोविज्ञान

प्रायः ऐसा कहा जाता है कि साहचर्यवाद एवं सम्बन्ध-प्रत्यावर्तन ने सीखने का सिद्धान्त विकसित किया, मनोविश्लेषण ने अनुप्रेरणा का सिद्धान्त दिया तथा जेस्टॉल्ट (Gestalt) एवं क्षेत्र सिद्धान्तों ने प्रत्यक्षीकरण तथा चिन्तन के सिद्धान्त में क्रान्ति उत्पन्न की। यह कथन बहुत हद तक ठीक जान पड़ता है क्योंकि जेस्टॉल्ट सिद्धान्त की उत्पत्ति का सम्बन्ध प्रत्यक्षीकरण तथा चिन्तन सम्बन्धी उन कठिनाइयों से है, जिनका सामना पारम्परिक साहचर्यवाद ने किया। साहचर्यवादियों का विश्वास था कि प्रत्यक्षीकरण वस्तुओं की प्रतिकृति (Copy) अथवा मानसिक बिम्ब (Mental Image) है। चिन्तन के सम्बन्ध में उनका कहना था कि चिन्तन उन बिम्बों का योग है। जेस्टॉल्ट मनोविज्ञान ने इन दोनों को चुनौती दी।

यदि हम वुन्ट से स्किनर तक के मनोविज्ञान पर ध्यान दें तो जान पड़ेगा कि किस प्रकार संरचनावाद के बाद प्रकार्यवाद भाषा और इन दोनों के विरोध में व्यवहारवाद का विकास हुआ। जब अमेरिका में ये आन्दोलन चल रहे थे, ठीक उसी समय जर्मन मनोविज्ञान में एक क्रान्तिकारी परिवर्तन आया, जिसके परिणामस्वरूप जेस्टॉल्टवादी मनोविज्ञान विकसित हुआ। मनोविज्ञान की अन्य विचारधाराओं के समान जेस्टॉल्टवाद भी संरचनावाद (Structuralism) के विरोध में ही आया। वास्तव में मनोविज्ञान में विभिन्न विचारधाराओं के सूत्रपात का श्रेय संरचनावाद को ही है। इसी के विरोध में मनोविश्लेषणात्मक मनोविज्ञान भी विकसित हुआ। 1912 के लगभग की अवधि सचमुच क्रान्तियों अथवा आन्दोलनों की अवधि रही है। कदाचित् इसीलिए वुडवर्थ तथा शीहान (1964) ने उस अवधि को मनोविज्ञान के प्राचीन मानक सिद्धान्तों के लिए संकट-काल (Time of Troubles) की संज्ञा दी है।

यद्यपि मनोविज्ञान की विभिन्न विचारधाराएँ संरचनावाद के विरोध में ही विकसित हुईं, किन्तु सभी के विरोध के कारण अलग-अलग थे। प्रकार्यवाद ने संरचनावाद के समान चेतना के अध्ययन को तो मनोविज्ञान का विषय माना, किन्तु चेतना की संरचना के स्थान पर उसके कार्यों के अध्ययन पर जोर दिया। जिस

समय यूरोप में जेस्टॉल्टवाद संरचनावाद का विरोध कर रहा था, उसी समय अमेरिका में व्यवहारवाद भी उसका विरोध कर रहा था। यहाँ यह स्पष्ट कर देना अनिवार्य जान पड़ता है कि जेस्टॉल्टवाद तथा व्यवहारवाद द्वारा यह कोई सम्मिलित विरोध नहीं था, दोनों ही एक-दूसरे से बिलकुल स्वतन्त्र रूप में ऐसा कर रहे थे। वस्तुतः उस समय इन दोनों को एक-दूसरे की कोई जानकारी भी नहीं थी। इसलिए बाद में इन दोनों ने भी एक-दूसरे का विरोध किया। जेस्टॉल्टवाद ने चेतना के महत्त्व को तो स्वीकार किया, किन्तु संरचनावादियों ने विभिन्न तत्त्वों में चेतना के विश्लेषण का विरोध किया। दूसरे शब्दों में, सार्थक अनुभूतियों का निरर्थक तत्त्वों में विश्लेषण का विरोध किया। जहाँ तक व्यवहारवाद का प्रश्न है, उसने तो चेतना को बिलकुल स्वीकार ही नहीं किया। यहाँ यह उल्लेख्य है कि जिस प्रकार जेस्टॉल्टवादियों ने संरचनावादियों के द्वारा किए गए सार्थक अनुभूतियों के निरर्थक तत्त्वों में विश्लेषण का विरोध किया, उसी प्रकार व्यवहारवादियों के द्वारा सार्थक क्रियाओं के निरर्थक प्रतिक्षेप-तत्त्वों (Reflex Elements) में विश्लेषण का भी विरोध किया।

यद्यपि टौलमैन ने अपने व्यवहारवाद में जेस्टॉल्टवादी मनोवैज्ञानिकों तथा व्यवहारवादी मनोवैज्ञानिकों के विचारों के बीच समन्वय स्थापित करने की चेष्टा की, किन्तु अतिशय व्यवहारवादी तथा अतिशय जेस्टॉल्टवादी मनोवैज्ञानिकों में से किसी ने भी उनके समन्वयवादी विचार को अपनाने की चेष्टा नहीं की।

जेस्टॉल्टवादी मनोवैज्ञानिकों ने वुन्ट के संरचनावादी मनोविज्ञान की खिल्ली उड़ाते हुए उसे 'ईंट एवं गारा मनोविज्ञान' (Brick and Mortar Psychology) की संज्ञा दी। उन्होंने 'ईंट' शब्द का प्रयोग विभिन्न ऐन्द्रिक तत्त्वों के लिए तथा 'गारा' शब्द का प्रयोग साहचर्य की प्रक्रिया के लिए किया है। इस सम्बन्ध में उनका तर्क यह है कि जब कोई खिड़की के बाहर नजर दौड़ाता है तो उसे शीघ्र ही पेड़-पौधे, आकाश आदि दिखलाई पड़ते हैं, न कि विभिन्न ऐन्द्रिक तत्त्व, जैसे– रंग (Hue), चमक (Brightness) आदि, जो पेड़-पौधे एवं आकाश के प्रत्यक्षीकरण के लिए उत्तरदायी हैं। जेस्टॉल्टवादियों का कहना है कि विभिन्न तत्त्वों के परस्पर योग से एक नई वस्तु का निर्माण हो जाता है, उन तत्त्वों का अपना कोई स्वतन्त्र अस्तित्व नहीं रह जाता। उनकी मान्यता यह है कि "सम्पूर्ण अपने अंशों के योग से अधिक होता है।"[1] संरचनावादी मनोविज्ञान के विरोध का यही केन्द्र-बिन्दु है। इसे स्पष्ट करने के लिए यह कहा जा सकता है कि जब विभिन्न स्वर आपस में मिलते हैं तो उनसे एक ऐसे राग की उत्पत्ति होती है जो किसी भी वैयक्तिक स्वर में नहीं होता।

जेस्टॉल्ट मनोविज्ञान के सामान्य परिचय के बाद उसके पूर्ववर्ती प्रभावों (Antecedent Influences) का उल्लेख समीचीन प्रतीत होता है।

जेस्टॉल्ट मनोविज्ञान पर पूर्ववर्ती प्रभाव

जब हम आधुनिक मनोवैज्ञानिक विचारधाराओं (Schools of Thought) पर विचार आरम्भ करते हैं तो तत्क्षण वुन्ट (1832-1920) का नाम सामने आ जाता है। वुन्ट आधुनिक मनोविज्ञान के जनक होने के नाते बाद के सभी मनोवैज्ञानिकों के लिए प्रेरणा-स्रोत हैं। जब इन्होंने मनोविज्ञान की विषय-वस्तु एवं विधि का निर्धारण कर उसको एक निश्चित स्वरूप प्रदान कर दिया, तो उस पर विचार का मार्ग प्रशस्त हो गया। उसे केन्द्र-बिन्दु मानकर विभिन्न मनोवैज्ञानिकों ने अपने-अपने ढंग से सोचा। फलस्वरूप मनोविज्ञान में विभिन्न विचार-धाराओं का प्रणयन हुआ। यह पहले ही उल्लेख किया जा चुका है कि किस प्रकार प्रकार्यवादी तथा व्यवहारवादी मनोवैज्ञानिकों ने वुन्ट के संरचनावादी मनोविज्ञान का विरोध कर अपनी-अपनी विचारधाराओं की स्थापना की।

जिस प्रकार प्रकार्यवाद तथा व्यवहारवाद ने वुन्ट के संरचनावादी मनोविज्ञान के परमाणुवाद (Atomism) तथा तत्त्ववाद (Elementism) का विरोध किया, उसी प्रकार जेस्टॉल्टवाद ने भी उसका विरोध किया तथा समष्टि अथवा समग्रता पर जोर दिया। जेस्टॉल्टवाद की स्थापना का एक कारण तो यह हुआ। दूसरा इससे भी महत्त्वपूर्ण कारण है वुन्ट का संरचनात्मक संश्लेषण का सिद्धान्त (Principle of Creative Synthesis) जिसने समष्टि और उसके विभिन्न भागों के योग में स्पष्ट अन्तर किया। जेस्टॉल्टवाद का केन्द्र-बिन्दु समष्टि की धारणा ही है।

वुन्ट की रचनात्मक संश्लेषण की धारणा बहुत हद तक जॉन स्टुअर्ट मिल (1806-1873) के मानसिक रसायन विज्ञान के समान है। वुन्ट तथा जॉन स्टुअर्ट मिल, इन दोनों ने ही इस बात पर जोर दिया कि समष्टि में विभिन्न तत्त्वों के मिल जाने से उसमें एक नई विशेषता उत्पन्न हो जाती है। जॉन स्टुअर्ट मिल ने 1869 में स्पष्ट किया कि "मन की घटनाओं के नियम कभी-कभी यान्त्रिक, लेकिन कभी-कभी रासायनिक नियमों के सदृश भी होते हैं ...... जब प्रभावों के अनुभव प्रायः ऐसे योग अथवा समुदाय (Conjuction) में किए जाते हैं कि उनमें से प्रत्येक प्रभाव सम्पूर्ण समुदाय के विचारों को सहज एवं तात्कालिक ढंग से स्मरण कर ले तो वे विचार कभी-कभी आपस में मिलकर एकाकार हो जाते हैं और तब वे अनेक नहीं बल्कि एक जान पड़ते हैं।"[2]

यह स्मरणीय है कि वुन्ट और जॉन स्टुअर्ट मिल के भी बहुत पहले प्रसिद्ध जर्मन दार्शनिक कान्ट (1724-1804) ने प्रत्यक्षीकरण को एकात्मक अनुभूति (Unitary Experience) की संज्ञा दी थी। दूसरे शब्दों में, उन्होंने प्रत्यक्षीकरण में समष्टि पर जोर दिया था। इससे स्पष्ट है कि उन्होंने जेस्टॉल्ट मनोविज्ञान के विकास का मार्ग प्रशस्त किया।

कान्ट के अनुसार प्रत्यक्षीकरण कोई निष्क्रिय प्रभाव तथा ऐन्द्रिक तत्त्वों का योग मात्र नहीं है, वह तो एकात्मक एवं सुसंगत अनुभूति में उन ऐन्द्रिक तत्त्वों का सक्रिय संगठन है। यह साहचर्यवादी मनोवैज्ञानिकों के विचारों का खण्डन करता है और जेस्टॉल्ट मनोविज्ञान का समर्थन करता है।

फ्रांस ब्रेन्टानों (1838-1917) ने इस बात पर बल दिया कि मनोविज्ञान को अनुभव करने की प्रक्रिया अथवा क्रिया का अध्ययन करना चाहिए, न कि अनुभूति के विषयों (Contents) अथवा प्राथमिक संवेदनाओं का। उन्होंने अन्तर्निरीक्षण का उपयोग किया, किन्तु उनका अन्तर्निरीक्षण अकृत्रिम अथवा स्वाभाविक था तथा कुछ का अन्तर्निरीक्षण कृत्रिम एवं श्रम-साध्य। इस प्रकार उन्होंने अन्तर्निरीक्षण की जेस्टॉल्ट-विधि की ओर संकेत किया और अनुभूति के बिलकुल सीधे तौर पर निरीक्षण का समर्थन किया, जो जेस्टॉल्ट सिद्धान्त के अनुरूप था। इस प्रकार उन्होंने जेस्टॉल्ट मनोविज्ञान के औपचारिक रूप में विकसित होने का मार्ग प्रशस्त किया।

कार्ल स्टम्फ (1848-1903) का नया जेस्टॉल्ट मनोविज्ञान के पूर्ववर्ती प्रभाव के रूप में उल्लेखनीय है। उन्होंने वुन्ट के पारम्परिक संरचनावाद का विरोध किया तथा ब्रेन्टानों के उदार ढंग के अन्तर्निरीक्षण को जेस्टॉल्टवादी मनोवैज्ञानिकों तक पहुँचाने की चेष्टा की।

स्टम्फ का जेस्टॉल्ट मनोविज्ञान के संस्थापकों के साथ बड़ा निकट का सम्बन्ध था। कोहलर ने उनके निर्देशन में ही डॉक्टरेट की उपाधि प्राप्त की तथा उन्हें एक पुस्तक भी समर्पित की। कर्टलेविन तथा कौफ्का भी उनके विद्यार्थी ही थे। वर्दिमीयर ने भी उनके साथ रहकर अध्ययन किया था। फिर भी उन्होंने स्वयं जेस्टॉल्ट मनोविज्ञान पर अपने किसी क्रमबद्ध प्रभाव को स्वीकार नहीं किया। लेकिन जैसा कि ऊपर कहा जा चुका है, जेस्टॉल्ट मनोविज्ञान के अग्रदूत के रूप में उनका प्रभाव पड़ा।

जेम्स वार्ड ने 1886 में साहचर्यवाद का विरोध किया। अपनी निरन्तरता की धारणा (Concept of Continuity) को प्रस्तुत करते हुए उन्होंने यह तर्क उपस्थित किया कि यदि साहचर्यवादी मनोवैज्ञानिकों के विचार को सही मान लिया जाए, तो व्यक्ति के चेतन जीवन में निरन्तरता नहीं होगी क्योंकि भाव-चिन्तन-स्मरण आदि की निरन्तरता को मानसिक अणुवाद (Atomism) एवं साहचर्यवाद (Associationism) के आधार पर नहीं समझा जा सकता।

उनके अनुसार मनोविज्ञान की विषय-वस्तु है अनुभूति। अनुभूति के लिए सामग्री बाहर से आती है, किन्तु संश्लेषण व्यक्ति के भीतर से आता है, जो सामग्री को विशेष क्रम में संगठित कर देता है। मन के संगठनात्मक सिद्धान्त हैं काल, स्थान, एकत्व, समानता, विभिन्नता आदि। ये संगठनात्मक सिद्धान्त मानव-मन के कार्य करने के तरीके हैं जो मानव-मन में ही उत्पन्न और विकसित होते हैं। वार्ड द्वारा प्रस्तुत मानव-मन के संगठनात्मक सिद्धान्त एवं निरन्तरता की धारणा ने जेस्टॉल्ट मनोविज्ञान के विकास के लिए आधार प्रस्तुत किया।

स्टाउट ने दैहिक व्याख्याओं (Physiological Explanations) एवं न्यूनीकरण (Reductionism) से बिलकुल स्वतन्त्र विशुद्ध मनोविज्ञान (Pure Psychology) विकसित करने की चेष्टा की। उन्होंने साहचर्यवाद की आलोचना की ओर जेस्टॉल्टवाद के विकास का मार्ग प्रशस्त किया। उन्होंने स्पष्ट शब्दों में घोषित किया कि साहचर्यवादियों के लिए समष्टि उसमें निहित विभिन्न भागों का योगमात्र है।[3] इस विचार से अपनी असहमति व्यक्त कर और समष्टि पर जोर देकर उन्होंने जेस्टॉल्ट मनोविज्ञान की ओर संकेत किया।

एक भौतिक वैज्ञानिक होते हुए भी अर्नस्ट मैक (1838-1916) की मनोविज्ञान में काफी रुचि थी। फलस्वरूप मनोविज्ञान में उनका महत्त्वपूर्ण योगदान है। उन्होंने इस बात पर जोर दिया कि सभी विज्ञानों की आधार हैं संवेदनाएँ। उन्होंने अपनी पुस्तक 'संवेदनाओं के विश्लेषण'[4] में दो नई संवेदनाओं का उल्लेख किया–स्थान प्रकार (Space Form) तथा काल प्रकार (Time Form) संवेदनाएँ। ये दोनों प्रकार की संवेदनाएँ अपने तत्त्वों से स्वतन्त्र होती हैं। पहले के उदाहरणस्वरूप किसी भी ज्यामितीय आकृति को प्रस्तुत किया जा सकता है, जैसे–वृत्त (Circle)। वृत्त चाहे उजला हो या काला, बड़ा हो या छोटा, किन्तु उसके गोलेपन (Circularity) की विशेषता में कोई कमी नहीं आती, क्योंकि वह रंग, आकार आदि अपने तत्त्वों से बिलकुल स्वतन्त्र होता है। वैसे ही काल-प्रकार संवेदना के उदाहरण के रूप में राग (Melody) को प्रस्तुत किया जा सकता है। राग के ताल में चाहे जो भी परिवर्तन हो, किन्तु राग ज्यों-का-त्यों बना रहता है। इस प्रकार जेस्टॉल्ट मनोविज्ञान पर मैक का बिलकुल सीधा प्रभाव पड़ा।

एहरेन्फेल्स (1859-1932) ने मैक के काम को आगे बढ़ाया। उन्हें प्रायः जेस्टॉल्ट आन्दोलन का प्रमुख अग्रदूत कहा जाता है। उन्होंने कहा कि अनुभूति के कुछ गुण होते हैं, जिनकी व्याख्या संवेदनाओं के पारम्परिक प्रकारों के योगों (Combinations) के आधार पर नहीं की जा सकती। उन्होंने इन गुणों को जेस्टॉल्ट गुण (Gestalt Qualities) अथवा आकार-गुण (Form Qualities) कहा। ये ऐसे प्रत्यक्षीकरण हैं जो वैयक्तिक संवेदनाओं (Individual Sensations) पर निर्भर नहीं होते, क्योंकि इनका अस्तित्व भौतिक तत्त्वों में नहीं बल्कि मन में है। उदाहरण के लिए, हम राग को एक आकार-गुण कह सकते हैं जो उन संवेदनाओं से स्वतन्त्र होता है, जिनसे उसका निर्माण होता है। राग को चाहे विभिन्न सुरों में परिवर्तित करें, किन्तु वह ज्यों-का-त्यों बना रहता है, उसमें कोई परिवर्तन नहीं होता।

बोरिंग (1950) ने कहा है कि पहले तो जेस्टॉल्ट मनोवैज्ञानिकों ने एहरेन्फेल्स के महत्त्व को स्वीकार नहीं किया, किन्तु बाद को जेस्टॉल्ट मनोविज्ञान पर उनके प्रभाव को मान लिया। हेडर (1973) के अनुसार बर्लिन के जेस्टॉल्टवादियों ने अपने सिद्धान्तों के अग्रदूत के रूप में एहरेन्फेल्स के महत्त्व को स्वीकार किया। यहाँ यह

उल्लेख कर देना आवश्यक जान पड़ता है कि वर्दिमीयर, कोहलर, कौफ्का को अपने मौलिक जेस्टॉल्ट मनोविज्ञान को विकसित करने के पहले एहरेन्फेल्स तथा कार्यों की कोई जानकारी नहीं थी।

इसमें कोई सन्देह नहीं कि मैक तथा एहरेन्फेल्स ने नए तत्त्वों की खोज भी की तथा जेस्टॉल्टवादी मनोवैज्ञानिकों की तरह सोचा भी, किन्तु वे संरचनावादियों की प्राचीन तत्त्ववादी स्थिति (Elementistic Position) से अपने को अलग नहीं कर सके। जेस्टॉल्टवादियों ने तत्त्ववाद की धारणा को चुनौती दी और जमकर उसका विरोध किया। एहरेन्फेल्स के संरचनावादी मनोविज्ञान के तत्त्ववाद का विरोध नहीं किया, बल्कि उसमें मात्र एक नए तत्त्व आकार को जोड़ दिया। कदाचित् इसीलिए जेस्टॉल्टवादियों ने उनके महत्त्व को स्वीकार नहीं किया।

ब्रेन्टानों के शिष्य ग्राज विचारधारा के प्रणेता एलेक्सियस मेगौंग (1853-1920) ने एहरेन्फेल्स के विचारों को आगे बढ़ाया, उनकी शब्दावली में कुछ परिवर्तन भी किए, किन्तु उनके विचारों में कोई नई बात वे नहीं जोड़ सके। उनकी विधि घटना-क्रिया विज्ञान (Phenomenology) की ओर उन्मुख की और इसलिए जेस्टॉल्ट मनोविज्ञान पर उनके प्रभाव को अस्वीकार नहीं किया जा सकता।

जर्मन दर्शन एवं मनोविज्ञान में घटना-क्रिया विज्ञान आन्दोलन (Phenomenological Movement) का भी जेस्टॉल्ट मनोविज्ञान पर कम प्रभाव नहीं पड़ा। एक विधि के रूप में घटना-क्रिया विज्ञान तात्कालिक अनुभूति के स्वतन्त्र एवं निष्पक्ष वर्णन का द्योतक है। जिस रूप में कोई अनुभूति घटित नहीं होती, ठीक उसी रूप में उसका वर्णन करना घटना-क्रिया वैज्ञानिक विधि (Phenomenological Method) है।

मनोविज्ञान में घटना-क्रिया वैज्ञानिक परम्परा का आरम्भ प्रायः गेटे से माना जाता है, बाद को जी.ई. मुलर द्वारा निर्देशित गोटिन्जेन प्रयोगशाला में घटना-क्रिया वैज्ञानिक परम्परा के कई सक्रिय मनोवैज्ञानिक कार्यरत थे। उनमें से तीन एरिक आर. जेन्स (Erich R. Jaensch, 1883-1940), डेविड काट्ज (David Katz, 1884-1957) तथा एडगर रूबिन (Edgar Rubin, 1886-1951) ने बड़े पैमाने पर शोध-कार्य किए, जो जेस्टॉल्ट मनोविज्ञान के महत्त्वपूर्ण अग्रदूत माने जाते हैं। मुलर (1923) ने तो यहाँ तक दावा किया कि जेस्टॉल्ट मनोविज्ञान द्वारा प्रस्तुत प्रत्यक्षीकरण के सिद्धान्त में कोई नवीनता नहीं हैं। एरिक आर. जेन्स, डेविड काट्ज तथा एडगर रूबिन के शोधों ने उनकी इस बात की पुष्टि की है। यदि इन तीनों मनोवैज्ञानिकों में अपने शोध परिणामों को एक मनोवैज्ञानिक विचारधारा के आधार के रूप में प्रस्तुत करने की प्रेरणा हुई होती तो ये तीनों जेस्टॉल्ट मनोविज्ञान के संस्थापक माने जाते (Marx Hillix, 1987)।[5] ये तीनों भी ठीक उसी समय हुए थे, जब बर्दिमीयर, कोहलर एवं कोफ्का हुए थे। इन तीनों ने भी घटना-क्रिया विज्ञान सम्बन्धी अपने शोध ठीक उसी वर्ष प्रकाशित किए, जिस वर्ष वर्दिमीयर ने अपने शोध-परिणाम प्रकाशित किए और

जेस्टॉल्ट मनोविज्ञान का प्रवर्तन किया। सभी छह युवा मनोवैज्ञानिक एक ही समय में एक ही प्रकार के क्रान्तिकारी विचारों पर काम कर रहे थे। इसीलिए बोरिंग का कहना है कि उस समय की युग-चेतना भी जेस्टॉल्ट मनोविज्ञान के अनुकूल थी।

अमरीका में विलियम जेम्स (1842-1910) ने मनोवैज्ञानिक अणुवाद अथवा तत्त्ववाद का विरोध किया। उन्होंने चेतना के तत्त्वों को कृत्रिम पृथक्करण (Artificial Abstractions) माना और स्पष्ट शब्दों में घोषित किया कि हम वस्तुओं को देखते हैं, न कि संवेदना समूह को। उनके सम्बन्ध में मार्क्स एवं हिलिक्स (1987) का कहना है कि यदि जेम्स ने अपने इस विचार को विस्तारपूर्वक प्रतिपादित किया होता तो जेस्टॉल्ट मनोविज्ञान की स्थापना पहले ही हो गई होती।[6] इससे जेस्टॉल्ट मनोविज्ञान के विकास में उनकी महत्त्वपूर्ण भूमिका स्पष्ट हो जाती है।

दूसरे अमरीकी मनोवैज्ञानिक जॉन डीवी भी जेस्टॉल्ट मनोविज्ञान के अति निकट समझे जाते हैं। उन्होंने प्रतिक्षेप-धनु (Reflex Arc) पर 1896 में शोध-पत्र प्रकाशित किया और क्रिया अथवा व्यवहार के अध्ययन में समष्टि पर जोर दिया। उनके अनुसार किसी भी क्रिया का उत्तेजना-प्रतिक्रिया में विश्लेषण उसके अर्थ को ही समाप्त कर देता है। इस प्रकार उन्होंने समष्टि पर जोर देकर जेस्टॉल्ट मनोविज्ञान की ओर संकेत किया।

अन्त में यह स्पष्ट कर देना अनिवार्य जान पड़ता है कि उस समय का सम्पूर्ण वातावरण ही जेस्टॉल्टवादी विचारों से ओत-प्रोत था। परमाणुवाद अथवा तत्त्ववाद का सर्वत्र विरोध हो रहा था। अनुभूति तथा क्रिया के अध्ययन में समष्टि पर जोर दिया जा रहा था। संक्षेप में, युग-चेतना जेस्टॉल्ट मनोविज्ञान के अनुकूल थी। उस युग-चेतना का प्रभाव भौतिक विज्ञान तथा जीव विज्ञान पर भी पड़ा। उन्नीसवीं शताब्दी के अन्तिम दशकों में भौतिक विज्ञान में अणुवाद की प्रधानता कम होने लगी थी। उस समय के भौतिक विज्ञान ने शक्ति-क्षेत्र (Fields of Force) की धारणा को अपना लिया था।

इन शक्ति-क्षेत्रों में दो बातें निहित थीं—(i) स्थानिक विस्तार (Spatial Extension) तथा (ii) आकृति (Configuration)। इन्हें नवीन संरचनात्मक सत्त्वों (Structural Entities) के रूप में ग्रहण किया गया, न कि वैयक्तिक तत्त्वों के प्रभावों के संकलन (Summations of Effect of Individual Elements) के रूप में। इस प्रकार भौतिक विज्ञान ने भी अणुवाद अथवा तत्त्ववाद का विरोध किया तथा समष्टि के रूप में सोचना शुरू कर दिया, जो जेस्टॉल्ट मनोविज्ञान के चिन्तन के अनुरूप था। प्रमुख जीव वैज्ञानिक ई.बी. विल्सन ने भी कोष (Cell) को स्वतन्त्र इकाई नहीं मानकर प्राणी को वास्तविक इकाई के रूप में ग्रहण किया। इन सारी प्रवृत्तियों ने वुन्ट की परमाणुवाद अथवा तत्त्ववाद की धारणा पर प्रहार किया तथा जेस्टॉल्ट मनोविज्ञान का मार्ग प्रशस्त किया।

जेस्टॉल्ट मनोविज्ञान की स्थापना

यह एक अच्छा अवसर था कि तीन युवा जर्मन मनोवैज्ञानिक मैक्स वर्दिमीयर (Max Wertheimer, 1880-1943), कर्ट कौफ्का (Kurt Koffka, 1886-1941) तथा वाल्फगैंग कोहलर (Walfgang Kohler, 1887-1967) 1912 के लगभग फ्रैंकफर्ट नगर और उसके आस-पास ही रहते थे। इन तीनों को साथ-साथ काम करने का मौका मिला, जिसके फलस्वरूप एक नई विचारधारा के रूप में जेस्टॉल्ट मनोविज्ञान का विकास हुआ। जेस्टॉल्ट मनोविज्ञान में प्रसिद्धि प्राप्त करने के पहले भी ये तीनों मनोविज्ञान के क्षेत्र में महत्त्वपूर्ण कार्य कर चुके थे। इस सम्बन्ध में यहाँ एक दिलचस्प विवाद का उल्लेख कर देना अभीष्ट जान पड़ता है। विवाद का विषय है कि सर्वप्रथम अपराध का पता लगाने के लिए स्वतन्त्र साहचर्य परीक्षण का प्रयोग किसने किया—मनोविश्लेषण के प्रसिद्ध विद्वान सी.जी. युंग ने अथवा जेस्टॉल्टवादी मैक्स वर्दिमीयर ने। इस विवाद का समाधान मैक्स वर्दिमीयर के पुत्र माइकेल वर्दिमीयर (Michael Wertheimer, 1982) ने किया। उनका कहना है कि अपराध का पता लगाने के लिए सर्वप्रथम इस परीक्षण का प्रयोग मैक्स वर्दिमीयर ने किया तथा स्नायु-विकृतियों में निहित विचार ग्रन्थियों (Complexes of Ideas) का पता लगाने में सी.जी. युंग ने किया। कौफ्का ने बिम्ब एवं चिन्तन के क्षेत्रों में महत्त्वपूर्ण काम किया था। कोहलर ने सुनने की समस्याओं पर विशिष्ट कार्य किया था।

ये तीनों मनोवैज्ञानिक वुन्ट के मनोविज्ञान से बिलकुल ऊब चुके थे। वुन्ट का अणुवाद (Atomism) अथवा तत्त्ववाद (Elementism) उन्हें बिलकुल पसन्द नहीं था। तभी तो उन्होंने वुन्ट के मनोविज्ञान का मजाक उड़ाते हुए उसे "ईंट एवं गारा मनोविज्ञान" (Brick and Motor Psychology) की संज्ञा दी। उन्होंने ऐन्द्रिक तत्त्वों को ईंट तथा समीपता द्वारा साहचर्य (Association by Contiguity) को गारा कहा। वास्तव में उनकी दृष्टि में अर्थहीन साहचर्यों के द्वारा संग्रहित अर्थहीन ऐन्द्रिक तत्त्वों के समूह के रूप में मानव-अनुभूति की व्याख्या करना उसका उपहास मात्र है। उनके अनुसार चेतन अनुभूतियों को केवल जटिल (Complex) कह देना काफी नहीं है, जैसा वुन्ट ने किया। वास्तविकता यह है कि चेतन अनुभूतियाँ जटिल होने के साथ-साथ सार्थक भी हैं, जिनकी वुन्ट ने अपने अन्तर्निरीक्षणात्मक विश्लेषण में उपेक्षा की है। उन्होंने तो विभिन्न तत्त्वों में मात्र अनुभूति के विश्लेषण पर ही जोर दिया है, उसमें निहित अर्थ पर तो विचार ही नहीं किया है।

वर्दिमीयर, कोहलर तथा कौफ्का ने वाट्सन की तरह अन्तर्निरीक्षण का पूर्णतया बहिष्कार नहीं किया, बल्कि यह स्वीकार किया कि 'प्रत्यक्ष अनुभूति' (Direct Experience) के आधार पर महत्त्वपूर्ण मनोवैज्ञानिक वस्तु-सामग्रियाँ प्राप्त की जा सकती हैं। उन्होंने विश्लेषण को तो आवश्यक माना, किन्तु इस बात पर जोर दिया कि उसे ऐसा नहीं होना चाहिए जो अनुभूति अथवा व्यवहार के अर्थ (Meaning)

और मूल्य (Value) को ही नष्ट कर दे। उन्होंने यह स्पष्ट किया कि विभिन्न अर्थहीन तत्त्वों के आधार पर सार्थक अनुभूति अथवा व्यवहार को नहीं समझा जा सकता। इसके विपरीत, सार्थक अनुभूति अथवा व्यवहार (समष्टि) के आधार ही उसमें निहित विभिन्न भागों की सार्थकता दृष्टिगत होगी, जिन्होंने समष्टि (अनुभव अथवा व्यवहार) के निर्माण में सक्रिय रूप से भाग लिया है। इस सम्बन्ध में ह्यूम के विचार उल्लेखनीय हैं। उन्होंने स्पष्ट शब्दों में घोषित किया कि यदि कारण और कार्य को अलग-अलग घटनाओं के रूप में ग्रहण किया जाए तो उनके बीच सम्बन्ध नहीं जान पड़ेगा, किन्तु यदि उन्हें समष्टि के रूप में ग्रहण किया जाए तो कारण और कार्य, दोनों ही उस समष्टि के सार्थक भाग जान पड़ेंगे। इस समष्टि की धारणा में वर्दिमीयर, कोहलर तथा कौफ्का को एक नवीन एवं क्रान्तिकारी बीज निहित जान पड़ा, जिसके आधार पर मनोवैज्ञानिक समस्याओं को समझा जा सकता है।

जेस्टॉल्ट मनोविज्ञान के औपचारिक आन्दोलन का सूत्रपात मैक्स वर्दिमीयर के एक शोध-कार्य से हुआ, जिसका शीर्षक था–'गति के प्रत्यक्षीकरण का प्रयोगात्मक अध्ययन'।[7] यह एक शोध-पत्र के रूप में 1912 में प्रकाशित हुआ और उनके इस प्रकाशन से ही एक नई विचारधारा, जेस्टॉल्ट मनोविज्ञान का आरम्भ हुआ। इसीलिए वे जेस्टॉल्ट मनोविज्ञान के संस्थापक माने जाते हैं। हाइडब्रेडर के शब्दों में :

"प्रत्यक्ष गति के प्रत्यक्षीकरण पर वर्दिमीयर का शोध-पत्र जो 1912 में प्रकाशित हुआ, जेस्टॉल्ट मनोविज्ञान का प्रथम प्रकाशन था और इसीलिए वर्दिमीयर को इसका संस्थापक माना जाता है।"[8]

जेस्टॉल्ट मनोविज्ञान का सूत्रपात बड़े दिलचस्प ढंग से हुआ : एक छुट्टी में रेलगाड़ी से यात्रा करते समय वर्दिमीयर को गति के प्रत्यक्षीकरण पर प्रयोग करने की बात सूझी। फिर क्या था, उन्होंने यात्रा स्थगित कर दी और एक स्टोर से 'स्ट्रोबोस्कोप' (Stroboscope) खरीदा और पहले अपने होटल के कमरे में ही अपनी सूझ को सत्यापित करने की चेष्टा की। बाद को फ्रैंकफर्ट विश्वविद्यालय में 'टैचिस्टोस्कोप' (Tachistoscope) के सहारे इस समस्या का अध्ययन किया, जहाँ प्रयोज्य के रूप में कौफ्का तथा कोहलर ने उनका साथ दिया। बाद को कौफ्का की पत्नी ने भी उन लोगों का प्रयोज्य के रूप में साथ दिया।

एक प्रयोग में वर्दिमीयर ने दो रेखा-छिद्रों (Slits) के सहारे प्रकाश को प्रक्षेपित किया, जिनमें एक लंब रेखा थी और दूसरी रेखा 20 या 30 डिग्री पर उससे झुकी हुई। जब एक रेखा छिद्र से प्रकाश दिखलाया गया और तब दूसरी रेखा-छिद्र से और दोनों के बीच 200 मि.से. से अधिक का अन्तराल रखा गया तो प्रयोज्यों ने एक के बाद दूसरे प्रकाश को देखा क्योंकि अन्तराल लम्बा था। जब दोनों प्रकाश के बीच का अन्तराल बहुत कम (30 मि.से. या उससे भी कम) था तो प्रयोज्यों ने दोनों प्रकाश को लगातार देखा। जब दोनों प्रकाश के बीच का अन्तराल न तो बहुत अधिक

था और न बहुत कम, बल्कि समुचित था तो प्रयोज्यों ने प्रकाश-रेखा को गतिशील पाया, अर्थात् उसे एक स्थान से दूसरे स्थान पर जाते और फिर लौटते हुए देखा। इस प्रत्यक्ष गति (Apparent Movement) को वर्दिमीयर ने 'फाइ' (Phi) की संज्ञा दी। 'फाइ' की व्याख्या करते हुए उन्होंने कहा कि यह एक ऐसी गति है जो वस्तुतः किसी वस्तु की वास्तविक गति की अनुपस्थिति में घटित होती है। यह एक ऐसी घटना है जो अपने-आप में बिलकुल स्वतन्त्र होती है। इसे ही 'फाइ फेनोमेनन' कहते हैं। स्पष्ट है कि यह सरल संवेदनाओं के योग का प्रतिफल नहीं है।

पारम्परिक संरचनावादी दृष्टिकोण से 'फाइ फेनोमेनन' की व्याख्या सम्भव नहीं है। इसीलिए वर्दिमीयर का कहना है कि प्रत्यक्ष गति की व्याख्या की कोई आवश्यकता ही नहीं है, क्योंकि वह तो अपने-आप में बिलकुल स्वतन्त्र है। सरल तत्त्वों में इसका विश्लेषण नहीं किया जा सकता। इसकी व्याख्या तो सम्पूर्णता अथवा समष्टि में ही सम्भव है। जेस्टॉल्ट मनोवैज्ञानिकों के लिए इस प्रत्यक्ष गति के प्रत्यक्षीकरण का काफी महत्त्व है, क्योंकि यह गत्यात्मक समष्टि का प्रतिनिधित्व करता है, जो अपने सभी भागों (Parts) पर छाया रहता है। सचमुच यह एक क्रान्तिकारी खोज थी, जिसने जेस्टॉल्ट मनोविज्ञान की स्थापना का मार्ग प्रशस्त कर दिया और पारम्परिक संरचनावादी मनोवैज्ञानिकों को एक चुनौती दी, जिसका उनके पास कोई उत्तर नहीं था।

कोहलर तथा कौफ्का ने इस नवीन विचारधारा का जमकर समर्थन किया और पारम्परिक संरचनावाद के तत्त्ववाद का विरोध। कोहलर ने कौफ्का के मृत्यु संवाद में कहा : "वे वर्ष जर्मन मनोविज्ञान में आनंददायक क्रान्ति के थे।"[9] इस उक्ति से स्पष्ट है कि कोहलर संरचनावादी मनोविज्ञान के तत्त्ववाद के विरुद्ध क्रान्ति से बड़े प्रसन्न थे, क्योंकि उस क्रान्ति ने ही तो जन्म दिया जेस्टॉल्ट मनोविज्ञान को। यहाँ यह स्पष्ट कर देना अनिवार्य जान पड़ता है कि यद्यपि वर्दिमीयर को ही प्रायः जेस्टॉल्ट मनोविज्ञान की स्थापना का श्रेय दिया जाता है, किन्तु कोहलर और कौफ्का भी आरम्भ से ही जेस्टॉल्ट आन्दोलन से जुड़े हुए थे और जेस्टॉल्ट मनोविज्ञान के विचारों को सुदृढ़ स्वरूप प्रदान करने और इस नवीन विचारधारा की नींव को सबल बनाने में भी इनका निरन्तर सक्रिय रूप से रचनात्मक सहयोग रहा है। गति के दृश्य प्रत्यक्षीकरण की समस्याओं पर कौफ्का के कार्य सराहनीय हैं। उन्होंने मानसिक विकास की समस्याओं पर भी जेस्टॉल्ट-सिद्धान्तों को लागू किया। कोहलर की पुस्तक 'वनमानुषों की मानसिकता' (The Mentality of Apes) जेस्टॉल्ट मनोविज्ञान में अपना विशिष्ट स्थान रखती है। उस पुस्तक में उन्होंने इस बात पर विचार किया है कि किस प्रकार वनमानुष सूझ (Insight) के द्वारा समस्या का समाधान करते थे। उस समय अमरीका ने जेस्टॉल्ट मनोविज्ञान में काफी रुचि ली। इसका श्रेय मुख्यतः कोहलर और कौफ्का को ही है। यहाँ यह भी उल्लेख्य जान पड़ता है कि जेस्टॉल्टवादी विचारधारा को प्रस्तुत करने वाली ये तीन पुस्तकें अत्यन्त लोकप्रिय सिद्ध हुईं–(1) कौफ्का की

पुस्तक 'मन का विकास' (The Growth of Mind)[10] तथा कोहलर की दो पुस्तकें 'वनमानुषों की मानसिकता' (The Mentality of Apes) और 'जेस्टॉल्ट मनोविज्ञान' (Gestalt Psychology)।[11]

जेस्टॉल्ट मनोविज्ञान के प्रमुख सिद्धान्त

पूर्ण-अंश-सम्बन्ध (Whole Part Relationship)–पूर्ण और अंश का भेद कोई नया नहीं है। जेस्टॉल्ट मनोवैज्ञानिकों के बहुत पहले चीन के एक सन्त लॉ-से (Las-Tse) ने ईसा से 700 वर्ष पूर्व स्पष्ट शब्दों में कहा था कि अंशों का योग सम्पूर्ण अथवा समष्टि से भिन्न होता है। (Harthmann 1935)[12] P. 29 स्किनर (1938, P. 29)[13] ने इस समस्या को कृत्रिम अथवा मिथ्या (Pseudo) कहकर टाल दिया। इसके विपरीत वेस्स (Weiss, 1967)[14] ने अपने एक निबन्ध में यह जोर देकर कहा कि निस्सन्देह यह एक सार्थक समस्या है। उनके उस निबन्ध का शीर्षक है "$1 + 1 \neq 2$ (एक और एक का योग दो के बराबर नहीं होता)।

मैक्स वर्दिमीयर (1938)[15] ने पूर्ण-अंश सम्बन्ध की समस्या पर विचार करते हुए संरचना (Structure) के महत्त्व पर जोर दिया। साहचर्यवादियों अथवा संरचनावादियों ने भी यह स्वीकार किया कि वर्दिमीयर ने सम्पूर्णता अथवा समष्टि की एक प्रकार की तार्किक प्राथमिकता की ओर संकेत किया है।

दूसरे क्षेत्रों से भी ऐसे उदाहरण प्रस्तुत किए जा सकते हैं जो संरचना के महत्त्व पर प्रकाश डालते हैं और अंशों के योग तथा सम्पूर्णता के बीच भेद करते हैं। एक अति प्राचीन एवं सुपरिचित उदाहरण के रूप में पानी को प्रस्तुत किया जा सकता है, जो अपने तत्त्वों (हाइड्रोजन एवं ऑक्सीजन) के योग से बिलकुल भिन्न होता है। पानी के कुछ निर्गत गुण (Emergent Qualities) होते हैं। तात्पर्य यह कि पानी के गुण केवल हाइड्रोजन तथा ऑक्सीजन के योग से ही निर्गत होते हैं। इस सम्बन्ध में यह उल्लेख्य है कि हमें पानी की विशेषताओं का ज्ञान तभी हो सकता है जब हम सीधे पानी का ही अध्ययन करें न कि उसके तत्त्वों (हाइड्रोजन एवं ऑक्सीजन) की विशेषताओं का।

एक भौतिक वैज्ञानिक सी.एस. स्मिथ (1968) अपने क्षेत्र की स्थिति का पुनर्निरीक्षण करते गए। कई तरह की बातें कहीं, जिनसे यह संकेत मिलता है कि भौतिक वैज्ञानिकों को भी भौतिक पदार्थों के अध्ययन में संगठित सम्पूर्णता अथवा समष्टि के महत्त्व को स्वीकार करने के लिए बाध्य होना पड़ता है।[16]

बेस्स ने कई सामान्य उदाहरणों को प्रस्तुत करते हुए सम्पूर्णता अथवा समष्टि को समझाने की चेष्टा की है। यहाँ उनके एक उदाहरण को प्रस्तुत किया जा रहा है। मकड़ी के जाले का एक सुन्दर उदाहरण देकर पूर्ण-अंश सम्बन्ध को स्पष्ट किया है। यद्यपि मकड़ी के जाले के अनेक भागों के बीच अन्तर्सम्बन्ध होते हैं, किन्तु विभिन्न

भागों में उनका विश्लेषण सम्भव नहीं हो पाता। इसके आधार पर उन्होंने यह निष्कर्ष निकाला कि "सम्पूर्ण अपने अंशों के योग से भिन्न होता है।" (The whole is different from sum of its parts)।

विश्लेषण एवं परिमाणन के प्रति मनोवृत्ति
(Attitude Toward Analysis and Quantification)

जेस्टॉल्ट मनोविज्ञान संरचनावादियों के द्वारा विभिन्न तत्त्वों में अनुभूति के विश्लेषण के विरुद्ध क्रान्ति के रूप में आए। अन्तर्निरीक्षण के द्वारा किए गए एक विशेष प्रकार के कृत्रिम विश्लेषण का विरोध किया, क्योंकि जेस्टॉल्टवादियों ने यह स्वीकार किया कि विश्लेषण विज्ञान का मर्मस्थल है। इस सम्बन्ध में कोहलर के विचार भी द्रष्टव्य हैं। कोहलर (1947) ने कहा कि यदि हम अन्तर्निरीक्षण की भाँति अनुभूतियों का विश्लेषण करें तो सर्वाधिक महत्त्वपूर्ण अनुभूतियाँ पूर्णतया उपेक्षित रह जाएँगी। दैनिक जीवन की सामान्य अनुभूतियाँ प्रायः अन्तर्निरीक्षकों के मनोविज्ञान में नहीं पाई जातीं। कोहलर ने यह नहीं कहा कि अन्तर्निरीक्षकों के निष्कर्ष अवास्तविक हैं, उन्होंने केवल इतना ही कहा कि उनके द्वारा प्रस्तुत वास्तविकता कृत्रिम है। जेस्टॉल्टवादियों ने प्रयोगशाला की कृत्रिमता पर भी आपत्ति प्रकट नहीं की है, उन्होंने तो केवल अस्वाभाविक ढंग की विधि एवं निरर्थक धारणा पर आपत्ति प्रकट की है।

जेस्टॉल्टवादियों के सम्बन्ध में यह भी कहा जाता है कि उन्होंने मनोविज्ञान में परिमाणन (Quantification) का विरोध किया है। उन्होंने परिमाणन को मनोविज्ञान के लिए अनावश्यक कभी नहीं कहा। उन्होंने तो केवल इस बिन्दु पर उसका विरोध किया है कि उसका उपयोग प्रायः अपरिपक्व रूप में किया जाता है। उनका कहना है कि महत्त्वपूर्ण गुणात्मक खोज को प्राथमिकता देनी चाहिए, न कि परिमाणन को, क्योंकि परिमाणन का अपने आप में कोई महत्त्व नहीं है। यही कारण है कि उन्होंने व्यवहारवादी मनोवैज्ञानिकों के अपरिपक्व परिमाणात्मक कार्यक्रम (Premature Quantitative Programme) को सदा शंका की दृष्टि से देखा। उनकी यह स्पष्ट मान्यता है कि गुणात्मक खोज के बिना व्यवहार का मनोविज्ञान निरर्थक है।

सांख्यिकीय संगणनाओं (Statistical Computations) की उपयोगिता में जेस्टॉल्ट मनोवैज्ञानिकों का विश्वास नहीं है। उसका पहला कारण तो यह है कि माप सामान्य परिमेयता (Measurability) की मान्यता पर आधारित है और ऐसी मान्यता परमाणुवादी मनोविज्ञान (Atomistic Psychology) के लिए ही उपयुक्त है। जेस्टॉल्टवादियों ने तो अपने अध्ययन में यह पाया कि समान तत्त्वों की समान संख्या से विविध प्रकार की आकृतियों (Configurations) का निर्माण हो सकता है और तदनुसार विभिन्न प्रकार की अनुभूतियाँ हो सकती हैं। उदाहरण के लिए, बिन्दु की समान संख्या से वृत्त, त्रिभुज, वर्ग अथवा आयत का निर्माण हो सकता है। दूसरा कारण यह है कि

माप प्रायः अपरिपक्व होते हैं। इसीलिए कोहलर का कहना है कि "सम्प्रति और अधिक व्यापक ऐतिहासिक परिप्रेक्ष्य में अपरिपक्व मापों की अपेक्षा गुणात्मक निरीक्षण प्रायः अधिक लाभदायक हो सकता है।"[17] यदि हम भौतिक विज्ञानों का अनुकरण करते हैं, तो हमें काफी विकसित समसामयिक रूप में उनका अनुकरण नहीं करना चाहिए, किन्तु मनोवैज्ञानिकों ने प्रायः ऐसी अदूरदर्शिता की है। जब मनोविज्ञान अपने विकास के आरम्भिक काल में था, तभी भली-भाँति विकसित भौतिक विज्ञान का मनोवैज्ञानिकों ने अनुकरण किया। प्रायः आरम्भिक काल का मनोविज्ञान भी ऐसे अनुकरण का लोभ संवरण नहीं कर सका। कोहलर के शब्दों में "स्वतः फेक्नर पहला व्यक्ति था, जिसने वयस्क भौतिक विज्ञान का तब अनुकरण किया, जब मनोविज्ञान का मुश्किल से जन्म भी हुआ हो।"[18] कोहलर ने यह स्पष्ट किया है कि परिमाणात्मक कार्य (Quantitative Work) के लिए गुणात्मक सूचनाएँ (Quantitative Information) अनिवार्य हैं। सीखने के सम्बन्ध में किए गए अपने कार्यों के बारे में उन्होंने स्पष्ट रूप से कहा है : "इन निरीक्षणों में प्रत्येक वस्तु जो मूल्यवान है, वह लुप्त हो जाएगी यदि 'परिणामों' को अमूर्त सांख्यिकीय ढंग से प्रतिपादित किया जाए।[19] जेस्टॉल्ट मनोविज्ञान के इस पहलू पर प्रसिद्ध नव-व्यवहारवादी मनोवैज्ञानिक बी.एफ. स्किनर भी सहानुभूतिपूर्ण विचार रखते हैं और अपने प्रयोगात्मक परिणामों की सार्थकता के सांख्यिकीय परीक्षणों में उनकी रुचि नहीं के बराबर रही है। जेस्टॉल्टवादियों के समान वे भी ऐसे विश्वसनीय परिणाम चाहते हैं, जिनमें उस प्रकार के सांख्यिकीय परीक्षणों की कोई आवश्यकता न हो।

परिमाणन (Quantification) के सम्बन्ध में कौफ्का ने स्पष्ट किया है कि परिमाण (Quantity) तथा गुण (Quality) में कोई विरोध नहीं है, बल्कि "भौतिक विज्ञान का परिमाणात्मक, गणितीय वर्णन गुण के विरोध के बदले उसका प्रतिनिधित्व करने का विशेष रूप से एक सुनिश्चित तरीका है।"[20] इस पृष्ठभूमि में कौफ्का के दृष्टिकोण का मूल्यांकन करते हुए मार्क्स तथा हिलिक्स (1987) का कहना है : "अतः कौफ्का इस बात से सहमत होंगे कि सर्वाधिक यथार्थता पर पहुँचने के लिए मनोविज्ञान को अन्ततोगत्वा अपने नियमों को परिमाणात्मक रूप में व्यक्त करना होगा।"[21]

कोहलर ने मैक की उस परिकल्पना (Hypothesis) को स्वीकार किया है, जिसमें यह कहा गया है कि स्थूल-भौतिक अवस्थाएँ संतुलन, स्थायित्व, नियमितता एवं सरलता की दिशा में विकसित होती हैं। कोहलर ने पाया कि निर्जीव प्रकृति में भी जेस्टॉल्ट तत्त्व पाए जाते हैं। यहाँ भी वही जेस्टॉल्ट नियम काम करते हैं जो सजीव प्राणी में काम करते हैं। वास्तव में जेस्टॉल्ट एक सर्वव्यापक नियम है। सभी एक व्यवस्था, एक नियमितता की ओर अग्रसर होना चाहते हैं, चाहे सजीव हों या निर्जीव। दूसरे शब्दों में चाहे मानव-मन हो अथवा प्रकृति (Nature), मनोविज्ञान हो अथवा दैहिक विज्ञान, सभी जेस्टॉल्ट नियमों के अनुसार ही संचालित होते हैं। जेस्टॉल्ट मनोवैज्ञानिकों के अनुसार इसी परिप्रेक्ष्य में मनोविज्ञान पर विचार करना अपेक्षित है।

जेस्टॉल्टवादी मनोवैज्ञानिक स्नायुमण्डल के मशीन सिद्धान्त से सहमत नहीं हैं। वे यह नहीं मानते कि स्थानीय उत्तेजना से स्थानीय प्रतिक्रिया उत्पन्न होती है। कोहलर के अनुसार ऐन्द्रिक तथा क्रियावाही तन्त्रों (Sensory and Motor Systems) की दो अलग-अलग सत्ताएँ नहीं हैं, बल्कि वे एक ही सम्पूर्ण तन्त्र के अंग हैं। मनोवैज्ञानिक 'परमाणुवाद' (Atomism) के विरुद्ध जेस्टॉल्ट मनोविज्ञान ने 'क्रियात्मक समष्टि' (Functional Whole) के सिद्धान्त का प्रतिपादन किया जो विद्युत क्षेत्र (Electric Circuit) गत्यात्मक वितरण एवं संगठन पर आधारित है। स्पष्ट है कि जेस्टॉल्ट मनोवैज्ञानिकों ने मस्तिष्क संरचना तन्त्र (Brain Mechanism) के अध्ययन में विद्युत क्षेत्र के सिद्धान्त का उपयोग किया है।

कोहलर के अनुसार मशीन का कार्य क्षेत्र सीमित है और वह उसकी अपनी संरचना तथा बाह्य शक्तियों के द्वारा निर्धारित होता है। मस्तिष्क का गत्यात्मक क्षेत्र विद्युत क्षेत्र (Electric Circuit) के समान अपनी ही शक्तियों (Forces) के द्वारा संचालित होता है, न कि बाह्य शक्तियों के द्वारा। इससे स्पष्ट है कि इसका कार्य क्षेत्र निश्चित रूप से अधिक विस्तृत है तथा क्रिया की स्वतन्त्रता भी बहुत अधिक है। संक्षेप में यह कहा जा सकता है कि मस्तिष्क एक गत्यात्मक क्षेत्र के रूप में कार्य करता है और इसकी शक्तियाँ (Forces) निरन्तर सन्तुलन की दिशा में स्वतः वितरित एवं स्वतः संचालित होती हैं। कार्ल प्रिब्राम (1971)[22] के भी विचार क्षेत्र-सिद्धान्त के ही समान हैं जिन्होंने स्मृति (Memory) के सम्बन्ध में कहा है कि वह सम्पूर्ण मस्तिष्क में वितरित होता है, न कि मस्तिष्क के किसी सीमित क्षेत्र में। निश्चय ही उनका यह विचार जेस्टॉल्टवादी विचार के ही समान है।

जेस्टॉल्ट मनोविज्ञान एवं मस्तिष्क में गत्यात्मक क्षेत्र की धारणा
(Gestalt Psychology and The Concept of Dynamic Field in Brain)

संगठन के जेस्टॉल्ट सिद्धान्त को समझने के लिए क्षेत्र धारणा (Field Concept) पर विचार करना अभीष्ट है। फाराडे तथा मैक्सवेल (Faraday and Maxwell) के समय से ही भौतिक विज्ञान में क्षेत्र तथा उसकी विशेषताओं का महत्त्वपूर्ण स्थान रहा है। जेस्टॉल्ट मनोवैज्ञानिकों ने गत्यात्मक क्षेत्र की इस भौतिक धारणा को दृष्टि क्षेत्र प्राणी तथा विशेष रूप से बृहन्मस्तिष्कीय वल्क पर लागू करने की चेष्टा की है।

कोहलर ने यह स्पष्ट रूप से कहा है कि बृहन्मस्तिष्कीय वल्क एक क्षेत्र है और किसी भी अन्य गत्यात्मक क्षेत्र के समान इसके अन्तर्गत ही इसकी प्रक्रियाओं (Processes) एवं अवस्थाओं पर विचार करना वांछनीय है। इस सम्बन्ध में उनका यह निष्कर्ष उल्लेखनीय है :

"हम लोगों का विचार यह होगा कि स्थानीय उत्तेजनाओं के प्रति स्थानीय एवं परस्पर स्वतन्त्र घटनाओं के द्वारा प्रतिक्रिया व्यक्त करने के बदले प्राणी उत्तेजना-प्रतिकृति

की प्रतिक्रिया व्यक्त करता है जिससे वह प्रभावित होता है; और यह उत्तर एक एकात्मक प्रक्रिया है, एक क्रियात्मक समष्टि है, जो अनुभूति को स्थानीय संवेदनाओं के मोजैक की अपेक्षा एक ऐन्द्रिक आभास प्रदान करता है।"[23]

समाकृतिवाद
(Isomorphism)

सामान्यतः जेस्टॉल्ट मनोवैज्ञानिकों ने अनुभूति और मस्तिष्क की प्रक्रियाओं के बीच समाकृतिवाद (Isomorphism) को स्वीकार किया है (Kohler, 1947, Koffka, 1935)[24]। यह समाकृतिवाद विश्व के एकत्व की मान्यता पर आधारित है। भौतिक तथा मनोवैज्ञानिक, दोनों प्रकार के तथ्यों को पूर्ण-अंश सम्बन्ध, सन्तुलन प्राप्त करने की प्रवृत्ति संवृति की प्रवृत्ति (Tendency to Closure) तथा नियमितता संचालित करती है। कोहलर ने इस बात पर जोर दिया कि मनोवैज्ञानिक अनुभूति का "विशिष्ट क्रम" तदनुरूप "दैहिक मस्तिष्क की प्रक्रियाओं" के गत्यात्मक क्रम का "यथार्थ पुनरुत्पादन" है।[25] अतः यह कहा जा सकता है कि मनोवैज्ञानिक अनुभूति तदनुरूप मस्तिष्क की प्रक्रियाओं का प्रतिनिधित्व करती है। वस्तुतः अनुभूति एवं मस्तिष्क की प्रक्रियाएँ एक ही तरह के सिद्धान्तों से संगठित एवं संचालित होती हैं।

इस सिद्धान्त के अनुसार अनुभूति तथा मस्तिष्क क्षेत्रों के बीच 1 : 1 का सम्बन्ध है। वुडवर्थ तथा शीहान (1964, P. 220-221) ने समाकृतिवाद के अर्थ को एक उदाहरण के द्वारा स्पष्ट किया है। उन्होंने एक चित्र की तुलना उस देश से की है जिसका वह प्रतिनिधित्व करता है। चित्र और देश सभी अर्थों में समान नहीं हैं। जिस प्रकार चित्र और देश एक-दूसरे से भिन्न हैं, उसी प्रकार अनुभूति एवं मस्तिष्क क्रियाएँ भी एक-दूसरे से भिन्न हैं। पर दोनों की संरचना एक जैसी है, दोनों की अपनी आकृतियाँ एक-सी हैं।

वस्तुतः 'Iso' शब्द का अर्थ ही Identical (समान) है। Morphic शब्द का अर्थ है 'Form' or 'Shape' (आकृति)। आकृति की समानता के कारण हम चित्र के आधार पर देश की विशेषताओं को जान सकते हैं। इसी प्रकार अनुभूति के आधार पर मस्तिष्क की क्रियाओं को और मस्तिष्क की क्रियाओं के आधार पर अनुभूति को जान सकते हैं, किन्तु यहाँ ध्यान देने की बात यह है कि दोनों के बीच की समानता बहुत सीमित है।

यहाँ यह उल्लेख्य है कि समाकृतिवाद का सिद्धान्त अन्तर्निरीक्षण के महत्त्व पर प्रकाश डालता है, जो हमें संरचनावादियों अथवा व्यवहारवादियों से बिलकुल भिन्न दिशा में ले जाता है। जेस्टॉल्टवादियों के लिए अनुभूति दैहिक विज्ञान का ही दूसरा पक्ष है। अतः जेस्टॉल्टवादियों के लिए अनुभूति दैहिक विज्ञान के ज्ञान तक पहुँचाने के लिए राजमार्ग (Royal Road) कहा जा सकता है। संरचनावादियों के लिए अनुभूति

का अध्ययन मात्र अनुभूति को समझने के लिए ही था। दैहिक विज्ञान के साथ इसके सम्बन्ध पर उन्होंने बहुत कम ध्यान दिया। व्यवहारवादियों ने तो अनुभूति को कोई महत्त्व ही नहीं दिया।

कोहलर ने समाकृतिवाद के सिद्धान्त पर अपनी पुस्तक 'स्थिर एवं अचल भौतिक जेस्टॉल्ट' (1920)[26] में विस्तृत रूप से विचार किया है। उन्होंने यह बतलाया है कि बृहन्मस्तिष्कीय वल्क की प्रक्रियाएँ विद्युत-शक्ति के क्षेत्रों के सदृश होती हैं। उन्होंने समाकृतिवाद तथा मस्तिष्क क्षेत्रों की धारणाओं पर विस्तृत रूप से प्रयोगात्मक अध्ययन किए। उन्होंने यह सिद्ध करने के लिए कि भौतिक विज्ञान, रसायन विज्ञान, जीव विज्ञान तथा मनोविज्ञान सभी में जेस्टॉल्टवादी धारणा निहित है, एक विस्तृत एवं महत्त्वाकांक्षी कार्यक्रम बनाया। समाकृतिवाद का सिद्धान्त उसका ही एक पहलू मात्र है।[27]

जेस्टॉल्ट मनोविज्ञान में मनोवैज्ञानिक क्षेत्र की धारणा
(The Concept of Psychological field in Gestalt Psychology)

जेस्टॉल्ट मनोवैज्ञानिकों ने कई आधारों पर व्यवहारवाद का विरोध किया है। उन्होंने वस्तुनिष्ठ विधियों का विरोध नहीं किया है, किन्तु 'प्रत्यक्ष अनुभूति' (Direct experience) के मनोवैज्ञानिक महत्त्व पर जोर दिया है। व्यवहारवादियों की उपेक्षा के बावजूद ऐन्द्रिक प्रत्यक्षीकरण प्रयोगात्मक अध्ययन के लिए अत्यन्त उर्वर क्षेत्र सिद्ध हुआ है।

जेस्टॉल्टवादियों ने प्रधान रूप से व्यवहारवाद का विरोध उत्तेजना-प्रतिक्रिया सूत्र (Stimulus Response Formula) को लेकर किया है। व्यवहारवादियों के अनुसार उत्तेजना-प्रतिक्रिया सूत्र में उत्तेजना का अर्थ है उत्तेजनाओं का योग जो किसी खास क्षण में ज्ञानेन्द्रियों को प्रभावित करता है और प्रतिक्रिया का तात्पर्य है क्रियावाही प्रतिक्रिया (Motor Response)। उत्तेजना-प्रतिक्रिया के बीच का डैश इस बात का द्योतक है कि ऐन्द्रिक उत्तेजना और क्रियावाही प्रतिक्रिया के बीच सीधा सम्बन्ध है तथा इन दोनों के बीच किसी भी प्रकार की मध्यवर्ती प्रक्रियाएँ (Intervening Processes) नहीं होतीं। वे ऐसा इसलिए मानते हैं कि उत्तेजना और प्रतिक्रिया निरीक्षणीय तथ्य हैं और मूल रूप में व्यवहार को इससे परे कुछ सोच ही नहीं सकते। किन्तु यहाँ यह उल्लेख्य है कि वाट्सन का आन्तरिक व्यवहार (Implicit Behaviour) और टौलमैन के मध्यवर्ती परिवर्त्य (Intervening Variables) वस्तुनिष्ठ प्रदत्तों (Objective Data) के परे हैं। वाट्सन वास्तव में वस्तुनिष्ठ प्रदत्तों के परे चले गए जब उन्होंने उत्तेजना को सामान्य वातावरण की किसी भी वस्तु में परिवर्तन के रूप में परिभाषित किया। उत्तेजना के साथ वस्तु के तादात्म्य को मानने का अर्थ ही है उत्तेजना प्राप्त होते ही प्राणी में वस्तु के प्रत्यक्षीकरण की क्षमता को स्वीकार कर

लेना। इस प्रकार व्यवहारवादियों ने यद्यपि कहा नहीं, किन्तु उत्तेजना और प्रतिक्रिया के बीच मध्यवर्ती प्रक्रिया के रूप में प्राणी के प्रत्यक्षीकरण को मान लिया। यहाँ यह द्रष्टव्य है कि यह मानते हुए भी उन्होंने इसके अध्ययन को अस्वीकार कर दिया। इसीलिए कोहलर का कहना है "उत्तेजना-प्रतिक्रिया सूत्र जो प्रत्यक्षतः बड़ा आकर्षक जान पड़ता है, वास्तव में बिलकुल भ्रामक है।"[27] अतः जेस्टॉल्टवादियों ने व्यवहारवादी सिद्धान्त के उत्तेजना-प्रतिक्रिया क्षेत्र के बीच संगठन की धारणा को जोड़ दिया। उनके अनुसार उत्तेजना-प्रतिक्रिया के बीच संगठन की प्रक्रियाएँ घटित होती हैं जो विभिन्न तत्त्वों को एक जटिल इकाई में निर्मित कर देती हैं।

कोहलर घटना-क्रिया विज्ञान से काफी प्रभावित थे। अतः उन्होंने हसर्ल (Husserl) के मूल तत्त्वों (Fundamental Elements) के विचार से प्रेरित होकर लिखा : "जेस्टॉल्ट मनोविज्ञान का युक्तिसंगत लक्ष्य है मूलभूत तत्त्वों का विश्लेषण जो संगठन में निहित रहते हैं। यह विश्लेषण निश्चय ही विशुद्ध ऐन्द्रिक स्थानीय प्रदत्तों की अपेक्षा अधिक मूल्यवान हैं। ऐन्द्रिक प्रदत्त निरीक्षक को ठीक उसी रूप में नहीं जान पड़ते।"[28] वास्तव में प्रत्यक्षीकरण ऐन्द्रिक तत्त्वों का नहीं होता, बल्कि संगठित इकाइयों अथवा समष्टि का होता है। अतः उत्तेजना-प्रतिक्रिया सूत्र के स्थान पर सही मनोवैज्ञानिक सूत्र है उत्तेजना-संगठन प्रतिक्रिया। उत्तेजना-प्रतिक्रिया सूत्र ने उत्तेजना प्रतिक्रिया के बीच घटित होने वाली संगठन की प्रक्रियाओं की उपेक्षा की है।

जेस्टॉल्ट मनोवैज्ञानिकों ने ऐन्द्रिक अनुभूति के आधार पर संगठन के सिद्धान्तों की बात की, किन्तु इन सिद्धान्तों को उन्होंने ऐन्द्रिक अनुभूति तक ही सीमित नहीं रखा, बल्कि उन्हें व्यापक अर्थ में सम्पूर्ण व्यवहार पर लागू किया। कौफ्का ने इनके आधार पर एक व्यापक जेस्टॉल्ट सिद्धान्त का निर्माण किया जिसके आधार पर सीखने, स्मरण करने, संवेग, ऐच्छिक एवं अनैच्छिक क्रिया तथा व्यक्तित्व की व्याख्या की।

इस प्रकार कौफ्का ने व्यवहार के सामान्य क्षेत्र-सिद्धान्त विकसित करने की चेष्टा की। उनके अनुसार मनोवैज्ञानिक अनुभूति का गत्यात्मक क्षेत्र है व्यक्ति एवं वातावरण। व्यक्ति एवं वातावरण के बीच परस्पर-क्रिया के फलस्वरूप व्यवहार घटित होते हैं। यह क्षेत्र सदा सर्वाधिक उत्तम सन्तुलन कायम रखने की चेष्टा करता है।

मानव-क्रियाएँ सामान्यतः भौतिक वास्तविकता से ठीक उस रूप में सम्बन्धित नहीं होतीं, जैसी वह है, बल्कि जिस रूप में व्यक्ति उसका प्रत्यक्षीकरण करता है। मनोवैज्ञानिक क्षेत्र का निर्माण व्यक्ति तथा जिस रूप में वातावरण का प्रत्यक्षीकरण होता है, दोनों मिलकर करते हैं। यहाँ यह उल्लेख्य है कि कर्ट लेविन ने मनोवैज्ञानिक क्षेत्र की बिलकुल भिन्न धारणा विकसित की। कौफ्का के मनोवैज्ञानिक क्षेत्र को 'व्यवहारात्मक वातावरण' (Behavioural Environment) की भी संज्ञा दी जाती है। प्रायः जेस्टॉल्टवादियों ने व्यक्तित्व को अहंभाव (Ego) कहा है। उन्होंने प्रायः व्यक्ति अहंभाव और व्यक्तित्व का एक ही अर्थ में प्रयोग किया है।

वयस्क जीवन में प्रत्यक्ष अनुभूति (Direct Experience) के दो छोर होते हैं– एक व्यक्ति अहंभाव तथा दूसरा वातावरण। अहंभाव तथा वातावरण, इन दोनों के बीच सदा परस्पर क्रिया चलती रहती है। जेस्टॉल्ट सिद्धान्त यह मानता है कि अहंभाव में सदा तनाव बना रहता है और अहंभाव तथा वातवरण के बीच भी तनाव बना रहता है। अहंभाव के सम्बन्ध में कौफ्का का कहना है कि यह कभी भी पूर्णतया सन्तुलित नहीं होता, इसमें सदा तनाव बना ही रहता है।

कोई भी वातावरण हमें जैसा जान पड़ता है, उसके प्रति ही प्रतिक्रिया व्यक्त करते हैं। अतः यह आवश्यक नहीं है कि वह वातावरण पूर्णतया वास्तविकता के अनुरूप हो। स्पष्ट है कि 'मनोवैज्ञानिक' अथवा 'व्यवहारात्मक वातावरण' वास्तविक भौतिक वातावरण के बिलकुल समान हो, यह आवश्यक नहीं है। कौफ्का ने इस विचार को एक उदाहरण के द्वारा प्रस्तुत करने की चेष्टा की है।[29]

"एक शीतकालीन संध्या को प्रचण्ड हिम झंझावात के बीच...न कि झील पर घुड़सवारी करने का।"

एक शीतकालीन संध्या को प्रचण्ड हिम झंझावत के बीच घोड़े पर सवार एक आदमी एक सराय में पहुँचा। समतल भूमि के सभी हिमावृत्त मार्गों एवं सरहदों पर घंटों घुड़सवारी करने के बाद उस आश्रय स्थान को पाकर उसे बड़ी प्रसन्नता हुई।

सराय का मालिक दरवाजे के पास आया और उस आगन्तुक को आश्चर्यचकित दृष्टि से देखकर पूछा कि आप कहाँ से आए हैं? उस आदमी ने उस सराय से बिलकुल सीधी दिशा की ओर संकेत किया। इस पर सराय के मालिक ने विस्मय एवं आश्चर्य के स्वर में कहा : "क्या आपको पता है कि आप कॉन्सटैन्स के झील को पार कर यहाँ आए हैं?"

अब प्रश्न यह है कि तब "किस वातावरण में उस अजनबी आदमी का व्यवहार घटित हुआ?" क्या कॉन्सटैन्स के झील में? निश्चय ही, क्योंकि यह सही बात है कि वह उसे पार कर ही यहाँ आया है। फिर भी यह पूर्ण सत्य नहीं है, क्योंकि वह एक जमा हुआ झील था, न कि सामान्य ठोस जमीन, इस तथ्य ने उसके व्यवहार को तनिक भी प्रभावित नहीं किया...वातावरण शब्द का एक दूसरा अर्थ भी है जिसके अनुसार हमारे घुड़सवार ने झील के पार तक बिलकुल ही घुड़सवारी नहीं की, बल्कि उसने तो सामान्य हिमावृत्त समतल भूमि के पार तक घुड़सवारी की। उसका व्यवहार समतल भूमि पर घुड़सवारी करने का था, न कि झील पर घुड़सवारी करने का।

इस उदाहरण में भौगोलिक वातावरण है झील जबकि व्यवहारात्मक वातावरण है समतल भूमि। जो व्यवहार प्रत्यक्ष अथवा व्यवहारात्मक वातावरण के साथ भली-भाँति समायोजित है, वह सदा भौगोलिक अथवा भौतिक वातावरण के लिए उपयुक्त नहीं होता। भौतिक वातावरण भ्रामक हो सकता है अथवा कम-से-कम समझने में कठिन तो हो ही सकता है, क्योंकि हमारी ज्ञानेन्द्रियों की अपनी सीमाएँ हैं, और हमारी

इच्छाएँ वास्तविक तथ्यों तक पहुँचने में बाधक सिद्ध हो सकती हैं। व्यक्ति जैसा स्थान चाहता है, प्रायः वैसा होता नहीं है। हम उसकी वास्तविक मनोवृत्तियों एवं मंशाओं (Intentions) को समझने में असफल हो सकते हैं। एक ही प्रकार के भौगोलिक अथवा भौतिक वातावरण में रहते हुए भी विभिन्न व्यक्तियों के लिए व्यवहारात्मक वातावरण विभिन्न प्रकार का हो सकता है। यह भिन्नता उनकी आवश्यकताओं, अभिरुचियों एवं योगयताओं के अनुसार होती है। स्वप्नद्रष्टा का व्यवहारात्मक वातावरण है स्वप्न-लोक जो उस कमरे से बिलकुल भिन्न है जहाँ वह सो रहा है (भौतिक वातावरण)।

जब हम किसी से यह रिपोर्ट माँगते हैं कि वह क्या देखता है, क्या सुनता है अथवा क्या स्पर्श करता है, तो वह वस्तुओं तथा अन्य वातावरण सम्बन्धी तथ्यों की रिपोर्ट देता है, उन उत्तेजनाओं का नहीं जिन्हें उसने संकेतों के रूप में ग्रहण किया है। स्पष्ट है कि वह अपने व्यवहारात्मक वातावरण की रिपोर्ट कर रहा है। इस तथ्य को सर्वाधिक रूढ़िवादी व्यवहारवादियों के अतिरिक्त सभी मनोवैज्ञानिक स्वीकार करते हैं। जेस्टॉल्टवादी मनोवैज्ञानिकों ने तो इस तथ्य पर काफी जोर दिया है। इसके दो प्रमुख कारण हैं–(1) उत्तेजनाओं के संग्रह (Assemblage of Stimuli) के विपरीत व्यवहारात्मक वातावरण संगठित होता है और व्यक्ति का व्यवहार इस संगठित क्षेत्र (Organised Field) से संचालित होता है, न कि सीधे तौर पर उत्तेजनाओं के द्वारा। (2) संगठन के जेस्टॉल्ट सिद्धान्तों के आधार पर यह व्याख्या की जाती है कि क्यों व्यवहारात्मक वातावरण भौगोलिक अथवा भौतिक वातावरण के अनुरूप होता है। उत्तेजना-पुंज (Bunch of Stimuli), जो एक दूसरे के समीप एवं समान होते हैं, मनोदैहिक मस्तिष्क-क्षेत्र में अलग समष्टि के रूप में जान पड़ते हैं। ये उत्तेजना-पुंज प्रायः वातावरण की निश्चित वस्तु से आते हैं। इस प्रकार समीपता (Proximity) तथा समानता के कारण हमें वातावरण में निश्चित वस्तु का प्रत्यक्षीकरण होता है और इस हद तक व्यवहारात्मक वातावरण भौगोलिक वातावरण के अनुरूप जान पड़ता है। इसी भाँति हम जिन उत्तेजनाओं को ग्रहण करते हैं, उनके बीच के आकस्मिक रिक्तियों (Gaps) को अविच्छिन्नता (Continuity) एवं सम्पूर्णता (Closure) के सिद्धान्तों के द्वारा पूरा करके एक इकाई के रूप में देखते हैं। संगठन के इन सिद्धान्तों के समान ही मानव-वृत्ति (Set) एवं अभिज्ञता (Familiarity) तथा अर्थवत्ता (Pregrance) एवं उत्तम आकार (Good Figure) के सिद्धान्तों के आधार पर भी इसकी व्याख्या की जाती है।

स्पष्ट है कि जेस्टॉल्ट दृष्टिकोण वर्तमान वातावरण के प्रभाव पर अधिक जोर देता है। इसके अनुसार गत्यात्मक क्षेत्र के दो छोर हैं–एक व्यक्ति तथा दूसरा वातावरण और इन दोनों के बीच सक्रिय रहने वाली शक्तियाँ (Forces)। उन शक्तियों की वर्तमान क्रिया तथा सन्तुलन की दिशा में उनके प्रयास ही व्यवहार के निर्धारक होते

हैं। कर्ट लेविन ने इस दिशा में और आगे बढ़कर क्षेत्र की धारणा (Field Concept) पर आधारित एक नया सिद्धान्त विकसित किया, जिसका आगे उल्लेख किया जाएगा।

फाइ फेनोमेनन

यह पहले ही बतलाया जा चुका है कि मौन एहरेन्फेल्स ने जेस्टॉल्ट अथवा आकृति (संरचना) का विचार दिया। उन्होंने अपने अध्ययन में पाया कि एक ही राग विभिन्न सुरों में गाया जा सकता है। इसी प्रकार एक ही तरह के ब्लॉकों से विभिन्न संरचनाओं का निर्माण किया जा सकता है, यदि हम उन्हें विभिन्न प्रकार से सजा दें।

यह भी उल्लेख किया जा चुका है कि मैक्स वर्दिमीयर ने गति के प्रत्यक्षीकरण पर कई प्रयोग किए। उन्होंने एक लम्ब रेखा को दो बार दिखलाया। दूसरी बार पहली से थोड़ा दाहिने अथवा बाएँ दिखलाया। जब दोनों रेखाओं के दिखलाने के बीच का समय एक सेकेण्ड का पन्द्रहवाँ भाग था, तो प्रयोज्य ने एक ही रेखा को दाहिने अथवा बाएँ जाते हुए देखा। जब इस प्रयोग को कई बार विविध ढंग से दुहराया गया तो सदा गति का ही प्रत्यक्षीकरण हुआ। अपने प्रयोगों के आधार पर वर्दिमीयर निम्नांकित निष्कर्ष पर पहुँचे :

यदि दो पृथक् एवं स्थिर रेखाओं को एक दूसरी से थोड़ी दूरी पर लगातार कम समय के अन्तर पर दिखलाया जाए तो व्यक्ति को उन दो रेखाओं के बदले एक ही रेखा का प्रत्यक्षीकरण होगा जो पहली रेखा के पास से दूसरी रेखा की ओर जाती हुई जान पड़ेगी। प्रत्यक्ष गति की इस घटना को वर्दिमीयर ने फाइ फेनोमेनन की संज्ञा दी।

प्रत्यक्षीकरणात्मक संगठन के सिद्धान्त
(Principles of Perceptual Organization)

1923 में वर्दिमीयर ने एक शोध-पत्र में अपने सर्वाधिक प्रमुख प्रत्यक्षीकरणात्मक संगठन के सिद्धान्तों को प्रस्तुत किया। उन्होंने यह माना कि व्यक्ति को समष्टि का प्रत्यक्षीकरण होता है। उसे संगठित सम्पूर्णता का प्रत्यक्षीकरण होता है, न कि संवेदनाओं के समूह का। प्रश्न यह है कि ऐसा क्यों होता है? इसके उत्तर में उन्होंने कुछ संगठनात्मक तत्त्वों को प्रस्तुत किया है। संगठनात्मक तत्त्व अलग-अलग संवेदनाओं को एक इकाई, समष्टि अथवा जेस्टॉल्ट का रूप प्रदान कर देते हैं। उनका यह दृष्टिकोण परमाणुवाद तथा साहचर्यवाद का विरोधी है। वास्तव में उन्होंने समष्ट्यात्मक दृष्टिकोण (Molar View point) को अपनाकर प्रत्यक्षीकरण की समस्याओं का विचेन प्रस्तुत किया है।

वर्दिमीयर के संगठनात्मक सिद्धान्तों का मूलभूत आधार यह है कि प्रत्यक्षीकरण में संगठन विभिन्न आकृतियों को देखते ही तत्काल घटित हो जाता है।

प्रत्यक्षीकरणात्मक क्षेत्र के कुछ भाग संगठित होकर पृष्ठभूमि अथवा आधार भूमि से अलग जान पड़ने लगते हैं और उनका प्रत्यक्षीकरण एक इकाई के रूप में होता है। किन्तु उच्च स्तर का प्रत्यक्षीकरण सीखने पर अधिक निर्भर करता है। यहाँ यह उल्लेखनीय है कि जेस्टॉल्टवादियों ने आकार और आधार भूमि (Figure and Ground) का विचार प्रसिद्ध घटना-क्रिया वैज्ञानिक एडगर रूबिन (Edger Rubin, 1915) से लिया। सर्वप्रथम एडगर रूबिन ने ही इस विचार के मनोवैज्ञानिक महत्त्व पर प्रकाश डाला। वैसे उनके पहले भी यह विचार चित्रकला में प्रचलित था। आकार और आधारभूमि की धारणा के आधार पर यह कहा जा सकता है कि प्रत्यक्षीकरण चयनात्मक (Selective) होता है और हमें सभी उत्तेजनाओं का समान रूप से स्पष्ट प्रत्यक्षीकरण नहीं होता। जो तत्त्व समष्टि के रूप में अधिक संगठित होते हैं, वे आकार (Figure) का रूप ग्रहण कर लेते हैं और उनका प्रत्यक्षीकरण अधिक स्पष्ट होता है, दृष्टि क्षेत्र के अन्य तत्त्व आधारभूमि का रूप ग्रहण कर लेते हैं।

यह पहले कहा जा चुका है कि विभिन्न उत्तेजनाओं के सामने आते ही हम उन्हें संगठित कर एक इकाई के रूप में देखते हैं। अब प्रश्न यह है कि हमें क्यों विभिन्न तत्त्वों का संगठित रूप में अथवा समष्टि के रूप में प्रत्यक्षीकरण होता है। वर्दिमीयर ने कुछ ऐसे सिद्धान्तों का उल्लेख किया है, जिनके कारण प्रत्यक्षीकरण समष्टि अथवा जेस्टॉल्ट का होता है, न कि विभिन्न तत्त्वों का। वे सिद्धान्त निम्नलिखित हैं–

(1) **समीपता** (Proximity or Nearness)–दृष्टि-क्षेत्र के तत्त्व जो एक-दूसरे के समीप होते हैं, उनका प्रत्यक्षीकरण एक इकाई के रूप में होता है। उदाहरण के लिए, जो बिन्दु एक-दूसरे के समीप होते हैं, उनका प्रत्यक्षीकरण एक समष्टि के रूप में होता है, न कि अलग-अलग।

(2) **समानता**–दृष्टि-क्षेत्र के जो तत्त्व अपने रंग अथवा आकार में समान होते हैं, उनका प्रत्यक्षीकरण एक इकाई के रूप में होता है। उदाहरण के लिए, समान आकार अथवा समान रंग के बिन्दुओं का प्रत्यक्षीकरण एक इकाई के रूप में होता है।

(3) **अविच्छिन्नता (Continuity) अथवा सामान्य गति (Common Motion)**–दृष्टि-क्षेत्र के जो तत्त्व एक ही साथ एक ही दिशा की ओर गतिशील होते हैं, उनका प्रत्यक्षीकरण एक इकाई के रूप में होता है। उदाहरण के लिए, जब कई बिन्दु एक साथ एक ही दिशा की ओर गतिशील होते हैं तो उनका प्रत्यक्षीकरण एक इकाई के रूप में होता है। अविच्छिन्नता को वुडवर्थ ने 'सामान्य नियति' (Common Fate) की भी संज्ञा दी है।

(4) **उत्तम आकार** (Good figure)–उत्तम आकार का तात्पर्य उसकी पूर्णता, समन्वय और सन्तुलन और स्पष्टता से है। उत्तम आकार की व्याख्या दो सिद्धान्तों के आधार पर की गई है। पहला है पूर्ति का सिद्धान्त (Principle of Closure) तथा दूसरा है अर्थपूर्णता का सिद्धान्त (Principle of Pregrance)। इसलिए उत्तम

आकार के साथ-साथ पूर्ति के सिद्धान्त अथवा अर्थपूर्णता के सिद्धान्त का भी उल्लेख अनिवार्य जान पड़ता है। जब कोई आकार अधूरा होता है तो हम उसे पूरा करके देखना चाहते हैं। जब किसी आकार में कुछ रिक्त स्थान होते हैं, तो व्यक्ति में यह प्रवृत्ति होती है कि वह उन रिक्त स्थानों को भरकर उस आकार को व्यक्ति, मकान, वृक्ष आदि के रूप में देखे। रिक्त स्थानों को भरकर उसे पूर्ण रूप में देखने की प्रवृत्ति मस्तिष्क के गति-विज्ञान (Brain Dynamics) के मूलभूत सिद्धान्त पर आधारित है, जिसके अनुसार रिक्तता अथवा अपूर्णता तनाव उत्पन्न कर देती है। फलस्वरूप मानसिक सन्तुलन भंग हो जाता है। मानसिक सन्तुलन को बनाए रखने के लिए यह आवश्यक है कि हम रिक्त स्थानों को भरकर उसे पूर्ण आकार के रूप में देखें।

सन्तुलन की जेस्टॉल्ट धारणा अर्थपूर्णता के नियम (Law of Pregnance) के आधार पर भी व्यक्त की जाती है। अर्थपूर्णता के नियम का तात्पर्य है कि संगठन अथवा समष्टि की प्रवृत्ति सर्वाधिक सन्तुलन एवं सरलता की ओर होती है। दूसरे शब्दों में, उसकी प्रवृत्ति सर्वोत्तम जेस्टॉल्ट की ओर होती है। कोई भी आकार तभी अर्थपूर्ण (Pregnant) कहा जाता है, जब उसके अंशों (Parts) में सम्पूर्ण आकार के स्वरूप को समाहित कर लेने की क्षमता हो।

इन संगठनात्मक तत्त्वों के अतिरिक्त दो तत्त्व ऐसे हैं जो उच्चतर मानसिक प्रक्रियाओं (Higher Mental Processes) अथवा पुनरावृत्ति (Past Experience) पर निर्भर करते हैं। वे हैं–

(5) **सुपरिचय अथवा सुविज्ञता** (Familiarity)–व्यक्ति में सुपरिचित आकार के प्रत्यक्षीकरण की प्रवृत्ति होती है। यदि कुछ बिन्दुओं के संयोग से एक चेहरे अथवा किसी अन्य की रूपरेखा निर्मित हो तो सहज रूप में उस आकार का प्रत्यक्षीकरण हो जाएगा।

(6) **मानसवृत्ति** (Mental set)–प्रत्यक्षीकरण मानस वृत्ति से प्रभावित होता है। मानस-वृत्ति के अनुकूल ही व्यक्ति को किसी भी आकार का प्रत्यक्षीकरण होता है। मानसिक वृत्ति की धारणा को जेस्टॉल्टवादियों ने अर्जबर्ग-अध्ययनों से ग्रहण किया।

सुपरिचय तथा मानस-वृत्ति के प्रारम्भिक तत्त्वों के सम्बन्ध में जेस्टॉल्टवादियों ने चेतावनी दी कि संगठन के अधिक प्राथमिक तत्त्वों की उपेक्षा कर इन दोनों पर जोर देना युक्तिसंगत नहीं है।

यहाँ यह उल्लेखनीय है कि प्रथम चारों तत्त्व न तो व्यक्ति के उच्चतर मानसिक प्रक्रियाओं पर निर्भर हैं और न पूर्वानुभूति पर, जबकि अन्तिम दोनों तत्त्व इन पर निर्भर रहते हैं।

संगठन के प्रथम चार तत्त्वों को बाह्य तत्त्वों (Peripheral Factors) की संज्ञा दी गई है तथा अन्तिम दो को केन्द्रीय तत्त्व (Central Factors) कहा गया है क्योंकि प्रथम चार तत्त्व उत्तेजनाओं में निहित रहते हैं, जबकि अन्तिम दो तत्त्व प्राणी के

अन्दर होते हैं।

वुडवर्थ ने चौथे तत्त्व (उत्तम आकार) को न तो बाह्य तत्त्वों की श्रेणी में रखा है और न केन्द्रीय तत्त्वों के अन्तर्गत रखा है, बल्कि उसे इन दोनों के बीच में रखा है। इसका कारण यह है कि उत्तम आकार की कुछ अवस्थाएँ, जैसे–पूर्ति (Closure) एवं सन्तुलन (Symmetry) का वर्णन वस्तुनिष्ठ शब्दावली में किया जाता है तथा कुछ दूसरी अवस्थाएँ प्राणी के अन्दर होती हैं जैसे–सरलता, रमणीयता, अर्थ आदि। ये व्यक्ति पर निर्भर हैं कि वह किन उत्तेजनाओं को सरल, सुखद तथा अर्थपूर्ण समझता है।

संगठन के सिद्धान्तों का मूल्यांकन करते हुए यह कहा जा सकता है कि अभी तक इन संगठनात्मक तत्त्वों (Organizational Factors) के संयोग (Combination) के नियमों तथा उनकी सापेक्ष क्षमताओं का निर्धारण नहीं हो पाया है। स्वतः वर्दिमीयर ने ही यह स्वीकार किया है कि अभी तक संगठन के नियम सुनिश्चित नहीं हो पाए हैं और उन नियमों को उन्नत करने के लिए कुछ और काम करने का सुझाव दिया है। उन्होंने यह स्पष्ट रूप से स्वीकार किया है कि ''यदि एक ही उत्तेजना-समूह में दो संगठनात्मक तत्त्व पाए जाएँ तो क्या होगा? उनके बीच या तो सहयोग हो सकता है या विरोध...इस प्रकार इन तत्त्वों की क्षमता का परीक्षण सम्भव है'' (1923, जैसा कि एलिस की पुस्तक में अनुदित है, पृष्ठ 76, 77)।[30] Quote the lines from Marx and Hillix, P. 208.

बारह वर्षों के बाद कौफ्का ने भी ऐसा ही कहा। उनके अनुसार भी इन संगठनात्मक तत्त्वों की सापेक्ष क्षमता की माप की जा सकती है, किन्तु इन तत्त्वों के बीच की परस्पर-क्रिया (Interaction) का अध्ययन एक कठिन कार्य है।

अन्त में हौचबर्ग तथा मैकएलिस्टर (1953) के विचार को उपस्थित करना अभीष्ट जान पड़ता है, जिन्होंने संगठन के नियमों की समीक्षा करते हुए उनकी स्थिति पर इन शब्दों में अपना विचार व्यक्त किया है :

''अपने महत्त्वपूर्ण स्वतः शोध-मूल्य (Heuristic Value) के बावजूद प्रत्यक्षीकरणात्मक संगठन के जेस्टॉल्ट सिद्धान्तों का प्रयोगाश्रित अध्ययन अपने आत्मनिष्ठ एवं गुणात्मक प्रतिपादन के द्वारा प्रायः कठिन हो गया है।''[31]

सन्दर्भ

1. "The whole is more than sum of its parts."
2. Ibid.
3. G.F. Stout, Analytic Psychology, 1702, Vol. II, p. 48, from B. Wolman, Contemporary Theories and Systems in Psychology, p. 423.
4. Ernst Mach, The analysis on sensations, 1885.
5. "Had these men had the inspiration to make their results the basis of a

school, the names of Gestalt Psychology's founders might have been Erich-R. Jaensch (1883-1940), David Katz, (1884-1957) and Edger Rubin 1886-1951)". M.H. Marx and W.A. Cronam Hillix, Systems Theories in Psychology, 4th ed. 1987, p. 194.

6. "Had James elaborated his points sufficiently, Gestalt Psychology might have had an eearlier founding." Marx and Hillix, p. 195.
7. Max, Wertheimer, Experimental studies of the perception of movement. Zeitschrist fier Psychologic, 1912, 61, 161-265.
8. "Wertheimer's paper on the perception of apparent movement, which was brought out in 1912, was the first publication of the Gestalt school and Wertheimer is therefore regarded as its founder." -Max Wertheimer, 1912. (Ref. as above)
9. "Those were years of cheerful revolt in German Psychology." W. Kohler. Kurt Koffka, Psychological Review, 1942, 49, 97-101.
10. K. Koffka, The growth of the mind, New York : Harcourt, 1921.
11. W. Kohler, The mentality of apes, Burlin : Royal Academy of Sciences, 1917, Eng. ed. 1927. ... Gestalt Psychology, New York : Liveright, 1927.
12. Hartman. G.W. 1935, Gestalt Psychology New Yarok : Roland Press, p. 9.
13. Skinner, B.F., 1938, The behaviour of organisms, New York : Appleton-century-crafts, p. 29.
14. Weiss, P. 1967, 1 + 1 # 2 (one plus one does not equal two). In G.C. Quarton, T. Melveehuk, and F.O. Schmitt (eds), The Neurosciences, New York : Rockefdler University Press, p. 801-821.
15. Wertheimer, M. 1938, The general theoretical situation in W.D. Elles (Ed.) A source book of Gestalt Psychology, New York : Harcourt, Brace and Word, p. 116.
16. S.S. Smith C.S, 1968, Matterl Vs. Materials A historical view, science, 162, 637-644
17. W. Kohler, The Growth of the mind.
18. Ibid.
19. Ibid.
20. Ibid.
21. Pribram, K. 1971, Languages of the brains, Englewood Cliiffs, Ng : Practice Hall.
22. "Our view will be that ..... Than a mosaic of local sensations." Woodworth, R.S. and Sheehan, M.R., Contemporary Schools of Psychology, p. 226.
23. Kohler W., 1947- Gestalt Psychology, Pages 61-63, 301.
24. Wolman, p. 433.
25. Kohler, W. Static and Stationary Physical Gestalts. Braunschweg : view weg. 1920.
26. "To Kohler, the notion of isomorphism was but one phase of a much more

ambitions undertaking to demonstrate that Physics, Chemistry, Biology as well as Psychology, all envolve Gestaltism." Schultz, p. 283.

27. "The Stimulus—response formula, which sounds at first to attractive, is actually quite misleading"—Kohler, W. 1947, Gestalt Psychology : An introductive to new concepts in modern Psychology. New York : Live right Publishing crop. p. 164.
28. "The legitimate pursuit of Gestalt Psychology is the analysis of the essential elements .... appear as such to the observour." Kohler, W. Psychologische problem, Springer, 1933, p. 17.
29. Koffka, K. Principles of Gestalt Psychology New York : Harcourt, Brace and Word Inc. 1935, p. 27-28.
30. Ellis, W.D. A source look of Gestalt Psychology. New York : Harcourt, Brace and Word, 1938, p. 76-77.
31. "Empirical study of the Gestalt principles of perceptual organization is despite their great holistic value, frequently made different by their subjective and qualitative formulation.: Hochberg, J.E. & Mc. Atester, E.A. A quantitative approach to figural "Goodness". Journal of Experimental Psychology, 1953, 46, 361-363.

मनोविश्लेषण
(Psychoanalysis)

मनोविज्ञान के क्षेत्र में फ्रायड को जितनी लोकप्रियता प्राप्त हुई, कदाचित् उतनी लोकप्रियता अन्य किसी मनोवैज्ञानिक को नहीं प्राप्त हो सकी। इसका सबसे बड़ा प्रमाण तो यही है कि मनोविज्ञान के अधिकांश प्रारंभिक विद्यार्थी फ्रायड को ही मनोविज्ञान मान बैठते हैं। मनोविज्ञान का सम्बन्ध केवल मानसिक रूप से विकृत व्यक्तियों की चिकित्सा से ही है।[1] जिस प्रकार फ्रायड की लोकप्रियता सर्वत्र व्याप्त हो गई, ठीक उसी प्रकार उनका मनोविश्लेषण भी अन्य सभी मनोवैज्ञानिक विचारधारओं की अपेक्षा अधिक लोकप्रिय सिद्ध हुआ। समसामयिक मनोविज्ञान पर भी उसका काफी प्रभाव पड़ा। इसके अतिरिक्त, उसने समाज विज्ञान, धर्म, दर्शन, आचारशास्त्र, भाषा, साहित्य, कला आदि को भी खूब प्रभावित किया। यद्यपि अमेरिकी मनोवैज्ञानिकों ने फ्रायड के मनोविश्लेषणात्मक सिद्धान्तों पर काफी आपत्ति प्रकट की है, फिर भी उन्होंने फ्रायड को सबसे प्रमुख वैज्ञानिक के रूप में स्वीकार किया है।[2]

यहाँ यह उल्लेख्य है कि हमने पहले जिन मनोवैज्ञानिक विचारधाराओं पर विचार किया है, उन पर मनोविश्लेषण बहुत हद तक छा गया था। जब फ्रायड ने 1895 में अपने मनोविश्लेषण का औपचारिक रूप में आरम्भ किया, उस समय संरचनावाद की स्थिति सुदृढ़ हो चुकी थी, अमेरिका में प्रकार्यवाद का भी सूत्रपात हो चुका था, यद्यपि वह अभी औपचारिक रूप से एक मनोवैज्ञानिक विचारधारा का रूप नहीं ग्रहण कर सका था तथा उस समय तक व्यवहारवाद एवं जेस्टॉल्ट मनोविज्ञान का तो प्रादुर्भाव भी नहीं हो पाया था। उस समय वाट्सन महज सत्तरह वर्ष के थे और वर्दिमीयर पन्द्रह वर्ष के।

फ्रायड की मृत्यु के समय 1939 तक सम्पूर्ण मनोवैज्ञानिक दृष्टिकोण बदल चुका था। संरचनावाद और प्रकार्यवाद इतिहास बन चुके थे। जेस्टॉल्ट मनोविज्ञान अमरीका में जोर-शोर से फैल रहा था। व्यवहारवाद तो अमेरिकी मनोविज्ञान ही बन चुका था। उस समय तक फ्रायड काफी प्रसिद्ध हो गए थे। उनके मनोविश्लेषण से अन्य कई विचारधाराओं का विकास हुआ, जिनमें प्रमुख हैं ऐडलर का वैयक्तिक

मनोविज्ञान (Individual Psychology) तथा युंग का विश्लेषणात्मक मनोविज्ञान (Analytical)।

यहाँ यह उल्लेख्य है कि फ्रायड के मनोविश्लेषण का अन्य मनोवैज्ञानिक विचारधाराओं से कोई सीधा सम्बन्ध नहीं था। जो भी सम्बन्ध था, वह केवल सामयिक था। दूसरे शब्दों में, जिस समय उन विचारधाराओं का विकास हुआ, उसी समय मनोविश्लेषण का भी विकास हुआ। मनोविश्लेषण के अतिरिक्त अन्य सभी विचारधाराएँ या तो संरचनावाद से प्रेरित होकर विकसित हुईं अथवा उसके विरोध में। प्रकार्यवाद संरचनावाद से प्रेरित होकर विकसित हुआ तथा व्यवहारवाद और जेस्टॉल्ट मनोविज्ञान उसके विरोध में विकसित हुए।

यहाँ यह स्पष्ट कर देना अभीष्ट जान पड़ता है कि मनोविश्लेषण का उद्भव मनोविज्ञान से नहीं, बल्कि चिकित्सा से हुआ। वास्तव में मनोविश्लेषण चिकित्सा विज्ञान का ही एक अंग माना जाता था, क्योंकि इसका उद्भव एवं विकास मानसिक विकार (Mental Disturbance) को समझने और उसकी चिकित्सा के क्रम में ही हुआ, न कि मनोवैज्ञानिक प्रयोगशाला में। मनोविश्लेषण ने 'अधिकृत चिकित्सा' (Official Medicine) से विद्रोह कर अवैज्ञानिक (Unscientific), मानसिकतावादी (Mentalistic) एवं दुर्बोध (Metaphysical) धारणाओं को अपनाकर, मानव-जीवन के असंगत पहलुओं (Irrational Aspects) का अध्ययन किया, जबकि अधिकृत चिकित्सा शरीर रचना विज्ञान (Anatomy) तथा दैहिक विज्ञान (Physiology) का कठोरता के साथ अनुसरण कर रही थी। फ्रायड तथा उनके अनुयायियों ने असंगत पहलुओं पर बुद्धिसंगत वैज्ञानिक विधि (Rational Scientific Method) को लागू किया और यह सिद्ध कर दिया कि वैज्ञानिक अध्ययन का यह अर्थ नहीं है कि अध्ययन-विषय बुद्धि-संगत (Rational) ही हो। अध्ययन-विषय संगत हो अथवा असंगत, वैज्ञानिक विधि से किया गया अध्ययन वैज्ञानिक ही होगा।

मनोविश्लेषण का मनोविज्ञान की अन्य विचारधाराओं से कोई सीधा सम्बन्ध उनहीं था। फ्रायड द्वारा व्यक्तित्त्व एवं उसकी विकृति का अध्ययन पारम्परिक मनोवैज्ञानिक विचारधाराओं से बिलकुल अलग था, क्योंकि उन विचारधाराओं की उत्पत्ति प्रयोगशालाओं एवं कक्षाओं से हुई थी। उनके बीच भी मत-विभिन्नताएँ थीं लेकिन उन विभिन्नताओं के बावजूद उनकी मूल धारणाओं में समानता थी। उन सबने सम्वेदना, प्रत्यक्षीकरण, सीखना आदि पारम्परिक क्षेत्रों में अपने अध्ययन को केन्द्रित किया। उनकी चेष्टा विशुद्ध विज्ञान बनाने की थी। सारांश यह कि मनोविश्लेषण विषयवस्तु, अध्ययन-विधि एवं लक्ष्य, इन तीनों में आरम्भ से ही मनोवैज्ञानिक चिन्तन मुख्यधारा से अलग रहा है। इसकी विषय-वस्तु है असामान्य व्यवहार (Abnormal Behaviour) जिसकी अन्य पारम्परिक मनोवैज्ञानिक विचारधाराओं ने उपेक्षा की। इसकी विधि है नैदानिक निरीक्षण (Clinical Observation) तथा लक्ष्य है असामान्य व्यक्तियों की चिकित्सा।

मनोविश्लेषण की ऐतिहासिक पूर्ववर्तिताएँ
(Historical Antecedences of Psychoanalysis)

मार्क्स एवं हिलिक्स (1927) के शब्दों में "मनोविश्लेषण विश्व पर एक बम के समान गिर पड़ा। इसकी कुछ धारणाओं एवं सिद्धान्तों की इतनी अधिक दहशत छा गई कि अधिकांश लोगों ने इसे बिलकुल नया मान लिया। किन्तु इसकी भी अनेक पूर्ववर्तिताएँ हैं, इतनी अधिक कि ये पुनः हम लोगों को इस तथ्य की ओर संकेत करती हैं कि विचारों की दुनिया में विरले ही कोई वस्तु बिलकुल नई होती है।[3]

शुल्ज ने भी लिखा है : "फ्रायड के कुछ अनुयायियों के दावे के बावजूद, उनकी सूझें भी पूर्ववर्तिताओं से मुक्त नहीं थीं।"[4] मनोविश्लेषण के विकास पर भी निश्चित रूप से दो प्रमुख स्रोतों का प्रभाव पड़ा—एक था अचेतन के स्वरूप पर प्रारम्भिक दार्शनिक चिन्तन अथवा बौद्धिक परम्परा का प्रभाव तथा दूसरा था—मनोविकृति विज्ञान (Psychopathology) के क्षेत्र में हो रहे आरम्भिक कार्य।

प्रारम्भिक दार्शनिक चिन्तन अथवा बौद्धिक परम्परा का प्रभाव

अठारहवीं सदी के आरम्भ में लिबनिज (Libniz) ने वास्तविकता के तत्त्वों (Elements of Reality) के सम्बन्ध में एक नया सिद्धान्त विकसित किया। उन्होंने तत्त्वों को इकाइयों (Monads) के रूप में ग्रहण किया जो डेमोक्रिटस (Democritus) के यान्त्रिक अणुओं (Mechanistis Atoms) से बिलकुल भिन्न थे। वे क्रिया एवं शक्ति के केन्द्र थे। ऐसा प्रत्येक केन्द्र अन्य केन्द्रों से स्वतन्त्र था। वह अनुप्रेरणा (Motivation) का केन्द्र था, वह एक स्वतः संचालित सत्ता थी।

लिबनिज ने अचेतन तथा अचेतन की मात्राओं (Degree of Unconsciousness) का भी उल्लेख किया। लिबनिज के एक शताब्दी बाद हर्बर्ट (Herbart) ने लिबनिज के अचेतन की धारणा को चेतन की अवसीमा (Concept of Thereshold or hiven of Consciousness) की धारणा में विकसित किया। जब कोई विचार चेतन स्तर पर पहुँचता है तो उसका आत्मबोध (Apperception) होता है। चेतना में आने के लिए विचारों के बीच संघर्ष होता है और वे इसके लिए सक्रिय हो जाते हैं। अतः बोरिंग (1950) ने उल्लेख किया है कि लिबनिज ने अचेतन के सिद्धान्त का पूर्वाभास दिया, लेकिन वास्तविक रूप में उसे आरम्भ किया हर्बर्ट ने। इसीलिए एलेनबर्जर (Ellexberger, 1970) ने अपनी पुस्तक 'अचेतन की खोज' (The Discovery of the Unconscious) में स्पष्ट किया है कि अचेतन की सर्वप्रथम फ्रायड ने ही खोज की ऐसी बात नहीं है। किन्तु इसकी विशेषताओं एवं कार्य प्रणाली पर विस्तृत रूप से प्रकाश डालने का श्रेय उन्हें ही है और सचमुच यह उनका मनोविज्ञान में अपूर्व योगदान है। फ्रायड ने स्वतः यह स्वीकार किया है कि उनके पहले सोपेनहावर

(Schopenhawer) ने अचेतन से सम्बन्धित कुछ महत्त्वपूर्ण विचार व्यक्त किए हैं। सोपेनहावर ने अचेतन के दमन (Repression) की बात की, दमित सामग्री (Repressed Mateial) को मान्यता प्रदान करने के प्रति प्रतिरोध (Resistance) की भी बात की और मानसिक बाधा (Mental Disturbance) उत्पन्न करने में इन प्रक्रियाओं का भी उल्लेख किया, किंतु फ्रायड का कहना है कि उन्होंने सोपेनहावर को पढ़े बिना ही इन सभी विचारों को विकसित किया।

अपने औपचारिक विश्वविद्यालयीय प्रशिक्षण की अवधि में फ्रायड यान्त्रिक विचारधारा के सम्पर्क में आए जिसका प्रतिनिधित्व जोहनिस मुलर के छात्र कार्ल मुडबीन, एमिलडू ब्वायस-रेमौन्ड, अर्नस्ट जुक तथा हेल्महोज़ ने किया। इन्होंने यह स्पष्ट किया कि जीवित प्राणी में ऐसी कोई शक्ति नहीं है जो निर्जीव पदार्थों में नहीं हो और दूसरी बात यह कि प्राणी में सक्रिय शक्तियाँ सामान्य भौतिक तथा रासायनिक शक्तियों के अतिरिक्त और कुछ नहीं हैं। फ्रायड ब्रुक के विद्यार्थी थे और उनकी मानसिक विचारधारा से प्रभावित थे। फ्रायड को लिबनिज की चिन्तनधारा से अवगत होने की प्रेरणा ब्रेनटानो से मिली, क्योंकि स्वतः ब्रेनटानो की अपनी मनोवैज्ञानिक पद्धति क्रिया पर आधारित थी न कि तत्त्वों पर।

फ्रायड का औपचारिक विश्वविद्यालयीय प्रशिक्षण हेल्महोज से सम्बद्ध यान्त्रिक चिन्तनधारा में हुआ। हेल्महोज ने शक्ति संरक्षण सिद्धान्त (Conservation of Energy Principle) पर एक शोध पत्र लिखा जिसमें यह बतलाया कि प्राणी के अन्दर ऐसी कोई अपूर्व शक्ति नहीं है जिसकी व्याख्या नहीं की जा सके। इस यान्त्रिक परम्परा के सम्पर्क में अनेक कारण फ्रायड ने मानव के स्वप्न एवं कल्पना लोक (Fantancy), प्रत्युत्पन्नमतित्त्व (Wit) एवं भूलों (Errors) को पूर्व निर्धारित माना और मानव-व्यवहार की व्याख्या इसी आधार पर की जिसे उन्होंने मानसिक नियतिवाद (Psychic Determinism) की संज्ञा दी। हेल्महोज ने अचेतन अनुमान (Unconscious Inference) की धारणा भी विकसित की। सम्भव है कि इस धारणा से फ्रायड प्रभावित हुए हों।

फ्रायड पर डार्विन के विकासवाद का भी प्रभाव पड़ा। इसके फलस्वरूप उनके नियतिवाद के सिद्धान्त को काफी बल मिला। उन्होंने भी डार्विन के समान मानव को जैविक दृष्टिकोण से देखा और उनके कई विचारों पर विकासवाद का काफी [illegible]भाव पड़ा। उदाहरण के लिए, उनके द्वारा प्रतिपादित मृत्यु की मूल प्रवृत्ति (Death [illegible]ct) जो जीवन की उत्पत्ति के सम्बन्ध में कल्पनामात्र पर आधारित है। यौन [illegible]यों (Sexual Motives) के अत्यधिक महत्त्व के सम्बन्ध में फ्रायड के विचार [illegible] चिन्तन से स्वतन्त्र नहीं माने जा सकते जिनका केन्द्र बिन्दु है प्रजनन [illegible]। अठारहवीं एवं उन्नीसवीं सदियों के बौद्धिक वातावरण में आनन्दवाद [illegible]न्त की प्रधानता थी। इस सिद्धान्त के अनुसार मनुष्य आनन्द

प्राप्त करने तथा कष्ट को दूर रखने की चेष्टा करता है। इस आनन्दवाद के सिद्धान्त को ब्रिटिश साहचर्यवादियों ने अपना समर्थन दिया। इस सिद्धान्त से प्रभावित होकर फ्रायड ने अपने आनन्द के सिद्धान्त (Pleasure Principle) का प्रतिपादन किया।

एलेनबर्जर (1956) का कहना है कि फेकनर और फ्रायड में सीधा सम्बन्ध है। फ्रायड फेकूनर के विचारों से अवगत थे और वे उनके बहुत बड़े प्रशंसक भी थे। फ्रायड की मानसिक शक्ति की धारणा एवं मन की स्थानिक धारणा (Tapo-graphical Concept of Mind) का फेकनर के पूर्व कार्यों से सम्बन्ध है। अचेतन के सिद्धान्त में भी फेकूनर का महत्त्वपूर्ण योगदान है। उन्होंने अचेतन की व्याख्या में अवसीमा की धारणा (Concept of Limit) का उपयोग किया और मन की तुलना एक ऐसे हिमशैल (Iceberg) से की जिसका अधिकांश भाग सतह के नीचे छिपा रहता है और उस पर अनिरीक्षणीय शक्तियों का प्रभाव पड़ता रहता है। फेकूनर के इस विचार का फ्रायड पर काफी प्रभाव पड़ा।

शैको (Shakow, 1969) के अनुसार अचेतन का सिद्धान्त 1880 के आस-पास की युग-चेतना का एक अंग बन गया था, जिसे न केवल विशेषज्ञों ने, बल्कि जनसाधारण ने भी खूब अपनाया। फलस्वरूप उस समय लोगों के बीच बातचीत का यह एक आकर्षक विषय बन गया था। ठीक उसी समय भौन हार्टमैन (Von Hartmann) की एक पुस्तक प्रकाशित हुई जिसका शीर्षक था 'अचेतन का दर्शन' (The Philosophy of The Unconscious)। यह पुस्तक इतनी लोकप्रिय सिद्ध हुई कि 1868 से 1882 के बीच उसके नौ संस्करण हो गए।

निष्कर्ष यह कि फ्रायड ही पहले व्यक्ति नहीं थे जिन्होंने अचेतन की खोज की अथवा उसकी व्याख्या प्रस्तुत की। किन्तु यह तो स्वीकार करना ही पड़ता है कि फ्रायड ने ही सर्वप्रथम अचेतन अनुप्रेरणा (Unconscious Motivation) के महत्त्व को भली-भाँति समझा और इसके द्वारा उन्होंने वैसे व्यवहारों की व्याख्या की, जिनकी व्याख्या पहले नहीं की जा सकी थी और ऐसा लगता था कि उनकी व्याख्या सम्भव नहीं है। फ्रायड ने अपने अध्ययनों के आधार पर स्पष्ट किया कि अचेतन भाव तथा चिन्तन प्रत्यक्ष अथवा अप्रत्यक्ष रूप से व्यवहार को प्रभावित करते हैं।

मनोविकृति का प्रभाव
(The Influence of Psychopathology)

मानसिक रोगियों के उपचार में मनोविश्लेषण का पूर्वाभास मिलता है। पहले मानसिक रोगियों के साथ अमानवीय व्यवहार किया जाता था। उसे दोषी एवं दंड का भागी माना जाता था, क्योंकि उसकी मानसिक गड़बड़ी का कारण उसकी दुष्टता, जादू-टोना अथवा शैतान का प्रकोप माना जाता था। अठारहवीं शताब्दी तक यही स्थिति रही।

उन्नीसवीं शताब्दी में मानसिक रोगियों के प्रति मानवीय व्यवहार शुरू हुआ। इस शताब्दी में चिकित्सा विज्ञान (Psychiatry) में दो विचारधाराओं की प्रधानता थी–दैहिक विचारधारा (Somatic School) तथा मानसिक विचारधारा (Psychic School)। दैहिक विचारधाराओं के अनुसार मानसिक रोगियों के असामान्य व्यवहार का कारण मस्तिष्क की गड़बड़ी माना जाता था। मानसिक विचारधारा यह मानती थी कि असामान्य व्यवहार का कारण संवेगात्मक तनाव अथवा मानसिक गड़बड़ी है। कुछ मानसिक रोगों में मस्तिष्क की गड़बड़ी पाई गई, किन्तु अन्य रोगों में नहीं। संक्षेप में उन्नीसवीं शताब्दी तक कुल मिला-जुलाकर दैहिक विचारधारा (Somatic School) की ही प्रधानता रही।

दैहिक चिन्तनधारा के विरुद्ध क्रान्ति के रूप में मनोविश्लेषण विकसित हुआ। मानसिक रोगियों के साथ काम करते हुए कुछ लोगों ने पाया कि असामान्य व्यवहार के उत्पन्न होने में मस्तिष्क की क्षति की अपेक्षा संवेगात्मक तनाव अधिक महत्त्वपूर्ण है। दूसरे शब्दों में, असामान्य व्यवहार का कारण मनोवैज्ञानिक है, न कि शारीरिक।

यहाँ यह उल्लेख्य है कि असामान्य व्यवहार के मानसिक कारणों की खोज में सम्मोहन ने महत्त्वपूर्ण भूमिका निभाई। अठारहवीं शताब्दी के उत्तरार्द्ध में मैस्मर ने सम्मोहन की ओर चिकित्सकों का ध्यान आकर्षित किया। किन्तु चिकित्सकों ने इसे अवैज्ञानिक मानकर अस्वीकार कर दिया। पुनः इंग्लैण्ड में जैम्स ब्रड (James Braid 1795-1860) ने सावधानीपूर्वक इसका प्रयोग किया। फलस्वरूप इसे फिर थोड़ी मान्यता प्राप्त हुई। किन्तु इसे अधिक प्रसिद्धि प्राप्त हुई जीन मार्टिन शार्को (Gian Martin Charcot, 1825-1893) के काम से। उन्होंने सम्मोहन का उपयोग कर हिस्टीरिया के रोगियों की चिकित्सा की और इसमें उन्हें कुछ सफलता भी मिली। उनका अधिक महत्त्वपूर्ण कार्य था हिस्टीरिया तथा सम्मोहन के लक्षणों का चिकित्सकीय शब्दावली में वर्णन। फलस्वरूप चिकित्सा एवं विज्ञान के फ्रेंच अकादमी द्वारा सम्मोहन को मान्यता प्रदान की गई, जबकि उस अकादमी ने पहले तीन बार इसे अस्वीकार कर दिया था। अकादमी द्वारा इसे मान्यता प्रदान करना बहुत महत्त्वपूर्ण सिद्ध हुआ, क्योंकि तन्त्रिका विज्ञानियों (Neurologists) ने मानसिक रोगों के मनोवैज्ञानिक पहलुओं की खोज में इसका उपयोग करना शुरू कर दिया। किन्तु शार्को का काम मुख्यतः तन्त्रिका विज्ञान पर ही आधारित रहा। अतः उन्होंने शारीरिक उपद्रवों एवं लकवा जैसे रोगों पर ही अधिक जोर दिया। परिणामस्वरूप हिस्टीरिया के दैहिक कारणों पर बल दिया जाता रहा।

शार्को के शिष्य एवं उत्तराधिकारी पेरी जैने (Pierre Janet, 1859-1947) ने इस विचार को स्वीकार नहीं किया कि हिस्टीरिया का कारण शारीरिक गड़बड़ी है। उन्होंने कहा कि हिस्टीरिया मानसिक गड़बड़ी का परिणाम है। इस प्रकार उन्होंने हिस्टीरिया को एक मानसिक रोग माना और उसकी चिकित्सा की विधि के रूप में

सम्मोहन पर जोर दिया। जैने के विचार का महत्त्व इस बात में है कि अब मानसिक रोग का कारण शारीरिक गड़बड़ी के बदले मानसिक गड़बड़ी को माना जाने लगा और दैहिक दृष्टिकोण के बदले मानसिक दृष्टिकोण की प्रधानता हो गई। किन्तु मनोविज्ञान तथा चिकित्सा विज्ञान दोनों पर जैसे ही जैने का प्रभाव अधिक होने लगा वैसे ही फ्रायड उन्हें पीछे कर अपनी अधिक आकस्मिक एवं आकर्षक धारणाओं के कारण आगे निकल गए।

फ्रायड एवं मनोविश्लेषण का विकास
(Freud and Development of Psychoanalysis)

मनोविश्लेषण और फ्रायड एक-दूसरे के पर्याय बन गए हैं, क्योंकि मनोविश्लेषण मात्र फ्रायड की देन है। यह एक अत्यन्त वैयक्तिक विचारधारा है जो मुख्य रूप से फ्रायड में केन्द्रित है। इसका उनके व्यक्तिगत जीवन एवं अनुभवों से घनिष्ठ सम्बन्ध है। अतः यहाँ उनके जीवन-विकास पर संक्षेप में प्रकाश डालते हुए मनोविश्लेषण की उत्पत्ति एवं विकास को प्रस्तुत करना अभीष्ट है क्योंकि उनके जीवन की पृष्ठभूमि में ही इसे भली-भाँति समझा जा सकता है।

फ्रायड अपने जीवन के आरम्भ से ही एक प्रतिभाशाली व्यक्ति थे। उन्होंने 17 वर्ष की छोटी आयु में ही विशिष्टता के साथ स्नातक की उपाधि प्राप्त की। उस समय तक की अपनी जीवन वृत्ति (Career) के सम्बन्ध में कुछ निश्चय नहीं कर पाए थे। उनकी अभिरुचि प्रधानतः सभ्यता, संस्कृति एवं मानव-सम्बन्धों में थी। ठीक उसी समय डार्विन के विकासवाद का सिद्धान्त आया, जिसने मानव जीवन को समझने के लिए वैज्ञानिक दृष्टिकोण का मार्ग प्रशस्त किया। फ्रायड की वास्तविक इच्छा डॉक्टर बनने की नहीं थी, इसलिए कुछ हिचकिचाहट के बाद चिकित्सा का जीवन इस आशा से चुना कि वैज्ञानिक शोध का अवसर मिलेगा। फलस्वरूप उन्होंने वियना विश्वविद्यालय में 1873 में चिकित्सा के एक छात्र के रूप में प्रवेश किया। अध्ययन समाप्त करने के बाद सर्वप्रथम उन्होंने जीव-जीवन (Biology) के क्षेत्र में काम किया। वहाँ उनके प्रथम शोध-विषय का सम्बन्ध सेक्स (Sex) से था। दैहिक विज्ञान में अपनी सर्वाधिक रुचि के कारण उन्होंने ब्रुक (Brucke) की दैहिक प्रयोगशाला में छह वर्षों तक काम किया।

फ्रायड की इच्छा तो विश्वविद्यालय की परिस्थिति में वैज्ञानिक काम करने की थी किन्तु ब्रुक की सलाह पर वे जीविकोपार्जन की दृष्टि से अस्पताल में चिकित्सा के काम में लग गए। वहाँ उन्होंने स्नायु-मण्डल, उनकी संरचना, एवं वाग्लोप, लकवा जैसे आंगिक रोगों (Organic Diseases) तथा मस्तिष्क में आघात के प्रभावों के अध्ययन में यथासम्भव विशिष्टता प्राप्त की।

कुछ ही दिनों के जोसेफ ब्रायर के निकट सम्पर्क में आना फ्रायड के जीवन की एक महत्त्वपूर्ण घटना है। जोसेफ ब्रायर (Joseph Breaer, 1842-1925) एक प्रसिद्ध चिकित्सक थे। ब्रायर ने उनके साथ मित्रवत् व्यवहार किया तथा आवश्यकता के अनुसार उन्हें पैसे और परामर्श भी दिए। अतः ब्रायर की मैत्री उनके लिए काफी महत्त्वपूर्ण थी। ब्रायर और फ्रायड प्रायः कुछ रोगियों की समस्याओं पर विचार-विमर्श किया करते थे। हिस्टीरिया की एक रोगी अन्ना ओ (Anna o) ने ब्रायर के ध्यान को काफी आकृष्ट किया और फ्रायड के दिमाग में भी कई प्रश्न उत्पन्न किए, जिनके समाधान ने मनोविश्लेषण के विकास का मार्ग प्रशस्त किया। दूसरे शब्दों में, चिकित्सा की नई पद्धति तथा मनोविज्ञान की नवीन विचारधारा का सार इस रोगी की चिकित्सा में निहित माना जा सकता है।

इस इक्कीस वर्षीय अतितीव्र बुद्धि एवं आकर्षक लड़की में हिस्टीरिया के कई लक्षण पाए गए—लकवा, स्मृति ह्रास, मानसिक विकृति तथा देखने और बोलने में गड़बड़ी। सम्मोहन की अवस्था में उसने उन विशिष्ट अनुभवों का प्रत्याह्वान किया जिनके कारण वे लक्षण उत्पन्न हुए थे। इस प्रकार जब उसने अपने उन अनुभवों को व्यक्त कर दिया तो वह उन लक्षणों से मुक्त हो गई। उसमें एक प्रमुख लक्षण यह था कि वह प्यास के बावजूद गिलास से पानी नहीं पी सकती थी, क्योंकि बचपन में ही उसे गिलास से पानी पीने में नफरत पैदा हो गई थी। उस नफरत का कारण था कि उसने अपने बचपन में एक कुत्ते को गिलास से पानी पीते हुए देखा था। उसने अपनी इस घृणा को दबा दिया ताकि कुत्ते के मालिक के सामने व्यक्त न हो जाए। वह घृणा की अनुभूति तो चेतना से हट गई, किन्तु अचेतन में सक्रिय रूप से कायम रही। सम्मोहनावस्था में उसकी इस अनुभूति को व्यक्त होने का अवसर मिल गया। फलस्वरूप इस घटना को जब उसने ब्रायर के सामने व्यक्त कर दिया तो उसकी यह कठिनाई दूर हो गई और वह पुनः बिना किसी कठिनाई के पानी पीने लगी। इस प्रकार वह अपने उस हिस्टीरिक लक्षण से मुक्त हो गई। अब ब्रायर उसे प्रतिदिन सम्मोहन की अवस्था में लाने लगे ताकि वह एक-एक कर हिस्टीरिया के सारे लक्षणों से यथाशीघ्र मुक्त हो सके। ब्रायर के साथ अपनी इस बातचीत को उसने "Chimney Sweeping", तथा "Talking" की संज्ञा दी। बाद में इसे 'विरेचन' अथवा भावोन्नयन (Catharsis) की संज्ञा दी गई। एलेनबर्जर (1972) के अनुसार उन दिनों वियना में 'विरेचन' अथवा 'भावोन्नयन' (Catharsis) छाया हुआ था। अतः यह कहा जा सकता है कि अन्ना ओ. और ब्रायर ने इस विचार को थियेटर से चिकित्सा-गृह में लाया।

1885 में फ्रायड शार्को के साथ हिस्टीरिया के अध्ययन के लिए पेरिस चले गए। वहाँ एक महत्त्वपूर्ण घटना घटी। एक संध्या स्वागत-समारोह में बहुत जोर देकर शार्को को यह कहते हुए फ्रायड ने सुना कि उनके किसी खास रोगी की सारी कठिनाइयों

के मूल में यौन-भावना थी। उन्होंने जोर देकर इसकी पुनरावृत्ति करते हुए कहा कि "यह हमेशा जननेन्द्रियों का प्रश्न होता है—हमेशा, हमेशा, हमेशा।" "Always, always, always" (फ्रायड, 1914)। शार्को के इस कथन ने सचमुच फ्रायड को एक दृष्टि प्रदान की और इस दिशा में कार्य करने की प्रेरणा भी दी। फलस्वरूप उन्होंने अपने रोगियों में यौन-समस्याओं की खोज आरम्भ कर दी और इसमें उन्हें सफलता भी मिली। वहाँ फ्रायड को यह भी देखने का मौका मिला कि किस प्रकार शार्कों ने हिस्टीरिया की चिकित्सा में सम्मोहन का सफलतापूर्वक प्रयोग किया। इतना ही नहीं जहाँ हिस्टीरिया सामान्यतः स्त्रियों को ही होता है, वहाँ शार्को के कुछ अपने पुरुष रोगियों में भी हिस्टीरिया के लक्षण देखने को मिले। फ्रायड हिस्टीरिया में शार्को द्वारा सम्मोहन के प्रयोग से बड़े प्रभावित हुए।

फ्रायड जब लौटकर वियना आए तो एक स्नायु विशेषज्ञ के रूप में चिकित्सा कार्य करने लगे। उन्होंने सम्मोहन के द्वारा हिस्टीरिया के कई रोगियों की सफल चिकित्सा की, किन्तु सम्मोहन-विधि के प्रयोग में उन्हें कुछ कठिनाइयों का अनुभव हुआ। एक तो यह कि सम्मोहन द्वारा की गई चिकित्सा क्षणिक थी। रोगी हमेशा के लिए रोगमुक्त नहीं हो पाते थे। दूसरी यह कि सभी रोगियों को सम्मोहित करना भी सम्भव नहीं था। सम्मोहन विधि की त्रुटियों के कारण वे बर्नहेम (Bernheim) के साथ अध्ययन करने के खयाल से नैन्सी (Nancy) गए। वे अपने साथ एक रोगी को भी लेते गए जिसे वे सम्मोहित करने में असफल हो चुके थे। जब इस रोगी को सम्मोहित करने में बर्नहेम भी असफल हो गए तो फ्रायड को निराशा हाथ लगी। इस निराशा के बावजूद वे सम्मोहनोत्तर सुझावों, संकेतों से प्रभावित थे। उन्होंने वहाँ यह भी देखा कि चिकित्सक के काफी जोर देने पर रोगी सुझावों को स्मरण कर सकता था। सम्भव है इसी से प्रेरणा ग्रहण कर फ्रायड को जाग्रतावस्था में दिए सुझावों की प्रभावोत्पादकता पर विश्वास हो गया हो।

अब फ्रायड को स्पष्ट हो गया कि सही अर्थ में मनोविश्लेषण का आरम्भ तभी होगा जब सम्मोहन का परित्याग कर दिया जाएगा।[5] उन्होंने यह महसूस किया कि रोगियों की कठिनाइयों के मूल में पहुँचने के लिए यह विधि सतही एवं अनुपयुक्त है क्योंकि इसके द्वारा रोगी का सम्पूर्ण व्यक्तित्त्व सामने नहीं आ पाता। व्यक्तित्त्व का अधिक भाग तो सम्मोहनात्मक निद्रा में ही खो जाता है और निद्रा भंग होने पर उसे यह स्मरण नहीं रहता कि चिकित्सा के क्रम में क्या घटित हुआ था। अतः फ्रायड ने सम्मोहन का परित्याग कर दिया, बातचीत की विधि अथवा विरेचन या भावोन्नयन (The talking method or catharsis) को अपनाया। आगे चलकर स्वतन्त्र साहचर्य (Free Association) ने बातचीत की विधि का स्थान ले लिया। स्वतन्त्र साहचर्य के प्रयोग को ही मनोविश्लेषणात्मक विधि की संज्ञा दी जा सकती है और इसके साथ ही मनोविश्लेषण का आरम्भ माना जा सकता है।[6]

1895 में फ्रायड तथा ब्रायर ने एक पुस्तक प्रकाशित की जिसका शीर्षक था हिस्टीरिया का अध्ययन' (Studies on Hysteria)। यह पुस्तक प्रायः 'मनोविश्लेषण का औपचारिक आरम्भ बिन्दु[7] मानी जाती है। इस पुस्तक में ब्रायर द्वारा अन्ना ओ. की चिकित्सा के क्रम में उत्पन्न विचार तथा फ्रायड द्वारा हिस्टीरिया के रोगियों की चिकित्सा के क्रम में प्राप्त विचार सन्निहित हैं। फ्रायड का महत्त्वपूर्ण विचार जिस पर उन्होंने काफी जोर दिया वह था अचेतन के सम्बन्ध में। अब फ्रायड पूर्ण रूप से आश्वस्त हो चुके थे कि स्नायु विकृति (Neurosis) की उत्पत्ति में अचेतन प्रक्रियाओं का प्रमुख हाथ होता है। वे इस बात से भी आश्वस्त हो चुके थे कि अचेतन में बाल्यकाल की दमित यौन-कामनाएँ निहित रहती हैं। अतः स्नायु-विकृति के मूल में अचेतन प्रक्रियाएँ हैं। फ्रायड ने खास तौर पर हिस्टीरिया को समझने के लिए बाल्यकाल की यौन-अनुभूतियों पर जोर दिया जो अचेतन में निहित होती हैं। इससे ब्रायर सहमत नहीं थे। फलस्वरूप ब्रायर 1890 के लगभग विचार भिन्नता के कारण फ्रायड से अलग हो गए।

मनोविश्लेषण का विकास धीरे-धीरे हुआ। कई कठिनाइयों को पार करने के बाद ही इसका परिपक्व स्वरूप सामने आया। इसे दो सर्वाधिक महत्त्वपूर्ण कठिनाइयों को पार करना पड़ा–पहला स्थानान्तरण (Transference) तथा दूसरा प्रतिरोध (Resistance)। प्रतिरोध के क्रम में फ्रायड ने दमन (Repression) के महत्त्व को समझा क्योंकि प्रतिरोध की समुचित व्याख्या दमन के सिद्धान्त के आधार पर ही की जा सकती है। क़दाचित् इसीलिए फ्रायड ने दमन के सम्बन्ध में कहा है–"दमन का सिद्धान्त वह प्रमुख स्तम्भ है जिस पर मनोविश्लेषण की इमारत खड़ी है।"[8]

मनोविश्लेषण के निर्माण-काल में ही बाल्यकाल की यौन-भावना के सिद्धान्त का भी विकास हुआ। उन्होंने चिकित्सा के क्रम में यह पाया कि स्नायु-विकृति का आधार है यौन-भावना और यह यौन-भावना यौन-परिपक्वता के पहले ही बहुत प्रबल रूप में काम करने लगती है। अन्ततोगत्वा वे इस निष्कर्ष पर पहुँचे कि यौन-भावना बाल्यकाल में ही विभिन्न रूपों में अभिव्यक्त होती है और यही वयस्क के व्यवहार को भी निर्धारित करती है। इस तथ्य पर जितना अधिक मनोविश्लेषण ने जोर दिया है, उतना मनोविज्ञान की किसी अन्य विचारधारा ने नहीं।[9]

अचेतन, दमन एवं बाल्यकाल की यौन-भावना की खोज के साथ मनोविश्लेषण के आरम्भिक स्वरूप का निर्माण हो गया। फ्रायड ने चिकित्सा के क्रम में जो कुछ भी निरीक्षण किया उसके आधार पर कौन-सा सिद्धान्त सामने आएगा, यह उन्हें भी पता नहीं था। फिर भी वे लगतार खोज करते गए और उनके चिकित्सकीय निरीक्षणों एवं अनुभवों के आधार पर सिद्धान्तों का निर्माण होता गया। इस क्रम में सर्वाधिक महत्त्वपूर्ण अचेतन, दमन एवं बाल्यकाल की यौन-भावना के सिद्धान्त का विकास हुआ। उन्होंने यह पाया कि अचेतन अति सक्रिय है तथा अचेतन इच्छाएँ अति प्रबल।

दमन (Repression), अहं (Ego) तथा अचेतन इच्छाओं के बीच संघर्ष का द्योतक है। बाल्यकाल की यौन-इच्छाएँ मानव-व्यवहार को निर्धारण करती हैं। इन सिद्धान्तों को फ्रायड ने अपने विश्लेषण का आरम्भिक परिणाम माना जो निरीक्षणों पर आधारित हैं, न कि कल्पनाओं पर। इन मनोविश्लेषणात्मक सिद्धान्तों के आधार पर ही उन्होंने अपनी सारी खोजों की व्याख्या की।

1897 में फ्रायड ने आत्म-विश्लेषण (Self-analysis) का महत्त्वपूर्ण कार्य आरम्भ किया। उन्होंने अनेक प्रकार की स्नायु-विकृति-सम्बन्धी कठिनाइयों को अनुभव किया। उन्हें आत्म-विश्लेषण के द्वारा उन कठिनाइयों से मुक्ति मिली। फलस्वरूप उनका व्यक्तित्त्व अधिक संतुलित हो गया तथा उनमें आत्मविश्वास भी काफी बढ़ गया। उन्होंने अपने-आपको तथा अपने रोगियों को भली-भाँति समझने के लिए आत्म-विश्लेषण को अपनाया।

उनका यह आत्म-विश्लेषण लगभग दो वर्षों तक चला। इससे केवल उनके व्यक्तित्त्व को ही लाभ नहीं पहुँचा, बल्कि इसकी परिणति उनकी प्रसिद्ध पुस्तक 'स्वप्नों की व्याख्या' (1900) में हुई। मनोविश्लेषण के सिद्धान्त एवं विधि, दोनों ही के लिए यह पुस्तक महत्त्वपूर्ण सिद्ध हुई। इसकी महत्ता का उल्लेख करते हुए मार्क्स एवं हिलिक्स ने कहा है—"1900 में 'स्वप्नों की व्याख्या' का प्रकाशन कदाचित् फ्रायड के जीवन में सबसे बड़ा मील का पत्थर था।"[10]

फ्रायड ने अपने नए विचारों को और भी अधिक विकसित किया और उनके आधार पर मानव-व्यवहार के विभिन्न पहलुओं की व्याख्या प्रस्तुत की। उन्होंने अपनी पुस्तक 'प्रतिदिन के जीवन की मनोविकृति' (The Psychopathology of Everyday Life) में यह स्पष्ट किया। अचेतन विचारों का प्रभाव केवल स्नायु-विकृति के लक्षणों अथवा असामान्य व्यवहारों में ही अभिव्यक्त नहीं होता, बल्कि सामान्य व्यक्ति के प्रतिदिन के व्यवहारों में भी अभिव्यक्त होता है, जेसे बोलने की भूलें (Slip of Tongue) आदि। हम प्रायः प्रतिदिन के जीवन में बोलना चाहते हैं कुछ और, पर बोल जाते हैं कुछ और ही, लिखना चाहते हैं कुछ और पर लिख जाते हैं कुछ और। स्पष्ट है कि सामान्य व्यक्ति के प्रतिदिन के जीवन में भी अचेतन विचार अथवा इच्छाएँ सदा अभिव्यक्त होने की चेष्टा करती हैं और हमारे चिन्तन एवं क्रिया को प्रभावित करती हैं।

1905 में फ्रायड ने वाग्विदग्धता अथवा परिहास का सिद्धान्त प्रस्तुत किया, जिसमें उन्होंने यह स्पष्ट किया कि व्यक्ति हास्य-विनोद अथवा हँसी-मजाक के माध्यम से अपनी दबी हुई इच्छाओं तथा विचारों को अभिव्यक्त करता है। इसी वर्ष उनकी प्रसिद्ध पुस्तक 'कामुकता (कामवासना) के सिद्धान्त पर तीन निबन्ध' (Three Essays on The Theory of Sexuality) प्रकाशित हुआ। इस पुस्तक में उन्होंने कामुकता अथवा कामवासना के अर्थ को स्पष्ट करते हुए कहा कि वह प्रेम-जीवन से सम्बन्धित

सभी प्रकार की मनोशक्तियों का द्योतक है, चाहे उसका सम्बन्ध जननेन्द्रियों से हो अथवा नहीं।

मनोविश्लेषण : फ्रायड की एक सैद्धान्तिक चिन्तनधारा के रूप में–फ्रायड ने यह स्पष्ट किया है कि उनकी सैद्धान्तिक चिन्तनधारा में पारम्परिक मनोविज्ञान के सभी विषयों की व्याख्या नहीं हो पाई है, क्योंकि उन्होंने प्रधानतः मनोविज्ञान के उन विषयों अथवा क्षेत्रों की खोज की जो पारम्परिक मनोविज्ञान द्वारा उपेक्षित थीं। उन्होंने अचेतन प्रेरक वृत्तियों (Motives), उनके बीच संघर्षों और मानव-व्यवहारों पर उन संघर्षों के प्रभावों की व्याख्या करने की चेष्टा की। इस क्रम में उन्होंने केवल मनोस्नायु विकृति सम्बन्धी व्यवहारों पर ही नहीं बल्कि प्रतिदिन के व्यवहारों पर भी ध्यान दिया और अपने अध्ययन-विषयों में उन दोनों को समाहित किया। उनकी चिन्तनधारा में सर्वप्रमुख सिद्धान्त है अचेतन का सिद्धान्त।

अचेतन का सिद्धान्त

फ्रायड ने अपने आरम्भिक सिद्धान्तों में अचेतन मानसिक प्रक्रियाओं पर काफी जोर दिया और स्पष्ट किया कि सम्पूर्ण मानसिक जीवन प्रधानतः अचेतन ही होता है। साथ-ही-साथ उन्होंने चेतन मानसिक प्रक्रियाओं को भी बिलकुल अस्वीकार नहीं किया। इस सम्बन्ध में उनका कहना था कि अचेतन की तुलना में चेतन मानसिक जीवन अथवा सम्पूर्ण व्यक्तित्त्व का बहुत छोटा एवं महत्त्वहीन भाग है। अचेतन में मनुष्य की सारी दमित अतृप्तप्रेरक वृत्तियाँ विद्यमान रहती हैं तथा वे अति सक्रिय एवं शक्तिशाली होती हैं। अचेतन में विद्यमान ये प्रेरक वृत्तियाँ ही मानव-जीवन के सम्पूर्ण व्यवहारों की वास्तविक प्रेरणा-स्रोत हैं। ये बिलकुल वैयक्तिक तथा गत्यात्मक स्वरूप की होती हैं। चेतन तथा अचेतन के अतिरिक्त फ्रायड ने उपचेतन (Preconscious) के अस्तित्व को भी स्वीकार किया। इसमें अचेतन के समान सक्रिय रूप से दमित इच्छाएँ नहीं रहतीं।

अतः साहचर्य की सामान्य प्रक्रियाओं के सहारे इसमें संचित सामग्रियों को चेतन में लाया जा सकता है। यह अचेतन की अपेक्षा चेतन के अति निकट होता है। अपने स्वरूप तथा सामग्री में चेतन के ही समान होता है। अतः बिना संवेगात्मक प्रतिरोध (Emotional Resistance) के उपचेतन की सामग्रियों को चेतन में लाया जा सकता है।

फ्रायड ने हिस्टीरिया के रोगियों की चिकित्सा के क्रम में पाया कि वे अचेतन गतिशील विचारों एवं प्रेरक वृत्तियों से अभिभूत होते हैं जो हिस्टीरिया के लक्षणों में अभिव्यक्ति होते हैं। उदाहरण के लिए, एक युवती ने अपने बीमार पति की सेवा करने की कर्त्तव्य भावना के चलते अपनी प्रेमासक्ति (Love affair) का परित्याग कर दिया। फलस्वरूप उसमें हिस्टेरिक गतिशून्यता आ गई जो वस्तुतः पिता की सेवा करने से मुक्त होने की उसकी अचेतन अस्वीकृत इच्छा की अभिव्यक्ति थी।

फ्रायड ने अपनी प्रसिद्ध पुस्तक 'दैनिक जीवन की मनोविकृति' (Psychopathology of Every Day Life) में प्रतिदिन के जीवन में होने वाली अनेक त्रुटियों अथवा गलतियों के सैकड़ों उदाहरण प्रस्तुत किए हैं जिनके विश्लेषण से पता चलता है कि वे अचेतन से अनुप्रेरित रहे हैं। इन उदाहरणों की व्याख्या के क्रम में फ्रायड भूलने के एक नए सिद्धान्त पर पहुँचे जिसके अनुसार एक बार भी भली-भाँति समझ ली गई कोई वस्तु अथवा घटना कभी भी भूलती नहीं है, होता यह है कि वह चेतन से अचेतन में चली जाती है। निष्कर्ष यह कि भूलना अचेतन रूप से अनुप्रेरित होता है और व्यक्ति वस्तुतः जिसे भूलना चाहता है, उसे ही भूलता है। किसी वस्तु को खो देना, नष्ट कर देना आदि क्रियाएँ आकस्मिक नहीं होतीं बल्कि अचेतन रूप से जान बूझकर की गई होती हैं। उदाहरण के लिए, यदि कोई नवविवाहित युवती विवाह के उपहार स्वरूप प्राप्त अपनी अँगूठी खो देती है, तो इसे वैवाहिक सम्बन्ध अथवा वर्तमान पति से मुक्त होने की उसकी अचेतन इच्छा कही जाएगी। वह अचेतन रूप से उस अँगूठी को खोना चाहती थी, इसलिए उसे खो दिया। इसी प्रकार हास-परिहास, मजाक आदि के द्वारा भी अचेतन इच्छाओं की पूर्ति होती है। निष्कर्ष यह कि मानव-व्यवहार और क्रियाओं पर अचेतन का काफी प्रभाव पड़ता है।

अपने कई प्रकाशनों एवं कार्यों के कारण फ्रायड काफी लोकप्रिय एवं लब्धप्रतिष्ठ व्यक्ति बन गए। जब जी. स्टैनले हॉल (G. Stantey Hall) ने क्लार्क विश्वविद्यालय के बीसवें वार्षिकोत्सव पर बोलने के लिए उन्हें आमन्त्रित किया तो उन्हें अन्तर्राष्ट्रीय ख्याति प्राप्त हो गई। उनके सम्मान में उन्हें डाक्टरेट की उपाधि प्रदान की गई तथा अगले वर्ष 'अमेरिकन जॉर्नल ऑफ साइकॉलॉजी' में उनके व्याख्यानों को प्रकाशित किया गया। बाद को कई भाषाओं में उन व्याख्यानों का अनुवाद हुआ।

फ्रायड के दो प्रमुख अनुयायियों ऐडलर तथा युंग को फ्रायड द्वारा यौन पर अत्यधिक बल देना नहीं जँचा। इस बिन्दु पर दोनों ने फ्रायड के विचारों का विरोध किया। फ्रायड के लिए यह स्थिति असह्य थी। फलस्वरूप फ्रायड ने इन दोनों के साथ-साथ अपने उन सभी अनुयायियों से जो उनके यौन-सिद्धान्त से पूर्णतया सहमत नहीं थे, अपना सम्बन्ध-विच्छेद कर लिया और स्पष्ट शब्दों में घोषित किया– "मनोविश्लेषण मेरी सृष्टि है, क्योंकि दस वर्षों तक एक मात्र मैं ही इससे सम्बन्धित रहा...मनोविश्लेषण कला है, यह मुझसे अधिक अच्छी तरह कोई नहीं जान सकता" 1920 तक मनोविश्लेषण सम्पूर्ण मानव-अनुप्रेरणा (Human Motivation) एवं व्यक्तित्त्व को समझने के लिए एक सैद्धान्तिक विचारधारा के रूप में स्थापित हो गया। अब यह असामान्य व्यवहारों को समझने और मानसिक रोगियों की चिकित्सा की विधि मात्र नहीं रह गया। मनोविश्लेषण का एक सैद्धान्तिक विचारधारा के रूप में आगे चलकर विवेचन प्रस्तुत किया जाएगा।

मनोविश्लेषण चिकित्सा की एक विधि के रूप में
अथवा
मनोविश्लेषणात्मक विधि

(Psychoanalysis as a Method of Treatment)
or
(Psychoanalytic Method)

मनोविश्लेषण के विकास क्रम में यह चर्चा की गई है कि किस प्रकार ब्रायर तथा शार्को से प्रभावित होकर फ्रायड ने हिस्टीरिया की चिकित्सा में पहले सम्मोहन को एक विधि के रूप में अपनाया फिर बातचीत की विधि (Talking Method) अथवा विरेचन (भावोन्नयन) विधि (Cathartic Method) को अपनाया और अन्ततोगत्वा स्वतन्त्र साहचर्य (Free Association) को एक मनोविश्लेषणात्मक विधि के रूप में स्वीकार किया।

यह व्यक्त किया जा चुका है कि किस प्रकार ब्रायर ने एक प्रतिभासम्पन्न, किन्तु हिस्टीरिया से आक्रान्त नवयुवती की चिकित्सा के क्रम में यह पाया कि जब सम्मोहनावस्था में उसने अपनी संवेगात्मक अनुभूति को स्मरण कर विश्लेषक के समक्ष उसे व्यक्त कर दिया तो उस अनुभूति से उत्पन्न विशेष लक्षणों से मुक्त हो गई। ब्रायर ने इस विधि का अनुसरण कर हिस्टिरिया के सभी लक्षणों से उस युवती को मुक्त कर दिया। फ्रायड ने भी इस विधि को अपनाकर अपने कई रोगियों को रोग-मुक्त कर दिया।

सफलता के बावजूद ब्रायर ने इस विधि का प्रयोग करना बन्द कर दिया क्योंकि लम्बी अवधि तक सम्मोहनात्मक सत्रों (Sessions) के बाद रोग-मुक्त होने के समीप आते-आते रोगी को उनसे प्रेम हो गया। यह स्थिति ब्रायर को बड़ी कठिन जान पड़ी और एक चिकित्सक के रूप में अपने को कायम रख पाना एक समस्या बन गई। फ्रायड के सामने भी यह कठिनाई उपस्थित हुई, किन्तु उनके लिए यह कठिनाई वरदान सिद्ध हुई। उन्होंने यह महसूस किया कि रोगी की संवेगात्मक मनोवृत्ति का अपने माता-पिता से चिकित्सक पर स्थानान्तरित होना (Transference) अनिवार्य एवं महत्त्वपूर्ण है। यह रोग से मुक्त होने का मार्ग प्रशस्त करता है। अब चिकित्सक का काम इतना ही है कि वह रोगी की संवेगात्मक मनोवृत्ति को अपने से हटाकर उचित स्थान पर निर्देशित कर दे जो उसके मानसिक स्वास्थ्य में सहायक सिद्ध हो।

फ्रायड का विश्वास था कि सम्मोहन की विधि में स्थानान्तरण पर काबू पाना कठिन है। अतः उन्होंने इस विधि का परित्याग कर देना ही उचित समझा। उनका कहना था कि जिस प्रकार भूली हुई अनुभूतियों अथवा संवेगात्मक मनोवृत्तियों को सम्मोहनावस्था में स्मरण किया जा सकता है, वैसे ही जाग्रतावस्था में भी किया जा

सकता है, यद्यपि ऐसा करने में अधिक प्रयास की आवश्यकता होगी। अपने इस तर्क का अनुसरण करते हुए उन्होंने अपने रोगियों को कोच पर आराम से बैठने को कहा और स्वयं उसके पीछे बैठ गए। फ्रायड अपने रोगियों की सारी गतिविधि को देख सकते थे, किन्तु रोगी उन्हें नहीं देख सकते थे। तब उन्होंने अपने रोगियों से खोई हुई उन स्मृतियों की खोज करने को कहा जो उनकी वर्तमान कठिनाइयों के स्रोत हैं। यह विधि रोगी तथा डॉक्टर दोनों ही के लिए अत्यन्त कष्ट-साध्य थी और सदा सफल भी नहीं होती थी। अतः फ्रायड ने अब अपने रोगियों को खोई हुई स्मृतियों की खोज करने के बदले यह कहा कि वे बिलकुल आराम की मुद्रा में बैठे हुए सभी विचारों को अपने आप आने दें और उनका रिपोर्ट करें। इस विधि को उन्होंने मनोवैज्ञानिक शब्दावली में स्वतन्त्र साहचर्य (Free Association) कहा, 'स्वतन्त्र साहचर्य' इस अर्थ में स्वतन्त्र होता है कि रोगी के मन में सहज रूप में जो भी विचार आते हैं उनका वह खुलकर रिपोर्ट कर देता है चाहे वे विचार कितना भी लज्जाजनक, महत्त्वहीन, असंगत तथा मूर्खतापूर्ण क्यों न हों। स्वतन्त्र साहचर्य के क्रम में फ्रायड ने यह पाया कि स्वतन्त्र साहचर्य की प्रक्रिया भी पूर्णतया स्वतन्त्र रूप में सम्पादित नहीं हो पाती क्योंकि रोगी जल्दी अथवा देर से एक ऐसे बिन्दु पर पहुँच जाता है, जहाँ से आगे बढ़ने में वह अपनी अनिच्छा अथवा असमर्थता व्यक्त करता है। अनिच्छा इसलिए कि उसके मन में कुछ ऐसे विचार आ जाते हैं जिनका वह सामना करना नहीं चाहता, क्योंकि वे बड़े कष्टकर, गोपनीय अथवा वीभत्स होते हैं तथा असमर्थता इसलिए कि उसका मन शून्य हो जाता है और वह अपने को जड़वत् अनुभव करता है। अनिच्छा एवं असमर्थता प्रतिरोध की दो मात्राओं (Degrees) के द्योतक हैं। इन दोनों में अधिक गम्भीर है असमर्थता। इन दोनों तरीकों से रोगी संवेगात्मक कष्ट से अपनी रक्षा करता है। फ्रायड के अनुसार संवेगात्मक कष्ट का तात्पर्य है कि अब विश्लेषण वास्तविक कठिनाई के निकट पहुँच रहा है।

प्रतिरोध इस बात का द्योतक है कि चिकित्सा सही दिशा की ओर अग्रसर हो रही है। चाहे रोगी को जितना भी कष्ट हो, किन्तु उस परिस्थिति का सामना करना अनिवार्य है जिसे उसने टालने की चेष्टा की है। वह वास्तविक रूप में उस परिस्थिति को देखकर और उसके प्रति पूर्ण रूप से प्रतिक्रिया व्यक्त कर ही अपनी कठिनाइयों से मुक्त हो सकता है। विश्लेषण पूर्ण होने के क्रम में रोगी को कई बार ऐसा करने की आवश्यकता होती है, तभी वह अपनी कठिनाइयों से पूर्णतया मुक्त हो पाता है।

यह भी कहा जा सकता है कि विश्लेषक चाहे जितना भी तटस्थ रहना चाहे, किन्तु पूर्ण रूप से वस्तुनिष्ठता सम्भव नहीं है। उसके द्वारा दिए गए संकेतों (सुझावों) का रोगी के विचारों पर प्रभाव पड़ता है, यद्यपि विश्लेषक ऐसा चाहता नहीं है। इसके फलस्वरूप व्यक्ति एक विशेष दिशा की ओर चिन्तन करने से अपने

को रोक नहीं पाता। विश्लेषण के क्रम में समय-समय पर विश्लेषक हस्तक्षेप करता है, जैसे—कभी व्याख्या में रोगी को सुझाव देना, कभी प्रतिरोध (Resistance) पर विजय प्राप्त करने में सुझाव देना तथा कभी-कभी स्थानान्तरण की समस्या में सहायता प्रदान करना। निस्सन्देह, स्वयं विश्लेषक भी इन कठिनाइयों से अवगत होता है, इनसे बिलकुल अप्रभावित रहने की चेष्टा भी करता है, किन्तु ऐसा कर पाना सम्भव नहीं होता।

फ्रायड ने यह भी पाया कि भूली हुई अनुभूतियाँ तथा दमित इच्छाएँ एवं मनोवृत्तियाँ जो स्वतन्त्र साहचर्य के क्रम में आईं—वे प्रायः यौन से सम्बन्धित थीं। यही कारण है कि उन्होंने स्नायु-विकृति के कारण के रूप में यौन-कठिनाइयों एवं संघर्षों के सर्वाधिक महत्त्व पर काफी जोर दिया। उन्होंने अपने स्वप्न विश्लेषण में भी यही पाया कि व्यक्त स्वप्न (Manifest Dream) की कुछ खास वस्तुएँ यौन-वस्तुओं तथा प्रक्रियाओं की प्रतीक होती हैं।

फ्रायड के प्रतिरोध की धारणा मनोविश्लेषण के बुनियादी सिद्धान्त दमन (Repression) के निर्माण में सहायक सिद्ध हुई। दमन का तात्पर्य है चेतना से दुःखद स्मृतियों एवं विचारों को निकाल फेंकना। उनके अनुसार प्रतिरोध के घटित होने की एक मात्र व्याख्या दमन के रूप में ही की जा सकती है। अप्रिय विचार या अनुभूतियाँ चेतना से जरूर हटा दी जाती हैं, किन्तु वे अचेतन में सदा सक्रिय रूप में वर्तमान रहती हैं। अतः चिकित्सक का प्रमुख काम यह है कि उन दमित विचारों अथवा अनुभूतियों को रोगी की चेतना में ला दे ताकि वे उनके साथ रहना सीख सकें। सचमुच जीवन की यही वास्तविकता है, जिसकी उपेक्षा नहीं की जा सकती।

एक प्रविधि (Technique) के रूप में मनोविश्लेषण तीव्र गति से विकसित हो रहा था। स्वतन्त्र साहचर्य एक विधि के रूप में स्वीकृत हो चुका था; प्रतिरोध तथा उसके महत्त्व को भली-भाँति समझा जा चुका था; अपनी स्थिति के सम्बन्ध में रोगी की अन्तर्दृष्टि तथा संवेगात्मक मुक्ति (Emotional Release) के द्वारा भावोन्नयन को चिकित्सा के अनिवार्य अंग के रूप में स्वीकृति प्रदान की जा चुकी थी।[11] अभी मनोविश्लेषणात्मक प्रविधि का विकास हो ही रहा था कि फ्रायड को यह महसूस हुआ कि उनके रोगियों के स्वप्नों की अपनी सार्थकता है। जिस प्रकार दमन की धारणा (Concept of Repression) अचेतन क्रियाओं पर जोर देती है, उसी प्रकार स्वप्न भी अचेतन क्रियाओं के द्योतक हैं।

फ्रायड के अनुसार स्वप्न जाग्रत-जीवन की दमित इच्छाओं की प्रच्छन्न तृप्ति (Disguised Satisfaction) है। अतः यह बिलकुल सार्थक (Meaningful) होता है, क्योंकि अचेतन दमित इच्छाओं को समझने का मार्ग प्रशस्त करता है।

फ्रायड के अनुसार स्वप्नों में दो प्रकार के विषय (Contents) होते हैं—एक व्यक्त विषय (Manifest Content) तथा दूसरा अव्यक्त विषय (Latent Content)

स्वप्नद्रष्टा स्वप्न में घटित जितनी घटनाओं का वर्णन करता है, वे स्वप्न के व्यक्त विषय हैं, तथा जिन अचेतन अतृप्त इच्छाओं के कारण स्वप्न होते हैं, वे स्वप्न के अव्यक्त विषय हैं। अव्यक्त विषय में ही स्वप्न की सार्थकता है। वास्तव में स्वप्न का मूल स्वरूप यही है, स्वप्न का गुप्त अथवा प्रतीकात्मक अर्थ यही है। इस गुप्त अथवा प्रतीकात्मक अर्थ की व्याख्या के लिए चिकित्सक को व्यक्त विषय से अव्यक्त विषय़ की ओर ही जाना होगा। दूसरे शब्दों में, घटनाओं के प्रतीकात्मक अर्थ को स्पष्ट करना होगा जो व्यक्त विषय से सम्बन्धित हैं। यहाँ यह उल्लेख्य है कि कुछ प्रतीकों का सम्बन्ध किसी खास स्वप्नद्रष्टा की अनुभूतियों से ही होता है, किन्तु कुछ ऐसे भी प्रतीक हैं जिनका सम्बन्ध सामान्यतः सभी स्वप्नद्रष्टाओं से होता है और सभी के स्वप्नों के सन्दर्भ में उनका एक ही अर्थ होता है। उदाहरणस्वरूप, कुछ ऐसे प्रतीकों के रूप में दरवाजे, बगीचे तथा छज्जे को प्रस्तुत किया जा सकता है, जो नारी-शरीर के प्रतीक हैं तथा चर्च के मीनार, मोमबत्ती एवं सर्प पुरुष लिंग के प्रतीक हैं। गिरना यौन-इच्छाओं का प्रतीक है तथा उड़ना यौन-उपलब्धि की इच्छा का। यात्रा मृत्यु का, पानी जन्म का, कपड़ा नग्नावस्था का, पहाड़ की चोटी अथवा सीढ़ी पर चढ़ना मैथुन का प्रतीक है। यद्यपि ये प्रतीक सार्वभौम (Universal) हैं, फिर भी फ्रायड ने यह चेतावनी दी है कि रोगी के विशिष्ट संघर्षों को जाने बिना इन सामान्य प्रतीकों की व्याख्या करना समुचित नहीं है।

फ्रायड का विश्वास था कि रोगी को पूर्ण रूप से रोग-मुक्त करने के लिए लम्बी अवधि तक गहन चिकित्सा अनिवार्य है। उन्होंने चिकित्सा के क्रम में पाया कि महीनों अथवा वर्षों तक प्रति सप्ताह पाँच सत्रों (Sessions) से कम की आवश्यकता नहीं होती है। दूसरी बात यह कि एक वर्ष में कोई एक विश्लेषक बहुत थोड़े से रोगियों की ही चिकित्सा कर सकता था। यह भी सम्भव नहीं था कि शीघ्र ही विश्लेषकों की संख्या बढ़ा दी जाए, क्योंकि विश्लेषक के काम को अपनाने के पहले व्यक्ति का स्वतः अपना विश्लेषण अनिवार्य था। विश्लेषण हो चुकने के बाद यह भी आवश्यक था कि वह स्वतन्त्र रूप से एक विश्लेषक के रूप में रोगियों की चिकित्सा न करने के पहले किसी विशेषज्ञ की देख-रेख में दो वर्षों तक काम करे। ऐसी स्थिति में जब तक मनोविश्लेषण चिकित्सा-संस्थाओं से जुड़ा रहेगा तब तक उसके लाभ से स्नायु-विकृति के अनेक रोगी वंचित रह जाएँगे। अतः उनका कहना था कि मनोविश्लेषण को एक स्वतन्त्र पेशे के रूप में अपनाना अनिवार्य है।[12]

फ्रायड की मनोविश्लेषणात्मक विधि को उनके अनुयायियों ने परिमार्जित करने की चेष्टा की है, कुछ ने 1913 के पहले और कुछ ने उनकी मृत्यु के बाद। 1913 के पहले जिन लोगों ने संशोधन किया, उनका कहना था व्यक्ति के बाल्यकाल की अनुभूतियों पर विचार करने के बदले रोगी की वर्तमान समस्याओं एवं कुसमायोजनों (Maladjustments) पर विचार को केन्द्रित करना अधिक उपयोगी होगा। फ्रायड ने इसका जमकर विरोध किया, क्योंकि उनका विश्वास था कि रोगियों के वास्तविक

संघर्ष को भली-भाँति समझने और उसके समाधान के लिए उनके अतीत इतिहास अथवा बाल्यकाल पर ध्यान देना अनिवार्य है।[13] फ्रायड की मृत्यु के बाद भी उनके अनुयायियों ने उनकी मनोविश्लेषणात्मक विधि और सिद्धान्त में काफी संशोधन किया। फ्रेज अलेक्जेंडर (Frauz Alexander 1946) ने स्पष्ट रूप से कहा कि डॉक्टर तथा रोगी दोनों के हित में चिकित्सा के सत्रों (Sessions) को कम किया जा सकता है। किन्तु इसके लिए विश्लेषक का परिपक्व होना अनिवार्य है जो रोगी तथा उस क्षण की 'मनोगत्यात्मक परिस्थिति' (Psychodynamic Situation) को भली-भाँति समझ सके (1953)।[14]

अलेक्जेंडर ने स्वयं विश्लेषक द्वारा रोगियों के प्रति अपनाई गई विभिन्न मनोवृत्तियों के प्रभावों का अध्ययन किया। अपने अध्ययनों के आधार पर वे इस निष्कर्ष पर पहुँचे कि रोगियों की परिस्थितियों को ही इस सम्बन्ध में निर्णायक तत्त्व के रूप में ग्रहण करना चाहिए। दूसरे शब्दों में, रोगियों की आवश्यकताओं के अनुसार ही उनके प्रति मनोवृत्ति अपनाई जानी चाहिए। रोगी तथा विश्लेषक के बीच अन्तर्सम्बन्ध में आवश्यकता के अनुसार परिवर्तन वाँछनीय है।

इस बात के पर्याप्त प्रमाण हैं कि फ्रायड को अपने सिद्धान्तों एवं विश्वासों की सतही आलोचना बिलकुल नापसन्द थी। इसका कारण यह था कि उन्होंने चिकित्सा के क्रम में जो कुछ देखा, उन निरीक्षणों पर ही उनके सारे सिद्धान्त एवं विश्वास आधारित थे। इसलिए वे किसी भी प्रकार की चुनौती को स्वीकार करना पसन्द नहीं करते थे। निस्सन्देह उन्होंने स्वयं अपने सिद्धान्तों पर पुनर्विचार किया और अपने चिकित्सकीय निरीक्षणों के आधार पर समय-समय पर उनमें संशोधन भी किया। उनका दृष्टिकोण बिलकुल वैज्ञानिक था। जिस प्रकार प्रयोगात्मक मनोवैज्ञानिक अपने प्रयोगों के आलोक में अपने सिद्धान्तों में परिमार्जन करता है अथवा उनका परित्याग कर देता है, ठीक वैसी ही मनोवृत्ति फ्रायड की भी थी। अन्तर केवल इतना ही है कि जहाँ प्रयोगात्मक मनोवैज्ञानिक प्रयोगों को अपनाकर चलता है वहाँ फ्रायड ने चिकित्सकीय निरीक्षण को अपनाया और ऐसा करना उनके लिए अनिवार्य भी था, क्योंकि उनका अध्ययन-विषय अधिक सूक्ष्म एवं जटिल था। उस पर प्रयोग लागू नहीं हो सकता था। अतः फ्रायड ने कभी भी अपने आलोचकों को उनकी आलोचना के उत्तर देने की चेष्टा नहीं की क्योंकि उनकी दृष्टि में मनोविश्लेषण एक मात्र उनकी ही देन है, फिर वे दूसरों की आलोचना की चिन्ता क्यों करें।

फ्रायड की शोध विधि
(Freud's Research Method)

यहाँ यह भी उल्लेख्य है कि फ्रायड की शोध विधि (Method of Research) पारम्परिक प्रयोगात्मक मनोविज्ञान की शोध विधि से काफी भिन्न है। यद्यपि फ्रायड एक वैज्ञानिक

के रूप में पूर्णतया प्रशिक्षित थे, तथापि अपने अध्ययनों में उन्होंने पारम्परिक प्रयोगात्मक विधियों का उपयोग नहीं किया। अब प्रश्न यह है कि ऐसा क्यों? इसके उत्तर में यह कहा जा सकता है कि अपने अध्ययन विषय को दृष्टि में रखते हुए उन्हें यही उचित जान पड़ा। उनका विषय ऐसा नहीं था जिस पर नियन्त्रित प्रयोगों के आधार पर प्रदत्तों (Data) का संग्रह कर उनकी परिमाणात्मक व्याख्या (Quantitative Interpretation) की जा सके।

अतः उन्होंने रोगियों के विश्लेषण के क्रम में उनकी प्रतिक्रियाओं को नोट कर लिया और उनके व्यवहारों का निरीक्षण किया तथा इन दोनों के आधार पर अपने सिद्धान्तों की स्थापना की। चूँकि विश्लेषण की अवधि काफी लम्बी होती थी, इसलिए उन्हें पर्याप्त रूप से प्रदत्तों के संग्रह एवं विश्लेषण का अवसर मिला। अपने विश्लेषण में उन्होंने आन्तरिक संगति (Internal consistency) की विधि को अपनाया।

लिबिडो–फ्रायड के अनुसार मानव की सभी क्रियाओं के मूल में कामेच्छाएँ (Sexual Desires) विद्यमान रहती हैं। इन कामेच्छाओं को उन्होंने 'लिबिडो' की संज्ञा दी है। 'लिबिडो' एक मनोदैहिक धारणा है, जिसमें काम की मूल प्रवृत्ति (Sex Instinct) के शारीरिक तथा मानसिक, दोनों ही पक्ष निहित हैं। दूसरे शब्दों में 'लिबिडो' अपरिष्कृत यौन-भावना तथा यौन-सम्बन्धों की मानसिक इच्छा, दोनों ही का द्योतक है। फिर भी, फ्रायड ने 'लिबिडो' के मानसिक पक्ष पर ही अधिक जोर दिया है। इसे उन्होंने मानसिक शक्ति (Mental Energy) के रूप में ग्रहण किया है, जो मानव-जीवन की अनुप्रेरणात्मक शक्ति है। वस्तुतः यह काम-शक्ति ही फ्रायड के सिद्धान्त का निर्णायक तत्त्व है। अतः इस काम-शक्ति की अवहेलना का प्रयास परम्परागत चिन्तन एवं भावनाओं के प्रति कमजोरी का प्रतीक है। उन्होंने यह दोषारोपण विशेषतः ऐडलर और युंग पर किया है।

ऐडलर ने 'काम शक्ति' के स्थान पर मानव जीवन की अनुप्रेरणात्मक शक्ति के रूप में 'शक्ति की कामना' (Will for Power), अधिकार की इच्छा (Desire for Power), अथवा 'पूर्ण मानव बनने की आकांक्षा' (Longing to be a Complete Man) को माना है। उनके अनुसार जीवन की प्रथम समस्या कामेच्छा (Sexual Desire) नहीं, बल्कि 'शक्ति की कामना' है। युंग ने मानव जीवन की अनुप्रेरणात्मक शक्ति के रूप में सामान्य जीवन शक्ति (General Life Energy) अथवा 'जीने की इच्छा' (Will To Live) को माना है, जैसा कि सोपेनहावर ने भी माना है। उनके अनुसार इस 'जीने की इच्छा' में ही फ्रायड की कामेच्छा (Sexual Desire) और ऐडलर की 'शक्ति की कामना' (Will for Power) दोनों ही निहित हैं। उनके अनुसार यह सामान्य जीवन-शक्ति ही मानव जीवन की समस्त क्रियाओं में अभिव्यक्त होती है।

यहाँ यह उल्लेख्य है कि फ्रायड ने 'सेक्स' शब्द का प्रयोग बिलकुल सामान्य एवं अति विस्तृत अर्थ में किया है। वस्तुतः इस शब्द के अन्तर्गत उन्होंने सम्पूर्ण प्रेम एवं आनन्दमय जीवन को समाहित कर लिया है। इस विस्तृत अर्थ को दृष्टि में रखते हुए इसे 'रागात्मक वृत्ति' की संज्ञा दी जा सकती है। निष्कर्ष यह कि किसी भी व्यक्ति अथवा वस्तु के प्रति राग अथवा आकर्षण का होना ही 'सेक्स' है। इस अर्थ में जिन क्रियाओं की यौनात्मक अथवा रागात्मक सार्थकता है, उनकी कोई सीमा नहीं है, इसमें अति सरल से अति जटिल क्रियाएँ तक सन्निहित हैं, यथा घूमना-फिरना, नहाना-धोना, माँ-बच्चे का परस्पर आकर्षण एवं स्नेह, कामात्मक सृजन, साहित्य, संगीत, धर्म, संस्कृति आदि के प्रति प्रेम। स्वतः सभ्यता-संस्कृति भी इसकी ही अभिव्यक्ति है।

प्राथमिक एवं सहायक प्रक्रियाएँ
(Primary and Secondary Processes)

आनन्द एवं वास्तविकता के सिद्धान्त (Plesure and Reality Principles)–अचेतन प्राथमिक प्रक्रिया के अनुसार कार्य सम्पादित करता है तथा चेतन क्रियाएँ सहायक प्रक्रिया (Secondary Process) द्वारा सम्पादित होती हैं। फ्रायड ने यह स्पष्ट किया कि स्वप्नों एवं स्नायविक लक्षणों (Neurotic Symptoms) में जो मानसिक प्रक्रिया सन्निहित रहती है, वह सामान्य चिन्तन एवं प्रत्यक्षीकरण में सन्निहित प्रक्रिया की अपेक्षा अधिक प्राथमिक तथा अनियन्त्रित होती है। फलतः उस पर तर्क लागू नहीं हो पाता। फ्रायड ने इस प्राथमिक प्रक्रिया का सम्बन्ध आनन्द के सिद्धान्त (Pleasure Principle) के साथ स्थापित किया। आनन्द का सिद्धान्त बतलाता है कि मनुष्य आनन्दोन्मुख प्राणी है। वह सतत आनन्द की खोज में रहता है। इसका प्रधान काम है तनाव को दूर अथवा कम करके व्यक्ति में सन्तुलन स्थापित करना।

यहाँ यह उल्लेख कर देना आवश्यक जान पड़ता है कि फ्रायड ने आनन्द को मात्र मानव-जीवन का लक्ष्य नहीं मानकर उसे मानव के अस्तित्व के लिए भी अनिवार्य माना है।

प्राथमिक प्रक्रिया मानव की सभी आवश्यकताओं को स्थायी रूप से तृप्त करने में असमर्थ सिद्ध होती है। अतः सहायक प्रक्रिया अनिवार्य हो जाती है, जिसका वास्तविकता के साथ सम्बन्ध रहता है। सहायक प्रक्रिया का प्रधान काम है वास्तविकता की उपेक्षा किए बिना ऐसी क्रिया अथवा व्यवहार को चुनना जो कष्ट को दूर कर अधिकाधिक आनन्द प्रदान कर सके। वह भविष्य में प्राप्त होने वाले अधिक आनन्द के पक्ष में तात्कालिक आनन्द को स्थगित कर देती है।

प्राथमिक तथा सहायक प्रक्रियाओं की धारणाएँ जिन्हें फ्रायड ने प्रस्तुत किया कई कारणों से अत्यन्त महत्त्वपूर्ण सिद्ध हुईं। प्राथमिक प्रक्रिया की सर्वाधिक सार्थकता

इस बात में है कि वह अति विस्तृत स्वप्न-क्रिया (Dream Mechanism) के बीच एक कड़ी का काम करती है और स्वप्न के वास्तविक अर्थ को छिपा लेती है। यह बड़ी आसानी से व्यक्ति की आसक्ति (Cathexis) को एक वस्तु से दूसरी वस्तु पर, अथवा किसी एक भाग से सम्पूर्ण पर अथवा सम्पूर्ण से एक भाग पर स्थानान्तरित कर देती है। यह स्थानान्तरण की क्रिया संक्षेपण (Condensation), रूपान्तरण (Conversion), विस्थापन (Displacement) तथा प्रतीकीकरण (Symbolization) के माध्यम से सम्पन्न होती है।

तनाव-ह्रास का सिद्धान्त
(Tension-Reduction Principle)

आनन्द तथा वास्तविकता के सिद्धान्तों से निकट रूप से सम्बन्धित है तनाव ह्रास का सिद्धान्त। जब आनन्द और वास्तविकता के बीच संघर्ष होता है तब तनाव की स्थिति उत्पन्न हो जाती है, जिसे कम करना अनिवार्य हो जाता है क्योंकि इसे कम किए बिना सन्तुलन सम्भव नहीं है। वास्तव में, जीवन में तनाव का होना और उसे कम करने का प्रयास मानव-जीवन का एक अंग है। अतः यह कहा जा सकता है कि व्यक्ति 'तनाव कम करनेवाला प्राणी' है।

व्यक्तित्त्व-विकास की अवस्थाएँ
(Stages of Personality Development)

बाल्य कामुकता (Infantile Sexuality)–फ्रायड ने जन्म से लेकर वयस्कता तक मानव तथा उसके व्यक्तित्त्व के विकास पर प्रकाश डाला है। उनका कहना है कि वयस्क के व्यक्तित्त्व की रचना जीवन के आरम्भिक काल में ही हो जाती है। वह लगभग पाँच वर्ष की आयु तक पूर्ण हो जाती है। बच्चे की काम-वृत्ति वयस्क की काम-वृत्ति से भिन्न होती है। काम-वृत्ति से उत्तेजित वयस्क की भाँति बच्चे की काम-वृत्ति का कोई निश्चित लक्ष्य नहीं होता। बच्चे की काम-वृत्ति विकीर्ण अथवा असंगठित होती है। वह किसी विशेष वस्तु अथवा व्यक्ति में केन्द्रित नहीं होती है। इसके विपरीत वयस्क की काम-वृत्ति निश्चित लक्ष्य पर केन्द्रित होती है। बच्चे की काम-वृत्ति अपने-आप में सीमित होती है। वह स्वकाम विषयक आनन्द (Autoerotic Pleasure) की प्राप्ति अपने ही शरीर के विभिन्न कामोत्तेजक क्षेत्रों के द्वारा करता है, जैसे–मुँह (Mouth), होठ (Lips), गुदा (Anus), जननेन्द्रिय आदि।

विकास के मनोविश्लेषणात्मक सिद्धान्त के अनुसार बच्चा जन्म से पाँच वर्ष की आयु तक विकास की कई मनोलैंगिक अवस्थाओं से गुजरता है। उस विकासात्मक अनुक्रम (Sequence) में सर्वप्रथम मौखिक अवस्था (Oral Stage) आती है। इस

अवस्था में बच्चा अपने मुँह के उद्दीपन (Stimulation) द्वारा अपनी काम वृत्ति को तृप्त करता है, जैसे—चूसना, काटना, निगलना आदि। आगे के विकासात्मक अनुक्रम में काम-वृत्ति अथवा 'लिबिडो' का सामान्य विकास इस पर निर्भर है कि इस प्रथम मौखिक अवस्था की समस्याओं का कितना सफलतापूर्वक समाधान किया गया है। इस अवस्था में 'लिबिडो' की अनुपयुक्त तृप्ति के फलस्वरूप व्यक्तित्त्व मौखिक ढंग (Oral Type) का हो जाता है, जिसमें व्यक्ति अत्यधिक मौखिक आदतों में लीन रहता है, जैसे—धूम्रपान (Smoking), चुम्बन आदि। इस अवस्था की घटनाओं के कारण ही वयस्क व्यक्ति के व्यवहारों में अत्यधिक आशावाद से व्यंग्योक्ति तथा दोषदर्शिता तक देखने को मिलते हैं।

मनोलैंगिक विकास की दूसरी अवस्था है गुदावस्था (Anal Stage)। इस अवस्था में बच्चा अपनी काम-वृत्ति की तृप्ति मुँह के बदले मलोत्सर्ग की इन्द्रिय (गुदा) की क्रियाओं के द्वारा करता है। अब उसकी आसक्ति (Cathexez) मुँह के बदले गुदा की क्रियाओं में हो जाती है। फलस्वरूप गुदा क्षेत्र (Anal Zone) से ही काम विषयक आनन्द (Libidinal Plesure) प्राप्त करता है। इस अवस्था में बच्चा या तो मलोत्सर्ग कर देता है अथवा उसे रोक लेता है। इन दोनों ही हालतों में उसे आनन्द प्राप्त होता है।

तीसरी अवस्था, जिसे लैंगिक अवस्था (Phallic Stage) कहते हैं, में बच्चा अपने काम-वृत्ति की तृप्ति लैंगिक-क्षेत्रों (लिंग तथा योनि) के द्वारा करता है। बच्चे को काम-विषयक क्रिया में सामाजिक वातावरण से काफी प्रतिबन्ध एवं निराशा का सामना करना पड़ता है। अन्य पूर्व अवस्थाओं की अपेक्षा इसमें बच्चे से अधिक कड़े अनुशासन के पालन की अपेक्षा की जाती है। इस अवस्था में ही ओडिपस ग्रन्थि (Odipus Complex) का उदय होता है।

ग्रीक किंवदन्ती के अनुसार ओडिपस ने अनजाने में अपने पिता को मारकर अपनी माँ से शादी कर ली। इस अवस्था में बच्चे की आसक्ति विपरीत यौन के माता-पिता के साथ हो जाती है, जैसे—लड़के की यौनात्मक आसक्ति अपनी माँ के प्रति और लड़की की अपने पिता के प्रति हो जाती है। इस कारण लड़का अपने पिता से और लड़की अपनी माँ से डरने लगती है, क्योंकि वे उन्हें अपना प्रतिद्वन्द्वी समझने लगते हैं। फलस्वरूप लड़का अपनी यौन-वृत्ति को अपनी माँ के प्रति खुले तौर पर व्यक्त नहीं कर पाता और वे दमित होकर अचेतन में चली जाती हैं। दूसरे शब्दों में उसकी सारी यौनात्मक इच्छाएँ अव्यक्तावस्था (Latency Period) में प्रवेश कर जाती हैं। वे पुनः यौवनारम्भ में प्रकट होती हैं। फ्रायड का कहना था कि उनकी ओडिपस ग्रन्थि की खोज मनोविश्लेषण में एक प्रमुख देन है।[15] सामान्यतः बच्चे जब इस ग्रन्थि से मुक्त हो जाते हैं, तो भी इस अवस्था में अपने विपरीत यौन (Sex) के सदस्य के प्रति जो मनोवृत्ति विकसित कर लेते हैं, उसका प्रभाव वयस्क जीवन

में व्यक्त होता है, जबकि उनकी यौनात्मक आसक्ति अपने विपरीत यौन के सदस्य के प्रति होती है।

बाल्यकाल (Infancy) तथा यौवनारम्भ अथवा तारुण्य (Puberty) के बीच में अव्यक्तावस्था (Latency Period) आती है, जिसमें यौन-इच्छाएँ (Sex-Desires) समाज द्वारा स्वीकृत प्रेम-रीतियों में व्यक्त होती हैं। इस अवस्था में बच्चे अपने ही यौन एवं उम्र के साथियों के साथ अपना अधिक समय व्यतीत करते हैं। यह अवस्था लगभग पाँच वर्ष से बारह वर्ष तक चलती है। किशोरावस्था अथवा यौवनारम्भ (Puberty) में जननावस्था (Genital Stage) आती है। इस अवस्था में यौवनात्मक व्यवहार (Sexual Behaviour) स्पष्ट रूप से व्यक्त होने लगता है। यौन-अभिरुचि काफी प्रबल हो जाती है और विपरीत यौन के सदस्यों के प्रति निश्चित रूप से निर्देशित हो जाती है। परस्पर आदान-प्रदान की प्रवृत्ति इस अवस्था की प्रमुख विशेषता है। इस अवस्था का प्रधान लक्ष्य है यौन-सम्बन्ध अथवा मैथुन (Sexual Intercourse) के द्वारा प्रजनन सन्तानोत्पत्ति अथवा परस्पर आनन्द की प्राप्ति। यहाँ यह उल्लेख्य है कि यौन धारणा के विपरीत फ्रायड एक उच्च कोटि के नैतिक व्यक्ति थे, जिन्होंने सन्तानोत्पत्ति (प्रजनन) के अतिरिक्त मैथुन (यौवनात्मक सम्बन्ध) को कभी भी पसन्द नहीं किया और उसे काम विकृति (Sexual Perversion) माना।

सामान्य विकास में तो ये अनुक्रमात्मक अवस्थाएँ स्पष्ट रूप से दीख पड़ती हैं किन्तु सदा सामान्य विकास नहीं हो पाता। इसमें अनेक प्रकार की जटिलताएँ उत्पन्न होती हैं, क्योंकि मानव-शिशु 'बहुरूप काम-विकृत' (Polymorphous Perverse) होता है। दूसरे शब्दों में, उसकी यौन-वृत्ति सुनिश्चित रूप से सीमांकित नहीं होती तथा अपने को अनेक रूपों में व्यक्त करती है और अनेक वस्तुओं के साथ संलग्न होती है। सम्भवतः यही परिस्थिति समलिंग कामुकता (Homo Sexuality) के विकास में सहायक होती है, जबकि काम-वृत्ति अपने ही यौन के व्यक्तियों के प्रति संलग्न हो जाती है। यदि समलिंग कामुकता हल्के रूप में हो तो स्वकामुक व्यवहारों (Autoerotic Behaviour) को इतरलिंग कामुकता (Hetero Sexuality) में परिवर्तित करने में सहायक सिद्ध हो सकती है जबकि व्यक्ति की यौनात्मक आसक्ति विपरीत यौन के प्रति हो जाती है।

कुछ दूसरे भी ऐसे तरीके हैं जो यौन-वृत्ति के क्रमिक विकास में बाधक होते हैं जैसे—आबद्धता (Fixation)। यह किसी भी अवस्था के साथ हो सकती है। इसका कारण यह है कि किसी अवस्था विशेष के साथ व्यक्ति का समायोजन इतना अधिक संतोषप्रद हो सकता है कि वह दूसरी अवस्था में पहुँचने का प्रयास ही नहीं करता। उदाहरण के लिए, कोई लड़का अपनी माँ के साथ यौनात्मक आसक्ति से ही इतना अधिक सन्तुष्ट हो सकता है कि वह दूसरी स्त्री के साथ सम्बन्ध स्थापित करने की चेष्टा ही नहीं करता, जैसा कि 'ओडिपस-कॉम्प्लेक्स' से स्पष्ट है।

उच्च स्तर पर फ्रायड ने सभी स्नेहमय व्यवहार एवं मैत्री अथवा साहचर्य (Comradeship) को यौन-सन्तुष्टि के अन्तर्गत रखा है, जो बाल्यकाल में ही माँ के प्रति बच्चे की आसक्ति के कारण उत्पन्न होते हैं। साहित्य, कला, संगीत आदि के प्रेम को भी उन्होंने यौन वृत्ति के ही अन्तर्गत रखा है। सामान्य भाषा में हमलोग जिसे प्यार कहते हैं, उसे फ्रायड ने यौनात्मक (Sexual) माना है। सच पूछिए तो फ्रायड ने उदार अर्थ में किसी भी प्रकार के प्रेम अथवा आनन्द-प्राप्ति को यौनात्मक कहा है।

Id. Ego तथा Super Ego–आरम्भ में फ्रायड ने मानव व्यक्तित्त्व की व्याख्या चेतन, अचेतन तथा उपचेतन के आधार पर की, किन्तु बाद में उन्होंने अपने विचार में परिमार्जन किया और Id. Ego तथा Super Ego को भी व्यक्तित्त्व की व्याख्या के लिए अनिवार्य माना। अतः यहाँ Id. Ego तथा Super Ego की धारणाओं पर विचार करना अभीष्ट जान पड़ता है।

Id.— Id. व्यक्तित्त्व का ऐसा भाग है जहाँ व्यक्ति की कम-से-कम पहुँच की गुंजाइश है, क्योंकि यह आदिम (Primitive) एवं अचेतन (Unconscious) है। यह व्यक्तित्त्व का प्रधान पक्ष है। यह मानव जीवन की मूल प्रेरणात्मक शक्ति है। अतः यह मानव को आजीवन शक्ति प्रदान करता रहता है। इसमें मुख्यतः मानव की यौनात्मक इच्छाएँ सन्निहित रहती हैं। इसीलिए यह काम-शक्ति (Sexual Energy) का भण्डार माना जाता है। तभी तो इसे 'एक अव्यवस्था, एक खौलते हुए उत्तेजना के कड़ाह' ("AChaes a Cauldron of Suthing Exectation") की संज्ञा दी गई है। फ्रायड का विश्वास था कि इसका शारीरिक प्रक्रियाओं के साथ कहीं-न-कहीं सीधा सम्पर्क है जहाँ से मूल प्रवृत्यात्मक आवश्यकताएँ इच्छाओं में रूपान्तरित हो जाती हैं। यह व्यक्तित्त्व का सर्वाधिक गहन, दुर्बोध, अस्पष्ट तथा शक्तिशाली भाग है।

Id. प्राथमिक प्रक्रिया (Primary Process) के अनुसार कार्य सम्पादित करता है तथा आनन्द के सिद्धान्त (Pleasure Principle) से निर्देशित होता है। वास्तविकता (Reality) से इसका कोई सम्बन्ध नहीं होता। आनन्द का तात्पर्य है तनाव से मुक्ति। यह किसी नियम का पालन करना नहीं जानता क्योंकि इसे तर्क, नैतिकता तथा जीवन मूल्यों की कोई परवाह नहीं होती। यह तो बस एक ही बात जानता है अपनी इच्छा की पूर्ति, चाहे वह जैसे भी हो, क्योंकि यह बिलकुल अनुशासनहीन एवं अनियन्त्रित होता है। यह इच्छा की विभ्रमात्मक तृप्ति (Hallucinatory Satisfaction) तथा वास्तविक तृप्ति (Real Satisfaction) में भी भेद करना नहीं जानता। फ्रायड ने स्वयं कहा है–"निस्संदेह इड मूल्य का निर्णय करना नहीं जानता, अच्छा तथा बुरा नहीं जानता, नैतिकता नहीं जानता।"[16]

यद्यपि इड की यह प्रवृत्ति हैं कि वह जिस दिशा में जाना चाहता है, जाता है, तो भी कुछ दूसरी पद्धतियों (Systems) के अनुरूप होता है, और वह अनुरूपता

तनाव कम करने की आवश्यकता उत्पन्न करती है। वास्तव में यह मानव-अस्तित्व के लिए अनिवार्य है, क्योंकि मनुष्य इससे ही शक्ति ग्रहण कर सदा क्रियाशील बना रहता है। शारीरिक अंगों से इसका निकट सम्पर्क है और वहीं से शक्ति ग्रहण करता है, लेकिन तो भी यह 'सच्चा-मानसिक तन्त्र' (True Psychic System) है। हृदय, मस्तिष्क आदि के समान शरीर में इसका कोई स्थान नहीं है। सम्भवतः इसका स्थान वहीं है जहाँ मनुष्य के भावों (Feelings) का स्थान जैसे प्रेम का भाव, ईश्वर के प्रति भाव तथा उसके साहस अथवा कायरता की विशेषताओं का स्थान है। निष्कर्ष यह कि व्यक्ति को मूल रूप (Raw State) में इसका प्रत्यक्षीकरण सम्भव नहीं है। इसे स्वप्नों के द्वारा, मनोस्नायविक एवं मनोविक्षिप्त व्यवहारों के द्वारा ही कुछ समझा जा सकता है। बच्चों के व्यवहारों में भी इसकी अभिव्यक्ति होती है। वास्तव में Id. व्यक्तित्त्व का क्रियात्मक अचेतन पहलू है।

यद्यपि फ्रायड की Id. की धारणा के सम्बन्ध में काफी लिखा जा चुका है, लेकिन तो भी मनोविश्लेषण के किसी भी विद्यार्थी के लिए ठीक-ठीक यह बतलाना बड़ा कठिन है कि स्वयं फ्रायड ने Id के सम्बन्ध में क्या कहा है और बाद के लेखक (नव फ्रायडवादी एवं फ्रायड के आलोचक) क्या कहते हैं।

Ego—Id से ही Ego का विकास होता है। Id का वह भाग जो बाह्य सम्पर्क में आने के कारण जगत की वास्तविकता से परिमार्जित हो जाता है, Ego कहलाता है। अतः Ego, Id का ही पूरक है। यह सहायक प्रक्रिया (Secondary Process) के नियमों के अनुसार कार्य सम्पादित करता है तथा बाह्य जगत के सम्पर्क में आने के कारण वास्तविकता के सिद्धान्त से निर्देशित होता है, न कि Id के समान आनन्द के सिद्धान्त से। किन्तु, Ego का Id से स्वतन्त्र रूप में कोई अस्तित्व नहीं है, क्योंकि यह Id से ही शक्ति ग्रहण करता है। अतः यह सदा Id की सन्तुष्टि की चेष्टा करता है। इसका लक्ष्य यही होता है कि वास्तविकता का ध्यान रखते हुए समुचित ढंग से Id की इच्छाओं को तृप्त करे। ऐसा करने में वह कभी-कभी Id के आनन्द की माँग को तब तक के लिए भी रोक लेता है जब तक आनन्द की पूर्ति के लिए उपयुक्त वस्तु का चुनाव नहीं कर लेता जो उसको सन्तुष्टि प्रदान करे तथा तनाव को कम करे अथवा तनाव से बिलकुल मुक्त ही कर दे। इस प्रकार वातावरण को कुशलतापूर्वक मोड़ देना तथा Id को तदनुकूल संचालित करना, Ego की प्रमुख विशेषता है। स्पष्ट है कि Ego ही यह निर्णय करता है कि Id की किस इच्छा की पूर्ति की जाए और कैसे की जाए। निष्कर्ष यह कि Ego, Id की आवश्यकताओं की पूर्ति भी कर देता है और वास्तविकता की रक्षा भी। इसलिए हाइडब्रेडर ने उसे एक अवसरवादी तथा कूटनीतिज्ञ कहा है।[17] वास्तव में यदि Id बिलकुल स्वतन्त्र होता और उस पर Ego का नियन्त्रण नहीं होता और वह Id की सन्तुष्टि का समुचित तरीका नहीं निकालता तो Id नष्ट हो जाता।

अब हम Id तथा Ego के अन्तर को भली-भाँति समझ सकते हैं। जहाँ Ego व्यक्तित्त्व के तार्किक एवं व्यवस्थित पक्ष का प्रतिनिधित्व करता है, वहाँ Id बिलकुल तर्कहीन एवं अव्यवस्थित होता है। Ego में संगठनात्मक, आलोचनात्मक एवं संश्लेषणात्मक क्षमता होती है, जबकि Id असंगठन का प्रतीक है। Ego की स्थिति उस व्यवस्थापक के समान है जो किसी संस्था को इस प्रकार चलाए कि उस संस्था का मालिक तथा कर्मचारी दोनों समान रूप से सन्तुष्ट रहें।

Super Ego–फ्रायड के अनुसार व्यक्तित्त्व संरचना का तीसरा महत्त्वपूर्ण भाग है Super Ego, जो बाल्यकाल में ही विकसित हो जाता है। माता-पिता बाल्यकाल में अपने बच्चों को गलत व्यवहारों के लिए दण्डित तथा अच्छे व्यवहारों के लिए पुरस्कृत करते हैं। दण्ड के फलस्वरूप बच्चों में अन्तरात्मा (Conscience) का विकास होता है तथा पुरस्कार के कारण अहं आदर्श (Ego-ideal) विकसित होता है। अन्तरात्मा गलत व्यवहारों के लिए अपराध की भावना (Sence of Guilt) उत्पन्न करती है तथा अहं-आदर्श अच्छे व्यवहारों के लिए गर्व उत्पन्न करता है। Super Ego की अधिकांश क्रियाएँ अचेतन होती हैं। अतः इसके द्वारा सम्पादित अधिकांश क्रियाएँ प्राथमिक प्रक्रिया (Primary Process) के द्वारा निर्देशित होती हैं।

दण्ड एवं पुरस्कार के द्वारा माता-पिता अपने बच्चों को आचरण के नियम सिखलाते हैं, जिन्हें बच्चे आत्मसात करने की चेष्टा करते हैं। बच्चे अपने माता-पिता को अपना आदर्श मानते हैं, क्योंकि उनकी दृष्टि में वे श्रेष्ठ एवं शक्तिशाली होते हैं। फलस्वरूप वे उन्हीं के समान बनना चाहते हैं। अतः अचेतन रूप से वे उनके नैतिक दृष्टिकोण को अपना लेते हैं। फलतः उनमें क्या करना चाहिए क्या नहीं करना चाहिए के आधार पर Super Ego विकसित हो जाता है। इसीलिए यह 'ओडिपस-ग्रन्थि' का उत्तराधिकारी कहा गया है। इसमें ओडिपस-ग्रन्थि से सम्बन्धित सारे संवेग निहित रहते हैं। यहाँ यह उल्लेख्य है कि फ्रायड के अनुसार बच्चों में Super Ego का निर्माण सीधे (Directly) नहीं हो जाता बल्कि माता-पिता के Super Ego के आधार पर होता है। अतः Super Ego परम्परा का वाहक है, जो एक पीढ़ी से दूसरी पीढ़ी में जाता है। इसी धारणा के आधार पर फ्रायड ने इस बात की व्याख्या की है कि क्यों जातीय परम्पराएँ (Racial Traditions) अपेक्षाकृत स्थायी होती हैं तथा उनमें परिवर्तन एवं नए विकास की बहुत कम गुंजाइश होती है और यदि कोई नया विकास होता भी है, तो बहुत धीरे-धीरे। अतः Super Ego व्यक्ति की अचेतन नैतिकता का द्योतक है।

Super Ego आन्तरिक होता है। जब व्यक्ति अपने अन्दर Super Ego विकसित कर लेता है, तभी उसके व्यक्तित्व का विकास पूर्ण होता है। यद्यपि आरम्भ में बच्चों का व्यवहार माँ-बाप के नियन्त्रण से निर्देशित होता है, किन्तु जब

Super Ego का निर्माण हो जाता है तब, उनका व्यवहार आत्मनियन्त्रण (Self Control) से निर्देशित होने लगता है। वस्तुतः यह व्यक्तित्त्व का नैतिक अष्टा है। इसीलिए यह आदर्शवादी होता है न कि वास्तविकतावादी। इसका लक्ष्य है पूर्णता प्राप्त करना न कि आनन्द। कोई भी क्रिया अच्छी है या बुरी, इसका निर्णय यह उन सामाजिक मानदण्डों के आधार पर करता है जो इसे स्वीकृत होता है। इसके लिए वैसे सामाजिक मानदण्डों का कोई अर्थ नहीं है, जिसे इसने स्वीकार कर आत्मसात नहीं किया है। संक्षेप में, यह मानव जीवन के उच्चतर पक्ष का प्रतिनिधित्व करता है, जैसा कि फ्रायड ने स्वयं कहा है।[18] यह Id की इच्छाओं की संतुष्टि को केवल कुछ समय के लिए रोकने के बदले उसे पूर्ण रूप से दबा ही देता है।

यद्यपि यहाँ Id, Ego तथा Super Ego की अलग-अलग व्याख्या की गई है। किन्तु इसका यह तात्पर्य नहीं है कि व्यक्तित्त्व में इनका कोई अलग-अलग स्थान है। वस्तुतः मनुष्य जो कुछ भी करता है, उसमें Id, Ego तथा Super Ego आन्तरिक रूप से बिलकुल जुड़े हुए होते हैं। दूसरे शब्दों में, मनुष्य की सभी क्रियाओं पर इन तीनों का प्रभाव पड़ता है। निस्सन्देह इन तीनों के अपने-अपने काम हैं, लेकिन तो भी इनका अस्तित्व अलग-अलग नहीं है। ये परस्पर एक-दूसरे से बिलकुल संलग्न रहते हैं। फ्रायड ने स्वयं ही चेतावनी देते हुए कहा है कि इन तीनों में व्यक्तित्त्व को बाँटना उचित नहीं है। उन्हीं के शब्दों में "I must add a warning when you think of this dividing up of personality into ego, super ego and the Id. You must not imagine sharp dividing lines...we must allow what we have separated to merge again."

परस्पर विरोधी स्वभावों के कारण प्रायः Id, Ego तथा Super ego सन्तुलित रूप में साथ-साथ नहीं रह पाते। Ego के साथ Id तथा Super Ego का सदा संघर्ष चलता रहता है। Id वास्तविकता का विचार किए बिना अपनी संतुष्टि चाहता है। इसे Super Ego बर्दाश्त नहीं कर पाता। परिणामस्वरूप Ego असमंजस में पड़ जाता है, क्योंकि उसे वास्तविकता के साथ-साथ Id तथा Super Ego की मर्जी का पालन करना पड़ता है।

फ्रायड ने स्वयं कहा है : "बेचारे अहं को तीन कड़े स्वामियों की सेवा करनी पड़ती है और तीनों की माँगों के बीच सामंजस्य स्थापित करने के लिए सर्वोत्तम प्रयास करना पड़ता है।"[19] यदि Ego, Id को बिलकुल स्वतन्त्र छोड़ दे तो।

एक ओर वातावरण के दबाव तथा दूसरी ओर Id तथा Super Ego की माँगों के बीच सामंजस्य स्थापित करने के प्रयास में Ego सुरक्षात्मक तन्त्र (Defence Mechanisms) विकसित कर लेता है। सुरक्षात्मक तन्त्र व्यवहार के ऐसे ढंग हैं जो Ego के तनाव को दूर करते हैं। सामान्यतः ये सुरक्षात्मक तन्त्र अचेतन रूप से काम करते हैं। अतः Ego को इसकी जानकारी नहीं होती। फलस्वरूप ये सुरक्षात्मक तन्त्र वास्तविकता को विकृत रूप देने में समर्थ होते हैं। कुछ प्रमुख सुरक्षात्मक तन्त्र हैं

दमन (Repression), प्रतिक्रिया-निर्माण (Reaction Formation), प्रतिगमन (Regression), युक्त्याभास (Rationalization), उन्नयन (Sublimation), तादात्म्य (Identification) तथा प्रक्षेपण (Projection)।

मूल प्रवृत्तियाँ
(Instincts)

फ्रायड के सम्पूर्ण चिन्तन तथा सिद्धान्तों के मूल में मूल प्रवृत्ति की धारणा है। मूल प्रवृत्ति शब्द काफी विवादास्पद है। यद्यपि इसकी कोई भी सर्वमान्य तथा निश्चित परिभाषा नहीं की जा सकी है, फिर भी इसका प्रयोग धड़ल्ले के साथ किया जाता है। फ्रायड ने जर्मन में 'Trieb' शब्द का प्रयोग किया है, जिसका अंग्रेजी रूपान्तरण अनुप्रेरणात्मक शक्ति (Driving Force) अथवा आवेश (Wege) के रूप में किया जा सकता है। फ्रायड की मूल प्रवृत्ति आनुवंशिक नहीं है, बल्कि, मानसिक उद्दीपन का आन्तरिक स्रोत है जिसका लक्ष्य है उद्दीपन को कम करना अथवा दूर करना जो उपयुक्त वस्तु द्वारा ही सम्भव है। उदाहरण के लिए जब व्यक्ति काम-वृत्ति से उत्तेजित होता है तो विपरीत यौन के सदस्य द्वारा ही सन्तुष्टि प्राप्त करता है। अतः मूल प्रवृत्ति के चार प्रधान पक्ष हैं : स्रोत (Source), लक्ष्य (Aim), वस्तु (Object) तथा प्रेरक शक्ति अथवा आवेश (Impulse) स्रोत है–शारीरिक प्रक्रिया जो उद्दीपन उत्पन्न करती है, लक्ष्य है सन्तुष्टि, वस्तु वह है जिसके साथ सम्बन्ध स्थापित हो जाता है, क्योंकि वही सन्तुष्टि प्रदान कर सकती है तथा मूल प्रवृत्ति के पीछे काम करने वाली शक्ति प्रेरक वृत्ति अथवा आवेग (Impetus) है। फ्रायड का यह भी कहना है कि मूल प्रवृत्ति विविध रूपों में अपने को अभिव्यक्त करती है।

जीवन तथा मृत्यु की मूल प्रवृत्तियाँ
(Life and Death Instincts)

प्रेम अथवा जीवन की मूल प्रवृत्ति (Eros) तथा मृत्यु अथवा विनाश की मूल प्रवृत्ति (Thantos)–1920 में फ्रायड इस निष्कर्ष पर पहुँचे कि सम्पूर्ण मानसिक जीवन में जो मूल प्रवृत्तियाँ सदा सक्रिय रहती हैं, उन्हें दो वर्गों में बाँटा जा सकता है–जीवन की मूलवृत्तियाँ (Life Instincts) तथा विनाश अथवा मृत्यु की मूल प्रवृत्तियाँ। जीवन की मूल प्रवृत्तियों में भूख, प्यास तथा सेक्स (यौन) निहित है और उनका सम्बन्ध आत्म-संरक्षण (Self-preservation) तथा जातीय जीवन को कायम रखने (Racial Survival) से है। काम-शक्ति के माध्यम से जीवन की मूल प्रवृत्तियाँ अभिव्यक्त होती हैं। जीवन की मूल प्रवृत्तियों में रचनात्मक शक्तियाँ (Creative Forces) निहित रहती हैं जो स्वतः जीवन के मूल में विद्यमान होती हैं। जीवन की मूल प्रवृत्तियाँ शक्ति के सतत संगठन के लिए काम करती हैं।

मृत्यु की मूल प्रवृत्तियों में विनाशात्मक शक्तियाँ काम करती हैं। इसीलिए ये व्यक्ति में असंगठन लाती हैं। इनका लक्ष्य है व्यक्ति का अन्त, उसकी मृत्यु। ये अपनी पूर्व अवस्था में लौट जाना चाहती हैं। चूँकि प्रत्येक जीवित पदार्थ मृत पदार्थ से उत्पन्न होता है, इसलिए उसकी अन्तिम पूर्व अवस्था है पूर्ण शान्ति अथवा मृत्यु की अवस्था। फ्रायड के ही शब्दों में "सम्पूर्ण जीवन का लक्ष्य है मृत्यु।"[20]

मृत्यु की मूल प्रवृत्ति की धारणा इस मान्यता पर आधारित है कि व्यक्ति में पुनरावृत्ति की प्रवृत्ति होती है। यह पुनरावृत्ति की प्रवृत्ति विभिन्न रूपों में तथा सभी उम्र में देखने को मिलती है। बच्चों में बार-बार एक ही खेल खेलने की प्रवृत्ति होती है। वे बार-बार एक ही कहानी सुनना चाहते हैं। उन्हें एक ही प्रकार के दिवास्वप्न बार-बार होते हैं। फ्रायड ने अपने रोगियों में पाया कि वे बार-बार एक ही प्रकार की गलती करते हैं। पुनरावृत्ति की इस प्रवृत्ति को उन्होंने पुनरावृत्ति बाध्यता (Repetition Compulsion) की संज्ञा दी। वास्तव में फ्रायड का मूल सिद्धान्त पुनरावृत्ति की धारणा पर आधारित था, क्योंकि उन्होंने मनुष्य के बाद के जीवन की व्याख्या सदा बाल्यकाल की अनुभूतियों एवं व्यवहारों के आधार पर की जो काम-शक्ति (Libidinal Energy) द्वारा जीवन की आरम्भिक अवस्थाओं में ही निर्धारित हो जाती है। विलियम जेम्स ने भी जीवन में आदत के महत्त्व को स्वीकार किया था जिसका आधार है पुनरावृत्ति।

फ्रायड का कहना है कि आरम्भ से ही मनपुष्य में जीवन और उत्कर्ष (Eros) तथा मृत्यु एवं अपकर्ष (Themtos) की प्रवृत्ति होती है। उसमें प्रेम एवं निर्माण (Eros) तथा घृणा एवं विनाश (Thamtos) की प्रवृत्ति होती है। जिस प्रकार काम-वृत्ति (Libido) प्राणी के अन्दर उत्पन्न होती है, किन्तु बाह्य वस्तुओं के साथ सम्बद्ध हो जाती है, उसी प्रकार मृत्यु की मूल प्रवृत्ति अधिकांशतः दूसरों को मारने की इच्छा के रूप में अभिव्यक्त होती है, न कि स्वतः मरने की इच्छा के रूप में। जब इसका झुकाव बाहर की ओर होता है, तो यह दूसरों को नष्ट करने, कष्ट पहुँचाने तथा घृणा करने की इच्छा में अभिव्यक्त होती है। इसमें विद्वेष (Hostility) तथा आक्रामक (Aggressive) प्रवृत्ति की प्रधानता होती है। जब इसे इन प्रवृत्तियों को बाह्य वस्तु अथवा व्यक्ति पर अभिव्यक्त करने का अवसर नहीं मिलता अथवा निराशा होती है, तो आत्महत्या की प्रवृत्ति काम करती है। काम-वृत्ति के समान मृत्यु की मूल-प्रवृत्ति का क्षेत्र भी अत्यन्त व्यापक है। यह केवल नरहत्या तथा आत्महत्या तक ही सीमित नहीं होता, बल्कि इसमें हल्के ढंग की आक्रामकता भी पाई जाती है, जैसे—आत्म-दण्ड (Self Punishment) तथा आत्म निन्दा (Self Condemnation), अपने प्रतिद्वन्द्वियों के बीच ईर्ष्या एवं अपने अधिकारी के विरुद्ध विद्रोह। इस प्रकार फ्रायड ने यह स्वीकार किया कि विद्वेष एवं आक्रमण तथा सेक्स का व्यक्तित्त्व-निर्माण में महत्त्वपूर्ण स्थान है। वस्तुस्थिति यह है कि जैसे-जैसे वे अधिक उम्र के होते गए, वैसे-वैसे उन्होंने

महसूस किया कि आक्रामक प्रवृत्ति मनुष्य को सर्वाधिक रूप से प्रभावित करती है। उन्होंने स्वतः अपने में भी आक्रामक प्रवृत्ति की प्रधानता को महसूस किया।

विद्वेष (Hostility) तथा आक्रामकता (Aggressiveness)

यद्यपि फ्रायड ने अपने आरम्भिक विचारों में भी विद्वेष का उल्लेख किया है, किन्तु उस समय उन्होंने इसके बुनियादी महत्त्व को स्वीकार नहीं किया। उदाहरण के लिए, ओडिपस ग्रन्थि में लड़के को अपने पिता के प्रति विद्वेष की भावना होती है क्योंकि वह उन्हें अपना प्रतिद्वन्द्वी समझता है। माँ के प्रति उसके प्रेम में वे बाधक सिद्ध होते हैं। किन्तु अपने आरम्भिक सिद्धान्त में फ्रायड ने विद्वेष को निराश काम-वृत्ति (लिबिडो) का स्वयं सिद्ध परिणाम माना, उसके स्वतन्त्र अस्तित्व को नहीं माना। इस स्थिति में तब परिवर्तन आया जब उन्होंने मृत्यु की मूल-प्रवृत्ति को स्वीकार कर लिया। अब उनके सामने यह प्रश्न उठ खड़ा हुआ कि परपीड़क प्रणोदन (Sadistic Drive), जिसका लक्ष्य होता है प्यार की वस्तु को पीड़ा पहुँचाना, जीवन को कायम रखने वाली जीवन की मूल-प्रवृत्ति से कैसे उत्पन्न हो सकता है?[21] (1920) अतः प्रेम घृणा की द्वैधवृत्ति दो मूल प्रणोदनों का विलयन अथवा मिश्रण होगी, न कि काम-वृत्ति (Libido) की विकृत्ति (Distortion) मात्र। वास्तव में, कोई भी मूर्त्त प्रणोदन प्रेम-घृणा तथा रचनात्मकता-विनाशिता का विलयन है।

समाज मनोविज्ञान पर विचार करते हुए अपने आरम्भिक चिन्तन में फ्रायड ने व्यक्ति के यौनात्मक माँगों (Sexual Demands) तथा सामाजिक जीवन के द्वारा प्रतिरोध के बीच संघर्ष पर जोर दिया। अपने बाद के चिन्तन में उन्होंने मानव के बीच के विद्वेष पर काम-वृत्ति के समान ही जोर दिया और यह भी स्पष्ट किया कि यह विद्वेष सभ्यता के विकास में बाधक सिद्ध होता है (1930)।[22] व्यक्ति में न्याय-ईमानदारी की माँग ईर्ष्या से उत्पन्न होती है। परिवार में प्रत्येक बच्चा प्रिय पात्र बनना चाहता है और जब ऐसा नहीं हो पाता, तब उसकी यह माँग होती है : "यदि मैं प्रिय पात्र नहीं बन सकता तो तुम भी नहीं। हम सभी बराबर हैं (1921)।"[23] जीवन की मूल प्रवृत्ति परिवार, वंश तथा समूह के सदस्यों को एक सूत्र में बाँध देती है। एक सूत्र में बाँधने के आधार हैं प्रेम तथा न्याय। किन्तु बाह्य समूह के सदस्यों के प्रति उनमें विद्वेष एवं आक्रामकता होती है। इन दोनों प्रधान प्रणोदनों (प्रेम एवं विद्वेष) के बीच संघर्ष एवं विलयन से ही सभ्यता का विकास होता है।

फ्रायड के उन निष्ठावान् अनुयायियों को जिन्हें 'लिबिडो' के सिद्धान्त में पूर्ण आस्था हो चुकी थी, मृत्यु की जीवन-प्रवृत्ति गले नहीं उतर पाई क्योंकि इसने मानव-जीवन का अति अप्रिय चित्र प्रस्तुत किया। जहाँ तक फ्रायड का सम्बन्ध है, जैसे-जैसे वे अधिक आयु के होते गए, वैसे-वैसे उनका इसमें विश्वास बढ़ता गया।

स्वयं अपने में भी उन्हें विद्वेष तथा आक्रामकता की प्रधानता जान पड़ने लगी। उनमें घृणा का संवेग भी प्रबल होता गया। उन्होंने कहा कि सेक्स की मूल प्रवृत्ति जितनी सत्य है आक्रामकता की मूल-प्रवृत्ति उससे कहीं अधिक सत्य है।[24]

चिन्ता
(Anxiety)

आरम्भ से ही फ्रायड के सिद्धान्त में चिन्ता का महत्त्वपूर्ण स्थान रहा है। बाद के उनके संशोधनों में भी इसकी प्रधानता बनी रही। फलस्वरूप 1924 में उनका 'मोनोग्राफ' जर्मन भाषा में प्रकाशित हुआ, जिसका अंग्रेजी अनुवाद 1926 में 'चिन्ता की समस्या' (The Problem of Anxiety) के नाम से हुआ।[25] मनोविश्लेषण में और मुख्यतः स्नायुविकृति (Neurosis) तथा मनोविकृति (Psychosis) की व्याख्या के सन्दर्भ में फ्रायड ने चिन्ता का उल्लेख किया है। फ्रायड ने तीन प्रकार की चिन्ता की चर्चा की है—वस्तुनिष्ठ चिन्ता (Objective Anxiety) स्नायविक चिन्ता (Neurotic Anxiety) तथा नैतिक चिन्ता (Moral Anxiety)।

वास्तविक खतरे या भयावह परिस्थितियों से उत्पन्न चिन्ता को वस्तुनिष्ठ चिन्ता अथवा वास्तविक (यथार्थवादी) चिन्ता कहते हैं, जैसे—युद्ध, भूकम्प आदि परिस्थितियों से उत्पन्न चिन्ता। स्नायु विकृति सम्बन्धी चिन्ता (Neurotic Anxiety) मूल प्रवृत्यात्मक तृप्ति में निहित खतरे के भय से उत्पन्न होती है। व्यक्ति अपनी मूल प्रवृत्ति की तृप्ति के क्रम में ऐसा व्यवहार करता है जो 'इड' के द्वारा निर्देशित होती है। वह वास्तविकता से बिलकुल दूर आवेशपूर्ण (Impulsive) व्यवहार होता है जहाँ तर्क और विवेक की कोई गुँजाइश नहीं होती। स्वभावतः उसमें दण्ड का भय विद्यमान रहता है। फलस्वरूप व्यक्ति में चिन्ता उत्पन्न होती है। नैतिक चिन्ता अन्तरात्मा (Conscience) के द्वारा दण्डित होने के भय से उत्पन्न होती है। अन्तरात्मा का निर्माण नैतिक मूल्यों के आधार पर होता है। अतः जब कोई व्यक्ति मान्य नैतिक मूल्यों के विरुद्ध आचरण करता है अथवा आचरण करने के बारे में सोचता है, तो वह अपराध की भावना (Sense of Guilt) का अनुभव करता है। ऐसी स्थिति में नैतिक चिन्ता व्यक्ति की सुविकसित अन्तरात्मा पर निर्भर है। जिसकी अन्तरात्मा जितनी ही अधिक विकसित होगी, उसमें नैतिक चिन्ता उतनी ही अधिक होने की सम्भावना रहेगी। इसके विपरीत, जिसकी अन्तरात्मा जितनी ही कम विकसित होगी, उसमें नैतिक चिन्ता की सम्भावना उतनी ही कम होगी।

चिन्ता व्यक्ति में तनाव उत्पन्न करती है और उसे तनाव कम करने के लिए अनुप्रेरित करती है। फ्रायड के अनुसार अहं चिन्ता के विरुद्ध अनेक प्रकार की सुरक्षात्मक प्रक्रियाएँ (Defence Mechanism) विकसित कर व्यक्ति को चिन्तामुक्त करता है। ऐसी सुरक्षात्मक प्रक्रियाओं में प्रमुख हैं—दमन (Repression), उन्नयन

(Sublimation), तादात्म्य (Identification), प्रक्षेपण (Projection), प्रतिगमन (Regression), प्रतिक्रिया निर्माण (Reaction Formation) आदि।

भय अथवा चिन्ता के अतिरिक्त सभी प्रेरक वृत्तियाँ (Motives) 'इड' के द्वारा संचालित होती हैं। किन्तु भय अथवा चिन्ता अहं की विशेषता है। अतः यह अहं के द्वारा संचालित होती है। अहं के सम्बन्ध में फ्रायड का कहना है कि यह कमजोर भी हो सकता है तथा मजबूत भी। अहं की कमजोरी का उल्लेख करते हुए उन्होंने कहा है कि इसे तीन निरंकुश शासकों को प्रसन्न रखना पड़ता है–एक बाह्य विश्व, दूसरा पराहम (Super Ego) तथा तीसरा 'इड'। ऐसी स्थिति में अहं तीन तरफ से घिरा हुआ होंता है और उसे तीन प्रकार के खतरों का सामना करना पड़ता है, जब वे बर्दाश्त के बाहर होने लगते हैं तो वह चिन्ता विकसित कर उनके प्रति अपनी प्रतिक्रिया व्यक्त करता है।[26]

फ्रायड ने यह भी कहा है कि अहं इस अर्थ में मजबूत भी होता है कि वह 'लिबिडो' तथा विनाशात्मक प्रणोदन की शक्तियों को इस प्रकार नियोजित करता है कि उनका उपयोग उन्नमित रूप (Sublimated Form) में किया जा सके। फ्रायड ने यह भी कहा है कि अहं की अपनी भी शक्तियाँ होती हैं। उनके इन विचारों के आधार पर ही 'अहं के मनोविज्ञान' (Ego Psychology) की दिशा में उनके आरम्भिक सिद्धान्त का विकास हुआ जिसमें हार्टमैन, रपापोर्ट अन्ना, फ्रायड आदि के प्रमुख योगदान हैं।

मानसिक नियतिवाद
(Psychic Determinism)

नियतिवाद एक विश्वास अथवा ऐसी वैज्ञानिक अवधारणा है जिसके अनुसार प्रकृति में घटित होने वाली सभी घटनाओं के पर्याप्त कारण होते हैं, अचानक कोई भी घटना नहीं घटित होती। मानसिक नियतिवाद का तात्पर्य यह है कि सभी मानसिक घटनाओं अथवा क्रियाओं के मानसिक कारण होते हैं। मनुष्य की प्रत्येक क्रिया, चिन्तन अथवा संवेग के कारण होते हैं। जहाँ कोई चेतन कारण नहीं होता, वहाँ अचेतन कारण क्रियाओं को निर्धारित करता है। दैनिक जीवन की मनोविकृति, जैसे बोलने की भूल अथवा लिखने की भूल अचेतन प्रेरक वृत्ति के कारण होती है। अचेतन रूप से हम जिसे भूलना चाहते हैं, उसे ही भूलते हैं। हम स्वप्न इसलिए देखते हैं कि उससे हमारी अतृप्त अचेतन इच्छाओं की पूर्ति होती है। स्वप्न अकारण नहीं होते। इसी तरह स्नायुविकृति के रोगी मनोग्रस्तता-बाध्यता चाहते हैं, इसलिए उनमें ये लक्षण दीख पड़ते हैं। यह सम्भव है कि वे चेतन रूप से यह नहीं चाहते, किन्तु अचेतन रूप से ऐसा चाहते हैं। फ्रायड के जो अनुयायी अन्य बातों को लेकर उनसे अलग हो गए, वे भी मानसिक नियतिवाद की अवधारणा से सहमत हैं। उनका यह विश्वास

है कि मानसिक रोग के प्रत्येक लक्षण का अर्थ होता है। वह अर्थ अचेतन प्रेरक वृत्तियों तथा अचेतन तृप्तियों के सन्दर्भ में समझा जा सकता है। इसीलिए फ्रायड ने अनुप्रेरणा (Motivation) को व्यवहारतः मनोविज्ञान का सम्पूर्ण क्षेत्र माना है।[27]

फ्रायड के मनोविश्लेषण का मूल्यांकन

वैज्ञानिक दृष्टिकोण से मनोविश्लेषणात्मक सिद्धान्तों को सिद्ध करना अथवा उनका खण्डन करना सम्भव नहीं है। कारण यह है कि विज्ञान केवल प्रयोगात्मक प्रमाण को ही स्वीकार करता है और प्रयोगात्मक प्रमाण किसी भी प्रश्न का निश्चित उत्तर चाहता है। वह 'हाँ' या 'ना' में, अथवा प्रतिशत (निश्चित मात्रा) में उत्तर चाहता है। मनोविश्लेषण में ऐसा उत्तर सम्भव नहीं है। इसका कारण यह है कि फ्रायड का मनोविश्लेषण चिकित्सकीय अनुभवों एवं निरीक्षणों पर आधारित है, न कि प्रयोगशाला में होने वाले प्रयोगों पर। इस पर सामान्यतः सांख्यिकीय विधियाँ भी लागू नहीं हो पातीं जो वैज्ञानिकता के लिए आवश्यक मानी जाती हैं। इस प्रकार मनोविश्लेषणात्मक सिद्धान्त के मूल्यांकन में वैज्ञानिक प्रमाण का प्रश्न एक बहुत बड़ी बाधा है। उदाहरण के लिए, काम-वृत्ति (Id), अहं (Ego), पराहम् (Super Ego), दमन (Repression) जैसी धारणाओं पर प्रयोगात्मक विधि को लागू नहीं किया जा सकता। फिर भी मनोविश्लेषकों एवं पारम्परिक मनोवैज्ञानिकों के द्वारा मनोविश्लेषण की कुछ धारणाओं पर विज्ञान की प्रयोगात्मक एवं सांख्यिकीय विधियों को लागू करने के प्रयास किए गए हैं, जैसे स्वतन्त्र साहचर्य सम्बन्धी प्रयोग (Free Association Experiment)। पशु मनोविज्ञान में भूख एवं यौन (Sex) सापेक्ष शक्ति (Strength) पर प्रयोग किए गए हैं। मानवों पर भी प्रश्नावली (Questionnaire) तथा मूल्यांकन मापनी (Rating Scale) के सहारे प्रयोग किए गए हैं। इनके द्वारा प्राप्त प्रदत्त (Data) यदि सकारात्मक (Positive) भी होते हैं, तो भी अप्रत्यक्ष (Indirect) होती हैं और वे समर्थक (Corroborative) मात्र माने जा सकते हैं, न कि निष्कर्षात्मक। अधिकांश मनोविश्लेषकों ने ऐसे अध्ययनों को निरर्थक एवं आपत्तिजनक माना है, क्योंकि उनके अनुसार ऐसे अध्ययन व्यक्ति के अध्ययन में सहायक होने के बदले उसे और भी दुर्बोध बना देते हैं। फलस्वरूप उसकी सूक्ष्म स्वभावगत विशेषताओं को समझना कठिन हो जाता है, जबकि उन्हें विचार के केन्द्र-बिन्दुओं में होना चाहिए।

यहाँ यह उल्लेख्य है कि मनोविश्लेषण पारम्परिक मनोविज्ञान से भिन्न प्रकार के प्रकार प्रस्तुत करता है। जहाँ पारम्परिक मनोविज्ञान प्रयोगों एवं परीक्षणों के आधार पर प्राप्त प्रदत्तों के सहारे मानव-व्यवहार की व्याख्या करता है, वहाँ मनोविश्लेषण चिकित्सा के क्रम में प्राप्त अनुभवों के आधार पर। वास्तव में मनोविश्लेषण मनोविज्ञान की मुख्य धारा से अलग विकसित ही हुआ है। इसके साथ-ही-साथ मनोविश्लेषण के संस्थापक फ्रायड एक बाहरी व्यक्ति भी थे। अतः मनोवैज्ञानिकों ने फ्रायड की

चिन्तन धारा को विचार का विषय ही नहीं माना। शैको के शब्दों में, "फ्रायड के विचारों को अन्य क्रान्तिकारी विचारों की अपेक्षा मनोविज्ञान में स्वीकृति पाने के लिए अधिक बाधाओं को पार करना पड़ा।"[28]

फ्रायड के विचारों की स्वीकृति में पहली बाधा तो यह थी कि मनोविज्ञान की प्रगति के साथ फ्रायड के विचारों का कोई तारतम्य नहीं था। अतः मनोवैज्ञानिकों को अपने तथा अपने पूर्ववर्ती चिन्तकों के विचारों के साथ फ्रायड के विचारों को सम्बन्धित करने का कोई सार्थक तरीका ही नजर नहीं आया।

दूसरी बाधा यह थी कि फ्रायड तथा उनके अधिकांश अनुयायी चिकित्सा विज्ञान में प्रशिक्षित थे, न कि मनोविज्ञान में। फलस्वरूप उनके विचारों की अभिव्यक्ति एवं चिन्तन, दोनों ही पारम्परिक मनोविज्ञान से भिन्न थे।

तीसरी बाधा यह थी कि अपने आरम्भिक काल में मनोविज्ञान विशुद्ध विज्ञान बनने के क्रम में विधि-केन्द्रित (Method-centred) था, जबकि मनोविश्लेषण समस्या-केन्द्रित (Problem-Centred) था। इसीलिए जहाँ मनोविज्ञान की अभिरुचि प्राकृतिक विज्ञान (Natural Science) की विधियों के सहारे मानव-व्यवहार के सामान्य नियमों की खोज करने में थी, वहाँ मनोविश्लेषण का लक्ष्य था चिकित्सा द्वारा मानसिक रोगियों को सहायता प्रदान करना।

विषय-वस्तु तथा लक्ष्य में भिन्नता के कारण यह स्वाभाविक ही था कि मनोविज्ञान और मनोविश्लेषण के दृष्टिकोणों में अन्तर हो तथा दोनों दो प्रकार की विधियों को अपनाकर मानव-व्यवहार को समझने तथा उसकी व्याख्या करने का प्रयास करें। फलस्वरूप जहाँ मनोविज्ञान ने सीखने, स्मरण करने जैसी विशिष्ट क्रियाओं के अध्ययन पर जोर दिया, वहाँ फ्रायड ने मानव-व्यवहार अथवा व्यक्तित्त्व को समग्रता में समझने एवं व्याख्या करने की चेष्टा की।

फ्रायड के अपरिष्कृत प्रदत्तों (Raw Data) की भी आलोचना हुई क्योंकि रोगियों ने चिकित्सा के क्रम में जो विवरण दिया उसकी सत्यता (Validity) का निर्धारण सम्भव नहीं था। उसका सत्यापन (Verification) भी सम्भव नहीं था। इसलिए यह कहा जा सकता है कि सिद्धान्त निर्माण के लिए फ्रायड का मूल प्रदत्त ही अपूर्ण तथा अनिश्चित था। इन प्रदत्तों के आधार पर फ्रायड किस प्रकार अनुमान (Inference) तथा निष्कर्ष पर पहुँचे, यह नहीं कहा जा सकता। उन्होंने किस प्रक्रिया को अपनाया, यह संदिग्ध है। हॉल तथा लिंडजे (Hall and Lindzey, 1970)[29] का कहना है कि फ्रायड ने निष्कर्ष तो प्रस्तुत किया, किन्तु यह स्पष्ट नहीं किया कि किन प्रदत्तों के आधार पर निष्कर्ष निकाला गया तथा किस विधि को अपनाकर प्रदत्तों का विश्लेषण किया गया। साथ-ही-साथ उन्होंने अपने निष्कर्षों का क्रमबद्ध विवरण भी प्रस्तुत नहीं किया। इसके अतिरिक्त अपने प्रदत्तों को संख्यात्मक स्वरूप प्रदान करने की भी चेष्टा नहीं की। ऐसी स्थिति में उनके निष्कर्षों की विश्वसनीयता (Reliability) अथवा

सांख्यिकीय सार्थकता (Statistical Significance) निर्धारित करना भी सम्भव नहीं है। अतः विधि की वैज्ञानिकता एवं सिद्धान्त-निर्माण, दोनों ही दृष्टियों से ये आपत्तियाँ गम्भीरता के साथ विचार करने योग्य हैं।

अब तक यह विचार किया गया कि किस हद तक मनोविश्लेषण की प्रदत्त-संग्रह, सामान्यीकरण एवं निष्कर्ष पर पहुँचने की विधियाँ दोषपूर्ण हैं। अब यह प्रस्तुत किया जाएगा कि मनोविश्लेषणात्मक सिद्धान्त में कौन-कौन सी धारणाएँ आपत्तिजनक हैं।

फ्रायड की कामवासना (सेक्स) सम्बन्धी धारणा की सर्वाधिक आलोचना हुई है। आलोचकों का कहना है कि फ्रायड ने अपने आरम्भिक सिद्धान्त में सेक्स पर और बाद के सिद्धान्त में विद्वेष (Hostility) एवं आक्रामकता (Aggressiveness) पर आवश्यकता से अधिक जोर दिया है। कुछ लोगों का तो यह भी कहना है कि उन्होंने सभी क्रियाओं को सेक्स के रूप में ही ग्रहण किया है, जो आपत्तिजनक है। इस सन्दर्भ में यह स्पष्ट कर देना अनिवार्य जान पड़ता है कि उन्होंने ऐसा कभी नहीं कहा है कि सभी क्रियाओं के मूल में सेक्स ही है। उन्होंने अहं (Ego) के महत्त्व को भी स्वीकार किया है जो काम वृत्ति का दमन करता है। सेक्स के अतिरिक्त उन्होंने आत्म-परिरक्षण (Self Preservation) की प्रवृत्ति को भी स्वीकार किया है। पर यह निश्चित रूप से कहा जा सकता है कि उन्होंने मानव-व्यवहार में काम-वृत्ति को एक प्रबल शक्ति के रूप में ग्रहण किया है। दूसरी बात जिस पर आपत्ति की जाती है, वह यह कि उन्होंने 'काम-वृत्ति' (Sex) शब्द के स्वीकृत सामान्य अर्थ से भिन्न इसका प्रयोग अति व्यापक अर्थ में किया है जो अस्पष्ट है। यह समझना कठिन है कि उन्होंने किसी क्रिया को कब कामुकता (Sexual) माना है। इन आपत्तियों के बावजूद फ्रायड का काम-वृत्ति पर अधिक़ जोर देना अनुचित नहीं कहा जा सकता।

हाइडब्रेडर का कहना है कि पारम्परिक मनोविज्ञानों के द्वारा यह विषय स्पष्ट रूप से उपेक्षित था तथा फ्रायड का इस पर अधिक जोर देना मानव-व्यवहार की व्याख्या में काम-वृत्ति को उसका उचित स्थान दिलाने की दिशा में सम्भवतः एक आवश्यक कदम था।[30]

फ्रायड की आक्रामकता (Aggressiveness) की धारणा की भी आलोचना की गई है। आलोचकों का कहना है कि 'आक्रामकता' एक अस्पष्ट शब्द है क्योंकि इसका प्रयोग कभी क्रोध एवं विद्वेष के रूप में किया गया है, तो कभी ओज (Vigor) एवं पहल करने की क्षमता (Initiative) के रूप में।

अन्त में यह कहा जा सकता है कि सभी मानव-क्रियाओं को कामुक (Erotic) अथवा विध्वंसक (Destructive) अथवा इन दोनों के विलयन का संयोग मानना एक भूल है। कुछ प्रेरक वृत्तियाँ बहिर्गामी एवं रचनात्मक होती हैं, किन्तु कामुक नहीं होतीं और कुछ ऊर्जस्वी एवं उद्यमशील होती हैं, किन्तु युद्धकारी नहीं होतीं।[31]

फ्रायड के द्वारा प्रतिपादित बाल्यकाल-कामुकता (Infantile Sexuality) की धारणा भी आपत्तिजनक है। उन्होंने जिन प्रमाणों के आधार पर बाल्य-काल कामुकता की धारणा प्रस्तुत की, वह मान्य नहीं है। उन्होंने अपने रोगियों के विश्लेषण के क्रम में यह महसूस किया कि विश्लेषण को वर्तमान अवस्था तक सीमित न रखकर बाल्यकाल तक हो जाना अनिवार्य है, क्योंकि वहाँ उन्होंने काल्पनिक सम्मोहन अथवा शीलभंग (Seduction) की प्रवृत्ति का प्रमाण पाया। किन्तु इस तथ्य की व्याख्या फ्रायड से भिन्न ढंग से भी की जा सकती है। कुछ आलोचकों का कहना है कि क्या बाल्यकाल की अनुभूतियों के विश्लेषण में 'कामुकता' (Sexual) शब्द का अर्थ नहीं बदला जा सकता था? दूसरी बात यह कि फ्रायड का यह सिद्धान्त केवल उनके सम्प्रत्ययों (Convictions) पर आधारित हैं तथा उनके सम्प्रत्ययों के आधार हैं उनके व्याक्तिगत अनुभव एवं निरीक्षण। चूँकि उनके सम्प्रत्यय बिलकुल वैयक्तिक हैं, इसलिए उन पर आधारित ज्ञान वैज्ञानिक नहीं माना जा सकता। फ्रायड ने अपने विचारों के समर्थन में स्वयं कहा है कि उनके जो भी विचार हैं, वे असंख्य निरीक्षणों एवं अनुभवों पर आधारित हैं। किन्तु आलोचक फ्रायड के केवल इतना कह देने से सन्तुष्ट नहीं हैं। उनका तर्क यह है कि फ्रायड ने जो कुछ भी कहा है, वह वैज्ञानिक भाषा में नहीं है और इसलिए मान्य नहीं है। विज्ञान की भाषा बिलकुल निश्चित एवं व्यवस्थित होती है, उसमें अस्पष्टता के लिए कोई स्थान नहीं होता। फ्रायड की भाषा अस्पष्ट एवं संदिग्ध है।

फ्रायड द्वारा प्रस्तुत अधिकांश धारणाओं को प्रयोगात्मक विधि से भी सिद्ध नहीं किया जा सकता, क्योंकि उन धारणाओं की क्रियात्मक परिभाषा (Operational Definition) सम्भव नहीं है। ऐसी धारणाओं के उदाहरणस्वरूप जीवन की मूल प्रवृत्ति तथा मृत्यु की मूल प्रवृत्ति को प्रस्तुत किया जा सकता है। कुछ आलोचकों ने इन धारणाओं को विज्ञान के लिए निरर्थक माना है।

मनोविश्लेषणात्मक सिद्धान्त की सत्यता (Validity) संदिग्ध है। इसे बहुत व्यापक अर्थ में ही सिद्धान्त की संज्ञा दी जा सकती है, वरना मनोविश्लेषणात्मक सिद्धान्त नाम की कोई चीज नहीं है। अनेक सामान्यीकरण एवं परिकल्पनाएँ अवश्य हैं, किन्तु ऐसा जान पड़ता है कि प्रमेयों (Theorems) तथा परिकल्पनाओं की कोई व्यवस्थित रूपरेखा अथवा निश्चित सम्बन्ध नहीं है, जो वैज्ञानिक सिद्धान्त के लिए अनिवार्य हैं।[32] प्रमाण एवं सम्प्रत्यय (Conviction) से सम्बन्धित एक दूसरी समस्या है स्वतन्त्र साहचर्य की। मनोविश्लेषण में इसका प्रयोग किया गया है, किन्तु प्रयोज्य के प्रत्युत्तर वास्तव में स्वतन्त्र नहीं होते। इसका उल्लेख पहले ही किया जा चुका है।

मनोविश्लेषण में आन्तरिक असंगतियाँ एवं अस्पष्टताएँ पाई जाती हैं। इसके उदाहरणस्वरूप 'ओडिपस ग्रन्थि' को प्रस्तुत किया जा सकता है। ओडिपस ग्रन्थि के सम्बन्ध में कई प्रश्न सामने आ जाते हैं, जिनके समुचित उत्तर नहीं मिल पाते। पहला

प्रश्न यह कि जन्मजात शिशु अपनी कामुक इच्छाओं का दमन करना कैसे सीखता है? दूसरा यह कि सामाजिक वातावरण उसे किस प्रकार सम्प्रेषित किया जाता है? तीसरा यह कि उसे दमन की शक्ति कहाँ से प्राप्त होती है? चौथा यह कि क्या यह शक्ति अहं (Ego) से प्राप्त होती है? पाँचवाँ यह कि क्या अहं काम-वृत्ति (Libido) से अधिक प्रबल है? छठा यह कि काम-वृत्ति एवं अहं के बीच क्या सम्बन्ध है?

मनोविश्लेषण की धारणाओं में मिथकों (Myths) एवं व्यक्तित्त्वारोपणों की भरमार है। अतः यह विचारधारा अवैज्ञानिक है। इसके उदाहरणस्वरूप प्रतिबंधक (Censor), स्वप्न-क्रिया (Dream work), संघर्ष (Conflict) दमन (Repression), उन्नयन (Sublimation) आदि को प्रस्तुत किया जा सकता है। इन सब की स्पष्ट वैज्ञानिक व्याख्या सम्भव नहीं है। यहाँ यह उल्लेख्य है कि विज्ञान में लाक्षणिक प्रयोगों के लिए कोई गुँजाइश नहीं होती, क्योंकि उनमें अनिवार्य तत्त्वों के खोजने का भय बना रहता है।

इस प्रकार प्रमाणों की सत्यता (Validity) के विवादास्पद होने के कारण फ्रायड के सिद्धान्तों के पक्ष एवं विपक्ष में अनेक तर्क प्रस्तुत किए जा सकते हैं। इस विवाद के कारण ही मनोविश्लेषणात्मक पद्धति, चिन्तनधारा एवं सिद्धान्त आकर्षण के मुख्य केन्द्र-बिन्दु बन गए। वैज्ञानिक चिन्तन में फ्रायड के सिद्धान्त रचनात्मक अवस्था का प्रतिनिधित्व करते हैं। कारण यह है कि इनमें कई ऐसी परिकल्पनाएँ (Hypothesis) हैं, जिन्हें बाद में वैज्ञानिक रूप से सत्यापित किया जा सकता है। इनके अनुमान एवं विचार ऐसी अवस्था में हैं, जिन्हें बाद में स्वीकार या अस्वीकार किया जा सकता है क्योंकि ये नियन्त्रित करने के उपयुक्त साधन के अभाव में मात्र निरीक्षणों पर आधारित हैं। इस सन्दर्भ में मनोविश्लेषण की तुलना संरचनावाद से की जा सकती है।

संरचनावाद अति विकसित वैज्ञानिक विधि का अनुसरण करता है। अतः जिन वस्तु-सामग्रियों का अध्ययन इस विधि के द्वारा सम्भव नहीं है, उन्हें वह अपने अध्ययन का विषय ही नहीं मानता। इसके विपरीत, मनोविश्लेषण को वैसी वैज्ञानिक विधि उपलब्ध नहीं है, जिसके द्वारा वह अपने समृद्ध चिन्तन की जाँच कर सके। उसे वैसे परीक्षणों का अभाव है जिनके द्वारा चिन्तन की वैज्ञानिकता प्रमाणित की जा सके। जहाँ उसमें यह कमी है, वहाँ दृष्टिकोण की व्यापकता एवं दैनिक जीवन की समस्याओं के निकट पहुँचने का लाभ है। यद्यपि मनोविश्लेषण में निरीक्षण की पुनरावृत्ति की गुँजाइश नहीं है, फिर भी यह निरीक्षण का उपयोग करता है जो अन्तर्बोधात्मक (Intuitive) होता है।

पारम्परिक मनोविज्ञान मनोविश्लेषणात्मक सिद्धान्त को न तो सिद्ध कर सकता है और न उसका खण्डन ही कर सकता है, पर साथ-ही-साथ उसकी उपेक्षा भी नहीं कर सकता क्योंकि उसके द्वारा जीवन की कतिपय समस्याओं की व्याख्याएँ अत्यन्त

उपयोगी एवं प्रभावशाली हैं। कुछ मनोवैज्ञानिकों ने दमन (Repression), युक्त्याभास (Rationalization), स्वप्न, दैनिक जीवन की मनोविकृति आदि धारणाओं को काफी उपयोगी माना है।

व्यवहारवादी मनोवैज्ञानिकों ने भी मनोविश्लेषण की कुछ धारणाओं को स्वीकार किया है तथा उनकी व्याख्या शारीरिक क्रियाओं की शब्दावली में की है। इससे स्पष्ट है कि सारी आपत्तियों के बावजूद पारम्परिक मनोविज्ञान भी मनोविश्लेषणात्मक सिद्धान्तों की पूर्णतया उपेक्षा नहीं कर पाया है।

मनोविश्लेषण का क्षेत्र अत्यन्त विस्तृत है। उसने प्रायः जीवन के सभी पक्षों (Aspects) पर विचार किया है। दैनिक जीवन की समस्याओं से लेकर धर्म, कला, साहित्य पर भी अपने चिन्तन से लोगों को काफी प्रभावित किया है। वस्तुतः उसने मनोविज्ञान को एक नई दिशा प्रदान की है। उसने सामान्य रूप से जीवन में होने वाले संघर्षों एवं उनके समाधानों पर जमकर विचार किया है। कई मनोवैज्ञानिकों ने संघर्ष तथा दमन की धारणाओं को अत्यन्त उपयोगी परिकल्पनाओं के रूप में स्वीकार किया है। अधिकांश मनोवैज्ञानिकों ने यह भी स्वीकार किया है कि फ्रायड ने व्यक्तित्त्व पर समग्र रूप से विचार करने की ओर लोगों का ध्यान आकृष्ट किया है।

फ्रायड ने बुद्धि एवं तर्क के बदले मानव-स्वभाव के क्रियात्मक एवं भावात्मक पक्षों के महत्त्व पर अधिक जोर दिया है। उनका कहना है कि बुद्धि एवं तर्क सदा मानव की भावात्मक आवश्यकताओं से अनुप्रेरित होते हैं। वस्तुतः मानव-व्यवहार के मूल में व्यक्ति की इच्छाओं की पूर्ति निहित रहती है। इसे फ्रायड के मनोविश्लेषण की महती देन माना जा सकता है।

मनोविकृति विज्ञान (Psychiatry) तथा चिकित्सकीय मनोविज्ञान (Clinical Psychology) पर फ्रायड का प्रभाव उल्लेखनीय है। उनके सिद्धान्तों का पारम्परिक एवं प्रयोगात्मक मनोविज्ञान में भी महत्त्वपूर्ण स्थान है। उनकी कुछ धारणाओं को अमरीकी पारम्परिक मनोविज्ञान ने बिलकुल अपना लिया है, जैसे अचेतन अनुप्रेरणा का महत्त्व, वयस्क-व्यवहार के निर्माण में बाल्यकाल की अनुभूतियों का योगदान तथा सुरक्षात्मक क्रिया-विधियों (Defence Mechanisms) की उपयोगिता। इन क्षेत्रों में अभिरुचि होने के कारण महत्त्वपूर्ण अनुसंधानों का मार्ग प्रशस्त हुआ। इस प्रकार फ्रायड के विचारों का इतना व्यापक प्रभाव पड़ा कि उनके विरोधियों ने भी उनके योगदानों के महत्त्व को मान्यता प्रदान की।

सर्वाधिक उपेक्षित यौन की मनोवैज्ञानिक समस्याओं पर जोर देकर फ्रायड ने अत्यन्त महत्त्वपूर्ण कार्य किया। फलस्वरूप यौनात्मक लोक-रीतियों में क्रान्तिकारी परिवर्तन हुए। व्यवहार में धीरे-धीरे यौनात्मक नियन्त्रण कम होता गया। कला, साहित्य तथा मनोविनोद के साधनों में भी यौनात्मक नियन्त्रण कम होने लगा। इससे स्पष्ट है कि यौन (Sex) पर अधिक जोर देने के कारण उनके विचार काफी लोकप्रिय

बन गए। सेक्स पर किन्से रिपोर्ट का लोकप्रिय होना इस बात की पुष्टि करता है। मानव जीवन में बाल्यकाल के महत्त्व पर जोर देकर उन्होंने मनोवैज्ञानिकों का उस ओर ध्यान आकर्षित किया।

सामान्यतः लोग यह स्वीकार करते हैं कि फ्रायड ने अपनी अस्पष्टता तथा रहस्यवादी अभिरुचि के बावजूद मनव के प्रति अधिक स्वाभाविक दृष्टिकोण को अपनाया। यह सचमुच उनकी महती उपलब्धि है।

अचेतन के महत्त्व पर जोर देकर फ्रायड ने मानव के मूल स्वरूप को समझने में महत्त्वपूर्ण भूमिका निभाई। उन्होंने यह स्पष्ट किया कि चेतन के द्वारा मानव स्वभाव के मूल में पहुँचना सम्भव नहीं है क्योंकि वह उस पर बहुत थोड़ा ही प्रकाश डाल पाता है। अपने अचेतन के सिद्धान्त के कारण फ्रायड की गणना महान मनोवैज्ञानिकों में होने लगी। बोरिंग ने अपनी पुस्तक 'प्रयोगात्मक मनोविज्ञान के इतिहास' (1950) में उन्हें सबसे बड़े मौलिक चिन्तक तथा युग-प्रवर्तक के रूप में स्वीकार किया है।[33]

मानव की सभ्यता संस्कृति पर भी फ्रायड का काफी प्रभाव है। क्लार्क विश्वविद्यालय में उनके जाने के बाद शीघ्र ही उनकी चिन्तनधारा का प्रभाव स्पष्ट होने लगा। बाकन (Bakan, 1966) ने उल्लेख किया है कि 1910 के बाद अमरीकी समाचार पत्र फ्रायड पर निबन्धों से भरे पड़े थे और 1920 तक अमरीका में फ्रायड के मनोविश्लेषण पर 200 से अधिक पुस्तकें लिखी गईं। इस प्रकार पारम्परिक मनोविज्ञान के पहले आम जनता ने फ्रायड के विचारों को पहले अपनाया।

मनोविश्लेषण का मूल्यांकन चाहे जिस रूप में हो, मनोविश्लेषण का मनोविज्ञान में चाहे जो भी स्थान हो, किन्तु निर्विवाद रूप से फ्रायड की प्रतिभा, मौलिकता एवं महानता को अस्वीकार नहीं किया जा सकता। बोरिंग (1950) ने इसे मुक्त कंठ से स्वीकार किया है। उन्हीं के शब्दों में "वे चिन्तन के क्षेत्र में, मानव स्वभाव को समझने के लिए नवीन तकनीक में मार्ग दर्शक थे। वे मौलिक भी थे...अगली तीन सदियों में फ्रायड के नाम का उल्लेख किए बिना इतिहास का लिखा जाना और फिर भी यह दावा करना कि वह मनोविज्ञान का सामान्य इतिहास है, यह सम्भव नहीं है।"[34]

औपचारिक स्थापना के बाद मनोविश्लेषण दो विभिन्न दिशाओं में चल पड़ा। एक वर्ग ऐसे चिन्तकों का था जिन्होंने फ्रायड के प्रमुख विचारों को अल्पाधिक रूप में स्वीकार किया, यद्यपि उन्होंने भी उनकी मृत्यु के बाद उनके कुछ विचारों में परिमार्जन कर उन्हें विस्तृत रूप में प्रतिपादित किया। दूसरा वर्ग ऐसे विचारकों का था जो फ्रायड के कुछ प्रमुख सिद्धान्तों से बिलकुल असहमत थे। यद्यपि उन्होंने भी फ्रायड की मनोविश्लेषणात्मक चिन्तनधारा को अस्वीकार नहीं किया, किन्तु उनके चिन्तन में जहाँ कहीं कमी तथा अनुपयुक्तता जान पड़ी, उनमें संशोधन की दृष्टि से नए सिद्धान्तों का निर्माण किया।

यहाँ यह उल्लेख्य जान पड़ता है कि फ्रायड को विरोध बिलकुल पसन्द नहीं था। अतः उन्होंने अपने विरोधियों से सम्बन्ध विच्छेद कर लिया। अपने अनुयायियों के साथ फ्रायड के सम्बन्ध के सन्दर्भ में लेविनसन (Levinsion, 1978) की टिप्पणी द्रष्टव्य है। उनका कहना है कि प्रायः युवकों को एक परामर्शदाता की आवश्यकता होती है। ऐडलर एवं युंग भी इसके अपवाद नहीं थे। फलतः उन्होंने फ्रायड को अपने परामर्शदाता के रूप में स्वीकार किया। परामर्शदाताओं में प्रायः यह खासियत पाई जाती है कि अपने अनुयायियों के साथ उनके घनिष्ठ सम्बन्ध का अन्त सामान्यतः द्वन्द्व एवं दुर्भावना में होता है। फ्रायड एवं उनके अनुयायियों के साथ भी ऐसा ही हुआ। फ्रायड से अलग होकर ऐडलर तथा युंग ने नई विचारधाराओं की स्थापना की। ऐडलर की विचारधारा को वैयक्तिक मनोविज्ञान (Individual Psychology) तथा युंग की विचारधारा को विश्लेषणात्मक मनोविज्ञान (Analytical Psychology) की संज्ञा दी गई। अब ऐडलर तथा युंग के मनोविज्ञान पर प्रकाश डाला जाएगा।

अल्फ्रेड ऐडलर (1870-1937)

वैयक्तिक मनोविज्ञान (Individual Psychology)—जब फ्रायड चौदह वर्ष के थे तो 1870 में ऐलडर का वियना में जन्म हुआ। इन दोनों की शिक्षा एक ही चिकित्सा विद्यालय में हुई। 1881 में फ्रायड ने वियना विश्वविद्यालय से डाक्टरेट की उपाधि प्राप्त की और ऐडलर ने वह उपाधि 1885 में प्राप्त की। फ्रायड के समान ही ऐलडर की अभिरुचि भी चिकित्सा के मानसिक पक्षों में हुई। फलस्वरूप उन्होंने मनोचिकित्सा (Psychiatry) को अपनाया। दोनों ने एक-दूसरे से आकर्षित होकर कुछ वर्षों तक साथ काम किया, पर अन्ततोगत्वा 1911 में ऐडलर फ्रायड से अलग हो गए और एक नई विचारधारा की स्थापना की, जिसे वैयक्तिक मनोविज्ञान (Individual Psychology) की संज्ञा दी गई।

1935 में ऐडलर ने तथा 1938 में फ्रायड ने वियना छोड़ दिया। ऐडलर ने संयुक्त राज्य में जाकर एक मनोचिकित्सक के रूप में निजी चिकित्सा कार्य आरम्भ किया और दूर-दूर जाकर व्याख्यान देते रहे। व्याख्यान के क्रम में जब वे एवरडीन की यात्रा पर गए, तो वहीं अचानक 67 वर्ष की आयु में उनकी मृत्यु हो गई।

ऐडलर के सिद्धान्तों पर विचार करने से पूर्व यह उल्लेख कर देना अनिवार्य जान पड़ता है कि उस समय की युग-चेतना क्या थी, कौन-सा दृष्टिकोण उस युग को प्रभावित कर रहा था।

फ्रायड उन्नीसवीं सदी के यान्त्रिक एवं प्रत्यक्षात्मक (Mechanistic and Positivistic) दृष्टिकोण से काफी प्रभावित थे। उस सदी के अन्त में एक नई

युग-चेतना का प्रादुर्भाव हुआ। उसके फलस्वरूप मानव को एक जैविक प्राणी (Biological Organism) के बदले सामाजिक प्राणी के रूप में ग्रहण किया जाने लगा। समाज विज्ञानियों तथा समाज मनोवैज्ञानिकों ने अपने अध्ययनों के आधार पर बतलाया कि अधिकांश मानव-व्यवहार सामाजिक सम्बन्ध-प्रत्यावर्तन (Social Conditioning) के परिणाम हैं, न कि जैविक तत्त्वों (Factors) के। इससे स्पष्ट है कि उस समय की बौद्धिक चेतना ने मानव-व्यवहार के सम्बन्ध में चिन्तकों की धारणा बदल दी। फलतः मनोवैयक्तिक-मनोसामाजिक (Psycho-individual—Psycho-Social) दृष्टिकोण को अपनाकर मानव-व्यवहार का अध्ययन किया जाने लगा। फ्रायड के मनोविश्लेषणात्मक सिद्धान्तों में परिमार्जन कर उनका पुनर्निमाण किया गया, जिसे सामाजिक मनोवैज्ञानिक (Socio-Psychological) ढंग के मनोविश्लेषण की संज्ञा दी गई। इस चिन्तन-धारा में ऐडलर, हौर्नी, फ्रौम सुलिवान एवं मोरेनो के नाम उल्लेखनीय हैं। इस वर्ग के मनोवैज्ञानिकों में प्रायः ऐडलर सबसे प्रथम माने जाते हैं क्योंकि वे 1911 में ही फ्रायड से अलग हो चुके थे। उन्होंने आगे चलकर एक ऐसा सिद्धान्त विकसित किया, जिसमें मनोवैयक्तिक-मनोसामाजिक तत्त्वों की प्रधानता है।

ऐडलर ने अपने सिद्धान्त में मुख्य रूप से व्यक्ति की विशिष्टता अथवा अपूर्वता (Uniqueness), एक विशेष जीवन शैली द्वारा श्रेष्ठता (Superiority) प्राप्त करने की आकांक्षा तथा सामाजिक हित की कामना को समाहित किया है। उनके प्रमुख शोध हैं–जन्म क्रम (Birth order), चिकित्सा (Therapy) तथा जीवन-शैली के सम्बन्ध में।

फ्रायड तथा ऐडलर के दृष्टिकोण एक-दूसरे से भिन्न हैं। फ्रायड ने मानव व्यवहार की व्याख्या अतीत के आधार पर की, ऐडलर ने भविष्य के आधार पर। ऐडलर के अनुसार मनुष्य के वर्तमान कार्य उसके भविष्य के लक्ष्यों से प्रभावित एवं परिमार्जित होते हैं। उदाहरण के लिए, जो यह मानता है कि वर्तमान कार्यों का फल अगले जन्म में भोगना पड़ता है, वह गलत काम करने से हिचकिचाता है। इस प्रकार भावी लक्ष्यों से वर्तमान कार्य काफी प्रभावित होते हैं।

फ्रायड ने व्यक्तित्त्व के वर्गीकरण को अनिवार्य माना। फलस्वरूप उन्होंने चेतन के विरुद्ध अचेतन तथा कामवृत्ति (Id) एवं पराहम् (Super Ego) के विरुद्ध अहम की बात की जबकि ऐडलर ने व्यक्तित्त्व में एकत्व (Unity) अथवा समग्रता पर जोर दिया।

ऐडलर के अनुसार व्यक्ति मूलतः काम-वृत्ति से निर्देशित नहीं होता, बल्कि श्रेष्ठता की आकांक्षा (Striving for Superiority) से निर्देशित होता है। वह उत्तरोत्तर अच्छाई की ओर अग्रसर होने की चेष्टा करता रहता है। मानव में एक मात्र काम वृत्ति ही नहीं, बल्कि अनेक प्रकार की विशेषताओं का समन्वय पाया जाता है, जिसका

लक्ष्य होता है शक्ति प्राप्त करना। इस प्रकार उन्होंने यह स्पष्ट किया कि वस्तुतः मानव-व्यवहार मूल प्रवृत्तियों (Instincts) की जैविक शक्तियों के द्वारा नहीं, बल्कि सामाजिक शक्तियों के द्वारा निर्धारित होता है। उन्होंने सामाजिक सम्बन्धों के आधार पर ही अपने वैयक्तिक मनोविज्ञान (Individual Psychology) को विकसित किया। यह विचार फ्रायड के विचार से बिलकुल भिन्न था। ऐडलर का विश्वास था कि मानव-व्यक्तित्त्व को समझने के लिए उसके सामाजिक सम्बन्धों और समाज के प्रति उसकी मनोवृत्ति की खोज करना अनिवार्य है, क्योंकि जन्म से ही मनुष्य में सामाजिक चेतना एवं सामाजिक आवश्यकताएँ विद्यमान रहती हैं।

फ्रायड के समान ऐडलर ने भी बाल्यकाल के प्रारम्भिक निर्माणात्मक वर्षों के महत्त्व को स्वीकार किया। किन्तु जहाँ फ्रायड ने काम-वृत्ति के विकास में बाल्यकाल की प्रारम्भिक अनुभूतियों के महत्त्व पर जोर दिया, वहाँ ऐडलर ने इनका महत्त्व सामाजिक विकास एवं सामाजिक हित के लिए माना। ऐडलर के ही शब्दों में "पहली सामाजिक परिस्थिति जिसका बच्चे को सामना करना पड़ता है वह है उसका अपनी माँ के साथ सम्बन्ध, जो प्रथम दिन से ही आरम्भ हो जाता है। वह अपनी शैक्षिक कुशलता के द्वारा बच्चे में सर्वप्रथम दूसरे व्यक्ति के प्रति अभिरुचि उत्पन्न करा देती है। यदि वह यह समझती है कि इस अभिरुचि को किस प्रकार सहयोग की दिशा में प्रशिक्षित किया जा सकता है, तो बच्चे की सारी जन्मजात एवं अर्जित शक्तियाँ सामाजिक भाव (Social sense) की दिशा में अभिमुख हो जाएगी।"[35]

अन्त में यह कहा जा सकता है कि ऐडलर की प्रमुख विशेषता थी चिन्तन में उनकी गतिशीलता। उनमें अपने विचारों में परिमार्जन एवं परिवर्तन करने की पर्याप्त क्षमता विद्यमान थी। फलस्वरूप उन्होंने जब से मानव-व्यवहार के सम्बन्ध में सिद्धान्त निर्माण का आरम्भ किया तब से मृत्यु-पर्यन्त उनके विचारों में परिवर्तन एवं विकास की प्रक्रिया चलती रही। यद्यपि उन्होंने अपने किसी पूर्व विचार का विरोध नहीं किया, किन्तु उनके मूल-विचार परिमार्जन के फलस्वरूप अधिक जटिल एवं विस्तृत होते गए ताकि वे सम्पूर्ण मानव-व्यवहार की व्याख्या में समर्थ हो सकें। इसके फलस्वरूप उनकी सैद्धान्तिक स्थिति उत्तरोत्तर दृढ़ होती गई। उनमें सबसे बड़ी विशेषता तो यह थी कि आलोचना की प्रतीक्षा किए बिना ही उन्होंने अपने सिद्धान्तों में परिमार्जन कर उन्हें उच्च स्तर प्रदान करने की सतत चेष्टा की। ऐसा नहीं हुआ कि जब एक बार किसी सिद्धान्त का निर्माण हो गया तो बस वे केवल उसकी रक्षा भर करते रहे।

फ्रायड एवं ऐडलर के बीच चेतना (Consciousness) के महत्त्व को लेकर भी मतभेद था। जहाँ फ्रायड ने मानव-व्यवहार के अचेतन निर्धारकों पर अधिक जोर दिया वहाँ ऐडलर ने चेतना पर अधिक बल दिया। ऐडलर ने मानव को एक चेतन

प्राणी माना जो अपनी अनुप्रेरणाओं (Motivations) से अवगत रहता है और उसके व्यवहार उन अनुप्रेरणाओं से प्रभावित होते हैं। संक्षेप में, 1911-12 में फ्रायड का सिद्धान्त काम-वृत्ति (Libido), सेक्स, अहं (Ego) एवं आत्म-परिरक्षण (Self preservation) की मूल प्रवृत्तियों से निर्मित था। बाद को उनका सिद्धान्त मृत्यु की मूल वृत्ति (Death Instinct), पराहम (Super Ego), विकसित अहम (Developed Ego), चिन्ता (Anxiety) तथा सुरक्षात्मक मनोरचनाओं (Defense Mechanism) से सम्बन्धित था। ऐडलर का फ्रायड के विरुद्ध विद्रोह इस समस्या से आरम्भ हुआ : मानव में अनुप्रेरक शक्ति (Driving Power) क्या है? क्या सुखवादी काम-वृत्ति (Hedonistic Libido)? अथवा आत्म-परिरक्षण की मूल प्रवृत्ति? इन निर्णायक प्रश्नों का ऐडलर द्वारा दिया गया उत्तर फ्रायड से बिलकुल भिन्न था।

ऐडलर ने फ्रायड को जैविकोन्मुख मनोविश्लेषण (Biologically Oriented Psychoanalysis) के विरुद्ध विद्रोह किया। फ्रायड ने मानव को सजीव प्रकृति का एक अंग और उसकी मूल-प्रवृत्तियों को वंशानुक्रमिक माना। उनके अनुसार मूल प्रवृत्तियाँ शरीर विज्ञान एवं मनोविज्ञान के बीच सेतु हैं और वे ही मानव की अनुप्रेरक शक्तियाँ हैं। इसके विपरीत ऐडलर ने सामाजिकता एवं संस्कृति को अपने वैयक्तिक मनोविज्ञान का आधार माना। ऐडलर का विश्वास है कि मनुष्य रचनात्मक शक्ति (Creative Power) से अनुप्रेरित होता है। यह विशुद्ध रूप से मानव-शक्ति है न कि जैविक तत्त्वों से उत्पन्न हुआ है। ऑलपोर्ट के समान ऐडलर ने भी मानव-स्वभाव की अपूर्वता अथवा विलक्षणता (Uniqueness) पर जोर दिया है। विंडलबैंड ने विज्ञान को दो वर्गों में बाँटा है—प्रकृति विज्ञान तथा सांस्कृतिक विज्ञान। इस वर्गीकरण को दृष्टि में रखते हुए फ्रायड को प्रथम वर्ग में तथा ऐडलर को दूसरे वर्ग में रखा जा सकता है।

रचनात्मक शक्ति
(Creative Power)

प्रत्येक व्यक्ति अपने भाव, चिन्तन कार्य एवं अभिव्यक्ति में अपूर्व होता है। जब कोई दो व्यक्ति बिलकुल एक ही काम करते हैं, तो भी वस्तुतः वह एक ही नहीं होता क्योंकि प्रत्येक व्यक्ति में अपनी विशिष्ट रचनात्मक शक्ति होती है। इसे ऐडलर ने वंश-परम्परा (Heredity) तथा वातावरण से भिन्न एक तीसरा तत्त्व (Factor) माना है। इस रचनात्मक शक्ति ने जन्मजात क्षमताओं तथा वातावरण के प्रभावों को जीवन के मार्ग में आने वाली बाधाओं को दूर करने की दिशा में एक गति अथवा क्रिया (Movement) के रूप में संयोजित किया है। इस प्रकार व्यक्ति के जीवन में निर्णायक तत्त्व है गति का नियम (Law of Movement) क्योंकि वह इसके द्वारा अपनी समस्याओं के समाधान ढूँढ़ता है। इसी के द्वारा जीवन के मार्ग में आने वाली

बाधाओं से निपटता है। यह गति का नियम बिलकुल वैयक्तिक होता है और प्रत्येक व्यक्ति के लिए विशिष्ट ढंग का होता है।

प्रत्येक बच्चा स्वतन्त्र रचनात्मक शक्ति के साथ जंन्म लेता है। उसे वंश-परम्परा तथा वातावरण से कुछ क्षमताएँ तथा अपरिष्कृत अनुभूतियाँ उपलब्ध रहती हैं, किन्तु ये अपने आप में उसके जीवन एवं व्यक्तित्त्व की निर्णायक नहीं होतीं। व्यक्ति अपने ढंग से इनका उपयोग कर जीवन के प्रति विशेष प्रकार की मनोवृत्ति विकसित कर लेता है। ऐडलर ने इस तथ्य को व्यक्त करते हुए कहा है कि उक्त क्षमताएँ तथा अनुभूतियाँ तो केवल ईंट हैं जिनके सहारे व्यक्ति जीवन के प्रति अपनी मनोवृत्ति का निर्धारण करता है। वह जिस रूप में इनका उपयोग करता है, वही यह निश्चय कर देता है कि बाह्य विश्व के साथ उसका सम्बन्ध कैसा होगा।[36]

स्वतन्त्र रचनात्मक शक्ति की जब व्यक्ति के वातावरण के साथ अन्तर्क्रिया (Interaction) होती है तो वह अपने जीवन पथ अथवा जीवन शैली (Style to Life) का चुनाव कर लेता है। अब उसकी स्वतन्त्र शक्ति स्वतन्त्र नहीं रह जाती, बल्कि सम्पूर्ण व्यक्तित्त्व में समाहित हो जाती है। वस्तुतः यह व्यक्तित्त्व का प्रधान निर्धारक है, क्योंकि यह व्यक्ति की वंश-परम्परा और वातावरण का उपयोग करती है। स्पष्ट है कि ऐडलर के अनुसार व्यक्तित्त्व के निर्धारण में अतीत का हाथ नहीं होता बल्कि वर्तमान का हाथ होता है।

प्रयोजनवाद बनाम कार्य-कारण सम्बन्ध
(Purposevism V. Causality)

वैयक्तिक मनोविज्ञान का प्रमुख सिद्धान्त है प्रयोजनवाद। ऐडलर ने फ्रायड के नियतिवादी तथा यान्त्रिक कारणत्व (Causation) को स्वीकार नहीं किया, बल्कि अन्तिम लक्ष्य (Final Goal) की दिशा में अग्रसर होने की चेष्टा की। ऐसा ही दृष्टिकोण मैकडूगल, गोल्डस्टेन, तथा टोलमैन का भी रहा है। ऐडलर का कहना है कि सभी मानसिक क्रियाएँ एक निश्चित दिशा अथवा पूर्व निर्धारित लक्ष्य की ओर अग्रसर होती हैं। व्यक्ति की आकांक्षा, भाव, चिन्तन तथा कार्य उसके अन्तिम लक्ष्य से ही निर्धारित होते हैं।[37]

ऐडलर का प्रयोजनवाद कुछ हद तक फ्रायड के प्राथमिक तथा सहायक लाभों (Primary and Secondary Gains) के सिद्धान्त के अनुरूप है। फ्रायड के सिद्धान्त में व्यक्ति तनाव से मुक्त होने (प्राथमिक लाभ) अथवा सामाजिक स्वीकृति (सहायक लाभ) की आकांक्षा कर सकता है। ऐडलर का प्रयोजनवादी दर्शन वेहिंगर के विचारों से लिया गया है।[38] वेहिंगर यह मानता है कि मानव-जीवन कुछ विचारों अथवा लक्ष्यों से निर्देशित होता है। मनुष्य उन्हीं विचारों अथवा लक्ष्यों के अनुसार काम करता है मानों वे सत्य हों। किन्तु यह आवश्यक नहीं है कि वे विचार अथवा लक्ष्य

वास्तविकता का सही प्रतिनिधित्व करते हों, वे काल्पनिक भी हो सकते हैं। किन्तु वे काल्पनिक लक्ष्य (Fictitious Goals) मानव क्रियाओं पर निश्चित रूप से अपना प्रभाव डालते हैं।

काल्पनिक लक्ष्य
(Fictional Goals)

ऐडलर वेहिंगर के विचारों से काफी प्रभावित थे। वेहिंगर की मान्यता यह थी कि मानव-जीवन का निर्माण कल्पनाओं एवं अवास्तविकताओं के आधार पर होता है। कल्पनाएँ ही व्यक्ति के चिन्तन को निर्धारित करती हैं, जिसका उसे आभास नहीं होता। इस अर्थ में कल्पनाओं को मानव-व्यवहार के अचेतन निर्धारक माना जा सकता है। यहाँ 'अचेतन' शब्द से उनका तात्पर्य उस बात से है जिसे व्यक्ति ने समझा नहीं (Not Understood)। इस अर्थ में ही व्यक्ति के लक्ष्य का काल्पनिक स्वरूप 'अचेतन' कहा गया है।

ऐडलर ने इस विचार को अपनाकर ही व्यक्ति के विकास की व्याख्या की है। उन्होंने श्रेष्ठता (Superiority) की ओर अग्रसर होने के लक्ष्य को 'मार्गदर्शक कल्पनाओं' (Guiding Fictions) की संज्ञा दी है। उदाहरण के लिए, छोटा बच्चा भी अपने माता-पिता एवं शिक्षकों की बुद्धिमत्ता तथा शक्ति को अपने भावी लक्ष्य के प्रतीकों के रूप में ग्रहण क़रता़ है। बच्चों के खेल, दिवा-स्वप्न एवं अन्य अभिरुचियाँ भी उसकी मार्गदर्शक कल्पनाओं पर काफी प्रकाश डालती हैं।

ऐडलर के सिद्धान्त में वेहिंगर के इस विचार के समावेश से कई लाभ हुए हैं। पहला तो यह कि व्यक्तित्त्व के वर्तमान व्यवहार का कारण है उसका भावी लक्ष्य (Future Goal), ऐसा मान लेने से प्रयोजनवादी कारणत्व के विरुद्ध आपत्ति की गुँजाइश नहीं रह जाती। दूसरा यह कि ऐडलर कार्य-कारण नियतिवाद के दोषारोपण से भी मुक्त हो जाते हैं। वे यह व्याख्या करने में भी समर्थ हो जाते हैं कि समान परिस्थितियों के बावजूद क्यों दो व्यक्तियों के व्यवहार बिलकुल दो प्रकार के हो जाते हैं।

अन्त में यह कहा जा सकता है कि यद्यपि ऐडलर ने मानव-क्रियाओं के कारणों को अस्वीकार नहीं किया है, किन्तु इस बात पर जोर देकर कि मानव-क्रियाएँ उसके लक्ष्यों से निर्देशित होती हैं, कार्य-कारण की धारणा को गौण़ बना दिया है। उनकी यह मान्यता है कि मानव जाति का इतिहास कार्य-कारण का इतिहास नहीं है, बल्कि आदर्शों, विश्वासों एवं आकांक्षाओं का इतिहास है। वस्तुतः मानव-व्यवहार की समुचित व्याख्या करने में उसका अन्तिम लक्ष्य (Final Goal) ही सर्वथा समर्थ है।

यहाँ यह उल्लेख्य है कि स्वप्न भी जीवन-लक्ष्य पर ही आधारित होते हैं। स्वप्नों में भी वे ही बातें आती हैं जो व्यक्ति के जीवन-लक्ष्य के अनुरूप होती हैं तथा वर्तमान समस्याओं के समाधान में सहायक होती हैं।

आक्रामक प्रणोदन : आत्म-प्रभाव अथवा आत्म-स्थापन
(The Aggressive Drive : Self Assertion)

आरम्भ में ऐडलर का विश्वास था कि मनुष्य में प्रधान रूप से आक्रामकता (Aggressiveness) अथवा आत्म-स्थापन (Self-Assertion) की अनुप्रेरक शक्ति विद्यमान रहती है। इस सन्दर्भ में 1908 में ही उन्होंने कहा : "बाल्यकाल के आरम्भ से ही हम ऐसा कह सकते हैं कि प्रथम दिन (प्रथम रुदन) से ही बच्चा अपने वातावरण के प्रति एक दृष्टिकोण विकसित कर लेता है, जिसे विद्वेष (Hostility) के अतिरिक्त और कुछ नहीं कहा जा सकता...लड़ना, कुश्ती, पीटना, दाँत से काटना तथा निर्दयताएँ आक्रामक प्रणोदन को उसके विशुद्ध रूप में व्यक्त करती हैं।"[39] बाद के जीवन में यह आक्रामक प्रणोदन विभिन्न प्रकार की जीवनवृत्तियों के चयन में अभिव्यक्त होता है। इस आक्रामक प्रणोदन की अभिव्यक्ति के कुछ तरीके उपयोगी होते हैं तथा कुछ अनुपयोगी। उदाहरण के लिए, शिक्षक, न्यायाधीश, पुलिस पदाधिकारी, मन्त्री, चिकित्सक आदि की जीवन-वृत्तियाँ उपयोगी ढंग से दूसरों पर आधिपत्य (Dominance) स्थापित करने का अवसर प्रदान करती हैं। आक्रामक प्रणोदन की इस प्रकार की अभिव्यक्ति को फ्रायड ने उन्नयन (Sublimation) की संज्ञा दी है और ऐडलर ने इसे दूसरे लक्ष्य में विस्थापित होना (Displacement) कहा है। आक्रामक प्रणोदन की अभिव्यक्ति के कुछ अनुपयोगी तरीके भी हैं, जैसे–अहंकार, अपराध, आत्म-प्रदर्शन, दूसरों के अधिकारों की पूर्णतया उपेक्षा आदि।

यहाँ यह उल्लेख कर देना आवश्यक जान पड़ता है कि जब 1908 में ऐडलर ने आक्रामक प्रणोदन के महत्त्व पर प्रकाश डाला तो फ्रायड ने उस पर आपत्ति की, किन्तु उन्होंने स्वयं बारह वर्षों के बाद मृत्यु एवं विनाश की मूल प्रवृत्ति (Instinct of Death and Distruction) के सिद्धान्त की स्थापना की। यहाँ यह विचारणीय है कि जहाँ आरम्भ में फ्रायड ने 'लिबिडो' पर काफी जोर दिया, वहाँ बाद के जीवन में आक्रामकता एवं विद्वेष पर जोर दिया। सचमुच यह आश्चर्यजनक जान पड़ता है कि पहले उन्होंने इस मूल प्रवृत्ति की अवहेलना की और इस सन्दर्भ में ऐडलर की आलोचना की। यद्यपि फ्रायड के विचारों में आरम्भिक काल में भी इनका उल्लेख हुआ है, जैसे–स्वप्नों में अपने भाई अथवा बहन की मृत्यु के सम्बन्ध में बच्चे की इच्छा की अचेतन अभिव्यक्ति के रूप में, किन्तु उन्होंने जीवन में इसके महत्त्व की उपेक्षा की। जब उन्होंने इस पर जोर देना शुरू किया तब तक ऐडलर ने इस सम्बन्ध में अपनी स्थिति बदल डाली।

यह पहले ही व्यक्त किया जा चुका है कि ऐडलर अपने चिन्तन में बड़े गतिशील थे। फलस्वरूप आलोचना की प्रतीक्षा किए बिना ही जब भी महसूस किया तब अपने विचारों में परिवर्तन एवं परिमार्जन कर लिया। इस बिन्दु पर ऐडलर अपने चिन्तन में फ्रायड से बहुत आगे हैं। ऐडलर ने बहुत पहले ही आक्रामकता पर जोर

दिया था, जबकि फ्रायड ने बहुत बाद में इसके महत्त्व को स्वीकार किया और जब तक उन्होंने इसके महत्त्व को स्वीकार किया तब तक ऐडलर आक्रामकता की धारणा में परिमार्जन कर उसे सर्वाधिक सामान्य मानव-प्रयास के रूप में ग्रहण करने लगे।

फ्रायड के लिबिडो-सिद्धान्त के स्थान पर ऐडलर के द्वारा आक्रामक प्रणोदन को स्थापित करने की चेष्टा की आलोचना हुई। धीरे-धीरे ऐडलर ने आक्रामक एवं समाज-विरोधी आकांक्षाओं को स्नायु-विकृति के चिह्नों की श्रेणी में रखा और यह स्पष्ट किया कि स्नायु विकृति से आक्रांत व्यक्ति वैयक्तिक श्रेष्ठता की आकांक्षा करता है, जबकि सामान्य व्यक्ति (Normal Individual) पूर्णता की ओर अग्रसर होने की चेष्टा करता है जिससे सभी के लाभान्वित होने की सम्भावना रहती है। इस प्रकार ऐडलर ने 'बहुजन हिताय' की ओर संकेत किया है।

हीन भावना
(Inferiority Feeling)

ऐडलर फ्रायड के इस बात से सहमत नहीं थे कि मानव-व्यवहार का प्रमुख निर्धारक है 'सेक्स'। उनका यह विश्वास था कि मानव-व्यवहार का प्रधान निर्धारक है हीन भाव। पहले तो उन्होंने इस हीन भाव को आंगिक दोष अथवा दुर्बलता से सम्बन्धित माना और स्पष्ट किया कि जब व्यक्ति के किसी अंग में दोष होता है तो वह प्रायः हीन भाव से ग्रसित हो जाता है। फलस्वरूप वह अपने हीन भाव की क्षति पूर्ति (Compensation) की चेष्टा करता है, श्रेष्ठता प्राप्त करने की ओर अग्रसर हो जाता है। उदाहरण के लिए डेमोसथेन्स ने तुतलाने (आंगिक दोष) के कारण उत्पन्न हीन भाव की क्षतिपूर्ति एक महान वक्ता बनकर की। बीथोबेन श्रुतिदोष के कारण उत्पन्न हीन भाव की क्षतिपूर्ति प्रसिद्ध संगीतज्ञ बनकर की। तात्पर्य यह कि जब कोई अपने जीवन के किसी एक पक्ष में हीन भाव का अनुभव करता है तो दूसरे पक्ष में अपनी महती उपलब्धियों के द्वारा उसकी क्षतिपूर्ति करने का प्रयास करता है।

ऐडलर ने आरम्भ में स्नायु विकृति के सिलसिले में अंग-हीनता (Organ Inferiority) पर अधिक जोर दिया। इससे यह भ्रम उत्पन्न हो सकता है कि ऐडलर का यह विचार फ्रायड से भी अधिक जैविक (Biological) है, पर वास्तव में बात ऐसी नहीं है। ऐडलर ने जैविक तथ्य के रूप में अंगहीनता पर जोर नहीं दिया बल्कि वास्तविक अथवा काल्पनिक अंगहीनता के प्रति मनोवैज्ञानिक प्रतिक्रिया पर जोर दिया। उन्होंने स्पष्ट रूप से कहा कि वस्तुनिष्ठ तथ्यों का महत्त्व केवल इसलिए है कि उनके कारण व्यक्ति में हीनता का आत्मनिष्ठ भाव उत्पन्न होता है। अतः यहाँ वस्तुनिष्ठ आंगिक दोष पर जोर नहीं दिया गया है, बल्कि उसके कारण उत्पन्न आत्मनिष्ठ हीन भाव पर जोर दिया गया है।

जैसे-जैसे ऐडलर के सिद्धान्त की व्यापकता बढ़ती गई वैसे-वैसे हीन भाव एवं श्रेष्ठ भाव के स्थान पर हीनता-ग्रन्थि (Inferiority Complex) तथा श्रेष्ठता-ग्रन्थि (Superiority Complex) शब्दों के प्रयोग होने लगे। इस सिद्धान्त का आरम्भ हुआ आंगिक हीनता से ही, किन्तु धीरे-धीरे ऐडलर सामाजिक हीनता को स्वीकार करते गए। बाल्यकाल से ही बच्चे जिन लोगों के बीच रहते हैं उनसे कई बातों में अपने को हीन समझते हैं क्योंकि उन्हें अपनी असहायता के कारण समाज के दूसरे लोगों पर निर्भर करना पड़ता है। यद्यपि इस सिद्धान्त की व्यापकता के कारण लोगों में हीन भाव के स्थान पर हीनताग्रन्थि शब्द का और इस क्रम में श्रेष्ठता-ग्रन्थि शब्द का भी प्रयोग करने लगे, किन्तु स्वतः फ्रायड ने ग्रन्थि (Complex) शब्द का तकनीकी अर्थ में कभी भी प्रयोग नहीं किया। उनके अनुसार हीनता ग्रन्थि (Inferiority Complex) शब्द हीनता के सामान्य भाव (Normal Feeling) का द्योतक है।

रूढ़िवादी मनोविश्लेषकों से भिन्न ऐडलर ने मानव-जीवन का आशावादी चित्र प्रस्तुत किया और यह माना कि मनुष्य एक सुसंगठित प्राणी है जो अपने हीन भाव की क्षति-पूर्ति के लिए सतत श्रेष्ठता की ओर अग्रसर होने की चेष्टा करता रहता है। अतः ऐडलर का हीन भाव का सिद्धान्त व्यक्ति तथा समाज, दोनों के हित में है, क्योंकि यह व्यक्ति को सदा श्रेष्ठ उपलब्धि की दिशा में अग्रसर होने के लिए अनुप्रेरित करता रहता है।

पुंजातीय विरोध
(Masculine Protest)

आगे चलकर ऐडलर ने जन्मजात आक्रामक प्रणोदन को हीन भाव पर विजय प्राप्त करने के प्रणोदन में स्थानान्तरित कर दिया और कहा कि हीनता के प्रति समर्पण नारीत्व है और उसके प्रति विद्रोह पुरुषत्व। दूसरे शब्दों में उन्होंने श्रेष्ठता (Superiority) एवं शक्ति (Strength) को पुरुषत्व का पर्याय माना और हीनता (Inferiority) एवं कमजोरी (Weakness) को नारीत्व का पर्याय। हीनता के प्रति आक्रामक विरोध को उन्होंने पुंजातीय विरोध (Masculine Protest) की संज्ञा दी और तब से आक्रामक प्रणोदन (Aggressive Motive) के स्थान पर 'पुंजातीय विरोध' शब्द का प्रयोग होने लगा। उन्होंने पुंजातीय विरोध को क्षतिपूर्ति (Compensation) की एक सामान्य घटना के रूप में ग्रहण किया और अति क्षतिपूर्ति (Over Compensation) को विकृति (Pathology) के रूप में। इस पुंजातीय विरोध के उदाहरणस्वरूप स्त्रियों के द्वारा सामान्य स्त्रियोचित कार्यों को छोड़कर अभियान्त्रिकी, व्यापार, खेल, पुरुषों के समान पोशाक एवं केश आदि पुरुषोचित कार्यों को अपनाने को प्रस्तुत किया जा सकता है।

यहाँ यह उल्लेख्य है कि क्षतिपूर्ति उपयोगी भी हो सकती है और अनुपयोगी भी। जब व्यक्ति को उपयोगी क्षतिपूर्ति में अपनी असफलता अथवा पराजय का भय जान पड़ता है, तब वह निरर्थक एवं समाज-विरोधी क्षतिपूर्ति को अपनाता है। क्षतिपूर्ति की प्रबलता वंचन (Deprivation) की तीव्रता पर निर्भर है। वंचन जितना ही तीव्र होगा, क्षतिपूर्ति उतनी ही प्रबल होगी।

ऐडलर ने हीनता एवं विरोध, इन दोनों धारणाओं में काफी परिवर्तन किए। उन्होंने 1933 में जोर देकर कहा : मनुष्य होने का अर्थ है 'अपने को हीन समझना' क्योंकि बच्चे को अपने वयस्कों और जीवन की समस्याओं के सामने अपने को हीन अनुभव करना पड़ता ह। अतः बच्चे का हीन भाव और उसकी कमजोरी ऐडलर के सिद्धान्त की प्रधान समस्याएँ बन गईं।

पुंजातीय विरोध की धारणा में भी परिवर्तन हुआ। यह धीरे-धीरे जीवन की सार्थकता, सुरक्षा एवं उपयुक्तता के लिए प्रयास में परिवर्तित होता गया। यह पहले ही व्यक्त किया जा चुका है कि चार-पाँच वर्षों की आयु तक बच्चे के जीवन का लक्ष्य निर्धारित हो जाता है, जो क्षति पूर्त्यात्मक होता है। वह लक्ष्य 'शक्ति, सुरक्षा एवं पूर्णता' के लिए प्रयास है। निष्कर्ष यह कि अब क्षतिपूर्ति किसी विशेष आंगिक अथवा सामाजिक हीनता या अनुपयुक्तता तक सीमित नहीं होती, क्योंकि मनुष्य निरन्तर लक्ष्य प्राप्ति की दिशा में अग्रसर रहता है ताकि श्रेष्ठता, सुरक्षा एवं पूर्णता का अनुभव कर सके।

श्रेष्ठता के लिए प्रयास
(Striving for Superiority)

ऐडलर के अनुसार श्रेष्ठता के लिए प्रयास मानव जीवन की मूल अनुप्रेरक शक्ति है। यह जीवन की आन्तरिक अनिवार्यता है। यह जन्मजात है। अतः मानव स्वभाव में ही मूलतः अन्तर्निहित है। जीवन की सभी समस्याओं के समाधान के मूल में भी यही है। हमारी सभी क्रियाएँ भी इसी के निर्देशन के अनुसार सम्पन्न होती हैं।[40] यह मानव और विश्व के बीच उत्कृष्ट समायोजन के लिए सतत प्रयास है। फलस्वरूप यह व्यक्ति की सर्वतोन्मुखी प्रगति के लिए उत्तरदायी है अथवा यह कहा जा सकता है कि यह सम्पूर्ण मानव-जाति की ही प्रगति का संवाहक है। यह सभ्यता संस्कृति का भी उन्नायक है।

मानव की इच्छा-शक्ति की व्याख्या प्रायः दो तरह से की जा सकती है– सुख-दुःख (Pleasure-Pain) तथा जीवन-मरण (Survival-death) को दृष्टि में रखकर। ऐडलर ने जीवन में सुख प्राप्ति के महत्त्व को अस्वीकार नहीं किया है। किन्तु उन्होंने यह नहीं माना है कि सुख मानव-जीवन का निर्देशक सिद्धान्त है। उन्होंने यह भी नहीं स्वीकार किया है कि आत्म-परिरक्षण (Self Preservation)

अथवा जातीय परिरक्षण (Preservation of the Species) मानव जीवन की प्रधान अनुप्रेरक शक्ति है। उन्होंने स्पष्ट रूप से कहा है कि जीवन का प्रमुख निर्देशक सिद्धान्त है श्रेष्ठता के लिए प्रयास। सुख अथवा दुःख तो मनुष्य के अन्तिम लक्ष्य (Final Goal) के मार्ग में आनुषंगिक पुरस्कार मात्र है।

निष्कर्ष के रूप में यह कहा जा सकता है कि मनुष्य सदा अपने जीवन के अन्तिम लक्ष्य की ओर बढ़ते रहने की चेष्टा करता है। जीवन का अन्तिम लक्ष्य है श्रेष्ठता के लिए प्रयास और इस पर सर्वाधिक जोर देकर ऐडलर ने यह कहना चाहा है कि 'सेक्स' मानव जीवन की सर्वप्रधान अनुप्रेरक शक्ति नहीं है, बल्कि वह तो श्रेष्ठता के लिए प्रयास के अनेक साधनों में से एक साधन मात्र है।

सामाजिकता अथवा सामाजिक हित
(Sociability or Social Interest)

यद्यपि फ्रायड ने व्यक्ति के जीवन में समाज के महत्त्व को स्वीकार किया, किन्तु उन्होंने समाज से अलग व्यक्ति के अस्तित्व की बात की। इसके विपरीत, ऐडलर ने व्यक्ति के मुकाबले समाज को प्राथमिकता दी। उन्होंने समाज से अलग व्यक्ति के अस्तित्व को नहीं माना। उनके अनुसार व्यक्ति में सामाजिकता का होना एक मूल तथ्य है जिसे अस्वीकार नहीं किया जा सकता। वस्तुतः सामाजिकता एक जन्मजात अन्तर्शक्ति है जो प्रेम, सहानुभूति, मैत्री एवं सहयोग की क्षमता प्रदान करती है।

जीवन को कायम रखने के लिए अनिवार्य सहयोग की अपेक्षित उच्च मात्रा को प्राप्त करने के निमित्त उस जन्मजात अन्तर्शक्ति को प्रारम्भिक अवस्था से विकसित कर बहुत ऊपर ले जाने की आवश्यकता होती है। इसके अतिरिक्त श्रेष्ठता के लिए प्रयास (Strivingfor Superiority) को भी सामाजिकता के साथ समन्वित करना पड़ता है अथवा उसके अधीनस्थ करना पड़ता है।

ऐडलर ने बच्चों में स्नेह की आवश्यकता (Need for Affection) पर भी जोर दिया। इस बिन्दु पर उनका दृष्टिकोण फ्रायड से भिन्न है। जहाँ फ्रायड ने बच्चों के द्वारा दूसरों को स्नेह प्रदान करने की आवश्यकता पर जोर दिया, वहाँ ऐडलर ने दूसरों के द्वारा बच्चों के स्नेह पाने की आवश्यकता पर अधिक जोर दिया। इस बिन्दु पर हौर्नी तथा सुलिवान ने ऐडलर का अनुसरण किया। बच्चों की इस आवश्यकता को आगे चलकर ऐडलर ने 'सामाजिक हित' (Social Interest) में समाहित कर दिया।

फ्रायड के अनुसार बच्चों में सामाजिक विकास जैविक रूप से निर्धारित विकासात्मक अवस्थाओं तथा बच्चे एवं उसके वातावरण के बीच अन्तर्क्रिया (Interaction) का परिणाम है। ऐडलर ने विकासात्मक अवस्थाओं के महत्त्व को स्वीकार

नहीं किया। यद्यपि आरम्भ में उन्होंने आंगिक हीनता (Organ Inferiority) के महत्त्व पर जोर दिया किन्तु बाद को आंगिक अथवा सामाजिक हीनता को मानव-व्यवहार एवं व्यक्तित्त्व के निर्धारक के रूप में स्वीकार नहीं किया। उन्होंने इसे व्यक्ति के सम्पूर्ण जीवन-योजना (जीवन शैली) में समाहित कर लिया।

फ्रायड के अनुसार सामाजिक विकास 'लिबिडो' के विकास की क्रिया है किन्तु ऐडलर ने इस विचार का विरोध किया। उन्होंने यह नहीं माना कि प्रत्येक प्रणोदन में कामुकता (Sexuality) विद्यमान रहती है। उन्होंने सामाजिकता एवं कामुकता को एक-दूसरे से अलग किया और कहा कि सामाजिकता एक जन्मजात अन्तर्शक्ति है जिसे चेतन स्तर पर विकसित किया जा सकता है।

फ्रायड के अनुसार दमन, प्रतिक्रिया, निर्माण, पराहम-निर्माण आदि के द्वारा समाजीकरण होता है, किन्तु ऐडलर ने इस विचार को नहीं माना क्योंकि मनुष्य समाजीकरण की जन्मजात अन्तर्शक्ति के साथ जन्म ही लेता है। उनके अनुसार 'ओडिपस ग्रन्थि' भी विश्वजनीन पैटर्न (Universal Pattern) नहीं है, वह तो बच्चों के गलत पालन-पोषण का परिणाम है।

फ्रायड से भिन्न ऐडलर ने यह माना कि बच्चों की जन्मजात एवं प्रारम्भिक स्नेह की आकांक्षा दूसरों के प्रति निर्देशित होती है, न कि अपने आप पर। दूसरे शब्दों में, ऐडलर ने बच्चों में फ्रायड द्वारा प्रतिपादित आत्मप्रेम (Narcissism) की धारणा को नहीं माना।

अन्त में यह कहा जा सकता है कि व्यक्ति के सामान्य विकास में श्रेष्ठता के लिए प्रयास सामाजिक हित के साथ संलग्न रहता है क्योंकि व्यक्ति की सारी क्रियाएँ सामाजिक हित से अनुप्रेरित होती हैं। अपने लक्ष्य के साथ-साथ व्यक्ति दूसरों के हितों का भी ध्यान रखता है।

चेतन और अचेतन
(Conscious and Unconscious)

फ्रायड ने चेतन और अचेतन को दो विरोधी छोर माना। ऐडलर उनके इस विचार से सहमत नहीं थे। उनकी दृष्टि में ये दोनों एक-दूसरे के विरोधी नहीं हैं। वास्तविकता यह है कि जब तक हम चेतन को नहीं समझते हैं, तब तक वह अचेतन कहा जाता है और जब हम अचेतन को समझ लेते हैं तो वह चेतन हो जाता है। इन दोनों के बीच कोई मौलिक भेद नहीं है और ये दोनों एक-दूसरे के विरोधी नहीं हैं। वस्तुतः अचेतन चेतन का वह भाग है जो हमारे लिए 'अज्ञात' (Not Understood) है, जिसे हमने नहीं समझा है। यहाँ यह उल्लेख्य है कि हम में उन विचारों को अपने से अलग रखने की प्रवृत्ति होती है, जो हमारे मार्ग में बाधक होते हैं तथा वैसे विचारों को अपना लेने की प्रवृत्ति होती है जो हमारे मार्ग को प्रशस्त करते हैं।

लगभग पाँच वर्षों की आयु में ही वातावरण के प्रति बच्चे की मनोवृत्ति भली-भाँति निर्मित हो जाती है। उसका सम्पूर्ण व्यक्तित्त्व विशेष लक्ष्य के इर्द-गिर्द विकसित हो जाता है और वह सम्पूर्ण विश्व को उसी परिप्रेक्ष्य में देखता है। ऐडलर ने 1929 में लिखा : 'बच्चा अपने सम्पूर्ण जीवन का निर्माण उसी समय कर लेता है जबकि उसके पास न तो उपयुक्त भाषा होती है और न उपयुक्त धारणाएँ, जिसे हमने मूर्तरूप में 'जीवन शैली' (Style of Life) की संज्ञा दी है...हम यह नहीं कह सकते कि उसने कुछ समझा नहीं अथवा वह दमित अचेतन (Repressed Unconscious) है, बल्कि हमें यह कहना चाहिए कि कुछ उसकी समझ से अलग रख लिया गया है।"[41]

इस सम्बन्ध में सुलिवान की चयनात्मक अन्यमनस्कता (Selective Inattention) की धारणा बहुत हद तक ऐडलर के विचार से मिलती-जुलती है। सुलिवान के अनुसार प्रत्येक व्यक्ति प्रायः विश्व के प्रति एक विशेष प्रकार की मनोवृत्ति विकसित कर लेता है और जो उस मनोवृत्ति के अनुकूल नहीं होता, उस पर ध्यान ही नहीं देता। इस प्रकार व्यक्ति जिसे छोड़ देता है, मानसिक जीवन का वह भाग भी सक्रिय होता है। उसके सम्बन्ध में यह कहा जा सकता है कि वह 'अचेतन' अथवा 'अज्ञात' (Not Understood) स्तर पर काम करता है।

जीवन शैली
(Style of Life)

ऐडलर फ्रायड के 'लिबिडो' के सिद्धान्त से सहमत नहीं हैं। उन्होंने मानव जीवन के मूल अनुप्रेरणात्मक शक्ति के रूप में काम-वृत्ति (Sex) को नहीं, बल्कि 'शक्ति की कामना' (Will to Power) अथवा 'श्रेष्ठता के लिए प्रयास' (Striving for Superiority) को माना है। उन्होंने काम-वृत्ति को अस्वीकार नहीं किया है, किन्तु फ्रायड के समान उसे सर्वप्रधान न मानकर उसे 'शक्ति की कामना' अथवा 'श्रेष्ठता के लिए प्रयास' में ही समाहित कर लिया है। उनके अनुसार मानव जीवन की प्रथम समस्या काम-वृत्ति नहीं है बल्कि 'श्रेष्ठता के लिए प्रयास' है।

ऐडलर के अनुसार जीवन के प्रारम्भिक वर्षों के अनुभवों के आधार पर लगभग चार-पाँच वर्षों में ही जीवन के प्रति व्यक्ति की एक विशेष प्रकार की मनोवृत्ति बन जाती है, उसकी एक विशेष जीवन-शैली निर्धारित हो जाती है। काम-वृत्ति को उस सम्पूर्ण जीवन-शैली में अपना स्थान बनाना पड़ता है। यह जीवन-शैली व्यक्ति के सम्पूर्ण व्यवहार को नियन्त्रित करती है। यह व्यक्ति के भाव, चिन्तन, क्रिया तथा जीवन के सभी पक्षों (Aspects) को एक निश्चित दिशा प्रदान करती है।

मानव-व्यक्तित्त्व को संक्षेप में इस प्रकार प्रस्तुत किया जा सकता है : मनुष्य जन्मतः कमजोर होता है। उसे कई प्रकार की कठिनाइयों का सामना करने के

साथ-साथ असुरक्षा का भी अनुभव होता है। वह जिन लोगों के बीच रहता है, उनसे कई बातों में अपने को हीन समझता है। इस हीनता की भावना (Feeling of Inferiority) को दूर करने अथवा उसकी क्षति-पूर्ति के लिए श्रेष्ठता के लक्ष्य (Goal of Superiority) को प्राप्त करने का सतत प्रयास करता है। श्रेष्ठता प्राप्त करने के लिए इस सतत प्रयास को ही ऐडलर ने 'जीवन शैली' की संज्ञा दी है।

प्रत्येक व्यक्ति की जीवन-शैली अपने ढंग की अकेली अथवा अपूर्व (Unique) होती है। कारण यह है कि प्रत्येक व्यक्ति श्रेष्ठता के लक्ष्य का निर्धारण अलग-अलग ढंग से करता है। कोई भी व्यक्ति अपने समाज अथवा वातावरण के प्रति अपनी प्रतिक्रिया यान्त्रिक ढंग से नहीं व्यक्त करता। वह तो अपनी सम्पूर्ण विशिष्टताओं के साथ अपनी प्रतिक्रिया व्यक्त करता है। कदाचित् इसीलिए ऐडलर ने अनेक अवसरों पर जीवन-शैली के सम्पूर्ण व्यक्तित्त्व को वैयक्तिकता (Individuality), अथवा अहं (Ego) के रूप में ग्रहण किया है और स्पष्ट किया है कि यह वास्तव में व्यक्ति की रचनात्मक क्रिया (Creative Function) है। उनके अनुसार अहं (Ego) अथवा लक्ष्य निर्देशित रचनात्मक शक्ति का निर्माण चौथे या पाँचवें वर्षों तक हो जाता है। जब एक बार इसका निर्माण हो जाता है, तब सम्पूर्ण व्यक्तित्त्व इसके पूर्ण नियन्त्रण में आ जाता है। वस्तुतः अहं व्यक्तित्त्व में एकत्व (Unity) का प्रतिनिधित्व करता है।

उपर्युक्त विवेचन से स्पष्ट है कि ऐडलर ने लोगों का ध्यान 'इड' (ID) तथा पराहम (Super ego) से हटाकर अहं (Ego) पर केन्द्रित कर दिया। अन्ना फ्रायड ने भी ऐसा ही किया, किन्तु उन्होंने मनोविश्लेषण की सैद्धान्तिक रूपरेखा के अन्दर ही रहकर ऐसा किया। फ्रायड ने भी अन्ना फ्रायड के विचारों को स्वीकार करते हुए उन्हें अपने व्यक्तित्त्व के सिद्धान्त में समाहित कर लिया। फ्रायड के लिए अहं (Ego) 'इड' (Id) की ही अपवृद्धि (Outgrowth) है तथा पराहम (Super Ego) अहं की अपवृद्धि। फ्रायड की अहं की इस धारणा ने जन्मजात 'इड' तथा उसकी अपवृद्धि अहं एवं अहम तथा पराहम के बीच निरन्तरता (Continuity) को स्वीकार किया है। ऐडलर के अनुसार अहं जैसे ही लक्ष्य-निर्देशित हो जाता है, वैसे ही जन्मजात रचनात्मक शक्ति बन जाता है।

ऐडलर ने वंश परम्परा को अपने-आप में महत्त्वपूर्ण नहीं माना। उनकी दृष्टि में इसका महत्त्व इस बात को लेकर है कि व्यक्ति अपनी जीवन-शैली के निर्माण में इसका किस प्रकार उपयोग करता है। उन्होंने वंश परम्परा की तुलना विभिन्न प्रकार के 'ईंटों की आपूर्त्ति' (Supply of Bricks) से की, जिसका उपयोग प्रत्येक व्यक्ति अपनी जीवन-शैली के निर्माण में अलग-अलग ढंग से करता है। इस सन्दर्भ में सर्वाधिक महत्त्वपूर्ण बात यह नहीं है कि व्यक्ति ने अपनी वंश परम्परा से क्या ग्रहण किया है, बल्कि यह कि उसने जो कुछ भी ग्रहण किया है, उसका उपयोग

किस प्रकार किया है। यहाँ तक कि कला एवं प्रतिभा भी प्रकृति अथवा वंश परम्परा की अनर्जित देन नहीं है, बल्कि व्यक्ति की अपनी ही रचना है।[42]

वातावरण के सम्बन्ध में भी यही कहा जा सकता है कि वह स्वतः व्यक्ति की क्रिया का निर्धारक नहीं है। यह इस बात पर निर्भर है कि व्यक्ति वातावरण को किस रूप में ग्रहण करता है। यद्यपि ऐडलर ने वातावरण अथवा परिस्थिति के प्रभाव पर काफी जोर दिया है, फिर भी प्रधानता व्यक्ति की जीवन-शैली को ही दी है, क्योंकि उनकी दृष्टि में व्यक्ति के लक्ष्य तथा जीवन-शैली के परिप्रेक्ष्य में ही वातावरण अथवा परिस्थिति की सार्थकता है। अनुभूतियों के सम्बन्ध में भी उनका कुछ ऐसा ही विचार है। सुखद अथवा दुःखद अनुभूतियाँ जीवन को प्रभावित कर सकती हैं, किन्तु केवल अनुभूतियों का होना ही काफी नहीं है, महत्त्वपूर्ण बात यह है कि व्यक्ति ने उन्हें किस रूप में ग्रहण किया है, उन्हें कैसा अर्थ प्रदान किया है। संक्षेप में व्यक्ति की सभी क्रियाएँ उसकी जीवन-शैली के अनुरूप होती हैं। उसका सीखना, स्मरण-विस्मरण तथा चिन्तन, ये सभी क्रियाएँ उसकी जीवन-शैली से निर्देशित होती हैं।

जीवन-शैली के निर्माण में कई तत्त्वों (Factors) का प्रभाव पड़ता है, जिनमें सर्वप्रधान है सामाजिक हित (Social Interest)। व्यक्ति को अपने जीवन में सर्वप्रथम सामाजिक समस्याओं का ही सामना करना पड़ता है और उसका सामाजिक समायोजन ही यह निर्धारित कर देता है कि जीवन की अन्य समस्याओं के प्रति वह कैसा दृष्टिकोण अपनाएगा। उन्हें यह देखकर बड़ा आश्चर्य हुआ कि लाड़-प्यार में पला हुआ बच्चा तथा उपेक्षित बच्चा, दोनों एक ही तरह की जीवन-शैली अपना सकते हैं। इसकी व्याख्या करते हुए उन्होंने कहा कि एक बात में दोनों समान हैं और वह यह कि उन दोनों में से किसी ने भी समुचित मात्रा में 'सामाजिक हित' की भावना विकसित नहीं की है। यदि हम बच्चों की पारिवारिक स्थिति और जन्म-क्रम (Birth Order) पर गौर करें तो यह बात स्पष्ट हो जाएगी।

जन्म-क्रम
(Birth Order)

ऐडलर ने बच्चों के जन्म-क्रम और उनके व्यक्तित्त्व के बीच सम्बन्ध पर काफी जोर दिया है। उनका कहना है कि परिवार के सबसे बड़े, बीच के और सबसे छोटे बच्चों की अनुभूतियों में भेद होते हैं। फलस्वरूप उनके व्यक्तित्त्वों में भारी भिन्नताएँ पाई जाती हैं। परिवार के सबसे बड़े बच्चे को माता-पिता का सम्पूर्ण प्यार मिलता है, सभी प्रकार की सुविधाएँ मिलती हैं। फलस्वरूप उसमें एकाधिपत्य की भावना उत्पन्न हो जाती है, जिसे वह सदा कायम रखना चाहता है। किन्तु जब दूसरे बच्चे का जन्म हो जाता है तो वह पहले बच्चे की सुख-सुविधा, अधिकार एवं माता-पिता के स्नेह

में हिस्सा बँटाने लगता है और परिवार में अपना स्थान बनाने की चेष्टा करता है। वह प्रायः महत्त्वाकांक्षी, विद्रोही एवं ईर्ष्यालु होता है और पहले बच्चे से सदा आगे निकल जाने की चेष्टा करता है। उसका सामाजिक समायोजन सबसे बड़े तथा सबसे छोटे बच्चे की अपेक्षा अच्छा होता है। सबसे छोटा बच्चा प्रायः आश्रित, परमुखापेक्षी, बिगड़ा हुआ एवं समस्यात्मक होता है। निष्कर्ष यह कि जीवन की प्रारम्भिक अनुभूतियों के आधार पर इनकी जीवन-शैली अलग-अलग ढंग की हो जाती है जो उनके सामाजिक सम्बन्धों में अभिव्यक्त होती है।

चारित्रिक विशेषताएँ एवं ग्रन्थियाँ
(Characteristics and Complexes)

लक्ष्य प्राप्त करने के लिए प्रयास के क्रम में चारित्रिक विशेषताओं एवं ग्रन्थियों का निर्माण होता है। चारित्रिक विशेषताएँ जन्मजात नहीं होतीं बल्कि अर्जित की जाती हैं। ये आत्म-स्थापन (Self-assertion) की उपलब्धि के साधन का प्रतिनिधित्व करती हैं। ये श्रेष्ठता के लक्ष्य की ओर अग्रसर करती हैं।

ग्रन्थि एक उपयोगी धारणा है। यह वातावरण के द्वारा प्रस्तुत समस्याओं के प्रति व्यक्ति की मनोवृत्ति की व्याख्या करने में सहायक सिद्ध होती है। जब व्यक्ति अपने लक्ष्य की ओर अग्रसर होता है तो उसे समस्याओं का सामना करना पड़ता है। जब वह आगे बढ़ने में असफल होता है तो अनेक प्रकार की हीनता-ग्रन्थियों (Inferiority Complexes) से आक्रान्त हो जाता है। जब वह इन हीनता-ग्रन्थियों की क्षति-पूर्ति के लिए प्रयास करता है तो उसमें श्रेष्ठता-ग्रन्थि उत्पन्न हो जाती है।

स्नायु विकृति के रोगियों की चिकित्सा के क्रम में ऐडलर ने पाया कि उनकी जीवन-शैली सामाजिक जीवन के लिए वास्तविक नहीं होती। फलतः वास्तविक उपलब्धि के बदले वे किसी बहाना का सहारा लेकर काम चलाते हैं। उनका अचेतन लक्ष्य होता है अपनी कठिनाइयों पर विजय प्राप्त करने के बदले उन्हें टालकर काल्पनिक श्रेष्ठताओं (Fictitious Superiorities) का अनुभव करना। वे किस प्रकार बहाना का सहारा लेकर श्रेष्ठता का अनुभव करते हैं, यह इन पंक्तियों से स्पष्ट है—"यदि मैं इतना चिन्तित नहीं होता, यदि मैं इतना बीमार नहीं होता, तो मुझमें भी दूसरों के समान अच्छा करने की क्षमता होती। यदि मेरा जीवन भयानक कठिनाइयों से भरा हुआ नहीं होता, तो मैं भी प्रथम आया होता।"[43]

ऐडलर का कहना है कि व्यक्ति की जीवन-शैली का शरीर पर प्रभाव पड़ता है। शरीर की भी अपनी विशेष भाषा होती है। उदाहरण के लिए, असंयत मूत्रस्राव (Enuresis) अपने माता-पिता के प्रति विद्वेष की भावना की अभिव्यक्ति है अथवा उनके ध्यान को आकृष्ट करने का एक सशक्त माध्यम है। वैसे ही अनिद्रा महत्त्वाकांक्षा

की अभिव्यक्ति है। वस्तुतः किसी प्रकार की शारीरिक गड़बड़ी 'शक्ति की कामना' (Will to Power) को अभिव्यक्त करती है। विशेष प्रकार की मनोवृत्ति अथवा जीवन-शैली का शरीर पर क्या प्रभाव पड़ता है, इसका ऐडलर ने उल्लेख किया है। उन्हीं के शब्दों में : "एक साहसी व्यक्ति अपनी मनोवृत्ति के प्रभावों को अपने शारीरिक गठन में दिखलाएगा।"[44] वस्तुतः शरीर और मन (Body and Mind) एक ही समष्टि के अंग हैं और दोनों परस्पर एक-दूसरे को प्रभावित करते रहते हैं।

मूल्यांकन

ऐडलर के सिद्धान्तों की काफी आलोचना हुई है और विशेषतः मनोविश्लेषणात्मक सिद्धान्त के समर्थकों ने इसकी जमकर आलोचना की है। ऐडलर के सम्बन्ध में प्रायः यह कहा जाता है कि उनके चिन्तन में क्रमबद्धता एवं सुसंगति (Consistency) का अभाव है। इसके प्रमाण स्वरूप यह कहा जा सकता है कि उन्होंने आक्रामक प्रणोदन (Aggressive Drive) एवं अंग-हीनता (Organ Inferiority) से आरम्भ किया और अन्ततोगत्वा लक्ष्य निर्देशित शक्ति के रूप में रचनात्मक शक्ति (Creative Force), अहं (Ego) एवं आत्म (Self) तक पहुँच गए। उनके इन विचारों से सम्बन्धित कई प्रश्न अनुत्तरित रह गए। उदाहरण के लिए, रचनात्मक शक्ति क्या है? यह क्यों लक्ष्य-निर्देशित हो जाता है? वंश परम्परा तथा वातावरण का सापेक्ष महत्त्व है? लोग अपनी हीनता की भावना से निपटारा क्यों नहीं कर लेते? क्या सभी लोग श्रेष्ठता प्राप्त करने का प्रयास करते हैं? केवल ऐडलर की चिन्तनधारा में ही कुछ प्रश्न अनुत्तरित नहीं रह गए हैं, बल्कि अन्य चिन्तनधाराओं में भी कुछ ऐसे प्रश्न हैं, जिनके उत्तर नहीं दिए जा सकते हैं।

ऐडलर के सिद्धान्तों के सम्बन्ध में आलोचकों का कहना है कि वे अपेक्षाकृत अधिक पल्लवग्राही अथवा सतही (Superficial) हैं, क्योंकि मात्र दैनिक जीवन के सामान्य बुद्धिपरक निरीक्षणों (Common Sense Observations) पर आधारित हैं। यह आलोचना विवादास्पद है, क्योंकि उनके अधिकांश निरीक्षण निपुणता से युक्त एवं सूझपूर्ण हैं। इस सम्बन्ध में वुडवर्थ तथा शीहान का कहना है कि ऐडलर के सिद्धान्त का दोष कैसे माना जाए जबकि इन्होंने कुसमायोजन (Maladjustment) की समस्या के समाधान में अपना महत्त्व सिद्ध कर दिया है और ये बच्चों की चिकित्सा में विशेष रूप से सफलता प्राप्त कर चुके हैं।

ऐडलर के प्रयोजनवादी दृष्टिकोण की भी आलोचना की गई है। इस सम्बन्ध में कहा जाता है कि जीवन-लक्ष्य या तो प्रत्येक व्यक्ति में अन्तर्भूत होता है, या बाह्य शक्तियों के द्वारा निर्धारित होता है, या स्वयं व्यक्ति द्वारा चुना जाता है। ऐडलर पहले विचार से सहमत नहीं हैं, क्योंकि वह नियतिवादी वंश परम्परा (Deterministic Heredity) की ओर ले जाने वाला है। दूसरे को उन्होंने इसलिए अस्वीकार कर दिया

कि उसमें व्यक्ति की कोई प्रधानता नहीं है। तीसरे को स्वीकार करते हुए उन्होंने कहा कि व्यक्ति अपना जीवन लक्ष्य स्वतः निर्धारित करता है। किन्तु ऐडलर ने यह स्पष्ट नहीं किया है कि वह कौन-सा तत्त्व (Factor) है जो व्यक्ति को किसी विशेष लक्ष्य के चयन के लिए अनुप्रेरित करता है।

ऐडलर ने कारणत्व के सिद्धान्त (Principle of Causality) को नहीं माना जो प्रयोगात्मक प्रमाण के विरुद्ध है। उन्होंने यह कहा कि प्रत्येक व्यक्ति अपने विशेष प्रयोजन के अनुसार कार्य करता है और यह बाल्यकाल की परिस्थितियों पर निर्भर है। अब प्रश्न यह उठता है कि आखिर प्रयोजन भी तो किसी कारण पर ही निर्भर करता है। कोई विशेष कारण ही तो व्यक्ति को किसी खास लक्ष्य को निर्धारित करने के लिए अनुप्रेरित करता है।

प्रयोगात्मक मनोवैज्ञानिकों द्वारा फ्रायड तथा युंग पर लागू की गई सारी आलोचनाएँ ऐडलर पर भी लागू होती हैं। इन आलोचनाओं के बावजूद ऐडलर के सिद्धान्तों को उन लोगों ने खुलकर अपनाया जो फ्रायड के सेक्स-सिद्धान्त से ऊबे हुए थे। ऐडलर ने व्यक्ति को अपने विकास एवं भविष्य के निर्णायक के रूप में देखा और अचेतन की अपेक्षा चेतन को अधिक महत्त्व प्रदान किया। ऐडलर के इस दृष्टिकोण का लोगों पर बहुत अच्छा प्रभाव पड़ा।

मानव-जीवन के प्रति ऐडलर का दृष्टिकोण फ्रायड की अपेक्षा अधिक सकारात्मक (Positive) एवं आशावादी (Optimisitc) है। फ्रायड ने व्यक्ति को जीवन एवं प्रेम (Eros) तथा मृत्यु एवं विनाश (Dhautos) के अन्तर्द्वन्द्व में जकड़ा हुआ पाया। उसके जीवन में घृणा एवं विद्वेष की प्रधानता देखी। इसके ठीक विपरीत, ऐडलर ने मानव-जीवन का अधिक सन्तोषजनक एवं आशावादी चित्र प्रस्तुत किया। उन्होंने सामाजिकता (Sociability) एवं सामाजिक हित (Social Interest) पर अधिक जोर दिया है। यह ऐडलर की महती देन मानी जाती है। समाज विज्ञानों में पहले से बढ़ रही अभिरुचि को ऐडलर के इस दृष्टिकोण से बहुत बड़ा बल मिला। उनके इस दृष्टिकोण से प्रभावित होकर पारम्परिक मनोविश्लेषकों ने भी मनोविश्लेषण के सिद्धान्तों पर पुनर्विचार आरम्भ कर दिया ताकि उन्हें विभिन्न संस्कृतियों में पाए जाने वाले विविध व्यवहारों पर भली-भाँति लागू किया जा सके।

ऐडलर की सामाजिकता की धारणा से एक बहुत बड़ा लाभ यह भी हुआ कि मनुष्य को सामाजिकता का प्रशिक्षण दिया जा सकता है, उसे विकसित तथा उन्नत किया जा सकता है। उनके इस मानवतावादी दृष्टिकोण ने जनहित एवं सह-अस्तित्व का भी मार्ग प्रशस्त कर दिया।

ऐडलर ने मानव को भली-भाँति समझने के लिए समष्ट्यात्मक दृष्टिकोण अपनाने पर जोर दिया। उन्होंने स्पष्ट किया कि मनुष्य को सम्पूर्णता अथवा समष्टि (As a Whole) में ही भली-भाँति समझा जा सकता है। मनुष्य में सम्पूर्ण जीवन-लक्ष्य को

दृष्टि में रखकर ही उसकी सभी क्रियाओं अथवा व्यवहारों की व्याख्या की जा सकती है, क्योंकि विभिन्न क्रियाएँ अथवा व्यवहार उस समष्टि के ही अंग होते हैं। उनका यह विचार जेस्टॉल्ट मनोविज्ञान के प्रमुख योगदानों के समान है। संक्षेप में उन्होंने सम्पूर्ण व्यक्तित्त्व पर मनोविश्लेषण को लागू कर पथ प्रदर्शक का काम किया है।

सर्वप्रथम ऐडलर ने ही स्नायु विकृति (Neurosis) की उत्पत्ति में अहं (Ego) के महत्त्व पर जोर दिया। उन्होंने यह भी स्पष्ट किया कि स्नायु-विकृति के उत्पन्न होने में व्यक्ति के जीवन लक्ष्य की सार्थक भूमिका होती है।[45]

व्यक्तित्त्व के चेतन भाग, अर्थात् अहं (Ego) पर जोर देकर ऐडलर ने उपयुक्त मनोविश्लेषणात्मक विचारधारा को प्रभावित करने के साथ ही अहं से सम्बन्धित पर्याप्त वस्तु-सामग्रियों को प्रस्तुत किया, जिसकी समृद्धि की मर्फी ने मुक्त कंठ से प्रशंसा की है और कहा है कि उन्होंने यह काम वैसे समय में किया जब विश्लेषकों ने उनकी खिल्ली उड़ाई तथा कुशल चिकित्सकों ने उपेक्षा की। उन्होंने यह स्पष्ट किया कि अहं की समस्याएँ उतनी ही महत्त्वपूर्ण हैं जितनी 'सेक्स' की समस्याएँ अथवा कोई दूसरी समस्याएँ और इस काम के करने में वे किसी से भी पीछे नहीं कहे जा सकते। निस्सन्देह, ये समस्याएँ अधिकांश सभ्य लोगों के लिए अत्यन्त महत्त्वपूर्ण हैं।[46]

ऐडलर ने मानव-स्वभाव का ऐसा चित्र प्रस्तुत किया है जिसमें अनेक महत्त्वपूर्ण एवं आकर्षक निरीक्षण तथा सुझाव निहित हैं। फलस्वरूप नव-मनोविश्लेषणात्मक चिन्तनधारा पर उनका इतना अधिक प्रभाव पड़ा कि हौर्नी, फ्रौम तथा सुलिवान को नव-फ्रायडवादी कहने की अपेक्षा नव-ऐडलरवादी (New-Adlerian) कहना अधिक उपयुक्त जान पड़ता है। उनकी सामाजिकता, आत्म-स्थापना, सुरक्षात्मक तथा रचनात्मकता की धारणाएँ नव-विश्लेषकों के सिद्धान्तों में बिलकुल घुल-मिल गई हैं।[47]

सन्दर्भ

1. ... "So many beginnings, students think that freceed is Psychoanalysis and that Psychology deals only with the treatment of mentally disturbed." D. Schultz; A History of Modern Psychology (2nd ed) 1975, p. 295
2. Despite all objections to his theory in 1962, Freud was rated by American Psychologists as by for the most eminent psychological theoretician of all time (come and tojana, 1962) M.H. Marx and W.A Cuoman-Hillix MC Graw Hill Book Company, New York Singapore for manufacturer export) 1987, p. 247.
3. Pyschoanalyisis fell upon the word like a role ... world of eheaper from Marx and Hillix p. 248
4. "Despite the claims of... anticipants p. 296 last para.
5. "All to Freud, true psychoanalysis begins only when hypnosis has been

discarded." Heidbredre Seven Psychologies p. 379.

6. The Psychoanalytic method was this use of full association with this method Psycloanalysis as such began "Murphy p.312 (post seven of the page)
7. First sentence of 2nd para p. 306 Schultz.
8. "The theory of repression is the main pillar upon which rests the edifice of psychoanalysis."—S. Freud. The History of Psychoanalysis Movements, Psychological Review (1916), 3, 413.
9. "Perhaps the greatest milestone in Freud's career was the publication of the interpretation of dreams in 1900." Marx and Hillix, Systems and Theories in Psychology, p.253.
10. Psychoanalysis as a techeingne... as the essentials of therapy-Heidbreder, Seven psychologies, p. 383.
11. S. Freud, The problem of lay analysis. New York : Brentano's, 1927. 1st ed. German, 1926.
12. S. Freud, The history of psychoanalytic movement, New York Nervous and mental disease Publishing Can 1917 1st ed. Gova 1914.
13. Alexander, F. and French, T.M. 1946, Psychoanalytic Therapy New York.
14. Quote here last two sentences of 1st para p. 260 of Marx and Hillix.
15. (See Bisch of, p. 46).
16. "The id of course knows no judgements of value : no good and no evil no morality." New introductory lectures on psychoanalytic. Freud, 1933. p. 74.
17. "The ego becomes something of an opportunist even something of a diplomat. —Heidbreder, Seven Psychologies. p. 398-399.
18. "The super ego represents every moral restriction, the advocate of a striving towards perfection it is in short, as much as we have been able to grasp psychologically and what is described as the higher side of human life."
19. Freud, New introductory lectures 1933, p. 67 on psychoanalytic.
20. "The goal of all life is death." Beyond the pleasure principle, 1920. Vol. 18. p. 160.
21. Freud S. Beyond the pleasure principle, New York, 1920.
22. S. Freud. Civilization and its discontents, London : The Hogarth Press Ltd. 1930.
23. Group Psychology and analysis of the Ego, London : International Psychoanalytic Press, 1922, 1st ed. German, 1921.
24. "What we have recognized as true...each individual." New introductory lecture on psychoanalysis, 1932.
25. Freud's The problem of anxiety. Translated by H.A. Bankar. New York, 1926, 1st ed. German 1924. Hemmung, Sigmptom and Angast.
26. The last para of p. 282 to be quoted here.
27. "For Freud motivation was practically the whole feild of Psychology." Woodworth and Sheehan' Contemporary school of psy. 1964. p. 274.
28. "Freudian ideas had more obstacles, to overcome before being accepted

in psychology than had other revolutionary ideas." Shakow, D. Psychoanalysis. In D. Prantz (Ed.), Schools of Psychology, New York: Appleton, 1969, p. 100.

29. Hall, C. and Lindzey, Y. Theories of Personality. (2nd. ed.) New York, Wiley, 1970.
30. The topic was conspicuously neglected by academic psychologies, and Freud's overemphasis is quite possibly a necessary step toward giving sex is rightful place in an account of human behaviour."—Heidbreder, Seven Psychologies, p. 405.
31. "It must be a mistake, we feel, to regard all human activity as either erotic or destructive, any reasonable sense, or as combining the two in some kind of fusion." Woodworth and Sheehan, Contemporary Schools of Psychology, p. 285.
    There must be outgoing, constructive motives that are noterotic, and some energetic enterprising motives that are not belligerent...
32. It seems that, except in the broadest sense of the term, there is no such thing as a Psychoanalytic theory! There are a large number of generalizations and hypothesises, that these seem to be no orderly framework of theorems postulates, or precise relationships so necessary to a scientific theory, Schultz, A History of Modern Psychology, 2nd ed p. 322.
33. Now he is seen as the greatest organizer of all the agent of the Zeitgeist who accomplished the invansion of Psychology by the Principle of the unconscious process", Boring' 1950, p. 743.
34. He was a pioneer in the field of thought, in a new technique for the understanding of human nature. He was also an originator...It is not likely that the history of Psychology can be written in the next three centuries without mentioning Freud's name and still claim to be a general history of Psychology."
35. The first social situation that confronts a child in its relation \to its mother...social sense"—Adler, A. Individual Psychology Inc. Merchison (Ed), Psychologies of 1930, Worcester, Massachusetts : Clark Univ. Press, 1930, p. 403.
    (For Full Quotation see Schultz., p. 336)
36. These are only "The bricks which he was in his...determines his relationship to the outside world." Adler, A Fundamental view of Individual Psychology, International. Journal of Individual Psychology 1935, p. 5.
37. "The final goal...feels and thinks"—Wolman p. 285 [see Schultz, p. 339]
38. Homs Vachinger. The Philosophy of "As if" or system of the theoretical, practical and religious fiction of mankind. New York Harcourt Brace, 1925.
39. "From early childhood, we can say from the first day (First cry), we find a stand of the child towards the environment which cannot be called anything but hostile... fighting. wrestling, beating, biting and cruelties

show the aggression drive in its pure form..." Adler, A. 1908.

40. An intrinsic necessity of life itself. It is at the root of all solution of life's problems. All our functions follow it expection" Adler A. Indivdual Psychology. In e. Murchison (ed.) Psychologies of 1930. Woreheetor Massachusetts Clark University Press, 1930.
41. The child builds up his whole life, which we have called concretely style of life, at a time when he has neither adequate language nor adequate concepts...We cannot say that something has not been undertood or that this is a repressed unconscious. Rather we must say that something has been withheld from the understanding. Adler A. Problems of neurosis. A book of caseohistones Regan Pard 1929 p. 152.
42. Adler compared heredity to a supply of bricks, of various quality used by each individual in a very different way in building his style of life what matters most is not what one has omjerotaed but what one does with what he has Even art and genius are not undeserved gifts of nature or inheritence but the individuals own creation. Wolman p. 293.
43. Alfred A. Problems of neurosis, New York : Cosmopoliton Book Co. 1936. p. 304.
44. "Acourageous individual will show the effects of his attitude in his physique." Alfred, A what life should mean to you little Brown. 1931, p. 41.
45. "A was the first person to describe a part of the role of the 'Ego' in producing neurosis and to show that the direction in which the person is going i.e, his goals significantly contributes to his neurotic difficulties." Clara Thompson, Psychoanalysis : Evolution and Developement hermitage 1951 pp. 160-161.
46. The mass of data relative to the problems of the ego that has come to us from Adler and his school is tremendously rich...such problems were described in an era when Adler was generally ridiculed by the analysts and ignored by 'hard headed' anodical man Adler did as much as any individual to make clear that the ego's problems are as eactral as sescor any other problems...indeed that for most civilized man they are most burning problems of all. Gardnery Murphy, Personality, A biosocial approach to origins and stucture, Harper 1947, p. 593
47. Adler's analysis of human nature contains many brilliant observations and suggestions..The theories of neo analysis." Benjamin. B. Wolman, Contemporary Theories and Systems in Psychology, Harper and Brothers, Publishers New York, 1960 p. 298 (See full 2nd para).

कार्ल गस्टव युंग (Carl Gustuv Yung, 1875-1961)
विश्लेषणात्मक मनोविज्ञान
(Analytical Psychology)

युंग का जन्म 26 जुलाई 1875 को स्विट्जरलैण्ड में कॉन्स टैन्स झील के तट पर गाँव के एक गरीब किन्तु विद्वान परिवार में हुआ था। आरम्भ में उनकी इच्छा पुरातत्त्ववेत्ता (Archaelogist) बनने की थी, लेकिन गरीबी के कारण उन्हें बेसेल विश्वविद्यालय में अध्ययन करना पड़ा जहाँ पुरातत्त्व के अध्ययन की व्यवस्था नहीं थी। अतः उन्होंने यहाँ से डॉक्टरेट की उपाधि प्राप्त की और सर्वप्रथम जुरिच विश्वविद्यालय के मनोचिकित्सीय निदान गृह (Psychiatric Clinic) में ऑगेन ब्लालर (Eugen Blauler, 1859-1939) के साथ काम करने लगे। ब्लालर सिजोफ्रेनिया पर अपने महत्त्वपूर्ण काम के लिए प्रसिद्ध थे। 1905 में वहीं व्याख्याता के पद पर युंग की नियुक्ति हो गई। कुछ वर्षों के बाद उन्होंने अपने पद से इस्तीफा दे दिया और अपना सम्पूर्ण समय निजी चिकित्सा, शोध तथा लेखन में देने लगे।

1900 में फ्रायड की प्रसिद्ध पुस्तक 'स्वप्नों की व्याख्या' (The Interpretation of Dreams) प्रकाशित हुई। उसे पढ़कर युंग फ्रायड की ओर काफी आकर्षित हुए। वे उस पुस्तक से इतना अधिक प्रभावित हुए कि उसे 'ग्रन्थरत्न' (Masterpiece) घोषित किया और फ्रायड से मिलने वियना गए, जहाँ दोनों के बीच लम्बी बातचीत हुई। फलस्वरूप वे दोनों एक-दूसरे के इतना निकट आ गए कि फ्रायड ने युंग को मनोविश्लेषणात्मक आन्दोलन का युवराज (Crwn prince) कहा।

1909 में युंग फ्रायड के साथ क्लार्क विश्वविद्यालय में व्याख्यान देने के लिए अमरीका गए। फ्रायड के प्रयास से युंग अन्तर्राष्ट्रीय मनोविश्लेषणात्मक संघ की प्रथम सभा में ही अध्यक्ष चुन लिए गए। पर उन दोनों की घनिष्ठता बहुत दिनों तक कायम नहीं रह पाई, क्योंकि युंग शुरू से स्वतन्त्र एवं आलोचनात्मक प्रकृति के व्यक्ति थे और एक मनोचिकित्सक के रूप में प्रसिद्धि भी प्राप्त कर चुके थे। साथ-ही-साथ

उनके कई शोध पत्र भी प्रकाशित हो चुके थे। अतः उनके लिए आसानी से किसी की बात को मान लेना सम्भव नहीं था।

1912 में युंग की प्रसिद्ध पुस्तक 'अचेतन का मनोविज्ञान' (The Psychology of the Unconscious) प्रकाशित हुई। उसके बाद से ही फ्रायड एवं युंग के व्यक्तिगत सम्बन्ध में कमी आने लगी। इसका प्रधान कारण था कि युंग ने 'सेक्स' को सर्वाधिक महत्त्वपूर्ण मूल प्रवृत्ति के रूप में स्वीकार नहीं किया। 'लिबिडो' के सम्बन्ध में भी उनका विचार फ्रायड से बिलकुल भिन्न था। उन्होंने अन्तर्राष्ट्रीय मनोविश्लेषणात्मक संघ के अध्यक्ष पद से भी इस्तीफा दे दिया। अन्ततोगत्वा 1914 में उन्होंने एक नई विचारधारा का प्रणयन किया जो 'विश्लेषणात्मक मनोविज्ञान' (Analytical Psychology) के रूप में विख्यात हुआ। मनोविज्ञान के क्षेत्र के बाहर भी युंग का काफी प्रभाव था।

यह जानने के लिए कि व्यक्ति जैसा व्यवहार करता है, वैसा क्यों करता है, उन्होंने मनोविज्ञान के अतिरिक्त धर्म, पुराण, पुरातत्त्व (Archaeology), कर्मकाण्ड (Ritual), संस्कृति, प्रतीक एवं संस्कृत आदि कई भाषाओं का अध्ययन किया। वस्तुतः उनकी अभिरुचि मानव-अस्तित्व के सम्पूर्ण ऐतिहासिक पक्षों को जानने में थी ताकि वे सम्पूर्ण मानव व्यवहारों की समुचित व्याख्या कर सकें। अभी युंग के सम्बन्ध में जो कुछ कहा गया, उससे स्पष्ट हो जाता है कि उनकी विद्वत्ता की धाक जम चुकी थी और वह भी केवल मनोविज्ञान के क्षेत्र में ही नहीं, बल्कि अन्य कई क्षेत्रों में भी।

युंग का सिद्धान्त अति सूक्ष्म एवं आध्यात्मिक स्वरूप का है। अतः प्रयोगशाला में प्रयोगों के सहारे उसकी जाँच नहीं की जा सकती। उनके मनोवैज्ञानिक प्रदत्तों की सांख्यिकीय व्याख्या भी नहीं की जा सकती। इस अर्थ में उनका सिद्धान्त अन्य मनोवैज्ञानिकों से भिन्न है।

युंग का सिद्धान्त आशावादी है जो उत्तरोत्तर अच्छे एवं सभ्य मानव का संकेत देता है। यद्यपि ऑलपोर्ट, मर्फी, रोगर्स और मैरलो के लेखन पर युंग का प्रत्यक्ष प्रभाव नहीं जान पड़ता है, किन्तु उनके दृष्टिकोण का अप्रत्यक्ष आभास अवश्य मिल जाता है।

प्रथम विश्व युद्ध के पहले मनोविश्लेषण का जो स्वरूप था, उससे युंग और ऐडलर सहमत नहीं थे। अतः उन दोनों ने कामुकता (Sexuality) के अर्थ में फ्रायड के 'लिबिडो' के सिद्धान्त का विरोध किया।

फ्रायड की अपेक्षा ऐडलर ने चेतन प्रक्रियाओं पर अधिक जोर दिया। इसीलिए फ्रायड ने उनको अहं (Ego) की संज्ञा दी। युंग ठीक विपरीत दिशा में अग्रसर हो रहे थे। उनकी रुचि प्रधान रूप से अचेतन प्रक्रियाओं में थी। उनके काम मुख्यतः अचेतन के गहनतम भाग से सम्बन्धित थे। वे उत्तरोत्तर अचेतन को अधिक महत्त्व प्रदान करते गए। फ्रायड ने अचेतन के विभिन्न भागों में भेद किया फलतः उन्होंने अचेतन, उपचेतन एवं चेतन के परिप्रेक्ष्य में मानव-स्वभाव को समझने की चेष्टा की

और चेतन को नियन्त्रक शक्ति के रूप में ग्रहण किया। युंग ने चेतन के नियन्त्रण को बिलकुल अस्वीकार किया और इस बात पर जोर दिया कि 'अचेतन पर चेतन मनोविज्ञान को नहीं थोपना चाहिए', क्योंकि चिन्तन, तर्क आदि मानसिक क्रियाओं में अचेतन का प्रतिनिधित्व सम्भव नहीं है। उन्हीं के शब्दों में 'चेतन अथवा चेतना मनोविज्ञान के लिए सर्वाधिक प्रतिकूल वस्तु है। चेतना का सार है समायोजन की प्रक्रिया जो सर्वाधिक सूक्ष्म विस्तारों में घटित होती है...अचेतन सामान्यतः असंगठित होता है, जो केवल जाति के साथ ही व्यक्तियों को परस्पर एक सूत्र में नहीं बाँधता बल्कि अतीत के लोगों के साथ भी उनका ऐक्य स्थापित करता है...और यही वास्तविक मनोविज्ञान का विषय है।[1] निष्कर्ष के रूप में कहा जा सकता है कि वास्तव में व्यक्ति चेतन रूप में जैसा नहीं होता, अचेतन रूप में वैसा ही होता है।[2]

फ्रायड नियतिवादी (Determinist) थे तथा ऐडलर प्रयोजनवादी (Purposivist)। ऐसा लगता है कि युंग ने बहुत दिनों तक इन दोनों सिद्धान्तों को स्वीकार किया और समन्वयवादी दृष्टिकोण को अपनाया। वे प्रायः कहते थे कि मानव-मन इन दोनों से निर्देशित होता है। यदि एक ओर यह अतीत का प्रतिफल है तो दूसरी ओर भविष्य का निर्माता भी। इस प्रकार उनकी दृष्टि में कारण और लक्ष्य में कोई विरोध नहीं है।

फ्रायड के समान युंग ने केवल अतीत को ही मानव-व्यवहार की व्याख्या के लिए पर्याप्त नहीं माना, बल्कि उन्होंने अपनी मनश्चिकित्सा (Psychotherapy) में अतीत की अपेक्षा वर्तमान परिस्थिति तथा जीवन के भावी लक्ष्य (Future goal) पर अधिक जोर दिया। उन्होंने फ्रायड के समान मानव को वातावरण के प्रभाव का निष्क्रिय प्रतिफल नहीं माना, बल्कि उसे अपेक्षाकृत अधिक सक्रिय एवं रचनात्मक प्रवृत्ति का माना। इस प्रकार युंग का मनोविज्ञान फ्रायड की अपेक्षा अधिक आशावादी है। उनका तो यहाँ तक विश्वास है कि आदिम मानव प्रवृत्तियों को विकसित कर आत्म-बोध (Self-actualization) की अवस्था तक पहुँचाया जा सकता है।

व्यक्तित्त्व विकास की धारणा में भी युंग फ्रायड से बिलकुल भिन्न हैं। जहाँ फ्रायड ने व्यक्तित्त्व के निर्माण में अतीत को, बाल्यकाल की अनुभूतियों को महत्त्व प्रदान किया, वहाँ युंग ने भी इसे अस्वीकार नहीं किया, किन्तु व्यक्तित्व के निर्माण एवं विकास में भविष्य को भी, व्यक्ति की आकांक्षाओं एवं लक्ष्यों को भी महत्त्व प्रदान किया।

युंग के अनुसार व्यक्ति सदा विकास की ओर अग्रसर होता रहता है क्योंकि उसके जीवन का अन्तिम लक्ष्य है–आत्म-बोध (Self-actualization)। आत्म-बोध से उनका तात्पर्य है 'स्व' (Self) का पूर्णतम विकास जिसमें व्यक्ति के सभी पक्षों का विकास निहित है। युंग के इस विचार को बिस्वौफ ने इन शब्दों में व्यक्त किया है : अतीत प्रस्तावना है, वर्तमान क्रिया जबकि भविष्य जीवन को निर्धारित करता

है।[3] इस सम्बन्ध में युंग...जेस्टॉल्टवाद से मिलता जुलता है, जबकि फ्रायड का व्यवहार वाद से।

1955 में युंग ने समकालिकता के सिद्धान्त (Principle of Synchronicity) का प्रतिपादन कर यह स्पष्ट किया कि एक ही साथ घटित होने वाली घटनाओं के बीच कारण और प्रभाव (Cause and Effect) का सम्बन्ध नहीं होता। ऐसा नहीं होता कि ठीक एक ही समय किसी एक घटना के कारण दूसरी घटना घटित हो। इस सम्बन्ध में वाण्डर पोस्ट (Vander post, 1975)[4] का कहना है कि कारण और प्रभाव एक ही व्यापक समष्टि (Encognism Passing Whole) के अंश हैं, जो दोनों की व्याख्या प्रस्तुत करता है। इस सिद्धान्त के आधार पर ही उन्होंने दूरदृष्टि; व्यापक समष्टि (Clairogynance) तथा दूर बोध (Telepathy) की व्याख्या की है। एक ही समय कोई अचेतन विचार भौतिक जगत तथा व्यक्ति के मन, दोनों में घटित हो सकता है, किन्तु इसका यह अर्थ नहीं है कि इन दोनों में से कोई भी एक-दूसरे का कारण अथवा प्रभाव है।[5]

लिबिडो की धारणा
(The Concept of Libido)

लिबिडो के सम्बन्ध में युंग की धारणा फ्रायड से भिन्न है। जहाँ फ्रायड ने इसे एक मात्र कामुक स्वरूप (Sexual Nature) का माना वहाँ युंग ने इसे सामान्य जीवन शक्ति के रूप में ग्रहण किया है। उनकी यह धारणा बहुत हद तक बर्गरो की जीवन शक्ति (Elan Vital) अथवा सोपेनहावर की जीने की इच्छा (Will to Live) के स्वरूप की है। युंग की 'लिबिडो' की इस धारणा में फ्रायड की कामुकता (Sexuality) और ऐडलर की 'शक्ति की कामना' (Will to Power) दोनों ही निहित हैं। उनके अनुसार मानव-व्यवहार न तो फ्रायड की केवल सर्वशक्तिमान कामुकता की अभिव्यक्ति है और न ऐडलर की केवल 'शक्ति की कामना' की। वह तो एक सामान्य जीवन है जो कभी कामुकता में तो कभी 'शक्ति की कामना' में तथा अन्य क्रियाओं में अभिव्यक्त होती है। दूसरे शब्दों में वही कभी कामतृप्ति (Sexual Satisfaction) के प्रयास में, कभी श्रेष्ठता के प्रयास (Striving for Superiority) में, कभी कलात्मक रचना में, कभी खेल में तथा कभी अन्य क्रियाएँ अभिव्यक्ति होती रहती हैं क्योंकि सभी क्रियाएँ अथवा व्यवहार उस सम्पूर्ण शक्ति (Total Energy) के अंग हैं। युंग ने अपनी पुस्तक 'अचेतन के मनोविज्ञान'[6] में लिबिडो की विशद व्याख्या प्रस्तुत की है।

जहाँ फ्रायड ने बाल्यकाल की विभिन्न अवस्थाओं जैसे मौखिक, गुदा, लैंगिक आदि में काम-शक्ति को विभिन्न शारीरिक अंगों में केन्द्रित माना है वहाँ युंग की मान्यता यह है कि जीवन-शक्ति किसी भी समय उसी रूप में अभिव्यक्त होती है जिसकी उस समय प्राणी को सर्वाधिक आवश्यकता होती है। जैसे वह कभी खाने

पीने में अभिव्यक्त होती है तो कभी 'सेक्स' में। बच्चों के लिए मौखिक क्षेत्र (Oral Zone) तृप्ति का आरम्भिक केन्द्र है, इसलिए नहीं कि इसके उत्तेजित होने से काम की तृप्ति होती है, बल्कि इसलिए कि इसके उत्तेजित होने से भूख की तृप्ति होती है। युंग के अनुसार भोजन सर्व प्रमुख है। बच्चा माँ के स्तन को चूसने में आनन्द प्राप्त करता है, इसलिए कि यह जीवन परिरक्षण के लिए अनिवार्य है। इससे स्पष्ट है कि युंग फ्रायड से इस बात में सहमत नहीं थे कि सभी प्रकार की आनन्ददायक संवेदनाएँ कामुक (Sexual) होती हैं। वास्तव में, माँ में बच्चे की रुचि इसलिए नहीं होती कि उसकी कामुकता की तृप्ति होती है, बल्कि इसलिए होती है कि माँ उसे भोजन प्रदान करती है।

चूँकि युंग ने जीवन की मूल शक्ति को कामुक (Sexual) नहीं माना इसलिए उन्होंने मानव व्यवहार की व्याख्या स्वतन्त्र एवं फ्रायड से भिन्न रूप में की। उन्होंने जीवन की आरम्भिक चार अथवा पाँच वर्ष की अवधि को पूर्वकामुक अवस्था (Pre-Sexual Phase) कहा और उसका सम्बन्ध बच्चों के पोषाहार एवं विकास से माना न कि काम तृप्ति से। फलस्वरूप उन्होंने फ्रायड की अडिपस ग्रन्थि की धारणा की भर्त्सना की और उसे नहीं माना। माँ के साथ बच्चे के लगाव को उन्होंने महज आश्रितता का सम्बन्ध माना; क्योंकि उस अवधि में अपने भोजन तथा विकास के लिए माँ पर आश्रित रहना बच्चे की एक अनिवार्य आवश्यकता है। जब उसे भोजन प्राप्त होता है तो उसे अपनी माँ से तृप्ति का अनुभव होता है, अन्यथा उसमें माँ के प्रति प्रतिस्पर्धा (Rivalry) उत्पन्न होती है। इससे स्पष्ट है कि माँ के प्रति बच्चे की मनोवृत्ति माँ के द्वारा बच्चे को दिए गए पोषाहार की क्रियाओं पर निर्भर है। युंग का कहना है कि जैसे-जैसे बच्चों में काम-परिपक्वता (Sex Matuarity) एवं विकास की क्रिया सम्पन्न होती जाती है वैसे-वैसे पोषाहार की क्रियाएँ कामुक भावनाओं के साथ जुड़ती जाती हैं। उनके अनुसार यौवनारम्भ (Puberty) के बाद ही कामशक्ति इतरलिंग कामुकता (Hetero Sexuality) का रूप ग्रहण करती है। स्पष्ट है कि युंग ने सेक्स को पूर्णतया अस्वीकार नहीं किया है, बल्कि उसे सम्पूर्ण जीवन शक्ति के एक अंग के रूप में ग्रहण किया है।

1920 के पहले तक फ्रायड ने यह माना कि 'लिबिडो' वास्तव में बाल्यकाल के आरम्भ में भी कामुक ही होता है। अतः युंग द्वारा इसे विशुद्ध रूप देने का प्रयास मनोविश्लेषण के प्रति विश्वासघात है। किन्तु बाद को जब फ्रायड ने अपने 'लिबिडो' को जीवन की अन्य मूल प्रवृत्तियों जैसे 'इरोस' (Eros) के साथ जोड़ दिया तब उनके बाद हार्टमैन तथा अन्य मनोविश्लेषकों ने अहं (Ego) के संघर्ष रहित क्षेत्र पर विशेष जोर दिया तो उनकी स्थिति युंग के बिलकुल करीब आ गई।

युंग ने मानव जीवन की व्याख्या विरोधों (Opposites) अथवा द्वन्द्वों (Dialectics) के सिद्धान्त के आधार पर की है। उनके अनुसार जीवन निर्माण एवं विनाश

की प्रक्रिया है। यह सिद्धान्त प्रसिद्ध आदर्शवादी जर्मन दार्शनिक हीगेल की याद दिलाता है, जिनकी मान्यता यह है कि विरोधों के द्वारा विकास की प्रक्रिया चलती रहती है। कुछ ऐसा ही विचार युंग का भी है। उनका भी कहना है कि मानव-मन का निर्देशक सिद्धान्त है 'आन्तरिक विरोध' (Inner Antithesis)। सम्पूर्ण विश्व में सभी सजीव तथा निर्जीव पदार्थों का अस्तित्व विरोधों के कारण ही है। ये विरोध जीवन में संघर्ष उत्पन्न करते हैं। वस्तुतः संघर्ष ही जीवन का मूल तत्त्व है। संघर्ष के बिना जीवन निरर्थक है, क्योंकि संघर्ष ही प्रगति का मार्ग प्रशस्त करता है। स्पष्ट है कि जीवन में परिवर्तन एवं प्रगति का आधार संघर्ष ही है। आन्तरिक विरोध से ही शक्ति उत्पन्न होती है। इन विरोधों के बीच जितना ही अधिक संघर्ष होता है, उतनी ही अधिक मानसिक शक्ति उत्पन्न होती है। इसीलिए युंग ने कहा है कि सम्पूर्ण जीवन ही शक्ति है, और वह विरोध की शक्तियों पर निर्भर है।[7]

मानसिक शक्ति के सम्बन्ध में युंग का मत है कि वह सदा एक-सी नहीं रहती, उसमें परिवर्तन होता रहता है। जब किसी एक क्रिया के सम्पादन में शक्ति का उपयोग कर लिया जाता है, तब उस क्रिया के लिए शक्ति की मात्रा में कमी आ जाती है, किन्तु दूसरी क्रिया के लिए अधिक मात्रा में शक्ति उपलब्ध हो जाती है। तात्पर्य यह कि शक्ति का एक क्रिया से दूसरी क्रिया में रूपान्तरण होता रहता है। युंग का यह विचार फ्रायड के विचार से भिन्न नहीं है, क्योंकि उन्होंने भी ऐसा माना है कि जब काम-शक्ति (Libido) का उन्नयन (Sublimation) हो जाता है, तो वह कलात्मक रचनाओं में अभिव्यक्त होती है। दूसरे शब्दों में, काम-शक्ति का कलात्मक रचनाओं में रूपान्तरण हो जाता है।

प्रतीक
(Symbols)

मानसिक शक्ति का उपयोग मुख्यतः जीवन धारणा के लिए किया जाता है। किन्तु जब जैविक आवश्यकताओं की पूर्ति हो जाती है, तब अतिरिक्त शक्ति (लिबिडो) सांस्कृतिक एवं आध्यात्मिक कार्यों में रूपान्तरित हो जाती है। इस अतिरिक्त शक्ति (लिबिडो) की अभिव्यक्ति को ही युंग ने प्रतीक (Symbols) की संज्ञा दी है।

चिह्नों और शब्दों में पहले से ज्ञात वस्तुओं को सम्प्रेषित करने की क्षमता होती है, किन्तु प्रत्येक अज्ञात वस्तुओं की व्याख्या करने में समर्थ होते हैं। ये प्रतीक मानव-मन के अचेतन भाग में उत्पन्न होते हैं, इनका निर्णय स्वतः होता है, न कि चेतन चिन्तन के आधार पर। ये सहजानुभूति (Intuition) के द्वारा चेतन में आ सकते हैं और यदि अहं के द्वारा स्वीकार कर लिए गए तो व्यक्ति के सांस्कृतिक एवं रचनात्मक जीवन में प्रमुख निर्देशक शक्ति बन सकते हैं।

युंग के व्यक्तित्त्व-सिद्धान्त के लिए प्रतीक बड़े ही महत्त्वपूर्ण हैं। कारण यह है कि मनुष्य अपने जीवन में अधिकांश कार्य प्रतीकों के सहारे सम्पादित करता है। जबकि पशु मूर्त तथ्यों के आधार पर। फलस्वरूप प्रतीक मनुष्य को पशु की अपेक्षा उच्च एवं अति विशिष्ट 'स्व' (Self) की उपलब्धि में सहायक सिद्ध होते हैं। प्रतीक मनुष्य के लिए दो मूल क्रियाएँ सम्पादित करते हैं–एक तो यह कि ये पूर्वजों की अनुभूतियों के भण्डार सिद्ध होते हैं और दूसरा यह कि ये मनुष्य की प्रगति की उसकी आकांक्षाओं के स्तरों का प्रतिनिधित्व करते हैं। मनुष्य बुद्धिमानी पूर्वक इन प्रतीकों का उपयोग करे तो ये अधिकाधिक रचनात्मक ढंग से उसकी दमित इच्छाओं की अभिव्यक्ति में सहायक हो सकते हैं। साथ-ही-साथ ये सभ्यता में प्रगति के भी द्योतक हैं।

मानसिक संरचना अथवा व्यक्तित्त्व की संरचना
(Psychic Structure or Structure of Personality)

युंग के अनुसार मन (Psyche) के तीन स्तर होते हैं–चेतन (Conscious) वैयक्तिक अचेतन (Personal Unconscious) तथा सामूहिक अचेतन (Collective Unconscious)। चेतना के केन्द्र में अहं होता है जो व्यक्ति की आत्म-धारणा (Self-Concept) के समान होता है।

अहम (Ego)–अहं वास्तविकता के सम्पर्क में रहता है। इसके द्वारा ही व्यक्ति को अपने आपका ज्ञान होता है। इसमें सम्पूर्ण चेतन स्मृतियाँ, प्रत्यक्षीकरण, चिन्तन आदि क्रियाएँ निहित रहती हैं। यह चेतना के केन्द्र में होता है। चेतना के केन्द्र में होने के कारण इसका अचेतन के साथ विरोध एवं संघर्ष होता रहता है। ऐसी स्थिति में चेतनोन्मुख व्यक्ति चेतन में अचेतन के प्रवेश को बर्दाश्त नहीं कर पाता क्योंकि इसे वह कमजोरी की निशानी मानता है। किन्तु अचेतन किसी-न-किसी रूप में अपने को अभिव्यक्त करता है। युंग का कहना है कि अचेतन अपने को स्वप्नों में, आत्म-चिन्तन (Autestic Thinking) में तथा प्रतीकों में अभिव्यक्ति करने की चेष्टा करता है। चेतनोन्मुख अहं अचेतन को जितना ही अधिक अस्वीकार करता है तथा उसकी जितनी ही अधिक भर्त्सना करता है, वह उतना ही अधिक अपने अस्तित्व को सिद्ध करने की चेष्टा करता है। अन्ततोगत्वा बाद के जीवन (सामान्यतः चालीस वर्षों के बाद) में 'स्व' (Self) अहं का स्थान ग्रहण कर लेता है।

युंग का कहना है कि जीवन में चेतन को आवश्यकता से अधिक महत्त्व प्रदान किया गया है। उन्होंने चेतन तथा अचेतन की धारणाओं को स्पष्ट करने के लिए उनकी तुलना एक गगनचुम्बी भवन से की है और कहा है कि यदि चेतन गगन चुम्बी भवन की सबसे ऊपर की मंजिल है तो अचेतन सबसे नीचे की मंजिल। अतः अचेतन के बिना चेतन के अस्तित्व की कल्पना नहीं की जा सकती, क्योंकि अचेतन की नींव पर ही चेतन का अस्तित्व है।

युंग ने अचेतन के दो स्तरों (Levels) का उल्लेख किया है–वैयक्तिक अचेतन (Personal Unconscious) तथा सामूहिक अचेतन (Collective Unconscious)। चेतना के ठीक निचले भाग में वैयक्तिक अचेतन का अस्तित्व है। इस सतही (Superficial) वैयक्तिक अचेतन में व्यक्ति की वे इच्छाएँ एवं अनुभूतियाँ रहती हैं, जिन्हें उसने या तो दबा दिया है, या भूल गया है या जिनके सम्बन्ध में उसे कभी चेतना हुई ही नहीं। वैयक्तिक अचेतन की घटनाओं को आसानी से चेतना में लाया जा सकता है। इससे यह द्योतित होता है कि यह अचेतन का बहुत गहरा स्तर नहीं है, बल्कि सतही अथवा ऊपरी स्तर है। इस वैयक्तिक अचेतन से बहुत गहरा और अधिक सुदूर एक मानसिक स्तर है, जिसे सामूहिक अचेतन (Collective Unconscious) कहते हैं। इसमें कई पीढ़ियों की वंश परम्परागत संचित अनुभूतियों का प्रभाव निहित रहता है, जिसकी चेतना व्यक्ति को नहीं होती।

अतीत की जनश्रुतियों और विभिन्न संस्कृतियों के अध्ययन के आधार पर युंग का कहना है कि मनुष्य का मस्तिष्क अपने पूर्वजों की विगत अनुभूतियों एवं प्रवृत्तियों को वंश परम्परा से प्राप्त करता है। मस्तिष्क में सामूहिक अचेतन में मानव-अस्तित्व के पहले की अनुभूतियाँ भी संचित रहती हैं। यही कारण है कि सामूहिक अचेतन विश्वजनीन होता है। सामूहिक अचेतन मानव-मन अथवा मानव-व्यक्तित्त्व का मूल आधार है। आधुनिक विश्व में मनुष्य जो कुछ भी करता है, वह आदिकालीन अतीत की देन है। इसीलिए कुछ बातें सामान्यतः सभी में पाई जाती हैं, जैसे–देवी-देवताओं की पूजा, शक्ति और पद की पूजा, बच्चों का लालन-पालन, भूत-प्रेत, झाड़-फूँक आदि में विश्वास।

पशु तथा मानव दोनों ही अपने बच्चों को प्यार करते हैं, इसलिए नहीं कि इसे अपना कर्त्तव्य समझते हैं, बल्कि इसीलिए कि वे इस प्रवृत्ति को अपने सामूहिक अचेतन से ग्रहण करते हैं। हॉल तथा लिन्डजे ने सामूहिक अचेतन के सम्बन्ध में अपना विचार व्यक्त करते हुए लिखा है :

"सामूहिक अचेतन मानव के कुल पारम्परिक अतीत से, जिसमें एक अलग वर्ग के रूप में मानव का केवल जातीय इतिहास ही नहीं, बल्कि उसका प्राक्-मानव अथवा पशुकुल परम्परा भी निहित है, आनुवंशिकता द्वारा प्राप्त अव्यक्त स्मृति-चिह्नों का भण्डार है। सामूहिक अचेतन मानव की विकासात्मक परिवृद्धि का मानसिक अवशेष है, ऐसा अवशेष जो अनेक पीढ़ियों की पुनरावृत्त्यात्मक अनुभूतियों के प्रतिफल के रूप में संचित हैं।"[8]

युंग ने अचेतन को अत्यधिक महत्त्व प्रदान किया है। उसमें भी वैयक्तिक अचेतन की अपेक्षा सामूहिक अचेतन पर अधिक जोर दिया है, क्योंकि युंग के अनुसार वह जीवन का मूल स्रोत है। सामूहिक अचेतन में आदिकालीन बिम्ब (Primordial Images) संचित रहते हैं, जिनका व्यक्ति प्रायः अपने जीवन में उपयोग करता है।

इन आदिकालीन बिम्बों को संस्कार (Archetypes) की संज्ञा दी गई है। इन संस्कारों को परिभाषित करते हुए मार्क्स और हिलिक्स का कहना है : "संस्कार एक विशेष प्रकार से प्रत्यक्षीकरण करने, कार्य करने तथा चिन्तन करने की प्रवृत्ति है।" ये संस्कार परम्परागत अनुभूतियों के आधार पर निर्मित होते हैं और ये अनुभूतियाँ प्रायः विश्व-जनीन होती हैं, अर्थात् मानव मात्र में पाई जाती हैं। अतः संस्कार (Archetypes) भी विश्वजनीन होते हैं। संस्कार के सम्बन्ध में उनकी यह धारणा विभिन्न सभ्यता-संस्कृति, कला तथा पुराणों (Myths) पर आधारित हैं। अपने अध्ययन क्रम में उन्होंने यह भी पाया कि विभिन्न संस्कृतियों में कुछ प्रतीक बिलकुल एक-से हैं, यद्यपि उन संस्कृतियों के बीच सीधा सम्बन्ध अथवा आदान-प्रदान के कोई प्रमाण नहीं हैं। यह भी उल्लेखनीय है कि संस्कारों में सदा संवेग निहित रहते हैं। युंग तथा उनके सहकर्मियों ने कुछ विशेष प्रकारों के संस्कारों का उल्लेख किया है और कहा है कि इनके अतिरिक्त और भी कई संस्कार (Archetypes) हैं जिनकी अभी तक ठीक-ठीक पहचान नहीं हो पाई है। उदाहरण के रूप में यहाँ कुछ को प्रस्तुत किया जा रहा है : ईश्वर (God), शैतान (Devil), माता-पिता, बच्चा, मरण, पुनर्जन्म आदि।

संस्कार (Archetypes) युंग के व्यक्तित्त्व सिद्धान्त में महत्त्वपूर्ण भूमिका अदा करते हैं। ये संस्कार सामूहिक अचेतन में संचित रहते हैं। संस्कार की यह धारणा वंशानुक्रमिक (Hereditary) है।

युंग के अनुसार अर्जित विशेषताएँ और सांस्कृतिक प्रतिमान वंश-परम्परा की देन हैं। उनके अनुसार सामूहिक अचेतन में अनेक प्रकार के अस्पष्ट विचार (आदिकालीन बिम्ब अथवा संस्कार) होते हैं जो प्रायः स्वप्नों में, काल्पनिक रचनाओं में, विश्व के धर्मों में, परियों की कहानियों में एवं पौराणिक कथाओं में प्रतीकों के रूप में अभिव्यक्त होते हैं। इनकी समुचित जानकारी के लिए पूर्वी तथा पश्चिमी संस्कृतियों, विश्व धर्मों, एवं आदिकालीन पुराणों में पाए जाने वाले प्रतीकों का विश्लेषण अनिवार्य है।

युंग ने इन प्रमुख संस्कारों को अलग व्यक्तित्त्व-तन्त्रों (Personality Systems) के रूप में ग्रहण किया है। वे हैं–'पर्सोना' (Persona), 'एनिमा' (Anima) एनिमस प्रेरणा-शक्ति (Animus) तथा शैडो (प्रतिच्छाया), मुखावरण (पुरुषोचित प्रेरणा-शक्ति), स्त्रियोचित तथा 'स्व' (Self)। मुखावरण–लैटिन शब्द 'पर्सोना' (Persona) मुखावरण (Mask) का द्योतक है। यह व्यक्तित्त्व का सर्वाधिक बाह्य पक्ष है जो व्यक्ति के वास्तविक व्यक्तित्त्व को छिपा लेता है। जब व्यक्ति अन्य व्यक्तियों के सम्पर्क में आता है, तब वह इस मुखावरण का उपयोग करता है। फलस्वरूप व्यक्ति जिस रूप में अपने को समाज में दिखलाना चाहता है, 'पर्सोना' (मुखावरण) ठीक उसी रूप में उसे प्रस्तुत करता है। जिस प्रकार अभिनेता विभिन्न अभिनयों में विभिन्न मुखावरण धारण करता है, ठीक उसी प्रकार व्यक्ति विभिन्न लोगों के सम्पर्क में आने पर विभिन्न कर्त्तव्यों के पालन के लिए भिन्न-भिन्न प्रकार के मुखावरण धारण करता है। उदाहरण

के लिए, एक ही व्यक्ति अपने पिता के सामने पुत्र, पत्नी के सामने पति और भाई के सामने भाई की भूमिका निभाता है। इस प्रकार व्यक्ति को सामाजिक समायोजन के लिए समाज की आकांक्षाओं के अनुरूप विभिन्न मुखावरण धारण करना पड़ता है। तात्पर्य यह कि सामाजिक सम्बन्धों में व्यक्ति का वास्तविक व्यक्तित्त्व सामने नहीं आता। परिस्थिति के अनुकूल उसके व्यक्तित्त्व का कोई विशेष भाग ही सामने आता है, न कि सम्पूर्ण व्यक्तित्त्व।

युंग का मुखावरण (Persona) जेम्स के विविध 'स्व' अथवा व्यक्तित्त्व (Multiple Selves), जी.एच. मीड की सामाजिक भूमिकाएँ (Social Roles), जे. एल. मोरेनो की भूमिका-अदायगी (Role Playing) तथा एच.एस. सुलिवान के 'स्व' (Self) की धारणा से मिलता-जुलता है। युंग का मुखावरण बाह्य विश्व के प्रति व्यक्ति की चेतन मनोवृत्ति का प्रतिनिधित्व करता है। अतः उसका अहं (Ego) के साथ सम्बन्ध होता है। किन्तु युंग के सिद्धान्त में अहं 'चेतना की एक विशेष अवस्था' मात्र है। इस प्रकार अहं मुखावरण का सार है। कुछ अवस्थाओं में तो "मुखावरण का अहं के साथ तादात्म्य स्थापित हो जाता है।" यह विशेषतः ऐसे लोगों पर लागू होता है, जिनका सम्पूर्ण जीवन एक विशेष केन्द्रीय विचार से निर्देशित होता है।

मुखावरण के कारण कभी-कभी व्यक्ति अपनी वैयक्तिक भावनाओं से इतना दूर पड़ जाता है कि उसकी आत्म-बोध (Self-actualization) की क्षमता नष्ट हो जाती है। युंग के अनुसार आधुनिक युग में संवेगात्मक परेशानी का यह एक प्रमुख कारण है। मुखावरण के कारण व्यक्ति का वास्तविक 'स्व' और लोगों के समक्ष प्रस्तुत 'स्व' एक दूसरे से इतना अलग हो जाते हैं कि वह अपने वैयक्तिक आदर्शों के अनुरूप वास्तविक 'स्व' निर्मित करने में असमर्थ हो जाता है। इसका फल यह होता है कि व्यक्ति आत्म-बोध से जितना ही अधिक दूर पड़ जाता है, उतना ही अधिक मानसिक रूप से अस्वस्थ हो जाता है। वास्तव में यह जीवन मुखावरण (सामाजिक स्व) और वास्तविक 'स्व' के बीच का द्वन्द्व है। किन्तु जब कभी व्यक्ति अत्यधिक नैतिक होना चाहता है तब उस पर अचेतन का काफी दबाव पड़ता है और जब मुखावरण (Persona) अपने मूल आधार (अचेतन) से बहुत दूर पड़ जाता है, तब अचेतन शक्तियाँ भड़क उठती हैं और उसे विनष्ट कर देती हैं।

स्त्रियोचित प्रेरणा-शक्ति–स्त्रियोचित प्रेरणा-शक्ति (Anima) पुरुष का स्त्रियोचित भाग है तथा पुरुषोचित प्रेरणा-शक्ति (Animus) स्त्री का पुरुषोचित भाग है। इन दोनों का काम है मुखावरण (Persona) को सन्तुलित करना। इससे स्पष्ट है कि मानव उभयलिंगी होता है। स्त्री के साथ पुरुष की अनुभूतियों का परिणाम है स्त्रियोचित प्रेरणा-शक्ति तथा पुरुष के साथ स्त्री की अनुभूतियों का प्रतिफल है पुरुषोचित प्रेरणा-शक्ति। दूसरे शब्दों में, पुरुष में पुरुष की विशेषताओं के साथ-साथ स्त्रियोचित विशेषताएँ भी पाई जाती हैं और यही बात स्त्री पर भी लागू है। स्त्री में

स्त्री की विशेषताओं के साथ-साथ पुरुषोचित विशेषताएँ भी पाई जाती हैं। अन्य संस्कारों के समान ये भी अपनी जाति विशेष के आदिकालीन अतीत के परिणाम हैं जिसमें स्त्री तथा पुरुष अपने विपरीत लिंग (Sex) की संवेगात्मक विशेषताओं को ग्रहण करते हैं।

पुरुष प्रायः सामाजिक दबावों के कारण अपने मुखावरण से जितना ही अधिक तादात्म्य स्थापित करता है, उतना ही अधिक अपने अचेतन की शक्तियों का शिकार होता है। जब तक वह अपनी स्त्रियोचित प्रेरणा-शक्ति (Anima) से अवगत नहीं होता तब तक वह प्रेरणा-शक्ति उससे बिलकुल अलग स्वतन्त्र रूप में काम करती है। फलस्वरूप वह कभी-कभी व्यक्ति से ऐसा काम करवा देती है, जिसके लिए वह कोई भी तार्किक व्याख्या प्रस्तुत नहीं कर पाता।

प्रतिच्छाया (Shadow)–युंग की प्रतिच्छाया की धारणा को फ्रायड के 'इड' की तरह का माना जा सकता है। यह मानव में पाशविक प्रवृत्तियों का प्रतिनिधित्व करती है। यह व्यक्तित्त्व का निम्न भाग है, जिसे व्यक्ति प्राक् मानव अस्तित्व, अर्थात् पशुकुल परम्परा से वंशानुक्रम (Heredity) द्वारा प्राप्त करता है। यह अहं के विपरीत होती है, फलस्वरूप इसमें सभी अनैतिक, कामुक, आक्रामक एवं अन्य आपत्तिजनक इच्छाएँ निहित रहती हैं। यह व्यक्ति को ऐसे गैर जवाबदेह एवं खतरनाक कार्यों को करने के लिए बाध्य करती है, जिन्हें वह सामान्यतः अपने जीवन में कभी भी नहीं करना चाहता है।

मनुष्य अपने स्वप्नों एवं प्रक्षेपणों (Projections) के द्वारा अपनी प्रतिच्छाया से अवगत होता है। अपनी अन्तिम पुस्तक में युंग ने विश्व के दुःख के कारण पर प्रकाश डालते हुए कहा है कि दुःख दूसरों पर गलत ढंग से लोगों तथा राष्ट्रों के द्वारा अपनी प्रतिच्छाया आरोपित करने की प्रवृत्ति का दुष्परिणाम है।

'स्व' अथवा 'आत्म' (Self)

सभी संस्कारों (Archetypes) से अधिक महत्त्वपूर्ण एवं सुविकसित संस्कार है 'स्व' अथवा 'आत्म'। युंग की चिन्तन धारा का यह अंतिम भाग है, जिसमें अचेतन के सभी पक्ष (Aspects) समाहित हैं। यह चेतन तथा अचेतन के बीच में होने के कारण सम्पूर्ण व्यक्तित्त्व को सन्तुलित करता है। यह सन्तुलन के साथ-साथ व्यक्तित्त्व में स्थायित्व भी लाता है।

चेतन तथा अचेतन के विरोधी तत्त्वों के बीच 'स्व' अथवा 'आत्म' में समन्वय स्थापित हो जाता है। 'आत्म' के विकास के साथ-साथ व्यक्तित्त्व में एकत्व भी आ जाता है जिसकी अभिव्यक्ति कला एवं धर्म में होती है। यह बात सामान्यतः अनेक संस्कृतियों पर लागू होती है, किन्तु विशेषतः पूर्वी देशों पर और वह भी प्राचीन भारत पर अपेक्षाकृत बहुत अधिक लागू होता है। इसका प्रतिनिधित्व 'मण्डाला प्रतीक'

(Mandala symbol) अथवा जादू चक्र (Magic Circle) एक केन्द्रीय बिन्दु के साथ वर्ग अथवा वृत्त के रूप में करता है। युंग के अनुसार 'मण्डाला' विरोधों के बीच सामंजस्य तथा चेतन-अचेतन के विलयन का भी प्रतिनिधित्व करता है। यह पूर्ण एकत्व (Unity) का प्रतीक है जिसके लिए मानव प्रयास करता है।

कोई भी व्यक्ति 'आत्म' के साथ उत्पन्न नहीं होता। यह आन्तरिक संघर्षों एवं वर्षों की अनुभूतियों के आधार पर विकसित होता है। युंग ने फ्रायड के विकासात्मक अवस्थाओं के सिद्धान्त को नहीं माना और उसके बदले में उन्होंने सम्पूर्ण मानव-जीवन को अपने ढंग से विभाजित किया। जीवन के प्रथम पाँच वर्षों को उन्होंने आत्म-सुरक्षा की अवस्था माना। इस अवस्था में बच्चों में चलने-फिरने, बातचीत करने आदि का विकास होता है, जो जीवन के लिए अनिवार्य हैं। दूसरी अवस्था में पाँच वर्ष की आयु के लगभग 'लिबिडो' में कामुकता आ जाती है और वह लगभग उन्नीस वर्ष की आयु तक अपनी चररम सीमा पर पहुँच जाती है। फलस्वरूप व्यक्ति विवाह कर परिवार-निर्माण करता है। लगभग चालीस वर्ष की आयु के बाद व्यक्ति के जीवन में काफी परिवर्तन होते हैं और अधिकांश लोग अपने जीवन की निरर्थकता एवं रिक्तता की भावनाओं से आक्रान्त हो जाते हैं और तब उन्हें अति गम्भीर एवं सार्थक उपलब्धि की आवश्यकता का अनुभव होने लगता है। फलस्वरूप उनमें से कुछ धीरे-धीरे आध्यात्मिक एवं दार्शनिक मूल्यों की ओर अग्रसर होते हैं और अन्तर्मुखी होकर धार्मिक, नैतिक एवं आध्यात्मिक मूल्यों में अभिरुचि लेने लगते हैं। इस प्रकार पूर्णता की स्थिति मध्य जीवन के पहले नहीं हो पाती।

युंग ने यह भी स्पष्ट किया है कि मन (Psyche) अथवा व्यक्तित्त्व का पूर्ण समन्वय एक अपवाद अथवा असाधारण बात है, न कि सामान्य। भारत में कुछ ऐसे ऋषि हुए हैं जिन्होंने अपने व्यक्तित्त्व में पूर्णता (Perfection) प्राप्त की है और उनकी आत्मानुभूति (Self-realization) को काफी मान्यता प्रदान की गई है।

युंग ने सन्तुलित मन अथवा व्यक्तित्त्व के विवेचन क्रम में आत्म बोध (Self-actualization) अथवा व्यक्तित्त्व की पूर्णता की क्रिया-विधियों (Mechanisms) का भी उल्लेख किया है। उन्होंने यह भी स्पष्ट किया है कि व्यक्तित्त्व केवल अतीत के आधार पर निर्धारित नहीं होता, बल्कि उसके निर्माण में भविष्य का भी प्रमुख हाथ होता है। उन्होंने स्पष्ट किया है कि मनुष्य गतिशील है और वह निरन्तर विकास की ओर अग्रसर होता रहता है। उसका अन्तिम लक्ष्य है आत्म-सन्तुलन अथवा आत्म बोध कीं उपलब्धि। आत्म-बोध (Self-actualization) से उनका तात्पर्य है व्यक्तित्त्व की पूर्णता अथवा 'आत्म' (Self) का पूर्णतम विकास। उन्होंने आत्म बोध (Self actualization) की क्रिया विधियों का भी उल्लेख किया है। यह आत्म-बोध पूर्ण साम्यावस्था (Full State of Equilibrium) का द्योतक है। इसे गीता की 'स्थित प्रज्ञता'

की धारणा तक पहुँचाने का युंग का प्रयास माना जा सकता है, क्योंकि युंग भारतीय चिन्तनधारा से काफी प्रभावित रहे हैं।

आधुनिक विज्ञान ने युंग के संस्कारों (Archetypes) के विस्तृत सिद्धान्त की कटु आलोचना की है। युंग ने स्वयं भी स्वीकार किया है कि 'आत्म' का विचार स्वतः एक इन्द्रियातीत अभिधारणा है, जो यद्यपि मनोवैज्ञानिक दृष्टि से तर्कसंगत है, किन्तु उसका वैज्ञानिक प्रमाण नहीं है।"[9]

अन्तर्मुखता-बहिर्मुखता
(Introvertion-Extrovertion)

युंग ने अपने कुछ रोगियों में पाया कि उनमें से कुछ किसी समस्या के सामने आने पर आत्म-विश्वास के साथ उसका सामना करते हैं तथा कुछ जी चुराकर भाग जाते हैं। इस निरीक्षण के आधार पर वे इस निष्कर्ष पर पहुँचे कि पहली श्रेणी के रोगियों की अभिरुचि भौतिक तथा सामाजिक वातावरण में होती है तथा दूसरी श्रेणी के रोगियों की अभिरुचि प्रधान रूप से अपनी आन्तरिक भावनाओं पर केन्द्रित होती है। पहले प्रकार के व्यक्तियों में बहिर्मुखता तथा दूसरे प्रकार के व्यक्तियों में अन्तर्मुखता की विशेषता पाई जाती है। उन्होंने अन्तर्मुखता एवं बहिर्मुखता को दो प्रकार की मनोवृत्तियों के रूप में ग्रहण किया और उनकी व्याख्या कामुक-शक्ति (Libiduial Energy) के निर्देशन की दिशा के आधार पर की। दूसरे शब्दों में, बहिर्मुखी व्यक्ति अपनी कामुक-शक्ति का अपने आप से बाहर भौतिक जगत की घटनाओं, परिस्थितियों एवं वस्तुओं में निर्देशित करता है तथा अन्तर्मुखी व्यक्ति की कामुक-शक्ति आन्तरिक जगत में होती है। फलस्वरूप बहिर्मुखी व्यक्ति बाह्य वातावरण से अधिक प्रभावित होता है तथा इसके विपरीत अन्तर्मुखी व्यक्ति अपने आन्तरिक भाव जगत से अधिक प्रभावित होता है। फलतः उसमें अधिक चिन्तनशीलता पाई जाती है और वह प्रायः कवि, कलाकार एवं चिन्तक होता है।

यहाँ यह उल्लेख्य है कि युंग ने अपने मनोवृत्ति प्रकारों (Attitude types) के सिद्धान्त के लिए मौलिकता का दावा नहीं किया और बतलाया कि उनका यह सिद्धान्त बिलियम जेम्स की कोमल मनोवृत्ति तथा कठोर मनोवृत्ति (Tender Minledness-Tough Minledness) सिद्धान्त के समान है। उन्होंने यह भी दावा नहीं किया कि कोई व्यक्ति बिलकुल बहिर्मुखी अथवा केवल अन्तर्मुखी ही होता है। साथ-ही-साथ उन्होंने यह भी महसूस किया कि उनका मनोवृत्ति प्रकारों का सिद्धान्त लोगों के बीच के सभी अन्तरों की भी व्याख्या नहीं कर पाता क्योंकि विभिन्न प्रकार के अन्तर्मुखी व्यक्ति भी होते हैं और विभिन्न प्रकार के बहिर्मुखी व्यक्ति भी।

अपने आगे के अध्ययनों के आधार पर युंग इस निष्कर्ष पर पहुँचे कि विशिष्ट मनोवृत्तियों के अतिरिक्त प्रत्येक व्यक्ति में कुछ अति प्रबल क्रियाएँ भी

होती हैं। उन्होंने इस प्रकार की चार क्रियाओं (Functions) में भेद किया है। वे हैं—चिन्तन एवं भाव (Thinking and Feeling), संवेदना (Sensation) एवं अन्तर्बोध (Intuition)। प्रथम दो क्रियाओं को उन्होंने विवेकपूर्ण (Rational) क्रियाओं की संज्ञा दी तथा अन्तिम दोनों को विवेकहीन (Irrational) माना क्योंकि प्रथम दोनों तर्क पर आधारित हैं तथा अन्तिम दो में तार्किकता का अभाव पाया जाता है।

युंग के अनुसार व्यक्तित्त्व में पाई जाने वाली विभिन्नताएँ इन क्रियाओं के द्वारा भी अभिव्यक्त होती हैं। चिन्तन एक धारणात्मक (Conceptual) प्रक्रिया है, जिसमें अर्थ एवं ज्ञान निहित रहते हैं। फलस्वरूप चिन्तनशील व्यक्ति वस्तुनिष्ठ तथ्यों के आधार पर किसी निष्कर्ष पर पहुँचते हैं। भाव एक आत्मनिष्ठ प्रक्रिया है जिसमें वस्तु, व्यक्ति अथवा परिस्थिति का मूल्यांकन निहित रहता है। भावात्मक व्यक्ति के तर्क में संवेग एवं स्थायी भाव (Sentiment) पाए जाते है। संवेदना भौतिक वस्तुओं का चेतन प्रत्यक्षीकरण है। संवेदना प्रधान व्यक्ति ज्ञानेन्द्रियजन्य अनुभूतियों के आधार पर तथ्यों को अंकित करता है। अन्तर्बोध (Intuition) में अचेतन प्रत्यक्षीकरण निहित रहता है। अन्तर्बोधात्मक व्यक्ति ज्ञानेन्द्रियजन्य अनुभूतियों के आधार पर प्राप्त तथ्यों को आन्तरिक अवचेतन स्रोतों (Subliminal Sources) से पूरा करता है। जब कोई व्यक्ति ऐसा निर्णय करता है, जिसके लिए वह कोई तर्क उपस्थित नहीं कर पाता, तो प्रायः कहा जाता है कि उसने अन्तर्बोधात्मक तरीका अपनाया है।

यदि मनोवृत्ति और क्रिया, इन दोनों की दृष्टि से व्यक्तियों का वर्णन किया जाए तो उनके इतने प्रकार हो सकते हैं—बहिर्मुखी चिन्तनशील व्यक्ति, बहिर्मुखी भाव प्रधान व्यक्ति, बहिर्मुखी संवेदना प्रधान व्यक्ति, बहिर्मुखी अन्तर्बोधात्मक व्यक्ति, अन्तर्मुखी चिन्तनशील व्यक्ति, अन्तर्मुखी भाव-प्रधान व्यक्ति, अन्तर्मुखी संवेदना प्रधान व्यक्ति तथा अन्तर्मुखी अन्तर्बोधात्मक व्यक्ति। स्पष्ट है कि किसी एक समय में कोई एक ही क्रिया या तो बहिर्मुखता के साथ संगठित हो जाती है अथवा अन्तर्मुखता के साथ और व्यक्ति के विभिन्न प्रकार उत्पन्न होते हैं।

इन मनोवृत्ति-प्रकारों (Attitude-Types) और क्रिया-प्रकारों (Function-types) के प्रयोगात्मक अध्ययन-मनोवृत्ति-प्रकारों के सम्बन्ध में तो कई प्रयोगात्मक अध्ययन हुए किन्तु क्रिया-प्रकारों की बहुत दिनों तक उपेक्षा हुई। अन्ततोगत्वा मायर्स-ब्रिग्स प्रकार-सूचक (Myres-Brigges Type-Codicator) परीक्षण का निर्माण हुआ जिसके द्वारा इन चारों क्रियाओं के प्रभावों का अध्ययन किया गया (Mac Kinnan, 196. L)। इस बीच भी कई अध्ययन हुए। एच.ए. मर्रे (H.A. Murray, 1938) आदि ने अपने अध्ययनों के आधार पर पाँच प्रकार की अन्तर्मुखता का उल्लेख किया। जे.पी. गिलफोर्ड (J.P. Guilford, 1940) ने भी अन्तर्मुखता-बहिर्मुखता के जाँच पहलुओं का उल्लेख किया। आर.बी. कैटेल (R.B. Cattell, 1956) ने अन्तर्मुखता-बहिर्मुखता को व्यक्तित्त्व

की द्वितीय श्रेणी की विशेषता (Second-order-trait) अथवा सतही विशेषता (Surface trait) माना। एच.जे. आईजेंक (H.J. Eysenck, 1947, 1952, 1960) ने व्यक्तित्त्व के तीन मूल आयामों (Dimensions) में से एक आयाम अन्तर्मुखता-बहिर्मुखता को ही स्वीकार किया।

इतिहास एवं संस्कृति

प्रत्येक युग में शाश्वत संस्कार विभिन्न छद्मवेश धारण कर विद्यमान रहते हैं। वे सदा मानव-जाति के एक ही तरह के आदिकालीन बिम्ब होते हैं। उनसे मनुष्य कभी भी छुटकारा नहीं पा सकता। वे प्रत्येक ऐतिहासिक युग में अपने को विभिन्न ढंग से अभिव्यक्त करते हैं। ये ऐतिहासिक प्रतीक "सीधे स्वप्नों से उत्पन्न होते हैं अथवा कम-से-कम उनके द्वारा प्रेरित होते हैं।" स्वप्नों में प्रायः ये संस्कारगत प्रतीक (Archetypical Symbols) बार-बार आते हैं। ये संस्कार प्रतीकों के सहारे ही चेतना में आते हैं और तब इन्हें मूल भावों की संज्ञा दी जाती है। जब ये संस्कार अथवा मूलभाव जन-समूह के मन में प्रवेश कर जाते हैं तो जन-समूह में मनोविकृति (Mass Psychosis) उत्पन्न हो जाती है।

पुराण (Mythology), जाति (Race) अथवा संस्कृति समूह का अनुस्मरण है। यह जातीय तथा सांस्कृतिक समूह की सामूहिक स्मृति (Collective Memory) का प्रतिनिधित्व करता है। इसका सम्बन्ध जाति के प्रारम्भिक बाल्यकाल से होता है।

धर्म संस्कार के ढंग की एक स्वतन्त्र पद्धति है जो अचेतन स्तर पर जनसमूह को एक सूत्र में बाँध देता है। धर्म का सर्वप्रधान संस्कार (Archetype) है ईश्वर। यह संस्कार जीवन-शक्ति का प्रतीक है।

धर्म व्यक्तित्त्व के विभिन्न पक्षों में सन्तुलन स्थापित करता है। अतः मानसिक स्वास्थ्य का यह एक प्रमुख तत्त्व है। आधुनिक मानव विभिन्न संघर्षात्मक मूल्यों (Conflicting Values) से घिरा हुआ है और उनके बीच सन्तुलन स्थापित करने अथवा समुचित समाधान पर पहुँचने में असमर्थता का अनुभव कर रहा है। धर्म समाज तथा व्यक्तित्त्व के चेतन तत्त्वों के साथ अचेतन संस्कारगत तत्त्वों (Archetypical Elements) के सामंजस्य का प्रतिनिधित्व करता है।

मूल्यांकन

मनोविश्लेषणात्मक सिद्धान्तों में सबसे अधिक आलोचना युंग के सिद्धान्तों की ही हुई, क्योंकि उन्होंने सबसे अलग हटकर सोचा-समझा और अपने अध्ययन में अलग ढंग की विधि का अनुसरण किया। अतः उनके सिद्धान्तों को ठीक-ठीक समझना और मूल्यांकन करना सचमुच बड़ा कठिन है। क्लारा टॉम्पसन (Clara Thompson

1957) ने भी उनके सम्बन्ध में ऐसा ही विचार व्यक्त किया है। मनोविश्लेषणात्मक चिन्तन के इतिहास का वर्णन करते हुए उन्होंने युंग के सम्बन्ध में लिखा है–"उनका चिन्तन अधिक रहस्यात्मक है तथा उन्होंने व्यक्तित्त्व की ऐसी धारणा का सृजन किया है जो अनम्य आवेशात्मक पद्धति जैसी जान पड़ती है।"[10]

युंग के विचारों में बोधगम्यता एवं प्रांजलता का अभाव है क्योंकि उनके विचार प्रायः असंगत, अस्पष्ट एवं उलझे हुए हैं। उनमें वैज्ञानिक चुस्ती बिलकुल नहीं है। जोन्स (Jones, 1957) के शब्दों में : "उनकी मनोवृत्ति में बोधगम्यता का गम्भीर दोष है।...उनका मन अस्पष्ट है।"[11]

युंग की ऐसी कई धारणाएँ हैं जिन पर विज्ञान का मितव्ययिता-सिद्धान्त (Principle of Parsimony) लागू नहीं होता। उदाहरण के लिए, आरम्भ में उन्होंने यह माना कि अहं (Ego) चेतना का केन्द्रीय बिन्दु है, किन्तु बाद को उसे 'आत्म' अथवा 'स्व' (Self) के चारों ओर घूमने वाले एक अनुचर जैसा माना है।

युंग ने आरम्भ के कारणत्व (Causation) एवं प्रयोजनवाद (Purposivism) को स्वीकार किया, किन्तु बाद को उन्होंने समकालिकता का सिद्धान्त (Principle of Synchronicity) का प्रतिपादन कर यह स्पष्ट कर दिया कि एक ही समय में घटित होने वाली दो घटनाओं के बीच कारण-प्रभाव (Cause-Effect) का सम्बन्ध होना अनिवार्य नहीं है।

युंग की चिन्तनधारा में मनमानी तथा हठधर्मिता की प्रधानता है। उन्होंने अपने स्थापित सिद्धान्तों में कई बार मनमाने ढंग से परिवर्तन किया है। उन्होंने मानव-व्यवहार की व्याख्या में रहस्यवादी आस्थाओं तथा कुछ व्यक्तियों के द्वारा विश्व के सम्बन्ध में अनुभूत सत्यता को स्वीकार किया है। इस प्रकार उन्होंने पारम्परिक वैज्ञानिक विधि की उपेक्षा की है। अतः वैसे मनोवैज्ञानिकों ने उनके चिन्तन को कोई मान्यता प्रदान नहीं की है जो सांख्यिकीय एवं प्रयोगात्मक विधियों को वैज्ञानिक प्रमाण मानते हैं। स्वयं युंग ने भी मनोविज्ञान की स्थिति के सम्बन्ध में अपने विचार व्यक्त करते हुए कहा है : "हम लोगों का मनोविज्ञान न्यूनाधिक मात्रा में कुछ व्यक्तियों की सफलतापूर्वक निर्मित स्वीकारोक्ति है तथा जहाँ तक उनमें से प्रत्येक (व्यक्ति) लगभग एक 'टाइप' के समान है, उनकी स्वीकारोक्ति अधिकांश लोगों के सम्बन्ध में लगभग यही वर्णन के रूप में स्वीकार किया जा सकता है।"[12] उन्होंने यह भी स्पष्ट किया है कि उनकी यह समीक्षा फ्रायड, ऐडलर तथा स्वयं उनके द्वारा विकसित मनोविश्लेषण पर भी लागू है।

पहली नजर में यह एक विचित्र प्रकार का विज्ञान जान पड़ता है, जिसमें सामान्य नियम नहीं हैं, केवल थोड़े से सीमित नियम हैं जो कुछ खास ढंग के लोगों पर ही लागू होते हैं। डायसिंग (Diasing, 1971) ने इस विधि का वर्णन समाज-विज्ञानों

की खोज की अपनी चार विधियों को दृष्टि में रखकर किया है, जो मूर्त प्रदत्तों से आरम्भ होता है। उन प्रदत्तों में विषय-वस्तु की खोज की जाती है, तब विभिन्न प्रकार के व्यक्तियों (Typologies) का निर्माण किया जाता है और अन्ततोगत्वा सामान्य सिद्धान्त विकसित किया जाता है।

पारम्परिक प्रयोगात्मक मनोविज्ञान की दृष्टि से चाहे युंग की जितनी भी आलोचना की जाए, किन्तु यह तो मानना ही पड़ेगा कि उनके चिन्तन में मौलिकता एवं नवीनता है। उनके विचार युवा चिन्तकों के लिए प्रेरणा-स्रोत हैं। उनके विचार मुख्यतः प्राच्य धर्म, दर्शन एवं पुराण पर आधारित हैं, जिनमें पाश्चात्य युवा मनोवैज्ञानिकों की अभिरुचि दिनानुदिन बढ़ती जा रही है। उन्होंने रहस्यवाद, तन्त्र-मन्त्र, चेतना-विस्तार एवं आत्म-बोध (Self-Actualization) जैसी धारणाओं पर विशेष रूप से ध्यान दिया है। इन विचारों से पाश्चात्य युवा मनोवैज्ञानिक काफी प्रभावित हुए हैं, क्योंकि ये विचार उनकी अभिरुचि के अनुकूल हैं।

पुराणों में फ्रायड की भी अभिरुचि रही है किन्तु पुराणों के प्रति फ्रायड तथा युंग के दृष्टिकोणों में अन्तर है। फ्रायड ने पुराणों का अध्ययन एवं विश्लेषण किया और पाया कि पुराण रुग्ण एवं आदिम मन के प्रतिफल हैं। इसके विपरीत, पुराणों के प्रति युंग की मनोवृत्ति बिलकुल सकारात्मक है। वस्तुतः वे पुराणों की समृद्धि के प्रति मन्त्रमुग्ध रहे हैं। फलस्वरूप उन्होंने पुराणों को मानव मन की प्रामाणिक फोटो-कॉपी माना है जहाँ फ्रायड ने पुराणों के प्राक् तार्किक चिन्तन, मनोविकृति (Psychopathology) एवं शैशवावस्था के बीच समानता देखा है, वहाँ युंग ने पुराणों के विषय को मनोविज्ञान में वैज्ञानिक प्रमाण के रूप में स्वीकार किया है। फ्रायड ने वैज्ञानिक अभिप्रायों के लिए पुराणों का उपयोग किया है, किन्तु युंग ने इनका उपयोग वैज्ञानिक प्रमाणों के रूप में किया है।

युंग ने मानव-मन के सर्वाधिक अंधकारमय बिन्दुओं के सम्बन्ध में अपने कुछ महत्त्वपूर्ण निरीक्षण प्रस्तुत किए हैं। पुराण तथा मानसिक विकृति, विशेषतः सिजोफ्रेनिया के सम्बन्ध में उनके अध्ययनों ने अत्यन्त महत्त्वपूर्ण वस्तु-सामग्रियाँ प्रस्तुत की हैं। उन्होंने अपने अध्ययनों में जो कुछ पाया, उनका ज्यों-का-त्यों रिपोर्ट कर दिया और यह प्रश्न लोगों पर छोड़ दिया कि वे ही निर्णय करें कि उनके निरीक्षण कहाँ तक सही हैं और उनके द्वारा की गई व्याख्या कहाँ तक वैज्ञानिक है।

समसामयिक मनोवैज्ञानिक सिद्धान्त में एकमात्र वे ही ऐसे व्यक्ति हैं, जिन्होंने प्रत्यक्षमूल्य (Face Value) के आधार पर अन्तर्बोधात्मक (Intuitive) तथा अतार्किक घटनाओं को स्वीकार किया है।

फ्रायड के विपरीत, युंग ने मानव के प्रति आशावादी दृष्टिकोण अपनाया, जिसका खूब स्वागत हुआ क्योंकि लोग फ्रायड के निराशावादी दृष्टिकोण से ऊब चुके थे।

युंग का यह दृष्टिकोण फ्रायड के निराशावाद के प्रतिकारक के रूप में आया। अतः इसका खूब स्वागत हुआ और लोग इससे काफी प्रभावित हुए।

युंग के मनोविज्ञान का स्त्रियों पर विशेष रूप से प्रभाव पड़ा। फलतः उन्होंने युंग के विचारों की काफी सराहना की और उनके सिद्धान्त के विकास में महत्त्वपूर्ण भूमिका अदा की। जो लोग अतिशय वैज्ञानिक दृष्टिकोण और उसके परिणामों से ऊब चुके थे उनके लिए भी युंग का दृष्टिकोण अति सन्तोषप्रद सिद्ध हुआ। युंग के मनोविज्ञान से आधुनिक अस्तित्ववाद (Existentialism) को भी बहुत बड़ा बल मिला।

प्रत्यक्ष अथवा परोक्ष रूप से युंग बहुतों के लिए प्रेरणा-स्रोत सिद्ध हुए हैं। युंग झूठ-संसूचक यन्त्रों के अग्रदूत माने जाते हैं, जिनका उपयोग आज कई मनोवैज्ञानिक एवं पुलिस प्रयोगशालाओं में किया जाता है।

ग्रे (H. Gray) ने मनोवैज्ञानिक प्रकारों (Psychological Types) पर काफी जोर दिया है और युंग के विचारों के अनुरूप उनकी व्याख्या की है।

एफ. फोरडम (F. Fordham), एम. फोरडम (M. Fordham) तथा विक्स (Wickes) ने व्यक्तित्त्व-विकास एवं व्यक्ति इतिहास विधि द्वारा प्राप्त वस्तु सामग्रियों के आधार पर संस्कारों (Archetypes) की उत्पत्ति की खोज की है।

युंग ने एक धारणा के रूप में आत्म-बोध (Self Actualization) पर जमकर विचार किया। अन्य मनोवैज्ञानिकों ने भी इनसे प्रेरित होकर इस पर प्रयोग किए और बहुत कुछ लिखा, जिनमें ऑलपोर्ट, मर्फी, रोगर्स और गैसलो के नाम उल्लेखनीय हैं।

युंग की अन्तर्मुखता-बहिर्मुखता (Introversion-Extroversion) तथा क्रियाओं (चिन्तन, भाव, संवेदना तथा अन्तर्बोध) की धारणाओं ने शोध एवं अध्ययन के लिए आइजेक, कैटेल, जैसे कई मनोवैज्ञानिकों को प्रेरित किया है।

युंग से प्रेरित होकर बॉल (Ball, 1968) ने यह अध्ययन किया कि अन्तर्मुखता-बहिर्मुखता तथा चिन्तन एवं भाव की क्रियाओं के बीच क्या सम्बन्ध है।

अनॉस्ट (Anast, 1960) ने पाया कि संवेदनोन्मुख कॉलेज-छात्र सिनेमा और टेलीविजन को अधिक पसन्द करते हैं तथा अन्तर्बोधात्मक छात्र (Intuitive Students) उपन्यासों तथा पत्रिकाओं के छपे हुए पृष्ठ को अधिक तरजीह देते हैं।

निष्कर्ष के रूप में यह कहा जा सकता है कि युंग का प्रभाव केवल मनोविज्ञान तथा मनोचिकित्सा तक ही सीमित नहीं है। इस सम्बन्ध में हॉल तथा लिन्डजे (Hall and Lindzey, 1978) के विचारों का उल्लेख करना उपयुक्त जान पड़ता है, जिन्होंने युंग का मूल्यांकन करते हुए कहा कि उन्होंने केवल मनोविज्ञान एवं मनोचिकित्सक को ही प्रभावित नहीं किया है, बल्कि धर्म, इतिहास, कला तथा साहित्य को भी प्रभावित किया है। इससे स्पष्ट है कि उनका दृष्टिकोण बहुआयामी एवं समृद्ध है।

सन्दर्भ

1. The conscious or unconscious...for true Psy. (See Wolman, p. 300) C.R. Jung, the Psych. of the unconscious. Dodd. 1916 p. 18.
2. "What a person is not consciously, he is unconsciously." Woodworth and Sheehan, contemporary schools of Psychology", 1964, p. 306,
3. The past is prologul, the present is action while the future determines behaviour. Bischaff. p. 133.
4. New York, Pantheon Books Vander Post, L. (1975) Jung and the story of our time.
5. C.R. Jung, and W. Pauli, The Interpretation of Nature and the Psych, New York, Pantheon Books, 1955.
6. C.R. Jung, The Pychology of the unconscious, Dodd, Mead, 1916, p. 199.
7. "All life is energy and therefore depends on Forces Held is opposition." Ung, Two Essays on Analytical Psychology P. 78. From B.B. Wolman contemporary theories and Systems in Psychology. 1960, p. 302.
8. Quote here last para of Schultz, p. 330.
9. "The idea of a self is itself a transcendental postulate which, although justiciable psychologically, does not allow of scientific proof." Two Essays on analytical psychology, 1956, p. 256.
10. "His thinking becomes more mystical and he creates a conception of personality which sounds like a rigid obsessional system". Clara Thompson, Psychoanalysis Evalution and Development, Hermitage, 1957, p. 168.
11. "... His mentality has the serious blow of locking lucidity...He had a confused mind." Systems and Theorsis in Psychology (4th. ed.) Marx and Hillix, p. 268.
12. "Our psychology is the more or less successfully formulated confussion of a few individuals, and so far us each of them conforms more or less to a type, his confusion can be accepted as fairly valid description of a large number of people." Reprinted in Hillix and Marx, 1974. p. 372-373.

मनोविश्लेषण की समाज वैज्ञानिक विचारधारा

(The Sociological School in Psychoanalysis)

युग चेतना से प्रभावित कुछ मनोविश्लेषकों ने फ्रायड से अलग हटकर चिन्तन आरम्भ किया। उनका दृष्टिकोण समाज वैज्ञानिक (Sociological) था। ऐसे मनोवैज्ञानिकों में हौर्नी, फ्रौम तथा सुलिवान के नाम विशेष रूप से उल्लेखनीय हैं।

यह मात्र कोई संयोग नहीं है कि संयुक्त राज्य में ही मनोविश्लेषण के अन्तर्गत समाज वैज्ञानिक दृष्टिकोण को विकसित होने का अवसर मिला। वस्तुतः उस समय विभिन्न संस्कृतियों का समाज वैज्ञानिक, मानव वैज्ञानिक तथा मनोवैज्ञानिक दृष्टिकोणों से तुलनात्मक अध्ययन काफी जोरों पर था। अमेरिकी वैज्ञानिक चाहे फ्रायड से प्रभावित हों अथवा नहीं, विभिन्न संस्कृतियों तथा सामाजिक सम्बन्धों के अध्ययन के लिए नई शोध-सम्भावनाओं एवं नवीन तकनीकों की खोज कर रहे थे। संयुक्त राज्य में इस तरह की खोज की काफी गुंजाइश भी थी, क्योंकि वहाँ अनेक यूरोपीय विद्वान आए हुए थे जिन्हें अपने देश में स्वतन्त्र चिन्तन का अवसर नहीं मिल पाया था। यहाँ अति अनुकूल सामाजिक परिस्थिति मिली। उदाहरणस्वरूप हौर्नी, फ्रौम, कर्टलेविन आदि के नाम लिये जा सकते हैं, जिन्होंने इस देश में रहकर सर्वोत्तम विचार प्रस्तुत किए। उन्होंने अमेरिकी मनोवैज्ञानिकों तथा समाज वैज्ञानिकों के साथ मानव-सम्बन्धों का जमकर प्रयोगात्मक अध्ययन किया।

यद्यपि हौर्नी, फ्रौम तथा सुलिवान के बीच काफी अन्तर है, लेकिन तो भी इनके बीच इतनी अधिक समानता है कि इन्हें सामूहिक रूप से समाज-वैज्ञानिक विचारधारा (Sociological School) के अन्तर्गत रखना अधिक युक्तिसंगत है।

हौर्नी, फ्रौम तथा सुलिवान के विचारों के मूल में फ्रायड के ही सिद्धान्त हैं, किन्तु जहाँ तक फ्रायड से विभिन्नताओं का प्रश्न है, इन तीनों के बीच काफी समानता है। इन तीनों ने मनोविश्लेषण के जैविक आधारों का परित्याग किया। इन तीनों ने फ्रायड के 'लिबिडो' एवं मूल प्रवृत्तियों के सिद्धान्त को भी अस्वीकार किया।

सम्पूर्ण समाज वैज्ञानिक समुदाय (Sociological Group) वातावरण सम्बन्धी दृष्टिकोण का प्रतिनिधित्व करता है। उनकी दृष्टि में वंशानुक्रम का महत्त्व उतना नहीं है जितना वातावरण का। फलस्वरूप मानव-स्वभाव के प्रति उनका दृष्टिकोण आशावादी है। उनका विश्वास है कि मानव में परिवर्तन लाया जा सकता है, क्योंकि वह वातावरण की उपज है, न कि वंशानुक्रम की।

कैरेन हौर्नी
(Karan Horny, 1885-1952)

यद्यपि कैरेन हौर्नी का जन्म जर्मनी में हुआ था, किन्तु उनका प्रशिक्षण फ्रायड के मनोविश्लेषण के अन्तर्गत हुआ। उन्होंने 1913 में बर्लिन विश्वविद्यालय से चिकित्सा विज्ञान में एम.डी. की उपाधि प्राप्त की और 1914-1918 तक बर्लिन मनोविश्लेषणात्मक संस्थान में मनोविश्लेषणात्मक प्रशिक्षण प्राप्त किया। 1919 में उन्होंने निजी चिकित्सा आरम्भ की और उस संस्थान की संकाय-सदस्या बन गईं। 1932 में मनोविश्लेषण के शिकागो संस्थान में वे सहायक निदेशक के रूप में संयुक्त राज्य चली गईं और न्यूयार्क मनोविश्लेषणात्मक संस्थान में अध्यापन-कार्य किया और साथ-ही-साथ निजी मनोचिकित्सा भी आरम्भ कर दी।

जब हौर्नी अमेरिका गईं, उस समय वहाँ की आर्थिक स्थिति दयनीय थी, समाज में काफी तनाव था। उन्होंने पाया कि अमेरिकी मनोस्नायु विकृति के केन्द्र में 'सेक्स' नहीं था बल्कि उससे कहीं अधिक आर्थिक अभाव था। फलस्वरूप वे मनोस्नायु विकृति में जैविक तत्त्वों के बदले सामाजिक तत्त्वों (Social Factors) पर विचार करने की ओर मुड़ गईं और फ्रायड के परम्परागत मनोविश्लेषण का परित्याग कर उन्होंने मनोविश्लेषण के विकास के लिए एक संस्था का निर्माण किया जिसकी वह मृत्यु पर्यन्त स्वयं अध्यक्ष बनी रहीं।

यद्यपि हौर्नी का आरम्भिक प्रशिक्षण फ्रायड की परम्परा में हुआ था, किन्तु बाद में चिकित्सा के क्रम में उन्होंने पाया कि मानव तथा उसके व्यक्तित्त्व पर 'सेक्स' से अधिक संस्कृति का प्रभाव पड़ता है। उन्हें यह दृढ़ विश्वास था कि मानव में परिवर्तन की क्षमता होती है और मानव व्यवहार में परिवर्तन उत्तरोत्तर अच्छे के लिए होता है। वस्तुतः उन्हें मानव के सकारात्मक स्वभाव में विश्वास था। कुछ सिद्धान्तवादियों के समान हौर्नी भी अपने सिद्धान्त में निरन्तर परिमार्जन करती गईं, क्योंकि वे अपनी सैद्धान्तिक स्थिति से कभी भी पूर्णतया सन्तुष्ट नहीं हुईं। फलस्वरूप उनके चिन्तन में उत्तरोत्तर विकास होता गया, जैसा कि उनकी पुस्तकों से जान पड़ता है। उनकी पाँच प्रकाशित पुस्तकों ने अपनी ओर लोगों का काफी ध्यान आकृष्ट किया। फल यह हुआ कि वे काफी लोकप्रिय बन गईं। उनकी वे पुस्तकें हैं–Neurotic Personality of Our Times, 1937; New Ways Psychoanalysis, 1939; Self Analysis, 1942; Our Inner Conflict, 1945 तथा Neurosis and Human Growth, 1950. केलमैन (Kelman) तथा कुछ अन्य लोगों ने नारी-कामुकता (Female Sexuality) पर उनके कुछ आरम्भिक शोध पत्रों का संकलन एवं सम्पादन कर 1967 में प्रकाशित किया, जिसका शीर्षक है नारी-मनो-विज्ञान (Feminine Psychology)।

1932 में बर्लिन से अमेरिका पहुँचने के बाद उन्होंने अपने रोगियों के साथ आरम्भिक 'इन्टरव्यू' का अत्यन्त विनोद-प्रिय विवरण प्रस्तुत किया है। फ्रायड की परम्परा में प्रशिक्षित होने के कारण उन्हें यह आशा थी कि उनके रोगी 'सेक्स' से सम्बन्धित समस्याओं पर अपनी प्रतिक्रियाएँ व्यक्त करेंगे। किन्तु उन्होंने यह पाया कि उनके रोगी प्रायः सेक्स जीवन से अत्यन्त सन्तुष्ट थे। वस्तुतः उनकी समस्याएँ कुछ दूसरी ही थीं। वे प्रायः आर्थिक ह्रास, सामाजिक तनाव, पेशा-सम्बन्धी दबावों आदि के कारण स्नायु विकृति से आक्रान्त थे। उन्होंने यह महसूस किया कि फ्रायड की कई बुनियादी मान्यताएँ उस युग चेतना से प्रभावित थीं, अब समय बदल गया था। स्वभावतः हौर्नी के चिन्तन में एक नया मोड़ आया और उन्होंने फ्रायड की परम्परा से अलग हटकर सोचना शुरू किया। फलस्वरूप उन्होंने मानव व्यवहार के स्नायु विकृति सम्बन्धी पक्षों पर अपने ढंग से लिखा और काम किया। इस क्रम में उन्होंने मानव-व्यवहार के लिए सफलतापूर्वक ऐसा आधार विकसित किया जिसे दृष्टि में रखकर यह व्याख्या की जा सके कि मनुष्य जैसा करता है वैसा क्यों करता है।

हौर्नी के सिद्धान्त पर विवेचन करने से पूर्व यह विचार कर लेना अनिवार्य जान पड़ता है कि वे किन बातों में फ्रायड से सहमत थीं और किन बातों में असहमत। उन्होंने अपने को फ्रायड का अनुयायी माना और उनके कई मूलभूत सिद्धान्तों को अस्वीकार किया, किन्तु मानव को अधिक अच्छी तरह से समझने के लिए उन्हें चिन्तन की दूसरी दिशा अपनानी पड़ी जो फ्रायड की चिन्तनधारा से भिन्न थी।

फ्रायड के मानसिक नियतिवाद (Psychic Determinism) में हौर्नी का विश्वास था। उन्होंने भी यह माना कि मानव के मानसिक जीवन में संयोग का कोई स्थान नहीं है। जो भी घटना घटती है, उसका निश्चित रूप से कोई कारण होता है और वह कारण प्रभाव उत्पन्न करता है। इस प्रकार उन्होंने कारण-प्रभाव के सिद्धान्त को स्वीकार किया। उन्होंने अपनी पुस्तक 'मनोविश्लेषण में नए मार्ग' (New Ways in Psychoanalysis) में इस विचार को स्पष्ट किया है। उन्हीं के शब्दों में, "मैं समझती हूँ, फ्रायड की खोजों में उनके सर्वाधिक बुनियादी एवं सर्वाधिक सार्थक सिद्धान्त ये हैं कि मानसिक प्रक्रियाएँ सुनिश्चित रूप से निर्धारित होती हैं।"

हौर्नी ने अचेतन अनुप्रेरणा (Unconscious Motivation) के सिद्धान्त को पूर्णतया स्वीकार किया। यह मनोविश्लेषण की एक प्रमुख धारणा है जिसके आधार पर मानव-व्यवहार की व्याख्या की जाती है। इसके सम्बन्ध में मान्यता यह है कि मानव-क्रियाएँ जिन तत्त्वों के द्वारा निर्देशित होती हैं उनका पता स्वयं मानव को भी नहीं होता।

हौर्नी ने एक कदम और आगे बढ़कर यह कहा कि ये अचेतन अनुप्रेरणाएँ संवेगात्मक स्वरूप की होती हैं। फ्रायड के भी पहले अचेतन की परिकल्पना (Hypothesis) हर्बर्ट ने प्रस्तुत की, किन्तु एक साहचर्यवादी होने के नाते उन्होंने अचेतन के संवेगात्मक स्वरूप पर बहुत कम ध्यान दिया। हौर्नी ने फ्रायड का अनुसरण करते हुए अचेतन की संवेगात्मकता की व्याख्या की और मानव को एक संवेगात्मक प्राणी माना।

अचेतन की गतिशीलता के अध्ययन में हौर्नी फ्रायड से सहमत थीं। उन्होंने यह स्वीकार किया कि अचेतन इच्छाओं का दमन हो सकता है और वे पुनः स्वप्नों में अभिव्यक्त हो सकती हैं। विश्लेषणात्मक चिकित्सा प्रक्रिया में दमित इच्छाएँ सक्रिय हो जाती हैं। मनोचिकित्सक चिकित्सा में स्थानान्तरण (Transference), स्वतन्त्र साहचर्य (Frce Associate), स्वप्न-विश्लेषण (Dream Analysis) आदि का उपयोग करता है। हौर्नी ने चिकित्सा की विधियों के रूप में इन्हें काफी महत्त्व प्रदान किया है।

हौर्नी ने जहाँ फ्रायड के कुछ सिद्धान्तों के साथ अपनी सहमति व्यक्त की है, वहाँ कुछ सिद्धान्तों का विरोध भी किया है। वे यह नहीं मानती हैं कि व्यक्तित्त्व-विकास मूलप्रवृत्त्यात्मक एवं अपरिवर्तनीय शक्तियों (Forces) पर निर्भर है। वे यह भी नहीं मानती हैं कि मानव-जीवन में सर्वाधिक महत्त्वपूर्ण तत्त्व (Factor) 'सेक्स' है। उन्होंने ओडिपस ग्रन्थि के सिद्धान्त को भी चुनौती दी। उन्होंने 'लिबिडो' की धारणा का भी परित्याग किया। उन्होंने फ्रायड की व्यक्तित्व संरचना की धारणा को भी स्वीकार नहीं किया। उन्होंने यह भी नहीं माना कि स्नायविक कठिनाइयाँ (Neurotic Difficulties) बाल्यकाल में निर्मित पुनरावृत्ति-ग्रन्थि (Repetition Complex) का प्रतिफल है। उनके अनुसार ये सभी धारणाएँ मनोविश्लेषण के आधार अथवा केन्द्र बिन्दु नहीं हैं, बल्कि उनके लिए बोझ हैं जिन्हें वह ढो रहा है।[1]

यह प्रश्न बड़ा गम्भीर है कि 'लिबिडो' के सिद्धान्त का परित्याग कर हौर्नी अपने को फ्रायड का अनुयायी कैसे मानती हैं, क्योंकि मनोविश्लेषण का यही तो केन्द्र बिन्दु है। इससे भी गम्भीर प्रश्न यह है कि 'लिबिडो' को स्वीकार करते हुए उन्होंने सांस्कृतिक दृष्टिकोण को कैसे अपनाया? इन प्रश्नों को दृष्टि में रखकर एक कदम आगे बढ़ते हुए हौर्नी ने स्पष्ट किया कि मानव-व्यवहार सांस्कृतिक प्रभावों का प्रतिफल है, न कि मूल प्रवृत्त्यात्मक शक्तियों का। फ्रौम और सुलिवान ने और भी आगे बढ़कर फ्रायड के 'लिबिडो' का पूर्णतया बहिष्कार ही कर दिया।

हौर्नी ने मानव-व्यक्तित्त्व के अध्ययन में यह स्पष्ट कर दिया कि वंश-परम्परा की अपेक्षा वातावरण अधिक प्रासंगिक है और व्यक्ति के जीवन में बाल्यकाल की बाधाओं की अपेक्षा वर्तमान संघर्ष अधिक महत्त्वपूर्ण है।

हौर्नी ने विकासात्मक अवस्थाओं (मौखिक, गुदा, एवं लैंगिक) के सम्बन्ध में भी फ्रायड के सिद्धान्त को स्वीकार नहीं किया है। कारण यह है कि कोई भी विकासात्मक सिद्धान्त आनुवंशिक सिद्धान्तों (Hereditary Principles) पर आधारित होता है। वातावरणवादी मनोवैज्ञानिक वातावरण से स्वतन्त्र विकास की सुनिश्चित अवस्थाओं के किसी भी सिद्धान्त को नहीं मानते। उनके अनुसार बच्चों का विकास संस्कृति एवं पालन-पोषण के तरीकों पर निर्भर करता है, न कि अपरिवर्तनीय नियमों पर। विभिन्न संस्कृतियों में पले बच्चों के विकास में काफी विभिन्नताएँ पाई जाती हैं। हौर्नी ने इसके प्रमाण भी प्रस्तुत किए हैं।

वातावरणवादियों को किसी भी प्रकार के मूल प्रवृत्त्यात्मक सिद्धान्तों में विश्वास नहीं है। फलस्वरूप प्रेम एवं मृत्यु की बुनियादी मूल प्रवृत्तियों को भी वे नहीं मानते हैं। वे घृणा और आक्रामकता को भी संस्कृति की ही उपज मानते हैं, न कि जन्मजात शक्तियों की।

हौर्नी ने प्रेम को एक मूल प्रवृत्त्यात्मक एवं आनुवंशिक शक्ति के रूप में नहीं माना है यद्यपि उन्होंने अन्तर्मानव-सम्बन्ध (Interhuman Relation) में प्रेम को अस्वीकार नहीं किया है। प्रेम की उनकी व्याख्या फ्रायड से बिलकुल भिन्न है। उन्होंने प्रेम को कामुक (Sexual) नहीं माना है।

हौर्नी ने आनन्द के सिद्धान्त (Pleasure Principle) को भी अस्वीकार नहीं किया है, किन्तु उसे कामुक नहीं माना है। उनके अनुसार आनन्द का सिद्धान्त किसी भी प्रकार के सन्तोष का द्योतक है। उनके अनुसार इसका कोई प्रमाण नहीं है कि सभी प्रकार के सन्तोष 'सेक्स' से ही उत्पन्न होते हैं। आनन्द के सिद्धान्त का 'सेक्स' के साथ तादात्म्य बिलकुल नहीं है।

हौर्नी ने 'सेक्स' को एक बुनियादी एवं जन्मजात आवश्यकता के रूप में अस्वीकार नहीं किया है। उनकी आपत्ति केवल इस बात को लेकर है कि फ्रायड ने 'सेक्स' का सामान्यीकरण किया है। फ्रायड के 'लिबिडो' के सिद्धान्त में यह निहित है कि सभी प्रकार के आनन्द कामुक स्वरूप के होते हैं। हौर्नी ने इसे नहीं माना है। उनके अनुसार फ्रायड ने जिस अर्थ में 'लिबिडो' की व्याख्या की है, उसे सिद्ध नहीं किया जा सकता।

हौर्नी ने फ्रायड के मनोविश्लेषण के सिद्धान्त का अनेक बिन्दुओं पर विरोध किया है। वे यह नहीं मानतीं कि चरित्र की विशेषताएँ 'लिबिडो' की रूपान्तरण हैं। उनके अनुसार यह भी प्रमाणित नहीं हो सका कि मनोविश्लेषणात्मक चिकित्सा में बाल्यकाल की अनुभूतियाँ पुनर्घटित होती हैं। उन्हें 'उन्नयन' के सिद्धान्त (Theory of Sublimation) का भी पर्याप्त प्रमाण नहीं मिला। ऐसी स्थिति में उन्होंने मानव-व्यवहार का अपना अलग सिद्धान्त प्रस्तुत किया। उनका सिद्धान्त मूलतः दो बातों पर निर्भर है : सुरक्षा एवं सन्तोष (Safety and Satisfaction)।

सुरक्षा एवं सन्तोष
(Safety and Satisfaction)

हौर्नी के अनुसार मनुष्य मुख्यतः आनन्द के सिद्धान्त (Pleasure Principle) के द्वारा निर्देशित नहीं होता बल्कि सुरक्षा एवं सन्तोष के द्वारा निर्देशित होता है। उनके सभी सिद्धान्तों की आधार शिला सुरक्षा एवं सन्तोष ही है। उनका कहना है कि प्रत्येक व्यक्ति की कुछ बुनियादी आवश्यकताएँ होती हैं, जैसे भोजन, विश्राम और सेक्स और वह इन्हें तृप्त करना चाहता है। फ्रायड ने इन सभी आवश्यकताओं को 'सेक्स' में ही समाहित कर लिया है। हौर्नी के अनुसार इन सबको सन्तोष के अन्तर्गत रखना अधिक उपयुक्त है।

यद्यपि भोजन और सेक्स व्यक्ति की प्राथमिक आवश्यकताएँ हैं, फिर भी वे मानव-व्यवहार के निर्णायक तत्त्व नहीं हैं। यदि व्यक्ति के सामने खतरा उपस्थित हो तो वह इनका परित्याग कर सकता है। अब प्रश्न यह है कि यदि ये निर्णायक अनुप्रेरक शक्ति नहीं हैं तो फिर निर्णायक अनुप्रेरक शक्ति क्या है? हौर्नी के अनुसार सुरक्षा की आवश्यकता (Need for Safety) तथा भय मुक्त होना निर्णायक अनुप्रेरक शक्तियाँ हैं।

भय एवं सुरक्षा बुनियादी आवश्यकताओं के दो छोर हैं। मनुष्य भय से दूर रहना एवं अपनी सुरक्षा चाहता है। भय मनुष्य के स्वास्थ्य एवं सुख का सबसे बड़ा शत्रु है। जब तक वह सुरक्षा का अनुभव नहीं करेगा तब तक उसे सुख और सन्तोष नहीं प्राप्त हो सकता। अतः सुरक्षा की खोज मानव-व्यवहार का निर्देशक सिद्धान्त है।

हौर्नी ने यह स्पष्ट किया है कि भय वास्तविक खतरे के प्रति संवेगात्मक प्रक्रिया है, जबकि चिन्ता ऐसी परिस्थिति के प्रति प्रतिक्रिया है, जो वस्तुतः खतरनाक नहीं है किन्तु व्यक्ति उसे खतरनाक समझता है। फ्रायड के अनुसार सन्तोष के अभाव में चिन्ता उत्पन्न होती है। हौर्नी के अनुसार स्वीकृति (Approval) के अभाव में बुनियादी चिन्ता (Basic Anxiety) उत्पन्न होती है। यह बुनियादी चिन्ता जन्मजात नहीं होती, बल्कि वातावरण की देन है। यह बच्चे के प्रति माँ-बाप के व्यवहारों एवं मनोवृत्तियों पर निर्भर है। जब माँ-बाप बच्चे को समुचित स्नेह नहीं देते तथा उसे सुरक्षा प्रदान नहीं करते तो बच्चों में बुनियादी चिन्ता उत्पन्न हो जाती है। हौर्नी के शब्दों में : 'सम्भवतः विद्वेषपूर्ण विश्व में बच्चे के अन्दर अकेला एवं असहाय होने का भाव'[2] ही बुनियादी चिन्ता है।

हौर्नी चिन्ता को बुनियादी भाव एवं प्रेम का दूसरा पक्ष मानती हैं। लोग स्वीकृति चाहते हैं। अतः स्वीकृति नहीं प्राप्त होने पर व्यक्ति में बुनियादी चिन्ता उत्पन्न हो जाती है।

व्यक्ति का सिद्धान्त

हौर्नी का व्यक्तित्त्व-सिद्धान्त कुछ बिन्दुओं पर फ्रायड तथा ऐडलर से मिलता-जुलता है। जहाँ तक हौर्नी के बुनियादी तत्त्व 'सन्तोष' का प्रश्न है, उसे फ्रायड के आनन्द के सिद्धान्त (Pleasure Principle) की नई व्याख्या कहा जा सकता है। उनका दूसरा तत्त्व 'सुरक्षा' ऐडलर की आत्मानुभूति (Self-Realization) तथा क्षतिपूर्त्ति (Compensation) से निकट रूप से सम्बन्धित है।

हौर्नी ने यह स्पष्ट किया है कि सुरक्षा की आवश्यकता सामाजिक शक्तियों (Social Forces) की देन है। उनके अनुसार विशेष प्रकार की आवश्यकताएँ जो मानव व्यक्तित्त्व तथा उसकी कठिनाइयों को समझने में सहायक होती हैं, वे मूल प्रवृत्त्यात्मक स्वरूप की नहीं होतीं, बल्कि हम जिन अवस्थाओं (Conditions) में रहते हैं उन अवस्थाओं के कारण उत्पन्न होती हैं।[3] अतः व्यक्तित्त्व की विशेषताएँ वातावरण की देन कही जा सकती हैं।

फ्रायड की तरह हौर्नी भी व्यक्तित्त्व के विकास में बाल्यकाल के महत्त्व को स्वीकार करती हैं, किन्तु अन्य कई बातों में उनका मत फ्रायड से भिन्न है। फ्रायड की यह मान्यता है कि प्रत्येक बच्चा विकास के क्रम में मौखिक (Oral), गुदा (Anal) एवं लैंगिक (Phallic) अवस्थाओं से गुजरता है और इन अवस्थाओं का उसके व्यक्तित्त्व के विकास पर काफी प्रभाव पड़ता है। ये अवस्थाएँ जैविक एवं विश्वजनीन होती हैं। बच्चा इन अवस्थाओं से कैसे गुजरता है, यह वातावरण निर्धारित करता है। हौर्नी इस विचार से सहमत नहीं हैं। उनका कहना है कि इसमें काफी व्यक्ति-विभिन्नताएँ भी पाई जाती हैं।

हौर्नी के अनुसार बच्चे का विकास इस बात पर निर्भर है कि बच्चे के साथ बाल्यकाल में माता-पिता द्वारा कैसा व्यवहार किया गया, बच्चे का किस प्रकार पालन-पोषण हुआ। यह विकास विश्वजनीन नहीं होता। यह सभ्यता-संस्कृति एवं वातावरण पर निर्भर है।[4]

फ्रायड के समान हौर्नी ने भी यह स्वीकार किया है कि चरित्र एवं स्नायु-विकृति का विकास प्रारम्भिक बाल्यकाल में होता है, किन्तु इस सन्दर्भ में उन्होंने फ्रायड की पुनरावृत्ति-बाध्यता (Repetition-Compulsion) को अस्वीकार किया है। उन्होंने कहा, "हमारी मान्यता है कि बाद की विशिष्टताओं तथा आरम्भिक अनुभूतियों के बीच का सम्बन्ध, जैसा फ्रायड ने माना था, उससे कहीं अधिक जटिल है; पृथक अनुभूति जैसी कोई चीज नहीं होती; किन्तु जब बाल्यकाल की सम्पूर्ण अनुभूतियाँ

आपस में मिलती हैं तो विशेष प्रकार की चरित्र-संरचना का निर्माण होता है और इस संरचना से ही बाद की कठिनाइयाँ उत्पन्न होती हैं।"[5]

हौर्नी ने फ्रायड की अपेक्षा व्यक्तित्त्व को अधिक लचीला माना।[6] उन्होंने यह भी माना कि वयस्कावस्था में भी व्यक्तित्त्व में परिवर्तन की सम्भावना है। उनकी यह आशावादिता फ्रायड की मूल प्रवृत्त्यात्मक शक्तियों की अस्वीकृति तथा मानव की रचनात्मक-प्रवृत्ति में विश्वास के कारण उत्पन्न हुई। यह आशावादी दृष्टिकोण केवल हौर्नी में ही नहीं है, बल्कि फ्रौम और सुलिवान में भी है। हौर्नी कहती हैं : "मेरा अपना विश्वास है कि मनुष्य में अपनी अन्तर्निहित शक्तियों को विकसित करने तथा शालीन मानव बनने की क्षमता एवं इच्छा होती है।[7] मेरा विश्वास है कि मनुष्य परिवर्तन कर सकता है और जीवन पर्यन्त परिवर्तन करता रहता है।"[8]

हौर्नी ने फ्राका द्वारा प्रस्तुत जीवन की मूल प्रवृत्ति (Eros) तथा मृत्यु की मूल प्रवृत्ति (Thantos) को नहीं माना। उनके अनुसार मनुष्य वातावरण पर निर्भर करता है। अतः उनका विश्वास है कि समाज को उन्नत कर मानव-जीवन को सुखी और स्वस्थ बनाया जा सकता है। इस बिन्दु पर भी हौर्नी ऐडलर के सामाजिक परिवर्तन एवं मानव-स्वभाव में परिवर्तन के आशावादी सिद्धान्त के अति निकट पड़ती हैं।

निस्सन्देह, फ्रायड ने चरित्र संरचना के सन्दर्भ में मानव-सम्बन्धों तथा जीवन की अवस्थाओं पर जोर दिया है। उन्होंने कहा है कि चरित्र-संरचना का मर्मस्थान ही है मानव-सम्बन्ध। मानव-सम्बन्धों के आधार पर ही चरित्र का निर्माण होता है। वस्तुतः चरित्र-संरचना का अर्थ ही है सम्पूर्ण अनुभूतियाँ जिन्हें व्यक्ति जीवन काल में अर्जित करता है। चूँकि मनुष्य सदा किसी-न-किसी वातावरण में रहता है, इसलिए उसमें सदा परिवर्तन होने की सम्भावना बनी रहती है। संक्षेप में जीवन की अवस्थाएँ ही चरित्र का निर्माण करती हैं। किन्तु इसका यह तात्पर्य कदापि नहीं है कि मनुष्य में आन्तरिक निर्देशन की क्षमता नहीं होती और वह बिलकुल वातावरण की ही देन है।

इस बिन्दु पर हौर्नी ने अपनी पुस्तक 'स्नायु विकृति एवं मानव विकास' (Neurosis and Human Growth, 1950) में स्पष्ट किया है कि मानव का विकास सहज ढंग से अपने-आप होता है। विश्लेषक अपने आपको समझने में व्यक्ति को केवल सहायता प्रदान कर सकता है। अपने-आप को समझना अथवा आत्म-ज्ञान (Self Knowledge) अपने आप में स्वतः मानव जीवन का लक्ष्य नहीं है, बल्कि वह तो एक माध्यम है जो सहज स्वाभाविक जीवन के विकास में सहायक सिद्ध होता है। यह सहजता (Spontaneity) एक आन्तरिक वैयक्तिक विशेषता है, न कि समाज अथवा वातावरण द्वारा अर्जित। वास्तव में व्यक्ति स्वयं अपना निर्माता है, केवल अन्य बाह्य शक्तियाँ उसका निर्माण नहीं कर सकतीं। बाह्य शक्तियों का व्यक्ति पर प्रभाव पड़ सकता है, पर सहज विकास तो आन्तरिक अनुप्रेरणा का ही परिणाम है। ऐसी अवस्था में आत्म-ज्ञान मानव की एक नैतिक अनिवार्यता है। इसे हौर्नी

ने 'विकास की नैतिकता' (Morality of Evolution) कहा है। इसका तात्पर्य है कि विकासात्मक शक्तियाँ (Evolutionary Forces) तो मानव के अन्दर ही होती हैं। अतः विकास अन्दर से होता है, न कि बाहर से।

हौर्नी के अनुसार सभी मनोचिकित्सा में आत्मविश्लेषण निहित रहता है और मनोचिकित्सक का काम यह है कि वह आत्मविश्लेषण को अधिक सुलभ और अधिक लाभदायी बना दे। कोई भी मनो-चिकित्सक रोगी के सहयोग के बिना उसके व्यवहार में परिवर्तन नहीं ला सकता। रोगी को अपना विश्लेषण तो स्वयं ही करना पड़ता है।

स्नायु-विकृति का सिद्धान्त
(Theory of Neurosis)

हौर्नी के अनुसार स्नायु-विकृति व्यक्ति तथा उसके वातावरण के बीच संघर्ष का परिणाम है, न कि 'इड', 'ईगो', एवं 'सुपर ईगो' के बीच संघर्ष का परिणाम। इस प्रकार उन्होंने स्नायु-विकृति के केन्द्र बिन्दु को व्यक्ति के अन्दर से हटाकर बाह्य वातावरण में कर दिया। उनका कहना है कि फ्रायड ने विभिन्न वातावरण एवं संस्कृतियों के अन्तरों पर समुचित ध्यान नहीं दिया।

हौर्नी स्नायु-विकृति के लिए समाज को दोषी मानती हैं, क्योंकि उनके अनुसार स्नायु-विकृति असुरक्षा का परिणाम है और असुरक्षा समाज की देन है। जब बच्चे माता-पिता की स्वीकृति से वंचित होते हैं, तो उनमें असुरक्षा की भावना बाल्यकाल में ही उत्पन्न हो जाती है; जब माता-पिता बच्चों की उपेक्षा करते हैं तथा उनकी ओर से अन्यमनस्क होते हैं तो उनमें बुनियादी चिन्ता (Basic Anxiety) उत्पन्न हो जाती है। फलस्वरूप वे स्नायु-विकृति के शिकार हो जाते हैं।

बच्चे में एकाकीपन एवं असहायता का भाव उसमें विद्वेष (Hostility) उत्पन्न कर देता है। बच्चे के व्यवहार में विद्वेष केवल हौर्नी के सिद्धान्त तक ही सीमित नहीं है, बल्कि यह फ्रायड, ऐडलर, एरिक्सन तथा क्लाइन के सिद्धान्तों में भी है। हौर्नी ऐसा मानती हैं कि बच्चे के बाल्यकाल की अनुभूति के सन्दर्भ में विद्वेष का महत्त्वपूर्ण स्थान है, क्योंकि यह सामाजिक व्यवहार का विशिष्ट पैटर्न निर्धारित कर देता है जिसका उपयोग व्यक्ति अपने जीवन में सुरक्षा प्राप्त करने तथा चिन्ता मुक्त होने के लिए करता है। किन्तु बच्चा यह महसूस करता है कि विद्वेष स्थिति को और भी खराब कर देता है। अतः सुरक्षा दो ही स्थितियों में सम्भव है, एक तो यह कि विद्वेष का दमन (Depression) हो और दूसरा यह कि वह छद्म-वेश धारण कर ले। बच्चा आरंभ में ऐसी युक्तियाँ विकसित कर लेता है जिनके सहारे अपनी चिन्ता को दूर अथवा कम कर सके।

यदि बच्चा विनम्रता के द्वारा वयस्कों एवं अपने समकक्षों की कृपा प्राप्त कर लेता है, तो वह विनम्र एवं आज्ञाकारी बन जाता है। काल-क्रम में उसे यह पता

चलता है कि विनीत सम्पूर्ण पृथ्वी को भी प्राप्त कर सकता है।[9] इसके विपरीत यदि वह यह समझता है कि विद्वेषपूर्ण विश्व में अपनी इच्छा अनुसार माता-पिता, भाई-बहन अथवा अपने खेल के साथियों के सारे विरोधों का सामना कर सकता है, तो इस विद्वेषपूर्ण विश्व के साथ निपटने के लिए आक्रामकता (Aggressiveness) को अपना लेता है। बच्चा एक तीसरा तरीका भी अपना सकता है और वह है पलायन एवं एकाकीपन। ऐसी स्थिति में वह स्वप्न चित्र (Fantasy), अध्ययन एवं एकान्त खेल में अपने को सर्वाधिक सुरक्षित अनुभव कर सकता है, क्योंकि ऐसी अवस्था में लोगों के द्वारा अस्वीकृति तथा आलोचना की गुंजाइश बहुत कम हो जाती है।

इन स्नायु-विकृति सम्बन्धी प्रवृत्तियों (Neurotic Trends) पर ध्यान देने से यह स्पष्ट हो जाता है कि हौर्नी ने क्यों इनका वर्गीकरण त्रिदिशात्मक श्रेणियों में किया है। वे त्रिदिशात्मक श्रेणियाँ हैं–(1) लोगों की ओर झुकाव, (2) लोगों के प्रति विरोध तथा (3) लोगों से दूर रहने की प्रवृत्ति। इन तीनों प्रकार की 'स्नायु विकृति सम्बन्धी प्रवृत्तियों' को सामाजिक कुसमायोजन (Social Maladjustment) की संज्ञा दी जा सकती है। सामान्य जीवन में ऐसी परिस्थितियाँ आती हैं, जो इन तीनों प्रकार के व्यवहार के औचित्य को सिद्ध करती हैं। सुरक्षित लोगों में भी ये सभी व्यवहार घटित होते हैं। किन्तु स्नायु-विकृति की अवस्था में ये बुनियादी संघर्ष के स्रोत बन जाते हैं, क्योंकि स्नायु-विकृति से आक्रान्त व्यक्ति जब इन तीनों प्रकार के व्यवहारों में से किसी एक को अपना लेता है तब वह उससे अपने को अलग करने में असमर्थ हो जाता है, क्योंकि वह व्यवहार उसमें स्थायी रूप ग्रहण कर लेता है। फलस्वरूप अन्य वैकल्पिक व्यवहारों का दमन हो जाता है।

स्नायु विकृति से ग्रस्त व्यक्ति अपने आन्तरिक संघर्षों (Inner Conflicts) को छिपाने के लिए अपने सम्बन्ध में एक अवास्तविक बिम्ब की सृष्टि करता है। इस अवास्तविक बिम्ब को हौर्नी ने 'आदर्शोन्मुख आत्म बिम्ब' (Idealized self- image) की संज्ञा दी है, क्योंकि वास्तव में व्यक्ति जैसा है, उससे अपने को बहुत अधिक श्रेष्ठ समझता है। आदर्शोन्मुख 'आत्म-बिम्ब' की यह धारणा ऐडलर की 'निर्देश कल्पना' (Yuiding Fiction) की धारणा के बहुत कुछ समान है। यह समानता इस हद तक है कि यह व्यक्ति पर अपना निर्णायक प्रभाव डालता है। स्नायु-विकृति के रोगी के लिए इसका प्रमुख उपयोग यह है कि उसमें एक ऐसा विपर्यय उत्पन्न हो जाता है कि वह यह समझने लगता है कि उसके व्यक्तित्त्व में समन्वय है, हालाँकि वास्तव में ऐसा होता नहीं है। आदर्शोन्मुख आत्म-बिम्ब में युंग के मुखावरण (Persona) की भी कुछ विशेषताएँ पाई जाती हैं। 'निर्देश कल्पना' तथा 'मुखावरण' के समान ही 'आदर्शोन्मुख आत्म-बिम्ब' भी व्यक्ति को अपने वास्तविक 'स्व' (आत्मन्) को समझने और उसे स्वीकार करने के मार्ग में बाधक सिद्ध होते हैं।

हौर्नी यह मानती हैं कि स्नायु-विकृति से ग्रसित व्यक्ति के बुनियादी संघर्ष न तो जन्मजात होते हैं और न अनिवार्य। वे बाल्यकाल की अवांछनीय सामाजिक

परिस्थितियों के कारण उत्पन्न होते हैं। अतः बच्चे के घरेलू जीवन को सुधार कर इन बुनियादी संघर्षों को दूर किया जा सकता है। इसके लिए आवश्यक है कि बच्चे के घर में सुरक्षा, स्नेह, समझ आदि विशेषताओं की प्रधानता हो।

मूल्यांकन

मनोवैज्ञानिक सिद्धान्त की अपेक्षा मनोचिकित्सा के क्षेत्र में हौर्नी का योगदान अधिक महत्त्वपूर्ण है। फिर भी मनोवैज्ञानिक सिद्धान्त के क्षेत्र में भी उनका योगदान कम नहीं है।

व्यक्तित्त्व के अध्ययन में हौर्नी ने लोगों का ध्यान 'इड' से हटाकर 'ईगो' पर किया और व्यक्तित्त्व का एक नया मॉडल (प्रतिमान) प्रस्तुत किया जिसमें उन्होंने जन्मजात तत्त्वों के बदले सामाजिक तत्त्वों पर काफी जोर दिया। फ्रायड के प्रेम एवं घृणा के स्थान पर उन्होंने भय एवं चिन्ता को मानव के बुनियादी संवेगों के रूप में स्वीकार किया।[10]

यहाँ यह उल्लेख्य है कि हौर्नी का व्यक्तित्त्व मॉडल अपनी स्पष्टता, सुसंगति एवं विस्तार में फ्रायड से निम्न कोटि का है। फ्रायड का व्यक्तित्त्व मॉडल गणितज्ञ की चुस्ती एवं शिल्पी के परिष्कार से निर्मित है। इसका पुनर्निर्माण करना कठिन है। पुनर्संरचना की अपेक्षा इसे अस्वीकार करना अथवा जैसा है, वैसा स्वीकार करना आसान है।[11]

हौर्नी ने अपने वातावरणवाद को फ्रायड की सुरक्षात्मक क्रिया-विधियों (Defence Mechanism) के साथ जोड़ा। इसकी आलोचना की गई। फ्रायड के 'लिबिडो' सिद्धान्त पर दमन, प्रतिरोध आदि क्रिया विधियों को आसानी से लागू किया जा सकता है। किन्तु 'लिबिडो' के सिद्धान्त को अस्वीकार कर सुरक्षात्मक क्रिया-विधियों की व्याख्या करना सरल नहीं है।

हौर्नी ने भी फ्रायड, ऐडलर तथा युंग के समान ही चिकित्सकीय निरीक्षणों के आधार पर अपने सिद्धान्त का निर्माण किया है। अतः प्रयोगवादी मनोवैज्ञानिकों ने इनके सिद्धान्त की वैज्ञानिकता को चुनौती दी है, जैसा कि फ्रायड, ऐडलर तथा युंग के साथ भी हुआ है। जहाँ फ्रायड के निराशावादी दृष्टिकोण की आलोचना की गई है, वहाँ हौर्नी के आशावादी दृष्टिकोण की सराहना की गई है। हौर्नी के इस दृष्टिकोण का खूब स्वागत हुआ, क्योंकि लोग मानव-स्वभाव के सम्बन्ध में फ्रायड के निराशावादी दृष्टिकोण से ऊब चुके थे। हौर्नी ने परम्परागत मनोविश्लेषण से हटकर उस पर नए सिरे से विचार करने के लिए एक नया मार्ग प्रशस्त किया। उन्होंने मनोवैज्ञानिक शोध की दिशा में नवीन सन्दर्श (Perspective) उपस्थित कया। उन्होंने यह भी स्पष्ट किया कि वातावरणवादी दृष्टिकोण को अपनाकर मनोविश्लेषण में शोध किया जा सकता है। उनका यह मानना कहाँ तक सही अथवा गलत है, इसे सम्प्रति प्रमाणित करने की आवश्यकता है और यही शोध के लिए प्रेरणा स्रोत है।

एरिक फ्रौम

(Erich Fromn 1900-1980)

ऐतिहासिक एवं आचारशास्त्रीय मनोविश्लेषण

(Historical and Ethical Psychoanalysis)

हौर्नी के समान एरिक फ्रौम का भी जन्म एवं प्रशिक्षण जर्मनी में ही हुआ। उन्होंने हाइडेलवर्ग, फ्रैंकफर्ट तथा म्यूनिख में मनोविज्ञान एवं समाज विज्ञान का अध्ययन किया और 1922 में हाइडेलवर्ग में ही पी-एच.डी. की डिग्री प्राप्त की। उन्होंने म्यूनिख तथा बर्लिन मनोविश्लेषणात्मक संस्थान से मनोविश्लेषणात्मक प्रशिक्षण प्राप्त किया तथा 1933 में संयुक्त राज्य (United States) चले गए।

संयुक्त राज्य पहुँचकर उन्होंने शिकागो मनोविश्लेषणात्मक संस्थान में भाषण दिया तथा अन्य कई संस्थानों एवं विश्वविद्यालयों में अध्यापन किया। 1951 के बाद वे मैक्सिको विश्वविद्यालय में प्रोफेसर एवं मैक्सिको मनोविश्लेषणात्मक संस्थान के निदेशक हुए।

युंग, ऐडलर तथा हौर्नी से इनकी पृष्ठभूमि इस अर्थ में अलग थी कि इन्होंने मनोविश्लेषण में प्रशिक्षण प्राप्त करने तथा मनोचिकित्सक बनने के पहले समाज विज्ञान तथा मनोविज्ञान का अध्ययन किया। अतः इनके चिन्तन पर समाज-विज्ञान का काफी प्रभाव पड़ा।

एरिक फ्रौम एक सामाजिक मनोविश्लेषक' (Socio-psychoanalyst) हैं। मानव स्वभाव एवं मानव व्यक्तित्त्व के प्रति उनका दृष्टिकोण आशावादी है। उनका कहना है कि अन्ततोगत्वा सभी मनुष्य आदर्शवादी हैं। अतः वे शारीरिक सुख-सन्तोष से परे के जीवन पर भी विचार करते हैं।

युंग के समान फ्रौम ने व्यापक ऐतिहासिक दृष्टिकोण को अपनाकर मानव-व्यवहार की व्याख्या की। उन्होंने मानव-स्वभाव एवं व्यक्तित्त्व के अध्ययन में मानव-इतिहास का उपयोग एक प्रयोगशाला की तरह किया और यह माना कि इतिहास मानव का निर्माता है, जबकि फ्रायड ने यह माना कि मानव इतिहास का निर्माता है। मानव में जो भी अच्छाइयाँ तथा बुराइयाँ हैं सभी वातावरण की देन हैं, न कि जैविक तत्त्वों की। इस प्रकार मानव वस्तु में रूपान्तरित हो गया है। फलस्वरूप अब वह अपने ही द्वारा निर्मित वस्तुओं की पूजा करता है। एरिक फ्रौम ने इसे 'भौतिकवाद की मूर्तिपूजा' कहा है। मनुष्य अणुबम जैसी युद्ध सामग्रियों की भी पूजा करता है जिसका निर्माण उसने स्वयं किया है। उन्होंने इमर्सन को उद्धृत किया है जिनका कहना है कि अभी वस्तुएँ मनुष्य पर छाई हुई हैं। इस सम्बन्ध में फ्रौम का कहना है कि ऐसी स्थिति उत्पन्न की जा सकती है जब मनुष्य वस्तुओं पर छाया रहेगा और अपने भाग्य का निर्णय स्वयं करेगा।[12]

फ्रौम फ्रायड की अपेक्षा मार्क्स के अधिक प्रशंसक रहे हैं। कारण यह है कि फ्रौम ने फ्रायड के साथ वही किया जो मार्क्स ने हीगेल के साथ किया। मार्क्स ने हीगेल के आदर्शवाद एवं अध्यात्मवाद को भौतिकवाद एवं अर्थवाद में बदल दिया। फ्रौम ने समाज में मानव की स्थिति को बदल दिया। उन्होंने समाज को मानव की मूल प्रवृत्तियों का प्रतिफल मानने के बदले मानव को ही सामाजिक प्रभावों का प्रतिफल माना। इस प्रकार फ्रौम ने केन्द्रीय बिन्दु को व्यक्ति के अन्दर से बाह्य 'वस्तुनिष्ठ अवस्थाओं' में परिवर्तित कर दिया और यह स्पष्ट किया कि व्यक्ति का व्यवहार समाज द्वारा निर्मित होता है और समाज 'वस्तुनिष्ठ अवस्थाओं' के द्वारा। फ्रौम का यह दृष्टिकोण फ्रायड से बिलकुल भिन्न है और वे एक कदम आगे बढ़कर वातावरणवाद एवं परिस्थितिवाद पर जोर देते हैं। इस अर्थ में फ्रौम कार्डिनर से मिलते-जुलते हैं।

मानव की कुछ शारीरिक आवश्यकताएँ होती हैं, किन्तु वह अपनी शारीरिक आवश्यकताओं को तृप्त करने में निम्न पशुओं से भिन्न होता है। निम्न पशु अपनी आवश्यकताओं की तृप्ति निश्चित, अपरिवर्तनीय एवं एक ही तरह के व्यवहार द्वारा करते हैं; जिसे मूल प्रवृत्ति की संज्ञा दी जाती है। किन्तु सभी मानव अपनी आवश्यकताओं की तृप्ति एक ही तरह से नहीं करते।

मानव मूल प्रवृत्ति का अनुसरण कर अपने वातावरण से सीखते हैं और उनका व्यवहार संस्कृति द्वारा निर्मित होता है। केवल पशुओं का व्यवहार पूर्णतया मूल प्रवृत्त्यात्मक होता है। मानव-व्यवहार अधिकांशतः तर्क पर आधारित होता है। अतः वह परिवर्तनशील एवं समायोजनीय होता है।

मानव तथा पशु में दूसरा अन्तर यह है कि सभी पशुओं की आवश्यकताएँ प्रायः एक ही तरह की होती हैं, किन्तु मानवों की सभी आवश्यकताएँ एक ही तरह की नहीं होतीं। उनकी कुछ शारीरिक आवश्यकताएँ (भूख, प्यास, सेक्स) एक ही तरह की होती हैं, किन्तु सामाजिक प्रक्रियाओं द्वारा उत्पन्न आवश्यकताओं (प्रेम, घृणा, आनन्द, भय आदि) में विभिन्नताएँ पाई जाती हैं। फ्रौम का कहना है कि मानवों के सर्वाधिक प्रिय एवं सर्वाधिक अप्रिय झुकाव निश्चित तथा जैविक रूप से उत्पन्न मानव-स्वभाव के अंग नहीं हैं, बल्कि वे सामाजिक प्रक्रिया के प्रतिफल हैं जो मानवों का निर्माण करती है...मानव...स्वभाव, उनके मनोवेग एवं चिन्ताएँ सांस्कृतिक उपज...हैं।[13]

अस्तित्वात्मक द्विभाजन
(Existential Dichotomies)

अस्तित्वात्मक द्विभाजन के अतिरिक्त कुछ मानव-निर्मित द्विभाजन भी होते हैं, जिनका समाधान किया जा सकता है। इस प्रकार के द्विभाजन के उदाहरणस्वरूप यह प्रस्तुत किया जा सकता है कि पर्याप्त उत्पादन के बावजूद असमान वितरण के कारण मनुष्य

शान्तिपूर्वक उसका उपयोग करने में असमर्थ होता है। यह एक मानव-निर्मित द्विभाजन है। इसका समाधान किया जा सकता है।

जहाँ तक अस्तित्वात्मक द्विभाजन का प्रश्न है, उसका समाधान सम्भव नहीं है। उदाहरण के लिए, मानव जीवन धारण करता है, पर साथ-ही-साथ उसे मरना भी है। मानव प्रकृति का अंग है और प्रकृति से ऊपर भी है, मानव शान्तिप्रिय होता है और युद्ध भी चाहता है, मानव स्वतन्त्रता भी चाहता है और साथ-ही-साथ निर्भरता एवं सुरक्षा भी, मानव बुद्धि एवं तर्क से काम लेना चाहता है, पर साथ-ही-साथ संवेगात्मक व्यवहार भी करना चाहता है, मानव अकेला भी रहना चाहता है और लोगों के साथ भी।

फ्रौम का कहना है कि मानव एवं प्रकृति के बीच ऐक्य स्थापित कर मानव की समस्याओं का समाधान किया जा सकता है। आवश्यकता इस बात की है कि उसका एक दृष्टिकोण हो, समर्पण हो और आदर्श हो। बिना लक्ष्य अथवा आदर्श के, मानव अपने अस्तित्व के द्विभाजन में खो जाएगा। मानव इतिहास पर विचार करने पर फ्रौम आश्वस्त हुए कि मानव-जीवन निर्माण की एक अनवरत प्रक्रिया है। शारीरिक विकास तो स्वतः होता है, किन्तु "मानव की संवेगात्मक एवं बौद्धिक क्षमताओं को जीवन प्रदान करने के लिए तथा 'स्व' के सृजन के लिए रचनात्मक क्रिया की आवश्यकता होती है।"[14]

व्यक्तित्त्व का सिद्धान्त

फ्रौम के अनुसार मानव-व्यक्तित्त्व धातु स्वभाव (Temperament) एवं चरित्र से निर्मित है। धातु स्वभाव आनुवंशिक संरचनात्मक पैटर्न है। यह जन्मजात है। यह शारीरिक प्रक्रियाओं से सम्बन्धित होता है और प्रतिक्रिया व्यक्त करने का एक ढंग है।

चरित्र का निर्माण सामाजिक प्रभावों से होता है। साथ-ही-साथ इसके निर्माण में शारीरिक संरचना एवं धातु-स्वभाव का भी हाथ होता है। इससे स्पष्ट है कि चरित्र का निर्धारण व्यक्ति की शारीरिक संरचना एवं धातु स्वभाव तथा सामाजिक-सांस्कृतिक प्रभावों के द्वारा होता है। चरित्र ही चिन्तन, भाव तथा क्रिया को निर्धारित करता है।

चरित्र दो प्रकार के होते हैं–'वैयक्तिक चरित्र' (Individual Character) तथा 'सामाजिक चरित्र' (Social Character)। वैयक्तिक चरित्र में व्यक्तित्त्व के जन्मजात तत्त्व तथा घर के वातावरण के विशिष्ट प्रभाव निहित रहते हैं। वैयक्तिक चरित्र एक ही सांस्कृतिक समुदाय के सदस्यों के बीच की विभिन्नताओं का द्योतक है। सामाजिक चरित्र समाज द्वारा निर्मित होता है। यह "समाज विशेष के संचालन के उद्देश्य से मानव शक्ति को मोड़ने का काम करता है। समाज के सदस्यों को इस प्रकार व्यवहार करना पड़ता है जो समाज के लिए आवश्यक एवं वाँछनीय हो।"[15] फ्रौम द्वारा की गई व्यवहार की यह व्याख्या ऐडलर की 'जीवन शैली' के समान है। यहाँ यह उल्लेख

कर देना समीचीन प्रतीत होता है कि जहाँ फ्रायड ने चरित्र-निर्माण में 'लिबिडो' को महत्त्व प्रदान किया है, वहाँ फ्रौम ने घर के सम्पूर्ण वातावरण को।

फ्रौम ने व्यक्तित्त्व के समुचित विकास के लिए कम-से-कम निम्नांकित पाँच मानव आवश्यकताओं की पूर्ति को अनिवार्य माना है–

1. उत्कर्ष (Transcendence) पशुता से ऊपर उठकर सीखना, प्रगति करना एवं रचनात्मक व्यक्ति बनना।

2. पहचान (Identity) अपने वास्तविक 'स्व' (आत्मन्) को पहचानना तथा दूसरे लोगों के साथ तादात्म्य स्थापित करने की क्षमता।

3. नैसर्गिकता (Rostedness) प्रकृति की ओर लौटना अथवा अस्तित्व की नैसर्गिक रीति को अपनाना। स्वतः कार्य-सम्पादन से आनन्द प्राप्त करना, न कि केवल पैसे के लिए काम करना।

4. प्रवृत्ति का प्रारूप (Frame of orientation) जीवन का एक अच्छा ढंग, रचनात्मकता, तार्किक विश्व में तर्कसंगत जीवन जीना।

5. सम्बद्धता (Relatedness) अपने साथियों एवं 'स्व' के साथ एकत्व स्थापित करना।

व्यक्तित्त्व के प्रकार
(Types of Personality)

फ्रौम के अनुसार बाह्य विश्व के साथ दो प्रकार की सम्बद्धता पाई जाती है–एक आत्मसात्करण (Assimilation) की तथा दूसरी समाजीकरण (Socialization) की। आत्मसात्करण का तात्पर्य यह है कि व्यक्ति ने किस प्रकार अपने को वस्तुओं के साथ सम्बद्ध करना सीखा है तथा समाजीकरण का तात्पर्य यह है कि उसने किस प्रकार अपने को लोगों के साथ सम्बद्ध करना सीखा है। फ्रौम ने इन दोनों को प्रवृत्तियों (Orientations) की संज्ञा दी है जो चरित्र के मर्मस्थल हैं। ये प्रवृत्तियाँ वंशानुक्रम के द्वारा निर्धारित नहीं होतीं, बल्कि वातावरण के द्वारा निर्धारित होती हैं।

फ्रौम ने पाँच प्रकार की प्रवृत्तियों का उल्लेख किया है, जिनमें एक रचनात्मक स्वरूप की होती है, तथा अन्य चारों अरचनात्मक स्वरूप की। उन्होंने अपनी पुस्तक 'मैन फॉर हिमसेल्फ' (1947) तथा 'दि हर्ट ऑफ मैन' (1964) में चरित्र की इन गत्यात्मक प्रवृत्तियों का वर्णन किया है।

ग्रहणशीलता प्रवृत्ति (Receptive Orientation), शोषणात्मकता की प्रवृत्ति (Exploitative Orientation) तथा संचय की प्रवृत्ति (Hoarding Orientation) हौर्नी की तीन स्नायु विकृति सम्बन्धी प्रवृत्तियों 'लोगों की ओर झुकाव', 'लोगों के प्रति विरोध' तथा 'लोगों से दूर रहने की प्रवृत्ति' तथा फ्रायड के व्यक्तित्त्व विकास की मौलिक एवं गुदा अवस्थाओं से मिलती-जुलती है। ग्रहणशीलता की प्रवृत्ति व्यक्ति

को अधीनता-प्रियता (Submissiveniss) एवं आश्रितता (Dependency) की ओर ले जाती है, क्योंकि वैसे व्यक्ति को सबसे अधिक प्यार पाने की आवश्यकता होती है और इसके लिए आवश्यक है कि सभी लोगों से उसकी मैत्री हो। फलस्वरूप लोगों की ओर स्वाभाविक रूप से उसका झुकाव हो जाता है। फ्रौम के ही शब्दों में : ''ग्रहणशीलता की प्रवृत्ति में व्यक्ति महसूस करता है कि 'सभी अच्छाइयों का स्रोत' बाहर है, और उसका विश्वास है कि जो चाहता है उसे प्राप्त करने का बस एक ही मार्ग है, चाहे कोई भौतिक पदार्थ हो, चाहे स्नेह हो, चाहे प्रेम, ज्ञान, आनन्द हो, उसे बाह्य स्रोत से ही प्राप्त किया जा सकता है।''[16]

'शोषणात्मकता की प्रवृत्ति' आक्रामक व्यवहार के रूप में अभिव्यक्त होती है। इस प्रवृत्ति का व्यक्ति 'जिसकी लाठी उसकी भैंस' के दर्शन में विश्वास करता है। वह दूसरे से कुछ पाने की आशा नहीं रखता बल्कि जबर्दस्ती अथवा छल से उसे ले लेता है। यह प्रवृत्ति हौर्नी के 'लोगों के प्रति विरोध' के समान है।

'संचय की प्रवृत्ति' वाला व्यक्ति बाह्य विश्व को धमकी भरा अथवा भयावह समझता है। अतः उसमें लोगों के प्रति अविश्वास एवं जिद्द की मनोवृत्ति विकसित हो जाती है। फलतः वह लोगों से दूर रहना पसन्द करता है और अपनी सुरक्षा के लिए सम्पत्ति अर्जित कर उसे रखने में विश्वास करता है। फलस्वरूप वह कंजूस होता है। संचय की प्रवृत्ति हौर्नी की 'लोगों से दूर रहने की प्रवृत्ति' के अनुरूप कही जा सकती है।

'विपणन अथवा बाजारूपन की प्रवृत्ति' का सम्बन्ध सामाजिक अवस्थाओं से है। यह पूँजीवाद के आगमन को प्रतिबिम्बित करती है जिसमें व्यक्ति की सफलता उसके वैयक्तिक गुणों से नहीं, बल्कि व्यवस्थापक की स्वीकृति से आँकी जाती है। जिस व्यवस्थापक के अन्दर व्यक्ति कार्यरत रहता है, उस व्यवस्थापक की स्वीकृति ही उसकी सफलता का मापदण्ड है, न कि उसमें निहित वैयक्तिक क्षमताएँ। फलस्वरूप ऐसी सामाजिक अवस्था में व्यक्ति अवसर के अनुसार अपने को बदलता रहता है। दूसरे शब्दों में, उसका सम्बन्ध अवसरवादिता (Opportunism) से रहता है, न कि अपनी वास्तविक क्षमताओं के विकास से। वह अपने 'स्व' को खो देता है। उसकी स्थिति 'प्याज के समान होती है जिसका परत-दर-परत हटा लिया जाता है और उसके बीजकोष् का कोई पता नहीं रहता।'[17] इस प्रकार की प्रवृत्ति वाला व्यक्ति दूसरों से कहता है : आप मुझे जिस रूप में देखना चाहते हैं, मैं वही हूँ' ("I am as you want me to be")।

फ्रौम ने इन चारों प्रकार की प्रवृत्तियों को विकृत स्वरूप (Pathological Nature) का माना है। वास्तव में स्वस्थ व्यक्ति 'रचनात्मक प्रवृत्ति' (Productive Orientation) का होता है और वह अपनी सम्पूर्ण क्षमताओं को विकसित करने में समर्थ होता है। परिवार में तथा सम्पूर्ण समाज में उसका रचनात्मक योगदान होता है।

फ्रौम ने प्रथम चारों प्रवृत्तियों को आदर्श प्रारूप (Ideal Typology) माना। इनके सम्बन्ध में उनका कहना है कि जब ये प्रवृत्तियाँ रचनात्मक चरित्र (Productive Character) के प्रभाव में आती हैं, तो इनमें परिवर्तन हो जाता है और तब ये अवांछनीय विशेषताओं के बदले वाँछनीय विशेषताओं की द्योतक बन जाती हैं। जब 'ग्रहणशीलता की प्रवृत्ति' रचनात्मक चरित्र के प्रभाव में आती है, तो उसकी अधीनता-प्रियता (Submissiveness) भक्ति (Devotion) का रूप ग्रहण कर लेती है। वैसे ही जब 'शोषणात्मकता की प्रवृत्ति' रचनात्मक चरित्र के प्रभाव में आती है, तो उसकी आक्रामकता (Aggressiveness) पहल करने की क्षमता (Initiative) का रूप ग्रहण कर लेती है। इसी प्रकार रचनात्मक चरित्र के प्रभाव में आकर 'संचय की प्रवृत्ति' की कंजूसी (Miserliness) 'मितव्ययिता का' (Economy) तथा 'विपणन अथवा बाजारूपन की प्रवृत्ति' की अवसरवादिता (Opportunism) प्रयोजनवादिता (Purposefullness) का रूप ग्रहण कर लेती है।

समाज एवं नैतिकता (Society and Morality)–फ्रायड ने मनोचिकित्सा में नैतिक मनोवृत्तियों पर विचार नहीं किया है। इस बिन्दु पर फ्रौम ने उनकी आलोचना की है और आशंका व्यक्त करते हुए यह प्रश्न किया है कि क्या नैतिकता पर विचार किए बिना कोई मनोचिकित्सा सम्भव है? उनके अनुसार समायोजन किसी निश्चित समाज तथा निश्चित सामाजिक तौर-तरीके एवं नैतिकता के प्रति होता है और नैतिकता ही व्यक्ति की क्रियाओं को निर्धारित करती है और स्वयं स्नायु-विकृति भी नैतिक असफलता का लक्षण है।

फ्रौम अधिक आशावादी हैं। अतः उन्हें मानव की 'रचनात्मकता' तथा आनुवंशिक प्राथमिक क्षमताओं में विश्वास है। उनकी यह मान्यता है कि सद्गुण, साहस, ईमानदारी तथा रचनात्मकता प्रत्येक व्यक्ति के लिए आकर्षक हैं तथा नैतिकता के लिए अतिरिक्त पुरस्कार की कोई आवश्यकता नहीं है, क्योंकि नैतिक व्यवहार अपने-आप में पुरस्कार है।

फ्रौम के अनुसार आधुनिक संस्कृति की असफलता इस तथ्य में निहित नहीं है "कि लोग अपने स्वार्थ से बहुत अधिक सम्बन्धित हैं, बल्कि इसमें है कि उन्हें अपने 'स्व' में काफी अभिरुचि नहीं है, यह भी तथ्य नहीं है कि वे बड़े स्वार्थी हैं, बल्कि यह कि उन्हें अपने आप से प्रेम नहीं है।"[18] लोग प्रायः सच्ची आत्मानुभूति (Self-realization) के लिए सचेष्ट नहीं रहते।

प्रेम
(Love)

मानव-जीवन में दुःख का कारण है प्रेम का अभाव। फ्रौम का कहना है कि यदि मानव में प्रेम की क्षमता हो तो दुःख की समस्या का समाधान हो सकता है। प्रेम

एक व्यवहार है, न कि वस्तु के साथ लगाव। यह एक कला है और मनुष्य की सारी क्षमताओं में यह सर्वाधिक सक्रिय है और सक्रिय रहेगा।

फ्रौम ने प्रेम के चार तत्त्वों का उल्लेख किया है : रुचि, उत्तरदायित्व, आदर और ज्ञान। ये सभी एक दूसरे पर आश्रित हैं। इनमें से कोई भी एक-दूसरे से अधिक महत्त्वपूर्ण नहीं है। उन्होंने अपनी प्रसिद्ध पुस्तक 'प्रेम करने की कला' (The Art of Loving, 1956) में निम्नांकित पाँच प्रकार के प्रेम का वर्णन किया है–

1. भ्रातृत्व-प्रेम (Brotherly Love)–यह सर्वाधिक बुनियादी एवं सर्वाधिक प्रबल प्रेम है। यह समान लोगों के बीच का प्रेम है। कदाचित् इसी प्रकार के प्रेम को व्यक्त करने के लिए प्रायः 'विश्व-बन्धुत्व' शब्द का प्रयोग किया जाता है।

2. मातृत्व प्रेम–यह असहायों के प्रति प्रेम एवं रुचि का द्योतक है। यह उन्हें सशक्त एवं स्वतन्त्र बनाने की चाह है। यह असमान लोगों के बीच का प्रेम है।

3. रत्यात्मक प्रेम (Erotic Love)–इस प्रकार का प्रेम प्रायः कामुक अनुभूति से सम्बद्ध होता है। यह 'पूर्ण विलयन का अभिप्राय' है। अधिकांश लोग एकमात्र इसे ही प्रेम समझते हैं। किन्तु फ्रौम की दृष्टि में प्रेम तो मूलतः आत्मीयता का द्योतक है, न कि कामुक सन्तृप्ति का।

4. आत्म प्रेम (Self love)–यह अपने आप ('स्व') में रुचि, उत्तरदायित्व, आदर तथा आत्मज्ञान है। आत्म-प्रेम तथा दूसरे लोगों के प्रति प्रेम, ये दोनों एक दूसरे से अलग नहीं हैं। आत्म-प्रेम ही दूसरों के प्रति प्रेम की क्षमता प्रदान करता है। स्वार्थी लोगों में आत्म-प्रेम की क्षमता नहीं होती, उनमें तो मात्र मिथ्याभिमान होता है।

5. ईश्वर-प्रेम (Love of God)–प्रेम का यह रूप सर्वाधिक मूल्यवान एवं वांछनीय है। यह रुचि, आदर, उत्तरदायित्व और विशेषतः ज्ञान पर अधिक जोर देता है। यह मानव-अस्तित्व के लिए अनिवार्य है, क्योंकि मनुष्य को ऐसा कुछ चाहिए जो पूर्ण हो, ताकि वह वहाँ पहुँचने की अभिलाषा के साथ प्रयास कर सके।

व्यक्ति और समाज

फ्रौम का कहना है कि ऐसे समाज की स्थापना की जा सकती है, जिसमें मानव-समस्याओं का समाधान सम्भव हो। इस प्रकार का समाज स्वस्थ और सन्तुलित होगा। लोगों में परस्पर प्रेम होगा। सत्य को तोड़ने-मरोड़ने की आवश्यकता नहीं होगी। मूर्ति-पूजा की भी आवश्यकता नहीं होगी। मानव प्रकृति से ऊपर उठकर रचनात्मक कार्य करेगा, न कि अपने को प्रकृति के अनुकूल बनाने में ही अपनी सम्पूर्ण शक्ति व्यय करेगा।[19]

फ्रौम के अनुसार मानव स्वतन्त्रता से छुटकारा पाना और अधिक सुरक्षित अस्तित्व की ओर लौटना चाहता है। उनका विश्वास है कि मानव-अस्तित्व की प्रमुख अनुप्रेरक शक्ति मूल प्रवृत्ति की सन्तुष्टि नहीं है, बल्कि पुनः आश्रितता की अवस्था में पहुँचने की आकांक्षा है, जिसका वह बाल्यकाल में अनुभव कर चुका होता है।

इस आश्रितता की सुरक्षित अवस्था में पहुँचने के दो प्रमुख मार्ग हैं–(1) सत्तावाद (Authoritarianism) तथा (2) मानववाद (Humanism)।

सत्तावाद बाहर से समाज के कुछ निर्देशक सिद्धान्तों को थोप देता है और लोगों को उन सिद्धान्तों का पालन करना पड़ता है। ऐसी स्थिति में व्यक्ति को अपनी अन्तर्निहित शक्तियों को विकसित करने का अवसर नहीं मिल पाता। फलस्वरूप ऊपर से थोपी गई अवस्थाओं के प्रति निराशा एवं विद्वेष की भावना उमड़ती है। अतः सुरक्षा को पुनः प्राप्त करने का यह तरीका वांछनीय नहीं है।

फ्रौम का कहना है कि असुरक्षा के समाधान का सबसे अच्छा और प्रभावशाली तरीका है मानववाद। मानववाद में व्यक्ति के बीच परस्पर-प्रेम, सहयोग और सद्भाव होता है। फलस्वरूप मानव-समायोजन उत्तम एवं वाँछनीय होता है। इस प्रकार फ्रौम समायोजन के नैतिक पक्षों पर अधिक जोर देकर आदर्शवाद को बहुत ऊपर ले गए हैं और एक ऐसे समाज के निर्माण की धारणा प्रस्तुत की है, जहाँ सभी लोग परस्पर भाई-बहन की तरह रहेंगे, उन्हें एकाकीपन का अनुभव नहीं होगा और सभी को आत्मानुभूति (Self-realization) का समान अवसर मिलेगा। ऐसे समाज को उन्होंने 'मानवतावादी समतामूलक समाजवाद' (Humanistic Communitarian Socialism) की संज्ञा दी है।

मूल्यांकन

फ्रौम ने मनोवैज्ञानिक शोध-क्षेत्र के रूप में इतिहास का उपयोग किया। यह मनोवैज्ञानिकों और इतिहासकारों के लिए बड़ी चुनौती थी। उन्होंने ऐतिहासिक घटनाओं को दृष्टि में रखकर मानव-स्वभाव की व्याख्या करने और व्यापक निष्कर्ष निकालने की चेष्टा की। किन्तु उनके निष्कर्ष उपलब्ध प्रदत्तों के अनुरूप सिद्ध नहीं हुए। उदाहरण के लिए, स्वतन्त्रता एवं छुटकारा (Freedom and Escape) की धारणा काफी आकर्षक है, किन्तु ऐतिहासिक प्रदत्तों से मेल नहीं रखती।

चरित्र के सम्बन्ध में फ्रौम का मत है कि यह कइ प्रवृत्तियों (Orientations) का सम्मिश्रण है जिनमें से किसी खास समय में कोई एक ही प्रवृत्ति प्रभावशाली होती है।[20] यदि प्रत्येक चरित्र कई प्रवृत्तियों का सम्मिश्रण ही है जिनकी रचना के सम्बन्ध में कोई निश्चित बात नहीं कही जा सकती तो 'चरित्र की प्रवृत्तियों' की परिकल्पना का क्या वैज्ञानिक प्रयोजन है? यह आलोचना चरित्र-प्रकारों एवं उप-प्रकारों के सम्बन्ध में है, किन्तु इस परिकल्पना का विरोध नहीं करती कि व्यक्तित्त्व की विशेषताएँ वातावरण अथवा सामाजिक अवस्थाओं से प्रभावित होती हैं। अतः यह परिकल्पना अनुपयोगी नहीं कही जा सकती। वस्तुतः व्यक्तित्त्व जैविक प्रकृति (Organic Nature) से आरम्भ तो होता है, किन्तु समाज के सम्पर्क में आकर ही

संगठित एवं निर्मित होता है।

फ्रौम ने प्रेम करने और प्रेम प्राप्त करने की क्षमता को भी अत्यधिक महत्त्व प्रदान किया है, क्योंकि उनकी दृष्टि में प्रेम के अभाव में व्यक्तित्त्व का संतोषजनक विकास सम्भव नहीं है। यह उनकी महती देन मानी जा सकती है।

फ्रौम की नैतिक चिन्तनधारा मानव-स्वभाव के प्रति आशावादी दृष्टिकोण पर जोर देती है। इसका बहुतों ने स्वागत किया है, क्योंकि इससे यह आशा जगती है कि मानव अपनी रचनात्मक शक्तियों का उपयोग कर एक विकसित एवं सुखी समाज का निर्माण कर सकता है। यहाँ यह उल्लेख्य है कि हौर्नी तथा फ्रौम दोनों ने फ्रायड की मृत्यु (विनाश) की मूल प्रवृत्ति के सिद्धान्त को अस्वीकार किया है तथा मानव-स्वभाव की 'रचनात्मकता' में विश्वास व्यक्त किया है। किन्तु फ्रौम का जीवन-दर्शन इस आशावादी दृष्टिकोण के औचित्य को सिद्ध नहीं कर पाता। मनुष्य का यह दुर्भाग्य है कि उसे सदा प्रकृति के साथ संघर्ष करना पड़ता है, जिसे वह सहज भाव से स्वीकार नहीं कर पाता। वुलमैन के शब्दों में : "मन में शान्ति कभी नहीं रहती, मानव और विश्व के बीच कभी सन्तुलन नहीं रहता, बल्कि केवल अनवरत संघर्ष तथा नवीन समाधान की खोजें, जिनमें कोई भी कभी अन्तिम नहीं होती। फ्रौम को उद्धृत करते हुए यह कहा जा सकता है कि मानव का दुःखद भाग्य यही है कि वह प्रकृति का अंश भी है और उसे इससे ऊपर भी उठना है।"[21]

फ्रौम ने वैज्ञानिक वस्तुनिष्ठ सत्य के विरोध में नैतिकता पर अधिक जोर देकर वैज्ञानिकों के समक्ष एक समस्या उपस्थित की है। वह समस्या यह है कि मानव सही और गलत पर विचार करे। दूसरे शब्दों में यह कहा जा सकता है कि इस समस्या पर विचार करने के लिए उन्होंने इस ओर वैज्ञानिकों का ध्यान आकृष्ट किया है।

हेरी स्टैक सुलिवान
(Harry Stack Sullivan, 1892-1949)

अन्तर्वैयक्तिक सम्बन्धों का सिद्धान्त (A Theory of Interpersonal Relations)–सुलिवान का जन्म 21 फरवरी 1892 को अमेरिका के एक किसान परिवार में हुआ था। अन्य व्यक्तित्त्व सिद्धान्तियों के समान उन्होंने भी अपना जीवन एक चिकित्सक के रूप में आरम्भ किया और विभिन्न अस्पतालों में कई पदों पर रहकर काम किया। उन्होंने मनोचिकित्सा के वाशिंगटन स्कूल की स्थापना में सहायता प्रदान की और वहीं निदेशक के रूप में आजीवन काम करते रहे। उन्होंने "मनोचिकित्सा"(Psychiatry) नामक जॉर्नल का सम्पादन भी किया जिससे उन्हें पर्याप्त ख्याति मिली।[22] 14 जनवरी 1949 को पेरिस में अचानक उनकी मृत्यु हो गई।

सुलिवान एक सजीव एवं गतिशील व्यक्ति थे। उन्होंने देश-विदेश में कई

व्याख्यान दिए। द्वितीय विश्व महायुद्ध के बाद उन्होंने अन्तर्राष्ट्रीय तनावों की खोज की तथा अन्तर्राष्ट्रीय मानसिक स्वास्थ्य की समस्याओं से सम्बन्धित संगठनों में सराहनीय कार्य किया। इस प्रकार के कार्यों में वे इतना अधिक व्यस्त रहे कि औपचारिक रूप से लिखने का उन्हें बहुत कम समय मिला। किन्तु उनके छात्रों एवं सहकर्मियों ने उनके व्याख्यानों एवं व्याख्यान-सम्बन्धी टिप्पणियों का संग्रह कर एक पुस्तक प्रकाशित की, जिसमें उनके सिद्धान्त को स्पष्ट किया गया है।[23] सिजोफ्रेनिया पर किए गए अपने कार्यों के लिए सुलिवान विख्यात हैं, जिनका विशद् विवरण हेलेन स्विक परी ने प्रस्तुत किया है। वुलमैन के शब्दों में–"कदाचित् सुलिवान ही एक मात्र ऐसे मनोविश्लेषक हैं, जिन्होंने मनोविज्ञान में अपनी धारणात्मक विचारधारा विकसित की।"[24] अन्य किसी भी मनोविश्लेषक की अपेक्षा वे फ्रायड से बहुत अधिक भिन्न हैं। उन्होंने फ्रायड की अधिकांश मूलभूत धारणाओं का परित्याग किया। उनकी विचारधारा में 'लिबिडो' के सिद्धान्त का कोई स्थान नहीं है। उन्होंने 'सेक्स' को अत्यन्त संकुचित अर्थ में ग्रहण किया है। उन्होंने फ्रायड के समान 'सेक्स' को अत्यधिक महत्त्व प्रदान नहीं किया है। सुलिवान ने 'सेक्स' का महत्त्व केवल आरम्भिक किशोरावस्था के बाद के विकास के लिए माना है। उन्होंने ओडिपस-ग्रन्थि को भी फ्रायड के अर्थ में बिलकुल स्वीकार नहीं किया है। उन्होंने इसका प्रभाव केवल इसी रूप में ग्रहण किया है कि बच्चा अपने ही 'सेक्स' के माता-पिता से किस प्रकार का व्यवहार पाता है। उनके अनुसार पिता अपनी भावनाओं को अपने पुत्र में देखना चाहता है तथा माता अपनी भावनाओं को पुत्री में देखना चाहती है। फलस्वरूप बच्चे में रोष उत्पन्न होता है। फ्रायड के अहम् (Ego), पराहम् (Super Ego) तथा चरित्र-निर्माण की धारणाओं को भी उन्होंने अस्वीकार किया। सुलिवान की चिकित्सा-विधि (Theraputic Method) भी फ्रायड के दृष्टिकोण से बिलकुल भिन्न है। उनकी चिकित्सा-विधि का विकास स्वाभाविक एवं तार्किक रूप में उनके अन्तवैयक्तिक सिद्धान्त से हुआ है। उन्होंने फ्रायड के द्वारा प्रयुक्त पारिभाषिक शब्दावली तक का बहिष्कार किया। फिर भी उन्होंने फ्रायड के कुछ सिद्धान्तों को लिया है, जैसे अचेतन अनुप्रेरणा (Unconscious Motivation), रक्षात्मक क्रिया-विधि अथवा प्रतिक्रिया (Defense Mechanism) तथा स्वप्न-व्याख्या (Dream Interpretation)। सुलिवान एक स्वतन्त्र विचारक हैं क्योंकि इन्होंने फ्रायड की परम्परा का अनुसरण नहीं किया, फ्रायड के विरुद्ध इन्होंने विद्रोह नहीं किया। रूथ मुनरो (Munroe, 1955) की उक्ति में यह स्पष्ट है : "एक विशिष्ट पुनर्मेल के रूप में उनकी स्थिति उतनी अधिक विद्रोह की नहीं है।" पुनर्मेल को विशिष्ट कहने का तात्पर्य इतना ही है कि सामाजिक पहलुओं पर अधिक जोर दिया, यद्यपि जैविक तत्त्वों की पूर्णतया उपेक्षा नहीं की।

सुलिवान को फ्रायड का अनुयायी नहीं कहा जा सकता। यह कहा जा सकता

है कि ये बहुत हद तक एक स्वंतत्र विचारक हैं, जिनके विचारों पर फ्रायड का काफी प्रभाव पड़ा है। अतः फ्रायड के सिद्धान्तों को दृष्टि में रखकर सुलिवान का अध्ययन करना उपयुक्त नहीं है। फ्रायड और सुलिवान के बीच एक सेतु के रूप में हौर्नी अथवा फ्रौम का उपयोग कर सुलिवान के सिद्धान्तों की व्याख्या करना अधिक सरल एवं उपयुक्त है, क्योंकि ये मुख्यतः सामाजिक-सांस्कृतिक दृष्टिकोण के व्यक्ति हैं न कि जैविक दृष्टिकोण के। फलस्वरूप इन्होंने मानव-व्यक्तित्त्व की व्याख्या में वातावरण पर अधिक जोर दिया है। इन्होंने अलग से व्यक्तित्त्व का अध्ययन न कर सामाजिक सम्बन्धों के परिप्रेक्ष्य में ही उसका अध्ययन किया है।

सुलिवान के सिद्धान्तों के स्रोत हैं उनके मनश्चिकित्सीय अनुभव (Psychiatric Experience) और वह भी विशेषतः मनोविकृति के रोगियों की चिकित्सा के क्रम में प्राप्त उनके अनुभव। यदि फ्रायड ने अनुप्रेरणात्मक समस्याओं (Motivational Problems) का अध्ययन कर मनोविज्ञान को समृद्ध किया तो सुलिवान ने प्रत्यक्षीकरण तथा सामाजिक अन्तर्संबंधों का अध्ययन कर इसकी श्री वृद्धि की।

बिस्चौफ (1964) ने सुलिवान को एक 'चिन्ताग्रस्त' सिद्धान्तवादी ('Anxious' theorist) कहा है क्योंकि उनके सिद्धान्त का प्रमुख विषय है मानव में विद्यमान चिन्ता। उन्होंने चिन्ता को प्रधान प्रवर्तक के रूप में आत्म-पद्धति (Self-system) के निर्माता के रूप में और जीवन के महान् शिक्षक के रूप में ग्रहण किया है।[25]

सुलिवान के अनुसार मनुष्य तनाव में रहता है। व्यक्ति के अन्दर भी तनाव विद्यमान रहता है तथा उसके और अन्य लोगों क बीच भी तनाव रहता है। वस्तुतः जीवन ही एक तनाव-पद्धति है। बिस्चौफ (1964) ने फ्रायड के कार्य की तुलना एक ऐसे भवन से की है जिसका निर्माण एक-एक ईंट के द्वारा होता है, लेकिन जब उसकी नींव पड़ जाती है, तब वह अपरिवर्तनीय हो जाता है। उन्होंने सुलिवान के अन्तर्वैयक्तिक सिद्धान्त की तुलना एक पतंग से की है, जो विभिन्न भागों के बीच तनाव के कारण एक साथ रहता है और सम्पूर्ण संरचना के बुनियादी आकार को कायम रखते हुए भी उसमें परिवर्तन किया जा सकता है।[26]

ऐडलर के समान सुलिवान ने भी अपने व्यक्तिगत जीवन में स्वयं अपने सिद्धान्त के नियमों अथवा आदर्शों का अनुसरण किया। उन्होंने महसूस किया कि मानव समाज द्वारा निर्मित प्राणी है, किन्तु समाज उसके समुचित विकास के लिए जैसा चाहिए, वैसा कुछ कर नहीं रहा है। अतः सुलिवान आधुनिक समाज और मानव के विकास पर उसके प्रभाव के बहुत बड़े आलोचक रहे हैं। फलस्वरूप उन्होंने विश्व-शान्ति के लिए अपना समय, शक्ति और पैसे व्यय कर सराहनीय कार्य किया। विश्व-शान्ति के लिए काम कर रहे संगठनों के प्रति उनका महत्त्वपूर्ण योगदान है। वस्तुतः वे मानवता के प्रति पूर्ण रूप से समर्पित रहे हैं। अतः उन्होंने-मानव जीवन को उन्नत करने का

सतत प्रयास किया, क्योंकि वे इसे अपना उत्तरदायित्व मानते थे।

सुलिवान के सिद्धान्त का मर्मस्थल है अन्तर्वैयक्तिक सम्बन्ध। उन्होंने स्पष्ट किया है कि व्यक्तितत्त्व के वैज्ञानिक अध्ययन की विषय-वस्तु ही है अन्तर्वैयक्तिक सम्बन्ध। व्यक्ति का बिलकुल अकेला अपने आप में अध्ययन नहीं किया जा सकता। वस्तुतः व्यक्ति का व्यक्तितत्त्व जैसा रहा है, जैसा है और जैसा होगा, यह अन्तर्वैयक्तिक सम्बन्धों का ही प्रतिफल है। किसी व्यक्तितत्त्व का अकेला अध्ययन ठीक वैसा ही है, जैसा कि शरीर से बिलकुल अलग हृदय का अध्ययन।[27] यहाँ तक कि मानव के सर्वाधिक आन्तरिक चिन्तन एवं मानसिक प्रक्रियाएँ भी अन्तर्वैयक्तिक वातावरण की ही देन है, जैसे–चिन्तन, स्मरण, स्वप्न आदि। संक्षेप में, सुलिवान के सिद्धान्त का मूल विषय है विभिन्न व्यक्तितत्त्वों का पारस्परिक सम्बन्ध। अतः व्यक्तितत्त्व पर विचार करने से पहले उससे सम्बन्धित कुछ प्रमुख धारणाओं पर विचार कर लेना अनिवार्य है।

सन्तोष एवं सुरक्षा (Satisfaction and Security)–ऐडलर तथा सम्पूर्ण नव-मनोविश्लेषणात्मक आन्दोलन का अनुसरण करते हुए सुलिवान ने मनोवैज्ञानिक अध्ययनों में प्रयोजनवाद के सिद्धान्त को अपनाया और मानव के दो मूलभूत प्रयोजनों अथवा अभिप्रायों का उल्लेख किया–सन्तोष एवं सुरक्षा। सन्तोष का सम्बन्ध भूख, प्यास, नींद, सेक्स आदि से है। सुरक्षा का अधिक सम्बन्ध संस्कृति से है।[28]

इस प्रकार सुलिवान ने मनोविज्ञान में द्वयात्मक दृष्टिकोण अपनाया। सन्तोष मूलतः दैहिक है, क्योंकि इसका सम्बन्ध शारीरिक अंगों से है, जबकि सुरक्षा का सम्बन्ध सांस्कृतिक क्रिया-कलापों से है।

सुरक्षा भाव के विकास में बाल्यकाल की महत्त्वपूर्ण भूमिका है। बच्चा समानुभूति (Empathy) के द्वारा यह महसूस करता है कि उसके प्रति लोगों की क्या मनोवृत्ति है। जहाँ तक समानुभूति का प्रश्न है, इसे दूसरे लोगों के भावों को समझने की क्षमता कहना उपयुक्त जान पड़ता है। सुलिवान ने समानुभूति की व्याख्या करते हुए कहा है कि यह बच्चे तथा वयस्कों के बीच एक प्रकार का 'ससंर्ग अथवा घनिष्ठता' है। बच्चे का प्रथम अन्तर्वैयक्तिक सम्बन्ध माँ अथवा पालन-पोषण करने वाले व्यक्ति के साथ होता है। इस सम्बन्ध के कारण बच्चे के आरम्भिक जीवन में ही सामाजिक वातावरण के प्रति उसकी महत्त्वपूर्ण प्रथम प्रतिक्रियाएँ होती हैं। आराम से रहने, अच्छी तरह भोजन करने, प्यार पाने तथा क्षोभ उत्पन्न करने वाली उत्तेजनाओं से दूर रहने के कारण बच्चे को सुख-बोध होता है। साथ-ही-साथ कभी-कभी भूख, ठण्डक, दर्द आदि अप्रिय संवेदनाओं के कारण बच्चा अवरोध का अनुभव करता है। फलस्वरूप उसमें तनाव उत्पन्न हो जाता है। किन्तु जब उसकी आवश्यकताएँ पूर्णरूप से सन्तुष्ट हो जाती हैं तब उसका खोया हुआ सुख-बोध पुनः लौट आता है। यह फ्रायड के आनन्द के सिद्धान्त (Pleasure Principle) से मिलता-जुलता है। किन्तु जब माँ

बच्चे के पालन-पोषण के समय तनाव का अनुभव करती है, तो वह तनाव सहानुभूति के द्वारा सीधे बच्चे में चलता जाता है और उसके व्यवहार में जटिलता उत्पन्न कर देता है।

यहाँ यह उल्लेख्य है कि 'समानुभूति' शब्द का व्यवहार मूलतः लिप्स (Lipps, 1907) ने किया।[29] उन्होंने कलाकृतियों के प्रति प्रतिक्रियाओं की व्याख्या अथवा गति संवेदनाओं के आधार पर दूसरे के भावों को समझने की व्याख्या में इसका उपयोग किया। अधिक सामान्य अर्थ में दूसरे के भावों के सम्बन्ध में हमारे अन्तर्बोध (Intuition) के लिए 'समानाभूति' शब्द का व्यवहार होता है, किन्तु इस व्यवहार का कोई वैज्ञानिक औचित्य नहीं है।

तनाव एवं चिन्ता पर प्रकाश डालने के पूर्व यह उल्लेख कर देना अनिवार्य जान पड़ता है कि अन्तर्वैयक्तिक सम्बन्धों में मूल मानसिक क्रियाएँ भी निहित रहती हैं। उदाहरण के लिए, कल्पना चिन्तन, स्मरण प्रत्यक्षीकरण आदि भी अन्य व्यक्तित्त्वों से सम्बन्धित होते हैं, ऐसा नहीं है कि ये बिलकुल आन्तरिक हैं और इन पर अन्य व्यक्तित्त्वों अथवा बाह्य सामाजिक परिस्थितियों का कोई प्रभाव नहीं पड़ता। वस्तुतः हमलोग जो कुछ भी करते हैं, वह उस सामाजिक व्यवस्था का ही परिणाम है जिसमें हम रहते हैं। कल्पना में जो भी स्वप्न तथा प्रतिमाएँ आती हैं, वे अन्य व्यक्तियों से सम्बन्धित होती हैं। पाश्चात्य तथा पौर्वात्य संस्कृतियों के लोगों के चिन्तन में भेद होता है। प्रत्यक्षीकरण में भी सामाजिक पृष्ठभूमि तथा संस्कृति में भिन्नता के कारण भेद होता है तथा उसमें अन्तर्वैयक्तिक सम्बन्ध भी निहित रहते हैं। स्मरण भी अन्य व्यक्तियों से प्रभावित होता है। स्मरण करना महत्त्वपूर्ण है अथवा महत्त्वहीन, यह माता-पिता, मित्र तथा अन्य व्यक्तियों पर निर्भर है।

सुलिवान ने दो प्रकार की अनुभूति का उल्लेख किया है। पहले प्रकार की अनुभूति को उन्होंने 'तनाव' (Tension) की संज्ञा दी है जिसे क्रिया के लिए तत्परता अथवा 'क्षमता' (Potentiality) कह सकते हैं। दूसरे प्रकार की अनुभूति स्वतः क्रिया ही है, जिसे सुलिवान ने 'ऊर्जा का रूपान्तरण' (Transformation of Energy) कहा है।

सुलिवान ने दो प्रकार के तनावों का भी उल्लेख किया है—आवश्यकता सम्बन्धी तनाव (Need Tension) तथा चिन्ता सम्बन्धी तनाव (Anxiety Tension)। आवश्यकताएँ दो प्रकार की होती हैं, सामान्य तथा क्षेत्रीय (General and Zonal) सामान्य आवश्यकताओं से एक जीवित प्राणी के रूप में मानव की शारीरिक आवश्यकताओं का बोध होता है, जैसे—भोजन, जल तथा जनन-क्रिया। इसके अतिरिक्त मानव शरीर के विभिन्न क्षेत्रों तथा वातावरण के बीच अन्तःक्रिया के परिणामस्वरूप क्षेत्रीय आवश्यकताएँ विकसित होती हैं, जैसे मौखिक क्षेत्र (Oral Zone), दृष्टि-क्षेत्र (Visual-zone) की आवश्यकताएँ आदि। सुलिवान की ये 'क्षेत्रीय आवश्यकताएँ'

(Zonal Needs) कुछ-कुछ फ्रायड की आनुवंशिक आवश्यकताओं के अनुरूप जान पड़ती हैं। यद्यपि कुछ क्षेत्र दोनों में एक ही हैं, किन्तु उनकी भूमिका में काफी अन्तर है। जीवन में दोनों की बिलकुल अलग-अलग भूमिकाएँ हैं। फ्रायड ने शारीरिक क्षेत्रों को मानव जाति के विकास के प्रतिनिधि के रूप में ग्रहण किया, जबकि सुलिवान ने उन्हें जीवन की अनुभूतियों के परिणाम के रूप में ग्रहण किया। उनकी दृष्टि में ये क्षेत्र वातावरण के साथ अन्तःक्रिया (Interaction) के क्षेत्र हैं।

चिन्ता सम्बन्धी तनाव सर्वप्रथम आरम्भिक शैशवावस्था में ही अभिव्यक्त होते हैं। भयावह परिस्थिति सामने आने पर शिशु जैसा व्यवहार अभिव्यक्त करते हैं, ठीक वैसा ही व्यवहार उस समय भी करते हैं, जब उनका पालन-पोषण करने वाली माँ चिन्तित, क्रुद्ध और अशान्त होती है। इस प्रकार की माँ के स्तन के अग्र भाग को शिशु खराब समझने लगते हैं, क्योंकि इससे उन्हें सन्तोष प्राप्त नहीं होता और उनमें तनाव उत्पन्न हो जाता है। तनाव उत्पन्न करनेवाली इन अनुभूतियों से उन्हें एक विशेष प्रकार की संस्कृति का बोध होता है जिसमें वे विकसित होते हैं। परिणाम-स्वरूप वे सुरक्षा को महत्त्व प्रदान करना सीखते हैं, जो एक सामाजिक आवश्यकता है। वे सामाजिक सुरक्षा की चिन्ता की अपेक्षा शारीरिक आवश्यकताओं की क्षणिक अतृप्ति को अपनाना अच्छा समझते हैं। सुलिवान के इस सिद्धान्त की समता फ्रायड के आनन्द के सिद्धान्त तथा वास्तविकता के सिद्धान्त के बीच समझौते से जान पड़ती है। फ्रायड के 'इड' तथा 'ईगो' के बीच समझौते तथा प्राथमिक एवं सहायक प्रक्रिया के बीच समझौते से भी सुलिवान के सिद्धान्त की समता है। इस समता के बावजूद दोनों के सिद्धान्त में प्रधान अन्तर यह है कि फ्रायड ने 'समझौता' की व्याख्या 'लिबिडो' के आधार पर की है तथा सुलिवान ने आत्म गतिवाद (Self dynamism) के आधार पर।

आत्म-गतिवाद
(Self Dynamism)

युंग, ऐडलर तथा हौर्नी के सिद्धान्त में भी आत्म धारणाओं (Self Concepts) का उल्लेख हुआ है। किन्तु ये सभी एक समान नहीं हैं। इनके बीच समानता केवल इसी बात को लेकर है कि ये प्राणी के अन्दर होते हैं। सुलिवान ने यह अस्वीकार किए बिना ही कि ये प्राणी के अन्दर हो सकते हैं, अभ्यास पद्धतियों (Systems of Habits) पर अपना विचार केन्द्रित किया, जो व्यक्ति की अन्तर्वैयक्तिक प्रतिक्रियाओं की द्योतक है। चूँकि तनाव उत्पन्न करने वाली चिन्ता प्राणी को स्वीकृत तथा अस्वीकृत व्यवहारों के बीच भेद करना सिखलाती है, इसलिए वह अपने में ऐसी आदतों को विकसित कर लेता है जो उसे सर्वाधिक सुरक्षा प्रदान करती हैं।

यह पहले ही व्यक्त किया जा चुका है कि शैशवावस्था में शिशु अपने प्रति

लोगों की मनोवृत्तियों को समानुभूति की प्रक्रिया द्वारा महसूस करता है, किन्तु उसके सारे प्रत्यक्षीकरण असंगठित एवं अस्पष्ट होते हैं। महत्त्वपूर्ण लोगों की स्वीकृति उसमें सुखबोध उत्पन्न करती है और अस्वीकृति असन्तोष एवं चिन्ता उत्पन्न कर देती है। फलस्वरूप बच्चा उन तत्त्वों पर ध्यान केन्द्रीभूत करना सीख लेता है जो महत्त्वपूर्ण व्यक्तियों के लिए प्रासंगिक होते हैं। चेतन आत्मगतिवाद की इसी प्रकार उत्पत्ति होती है। चेतन आत्मगतिवाद के बाहर किसी भी वस्तु का या तो व्यक्ति से कोई सम्बन्ध ही नहीं रह जाता अथवा उस पर व्यक्ति का ध्यान ही नहीं जाता। पहली स्थिति फ्रायड के अचेतन के सदृश है तथा दूसरी उपचेतन के समान। केवल वे ही प्रतिक्रियाएँ आत्म-गतिवाद में निहित रहती हैं, जो महत्त्वपूर्ण लोगों के साथ सम्बन्धों के लिए प्रासंगिक होती हैं।

अनुभूति की रीतियाँ
(Modes of Experience)

सारी मानव-अनुभूतियाँ तीन रीतियों में घटित होती हैं–1. प्रोटोटैक्सिक' (Prototaxic), 2. 'पाराटैक्सिक' (Parataxic) तथा 3. 'सिन्टैक्सिक (Syntaxic)। पहली रीति अनुभूति की सर्वाधिक प्राचीन रीति है। यह अस्पष्ट एवं असंगठित अनुभूति का द्योतक है। घटनाएँ आती और जाती हैं, किन्तु बच्चा उन्हें स्थान एवं काल में निरूपित नहीं कर पाता। बच्चा अपने आप में बिलकुल सीमित होता है। ''वह स्वयं ही अपनी दुनिया है।''[30] यह रीति फ्रायड की प्राथमिक प्रक्रिया (Primary Process) के समान है।

दूसरी रीति में धीरे-धीरे बच्चों की दुनियाँ में संगठन का बाह्य रूप दीख पड़ने लगता है। उदाहरण के लिए, वह यह सीख लेता है कि कुछ आवाज, जैसे माँ की आवाज इस बात का प्रतीक है कि अब शीघ्र ही उसके सामने उसकी सर्वप्रिय वस्तु दूध की बोतल आने वाली है। इस प्रकार वह कुछ वस्तुओं और व्यक्तियों के साथ भाषा-प्रतीकों को सम्बद्ध करना सीख लेता है। किन्तु यह रीति सदा सफल नहीं होती, क्योंकि अनुभूतियों के अर्थ सबके लिए अलग-अलग होते हैं, न कि कोई सर्वमान्य अर्थ। घटनाएँ आती-जाती हैं, किन्तु बच्चा उनमें तार्किक सम्बन्ध स्थापित नहीं कर पाता। उसकी भाषा आत्म-केन्द्रित होती है। प्रत्येक वस्तु का सम्बन्ध वैयक्तिक आवश्यकताओं एवं अनुभूतियों से होता है। भाषा प्रतीकात्मक चिह्नों की एक पद्धति है। बच्चों के प्रतीक आत्मनिष्ठ, वैयक्तिक तथा प्रायः काल्पनिक होते हैं। उनके असम्बद्ध वाक्य-विन्यास तथा आत्म-केन्द्रित बातचीत सम्बद्ध वाक्य विन्यास की रीति (Syntaxic Mode) और अन्तर्वैयक्तिक भाषा का मार्ग प्रशस्त करते हैं।

सम्बद्ध वाक्य विन्यास की रीति के आधार पर दूसरों का प्रत्यक्षीकरण सरल हो जाता है। बच्चा दूसरों की अनुभूति के सन्दर्भ अपनी अनुभूति की प्रामाणिकता को सिद्ध करने में समर्थ होता है। किन्तु सुलिवान इस तथ्य को स्वीकार करते हैं

कि दूसरों की अनुभूति के आधार पर अपनी अनुभूति की पूर्ण सत्यता को सिद्ध नहीं किया जा सकता। इसका तात्पर्य केवल इतना ही है कि यह रीति एक विशेष वातावरण एवं संस्कृति में महत्त्वपूर्ण लोगों के साथ समायोजन को सम्भव बना देती है। संक्षेप में, बच्चा अनुभव के आधार पर यह सीख लेता है कि तार्किक एवं सामान्यतः स्वीकृत सम्बन्धों को अपनाने से दूसरों के साथ सम्पर्क सरल हो जाता है।

विकास की अवस्थाएँ
(Stages of development)

अनुभूति की रीतियों के द्वारा द्योतित बच्चों के विकास के अतिरिक्त उनके विकास की निम्नलिखित अवस्थाएँ भी उल्लेख्य हैं–

1. शैशवावस्था (Infancy)–यह बच्चे के विकास की आरम्भिक अवस्था है। यह अवस्था जन्म से लेकर भाषा सीखने तक की अवस्था है। इस अवस्था में बच्चा अपनी आवश्यकताओं की पूर्ण सन्तुष्टि तथा अपनी शक्ति की पूर्ण अभिव्यक्ति चाहता है। उसकी माँ उसके व्यवहार को स्वीकृति भी प्रदान कर सकती है और अस्वीकृति भी। माँ की स्वीकृति बच्चे में सुख-बोध उत्पन्न करती है तथा अस्वीकृति चिन्ता। सुख-बोध से बच्चे में अच्छी माँ तथा चिन्ता से बुरी माँ की धारणा विकसित हो जाती है।

2. बाल्यावस्था–इस अवस्था में बच्चा कुछ ऐसी आदतें विकसित कर लेता है जिन्हें माता-पिता और समाज समुचित मानते हैं, जैसे मल-मूत्र त्यागने, भोजन करने तथा सफाई की आदतें आदि।

इस अवस्था में ही बच्चा शक्ति के प्रणोदन (Drive) को नियन्त्रित करना सीखता है। माँ-बाप के दबाव के कारण वह सभी प्रकार की क्रियाओं को अभिव्यक्त नहीं कर पाता। फलस्वरूप उसे निराशा का सामना करना पड़ता है। निराशा के कारण उसमें चिन्ता उत्पन्न होती है, जिसे वह प्रायः क्रोध की प्रतिक्रिया में अभिव्यक्त करता है। निस्सन्देह, क्रोध की अभिव्यक्ति निराशा से छुटकारा दिलाती है। यदि बच्चे को माता-पिता का समुचित स्नेह नहीं मिल पाता है तो वह इस विद्वेषपूर्ण विश्व में प्रायः अविश्वासी और निष्ठुर बन जाता है।

इस सन्दर्भ में सुलिवान ने संवेगों के एक सिद्धान्त का प्रतिपादन किया है, जो फ्रायड से बहुत भिन्न है। फ्रायड ने प्रेम एवं घृणा को जन्मजात संवेग माना है। उनके अनुसार भय तो बाद को आता है, जो अनुभूति का परिणाम है। हौर्नी ने स्वीकृति तथा स्वीकृति के अभाव चिन्ता को बुनियादी संवेग माना है। सुलिवान ने चिन्ता के स्थान पर क्रोध का उल्लेख किया है। क्रोध चिन्ता की अभिव्यक्ति है तथा उसके लिए एक आवरण का काम करता है।

3. प्रारम्भिक स्कूल की अवस्था (Juvenilepra)–यह अवस्था स्कूल आयु के

(5-6 से 11 वर्ष) साथ आरम्भ होती है। इस अवस्था में बच्चे के साथी तथा उसके शिक्षक घर के प्रभाव को चुनौती देते हैं। बच्चा अपने साथियों के साथ खेलना पसन्द करता है और खेल के क्रम में उसमें सहयोग की भावना विकसित होने लगती है। यह सहयोग की भावना सामाजिक स्वीकृति की आवश्यकता से अनुप्रेरित होती है। यदि यह सामाजिक स्वीकृति प्रतिद्वन्द्विता तथा समझौते के द्वारा प्राप्त होती है तो बच्चा उसे अपना लेता है। इस प्रकार बच्चे में समाजीकरण की प्रक्रिया तीव्र हो जाती है। फलस्वरूप वह अन्य बच्चों के साथ व्यक्तिगत मैत्री स्थापित करने की ओर प्रवृत्त होता है।

अन्य बच्चों के साथ मिलने के फलस्वरूप बच्चा धीरे-धीरे सम्बद्ध वाक्य विन्यास की रीति (Syntaxic Mode) को अपना लेता है और प्रतीकों के प्रयोग के प्रति उसका आकर्षण बढ़ जाता है। वह अन्य बच्चों के विचारों पर अधिक ध्यान देता है और लोकप्रिय बनने की चेष्टा करता है। वह अकेले रहना नहीं चाहता, उसे समुदाय में रहना अच्छा लगता है।

4. पूर्व किशोरावस्था (Pre-adolescence)–पूर्व किशोरावस्था में महत्त्वपूर्ण परिवर्तन होता है। प्रेम की क्षमता इस अवस्था की विशेषता है। प्रायः एक ही 'सेक्स' के प्रति प्रेम होता है। सुलिवान इसे समलिंग कामुकता (Homosexuality) नहीं मानते। समलिंग कामुकता तो बाद में आती है, और वह तो इतर लिंग कामुकता में असफलता का परिणाम है।

मानव के भावी सामाजिक सम्बन्ध के निर्धारण में पूर्व-किशोरावस्था की महत्त्वपूर्ण भूमिका होती है। अभी की सामाजिक अनुभूतियाँ ही भावी सामाजिक समायोजनशीलता का निर्धारण करती हैं। इस अवस्था की विशेषता यह है कि लगभग आठ वर्ष की आयु में बच्चा अपना एक खास मित्र चुन लेता है और उसके प्रति समर्पित हो जाता है। बदले में उसका मित्र भी उसके प्रति समर्पित हो जाता है। इस प्रकार इनके बीच घनिष्ठ सम्बन्ध अथवा साहचर्य स्थापित हो जाता है। इस सम्बन्ध अथवा साहचर्य को सुलिवान ने बच्चे के जीवन में प्रथम यथार्थ प्रेम का उदय माना है। यहाँ 'प्रेम' शब्द का प्रयोग मित्र की सुरक्षा एवं सन्तोष के लिए किया गया है। बच्चा अपने मित्र की सुरक्षा एवं सन्तोष के लिए त्याग करने को तत्पर रहता है और वह महसूस करता है कि बदले में उसका मित्र भी उसे प्रेम देगा।

5. किशोरावस्था (Adolescence)–प्रारम्भिक स्कूल की अवस्था का 'निःस्वार्थ प्रेम' किशोरावस्था में 'कामुकता गतिवाद' (Lust Dynamism) का मार्ग प्रशस्त कर देता है। यहाँ फ्रायड तथा सुलिवान की स्थिति का विरोध बिलकुल स्पष्ट हो जाता है। सुलिवान के अनुसार इस किशोरावस्था में ही काम प्रणोदन (Sex Drive) का उदय होता है और विपरीत लिंग के प्रति रुचि निर्देशित हो जाती है। अतः यह आशा करना युक्तिसंगत जान पड़ता है कि प्रारम्भिक स्कूल-अवस्था का निःस्वार्थ प्रेम

किशोरावस्था के इतरलिंग कामुक व्यवहार (Heterosexual Behaviour) में भी अभिव्यक्त होगा, किन्तु ऐसा किशोरावस्था क्या, वयस्कावस्था में भी विरले ही देखने को मिलता है। फ्रायड के अनुसार इस कठिनाई का कारण जैविक काम-प्रणोदन तथा 'लिबिडो' की समस्या में होती है। किन्तु सुलिवान का कहना है कि यह कठिनाई चिन्ता के कारण होती है, और वह चिन्ता हमारी संस्कृति की प्रतिबन्धात्मक मनोवृत्तियों के कारण उत्पन्न होती है। सन्तोषजनक सेक्स-समायोजन के लिए आत्मीयता एवं कोमलता अनिवार्य हैं और इनके मार्ग में चिन्ता बाधा उपस्थित कर देती है। इस मानदण्ड के अनुसार अनेक वयस्क भी पूर्व-किशोरावस्था से अधिक परिपक्व नहीं हो पाते।

इस अवस्था में 'सेक्स' की इतनी अधिक प्रधानता हो जाती है कि सुरक्षा की कीमत पर भी उसकी बार-बार अभिव्यक्ति होती है। इस प्रकार सुलिवान के सिद्धान्त में 'सेक्स' का विशिष्ट स्थान है। सेक्स चिन्ता तथा तनाव को भी चुनौती देता है। इस किशोरावस्था की इतरलिंग कामुकता सम्बन्धी अनुभूतियाँ ही यह निर्धारित करती हैं कि वयस्कावस्था में सफल सेक्स समायोजन स्थापित करने में सुविधा होगी अथवा कठिनाई। निष्कर्ष यह कि सुलिवान ने सेक्स तथा अन्य अन्तर्वैयक्तिक समायोजन के केन्द्रीय बिन्दु का आरम्भिक-बाल्यकाल से पूर्व-किशोरावस्था (Pre-adolescence) तथा वयस्कावस्था (Adulthood) में स्थानान्तरित कर दिया है।

व्यक्तित्त्व

सुलिवान का कहना है कि अन्तर्सम्बन्ध के सामाजिक सन्दर्भ से अलग व्यक्तित्त्व की व्याख्या नहीं की जा सकती। उन्हीं के शब्दों में "व्यक्तित्त्व को अन्तर्वैयक्तिक सम्बन्धों से कभी भी अलग नहीं किया जा सकता जिसमें व्यक्ति रहता है और उसका अस्तित्व है।"[31] चूँकि व्यक्तित्त्व अन्य लोगों के साथ अन्तर्सम्बन्ध का ही परिणाम है, इसलिए उसे एक अलग सत्ता नहीं माना जा सकता।

सुलिवान ने दो रीतियों में व्यक्तित्त्व को प्रस्तुत किया है—एक 'निजी रीति' तथा दूसरी 'बार-बार घटित होने वाली अन्तर्वैयक्तिक परिस्थितियों के अपेक्षाकृत स्थायी प्रतिमान' के रूप में। वास्तव में दूसरी को ही व्यक्तित्त्व की संज्ञा दी जानी चाहिए क्योंकि वैज्ञानिक तकनीकों के आधार पर पाया गया है कि 'स्थायी प्रतिमान' (Enduring Pattern) ही व्यक्तित्त्व है।

'व्यवहार के स्थायी प्रतिमान' को अपनाकर ही व्यक्ति अपनी शक्तियों का उपयोग करता है। यहाँ आत्म-गतिवाद (Self Dynamism) की धारणा आ जाती है। सुलिवान ने ऊर्जा अथवा शक्ति को भौतिक शब्दावली में समझा है। अतः उनके लिए गतिवाद का अर्थ है 'अपेक्षाकृत स्थायी शक्ति समुच्चय।' यह शक्ति अन्तर्वैयक्तिक सम्बन्धों में व्यय होती है। अतः आत्म-गतिवाद ही व्यक्तित्त्व का ऐसा भाग है जिसका

निरीक्षण किया जा सकता है और वैज्ञानिक रूप से अध्ययन भी किया जा सकता है।

वास्तव में आत्म-गतिवाद का अर्थ यह है कि व्यक्ति कैसे व्यवहार करता है। यह कुछ-कुछ ऐडलर की 'जीवन शैली' अथवा फ्रायड के 'चरित्र' से मिलता-जुलता है। सुलिवान के अनुसार शक्ति विश्वजनीन होती है, किन्तु शक्ति का उपयोग वातावरण द्वारा सम्बन्ध प्रत्यावर्तित (Conditional) होता है। आत्म-गतिवाद प्रतिबिम्बित मूल्यांकन (Reflected Appraisals) का परिणाम है, क्योंकि बच्चा अपने माता-पिता तथा अन्य निकटस्थ लोगों की मनोवृत्तियों के अनुरूप अपने सम्बन्ध में सोचता तथा अपना मूल्यांकन करता है।

सामाजिक दबाव के कारण कुछ व्यवहार व्यक्ति की चेतना से हट जाते हैं। फलस्वरूप वह अपने अस्तित्व को स्वीकार नहीं करता और उनका प्रत्याह्वान भी नहीं कर पाता। वे स्वप्नों में, दिवास्वप्नों में तथा अनजाने में की गई क्रियाओं में अभिव्यक्त हो सकते हैं और मनोविश्लेषणात्मक चिकित्सा में उनका प्रत्याह्वान किया जा सकता है।

निष्कर्ष के रूप में यह कहा जा सकता है कि सुलिवान ने अन्तर्वैयक्तिक सम्बन्ध को व्यक्तित्त्व का सारतत्त्व माना है। उन्होंने यह स्पष्ट रूप से घोषित किया है। अन्तर्वैयक्तिक सम्बन्ध ही व्यक्तित्त्व की आधारशिला है। इससे अलग हटकर व्यक्तित्त्व को ठीक-ठीक समझना और मूल्यांकन करना सम्भव नहीं है।[32]

मूल्यांकन

मनोवैज्ञानिक शोध एवं सिद्धान्त, दोनों में सुलिवान के योगदानों पर विचार करने से स्पष्ट हो जाता है कि उन्होंने पूर्ण रूप से विकसित एक मनोवैज्ञानिक विचारधारा की स्थापना की। उन्होंने बाल मनोविज्ञान, समाज मनोविज्ञान, सामान्य एवं असामान्य व्यक्तित्त्व पर जमकर विचार किया। उन्होंने घोषित किया कि मानव के निर्माण में प्रकृति एवं संस्कृति, दोनों का हाथ है। नवजात शिशु 'प्रकृति' (Nature) का प्रतिनिधित्व करता है, किन्तु वह जैसे-जैसे विकसित होता है वैसे-वैसे उसका व्यवहार संस्कृति द्वारा निर्मित होता जाता है। मनोविश्लेषण में जितनी भी समाज-वैज्ञानिक विचारधाराएँ हैं, उन सब में सामान्य रूप से यही दृष्टिकोण पाया जाता है किन्तु उन सभी में मात्र सुलिवान ने ही मानव व्यवहार एवं विकास की व्याख्या के लिए धारणात्मक विचारधारा प्रस्तुत की।

सुलिवान का सिद्धान्त अभिधारणाओं की एक पद्धति है जो फ्रायड की पद्धति का स्थान ग्रहण करने का प्रयास करती है। इसने संस्कृति की ओर ध्यान आकृष्ट किया है और मानव-जीवन के सामाजिक पक्षों को प्रस्तुत किया है। सुलिवान के अन्तर्वैयक्तिक परिस्थितियों के विश्लेषण से अनेक समाज वैज्ञानिक प्रभावित हुए हैं। इन परिस्थितियों में सुलिवान की अध्ययन-विधि सामुदायिक सम्बन्धों की नवीन एवं उपयोगी व्याख्या का मार्ग प्रशस्त कर सकती है। इस विधि ने चिकित्सा गृह में रोगी

तथा डॉक्टर के परिवेश में काफी परिवर्तन ला दिया है। सुलिवान का महत्त्व इस बात में है कि उन्होंने यह स्पष्ट कर दिया है कि विकास, परिपक्वता, समायोजन, घबराहट अथवा रोग को केवल उनके सामाजिक अन्तर्सम्बन्धों के सन्दर्भ में ही पूर्णतया समझा जा सकता है।

सन्दर्भ

1. "All there theories are open to criticism and must be regarded rathar as an historical burden which psychoanalysis carries than as its pivtal centre." Karen, Honray, New Ways Psychoanalysis, Norton 1939 p. 17.
2. Karen, Horney, our inner conflicts, Norton, 1945, p. 41.
3. "Particular needs which are relevent to understanding the personality and its difficulties are not instinctual in character but are creased by the entirety of conditions under which we love Karan Horney, New ways in Psychoanalysis, Norton 1939, p. 78.
4. From Walman Para 4, p. 35 Karen, Horney, 1895-1952, कामशक्ति रहित मनोविश्लेषण।
5. Life Sketch from Schultz and Marx and Hillix.
6. Difference between Horney and Freud (From 3rd para of Schultz to p. 342 Before for system. Wolman-page 346 to 349 for comparision between Freud and Horney.
7. Safety and satisfaction, Theory of personality and Theory of neurosis (For this consult all books, Woodworth, Schultz, Marxo Hillix and Wolman). For character structure idealized self see Bischof. Wolman, p. 352, 2nd para-Add here from Bisch of 2nd para on word.
8. "My own belief is that man has the capacity as well as the desire to develop his potentialities and become a decent human being. I believe that man can change and go on changing as long as he lives." Karen Horney, our inner conflicts, Norton, 1945, p. 19.
9. "He may discover in time to his own advantages that the meet may inherit the earth". Woodsworth and Shueen, contemporary schools of psychology, p. 320.
10. Karen Horney, Are you considering psychoanalysis Norton, 1946, p. 21.
11. B.B. Wolman, Contemporary theories and systems in Psychology, 1960, p. 354.
12. B.B. Wolman, Contemporary theories and systems in Psychology, 1960, p. 354.
13. "He now worships the products of his one-hand...decide his own distiny." Lg Mischof, Inspiring Personality Theories 1964, p. 606.
14. The most beautiful..are a cultural Products." Erich Fromn, Escape from Freadom, p. 12 (Note-Jake full Enolative from Woodsworth and Shueen.
15. "It requires productive activity...birth to himself." Wolman p. 359, 3rd para.

16. The social character in personality "has the function of molding human energy...required by society"—Erich Formn" Psychoanalytic characterology in Sargent and Smith, op.tit. P.S.
17. In the receptive orientation a person feels...outside source, Frich Fromn, Man for himself, Newyork : Holt, 1947, p. 62.
18. He is "like an onion-one layer after the other can be puled off and there is no core to be found:" Woodsworth and Shueen p. 325.
19. "That people are too much concerned with...Love themselves." Erich Fromn, Man for himself, Newyork : Holt 1947, p. 139. (See Wolman for this quatation, P. 366, Para 4.)
20. Erich Fromn, the save society, Rinchart, 1955, p. 362.
21. Man for himself. Newyork. Rinchart, 1947 p. 61.
22. Wolman, contemporary theories and systems in Psychology, 1960, p. 368.
23. H.S. Sullivan, canception of modern Psychiatry, W.A. White Foundation, 1947.
24. Benjamin, B. Wolman contemporary theories and systems in Psychology, 1960, p. 368.
25. His Position is not so much a rebellion as a quailifed rapprochement."
26. "With no lovity or disrespect intended, Sullivan could be calledthe 'anxious' theoriest...a great central theme of his theory revolves around anxiety in man : Anxiety as a primem over, as a builder of the self-system, and as the great educator in life." Ledford, J.Bischof, interpating personality theories, 2nd ed., 1964, p. 587.
27. Leadford. J. I Bischof, Interpreting personality theories 2nd. ed. A Harper International edition,1964, p. 588
28. Ledford J.Bischof, Interpreting Personality theories, A Harper International Edition, Harpera and Row Publishers, Newyork, Eventson and London. p. 1964.
29. Benjamin B. Wolman Contemporary theories and systems in psychology, Harper, Brother Publishers, Newyork. 1964, p. 369.
30. Lipps, T. 1907. Das wisson von Freuden Ichen-psychol intersuch; 1, 694-722. 328.
31. "He is his world", Woodworth and Sheehan, Contemporary Schools of psychology, Methan and Cohta, London, p. 330.
32. "Personality can never be isolated....has his being" It S. Sullivan sociopsyological research its implementations for Schicomphrania problem and for mental hygiene, American Journal of Psychictry p. 31, 10, 77-91.

सूझ द्वारा सीखना अथवा समस्या समाधान
(Learning by Insight or Problem Solving)

जेस्टॉल्ट मनोविज्ञान ने सीखने का एक नया सिद्धान्त प्रस्तुत किया जिसे सूझ का सिद्धान्त (Insight Theory) अथवा समस्या समाधान कहते हैं। कोहलर ने इस सिद्धान्त का प्रतिपादन किया। कोहलर ने वनमानुषों पर किए गए अपने प्रयोगों के आधार पर थौर्नडाइक के प्रयत्न और भूल (Trial and Error) तथा पावलव के सम्बन्ध प्रत्यावर्तन (Conditioned Response) सीखने के इन दोनों सिद्धान्तों को चुनौती दी। उन्होंने कहा कि उनके वनमानुषों ने न तो प्रयत्न और भूल के द्वारा सीखा और न सम्बन्ध-प्रत्यावर्तन के द्वारा। उनके व्यवहारों से जान पड़ा कि सीखना एक लक्ष्य-निर्देशित क्रिया है। उन्होंने यह स्पष्ट किया कि थौर्नडाइक ने अपने प्रयोगों के आधार पर सूझरहित प्रयत्न और भूल की बात कदाचित् इसलिए की कि उनकी पृष्ठभूमि साहचर्यवादी थी और इसलिए उनके प्रयोग सुचिन्तित नहीं थे तथा प्रयोगात्मक परिणामों की व्यवस्था गलत थी।

कोहलर के अनुसार सीखना प्रत्यक्षीकरणात्मक क्षेत्र का पुनर्संगठन (Reorganization) अथवा पुनर्संरचना (Restructure) है। जब समस्या प्रस्तुत होती है, तो उसके समुचित समाधान के लिए आवश्यक तत्त्व को न देख पाने के कारण समाधान नहीं हो पाता। किन्तु जब आवश्यक तत्त्व सामने आ जाता है तो प्रस्तुत समस्या के प्रसंग में क्षेत्र सार्थक बन जाता है और समस्या का समाधान हो जाता है।

स्पष्ट है कि सीखने के जेस्टॉल्ट सिद्धान्त में प्रधान तत्त्व है सूझ। मनोवैज्ञानिक क्षेत्र का निर्माण व्यक्ति तथा उसके वातावरण से होता है और उस क्षेत्र का प्रत्यक्षीकरण एवं उसका क्रमिक पुनर्संगठन अथवा पुनर्संरचना ही सूझ है। चूँकि सीखना प्रत्यक्षीकरण के साथ सम्बन्धित है, इसलिए उस पर प्रत्यक्षीकरण के नियम लागू होते हैं।

प्रत्यक्षीकरण का अर्थपूर्णता का नियम (Law of pregnance) अथवा सन्तुलन बनाए रखने की लक्ष्य निर्देशित प्रवृत्ति सीखने पर लागू होती है। जब मनोवैज्ञानिक

क्षेत्र में विद्यमान शक्तियों (Forces) के बीच तनाव अथवा असन्तुलन की स्थिति होती है, तो सीखने की प्रक्रिया उस तनाव को दूर करती अथवा सन्तुलन की स्थिति उत्पन्न करती है।

समीपता के नियम को सीखने के सिद्धान्त में सामयिक समीपता की संज्ञा दी गई है। सामयिक समीपता के कारण किसी स्वर, वाक्य अथवा कहानी से सम्बन्धित सभी तत्त्व मिलकर एक इकाई अथवा समष्टि का रूप ग्रहण कर लेते हैं। फलस्वरूप प्राणी उन्हें सीख लेता है। इसी प्रकार पूर्ति का नियम (Law of Closure) किसी भी अधूरी क्रिया को पूर्ण रूप से सम्पन्न करने के प्रयास का द्योतक है और अविच्छिन्नता का नियम (Law of Continuity) इस प्रवृत्ति की ओर संकेत करता है कि जब मनोवैज्ञानिक क्षेत्र के सभी तत्त्व सुसंगत रूप में समष्टि का निर्माण कर लेते हैं तो सीखना अधिक अच्छी तरह सम्पन्न होता है। निष्कर्ष यह कि सीखने को जेस्टॉल्ट अथवा समष्टि में प्रगति कहा गया है। सीखने में पुरस्कार (Reward) अथवा प्रबलन (Reinforcement) के बदले कौफ्का ने लक्ष्य की धारणा को महत्त्व प्रदान किया है।

थौर्नडाइक ने भूलभूलैयों (Mazes) तथा उलझन-बक्सों (Puzzle Boxes) का उपयोग किया जिसे पशु भली-भाँति देख नहीं सकते थे। उन्होंने ऐसा इसलिए किया कि कुछ नवीनता हो ताकि पशुओं को सीखने का अवसर मिल सके। यदि लक्ष्य तक पहुँचने के मार्ग में कोई रुकावट नहीं होती, वह बिलकुल स्पष्ट होता तो पशुओं के सामने समाधान के लिए कोई समस्या ही नहीं होती, वे उस मार्ग को पकड़कर सीधे लक्ष्य तक पहुँच जाते। कोहलर इस बात से सहमत थे कि मार्ग में कुछ-रुकावट का होना अनिवार्य है, ताकि लक्ष्य तक पहुँचने में समस्या का सामना करना पड़े। किन्तु कोहलर की यह भी मान्यता थी कि पशुओं को सम्पूर्ण परिस्थिति के सर्वेक्षण का अवसर मिलना चाहिए ताकि यदि उनमें सूझ की क्षमता हो तो वे बिना सूझ रहित प्रयत्न और भूल के ही समस्या का समाधान कर सकें। भूलभूलैयों में थौर्नडाइक ने यह देखने का अवसर ही नहीं दिया कि पशुओं में सूझ है कि नहीं। थौर्नडाइक के उलझन बक्स की समस्याओं के साथ भी यही बात है।

कोलहर ने अपने-अपने प्रयोगों में पाया कि जब वनमानुषों को सम्पूर्ण परिस्थिति के सर्वेक्षण का अवसर दिया गया तो उन्होंने आसानी से समस्या का समाधान कर लिया। उन्होंने वनमानुष को पिंजड़े में बन्द कर दिया और पिंजड़े के बाहर केला इतनी दूरी पर रखा कि वह हाथों अथवा पैरों से उसे न खींच सके। ऐसी स्थिति में यह पाया गया कि सम्पूर्ण परिस्थिति को एक इकाई अथवा समष्टि के रूप में ग्रहण करने पर पशु में एकाएक सूझ उत्पन्न हुई और वह केले को खींच लेने में सफल हुआ। सबसे बुद्धिमान वनमानुष सुल्तान ने दो डण्डों की समस्या में सूझ का परिचय दिया। आरम्भ में तो उसने एक ही डण्डे से केले को खींचने का असफल

प्रयास किया और तब दोनों डण्डों से खेलने लगा। खेलते-खेलते उसे एकाएक यह सूझा कि दोनों डण्डों को आपस में जोड़ देने से केले को खींचा जा सकता है। फिर भी आरम्भ में कुछ असफल प्रयास हुए, किन्तु कुछ ही असफल प्रयासों के बाद वह जुड़े हुए डण्डे से केले को खींचने में सफल हुआ। इस प्रयोग के आधार पर कोहलर का कहना है कि दो छोटे-छोटे डण्डों को जोड़कर एक इतना बड़ा डण्डा बना लेना कि केले को खींचा जा सके, उसकी सूझ का परिचायक है।

बक्सों की समस्या पर किए गए प्रयोगों के आधार पर भी वही परिणाम प्राप्त हुआ जो डण्डे सम्बन्धी प्रयोगों में प्राप्त हुआ था। इस प्रयोग के आधार पर भी यह कहा जा सकता है कि जब वनमानुष को सम्पूर्ण परिस्थिति, अर्थात् जमीन की सतह, बक्से और ऊपर से लटकते हुए केले के बीच के सम्बन्ध की सूझ हुई तभी वह सफल हो सका। इसीलिए जेस्टॉल्टवादियों का कहना है कि सूझ सम्पूर्ण परिस्थिति के सभी पहलुओं के परस्पर सम्बन्ध जानने में ही निहित है।

इन प्रयोगों के आधार पर कोहलर का कहना है कि सूझ के व्यवहारात्मक प्रमाण हैं : (1) असहायता से प्रवीणता में अचानक परिवर्तन (Seed the Transition From Helpless to Mastery) (2) उत्तम धारणा (Good Retention) तथा (3) स्थानान्तरण (Transfer)। सूझ पूर्ण व्यवहार का उल्लेख करते हुए वुडवर्थ तथा शीहान ने कहा है : "सूझ पूर्ण व्यवहार अलग-अलग उत्तेजनाओं के प्रति अलग-अलग प्रतिक्रियाओं में निहित है, बल्कि सम्पूर्ण परिस्थिति की पैटर्न अथवा संरचना के प्रति समन्वित प्रतिक्रिया में निहित है। प्रस्तुत परिस्थिति में समस्या "रिक्तता" के बराबर है, सूझ रिक्तता प्रत्यक्षीकरण के बराबर है, तथा सूझ पूर्ण व्यवहार रिक्तता को समाप्त कर देता है।"[1] वस्तुतः परिस्थिति को समष्टि के रूप में देखना ही सूझ है।

यर्क्स (1927)[2] ने नर वानरों (Primates) पर किए गए अपने प्रयोगों के आधार पर बतलाया है कि सूझ पूर्ण व्यवहार में क्या होता है। विभिन प्राणियों में सूझ निम्नांकित सामान्य विशेषताओं में व्यक्त होती है :

1. समस्या पूर्ण परिस्थिति की छानबीन।
2. हिचकिचाहट, विश्राम तथा एकाग्रचित्त होकर ध्यान देने की मनोवृत्ति।
3. उपयुक्त प्रतिक्रिया प्रकट करने की चेष्टा।
4. पहली प्रतिक्रिया के अनुपयुक्त सिद्ध होने पर अन्य प्रतिक्रियाएँ।
5. लक्ष्य पर निरन्तर ध्यान तथा उससे उत्पन्न अनुप्रेरणा।
6. एकाएक उपयुक्त प्रतिक्रिया का प्रकट होना।
7. उपयुकत प्रतिक्रिया की पुनरावृत्ति।
8. समस्या पूर्ण परिस्थिति के आवश्यक पहलुओं पर ध्यान देने तथा अनावश्यक पहलुओं को त्याग देने की योग्यता।

जेस्टॉल्ट मनोवैज्ञानिकों ने प्रयत्न और मूल-व्यवहार को उपेक्षा की दृष्टि से देखा और उसे निरर्थक गति माना, यद्यपि वे यह स्वीकार करते हैं कि कभी-कभी सूझ-रहित प्रयास के फलस्वरूप सम्पूर्ण परिस्थिति का प्रत्यक्षीकरण अपेक्षाकृत अच्छा हो जाता है।[3] जैसा कि वुडवर्थ एवं शीहान (1964) का कहना है, जेस्टॉल्टवादियों का प्रयत्न और भूल के प्रति उपेक्षापूर्ण विचार तर्कहीन है, क्योंकि प्रयत्न और भूल व्यवहार तभी होता है जब इसकी आवश्यकता होती है, यह अनावश्यक नहीं होता। जेस्टॉल्ट सिद्धान्त यह नहीं कहता कि हमें क्षेत्र को संगठित करना चाहिए, बल्कि वह तो कहता है कि इस क्षेत्र को तो सदा संगठित करते ही हैं। क्षेत्र जिसमें अहं भाव (Ego) तथा वातावरण, दोनों निहित रहते हैं, स्वतः अपना संगठन करता है और इस संगठन के द्वारा ही व्यवहार संचालित होता है। इसका तात्पर्य यह हुआ कि यदि कोई गलत प्रयास होता है तो वह उस संगठित क्षेत्र के द्वारा ही निर्देशित होता है। वह प्रयास गलत इसलिए हुआ कि व्यवहारात्मक वातावरण भौगोलिक अथवा वास्तविक वातावरण के अनुरूप नहीं था। उस गलत प्रयास का बड़ा महत्त्व होता है, क्योंकि वह वातावरण में कुछ परिवर्तन करता है अथवा वातावरण के साथ व्यक्ति के सम्बन्ध में कुछ परिवर्तन करता है जिसके फलस्वरूप नया संगठन एवं नया प्रयास होता है। यदि कोई सफल प्रयास होता है तो इसलिए कि इसके तुरन्त पहले घटित गलत प्रयास ने व्यवहारात्मक वातावरण को इस प्रकार परिवर्तित कर दिया है कि वह वास्तविक वातावरण के अनुरूप हो सके। अतः अन्तिम गलत प्रयास सूझ के लिए अनिवार्य है। इसी प्रकार यदि हम सभी गलत प्रयासों पर विचार करें तो इस निष्कर्ष पर पहुँचेंगे कि पीछे के भी सभी गलत प्रयास अनिवार्य थे।

दूसरी बात जो विचारणीय है, वह यह कि जेस्टॉल्ट मनोवैज्ञानिकों ने सूझ के महत्त्व को तो सिद्ध किया है, किन्तु प्रयत्न और भूल के महत्त्व को भी अस्वीकार नहीं किया है। प्रयत्न और भूल का तात्पर्य है अन्वेषणात्मक व्यवहार जो सापेक्ष रूप से सूझ रहित होता है क्योंकि उस प्रयास के परिणाम का पहले से ज्ञान नहीं रहता। चूँकि परिस्थिति सूझ रहित होती है, इसलिए अन्वेषण का भी सूझ रहित होना स्वाभाविक ही है।

डंकर ने अपने अध्ययन में पाया कि सूझ को सर्वस्व-या-कुछ नहीं (All-or-None) के नियम में नहीं बाँधा जा सकता क्योंकि यह क्रमिक (Gradual) तथा कई श्रेणियों (Grades) की होती है।[4] जब हम सूझ को क्रमिक और उसकी कई श्रेणियों को मान लेते हैं तो "सूझ" एवं प्रयत्न और भूल में कोई मौलिक अन्तर नहीं रह जाता। वस्तुतः किसी भी समस्या के समाधान में सूझ एवं प्रयत्न और भूल दोनों बातें निहित रहती हैं। अतः सूझ के सम्बन्ध में यह निष्कर्ष समुचित जान पड़ता है कि सूझ सापेक्ष होती है, न कि निरपेक्ष।

रचनात्मक चिन्तन
(Productive Thinking)

वर्दिमीयर ने अपनी पुस्तक 'रचनात्मक चिन्तन' (Productive Thinking 1945)[5] में इस प्रश्न का उत्तर देने की चेष्टा की कि क्या मानव-चिन्तन को अधिक रचनात्मक नहीं बनाया जा सकता? क्या समस्या-समाधान के तरीके को उन्नत नहीं किया जा सकता? उन्होंने कहा कि शिक्षक समस्या को इस प्रकार प्रस्तुत कर सकता है कि उसके छात्रों में समस्या-समाधान की मनोवृत्ति उत्पन्न हो सके तथा व्यक्ति यदि एक बार जेस्टॉल्ट मनोविज्ञान के सिद्धान्तों को समझ ले, तो वह स्वयं अपना शिक्षक बन सकता है।

वर्दिमीयर ने अपने रचनात्मक चिन्तन के अध्ययन में छोटे बच्चों से लेकर आइन्स्टाइन जैसे प्रतिभाशाली वैज्ञानिक तक को प्रयोज्यों के रूप में अपनाया। यदि उन्होंने छोटे बच्चों के सरल रेखागणितीय समस्याओं के समाधान का अध्ययन किया तो आइन्स्टाइन की चिन्तन-प्रक्रियाओं का भी अध्ययन किया जिसके फलस्वरूप सापेक्षता का सिद्धान्त (Theory of Relativity) आया। सभी स्तरों पर उन्होंने 'विशुद्ध, उत्कृष्ट, स्पष्ट, प्रत्यक्ष, रचनात्मक प्रक्रियाओं' का उदाहरण पाया और साथ-ही-साथ "उन प्रक्रियाओं के विरोध में काम करने वाले तत्त्वों को भी पाया, उदाहरण के लिए, सूझ-रहित आदतें, कुछ स्कूल ड्रिल, पक्षपातपूर्ण धारणा, अथवा विशिष्ट अभिरुचियाँ।"[6]

वर्दिमीयर को विश्वास था कि संरचनाओं तथा समष्टि के वर्णन एवं माप के लिए विधियाँ विकसित की जा सकती हैं। रचनात्मक चिन्तन का सम्बन्ध समष्टि के गुणों तथा अंश पूर्ण सम्बन्धों से है, न कि विभिन्न तत्त्वों में उनके विश्लेषण और साहचर्य से। अतः समस्या के विस्तृत विवरण पर आवश्यक ध्यान रखते हुए भी उसकी सम्पूर्णता, अथवा समष्टि की उपेक्षा न कर इस बात का खयाल रखना अनिवार्य है कि समष्टि सदा अंशों पर छाया रहे। रचनात्मक चिन्तन में सदा संरचनात्मक अथवा पूर्ण सत्य की खोज होनी चाहिए न कि आंशिक सत्य की। इसीलिए वर्दिमीयर ने रचनात्मक चिन्तकों को सुझाव दिया है कि वे आंशिक चिन्तन (Piecemeal Thinking) से दूर रहें, क्योंकि वह तो निश्चित रूप से सूझ-रहित अथवा निरर्थक होगा ही। ऐसी स्थिति में यह अनिवार्य है कि वे परिस्थिति भी 'संरचना' पर अपना ध्यान केन्द्रीभूत करें ताकि उनके समक्ष उसका स्पष्ट चित्र हो और तब उसमें रिक्तता को निरूपित करें क्योंकि वास्तव में रिक्तता ही तो समस्या है।

कोहलर से भिन्न वर्दिमीयर ने सूझ-रहित प्रयत्न और भूल का पूर्णतया विरोध किया। उन्होंने प्रदत्तों (Data) के समूहीकरण (Grouping) तथा पुनर्समूहीकरण (Regrouping) और केन्द्रीकरण तथा पुनर्केन्द्रीकरण पर जोर दिया। समूहीकरण अथवा संगठन का पहले उल्लेख किया जा चुका है। केन्द्रीकरण में व्यक्ति केन्द्रित

दृष्टिकोण का अवैयक्तिक अथवा तटस्थ दृष्टिकोण में परिवर्तन होता है। फलस्वरूप व्यक्ति सम्पूर्ण परिस्थिति तथा संरचनात्मक एवं क्रियात्मक आवश्यकताओं को तटस्थ रूप में ग्रहण करता है। पुनर्केन्द्रीकरण में व्यक्ति सम्पूर्ण परिस्थिति पर नवीन एवं विवेकपूर्ण परिप्रेक्ष्य में विचार करता है। इस प्रकार व्यक्ति अपने बदले हुए दृष्टिकोण के अनुसार लक्ष्य पर विचार करता है और कोई भी सूझ-रहित प्रयास नहीं करता। वह समष्टि से अंशों की ओर बढ़ता है।

वर्दिमीयर ने स्पष्ट शब्दों में घोषित किया कि रचनात्मक चिन्तन में प्रयत्न और भूल के लिए कोई स्थान नहीं है, सिवा इसके कि यह उसमें बाधा उपस्थित करता है। उन्होंने पुनरावृत्ति (Repetition) की उपयोगिता को स्वीकार नहीं किया। उन्होंने स्पष्ट शब्दों में कहा कि चिन्तन लक्ष्य निर्देशित तथा सूझ पूर्ण होता है और नई समष्टि (जेस्टॉल्ट) उत्पन्न करता है। यह प्रत्यक्षीकरणात्मक क्षेत्र की संरचना को ही बदल देता है। डंकर, मेयर आदि ने अपने प्रयोगात्मक अध्ययनों में इस जेस्टॉल्ट दृष्टिकोण को अपनाया है।

वर्दिमीयर ने कुछ उदाहरण प्रस्तुत कर यह सिद्ध करना चाहा है कि रचनात्मक चिन्तन में प्रयत्न और भूल का कोई हाथ नहीं रहता। उन्होंने पहला उदाहरण स्वयं अपने द्वारा गणितीय समस्याओं के समाधान को प्रस्तुत किया है। उनका कहना है कि इस समस्या के समाधान में उन्हें कई घण्टे अथवा कई दिन लगे, किन्तु उसमें प्रयत्न और भूल का कोई हाथ नहीं पाया गया। किन्तु इस दावे के बावजूद उनके रिपोर्ट में यह पाया गया कि उन्होंने ऐसा प्रयास किया जो लक्ष्य की ओर ले जाने वाला नहीं था और इसलिए उसे छोड़ना पड़ा था। सापेक्षता के सिद्धान्त के प्रति आइन्स्टाइन की प्रगति के विश्लेषण से भी इसी बात की पुष्टि होती है।

"आइन्स्टाइन ने वर्षों पहले मैक्सवेल समीकरण (इक्वेशन) के अध्ययन एवं परिवर्तन के प्रयास द्वारा समस्या को स्पष्ट करने की चेष्टा की। वे सफल नहीं हुए...यद्यपि इन प्रयासों के द्वारा समाधान नहीं हो सका, पर वे सूझरहित बिलकुल नहीं थे।"[7]

"आइन्स्टाइन की सूझ-बूझ पर निश्चय ही किसी को शंका नहीं हो सकती। किन्तु एक अर्थ में उनके प्रयास को सूझ रहित कहा जा सकता है। वे भी आरम्भ से लेकर लक्ष्य-प्राप्ति तक के सम्पूर्ण मार्ग को तो नहीं देख पाए। इस अर्थ में प्रत्येक व्यक्ति का प्रयास सूझ-रहित होता है, क्योंकि जब व्यक्ति के सामने कोई समस्या आती है तो वह आरम्भ से अन्त तक के सम्पूर्ण मार्ग को नहीं देख पाता और यदि ऐसा हो जाए तो समस्या ही नहीं रह जाएगी। गणितीय समस्याओं में भी जिनके सम्बन्ध में वर्दिमीयर ने प्रयोग किया था, कुछ खोज अथवा छानबीन अनिवार्य है।[8]

भावी रचनात्मक चिन्तकों को वर्दिमीयर ने जो परामर्श किया है, वह बहुत अच्छा है, किन्तु जेस्टॉल्ट सिद्धान्तों से वे ऐसा कोई भी निश्चित मार्ग नहीं निकाल

पाए हैं जिसे अपनाकर व्यक्ति सदा रचनात्मक हो सके। 'क्षेत्र की शक्तियाँ' (Field Forces) व्यक्ति को सदा अन्ध-पथों से बाहर रखने में समर्थ नहीं हो पातीं। वास्तविकता तो यह है कि समीपता एवं समानता जैसे तत्त्व अनेक भ्रामक प्रथम प्रभावों के लिए उत्तरदायी हैं। पूर्ति की प्रवृत्ति में कभी-कभी अपरिपक्व निष्कर्षों की सम्भावना रहती है। अतः उसका प्रतिरोध अनिवार्य हो जाता है। "उत्तम आकार तो समस्यात्मक परिस्थिति में ही निहित रहता है, उसे अलग से प्रदान नहीं करना पड़ता।" यदि मानस-वृत्ति परिस्थिति की "वस्तुनिष्ठ संरचनात्मक आवश्यकताओं की खोज करने, समस्या का स्वतन्त्रतापूर्वक खोज करने, विश्वास एवं उत्साह के साथ आगे बढ़ने की मनोवृत्ति का रूप ग्रहण कर ले तो लाभदायी है।"[9] मानस-वृत्ति बहुत बड़ी बाधा भी सिद्ध हो सकती है, यदि वह लक्ष्य तक पहुँचने के लिए अति आतुरता का रूप ग्रहण कर ले अथवा अभ्यासजन्य दिनचर्या पर आँख मूँदकर निर्भर रहने की प्रवृत्ति का रूप ग्रहण कर ले। पूर्वानुभूति नई परिस्थिति को समझने में बहुत सहायक हो सकती है, किन्तु इस बात की भी सम्भावना है कि वर्तमान परिस्थिति का बिलकुल सतही ज्ञान प्राप्त हो। निष्कर्ष यह कि क्षेत्र की शक्तियाँ भूल भी उत्पन्न कर सकती हैं और समुचित समाधान भी।

क्षेत्र-शक्तियों (Field-Forces) के कारण उत्पन्न भूलों को दृष्टि में रखते हुए ही वर्दिमीयर ने उनके विरोध की सलाह दी है। फलस्वरूप कई आधुनिक प्रविधियों (Techniques), जैसे योजनाबद्ध शिक्षण (Programmed Instruction) आदि का उपयोग कर भूलों को कम करने अथवा भूलरहित सीखने पर जोर दिया गया है (Terrace, 1966)[10]। यहाँ यह उल्लेखनीय है कि इस प्रकार का शिक्षण (योजनाबद्ध शिक्षण) जेस्टॉल्ट मनोविज्ञान पर आधारित नहीं है, किन्तु वर्दिमीयर ने इस दिशा में चिन्तन की प्रेरणा दी, इसमें कोई सन्देह नहीं है।

वर्दिमीयर का प्रधान रूप से यह दावा है कि मानव स्पष्ट रूप से चिन्तन करना चाहता है और वह ऐसा करने के लिए सक्षम भी है। "कुहरे में रहना... बहुतों के लिए असह्य परिस्थिति है। संरचनात्मक स्पष्टता, सर्वेक्षणीयता, क्षुद्र विचारों के विरुद्ध सत्य की ओर प्रवृत्ति होती है।'[11] ह्यूम के संशयवादी दर्शन एवं साहचर्यवादियों के विपरीत, जेस्टॉल्ट सिद्धान्त के अनुसार यदि हम अपनी समस्याओं के प्रति जेस्टॉल्ट दृष्टिकोण अपनाएँ और संरचनात्मक ज्ञान के लक्ष्य को प्राप्त करने के लए दृढ़ संकल्प हों तो सत्य की उपलब्धि सम्भव है।

निस्सन्देह, चिन्तन का जेस्टॉल्ट-सिद्धान्त उर्जवर्ग विचारधारा के अध्ययनों से बहुत आगे निकल चुका है। उर्जवर्ग विचारधारा ने मानस-वृत्ति तथा लक्ष्य को महत्त्व प्रदान किया। जेस्टॉल्टवादी मनोवैज्ञानिकों ने अभिप्राययुक्त क्रिया का श्रेय मानव तथा प्रकृति को दिया। उस अभिप्राययुक्त क्रिया की विशेषता यह है कि वह पूर्ण जेस्टॉल्ट की ओर ले जाती है।[12]

अन्त में वुडवर्थ तथा शीहान की निम्नांकित पंक्तियों को उद्धृत करना अपेक्षित जान पड़ता है।

"विशेषतः बच्चों में अथवा अपने विद्यार्थियों में स्पष्ट चिन्तन के प्रमाण देखकर वर्दिमीयर को बड़ा आनन्द आया। जैसा कि कोहलर ने हम लोगों को विश्वास दिलाया है (1944), वे 'असाधारण बुद्धि' के व्यक्ति थे।"[13]

कर्ट लेविन (Kurt Lewin 1890-1947) क्षेत्र सिद्धान्त : गाडर्नर मर्फी के शब्दों में, "परमाणुवाद के युग का अन्त हो रहा था तथा छोटे-छोटे अंशों को क्षेत्र-सम्बन्धों के पहलुओं के रूप में समझा जाने लगा था,.....मनोविज्ञान के क्षेत्र-सिद्धान्त के विकास को इस सन्दर्भ के अन्तर्गत ही, मुख्यतः भौतिक विज्ञान के विकासों के सन्दर्भ में समझना चाहिए।"[14] निस्सन्देह, उन्नीसवीं सदी के विज्ञान में परमाणुवादी तथा तत्त्ववादी दृष्टिकोण से दूर हटकर क्षेत्र-सम्बन्धों के बारे में सोचने की प्रवृत्ति बढ़ रही थी। जेस्टॉल्ट मनोविज्ञान में भी यही प्रवृत्ति थी। यहाँ यह उल्लेख्य है कि मनोविज्ञान में क्षेत्र-सिद्धान्त की धारणा भौतिक विज्ञान के शक्ति-क्षेत्र (Field of Force) की धारणा से ही आई।

प्रायः मनोविज्ञान में क्षेत्र-सिद्धान्त कर्ट लेविन के नाम से जुड़ा हुआ माना जाता है। कर्ट लेविन की गणना या तो जेस्टॉल्ट मनोविज्ञान के समर्थक के रूप में की जाती है अथवा उससे निकट रूप में सम्बन्धित एक अलग विचारधारा के संस्थापकों के रूप में की जाती है।[15] वास्तविकता यह है कि उन्होंने स्वतन्त्र रूप में काम करना आरम्भ किया, किन्तु, बाद को बर्लिन विश्वविद्यालय में कोहलर तथा वर्दिमीयर के निकट सम्पर्क में आ गए। 1932 में वहाँ से संयुक्त राज्य जाने से पहले उन्होंने वहीं अध्ययन और अध्यापन का कार्य किया। रचनात्मक चिन्तन का व्यक्ति होने के कारण उन्होंने परम्परागत जेस्टॉल्ट मनोविज्ञान से परे भी सोचा-समझा।

यद्यपि लेविन का दृष्टिकोण जेस्टॉल्ट मनोविज्ञान के सदृश था, किन्तु उनके विचार के केन्द्र-बिन्दु जेस्टॉल्ट-मनोविज्ञान से भिन्न थे। जहाँ जेस्टॉल्ट-मनोविज्ञान ने प्रत्यक्षीकरण तथा सीखने के अध्ययन पर अधिक जोर दिया, वहाँ लेविन ने अनुप्रेरणा (Motivation), व्यक्तित्त्व तथा समाज मनोविज्ञान के अध्ययन को अधिक महत्त्व प्रदान किया। शुल्ज ने लेविन की पद्धति (System) को जेस्टॉल्ट आन्दोलन का विस्तार अथवा परिणाम माना है। इसके दो कारण हैं। पहला कारण तो यह है कि लेविन को बर्लिन में जेस्टॉल्ट मनोवैज्ञानिकों के निकट सम्पर्क में रहने का अवसर मिला तथा दूसरा कारण यह कि उनके विचार मनोविज्ञान की अन्य विचारधाराओं की अपेक्षा जेस्टॉल्ट विचारधारा के अधिक अनुरूप है।

वुडवर्थ तथा शीहान ने लेविन की सम्पूर्ण कार्यविधि को तीन वर्गों में बाँटा है–

(1) बर्लिन में उन्होंने अनुप्रेरणा के सिद्धान्त को विकसित किया। इससे सम्बन्धित प्रयोग उन्होंने अधिकांशतः वयस्कों पर किया और कुछ छोटे बच्चों पर भी।

(2) ओवा के राज्य विश्वविद्यालय में 1935-1944 तक वे बाल मनोविज्ञान के प्रोफेसर थे। उस अवधि में उन्होंने दो प्रकार के नेतृत्वों (जनतान्त्रिक तथा निरंकुश) में बच्चों के समूहों पर अध्ययन किया। यह अध्ययन उनकी महती उपलब्धि मानी जाती है।

(3) 1944 में समूह गतिकी (Group Dynamics) के लिए शोध-केन्द्र के उद्घाटन के निमित्त उन्हें मसाचुसेट्स प्रौद्योगिकी संस्थान में बुलाया गया। वहाँ विभिन्न समूहों के बीच औद्योगिक संघर्ष, पूर्वधारणा (Prejudice) तथा विद्वेष (Hostility) सम्बन्धी अनेक समस्याएँ थीं। लेविन अपनी मौलिकता एवं समृद्ध अनुभव के कारण इन समस्याओं से सम्बन्धित शोध के लिए सर्वाधिक उपयुक्त व्यक्ति थे। वहाँ उन्होंने काफी महत्त्वपूर्ण शोध किए।

लेविन ने अपना वैज्ञानिक जीवन एक साहचर्यवादी के रूप में आरम्भ किया। अपने आरम्भिक कार्यों के आधार पर उन्होंने महसूस किया कि साहचर्यवादी सिद्धान्त में क्रान्तिकारी परिवर्तन की आवश्यकता है क्योंकि साहचर्य शक्ति के स्रोत नहीं हैं, वे तो मात्र सम्बन्धों के द्योतक हैं। अनुप्रेरणा के बिना साहचर्य शक्तिहीन है। फिर भी लेविन ने साहचर्य के महत्त्व को स्वीकार किया और कहा कि निष्क्रिय संयोगों के रूप में भी साहचर्य का महत्त्व है। इस अर्थ में वे प्रमुख जेस्टॉल्टवादियों के विचारों से अलग हैं। जेस्टॉल्टवादियों ने यन्त्रवत् सम्बन्धों के विचार से अलग रहकर प्रत्यक्षीकरण तथा सीखने की व्याख्या समष्टि के आधार पर की है। किन्तु लेविन ने स्वयं लिखा है : "मनोविज्ञान किसी एक विचार के आधार पर प्रत्येक वस्तु की व्याख्या करने की चेष्टा नहीं कर सकता, जैसे साहचर्य, मूलप्रकृति अथवा जेस्टॉल्ट। विविध प्रकार के विचारों को काम में लाना अनिवार्य है। लेकिन इनके बीच तार्किक रूप में सुनिश्चित रीति से अन्तर्सम्बन्ध स्थापित करना चाहिए।"[16]

लेविन लगातार तीन दशकों तक मानव-व्यवहार की अनुप्रेरणा के अध्ययन में लगे रहे। उनकी अभिरुचि यह जानने में नहीं थी कि प्रेरकों की उत्पत्ति कैसे होती है, बल्कि वे तो प्रेरकों के कार्यों के सम्बन्ध में प्रयोग कर रहे थे। अपने प्रयोगों के आधार पर उन्होंने अनुप्रेरणा के अध्ययन को नई दिशा दी और उसमें काफी प्रगति हुई। उन्होंने मानव-व्यवहार की व्याख्या अपने ढंग से की। भौतिक विज्ञान के क्षेत्र-सिद्धान्त से प्रेरित होकर उन्होंने मानव-व्यवहार की व्याख्या मनोवैज्ञानिक क्षेत्र (Psychological Field) अथवा 'जीवन-स्थान' (Life-space) के आधार पर की। उनके अनुसार जीवन-स्थान में सारी घटनाएँ सन्निहित रहती हैं जो व्यक्ति को प्रभावित कर सकती हैं। इसमें व्यक्ति की आवश्यकताएँ निहित रहती हैं। व्यक्ति के मनोवैज्ञानिक वातावरण के साथ उन आवश्यकताओं की क्रिया होती रहती है। इसे उन्होंने सूत्र रूप में इस प्रकार व्यक्त किया है (1954) :[17]

$$B = F(P, E)$$

इस सूत्र का तात्पर्य यह है कि "व्यवहार व्यक्ति तथा वातावरण की परस्पर-क्रिया पर निर्भर है।" इस सूत्र को किसी खास व्यक्ति पर लागू करना बड़ा कठिन है, क्योंकि मनोवैज्ञानिक वातावरण आंशिक रूप से उसकी योग्यताओं और इच्छाओं पर निर्भर है और हम पूर्ण रूप से उसकी वर्तमान योग्यताओं और इच्छाओं को जानने का दावा नहीं कर सकते, जब तक हम वर्तमान वातावरण के प्रति उसकी प्रतिक्रियाओं को न जान लें, जब तक यह न जान लें कि उसने वर्तमान वातावरण के प्रति किस प्रकार प्रतिक्रिया व्यक्त की है।

यहाँ यह उल्लेख्य है कि जीवन-स्थान में व्यक्ति के अनुभवों के प्रकार एवं मात्रा के आधार पर विशिष्टीकरण (Differentiation) की अनेक अवस्थाएँ पाई जा सकती हैं। बच्चों में अनुभवों की कमी होती है। अतः उनके जीवन-स्थान में या तो कोई विशिष्ट क्षेत्र नहीं होते अथवा यदि होते भी हैं तो बहुत कम। इसके विपरीत, वयस्कों के जीवन-स्थान में उनके पूर्वानुभवों के कारण अनेक विशिष्ट क्षेत्र होते हैं। बच्चा जैसे-जैसे विकसित होता जाता है वैसे-वैसे उसका व्यक्तित्त्व संगठित होता जाता है। उसका मनोवैज्ञानिक वातावरण भी विस्तृत होता जाता है, उसकी संज्ञानात्मक रूप में पुनर्संरचना भी होती है। फलस्वरूप वह अपने वातावरण को भलीभाँति समझने लगता है। अपनी इच्छाओं की वास्तविक तथा अवास्तविक दुनिया के बीच अच्छी तरह भेद करने लगता है। वह नई सामाजिक व्यवस्था तथा नई सामाजिक मान्यताओं एवं नियमों का अनुभव करने लगता है।

कुछ कठिनाइयों के बावजूद, क्षेत्र-सिद्धान्त में लेविन की आस्था बनी रही। 1940 में उन्होंने लिखा :

"क्रिया, संवेग, व्यक्तित्त्व के क्षेत्र में 'क्षेत्र सिद्धान्त' की सम्भावनाएँ प्रबल रूप से स्थापित हो चुकी हैं। क्षेत्र-सिद्धान्त के अनुसार व्यवहार न तो अतीत पर निर्भर करता है और न भविष्य पर, बल्कि वर्तमान क्षेत्र पर निर्भर करता है।"[18]

भौतिक विज्ञानियों ने क्षेत्र को परिभाषित करते हुए कहा है कि यह सहवर्ती तथ्यों की समग्रता (समष्टि) है जो परस्पर एक-दूसरे पर निर्भर रहते हैं। मनोवैज्ञानिक क्षेत्र मनोवैज्ञानिक तथ्यों की समग्रता (समष्टि) है जो परस्पर एक-दूसरे पर निर्भर रहते हैं। जीवन-स्थान की परिभाषा करते हुए लेविन का कहना है कि यह एक मनोवैज्ञानिक क्षेत्र है जिसमें व्यवहार को निर्धारित करने वाले तथ्यों की समग्रता (समष्टि) निहित रहती है। मनोवैज्ञानिक जीवन-स्थान को एक ऐसे क्षेत्र के रूप में ग्रहण करता है जिसमें व्यक्ति तथा उसका वातावरण निहित रहता है।

भौतिक संसार तथा मनोवैज्ञानिक संसारों (जीवन स्तरों) के बीच का अन्तर यह है कि भौतिक संसार "गत्यात्मक रूप से पूर्ण एकत्व" (Dynamic Closed Unity) है, जबकि मनोवैज्ञानिक संसार 'खुला एकत्व' (Unclosed Unities) है। भौतिक विज्ञान में सभी परिवर्तन एक ही भौतिक स्थान (Physical Space) के अन्तर्गत

उत्पन्न होते हैं। मनोविज्ञान में परिवर्तन जीवन-स्थान (Life Space) के बाहर से भी आ सकते हैं। मनावैज्ञानिक घटनाएँ प्रायः जीवन-स्थान के द्वारा ही निर्धारित होती हैं, किन्तु जीवन-स्थान के बाहर भौतिक स्थान से आनेवाले कुछ तथ्य भी मानव-व्यवहार को प्रभावित कर सकते हैं।

अब प्रश्न यह है कि किन तथ्यों को जीवन-स्थान में सन्निहित करना चाहिए। लेविन का कहना है कि यह निर्धारित करने की कसौटी काक चेतना नहीं हो सकती है। उनके अनुसार सभी वास्तविक तथ्यों को जीवन-स्थान में सन्निहित होना चाहिए और लेविन के लिए वास्तविक वही है जो व्यक्ति के व्यवहार को प्रभावित कर सके, चाहे उसे इसकी चेतना हो अथवा नहीं। भौतिक तथा सामाजिक तथ्यों को उसी हद तक जीवन-स्थान में सन्निहित किया जाता है, जिस हद तक वह व्यक्ति को उसकी क्षणिक अवस्था में प्रभावित करता है। इस प्रकार जीवन-स्थान का तात्पर्य है व्यक्ति तथा उसका वातावरण।

कार्टराइट ने लेविन के मरणोपरान्त प्रकाशित उनकी पुस्तक की भूमिका में जीवन-स्थान को परिभाषित किया है। उनके अनुसार किसी भी समय जिस व्यक्ति अथवा समूह का अध्ययन किया जा रहा हो और उसके लिए, जिन तथ्यों का अस्तित्व हो, उन सब को जीवन-स्थान में सन्निहित माना जाता है और जिन तथ्यों का अस्तित्व नहीं हो उन्हें जीवन-स्थान से अलग माना जाता है।[19] स्वयं लेविन ने कहा है कि यह निर्णय करना कोई कठिन नहीं है कि जीवन-स्थान में किन चीजों को सन्निहित किया जाए और किन्हें छोड़ दिया जाए। इसे स्पष्ट करते हुए उदाहरण-स्वरूप उन्होंने 'आवश्कता, लक्ष्यों, संज्ञानात्मक संरचना' आदि को जीवन-स्थान में सन्निहित करने की बात कही है तथा ऐसी सामाजिक एवं भौतिक घटनाओं को, जिनका व्यक्ति पर कोई सीधा प्रभाव नहीं पड़ता हो, छोड़ देने की बात कही है।[20]

लेविन के अनुसार जीवन-स्थान के प्रत्येक भाग को एक क्षेत्र (Region) के रूप में प्रस्तुत किया जा सकता है। यहाँ यह भी स्पष्ट कर देना आवश्यक है कि स्वयं जीवन-स्थान भी एक क्षेत्र (Region) है। उस जीवन-स्थान के अन्तर्गत व्यक्ति भी एक क्षेत्र ही है। इन क्षेत्रों की स्थितियों (Positions) को निर्धारित करने के दो आधार हैं–एक व्यक्ति अथवा समूह की गुणात्मक विशेषताएँ (Qualitative Properties) तथा दूसरा गति अथवा सम्प्रेषण (Locomotives or Communication)। लेविन ने मनोवैज्ञानिक गतियों के द्वारा क्षेत्रों के निर्धारण को अधिक मान्यता प्रदान की है। लेकिन इन दोनों के द्वारा सभी प्रकार के मनोवैज्ञानिक तथ्यों का प्रतिनिधित्त्व नहीं हो पाता। अतः उन्होंने 'वास्तविकता की मात्रा' का उल्लेख किया है। कल्पना, आशा, दिवास्वप्न तथा इनके सदृश अन्य मनोवैज्ञानिक तथ्यों का लेविन ने मनोवैज्ञानिक सिद्धान्तों को प्रस्तुत करने के लिए गणित की आवश्यकता महसूस की। उनके सामने प्रश्न यह था कि मनोवैज्ञानिक प्रदत्तों के लिए किस प्रकार का गणित सर्वाधिक उपयुक्त

होगा। अब तक मनोवैज्ञानिकों द्वारा प्रयुक्त साँख्यिकी उन्हें उपयुक्त नहीं जान पड़ी, क्योंकि उनकी अभिरुचि समूह के अध्ययन में नहीं थी। बल्कि व्यक्ति विशेष के अध्ययन में थी। इसलिए उन्होंने रेखागणित के स्थान-विज्ञान (Topology) को चुना क्योंकि उनकी मान्यता यह है कि व्यक्ति-वातावरण सम्बन्ध को इसके द्वारा सर्वाधिक उपयुक्त ढंग से प्रस्तुत किया जा सकता है। इसके जीवन-स्थान का ऐसा मानचित्र प्रस्तुत किया जा सकता है जिसमें व्यक्ति के सभी लक्ष्य और उन लक्ष्यों तक पहुँचने के मार्ग स्पष्ट रूप से प्रस्तुत किए गए हों।

स्थान विज्ञान एवं गति विज्ञान (Topology and Hodology)–स्थान-विज्ञान (Topology) जीवन-स्थान के अन्तर्गत स्थानिक सम्बन्धों (Spatial Relationships) का प्रतिनिधित्व करता है। यह जीवन-स्थान के अन्तर्गत अनेक क्षेत्रों (Regions) के बीच के सम्बन्धों तथा एक-दूसरे के साथ उनके स्थानिक सम्बन्धों को भी व्यक्त करता है। किन्तु स्थान विज्ञान का दिशा (Direction) से सम्बन्ध नहीं होता, जो मनोविज्ञान की अनिवार्य एवम् महत्त्वपूर्ण धारणाएँ हैं। दिशा का प्रतिनिधित्त्व करने के लिए लेविन ने एक नवीन गुणात्मक रेखागणित विकसित किया जिसे 'गति-स्थान' (Hodological Space) की संज्ञा दी गई है। गति-स्थान (Hodological Space) में उन्होंने गति के दिशा का प्रतिनिधित्व करने के लिए 'वेक्टर' (Vector) का व्यवहार किया है। 'वेक्टर' उन शक्तियों का प्रतिनिधित्त्व करता है जो मनोवैज्ञानिक गति उत्पन्न करती हैं।[21]

मनोवैज्ञाकि वातावरण में व्यक्ति को अनेक वस्तुओं का प्रत्यक्षीकरण होता है, किन्तु वे सभी उसके लिए आवश्यक नहीं होतीं। उस समय जो उसके काम की नहीं होतीं, उनका अस्तित्व केवल उसके मनोवैज्ञानिक वातावरण की पृष्ठभूमि में ही रहती है। अन्य वस्तुएँ सकारात्मक (Positive) अथवा नकारात्मक (Negative) मूल्य (Volence) की होती हैं, सकारात्मक तब होती हैं जब उनसे व्यक्ति की वर्तमान आवश्कताओं की पूर्ति होती है, तथा नकारात्मक मूल्य की वस्तुओं से व्यक्ति की हानि होती है।

लेविन का कहना है कि मनोवैज्ञानिक परिवर्तन की अपनी दिशा होती है। व्यवहार एक परिवर्तन है। वह किसी विशेष दिशा की ओर गतिशील होता है। वह प्रायः अपने लक्ष्य की ओर अग्रसर होता है। अतः लेविन की मान्यता है कि मानव-व्यवहार लक्ष्य-निर्देशित होता है। गति-स्थान (Hodological Space) स्पष्ट रूप से यह भेद करता है कि गति किस दिशा की ओर जाएगी और किस दिशा से आएगी।

व्यवहार का सिद्धान्त (Theory of behaviour)–जब व्यवहार एक परिवर्तन है, जैसा कि लेविन का कहना है, तो यह प्रश्न विचारणीय है कि इस परिवर्तन के क्या कारण हैं? लेविन की मान्यता है कि व्यक्ति तथा वातावरण के बीच सन्तुलन की अवस्था होती है। जब यह सन्तुलन भंग होता है तो तनाव उत्पन्न हो जाता

है। फलस्वरूप व्यक्ति सन्तुलन को पुनः स्थापित करने के प्रयास में गतिशील हो जाता है और परिणामस्वरूप वह तनाव से मुक्त हो जाता है।

लेविन के अनुसार मानव-व्यवहार में तनाव-गति मुक्ति (Tension Locomotives-Relief) का क्रम सदा चलता रहता है। तनाव गति मुक्ति क्रम आवश्यकता क्रिया-मुक्ति (Need-activity-relief) के सदृश है। सचमुच जब व्यक्ति आवश्यकता का अनुभव करता है तो उसमें तनाव की अवस्था उत्पन्न हो जाती है और व्यक्ति उससे मुक्त होने के लिए क्रियाशील हो जाता है। इस प्रकार पुनः सन्तुलन स्थापित हो जाता है। अब यहाँ गति (Locomotion) के अर्थ को स्पष्ट करते हुए यह कहा जा सकता है कि जो क्रिया तनाव-मुक्ति और सन्तुलन स्थापित करने की ओर निर्देशित हो, उसे ही लेविन ने गति की संज्ञा दी है। दूसरे शब्दों में, गति एक निर्देशित क्रिया है जिसका लक्ष्य है सन्तुलन प्राप्त करना। इस प्रकार लेविन ने गति के आधार पर व्यवहार की व्याख्या की है।

संक्षेप में, लेविन के सिद्धान्त में व्यवहार एक गति है जिसकी निश्चित दिशा होती है। यह दिशा या तो सकारात्मक मूल्य (Positive Volence) के व्यक्तियों तथा वस्तुओं की ओर होती है अथवा नकारात्मक मूल्य के व्यक्तियों एवं वस्तुओं से दूर होती है। वे वस्तुएँ सकारात्मक मूल्य की मानी जाती हैं जिनसे तनाव दूर होता है। तनाव एक असन्तुलन की अवस्था है। तनाव व्यक्ति के अन्दर उन्पन्न होता है। मूल्य (Volences) वातावरण में होते हैं।

निष्कर्ष यह कि लेविन ने मानव-गतिकी (Human Dynamics) के शक्ति-बिन्दु को आन्तरिक आवेगों, प्रणोदनों, काम-शक्ति आदि से उत्तेजना, उद्दीपन तथा परिस्थिति के बाह्य तत्त्वों की ओर स्थानान्तरित कर दिया है। प्राणी के अन्दर तनाव भी वातावरण से स्वतन्त्र रूप में उत्पन्न नहीं हो सकता। लेविन के अनुसार वातावरण से बिलकुल अलग सत्ता के रूप में मनुष्य पर विचार नहीं किया जा सकता; वह भी गत्यात्मक क्षेत्र का ही एक अंग है। व्यक्ति तथा वातावरण एक क्षेत्र में बँधे हुए हैं और उन्हें अलग नहीं किया जा सकता।[22]

तनाव की अवस्था में व्यक्तियों के व्यवहार का अध्ययन लेविन की शिष्या सुश्री बलुमा जिगार्निक (Bluma Zeigarnik, 1927) ने उनके ही निर्देशन में किया। जिगार्निक ने अपने 138 प्रयोज्यों को 18-22 काम करने को दिए। उनमें से कुछ काम को पूरा करने दिया गया और कुछ को पूरा करने से रोक दिया गया। जिगार्निक ने अपने प्रयोग में पाया कि पूरा किए गए कार्यों की अपेक्षा अधूरे कार्यों की स्मृति अधिक अच्छी तरह हुई। अधूरे कार्य के प्रत्याह्वान का पूरा किए गए कार्य के प्रत्याह्वान के साथ 1:9 का अनुपात पाया गया। अधूरे कार्य के प्रत्याह्वान में जो लाभ हुआ, उसे जिगार्निक प्रभाव (Zeigarnik Effect) कहा जाता है। उनके इस प्रयोगात्मक परिणाम से लेविन की इस परिकल्पना की पुष्टि हो जाती है कि किसी कार्य के

कारण उत्पन्न तनाव उस कार्य अथवा लक्ष्य के पूरा होते ही दूर हो जाता है। दूसरे शब्दों में, सकारात्मक मूल्य (Positive Volence) की दिशा में की गई सफल गति तनाव को दूर कर देती है। इसके विपरीत, अधूरा कार्य तनाव को बनाए रखता है। फलस्वरूप अधूरे कार्य की स्मृति पूरा किए गए कार्य की अपेक्षा अच्छी होती है। जिगार्निक के बाद भी इस समस्या पर कई प्रयोग हुए, जिनके विस्तार में जाना यहाँ अपेक्षित नहीं है।

आकांक्षा का स्तर
(Level of Aspiration)

लेविन के सिद्धान्त में आकांक्षा का स्तर मनोवैज्ञानिक क्षेत्र के वास्तविक अथवा अवास्तविक समस्याओं से सम्बन्धित होता है। लक्ष्य की वास्तविकता की मात्रा से व्यक्ति द्वारा अपनी उपलब्धियों का मूल्यांकन प्रभावित होता है।

संघर्ष की धारणा
(Concept of Conflict)

लेविन ने तीन प्रकार के बुनियादी संघर्षों का उल्लेख किया जो निराशा उत्पन्न करते हैं–

(1) आगमन-आगमन संघर्ष (Approach-Approach Conflict) (2) आगमन-परिहार संघर्ष (Approach-Avoidance Conflict) तथा (3) परिहार-परिहार संघर्ष (Avoidance-Avoidance Conflict)। पहले प्रकार का संघर्ष तब घटित होता है जब व्यक्ति एक ही समय में दो लक्ष्य प्राप्त करना चाहता है, जबकि दोनों में से कोई एक ही प्राप्त करना सम्भव होता है। दूसरे प्रकार का संघर्ष तब होता है जब लक्ष्य में वांछनीयता और अवांछनीयता दोनों बातें उपस्थित रहती हैं। तीसरे प्रकार का संघर्ष तब होता है जब दोनों ही प्रत्याशित परिणाम अवांछनीय होते हैं। संघर्ष की यह धारणा लेविन की प्रमुख देन मानी जाती है।

सीखना
(Learning)

लेविन का सीखने का सिद्धान्त साहचर्यवादियों अथवा-सम्बन्ध-प्रत्यावर्तन-सिद्धान्तों का विरोधी है। उन्होंने सीखने को उत्तेजना-प्रतिक्रिया की प्रक्रिया नहीं माना है, बल्कि प्रत्यक्षात्मक संगठन (Perceptual Organization) अथवा पुनर्संगठन (Reorganization) माना है। वे जेस्टॉल्ट मनोवैज्ञानिकों के इस विचार से सहमत हैं कि सीखना मूलतः प्रत्यक्षीकरण है तथा सूझ (Insight) प्रत्यक्षित क्षेत्र की संरचना अथवा पुनर्संरचना की प्रक्रिया है।

व्यक्तित्त्व
(Personality)

लेविन के व्यक्तित्त्व की धारणा को संक्षेप में इस प्रकार प्रस्तुत किया जा सकता है। उनके सिद्धान्त में व्यक्तित्त्व क्षेत्र के केवल एक भाग की भूमिका अदा करता है। व्यक्ति तथा वातावरण एक साथ मिलकर क्षेत्र का निर्माण करते हैं। अब यहाँ प्रश्न है कि व्यक्ति क्या है? व्यक्ति इस संघर्ष क्षेत्र का एक अंश है, केन्द्रीय अंश है, जो गति का माध्यम नहीं है, किन्तु वह अपने स्थान को परिवर्तित कर सकता है।

समाज मनोविज्ञान : समूह गतिकी
(Social Psychology: Group Dynamics)

समाज मनोविज्ञान में लेविन के अध्ययनों को प्रायः समूह गतिकी (Group Dynamics) के रूप में घोषित किया जाता है। इस क्षेत्र में उन्हें सर्वाधिक सफलता मिली है और उनका यह अध्ययन समाज मनोविज्ञान में मार्गदर्शक माना जाता है। कदाचित् इसीलिए शुल्ज ने कहा है :

"इस क्षेत्र में केवल उन्हें मार्गदर्शक प्रयास ही मनोविज्ञान के इतिहास में उनके स्थान के औचित्य को सिद्ध करने के लिए पर्याप्त हैं।[23]

उनके समाज मनोविज्ञान की प्रमुख विशेषता यह है कि उन्होंने व्यक्ति के मनोविज्ञान की धारणाओं को समूह पर लागू किया है। यहाँ यह उल्लेख्य है कि उन्होंने समूह-मन (Group-mind) को मान्यता नहीं दी है। उन्होंने इसके स्थान पर किसी दूसरे शब्द का प्रयोग करने की चेष्टा की है। वे यह मानते हैं कि समूह एक इकाई है जिसका विश्लेषण समष्टि के रूप में होना चाहिए, न कि व्यक्तियों के एक समूह के रूप में।

जिस प्रकार व्यक्ति तथा वातावरण से मनोवैज्ञानिक क्षेत्र का निर्माण होता है, उसी प्रकार समूह तथा समूह के वातावरण से 'सामाजिक क्षेत्र' का निर्माण होता है। सभी सामाजिक व्यवहार सहवर्ती सामाजिक तत्त्वों की समष्टि से उत्पन्न तथा घटित होते हैं, जैसे–समूह, उपसमूह, सदस्य, संप्रेषण के माध्यम आदि। वास्तव में समूह-व्यवहार किसी विशेष समय में उपस्थित सम्पूर्ण सामाजिक क्षेत्र की क्रिया है।

समूह-मनोविज्ञान तथा वैयक्तिक मनोविज्ञान के बीच का सादृश्य समूहगतिकी (Group Dynamics) प्रथम विशेषता। व्यक्ति के जीवन-स्थान के अन्तर्गत विभिन्न क्षेत्रों (Regions) की पारस्परिक स्थिति और वहाँ सक्रिय शाक्तियाँ व्यक्ति के व्यवहार के निर्णायक तत्त्व हैं। ठीक यही बात समूह-व्यवहार पर भी लागू होती है।

समूह-व्यवहार के प्रति लेविन के दृष्टिकोण की दूसरी प्रमुख विशेषता है समूह-व्यवहार के कारण पर विचार करना। उन्होंने समूह-व्यवहार को सम्पूर्ण परिस्थिति का प्रतिफल माना है। दूसरे शब्दों में, समूह-व्यवहार परिस्थिति की देन है।

लेविन के समूह-व्यवहार के सिद्धान्त की तीसरी प्रमुख विशेषता है व्यक्ति के स्थान वैज्ञानिक (Topological) तथा 'वेक्टर' (शक्ति) मनोविज्ञान को समूह पर लागू करना। दूसरे शब्दों में, क्षेत्रों (Regions), शक्तियों (Forces), मूल्यों (Values) आदि की धारणाओं को समूहों पर लागू करना।

लेविन का महत्त्वपूर्ण अध्ययन बच्चों के समूहों के सामान्य व्यवहार एवं रचनात्मक क्षमता पर जनतांत्रिक तथा सत्तावादी (Democratic and Authoritarian) नेतृत्व के प्रभाव से सम्बनधित है। (Lewin, Lippitt, and White, 1939)।[24] इस प्रकार के अध्ययनों ने समाज मनोविज्ञान में शोध के नए क्षेत्रों की ओर शोधकर्त्ताओं को शोध करने के लिए प्रेरित किया। समाज मनोविज्ञान की प्रगति में इन अध्ययनों का महत्त्वपूर्ण योगदान माना जाता है।

समाज मनोविज्ञान में 'क्रिया शोध' (Action Research) की उनकी योजना बहुत बड़ी उपलब्धि मानी जाती है। उन्होंने इस योजना का निर्माण समूह गतिकी केन्द्र (Group Dynamic Centre) के लिए किया था।

'क्रिया-शोध' के लिए प्रारम्भिक तथ्यान्वेषण (Preliminary Fact Findings) का पुनरावृत्त चक्र (Repeated Cycle) और परिणामों के मूल्यांकन के लिए परवर्ती तथ्यान्वेषण (Subsequent Fact Finding) अनिवार्य है। सामाजिक समस्याओं के अध्ययन के द्वारा लेविन परिवर्तन लाना चाहते थे। वे उद्योग-धन्धों एवं समाज के विभिन्न समुदायों के सम्बन्धों को उत्पन्न करना चाहते थे। फलतः उन्होंने जातीय संघर्षों (Racial Conflicts), बच्चों में पूर्व धारणाओं (Prejudices) के विकास एवं रोकने, रोजगार के समान अवसर प्रदान करने आदि समस्याओं के अध्ययन में काफी रुचि ली। संक्षेप में, उन्होंने दैनिक जीवन की वास्तविकताओं पर विशेष ध्यान दिया और वास्तविक विश्व-समस्याओं पर शोध की प्रेरणा दी। इस दिशा में उनकी गहरी अभिरुचि के फलस्वरूप 1942 में सामाजिक समस्याओं के मनोवैज्ञानिक अध्ययन के लिए एक संस्था की स्थापना हुई। सामाजिक समस्याओं के समाधान की दिशा में इस संस्था में महत्त्वपूर्ण शोध-कार्य किए गए। अतः समाज मनोविज्ञान में यह लेविन का महत्त्वपूर्ण योगदान माना जााता है।

अपनी मृत्यु से एक वर्ष पहले लेविन ने संवेदनशीलता-प्रशिक्षण विकसित करने में सहायता प्रदान की। सम्प्रति इसे अनेक परिस्थितियों पर लागू किया गया है, जैसे उद्योग, शिक्षा, अन्तर्समूह-संघर्ष को कम करना, मानव-क्षमता को विकसित करना आदि।

लेविन के योगदानों के सम्बन्ध में निष्कर्ष
(Conclusions Regarding Lewin's Contributions)

लेविन ने जिस काम को आरम्भ किया, वह आज भी प्रमुख रूप में विद्यमान है। उनकी मृत्यु के साथ उनके विचारों और कार्यों का अन्त नहीं हुआ। उदाहरण के

लिए, सामाजिक प्रभाव एवं नेतृत्व से सम्बनधित समस्याओं पर आज भी सक्रिय रूप में अध्ययन चल रहा है। क्षेत्र-निरीक्षण (Field Observation), जो लेविन का प्रेरणा स्रोत था, आज भी मनोवैज्ञानिक प्रदत्तों का मानक स्रोत (Standard Source) बन गया है। (Willems and Rausch, 1919)।[25]

लेविन का मनोवैज्ञानिक परिस्थिति विज्ञान (Ecology), बार्कर (Borker, 1968) की पुस्तक के लिए प्रेरणा स्रोत सिद्ध हुआ।[26] कदाचित् इसीलिए शुल्ज (1975) ने कहा है : "लेविन के पर्याप्त प्रभाव का उनकी मृत्यु के साथ अन्त नहीं हुआ। आज के मनोविज्ञान में उनके विचारों एवं अभिरुचियों को सक्रिय रूप में फैलाया तथा सविस्तार प्रतिपादित किया जा रहा है।"[27]

अपनी पुस्तक 'सामाजिक संघर्षों के समाधान'[28] में लेविन ने वैसे प्रयोगात्मक प्रयासों का विवरण प्रस्तुत किया है जिनके आधार पर वास्तविक दैनिक जीवन क़ी परिस्थितियों में सामाजिक व्यवहार में परिवर्तन लाया जा सकता हैं। मार्क्स एवं हिलिक्स (1907) ने उनके सम्बन्ध में ठीक ही कहा है कि बहुत थोड़े से मनोवैज्ञानिकों में ही लेविन के समान सामाजिक समस्याओं के समाधान में योगदान करने की उत्सुकता रही है।[29]

लेविन तथा उनके शिष्यों एवं सहयोगियों द्वारा किए गए प्रयोगों का मनोवैज्ञानिक शोध में महत्त्वपूर्ण स्थान है। उनके जिगार्निक प्रभाव (Zeigarnik Effeet), आकांक्षा के स्तर एवं समूह-गतिकी सम्बन्धी प्रयोगों ने मनोवैज्ञानिक प्रदत्तों एवं चिन्तन को काफी समृद्ध किया है। यहाँ यह प्रश्न उठता है कि क्या क्षेत्र सिद्धान्त (Field Theory) स्थान विज्ञान (Topology) तथा गति विज्ञान (Hodology) के बिना इन प्रयोगों एवं इनके आधार पर प्राप्त परिणामों को स्थापित नहीं किया जा सकता? क्या इसका अपना अलग महत्त्व नहीं है?

निसन्देह, लेविन के गणित को स्वीकार किए बिना भी इन प्रयोगों की प्रामाणिकता (Validity) को स्वीकार किया जा सकता है तथा इनके आधार पर प्रायः परिणामों का उपयोग किया जा सकता है। ये प्रयोगात्मक परिणाम अपने-आप में काफी उपयोगी एवं महत्त्वपूर्ण हैं। इसीलिए अधिकांश आलोचकों का कहना है कि लेविन के सामान्य सिद्धान्त के बाद भी ये प्रयोग जीवित रह सकते हैं।[30]

प्रयोगों के महत्त्व को स्वीकार करने का यह अर्थ कदापि नहीं है कि लेविन के सिद्धान्तों की महत्ता कुछ कम है। मनोवैज्ञानिक शोध को और आगे बढ़ाने में लेविन के क्षेत्र-सिद्धान्त (Field Theory) का उपयोग किया जा सकता है। कई मनोवैज्ञानिकों को कारण लक्ष्य द्विभागीकरण की कठिनाइयों का सामना करना पड़ा है, जैसे फ्रायड (Freud) एवं ऐडलर (Adler) को, वाट्सन एवं मैकडूगल को।

फ्रायड एवं वाट्सन ने नियतिवादी कारण कार्य सम्बन्ध की अभिकल्पना की, जबकि ऐडलर एवं मैकडूगल ने मानव-व्यवहार में अभिप्राय (Purpose) की खोज की।

कर्ट लेविन द्वारा प्रस्तुत इस समस्या का समाधान महत्त्वपूर्ण है। वास्तव में लेविन ने शक्तियों (Forces) के द्वारा उत्पन्न गति (Locomotive) के रूप में व्यवहार को परिभाषित कर इस समस्या का पहले ही समाधान कर दिया था। उनके अनुसार मनोवैज्ञानिक शक्तियाँ (वेक्टर्स) निर्देशित सत्ताएँ (Entities) हैं। इस प्रकार लेविन ने अपने 'वेक्टर मनोविज्ञान' में कारणात्मक (Causal) एवं साभिप्राय (Purposive) इन दोनों प्रकार की व्याख्याओं को समाहित कर असाधारण सूझबूझ का परिचय दिया है।

लेविन ने बौद्धिक प्रक्रियाओं एवं लक्ष्यों के बीच अन्तर्सम्बन्ध पर जोर देकर मनोवैज्ञानिक शोध में एक नवीन संदर्श परिदृश्य (Perspective) का मार्ग प्रशस्त किया है।

लेविन के अनुसार सभी बौद्धिक प्रक्रियाएँ अभिप्रायों के द्वारा निर्धारित होती हैं। अतः प्रत्यक्षीकरण के क्षेत्र में किया गया कोई भी शोध इनकी उपेक्षा नहीं कर सकता।

सीखने के सिद्धान्त में लेविन का महत्त्वपूर्ण योगदान है। उन्होंने सीखने की व्याख्या प्रत्यक्षात्मक संगठन के आधार पर की है और उनका ऐसा करना सीखने के सिद्धान्त में स्थायी महत्त्व रखता है।

समूह गतिकी (Group Dynamics) के क्षेत्र में लेविन नवीन एवं यथार्थवादी प्रविधियों (Techniques) के पथ-प्रदर्शक हैं। कार्यरत समूहों पर किए गए उनके प्रयोगों ने समाज मनोविज्ञान में प्रयोगात्मक कार्य के लिए नई सम्भावनाओं की ओर संकेत किया। शोध एवं कार्य में एकत्व (Unity) स्थापित करने का उनका प्रयास अत्यन्त सराहनीय एवं प्रेरणादायक है।

वस्तुतः शोध के नवीन क्षेत्रों एवं नई सम्भावनाओं की खोज लेविन की महती उपलब्धि है। इसके सम्बन्ध में वुलमैन के विचार द्रष्टव्य हैं :

"कदाचित उनका यह योगदान मनोवैज्ञानिक नियमों की प्रवृत्ति-निर्माण करने के प्रयासों की अपेक्षा अधिक महत्त्वपूर्ण एवं अधिक प्रामाणिक है।"[31]

वुलमैन की दृष्टि में आधुनिक मनोविज्ञान के इतिहास में लेविन की भूमिका (Role) की तुलना गैलिलियो से नहीं, बल्कि प्राचीन दर्शन में क्लिटस से की जा सकती है।[32] आयनी (Ionian) दार्शनिक वस्तुओं के स्वरूप से सम्बन्धित थे, जबकि हेराक्लिटस की मान्यता थी कि एक मात्र सांतत्यक (Continuum) परिवर्तन नहीं है। लेविन ने मनोविज्ञान में इसे लाने की चेष्टा की। फलस्वरूप अभिरुचि का केन्द्र वस्तुओं से प्रक्रियाओं में बदल गया, स्थिति से स्थिति के परिवर्तन में बदल गया।[33]

मार्क्स एवं हिलिक्स का कहना है कि "एक मानव एवं एक अन्वेषक के रूप में लेविन का इतना अधिक प्रभाव पड़ा कि अमेरिकी-समाज मनोविज्ञान को लेविन का मनोविज्ञान कहा जा सकता है।"[34]

1. अनेक कट्टर वैज्ञानिकों ने जेस्टॉल्ट मनोविज्ञान की कटु आलोचना की है। उनकी आलोचना इस बात को लेकर है कि जेस्टॉल्ट मनोविज्ञान की कुछ मूल

धारणाएँ एवं शब्दावली अस्पष्ट हैं उन्हें अच्छी तरह परिभाषित नहीं किया गया है, ताकि वे वैज्ञानिक दृष्टि से सार्थक हो सकें। जेस्टॉल्ट मनोवैज्ञानिकों ने इसके सम्बन्ध में कहा है कि किसी भी नए विज्ञान की परिभाषाएँ तथा व्याख्याएँ पूर्ण नहीं हो सकतीं। किन्तु उनका यह कहना समुचित प्रतीत नहीं होता क्योंकि अपूर्णता और अस्पष्टता ये दोनों एक ही नहीं हैं, ये बिलकुल दो हैं।

2. कुछ आलोचकों का यह भी कहना है कि जेस्टॉल्ट मनोविज्ञान की मूल धारणाएँ वास्तव में नई नहीं हैं। निस्सन्देह, यह आलोचना इस अर्थ में सही है कि अन्य सभी विचारधाराओं (School of Thought) के समान इसकी भी ऐतिहासिक पृष्ठभूमि है।

निस्सन्देह, इस प्रकार के विचार पहले भी आए हैं, किन्तु यह आलोचना भी युक्तिसंगत नहीं जान पड़ती क्योंकि इसका जेस्टॉल्ट मनोविज्ञान के सापेक्ष गुणों से सीधा सम्बन्ध नहीं है।

3. कुछ आलोचकों का कहना है कि जेस्टॉल्ट मनोविज्ञान ने समुचित प्रयोगात्मक शोध एवं प्रदत्तों की अपेक्षा सिद्धान्त को अधिक महत्त्व प्रदान किया है। यह आलोचना भी उचित नहीं जान पड़ती, क्योंकि जेस्टॉल्ट मनोवैज्ञानिकों ने आरम्भ से ही प्रयोग एवं शोध पर जोर दिया है।

4. इस आलोचना से सम्बन्धित जेस्टॉल्ट मनोविज्ञान पर एक और आपत्ति उपस्थित की जाती है और वह यह कि जेस्टॉल्ट मनोवैज्ञानिकों के प्रयोगात्मक काम उत्तेजना प्रतिक्रिया सिद्धान्तवादियों की अपेक्षा निम्न कोटि के हैं, क्योंकि उनमें परिवर्त्यों पर समुचित नियंत्रण की कमी है। जेस्टॉल्ट मनोवैज्ञानिकों के प्रदत्तों के सम्बन्ध में भी इन आलोचकों का कहना है कि उनका सांख्यिकीय विश्लेषण सम्भव नहीं है, क्योंकि वे परिमाणात्मक स्वरूप के नहीं हैं। जेस्टॉल्ट मनोवैज्ञानिकों की यह मान्यता रही है कि जब किसी भी नए क्षेत्र में खोज की जाती है अथवा पुराने क्षेत्र में भी बिलकुल नवीन दृष्टिकोण अपनाकर खोज की जाती है तो पहले गुणात्मक परिणाम (Qualitative Result) ही आते हैं। फलस्वरूप उनके अधिकांश शोध अपेक्षाकृत कम परिणामात्मक स्वरूप के हुए हैं। अतः इसे कोई दोष नहीं माना जा सकता।

5. कुछ आलोचकों का कहना है कि जेस्टॉल्टवादी मनोविज्ञान की दैहिक मान्यताएँ (Physiological Assumptions) भली-भांति परिभाषित नहीं हैं। इस बात को जेस्टॉल्टवादी मनोवैज्ञानिक भी स्वीकारते हैं कि इस क्षेत्र में उनके सिद्धान्त काम चलाऊ ही हैं, स्थायी नहीं हैं, लेकिन साथ-ही-साथ उनका यह भी कहना है कि ऐसा पूर्वानुमान (Speculation) एक उपयोगी सहायक के रूप में काम करता है और इस प्रसंग में यह शोध के लिए प्रेरणा स्रोत सिद्ध हुआ है।

वर्दिमीयर, कौफ्का तथा कोहलर द्वारा प्रयुक्त प्रधान धारणा सर्वाधिक दोषपूर्ण जान पड़ती है। उसके सम्बन्ध में यह कहा जा सकता है कि समग्रता अथवा समष्टि

को इतना अधिक महत्त्व प्रदान करना तथा उसे मनोवैज्ञानिक सिद्धान्त में केन्द्रीय स्थान देना समुचित नहीं है। इस सम्बन्ध में वुडवर्थ का कहना है कि "दृष्टि की गति पर वर्दिमीयर का प्रयोग निश्चय ही दिलचस्प एवं महत्त्वपूर्ण था, किन्तु हम पूछ सकते हैं कि इसे इतना महत्त्वपूर्ण क्यों माना गया कि यह मनोविज्ञान में एक नई विचारधारा का आरम्भ कर सके। यह ठीक है कि यह स्पष्टतः सम्पूर्णता अथवा समग्रता की समस्या थी जो अंशों के योगमात्र नहीं थी।[35]

अब समस्या स्पष्ट है। क्या समग्रता एक नवीन सत्ता है? क्या इस प्रकार की मान्यता पर मनोवैज्ञानिक सिद्धान्त आधारित हो सकता है? प्रत्यक्षीकरण के विशेषज्ञ एफ.एच. ऑलपोर्ट ने इस मान्यता को चुनौती दी है। उन्हीं के शब्दों में :

"हमारे पास इसका कोई वस्तुनिष्ठ प्रमाण नहीं है कि संपूर्ण अंशों से अलग है, बशर्ते हम अंशों को सदा उसी रूप में ग्रहण करें जिस रूप में उनका अस्तित्व है और वे साथ मिलकर कार्य संपन्न करते हैं।"[36] वस्तुतः यह मानना कि संपूर्ण अंशों से अलग होता है एक अनुमान मात्र है।

जेस्टॉल्ट मनोविज्ञान के योगदान एवं वर्तमान स्थिति
(Contribution of Gestalt Psychology and its present Status)

1. किसी भी मनोवैज्ञानिक विचारधारा की अपेक्षा जेस्टॉल्ट मनोविज्ञान ने प्रत्यक्षीकरण के क्षेत्र में शोध की अधिक प्रेरणा दी। उसने संगठन के नियमों को प्रत्यक्षीकरण पर लागू किया।

2. इसमें कोई संदेह नहीं कि सीखना एक से अधिक प्रकार का होता है, जैसा कि टौलमैन ने कहा है कि राजरान (Razran) का भी कहना है कि सर्वोच्च स्तर का सीखना प्रत्यक्षीकरण, समष्टि तथा सूझबूझ से सम्बन्धित होता है। जेस्टॉल्टवादियों के अनुसार सीखना तथा समस्या-समाधान प्रत्यक्षात्मक क्षेत्र (Perceptual field) की पुनर्संरचना (Restucturing) है।

3. संपूर्ण-अंश सम्बन्ध के प्रति जेस्टॉल्ट मनोवृत्ति को अधिकांश मनोवैज्ञानिकों ने अपनाया और यह कोहलर के जीवन काल में ही हुआ।[37] यह जेस्टॉल्ट मनोविज्ञान की एक बड़ी उपलब्धि मानी जाती है।

4. जेस्टॉल्ट मनोविज्ञान ने सामान्य मनोविज्ञान के प्राचीन क्षेत्रों में महत्त्वपूर्ण कार्यों की प्रेरणा दी। उदाहरण के लिए, ऐश, हे तथा डायमंड (Asch, Hay and Diamond, 1960) का वाचिक सीखने पर तथा कैटोना (Katona, 1940) का स्मृति पर काम उल्लेखनीय है।[38]

5. तंत्रिका-विज्ञान (Neurology), आकृतीय उत्तर प्रभाव (Figural after Effects), आकार आधार भूमि (Figural Ground) आदि के सम्बन्ध में जेस्टॉल्ट अध्ययन विचारोत्तेजक है।

6. जेस्टॉल्ट मनोविज्ञान ने मनोविज्ञान के अनेक क्षेत्रों को प्रभावित किया है, जैसे–बाल मनोविज्ञान, समाज मनोविज्ञान, शिक्षा मनोविज्ञान तथा चिकित्सीय मनोविज्ञान आदि।

7. अपने प्रमुख प्रतिद्वन्द्वी व्यवहारवाद से भिन्न जेस्टॉल्ट मनोविज्ञान की अपनी अलग स्वतंत्र सत्ता है, क्योंकि इसके प्रमुख सिद्धान्त मनोविज्ञान चिन्तन की मुख्य धारा में अन्तर्लीन नहीं हो पाए हैं। उदाहरण के लिए, एक प्रमुख समस्या के रूप में चेतन अनुभूति के अध्ययन में इसकी अभिरुचि निरन्तर बनी रही। इसका प्रभाव हितकर है अथवा अहितकर, यह मनोवैज्ञानिकों के बीच एक विवादास्पद प्रश्न है। यहाँ यह उल्लेखनीय है कि जेस्टॉल्ट मनोविज्ञान की यह अभिरुचि वुन्ट-टिचेनर के अन्तर्निरीक्षणात्मक स्वरूप की नहीं है, बल्कि इसका केन्द्र-बिन्दु है घटना क्रिया विज्ञान (Phenomenology) की आधुनिक व्याख्या।

समसामयिक जेस्टॉल्ट मनोविज्ञान के अनुयायी यह मानते हैं कि चेतन अनुभूति की अपनी स्वतन्त्र सत्ता है और इसका अध्ययन भी किया जा सकता है। साथ-ही-साथ वे यह भी मानते हैं कि चेतन अनुभूति का अध्ययन उतना सुनिश्चित एवं वस्तुनिष्ठ नहीं हो सकता जितना कि बाह्य व्यवहार का।

8. जेस्टॉल्ट मनोविज्ञान की एक यह भी महत्त्वपूर्ण देन है कि इसने मनोविज्ञान की अन्य समकालीन विचारधाराओं की युक्तिसंगत आलोचना कर उन्हें अपने विचारों के पुनर्परीक्षण का अवसर प्रदान किया ताकि वे विरोधों के बावजूद अपने अस्तित्व को बनाए रख सकें।

9. मार्क्स एवं हिलिक्स (1987) ने कोन (Coan 1997) के प्रथम तीन आयामों के संदर्भ में मनोविज्ञान की अन्य विचारधाराओं के साथ जेस्टॉल्ट मनोविज्ञान की तुलना की है।[39] इन तीनों में से प्रथम आयाम के संदर्भ में यह कहा जा सकता है कि जेस्टॉल्ट मनोविज्ञान का दृष्टिकोण विश्लेषणात्मक (Analytical) न होकर संश्लेषणात्मक (Synthetic) है। यह वस्तुनिष्ठ प्रदत्तों पर अधिक जोर नहीं देता बल्कि इसका झुकाव गुणात्मक प्रदत्तों (Qualitative Data) की ओर है और यह निश्चित रूप से समस्यात्मक दृष्टिकोण को अपनाकर मनोवैज्ञानिक समस्याओं पर विचार करता है। इस प्रकार जेस्टॉल्ट मनोविज्ञान इन बातों की दृष्टि से साहचर्यवाद एवं व्यवहारवाद के ठीक विरोधी छोर पर पड़ता है तथा प्रकार्यवाद के साथ इसकी स्थिति मध्यम है।

कोन के तीन आयामों में से द्वितीय आयाम के संदर्भ में मार्क्स एवं हिलिक्स का कहना है कि जेस्टॉल्ट मनोविज्ञान प्रकार्यवाद के अति निकट पड़ता है तथा साहचर्यवाद से दूर। मनोविज्ञान की अधिकांश विचारधाराओं की अपेक्षा यह अपने दृष्टिकोण में अधिक वैयक्तिक एवं गतिशील है।

कोन के तीसरे आयाम के संदर्भ में यह कहा जा सकता है कि निश्चय ही जेस्टॉल्ट मनोविज्ञान का झुकाव स्वतन्त्र छोर की ओर है, न कि प्रतिबंधक (Restriction) छोर की ओर।

यह इतना अधिक परिवर्तनकारी एवं उदार है कि इसके प्रतिबंधक होने की कोई गुंजाइश ही नहीं है। फलस्वरूप जेस्टॉल्ट मनोविज्ञान ने नई विधियों एवं नई मनोवृत्तियों का मार्ग प्रशस्त किया जिसके चलते मनोविज्ञान सदा इसका ऋणी बना रहेगा।[40]

अन्त में हम मार्क्स एवं हिलिक्स तथा शुल्ज के विचारों को उद्धृत कर जेस्टॉल्ट मनोविज्ञान की स्थिति को स्पष्ट करना अधिक उपयुक्त समझते हैं :

"कर्ट लेविन, इगौन बुंजविक तथा रोगर बार्कर द्वारा मूलभूत जेस्टॉल्ट सिद्धान्त बिलकुल भिन्न दिशाओं में विकसित किए गए हैं। इस प्रकार जेस्टाल्ट मनोविज्ञान अभी भी समकालीन मनोविज्ञान में एक सक्रिय शक्ति है।"[41]

"जेस्टॉल्ट आन्दोलन ने मनोविज्ञान पर निर्विवाद रूप से अपनी अमिट छाप छोड़ी है। अन्य आन्दोलनों के समान जिन्होंने प्राचीन परम्पराओं को चुनौती दी है, इसका भी कुल मिलाकर मनोविज्ञान पर अभिनव एवं प्रेरणादायक प्रभाव पड़ा है।"[42]

सन्दर्भ

1. Insight behaviour does not contest in separate responses to separate stimuli but in an integrated response to the pattern of the whole situation. A problem amounts to a 'gap' in the present situation.....insight amounts to perceiving the 'gap' and insightful behaviour closes the gap."—Woodworth and Sheehan. Contemporary Schools of Psy. p. 233.
2. Yerkes, R. M. 'The mind of a Gorilla' Genetic Psychology Monograph, 1927, 2, 156–जैसा कि डॉ. राम प्रसाद पाण्डेय की पुस्तक 'सामान्य मनोविज्ञान' में वर्णित है।
3. Kohler, W. The mentality of apes.NewYork : Harcourt, Brace and World, Inc, 1927. p. 193.
4. "Insight is gradual and graduated" Duncker, K. 1935.Zer Psychogic des Productiven denkers. Berlin, Verlag Julius Spianger, 231.
5. Wertheimer, M., Productive Thinking. New York : Harper and Row, Publisher, 1945.
6. At all levels, Wertheimer found examples of 'genuine, fine, clean, direct, productive processes,' though he also found "factors working against there processes and e.g. blind halats, certain kinds of school orill bied, of special interests (1945, page 189). Werthliner, M. Productive thinking" as reported in Woodworth and Sheehan Contemporary Schools of Psychology, p. 236.
7. M, Werthiemer, Productive Thinking, New York : Harker and Row, Publishers, 1945, Pages 171, 188.
8. Woodwork, R. S. and Sheehan, M. R. Contenporary School of Psychology, p. 226.
9. Wertheimer, Productive thinking, page, 64, 113, 95.
10. Terrace, H.S. (1966), Stimulus control. In W. K. Horig (Ed.) operant behaviour : Areas of research and application. New York : Appleton Century Crofs pp. 271-344.

11. Wertheimer, productive thinking, p. 199.
12. Benjamin, B. Wolman, Contemporary Theories and Systems in Psychology. p. 440.
13. Woodworth and Sheehan, Contemporary Schools of Psychology, p. 238.
14. Gardner Murphy, Historical Introduction to Modern Psychology (Rev. ed), Harcourt, Brace, 1949, p. 298. (Quote lines from wolman, p.)
15. "Kurt Lewin may be counted either as can adherauit of Gestalt Psychology or as the founder of a closely related shchool."
16. "Psychology cannot try to explain everything with a single construct such as association, instinct or gestalt. A variety of constructs have to be used, There should be interrelated, however in an ecologically precisely manner "Lewin, 1940 formalization and progress in Psychology unuer of qoua studies in child wellfare, Ib, No-3.
17. Behaviour and development as a function of the total situation. In Carmichal, L-(Ed.) Manual of child Psychology 1918-70 Newyork : John Wiliey and Sons, Inc. London Chapmen and Hall, total 240.
18. The possibilities of a 'Field theory ' in the realum of action , emotion , personality .... According Field theories ...... on the present field. Lewin, 1940 pages 33,36 (See Woodworth and Sheehan, p. 241).
19. The life space is defined so that it any given time it includes all facts that have existence and excludes that do not have existence for the individual or group under study." Lewin, Field theory in social, science, Harper, 1951, p. 11-12
20. Lewin, Principles of Topological Psychology, p. 93
21. I. A. Brown. 'On the use of mathematics in Psychological theory', Psychometrika. 1936, 1. 7-15, 77-90.
22. "Person and environment are found together is a field and cannot be separated." Wolman, p. 464
23. "His pioneering efforts in the field alone are sufficient to justify his position in the history of psychology." D . Schultz, A history of Modern Psychology, 2nd ed, 1975, p. 289.
24. Lewin, Lippitt, R. Whit, R. Patterns of organization behaviour in experimentally created social Climates. Journal of soc. psychology, 1939, 10, 271-299.
25. willems, E. P. and Rausch, H- L- (Eds.), 1969, Natura;istic view points in Psychological Research, New York : Holt.
26. Barker, R. G., 1968, Ecological Psychology, Stanford, G. A. Stanford University Press.
27. "Lewin's considerable impulses did not end with his both". p. 290 3rd para.
28. Lewin, K .Resolving Social Conflicts. Newyork: Harper and Row, 1948.
29. "Few psychologists have been as eager as Lewin to contribute to the solution of Social problens." M. H. Marx and W. A. Cronam Hillix, Systems and Theories in Psychology, Mcgraw, Hill Book Company, 1987.

30. "The findings stand on their own merits and as many friendly critics have pointed out , Lewin's experiments may outlive his general theory." Wolman, p. 489.
31. "Perhapes this contribution is more important and more valid than his efforts to create a system of Psychological caws." Wolman, B. B.p. 490
32. "One is tempted to compare the role of Lewin in the history of modern Psychlolgy not to that of Galileo but to that of Heraclitess in ancient philosophy." Wolman, p. 490.
33. "The centre of interest shifts from ojects to processes from state to change of state," Quoted by.Wolman. p. 490.
34. So great was the effect of Levin as a human being and as an investigator that one could call. Americans of social psychology a lwanigan development Wolman p. 450.
35. Wertheimer's expt. on visual movement was certainly interesting and important, but we may query why it was regarded as important enough to inaqurate a new school of psychology well it, was a clear case of whole which was not a mere sum of parts." Woodworth and Sheehan Contemporary Schools of Psychology Reprinted) John Dickens std Great Britain 1967, p. 217.
36. We have no objective evidence that a whole is anything that then the parts, provided always that the partiare taken as taken in they exist roterate together. We Contemporary Theories, Spismen p. 441.
37. "Kohlar lived to see the Gestalt whole part attitude accepted by many" Marx Hillix, System and Theories in Psychology 1907 p. 242.
38. Asch S.E. Hay, J and Diamonds R.M. 1960 Perceptual organisation in social role learning Americans Journal of pg. 73, 177-178.
39. Coan. R. W., 1979, Psychologists Personal and Theoritical pathways Newyork : Irvinston.
40. "Gestalts by helped to open up psychology to new method and new atttitudes for which psychology will be forever in its debt." Marx Hillix, Septenus and Theories in Psychology, Mcgrow-Hill book Company, 1987, p. 246.
41. "The fundamental Jestalt principles have been developed in quite different Instructions by Kurt Lavin, Egon Breenswik and Rojer Barker Gestlat Psychology is thus an active force in contemporary psychology. Marx and Hillix, p. 243.
42. "The Gestalt movement has unquestionably left an indelible imprint on Psychology. Like other movements that challenged older traditions it had a refreshing and stimulating influence on Psychology as a whole." D. Schultz. A History of Modern Psychology, 2nd ed, Academic from Inc. Newyork, 1975. p. 291.

अभिप्रायवाद अथवा प्रयोजनवाद

(Purposivism)

मैकडूगल ने मनोविज्ञान में एकांगी बुद्धिवाद का विरोध किया और मानव-क्रियाओं में संवेगों एवं प्रेरक-वृत्तियों के महत्त्व पर जोर दिया। उन्होंने यह स्पष्ट किया कि मानव का आचरण एवं व्यवहार जन्मजात मनोवेगों (Impulses) पर निर्भर करता है और ये मनोवेग बुद्धिसंगत नहीं होते।

यहाँ यह द्रष्टव्य है कि जब मनोवैज्ञानिक वैज्ञानिकता की ओर मुड़ रहे थे तब अभिप्राय की धारणा ने उन्हें बहुत परेशान किया। अन्तर्निरीक्षणात्मक तथा व्यवहारात्मक, दोनों ही दृष्टियों से यह परेशानी का विषय बना रहा। कारण, टिचेनर के अनुसार अभिप्राय की धारणा अर्थ (Means) अथवा मूल्य (Value) के अन्तर्गत आती है। अतः उनके संरचनावाद में इसके लिए कोई स्थान नहीं। वाट्सन ने इसका वर्गीकरण संवेदना, प्रत्यक्षीकरण, बिम्ब, इच्छा आदि आत्मनिष्ठ धारणाओं के साथ किया, जिनका वे पूर्णरूप से बहिष्कार कर चुके थे। इस असमंजस का सामना दोनों (टिचेनर और वाट्सन) को करना पड़ा, क्योंकि अभिप्राय एक मनोवैज्ञानिक तथ्य है जिसका मैकडूगल ने विशद् विवेचन प्रस्तुत किया है।

अभिप्रायवादी मनोविज्ञान के तीन प्रमुख आधारों का उल्लेख किया जा सकता है—(1) मानव-मन (Human mind) मूलतः एकत्व (Unity) का द्योतक है, (2) मन का सार तत्त्व है क्रिया की आदि प्रेरणा (Primal Urge to Activity) तथा (3) क्रिया की यह आदि प्रेरणा मैकडूगल की विभिन्न मूल प्रवृत्तियों (Instincts) अथवा प्रवणताओं (Propensities) में अभिव्यक्त होती है। क्रिया की आदि प्रेरणा के महत्त्व पर बहुत पहले ईसा के पूर्व पाँचवीं शताब्दी में ही विश्व विख्यात् ग्रन्थ 'भगवत्‌गीता' में प्रकाश डाला जा चुका है, किन्तु इसका पता मैकडूगल को नहीं था। 'गीता' के तीसरे अध्यायन के पाँचवें श्लोक में यह स्पष्ट किया गया है कि कोई भी मनुष्य बिना कुछ किए क्षण भर भी नहीं रह सकता ("न हि कश्चित् क्षणमपि जातु निष्ठत्य कर्मकृत")। पुनः इसी अध्याय के आठवें श्लोक में कहा गया है कि जीवन-धारणा के लिए भी

क्रिया का सम्पादन अनिवार्य है (शरीरयात्रापि च ते न प्रसिध्येदकर्मणः)। निष्कर्ष यह कि पूर्वी तथा पश्चिमी दोनों ही चिन्तकों ने क्रिया को जीवन का एक अनिवार्य अंग माना है। उनके संरचनावाद में इसके लिए कोई स्थान नहीं। वाट्सन ने इसका वर्गीकरण संवेदना, प्रत्यक्षीकरण बिम्ब तथा इच्छा (Desire) के साथ किया है, जिनका वे पूर्णरूप से बहिष्कार कर चुक थे। चीन के प्रमुख व्यवहारवादी मनोवैज्ञानिक जेड.वाई क्यूओ (Z.Y. Kuo, 1920) ने इस सम्बन्ध में अपना विचार व्यक्त करते हुए स्पष्ट किया है कि जब लोग व्यवहार के तत्त्वों को भलीभाँति समझ जाएँगे, अन्ततोगत्वा यह धारणा लुप्त हो जाएगी।

जैसा कि पहले ही व्यक्त किया जा चुका है, अभिप्राय एक मनोवैज्ञानिक तथ्य है। यहाँ यह भी उल्लेख्य है कि अभिप्राययुक्त व्यवहार (Purposive Behaviour) तथा लक्ष्यान्वेषण (Goal-Suking) दोनों एक ही समान हैं। पूर्ण अभिप्राययुक्त व्यवहार में दो तत्त्व निहित रहते हैं : इच्छा (desire) तथा पूर्व दृष्टि (Foresight)। हम प्रायः पहले लक्ष्य को जान लेते हैं और तब उसे प्राप्त करना चाहते हैं। ये दोनों सदा एक साथ विद्यमान रहें, यह कोई आवश्यक नहीं है। उदाहरण के लिए, आदिम ढंग के लक्ष्यान्वेषण में इच्छा तो विद्यमान रहती है, किन्तु पहले से लक्ष्य की स्पष्ट जानकारी नहीं रहती। अभिप्रायवाद इस बात पर जोर देता है कि व्यवहार में इच्छा की महत्त्वपूर्ण भूमिका होती है। पूर्वदृष्टि की ओर झुकाव होने के बावजूद अभिप्रायवाद पूर्वदृष्टि की अपेक्षा इच्छा पर अधिक जोर देता है। इच्छा की प्रधानता के कारण ही मैकडूगल ने अपने सिद्धान्त को अभिप्राय अथवा लक्ष्य का सिद्धान्त (Hormic Theory) कहा है। हौर्म शब्द का अर्थ है जीने की इच्छा।

सभी जीवित प्राणी व्यवहार करते हैं, अपने अभिप्राय अथवा लक्ष्य की सिद्धि के लिए क्रिया का सम्पादन करते हैं। इसीलिए मैकडूगल ने मनोविज्ञान को व्यवहार के विज्ञान के रूप में परिभाषित किया है। उनकी दृष्टि में केवल चेतना का विज्ञान व्यर्थ एवं संकुचित है। उन्होंने मनोविज्ञान के अध्ययन में वस्तुनिष्ठ विधियों के महत्त्व पर जोर दिया है, किन्तु अन्तर्निरीक्षण को भी अस्वीकार नहीं किया है। यहाँ यह उल्लेखनीय है कि व्यवहार सदा बाह्य शक्तियों से ही उत्पन्न नहीं होता, वह मात्र उत्तेजना के प्रति प्रतिक्रिया भी नहीं है। कुछ व्यवहार अथवा क्रियाएँ अन्दर से उत्पन्न होती हैं। वे सहज-स्वाभाविक होती हैं। व्यवहार अभिप्राययुक्त होता है। वह जीवन के प्रति समायोजन एवं जीवन के संरक्षण में सहायक होता है जो जीवित प्राणियों के प्रधान लक्ष्य हैं। इससे स्पष्ट है कि मैकडूगल वाट्सन से कहीं अधिक प्रकार्यवादी (Functionalist) दृष्टिकोण के रहे हैं।

मैकडूगल का कहना है कि यदि अभिप्राय अथवा लक्ष्य की प्रवृत्ति न हो तो विकास (Evolution) की अनवरतता (Continuity) ही नष्ट हो जाएगी। अतः उन्होंने परिकल्पित रूप में (Hypothesis) यह अभिधारणा (Postulate) प्रस्तुत की है कि

निर्जीव-वस्तुओं में भी मानसिक ढंग के कुछ चिह्न पाए जाते हैं, पर साथ-ही-साथ उन्होंने निर्जीव तथा सजीव में यह अन्तर किया है कि निर्जीव वस्तु निष्क्रिय होती है, उसमें बाह्य शक्तियों से गति उत्पन्न की जाती है तथा सजीव प्राणी सक्रिय रूप से व्यवहार करता है। उसमें आत्म-निर्णय तथा लक्ष्य को प्राप्त करने के लिए सक्रिय रूप से प्रयास करने की अतिरिक्त शक्ति होती है। व्यवहार की विशेषता यह है कि जब लक्ष्य प्राप्त हो जाता है तो व्यवहार का अन्त हो जाता है। इससे स्पष्ट है कि "लक्ष्य प्राप्त करने के लिए प्रयास करना ही व्यवहार का चिह्न है और व्यवहार जीवित वस्तुओं की विशेषता है।"[1]

मैकडूगल ने लक्ष्य-निर्देशित व्यवहार की निम्नांकित विशेषताओं का भी उल्लेख किया है–

1. कोई भी क्रिया उत्तेजना के प्रति प्रतिक्रिया के रूप में आरम्भ होती है, किन्तु उत्तेजना के हट जाने के बाद भी चलती रहती है।

2. इस अनवरतता (सांतत्य Persistence) के बावजूद क्रिया में काफी परिवर्त्तन हो सकते हैं।

3. जब लक्ष्य प्राप्त हो जाता है तो उस क्रिया का अन्त हो जाता है और तब दूसरी क्रिया उसकी जगह ले लेती है।

4. क्रिया को बार-बार दुहराने से उसमें उन्नति होती है।

लक्ष्य-निर्देशित व्यवहार के इन वस्तुनिष्ठ मानदण्डों को आगे चलकर टौलमैन तथा अन्य व्यवहारवादियों ने भी अपनाया।

यदि व्यवहार की विशेषता है लक्ष्य-निर्देशित होना, तो प्रश्न यह है कि प्राणी किन लक्ष्यों को प्राप्त करना चाहता है। वे कौन-सी बुनियादी प्रेरक वृत्तियाँ (Motives) हैं जो व्यवहार को लक्ष्य की ओर निर्देशित कर देती हैं। इस खोज के क्रम में मैकडूगल ने समाज-विज्ञानों (Social Sciences) के लिए प्रेरक वृत्तियों का सुव्यवस्थित मनोविज्ञान विकसित किया। उनकी मान्यता थी कि कुछ बुनियादी प्रेरक वृत्तियाँ स्वाभाविक एवं वंशानुक्रमिक होती हैं। अन्य सारी प्रेरक वृत्तियाँ अनुभव अथवा सीखने के फलस्वरूप बुनियादी प्रेरक वृत्तियों से ही उत्पन्न होती हैं। उन बुनियादी प्रेरक वृत्तियों को ही उन्होंने मूल प्रवृत्तियों (Instincts) की संज्ञा दी, जिनके लिए बाद में उन्होंने 'प्रवणता' (Propensity) शब्द का व्यवहार किया।

मूल-प्रवृत्तियों का सिद्धान्त
(Theory of Instincts)

मैकडूगल के अनुसार मूल-प्रवृत्ति मानसिक संरचना का एक निश्चित तथ्य है, जिसे हम व्यवहार एवं अनुभूति के आधार पर समझते हैं।

मैकडूगल का मूल-प्रवृत्ति का सिद्धान्त सर्वाधिक महत्त्वपूर्ण एवं विवादास्पद सिद्धान्त है। विवाद एवं आलोचना के कारण ही उन्होंने मूल-प्रवृत्ति के स्थान पर प्रवणता (Propensity) शब्द का प्रयोग किया, जिसका उल्लेख पहले किया जा चुका है। 1908 में उन्होंने बारह प्रमुख मानव मूल-प्रवृत्तियों की सूची प्रस्तुत की। फिर उस सूची में कई बार परिवर्तनों के बाद अन्ततोगत्वा 1932 में उन्होंने अठारह मूल-प्रवृत्तियों अथवा प्रवणताओं (Propensities) की सूची उपस्थित की।[2] उन्होंने मूल-प्रवृत्तियों अथवा मानव-प्रवणताओं को काफी महत्त्व प्रदान किया, जो इन पंक्तियों से स्पष्ट है : "प्रत्यक्ष अथवा अप्रत्यक्ष रूप से मूल-प्रवृत्तियाँ समस्त मानव क्रियाओं की प्रधान प्रवर्तक हैं।"[3]

मैकडूगल के सिद्धान्त में मूल प्रवृत्ति तीन प्रकार की क्रियाओं की द्योतक है :

प्रत्यक्षात्मक (Perceptual) , सांवेगिक (Emotional) तथा अनुप्रेरणात्मक (Motivational), भावात्मक (Affective) तथा क्रियात्मक (Conaitive)।[4]

मूल प्रवृत्ति का केन्द्रीय तथा प्रमुख भाग है, जैसे पलायन का मूल प्रवृत्ति (Instinct to Escape) में भय की संवेदना निहित रहती है। यहाँ यह उल्लेख्य है कि मूल प्रवृत्त्यात्मक व्यवहार के सांवेगिक भाग को अनुभव अथवा सीखने के द्वारा परिमार्जित नहीं किया जा सकता।[5] उदाहरण के लिए, भोजन करने, युद्ध करने अथवा पलायन या छुटकारा पाने की मूल प्रवृत्तियाँ वंशानुक्रमिक होती हैं, किन्तु उन परिस्थितियों में किए गए व्यवहार की रीतियों को सीखा जा सकता है। उनमें परिवर्तन हो सकता है। मैकडूगल ने आरम्भ से ही जन्मजात मूल प्रवृत्तियों तथा व्यवहार की रीतियों में भेद किया है। मूल प्रवृत्ति का संवेगात्मक भाग जन्मजात होता है, उसमें अनुभव तथा सीखने के कारण परिवर्तन सम्भव नहीं है, जैसा कि पहले कहा जा चुका है। मूल प्रवृत्ति का ऐन्द्रिक तथा क्रियात्मक भाग सीखने के कारण परिवर्तित अथवा परिमार्जित होते हैं और वे ही 'व्यवहार पैटर्न' का निर्माण करते हैं। उदाहरण के लिए, युयुत्सा अथवा कलहप्रियता (Pugnacity) वंशानुक्रमिक है, किन्तु सभ्यता के विकास के साथ इसकी अभिव्यक्ति की रीतियों में परिवर्तन होता गया है। बाधा उपस्थित होने पर युद्ध करना एक प्रमुख मूल प्रवृत्ति है और वंशानुक्रमिक है, किन्तु कब युद्ध करना है और कैसे युद्ध करना है, यह सीखी हुई क्रिया है।

अभी वर्णित परिवर्तनों अथवा परिमार्जनों के अतिरिक्त एक-दूसरे प्रकार का परिमार्जन भी सम्भव है। कई मूल प्रवृत्तियाँ समन्वित होकर एक ही वस्तु, व्यक्ति अथवा विचार में केन्द्रीभूत होकर स्थायी भाव का रूप ग्रहण कर लेती हैं। स्थायी भाव में मूल प्रवृत्तियों के संवेगात्मक केन्द्रीय भाग की प्रधानता होती है, न कि 'व्यवहार पैटर्न' की। इस प्रकार उन्होंने मूल प्रवृत्ति शब्द का दो अर्थों में प्रयोग किया

है–संवेगात्मक केन्द्रीय भाग सहित जन्मजात व्यवहार पैटर्न के अर्थ में तथा केवल संवेगात्मक केन्द्रीय भाग के अर्थ में। इस शब्द के प्रयोग में उलझन तथा व्यर्थ विवाद के कारण ही उन्होंने 1932 में मूल प्रवृत्ति शब्द का बहिष्कार कर दिया।

लामार्क (Lamarck) का अनुसरण करते हुए मैकडूगल ने यह माना कि व्यवहार की अर्जित रीतियाँ (Acquired Modes of Behaviour) जीन (Gene) के द्वारा एक पीढ़ी से दूसरी पीढ़ी में जाती है। इस मान्यता का मैकडूगल के सिद्धान्त में महत्त्वपूर्ण स्थान है। अपरिवर्तनीय मूल प्रवृत्तियों के द्वारा व्यवहार की व्याख्या सम्भव नहीं है। यह तभी सम्भव है जब उसमें सीखने को स्थान दिया जाए। जब यह मान लिया जाए कि अर्जित अथवा सीखा हुआ व्यवहार पैटर्न वंश परम्परा के द्वारा एक पीढ़ी से दूसरी पीढ़ी में जा सकता है। मैकडूगल ने चूहे की तेईस पीढ़ियों को प्रकाशित किया। उन्होंने चूहों को एक तालाब में रखा, जिसमें बाहर निकलने के दो मार्ग थे। जब कभी चूहों ने अधिक प्रकाशित मार्ग से बाहर निकलने की चेष्टा की, तो उन्हें विद्युत आघात का सामना करना पड़ा। इस अध्ययन में उन्होंने पाया कि सही मार्ग से बाहर निकलना सीखने और विद्युत आघात से अपने को बचाने में नियन्त्रित दल (Control Group) के चूहों ने 165 गलतियाँ की, जबकि प्रशिक्षित दल के तेईसवीं पीढ़ी के चूहों ने केवल 25 गलतियाँ कीं। इससे उन्होंने निष्कर्ष निकाला कि व्यवहार की रीतियों को अर्जित किया जा सकता है।

कुछ दूसरों के द्वारा किए गए प्रयोगों के आधार पर यह सिद्ध होता है कि अर्जित व्यवहार वंशानुक्रमिक नहीं होता है, वह तो सीखने का परिणाम है। क्यूओ (Kuo 1928) ने बिल्लियों पर किए गए अपने प्रयोगों के आधार पर सिद्ध किया कि वातावरण व्यवहार को निर्धारित करता है, न कि वंश-परम्परा।[6] अगार (Agar) ने चूहों पर मैकडूगल के प्रयोगों को दुहराया और उन्होंने मैकडूगल के ठीक विपरीत परिणाम पाया।

यहाँ यह भी उल्लेख कर देना अनिवार्य प्रतीत होता है कि मैकडूगल का मूल प्रवृत्ति का सिद्धान्त सुखवादी (Hedonistic) नहीं है। आवश्यकताओं की संतृप्ति (Satisfaction of Needs) फ्रायड के आनन्द के सिद्धान्त (Pleasure Principle) के सदृश नहीं है। प्रत्येक वर्ग के प्राणियों के कुछ विशेष प्रकार के लक्ष्य होते हैं। उस वर्ग के प्राणी उन लक्ष्यों को प्राप्त करने की चेष्टा करते हैं तथा उन्हें प्राप्त कर लेने पर उन लक्ष्यों के अनुरूप आवश्यकताओं की तृप्ति हो जाती है, जैसे भोजन की आवश्यकता, जीवन साथी की आवश्यकता (Mate) आदि।

मैकडूगल के अभिप्रायवाद की समीक्षा

अधिकांश आलोचकों का कहना है कि मैकडूगल अपने सिद्धान्त को प्रमाणित करने में असफल रहे हैं और यह वैज्ञानिक दृष्टिकोण से कदापि लक्ष्य नहीं है। उनके द्वारा

प्रस्तुत मूल प्रवृत्तियों की सूची सर्वाधिक विवादग्रस्त है। पहले तो आलोचकों ने मूल प्रवृत्ति की धारणा की वैज्ञानिक उपयोगिता को चुनौती दी है। उन्होंने शक्ति-मनोविज्ञान (Faculty Psychology) की त्रुटियों से इसकी तुलना की है और कहा है कि शक्ति-मनोविज्ञान ने प्रत्येक क्रिया के लिए एक विशेष प्रकार की शक्ति (Faculty), एक विशेष प्रकार की मूल प्रवृत्ति को अनिवार्य माना है। उदाहरण के लिए, मनुष्य इसलिए खाता है कि उसमें खाने की शक्ति (Faculty) अथवा मूल प्रवृत्ति होती है।

दूसरी आलोचना इस बिन्दु पर की जाती है कि मूल प्रवृत्तियों की सूची मनमाने ढंग से प्रस्तुत की गई है। जिन मनोवैज्ञानिकों ने मूल प्रवृत्ति की धारणा को स्वीकार किया, उन्होंने भी मैकडूगल की अनेक मूल प्रवृत्तियों के स्थान पर फ्रायड की दो मूल प्रवृत्तियों–जीवन धारणा की मूल प्रवृत्ति तथा मृत्यु अथवा विनाश की मूल प्रवृत्ति (Life Instinct or Death Instincts) अथवा युंग की एक ही मूल प्रवृत्ति सामान्य जीवन-शक्ति (General Life Energy) को स्वीकार करना अधिक उपयुक्त समझा है। निष्कर्ष यह कि मैकडूगल की मूल प्रवृत्तियों के सिद्धान्त पर मनोवैज्ञानिक एक मत नहीं हो सके हैं। थौर्नडाइक तथा वाट्सन ने उनके इस सिद्धान्त की कटु आलोचना की और स्पष्ट किया है कि मैकडूगल इस सिद्धान्त को भलीभाँति स्थापित करने में असफल रहे।

इस सम्बन्ध में एक महत्त्वपूर्ण प्रश्न यह भी है कि किस हद तक जटिल 'व्यवहार पैटर्न' वंशानुक्रमिक है, न कि अर्जित अथवा सीखा हुआ। इस सम्बन्ध में यह कहा जा सकता है कि सरल क्रियाएँ अथवा व्यवहार वंशानुक्रमिक हो सकते हैं, किन्तु जटिल क्रियाएँ अथवा व्यवहार अर्जित होते हैं। वस्तुतः व्यवहार के वंशानुक्रमिक तथा अर्जित तत्त्व इस प्रकार एक-दूसरे से जुड़े हुए हैं कि उन्हें अलग करना सम्भव नहीं है।[7] इस प्रकार मैकडूगल अपने अर्जित व्यवहार पैटर्न की वंश परम्परा के सिद्धान्त को प्रमाणित करने में असफल रहे हैं।

कुछ अन्य आलोचकों ने भी मूल प्रवृत्ति के सिद्धान्त की जमकर आलोचना की है और स्पष्ट रूप से कहा है कि समाज के लिए इस सिद्धान्त की कोई उपयोगिता नहीं है। एल.एल बर्नार्ड (L.L. Bernard, 1924) ने अपनी पुस्तक मूल प्रवृत्ति : समाज मनोविज्ञान का एक अध्ययन (Instinct, A Study of Social Psychology) में मूल प्रवृत्ति के सिद्धान्त की व्यर्थता सिद्ध की है। मैकडूगल द्वारा प्रस्तुत मूल प्रवृत्ति में विद्यमान सांवेगिक भाग की धारणा की आलोचना करते हुए एल. एल. बर्नार्ड ने तो यहाँ तक कहा है कि उसमें रहस्यवाद का पुट (Touch of Mysticism) है। उनके अनुसार मानव के सामाजिक व्यवहार के लिए मूल प्रवृत्तियाँ न तो लक्ष्य का निर्धारण कर पाती हैं और न अनुप्रेरक सिद्ध होती हैं। ये दोनों कार्य सामाजिक वातावरण सम्पन्न करते हैं।

मैकडूगल की प्रयोग-विधि प्रदत्तों के प्रस्तुतीकरण की भी कड़ी आलोचना की गई है। उन्होंने जिस प्रकार सिद्धान्त का निर्माण किया है, उसकी भी तीव्र आलोचना की गई है। अभिप्राययुक्त व्यवहार की धारणा में निहित तत्त्वों की उतनी आलोचना नहीं हुई है जितनी प्रस्तुतीकरण की विधि में अपनाई गई हठधर्मिता की आलोचना हुई है।

इन आलोचनाओं के बावजूद, मानव-व्यवहार को समझने में मैकडूगल ने जिस सूझ-बूझ का परिचय दिया है, वह सराहनीय है। 1908 में उन्होंने मनोविज्ञान को जिस रूप में प्रस्तुत किया उसके फलस्वरूप समाज मनोविज्ञान, मनोविज्ञान की एक शाखा के रूप में स्थापित हो गए और विश्वविद्यालय के पाठ्यक्रम में समाज मनोविज्ञान का अध्ययन-अध्यापन आरम्भ हो गया। इसके पूर्व का प्रधान रूप से समाजशास्त्री ही विचार कर रहे थे।

उनके चिन्तन की एक महत्त्वपूर्ण विशेषता थी कि उन्होंने मानव-व्यवहार के सांवेगिक (Emotional) एवं विवेकहीन (Irrational) पक्षों पर जोर देकर मनोवैज्ञानिक शोध में नवजीवन का संचार कर दिया।

उनके द्वारा प्रस्तुत अभिप्राययुक्त व्यवहार की धारणा से प्रभावित होकर हल, टौलमैन जैसे व्यवहारवादी मनोवैज्ञानिकों ने भी उसे अपनाया।

यद्यपि बहुत अधिक मनोवैज्ञानिक उनके अनुयायी नहीं हुए, किन्तु उनके द्वारा प्रस्तुत समृद्ध विचारों से प्रभावित अवश्य हुए। व्यक्तित्त्व के अपने बहुचर तत्त्व विश्लेषण (Multivarias Factor Analysis) में आंशिक रूप से प्रसिद्ध मनोवैज्ञानिक आर. वी. कैटेल भी मैकडूगल के विचारों से निर्देशित हुए। जन्मजात अनुप्रेरणात्मक तत्त्वों के विश्लेषण के क्रम में कैटेल ने मैकडूगल की छह मूल प्रवृत्तियों अथवा प्रवणताओं की उपयुक्तता की पुष्टि की। अन्य चार की भी आंशिक रूप से पुष्टि की, किन्तु कई कारणों से अन्य मूल प्रवृत्तियों की पुष्टि नहीं हो सकी। उन्होंने मैकडूगल की सूची की जिन प्रवणताओं का पूर्ण रूप से समर्थन किया, वे हैं 'सेक्स' सामुदायिकता (Gregarious ness), पैतृक संरक्षण (Parental Protection), अन्वेषण (Exploration), पलायन (Escape) तथा आत्म-स्थापन (Self Assertion)। आत्म-स्थापन के सम्बन्ध में तो उन्होंने यहाँ तक कहा है : "यह गौर करना दिलचस्प है कि इस आत्म-स्थापन प्रणोदन के अनेक वर्णनों में मैकडूगल का वर्णन सर्वाधिक त्रुटिरहित प्रतीत होता है।" (1957)

इसका भी प्रमाण मिला कि कैटेल की आत्म-स्थायी भाव की धारणा मैकडूगल के आत्म-सम्मान के स्थायी भाव (Self-regarding Sentiment) पर आधारित है। कैटेल का आत्म-स्थायी भाव फ्रायड के अंह (Ego) तथा पराहम (Super Ego) पर भी आधारित माना जा सकता है।[8]

वुडवर्थ तथा शीहान ने मैकडूगल का मूल्यांकन करते हुए ठीक ही कहा है कि मैकडूगल ने जितना सोचा था, उससे कही अधिक उनका प्रभाव रहा है, किन्तु उनका यह प्रभाव इस बात पर जोर देने के कारण सीमित हो गया है कि मनोवैज्ञानिक विज्ञान की सीमाओं के बाहर दर्शन के क्षेत्र में भी उनका अनुसरण करें।[9]

सन्दर्भ

1. The striving to achieve an end is than the mark of behaviour and behaviour as the characteristic of living thing." Give is below the William, Mcdougall, Psychology : The Study of Behaviour. Holt, 1912, p. 20.
2. Willam Mcdougall, outline of Psychology, Scrilener, 1923, p. 43-46.
3. Introduction to Social Psychology London Methuen & Co. Ltd.
4. The Energies of Men: A study of the fundamentals of dynamic psychology. London, Methuen & Co. Ltd. 1932.
5. "Directly & Indirectly the instincts, are the prime moves of all human activity." Introduction to Social Psychology, London, Methuen & Co. Ltd., 1908, p. 44.
6. Z. Y. Kuo, the fundamental errors of the concept of purpose and the trial of error fallacy, Psychological Review 1928, 35 414-433.
7. Tosan from Woodsworth and Sheehan, Contemporary Schools of Psychology 8th ed. Methuen Co. Ltd., London, 1965, p. 345.
8. Cattall, R. B. Personality and Motivation structure and measurement. Newyork: Harcourt Brau and wold Inc, p. 518.
9. Woodworth, R. S. and Sheehan, M. R. Contemporary School of Psychology, Methuen & Co. Ltd. London, 1965, p. 350.

मानवतावादी मनोविज्ञान की पृष्ठभूमि

मनोविज्ञान के क्रमिक विकास पर ध्यान देने से स्पष्ट हो जाता है कि विभिन्न विचारधाराओं के अंतर्गत कुछ आत्मनिष्ठ अथवा मानसिकतावादी धारणाओं की अंतर्धारा प्रवाहित होती ही रहेगी। फलस्वरूप अन्ततोगत्वा मानवतावादी मनोविज्ञान का आविर्भाव हुआ। ऐसी स्थिति में विभिन्न विचारधाराओं का सिंहावलोकन अनिवार्य जान पड़ता है।

सर्वप्रथम व्यवहारवाद को लें। व्यवहारवाद के प्रवर्तक जे. बी. वाट्सन ने चेतन अनुभूति, अन्तर्निरीक्षण एवं इन पर आधारित अन्य मानसिकतावादी धारणाओं को मनोविज्ञान से निकाल फेंकने की भरपूर चेष्टा की, किन्तु ऐसा करने में उन्हें पूर्ण सफलता नहीं मिल पाई। वह अव्यक्त व्यवहार (Implicit Behaviour) तथा वाचिक विवरण (Verbal Report) के रूप में चेतन अनुभूति एवं अन्तर्निरीक्षण को मानते ही रहे। प्रत्यक्ष रूप में तो उन्होंने मानसिकतावादी धारणाओं का बहिष्कार करने की घोषणा कर दी, किन्तु अप्रत्यक्ष रूप में उनसे अपना पिंड नहीं छुड़ा सके।

नव-व्यवहारवादी मनोवैज्ञानिक भी आत्मनिष्ठ धारणाओं को किसी-न-किसी रूप में मानते ही रहे। सर्वप्रथम टौलमैन को लें। उन्होंने मानव-व्यवहार की व्याख्या में संज्ञान (Cognition), प्रत्याशा (Expectancy), अभिप्राय (Purpose), मध्यवर्ती परिवर्त्य (Intervening Variables) आदि आत्मनिष्ठ धारणाओं का सहारा लिया।

यद्यपि हल ने टौलमैन के संज्ञान एवं अभिप्राय की धारणाओं की व्याख्या अपने ढंग से की, किन्तु वे भी उन धारणाओं को अस्वीकार नहीं कर सके जो निस्सन्देह आत्मनिष्ठ हैं।[1]

स्किनर ने भी वाचिक व्यवहार (Verbal Behaviour) की धारणा को स्वीकार किया है और साथ-ही-साथ अन्तर्निरीक्षण के विरुद्ध पारंपरिक व्यवहारवादी वर्जना (Behaviouristie Taboo) में ढील देने की बात कही है।[2]

व्यवहारवाद के अन्तर्गत मध्यस्थता की प्रक्रिया अपनाने वाले कुछ मनोवैज्ञानिकों के विचारों पर दृष्टिपात कर लेना भी अनिवार्य जान पड़ता है। ऐसे मनोवैज्ञानिकों में लैश्ले, हेब, मिलर, गैलेन्टर और प्रिब्राम के नाम विशेष रूप से उल्लेखनीय हैं।

के॰ एस॰ लैश्ले (K.S. Lashley) ने अपने प्रयोगों के आधार पर यह महसूस किया कि उत्तेजना-प्रतिक्रिया की धारणा का तभी वैज्ञानिक मूल्य हो सकता है जब वह यह घोषित करे कि क्यों कोई उत्तेजना एक विशेष प्रकार की ही प्रतिक्रिया उत्पन्न करती है, दूसरी प्रकार की प्रतिक्रिया उत्पन्न नहीं कर पाती। इसके लिए केन्द्रीय स्नायु-मंडल की क्रियाओं पर ध्यान देना पड़ेगा। इसके अतिरिक्त, उन्होंने बिम्ब की धारणा एवं चिन्तन-प्रक्रियाओं की सम्यक् व्याख्या के लिए भी केन्द्रीय स्नायु-मंडल की क्रियाओं की ओर ध्यान आकृष्ट किया है। उनके इस विचार से अनेक कट्टर व्यवहारवादियों को बड़ा धक्का लगा, जिसका वुडवर्थ और शीहान ने उल्लेख किया है।[3]

लैश्ले के समान ही डी॰ ओ॰ हेब (D.O. Hebb, 1960) ने भी मध्यम मार्ग को अपनाते हुए कट्टरता से अलग हटकर सोचा है। उन्होंने व्यवहारवाद की स्थिति को स्पष्ट करते हुए कहा है : "चिन्तन की पूर्णतया व्यवहारवादी रीति की स्थापना मनोविज्ञान में एक प्रमुख योगदान है। किन्तु यह प्रायः मानव-व्यवहार की प्रधान समस्या का बहिष्कार करके ही उपलब्ध किया गया है।[4]

हेब ने महसूस किया कि मानसिक तत्परता (Mentral Set), मनोवृत्ति (Attitude), प्रत्याशा (Expectancy), अभिप्राय (Purpose) एवं ध्यान (Attention) के समान वैयक्तिक एवं आत्मनिष्ठ धारणाओं का परित्याग कर मानव-व्यवहार की पूर्ण रूप से व्याख्या करना संभव नहीं है। फलस्वरूप उन्होंने व्यवहार के इन उपेक्षित पक्षों के लिए एक परिकल्पित केन्द्रीय संरचना (Hypothetical Central Structure) का सुझाव दिया है।

मिलर, गैलेन्टन और प्रिब्राम (Miller, Galanton and Pribram, 1960) कम्प्यूटर-संचालनों (Computer-operations) के आधार पर कुछ ऐसे निष्कर्षों पर पहुँचे हैं जिनका चिन्तन पर व्यापक प्रभाव पड़ सकता है। कैनेथबोल्डिंग की पुस्तक 'बिम्ब' (Kenneth Boulding, The Imege, 1956) पढ़ने के पश्चात् इन लेखकों ने इस प्रश्न पर गम्भीरता से विचार करना शुरू कर दिया कि मानव-व्यवहार में इस उपेक्षित संज्ञानात्मक तत्त्व बिम्ब का क्या हाथ है। इसके महत्त्व पर प्रकाश डालते हुए उन्होंने स्पष्ट किया है, "जब तक आप कुछ करने के लिए अपने बिम्ब का उपयोग नहीं करते, तब तक आप वैसे मनुष्य के समान हैं, जो मानचित्रों का संग्रह तो करता है, किन्तु यात्रा कभी नहीं कर पाता।[5] इन लेखकों ने मानव-व्यवहार पर भावी लक्ष्य के प्रभाव तथा प्रयोजन के महत्त्व का भी उल्लेख किया है।

यहाँ तक कि मनोविज्ञान में गणितीय पद्धति को लागू करने के प्रश्न पर, स्वतः गणितीय पद्धति के समर्थकों ने भी उसकी उपयोगिताओं एवं सीमाओं का उल्लेख करते हुए स्वीकार किया है कि—गणित विज्ञान की भाषा है, इसमें कोई संदेह नहीं, किन्तु मनोविज्ञान अभी उस स्थिति में नहीं पहुँच पाया है, कि उसमें केवल

गणित की भाषा का उपयोग किया जा सके। अभी मनोविज्ञान में गणित की भाषा को लागू करने से सम्भवतः अध्ययनकर्ता मनोवैज्ञानिक समस्याओं से काफी दूर हो जाएँगे।[6]

भौतिक विज्ञान (Physics) ने भी इस तथ्य को स्वीकार किया है कि सभी वस्तुनिष्ठ ज्ञान भी अन्ततोगत्वा आत्मनिष्ठ ही होते हैं, क्योंकि वे भी तो निरीक्षणकर्त्ता पर निर्भर करते हैं। कदाचित् इसीलिए पोलान्यी (Polanyi, 1958) ने सभी ज्ञान को 'वैयक्तिक ज्ञान' कहा है।[7]

जेस्टॉल्ट मनोविज्ञान ने भी चेतन अनुभूति के अध्ययन पर जोर दिया है। कौफ्का ने बिम्ब (Image) और चिन्तन (Thought) पर काफी काम किया है, जो निस्सन्देह चेतन स्वरूप के हैं। जेस्टॉल्ट मनोवैज्ञानिकों ने प्रत्यक्ष अनुभूति (Direct Experience) के महत्त्व को स्वीकार किया है क्योंकि इसके द्वारा महत्त्वपूर्ण मनोवैज्ञानिक प्रदत्त प्राप्त किए जा सकते हैं।

मनोविश्लेषण के प्रवर्तक स्वयं फ्रायड ने अचेतन अनुभूति एवं व्यवहार के अध्ययन पर विशेष रूप से जोर दिया है, किन्तु चेतन को भी अस्वीकार नहीं किया है।

ऐडलर ने अपने वैयक्तिक मनोविज्ञान में रचनात्मक 'स्व' अथवा 'आत्म' (Creative Self) के अध्ययन को महत्त्व प्रदान किया है, क्योंकि यह व्यक्ति की रचनात्मक क्रिया का प्रतिनिधित्व करता है। उन्होंने लक्ष्य (Goal) के अध्ययन पर भी जोर दिया है।

युंग ने अपने विश्लेषणात्मक मनोविज्ञान (Analytical Psychology) में आत्म (Sefl), आत्मबोध (Self-actualization), संस्कार (Archetypes) आदि के अध्ययन को महत्त्व प्रदान किया है, जो निस्सन्देह आत्मनिष्ठ एवं वैयक्तिक धारणाएँ हैं। उन्होंने तो यहाँ तक कहा है कि 'आत्म' की धारणा अनुभवातीत (Transcendental) है, इसे वैज्ञानिक रूप से सिद्ध नहीं किया जा सकता, फिर भी यह मनोवैज्ञानिक दृष्टि से तर्कसंगत है। इस प्रकार युंग ने अत्यन्त गहराई में जाकर आत्मनिष्ठ धारणाओं के चिन्तन-मनन के महत्त्व को दर्शाया है।

नव-फ्रायडवादियों ने तो 'आत्म' की धारणा के अध्ययन पर और भी अधिक जोर दिया है। कैरेन हौर्नी ने स्नायु-विकृति से ग्रस्त व्यक्तियों के आदर्शात्मक आत्म-बिम्ब (Idealized Self-image) का उल्लेख किया है, जो वास्तविक-आत्म (Real-self) को स्वीकार करने के मार्ग में बाधक सिद्ध होता है।

एरिक फ्रौम ने और भी आगे बढ़कर यह बतलाया है कि व्यक्ति किस प्रकार 'आत्मानुभूति' (Self-realization) प्राप्त कर सकता है। इसके लिए उन्होंने एक विशेष प्रकार के 'मानवतावादी सामुदायिक समाजवाद' (Humanistic Communitarian Socialism) की कल्पना की है, जिसमें प्रत्येक व्यक्ति को 'आत्मानुभूति' का समान अवसर मिल सकता है।

एच॰ एस॰ सुलिवान ने भी युंग, ऐडलर और फ्रौम के समान 'आत्म' की धारणा पर प्रकाश डाला है। उन्होंने 'आत्म' और 'आत्म-गतिवाद' (Self-dynamism) की भी सम्यक व्याख्या प्रस्तुत की है। उन्होंने अनुभूति की विभिन्न रीतियों (Modes) का भी विस्तृत विवेचन किया है। उन्होंने अपने चिकित्सा-सम्बन्धी तकनीक के रूप में प्रयुक्त इन्टरव्यू का विवेचन करते हुए समानुभूति (Empathy) एवं पारस्परिक संवेग (Reciprocal Emotion) जैसी आत्मनिष्ठ धारणाओं का सहारा लिया है।

निष्कर्ष यह कि फ्रायडवादी एवं नवफ्रायडवादी दोनों ने ही आत्मनिष्ठ धारणाओं का उपयोग किया है। आत्मनिष्ठ धारणाएँ अभिप्रायवादी अथवा प्रयोजनवादी मनोविज्ञान (Purposive Psychology) की तो आधारशिला ही है। मैकडूगल ने अभिप्राय, उद्देश्य, इच्छा, आनन्द, आत्म-निर्धारण की आन्तरिक शक्ति (Intrinsic Power), आत्म स्थायीभाव (Self Sentiment), लक्ष्य आदि आत्मनिष्ठ धारणाओं का अपने मनोविज्ञान में उपयोग कर मानवतावादी मनोविज्ञान की ओर स्पष्ट रूप से संकेत किया है।

वैयक्तिकतावादी मनोविज्ञान (Personalistic Psychology) ने भी 'आत्म' (Self) की वास्तविकता को स्वीकार किया है। आरंभ में विलियम जेम्स (1890) ने चेतना के महत्त्व पर प्रकाश डाला। बाद में उनकी शिष्या एम॰ डब्ल्यू॰ कालकिन्स (M.W. Kalkins, 1930) ने चेतन अनुभूति में एकत्व (Unity) स्थापित करने के तत्त्व के रूप में आत्म के महत्त्व पर बल दिया है। 1900 में उन्होंने घोषित किया कि मनोविज्ञान 'आत्म' का विज्ञान है। इस प्रकार उन्होंने 'आत्म-मनोविज्ञान' (Self-Psychology) को सर्वाधिक महत्त्वपूर्ण माना है। ऑलपोर्ट ने भी 'आत्म' की धारणा के अध्ययन पर काफी जोर दिया है। उन्होंने व्यक्तित्त्व की अपूर्णता अथवा विशिष्टता का उल्लेख कर आत्मनिष्ठ धारणाओं के महत्त्व की ओर हमारा ध्यान आकृष्ट किया है।

गोल्डस्टेन संपूर्णतावादी अथवा एकत्ववादी मनोविज्ञान (Holistic Psychology) के बहुत बड़े समर्थक हैं। उन्होंने मानव-व्यवहार की व्याख्या संपूर्णता के आधार पर की है। उन्होंने प्राणी में एकत्व देखा और इसी रूप में उसे समझने की चेष्टा की। दूसरी महत्त्वपूर्ण बात यह है कि उन्होंने एक ही प्रेरक वृत्ति (Motive) पर जोर दिया है और स्पष्ट किया है कि मनुष्य में एक ही प्रेरणा होती है और वह है 'आत्मबोध' (Self-actualization) अथवा 'आत्मानुभूति' (Self- realization) की प्रेरणा। इसके लिए यह अनिवार्य है कि मनुष्य में अपनी अन्तर्निहित शक्तियों की आत्म-चेतना (Self-consciousness) हो।

अब यहाँ संक्षेप में घटना क्रिया विज्ञान (Phenomenology) एवं अस्तित्ववाद (Existentialism) पर विचार कर लेना अभीष्ट जान पड़ता है। पहले घटना-क्रिया-विज्ञान (Phenomenology) को लें।

घटना-क्रिया-विज्ञान
(Phenomenology)

घटना-क्रिया-विज्ञान के संदर्भ में कान्ट (Kant) हसर्ल (Husserl तथा डिल्थे (Dilthey) के विचार उल्लेखनीय हैं। कान्ट ने अनुभूति के महत्त्व पर प्रकाश डालते हुए अपनी प्रसिद्ध पुस्तक 'विशुद्ध तर्क की समीक्षा' (Critique of Pure Reason) में इस वाक्य से आरम्भ ही किया है : "ज्ञान, निस्सन्देह, अनुभूति से आरम्भ होता है।"[8] उन्होंने यह स्पष्ट किया है कि लॉक (Lock), ह्यूम (Hume) आदि का कहना सही है कि ज्ञान ऐन्द्रिक प्रत्यक्षीकरण से उत्पन्न होता है। यहाँ यह विचारणीय है कि यद्यपि ज्ञान अनुभूति से ही आरम्भ होता है, किन्तु उससे उत्पन्न नहीं होता। किसी घटना का प्रत्यक्षीकरण किस प्रकार का होगा, यह मन (Mind) ही निर्धारित करता है। जहाँ तक मनोविज्ञान की विषय-वस्तु का प्रश्न है, यह कहा जा सकता है कि "मनोविज्ञान की विषय-वस्तु मानसिक घटना है, न कि स्वयं मन।"[9]

कान्ट ने मानव-मन के स्परूप पर प्रकाश डालते हुए कहा है कि वह अनुभवातीत (Transcendental) होता है। इसीलिए उनका कहना है कि कोई भी अनुभवाश्रित विज्ञान (Empirical Science) घटना का विज्ञान है, न कि निरपेक्ष अथवा पूर्ण सत्य का विज्ञान। उनके अनुसार अनुभवाश्रित विज्ञान के रूप में मनोविज्ञान का सम्बन्ध 'आत्म' अथवा 'स्व' (self) की घटनाओं अथवा बाह्य अभिव्यक्तियों (Outer Manifestations) से है।

एडमंड हसर्ल (Edmund Husserl) ने घटना-क्रिया विज्ञान (Phenomenology) को परिभाषित करते हुए कहा है : "घटना-क्रिया-विज्ञान आत्मनिष्ठ प्रक्रियाओं का विज्ञान है, जिसके द्वारा घटनाओं को प्रस्तुत किया जाता है। इस रूप में यह अन्य सभी विज्ञानों के लिए प्राक् कथन का काम करता है।"[10] यह मनोविज्ञान का पूर्ववर्ती एवं उससे बिलकुल स्वतन्त्र एक दार्शनिक विज्ञान है। यह वास्तविक अनुभूतियों के परे जाकर उनके अनिवार्य तत्त्वों पर अपना ध्यान केन्द्रित करता है। इस अर्थ में यह बहुत हद तक गणित के समान है। यह "विशुद्ध सम्भावनाओं का विज्ञान कहा जा सकता है।" इस सम्बन्ध में हसर्ल का कथन है कि "विशुद्ध सम्भावनाओं का यह विज्ञान सर्वत्र वास्तविक तथ्यों के विज्ञान के पहले आता है।"[11]

यहाँ यह उल्लेखनीय है कि दर्शन मनोविज्ञान नहीं है। इसमें कोई सन्देह नहीं कि घटना-क्रिया-विज्ञान (Phenomenology) का सम्बन्ध उन्हीं मानसिक प्रक्रियाओं से है, जो मनोविज्ञान की विषय-वस्तु हैं। किन्तु दोनों के दृष्टिकोण एवं विधियों में फर्क है। घटना-क्रिया-विज्ञान मानसिक अनुभूतियों का वर्णन मात्र करता है। वह वस्तुओं की मात्र बाह्याभिव्यक्ति और उनको प्रस्तुत करने की रीति का वर्णन करता है। मनोविज्ञान मानसिक अनुभूतियों की व्याख्या करता है तथा उनके परस्पर सम्बन्धों के कारणों की खोज करता है। अतः मनोविज्ञान को मानसिक क्रियाओं एवं उन

क्रियाओं की विषय-वस्तुओं (Contents) का विज्ञान कहा जा सकता है। मानव-मन, जिसे कान्ट ने 'अनुभवाश्रित आत्म' (Empirical Self) की संज्ञा दी है, वस्तुनिष्ठ विश्व का एक अंग बन गया है। हम उसके अस्तित्व में ठीक उसी प्रकार विश्वास करते हैं, जिस प्रकार इस वस्तुनिष्ठ विश्व के अस्तित्व में। वस्तुतः घटनाएँ (Phenomena) तो इस वास्तविक विश्व की अभिव्यक्ति मात्र हैं।

विल्हेल्म डिल्थे
(Wilhelm Dilthey)

डिल्थे (Dilthey) कुछ बातों में कान्ट से सहमत भी थे और कुछ में असहमत भी। वे इस बात में कान्ट से सहमत थे कि इस वस्तुनिष्ठ बाह्य विश्व (Objective World) का ज्ञान वास्तविक नहीं है। वस्तुतः ज्ञान तो विश्व की घटनाओं (Phenomena) का होता है। किन्तु अपने मन (Mind) के सम्बन्ध में हमारा ज्ञान वास्तविक है। कारण यह है कि हम इस वस्तुनिष्ठ बाह्य विश्व का निरीक्षण मात्र करते हैं, जबकि हमें अपने अन्तर्मन की अनुभूति होती है। निस्सन्देह, निरीक्षण की अपेक्षा अनुभूति अधिक वास्तविक है।

समसामयिक मनोविज्ञान (Contemporary Psychology) पर डिल्थे को यह आपत्ति थी कि वह मानव अनुभूति को उसकी समग्रता में प्रस्तुत नहीं कर पाता। वुलमैन ने इस सन्दर्भ में उल्लेख किया है कि शेक्सपीयर के लियर (Lear), हैमलेट (Hamlet) तथा मैकबेथ (Macbeth) में सभी मनोवैज्ञानिक पाठ्य-ग्रंथों की अपेक्षा अधिक मनोविज्ञान निहित है।[12] निस्सन्देह महान लेखक मानव को उसकी सम्पूर्णता में समझने की चेष्टा करते हैं। लेकिन इसका यह मतलब नहीं है कि डिल्थे अपने समय के प्रयोगात्मक मनोविज्ञान के विरोधी थे। उनका कहना केवल इतना ही था कि वे मनोविज्ञान को पूर्णरूपेण समझने के लिए अनुपयुक्त हैं। अतः उनके अनुसार मानवतादी अध्ययनों के आधार के रूप में एक नवीन मनोविज्ञान की नितान्त आवश्यकता थी।

डिल्थे के अनुसार हमें मनोवैज्ञानिक घटनाओं की आन्तरिक अनुभूति होती है, न कि उनका मात्र बाह्य प्रत्यक्षीकरण। बाह्य प्रत्यक्षीकरण तो हमें बाह्य वस्तुओं का होता है, न कि मानसिक क्रियाओं का। मानसिक क्रियाओं की तो अनुभूति होती है। मनोविज्ञान आन्तरिक अनुभूति में ही सम्पूर्ण मानव-जीवन को देखता है। वास्तव में उनकी दृष्टि में मनोविज्ञान का विषय है समग्रता में मानव का अध्ययन, उसके मन की संरचनात्मक एकता पर विचार। मन की संरचना गतिहीन नहीं होती, क्योंकि मन विकसित होता है, उसमें परिवर्तन एवं परिमार्जन होते हैं, उसमें गत्यात्मक एकता पाई जाती है। प्रत्येक व्यक्ति में विकास की प्रक्रिया वैयक्तिक (Individual) एवं अपूर्व (Unique) होती है। प्रत्येक व्यक्ति की अपनी अलग सत्ता है।

जहाँ तक मनोवैज्ञानिक शोध अथवा खोज की विधियों का प्रश्न है, वे भी प्राकृतिक विज्ञानों (Natural Sciences) में प्रयुक्त विधियों से भिन्न होती हैं। जहाँ प्राकृतिक विज्ञान बिलकुल बौद्धिक प्रक्रियाओं के सहारे किसी घटना की व्याख्या करते हैं, वहाँ मनोवैज्ञानिक शोध स्वानुभूति से उत्पन्न होते हैं।

निष्कर्ष के रूप में यह कहा जा सकता है कि कान्ट, हसर्ल और डिल्थे की मनोविज्ञान में, विशेष रूप से मानवतावादी मनोविज्ञान में महत्त्वपूर्ण देन है। इन्होंने मानवतावादी मनोविज्ञान के विकास का मार्ग प्रशस्त किया। इन्होंने 'मानव-मन' और 'आन्तरिक अनुभूति' को मनोवैज्ञानिक चिन्तन के केन्द्र में रखा। प्रत्येक व्यक्ति की वैयक्तिकता एवं अपूर्णता पर काफी जोर दिया। फलस्वरूप मनोविज्ञान के क्षेत्र में इन विचारों से अनुप्रेरित होकर अनेक शोध-कार्य हुए जिनकी परिणति परा- मनोविज्ञान (Para Psychology) तथा मानवतावादी मनोविज्ञान में हुई।

अस्तित्ववाद
(Existentialism)

1950 तक अमेरिकी मनोवैज्ञानिकों को महसूस होने लगा कि मनोविज्ञान व्यवहारवाद में सिमट गया है। फलस्वरूप वह व्यक्ति एवं मानव-मूल्यों (Human Values) से काफी दूर हो गया है। ऐसी स्थिति में मनोवैज्ञानिकों ने यह सोचना शुरू कर दिया कि अस्तित्ववाद ही मानवता की ओर उन्मुख मनोविज्ञान का मार्ग प्रशस्त कर सकता है। अस्तित्ववादी मनोविज्ञान में ही व्यक्ति की विलक्षणताओं तथा मानव-मूल्यों पर चिन्तन-मनन संभव है।

मनोविश्लेषण के समान अस्तित्ववादी मनोविज्ञान भी चिकित्सा के ही क्षेत्र से आया। इसके पूर्व लगभग 1910 के आस-पास तक मनोविज्ञान मुख्यतः विश्वविद्यालय तक ही सीमित था। फलस्वरूप मनोवैज्ञानिकों के कार्य वैज्ञानिक तथा सैद्धान्तिक तो थे, किन्तु मनोविज्ञान का व्यावहारिक पक्ष उपेक्षित था। 1950 के आस-पास इस मनोवृत्ति में परिवर्तन हुआ और मनोवैज्ञानिकों ने मनोविज्ञान के व्यावहारिक पक्ष पर भी विचार करना शुरू कर दिया। फलस्वरूप उन्हें मनोविश्लेषण (Psycho-analysis) तथा अस्तित्ववादी मनोविज्ञान ये दोनों अधिक उपयुक्त प्रतीत होने लगे। जहाँ तक अस्तित्ववादी मनोविज्ञान का प्रश्न है, इसे मानव अस्तित्व के अनुभवाश्रित विज्ञान के रूप में परिभाषित किया जा सकता है, जो विधि के रूप में, घटनात्मक विश्लेषण (Phenomenological Analysis) को काम में लाता है। घटना-क्रिया-विज्ञान (Phenomenology) आत्मनिष्ठ प्रक्रियाओं का विज्ञान है। इसके द्वारा घटनाएँ प्रस्तुत की जाती हैं।[13] प्रकारान्तर से कान्ट ने भी यही बात कही है, उन्हीं के शब्दों में : निस्सन्देह, ज्ञान अनुभूति से आरम्भ होता है।[14]

घटना-क्रिया-विज्ञान बहुत हद तक गणित के समान है। "यह विशुद्ध संभावनाओं का विज्ञान है।" इस विशुद्ध संभावनाओं के विज्ञान का वास्तविक विज्ञान के तथ्यों के पूर्व सर्वत्र इसका आना अनिवार्य है।[15] इसका सम्बन्ध ठीक उन्हीं मानसिक प्रक्रियाओं से है, जो मनोविज्ञान की विषय-वस्तु हैं। इन दोनों में अन्तर केवल दृष्टिकोण एवं विधि को लेकर ही है। जहाँ घटना-क्रिया-विज्ञान मानसिक अनुभूतियों का वर्णन मात्र करता है, वहाँ मनोविज्ञान मानसिक अनुभूतियों की व्याख्या और उनके कारणों की खोज करता है।

एक घटना-क्रिया वैज्ञानिक (Phenomenologist) के लिए वास्तविक अथवा सत्य वही है, जिसका वह अनुभव अथवा निरीक्षण करता है। सत्य पर पहुँचने के लिए उसे बौद्धिक अभ्यास (Intellectual Exercise) की आवश्यकता नहीं होती क्योंकि सत्य तो घटनाओं में ही अभिव्यक्त हो जाता है। यहाँ यह उल्लेख्य है कि अनुभूति के द्वारा जिस सत्य की उपलब्धि होती है, वह सिद्धान्तों अथवा पूर्वधारणाओं (Preconception) के द्वारा संभव नहीं है। भारतीय ऋषियों एवं मनीषियों ने अनुभूति के द्वारा ही सत्य को उपलब्ध कर जीवन और जगत के रहस्य को प्रस्तुत किया है। बुद्ध, कबीर आदि इसके ज्वलन्त उदाहरण हैं।

जिस विश्व में व्यक्ति का अस्तित्व है, जिसमें वह रह रहा है, उसके साथ व्यक्ति के एकीकरण (Unity) को ही अस्तित्ववादी मनोविज्ञान की संज्ञा दी जा सकती है। कोई भी दृष्टिकोण अथवा विचार ज़ो इस एकीकरण को नष्ट करता है, मानव अस्तित्व का मिथ्या एवं विखंडित विचार उपस्थित करता है। वास्तव में अस्तित्ववादी मनोविज्ञान का लक्ष्य है घटनाओं का वर्णन करना, न कि उनके कारणों की व्याख्या करना। यह मानव-अस्तित्व में कारण-प्रभाव-सम्बन्ध (Cause-Effect-Relationship) को नहीं मानता, वह तो कारण के स्थान पर अनुप्रेरणा (Motivation) तथा समझ-बूझ (Understanding) के आधार पर व्यक्ति के व्यवहार की व्याख्या करता है।

अस्तित्ववादी मनोविज्ञान ने यह स्पष्ट किया है कि मनोविज्ञान अन्य विज्ञानों, जैसे भौतिक विज्ञान (Physics) तथा रसायन विज्ञान (Chemistry) के समान नहीं है। वह उनसे भिन्न है। जहाँ भौतिक विज्ञान एवं रसायन विज्ञान का सम्बन्ध वस्तुओं से है, वहाँ अस्तित्ववादी मनोविज्ञान का सम्बन्ध व्यक्तियों से है। ऐसी स्थिति में अस्तित्ववादियों का कहना है कि मनोविज्ञान की विधि भी उन विज्ञानों से भिन्न होनी चाहिए। अतः अस्तित्ववादियों ने घटना के वर्णन मात्र (Phenomenology) को मनोविज्ञान की सर्वाधिक उपयुक्त विधि के रूप में अपनाया है। विधि के अनुरूप ही उसकी विषय-वस्तु भी अलग ढंग की है। इसने मुख्यतः विश्व में मानव के अस्तित्व, अस्तित्व की रीतियों (Modes of Existence), विकास की संभावनाओं, अनुभवातीत घटनाओं (Transcendental Events), उत्तरदायित्व, स्वतन्त्रता आदि का अध्ययन किया है।

जहाँ पाश्चात्य भौतिकवादी चिन्तकों ने मनुष्य को एक पदार्थ (Substance) अथवा यन्त्र-रचना (Mechanism) के रूप में ग्रहण किया है वहाँ अस्तित्ववादियों ने मनुष्य को एक अस्तित्व (Existence) के रूप में माना है और स्पष्ट किया है कि मानव-जीवन को समझने के लिए व्यक्ति की अनुभूतियों को समझना अनिवार्य है। इसीलिए उनका कहना है कि वह मनोविज्ञान जो आन्तरिक अनुभूति को अपने अध्ययन का विषय नहीं मानता वह इतना संकुचित है कि व्यक्ति की विलक्षणताओं तथा विशिष्टताओं की व्याख्या नहीं कर सकता। यहाँ यह उल्लेख्य है कि व्यक्ति की विलक्षणताओं एवं विशिष्टताओं को जाने बिना उसके व्यवहार को सम्पूर्णता में कभी भी नहीं समझा जा सकता। यह अस्तित्ववादी विचार मुख्यतः कर्कगार्ड (Kirckgard) तथा जैस्पर्स (Jaspers) आदि के चिन्तन तथा उनकी पुस्तकों से आया है। इस विचार का मनश्चिकित्सा में प्रयोग करने का श्रेय हेडगर (Hedegger), बिश्वैंगर (Biswanger), बौस (Boss), फ्रैंक्ल (Frankl), रोलो मे (Rollo May) आदि को है।

अस्तित्ववादी मनोविज्ञान ने मनोविश्लेषण के उस विचार को अस्वीकार कर दिया जो यह मानता है कि व्यक्ति मूल प्रवृत्त्यात्मक आवेशों (Instinctive Impulses) तथा अचेतन अनुप्रेरणाओं (Unconscious Motivations) की दया पर आश्रित है। अस्तित्ववादी मनोविज्ञान मानव-स्वभाव के प्रति अधिक सकारात्मक दृष्टिकोण अपनाता है। उसकी मान्यता यह है कि मनुष्य अपने व्यवहार का स्वयं निर्माता है। अपने व्यवहार के निर्माण में उसका सक्रिय हाथ होता है। उसमें अपने को विकसित करने तथा आत्म-धारणा (Self-concept) एवं आत्म-बोध (Self-Actualization) की अपूर्व क्षमता होती है।

अस्तित्ववाद का सम्बन्ध व्यक्ति की अस्मिता (Being) से है और इस बात से है कि व्यक्ति में क्या होने की सम्भावना है अथवा वह क्या-क्या और हो सकता है तथा अपनी क्षमताओं को कहाँ तक विकसित कर सकता है। जब व्यक्ति यह नहीं समझ पाता कि वह क्या है, अर्थात् जब वह विसंगति (Inconsistency) की अवस्था में होता है और उसकी क्षमता अवरुद्ध हो गई होती है, तब उसमें मनो विकृति (Psychosis) उत्पन्न होती है। विसंगति अथवा अपने-आप (Self) से तथा समाज से दूर पड़ जाने के कारण व्यक्ति में चिन्ता उत्पन्न होती है। इस स्थिति में तभी परिवर्तन हो सकता है जब मनोविकृत व्यक्ति एवं मनोचिकित्सक (Psychotherapist) के बीच सार्थक सम्बन्ध स्थापित हो जाए। यह भी अनिवार्य है कि वह सम्बन्ध संवेगात्मक हो, ताकि दोनों एक-दूसरे के समक्ष खुलकर अपनी संवेगात्मक अनुभूति को व्यक्त कर सकें।

अस्तित्ववादी मनोविज्ञान को भली-भाँति समझने के लिए उसकी निम्नांकित विशेषताओं पर विचार करना अनिवार्य है :

1. मनुष्य स्वतन्त्र होता है, क्योंकि उसमें आत्म-चेतना (Self Consciousness) अथवा आत्म-धारणा (Self Concept) की क्षमता होती है।

2. मनुष्य अन्य व्यक्तियों से तथा इस विश्व से सम्बन्धित होता है। इसलिए उसमें सहभागिता (Participation), विद्यमानता (Presence) तथा परस्पर-सम्पर्क (Encounter) जैसी धारणाओं की प्रधानता रहती है।

3. अस्मिता अथवा अस्तित्व (Beings) में अनस्तित्त्व (Non-being) अन्तर्निहित रहता है। इस अस्तित्व को हमारा अनस्तित्त्व अथवा मृत्यु की अनिवार्यता सार्थकता प्रदान करती है और मृत्यु की यह अनिवार्यता ही सामान्य चिन्ता (Normal Anxiety) का स्रोत है। फिर भी अस्तित्ववादियों ने खुलकर इस सत्य को स्वीकार किया है कि अस्तित्व में अनस्तित्त्व, अर्थात् जन्म में मृत्यु अन्तर्निहित है। इस प्रकार इन्होंने गीता की उस उक्ति को मुक्त कण्ठ से स्वीकार किया है, जहाँ यह बात कही गई है कि "जन्म लेने वाले का मरना, और मरने वाले का जन्म लेना सुनिश्चित है। अतः इस सत्य की अनिवार्यता के कारण अनस्तित्त्व या मृत्यु चिन्ता का विषय नहीं है।"[16] निष्कर्ष यह कि अस्तित्ववादी मनोवैज्ञानिक, वैज्ञानिक दृष्टिकोण अपनाकर भी अन्ततोगत्वा उसी सत्य पर पहुँचे जहाँ बहुत पहले ही भारतीय चिन्तक पहुँच चुके थे।

4. परस्पर-सम्पर्क (Encounter) के कारण ही मनुष्य विकसित होता है। गतिशील स्वभाव (Dynamic Nature) होने के कारण उसमें अपनी तात्कालिक परिस्थिति तथा अपने अतीत के परे जाने की भी क्षमता होती है। फलस्वरूप वह अपने भविष्य की पसन्द अथवा रुचि के प्रति आशान्वित होता है।

आधुनिक मानव प्रकृति विश्व से दूर होता जा रहा है। फलस्वरूप वह दिनानुदिन अपने को अकेला और लोगों से दूर महसूस करने लगा है। इस विचार को प्रसिद्ध अस्तित्ववादी उपन्यासकार कैमस (Camus) ने स्पष्ट ढंग से अभिव्यक्त किया है। आज सचमुच मानसिक रूप से विकृत अधिकांश लोगों को अपेक्षाकृत अस्तित्वात्मक स्नायु-विकृति की अधिक शिकायत रहती है तथा स्नायु-विकृति के विशिष्ट लक्षणों की कम। अस्तित्वात्मक स्नायु-विकृति से तात्पर्य है सार्थक जीवन के अभाव में अकेलापन एवं असन्तोष की अनुभूति। अस्तित्ववाद की दृष्टि से आज के अधिकांश लोग प्रायः शून्य (Vacuum) में ही रहते हैं। इसे ही फ्रैंक्ल (Frankl) ने अस्तित्ववादी शून्यता (Existential Vacuum) की संज्ञा दी है।

फ्रैंक्ल ने अस्तित्ववादी शून्यता को दूर कर जीवन की सार्थकता के लिए संतोष प्रदान करने वाले जीवन-मूल्यों (Life Values) की अनिवार्यता पर जोर दिया है। इस सन्दर्भ में उन्होंने तीन प्रकार के जीवन-मूल्यों को प्रधान माना है। वे तीन जीवन-मूल्य हैं :

(i) रचनात्मक मूल्य (Creative Values), जिनका सम्बन्ध व्यक्ति की उपलब्धियों से है।

(ii) अनुभवजन्य मूल्य (Experiential Values), जिनका सम्बन्ध सत्य, शिव तथा सुन्दर की अनुभूतियों से है। इसके साथ-ही-साथ दूसरे व्यक्तियों को समझने और उन्हें प्यार देने से है।

(iii) मनोवृत्त्यात्मक मूल्य (Attitudinal Values), जिनका सम्बन्ध साहस तथा बिना किसी झिझक के दुःख सहने की क्षमता से है।

इन जीवन-मूल्यों के कारण ही, मानव-जीवन सार्थक प्रतीत होता है। वस्तुतः प्रत्येक व्यक्ति अपने-आप में विशिष्ट (Unique) होता है। अतः वह अपने अनुकूल जीवन-मूल्यों को अपनाकर जीवन को सार्थक बना लेता है। अस्तित्ववाद अन्य लोगों के प्रति व्यक्ति के कर्त्तव्य पर भी जोर देता है, क्योंकि उसका ऐसा विश्वास है कि यह कर्तव्य-बोध ही उसके 'स्व' (Self) को सार्थक बनाता है।

अस्तित्ववादी विचार का चिकित्सा के क्षेत्र में भी प्रयोग किया गया है। वह यह मानता है कि चिकित्सा चिकित्सक एवं रोगी के बीच का एक सम्बन्ध है। इसे बिंस्वैंगर ने एक सत्ता का दूसरी सत्ता के साथ सम्प्रेषण (Communication) कहा है। यह सम्बन्ध 'मैं' और 'तुम' ('I' and 'You') के बीच का सम्बन्ध है। दो सत्ताओं अथवा दो व्यक्तियों के बीच का यह सम्बन्ध विश्वास, खुलेपन तथा एक-दूसरे के मनोभावों के प्रति आदर पर आधारित है।

सर्वप्रथम बिंस्वैंगर (Binswanger) ने मनश्चिकित्सा (Psychiatry) में घटना-क्रिया-विज्ञान (Phenomenology) का उपयोग किया है। उन्होंने बहुत दिनों तक एक मनो विश्लेषक (Psychoanalyst) के रूप में काम करने के बाद अस्तित्ववादी विश्लेषक (Existential analyst) के रूप में काम करना आरम्भ कर दिया। अस्तित्ववादी विश्लेषक का प्रधान काम है अनुभूति के आन्तरिक विश्व की पुनर्रचना (Reconstruction) करना।

बिंस्वैंगर (Binswanger) के ही समान बौस (Boss) ने भी पहले एक मनोविश्लेषक के रूप में काम किया। तत्पश्चात उन्होंने अस्तित्ववादी विश्लेषण (Existential-analysis) को अपनाया। वे भारतीय चिन्तकों से काफी प्रभावित थे। वे दो बार भारत आए थे–पहली बार 1956 में तथा दूसरी बार 1958 में। दो बार की अपनी भारत यात्रा के बाद उन्होंने अपने अनुभवों को अपनी पुस्तक 'ए साइकियाट्रिस्ट डिस्कवर्स इंडिया' (A Psychiatrist Discovers India 1965) में अभिव्यक्त किया है। 1977 में उनकी पुस्तक 'एक्जिस्टेंसियल फाउंडेशन्स ऑफ मेडिसिन एण्ड साइकॉलजी' ('Existential Foundations of Medicine and Psycholosy' 1977) तथा 1978 में 'आई ड्रेम्ट लास्ट नाइट' (I Dreamt last Night) का प्रकाशन हुआ।

जब बिंस्वैंगर तथा बौस ने अपने को फ्रायड तथा युंग के सिद्धान्तों से मुक्त कर लिया, तो वे अपने को स्वतन्त्र अनुभव करने लगे। उन दोनों ने ही मानव अस्तित्व को समझने में समष्टि के दृष्टिकोण को अपनाने पर काफी जोर दिया। विश्व के साथ व्यक्ति के एकीकरण (Unity) की पहले ही चर्चा की जा चुकी है। एकीकरण की धारणा भी इसी दृष्टिकोण की ओर संकेत करती है।

बौस ने व्यक्ति को वस्तु के रूप में ग्रहण करने का विरोध किया। इस सम्बन्ध में उनका तर्क यह है कि जब हम व्यक्ति को वस्तु के रूप में ग्रहण करेंगे, तो उसका तात्पर्य यह होगा कि हम वस्तु के समान व्यक्ति को निर्मित, व्यवस्थित तथा नियन्त्रित कर सकते हैं और साथ-ही-साथ उसका उपयोग भी कर सकते हैं। फलस्वरूप समुचित ढंग से एक मनुष्य के समान रहने में उसे (व्यक्ति को) रुकावट हो सकती है, क्योंकि उसकी स्वतन्त्रता छिन जाएगी। बौस की मान्यता है कि व्यक्ति स्वभावतः स्वतन्त्र होता है, उसे स्वतंत्रता प्राप्त करने की आवश्यकता नहीं है।[17] स्वतन्त्रता का अर्थ है कि व्यक्ति अपने अस्तित्व के लिए स्वयं पूर्णरूप से उत्तरदायी है।[18] बौस के समान एरिक फ्रौम ने भी स्वतन्त्रता के साथ-साथ उसमें निहित उत्तरदायित्व की भी बात की है।[19]

बौस का कहना है कि विश्व से अलग मानव का अस्तित्व नहीं है और मानव से अलग विश्व का अस्तित्व नहीं है। दूसरे शब्दों में, ये दोनों अभिन्न हैं। उन्होंने यह भी कहा है कि कोई घटना स्वयं एक वास्तविकता है, किसी अन्य की अभिव्यक्ति नहीं है। यहाँ यह उल्लेख्य है कि पाश्चात्य चिन्तकों के लिए यह एक कठिन धारणा है, क्योंकि वे तो उस वैज्ञानिक विचार के अभ्यस्त हैं, जो यह मानता है कि विश्व तथा उसकी घटनाओं को समझने के लिए कारण की खोज करना अनिवार्य है। इस सम्बन्ध में बौस का कहना है कि यदि मनुष्य अपने दिमाग को खुला रखे तो विश्व स्वतः अपना अर्थ प्रकट कर देगा। कारण, अर्थ तो वस्तु में ही निहित रहता है। उसमें अलग से अर्थ जोड़ने की कोई आवश्यकता ही नहीं है। वर्तमान में जीना और उसको आत्मसात करना यही वास्तविकता है। इसी को अंग्याल (Angual) ने 'मानव और विश्व का एकीकरण' ('Oneness of Humans and The World') कहा है।

बौस ने 1977 में प्रकाशित अपनी पुस्तक 'चिकित्सा एवं मनोविज्ञान के अस्तित्ववादी आधार' (Existential Foundation of Medicine and Psychology) में यह स्पष्ट किया है कि "सभी विकृति सम्बन्धी पद्धतियों को, चाहे वे शारीरिक हों अथवा मनोवैज्ञानिक, मानव-अस्तित्व की मुक्त एवं स्वतन्त्र सन्तुष्टि में बाधक तथा अतिक्रमण के रूप में ग्रहण करना चाहिए।"[20] अब प्रश्न यह है कि स्वतन्त्र रूप में मनुष्य जो हो सकता है, क्या उसकी सीमाएँ नहीं हैं? हाँ, एक सीमा तो अवश्य है और वह है अस्तित्व का आधार, जिसमें वह झोंक दिया जाता है, और वही आधार तय कर देता है कि व्यक्ति क्या होगा। उदाहरण के लिए, यदि कोई

लड़की कितनी भी कोशिश करे कि उसका यौन-परिवर्तन हो जाए, अर्थात वह लड़का हो जाए, तो ऐसा नहीं हो सकता क्योंकि अब तो स्त्रीत्व ही उसके अस्तित्व की परिभाषा बन चुकी है। अतः स्त्री के रूप में तो उसका सर्वाधिक विकास हो सकता है, किन्तु वह अपनी सीमाओं को स्वीकार न करे और पुरुष बनना चाहे तो यह कहा जाएगा कि उसने अवास्तविक जीवन का चुनाव कर लिया है। निष्कर्ष यह कि व्यक्ति जो चाहे, वह नहीं हो सकता। हाँ, यह सम्भव है कि उसकी सीमाओं के अन्तर्गत उसका अधिकाधिक विकास हो।

जोरार्ड की आत्माभिव्यक्ति (Self-disclosure) की चिकित्सा भारतीय चिन्तन के अति निकट कही जा सकती है। इनकी चिकित्सा इस बात को द्योतित करती है कि रोगी अपने-आप के सम्पर्क में है, अपने 'स्व' (Self) को पहचानता है। जोरार्ड यह मानते हैं कि मनोचिकित्सक एक उदाहरण है, एक आदर्श है, एक शिक्षक के समान है। वह एक मार्गदर्शक है, एक चेतना विस्तारक है, एक विकास परामर्शदाता है, आत्म-बोध का एक माध्यम है। वस्तुतः जोरार्ड ने एक मनोचिकित्सक को पूर्व (East) के गुरु अथवा शिक्षक का पाश्चात्य रूपान्तरण (Western Verson) माना है।

अस्तित्ववाद में रोलो मे (Rollo May, 1909) का महत्त्वपूर्ण योगदान है। उन्होंने उन्नीसवीं सदी के प्रसिद्ध दार्शनिक कर्कगार्ड के इस विचार को मुक्तकण्ठ से स्वीकार किया है कि मानव-अस्तित्व से अलग सत्य का कोई स्थान नहीं है। इस प्रकार कर्कगार्ड की अन्तर्दृष्टि ने सत्य के सम्बन्ध में मानव चिन्तन को बिलकुल बदल दिया है। रोलो का कहना है कि कर्कगार्ड ने व्यक्ति को उस वस्तु से अलग नहीं माना है, जिसका वह निरीक्षण करता है। रूढ़िवादी वैज्ञानिकों ने मानव को अवैयक्तिक एवं वस्तुनिष्ठ रूप में समझने की चेष्टा की है, वहाँ अस्तित्ववादियों ने मानव को समझने में वैयक्तिक एवं आत्मनिष्ठ दृष्टिकोण को अपनाया है और स्पष्ट रूप से घोषित किया है कि वास्तव में मानव-अनुभूतियों की 'आन्तरिक दुनिया' ही विज्ञान है।

अस्तित्ववाद की अपनी कुछ खास विशेषताएँ हैं। पहली विशेषता तो यह है कि मानव अस्तित्व के विश्लेषण में सभी अस्तित्ववादी चिन्तक व्यक्ति को ही आरम्भ बिन्दु (Starting Point) मानते हैं। मानव अस्तित्व के सम्बन्ध में सभी अस्तित्ववादी कुछ बुनियादी प्रश्नों से आरम्भ करते हैं, जैसे "मैं कौन हूँ?" "जीवन का क्या अर्थ है"? "क्या जीवन जीने योग्य है?" ''मैं अपनी अन्तर्निहित शक्तियों को किस प्रकार चरितार्थ कर सकता हूँ?" आदि। दूसरी विशेषता यह है कि इन प्रश्नों के उत्तर के लिए सभी अस्तित्ववादी चिन्तकों ने व्यक्ति की तात्कालिक अनुभूति (Immediate Experience) पर विचार करना अनिवार्य माना है। व्यक्ति निश्चित रूप से प्राकृतिक घटनाओं के इस विश्व पर आत्मनिष्ठ परिप्रेक्ष्य में ही विचार करता है। उसे यह विश्व प्रायः अनिश्चितताओं से भरा हुआ तथा निरर्थक जान पड़ता है। उसे सबसे बड़ी निरर्थकता तो यह जान पड़ती है कि उसका जीवन सीमित है और वह कभी भी

मर सकता है। ऐसी स्थिति में स्वभावतः यह प्रश्न उठता है कि वह क्या करे? क्या निरर्थकता के सामने घुटने टेक दे, अथवा साहस के साथ अपनी अस्मिता को कायम रखने की सतत चेष्टा करे। यह व्यक्ति पर निर्भर करता है कि वह इस सम्बन्ध में कोई निर्णय लेकर उसे कार्यान्वित करने का प्रयास करे, क्योंकि सत्य उसी रूप में सामने आता है, जिस रूप में व्यक्ति उसे क्रियान्वित करता है।[21] इससे स्पष्ट है कि व्यक्ति जिस लक्ष्य को अपने लिए चुनता है, उसके प्रति उसे समर्पित होना चाहिए, ताकि उसका पूर्णरूपेण क्रियान्वयन हो सके। इस प्रकार यह स्पष्ट है कि अस्तित्ववादी ढाँचे के अन्दर व्यक्ति का स्थान बहुत ऊँचा हो जाता है, लगभग ईश्वर तुल्य।'' ऐसी स्थिति में उसे अपने जीवन को अर्थ प्रदान कर तदनुकूल क्रिया का सम्पादन करना चाहिए।

मे (May) ने उन्नीसवीं सदी में जीवन-मूल्यों के विघटन पर काफी चिन्ता व्यक्त की है। इस सिलसिले में उन्होंने प्रमुख रूप से निम्नांकित का उल्लेख किया है :

1. प्रत्येक व्यक्ति स्वयं के लिए (Each Man for Himself) की भावना गिरती जा रही थी और वैयक्तिक प्रतियोगिता (Individual Competitiveness) की भावना तीव्र गति से बढ़ रही थी, ऐसी प्रतियोगिता जो सबको सुख-समृद्धि प्रदान करने के बदले उन्हें एक-दूसरे का शत्रु बना रही थी। परस्पर विद्वेष इतना बढ़ गया था कि लोग एक-दूसरे से अपने को बिलकुल अलग समझने लगे थे। यहाँ तक कि अपने पड़ोसियों पर भी किसी को विश्वास नहीं रह गया था और वे एक-दूसरे को शत्रु समझने लगे थे।

2. तर्क क्षमता तथा भाव एवं संवेग के बीच समन्वय का ह्रास हो रहा था। फलस्वरूप किसी भी समस्या का समाधान् बहुत कठिन हो गया था। वस्तुतः केवल तर्क-क्षमता अथवा केवल भाव एवं संवेग के आधार पर किसी भी समस्या का समाधान सम्भव नहीं है, क्योंकि ये दोनों ही हमारी अनुभूति के अंश हैं। अतः दोनों का समन्वय वांछनीय है।

3. लोगों में क्षमता एवं गरिमा के भावों का निरन्तर ह्रास हो रहा था। आत्म भाव (Sense of Self) में निरन्तर कमी आने लगी थी। लोग सरकार और समाज के कार्य-कलापों में वांछनीय परिवर्तन करने में अपने को असमर्थ महसूस करने लगे थे। मूकदर्शक बने रहने के अतिरिक्त उनके सामने कोई चारा नहीं रह गया था, उनकी स्थिति कठपुतली जैसी हो गई थी। अति सामान्य लोग उनके भाग्यविधाता बन बैठे थे। वे ज़ैसे चाहते थे उन्हें नचाते रहते थे। ऐसी परिस्थिति में प्रायः औसत व्यक्ति को उतनी अधिक कठिनाइयों एवं उलझनों का उतना अनुभव नहीं होता जितनी अधिक बौद्धिक एवं नैतिक व्यक्तियों को होता है, जिनके जीवन में मानव मूल्यों का सर्वोच्च स्थान होता है। मानव मूल्यों को त्यागकर उस परिस्थिति के प्रति समायोजन

में सुरक्षा तो है, किन्तु मनुष्य का आन्तरिक विकास सम्भव नहीं है, जो व्यक्ति और समाज दोनों के लिए अहितकर है। आज हमारा देश भारत भी लगभग ऐसे ही दौर से गुजर रहा है।

4. मे (May) के अनुसार अधिकांश लोगों ने प्रकृति के साथ केवल अपनी एकात्मता ही नहीं खो दी थी, बल्कि प्रकृति के साथ सम्बन्धित होने के अपने भाव को भी खो दिया था। उनकी चिन्ता अब इस बात के लिए नहीं रह गई थी कि वे प्रकृति के साथ अपने सम्बन्ध को समझने की चेष्टा करें, बल्कि वे इस बात के लिए चिन्तित थे कि किन तकनीकों के द्वारा प्रकृति पर विजय प्राप्त की जा सकती है। अपने आप में विद्यमान चिन्ता और रिक्तता के कारण लोगों ने प्रकृति के सम्बन्ध में अपने भाव एवं विस्मय को खो दिया था। मे के अनुसार जरूरत इस बात की थी कि लोग प्रकृति की अवैयक्तिकता को अपनी चेतना और सजीवता से भर दें और उसके साथ अपना रचनात्मक सम्बन्ध स्थापित करें। मे का यह विचार एरिक फ्रॉम के विचार से मिलता-जुलता है।

5. मे (1953, P.75) के अनुसार स्वयं में निरर्थकता के भाव के कारण मनुष्य जीवन के महत्त्व को समझ नहीं पाता। वह यह नहीं समझ पाता कि दुःख मानव-अनुभूति का अनिवार्य अंग है और वह मानव में अन्तर्निहित शक्तियों को उपलब्ध करने में उसे संघर्ष करने की प्रेरणा देता है। इतना ही नहीं वह उसमें आशा का संचार करता है, जिसकी अन्तिम परिणति सुख में होती है। इस प्रकार रोलो में ने निराशा में आशा, और दुःख में सुख को निहित माना है और इस प्रकार मानव के समक्ष एक स्वस्थ जीवन-दर्शन प्रस्तुत किया है।

रोलो मे (1953) का कहना है कि व्यक्ति अपनी अन्तर्निहित शक्तियों का विकास उसी सीमा तक कर पाता है, जिस सीमा तक वह अपने लक्ष्यों का चुनाव कर उनके क्रियान्वयन की योजना अपनी चेतना के आधार पर बना पाता है। वास्तव में हम अपने सम्बन्ध में जितना ही अधिक चेतन होते हैं, उतना ही अधिक सहज (Spontaneous) एवं रचनात्मक (Creative) होते हैं। ऐसी स्थिति में हमारा लक्ष्य होना चाहिए चेतना का अधिकतम विकास करना। इस लक्ष्य की प्राप्ति तभी सम्भव है, जब हम पूर्ण रूप से मानव बनने के क्रम में अपनी अन्तर्निहित शक्तियों के प्रति सतत सजग एवं सचेत रहें। ऐसी स्थिति में हमारी शक्तियों का क्रमशः विकास होता चला जाएगा। निष्कर्ष यह कि मानव की अन्तर्निहित शक्तियों के विकास के लिए चेतना का विस्तार अथवा उसकी व्यापकता एक अनिवार्य शर्त है।

चेतना का विस्तार एक विकासात्मक प्रक्रिया का अनुसरण करता है। इस विकासात्मक प्रक्रिया की पहली अवस्था (Stage) में आत्म-चेतना (Consciousness of Self) उत्पन्न होने के पहले शिशु रूप में मानव का अज्ञान होता है। दूसरी

अवस्था में मानव अपनी आन्तरिक शक्ति को स्थापित करने की चेष्टा करता है। तीसरी अवस्था में सामान्य स्तर पर उसमें आत्म-चेतना आ जाती है। चेतना की चौथी अवस्था में वह परिपक्वता प्राप्त कर लेता है। इस अवस्था को मे (May) ने आत्मा की रचनात्मक चेतना (Creative Consciousness of Self) की अवस्था कहा है। इस अवस्था में व्यक्ति चेतना की सामान्य सीमाओं के पार चला जाता है और तब वह निर्विकार सत्य को देखने में समर्थ हो जाता है। यह एक अन्तर्दृष्टि का क्षण होता है। यह क्षण हर्षोन्माद (Ecstasy) का क्षण है, जो कभी-कभी अथवा संयोगवश ही घटित होता है। मे द्वारा प्रस्तुत चेतना की विभिन्न अवस्थाओं की धारणा और मैस्लो (Maslow) के आत्म-बोध (Self Actualization) के बीच काफी समानता है। मैस्लो की 'शीर्ष अनुभूति' (Peak Experience) तथा मे की 'रचनात्मक चेतना' (Creative Consciousness), ये दोनों शब्द एक ही जैसे जान पड़ते हैं।

जब हर्षोन्माद के क्षण की अनुभूति होती है, तब हम में परिपक्वता आ जाती है और हम आत्मानुभूति (Self realization) के निकट पहुँच जाते हैं। फलस्वरूप हम में यह क्षमता आ जाती है कि अपनी समस्याओं का सामना कर सकें, अपने मन के अनुकूल कार्यों का चयन कर सकें तथा उनका उत्तरदायित्व अपने ऊपर ले सकें। ऐसी अवस्था में हम अतीत से बँधे हुए नहीं होते, दूसरों के मार्ग-दर्शन पर नहीं चलते। अपना मार्ग हम स्वयं चुनते हैं। हमारे व्यवहार अथवा हमारी प्रतिक्रिया को खामख्वाह उत्तेजना निर्धारित नहीं करती बल्कि हम स्वयं निर्णय करते हैं कि किस परिस्थिति में हमारी क्या प्रतिक्रिया होगी। तब उत्तेजना-प्रतिक्रिया अनुक्रम यान्त्रिक नहीं रह जाता बल्कि हमारी आत्म-चेतना से निर्देशित होता है।

मानव के कार्य-सम्पादन को समझने के लिए मे (May 1958) ने तकनीकों के बदले ज्ञान अथवा समझ-बूझ पर अधिक जोर दिया है। इस सन्दर्भ में उन्होंने अस्तित्वात्मक विश्लेषण (Existential Analysis) का उल्लेख किया है, जो मानव-अस्तित्व को समझने में सहायक सिद्ध होता है। उनके अनुसार मानव-अस्तित्व को समझने में पाश्चात्य संस्कृति बाधा उपस्थित करती है, क्योंकि वह तकनीकों पर अधिक जोर देती है। इसका फल यह होता है कि पाश्चात्य दृष्टिकोण के अनुसार मानव को एक वस्तु के रूप मे ग्रहण किया जाता है और यह मान लिया जाता हे कि ज्ञान तकनीक का प्रतिफल है। अतः समुचित तकनीकों के सहारे मानव के रहस्य को जाना जा सकता है। किन्तु मे का विचार इससे बिलकुल भिन्न है। उन्हीं के शब्दों में : "अस्तित्वात्मक दृष्टिकोण बिलकुल विपरीत मत रखता है; अर्थात् यह तकनीक ज्ञान का अनुसरण करता है।"[22]

रोलो मे की मान्यता यह है कि "अस्तित्वात्मक विश्लेषण एक मनोवृत्ति है, न कि मनोचिकित्सीय तकनीकों का एक समूह।"[23] उन्होंने व्यक्ति के अस्तित्व के

विशिष्ट अर्थों को समझने पर अधिक जोर दिया है। इस क्रम में मनोचिकित्सक को या तो नई तकनीकों की उपलब्धि हो सकती है अथवा वह पहले से विद्यमान तकनीकों का उपयोग कर सकता है। यहाँ यह उल्लेख्य है कि वह इन सभी का उपयोग मानव-अस्तित्व के वर्तमान अर्थ और भविष्य के लिए उनके महत्त्व को समझने के लिए ही करता है।

रोलो मे का दृष्टिकोण लचीला और बहुमुखी है, यही उसकी विशेषता है। अतः चिकित्सीय प्रक्रिया में प्रत्येक रोगी के लिए उनका तकनीक अलग होता है, हर समय में एक ही तकनीक का उपयोग नहीं किया जाता, बल्कि अलग-अलग समयों में अलग-अलग तकनीकों का उपयोग किया जाता है। यहाँ यह ज्ञातव्य है कि चाहे जिस तकनीक का भी उपयोग किया जाय, उसका लक्ष्य एक ही होता है और वह है व्यक्ति के अस्तित्व और उसकी अपूर्व क्षमताओं पर प्रकाश डालना। वस्तुतः रोलो मे (May 1957) के अनुसार चिकित्सक का प्रधान काम है रिक्त एवं एकाकी लोगों की चेतना एवं अनुभूति के विस्तार के द्वारा उन्हें अपने आप से तथा अपने में विद्यमान विकास की अन्तर्निहित क्षमताओं से अवगत कराना।[24] इन लक्ष्यों की पूर्ति के लिए यह अनिवार्य है कि चिकित्सक अपने रोगियों को एक मानव के रूप में भली-भाँति समझे और साथ-ही-साथ उनकी उपस्थिति का भी उसे ज्ञान हो। निष्कर्ष यह कि चिकित्सक का ध्यान प्रधान रूप से व्यक्ति की समस्या के मूल आधार पर हो। यदि चिकित्सक को सफल होना है, तो उसका व्यक्ति के साथ ऐसा सम्बन्ध होना चाहिए। मानो "एक अस्तित्व दूसरे अस्तित्व के साथ सम्पर्क स्थापित कर रहा है।" ऐसी अवस्था में रोगी अपने अस्तित्व को वास्तविक समझने लगेगा और तदनुकूल साहस पूर्वक कार्य का सम्पादन करने लगेगा। इस प्रकार रोलो मे ने यह स्पष्ट किया है कि रोगी तभी रोगमुक्त होता है, जब वह अपने अपूर्व अस्तित्व की पूर्ति की ओर अग्रसर होता है, न कि जब वह वर्तमान सामाजिक संस्कृति को स्वीकार कर लेता है।

अस्तित्ववादी मनोविज्ञान का मूल्यांकन एवं वर्तमान स्थिति

अस्तित्ववादी मनोविज्ञान की आलोचना इस बात को लेकर की गई है कि मनोविज्ञान ने बहुत कठिनाइयों के बाद दर्शनशास्त्र से अपना पिंड छुड़ाकर वैज्ञानिक स्थान प्राप्त किया था, किन्तु अब अस्तित्ववादी मनोविज्ञान के कारण उसकी वह वैज्ञानिक स्थिति खतरे में पड़ जाएगी।

इस बात को लेकर भी अस्तित्ववादी मनोविज्ञान की आलोचना की गई है कि यदि मानव अपने अस्तित्व को चुनने के लिए स्वतन्त्र है, तो उसके व्यवहार का पूर्वकथन (Prediction) तथा नियंत्रण (Control) सम्भव नहीं है और ऐसी स्थिति में प्रयोग के महत्त्व में कमी आने की सम्भावना है।

अस्तित्ववादी मनोविज्ञान मानव को अपूर्व अथवा विलक्षण मानता है और ऐसा कर उसे अन्य पशुओं से अलग कर देता है। इस प्रकार वह विकासात्मक प्रक्रिया (Evolutionary Process) को नकारता है।

आलोचकों का यह भी कहना है कि अस्तित्ववादी मनोविज्ञान ने आत्मनिष्ठ शब्दों एवं धारणाओं का प्रयोग किया है, जो वैज्ञानिक दृष्टि से उचित नहीं है। उसने मानवजीवन में आचार एवं नैतिकता पर काफी जोर दिया है। उसने यहाँ तक कहा है कि अच्छे जीवन निर्माण के लिए ये दोनों अनिवार्य हैं। उसकी मान्यता यह है कि आचार एवं नैतिकता के बिना मानव-जीवन कभी सार्थक हो ही नहीं सकता।

अस्तित्ववादी मनोविज्ञान का भविष्य क्या होगा, इसके सम्बन्ध में निश्चयपूर्वक कुछ भी नहीं कहा जा सकता, किन्तु यह तो स्वीकार करना ही पड़ेगा कि इसने व्यवहारवादी मनोविज्ञान के यान्त्रिक दृष्टिकोण से बिलकुल स्वतन्त्र दृष्टिकोण उपस्थित किया है और ऐसा कर मनोवैज्ञानिकों के लिए नवीन चिन्तन का मार्ग प्रशस्त किया है।

सन्दर्भ

1. He did not doubt the reality of Tolman's "purpose" and "cognition" but he tried to show that they were drived from simple conditioning "Hull C.L. 1930, Knowledge and purpose as habit mechanism, Psychol. Rev., 37, 511-5142.
2. "Skinner seems inclined to relax somewhat the traditional behaviouristic taboo against introspection." Woodworth, R.S. and Sheehan, Merry, Contemporary Schools of Psychology. 1964, p.168.
3. "No doubt Lashley's views and findings came as a shock to many behaviourists, who likes the reflex and the conditioned reflex as furnishing a simple scheme of behaviour and banishing "mystery". Woodworth, R.S. and Merry, Sheehan, Contemporary Schools of Psycholoy 1964, p. 178.
4. An outstanding contribution to Psychology was made in the establishment of a thorough going behaviouristic mode of thinking, but this has achieved, to frequently, only by excluding the chief problem of human behaviour. Woodworth, R.S. and Sheehan, M.R. Contemporary Schools of Psycholoy.
5. Unless you can use your image to do something, you are like a man, who collects maps, but never makes a trip." Miller, G.A., Galanter, E. and Pribram, K.H., 1960, Plans and structure of behaviour. New York: Holt, Rinchert and Winston, Inc.
6. Mc Gills, W.G., 1960. Mathematics : The other world Review of Bush, R.R. and Estes, W.K. (Eds). Studies in mathematical learning theory. Contemp. Psychol. 5, 284-85, 212. Mc Neraer, Q.1960. At random sense and non-sense. Amer. Psychologist, 15, 295-297. 212.

7. Physics now recognizes that what we call objective knowledge is, in the final analysis, subjectives, that is, dependent on the observer. All knowledge is therefore "personal knowledge" Polanyi, M. Personal Knowledge, Chicago, Illinois Unit, Chicago Press, 1958 from Schultz, A History of Modern Psychology, 2nd ed., 1975. p. 375.
8. "There can be no doubt that all knowledge begins with experience". Immanual Kant, critique of pure reason (M. Muller, Trans.) Macmillan, 1881.
9. "The subject matter of Psychology is the mental phenomena but not the mind itself." Wolman, B.B. Contemporary Systems and Systems in Psychology, 1960, p.393.
10. "Phenomenology is a science of subjective processes by which phenomena are presented. As such, it schould serve as a prolegomenon to all other sciences." Wolman, B.B. Contemporary theories and systems in Psychology. Harper and Brother, New York, 1960.
11. The science of pure possibilities "must everywhere precede the science of real facts." Edmund, Husserl, Ideas : General introduction to pure phenomenology, 1931, Preface, P.13. From Wolman, B.B. Contemporary Theories and Systems in Psychology. Harper & Brother, New York.
12. "Too often it has been said that Shakespear's Fear, Hamlet and Macbeth contain more Psychology than all the Psychological text looks together." Woolman, B. B. Contemporary Theories and systems in Psychology, Harper and Brother, Publishers, New York, 1960.
13. Phenomenology is a science of subjective processes by which phenomena are presented. Benjamin Wolman, Contemporary Theories and Systems in Psychology, 1960, p. 397.
14. "There can be no doubts that all knowledge begins with experience." Immanual Kant, critique of pure reason (M. Muller, trans. Macmillons, 1881.
15. It is the "Science of pure possibilities." This Science of pure possibilities" must everywhere precede the science of real facts." Edmunds, Husserl Ideas: General introduction to pure phenomonology, 1931, Preface, p.13.
16. जातस्य हि ध्रुवो मृत्युर्ध्रुवं जन्म मृतस्य च।
तस्मादपरिहार्येऽर्थे नत्वं शोचितुमर्हसि॥
(श्रीमद्‌भगवद् गीता अ. 2, श्लोक 27)
17. Freedom is not something humans have, it is something they are, Boss.
18. I am free means, I am completely responsible for my existence.
19. Erich Fromm, Escape from freedom, 1941.
20. All Pathological Systems, whether Physical or Psychological or to be viewed as enchroachments on and impairment of human existence" Boss.
21. "Truth exists only as the individual himself produces it in action." R. May, "The origins and significance of the existential movement in Psychology,

"In R. May, E. Angel and H.F. Ellenberger eds. Existence : A new dimension in Psychiatry and Psychology (New York: Basic Books, 1958).

22. The experimental approach holds the exact opposite, namely that technique follows understanding. R. May. "Contribution of Essential Psychology : A new dimension follows understanding. R. May. "Contribution of Existential Psychology Pcychiatry and Psychology, New York. Basic books 1958.
23. Existential analysis is an attitude, rather than a set of Psycho-theraputic techniques" R.M. Ryckomen, Theories of Personality. D Van Nostrand Company, New York, 1970.
24. R.M., Psychology and human dilemma. New York : Van Nostrand, 1967.

मानवतावादी मनोविज्ञान चेतना की ओर

स्थापित वैज्ञानिक मनोविज्ञान के विरुद्ध मानवतावादी मनोविज्ञान ने विरोध उपस्थित किया। इस सन्दर्भ में दो महत्त्वपूर्ण दार्शनिक प्रवृत्तियों का उल्लेख पहले ही किया जा चुका है। वे हैं–घटना-क्रिया-विज्ञान (Phenomenology) तथा अस्तित्ववाद (Existentialism)। इन दोनों प्रवृत्तियों का स्थापित मनोविज्ञान के प्रति 'मानवतावादी विरोध' (Humanistic Protest) में प्रमुख हाथ है। यह विरोध प्रधान रूप से मानव-स्वभाव तथा वास्तविकता के साथ मानव के सम्पर्क से सम्बन्धित है। यह विरोध केवल मनोविज्ञान तक ही सीमित नहीं है, बल्कि सभी विज्ञानों के प्रति है, क्योंकि किसी भी विज्ञान में आत्मनिष्ठ अनुभूति (Subjective Experience) तथा वैयक्तिकता (Individuality) के लिए कोई स्थान नहीं है। यहाँ यह द्रष्टव्य है कि मनोविज्ञान तथा अन्य विज्ञानों में आत्मनिष्ठ अनुभूति तथा वैयक्तिकता के अध्ययन की उपेक्षा की गई है। घटना-क्रिया-विज्ञान तथा अस्तित्ववाद के समर्थक उन सभी विज्ञानों का विरोध इस बात को लेकर ही करते हैं कि वे जिस वस्तुनिष्ठता को अपनाकर अध्ययन करते हैं, उसके द्वारा न तो मानव-अनुभूति को सम्पूर्णता में समझा जा सकता है और न वैयक्तिक चेतना का ही वास्तविक स्वरूप स्पष्ट हो पाता है। 1950 के मध्य तक लोग औद्योगिक समाज की बुराइयों से ऊब चुके थे। उस प्रकार के समाज में उनका विश्वास नहीं रह गया था। विज्ञान, तकनीक और उनसे सम्बन्धित कार्यों में भी उनकी आस्था समाप्त हो चली थी। वैयक्तिक स्वतन्त्रता की अनुपस्थिति में रूस का साम्यवाद असफल हो रहा था। सर्वत्र एक निराशा का वातावरण छा गया था। ऐसी स्थिति में घटना-क्रिया-विज्ञान एवं अस्तित्ववाद को फूलने-फलने का अच्छा अवसर मिल गया।

1950 के बाद तो मनोविज्ञान पर इन दोनों का प्रभाव बिलकुल स्पष्ट होने लगा। जिस प्रकार पहले व्यवहारवाद, जेस्टॉल्ट मनोविज्ञान तथा मनोविश्लेषण ने मनोविज्ञान को प्रभावित किया था, ठीक उसी प्रकार अब घटना-क्रिया-विज्ञान तथा अस्तित्ववाद का मनोविज्ञान पर प्रभाव पड़ने लगा और इन दोनों के प्रभाव के फलस्वरूप एक 'तीसरी शक्ति' (Third Force) के विकास का मार्ग प्रशस्त हो गया और अन्ततः

व्यवहारवाद और मनोविश्लेषण के विरोध में मानवतावादी मनोविज्ञान का विकास होने लगा। मानवतावादी मनोविज्ञान के जर्नल (जर्नल ऑफ ह्यूमैनिस्टिक साइकॉलॉजी) में मानवतावादी मनोविज्ञान के लक्ष्यों की घोषणा की गई। इसका सम्बन्ध सैद्धान्तिक एवं व्यावहारिक शोध, मौलिक योगदान, शोध पत्र, लेखों के प्रकाशन तथा मूल्य, स्वतन्त्रता, सत्ता, आत्मप्रेम, रचनात्मकता, विशिष्टता (एकात्मता), विकास, मनोवैज्ञानिक स्वास्थ्य, प्राणी, आत्मबोध, मूल आवश्यकता-संतृप्ति तथा सम्बन्धित धारणाओं के अध्ययनों से है।"[1]

व्यवहारवादी एवं मनोविश्लेषणवादी दृष्टिकोणों के विरोध में सामान्य रूप से इन सारे लक्ष्यों पर जोर दिया गया, किन्तु विशेष रूप से दो बातों पर सर्वाधिक जोर दिया गया–सहजता (Spontaniety) एवं रचनात्मकता (Creativity) जिनकी वहाँ सर्वाधिक उपेक्षा हुई है। इन दोनों दृष्टिकोणों के विरोध में यह अन्दोलन केवल अमेरिका तक ही सीमित नहीं रहा, बल्कि ब्रिटेन, पश्चिमी यूरोप तथा जर्मन भाषा-भाषी स्थानों में भी फैल गया। किन्तु यहाँ प्रधान रूप से अमेरिकी आन्दोलन पर ही विचार प्रस्तुत किया जा रहा है।

यहाँ यह उल्लेख्य है कि मानवतावादी मनोविज्ञान संघ (Association for Humanistic Psychology) की वार्षिक बैठकों तथा जर्नल के प्रकाशन के कारण मानवतावादी मनोविज्ञान ने राष्ट्रीय स्वरूप ग्रहण कर लिया और धीरे-धीरे स्थायित्व एवं महत्ता की ओर अग्रसर होता गया और अन्ततोगत्वा मूर्त रूप से प्रस्तुत हो गया। इसमें यह गुंजाइश है कि व्यक्ति ऐसे लक्ष्य को प्राप्त कर सकता है जो 'आत्मबोध' (Self-actualization) के परे अहं विहीन (Egoless) एवं इन्द्रियातीत (Transcendental) अस्तित्व की ओर ले जा सके। दूसरे शब्दों में, यह ऐसे अस्तित्व की ओर ले जा सकता है जो योग की समाधि अथवा जैन-बुद्धवादी सतोरी के अति निकट हो अथवा कभी-कभी उससे बिलकुल अभिन्न भी हो। यहाँ यह विचारणीय है कि ब्रह्म-विज्ञान (Theology) से अलग रहते हुए भी मानवतावादी प्रवृत्ति (Trend) का मूल वैयक्तिक सन्तुष्टि के परे कुछ दूसरी लालसा (Craving) में है, कुछ ऐसी आवश्यकता में है, जिसे वास्तव में 'वैयक्तिकता के परे' (Transpersonal) कहा जा सकता है। फलस्वरूप 1960 के अन्त तक इस प्रवृत्ति को ठीक उसी रूप में मानवतावादी मनोविज्ञान में सन्निहित करना सम्भव नहीं रह गया। और अन्ततः उसे 'वैयक्तिकता के परे मनोविज्ञान' (Transpersonal Psychology) की संज्ञा दी गई और उसने अपने को चुतर्थ शक्ति (Fourth Force) के रूप में प्रस्तुत किया।[2]

पूर्वोल्लिखित मत-मतान्तरों एवं विभिन्न दृष्टिकोणों पर ध्यान देने से यह प्रश्न उठना सहज स्वाभाविक है कि आखिर मनोविज्ञान का भविष्य क्या होगा? इस सम्बन्ध में बहुतों का ऐसा विश्वास है कि मनोवैज्ञानिक शोध के लिए प्रयोगात्मक विधि को अनिवार्य मानते हुए मनोविज्ञान व्यवहारवादी ढाँचे के अन्दर चलता रहेगा।[3] जैसे-जैसे

अधिक जटिल साधन एवं उपकरण उपलब्ध होंगे तथा प्रदत्त-विश्लेषण के लिए अधिक समुन्नत इलेक्ट्रॉनिक कम्प्यूटर विकसित होंगे, वैसे-वैसे प्रयोगात्मक विधि अधिक सुनिश्चित (Precise) एवं वस्तुनिष्ठ होते जाएँगे। फलस्वरूप मनोविज्ञान और भी अधिक प्रयोगात्मक स्वरूप ग्रहण करता जाएगा।

यहाँ यह उल्लेख्य है कि समसामयिक अमेरिकी मनोविज्ञान की स्थिति बहुत सुदृढ़ नहीं रह पाई और उसका विरोध हुआ। फलस्वरूप मनोविज्ञान में एक नवीन आन्दोलन का सूत्रपात हुआ जिसे मानवतावादी मनोविज्ञान (Humanistic Psychology) की संज्ञा दी गई। चूँकि यह विचारधारा बिलकुल नई है, इसलिए इसे मनोविज्ञान के इतिहास के अनिवार्य अंग के रूप में स्वीकारना कठिन है, पर साथ-ही-साथ इसकी बढ़ती हुई शक्ति की उपेक्षा करना भी सम्भव नहीं है।

इस नवीन आन्दोलन के सदस्यों ने यह महसूस किया कि मानव को समझने के लिए व्यवहारवाद अति सीमित, कृत्रिम एवं अपेक्षाकृत निष्फल प्रयास है। उनके अनुसार केवल बाह्य व्यवहार के अध्ययन पर जोर देना मानव को अमानव बना देना है। इस सम्बन्ध में बगेन्टल (Bugental 1967) का कहना है कि ऐसा करना सचमुच मानव को एक बड़े सफेद चूहे अथवा अपेक्षाकृत एक मन्द कम्प्यूटर में परिवर्तित कर देना है।[4] उनका तर्क यह है कि उत्तेजना-प्रतिक्रिया सूत्र मानव-स्वभाव का अपूर्ण तथा अयथार्थ चित्र प्रस्तुत करता है। व्यवहारवाद मानव में विद्यमान विलक्षणताओं (Uniqueness), आत्मनिष्ठ गुणों एवं क्षमताओं (Subjective Qualities and Capacities) की अवहेलना करता है। ऐसी स्थिति में प्रश्न यह है कि मानव को एक प्रयोगशाला से किस प्रकार अलग किया जा सकता है?

सम्बन्ध-प्रत्यावर्तन के सिद्धान्त से स्पष्ट है कि मानव किसी विशेष प्रकार की उत्तेजना के प्रति विशेष प्रकार की प्रतिक्रिया प्रकट करने के लिए सम्बन्ध-प्रत्यावर्तित (Conditioned) हो सकता है। इससे ऐसा लगता है कि मानव एक यान्त्रिक कम्प्यूटर के समान व्यवहार करता है। इस सम्बन्ध में मानवतावादी मनोवैज्ञानिकों का तर्क यह है कि मानव "ओरवेलियन यन्त्र मानव (Orwellian Robot) नहीं है। अतः उसे वस्तुवत् नहीं माना जा सकता, उसे परिमाण (Quantity) के रूप में नहीं समझा जा सकता। उसे उत्तेजना प्रतिक्रिया इकाई (S-R Unit) में भी परिवर्तित नहीं किया जा सकता।

मानवतावादी मनोवैज्ञानिकों का कहना है कि बाह्य-व्यवहार पर काफी शोध किए गए हैं, किन्तु मानव को भली-भाँति समझने में उनका योगदान नहीं के बराबर है। मानवतावादी मनोविज्ञान के एक अग्रगण्य प्रणेता मैस्लो (1965) के अनुसार "हमें अच्छी तरह निष्पादित, सुनिश्चित एवं परिष्कृत प्रयोग प्रदान किए गए हैं, जिनमें से कम-से-कम आधे का स्थायी मानव-समस्याओं से कुछ भी लेना-देना नहीं है...।[5]

निष्कर्ष यह है कि मानवतावादी मनोवैज्ञानिकों ने व्यवहारवादी दृष्टिकोण को अपर्याप्त घोषित किया।

मानवतावादी चेतना एवं विचारों से प्रभावित होकर उस समय के अनेक मनोवैज्ञानिकों, विशेषतः मनोचिकित्सकों ने मनोविश्लेषणात्मक तथा व्यवहारवादी दृष्टिकोणों से अलग हटकर मानवतावादी दृष्टिकोण से विचार करना शुरू कर दिया, जिसे मैस्लो ने मनोविज्ञान में तीसरी शक्ति मानवतावादी-मनोविज्ञान की संज्ञा दी। इसने व्यक्ति को भली-भाँति समझने के लिए उसकी विशिष्टताओं (Uniqueness) तथा विलक्षणताओं (Peculiarities) के अध्ययन पर अधिक जोर दिया।

इस सन्दर्भ में मैडी तथा कोस्टा (Maddy and Costa, 1972) के विचार द्रष्टव्य हैं, जिन्होंने यह स्पष्ट किया है कि मानवतावादी मनोविज्ञान का सम्बन्ध महत्त्वाकांक्षी एवं महत्त्वपूर्ण प्राणी के रूप में ऐसे मानव से है जिसमें अपनी "रुचि, इच्छा-शक्ति, धारणात्मक चिन्तन, कल्पना, अन्तर्निरीक्षण, आत्मालोचन, भावी आकांक्षाएँ एवं रचनात्मकता हो।"

पारम्परिक मनश्चिकित्साओं से भिन्न इस नवीन अथवा तीसरी शक्ति सम्बन्धी मनोविज्ञान का सम्बन्ध 'यहाँ' (Here) और 'अब' (Now) से है। दूसरे शब्दों में, यह वर्तमान पर अधिक जोर देता है, न कि अतीत पर। साथ-ही-साथ यह स्वस्थ एवं सम्भावित रचनात्मक प्राणी के रूप में मानव से सम्बन्धित होता है। मानवतावादी मनोविज्ञान पर आधारित इस मनश्चिकित्सा ने युवा वर्ग को काफी आकर्षित एवं प्रभावित किया है। इसका कारण यह है कि यह चिकित्सा मानव के महत्त्व को स्वीकार करती है और विकृतियों की अपेक्षा उसके विशिष्ट गुणों के अध्ययन पर अधिक जोर देती है। इसको आगे बढ़ाने में विशेष रूप से रोगर्स, मैस्लो, रोलो मे, जोरार्ड तथा जैनोव आदि के योगदान महत्त्वपूर्ण माने जाते हैं।

इस नवीन आन्दोलन (मानवतावादी मनोविज्ञान) के सदस्यों ने केवल व्यवहारवादी दृष्टिकोण की ही आलोचना नहीं की है, बल्कि मनोविश्लेषणात्मक दृष्टिकोण का भी विरोध किया है। उन्होंने मनोविश्लेषण का विरोध विशेष रूप से इस बिन्दु पर किया है कि फ्रायड ने असामान्य लोगों के अध्ययन पर अधिक जोर दिया है तथा मनोस्नायुविकृति (Psychoneurosis) एवं मनोविकृति (Psychosis) के अध्ययन को ही सर्वाधिक महत्त्व प्रदान किया है। मैस्लो ने इसकी आलोचना की है। उनका कहना है कि केवल मानसिक रोगियों का अध्ययन कर मनोविज्ञान मानव के सकारात्मक गुणों (Positive Qualities) एवं विशेषताओं के बारे में कुछ भी नहीं जान सकता। सचमुच मनोविश्लेषण ने हर्षोन्माद, सन्तोष, उदारता, दयालुता, आनन्द और विषाद जैसी मानव की विशेषताओं की उपेक्षा की है, क्योंकि उसमें तो केवल मानव के अन्धकारमय अथवा रुग्ण पक्ष पर ही अधिक ध्यान केन्द्रित किया है। इसीलिए मैस्लो का कहना है : "अपंग, अविकसित, अपरिपक्व तथा अस्वस्थ नमूने का अध्ययन

केवल अपंग मनोविज्ञान एवं अपंग दर्शन ही प्रदान कर सकता है।"[6] ऐसी स्थिति में उससे स्वस्थ मनोविज्ञान की आशा नहीं की जा सकती।

स्पष्ट है कि मानवतावादी मनोविज्ञान व्यवहारवाद तथा मनोविश्लेषण द्वारा प्रदत्त 'अपंग मनोविज्ञान' (Cripple Psychology) के विरुद्ध है क्योंकि उसकी दृष्टि में यह संकीर्ण, अमानवीय और निरर्थक है। फलस्वरूप उन दोनों व्यवहारवादी एवं मनोविश्लेषण के विरुद्ध यह नवीन विचारधारा अपने आप में एक नया मनोविज्ञान होने का दावा नहीं करती। यह इतना ही मानती है कि इसने मनोविज्ञान के प्रति एक नई मनोवृत्ति, एक नया दृष्टिकोण प्रस्तुत किया है। इसके समर्थकों ने यह स्पष्ट किया है कि वे एक नई विचारधारा के रूप में इसे स्थापित करना नहीं चाहते, वे केवल मनोविज्ञान के वर्तमान स्वरूप को समुन्नत कर उसे नया रूप प्रदान करना चाहते हैं।

मानवतावादी मनोवैज्ञानिक इस विचार के समर्थक हैं कि अब तक मनोविज्ञान ने मानव की अपूर्व अथवा विलक्षण अनुभूति के जिन पक्षों को छोड़ दिया है, उन्हें मनोविज्ञान में सन्निहित किया जाए। उनकी दृष्टि में मानव अनुभूति के ऐसे पक्षों को, जिनका प्रयोगशाला में अध्ययन नहीं किया जा सके, जिनका परिमाणन (Quantification) सम्भव नहीं हो तथा जिनकी क्रियात्मक परिभाषा (Operational Definition) नहीं की जा सके, छोड़ देना समुचित नहीं है। होना तो यह चाहिए कि मानव-अनुभूति के प्रेम, घृणा, आशा, निराशा, हर्ष, विषाद, मौज, उमंग, हास-परिहास तथा जीवन के अर्थ आदि पक्षों को भी मनोविज्ञान में समाहित किया जाए। इस सम्बन्ध में मानवतावादी मनोविज्ञान के लिए स्थापित अमेरिकी संघ के प्रथम अध्यक्ष बगेन्टल के विचार उल्लेखनीय हैं। उन्होंने कहा है कि मानवतावादी मनोविज्ञान का मूल लक्ष्य है मानव की जन्मजात प्रतिभा, भाव, चिन्तन तथा क्रिया की क्षमताओं, विकास और ह्रास का पूर्ण वर्णन करना। इसके अतिरिक्त विभिन्न वातावरणों के साथ उसकी परस्पर-क्रिया, सम्भावित अनुभूति की श्रेणी एवं विविधता तथा विश्व में उसके सार्थक स्थान का पूर्ण वर्णन करना।[7]

यहाँ यह उल्लेख्य है कि मानवतावादी मनोविज्ञान के लक्ष्यों की अपेक्षा यह प्रस्तुत करना अधिक आसान है कि वह किन बातों का विरोध करता है। इसका कारण यह है कि एक तो यह आन्दोलन नया है और दूसरा यह कि इसका संस्थापक कोई एक व्यक्ति नहीं है, जैसा कि व्यवहारवाद अथवा मनोविश्लेषण के साथ है।

यद्यपि मानवतावादी मनोविज्ञान का प्रणेता कोई एक व्यक्ति नहीं है, फिर भी इस क्षेत्र में कार्यरत अनेक लोगों के बीच बहुत हद तक समानताएँ हैं। इस आधार पर मानवतावादी मनोविज्ञान के लिए स्थापित संघ ने इसके विषय के सम्बन्ध में प्रमुख रूप से चार बातों का उल्लेख किया है :

1. अनुभव करने वाले व्यक्ति पर ध्यान केन्द्रित करना, इसका तात्पर्य है मानव के अध्ययन में प्रमुख रूप से उसकी अनुभूति पर विचार करना।

2. मानव पर यान्त्रिक रूप में विचार करने के बदले चयनात्मकता, रचनात्मकता, मूल्यांकन तथा आत्मानुभूति के समान विशिष्ट मानवीय गुणों के अध्ययन पर जोर देना।

3. अध्ययन के लिए समस्याओं तथा शोध-विधियों के चयन में उनकी सार्थकता पर अधिक ध्यान देना तथा सार्थकता की कीमत पर बाह्यनिष्ठता पर जोर देने का विरोध।

4. मूल रूप में मानव की गरिमा एवं योग्यता से सम्बन्ध रखना तथा उन्हें महत्त्व प्रदान करना। साथ-ही-साथ प्रत्येक व्यक्ति में निहित क्षमता के विकास में रुचि लेना।[8]

मानवतावादी मनोविज्ञान की स्थिति को स्पष्ट करते हुए बगेन्टल (1967) ने छह बुनियादी बातों का उल्लेख किया है, जो व्यवहारवाद से मानवतावादी मनोविज्ञान को अलग करती हैं वे ये हैं :

1. केवल पशु-अध्ययनों से प्राप्त शोध-परिणामों के आधार पर मानव-स्वभाव का समुचित ज्ञान सम्भव नहीं है, क्योंकि मानव कोई 'बड़ा सफेद चूहा' नहीं है। उन्होंने स्पष्ट रूप से कहा कि जो मनोविज्ञान केवल पशु-प्रदत्तों (Animal Data) पर आधारित होगा, उसमें निश्चित रूप से विशिष्ट मानव-प्रक्रियाओं एवं अनुभूतियों के लिए कोई स्थान नहीं होगा।

2. खोज के लिए जिन विषयों का चयन किया जाए, उन्हें मानव के लिए सार्थक होना चाहिए, ऐसा नहीं कि केवल वैसे विषयों को चुना जाए जो प्रयोगशाला में अध्ययन के लिए उपयुक्त हों तथा जिनका परिमाणन सम्भव हो, जैसा कि व्यवहारवादियों ने किया है।

3. प्रधान रूप से मानव की आत्मनिष्ठ, आन्तरिक अनुभूतियों पर ध्यान केन्द्रित करना अभीष्ट है, न कि केवल बाह्य व्यवहार पर। इसका यह भी तात्पर्य नहीं कि बाह्य व्यवहार का बिलकुल अध्ययन ही नहीं किया जाए, बल्कि यह कि मनोविज्ञान में केवल बाह्य व्यवहार का ही अध्ययन न हो।

4. तथाकथित विशुद्ध मनोविज्ञान (Pure Psychology) तथा व्यावहारिक मनोविज्ञान (Applied Psychology) के परस्पर प्रभाव की उपेक्षा करना वांछनीय नहीं है, क्योंकि इनका परित्याग दोनों ही के लिए अहितकर है।

5. समूह के औसत निष्पादन (Average Performance) के बदले मनोविज्ञान का सम्बन्ध व्यक्ति विशेष के निष्पादन से होना चाहिए, न कि औसत से भिन्न अपवाद तथा विशिष्ट प्रकार के व्यक्ति की उपेक्षा की जाए।

6. मनोविज्ञान का लक्ष्य होना चाहिए मानव की अनुभूति को व्यापक एवं समृद्ध रूप प्रदान करना।

तत्कालीन युग चेतना भी मानवतावादी मनोविज्ञान के अनुकूल ही थी। उस युग चेतना के दो पहलुओं का इस आन्दोलन पर स्पष्ट रूप से प्रभाव पड़ा—एक तो उस समय की सामान्य संस्कृति (General Culture) का और दूसरा भौतिक-विज्ञान (Physics) का।

उस समय पाश्चात्य संस्कृति के यान्त्रिक पहलुओं से लोग ऊब चुके थे, क्योंकि मानव के सम्बन्ध में यह धारणा बन गई थी कि वह पशु के समान वातावरण के प्रति यान्त्रिक ढंग से प्रतिक्रिया व्यक्त करने वाला प्राणी है। व्यवहारवाद की इस धारणा का इस नवीन आन्दोलन ने विरोध किया और कहा कि यदि व्यवहारवाद मानव-विरोधी नहीं है, तो कम-से-कम अमानवीय तो अवश्य है।

अमेरिकी संस्कृति ने मानव को इस सीमा तक अमानवीय एवं अवैयक्तिक बना दिया है कि वह सामाजिक मशीन का एक अति सूक्ष्म भाग माना जाने लगा है। उसे एक मानव के रूप में न देखकर सांख्यिकी तथा औसत के रूप में देखा जाने लगा है। ऐसा माना जाने लगा है कि वह अपनी योग्यता के अनुसार अपने जीवन का निर्माण नहीं कर सकता, बल्कि समाज ही बहुत हद तक उसका निर्माता बन गया है। यहाँ तक कि उसके अस्तित्व को भी मशीन के द्वारा सिद्ध किया जाने लगा है।

भौतिक विज्ञान का भी ढाँचा बदल गया है। विज्ञान एवं भौतिक विश्व के प्रति मानव का दृष्टिकोण बदल गया है। यह युग चेतना का दूसरा महत्त्वपूर्ण पक्ष है। भौतिक विज्ञान के प्रति इस नवीन दृष्टिकोण के फलस्वरूप यह माना जाने लगा है कि पूर्ण वस्तुनिष्ठ यथार्थता की उपलब्धि सम्भव नहीं है। भौतिक विज्ञान भी अब इस बात को स्वीकार करता है कि हम जिसे वस्तुनिष्ठ ज्ञान समझते हैं, वह भी अन्ततोगत्वा आत्मनिष्ठ ही होता है, जैसा कि पहले उल्लेख किया जा चुका है।

इस प्रकार मानवतावादी मनोवैज्ञानिकों ने पूर्ण रूप से वस्तुनिष्ठ, यन्त्रवत विषय-वस्तु को अस्वीकार कर मनोविज्ञान में आत्मनिष्ठता को स्वीकृति प्रदान की। उन्होंने मानव को एक यन्त्र के रूप में ग्रहण करने पर आपत्ति की और मनोविज्ञान के विषय के रूप में आत्मनिष्ठ अनुभूति अथवा चेतना को मान्यता दी और उसके अध्ययन पर काफी जोर दिया। मानवतावादी मनोवैज्ञानिकों ने विज्ञान को एक ऐसे ढाँचे के रूप में, जिसमें मानव का अध्ययन किया जा सके, अस्वीकार नहीं किया, बल्कि उन्होंने विज्ञान के विस्तार एवं व्यापकता पर जोर दिया। उनका तर्क यह था कि विज्ञान केवल प्रयोगशाला में होने वाले ऐसे प्रयोग अथवा शोध का नाम नहीं है जिसमें प्रयोज्य को मात्र उत्तेजना-प्रतिक्रिया के रूप में ग्रहण किया जाए। तात्पर्य यह कि उन्होंने विज्ञान के महत्त्व को तो स्वीकार किया, किन्तु उसके संकुचित प्रयोग

को नहीं और उसे व्यापक रूप में देखने पर जोर दिया। इस सन्दर्भ में वैज्ञानिक विधियों के सम्बन्ध में मैस्लो के विचार द्रष्टव्य हैं : "सत्य की प्राप्ति के लिए आश्वस्त होने का एक मात्र अन्तिम मार्ग हैं वैज्ञानिक विधियाँ....केवल विज्ञान ही देखने और विश्वास करने में स्वभावगत अन्तरों पर विजय प्राप्त कर सकता है। केवल विज्ञान ही प्रगति कर सकता है।"[9]

यद्यपि मानवतावादी मनोवैज्ञानिक यह नहीं चाहते कि इस आन्दोलन को औपचारिक रूप से एक विचारधारा के रूप में स्थापित किया जाए, किन्तु इस आन्दोलन की गतिविधि से ऐसा लगता है कि इसे एक विचारधारा के रूप में स्थापित होने से रोकना सम्भव नहीं है। कारण यह है कि इस विचार के समर्थक व्यवहारवाद एवं मनोविश्लेषण की जमकर आलोचना करते हैं; उनकी त्रुटियों का उल्लेख करते हैं और अपने विचार को आगे बढ़ाना चाहते हैं।

दूसरी बात यह है कि 1961 में जॉर्नल ऑफ "ह्यूमेनिष्टिक साइकॉलॉजी" के प्रकाशन, 1962 में मानवतावादी मनोविज्ञान के लिए अमेरिकी संघ (American Association) की स्थापना और 1971 में अमेरिकी मनोवैज्ञानिक संघ के मानवतावादी मनोविज्ञान के डिवीजन की स्थापना ने मानवतावादी मनोविज्ञान के मार्ग को और भी प्रशस्त कर दिया। फलस्वरूप एक स्वतन्त्र विचारधारा के रूप में इसे स्थापित होने से रोक पाना सम्भव नहीं रह गया।

निष्कर्ष के रूप में यह कहा जा सकता है कि ये सारी गतिविधियाँ इस ओर संकेत करती हैं कि व्यवहारवाद और मनोविश्लेषण के विरोध में यह आन्दोलन अन्ततोगत्वा एक औपचारिक विचारधारा के रूप में स्थापित हो जाएगा और तब इसका लचीलापन दृढ़ता में बदल जाएगा और क्रान्तिकारी तेवर स्थापित स्थितिं की रक्षा में सिमट जाएगा। यहाँ यह उल्लेख्य है कि विज्ञान की प्रगति के लिए इस क्रम का निरन्तर चलते रहना अनिवार्य भी है। एक स्थापित विचारधारा के विरोध में दूसरी विचारधारा आए, उसके विरोध में तीसरी और इस प्रकार इस क्रम का सदा चलते रहना विज्ञान में प्रगति का द्योतक है।

सन्दर्भ

1. "It is concerned with the publication of theoretical and practical research, original contributions, papers, articles, and studies in values, autonomy, being, self, love, creativity, identity, growth, Psychological health, organism, self actualization, basic need-gratification and related conflicts"—"Sutich. A. G.O.' Neill, H, Winthrop, H. et al. Journal of Humanistic Psychology, 1 (1960)
2. "By the late sixties the trend in this direction could no longer be susumed within humanistic psychology as such, and "transpersonal Psychology" announced itself as a "Fourth Force". Historical Introduction to modern

Psychology Gardner Murphy and Joseph K. Kouach, 6th ed Routledge and Kegan Paul Limited, London, 1972. p. 477.

3. "Many believe it will continue within the same behavouristic framework, with the experimental method remaining the sine qua non of Psychological research. Schultz. D. A. History of Modern Psychology, 2nd. ed. 1975, p. 370.
4. Bugentol, J. Challenges of humanistic Psychology, New York : Mc Graw, Hill, 1976, p. 7
5. We are offered beautifully executed, precise, elegant experiments which, is at least half the cases, have nothing to do with enduring human problems. Maslow, A., A Philosophy of Psychology : The need (Ed.) Humanstic viewpoints in Psychology. New York Mc Graw, Hill, 1965, p. 17-33.
6. The study of crippled, stunted, immature and unhealthy specimens can field only a cripple psychology and a cripple philosophy". Maslow, A Motivation and personality. New York : Harper, 1951, p. 234
7. Bugental, J. Challenges of Humanistic Psychology. New York : Mc Graw-Hill, 1967. p.7.
8. Buhler, C. and Allen, M. Introduction to Humanistic Psychology, Montery, California. Books/Eole, 1972. pp.1-2.
9. Scientific method are only ultimate ways of being sure that we do have truth....only science can overcome charactrological differencess in seeing and believing. Only science can propose. Maslow, A. Toward a Psychology of being. 2nd ed. Princetion, New Jersy, Van Nastramd.

सी. आर. रोगर्स
(C. R. Rogers)

रोगर्स का जन्म 1902 में हुआ था। उन्होंने कोलम्बिया में शिक्षा तथा नैदानिक मनोविज्ञान में पी-एच.डी. की उपाधि प्राप्त की। उन्होंने बाल निर्देशन संस्थान में और 1927-1928 के बीच सर्वप्रथम नैदानिक मनोविज्ञान में व्यावहारिक अनुभव प्राप्त किया। 1925 से 1930 के बीच उन्होंने न्यूयॉर्क में नैदानिक मनोवैज्ञानिक के रूप में काम किया। 1930 से 1938 तक वे बाल अध्ययन विभाग में निदेशक के रूप में कार्यरत रहे और 1945 में ओहियो विश्वविद्यालय में नैदानिक मनोविज्ञान के प्रोफेसर नियुक्त हुए। 1957 में विस्कॉनसिन विश्वविद्यालय में मनोविज्ञान तथा मनश्चिकित्सा के प्रोफेसर हुए।

रोगर्स को उनकी बहुमुखी प्रतिभा के फलस्वरूप अनेक पुरस्कार प्राप्त हुए। उन्होंने मनश्चिकित्सा पर कई पुस्तकें भी लिखीं। अपनी आत्मकथा में उन्होंने, अपने व्यक्तिगत एवं व्यावसायिक जीवन (Professional Life) की विशेषताओं पर भी प्रकाश डाला है।

ग्लोल्डस्टेन के समान रोगर्स का कहना है कि प्राणी का एकमात्र लक्ष्य है आत्म-बोध (Self-actualization)। रोगर्स का सिद्धान्त कॉलकिन्स, एस्टर्न और डिल्थे के सिद्धान्तों से मिलता-जुलता है। उनका 'स्व' अथवा 'आत्म' का सिद्धान्त (Self Theory) बहुत कुछ हॉर्नी के 'आदर्शात्मक आत्मबिम्ब' (Idealized Self-image), युंग के 'पर्सोना' (Persona) तथा सुलिवान की 'आत्म-पद्धति' (Self-system) के समान है।

रोगर्स मानव जाति के परम हितैषी थे। कदाचित इसीलिए मनश्चिकित्सा को उन्होंने पेशे के रूप में अपनाया ताकि उन्हें मानवों की अधिकाधिक सेवा करने का अवसर मिल सके। इसमें उन्हें काफी सफलता भी मिली। उन्होंने इस पेशे में अन्तर्राष्ट्रीय ख्याति प्राप्त की। जब वे शिकागो और विस्कॉनसिन विश्वविद्यालय में थे, तो अपने कार्यों से सम्पूर्ण विश्व के मनोवैज्ञानिकों को प्रभावित किया।

यद्यपि उद्योग, अध्यापन, धर्म आदि क्षेत्रों में रोगर्स के कार्यों की खूब सराहना हुई, किन्तु उन्हें सर्वाधिक ख्याति मनश्चिकित्सा में ही प्राप्त हुई। उन्होंने 'व्यक्तित्त्व तथा व्यवहार के सिद्धान्त' (A Theory of Personality and Behaviour) सीखकर अपने उन आलोचकों का मुँह बन्द कर दिया जो यह कहते थे कि उनकी मनश्चिकित्सा-विधि व्यक्तित्त्व के सुस्पष्ट सिद्धान्त पर आधारित नहीं है। उन्होंने 1951 में प्रकाशित अपनी प्रसिद्ध पुस्तक 'रोगी-केन्द्रित-चिकित्सा' (Client-centred Therapy) में भी व्यक्तित्त्व पर एक अध्याय जोड़ दिया।

रोगर्स एक गतिशील चिन्तक थे। अतः उन्होंने अपनी मनश्चिकित्सा-विधि एवं सिद्धान्त में एक-से अधिक बार परिवर्तन किया। इसके उदाहरणस्वरूप उनकी मनश्चिकित्सा-विधि के शीर्षक को प्रस्तुत किया जा सकता है जो 'अनिर्देशित' (Non-Directive) से परिवर्तित होकर व्यक्ति अथवा रोगी केन्द्रित (Client Centred), पुनः 'सम्बन्ध केन्द्रित' (Relationship Centred) और अन्ततोगत्वा 'अनुभव-केन्द्रित' (Experience Centred) हो गया।

रोगर्स के पहले चिकित्सा की प्रक्रिया प्रायः गुप्त रखी जाती थी। उसे कोई देख-सुन नहीं सकता था। रोगर्स ने ही सर्वप्रथम यह छूट दी की जो चाहे वह चिकित्सा गृह में आकर चिकित्सा की प्रक्रिया को देख-सुन सकता है। उन्होंने फिल्मों का और विशेष रूप से टेप किए गए 'इन्टरव्यू' का बड़े पैमाने पर उपयोग कर अपने छात्रों तथा अन्य लोगों के लिए देख-सुन सकना सुलभ कर दिया। इनके पहले, नैदानिक परिस्थिति में क्या होता है इसे केवल पुस्तकों के सहारे ही जाना जा सकता था। फ्रायड, ऐडलर, युंग आदि मनश्चिकित्सकों ने चिकित्सा के क्रम में क्या किया इसे कोई भी नहीं जान पाता था।

रोगर्स ने लगभग बारह वर्षों तक अपनी चिकित्सा-विधि को बच्चों पर लागू किया और अपने दृष्टिकोण को अन्य मनश्चिकित्सकों से भिन्न रूप में प्रस्तुत किया। उन्होंने सतत यह चेष्टा की कि उनकी चिकित्सा-विधि के अनुरूप व्यक्तित्त्व अथवा व्यवहार के सिद्धान्त का निर्माण हो। उनकी मान्यता यह थी कि चिकित्सा से सिद्धान्त उत्पन्न होता है, जबकि फ्रायड का कहना था कि सिद्धान्त से चिकित्सा उत्पन्न होती है। रोगर्स इस बात के घोर विरोधी थे कि शोध अथवा चिकित्सा के पहले सिद्धान्त का निर्माण हो। इस प्रकार उन्होंने यह माना कि चिकित्सा एवं सिद्धान्त आपस में इस प्रकार जुड़े हुए हैं कि उन्हें एक-दूसरे से अलग नहीं किया जा सकता।

सम्प्रति रोगर्स के सिद्धान्त को उसके अन्तिम रूप में स्वीकार करना श्रेयस्कर नहीं है। स्वयं रोगर्स ने भी यह स्वीकार किया है कि उनका सिद्धान्त अभी जिस रूप में है, निकट भविष्य में उसमें परिवर्तन की सम्भावना है और उस परिवर्तन की स्थिति में वह समय से बहुत पीछे पड़ जाएगा। निश्चय ही यह स्पष्टोक्ति उनके चिन्तन में गतिशीलता का द्योतक है।

रोगर्स की मनश्चिकित्सा : रोगी केन्द्रित चिकित्सा
(Roger's Psycho Theraphy : Client-Centred Therapy)

रोगर्स की रोगी केन्द्रित अथवा व्यक्ति केन्द्रित-चिकित्सा जीवन के साथ बिलकुल जुड़ी हुई है। उन्होंने स्वयं स्वीकार किया है कि वास्तव में इस चिकित्सा की अनिवार्य प्रक्रिया क्या है, उसे हम निश्चित रूप से नहीं जान पाए हैं। उनका कहना है कि चिकित्सा का निर्माण निदान के आधार पर नहीं होता, बल्कि चिकित्सा तो जीवन का मूल तत्त्व ही है। अतः इस चिकित्सा को इसी सन्दर्भ में समझने की चेष्टा करनी चाहिए। वास्तव में मानव जीवन ही स्वयं एक चिकित्सीय परिस्थिति (Therapeutic Situation) है। उनके अनुसार यह चिकित्सा एक आन्तरिक क्रान्ति है। न तो यह कोई तकनीक है, और न चिकित्सक उस तकनीक का संचालक है। वस्तुतः यह चिकित्सा के प्रयोज्य का ही 'परिवर्तित अहं' ('Altered Ego') है। जब रोगर्स कहते हैं कि रोगी अथवा व्यक्ति अथवा आत्म-केन्द्रित चिकित्सा कोई तकनीक नहीं है, तो इसका तात्पर्य यह है कि यह चिकित्सा एक दर्शन (Philosophy) अथवा एक विश्वास है जिसमें यह विचार निहित है कि अन्ततोगत्वा स्वयं व्यक्ति ही अपनी समस्या का समाधान करता है; चिकित्सक तो मात्र उसका मार्गदर्शन करता है।

रोगर्स की यह मनश्चिकित्सा मानव-व्यक्तित्त्व से सम्बन्धित कुछ मान्यताओं पर आधारित है। वे मान्यताएँ निम्नलिखित हैं :

1. वैयक्तिकता के प्रति आदर का भाव–प्रत्येक व्यक्ति को इस प्रकार के आदर की आवश्यकता होती है। यहाँ यह उल्लेख्य है कि चिकित्सक एवं रोगी के बीच का सम्बन्ध किसी भी चिकित्सा की विधि से कम महत्त्वपूर्ण नहीं होता।

2. आत्म-संरचना–आत्म-संरचना ही वास्तविक आत्म है। यहाँ दो प्रकार के 'आत्म' में भेद कर लेना अनिवार्य प्रतीत होता है–वास्तविक आत्म (Real-self) तथा दृश्य आत्म (Phenomenal-self)। दृश्य-आत्म का तात्पर्य है आत्म की जानकारी अथवा अनुभूति। दोनों ही प्रकार के आत्म समन्वित रूप से व्यक्तित्त्व के सार भाग का निर्माण करते हैं और वे ही मानव-व्यवहार का भी निर्धारण करते हैं।

जब चिकित्सा सफल होती है, तब रोगी अत्यधिक सार्थक आत्म-भाव का अनुभव करता है। फलस्वरूप आत्म के प्रति उसकी रुचि काफी बढ़ जाती है। यह अवस्था मैस्लो की शीर्ष अनुभूति (Peak Experience) के सदृश होती है। शीर्ष अनुभूति में अति आनन्द और सन्तोष के भाव विद्यमान रहते हैं। उस क्षण में व्यक्ति अपने सम्पूर्ण 'आत्म' को पूर्ण रूप में स्वीकार करता है। रोगर्स के एक रोगी ने इस प्रकार की अनुभूति का वर्णन करते हुए कहा है कि यह अनुभूति शिशु के समान हर्ष एवं विस्मय की अनुभूति होती है। सचमुच वास्तविक आत्म की खोज एक आनन्दप्रदायिनी अवस्था है।

3. मानव-स्वभाव की मूलभूत अच्छाई (Basic Goodness Man's Nature)–फ्रायड ने यह माना है कि मनुष्य में जन्मजात असामाजिक एवं विनाशकारी प्रवृत्तियाँ

होती हैं, सभ्यता एवं संस्कृति तो मानव-प्रशिक्षण के परिणाम हैं। उनके अनुसार बुराई स्वाभाविक, अच्छाई प्रशिक्षण एवं प्रोत्साहन का प्रतिफल है। ठीक इसके विपरीत रोगर्स ने यह माना है कि मानव-स्वभाव के मूल में अच्छाई एवं रचनात्मक प्रवृत्ति होती है। उनका कहना है कि मानव मूलतः आगे की ओर बढ़ना चाहता है, वह सकारात्मक प्रवृत्ति का होता है न कि नकारात्मक। नकारात्मक एवं विनाशकारी प्रवृत्तियाँ तो निराशा के फलस्वरूप उत्पन्न होती हैं, मानव-स्वभाव में नहीं पाई जाती हैं। इस प्रकार उनके अनुसार मानव मूलतः अच्छा होता है, न कि बुरा।

4. असंगति (Incongruence)—जो व्यक्ति व्यक्तित्त्व की विकृति से आक्रान्त होता है वह प्रायः नकारात्मक संवेग उत्पन्न करता है। रोगर्स के अनुसार वैसे व्यक्ति की आत्म-धारणा (Self-Concept) विकृत हो जाती है। फलस्वरूप वह अपने-आपको भली-भाँति नहीं समझ पाता। उसकी समझ या तो अधूरी होती है या असंगत। रोगर्स ने इसी को 'असंगति' की संज्ञा दी है। यह असंगति या तो चिकित्सा के द्वारा दूर होती है या अनुकूल एवं स्नेहमय मानव सम्बन्धों के द्वारा।

5. सकारात्मक सम्मान की आवश्यकता (Need for Positive Regard)—बच्चों के समुचित विकास के लिए सकारात्मक सम्मान की आवश्यकता होती है। इस सम्बन्ध में रोगर्स का कहना है कि बच्चों का सर्वोत्तम विकास माता-पिता अथवा अभिभावक की मनोवृत्ति पर निर्भर है। यदि वे बच्चों के सामने अनुकूल एवं स्नेहमय वातावरण उपस्थित करते हैं, तो उनका सर्वोत्तम विकास होता है। अतः रोगर्स ने माता-पिता को परामर्श दिया है कि यदि बच्चे आपत्तिजनक व्यवहार करें, तो माता-पिता को यह स्पष्ट कर देना चाहिए कि वे बच्चे को तो पसन्द करते हैं, किन्तु उनके अनुचित अथवा आपत्तिजनक व्यवहार को बिलकुल पसन्द नहीं करते।

6. बोध एवं 'वास्तविक आत्म' हो जाना (Awareness and Becoming The Real self)—वास्तविक-आत्म की खोज में सर्वाधिक महत्त्वपूर्ण है–बोध, ऐन्द्रिक एवं अन्तरावयव अनुभूतियों का बोध। जब व्यक्ति को इस प्रकार का बोध हो जाता है तब उसे यह ज्ञान हो जाता है कि उसके वातावरण में तथा उसके भीतर क्या हो रहा है, अर्थात् उसे भीतर और बाहर का पूर्ण बोध हो जाता है। रोगर्स के ही शब्दों में ''अपनी अनुभूति में व्यक्ति क्या है, उसे इसका बोध हो जाता है। इसे ही 'वास्तविक आत्म' (Real-self) हो जाना कहते हैं।

रोगर्स की 'स्व' अथवा 'आत्म' की धारणा
(Roger's Concept of Self)

रोगर्स ने 'स्व' अथवा 'आत्म' की धारणा को स्पष्ट करने के लिए बाइस प्रतिज्ञप्तियाँ (Propositions) प्रस्तुत की हैं, जिनका उल्लेख यहाँ अपेक्षित नहीं है। यहाँ संक्षेप में 'स्व' अथवा 'आत्म' की धारणा को प्रस्तुत करना ही अभीष्ट है। बिस्चौफ

(Bischof, 1977) ने कहा है कि रोगर्स ने निश्चित एवं स्पष्ट शब्दों में आत्म की परिभाषा नहीं की है। इस सन्दर्भ में उन्होंने ऑल्पोट से उनकी तुलना करते हुए कहा है कि ऑल्पोट ने जिस प्रकार सुस्पष्ट एवं सुनिश्चित शब्दों में व्यक्तित्त्व को परिभाषित किया है उस प्रकार सुस्पष्ट एवं सुनिश्चित शब्दों में रोगर्स ने आत्म की परिभाषा नहीं की है। फिर भी संक्षेप में यहाँ 'आत्म' को परिभाषित करते हुए यह कहा जा सकता है कि वह सम्भवतः "सत्ता एवं क्रियात्मकता की चेतना" का द्योतक है।"[1] इस संक्षप्ति परिभाषा को थोड़ा और स्पष्ट करते हुए यह कहा जा सकता है कि 'आत्म' "व्यक्ति के ऐसे प्रयास, संवेगात्मक भाव और विचार हैं, जिन्हें वह मान्यता प्रदान करता, जिनकी व्याख्या करता और जिन्हें बिलकुल अपना मानकर महत्त्व प्रदान करता है।"[2]

रोगर्स के अनुसार व्यक्ति का 'आत्म' जीवित प्राणी की इस दुनिया में तीन सिद्धान्तों के सहारे कार्य सम्पादित करता है, जिन्हें उन्होंने सहायक सिद्धान्त कहा है, वे ये हैं–1. आत्म-बोध (Self-actualization), 2. आत्मानुरक्षण (Self Maintenance) तथा 3. आत्मोन्नयन (Self-enhancement)।

1. आत्मबोध–मानव किस प्रकार शैशवावस्था से आरम्भ कर व्यस्कावस्था तक पहुँचता है इसका वर्णन करने के लिए रोगर्स ने 'आत्म-बोध' शब्द का व्यवहार किया है। उन्होंने आत्म-बोध के अन्तर्गत उन सारी प्रक्रियाओं को निहित माना है जिनके द्वारा मानव अपने को दूसरे से अलग करता है, अपनी सामाजिक क्रियाओं अथवा व्यवहारों से पत्नी अंग सम्बन्धी विभिन्न क्रियाओं को अलग करता है तथा आत्म-उत्तरदायित्व की ओर अग्रसर होता है। आत्म-बोध सरल से जटिल की ओर अग्रसर होता है। यह गर्भाधान से आरम्भ होकर परिपक्वता तक चलता रहता है। रोगर्स ने इस आत्म-बोध की विशेषता का उल्लेख करते हुए कहा है : "वह लक्ष्य जिसे प्राप्त करने के लिए व्यक्ति सबसे अधिक इच्छुक रहता है, वह उद्देश्य जिसका वह जाने-अनजाने अनुसरण करता है, वह है 'आत्म' का निर्माण।"[3]

निर्माण करने की प्रेरणा जन्मजात होती है। अतः यह कहा जा सकता है कि मनुष्य अपने सम्पूर्ण जीवन-काल में जो सबसे बड़ा काम कर सकता है, वह 'अपने-आपका' अथवा 'आत्म का निर्माण' है वस्तुतः आत्म का निर्माण रचनात्मकता का सार तत्त्व है। इससे ही सभी रचनात्मक क्रियाएँ सम्पन्न होती हैं जैसे वैज्ञानिक खोज, साहित्य, कला आदि की रचना। यहाँ ध्यान देने की बात यह है कि मनुष्य किसी वस्तु की रचना करने में तभी समर्थ होता है, जब वह इसके पूर्व अपने आत्म की रचना कर लेता है।

आत्म-बोध का एक तरीका अनुभव प्राप्त करना भी है। 'स्व' अथवा 'आत्म' जितने ही अधिक अनुभवों से गुजरता है, उतना ही अधिक परिपक्व अथवा विकसित होता है। सभी अनुभव चेतन स्तर के ही नहीं होते, कुछ अचेतन स्तर के भी होते

हैं। इन दोनों में अन्तर है। अनुभव में सुसंगति अथवा सामंजस्य अत्यन्त महत्त्वपूर्ण तत्त्व है, क्योंकि वास्तविक आत्म-बोध को यही सम्भव बनाता है। आत्म-बोध तभी होता है, जब व्यक्ति को 'आत्म' द्वारा संगठित होने वाले सभी अनुभवों की चेतना और उन्हें ग्रहण करने की उत्सुकता। असंगत अनुभवों का कोई महत्त्व नहीं होता। अनुभवों का महत्त्व तभी होता है जब वे सुसंगत हों, न कि बिखरे हुए क्योंकि अनुभवों की सार्थकता संगठन में ही है।

2. आत्मानुरक्षण–जब एक बार व्यक्ति को आत्म-बोध हो जाता है तो वह अपने-आप में अनुरक्षण का प्रयास करता है, क्योंकि सामान्यतः ऐसी मान्यता है कि वह आत्म-अनुरक्षण स्तर पर ही पूर्ण आत्म-ज्ञान प्राप्त करता है। इस स्तर पर पहुँचकर सम्पूर्ण व्यक्तित्त्व समृद्ध, परिपक्व एवं व्यापक रूप ग्रहण कर लेता है।

फ्रायड से भिन्न रोगर्स की मान्यता यह है कि कोई भी व्यवहार सीधे अतीत की घटनाओं पर निर्भर नहीं करता। ऐसा कोई व्यवहार नहीं जो वर्तमान आवश्यकताओं की पूर्ति न करता हो।"[4] उनके अनुसार जीवन के अनवरत प्रवाह में व्यक्ति निरन्तर गतिशील रहता है। संक्षेप में, "जीवन एक प्रक्रिया है, न कि एक अवस्थिति।"[5]

3. आत्मोन्नयन–मनुष्य को केवल आत्म-बोध एवं अनुरक्षण की ही आवश्यकता महसूस नहीं होती, बल्कि वह अपना आत्मोन्नयन भी चाहता है। वह वर्तमान स्थिति से ऊपर उठना चाहता है। रोगर्स ने आत्मोन्नयन शब्द के प्रयोग का श्रेय अंग्याल (Angoial) को दिया है। यह आत्मोन्नयन सहज-स्वाभाविक ढंग से होता, बल्कि इसके लिए संघर्ष करना पड़ता है, कष्ट उठाना पड़ता है। वस्तुतः यह एक लम्बी प्रक्रिया है जिसमें व्यक्ति कभी आगे बढ़ता है और कभी पीछे हटता है।

रोगर्स के अनुसार मनुष्य का यह विशेषाधिकार है कि वह अपने को उन्नत कर सके। वह यन्त्रवत काम करने वाला नहीं है, बल्कि इसके ऊपर है। वह किसी के हाथ का खिलौना नहीं है कि उसके बिलकुल नियन्त्रण में रहे। दूसरे शब्दों में रोगर्स ने खुलकर व्यक्ति स्वतन्त्रता की बात की है, ताकि व्यक्ति आगे की ओर बढ़ सके, अपना विकास कर सके।

रोगर्स व्यवहारवादी मनोवैज्ञानिक बी. एफ. स्किनर (B.F. Skinner) के इस विचार से सहमत नहीं हैं कि मानव-व्यक्तित्त्व का पूर्व कथन और उसका नियन्त्रण किया जा सकता है। इसके विपरीत, वे मानव स्वतन्त्रता के बहुत बड़े समर्थक हैं। उन्होंने निष्कर्ष के रूप में कहा है कि हम केवल वैसे ही व्यवहारवादी विज्ञानों का उपयोग कर सकते हैं जिसमें स्वतन्त्रता हो, न कि नियन्त्रण; जिसमें रचनात्मक विविधता हो, न कि अनुरूपता; जो रचनात्मकता विकसित करे, न कि सन्तोष; जो व्यक्ति विकास में उसकी आत्म-निर्देशित प्रक्रिया में सहायक हो, जो व्यक्ति और समूह को सहायता प्रदान करे और जो विज्ञान की धारणा के लिए भी इस रूप में सहायक हो कि जीवन और उसकी समस्याओं का समाधान करते हुए व्यक्ति के आत्मोन्नयन का मार्ग प्रस्तुत कर सके।[6]

मूल्यांकन

रोगर्स के व्यक्ति-केन्द्रित दृष्टिकोण का उपयोग मनोविज्ञान के अतिरिक्त अन्य क्षेत्रों में भी हुआ। उन क्षेत्रों में प्रधान हैं उद्योग, व्यापार, परिचर्या आदि। गिनौट (1945) ने तो यहाँ तक कह डाला कि व्यक्ति के अधिकारों को सम्मान देना एक फैशन की बात हो गई थी, चाहे वह परिचारिका-रोगी सम्बन्ध में रोगी हो, प्रबन्ध-श्रमिक विवाद में कर्मचारी हो अथवा माता-पिता-शिशु सम्बन्ध में शिशु हो।[7]

संक्षेप में, व्यक्ति केन्द्रित दृष्टिकोण का विस्तृत पैमाने पर उपयोग किया जाने लगा।

परामर्श (Counselling) मनश्चिकित्सा (Psychotherapy) के वैज्ञानिक अध्ययन में रोगर्स के योगदान अत्यन्त महत्त्वपूर्ण हैं। वे स्वानुभूति और आत्म-खोज के प्रति इतने अधिक समर्पित थे कि इस बात को बिलकुल भूल ही गए कि पूर्ण रूप से क्रियाशील व्यक्ति के लिए भी दैनिक जीवन से सम्बन्धित कुछ अनिवार्य मनोवृत्तियों एवं कुशलताओं से अवगत होना नितान्त आवश्यक है। फल यह हुआ कि उनके इस एकांगी दृष्टिकोण की प्रतिक्रिया के रूप में व्यवहार परिमार्जन (Behaviour-Modification) आन्दोलन का सूत्रपात हुआ।

रोगर्स मानव सम्बन्धों में खुलेपन के बहुत बड़े हिमायती रहे हैं। उनका कहना यह है कि अपने भावों एवं संवेगों को दबा देने के बदले उन्हें स्वीकार करना अधिक वांछनीय है। दबा दिए गए भाव एवं संवेग बड़े खतरनाक होते हैं। क्योंकि दूसरे के निकट ज्यों-का-त्यों अपने भावों-संवेगों को व्यक्त कर देना खतरे से खाली नहीं होता, इसलिए बहुतों का कहना है कि अनेक अवसरों पर अपने भावों एवं संवेगों को दबा देना और तटस्थ मनोवृत्ति अपना लेना अधिक वांछनीय है। इस सम्बन्ध में ऑलपोर्ट का मत द्रष्टव्य है। उनके अनुसार जो लोग संवेगात्मक दृष्टि से परिपक्व हैं, वे सभी अपनी बुरी मनोदशा को भी स्वतन्त्र रूप से व्यक्त करें तो उसका बुरा असर नहीं होता।[8]

जहाँ तक संवेगों का प्रश्न है, मात्रा एवं परिस्थिति विचारणीय है। पूर्णरूप से संवेगों का दमन या नियन्त्रण अस्वस्थ और खतरनाक सिद्ध होता है। साथ-ही-साथ सभी परिस्थितियों में संवेगों को खुलकर अभिव्यक्त करना भी अस्वस्थ एवं खतरनाक सिद्ध होता है। सभी लोगों की अपेक्षा कुछ लोगों के निकट खुलकर अपने संवेगों की अभिव्यक्ति वांछनीय हो सकती है। ठीक उसी तरह कुछ परिस्थितियों में भी संवेगों की अभिव्यक्ति श्रेयस्कर सिद्ध हो सकती है। यहाँ यह विचारणीय है कि सभी लोगों के सामने और सभी परिस्थितियों में खुलकर लोगों की अभिव्यक्ति वांछनीय नहीं है।

दूसरों के साथ अपने सम्बन्धों में व्यक्ति को अपने 'वास्तविक आत्म' ('Real self') के अनुकूल व्यवहार करना उपयुक्त है या नहीं यह भी विचारणीय है। इस पर जोरार्ड का मत है कि अपने 'वास्तविक-आत्म' को सबके सामने खोलकर रख देना और तदनुकूल व्यवहार करना समुचित नहीं है। विभिन्न परिस्थितियों में विभिन्न प्रकार के व्यवहार करना वांछनीय ही है, अन्यथा अनेक प्रकार की समस्याएँ उत्पन्न

हो सकती हैं। उनका कहना है कि व्यक्ति प्रायः कुछ लोगों के साथ और कुछ विशेष परिस्थितियों में कुछ अधिक आत्मीयता का अनुभव करता है, किन्तु ऐसा सभी लोगों के साथ और सभी परिस्थितियों में सम्भव नहीं है। अतः सबके साथ सभी परिस्थितियों में एक ही-सा व्यवहार करना असम्भव जान पड़ता है।[9]

यद्यपि स्वतन्त्र संवेगात्मक अभिव्यक्ति के विरुद्ध विचार व्यक्त किया गया है, फिर भी इतना तो कहा ही जा सकता है कि अनुभूति का खुलापन, आत्मचेतना, आत्म-स्वीकृति, स्वतन्त्रता आदि पर रोगर्स के विचार सामान्य जीवन को साहसी जीवन में बदल सकते हैं। मात्र सामान्य व्यक्ति को पूर्णरूप से क्रियाशील व्यक्ति बना सकते हैं।

संक्षेप में, रोगर्स एक गतिशील चिन्तक हैं। अतः उन्होंने अपने सिद्धान्त को कभी भी पूर्ण नहीं माना। उनकी दृष्टि में मानव-जीवन ही एक प्रवाह है, एक परिवर्तनशील प्रक्रिया है, जिसमें कोई भी चीज सुनिश्चित अथवा स्थायी नहीं है। निष्कर्ष के रूप में यह कहा जा सकता है कि रोगर्स के सम्पूर्ण चिन्तन एवं कार्य में एक ही विषय की प्रधानता है और वह 'स्व' अथवा 'आत्म' (Self) की धारणा, क्योंकि उनका सम्पूर्ण चिन्तन इसी धारणा के इर्द-गिर्द चक्कर काटता रहता है।

सन्दर्भ

1. "The awareness of being, of functioning" Client Centred Therapy p. 498.
2. Self as "being the strivings, emotional feeling, and ideas that the individual recognizes, interprets and values as his very own." Client-Centred Therapy.
3. The goal the individual most wishes to achieve, the end which he knowingly or unknowingly pursues, is to become himself." Rogers, R.R., 1958. Becoming a Person.
4. "There is no behaviour except to meet a present need." Rogers, C.R. Client-Centered Therapy. Its current practice, Implications and theory. Boston: Houghton, Mifflin, 1951, p. 492.
5. "Life is a process, not a position." Bischof, L.J. Interpreting personality theories, Harper International edition. Harper and Row Publishers, New York, Evanston & London, London, 2nd ed., 1970 p. 341.
6. The place of the person in the new world of Behavioural Sciences, Personnel and guidance Journal, 1961, 39, p. 451.
7. Ginott, H.G., Between parent and child. New York : The Macmillan Company, 1965.
8. Allport, G.W. Pattern and growth in personality. New York : Holt, Rinehart and Winston, 1961.
9. Dicaprio, N.S. Personality theories : Guides to living, W.B. Saunders Company, 1974. "Being ourself in every role world appear to be an impossibility, according to Jouraral's View."

कर्ट गोल्डस्टेन : सम्पूर्णवादी दृष्टिकोण
(Kurt Goldsten : Holistic Viewpoint)

मैस्लो को भली-भाँति समझने के लिए गोल्डस्टेन के कतिपय विचारों पर प्रकाश डालना अनिवार्य प्रतीत होता है। अतः यहाँ संक्षेप में गोल्डस्टेन के विचारों का उल्लेख किया जाएगा।

गोल्डस्टेन ने सम्पूर्णतावादी दृष्टिकोण को अपनाकर मानव-व्यवहार की व्याख्या की। उनके अनुसार प्राणी में गुणात्मक संगठन (Qulitative Organization) पाया जाता है, जो सम्पूर्णता का द्योतक है। इस सन्दर्भ में उन्होंने भौतिक विज्ञान एवं जैविक विज्ञान में भेद किया। उनका कहना है कि जहाँ भौतिक विज्ञान अपने अध्ययनों में परिमाण अथवा मात्रा पर अधिक ध्यान देता है, वहाँ जैविक विज्ञान, विशेष रूप से मनोविज्ञान मानव-व्यवहार के अध्ययन में गुणात्मक संगठन पर अधिक जोर देता है। उनके अनुसार प्राणी को भली-भाँति समझने के लिए सम्पूर्णतावादी दृष्टिकोण ही सर्वाधिक उपयुक्त है। प्राणी के अध्ययन में जहाँ तक विधि का प्रश्न है गोल्डस्टेन ने स्वाभाविक परिस्थिति में प्रत्येक व्यक्ति के अलग-अलग विस्तृत अध्ययन को प्राथमिकता दी। उन्होंने सांख्यिकी एवं प्रयोग को भी अस्वीकार नहीं किया, किन्तु स्वाभाविक परिस्थिति में प्रत्येक व्यक्ति के अलग-अलग विस्तृत अध्ययन को अधिक उपयुक्त माना।

शक्ति की एकरूपता
(Constancy or Equalization of Energy)

गोल्डस्टेन का सिद्धान्त शक्ति की एकरूपता पर आधारित है। उनका कहना है कि मानव के अन्दर जो कुछ भी होता है, उसकी व्याख्या शक्ति के संचय, वितरण और व्यय के आधार पर की जा सकती है। यहाँ यह उल्लेख्य है कि शक्ति कभी भी बिलकुल नष्ट नहीं होती, वह एक अंग से दूसरे अंग में रूपान्तरित होती रहती है अथवा अति तनाव की स्थिति में व्यय हो जाती है। सामान्य प्राणी में प्रायः शक्ति की एकरूपता पाई जाती है अथवा सन्तुलित तनाव की औसत अवस्था। जब तनाव

की औसत अवस्था बाह्य अथवा आन्तरिक उत्तेजना के द्वारा भंग हो जाती है तो प्राणी उस औसत अवस्था को प्राप्त करने की ओर प्रवृत्त होता है। उदाहरण के लिए जब कोई व्यक्ति हिंसक पशु को देखकर डर जाता है, तो वह वहाँ से भागकर उस भय के कारण उत्पन्न तनाव को दूर कर सन्तुलित अथवा औसत अवस्था प्राप्त करता है। इस प्रक्रिया को ही गोल्डस्टेन ने शक्ति की एकरूपता की संज्ञा दी है।

गोल्डस्टेन यह मानते हैं कि प्राणी तथा वातावरण के बीच परस्पर-क्रिया (Interaction) के द्वारा एकरूपता स्थापित होती है। प्राणी के जीवन में सतत तनाव विद्यमान रहता है। अतः उसे इस बात की जरूरत होती है कि वह अपनी सीमा के अन्दर रहे। वस्तुतः एकरूपता का अर्थ ही है तनाव की औसत अवस्था को पुनःस्थापित करना।

गोल्डस्टेन ने प्राणी की दो अनिवार्य क्रियाओं पर जोर दिया है–1. आत्म-बोध और 2. वातावरण के साथ समायोजन। ये दोनों क्रियाएँ सन्तुलित जीवन के लिए उपयोगी हैं। इन दोनों पर एकरूपता का नियम (Law of Equalization) लागू होता है।

आत्मबोध अथवा आत्मानुभूति
(Self-actualization or Self-realization)

मानव-जीवन में लक्ष्य, उद्देश्य और दिशा ये तीनों अन्तर्निहित हैं। फलस्वरूप मानव जीवन पूर्णता प्राप्त करने का सतत प्रयास करता है। इसीलिए गोल्डस्टेन ने पूर्णता प्राप्त करने के इस प्रयास को मानव-जीवन का प्रमुख प्रणोदन (Drive) माना है। दूसरे शब्दों में, मानव जीवन आत्म-बोध अथवा आत्मानुभूति को प्राप्त करने का सतत प्रयास है। गोल्डस्टेन ने पारम्परिक विचार से भिन्न यह माना कि मानव में एक ही प्रणोदन होता है और वह है आत्मबोध अथवा आत्मानुभूति का प्रणोदन। फलस्वरूप उन्होंने इस पर ही विशेष रूप से जोर दिया है। साथ-ही-साथ प्राणी में कुछ निश्चित अन्तर्निहित शक्तियाँ होती हैं। अतः अनुभूति अथवा बोध प्राणी की प्रबल आवश्यकता है।[1]

वातावरण के साथ समायोजन
(Come to Terms with the Environment)

प्राणी सभी उत्तेजनाओं के प्रति समान ढंग से प्रतिक्रिया व्यक्त नहीं करता बल्कि अपनी प्रतिक्रिया व्यक्त करने के लिए वह चयनात्मक ढंग अपनाता है। जब वातावरण की उत्तेजनाएँ प्राणी में विद्यमान सन्तुलन को भंग कर देती हैं तब वह उन उत्तेजनाओं के प्रति ऐसी प्रतिक्रियाएँ व्यक्त करता है, जिनसे भंग सन्तुलन पुनः प्राप्त हो सके। इस प्रकार प्राणी और वातावरण के बीच प्रायः ऐसी परस्पर क्रिया चलती रहती है। इस प्रकार की परस्पर क्रिया के लिए प्राणी की मनोवृति में लचीलेपन का होना अनिवार्य

है। मनोवृत्ति का लचीलापन प्राणी में यह क्षमता उत्पन्न कर देता है कि वह वातावरण के साथ सफल समायोजन स्थापित कर सके।

गोल्डस्टेन ने वातावरण के प्रति प्राणी के नियोजन को स्पष्ट करने के लिए दो प्रकार की मनोवृत्तियों का उल्लेख किया है–मूर्त मनोवृत्ति (Concrete Attitude) और अमूर्त मनोवृत्ति (Abstract Attitued)। मूर्त मनोवृत्ति में लचीलापन नहीं होता। इसके विपरीत अमूर्त मनोवृत्ति में लचीलापन होता है। मूर्त मनोवृत्ति में पुनरावृत्ति पाई जाती है। प्राणी में उपक्रम (Initiative) का अभाव पाया जाता है। इसके विपरीत अमूर्त मनोवृत्ति में उपक्रम पाया जाता है। फलस्वरूप जिस प्राणी में अमूर्त मनोवृत्ति पाई जाती है, वह अपने को वातावरण के साथ समायोजित करने के लिए या तो आवश्यकतानुसार अपने वातावरण में परिवर्तन कर लेता है या अपने व्यवहार में अथवा दोनों में ही। सामान्य व्यवहार (Normal Behaviour) में अमूर्त तथा मूर्त दोनों प्रकार की क्रियाएँ निहित रहती हैं। किन्तु असामान्य लोगों (Abnormal People) के व्यवहार के साथ ऐसी बात नहीं पाई जाती। उनमें केवल मूर्त क्रिया अथवा व्यवहार की ही क्षमता पाई जाती है, अमूर्त की नहीं।

गोल्डस्टेन ने एक अध्ययन किया, जिसके द्वारा उनकी यह मान्यता प्रमाणित हो गई। उन्होंने कुछ ऐसे लोगों का अध्ययन किया जिनका मस्तिष्क क्षतिग्रस्त हो गया था। अपने इस अध्ययन में उन्होंने यह पाया कि उन लोगों में मूर्त मनोवृत्ति की क्षमता नष्ट हो गई थी। फलस्वरूप उनमें 'सम्पूर्ण' के विश्लेषण एवं संशलेषण की क्षमता नहीं रह गई थी, जबकि सामान्य लोगों में सम्पूर्ण के विश्लेषण एवं संश्लेषण, इन दोनों की क्षमताएँ पाई जाती हैं; क्योंकि जिन लोगों का मस्तिष्क क्षतिग्रस्त नहीं होता, उन लोगों में यह क्षमता होती है कि अपनी अन्तर्निहित शक्तियों का विभिन्न परिस्थितियों में विभिन्न ढंग से उपयोग कर सकें।

समीक्षा

वुडवर्थ तथा शीहान ने अपनी पुस्तक 'मनोविज्ञान की समसामयिक विचारधारा'[2] में गोल्डस्टेन के सम्बन्ध में इस प्रश्न पर विचार किया है कि क्या उनकी गणना जेस्टॉल्ट मनोविज्ञान के एक सदस्य के रूप में की जा सकती है और इस प्रश्न का स्वयं उत्तर देते हुए उन्होंने कहा है कि यद्यपि अग्रगण्य जेस्टॉल्ट मनोवैज्ञानिकों ने उन्हें इस रूप में स्वीकार किया है, किन्तु स्वयं उन्होंने ही अपने को प्रधान रूप से मनोवैज्ञानिक की अपेक्षा एक जीव-वैज्ञानिक के रूप में ग्रहण किया है : "हमारे मूल विचार की बहुत हद तक सहमति जेस्टॉल्ट मनोविज्ञान के साथ है....किन्तु मेरा निर्देशक सिद्धान्त उनसे भिन्न है, क्योंकि मेरे लिए 'सम्पूर्ण' अथवा जेस्टॉल्ट का अर्थ सदा सम्पूर्ण प्राणी है, न कि क्षेत्र में विद्यमान घटनाएँ अथवा केवल अन्तर्निरीक्षणात्मक

अनुभूतियाँ'.....जेस्टॉल्ट मनोवैज्ञानिकों द्वारा और मेरे द्वारा प्रतिपादित विचारों में कुछ भिन्नताएँ हैं।"[3]

वास्तव में इस समस्या पर विचार करने से यह स्पष्ट हो जाता है कि गोल्डस्टेन के लिए जेस्टॉल्ट का तात्पर्य मात्र प्रत्यक्षात्मक क्षेत्र (Perceptual Field) का संरक्षण नहीं है बल्कि वह प्राणी की क्रिया है; प्राणी के द्वारा वातावरण के साथ यथासम्भव अच्छी तरह से समायोजन स्थापित करने का एक तरीका है। उनके अनुसार जेस्टॉल्ट मनोवैज्ञानिकों ने तो प्राणी में विद्यमान उन केन्द्रीय तत्त्वों (Central Factors) का अवमूल्यन किया है, जो जेस्टॉल्ट के निर्माण में सहायक होते हैं। जेस्टॉल्ट-सिद्धान्त ने अमूर्त मनोवृत्ति को उतना महत्त्व प्रदान नहीं किया है, जितना गोल्डस्टेन ने। गोल्डस्टेन के अनुसार विज्ञान तथा सामान्य वयस्क के जीवन के लिए अमूर्त मनोवृत्ति अनिवार्य एवं महत्त्वपूर्ण है।

जहाँ तक मनोविज्ञान में विधि का प्रश्न है, गोल्डस्टेन प्रयोग एवं सांख्यिकी को बिलकुल छोड़ देने के पक्ष में नहीं हैं, किन्तु उन्होंने व्यक्ति-इतिहास विधि (Case History Method) के द्वारा जीवन की वास्तविक परिस्थितियों में व्यक्तियों के अलग-अलग अध्ययन को अधिक उपयुक्त माना है। उनकी इस मनोवृत्ति की ओर अनेक मनोवैज्ञानिकों का ध्यान आकृष्ट हुआ है। गोल्डस्टेन ने शक्ति-सन्तुलन (Equalization of Energy) की अपनी धारणा को प्रस्तुत करने में पावलव एवं फ्रायड के समान सरलता और प्रांजलता का परिचय दिया है। उनके अनुसार प्राणी अपने को जीवित रखने के लिए सतत प्रयत्नशील रहता है। इस अर्थ में गोल्डस्टेन का यह दृष्टिकोण पावलव की जीवन की मूल प्रवृत्ति तथा फ्रायड की काम की इच्छा (Eros) से काफी मिलता-जुलता है।

गोल्डस्टेन ने मस्तिष्क की क्षति के अध्ययनों के आधार पर अपने सिद्धान्तों का निर्माण किया है। इन अध्ययनों के कारण सम्पूर्ण विश्व में उन्हें पर्याप्त ख्याति मिली। उन्होंने प्राणी की क्रियाओं के अध्ययन में शारीरिक और मानसिक दोनों ही पक्षों पर विचार किया है। पावलव और फ्रायड ने भी ऐसा ही दृष्टिकोण अपनाया है। इस तथ्य को स्पष्ट करते हुए वुलमैन ने कहा है : "सिक्के के दो पहलू होते हैं, दैहिक और मानसिक। दोनों मिलकर सम्पूर्ण प्राणी का निर्माण करते हैं।"[4]

सन्दर्भ

1. The traditional view assures various drives...We assume only one drive, the drive of self-actualization...The organism has definite potentialities, and because it has them, it has the need to actualize or realize them." Goldstein, K. Human nature in the light of psychopathology, Cambridge, Mass, Harvard Univ.. Press, 1940, p. 144, 146.

2. Woodworth, R.S. and Sheehan, M.R. Contemportry School of Psychology 1961 p. 354.
3. Our basic view agrees in many respects with Gestalt Psychology.....yet my guiding principle has been different one, in as much as the 'whole', the 'Gestalt' has always meant to me the whole organism and not the phenomena is one field, or merely the introspective experiences.' Certain differences arise between the views advanced by Gestalt psychologists and by myself." Goldstein, K. 1939, The organism : A holistic approach to ideology derived from pathological data in man. New York American Book p. 362.
4. "There are two sides to the coin, the physical and mental. Both together farm the whole organism." Wolman, B.B. Contemporary Theories and Systems in Psychology. 1960, p. 190.

अब्राहम मैस्लो
(Abraham Maslow 1908-1970)

अब्राहम मैस्लो का जन्म न्यूयार्क में 1908 में हुआ था। उन्होंने 1934 में विस्कॉन्सिन विश्वविद्यालय से पी-एच.डी. की उपाधि प्राप्त की। तत्पश्चात् 18 महीने तक उन्होंने कोलम्बिया विश्वविद्यालय में थौर्नडाइक के साथ काम किया। अन्ततोगत्वा उन्होंने अपने शोध के आधार पर मानव में आवश्यकताओं के अनुक्रम (Need-heirarchy) के सम्बन्ध में अपना विचार प्रस्तुत किया। जब उन्होंने कोलम्बिया छोड़ दिया और ब्रुकलीन कॉलेज में काम करने लगे, तो उनका प्रमुख शोध पत्र 1943 में 'साइकॉलॉजिकल रिव्यू' (Psychological Review) में प्रकाशित हुआ। वहाँ चौदह वर्षों की अवधि में उन्हें मैक्स वर्दीमियर, कैरेन हॉर्नी, ऑल्फ्रेड ऐडलर, एरिक फ्रॉम आदि मनोवैज्ञानिकों से मिलने का सुअवसर प्राप्त हुआ। मैस्लो के चिन्तन पर उन मनोवैज्ञानिकों का काफी प्रभाव पड़ा। फलस्वरूप उन्होंने व्यवहारवाद एवं मनोविश्लेषण के विरोध में एक 'तीसरी शक्ति' का प्रतिनिधित्व किया, जिसे मानवतावादी दृष्टिकोण की संज्ञा दी गई।

1951 में मैस्लो ब्रन्डिस विश्वविद्यालय गए जहाँ उनकी दो प्रसिद्ध पुस्तकें प्रकाशित हुई–'मोटिवेशन एण्ड पर्सनालिटी (Motivation and Personality) तथा 'टुआर्ड ए साइकॉलॉजी ऑफ बींग' (Toward a Psychology of Being)। 1967 में वे अमरीकी मनोवैज्ञानिक संघ (American Psychological Association) के अध्यक्ष निर्वाचित किए गए। 62 वर्ष की आयु में हृदय-गति रुक जाने के कारण वे इस दुनिया से चल बसे।

एक मानवतावादी मनोवैज्ञानिक के रूप में मैस्लो ने इस पारम्परिक मान्यता को चुनौती दी कि पीड़ा-परिहार (Pain Avoidance) तथा तनाव-न्यूनीकरण (Tension Reduction) मानव-अनुप्रेरणा के प्रमुख स्रोत हैं। उनकी मान्यता यह है कि वृद्धि, सुख एवं संतोष के मानव-प्रयासों का अध्ययन अधिक वांछनीय है। इस सिलसिले में उन्होंने दो प्रकार की आवश्यकताओं में भेद किया है : अभाव-आवश्यकताएँ (Deficit Needs) तथा वृद्धि-आवश्यकताएँ (Meta Needs or Growth Needs)।

अभाव-आवश्यकताओं में उन्होंने शारीरिक आवश्कताओं, सुरक्षा-आवश्यकताओं, सम्बद्धता-आवश्यकताओं (Belongingness Needs), प्रेम-आवश्यकताओं तथा आत्म-सम्मान की आवश्यकताओं को सन्निहित माना। वृद्धि-आवश्यकताएँ आत्म-बोध (Self-Actualization) के अन्तर्गत आती हैं। जिस प्रकार अधिक प्राथमिक आवश्यकताएँ मानव-संरचना के अंग हैं, ठीक उसी प्रकार उच्चतर आवश्यकताएँ भी मानव-संरचना के अंग हैं।

मैस्लो की दूसरी प्रमुख मान्यता यह है कि प्रत्येक व्यक्ति का अपना वैयक्तिक स्वभाव होता है, जिसे समर्थन एवं प्रोत्साहन मिलना चाहिए। मानव की केवल निम्न आवश्यकताओं पर ध्यान केन्द्रित कर कुछ मनोवैज्ञानिकों ने मनुष्य के सम्बन्ध में एकतरफा दृष्टिकोण अपनाते हुए उसे स्वार्थी, असामाजिक एवं पशुवत् स्वभाव का माना है। किन्तु मैस्लो के अनुसार मानवता की कई श्रेणियाँ (Degrees) होती हैं। अतः मानव को केवल बुरा, असामाजिक, स्वार्थी एवं पशुवत् स्वभाव का मानना सही नहीं है। वस्तुतः मानव उच्चतर आवश्यकताओं का अनुसरण करते हुए मानवता के उच्चतर आयामों (Higher Dimensions) का प्रतिनिधित्व करते हैं।

मैस्लो का सिद्धान्त मुख्यतः वृद्धि-अनुप्रेरणा (Growth Motivation) से सम्बन्धित है, जिसे आत्म-बोध (Self-actualization) के द्वारा प्राप्त किया जा सकता है। अतः मैस्लो का कहना है कि आवश्यकता-नैराश्य (Need Frustration) की अपेक्षा आवश्यकता-संतृप्ति (Need Satisfaction) में मनुष्य की अधिक अभिरुचि होती है। उनका विश्वास है कि मनुष्य जन्म से ही मूलतः अच्छा होता है। उसमें बुराई तो बुरे वातावरण के प्रभाव से आती है। दूसरे शब्दों में, मनुष्य बिलकुल पशु के समान नहीं होता, उससे कुछ ऊपर होता है। वह एक विशिष्ट प्रकार का पशु है। अतः किसी भी अनुप्रेरणा-सिद्धान्त का सम्बन्ध केवल पशु से न होकर मनुष्य से भी होता है।

स्पष्ट है कि मैस्लो ने केवल अभाव-अनुप्रेरणा (Deficiency) पर ही जोर नहीं दिया है, बल्कि वृद्धि-अनुप्रेरणा पर भी काफी जोर दिया है। मनुष्य जैसा है, सदा वैसा ही रहना नहीं चाहता, बल्कि उत्तरोत्तर विकास की ओर अग्रसर होते रहना चाहता है। उदाहरण के लिए वह सदा केवल किसी एक ही प्रकार का भोजन नहीं चाहता, बल्कि विविध प्रकार के भोजन चाहता है।

मैस्लो का सिद्धान्त संगठित जैविक सिद्धान्त (Organized Organismic Theory) है। उन्होंने अपनी प्रसिद्ध पुस्तक 'अनुप्रेरणा एवं व्यक्तित्त्व' (Motivation and Personality) में तीन दृष्टिकोणों का समन्वय उपस्थित किया है–गत्यात्मक (Dynamic) अथवा अनुप्रेरणात्मक (Motivational), सांस्कृतिक (Cultural) तथा सम्पूर्णतावादी (Holistic)। स्पष्ट है कि उन्होंने अपने सिद्धान्त को जैविक तथा जेस्टॉल्ट-सिद्धान्त के साथ सम्बद्ध किया है; न कि मनोविश्लेषणात्मक विचारधारा के साथ, क्योंकि उन्होंने काम-वृत्ति (Libido) की शब्दावली में कभी नहीं सोचा।

मैस्लो के अनुसार प्रत्येक आत्म-बोध प्राप्त व्यक्ति में आवश्यकता-प्राथमिकताओं (Need Priorities) का एक अनुक्रम (Sequence) पाया जाता है। उन्होंने यह कहा है कि निम्नतर आवश्यकताओं की पूर्ति के साथ-साथ व्यक्ति क्रमशः उच्चतर आवश्यकताओं की तृप्ति की ओर बढ़ता जाता है। आवश्यकता-प्राथमिकताओं की मात्राएँ मनोवैज्ञानिक स्वास्थ्य की मात्राओं की द्योतक हैं। उन्होंने इस प्रकार की आवश्यकता-प्राथमिकताओं की छह मात्राओं का उल्लेख किया है। पहली मात्रा को प्राप्त करने के बाद ही दूसरी मात्रा को उपलब्ध करना सम्भव है। स्पष्ट है कि उन्होंने निम्न आवश्यकताओं को अपेक्षाकृत अधिक प्रभावशाली माना है। उन्होंने इस प्रकार की आवश्यकता-प्राथमिकताओं की छह मात्राओं का उल्लेख किया है, जिन्हें नीचे प्रस्तुत किया जा रहा है।

आवश्यकता-अनुक्रम : मनोवैज्ञानिक स्वास्थ्य की मात्राएँ
(Need-sequence : Degrees of Psychological health)

1. शारीरिक आवश्यकताएँ (Physiological Needs)–शारीरिक आवश्यकताओं के सम्बन्ध में मैस्लो (1970)[1] का कहना है कि सभी आवश्यकताओं में सर्वाधिक शक्तिशाली आवश्यकताएँ शारीरिक आवश्यकताएँ ही हैं, किन्तु आत्म-बोधात्मक व्यक्ति (Self-actualizing Person) के लिए इनका महत्त्व बहुत कम है। इसे स्पष्ट करने के लिए उन्होंने आवश्यकता-वंचन (Need-deprivation) तथा आवश्यकता-संतृप्ति (Need-gratification) के भेद को स्पष्ट किया। आवश्यकता का वंचन व्यक्ति को आवश्यकता की तृप्ति के लिए अनुप्रेरित करता है और जब आवश्यकता तृप्त हो जाती है तो अनुप्रेरणा समाप्त हो जाती है। यह बात निम्न आवश्यकताओं अथवा शारीरिक आवश्यकताओं पर लागू होती है। उदाहरण के लिए, जब व्यक्ति को भूख लगी रहती है तो वह भोजन प्राप्त करने के लिए अनुप्रेरित होता है, किन्तु जैसे ही उसकी भूख मिट जाती है, अनुप्रेरणा समाप्त हो जाती है। इसके विपरीत, उच्चतर आवश्यकताएँ संतृप्त होने के बाद भी समाप्त नहीं होतीं, बल्कि उनकी अनुप्रेरणा और भी अधिक प्रबल हो जाती है। उदाहरण के लिए, यश प्राप्त करने की आवश्यकता संतृप्त होने पर मिट जाने के बदले और भी अधिक प्रबल हो जाती है। व्यक्ति अधिकाधिक यश प्राप्त करने के लिए अनुप्रेरित हो जाता है।

2. सुरक्षा की आवश्यकताएँ–सुरक्षा की भावना बहुत हद तक एक मनोवृत्ति की बात है। इसके अन्तर्गत प्रतिष्ठा, रक्षा, स्थायित्व, व्यवस्था आदि आवश्यकताएँ सन्निहित हैं। सुरक्षा की आवश्यकताओं की तृप्ति आवश्यक है, क्योंकि इसके अभाव में व्यक्ति उन आवश्यकताओं को बहुत अधिक महत्त्व देने लगता है। सुरक्षा का प्रश्न बच्चों के लिए सर्वाधिक महत्त्वपूर्ण है। यदि उन्हें अधिक स्वतन्त्रता प्रदान कर दी जाती है तो वे नहीं समझ पाते कि उन्हें क्या करना चाहिए। अतः उन्हें स्वतन्त्रता और आत्म-नियन्त्रण उतना ही प्रदान करना चाहिए जितना उनके लिए वांछनीय है।

3. सम्बद्धता की आवश्यकताएँ (Need for belongingness)–इसके अन्तर्गत दूसरे व्यक्ति के साथ आत्मीय सम्बन्ध स्थापित करने की इच्छा, किसी संगठित समूह के सदस्य होने की इच्छा निहित है। आज का जीवन कई कारणों से इतना व्यस्त हो गया है कि लोग प्रायः अपने पड़ोसी तक को नहीं जान पाते, क्योंकि उसके साथ सम्पर्क का अवसर ही नहीं मिल पाता। मैस्लो (1970) रिसमैन (Riesman, 1952) का कहना है कि लोग प्रायः अपने को बिलकुल अकेला महसूस करते हैं, जबकि उनके चारों ओर काफी लोग रहते हैं।

4. प्रेम की आवश्यकताएँ (Need for Love)–प्रेम की आवश्यकताएँ इतनी प्रबल होती हैं कि तृप्त नहीं होने पर अधिकांश व्यक्ति मनोवैज्ञानिक अशान्ति एवं उपद्रव के शिकार हो जाते हैं। प्रेम की आवश्यकता विशेष रूप से किशोरावस्था एवं युवावस्था में स्पष्ट हो जाती है, जबकि बचपन एवं प्रौढ़ व्यक्तियों पर भी इसका प्रभाव पड़ता है। इस अवधि में प्रेम की अभिव्यक्ति कई प्रकार से हो सकती है, जैसे अपने ही 'सेक्स' के किसी सदस्य के साथ प्रेम-सम्बन्ध की प्रबल इच्छा अथवा विपरीत 'सेक्स' के सदस्य के साथ प्रेम-सम्बन्ध द्वारा काम-वासना की तृप्ति की प्रबल इच्छा आदि। इनके अतिरिक्त लोक गीतों के द्वारा भी प्रेम की आवश्यकता की अभिव्यक्ति होती है।

5. सम्मान की आवश्यकताएँ (The Esteem Needs)–मैस्लो (Maslow, 1970) ने मुख्यतः दो प्रकार के सम्मान का उल्लेख किया है–(1) वे सम्मान जिनका सम्बन्ध आत्म-सम्मान (Self-esteem) तथा आत्म मूल्यांकन से है। (2) वे सम्मान जो यश, प्रतिष्ठा, प्रसिद्धि, दूसरों के द्वारा सम्मान आदि से सम्बन्धित होते हैं।

6. आत्मबोध की आवश्यकताएँ (Need for Self Actualization)–आत्म-बोध की आवश्यकताओं की व्याख्या करना बड़ा कठिन है क्योंकि ये विशिष्ट प्रकार की होती हैं और इसमें काफी व्यक्ति विभिन्नताएँ पाई जाती हैं। फिर भी सामान्य रूप से यह कहा जा सकता है कि आत्मबोध की आवश्यकताओं का तात्पर्य है वैयक्तिक स्वभाव के सभी पक्षों की संतृप्ति और यह द्योतित करना कि व्यक्ति क्या हो सकता है अथवा उसमें क्या होने की अन्तर्निहित शक्ति है।[2] उदाहरणार्थ, यदि किसी में काव्य-सृजन अथवा चित्रकारी की क्षमता है और वह वैसा नहीं करता तो स्वभावतः उसे मानसिक तनाव की अनुभूति होती है।

वुडवर्थ एवं शीहान के अनुसार मैस्लो के आवश्यकता-अनुक्रम की प्रारम्भिक बुनियादी आवश्यकताओं (शारीरिक आवश्यकताओं से आरम्भ कर सम्मान की आवश्यकताओं तक) की सन्तुष्टि के पश्चात् जब तक व्यक्ति अपनी विशिष्ट अन्तर्निहित शक्तियों के विकास एवं अभिव्यक्ति के समुचित मार्ग नहीं ढूँढ़ लेता तब तक अपूर्णता महसूस करता रहता है। इसे ही आत्म-बोध की आवश्यकता कहते हैं।[3]

रिकमैन ने मैस्लो के आत्मबोध की व्याख्या करते हुए कहा है कि मैस्लो के आवश्यकता-अनुक्रम में बुनियादी आवश्यकताओं की तृप्ति के पश्चात् आत्मबोध की आवश्यकता प्रबल हो जाती है। व्यक्ति में अपने-आपको और अपने वातावरण को जानने-समझने की उत्सुकता उत्पन्न हो जाती है। यह जानने की प्रबल इच्छा हो जाती है कि बुनियादी आवश्यकताओं की तृप्ति से सम्बद्ध घटनाओं के परे क्या होता है। यहाँ यह उल्लेख्य है कि अपनी अन्तर्निहित अपूर्व क्षमताओं की अनुभूति की ओर अग्रसर होने की सम्भावना बनी रहती है, किन्तु यह अपने आप नहीं होता। आत्मबोध की ओर अग्रसर होने के लिए समुचित वातावरण अनिवार्य है।[4]

समुचित वातावरण में आत्मबोध की ओर अग्रसर होकर व्यक्ति ऐसी अवस्था में पहुँच जाता है, जहाँ उसे सहजता (Spontaneity), पूर्णता, सौन्दर्य एवं रचनात्मकता की अनुभूति होती है।

आत्मबोध का अनिवार्य पक्ष है स्वतन्त्रता अर्थात् सांस्कृतिक एवं अपने द्वारा लगाए गए प्रतिबन्धों से मुक्त होना। आत्मबोध प्राप्त व्यक्ति स्वतन्त्र रहना चाहता है और उसे चाहिए भी स्वतन्त्र रहना, ताकि वह अपने 'आत्म' (Self) का पूर्ण रूप से विकास कर सके। सामान्यतः न तो वह संस्कृति का विरोधी होता है, न संस्कृति के विरुद्ध उग्रवादी दृष्टिकोण ही अपनाता है और न आँख मूँदकर उसे स्वीकार ही करता है। वह तो मात्र कर्त्तव्य-भावना से उसे अपनाता है। यहाँ यह भी उल्लेख्य है कि यदि कर्त्तव्य-भावना से उसे अपनाना आत्म-बोध में बाधक सिद्ध होता है तो वह उसके विरुद्ध प्रतिक्रिया व्यक्त करने में भी नहीं हिचकिचाता है।[5] वस्तुतः आत्मबोध का अनिवार्य पक्ष है स्वतन्त्रता, इसे सदा अपनी दृष्टि में रखना चाहिए।

7. संज्ञान एवं सौन्दर्य-बोध की आवश्यकताएँ (Cognition and aesthetic needs)—मैस्लो का कहना है कि व्यक्ति संज्ञान एवं सौन्दर्यबोध की आवश्यकताओं को सन्तुष्ट करने के क्रम में निश्चित रूप से कुछ ज्ञान एवं योग्यता भी प्राप्त करता है। किन्तु उन्होंने यह महसूस किया है कि बहुत कम लोगों ने इस बात पर ध्यान दिया है कि समझ-बूझ अथवा संज्ञान अपने-आप में मनुष्य का अन्तिम लक्ष्य है। वस्तुएँ तथा क्रियाएँ अपने-आप में और साधन के रूप में भी महत्त्वपूर्ण होती हैं, इस तथ्य की ओर भी लोगों का बहुत कम ध्यान गया है। यहाँ यह भी उल्लेख्य है कि ज्ञान के अतिरिक्त, व्यक्ति सौन्दर्य की दुनिया में भी रहना चाहता है। अतः सौन्दर्य-बोध भी मानव की महती आवश्यकता है। ऐसी स्थिति में मैस्लो ने अपने आवश्यकता-अनुक्रम में संज्ञान (Cognition) एवं सौन्दर्य-बोध (Aesthetic) की आवश्यकताओं को भी जोड़ दिया है। साथ-ही-साथ उन्होंने यह भी स्पष्ट कर दिया है कि पूर्व विवेचित बुनियादी आवश्यकताओं से इन दोनों (संज्ञान एवं सौन्दर्य-बोध) को स्पष्ट रूप से अलग नहीं किया जा सकता है।

डिकैप्रियो (Dicaprio, 1974)[6] ने संज्ञान (Cognition) की विवेचना करते हुए कहा है कि यद्यपि मैस्लो ने अपने आवश्यकता-अनुक्रम में इसे स्थान नहीं दिया है, तथापि उन्होंने पशु तथा मानव-जीवन में इसके महत्त्व को स्वीकार किया है। उनका कहना है कि सामान्य व्यक्ति अपने वातावरण की उपेक्षा नहीं कर सकता। वह किसी भी घटना को उसका कारण जाने बिना यों ही स्वीकार नहीं कर लेता। उन्होंने यह भी उल्लेख किया है कि संज्ञानात्मक आवश्यकताओं की संतुष्टि तथा असंतुष्टि का परिणाम भी अन्य आवश्यकताओं के समान ही होता है।

मैस्लो की दृष्टि में सौन्दर्य-बोध के सम्बन्ध में लोगों का ज्ञान बहुत कम है, फिर भी मानव-जीवन में उसका बड़ा महत्त्व है। उसकी सार्थकता विशेष रूप से विशिष्ट व्यक्तियों के जीवन में देखने को मिलती है। अध्ययनों के आधार पर ऐसा पाया गया है कि विशिष्ट व्यक्ति अव्यवस्था, अस्त-व्यस्तता, कुरूपता आदि को बर्दाश्त नहीं कर पाते, जबकि वे इसके ठीक विपरीत व्यवस्था, सन्तुलन, सौन्दर्य आदि को बहुत पसन्द करते हैं, क्योंकि इनसे उनकी सौन्दर्य-बोध की आवश्यकताएँ पूरी होती हैं।

बिस्चौफ (Bischof, 1964)[7] ने संज्ञान (Cognition) एवं सौन्दर्य-बोध की आवश्यकताओं (Aesthitic Needs) की विवेचना आत्म-बोध के अन्तर्गत ही प्रस्तुत की है। मैस्लो के अनुसार व्यक्ति में अपने आप को तथा अपनी दुनिया को जानने और समझने के इच्छा अत्यन्त बलवती होती है। दूसरे शब्दों में व्यक्ति में संज्ञान की आवश्यकताएँ (Needs for Cognition) अति प्रबल होती हैं। संज्ञान की आवश्यकताओं के अतिरिक्त, सौन्दर्य-बोध की आवश्यकताएँ (Aesthetic Needs) भी कम प्रबल एवं महत्त्वपूर्ण नहीं होतीं। कारण यह है कि व्यक्ति जिस दुनिया में रहता है, उसे अच्छा एवं सुन्दर देखना चाहता है। वह कला एवं सौन्दर्य को महत्त्व प्रदान करता है। फलतः वह ऐसी वस्तुओं की रचना करना चाहता है जिनमें कला एवं सौन्दर्य विद्यमान हों।

सामान्य व्यक्तित्त्व (Normal Personality) के अध्ययन में मैस्लो का महत्त्वपूर्ण योगदान है। उन्होंने इस धारणा से आरम्भ किया कि असामान्यता अथवा मानव विरुद्ध दृष्टिकोण से किए गए किसी भी अध्ययन का परिणाम प्रायः असामान्यता की ओर ही उन्मुख होगा। फलस्वरूप उन्होंने अपना अध्ययन कुछ ऐसे व्यक्तियों पर किया जो अपने जीवन में आत्म-बोध प्राप्त कर चुके थे और परिणामस्वरूप सफल थे। जहाँ तक अध्ययन किए गए आत्म-बोध-प्राप्त व्यक्तियों की संख्या का प्रश्न है, किसी ने 43 कहा है (Woodworth &Sheehan, 1964)[8] तो किसी ने 49 (Bischof, 1964)[9]। उनमें से कुछ के नाम हैं आइन्सटीन, रूजवेल्ट, लिंकन, जेफर्सन, वाल्ट ह्वाइट्मैन आदि। किस आधार पर इन्हें आत्म-बोध प्राप्त व्यक्ति माना गया,

उसके स्पष्टीकरण के लिए आत्म-बोध की निम्नांकित विशेषताओं का उल्लेख अनिवार्य प्रतीत होता है।

आत्म-बोध-प्राप्त व्यक्तियों की विशिष्ट विशेषताएँ
(Outstanding Characteristics of Self-actualized Persons)

वैसे लोग जो आत्मबोध की अवस्था में पहुँच चुके हैं, उनकी निम्नलिखित विशिष्ट विशेषताओं का उल्लेख किया जा सकता है :

1. वास्तविकतावादी दृष्टिकोण (Realistic Viewpoint) तथा सही और शीघ्र मूल्यांकन करने की क्षमता।

2. अपने-आपको, अन्य लोगों को तथा बाह्य विश्व को ठीक उसी रूप में ग्रहण करना जिस रूप में वे हैं, न कि हम उन्हें जिस रूप में देखना चाहते हैं।

3. उच्च श्रेणी की सहजता (Spontaneity), सहज भाव से क्रिया का सम्पादन, रूढ़ि अथवा परम्परा मुक्त, किन्तु तर्क संगत सीमाओं के भीतर उसे स्वीकार करने को तत्पर।

4. समस्या-केन्द्रित, न कि आत्म-केन्द्रित।

5. कभी-कभी औसत व्यक्ति की अपेक्षा अधिक एकान्तप्रियता, लोगों से दूर रहने की ओर अधिक झुकाव।

6. लोगों का अथवा विश्व का नित्य नूतन मूल्यांकन, उनके लिए "प्रत्येक सूर्यास्त उतना ही सुन्दर जितना कि पहला"।[10]

7. कुछ-कुछ रहस्यात्मक अथवा गूढ़ आन्तरिक अनुभूतियाँ, कभी-कभी इस विश्व से परे जान पड़ना।

8. मानवता एवं उसके हित की प्रवृत्ति।

9. कुछ गिने-चुने लोगों के साथ ही घनिष्ठ सम्बन्ध, मित्रों के चयन में अति विशिष्टता।

10. बच्चों के प्रति अति सम्वेदनशील।

11. जनतान्त्रिक मूल्यों की ओर अधिक झुकाव।

12. उच्च आचरण एवं अति नैतिक, सही-गलत के सम्बन्ध में जन साधारण के विचार से भिन्न, साधन की अपेक्षा साध्य तथा उद्देश्य में अधिक रुचि।

13. दैनिक जीवन की वस्तुओं अथवा घटनाओं में सहज भाव से हास्य-विनोद देखने की क्षमता, हास्य-विनोद में क्रूरता एवं विद्वेष के लिए कोई स्थान नहीं, आन्तरिक रूप से अनुप्रेरित हास्य-विनोद का भाव।

14. रचनात्मकता की अत्यधिक क्षमता, विशिष्ट प्रतिभा का होना अनिवार्य नहीं, किन्तु जीवन के प्रति नवीन दृष्टिकोण अनिवार्य।

15. मुख्यधारा के विरुद्ध चलने की क्षमता, अनुरूपता का प्रतिरोध, नई अनुभूतियों को ग्रहण करने के लिए सदा तत्पर।

मैस्लो ने यह नहीं माना कि जो अति तीव्र बुद्धि हैं, केवल उन्हीं में आत्म-बोधात्मक व्यक्तित्त्व की ऊपर वर्णित विशेषताएँ पाई जाती हैं, बल्कि उन्होंने यह माना कि उन विशेषताओं के विकास में बुद्धि सहायक हो सकती है, पर अनिवार्य नहीं है। उन्होंने यह भी नहीं माना कि आत्म-बोधात्मक-व्यक्ति पूर्ण (Perfect) होता है। उनके अनुसार आत्म-बोध का तात्पर्य केवल इतना ही है कि व्यक्ति ने अपनी क्षमता के अनुसार व्यक्तित्त्व का सर्वाधिक विकास कर लिया है।

मैस्लो ने "अपने नवीन कार्यों में सत्ता-संज्ञान (Being Cognition) का अभाव-संज्ञान (Deficiency Cognition) अथवा सत्ता मनोविज्ञान (B-Psychology) का अभाव-मनोविज्ञान (D-Psychology) के साथ समन्वय स्थापित करने के महत्त्व पर जोर दिया है।" उन्होंने पूर्ण का अपूर्ण के साथ, आदर्श का वास्तविकता के साथ......साध्य-मनोविज्ञान का साधन मनोविज्ञान के साथ' समन्वय स्थापित करने की भी चेष्टा की है।[11]

मूल्यांकन

मैस्लो के आत्म-बोध की धारणा पर सम्यक् रूप से विचार करने पर यह जान पड़ता है कि कुछ सीमाओं के साथ-साथ इसकी कुछ प्रशंसनीय विशेषताएँ भी हैं, जिनका उल्लेख करना यहाँ अपेक्षित है।

आत्म-बोध की धारणा पर सर्वाधिक आपत्ति इस बात को लेकर की जाती है कि मैस्लो ने आत्म-बोध प्राप्त व्यक्तियों की जिन विशेषताओं की खोज की है, वे उनके द्वारा निर्मित हैं, न कि लोगों में वास्तविक रूप में पाई जाती हैं। स्वयं मैस्लो ने भी यह स्वीकार किया है कि उनकी खोज के आधार पर आत्म-बोध-प्राप्त व्यक्तियों में जो भी विशेषताएँ पाई गई हैं, उनका आधार उनके अपने चिकित्सा-सम्बन्धी अनुभव ही हैं। किन्तु मैस्लो के समर्थन में यह बात कही जा सकती है कि उनके द्वारा प्रतिपादित वे विशेषताएँ मानसिक स्वास्थ्य के अन्य विशेषज्ञों द्वारा प्रतिपादित विशेषताओं से मिलती-जुलती हैं।

दूसरी आपत्ति यह भी की जाती है कि उनका दृष्टिकोण क्रियात्मक होने की अपेक्षा अधिक वर्णनात्मक है, क्योंकि उन्होंने आत्म-बोध के लिए जिन आदर्शों को अनिवार्य माना है, उन्हें प्राप्त करने की विधियों का स्पष्ट उल्लेख नहीं किया है (Dicaprio, 1974)। उन्होंने कहा है कि मानव के वास्तविक स्वभाव के अनुरूप प्रमुख सामाजिक एवं सांस्कृतिक संस्थाओं में अनुकूल परिवर्तन अपेक्षित है।

बच्चों का पालन-पोषण ऐसा हो जो उन्हें विकास की ओर ले जा सके, शिक्षा ऐसी हो जो उनमें रचनात्मकता (Creativity) एवं सहजता (Spontaneity) का सृजन कर सके। धर्म ऐसा हो जो जन्मजात सकारात्मक प्रवृत्तियों (Positive Tendencies) को उत्तेजित कर सके और कार्य ऐसे हों जो आत्म-सम्मान एवं सार्थक वैयक्तिक

लक्ष्यों की प्राप्ति के मार्ग प्रशस्त कर सकें। ये बातें तो अच्छी हैं, किन्तु व्यावहारिक रूप में उनकी उपलब्धि अति कठिन है, क्योंकि उन्हें उपलब्ध करने के मार्गों अथवा विधियों का स्पष्ट उल्लेख नहीं किया गया है।

तीसरी आपत्ति यह प्रस्तुत की जाती है कि मैस्लो ने जिस प्रकार आत्म-बोध की धारणा को परिभाषित किया है उसकी उपलब्धि कुछ विशिष्ट लोगों के लिए ही सम्भव है।

अपनी सीमाओं के बावजूद, मैस्लो के आत्मबोध के सिद्धान्त की कुछ विशेषताएँ भी हैं, जो उल्लेख्य हैं। स्वयं मैस्लो के ही अनुसार मनश्चिकित्सा तथा अन्य सामाजिक विज्ञानों ने मानव की केवल अभाव-आवश्यकताओं पर ही अधिक ध्यान दिया है। उच्चतर आवश्यकताओं को तो उन्होंने महज समाजीकरण का प्रतिफल माना है। इसके विपरीत मैस्लो ने उन्हें मूलतः मानव-स्वभाव में ही निहित माना है। साथ-ही-साथ उन्होंने यह भी स्वीकार किया है कि उच्चतर आवश्यकताएँ अपने कार्यों को तभी भली-भाँति सम्पादित कर सकती हैं, जब निम्न आवश्यकताएँ सन्तुष्ट हों। यद्यपि उन्होंने निम्न आवश्यकताओं की सन्तुष्टि के महत्त्व को स्वीकार किया है, फिर भी अपेक्षाकृत उच्चतर आवश्यकताओं को अधिक महत्त्वपूर्ण माना है।

मैस्लो ने उच्चतर आवश्यकताओं की सन्तुष्टि को अधिक महत्त्वपूर्ण इसलिए माना है कि इससे आत्म-सम्मान की भावना भी उत्पन्न होती है और साथ-ही-साथ कुछ अति-आनन्ददायक अनुभूतियाँ भी होती हैं, जिन्हें उन्होंने शीर्ष-अनुभूतियों (Peak Experiences) की संज्ञा दी है। जो व्यक्ति एक बार ऐसी अनुभूतियों का आनन्द प्राप्त कर लेता है वह उच्चतर आवश्यकताओं की सन्तुष्टि का प्रयास करता है, क्योंकि निम्नतर आवश्यकताओं की सन्तुष्टि से वैसी अनुभूतियों का आनन्द प्राप्त नहीं हो सकता।

अपनी कुछ सीमाओं के बावजूद मैस्लो के आत्म-बोध का सिद्धान्त अनेक खोज करने वालों के लिए प्रेरणा का स्रोत सिद्ध हुआ है। उन्होंने सिद्धान्त निर्माताओं एवं खोज कर्त्ताओं को केवल मानव स्वभाव के स्वस्थ पक्ष पर विचार करने के लिए ही प्रोत्साहित नहीं किया है, बल्कि इस बात के लिए भी बाध्य किया है कि मानव-क्रियाओं को समझने में विज्ञान की अपनी संकुचित दृष्टि और उसकी सीमाओं पर पुनः विचार करें।[12]

मैस्लो का सिद्धान्त व्यावहारिक क्षेत्रों में भी अत्यन्त उपयोगी सिद्ध हुआ है, जैसे–शैक्षिक-परामर्श-कार्यक्रम (Educational Counselling Programme) एवं व्यावसायिक प्रबन्ध-कार्यक्रम (Business Management Programme) आदि में।

मैस्लो के विचार मूलतः आशावादी हैं। फलतः उन विचारों से प्रेरित होकर आत्म-बोध प्राप्त व्यक्तियों (Self-actualized Persons) की विशेषताओं को ग्रहण कर सकते हैं, इन सम्भावनाओं से इनकार नहीं किया जा सकता।

अन्त में यह कहा जा सकता है कि मैस्लो ने कुछ ऐसी समस्याओं पर भी विचार किया, जिन पर प्रायः अधिकांश लोगों ने ध्यान ही नहीं दिया, जैसे—मानव-जीवन के धार्मिक पहलू। उन्होंने मॉरर, ऑलपोर्ट और फ्रॉम के समान मानव व्यवहार के धार्मिक पहुलओं पर भी विचार किया है।[13]

सन्दर्भ

1. Maslow, A. H. Motivation and Personality, 1st. ed. New York : Harper and Row, 1970.
2. Maslow, A. H. Motivation and Personality, 2nd ed. New York : Harper and Row. 1970.
3. Woodworth, R. S. and Sheehan, M. R. Contemporary Schools of Psychology, 1964, p. 354-355.
4. Maslow, 1970 (From Ryckman Theories of Personality), 1978, p. 317.
5. Woodworth, R.S.and Sheehan, M. R. Contemporary Schools of Psychology, 1965 (First published in Great Britain) p. 355.
6. Dicaprio, N.S. Personality Theories : Guides to Levins, 1974, p. 242.
7. Bischof L. J. Itnerpreting Personality Theories, 1964, p. 548.
8. Woodworth, R. S. and Sheehan M. R. Contemporary Schools of Psychology, 1964. p. 356.
9. Bishof L. J. Interpreting Personality Theories, 1964, p. 549.
10. "Every sunset is as beautiful as the first". Bischof, L. J. Interpreting personality Theories, 2nd ed. p. 550.
11. "In his newer work Maslow emphasizes the value of reconciling Being Cognition (B-Psychology) with Deficiency-Cognition (D-Psychology) -----the perfect with the imperfect, the ideal with the actual,.....end Psychology with means—Psychology" Bischof, L.J. Interpreting Personality Theories, 2nd, 1964, p. 558.
12. Ryckman, R.M. Theories of Personality, 1978, p. 328.
13. Maddi, S. R. Personality Theories : A Comparative Analysis : Homewood, III Dorsey Press, 1968.

अन्य देशों में समसामयिक मनोविज्ञान

(Contemporary Psychology in Other Countries)

निस्सन्देह, अमेरिका में मनोविज्ञान का सर्वाधिक विकास हुआ, किन्तु साथ-ही-साथ विश्व के अन्य देशों में भी इसका महत्त्वपूर्ण विकास हुआ जिसका संक्षेप में उल्लेख किया जा रहा है।

जर्मनी में मनोविज्ञान

नाजी-काल तथा द्वितीय विश्वयुद्ध की अवधि में मनोविज्ञान का काफी ह्रास हुआ। किन्तु द्वितीय विश्व महायुद्ध के बाद मनोविज्ञान का पुनर्निर्माण शीघ्र ही शुरू हो गया, जिसके फलस्वरूप विविध क्षेत्रों में उसका विकास हुआ। फिर भी मनोवैज्ञानिकों ने न तो व्यापक रूप में प्रयोगात्मक शोध के क्षेत्र में ही काम किया और न परिमाणात्मक विधियों (Quantitative Methods) को ही भली-भाँति स्वीकार किया। बाद में चलकर इस स्थिति में परिवर्तन आया। यहाँ यह उल्लेख्य है कि जर्मनी में घटना-क्रिया-विज्ञान का दृष्टिकोण छाया हुआ था। अधिकांश मनोवैज्ञानिकों ने अपने शोधकार्यों में अधिकाधिक वस्तुनिष्ठता (Objectivity) को स्वीकार किया। फलस्वरूप सुनिश्चित प्रयोगात्मक योजना एवं परिमाणात्मक विश्लेषण (Quantitative Analysis) की प्रधानता बढ़ गई। प्रत्यक्षीकरण, अनुप्रेरणा, व्यक्तित्त्व एवं उसकी माप आदि के अध्ययन में मनोवैज्ञानिकों की काफी रुचि थी। शिक्षा, उद्योग, व्यवसाय, बाल निर्देशन, बुद्धि एवं उपलब्धि परीक्षण आदि क्षेत्रों में भी पर्याप्त शोध-कार्य हुए।

इंग्लैंड में मनोविज्ञान

द्वितीय विश्व महायुद्ध के पहले इंग्लैंड में मनोविज्ञान का विकास धीमी गति से हो रहा था। किन्तु उसके बाद उसकी गति में तीव्रता आई। वहाँ के मनोवैज्ञानिकों का झुकाव मनोविज्ञान के व्यावहारिक पक्ष की ओर अधिक रहा है। फलस्वरूप नैदानिक-मनोविज्ञान (Clinical Psychology) का विकास तीव्र गति से हुआ। मानसिक परीक्षण (Mental

Testing) का महत्त्व केवल शोध के लिए ही नहीं था, बल्कि शिक्षा के क्षेत्र में भी उसका उपयोग किया गया। व्यक्ति विभिन्नताओं (Individual Differences) तथा उन्हें मापने की साँख्यिकीय विधियों (Statistical Methods) की गाल्टन की परम्परा का प्रभावपूर्ण ढंग से उपयोग होता रहा। प्रयोगात्मक मनोविज्ञान का विकास तो धीमी गति से हुआ किन्तु साँख्यिकी (Statistics), मनोमित्ति (Psychometrics) तथा शिक्षा मनोविज्ञान के क्षेत्र में महत्त्वपूर्ण विकास हुए।

सोवियत संघ में मनोविज्ञान

सोवियत संघ में मनोविज्ञान का विकास अन्य देशों की अपेक्षा कुछ अलग ढंग से हुआ। इसका कारण था, वहाँ की राजनीति का व्यापक प्रभाव। 1936 के बाद परीक्षण (Testing) एवं औद्योगिक मनोविज्ञान का पूर्णतया बहिष्कार कर दिया गया। पावलव के सिद्धान्त के साथ ही वहाँ मनोविज्ञान के इतिहास में एक महत्त्वपूर्ण परिवर्तन हुआ, जिसके फलस्वरूप सोवियत मनोविज्ञान ने काफी सक्रिय एवं रचनात्मक स्वरूप ग्रहण कर लिया।

हाल में, मनोविज्ञान के विभिन्न क्षेत्रों में मनोवैज्ञानिकों की रुचि काफी बढ़ गई, जैसे समाज मनोविज्ञान, व्यक्तित्त्व, सूचना सिद्धान्त (Information Theory), सम्बन्ध प्रत्यावर्तन का सिद्धान्त (Conditioning Theory), दैहिक मनोविज्ञान (Physiological Psychology) आदि। मस्तिष्क की प्रक्रियाओं के सम्बन्ध में वहाँ अत्यधिक महत्त्वपूर्ण शोध कार्य हुए। शिक्षा की समस्याओं पर भी जमकर विचार किया गया। आद्यतन मानव-अभियान्त्रिकी (Human Engineering) सोवियत मनोविज्ञान का सर्वाधिक महत्त्वपूर्ण अंग माना जा रहा है।[1] इसके अतिरिक्त औद्योगिक समाज मनोविज्ञान (Industrial Social Psychology) से सम्बन्धित समस्याओं पर भी विचार किया गया है। सोवियत मनोविज्ञान के इतिहास में एक महत्त्वपूर्ण घटना कही जा सकती है 1966 में मनोविज्ञान की अठारहवीं अन्तर्राष्ट्रीय काँग्रेस की बैठक।

जापान में मनोविज्ञान

जापान में मनोविज्ञान काफी प्रगति पर है। वहाँ का मनोवैज्ञानिक संघ (Psychological Association) अत्यन्त सक्रिय है। फलस्वरूप वहाँ से तीन जर्नल निकलते हैं। वहाँ प्रत्यक्षीकरण के क्षेत्र में महत्त्वपूर्ण शोधकार्य हुए हैं, विशेष रूप से दृष्टि-प्रत्यक्षीकरण के क्षेत्र में। विपर्यय (Illusion), प्रत्यक्षात्मक स्थिरता (Perceptual Constancy), गहराई का प्रत्यक्षीकरण आदि विषयों पर काम किए गए हैं। सीखने (Learning) के सम्बन्ध में भी पशु एवं मानव-प्रयोज्यों पर विभिन्न मनोवैज्ञानिक यन्त्रों एवं उपकरणों के सहारे अनेक प्रयोग किए गए हैं। दैहिक-मनोविज्ञान (Physiological Psychology) में भी कुछ महत्त्वपूर्ण शोध कार्य हुए हैं, जैसे—ऐन्द्रिक वंचन (Sensory Deprivation),

निद्रा आदि की समस्याओं पर जापान के मनोवैज्ञानिकों की अभिरुचि नैदानिक (Clinical), शैक्षिक तथा समाज मनोविज्ञान में भी रही है। जापान की भाषा में लिखी गई पुस्तकों का अंग्रेजी में अनुवाद हुआ। इससे यह प्रमाणित होता है कि जापान के योगदानों का समादर पश्चिमी मनोवैज्ञानिकों ने भी किया। यहाँ यह उल्लेख कर देना समुचित जान पड़ता है कि 1972 में मनोविज्ञान का बीसवाँ अन्तर्राष्ट्रीय सम्मेलन जापान में ही हुआ।

कनाडा में मनोविज्ञान

कनाडा में मनोविज्ञान संयुक्त राज्य के मनोविज्ञान से काफी मिलता-जुलता है। फिर भी हेब के कार्यों से स्पष्ट हो जाता है कि उनके कार्यों का मूल कनाडा में है। हेब ने मनोवैज्ञानिक क्रियाओं तथा मानव-व्यवहार की व्याख्या दैहिक विज्ञान के आधार पर करने की चेष्टा की है। उनका सबसे महत्त्वपूर्ण काम है ऐन्द्रिक वंचन (Sensory Deprivation) पर। ऐन्द्रिक वंचन पर अनेक जगहों में काम हुआ है, किन्तु इसकी व्युत्पत्ति हेब के संरक्षण में हुई और इस पर आज भी वहाँ शोध कार्य हो रहे हैं। कनाडा में अनुप्रेरणा (Motivation), सीखने तथा स्मरण की क्रियाओं पर भी काफी शोध कार्य हुए हैं।

ऑस्ट्रेलिया में मनोविज्ञान

ऑस्ट्रेलिया में मनोविज्ञान का काफी विकास हुआ है। कई क्षेत्रों में मनोवैज्ञानिकों के कार्य सराहनीय हैं। वहाँ पशु के सीखने पर अनेक शोध-कार्य हुए हैं। प्रत्यक्षीकरण, दैहिक मनोविज्ञान एवं परिमार्जित समाज मनोविज्ञान के क्षेत्र में भी महत्त्वपूर्ण शोधकार्य हुए हैं। इन सभी क्षेत्रों में मनोवैज्ञानिकों की रुचि प्रशंसनीय है। पुस्तकों तथा शोधपत्रों का प्रकाशन भी प्रायः होता ही रहा है।

अन्त में यह कहा जा सकता है कि विभिन्न देशों में मनोविज्ञान के विकास के अति संक्षिप्त विवरण का समावेश सम्भव नहीं है। ऐसी स्थिति में पाठकों को ऐसा भान होना सहज स्वाभाविक है कि इसमें और भी बहुत-सी बातों का समावेश किया जा सकता था, जो नहीं किया गया है। विभिन्न देशों में हुए मनोविज्ञान के विकास इतने महत्त्वपूर्ण हैं कि इनकी उपेक्षा नहीं की जा सकती। फलस्वरूप अमेरिकी मनोवैज्ञानिकों का भी इस ओर ध्यान गया।

सन्दर्भ

1. Brozek, J. Soviet Psychology, In D. Schults, a History of Modern Psychology, 2nd ed., Academic Press, New York, San Fransisco, London, 1975, p. 369

प्राचीन भारत में मनोविज्ञान

भारतीय मनोविज्ञान के अनुसार मन मनन करने का साधन है। मनन शब्द के अन्तर्गत मानव के समस्त व्यवहार एवं क्रियाएँ सन्निहित मानी जाती हैं, जिन्हें पाश्चात्य मनोविज्ञान ने मानसिक शब्द के द्वारा द्योतित किया है। उदाहरण के लिए संवेदना, प्रत्यक्षीकरण, ध्यान, सीखना, स्मरण, विस्मण, भाव, संवेग, कल्पना आदि को प्रस्तुत किया जा सकता है। यहाँ यह उल्लेख्य है कि प्रायः चित्त, अन्तःकरण, बुद्धि आदि का व्यवहार मन के पर्याय के रूप में किया जाता है

मन मूलतः सत्त्व प्रधान है, किन्तु उसमें रज और तम का भी संयोग पाया जाता है। वस्तुतः प्रत्येक व्यक्ति में सात्त्विक, राजसिक तथा तामसिक, ये तीनों गुण पाए जाते हैं। किन्तु सभी व्यक्तियों में ये गुण समान मात्रा में नहीं पाए जाते हैं। इन गुणों की विषमता के कारण ही सुश्रुत ने मन की तीन प्रकार की विशेषताओं का उल्लेख किया है : (1) सात्त्विक (2) राजसिक तथा (3) तामसिक। सात्त्विक मन के अन्तर्गत उन्होंने सत्य, धर्म, क्षमा, दया, दान, वृद्धि, आस्तिकता, अनासक्ति आदि को रखा है। राजसिक मन में असत्य, अहंकार, काम, क्रोध, दम्भ, क्रूरता आदि को सन्निहित किया है। तामसिक मन में अज्ञान, आलस्य, निद्रा, अधर्म, मानसिक उद्विग्नता आदि को स्थान दिया है।

प्रत्येक व्यक्ति में सात्त्विक, राजसिक तथा तामसिक ये तीनों प्रकार की प्रवृत्तियाँ पाई जाती हैं, अन्तर केवल इतना ही है कि किसी में सात्त्विक प्रवृत्ति की प्रधानता होती है तो किसी में राजसिक की और किसी में तामसिक की। मानसिक स्वास्थ्य के लिए सात्त्विक प्रवृत्ति का बाहुल्य अनिवार्य है। जिस व्यक्ति में सात्त्विकता की कमी और रज की अधिकता होती है, वह मानसिक रूप से चंचल होता है और प्रायः द्वन्द्व एवं तनाव से आक्रान्त रहता है। तम की अधिकता मानसिक विकारों की सूचक है।

भारत में ज्ञान को सदा व्यावहारिक एवं क्रियात्मक रूप में ग्रहण किया गया है। विभिन्न भारतीय दर्शनों ने जीवन के विविध पक्षों की व्याख्या की है। मनोवैज्ञानिक समस्याओं का अध्ययन भी दर्शन शास्त्र के अन्तर्गत ही हुआ है। पाश्चात्य मनोविज्ञान भी बहुत दिनों तक दर्शन-शास्त्र का ही एक अंग रहा है। लगभग एक सौ वर्ष हुए

जब यह स्वतन्त्र विज्ञान के रूप में विकसित हुआ है। भारत में विभिन्न दार्शनिक विचारधाराओं ने मनोवैज्ञानिक समस्याओं की अलग-अलग व्याख्या की है। जैसे– न्याय, वैशेषिक, सांख्य, योग, मीमांसा, वेदान्त, चार्वाक, जैन और बौद्ध। इनमें आरम्भ के छह आस्तिक दर्शन हैं, और अन्तिम तीन नास्तिक। अतः यहाँ संक्षेप में प्राचीन भारत में मनोविज्ञान के स्वरूप का उल्लेख किया जाएगा।

वेदों में मनोविज्ञान

वेदों में 'मन' शब्द का प्रयोग कई जगह किया गया है। किन्तु प्रमुख रूप में 'आत्मा' का ही विवेचन किया गया है। शतपथ ब्राह्मण में मन के महत्त्व पर काफी प्रकाश डाला गया है। वेदों में मानव की प्राथमिक आवश्यकताओं की पूर्ति के लिए प्रकृति-पूजा को महत्त्व प्रदान किया गया है। मानव की जैविक आवश्यकताओं को बहुत अच्छे ढंग से धार्मिक रूप दिया गया है। वस्तुतः वेदों में धर्म और मनोविज्ञान के समन्वय की सराहनीय चेष्टा की गई है। यहाँ यह उल्लेख्य है कि आरम्भिक जड़ात्मवादी मनोविज्ञान (Animistic Psychology) का ऋग्वेद में उल्लेख किया गया है।

उपनिषदों में मनोविज्ञान

उपनिषदों में चित्त, चेतना, बुद्धि आदि शब्दों का प्रयोग हुआ है, किन्तु सर्वाधिक प्रयोग 'मनस्' शब्द का ही हुआ है। मन को शरीर और आत्मा का माध्यम कहा गया है। आत्मा को सर्वव्यापक माना गया है। मन आत्मा के द्वारा ही संचालित होता है। जीव और ब्रह्म में तादात्म्य सम्बन्ध माना गया है। आत्मा शरीर, मन और इन्द्रियों से परे है, किन्तु जब वह इससे सम्बन्धित होकर अपने सर्वव्यापक रूप को भूल जाती है, तो शरीर, मन और इन्द्रियों के समान ही सुख-दुख भोगने लगती है। वृहदारण्यक उपनिषद् में मन ही सम्पूर्ण क्रियाओं का संचालक माना गया है।

छान्दोग्योपनिषद् में ज्ञानेन्द्रियों एवं कर्मेन्द्रियों पर मनस् का नियन्त्रण माना गया है। आत्रेयोपनिषद् में हृदय तथा मन को एक ही माना गया है। हृदय तथा मन की क्रिया के रूप में प्रत्यक्षीकरण को स्वीकार किया गया है

महाभारत में मनोविज्ञान

महाभारत में मन, इन्दिय आदि की क्रियाओं का विवेचन किया गया है। इनके अतिरिक्त क्रिया, इच्छाशक्ति (Will-power) तथा मन की चारों अवस्थाओं (जाग्रत, स्वप्न, सुषुप्ति एवं तुर्या) का भी वर्णन किया गया है। आत्मा मन को क्रियाशील बना देती है और मन इन्द्रियों को संचालित करता है। मन का आत्मा से सम्बन्ध होता है। यह इन्द्रियों से सम्बन्धित होकर ज्ञान प्रदान करता है। महाभारत में संवेगों का विस्तृत विवेचन किया गया है। वहाँ संवेगों की उत्पत्ति पर भी पूर्ण रूपेण विचार किया गया है।

योगवाशिष्ठ में मनोविज्ञान

योगवाशिष्ठ के सम्पूर्ण ज्ञान को ही मनोवैज्ञानिक ज्ञान कहा जा सकता है। वस्तुतः मन का जितना विशद विवेचन वहाँ किया गया है, कदाचित् अन्यत्र नहीं किया गया है। वहाँ यह स्पष्ट किया गया है कि किस प्रकार मन के द्वारा संसार की उत्पत्ति हुई है और इसके द्वारा ही सृष्टि चक्र चल रहा है।

योगवाशिष्ठ में मन को शान्त रखने के अनेक उपाय बतलाए गए हैं। इच्छा-शक्ति के महत्त्व पर भी पर्याप्त प्रकाश डाला गया है। वहाँ मन को संकल्प से भिन्न नहीं माना गया है, बल्कि संकल्प को ही मन की संज्ञा दी गई है। सांसारिक बन्धन और मोक्ष का कारण भी मन को ही माना गया है। वहाँ मन के अनेक रूपों का उल्लेख किया गया है, जैसे—बुद्धि, अहंकार, चित्त, स्मृति, कल्पना, वासना आदि। यह कहा गया है कि मन ही स्वतन्त्र रूप से संसार की सृष्टि करता है। सुख-दुख सब इसी पर आधारित हैं। वास्तव में मन सर्वशक्तिमान है। मन के द्वारा ही शरीर का भी निर्माण हुआ है।

योगवाशिष्ठ में मानसिक चिकित्सा का भी सम्यक् विवेचन प्रस्तुत किया गया है। यह स्पष्ट किया गया है कि मानसिक अवस्था के कारण ही शारीरिक रोग उत्पन्न होते हैं। अतः मानसिक रोगों के ठीक हो जाने पर व्यक्ति को शारीरिक रोगों से अपने-आप छुटकारा मिल जाता है। वहाँ यह भी उल्लेख किया गया है कि जीवन को किस प्रकार निरोग और सुखी बनाया जा सकता है। इस क्रम में मन्त्र-चिकित्सा के महत्त्व पर भी प्रकाश डाला गया है। यह भी बतलाया गया है कि किस प्रकार मन की शुद्धि के द्वारा अनेक प्रकार की सिद्धियाँ प्राप्त की जा सकती हैं। कुंडलिनी-शक्ति का भी उल्लेख है, जिसके द्वारा सिद्धियाँ प्राप्त की जाती हैं।

भगवद्गीता में मनोविज्ञान

गीता में भी लगभग सांख्य के समान ही मन, बुद्धि एवं अहंकार का विवेचन किया गया है। वहाँ अनेक स्थानों पर आत्मा एवं ब्रह्म के एकत्व का उल्लेख किया गया है। यह भी बतलाया गया है कि किस प्रकार आत्मा अज्ञान के कारण अपने वास्तविक स्वरूप को भूलकर अपने-आप को ही शरीर, इन्द्रिय एवं मन समझ बैठती है। फलतः सुख-दुख के चक्र में घूमती रहती है। गीता में बुद्धि, चेतना, अनुभूति, स्मृति, संवेग आदि की भी विवेचना की गई है।

गीता ने बलपूर्वक इच्छाओं के दमन को उचित नहीं माना है। उसकी मान्यता यह है कि इस रीति से इच्छाओं को समाप्त नहीं किया जा सकता। सभी दमित इच्छाएँ अन्तस्तल में सदा विद्यमान रहती हैं, उनका अन्त कभी नहीं हो पाता। यह विचार आधुनिक मनोवैज्ञानिक फ्रायड के विचार से मिलता-जुलता है। फ्रायड ने भी स्पष्ट रूप से कहा है कि इच्छाओं को पूर्णरूप से दबाया नहीं जा सकता, होता बस

यही है कि दमित इच्छाएँ चेतन से हटकर अचेतन में चली जाती हैं और वहाँ सदा सक्रिय रूप में विद्यमान रहती हैं।

गीता ने स्पष्ट रूप से यह भी कहा है कि मानव का परम लक्ष्य है आत्मोपलब्धि, अर्थात् मानव का ब्रह्म के साथ पूर्ण तादात्म्य। पाश्चात्य मनोविज्ञान ने भी आत्मबोध (Self-actualization) की धारणा के द्वारा लगभग ऐसा ही विचार व्यक्त करने की चेष्टा की है, लेकिन वह अभी यहाँ तक नहीं पहुँच पाया है।

जैन एवं बौद्ध दर्शन में मनोविज्ञान

जैन दर्शन चेतना को प्राणी का आवश्यक गुण मानता है। जैन दार्शनिकों के अनुसार चेतना प्राणी से कभी अलग नहीं होती। उन्होंने मोक्ष-प्राप्ति के साधन के रूप में सम्यक् दर्शन, सम्यक् ज्ञान एवं सम्यक् चरित्र का उल्लेख किया है और इन तीनों को 'त्रिरत्न' की संज्ञा दी है।

बौद्ध-दर्शन में चित्त, मन एवं विज्ञान पर्यायवाची शब्द हैं। चित्त की उत्पत्ति इन्द्रिय तथा विषयों की क्रिया-प्रतिक्रिया के फलस्वरूप होती है। अतः इन्द्रियों के नष्ट होने पर चित्त का भी नाश हो जाता है। यहाँ पर भी उल्लेख्य है कि चित्त को चेतना का स्थान माना गया है। बौद्ध दर्शन की उत्पत्ति दुःख से निवृत्ति प्राप्त करने के प्रयास के फलस्वरूप हुई। महात्मा बुद्ध ने ऐसी रीतियों का उल्लेख किया है, जिनके द्वारा दुःखों का नाश हो जाता है और जीव सदा के लिए जन्म-मरण से छुटकारा पा लेता है। इस स्थिति को उन्होंने निर्वाण कहा है।

न्याय एवं वैशेषिक में मनोविज्ञान

न्याय-दर्शन में मन, आत्मा, इन्द्रिय, चेतना अनुभूति, स्मृति, प्रत्यक्षीकरण, ध्यान आदि विषयों का विवेचन प्रस्तुत किया गया है। न्याय दर्शन के अनुसार मन आन्तरिक इन्द्रिय है जो व्यक्ति को सुख-दुःख का अनुभव प्रदान करता है। इसके बिना ज्ञान प्राप्त नहीं हो सकता। इन्द्रियाँ स्वतन्त्र रूप से ज्ञान प्रदान नहीं कर पातीं। सर्वप्रथम इन्द्रियाँ विषयों के सम्पर्क में आती हैं और तब उनके साथ मन का संयोग होता है। फलस्वरूप आत्मा को ज्ञान प्राप्त होता है। इस प्रकार मन के सहयोग के बिना आत्मा को ज्ञान प्राप्त नहीं हो सकता। मन किसी एक समय में एक ही विषय का ज्ञान प्रदान कर सकता है। दूसरे शब्दों में, किसी एक समय में एक ही विषय अथवा वस्तु पर ध्यान केन्द्रित हो सकता है। यह सम्भव है कि ध्यान के अत्यन्त चंचल होने के कारण एक साथ कई विषयों के ज्ञान होने का भ्रम हो।

न्याय-दर्शन में प्रत्यक्ष पर सम्यक् रूप से प्रकाश डाला गया है। इसमें प्रायः दो प्रकार के प्रत्यक्ष ज्ञान का वर्णन मिलता है–निर्विकल्पक तथा सविकल्पक। निर्विकल्पक प्रत्यक्षीकरण में केवल वस्तु अथवा विषय के स्वरूप का ज्ञान होता है,

किन्तु सविकल्पक प्रत्यक्षीकरण में वस्तु अथवा विषय का स्पष्ट रूप से ज्ञान प्राप्त होता है।

न्याय-दर्शन में बुद्धि, सुख, दुःख, इच्छा, द्वेष आदि आत्मा के गुण माने गए हैं। सांख्य योग ऐसा नहीं मानता। उसके अनुसार बुद्धि आत्मा से बिलकुल भिन्न प्रवृत्ति की प्रथम अभिव्यक्ति है। सुख, दुःख आदि आत्मा से सम्बन्धित होने के बदले प्रवृत्ति से सम्बन्धित हैं।

वैशेषिक द्वारा भी ज्ञान-प्राप्ति की व्याख्या न्याय के ही समान है। ध्यान के सम्बन्ध में भी वैशेषिक का विचार न्याय से मिलता-जुलता है। ध्यान के सम्बन्ध में न्याय-वैशेषिक की धारणा पाश्चात्य मनोविज्ञान के समान है। पाश्चात्य मनोविज्ञान के ही समान न्याय-वैशेषिक दर्शन यह मानता है कि एक समय में किसी एक ही विषय पर ध्यान देना सम्भव है, क्योंकि ध्यान शक्तिशील है। मन की गति अत्यन्त तीव्र है। अतः अनुभव में एकत्व (Unity) एवं अनवरतता (Continuity) जान पड़ सकती है।

जहाँ तक आत्मा के स्वरूप का प्रश्न है, वैशेषिक दर्शन ने आत्मा की निम्नांकित विशेषताओं का उल्लेख किया है :

(1) इन्द्रिय, शरीर एवं मन से आत्मा की अलग सत्ता है।

(2) आत्मा नित्य और सर्वव्यापी है।

(3) आत्मा चेतना का आधार है।

(4) आत्मा में सुख, दुःख, द्वेष, बुद्धि, इच्छा, प्रयास, संस्कार आदि गुण विद्यमान रहते हैं।

(5) आत्मा के दो रूप हैं–जीवात्मा एवं परमात्मा। परमात्मा एक है, जीवात्माएँ अनेक हैं।

सांख्य दर्शन में मनोविज्ञान

सांख्य में प्रकृति तथा पुरुष को प्रधान माना गया है। प्रकृति के तीन गुण हैं–सत, रज और तम। पुरुष (आत्मा) का गुण है बुद्धि। बुद्धि से ही मन की उत्पत्ति बतलाई गई है। आत्मा के स्वरूप की व्याख्या करते हुए सांख्य ने उसकी जिन विशेषताओं का उल्लेख किया है, उनमें निम्नांकित प्रमुख हैं–

1. प्रकृति तथा उसके विकारों से बिलकुल भिन्न पुरुष (आत्मा) की अपनी अलग सत्ता है।
2. पुरुष त्रिगुणातीत तथा सुख-दुःख से परे है।
3. पुरुष शुद्ध चेतन, अनादि, अनन्त, सर्वव्यापी तथा सदा एक तरह से रहने वाला है।
4. पुरुष निष्क्रिय है। प्रकृति के सान्निध्य से उसमें क्रियाशीलता आती है।

सांख्य दर्शन के अनुसार मन के तीन प्रधान पहलू हैं–ज्ञानात्मक, भावात्मक एवं क्रियात्मक। यहाँ यह उल्लेख कर देना अनिवार्य जान पड़ता है कि ज्ञानात्मक पहलू

को अपेक्षाकृत अधिक महत्त्व प्रदान किया गया है। मन के ज्ञानात्मक पहलू में ज्ञान के साधन और उसकी क्रियाओं का उल्लेख है। यहाँ बुद्धि, अहंकार तथा मन को अन्तःकरण भी कहा गया है। अन्य ज्ञानेन्द्रियों को बाह्यकरण कहा गया है। बुद्धि के सहारे ही निश्चयात्मक ज्ञान प्राप्त होता है। अहंकार 'मैं' का सूचक है। सांख्य दर्शन के अनुसार मन भी एक इन्द्रिय ही है। मन के दो प्रधान कार्य हैं—संकल्प तथा विकल्प। संकल्प-विकल्प निश्चयात्मक ज्ञान के पहले की अवस्था है। मन को ज्ञानेन्द्रिय एवं कर्मेन्द्रिय, दोनों ही माना गया है। जब ज्ञानेन्द्रियों एवं कर्मेन्द्रियों का मन के साथ संयोग होता है, तभी वे अपने-अपने विषय में प्रवृत्त होते हैं।

सांख्य में मन की पाँच भावात्मक अवस्थाओं का उल्लेख है—अविद्या, अस्मिता, राग, द्वेष तथा अभिनिवेश। अनित्य को नित्य, अपवित्र को पवित्र, दुःख को सुख तथा अनात्मा को आत्मा समझना ही अविद्या है। इस अविद्या से ही अन्य चारों की उत्पत्ति हुई है। पुरुष (आत्मा) और बुद्धि में भेद नहीं करना अस्मिता है। सुखद पदार्थों से प्रेम राग है। दुःखद विषयों से घृणा द्वेष है। मृत्यु का मन अभिनिवेश है। इनका विशद वर्णन पातंजल योगसूत्र में किया गया है।

सांख्य के अनुसार सभी भावों तथा संवेगों के मूल कारण हैं—सत्त्व, रज और तम। इन गुणों पर ही मानव का भावात्मक जीवन आधारित है। सत्त्व से सुख, रज से दुःख तथा तम से मोह की अनुभूति होती है। सभी प्रकार के संवेगों की अनुभूति इन तीनों गुणों के विभिन्न अनुपात में संयोग का ही प्रतिफल है। यद्यपि मन सत्व प्रधान है, फिर भी उसका निर्माण इन तीनों प्रवृत्तियों के संयोग से ही होता है। किसी एक गुण के बाहुल्य के आधार पर ही उसे सात्त्विक, राजसिक अथवा तामसिक की संज्ञा दी जाती है। सत्त्व का बाहुल्य अच्छे मानसिक स्वास्थ्य का सूचक है। रज का बाहुल्य मानसिक चंचलता, द्वन्द्व एवं तनाव का द्योतक है। तम का बाहुल्य मानसिक विकारों को द्योतित करता है। इसी के कारण मानसिक रोग होते हैं।

अन्य विचारधाराओं के समान सांख्य ने भी सुख-दुःख के भावों पर आधारित दो प्रकार की क्रियाओं का उल्लेख किया है—अनुकूल तथा प्रतिकूल क्रियाएँ। सुखद वस्तुओं के प्रति अनुकूल तथा दुःखद वस्तुओं के प्रति प्रतिकूल क्रियाएँ होती हैं। व्यक्ति में सुखद वस्तुओं को प्राप्त करने की तथा दुःखद वस्तुओं से दूर रहने की प्रेरणा होती है। मोह के कारण निष्क्रियता उत्पन्न हो जाती है।

त्रिगुणों (सत्त्व, रज एवं तम) की दृष्टि से रजोगुण ही क्रियाशील होता है। सत्त्वगुण की क्रियाशीलता के लिए रजोगुण पर निर्भर रहना पड़ता है। तमोगुण क्रिया में बाधा उपस्थित करता है।

ऐच्छिक क्रियाओं का आधार बुद्धि या मन या दोनों ही है। क्रिया के लिए मन अनिवार्य है। कर्मेन्द्रियों से मन के सम्बन्ध के कारण ही कोई क्रिया सम्पन्न होती है।

सांख्य में मन की उत्पत्ति सात्त्विक अहंकार से मानी गई है और अहंकार को तीन प्रकार का माना गया है—सात्त्विक, राजसिक और तामसिक। तदनुकूल मन भी

तीन प्रकार का माना गया है। फ्रायड ने भी मन के गत्यामक पहलू के विचार-क्रम में तीन प्रकार की शक्तियों अथवा प्रवृत्तियों का उल्लेख किया है–इदम् (Id), अहं (Ego) और पराहम् (Super Ego)। मनोविश्लेषण के अध्याय में इन तीनों प्रवृत्तियों का उल्लेख किया जा चुका है। स्पष्ट है कि फ्रायड का इदम् तम से अहं रज से और पराहम् सत्त्व से मिलता-जुलता है।

मीमांसा में मनोविज्ञान

मीमांसक सभी अनुभवों को यथार्थ ही मानते हैं, जब तक कि वे अन्यथा सिद्ध न हो जाएँ। आधुनिक शोध-विधि ने भी 'नल हाइपोथिसिस' (Null-hypothesis) के द्वारा यही बात कही है। मीमांसकों ने यह स्पष्ट किया है कि ज्ञान की सत्यता तो स्वयं-सिद्ध है, क्योंकि स्वयं ज्ञान में सत्यता निहित रहती ही है। अतः उसे किसी बाह्य प्रमाण की आवश्यकता नहीं होती।

मीमांसकों ने दो प्रकार के प्रत्यक्ष ज्ञान को माना है–(1) निर्विकल्पक ज्ञान तथा (2) सविकल्पक ज्ञान। पूर्वानुभव के आधार पर विषय के स्वरूप को निर्धारित करना सविकल्पक ज्ञान है। आधुनिक पाश्चात्य मनोविज्ञान के अनुसार यह प्रत्यक्षीकरण (Perception) है। निर्विकल्पक ज्ञान में विषय की प्रतीति मात्र होती है। उसका आभास मात्र मिलता है, स्पष्ट ज्ञान नहीं हो पाता। इसे पाश्चात्य मनोविज्ञान ने सम्वेदना की संज्ञा दी है। भ्रम अथवा विपर्यय की व्याख्या करते हुए भारतीय मनोविज्ञान ने कहा है कि दो विभिन्न ज्ञानों को एक-दूसरे से भिन्न नहीं समझने के कारण भ्रम अथवा विपर्यय होता है। पाश्चात्य मनोविज्ञान ने भी विपर्यय की कुछ ऐसी ही व्याख्या की है। कुछ मीमांसक ऐसे भी हैं जो किसी ज्ञान को असत्य मानते ही नहीं। उनके अनुसार सभी ज्ञान सत्य ही होते हैं। अतः भ्रम का कोई प्रश्न ही नहीं है।

मीमांसा में कर्मों का विशद विवेचन किया गया है। स्वतन्त्र संकल्प (इच्छा शक्ति) पर भी जमकर विचार किया गया है। संक्षेप में, मीमांसकों ने मन, आत्मा, इन्द्रिय, ज्ञान, प्रत्यक्षीकरण, विपर्यय आदि विषयों का विवेचन किया है, जो वस्तुतः मनोविज्ञान के विषय-क्षेत्र में आते हैं।

अद्वैत वेदान्त में मनोविज्ञान

अद्वैत वेदान्त के अनुसार ब्रह्म ही एकमात्र सत्य है। इसके अतिरिक्त यह सम्पूर्ण संसार मिथ्या है–'ब्रह्म सत्यं जगन्मिथ्या'। अतः वेदान्त एकमात्र ब्रह्म की ही सत्ता को स्वीकार करता है, किसी दूसरी सत्ता को नहीं। ब्रह्म से आत्मा भिन्न नहीं है। ये दोनों एक ही हैं। जीव तथा ब्रह्म में तादात्म्य सम्बन्ध है। इस प्रकार ब्रह्म, आत्मा और जीव अभिन्न हैं, इनके बीच कोई भेद नहीं है। वस्तुतः सत्ता तो बस एक ही है, अनेकता तो मात्र भ्रम है।

जब आत्मा, शरीर, मन एवं इन्द्रियों के सम्पर्क में आकर अज्ञानवश अपने को वैसा ही समझने लगती है, तो उसे सुख-दुःख की अनुभूति होती है, अन्यथा आत्मा को सुख-दुःख की अनुभूति नहीं होती क्योंकि वह तो निर्गुण और निर्विकार है।

वेदान्त में योग का भी विवेचन है। यहाँ योग का उद्देश्य है आत्मा के आवरण (माया) को हटाकर मात्र एक ही सत्ता निर्विकार, निर्गुण ब्रह्म की अनुभूति। वेदान्त के योग में ब्रह्म और जीव के एकत्व की बात कही गई है। योग-साधना से ध्याता, ध्यान और ध्येय का भेद समाप्त हो जाता है। व्यक्ति एवं ब्रह्म के बीच तादात्म्य स्थापित हो जाता है। फलस्वरूप अहं भाव मिट जाता है और वह स्वयं ब्रहममय हो जाता है। वेदान्त के अनुसार निर्गुण ब्रह्म का साक्षात्कार ही मोक्ष है। निर्गुण ब्रह्म की विशेषता यह है कि वह देश-काल की सीमा के परे है। इसके विपरीत, सगुण ब्रह्म देश काल की सीमा में बँधा हुआ होता है। इसीलिए वेदान्त ने मोक्ष प्राप्ति के लिए निर्गुण ब्रह्म के साक्षात्कार को अनिवार्य माना है।

वेदान्त ने अज्ञान को दूर करने का भी उपाय बतलाया है। उसके अनुसार निर्विकल्पक समाधि से अज्ञान नष्ट हो जाता है और व्यक्ति आत्मोपलब्धि प्राप्त कर लेता है। अज्ञान एवं उसके कारण उत्पन्न दोष को दूर करने के लिए समाधि का निरन्तर अभ्यास अनिवार्य है। निरन्तर समाधि के फलस्वरूप व्यक्ति को ब्रह्म-भाव की अनुभूति होती है। दूसरे शब्दों में, व्यक्ति में विद्यमान सारे भेद मिट जाते हैं, और केवल आत्म तत्त्व रह जाता है। वेदान्त ने यह भी स्पष्ट किया है कि चित्त वृत्ति का विरोध अनिवार्य है, क्योंकि इससे वासना नष्ट हो जाती है और वासना के नष्ट होने से ब्रह्मानन्द की प्राप्ति होती है। फलस्वरूप व्यक्ति परमशान्ति प्राप्त करता है।

वेदान्त ने मन को बन्धन और मोक्ष का कारण माना है। सभी वासनाएँ भी इसी के कारण होती हैं। जन्म-मरण का भी यही कारण है। वस्तुतः सारा विश्व ही मन की कल्पना मात्र है। रजोगुण के बाहुल्य के कारण मन बन्धन में पड़ जाता है। पुनः वही मन विवेक, वैराग्य आदि से शुद्ध होकर मुक्ति प्रदान करता है।

आयुर्वेद में मनोविज्ञान

आयुर्वेद की परम्परा अति प्राचीन है। यह अथर्ववेद का ही एक उपवेद माना गया है। कुछ विद्वानों ने तो इसे एक स्वतन्त्र वेद ही के रूप में स्वीकार किया है। आयुर्वेद की कुछ सामग्रियाँ उपनिषदों, पुराणों और अन्य धर्मग्रन्थों में भी उपलब्ध हैं। भावों तथा संवेगों का वर्णन नाट्य-शास्त्र में भी मिलता है।

भारतीय शास्त्रों ने मन को मनन-चिन्तन का एक साधन माना है। ज्ञानोपलब्धि के लिए मन अनिवार्य है। इन्द्रिय और अर्थ का सान्निध्य होने पर भी आत्मा को तब तक ज्ञान नहीं होता जब तक मन विद्यमान न हो। चरक ने इसे स्पष्ट करते हुए कहा है कि 'ज्ञान का अभाव तथा भाव मन का लक्षण है।' आत्मा, इन्द्रिय और

अर्थ का सन्निकर्ष होने पर भी जब तक मन का सान्निध्य प्राप्त नहीं होता तब तक ज्ञान नहीं हो पाता। इसी प्रकार क्रिया का होना अथवा न होना भी मन की उपस्थिति अथवा अनुपस्थिति पर ही निर्भर है। सुख-दुःख भी मन को ही होते हैं, आत्मा को नहीं। इसीलिए चक्रपाणि ने इसे अतीन्द्रिय कहा है। इन्द्रियों को तो केवल बाह्य विषयों का ही ज्ञान प्राप्त होता है। मन को आन्तरिक भावों की भी अनुभूति होती है।

चरक ने आत्मा के दो रूपों का उल्लेख किया है—जीवात्मा और परमात्मा। परमात्मा को उन्होंने नित्य, निर्विकार, अचिन्त्य तथा अव्यक्त कहा है। जब परमात्मा तत्त्व का शरीर, इन्द्रिय और मन से संयोग होता है, तो वह जीवात्मा कहलाता है। आत्मा इनके संयोग से ही कर्म करती है और कर्मों का फल भोगती है। आत्मा को चेतना का आधार माना गया है।

सुश्रुत ने सांख्य के त्रिगुणात्मक सिद्धान्त को माना है। उन्होंने इन्द्रियों को जड़ माना है और यह स्पष्ट किया है कि जब आत्मा का मन से संयोग होता है, तभी उसे सुख-दुःख, इच्छा, द्वेष, स्मृति, संकल्प आदि की उपलब्धि होती है। मन के सभी गुण सत्त्व, रज और तम में विभक्त हैं। मानव की सभी प्रवृत्तियाँ इन्हीं गुणों पर आधारित हैं। व्यक्तित्त्व का निर्धारण भी इन्हीं गुणों के अनुपात पर निर्भर है।

आयुर्वेद शरीर और मन इन दोनों को जड़ प्रकृति से उत्पन्न मानता है। ये दोनों ही त्रिगुणात्मक प्रकृति के विकार हैं। अन्तर यह है कि मन अपेक्षाकृत सूक्ष्म और शरीर स्थूल है, और तदनुरूप मन की गति सूक्ष्म तथा शरीर की गति स्थूल है। इसके अतिरिक्त जहाँ मन सत्त्व प्रधान है, वहाँ शरीर रज और तम प्रधान है। कार्य की दृष्टि से शरीर और मन का अन्योन्याश्रय सम्बन्ध है। दोनों एक-दूसरे के कार्य-सम्पादन में सहयोग प्रदान करते हैं। चरक के अनुसार इन दोनों (शरीर और मन) का सम्बन्ध अनादि और अनन्त है।

शरीर और मन के सम्बन्ध के प्रति आधुनिक मनोदैहिक दृष्टिकोण के समान ही आयुर्वेद का भी दृष्टिकोण है। दोनों ही यह मानते हैं कि शारीरिक विकृतियाँ मन को प्रभावित कर मानसिक रोग उत्पन्न करती हैं तथा मानसिक विकृतियों का शरीर पर प्रभाव पड़ता है और फलस्वरूप शारीरिक रोग उत्पन्न होते हैं। यही कारण है कि आयुर्वेद तथा आधुनिक मनोविज्ञान, दोनों ही चिकित्सा में शारीरिक तथा मानसिक इन दोनों अवस्थाओं पर विचार करते हैं।

जहाँ तक मन और इन्द्रियों के सम्बन्ध का प्रश्न है, चरक ने स्पष्ट किया है कि मन का काम है इन्द्रियों को नियन्त्रित कर उन्हें गतिशील बनाना।

मनोविज्ञान में विभिन्न धारणाओं की स्थिति तथा कुछ अभिनव विकास

(The Position of Different Schools of Thought in Psychology and Some New Development)

मनोवैज्ञानिक चिन्तन के क्रम में कई विचारधाराओं का उदय हुआ। उनमें काफी प्रगति भी हुई, किन्तु अन्ततोगत्वा मनोविश्लेषण के अतिरिक्त वे सभी समसामयिक मनोविज्ञान की मुख्य धारा में विलीन हो गईं। यहाँ यह उल्लेख्य है कि प्रत्येक मनोवैज्ञानिक आन्दोलन पूर्व स्थापित मनोवैज्ञानिक विचारधारा के विरोध में पनपा और विकसित हुआ, किन्तु, जब प्रबल विरोध की आवश्यकता नहीं रह गई तो स्वाभाविक रूप से उसका अन्त हो गया। अन्त होने का अर्थ यह नहीं है कि मनोवैज्ञानिक चिन्तन में उनकी कोई सार्थकता नहीं रह गई, बल्कि यह कि उन सभी ने अपने-अपने ढंग से कार्य की विभिन्न दिशाओं अथवा अवस्थाओं (Phases) का प्रतिनिधित्व किया।

यदि संरचनावाद ने मनोविज्ञान की परिभाषा एवं विधि का उल्लेख कर उसे एक स्वतन्त्र विज्ञान के रूप में स्थापित किया, तो प्रकार्यवाद ने चेतना की संरचना से अधिक उसकी क्रियाओं पर जोर देकर मनोविज्ञान को एक नई दिशा प्रदान की। व्यवहारवाद ने व्यवहार के अध्ययन पर अधिक बल दिया और उत्तेजना-प्रतिक्रिया के आधार पर उसकी व्याख्या की। इस विचारधारा के मनोवैज्ञानिकों ने विशेष रूप से सीखने की समस्याओं पर ध्यान केन्द्रित किया। जेस्टॉल्ट मनोविज्ञान ने समष्टि के दृष्टिकोण को अपनाकर व्यवहार अथवा क्रिया की व्याख्या की और विशेष रूप से प्रत्यक्षीकरण की समस्याओं का अध्ययन किया। मनोविश्लेषण ने मानव अनुप्रेरणा (Human Motivation) की समस्याओं के अध्ययन पर अधिक जोर दिया और विशेष रूप से अचेतन अनुप्रेरणा पर विचार किया।

यहाँ यह उल्लेख्य है कि जिस समय मनोविज्ञान में विभिन्न विचारधाराओं का युग अपनी पराकाष्ठा पर था, उस समय भी उनकी स्थिति सुदृढ़ नहीं थी। कारण

मनोवैज्ञानिक तथ्यों की कोई ऐसी व्याख्या नहीं हो पाई थी, जिस पर सभी अथवा अधिकांश मनोवैज्ञानिक एकमत हों।[1] सभी मनोवैज्ञानिक विचारधाराओं के संस्थापकों ने अपने-अपने ढंग से मनोविज्ञान को स्थापित करने की चेष्टा की। ऐसी स्थिति में स्वभावतः उनके बीच मनोविज्ञान की परिभाषा, विषय-वस्तु तथा विधि को लेकर मतैक्य नहीं हो सका। अतः कई मनोवैज्ञानिकों की दृष्टि में मनोविज्ञान का भविष्य अन्धकारमय था। फलस्वरूप उन्होंने यह महसूस करना शुरू कर दिया कि मनोविज्ञान अन्य प्राकृतिक विज्ञानों के समकक्ष कभी नहीं आ सकेगा। किन्तु गम्भीरता से विचार करने पर ऐसा लगता है कि प्रत्येक मनोवैज्ञानिक विचारधारा का मनोविज्ञान के विकास में निश्चित योगदान रहा है, जो मनोवैज्ञानिक चिन्तन के विकास में महत्त्वपूर्ण मील का पत्थर सिद्ध हुआ है।[2]

मनोविश्लेषण को छोड़कर अन्य मनोवैज्ञानिक विचारधाराओं की विशिष्टता 1930 के लगभग बन्द होने लगी। ऐसी स्थिति इसलिए उत्पन्न हो गई कि विभिन्न विचारधाराओं के प्रणेताओं ने 1930 के लगभग अपने को सक्रिय विवाद से दूर रखना आरम्भ कर दिया और उनमें से कुछ दुनिया से चल बसे। फलस्वरूप विभिन्न विचारधाराओं के बीच का विवाद मिटता गया। जब 1927 में टिचेनर की मृत्यु हो गई, तब ऐसा कोई नहीं रह गया जो उनके समान व्यवहारवाद, मानसिक परीक्षण और व्यावहारिक मनोविज्ञान (Applied Psychology) का जमकर विरोध कर सके। फल यह हुआ कि अमेरिका में मनोविज्ञान का दृश्य ही बदल गया। 1927 में बोरिंग ने स्पष्ट शब्दों में इसका उल्लेख किया है।[3]

स्वयं विभिन्न विचारधाराओं के अन्तर्गत भी काफी मतभेद था। उदाहरण के लिए, व्यवहारवादी विचारधारा के अन्तर्गत ही ऐसे कई मनोवैज्ञानिक हुए जिन्होंने व्यवहारवाद की वस्तुनिष्ठता को ही स्वीकार किया, किन्तु वाट्सन द्वारा स्थापित व्यवहारवाद को मूल रूप में स्वीकार नहीं किया और अपने-अपने विभिन्न मत व्यक्त किए। लगभग यही स्थिति सभी विचारधाराओं की थी। इस कारण भी विभिन्न विचारधाराओं की विशिष्टता समाप्त होती गई।

वैयक्तिक मनोवैज्ञानिकों ने किसी भी एक विचारधारा को इतना सक्षम नहीं माना, जिसमें सम्पूर्ण मनोवैज्ञानिक प्रदत्त (Data) समाहित हो सकें। अतः उन्होंने अपने को किसी भी एक विचारधारा में सीमित नहीं कर स्वतन्त्र चिन्तन का सहारा लिया। फलस्वरूप मनोविज्ञान की विभिन्न विचारधाराएँ इतिहास बन गईं। सम्प्रति मनोवैज्ञानिकों ने अपने को किसी एक विचारधारा में नहीं बाँधकर उदारवादी दृष्टिकोण अपनाकर मनोवैज्ञानिक सिद्धान्तों एवं विधियों पर विचार करना आरम्भ कर दिया। इस कारण भी विभिन्न विचारधाराएँ प्रभावहीन हो गईं।

1930 तक विभिन्न विचारधाराओं का अपना कोई स्वतन्त्र अस्तित्व नहीं रह गया और समसामयिक (Contemporary) अमेरिकी मनोविज्ञान सर्वत्र छा गया।

आर. आई. वाट्सन (R.I. Watson 1971) के अनुसार विश्व के मनोवैज्ञानिकों में आधे से अधिक अमेरिका में ही रहने और काम करने लगे। चैपलिन एवं क्रैविक (Chaplin and Krawiec 1968) का भी कहना है कि सम्पूर्ण विश्व में मनोविज्ञान के क्षेत्र में जो भी काम हुए, उनमें से नब्बे प्रतिशत अमेरिका में ही हुए। यहाँ यह उल्लेख्य है कि समसामयिक अमेरिकी मनोविज्ञान में व्यवहारवादी एवं प्रकार्यवादी दृष्टिकोण छा गया। मनोवैज्ञानिक विधि में वस्तुनिष्ठता की प्रधानता बनी रही। बुनियादी तौर पर प्रयोगात्मक विधि को ही स्वीकृति प्रदान की गई।

इलेक्ट्रॉनिक्स (Electronics) एवं अभियान्त्रिकी (Engineering) में प्रगति के फलस्वरूप अति जटिल तथा विस्तृत प्रयोगशाला उपकरण (Laboratory Equipments) एवं माप की विधियाँ विकसित हुईं। इनके कारण प्रदत्त-संग्रह (Data Collection) की वस्तुनिष्ठता (Objectivity) एवं परिशुद्धता (Precision) काफी बढ़ गई। केवल प्रदत्त-संग्रह की तकनीक में ही उन्नति नहीं हुई, बल्कि प्रदत्त-विश्लेषण की विधियों में भी काफी प्रगति हुई।

कम्प्यूटर का विस्तृत पैमाने पर व्यवहार किया जाने लगा, जिसके फलस्वरूप बहुत कम समय में बहुत अधिक प्रदत्तों का विश्लेषण सम्भव हो गया। इस कारण मनोविज्ञान में परिमापन (Quantification) की प्रमुखता हो गई। निष्कर्ष यह कि अमेरिकी क्रियात्मक दृष्टिकोण के अनुरूप प्रयोगात्मक मनोविज्ञान का क्षेत्र काफी विस्तृत हो गया। फलस्वरूप सैनिक तथा औद्योगिक क्षेत्रों में भी प्रयोगात्मक शोध होने लगे।

समसामयिक अमेरिकी मनोविज्ञान (Contemporary American Psychology)—समसामयिक अमेरिकी मनोविज्ञान अपने स्वरूप एवं परिभाषा में मुख्यतः व्यवहारवादी है। चैपलिन तथा क्रैविक (Chaplin and Krawiec 1968)[4] ने उसे प्रकार्यात्मक व्यवहारवाद (Functionalistic Behaviourism) की संज्ञा दी है। उन्होंने यह भी स्पष्ट किया है कि 1930 की अपेक्षा आज का मनोविज्ञान अपनी परिभाषा में अधिक व्यवहारवादी हो गया है तथा प्रकार्यात्मक तत्त्व को अपनाए हुए है। यहाँ यह भी उल्लेख्य है कि अमेरिकी मनोविज्ञान का दृष्टिकोण आरम्भ से ही व्यावहारिक रहा है। उदाहरणस्वरूप, विश्व की समस्याओं के प्रति कैटेल एवं वाट्सन के दृष्टिकोण को प्रस्तुत किया जा सकता है, जिन्होंने विश्व-समस्याओं पर मनोविज्ञान को लागू करने की बात कही है।

मनोविज्ञान की विधि में प्रधान रूप से प्रक्रियावाद एवं वस्तुनिष्ठता की विशेषताएँ पाई जाती हैं। अभी भी प्रयोगात्मक विधि ही मनोविज्ञान की मूल विधि है और यह निश्चित रूप से कहा जा सकता है कि आज इसकी परिशुद्धता (Accuracy) एवं उपयोगिता पहले की अपेक्षा काफी अधिक हो गई है।

इलेक्ट्रॉनिक्स (Electronics) एवं अभियान्त्रिकी (Engineering) की प्रगति के कारण अधिक जटिल एवं विस्तृत प्रयोगशाला-यन्त्र (Laboratory Apparatus)

तथा माप-साधन (Measuring Devices) विकसित हुए। फलस्वरूप प्रदत्त-विश्लेषण (Data Collection) में वस्तुनिष्ठता एवं परिशुद्धता बढ़ गई। प्रदत्त-संग्रह के साथ-साथ प्रदत्त-विश्लेषण भी काफी उन्नत हो गया।

कम्प्यूटर में प्रगति के साथ ही मनोविज्ञान में कम्प्यूटर का उपयोग होने लगा। फलतः मनोविज्ञान में परिमापन (Quantification) की प्रधानता काफी बढ़ गई, क्योंकि अत्यल्प समय में अधिकाधिक मनोवैज्ञानिक सामग्रियों का विश्लेषण सम्भव हो गया। कम्प्यूटर की सर्वप्रधान विशेषता है तार्किक एवं गणितीय भाषा की रीति का उपयोग। इस प्रकार आधुनिक मनोविज्ञान की विधियों ने प्राकृतिक विज्ञानों को अपनाने की चेष्टा की। वैसे तो वुन्ट के समय से ही मनोविज्ञान इस दिशा में चल पड़ा था, किन्तु कम्प्यूटर तथा अन्य जटिल माप-यन्त्रों के उपयोग ने इसे और आगे बढ़ा दिया। फलस्वरूप आज एक मनोवैज्ञानिक के लिए इलेक्ट्रॉनिक्स इंजीनियरी तथा अन्य माप-यन्त्रों का ज्ञान अनिवार्य हो गया है। शुल्ज के शब्दों में "यदि उपलब्ध उपकरणों का समुचित रूप से उपयोग करना है, तो आज एक प्रयोगात्मक मनोवैज्ञानिक के लिए आंशिक रूप से इंजीनियर, विद्युत-विशेषज्ञ तथा गणितज्ञ होना अनिवार्य है।"[5]

पारम्परिक मनोवैज्ञानिकों की सर्वाधिक रुचि चार क्षेत्रों में थी—सीखना, प्रत्यक्षीकरण, अनुप्रेरणा एवं व्यक्तित्त्व। अतः इन क्षेत्रों में काफी शोध-कार्य हुए, जिनकी चर्चा यहाँ संक्षेप में की जाएगी।

सीखना—अमेरिका में सीखने के सम्बन्ध में किए गए शोध एवं सिद्धान्त अधिकांशतः पशु पर किए गए शोधों पर आधारित हैं और उनका दृष्टिकोण व्यवहारवादी है। अन्य सिद्धान्तों के समान सीखने के सिद्धान्त में भी विस्तृत पैमाने पर सार्वभौम सिद्धान्त (Global Theory) के दिन लद चुके थे। फलस्वरूप लघु सिद्धान्तों का निर्माण होने लगा और अति सीमित एवं विशिष्ट प्रकार के सीखने के अध्ययन एवं शोध पर अधिक जोर दिया जाने लगा। समसामयिक सीखने के सिद्धान्त एवं शोध में मध्यवर्ती परिवर्त्यों (Intervening Variables) के अध्ययन को भी काफी महत्त्व प्रदान किया जाने लगा। इस सम्बन्ध में शुल्ज का कहना है कि पिछले लगभग 25 वर्षों में जिस सर्वाधिक महत्त्वपूर्ण परिवर्त्य की खोज की गई है, वह है सीखने में प्रबलन का स्वरूप (Nature of reinforcement) और उसकी क्रिया। सीखने के सम्बन्ध में उपलब्ध शोध-निष्कर्षों को शिक्षा के क्षेत्र में योजनाबद्ध शिक्षा एवं अध्यापन-यन्त्रों (Teaching Machines) के रूप में लागू किया जाने लगा है।

प्रत्यक्षीकरण—आधुनिक मनोविज्ञान में प्रत्यक्षीकरण के अध्ययन के प्रति दृष्टिकोण में काफी परिवर्तन हो चुका है। जहाँ पारम्परिक शोधों में मनोवैज्ञानिकों ने केवल उत्तेजना के विभिन्न पक्षों पर ही ध्यान केन्द्रित किया, वहाँ सम्पत्ति प्रत्यक्षीकरण के आन्तरिक निर्धारकों पर जोर दिया जाने लगा, जैसे मूल्य (Values), व्यक्तित्त्व, आवश्यकताएँ एवं मनोवृत्तियाँ।

अब प्रत्यक्षीकरण को ऐसे ऐन्द्रिक प्रभावों (Sensory Impressions) की संज्ञा नहीं दी जाती, जो उत्तेजना अथवा विगत अनुभूति से अर्थग्रहण करते हैं, बल्कि अब यह माना जाने लगा है कि अनुप्रेरणात्मक, संवेगात्मक तथा सामाजिक तत्त्व यह निर्धारित करने में महत्त्वपूर्ण भूमिका अदा करते हैं कि व्यक्ति को किस उत्तेजना का प्रत्यक्षीकरण होगा और कैसे होगा। इसका यह अर्थ कदापि नहीं कि प्रत्यक्षीकरण में उत्तेजना-तत्त्व की बिलकुल उपेक्षा की जाती है, बल्कि यह कि प्रत्यक्षीकरण के निर्धारण में आन्तरिक तत्त्वों पर विशेष रूप से जोर देने की अनिवार्यता महसूस की जाने लगी है।

अनुप्रेरणा–यद्यपि अनुप्रेरणा मानव-क्रिया का सर्वाधिक केन्द्रीय पहलू है, किन्तु समसामयिक मनोविज्ञान में इसका विकास कम हो पाया है। फलस्वरूप सीखने एवं प्रत्यक्षीकरण के सम्बन्ध में भलीभाँति निर्मित सिद्धान्तों के समान अनुप्रेरणा के सिद्धान्त निर्मित नहीं हो पाए हैं। निस्सन्देह, आधुनिक काल में अनुप्रेरणा के सम्बन्ध में महत्त्वपूर्ण शोध-कार्य हुए हैं, किन्तु अनुप्रेरणा के सामान्य सिद्धान्त का अभाव है। मनोविज्ञान के अन्य क्षेत्रों के समान अनुप्रेरणा के क्षेत्र में भी किसी एक प्रेरक वृत्ति (Motive) अथवा प्रेरक वृत्तियों के छोटे समूह से सम्बन्धित लघु सिद्धान्त विकसित किए गए हैं। मैक्लीलैण्ड (Maclleland, 1953) ने उपलब्धि की आवश्यकता (Need for Achievement) पर महत्त्वपूर्ण शोध किया है, तो कुछ दूसरे मनोवैज्ञानिकों ने सम्बन्धन की आवश्यकता (Need for Affiliation) तथा शक्ति की आवश्यकता (Need for Power) के अध्ययन एवं मूल्यांकन पर अधिक जोर दिया है। अनुप्रेरणा के स्नायविक आधार की भी खोज की गई है। मस्तिष्क में भूख तथा प्यास, हर्ष तथा पीड़ा के केन्द्रों की भी खोज की गई है। इस प्रकार शोध तो बहुत हुए हैं, किन्तु अनुप्रेरणा के सिद्धान्त-निर्माण में बहुत कम प्रगति हुई है। इस स्थिति को मनोवैज्ञानिकों ने महसूस किया है और उनका मानना है कि मनोविज्ञान के लिए अनुप्रेरणा का क्षेत्र केन्द्रीय समस्या है। सीखने में अनुप्रेरणा का महत्त्वपूर्ण स्थान है। प्रत्यक्षीकरण तथा व्यक्तित्त्व के निर्धारकों के रूप में भी इसे मान्यता प्राप्त है।

व्यक्तित्त्व–सम्प्रति मनोविज्ञान की अन्य विचारधाराओं की अपेक्षा मनोविश्लेषण ने व्यक्तित्त्व के अध्ययन में अधिक रुचि दिखलाई है। फलस्वरूप जैसे-जैसे मनोविश्लेषण विकसित होता गया और उसकी व्यापकता बढ़ती गई, वैसे-वैसे व्यक्तित्त्व के सिद्धान्तों का निर्माण होता गया। व्यक्तित्त्व के मनोविश्लेषणात्मक सिद्धान्तों के अतिरिक्त 1930 के बाद मनोविज्ञान में अन्य दृष्टिकोणों से सम्बन्धित भी व्यक्तित्त्व के कई सिद्धान्त आए।

कुछ वर्तमान सिद्धान्तों ने व्यक्तित्त्व के अध्ययन में जैविक दृष्टिकोण पर अधिक जोर दिया, तो कुछ दूसरों ने सामाजिक अथवा सांस्कृतिक दृष्टिकोण पर अधिक बल दिया। यदि कुछ ने व्यक्तित्त्व के चेतन पहलुओं पर अधिक जोर दिया,

तो दूसरों ने अचेतन पर। यदि कुछ ने अत्यन्त वस्तुनिष्ठ दृष्टिकोण अपनाया और प्रयोगात्मक शोधों पर अधिक निर्भर किया, तो दूसरों ने अत्यन्त आत्मनिष्ठ दृष्टिकोण को अपनाया और अनियन्त्रित निरीक्षण पर निर्भर किया। समसामयिक अमेरिकी मनोविज्ञान के वस्तुनिष्ठ व्यवहारवादी एवं वातावरणवादी प्रवृत्ति के अनुरूप अमेरिकी मनोवैज्ञानिकों ने प्रयोग एवं सीखने से सम्बन्धित दृष्टिकोणों को तरजीह दी।

समसामयिक मनोविज्ञान में अन्य महत्त्वपूर्ण विकास

दैहिक मनोविज्ञान (Physiological Psychology)–समसामयिक मनोविज्ञान की महत्त्वपूर्ण विशेषता है दैहिक मनोविज्ञान के क्षेत्र में शोध की अभिरुचि में वृद्धि। यह अभिरुचि विशेष रूप से मस्तिष्क की क्रिया के अध्ययन में अभिव्यक्त हुई। फलस्वरूप बृहन्मस्तिष्कीय वल्क (Cerebral Cortex) के क्रिया-क्षेत्रों के मानचित्र खींचे गए। दूसरा महत्त्वपूर्ण कार्य यह हुआ कि नींद एवं स्वप्नों की अवधि में होने वाली मस्तिष्क की क्रियाओं को अंकित किया गया।

मनोवैज्ञानिक परीक्षण (Psychological test)–जिस मनोवैज्ञानिक परीक्षण का आरम्भ गाल्टन, कैटेल और बीने ने किया था, उसने समसामयिक मनोविज्ञान में प्रमुख स्थान प्राप्त कर लिया। उसकी लोकप्रियता इतनी बढ़ गई कि प्रतिवर्ष विद्यालय एवं महाविद्यालय के विद्यार्थियों, सैनिकों एवं व्यापार, उद्योग, आदि में काम करने वाले लोगों पर लाखों मनोवैज्ञानिक परीक्षणों के प्रयोग हुए। इस प्रकार मनोवैज्ञानिक परीक्षण अमेरिकावासियों के जीवन के अंग बन गए।

परम्परागत विशुद्ध वैज्ञानिक रीति में परिवर्तन–समसामयिक मनोविज्ञान में एक महत्त्वपूर्ण परिवर्तन हुआ। फलस्वरूप परम्परात विशुद्ध वैज्ञानिक तरीकों से हटकर मनोवैज्ञानिक समस्याओं पर स्वतन्त्र रूप में अध्ययन होने लगा। कौक (Koch, 1959)[6] ने सिद्धान्तों में कठोरता से वैज्ञानिक रीति के पालन के काल को 'सिद्धान्त का युग' (Age of Theory) कहा और स्पष्ट किया कि उस समय कोई भी अपने वैज्ञानिक अध्ययन में कठोर वैज्ञानिक नियमों से रत्ती भर भी अलग नहीं हो सकता था। किन्तु इस मनोवृत्ति में एक परिवर्तन आया और पहले-पहल मनोविज्ञान ने अपनी समस्या के अनुरूप स्वतन्त्र और रचनात्मक ढंग से चिन्तन और समस्याओं का अध्ययन आरम्भ किया।

कौक ने पुनः अपने शोध-पत्र (1961) में खुले शब्दों में मनोविज्ञान को 'स्थापित विज्ञानों की विधियों, प्रकारों एवं प्रतीकों को हू-ब-हू अनुकरण के परित्याग के लिए प्रेरित किया। साथ-ही-साथ इस बात के लिए भी प्रेरित किया कि मनोविज्ञान समाज विज्ञान के रूप में अपनी समुचित भूमिका अदा करे, ताकि वह एक 'तीसरी शक्ति' के रूप में उस अन्तराल के लिए सेतु सिद्ध हो जो विज्ञानों को मानविकी (Humanities) से अलग करता है।[7]

द्वितीय विश्व महायुद्ध के समय से ही मनोविज्ञान में वुन्ट की विशुद्ध विज्ञान की परम्परा चल रही थी, किन्तु जब आधुनिक तकनीकों में तीव्र गति से प्रगति हुई, तो उद्योग-धन्धों (Industries) में मनोवैज्ञानिकों की आवश्यकता महसूस की जाने लगी। ठीक उसी अवधि में जीवन में तनाव (Tension) और दबाव (Pressure) काफी बढ़ गए थे। फलस्वरूप मानसिक स्वास्थ्य (Mental Health) की समस्या भी प्रबल रूप धारण कर चुकी थी। ऐसी अवस्था में मनोवैज्ञानिक महत्त्वपूर्ण भूमिका अदा कर सकते थे। इस परिस्थिति ने मनोवैज्ञानिकों को जीवन की विभिन्न समस्याओं के समाधान के लिए प्रेरित किया। फल यह हुआ कि मनोविज्ञान में विशुद्ध वैज्ञानिक खोज करने वाले मनोवैज्ञानिकों की संख्या की अपेक्षा जीवन की विभिन्न समस्याओं पर मनोविज्ञान को लागू करने वाले मनोवैज्ञानिकों की संख्या काफी बढ़ गई। (ट्रॉयन, 1963)[8] मनोवैज्ञानिकों ने महसूस किया कि यदि वास्तविक जीवन की स्वाभाविक परिस्थिति में वैज्ञानिक खोज की जाए, तो वह अधिक लाभदाई सिद्ध होगा। आधुनिक आचार-शास्त्रियों ने भी इस अभीष्ट की सिद्धि को बहुत अधिक महत्त्व प्रदान किया। चिकित्सक (Clinician) का भी प्रयोग की ओर काफी झुकाव होने लगा अथवा उन्होंने सिद्धान्तों का निर्माण इस दृष्टि से करना शुरू किया कि दूसरों के द्वारा प्रयोग करना सम्भव हो सके। (Rogers, 1961)[9]

औद्योगिक अथवा संगठनात्मक मनोविज्ञान (Industrial or Organizational Psycology)–मुख्यतः उचित कार्य के लिए उपयुक्त व्यक्ति (Right Man for the Right Job) के चयन से सम्बन्धित है। औद्योगिक मनोविज्ञान का सम्बन्ध अपने कार्य के भलीभाँति सम्पादन के लिए कर्मचारियों को प्रशिक्षण देने तथा कार्य-सम्पादन को प्रभावित करने वाले सभी तत्त्वों (Factors) तथा समस्याओं के समाधान करने से है। औद्योगिक मनोविज्ञान की हाल ही में एक नई शाखा का विकास हुआ जिसे अभियान्त्रिकी मनोविज्ञान (Engineering Psychology) अथवा मानव-अभियान्त्रिकी (Human Engineering) की संज्ञा दी गई। यह ऐसे उपकरण Equipments) बनाने का प्रयास करता है जो मनुष्य के लिए उपयुक्त हों। दूसरे शब्दों में, वे उपकरण ऐसे हों, जो मानव की क्षमताओं का सर्वोत्तम उपयोग कर सकें।

चिकित्सा मनोविज्ञान (Clinical Psychology)–फ्रायड तथा अन्य मनोवैज्ञानिकों के कार्यों से चिकित्सा मनोविज्ञान (Clinical Psychology) का आरम्भ हुआ और तीव्र गति से इसका क्षेत्र व्यापक होता गया। फलस्वरूप अब अमेरिका में हजारों चिकित्सा मनोवैज्ञानिक सांवेगिक रूप से बिक्षुब्धों के निदान एवं चिकित्सा में संलग्न हैं।

हाल में चिकित्सा-मनोविज्ञान में एक प्रमुख विकास हुआ, जिसके फलस्वरूप चिकित्सा के व्यवहार-परिमार्जन तकनीक (Behaviour-Modification Technique) का अति विस्तृत पैमाने पर इस्तेमाल होने लगा। अपेक्षाकृत सरल सम्बन्ध-प्रत्यावर्तन

पद्धति द्वारा व्यवहार परिमार्जन तकनीक का उपयोग कर अनेक प्रकार की विकृतियों का सफल उपचार किया गया। अन्ततोगत्वा वैयक्तिक विश्लेषण के विरुद्ध चिकित्सा के समूह-तकनीक (Group-Technique of Therapy) का काफी उपयोग किया जाने लगा।

समाज मनोविज्ञान (Social Psychology)–समाज मनोविज्ञान का क्षेत्र धीरे-धीरे बढ़ता गया और उसके साथ-ही-साथ उसकी शोध-विधियाँ भी जटिल होती गईं। फलस्वरूप अनेक प्रकार के व्यवहारों का अध्ययन होने लगा। सीखना, प्रत्यक्षीकरण, अनुप्रेरणा तथा व्यक्तित्त्व के पारम्परिक क्षेत्रों में समाज मनोविज्ञान के प्रमुख योगदानों के अतिरिक्त समूह-व्यवहार नेतृत्व, मनोवृत्ति-निर्माण एवं परिवर्तन तथा पूर्वधारणा आदि क्षेत्रों में भी सराहनीय कार्य हुए।

प्रचार, जनमत एवं जातीय पूर्वधारणा (Racial Prejudice) सम्बन्धी राष्ट्रीय चिन्ता की समस्या पर समाज मनोवैज्ञानिकों ने चिन्तन और खोज आरम्भ कर दिया। प्रचार (Propaganda), जनमत (Public Opinion) एवं जातीय पूर्वधारणा (Racial Prejudice) सम्बन्धी राष्ट्रीय चिन्ता की समस्या पर मनोविज्ञान को लागू किया जाने लगा है। टेलीविजन पर दिखलाई गई हिंसा के बच्चों पर प्रभाव की समस्या तथा अन्य विश्व-समस्याओं पर भी समाज मनोविज्ञान को लागू किया जाने लगा है। निष्कर्ष यह कि तीव्र गति से प्रगति करने वाले समाज मनोविज्ञान के क्षेत्र में नए-नए शोध कार्य होने लगे हैं।

अन्त में यह उल्लेख कर देना भी अनिवार्य जान पड़ता है कि अमेरिकी मनोविज्ञान की संकुचितता व्यापकता में परिणत होती गई तथा मनोविज्ञान ने प्रान्तीयता की सीमा से निकलकर अन्तर्राष्ट्रीय स्तर पर व्यापक स्वरूप ग्रहण कर लिया। विभिन्न देशों के बीच आदान-प्रदान आरम्भ हो गए। फलस्वरूप मनोविज्ञान में तीव्र गति से परिवर्तन होने लगे। विश्वविद्यालय के पुस्तकालयों में विभिन्न देशों के जॉर्नल आने लगे। फल यह हुआ कि लोग अन्तर्राष्ट्रीय शोध-कार्यों से अवगत होने लगे। साथ-ही-साथ अन्तर्राष्ट्रीय सम्मेलनों के द्वारा समसामयिक समस्याओं पर विचारों के आदान-प्रदान आरम्भ हो गए। 'अमेरिकन साइकॉलॉजिस्ट' के माध्यम से अन्तर्राष्ट्रीय मनोवैज्ञानिक विकासों के रिपोर्ट उपलब्ध होने लगे। इस प्रकार मनोवैज्ञानिक चिन्तन-धारा में परिवर्तन होते गए। फलस्वरूप मूलभूत वैज्ञानिक दर्शन (Basic Scientific Philosophy) भी धीरे-धीरे बदलते गए।

विभिन्न विचारधाराओं का बिलकुल अन्त तो नहीं हो सका, किन्तु वे धीरे-धीरे कमजोर पड़ती गईं। अन्ततोगत्वा मनोविज्ञान में विभिन्न विचारधाराओं (Schools of Thought) के बदले विभिन्न सिद्धान्त (Theories) अथवा वाद (Systems) लिखने की परिपाटी चल पड़ी, जो समसामयिक मनोविज्ञान के वर्णन एवं विवेचन के लिए अधिक उपयुक्त समझी जाने लगी है।

संज्ञानात्मक मनोविज्ञान
(Cognitive Psychology)

सम्प्रति मनोवैज्ञानिक दृष्टिकोण की सर्वप्रथम विशेषता है बहुत दिनों से उपेक्षित व्यवहार में निहित केन्द्रीय तत्त्वों पर ध्यान देना। फलस्वरूप संज्ञान (Cognition) का अध्ययन मनोविज्ञान का केन्द्रीय विषय बन गया। इस संज्ञानात्मक मनोविज्ञान का सम्बन्ध केन्द्रीय मानसिक संरचनाओं से है। अतः यह व्यवहारवादी मनोविज्ञान से बहुत भिन्न है। वस्तुतः संज्ञानात्मक मनोविज्ञान का मर्मस्थल हैं आन्तरिक प्रवृत्तियाँ। आजकल इन आन्तरिक प्रवृत्तियों के अध्ययन पर दिन-प्रतिदिन अधिक जोर दिया जाने लगा है। जेस्टॉल्ट मनोविज्ञान का दृष्टिकोण भी संज्ञानात्मक ही है। कम्प्यूटर तथा सूचना व्यवस्थापन (Information-Processing) दृष्टिकोणों ने भी इन केन्द्रीय अथवा आन्तरिक प्रवृत्तियों को ही युक्तिसंगत ठहराया है।

संज्ञानात्मक मनोविज्ञान के आरम्भिक काल में इस नवीन दृष्टिकोण को आगे बढ़ाने वाले दो प्रमुख अग्रदूतों का उल्लेख किया जा सकता है। (Anderson, 1985)।[10] उनमें से एक हैं सर फ्रेडरिक बार्टलेट (Sir Frederik Bartlett) तथा दूसरे हैं डोनाल्ड ब्रोडलेन्ट (Donald Broadlent)। बार्टलेट ने प्रथम विश्व महायुद्ध के पहले ही संज्ञानात्मक संरचनाओं (Cognitive Structures) की चर्चा की थी। ब्रोडलेन्ट ने द्वितीय विश्व महायुद्ध के बाद ध्यान के सिद्धान्तों (Theories of Attention) को विकसित किया था। जब उन दोनों के विचार कम्प्यूटर-मॉडल से सम्बन्धित अन्य लोगों के विचारों के साथ हो गए, तभी मानव-क्रिया पर विचार करने का एक नवीन दृष्टिकोण विकसित हुआ।

संज्ञानात्मक मनोविज्ञान की समस्याएँ
(The Problems of Cognitive Psychology)

सीमित अर्थ में संज्ञान का अर्थ है ज्ञान (Knowledge) और व्यापक अर्थ में यह मानसिक क्रियाओं के सम्पूर्ण क्षेत्र का द्योतक है। संज्ञानात्मक मनोविज्ञान के सम्बन्ध में दो महत्त्वपूर्ण प्रश्न हैं। पहला प्रश्न यह है कि ज्ञान कैसे अर्जित किया जाता है? इस सन्दर्भ में दो मूलभूत मनोवैज्ञानिक क्रियाओं पर विचार करना अनिवार्य है– (1) प्रत्यक्षीकरण तथा (2) सीखना।

प्रत्यक्षीकरण एक ऐसी प्रक्रिया है जिसके द्वारा प्राणी वातावरण की शक्तियों से अवगत होकर उनकी व्याख्या करता है। सीखना एक ऐसी प्रक्रिया है जिसके द्वारा प्राणी नए विचारों एवं व्यवहारों को अर्जित करता है।

दूसरा प्रश्न यह है कि ज्ञान को कैसे धारण किया जाए ताकि उसका उपयोग हो सके। यह प्रश्न स्मरण की समस्या को प्रस्तुत करता है। ज्ञान का उपयोग कई प्रकार से किया जा सकता है, जैसे चिन्तन एवं तर्क, जो ज्ञान को बढ़ाता है तथा

समस्या-समाधान एवं निर्णय, जो प्राणी को जटिल परिस्थितियों में प्रभावपूर्ण ढंग से कार्य-सम्पादन की क्षमता प्रदान करते हैं

संज्ञानात्मक मनोविज्ञान को धारणात्मक (Conceptual) दृष्टि से कई रूपों में प्रस्तुत किया जा सकता है किन्तु इसे प्रस्तुत करने के दो रूप (मॉडल) सर्वाधिक महत्त्वपूर्ण हैं–(1) सूचना-व्यवस्थापन मॉडल (Information Processing Model) तथा (2) कम्प्यूटर मॉडल (Computer Model)।

सूचना-व्यवस्थापन मॉडल
(Information Processing Model)

अधिकांश मनोवैज्ञानिकों ने महत्त्वपूर्ण समस्याओं को वैचारिक रूप प्रदान करने के लिए सूचना-व्यवस्थापन मॉडल का उपयोग किया है। लैकमैन (Lachman), तथा बटरफिल्ड (Butterfield) के अनुसार सूचना-व्यवस्थापन (Information processing) दृष्टिकोण ने मनोवैज्ञानिकों को लोगों के बारे में चिन्तन के लिए, मानव को सूचना के सक्रिय अन्वेषक एवं प्रयोक्ता के रूप में देखने के लिए मूलतः एक नया मार्ग प्रदान किया है।[11] इन लेखकों ने इस दृष्टिकोण की सीमाओं की ओर भी हमारा ध्यान आकृष्ट किया है। उन्हीं के शब्दों में यह दृष्टिकोण "परिचित एवं लोगों के द्वारा भलीभाँति सीखे हुए कार्यों के सम्पादन की क्षमता की व्याख्या में सबसे अच्छा जान पड़ता है।" किन्तु यह दृष्टिकोण व्यक्ति-विभिन्नताओं, संवेगात्मक नियन्त्रण, समायोजन, असामान्य व्यवहार आदि की व्याख्या नहीं कर पाता। निष्कर्ष यह कि सूचना व्यवस्थापन दृष्टिकोण के आधार पर मानव-व्यवहार की सभी विशेषताओं की व्याख्या नहीं की जा सकती। किन्तु जहाँ तक इसके उपयोग का प्रश्न है, उस दिशा में इसने अवश्य ही उल्लेखनीय प्रगति की है। फलस्वरूप विकासात्मक मनोविज्ञान, समाज मनोविज्ञान एवं चिकित्सा मनोविज्ञान के क्षेत्रों में इसका उपयोग होने लगा है। इसके अतिरिक्त इसने विश्लेषणात्मक विचार को भी काफी बढ़ावा दिया है।

सूचना-व्यवस्थापन मॉडल की प्रधान विशेषताओं में उसका विश्लेषणात्मक स्वरूप (Analytic Nature), घटनाओं का सामान्य क्रमबद्ध एवं आनुक्रमिक चित्र (Usual Serial and Sequential Picture of Events), क्रिया का श्रेणीबद्ध संगठन (Hierarchical Organization of Activity) तथा अनुमानित केन्द्रीय प्रक्रियाएँ (Inferred Central Processes) निहित हैं।

कम्प्यूटर मॉडल
(Computer Model)

यह प्रश्न अत्यन्त महत्त्वपूर्ण है कि क्यों कम्प्यूटर मॉडल इतना व्यापक और आकर्षक जान पड़ता है। वस्तुतः कम्प्यूटर का निर्माण मानव के समान कार्य-सम्पादन के लिए

किया गया है। इसे विश्लेषणात्मक दृष्टिकोण का सार कहा जा सकता है। जब किसी क्रिया को कम्प्यूटर में स्वचालित करना होता है तो सर्वप्रथम उस क्रिया का कई भागों में विश्लेषण किया जाता है। पुनः उन भागों का विश्लेषण निर्देशों (Instructions) में किया जाता है और तब उन निर्देशों को आणविक क्रिया विधियों (Molecular Procedures) में परिभाषित किया जाता है, ताकि कम्प्यूटर पर उनका कार्यान्वयन सम्भव हो सके। संज्ञानात्मक मनोवैज्ञानिकों ने भी प्रायः कम्प्यूटर के श्रेणीबद्ध संगठन (Hierarchical Organization) को अपनाया है।

मानव तथा कम्प्यूटर के कार्य करने के ढंग में भी समानता पाई जाती है। इस समानता को स्पष्ट करने के लिए मार्क्स तथा हिलिक्स (Marx and Hillix, 1978) ने एक सामान्य घरेलू उदाहरण प्रस्तुत किया है।[12] उन्होंने कहा है कि जब व्यक्ति सोकर सुबह उठता है तो प्रायः अपनी पत्नी से पूछता है, कैसी तबियत है? और तब वह कहती है 'ठीक है' अथवा 'मुझे सिरदर्द' है। ठीक ऐसी ही बात कम्प्यूटर के साथ भी देखी जाती है। जब सुबह उसे संचालित कर दिया जाता है तो वह अपने नियम के अनुसार चलता रहता है जिससे उसकी स्थिति का बोध होता है।

कम्प्यूटर के संचालन को भलीभाँति समझने में एक समस्या उपस्थित होती है। वह समस्या यह है कि उसके मूलभूत निर्देश-अनुक्रम (Instruction Set) को समझना पड़ता है और यह भी जानना पड़ता है कि कैसे उन मूलभूत निर्देशों से जटिल कार्यक्रमों (Complex Programmes) का निर्माण होता है। संज्ञानात्मक विकास पर लिखी गई पुस्तक में रॉबर्ट स्टर्नबर्ग (Robert Sternberg, 1984) ने इसके सम्बन्ध में कहा है : "मैं विविध प्रकार के सूचना-व्यवस्थापन अवयवों की उपलब्धता, अभिगम्यता एवं कार्यान्वयन की सहजता में परिवर्तनों में बौद्धिक विकास की व्याख्या करने का सुझाव देता हूँ।"[13] वस्तुतः यह मनोविज्ञान की एक मूलभूत समस्या है। दूसरे शब्दों में, मानव शिशु में कौन-सी अन्तर्निहित शक्ति (साधन) उपलब्ध है और किस प्रकार इस अन्तर्निहित शक्ति पर उसका विकास निर्भर है? परिपक्वता के कारण उसमें कौन-सी शक्ति जुड़ती है और अनुभूति के कारण उसमें कौन-सी शक्ति जुड़ जाती है? इस समस्या के अध्ययन के लिए पियाजे विख्यात हैं।

सम्प्रति कम्प्यूटर मॉडल ने इस समस्या के समाधान को स्पष्ट किया है और इसके समाधान को बौद्धिक अभिरुचि का विषय बना दिया है। कम्प्यूटर मॉडल की दृष्टि से चेतना (Consciousness) तथा निष्पादन की समस्या (Performance) इन दोनों पर विचार किया जा सकता है। इस सन्दर्भ में महत्त्वपूर्ण प्रश्न यह है कि क्या कम्प्यूटर चेतन होता है? क्या अभी चेतन कम्प्यूटर का निर्माण हुआ है? इस सम्बन्ध में स्क्रिवेन (Scriven, 1963)[14] का कहना है कि प्रथम प्रश्न बिलकुल सार्थक है और इसका उत्तर 'हाँ' में दिया जा सकता है। अपने विचार की पुष्टि में उन्होंने यह तर्क उपस्थित किया है कि यदि हम कम्प्यूटर को यह प्रश्न सिखला दें कि 'क्या आप

चेतन हैं?' और तब इस प्रश्न को पूछें और यदि उसका उत्तर 'हाँ' में मिले तो आप उसकी बात पर विश्वास करें। किन्तु अधिकांश मनोवैज्ञानिकों का कहना है कि इस प्रश्न को समझने के लिए कम्प्यूटर को शिक्षा देना कठिन अथवा असम्भव है।[15] हमारे प्रश्न के सम्बन्ध में इन लेखकों ने कहा है : 'जहाँ तक हम लोगों की जानकारी है, चेतन कम्प्यूटर बनाने का प्रयास कोई नहीं कर रहा है।'[16] दूसरे किसी भी मॉडल के समान कम्प्यूटर मॉडल भी सीमित है और मानव व्यवहार के कुछ भागों पर ही प्रकाश डाल पाता है, पूर्ण व्यवहार पर नहीं। इस प्रकार अभी तक दोनों प्रश्नों के उत्तर नकारात्मक ही हैं। किन्तु भविष्य में यह आशा की जा सकती है कि अन्ततोगत्वा मानव की चेतना को समझने में कम्प्यूटर सहायक हो सकेगा।

संज्ञानात्मक एवं उत्तेजना-प्रतिक्रिया दृष्टिकोणों का मूल्यांकन
(Evaluation of Cognitive and S-R Approaches)

संज्ञानात्मक दृष्टिकोण स्पष्टतया केन्द्रीय है, क्योंकि संज्ञानात्मक प्रक्रियाएँ व्यक्ति के अन्दर घटित होती हैं। इसके विपरीत, उत्तेजना-प्रतिक्रिया का सम्बन्ध वातावरण की उत्तेजनाओं और प्राणी की प्रतिक्रियाओं से है। इस दृष्टिकोण ने केन्द्रीय प्रक्रियाओं के महत्त्व को बहुत कम कर दिया है किन्तु उत्तेजना-प्रतिक्रिया मनोवैज्ञानिकों की अपने ही बीच अन्तर्जैविक प्रतिक्रियाओं (Intro-organic-processes) को लेकर काफी मत भिन्नताएँ हैं। वाट्सन के व्यवहारवादी सिद्धान्तों के मानने वाले मनोवैज्ञानिकों का सम्बन्ध मात्र उत्तेजना-प्रतिक्रिया से है और वे किसी भी प्रकार की मानसिक क्रियाओं के विरोधी हैं। इसी आधार पर प्रायः ऐसी धारणा बन गई है कि संज्ञानात्मक मनोवैज्ञानिक तथा उत्तेजना प्रतिक्रिया मनोवैज्ञानिक एक दूसरे के विरोधी हैं। बावर तथा हिलगार्ड–(Bower and Hilgard, 1981)[17] ने भी इस बात की पुष्टि की है कि संज्ञानात्मक मनोविज्ञान तथा उत्तेजना-प्रतिक्रिया मनोविज्ञान परस्पर विरोधी हैं।

उत्तेजना प्रतिक्रिया सिद्धान्त की मान्यता यह है कि यदि सभी मानसिक क्रियाएँ अथवा व्यवहार उत्तेजना प्रतिक्रिया के अनुरूप हो तो उनकी व्याख्या की जा सकती है, किन्तु ऐसा होना सम्भव नहीं है। कुछ व्यवहार ऐसे होते हैं जिनकी व्याख्या उत्तेजना प्रतिक्रिया के आधार पर नहीं की जा सकती। इससे स्पष्ट है कि उत्तेजना प्रतिक्रिया सिद्धान्त व्यवहार के सभी तथ्यों की व्याख्या करने में सक्षम नहीं हैं। किन्तु यदि हम अभौतिक व्यवहारवाद (Metaphysical Behaviourism) के बदले प्रणाली-विज्ञान, व्यवहारवाद (Methodological Behaviourism) पर विचार करें तो यह स्पष्ट हो जाएगा कि व्यवहारवाद सभी प्रकार के व्यवहारों की व्याख्या कर सकता है। अतः यह तर्क उचित नहीं ज़ान पड़ता कि कुछ व्यवहार ऐसे हैं जिनकी व्याख्या व्यवहारवाद के आधार पर नहीं की जा सकती। मैक कोर्कोडिल एवं मोहूल (Mac Corquodale and Mechl, 1948)[18] के अनुसार आरम्भिक सिद्धान्तवादियों के 'मध्यवर्ती परिवर्त्य'

ने स्पष्ट रूप से ऐसी संरचनाओं (Constructs) का उल्लेख किया है जिनका उपयोग समसामयिक संज्ञानात्मक शोध-कर्त्ता कर रहे हैं। प्रणाली विज्ञान विषयक व्यवहारवादियों का कहना है कि वातावरण तथा आन्तरिक संकेतों के प्रति प्रतिक्रिया-स्वरूप कुछ ऐसे व्यवहार होते हैं, जिनका संज्ञानात्मक परिवर्त्यों के साथ तादात्म्य स्थापित किया जा सकता है और वे उन संज्ञानात्मक परिवर्त्यों के उपयोग को सम्भव बना सकते हैं। यदि अतिवाद से हटकर थोड़ा शिथिल उत्तेजना-प्रतिक्रिया सिद्धान्त के आधार पर विचार किया जाए तो इस सिद्धान्त में काफी जटिल आन्तरिक प्रतिक्रियाओं को भी समाहित किया जा सकता है। ऐसी स्थिति में किसी भी व्यवहार की व्याख्या की जा सकती है। अतः यह तर्क समुचित नहीं जान पड़ता कि कुछ व्यवहार ऐसे हैं, जिनकी व्याख्या व्यवहारवाद के आधार पर नहीं की जा सकती।

निष्कर्ष के रूप में यह कहा जा सकता है कि अतिवाद से मुक्त सन्तुलित व्यवहारवाद से संज्ञानात्मक मनोविज्ञान का कोई विरोध नहीं है। इसका विरोध तो मात्र उस व्यवहारवाद से है जो केन्द्रीय संरचनाओं (Constructs) अथवा आन्तरिक प्रक्रियाओं को पूर्ण रूप से अस्वीकार करता है। कई संज्ञानात्मक मनोवैज्ञानिक तो स्वयं अपने को प्रणाली-विज्ञान विषयक व्यवहारवादी मनोवैज्ञानिक ही मानते हैं। किन्तु उनके बीच इस बात को लेकर भिन्नता पाई जाती है क्योंकि कोई अन्तर्निरीक्षण पर अधिक निर्भर करता है, तो कोई कम। उनमें से अधिकांश अन्तर्निरीक्षण का उपयोग बहुत कम करते हैं। वे आन्तरिक संरचनाओं के स्वरूप के सम्बन्ध में व्यवहार के आधार पर ही किसी परिणाम पर पहुँचते हैं, न कि सीधे उसके निरीक्षण के आधार पर।

संज्ञानात्मक मनोविज्ञान का महत्त्व
(Importance of Cognitive Psychology)

सामान्यतः मनोविज्ञान के लिए संज्ञान का क्षेत्र बहुत व्यापक है। अतः इसके महत्त्व का मूल्यांकन और भविष्य का निर्धारण आसान नहीं है। ऐसी परिस्थिति में शोधकर्त्ताओं के लिए यह अनिवार्य है कि वे इसका कृत्रिम रूप से सीमा निर्धारण करें ताकि उक्त परिवर्त्यों का परिचालन (Manipulation) एवं नियन्त्रण (Control) सम्भव हो सके जिनके अध्ययन में उनकी विशेष रुचि है। यहाँ यह उल्लेख्य है कि सभी मनोवैज्ञानिक समस्याओं में संज्ञानात्मक परिवर्त्यों के योगदान महत्त्वपूर्ण हैं।

मानव जिस व्यापक सामाजिक एवं भौतिक वातावरण में रहता है, उससे संज्ञानात्मक परिवर्त्यों को अलग करना खतरे से खाली नहीं है। नौर्मन (Norman, 1981) ने इस बात पर काफी जोर दिया है कि एक सामाजिक प्राणी होने के नाते वातावरण के साथ, दूसरों के साथ तथा स्वयं अपने साथ मन की भी अन्तर्क्रिया होती रहती है। संज्ञानात्मक विज्ञान ने प्रायः व्यवहार के इन पक्षों की उपेक्षा की

है। निस्सन्देह बौद्धिक क्षेत्र में इसकी प्रगति सराहनीय है, किन्तु यह मानव के वास्तविक व्यवहार से काफी दूर है।[19]

इस कमी से बचने का उपाय यह है कि संज्ञानात्मक मनोवैज्ञानिक महत्त्वपूर्ण अबौद्धिक तत्त्वों पर अधिक ध्यान दें। इसका यह अर्थ कदापि नहीं है कि विशुद्ध बौद्धिक प्रक्रियाओं पर शोध-कार्य नहीं किए जाएँ, बल्कि यह कि अन्तर्क्रियात्मक शोध (Interactive Researches) अधिक किए जाएँ। उदाहरण के रूप में संज्ञान एवं भाव के बीच के सम्बन्ध को प्रस्तुत किया जा सकता है। यद्यपि संज्ञानात्मक प्रक्रियाओं में मनोवैज्ञानिक रुचि की सारी बातें सन्निहित नहीं रहतीं, किन्तु निश्चित रूप से व्यवहार एवं चेतन अनुभूति में इनका हाथ रहता है। जैविक दृष्टिकोण से यह कहा जा सकता है कि मानव जैसा भोजन करता है वैसा ही बन जाता है, ठीक उसी प्रकार मनोवैज्ञानिक दृष्टि से यह कहा जा सकता है कि हमारी जैसी सहमति होती है, हम उसी के अनुरूप प्रतिक्रिया व्यक्त करते हैं तथा अनुभव करते हैं। वस्तुतः संज्ञानात्मक प्रक्रियाओं में स्मृति केन्द्रीय क्रिया है। स्मृति प्रत्यक्षीकरण एवं अनुभूतियों की अथवा व्यवहारों एवं चिन्तनों की हो सकती है। इसे प्रायः चेतन माना गया है। अतः समसामयिक चेतन मनोविज्ञान का प्रधान काम यह है कि वह चेतन तथा अचेतन स्मृतियों को सावधानीपूर्वक एक-दूसरे से अलग कर सके।

दूसरा निर्णायक काम है संज्ञानात्मक एवं भावात्मक प्रक्रियाओं के बीच सान्निध्य स्थापित करना। चिकित्सा (Clinical) एवं व्यक्तित्त्व की समस्याओं में भाव की सार्थकता बिलकुल स्पष्ट है। अब प्रश्न यह है कि भावात्मक प्रक्रियाओं की संज्ञानात्मक प्रक्रियाओं के साथ किस प्रकार अन्तर्क्रिया होती है? इसका उत्तर बेक (Beck 1976) के सिद्धान्त में मिलता है।[20] उनका निराशा का सिद्धान्त (Theory of Depression) इस विश्वास पर आधारित है कि भावात्मक प्रक्रियाओं में संज्ञानात्मक प्रक्रियाओं का निर्णायक हाथ रहता है। अतः उनकी चिकित्सा का लक्ष्य है निराश व्यक्तियों के संज्ञान में परिवर्तन लाना, क्योंकि उनका ऐसा विश्वास है कि सकारात्मक संज्ञान (Positive Cognition) सकारात्मक भाव (Positive Affect) उत्पन्न करता है। मानव के दुःखों को कैसे दूर किया जा सकता है, यह समस्या संज्ञान एवं भाव के बीच अन्तर्सम्बन्ध के अंशों पर शोध-कार्य के लिए अनुप्रेरित करती है।

भाव एवं संज्ञान के बीच क्या सम्बन्ध हो इस पर दो विरोधी विचार मिलते हैं--एक जाजोन्क (Zajonk 1984)[21] का विचार और दूसरा आर.एस. लेजारस (R.S. Lazorus, 1948)[22] का। जाजोन्क ने भावात्मक प्रक्रियाओं को प्राथमिकता दी है और कुछ अवस्थाओं में संज्ञान से भाव की स्वतन्त्रता को भी प्रमाणित किया है। ठीक उसी अवधि में लेजारस ने जाजोन्क के ठीक विपरीत विचार व्यक्त किया। उन्होंने संज्ञान को प्राथमिकता प्रदान की और स्पष्ट किया कि भाव संज्ञान पर निर्भर करता है। यह विषय वास्तव में प्रयोगात्मक अध्ययन के लिए प्रेरणा-स्रोत का काम

कर सकता है, और तब प्रयोगात्मक वस्तु-सामग्रियों के आधार पर बेक के सिद्धान्त एवं चिकित्सा से सम्बन्धित महत्त्वपूर्ण प्रश्नों के उत्तर दिए जा सकते हैं।

संज्ञानात्मक शोध एवं स्नायु-मनोविज्ञान (Nervous Psychology) के बीच अन्तर्सम्बन्ध की खोज सर्वाधिक उत्पादक क्षेत्र है। चेतन अनुभूति के अपूर्व 'सारतत्त्व' को स्नायु-दैहिक आयामों (Neuro Physiological Dimensions) में रूपान्तरित करना संज्ञानात्मक है, किन्तु ऐन्द्रिक एवं अन्य चेतन अनुभूतियों की मस्तिष्क की क्रियाओं पर निर्भरता की खोज की जा सकती है। इस क्षेत्र में संज्ञानात्मक परिवर्त्यों का अध्ययन उपयोगी हो सकता है।

सन्दर्भ

1. "Systems in plenty, but no one interpretation of facts of Psychology to which all psychologists or even a majority agree." Heidbreder, E, Seven Psychologies. New York: Appleton, 1933. p. 413.
2. "It can be seen that the periods of schools represented........mile-stone in the development of Psychological thought." Schultz, D.A. History of Modern Psychology. p. 354.
3. The death of no other psychologist could so alter the Psychological picture in American...The clear cut opposition between behaviourism and its allies, on the one hand, and something else, on the other, remains clear only when the opposition is between behaviourism and Titchener, mental tests and Titchener, or applied Psychology and Titchener. His death thus in a sense creates a classificatory chaos in American Systematic Psychology. Boring E.G. American Journal of Psy. 1927, 38, 489.
4. Chaplin, G,. and Krawiec, T. Systems and Theories of Psychology. 2nd ed. New York : Holt, 1968.
5. "An experimental Psychologist today must be part engineer, electrician, and mathematician, if he is to use adequately the tools at his disposal." Schultz, D. A History of Modern Psychology, 2nd ed. Academic Press Inc. 1975, p. 359.
6. Koch. 5, 1959 (Ed), Psychology : A study of science. New York : Mcgraw Hill Book Co. Vol. III, 388.
7. Koch, S. 1961, Psychological Sc. Vs- The science-humanism antinomy. intimations of a significant science of man. Amer. Psychologists 16, 629-39, 388.
8. Tryon, R. C. 1963. Psychology in fleax : The academic-profession bipolarity. Amer. Psychologist, 18, 134-43.
9. Rogers, C.R. 1961 on becoming a person: a therapist's view of Psychotherapy. Boston: Houghton Mifflin Co. 380-381.
10. Anderson I. R., 1985. Cognitive Psychology and its implication. New York. Freeman.

11. The information processing approach has...provided psychologis with fundamentally new way of thinking about people...viewing the human being as an active suker and user of information." lachman, R., Lachman, J. L. and Butterfield, E.C., 1979 cognitive psychology and information processing. An Introduction, Hillsdak, N. J. Er. Erelbaum. p. 10.
12. Marx and Hillix, Systems and Theories in Psychology 1987, p. 411.
13. Sternberg, R. J. (Ltd.), 1984, Mechanisms of Cognitive developments. New York, Freeman, p. 164.
"I propose to account for intellectual development in terms of changes in availability, accessibility and ease of execution of a variety of kinds of improvements, processing components.
14. Seriven, M. 1963 The mechanical concept of mind, In K.M-Sayre and F. G. Crosso (Eds.), The modelling of the mind, computer and intelligence. Notre. Daine In : university of Notredame Press p. 123-250.
15. "Teaching a computer to understand the question would be difficult or impossible."—Marx M. H. Hillix, W.A. Cronon, Systems Theories in Psychologies.
16. "To our knowledge no body is trying to create a conscious computer" Marx and Hillix, Systems and Theories in Psychologies.
17. Bower, G. H. and Hilgard, E. R. 1981 Theories of learning, 5th ed. Englwood Cliffs, Ng : Prentice-Hall.
18. Mac Corquodale, S. and Mechl, P. E, 1948, on a distinctions between hypothetical constructs and intervening variables. Psychological Review, 55, 95-107.
19. Norman, D. A. 1981 Twelve issues for cognitive science. In D. A. Norman (Ed). Perspectives are Cognitive Science Norwood Ng: Ablex.
20. Beck, A. T. 1976. Depression and clinical, experimental and theoretical aspects. New York : Harper and Row.
21. Zanjonk, R. B. 1984. on the primacy of affect, American Psychologists, 39. 117-123.
22. Lazarus, R. S., 1984 on the primacy of cognition, American Psychologist, 29, 124-129.

योग मनोविज्ञान

योग एक अनुभवसिद्ध विज्ञान है। इसका विकास पतंजलि से हजारों वर्ष पहले हो चुका था। किन्तु इसे सुव्यवस्थित एवं वैज्ञानिक रूप में प्रस्तुत करने का श्रेय उन्हें ही है। उन्होंने यह स्पष्ट कर दिया कि ''योग कोई धर्म नहीं है....योग तो एक विशुद्ध विज्ञान है–गणित, फिजिक्स या केमिस्ट्री।''[1] पुनः ओशो ने कहा है–''जहाँ तक योग विज्ञान की बात है, पतंजलि इस क्षेत्र के सबसे बड़े नाम हैं....किसी अन्य की पतंजलि के साथ तुलना नहीं की जा सकती....योग विज्ञान कहता है : अनुभव करो। जैसे विज्ञान कहता है प्रयोग करो। प्रयोग और अनुभव एक ही बात है, उनकी दिशाएँ अलग-अलग हैं. ...अनुभव है एक आन्तरिक प्रयोग।''[2] ओशो ने पतंजलि की तुलना आइंस्टीन से करते हुए कहा है : ''पतंजलि वृद्ध पुरुषों की दुनिया के आइंस्टीन हैं।....पतंजलि बुनियादी तौर पर एक वैज्ञानिक हैं, जो नियमों की भाषा में ही सोचते-विचारते हैं।....वे गणित के फार्मूले जैसी ही सटीक बात करते हैं।....इसलिए मैं कहता हूँ कि पतंजलि बेजोड़ हैं। इस पृथ्वी पर पतंजलि जैसा दूसरा कोई नहीं हुआ।''[3]

ओशो के ही समान राम शंकर भट्टाचार्य ने भी योग-मनोविज्ञान की वैज्ञानिकता पर प्रकाश डाला है और यह स्पष्ट किया है कि योग में अन्धविश्वास अथवा अन्ध श्रद्धा के लिए कोई स्थान नहीं है। उन्हीं के शब्दों में ''हमारी परम्परागत योग विद्या कथापि अन्ध श्रद्धा का विषय नहीं है।....आधुनिक परिभाषा में यह विद्या "Science" (विज्ञान) है।''[4]

निस्सन्देह, योग विश्व को भारत की एक अमूल्य देन है। आज विश्व भौतिक विकास की चरम सीमा पर है, पर आज का विश्व मानव अन्दर से बिलकुल टूटा हुआ है, उसका व्यक्तित्त्व विखंडित है। फलतः सारी भौतिक उपलब्धियों के बावजूद उसके जीवन में सुख-शान्ति एवं सन्तुलन का पूर्ण रूप से अभाव है। वह किंकर्त्तव्यविमूढ़ की अवस्था से गुजर रहा है। वह यह नहीं समझ पा रहा है कि क्या करे, क्या न करे। मानव को इस स्थिति से मुक्त कर उसे पुनः सुख-शान्ति एवं सन्तुलन उपलब्ध कराने का सर्वोत्तम मार्ग है योग। वस्तुतः योग भारतीय चिन्तन की सर्वाधिक महत्त्वपूर्ण उपलब्धि है। इस सम्बन्ध में महामहोपाध्याय डॉ. गोपीनाथ कविराज ने ठीक ही कहा है : भारतीय साधना के प्रत्येक क्षेत्र में योग का स्थान सर्वोच्च है।[5]

अब यहाँ प्रस्तुत किया जाएगा कि योग क्या है और योग के लक्ष्य को कैसे प्राप्त किया जा सकता है। योग शब्द को अनेक प्रकार से परिभाषित किया गया है। इसके शाब्दिक अर्थ को दृष्टि में रखते हुए इसे जीवात्मा और परमात्मा का मिलन कहा गया है। किन्तु पतंजलि की परिभाषा सर्वाधिक वैज्ञानिक है। योग की परिभाषा करने से पहले पतंजलि ने उसकी प्राप्ति के लिए एक विशेष प्रकार के अनुशासन पर बल दिया है। उन्हीं के शब्दों में : 'अथ योगानुशासनम्' 'अथ' अर्थात् अब शब्द की सार्थकता इस बात में है कि यह उस क्षण का द्योतक है जो व्यक्ति के लिए योग में प्रवेश करने का सर्वाधिक उपयुक्त क्षण है। यह क्षण तब आता है जब व्यक्ति को पहली बार यथार्थता का बोध हो जाता है। वह यह महसूस करने लगता है कि उसने अब तक जो कुछ किया है, सब निरर्थक है। ऐसी स्थिति में वह अपने में बदलाव चाहता है जो उसे वास्तविकता अथवा सत्य का साक्षात्कार करा सके और यह अनुशासन के बिना सम्भव नहीं हो सकता।

अनुशासन की अनिवार्यता को बतलाने के पश्चात् उन्होंने योग को इस प्रकार परिभाषित किया है : "योगश्चित्तवृत्ति निरोधः"। योग चित्तवृत्ति का निरोध है। चित्तवृत्ति के निरोध के कारण ही योग को सर्वश्रेष्ठ मानसिक बल कहा गया है। "नास्ति सांख्य समं ज्ञानम् नास्ति योग समं बलम्" (शान्ति पर्व, महाभारत)। स्पष्ट है कि सांख्य के समान ज्ञान नहीं और योग के समान बल नहीं है। वृत्ति निरोध का तात्पर्य है वांछित विषय में चित्त को स्थिर रखना। चित्त में जितनी ही अधिक स्थिरता आती है, उतना ही अधिक मानसिक बल बढ़ता है। चित्त में स्थिरता की चरम सीमा को ही समाधि कहा गया है। समाधि मनुष्य को मुक्ति प्रदान करती है। जहाँ तक चित्तवृत्तियों का प्रश्न है, चित्त सदा बाह्य विषयों से आकर्षित होकर उनके आकार में परिणत होता रहता है। चित्त के इस प्रकार परिणत होने को ही चित्त वृत्तियों की संज्ञा दी गई है। जब चित्त इन वृत्तियों का परित्याग कर अपने स्वरूप में अवस्थित हो जाता है, तो इसे ही चित्तवृत्तियों का निरोध कहा जाता है। जब चित्त की समस्त वृत्तियों का निरोध हो जाता है तो स्वरूपावस्थिति प्राप्त हो जाती है। योग का यही लक्ष्य है। दूसरे शब्दों में, योग आत्म-दर्शन अथवा आत्म-साक्षात्कार का मार्ग है। यहाँ उल्लेख्य है कि इस सन्दर्भ में चित्त और मन का पर्यायवाची शब्दों में प्रयोग हुआ है।

श्रीमद्भगवद्गीता में भी योग को भली-भाँति परिभाषित किया गया है। वहाँ समता की शक्ति को योग कहा गया है और उसके लिए अनासक्ति को अनिवार्य माना गया है। यह भी स्पष्ट किया गया है कि लक्ष्य-सिद्ध हो अथवा नहीं, सम भाव से कर्म का सम्पादन करना ही योग है।[6] समता के सम्बन्ध में यह भी स्पष्ट किया गया है कि मन की अपेक्षा बुद्धि की समता अधिक महत्त्वपूर्ण है। इसीलिए बुद्धि की समता को भी योग की संज्ञा दी गई है।[7] यहाँ यह उल्लेख्य है कि चित्त-वृत्तियों का निरोध मन की समता है तथा राग-द्वेष का मिट जाना बुद्धि की समता है। बुद्धि की समता हो

जाने पर व्यक्ति इस संसार में सुकर्म एवं दुष्कर्म, दोनों से अलिप्त होकर कुशलतापूर्वक कर्म-सम्पादन में समर्थ हो जाता है। इसीलिए योग को कर्मकुशलता की संज्ञा दी गई है।[8] इसे कर्म योग कहा जाता है। बुद्धि की समता से परमात्म तत्त्व अथवा स्वरूपावस्थिति प्राप्त होती है। ब्रह्म निर्दोष एवं सम है। ब्रह्म एवं समता मूलतः एक ही है। अतः साम्य बुद्धि वाले व्यक्ति इस संसार में ही ब्रह्म में स्थित हो जाते हैं।[9] आगे यह कहा गया है कि समता में स्थित जो व्यक्ति सभी में अपने समान ही सुख अथवा दुःख को देखते हैं, उन्हें ही परम योगी कहा गया है।[10]

चित्त का स्वरूप

अब यहाँ चित्त के स्वरूप, उसकी वृत्तियों एवं भूमियों (अवस्थाओं) पर प्रकाश डालना अभीष्ट है। चित्त में सत्त्व, रज और तम, ये तीनों गुण वर्तमान रहते हैं। सांख्य की तरह योग भी त्रिगुणात्मक (सत्त्व, रज और तम) जड़ प्रकृति से ही सम्पूर्ण विश्व की उत्पत्ति मानता है। चित्त अपने-आप में अचेतन अथवा जड़ है। अतः जब तक उसमें आत्मा प्रतिबिम्बित नहीं होती, तब तक उसमें ज्ञान प्रदान करने की क्षमता नहीं आती। चित्त इन्द्रियों के द्वारा विषयों को ग्रहण करता है। उन विषयों के कारण चित्त में जो परिणाम उत्पन्न होते हैं, उन्हें ही चित्तवृत्तियों की संज्ञा दी जाती है। चित्त की वृत्तियाँ ही प्राणी में सुख और दुःख उत्पन्न करती हैं।

योग का लक्ष्य है चित्त को उसके वास्तविक स्वरूप में ला देना। चित्त का वास्तविक रूप असीमित एवं सर्वव्यापक है। योगाभ्यास के द्वारा जब चित्त उस अवस्था में पहुँच जाता है तब उसकी सीमाएँ समाप्त हो जाती हैं और वह अपने शुद्ध रूप को प्राप्त कर लेता है। दूसरे शब्दों में योगाभ्यास के द्वारा योगियों को ज्ञान की वह अवस्था प्राप्त हो जाती है जिसमें देशकाल निरपेक्ष समस्त विषयों का ज्ञान निहित रहता है। सामान्य चित्त की तरह योगी का अलौकिक अथवा अतिसामान्य (Supernormal) चित्त देशकाल की सीमा में बँधा हुआ नहीं होता, वह तो उस सीमा के परे होता है। यहाँ यह उल्लेख कर देना अनिवार्य प्रतीत होता है कि पाश्चात्य मनोविज्ञान में अति सामान्य चित्त की चर्चा नहीं है। उसमें केवल चेतन, अचेतन और उपचेतन की ही चर्चा है जिसका श्रेय सिगमण्ड फ्रायड को है। योग यह मानता है कि पूर्व जन्म की भावनाओं, वासनाओं, क्रियाओं तथा ज्ञान के समस्त संस्कार अचेतन का निर्माण करते हैं। चेतन में संवेदना, प्रत्यक्षीकरण, स्मृति, भ्रम, अनुभूति, तर्क, विकल्प, संकल्प, संवेग आदि निहित रहते हैं। जब चित्त बिलकुल दोष रहित हो जाता है, उसकी सम्पूर्ण प्रक्रियाएँ समाप्त हो जाती हैं और वह अपना शुद्ध रूप प्राप्त कर लेता है, तब व्यक्ति को सम्पूर्ण विषयों का, चाहे वे स्थूल हों अथवा सूक्ष्म, सहज ज्ञान प्राप्त हो जाता है। चित्त की इस अवस्था को ही अतिचेतन अवस्था (Sperconscious State) की संज्ञा दी गई है।

चित्त में मूल प्रवृत्तियों, वासनाओं तथा उसमें जन्म-जन्मान्तरों के समस्त अनुभवों के संस्कार निहित रहते हैं। शरीर के छूट जाने पर चित्त कर्मानुसार उन समस्त संस्कारों के साथ अन्य शरीर में प्रवेश करता है।

चित्त का स्वभाव ही है सक्रियता। इस सक्रियता के फलस्वरूप ही इन्द्रियों का विषयों के साथ सम्पर्क स्थापित होता है। चित्त में एक विशेष प्रकार की शक्ति पाई जाती है जिसके आधार पर व्यक्ति अपने को नियन्त्रित कर अपने मार्ग में मनोनुकूल परिवर्तन कर सकता है।

चित्त की वृत्तियाँ

चित्त निरन्तर बाह्य एवं आन्तरिक विषयों के सम्पर्क में आकर विषयाकार होता रहता है। फलस्वरूप व्यक्ति को विभिन्न विषयों का ज्ञान होता है। चित्त का इस प्रकार विषयाकार होना ही उसका परिणाम है। चित्त के इस परिणाम को ही चित्तवृत्तियों की संज्ञा दी जाती है। विषय अनेक हैं और तदनुकूल विषय की वृत्तियाँ भी अनेक हैं। इन समस्त वृत्तियों को कुल पाँच वृत्तियों के अन्तर्गत रखने की चेष्टा की गई है, ताकि सुगमता से इनके सम्बन्ध में ज्ञान प्राप्त हो सके। पतंजलि के योगसूत्र में इन्हें इस प्रकार व्यक्त किया गया है–"वृत्तयः पञ्चतयः क्लिष्टाऽकिल्ष्टाः")। स्पष्ट है कि ये पाँचों वृत्तियाँ दो प्रकार की होती हैं–क्लिष्ट तथा अक्लिष्ट।

मन की ये पाँच वृत्तियाँ हैं–प्रमाण (सम्यक् ज्ञान), विपर्यय (मिथ्या ज्ञान), विकल्प (कल्पना), निद्रा एवं स्मृति। अब यहाँ संक्षेप में इनका विवरण प्रस्तुत किया जा रहा है।

जो वृत्ति यथार्थ ज्ञान (Valid Knowledge) प्रदान करती है उसे प्रमाण कहते हैं (प्रमीयतेऽनेन तत्प्रमाणम्) और उस यथार्थ ज्ञान को प्रमा कहते हैं। अयथार्थ ज्ञान (False Knowledge) को विपर्यय की संज्ञा दी जाती है। यदि व्यक्ति अन्धेरी रात में रस्सी को देखकर उसे रस्सी ही समझता है तो वह यथार्थ ज्ञान प्रमा है और यदि रस्सी को साँप समझ लेता है, तो वह अयथार्थ ज्ञान (विपर्यय) है ("विपर्ययो मिथ्या ज्ञानमतद्रूप प्रतिष्ठतम्" योगसूत्र)। इस उदाहरण से स्पष्ट है कि विपर्यय में वस्तु कुछ और होती है तथा चित्तवृत्ति कुछ और ही होती है। प्रमा (यथार्थ ज्ञान) में वस्तु के अनुकूल ही चित्तवृत्ति भी होती है।

केवल शब्द ज्ञान पर आधारित विषय रहित चित्त-वृत्ति को विकल्प (कल्पना) कहते हैं ("शब्द ज्ञानानुपाती वस्तु शून्यो विकल्पः" योगसूत्र)। उदाहरणस्वरूप बन्ध्या-पुत्र, आकाश-कुसुम आदि को प्रस्तुत किया जा सकता है। बन्ध्या-पुत्र और आकाश-कुसुम मात्र कल्पना है, इनका वास्तविकता से कोई सम्बन्ध नहीं होता है, कारण बन्ध्यापुत्र, आकाश-कुसुम जैसे शब्दों के अनुरूप कोई वस्तु नहीं होती। चूँकि विकल्प का किसी वास्तविक विषय से सम्बन्ध नहीं होता, इसलिए यह निर्विषयक होता है। फलस्वरूप इसे यथार्थ ज्ञान (प्रमा) नहीं कहा जा सकता। इसे विपर्यय भी नहीं कहा जा सकता,

क्योंकि जान लेने के बाद भी इसमें कोई अन्तर नहीं आता। विपर्यय में जब हम विषय-वस्तु को जान लेते हैं, तो विपर्यय दूर हो जाता है।

निद्रा एक ऐसी वृत्ति है जिसमें अभाव की प्रतीति मात्र होती है (अभाव प्रत्ययालम्बना वृत्ति निद्रा)। यहाँ अभाव का तात्पर्य है जाग्रत एवं स्वप्नावस्था की वृत्तियों का अभाव। निद्रा भी एक वृत्ति ही है, क्योंकि योग में आत्म-स्थिति को छोड़कर बाकी मन की सभी स्थितियों को वृत्ति ही माना गया है। वस्तुतः निद्रा एक समग्र निर्विषयक अवस्था है। निद्रा की स्थिति में मन में कोई क्रिया अथवा चेष्टा नहीं होती।

निद्रा का उपयोग दो तरह से किया जा सकता है–पहला ध्यान के रूप में और दूसरा विश्राम के रूप में। यदि कोई निद्रावस्था में भी सचेत अथवा जागरूक रह सके, तो निद्रा समाधि का रूप ले सकती है। कारण, शरीर और मन निद्रा में लीन हो जाते हैं, किन्तु साक्षी-बोध बना रहता है। ऐसी स्थिति में निद्रा समाधि बन जाती है। फलस्वरूप व्यक्ति को परमानन्द का अनुभव होता है। गीता में ठीक ही कहा गया है–"या निशा सर्वभूतानां तस्यां जागर्ति संयमी"।

निद्रा तमोगुण प्रधान चित्तवृत्ति है। सत्त्व, रज और तम की न्यूनाधिक मात्रा के अनुरूप निद्रा तीन प्रकार की मानी गई है–सात्त्विक, राजसिक और तामसिक। निद्रा में तमोगुण की तो प्रधानता होती ही है, किन्तु जब वह सत्त्व से प्रभावित होती है, तो वह सात्त्विक निद्रा कही जाती है। इसी प्रकार जब वह रजोगुण से प्रभावित होती है, तो राजसिक निद्रा और जब सत्त्व तथा रज दोनों में से किसी का प्रभाव नहीं पड़ता है तो तामसिक निद्रा कहलाती है।

प्रमाण, विपर्यय, विकल्प आदि चित्त-वृत्तियों के अनुभवजन्य संस्कारों के फलस्वरूप स्मृति होती है। वास्तव में चित्त अनादिकाल के संस्कारों का पुंज है। चित्त की वृत्तियाँ चित्त पर अपने सदृश छाप छोड़ देती हैं। उन वृत्तियों के अनुरूप छाप को ही संस्कार की संज्ञा दी गई है। संस्कार तीन प्रकार के होते हैं–संज्ञानात्मक (Cognitive), भावात्मक (Affective), तथा क्रियात्मक (Creative)। वृत्ति रूप में अनन्त कर्मों के ये संस्कार जन्म-जन्मान्तरों से चले आ रहे हैं। युंग ने भी जातीय अचेतन (Racial Unconscious) के द्वारा इसी विचार को अभिव्यक्त करने की चेष्टा की है। युंग पर विचार करते समय उनकी इस धारणा की व्याख्या की गई है, जो द्रष्टव्य है।

स्मृति के सदुपयोग से वह स्मृति योग तथा वैराग्य की ओर ले जाती है और मनुष्य क्लेश से मुक्त होता है। दुरुपयोग करने से वह भोग की ओर ले जाती है और मनुष्य को क्लेश प्रदान करती है।

ये पाँचों वृत्तियाँ त्रिगुणात्मक हैं। त्रिगुणात्मक होने के कारण ये कष्टदायक हैं। दुःख की वृत्ति से दुःख होना तो स्वाभाविक ही है। सुख की वृत्ति से भी दुःख ही होता है क्योंकि सुख की वृत्ति राग उत्पन्न करती है और राग की अभिव्यक्ति

में बाधा होने से द्वेष उत्पन्न होता है, वह द्वेष क्लेश प्रदान करता है। राग अथवा मोह अविद्यारूप है। इसलिए वह सभी दुःखों का मूल कारण है।

चित्त की भूमियाँ (अवस्थाएँ)

चित्त-वृत्ति के विवेचन के पश्चात् यह बतला देना भी अनिवार्य जान पड़ता है कि सत्त्व, रज और तम इन तीनों गुणों की विषमता के कारण चित्त की अलग-अलग अवस्थाएँ होती हैं, जिन्हें योग में चित्त की भूमियों की संज्ञा दी गई है। चित्त की वे अवस्थाएँ, अथवा भूमियाँ पाँच हैं–क्षिप्त, मूढ़, विक्षिप्त, एकाग्र तथा निरोध।

चित्त का कार्य है ध्यान। ध्यान का विवेचन पाश्चात्य मनोवैज्ञानिकों ने भी किया है, किन्तु उन्होंने केवल सामान्य व्यक्तियों के ध्यान तक ही अपने को सीमित रखा है। वे उससे आगे नहीं जा सके हैं। फलस्वरूप उन्होंने केवल क्षिप्र, मूढ़ और विक्षिप्त चित्त पर ही विचार किया है। उन्होंने ध्यान की एकाग्र एवं निरुद्ध अवस्थाओं का विवेचन नहीं किया है। योग में एकाग्र एवं निरुद्ध अवस्थाओं पर सम्यक् प्रकारेण विचार किया गया है। भारतीय चिन्तन एवं पाश्चात्य चिन्तन में यही सर्वाधिक महत्त्वपूर्ण अन्तर है।

अब यहाँ सभी अवस्थाओं पर संक्षेप में विचार प्रस्तुत किया जा रहा है।

क्षिप्तावस्था–इस अवस्था में रजोगुण की प्रधानता होती है। किन्तु उसमें सतोगुण और तमोगुण भी विद्यमान रहते हैं। अतः वह बाह्य वस्तुओं अथवा विषयों के पीछे भटकता रहता है। अति चंचल होने के कारण चित्त क्रियाओं को नियन्त्रित नहीं कर पाता। जब सत्त्व तम पर हावी हो जाता है, तब व्यक्ति की प्रवृत्ति ज्ञान और वैराग्य में होती है। इसके विपरीत जब तम सत्त्व को दबा देता है, तो व्यक्ति की प्रवृत्ति अधर्म, अज्ञान और राग में हो जाती है। यहाँ यह उल्लेख्य है कि क्षिप्तावस्था योग की अवस्था नहीं है, क्योंकि उसमें ध्यान की एकाग्रता सम्भव नहीं है। यह अवस्था सामान्य सांसारिक लोगों में पाई जाती है।

मूढ़ावस्था–मूढ़ावस्था में तमोगुण की प्रधानता होती है। इसमें सत्त्व और रज दबे रहते हैं। इस अवस्था में चित्त काम, क्रोध, लोभ, मोह, निद्रा, तन्द्रा, भय, आलस्य आदि की ओर प्रवृत्त रहता है। यह एक ऐसी अवस्था है जिसमें व्यक्ति विवेकशून्य हो जाता है। फलस्वरूप उसमें उचित-अनुचित एवं कर्त्तव्य या अकर्त्तव्य का विचार नहीं रह जाता है। उसमें अज्ञान एवं अधर्म की प्रधानता हो जाती है।

विक्षिप्तावस्था–विक्षिप्तावस्था में सत्त्व गुण की प्रधानता होती है, किन्तु इस अवस्था में रज और तम भी गौण रूप में विद्यमान रहते हैं। इस अवस्था में व्यक्ति मुख्यतः विषयों से अनासक्त होकर निष्काम कर्म की ओर प्रवृत्त होता है। उसकी प्रवृत्ति धर्म, ज्ञान एवं वैराग्य की ओर होती है। किन्तु रज के कारण कभी-कभी चित्त में चंचलता आ जाती है। फलस्वरूप उसकी प्रवृत्ति बाह्य विषयों की ओर हो जाती है। इसलिए यह अवस्था भी योग के लिए उपयुक्त नहीं होती।

यहाँ यह उल्लेख्य है कि उपर्युक्त तीनों अवस्थाएँ योग की अवस्थाएँ नहीं हैं। योग की अवस्थाएँ तो दो ही हैं–एकाग्रावस्था एवं निरुद्धावस्था। यहाँ योग के साधनों का उल्लेख किया जा रहा है, जिनके द्वारा योग की उन अवस्थाओं में पहुँचा जा सकता है।

योग के साधन

यम, नियम, आसन, प्राणायाम, प्रत्याहार, धारणा, ध्यान और समाधि, योग के ये आठ अंग माने गए हैं। 'यम नियम आसन प्राणायाम–अंगानि'। वेदों में भी योग को अष्टाङ्ग ही कहा गया है। "वेदेषु चाष्टगुणिनं योगमाहुमनीषिणः"। मनीषियों ने योग को अष्टाङ्ग ही कहा है। योग-सिद्धि अथवा योग के लक्ष्य (स्वरूपावस्थिति अथवा कैवल्य) की प्राप्ति में आठों साधन के रूप में काम करते हैं। इसीलिए इन्हें अष्टाङ्ग की संज्ञा दी गई है।

यम के अन्तर्गत अहिंसा, सत्य, अस्तेय, ब्रह्मचर्य और अपरिग्रह आते हैं, जिनका यहाँ संक्षेप में विवेचन प्रस्तुत किया जाएगा।

अहिंसा–द्रोह की भावना से सर्वथा मुक्त होना ही अहिंसा है। अहिंसा की सिद्धि में सत्य, अस्तेय, ब्रह्मचर्य और अपरिग्रह अत्यन्त उपयोगी सिद्ध होते हैं।

सत्य–किसी बात को ठीक-ठीक कहना और वैसा ही सोचना सत्य कहलाता है, अर्थात् कथन और चिन्तन बिलकुल एक-सा हो उसे ही सत्य की संज्ञा दी जाएगी। इसके साथ-साथ सत्य का सर्वभूत हितकारक होना भी वांछनीय है। कहा भी है– "सत्यमेवजयते"।

अस्तेय–अवैध रूप से अथवा जो शास्त्रसम्मत नहीं है उस वस्तु को ले लेना स्तेय है। अस्तेय उसका निषेधात्मक रूप है, जिसका तात्पर्य है अनुचित तरीके से किसी का धन ले लेना। दूसरे शब्दों में, दूसरे की चीजों में किसी प्रकार की स्पृहा का न होना ही अस्तेय है।

ब्रह्मचर्य–जिन विषयों से ब्रह्मचर्य भंग होता है, उनसे सम्बन्धित इन्द्रियों पर संयम रखना ही ब्रह्मचर्य है। वास्तव में ब्रह्मचर्य ऊर्जा (शक्ति) का प्रतीक है जो प्रायः कामवासना में अभिव्यक्त होता है। जब साधक सम्पूर्ण ऊर्जा को उन्नमित कर सत्य की खोज में लगा देता है, तो वह स्वतः समाप्त हो जाती है। सामान्य जीवन में भी एक हद तक इसे देखा जा सकता है। जब कोई कवि या कलाकार अपने को काव्य या कला के प्रति पूर्ण रूप से समर्पित कर उसी में लीन रहता है तो उस अवस्था में उसकी सम्पूर्ण ऊर्जा उसी में खर्च हो जाती है।

अपरिग्रह–भोग्य विषय अथवा वस्तु का त्याग, उसमें लगाव का न होना ही अपरिग्रह है। उदाहरण के लिए, विषय के अर्जन में भी दुःख, रक्षा में भी दुःख, उसके नाश होने पर भी दुःख होता है अतः शरीर-रक्षा से अधिक धन का अर्जन त्याज्य है। यही कारण है कि योगी प्राण-रक्षा के लिए आवश्यक योग्य पदार्थ को ही अपनाते हैं, अधिक नहीं, क्योंकि अधिक धन योग-सिद्धि में बहुत बाधक होता है।

नियम

नियम के अन्तर्गत भी निम्नांकित का उल्लेख किया जा सकता है–शौच, सन्तोष, तप, स्वाध्याय और ईश्वर प्रणिधान। ("शौच सन्तोषतपः स्वाध्यायेश्वर प्रणिधानानि नियमाः")।

शौच–साधना के लिए बाह्य एवं आन्तरिक दोनों प्रकार की पवित्रता ही शौच है। बाह्य शौच का सम्बन्ध शारीरिक पवित्रता से है और आन्तरिक पवित्रता का सम्बन्ध चित्त अथवा मन से है। शरीर और मन इन दोनों की शुद्धि अनिवार्य है, क्योंकि इनसे योग का मार्ग प्रशस्त होता है।

सन्तोष–प्राण-रक्षा के लिए अनिवार्य साधन से अधिक ग्रहण करने में इच्छाशून्यता को सन्तोष की संज्ञा दी गई है। दूसरे शब्दों में, तृष्णा का समाप्त हो जाना ही सन्तोष कहलाता है।

तप–द्वन्द्व-सहन, जैसे भूख-प्यास, शीत-उष्ण आदि तथा व्रत समूह को तप कहते हैं। इसके द्वारा शरीर इन्द्रियाँ और मन स्वच्छ होकर सिद्धियों को प्राप्त करने में सक्षम हो जाता है।

स्वाध्याय–यहाँ स्वध्याय से तात्पर्य है–मोक्ष शास्त्र का अध्ययन। मोक्ष शास्त्र के अध्ययन से विषयों की ओर प्रवृत्ति में कमी आ जाती है और परमार्थ की प्रवृत्ति में वृद्धि होती है।

ईश्वर प्रणिधान–ईश्वर के प्रति सम्पूर्ण समर्पण को ईश्वर प्रणिधान कहा गया है। ईश्वर के प्रति सभी कर्मों को समर्पित कर देने से योग-सिद्धि का मार्ग प्रशस्त हो जाता है।

आसन–निश्चल और सुखपूर्वक बैठने को आसन कहते हैं। आसन अनेक प्रकार के हैं–जैसे पद्मासन, वीरासन, भद्रासन, दण्डासन आदि। इनमें पद्मासन सर्वाधिक लोकप्रिय है। आसन योग-सिद्धि में सहायक होता है।

प्राणायाम–श्वास-प्रश्वास के गति विच्छेद को प्राणायाम की संज्ञा दी गई है। आसन सिद्ध होने पर प्राणायाम होता है। प्राणायाम सिद्ध हो जाने पर साधक का अपने चित्त पर पूर्ण नियन्त्रण हो जाता है। फलस्वरूप वह अपने चित्त को जहाँ चाहे वहाँ स्थिर कर सकता है। यहाँ यह उल्लेख्य है कि अस्थिर चित्त का प्राणायाम योग का अंग नहीं माना जाता। स्थिर चित्त का प्राणायाम ही योगाङ्ग है।

प्रत्याहार–अपने-अपने विषयों को छोड़कर निरुद्ध चित्त के साथ इन्द्रियों का एकाकार होना ही प्रत्याहार कहलाता है। दूसरे शब्दों में, निरुद्ध चित्त के साथ इन्द्रियों के एकाकार हो जाने पर अलग से इन्द्रियों पर नियन्त्रण की कोई आवश्यकता नहीं रह जाती, क्योंकि इन्द्रियाँ तो मूलतः चित्त के द्वारा ही संचालित होती हैं।

धारणा–आन्तरिक अथवा बाह्य, सूक्ष्म अथवा स्थूल किसी भी एक विषय में चित्त को स्थिर करना ही धारणा है। दूसरे शब्दों में विशेष प्रक्रिया द्वारा चित्त को वस्तु विशेष में स्थिर करना ही धारणा है।

ध्यान–अखण्ड प्रवाह की तरह किसी एक विषय अथवा वस्तु में चित्त का सदा लीन रहना ही ध्यान है। धारणा में भी चित्त एक विषय अथवा वस्तु पर लग जाता है, लेकिन वह अखण्ड प्रवाह के समान नहीं होता, पर जब वह अभ्यास बल से एकतान या अखण्ड धारा की भाँति हो जाता है, तब उसे ध्यान कहते हैं।

समाधि–ध्याता, ध्यान एवं ध्येय का एकाकार हो जाना ही समाधि है। यह अवस्था तब आती है, जब ध्यान इतना प्रगाढ़ हो जाता है कि उसमें केवल ध्येय मात्र की ही प्रतीति होती है। मैं ध्यान कर रहा हूँ, यह भाव ध्येय के स्वरूप में विलीन हो जाता है। निष्कर्ष यह कि ध्येय विषय पर चित्त का इस प्रकार स्थिर हो जाना ही समाधि है। इस स्थिति में अपनी सत्ता बिलकुल मिट जाती है।

योग के इन साधनों के उपयोग से योग की दो प्रमुख अवस्थाएँ आती हैं : एकाग्रावस्था एवं निरुद्धावस्था।

एकाग्रावस्था में चित्त बिलकुल सत्त्वरूप होता है। रज तथा तम वृत्ति मात्र रह जाते हैं। इस अवस्था में चित्त सभी विषयों से हटकर किसी एक ही विषय में केन्द्रित हो जाता है। इसीलिए इसे एकाग्रावस्था कहते हैं। इस अवस्था में वृत्ति विशेष के अतिरिक्त अन्य सभी वृत्तियों का निरोध हो जाता है। योग की इस अवस्था को सम्प्रज्ञात समाधि भी कहते हैं। इसकी वृत्ति है एकाग्रता। एकाग्रता की परम अवस्था को विवेकख्याति कहते हैं। सभी विषयों से हटकर एक ही विषय पर ध्यान के केन्द्रित होने के कारण यह समाधि के लिए उपयुक्त अवस्था है। इस समाधि के द्वारा चार प्रमुख कार्य सम्पादित होते हैं–विषयों का यथार्थ-ज्ञान, दुःखों का अन्त, कर्म बन्धन का ढीला होना तथा निरुद्धावस्था पर पहुँचना। सम्प्रज्ञात समाधि विशुद्ध समाधि नहीं कही जा सकती, क्योंकि इसमें सभी चित्त-वृत्तियों का निरोध नहीं हो पाता है।

जब समस्त वृत्तियों का निरोध हो जाता है, तो निरुद्धावस्था आती है। विवेकख्याति भी चित्त की एक वृत्ति ही है। विवेकख्याति ऐसी अवस्था में पहुँचा देती है जो व्यक्ति को कैवल्य की ओर ले जाती है। यह बात अलग है कि यह सर्वोच्च सात्त्विक वृत्ति है। अतः जब परवैराग्य के द्वारा इस सर्वोच्च सात्त्विक वृत्ति का भी निरोध कर लिया जाता है, तभी निरुद्धावस्था आती है। यह अवस्था वृत्ति रहित होने के कारण विषय ज्ञान रहित भी होती है। इसमें विवेकख्याति द्वारा जन्मादि के कर्माशय रूप बीज तथा पंचक्लेश मिट जाते हैं। यही कारण है कि यह असम्प्रज्ञात समाधि, निर्बीज समाधि एवं निरावलंब समाधि कही जाती है। जब विवेकख्याति दृढ़ होती है, तब पर-वैराग्य उत्पन्न होता है। पर-वैराग्य ज्ञान की पराकाष्ठा है। इस अवस्था में स्वाभाविक और अस्वाभाविक सभी वृत्तियों का निरोध हो जाता है। इसका परिणाम यह होता है कि चित्त पूर्णरूपेण वृत्ति रहित हो जाता है और पुरुष अपने स्वरूप में अवस्थित हो जाता है। इसे ही असम्प्रज्ञात समाधि की संज्ञा दी

जाती है। दूसरे शब्दों में, सम्प्रज्ञात समाधि में सभी चित्तवृत्तियों का निरोध नहीं होता है। किन्तु असम्प्रज्ञात समाधि में सभी चित्त वृत्तियों का निरोध हो जाता है।

ध्यान समाधि का पूर्व रूप है और यह समाधि के लिए अति आवश्यक है। ध्यान के दृढ़ हुए बिना समाधि सम्भव नहीं है। सभी व्यक्तियों के ध्यान के विषय अलग-अलग हो सकते हैं, क्योंकि सबों की रुचि प्रायः एक-दूसरे से भिन्न होती है। ध्यान चित्त की स्थिरता का द्योतक है। चित्त का स्थायी रूप से निरन्तर एक ही ध्येय पर केन्द्रित रहना ध्यान है। जब ध्यान का अभ्यास करते-करते ध्याता, ध्यान और ध्येय, इन तीनों की स्वतन्त्र सत्ता समाप्त हो जाती है, तब इसे समाधि की अवस्था कहते हैं। ध्यान में ध्याता, ध्यान, ध्येय (त्रिपुटी) की प्रतीति होती है, किन्तु समाधि में सभी ध्येयाकार हो जाते हैं। संक्षेप में समाधि से उस अवस्था का बोध होता है जिसमें आत्मा एवं ब्रह्म का भेद मिट जाता है, जीवात्मा तथा परमात्मा की एकता का बोध हो जाता है और साधक जीवन-मरण से छुटकारा पाकर मुक्ति प्राप्त कर लेता है। अब यहाँ सम्प्रज्ञात समाधि पर विचार कर लेना अभीष्ट जान पड़ता है।

सम्प्रज्ञात समाधि

सम्प्रज्ञात समाधि वितर्क, विचार, आनन्द तथा अस्मिता के भाव से युक्त होती है। (वितर्क विचारानन्दास्मितानुगमात् संप्रज्ञातः, पत. योगसूत्र)। इसे स्पष्ट करने के लिए इन चारों शब्दों (वितर्क, विचार, आनन्द एवं अस्मिता) की व्याख्या अपेक्षित है। इन चारों भावों के अनुरूप चार प्रकार की सम्प्रज्ञात समाधि का उल्लेख किया गया है–

वितर्कानुगत सम्प्रज्ञात समाधि, विचारानुगत सम्प्रज्ञात समाधि, आनन्दानुगत सम्प्रज्ञात समाधि तथा अस्मितानुगत सम्प्रज्ञात समाधि।

वितर्क–तर्क को तीन प्रकार का माना गया है–कुतर्क, तर्क एवं वितर्क। कुतर्क गलत तर्क को कहते हैं। यह नकारात्मक होता है। यह निरन्तर अन्धकारमय पक्ष को ही देखता है। वह व्यक्ति जो कुतर्क में जीता है, सर्वत्र कुछ-न-कुछ गलती ही देखता है। उदाहरण के लिए, वह गुलाब के पौधे में केवल काँटे ही देख सकता है, फूल नहीं क्योंकि उसका दृष्टिकोण नकारात्मक है। फूल देखने के लिए तो सकारात्मक दृष्टिकोण चाहिए जो उसके पास है ही नहीं।

तर्क का यहाँ तात्पर्य है बिना किसी ध्येय के तर्क किए जाना। यहाँ यह स्पष्ट कर देना अनिवार्य है कि ध्येयहीन तर्क के द्वारा व्यक्ति कभी किसी निष्कर्ष पर नहीं पहुँच पाता क्योंकि वह बिलकुल दिशाहीन होता है। वितर्क का तात्पर्य है विशिष्ट तर्क। यह कुतर्क के बिलकुल विपरीत होता है। इसमें व्यक्ति का दृष्टिकोण सकारात्मक होता है। वह जीवन अथवा किसी वस्तु के प्रकाशमय अथवा सकारात्मक पक्ष को देखता है। उसका ध्यान गुण पर जाता है न कि दोष पर। उदाहरणस्वरूप व्यक्ति

गुलाब के पौधे में सुन्दर फूल को देखता है न कि काँटे को। यह वितर्क सम्प्रज्ञात समाधि का पहला अनिवार्य तत्त्व है।

विचार–पतंजलि के अनुसार जब व्यक्ति वितर्क (सम्यक् तर्क) के अनुशासन में चलता है, तो उसमें विचार करने की क्षमता का अथवा विचारणा का उदय होता है। विचारणा का अर्थ है यह कि जब व्यक्ति के सामने कोई समस्या उपस्थित होती है, तो वह अपनी चेतना का उपयोग करता है। उसमें विचार उत्पन्न होता है। वह विचार स्मृति का हिस्सा नहीं होता। वह तो व्यक्ति की चिन्तन-क्षमता का परिणाम होता है। यही अन्तर है एक मौलिक चिन्तनशील व्यक्ति में और स्मृति से भरे हुए व्यक्ति में।

आनन्द–वितर्क (सम्यक् तर्क) व्यक्ति को विचार की ओर ले जाता है और विचार आनन्द की ओर। आनन्द व्यक्ति को विशुद्ध आन्तरिक सत्ता की ओर ले जाता है। यह आन्तरिक सत्ता की पहली झलक है। यह झलक क्षणभर के लिए आती है और शीघ्र ही चली जाती है।

अस्मिता–अस्मिता से होने (To be) का बोध होता है। मात्र अस्तित्व की अनुभूति का बोध होता है। इसके साथ 'मैं' जुड़ा नहीं रहता क्योंकि 'मैं' अहंकार का द्योतक है। वस्तुतः अहंकार 'मैं' का गलत बोध है और अस्मिता उसका सम्यक् बोध है। अहंकार निषेधात्मक है। वह द्वैत चाहता है, किसी के विरुद्ध संघर्ष चाहता है और चाहता है किसी वस्तु, व्यक्ति अथवा परिस्थिति पर विजय प्राप्त कर अपने को सन्तुष्ट करना। जहाँ अहंकार का अस्तित्व 'नहीं' पर निर्भर है, अस्मिता का अस्तित्व 'हाँ' पर निर्भर है। संक्षेप में अहंकार नकारात्मक (Negative) है, अस्मिता सकारात्मक (Positive) है।

सभी सम्प्रज्ञात समाधियाँ प्रकृति के किसी-न-किसी रूप से बँधी हुई होती हैं। ये सावलम्ब समाधियाँ कही जाती हैं, क्योंकि उनमें कोई-न-कोई अवलम्ब अथवा आधार होता है। उनमें गुणों (सत्त्व, रज एवं तम) का बन्धन भी विद्यमान रहता है। त्रिगुणों के बन्धन से छुटकारा नहीं हो पाता। गुणों में यह आसक्ति अज्ञान के कारण होती है। अतः जब तक व्यक्ति गुणों की परिधि से बाहर नहीं निकल पाता तब तक उसे मुक्ति प्राप्त नहीं हो पाती है। चूँकि इन समाधियों में अज्ञान के बीज विद्यमान रहते हैं, इसीलिए सम्पूर्ण चित्त-वृत्तियों का निरोध नहीं हो पाता और ये सबीज समाधियाँ कहलाती हैं। इन समाधियों से जो प्रज्ञा उत्पन्न होती है, वह गुणों (सत्त्व, रज एवं तम) के कारण अविद्या के आवरण से ढँकी रहती है। यह भी एक स्थापित तथ्य है कि प्रत्येक अवस्था में जो प्रज्ञा उत्पन्न होती है, उसके प्रकाश में ही साधक आगे की ओर बढ़ता है।

असम्प्रज्ञात समाधि–असम्प्रज्ञात समाधि में समस्त मानसिक क्रियाएँ समाप्त हो जाती हैं। मन केवल अप्रकट संस्कारों को धारण किए रहता है (विरामप्रत्ययाभ्यासपूर्वः

संस्कारशेषोऽन्यः, पत. योगसूत्र)। दूसरे शब्दों में, असम्प्रज्ञात समाधि में चित्त-वृत्तियों का पूर्ण रूप से निरोध हो जाता है और सम्प्रज्ञात समाधि के विपरीत इसका कोई अवलम्ब अथवा आधार नहीं रह जाता। इसमें गुणों (सत्त्व, रज और तम) का बन्धन विद्यमान नहीं रहता। यह उनसे मुक्त होती है। इसीलिए इसे निरावलम्ब समाधि कहते हैं। किन्तु इसमें भी संस्कारों का निरोध नहीं हो पाता। अब प्रश्न उठता है कि जब वृत्तियों के द्वारा संस्कारों की और संस्कारों के द्वारा वृत्तियों की उत्पत्ति का सिलसिला चलता ही रहता है, तो चित्त-वृत्तियों के निरोध हो जाने पर संस्कार किस प्रकार बच जाते हैं? इसके उत्तर में यह कहा जा सकता है कि संस्कार वृत्ति रूप न होकर चित्त रूप होते हैं। अतः वृत्तियों का निरोध हो जाने पर भी संस्कारों का निरोध नहीं हो पाता और वे चित्त (मन) में बने ही रह जाते हैं।

असम्प्रज्ञात समाधि की परिपक्वता में निरोध संस्कार के अतिरिक्त कुछ भी शेष नहीं रहता। बाद में ये निरोध संस्कार भी समाप्त हो जाते हैं। वैसी अवस्था में साधक का चित्त प्रकृति में लीन हो जाता है एवं पुरुष (आत्मा) अपने आत्मस्वरूप में अवस्थित होकर कैवल्य प्राप्त कर लेता है। वस्तुतः असम्प्रज्ञात समाधि में साधक का चित्त संस्कार रहित होकर निरुद्ध होता है। इसीलिए वह जन्म-मरण से मुक्त हो जाता है। इसके विपरीत, विदेह तथा प्रकृतिलय साधकों के चित्त संस्कार रहित होकर निरुद्ध नहीं होते, बल्कि संस्कार सहित निरुद्ध होते हैं। अतः उन्हें फिर संसार में जन्म लेना पड़ता है, क्योंकि वे मुक्तावस्था नहीं प्राप्त किए हुए होते हैं। उनमें इच्छा के बीज बचे ही रह जाते हैं, इसलिए वे पुनर्जन्म लेते हैं ताकि जो बाकी रह गया है उसे पूरा कर सकें। अन्य सभी लोग श्रद्धा, वीर्य (ऊर्जा), स्मृति, समाधि (एकाग्रता) तथा प्रज्ञा (विवेक) के द्वारा असम्प्रज्ञात समाधि प्राप्त करते हैं।

श्रद्धा विश्वास से भिन्न होती है। यह आस्था के अधिक निकट होती है। विश्वास में व्यक्ति जन्म लेता है, आस्था में विकसित होता है। आस्था में वैयक्तिक निकटता है। जिस प्रकार सम्प्रज्ञात समाधि के लिए सम्यक् तर्क की आवश्यकता होती है, उसी प्रकार असम्प्रज्ञात समाधि के लिए सम्यक् श्रद्धा अनिवार्य मानी गई है।

असम्प्रज्ञात समाधि में प्रवेश करने लिए पहली सीढ़ी है श्रद्धा और दूसरी सीढ़ी है वीर्य (ऊर्जा)। 'वीर्य' शब्द के कई अर्थ हो सकते हैं, किन्तु इस सन्दर्भ में उसका अर्थ है सम्पूर्ण ऊर्जा। इसे व्यक्ति का ऊर्जामय रूप भी कहा जा सकता है। यह ऊर्जा केवल प्रयास द्वारा सम्भव है। इसलिए इसे प्रयास की भी संज्ञा दी जाती है। वस्तुतः यह है सम्पूर्ण समर्पण। असम्प्रज्ञात समाधि के लिए यह अनिवार्य है।

तीसरी सीढ़ी है आत्म-स्मृति अथवा आत्मबोध, 'मैं' का बोध अहंकार है, किन्तु 'स्व' अथवा 'आत्म' का बोध केवल अपनी अस्मिता की पहचान है। इस अवस्था में साधक को 'स्व' और 'पर' 'आन्तरिक' और 'बाह्य' दोनों को साथ-साथ स्मरण

रखना होता है, जो एक कठिन काम है। जब वह दोनों के प्रति सजग होता है और साथ-ही-साथ ऊर्जा जागरूक होती है, तो इन्द्रियातीत अनुभव होता है। उसे ऐसा लगता है कि भीतर कुछ घटित हो रहा है। वह मात्र साक्षी है। 'स्व' और 'पर' दोनों के बीच में है।

जब व्यक्ति सहज ढंग से पूर्णतया समर्पित हो जाता है, तब समाधि स्वयं घटित होती है। दूसरे शब्दों में, जब श्रद्धा और प्रयास सम्पूर्ण होता है और स्मृति सम्यक् होती है, तो स्वभावतः समाधि घटित होती है। इसमें एकाग्रता होती है, पर वह स्वतः होती है, बिना किसी प्रयास के। यह अवस्था बिलकुल समस्या-शून्य होती है।

असम्प्रज्ञात समाधि की अन्तिम सीढ़ी है प्रज्ञा (विवेक)। इस अवस्था में साधक को अपनी समग्रता में जागरूकता का बोध होता है और वह बिलकुल सहज होता है। वह किसी प्रयास का परिणाम नहीं होता। इस अवस्था में वह जो कुछ भी करता है, सही होता है, उसे सोचने-विचारने की आवश्यकता नहीं होती। यह ज्ञान का एक ऐसा प्रकाश है जो साधक में आन्तरिक स्पष्टता ला देता है। फलस्वरूप उसे सब कुछ स्पष्ट रूप से दिखाई पड़ने लगता है। अब उसे किसी चेष्टा की आवश्यकता नहीं रह जाती। इस अवस्था की प्राप्ति के लिए अभ्यास एवं वैराग्य अनिवार्य है।

अभ्यास एवं वैराग्य

चित्त-वृत्तियों के निरोध के लिए अभ्यास एवं वैराग्य अनिवार्य हैं। अभ्यास एवं वैराग्य की पतंजलि ने अपने ढंग से व्याख्या की है। अभ्यास से तात्पर्य है उन गलत आदतों के विरुद्ध निष्ठापूर्ण सतत आन्तरिक प्रयास अथवा अभ्यास जिन्हें व्यक्ति ने जन्म-जन्मान्तर से पाल रखा है। गलत आदतों के कारण उसका स्वभाव सहजता से आगे की ओर नहीं बढ़ पाता है। अतः उन्हें नष्ट करने के लिए अभ्यास का सहारा लेना अनिवार्य है ताकि उसके भीतर की ऊर्जा (शक्ति) (Energy) सहजता से प्रवाहित हो सके। अभ्यास का तात्पर्य है किसी काम को बार-बार करना। गीता में श्री कृष्ण ने अर्जुन को अभ्यास का महत्त्व बतलाते हुए कहा है कि यदि चित्त स्थिर न हो सके तो बार-बार प्रयत्न करना वांछनीय है।

वैराग्य का तात्पर्य है इच्छा शून्यता अथवा अनासक्ति। इच्छा शून्यता से इच्छाओं को मारना अभीष्ट नहीं है क्योंकि इच्छाएँ ही तो जीवन-शक्ति के प्रवाह हैं। इच्छाओं को मार देने का अर्थ है जीवन-शक्ति को मार देना। अतः जीवन को अक्षुण्ण रखते हुए सम्पूर्ण सक्रियता के साथ वैराग्य प्राप्त करना ही इच्छा शून्यता की अवस्था है और वैराग्य की यही सम्यक् अवस्था है। जब इच्छाएँ मिट जाएँ और व्यक्ति शक्ति से परिपूर्ण रहे तभी आनन्द की अवस्था प्राप्त की जा सकती है, और यही योग का लक्ष्य है। शक्तिहीन व्यक्ति उस लक्ष्य तक कभी भी नहीं पहुँच सकता, क्योंकि

परमानन्द तो सम्पूर्ण शक्ति से भरे हुए व्यक्ति को ही उपलब्ध हो सकता है। अतः शक्ति को मिटाना नहीं है, मिटाना है केवल इच्छाओं को। दूसरे शब्दों में इच्छा शून्यता के लिए अस्तित्व के समग्र रूपान्तरण की आवश्यकता है।

वैराग्य के लिए सचेतन प्रयास अनिवार्य है। जब व्यक्ति आनन्द की अवस्था में हो तो यह विचारणीय है कि आनन्द का स्रोत कहाँ है? क्या स्वयं व्यक्ति ही आनन्द का स्रोत है अथवा आनन्द का स्रोत कहीं और है? जब व्यक्ति इस पर ध्यान देता है तो उसे यह समझ में आता है कि वस्तुतः आनन्द का स्रोत कहीं और नहीं, बल्कि स्वयं उसके ही भीतर है। जब एक बार वह इसे जान लेता है कि केवल आनन्द ही उसके भीतर से प्रवाहित नहीं होता बल्कि सम्पूर्ण ब्रह्माण्ड उसके ही भीतर विद्यमान है, तो वह महसूस करने लगता है कि वस्तुतः अस्तित्व का केन्द्र स्वयं वही है। इस अवस्था में पहुँच जाने पर सारे दुःख मिट जाते हैं। जब व्यक्ति को आत्मा का बोध हो जाता है, तो उसकी सारी इच्छाएँ मिट जाती हैं, क्योंकि इच्छाएँ तो आत्मा के बोध न होने के कारण ही उत्पन्न होती हैं। व्यक्ति इच्छाओं के द्वारा जो कुछ खोजता है, वह तो आत्मा में ही अन्तर्निहित रहता है। जब वह एक बार इसे जान लेता है, तो निराकांक्षा की स्थिति उत्पन्न हो जाती है।

वैराग्य में अहंकार के पूर्ण विसर्जन की नितान्त आवश्यकता होती है। अहंकार के पूर्ण विसर्जन का अर्थ है 'मैं' का बिलकुल समाप्त हो जाना। अहं-चेतना का बिलकुल लुप्त हो जाना और अन्त में केवल विशुद्ध चेतना का रह जाना। इस अवस्था में इच्छाएँ मिट जाती हैं, केवल बच जाता है आन्तरिक अस्तित्व और तब उस अवस्था में दुःख की कोई गुंजाइश नहीं रह जाती, तब आनन्द अपने सहज रूप में प्रवाहित होता रहता है।

यहाँ यह उल्लेख्य है कि अहंकार से पिंड छुड़ाना आसान नहीं है। इस अहंकार के कारण ही कोई व्यक्ति बार-बार अभ्यास करने के बावजूद योग मार्ग में सफल नहीं हो पाता। ऐसी स्थिति में सफलता की एक ही सम्भावना बच जाती है और वह है समग्र समर्पण। पतंजलि ने कहा है कि जब व्यक्ति पूर्ण रूप से निराश हो जाए और यह नहीं समझ पाए कि उसे क्या करना है तब उसके लिए एक ही मार्ग बच जाता है और वह है ईश्वर के प्रति समर्पण (ईश्वरप्रणिधानाद्वा)। कुछ ऐसी ही अवस्था में जब अर्जुन द्वन्द्व में थे और यह निर्णय नहीं कर पा रहे थे कि क्या करना उचित है, तब इस ऊहापोह की स्थिति से मुक्त करने के लिए श्री कृष्ण ने अर्जुन को समग्र रूप से समर्पण की बात कही थी–"सर्व धर्मान् परित्यज्य मामेकं शरणं व्रज"। जब व्यक्ति ईश्वर के प्रति समग्र समर्पण कर देता है तो उसका 'अहं' अथवा 'मैं' बिलकुल मिट जाता है, और ब्रह्म के साथ एकाकार की अवस्था आ जाती है।

योग के सभी कैवल्य साधन अथवा मार्ग की अंतिम परिणति कैवल्य नहीं होती है। जब साधक विवेक द्वारा विषयों से विमुख होकर आत्म-भाव की भावना से निवृत्त

होता है तब उसका चित्त विवेक मार्ग में ही प्रवहनशील रहता है। इस प्रवाह की अन्तिम सीमा ही कैवल्य है। योग का लक्ष्य भी यही है।

दूसरे शब्दों में योग मार्ग का अनुसरण करता हुआ पुरुष सिद्धियों के प्रलोभन को भी पार कर जाता है और तब कैवल्य का अनुभव करता है। कैवल्य का अर्थ है केवल (अकेले) रहने की स्थिति। बुद्धि के साथ पुरुष का सम्बन्ध-विच्छेद होने पर पुरुष 'स्व' रूप में, चिह्न रूप में प्रतिष्ठित हो जाता है। यही कैवल्य है। इस समय पुरुषार्थ शून्य होने से गुणों का अपने कारण में विलय हो जाता है। (योगसूत्र 4/34)

प्राच्य एवं पाश्चात्य मनोविज्ञान

प्राच्य मनोविज्ञान का अध्ययन तो पतंजलि के भी हजारों वर्ष पहले से होता आ रहा है, किन्तु उसे वैज्ञानिक स्वरूप प्रदान करने तथा गणित की भाषा में उसकी व्याख्या करने का श्रेय उन्हें ही है। उनका विश्वविख्यात ग्रन्थ 'योग सूत्र' इसका ज्वलन्त उदाहरण है। उन्होंने योग के विवेचन-क्रम में पूर्णतया वैज्ञानिक दृष्टिकोण अपनाया है। जहाँ तक पाश्चात्य मनोविज्ञान का प्रश्न है, उसका आरम्भ लगभग एक सौ वर्ष पहले विलहेल्म वुन्ट की मनोवैज्ञानिक प्रयोगशाला से माना जाता है। वुन्ट ने ही सर्वप्रथम जर्मनी के लिपजिग में एक मनोवैज्ञानिक प्रयोगशाला की स्थापना की और तभी से आधुनिक प्रयोगात्मक मनोविज्ञान का अध्ययन आरम्भ हो गया। इसीलिए वुन्ट को आधुनिक प्रयोगात्मक मनोविज्ञान का जनक कहा जाता है।

प्राच्य मनोविज्ञान का अध्ययन क्षेत्र अत्यन्त विस्तृत है। इसमें समग्र चेतन और अचेतन मानव-अनुभूतियों एवं व्यवहारों के अतिरिक्त अति चेतन (Super conscious) अनुभूतियों एवं व्यवहारों का अध्ययन सन्निहित है। इसमें केवल मन का ही विवेचन नहीं है, बल्कि मन के साथ-साथ आत्मा का भी पूर्ण रूप से विवेचन किया गया है। संक्षेप में, इसके अन्तर्गत बाह्य एवं अन्तर्जगत के सूक्ष्मातिसूक्ष्म पहलुओं को भी नहीं छोड़ा गया है। उन पर भी जमकर विचार किया गया है। जहाँ तक पाश्चात्य मनोविज्ञान का प्रश्न है, उसमें अनुभूतियों एवं व्यवहारों का तो चेतन और अचेतन, दोनों स्तरों पर अध्ययन किया गया है, किन्तु अतिचेतन अनुभूतियों एवं व्यवहारों की बिलकुल उपेक्षा की गई है। कारण यह है कि उसके द्वारा अपनाई गई विधियों के द्वारा इनका अध्ययन सम्भव ही नहीं है।

प्राच्य मनोविज्ञान मन और आत्मा के स्वरूप का पूर्णरूप में अध्ययन करता है। यह आत्मा को सर्वव्यापक एवं सर्वज्ञ मानता है। इसका दृष्टिकोण व्यावहारिक और क्रियात्मक है। इसके विपरीत पाश्चात्य मनोविज्ञान मन एवं आत्मा के स्वरूप का अध्ययन नहीं करता। वह तो केवल संवेदना, प्रत्यक्षीकरण, चिन्तन, कल्पना, स्मरण, विस्मरण आदि मानसिक क्रियाओं और उन्हें उत्पन्न करने वाली बाह्य उत्तेजनाओं

का अध्ययन करता है। प्राच्य और पाश्चात्य मनोविज्ञान में यह अन्तर उनकी अध्ययन विधियों में अन्तर के कारण है।

जहाँ प्राच्य मनोविज्ञान ने विधि के रूप में अनुभूति को अपनाया, वहाँ पाश्चात्य मनोविज्ञान ने बाह्य निरीक्षण एवं प्रयोग को अपनाया। प्राच्य मनोविज्ञान ने मन एवं आत्मा के स्वरूप और उसमें अन्तर्निहित शक्तियों का अध्ययन किया, किन्तु पाश्चात्य मनोविज्ञान के लिए यह सम्भव नहीं है, क्योंकि उनके द्वारा अपनाई गई विधियाँ इस प्रकार के अध्ययन के लिए सक्षम नहीं हैं। इसीलिए पाश्चात्य मनोविज्ञान मन एवं आत्मा को अध्ययन का विषय ही नहीं मानता।

प्राच्य मनोविज्ञान यह मानता है कि ज्ञान प्राप्त करने के लिए मन पर्याप्त नहीं है, क्योंकि यह जड़ तत्त्व होने के कारण अचेतन है। प्राच्य मनोविज्ञान ने ज्ञान प्राप्त करने की सम्पूर्ण प्रक्रिया को इस प्रकार प्रस्तुत किया है। जब तक मन इन्द्रियों के द्वारा विषयाकार नहीं होता, तब तक विषय का ज्ञान प्राप्त नहीं हो सकता। इसका कारण यह है कि मन ही इन्द्रियों के द्वारा प्राप्त विषयों को अर्थ प्रदान करता है। यहाँ यह उल्लेख्य है कि ज्ञान प्राप्त करने के लिए केवल मन पर्याप्त नहीं है, बल्कि चेतन सत्ता (आत्मा) अनिवार्य है। जब तक मन में चेतन सत्ता (आत्मा) प्रतिबिम्बित नहीं होती, तब तक ज्ञान प्राप्त नहीं हो सकता। वस्तुतः ज्ञान का वास्तविक शक्ति केन्द्र आत्मा ही है। अतः मनोविज्ञान को ज्ञानेन्द्रिय, मस्तिष्क और मन के अध्ययन तक ही सीमित रखना वांछनीय नहीं है। पाश्चात्य मनोविज्ञान ने ऐसा ही किया है। उसने चेतन सत्ता (आत्मा) के अध्ययन की पूर्ण रूप से उपेक्षा की है। कारण यह है कि वह तो केवल इन्द्रिय-सापेक्ष ज्ञान को ही मनोविज्ञान का अध्ययन विषय मानता है, इन्द्रिय-निरपेक्ष ज्ञान को मनोविज्ञान के विषय के रूप में स्वीकार नहीं करता।

प्राच्य मनोविज्ञान की सर्वाधिक महत्त्वपूर्ण विशेषता यह है कि उसने मानसिक शक्ति को विकसित करने के निश्चित मार्गों का भी उल्लेख किया है, जबकि पाश्चात्य मनोविज्ञान इसमें असफल रहा है। भारतीय मनोवैज्ञानिकों ने मानसिक शक्ति को पूर्ण रूप से विकसित करने के लिए विशेष रूप से योग-मार्ग का उल्लेख किया है, जिसकी वैज्ञानिकता में सन्देह नहीं किया जा सकता। उनके अनुसार मन का सर्वाधिक विकसित रूप है उसकी अतिचेतन अवस्था (Super-Conscious)। मन के इस विकास-क्रम में ही उन्होंने अचेतन (Unconscious) की व्याख्या की है। उनकी मान्यता यह है कि चेतन से अलग अचेतन का अध्ययन नहीं हो सकता। भारतीय मनोविज्ञान का प्रधान लक्ष्य है अतिचेतन अवस्था तक पहुँचकर आत्मसत्ता का साक्षात्कार करना। योगाभ्यास के द्वारा यह सम्भव है। योगी समाधि की अवस्था में पहुँचकर समग्र रूप में मन और आत्मा का ज्ञान प्राप्त कर लेता है। भारत में ऐसे अनेक योगी हुए हैं। निष्कर्ष के रूप में यह कहा जा सकता है कि भारतीय मनोविज्ञान सम्पूर्ण जीवन

का विज्ञान है और अत्यन्त व्यावहारिक है। भगवद्गीता, योगवाशिष्ठ, सांख्य, वेदान्त, पातंजलि योगसूत्र आदि ग्रन्थों के चिन्तन-मनन से यह बात बिलकुल स्पष्ट हो जाती है।

प्राच्य एवं पाश्चात्य मनोविज्ञान की विधियाँ एक दूसरी से मूलतः भिन्न हैं। इन दोनों में भिन्नता का आधार भी विधियाँ ही हैं। इनके कारण ही दोनों के अध्ययन विषय भी भिन्न हैं। दोनों के अध्ययन विषयों के क्षेत्र भी भिन्न हैं। जहाँ प्राच्य मनोविज्ञान का अध्ययन विषय अत्यन्त विस्तृत है, वहाँ पाश्चात्य मनोविज्ञान का अध्ययन विषय अति संकुचित है। इसका प्रधान कारण यह है कि जहाँ प्राच्य मनोविज्ञान अध्यात्म पर आधारित है, वहाँ पाश्चात्य मनोविज्ञान भौतिकवाद पर आधारित है। इसीलिए प्राच्य मनोविज्ञान मोक्ष अथवा कैवल्य तक प्राप्त करने की बात करता है और पाश्चात्य मनोविज्ञान वहाँ तक पहुँचने की बात सोचता तक नहीं। प्राच्य-मनोविज्ञान ने स्वानुभूति के आधार पर कैवल्य प्राप्त करने का मार्ग बतलाया है और यह सिद्ध कर दिया है कि इस प्रकार किया गया अध्ययन बिलकुल वैज्ञानिक है। इस सम्बन्ध में उनका तर्क यह है कि अनुभवजन्य होते हुए भी एक योगी के द्वारा प्राप्त ज्ञान विज्ञान के समान सत्य (Valid) एवं विश्वसनीय (Reliable) होता है। कोई एक योगी जिस योग-मार्ग को अपनाकर ज्ञान प्राप्त करता है, यदि ठीक उसी मार्ग को अपनाकर कोई दूसरा योगी भी वैसा ही ज्ञान प्राप्त करे तो वह ज्ञान निस्सन्देह सत्य एवं विश्वसनीय होगा। अतः उसकी वैज्ञानिकता पर सन्देह नहीं किया जा सकता। पाश्चात्य मनोविज्ञान ने अनुभूति को वैयक्तिक एवं आत्मनिष्ठ मानकर उसका पूर्ण रूप से बहिष्कार किया है, जबकि वास्तविकता यह है कि सभी प्रकार के ज्ञान में आत्मनिष्ठता एवं वैयक्तिकता का योगदान अवश्य होता है।

अभी जिस योग-मार्ग की चर्चा की गई है, वह सचमुच विश्व को प्राच्य मनोविज्ञान की एक महती देन है। वास्तव में योग जिस आत्मोपलब्धि के लक्ष्य को प्राप्त कर चुका है, उससे पाश्चात्य मनोविज्ञान अभी काफी दूर है। इसका प्रधान कारण यह है कि पाश्चात्य मनोविज्ञान द्वारा अपनाई गई विधियों की अपनी एक सीमा है और वे योग-विधि के समान आत्मोपलब्धि के लक्ष्य को प्राप्त करने के लिए सक्षम एवं उपयुक्त नहीं हैं। योग में मन को विकसित करने के साधनों का पूर्ण रूप से विवेचन किया गया है। जैन-दर्शन ने तो यहाँ तक दावा किया है कि मनुष्य ईश्वरत्व को प्राप्त कर सकता है क्योंकि वह अनन्त शक्ति एवं अनन्त ऊर्जा वाला है। किन्तु अनादि काल से ही कर्म बन्धन में लिप्त रहने के कारण अल्पज्ञ हो गया है, वरना वह ईश्वरत्व प्राप्त कर सकता था।

निष्कर्ष के रूप में यह कहा जा सकता है कि चेतन-सत्ता (आत्मा) के अध्ययन के द्वारा मुक्ति अथवा कैवल्य प्राप्त करना प्राच्य मनोविज्ञान का अन्तिम लक्ष्य है। जहाँ तक पाश्चात्य मनोविज्ञान का प्रश्न है, वह तो मानसिक क्रियाओं के अध्ययन तक ही सीमित है। अतः वह इन्द्रिय, मस्तिष्क आदि की क्रियाओं का तो अध्ययन

करता है जो मानसिक क्रियाओं के आधार हैं, किन्तु मुक्ति अथवा कैवल्य के अध्ययन से उसका कोई सम्बन्ध नहीं है, क्योंकि उसकी अध्ययन विधियाँ इस प्रकार के अध्ययन के लिए बिलकुल ही सक्षम नहीं हैं।

यहाँ यह उल्लेख्य है कि यूनानी विचारकों की सबसे बड़ी विशेषता रही है उनकी विवेचनात्मक दृष्टि। फलस्वरूप उन्होंने मनोविज्ञान में 'क्यों' और 'किसलिए' के प्रश्नों पर जमकर विचार किया। भारतीय चिन्तकों में भी विवेचनात्मक दृष्टिकोण अत्यन्त उच्च स्तर पर पहुँच चुका था। उन्होंने एक केन्द्रीय शक्ति अथवा आत्मा के साथ व्यक्ति के तादात्म्य जैसे उन्नत विचार की भी खोज कर ली थी।

यहाँ यह भी उल्लेख कर देना अनिवार्य प्रतीत होता है कि अगली कुछ शताब्दियों के दौरान कुछ महत्त्वपूर्ण मनोदैहिक अभ्यासों जैसे–श्वास-नियन्त्रण, विश्रान्ति आदि तथा चिन्तनशील विश्लेषण के द्वारा मनोविज्ञान में अति तीव्र गति से प्रगति हुई। फलस्वरूप एक समृद्ध मनोवैज्ञानिक विचारधारा विकसित हो गई। उस विचारधारा का सम्बन्ध केवल प्रत्यक्षीकरण, स्मरण, चिन्तन, संवेग, इच्छा आदि के मूल सिद्धान्तों से ही नहीं था, बल्कि उन सिद्धान्तों को आत्मानुशासन, नैतिकता, बौद्धिक शक्ति, शासन कला, कानून आदि में लागू करने से भी था। संक्षेप में, भारतीय मनोविज्ञान की एक महत्त्वपूर्ण विशेषता है ज्ञानेन्द्रियों के प्रपंचों से ऊपर उठकर वास्तविकता अथवा सत्य की खोज से सम्बन्धित गम्भीर चिन्तन। इसके अतिरिक्त व्यावहारिक मनोविज्ञान के क्षेत्र में भी अनेक शोध-प्रबन्धों, पुस्तक-लेखनों एवं प्रकाशनों के द्वारा इसके महत्त्वपूर्ण योगदान रहे हैं। अतः यह कहा जा सकता है कि भारतीय मनोविज्ञान ने अनुशासन पर काफी जोर दिया है क्योंकि यह बौद्धिक खोज एवं शारीरिक नियन्त्रण, इन दोनों ही के लिए अनिवार्य है।

ईशा के 500 वर्ष पूर्व महात्मा बुद्ध ने मध्यम मार्ग अपनाने पर जोर दिया, क्योंकि उनकी दृष्टि में सांसारिक लोगों के लिए सर्वाधिक वांछनीय मार्ग यही है। मध्यम मार्ग से उनका तात्पर्य है उच्छृंखलता एवं तपश्चर्या इन दोनों चरम छोरों का परित्याग कर बीच के मार्ग को अपनाना। बुद्धवाद अतिशीघ्र पूर्वी तथा दक्षिण-पूर्वी एशिया में फैल गया। इसे बुद्धवादी मनोविज्ञान की भी संज्ञा दी जा सकती है। इस बुद्धवादी मनोविज्ञान ने अनुशासन की व्याख्या अपने ढंग से की है। अनुशासन से उनका तात्पर्य है सभी कार्यों में सन्तुलन एवं आत्म-संयम। उनकी दृष्टि में ऐसा अनुशासन अति संवेगात्मकता को रोकने का एक सशक्त माध्यम है। अब प्रश्न यह है कि उन्होंने अति संवेगात्मकता के नियन्त्रण पर इतना अधिक जोर क्यों दिया है? इस प्रश्न के उत्तर में उन्होंने स्वयं ही कहा है कि यह (अति संवेगात्मकता) इस जीवन में भी कष्ट प्रदान करती है और अगले जीवन में भी।

यद्यपि चीन में बुद्धवाद ने कन्फ्यूसियस की आचारशास्त्रीय पद्धति की भाँति प्रभावशाली स्थान प्राप्त कर लिया, लेकिन तो भी भारतीय बुद्धवाद से बिलकुल अलग

एवं स्वतन्त्र मनोविज्ञान के रूप में स्थापित नहीं हो सका, फिर भी उसने उन रहस्यात्मक अवस्थाओं को जान लिया जिन्हें भारत में समाधि की संज्ञा दी गई। समाधि ब्रह्म के साथ आत्मा का मिलन अथवा एकीकरण है। यहाँ यह उल्लेख्य है कि तेरहवीं सदी के बाद से चीन में अनासक्ति एवं शान्त हर्षातिरेक (Ecstasy) का अभ्यास किया जाने लगा, जिसे जेन (Zen) की संज्ञा दी गई। इस जेन बुद्धवाद का जापान के धर्म एवं दर्शन में प्रमुख स्थान बना रहा।

बीसवीं शताब्दी में विज्ञान में प्रगति के साथ आज पाश्चात्य मनोवैज्ञानिक भी यह महसूस करने लगे हैं कि इस सम्पूर्ण भौतिक जगत के पीछे अवश्य ही कोई आध्यात्मिक चेतन सत्ता है। सर आर्थर एडिंगटन ने अपनी प्रसिद्ध पुस्तक 'ऑन द नेचर ऑफ द फिजिकल वर्ल्ड' (On The Nature of The Physical World) में इस ओर संकेत किया है : "किसी अज्ञात क्रियाकलाप में कोई अज्ञात कारण प्रवृत्त हो रहा है, जिसके विषय में हम कुछ नहीं कह सकते। हमें इस भौतिक जगत में किसी ऐसे महान तत्त्व का सामना करना पड़ रहा है, जो इससे (भौतिक जगत से) परे का पदार्थ है। इसके उदाहरणस्वरूप इन्द्रिय-निरपेक्ष प्रत्यक्षीकरण (Extra Censory Perception), दूरबोध (Telepathy), दिव्यदृष्टि (Clairvoyance) आदि को प्रस्तुत किया जा सकता है। इन्द्रिय-निरपेक्ष प्रत्यक्षीकरण का तात्पर्य है ऐसा प्रत्यक्षीकरण जिसमें ज्ञानेन्द्रियाँ निहित नहीं हों। दूरबोध का अर्थ है ज्ञानेन्द्रियों के बिना ही एक व्यक्ति का दूसरे व्यक्ति के साथ प्रत्यक्षात्मक (Perceputal) एवं संज्ञानात्मक (Cognitive) सम्पर्क। इसी भाँति ज्ञानेन्द्रियों के बिना ही किसी घटना का सीधा प्रत्यक्षीकरण (Direct Perception) दिव्यदृष्टि अथवा अतीन्द्रिय दृष्टि कहलाती है। विलियम मैकडूगल ने भी दूरबोध एवं दिव्यदृष्टि की प्रामाणिकता को स्वीकार किया है। डॉ. जे. बी. राइन (Dr. J.B. Rhine) ने अपनी प्रयोगशाला में किए गए प्रयोगों के आधार पर इन्द्रिय निरपेक्ष प्रत्यक्षीकरण को एक वास्तविक तथ्य के रूप में स्थापित कर दिया है।

इस क्षेत्र में हुए कार्यों के फलस्वरूप अलौकिक घटना विज्ञान (Psychical Research) मनोविज्ञान की एक शाखा के रूप में स्वीकृत हो गया जिसे अब परा-मनोविज्ञान (Para Psychology) की संज्ञा दी जाती है। इसने सिद्ध कर दिया है कि सम्पूर्ण विश्व एवं मानव-जीवन आध्यात्मिक शक्ति से परिपूर्ण है। शरीर-निरपेक्ष मन के द्वारा अनेक प्रकार की अलौकिक क्रियाओं का सम्पादन होता रहता है। इस प्रकार की खोजों के द्वारा जिन तथ्यों की पुष्टि हुई है, उन तथ्यों ने वैज्ञानिकों को इस दिशा में चिन्तन-मनन एवं प्रयोग के लिए काफी अनुप्रेरित किया है। इन खोजों के कारण मनोविज्ञान का विषय-क्षेत्र भी विस्तृत हो गया है। परा मनोविज्ञान के क्षेत्र में डॉ. बी.एल. आत्रेय का योगदान भी महत्त्वपूर्ण माना जाता है। उन्होंने अपनी पुस्तक 'एन इन्ट्रोडक्शन टू परासाइकॉलॉजी' (Introdution to Para Psychology) में अलौकिक घटनाओं का विवेचन प्रस्तुत किया है, जैसा कि बुगमैन्स ने रिपोर्ट किया है।[11] हार्वार्ड

विश्वविद्यालय के इस्टाब्रुक्स[12] ने भी इस प्रकार के कई सफल प्रयोगों का उल्लेख किया है। किन्तु मनोवैज्ञानिकों ने इसे तब तक प्रमुख विषय के रूप में ग्रहण नहीं किया, जब तक मैकडूगल ने आक्सफोर्ड, हार्वार्ड और वहाँ से ड्यूक विश्वविद्यालय में जाकर युवा वनस्पति वैज्ञानिक आर. बी. राईन और उनकी पत्नी एल. ई. राईन को इस कार्य के लिए प्रोत्साहित नहीं किया। चार वर्षों में उन्होंने विभिन्न प्रकार के परीक्षणों के सहारे दूरबोध तथा दिव्यदृष्टि पर काफी सामग्रियों का संग्रह किया (Rhine, 1984)[13]। इसी बीच राईन के पक्ष और विपक्ष के बीच कई वर्षों तक विवाद चलता रहा। अन्ततोगत्वा इस विवाद की परिणति अधिकांश मनोवैज्ञानिकों के द्वारा सामान्यतः राईन के विचारों की अस्वीकृति में हुई। किन्तु अन्य वैज्ञानिकों के द्वारा राईन की तरह के तथा अन्य प्रकार के प्रयोग चलते रहे तथा उनके प्रकाशन भी परामनोविज्ञान[14] तथा दिव्यदृष्टि जर्नल[15] में होते रहे। इस प्रकार ये कार्य निरन्तर सक्रिय रूप में चलते रहे। पचास से अधिक विश्वविद्यालय-प्रयोगशालाओं तथा निद्रास्वप्न प्रयोगशालाओं में परा-मनोवैज्ञानिक शोध होते रहे और प्रायः उनके निष्कर्ष भी सकारात्मक (Positive) ही हुए। उनमें उत्तरोत्तर स्वचालित विधियों के प्रयोग भी होने लगे।[16]

जहाँ तक परा-मनोविज्ञान का प्रश्न है, इसे कुछ मनोवैज्ञानिक स्वीकार नहीं करते हैं क्योंकि वे इसे वैज्ञानिक नहीं मानते हैं। इसके लिए उन्होंने दो कारण प्रस्तुत किए हैं। एक तो यह कि प्रयोगों की पुनरावृत्ति के द्वारा उनके परिणामों की सत्यता (Validity) एवं विश्वसनीयता (Reliability) की जाँच सम्भव नहीं है। दूसरा यह कि परा-मनोविज्ञान का कोई ऐसा सुव्यवस्थित सिद्धान्त भी नहीं है जो इस क्षेत्र में किए गए सम्पूर्ण शोध-परिणामों को संगठित रूप प्रदान कर सके जो वैज्ञानिक रूप से स्वीकार्य हों। इस सम्बन्ध में यहाँ उल्लेख्य है कि परा-मनोवैज्ञानिक ऐसा सिद्धान्त विकसित करने की चेष्टा कर रहे हैं जिसके द्वारा परा-मनोविज्ञान एवं वैज्ञानिक मनोविज्ञान की धारणाओं के अन्तर मिट जाएँ और परा-मनोविज्ञान वैज्ञानिक मनोविज्ञान के एक अंग के रूप में स्वीकृत हो सके।

मानवतावादी मनोविज्ञान ने व्यवहारवाद, मनोविश्लेषण आदि विचारधाराओं से अलग हटकर मानव की चेतना एवं उनकी विशिष्ट अनुभूतियों के अध्ययन पर अधिक जोर दिया क्योंकि उसकी दृष्टि में इनका अध्ययन अत्यन्त महत्त्वपूर्ण है। उनके अध्ययन के बिना मानव व्यक्तित्त्व का सही ज्ञान प्राप्त नहीं किया जा सकता। मानवतावादी मनोवैज्ञानिकों ने प्रेम, घृणा, आशा, निराशा, हर्ष, विषाद जैसी मानव की आत्मनिष्ठ अनुभूतियों के अध्ययन को अधिक महत्त्व प्रदान किया। इस प्रकार उन्होंने मानव की आत्मनिष्ठ आन्तरिक अनुभूतियों पर विशेष रूप से ध्यान केन्द्रित किया और उन्हें व्यापक एवं समृद्ध स्वरूप प्रदान किया। मानवतावादी मनोवैज्ञानिकों का चिन्तन प्राच्य मनोविज्ञान के चिन्तन की ओर अग्रसर होने का सराहनीय प्रयास माना जा सकता है।

यहाँ यह भी उल्लेख कर देना अनिवार्य प्रतीत होता है कि प्राच्य चिन्तन ने भी पाश्चात्य चिन्तन से प्रभाव ग्रहण किया। युद्ध एवं व्यापार सम्बन्धी ब्रिटिश, डच और फ्रेंच सामग्रियों के निकट सम्पर्क में आने के कारण प्राच्य दर्शन एवं मनोविज्ञान पाश्चात्य विचारों के प्रभाव से अछूता नहीं रह सका। अन्ततः भारत में उपनिवेशवाद की स्थापना हो गई और तब से भारत और ब्रिटेन के बीच विचारों का आदान-प्रदान आरम्भ हो गया। भारतीय रत्नों एवं बहुमूल्य धातुओं के साथ-साथ अंग्रेज विद्वानों ने भारतीय विचारों को भी ब्रिटेन में प्रेषित करना आरम्भ कर दिया। मेकाले जैसे अंग्रेज विद्वानों का भारत की शिक्षा पर प्रभाव पड़ा। काल-क्रम में भारतीय चिन्तन स्पष्ट रूप से पाश्चात्य अवैयक्तिक एवं वस्तुनिष्ठ विज्ञानों से प्रभावित हुआ। भौतिक विज्ञान, रसायन विज्ञान तथा जीव-विज्ञान का भारतीय चिन्तन पर विशेष रूप से प्रभाव पड़ा। इस प्रकार धीरे-धीरे पाश्चात्य विज्ञान भारतीय चिन्तन पर, विशेष रूप से मनोविज्ञान पर छा गया। भारत में पाश्चात्य मनोविज्ञान की अमिट छाप छूट गई। उसका प्रभाव भारत के अतिरिक्त चीन और जापान पर भी पड़ा। भारत में रचित वेद, गीता और योग आदि से पाश्चात्य चिन्तन पहले भी बहुत प्रभावित हुआ था और आज भी उनका काफी प्रभाव पड़ रहा है। हाल ही में कैम्ब्रिज विश्वविद्यालय में वेद ध्वनि हुई और वेदों पर जमकर विचार-विमर्श हुआ। विभिन्न पाश्चात्य देशों के विद्वानों ने गीता को मुक्त कंठ से विश्व का सर्वश्रेष्ठ ग्रन्थ घोषित किया है। कई देशों में तो योग को पाठ्यक्रम में भी रखा गया है। निष्कर्ष यह है कि प्राच्य एवं पाश्चात्य दोनों के चिन्तन का एक-दूसरे पर प्रभाव पड़ा है और ऐसा होना बिलकुल स्वाभाविक ही है।

प्राच्य एवं पाश्चात्य मनोविज्ञान के उपर्युक्त विवेचन से स्पष्ट है कि इन दोनों के बीच संश्लेषण की सम्भावना को अस्वीकार नहीं किया जा सकता। साथ-ही-साथ यह भी स्वाभाविक ही है कि किसी काल एवं स्थान विशेष का मनोविज्ञान उस काल एवं स्थान के प्रभाव से वंचित नहीं रह सकता। इस सन्दर्भ में यहाँ यह उल्लेख कर देना अनिवार्य प्रतीत होता है कि अधिकांश आधुनिक पाश्चात्य मनोविज्ञान आरंभिक आधुनिक काल के यूनानी और रोमन विचारों की नवचेतना से काफी प्रभावित हुआ। उस काल के प्रयोगात्मक एवं विकासात्मक जीव-विज्ञान (Biology) से प्रभावित होकर मनोविज्ञान ने अपना स्वरूप ग्रहण किया। तत्पश्चात् वह भौतिक विज्ञान से भी प्रभावित हुआ।

अन्त में यह उल्लेख कर देना समीचीन प्रतीत होता है कि मनोविज्ञान के विकास पर पश्चिमीकरण (Westernization) का सकारात्मक (Positive) तथा नकारात्मक (Negative), दोनों प्रकार का प्रभाव पड़ा। सकारात्मक प्रभाव है विज्ञान में उपलब्ध सामान्य मानव-मूल्यों के प्रति दक्षिणी-पूर्वी एशिया का समायोजन। मानव-मूल्यों के प्रति समायोजन के अतिरिक्त चिकित्सा, अभियान्त्रिकी एवं कृषि में उनके उपयोगों के प्रति भी दक्षिणी-पूर्वी एशिया ने तीव्र गति से समायोजन किया। नकारात्मक प्रभाव

है पूर्वी देशों के मनोविज्ञान के कतिपय प्रभावशाली एवं मौलिक अवयवों में क्षति की सम्भावना। इस सम्बन्ध में मर्फी एवं कोवाच के विचार द्रष्टव्य हैं। उनके अनुसार कदाचित् नवीन एवं प्राचीन, पूर्व एवं पश्चिम के संश्लेषण का द्वार अभी भी खुला हुआ है, जिसके फलस्वरूप अधिक स्वस्थ विज्ञान उत्पन्न हो सकता है।[17]

सन्दर्भ

1. पतंजलि : योग सूत्र : भाग 1, पृष्ठ सं. 6.
2. पतंजलि : योग सूत्र : भाग 1, पृष्ठ सं. 6-7.
3. पतंजलि : योग सूत्र : भाग 1, पृष्ठ सं. 8.
4. पातंजल-योगदर्शन : व्याख्याकार स्वामी हरिहरानन्द अरण्य, सम्पादकीय, पृ. VI, सम्पादक डॉ. राम शंकर भट्टाचार्य।
5. योग मनोविज्ञान, शान्ति प्रकाश आत्रेय, भूमिका : महामहोपाध्याय डॉ. गोपीनाथ कविराज, पृष्ठ संख्या 12.
6. योगस्थः कुरु कर्माणि संगं त्यक्त्वा धनंजय।
   सिद्धयसिद्धयोः समो भूत्वा समत्वं योग उच्चते।। गीता अध्य. 2 श्लोक 48.
7. दूरेणह्यवरं कर्म बुद्धियोगाद् धनंजय।
   बुद्धौशरणमन्विच्छ कृपणाः फलहेतवः ।। गीता अध्य. 2 श्लोक 49.
8. बुद्धि युक्तो जहातीह उभे सुकृत दुष्कृते।
   तस्माद योगाय युजस्व योगः कर्मषु कौशलम्।। गीता अध्य. 2 श्लोक 50.
9. इहैवतैर्जितः सर्गो येषां साम्ये स्थितं मनः।
   निर्दोषं हि समं ब्रहम् तस्माद् ब्रह्मणि ते स्थिताः।। गीता अध्य. 5 श्लोक 19.
10. आत्मौपम्येन सर्वत्र समं पश्चति योऽर्जुन।
    सुखं वा यदि वा दुखं स योगी परमोमतः।। गीता अध्य. 6 श्लोक 32।
11. Brugmans, H.I.F.W., 1992.
12. Estabrooks, G.H., "The engine of telepathy North American Review, 227, 1929, 201-11.
13. Rhine, G.B. 'Extra-sensory perception.' Boston, society for physical research, 1934, Boston : Humphries 1934.
14. Journal of Psychology.
15. Journal of the American Society for Psychical Research.
16. Wolman, M. Krippner, S. and Feldstein, S. "Experimentally induced telepathic dreams : Two studies using E.E.G—REM techniques" International Journal of Neuropsychiatry, 2 (1966), 420-37.
17. Perhaps the door here is still open for a synthesis of the new and old, of the east and west, and healthier science may be the product-Murphy, G. and Korach, I.K., 6th ed, 1972 p. 483.

शब्द सूची

A

Archaeologist	पुरातत्त्ववेत्ता
Archaeology	पुरातत्त्व
Autestic thinking	आत्म-चिन्तन
Archetypes	संस्कार
Animus	प्रेरणा शक्ति
Attitude type	मनोवृत्ति प्रकार
Archetypical symbol	संस्कारगत प्रतीक
Approval	स्वीकृति
Assimilation	आत्मसात्करण
Authoritarianism	सत्तावाद
Anxious theorist	चिन्ताग्रस्त सिद्धान्तवादी
Anxiety tension	चिन्ता सम्बन्धी तनाव
Adulthood	वयस्कावस्था
All or none	सर्वस्व अथवा कुछ नहीं
Approach-approach conflict	आगमन-आगमन संघर्ष
Approach-Avoidance Conflict	आगमन-परिहार संघर्ष
Avoidance-avoidance Conflict	परिहार-परिहार संघर्ष
Analytical	विश्लेषणात्मक
Affective	भावात्मक
Acquired mode of behaviour	व्यवहार की अर्जित रीति
Attitude	मनोवृत्ति
Attention	ध्यान
Analytical psychology	विश्लेषणात्मक मनोविज्ञान
Aptitude Test	अभिवृत्ति-परीक्षण
A Behaviour system	एक व्यवहार प्रणाली
A Hypothesis-deductive	एक परिकल्पित निगमनात्मक

Assumed physiological factor	कल्पित दैहिक तत्त्व
Aircircle	शिशु-शैया
Atheoretical	
Analysis of Behaviour	विश्लेषण के जर्नल
Aphysiological bias	अदैहिक पूर्वाग्रह
Account of verbal behaviour	वाचिक व्यवहार की व्याख्या
Antecedent Influence	पूर्ववर्ती प्रभाव
Atomism	परमाणुवाद
Associationism	साहचर्यवाद
Artificial Obstruction	कृत्रिम पृथक्करण
Association by contiguity	समीपता द्वारा साहचर्य
Apparent Movement	प्रत्यक्ष गति
Attitude toward analysis-and Quantification	विश्लेषण एवं परिमाणक के प्रति मनोवृत्ति
Atomistic Psychology	परमाणुवादी मनोविज्ञान
Assemblage of Stimuli	उत्तेजना का संग्रह
Attitudinal value	मनोवृत्त्यात्मक मूल्य
Angoial	अंग्याल
Association of humanistic-Psychology	मानवतावादी मनोविज्ञान संघ
Aranscendental	इन्द्रियातीत
Animal data	पशु प्रदत्त
Applied performance	व्यावहारिक निष्पादन
Average performance	औसत निष्पादन
American association	अमेरिकी संघ
A Theory of personality and behaviour	व्यक्तित्व तथा व्यवहार का सिद्धान्त
Altered ego	परिवर्तित अहं
Awareness and becoming real self	बोध एवं वास्तविक अहं हो जाना
Abstract attitude	अमूर्त मनोवृत्ति
Abnormal people	असामान्य लोग
American Psychological Association	अमेरिकी मनोवैज्ञानिक संघ
Aesthetic	आवश्यकता
Aesthetic need	सौन्दर्य बोध की आवश्यकता

Applied Psychology	व्यावहारिक मनोविज्ञान
Accuracy	परिशुद्धता
Age of Theory	सिद्धान्त का युग
Analytic Nature	विश्लेषणात्मक स्वरूप
Affective	भावात्मक
Aniamistic Psychology	जड़ात्मवादी मनोविज्ञान
Action Research	क्रिया-शोध

B

Biology	जीवविज्ञान
Basic goodness man's nature	मानव स्वभाव की मूलभूत अच्छाई
Behaviour modification	व्यवहार परिमार्जन
Belongingness need	सम्बद्धता आवश्यकता
Being cognition	सत्ता-संज्ञान
Being Psychology	सत्ता-मनोविज्ञान
Business management	व्यावसायिक प्रबन्ध
Behaviour modification technique	व्यवहार परिमार्जन तकनीक
Basic scientific philosophy	मूलभूत वैज्ञानिक दर्शन
Behavioural element	व्यवहार सम्बन्धी तत्त्व
Bar pressing experiment	छड़ दबाने से सम्बन्धित प्रयोग
Beyond freedom and dignity	स्वतन्त्रता एवं गरिमा से परे
Behaviour modification movement	व्यवहार परिमार्जन आन्दोलन
Biological foundation of language	भाषा का जैविक आधार
Behaviour of organism	प्राणी का व्यवहार
Brick and mortar psychology	ईंट एवं गारा मनोविज्ञान
Brightness	चमक
Eenavioural environment	व्यवहारात्मक वातावरण
Bunch of stimuli	उत्तेजना-पुंज
Brain dynamic	गति-विज्ञान
Being	अस्मिता
Basic anxiety	बुनियादी चिन्ता
Brotherly love	भ्रातृवत् प्रेम
Behaviouristic taboo	व्यवहारवादी वर्जना

C

Common sense observation	सामान्य बुद्धिपरक निरीक्षण
Crown prince	युवराज
Cause and effect	कारण और प्रभाव
Clairogynance	दूरदृष्टि
Collective unconscious	सामूहिक अचेतन
Conceptual	धारणात्मक
Collective memory	सामूहिक स्मृति
Conflicting value	संघर्षात्मक मूल्य
Causation	कारणत्व
Condition	अवस्था
Conditioned response	सम्बन्ध प्रत्यावर्तन
Causal	कारणात्मक
Continuum	सातत्यक
Continuity	अनवरतता
Cognitive	संज्ञानात्मक
Control group	नियन्त्रण दल
Conative	क्रियात्मक
Cognition	संज्ञान
Creative self	रचनात्मक 'स्व' अथवा 'आत्म'
Calculation	परिकलन
Calculating machine	परिकलन-यन्त्र
Corollary	उपसाध्य
Consistency	क्रमबद्धता
Cause effect	कारण-कार्य
Contingency of reinforcement	प्रबलन सम्भाव्यता
Clinical Psychology	नैदानिक मनोविज्ञान
Conversion Hysteria	रूपान्तरण हिस्टीरिया
Copy	प्रतिकृति
Content	विषय
Circularity	गोलापन
Combination	योग
Configuration	आकृति

Complex of idea	निहित विचार ग्रन्थि
Complex	जटिल
Continuity	अविच्छिन्नता
Closure	संपूर्णता
Critique of pure reason	विशुद्ध तर्क की समीक्षा
Contemporary Psychology	समसामयिक मनोविज्ञान
Cause effect realtionship	कारण-प्रभाव सम्बन्ध
Chemistry	रसायन विज्ञान
Creative value	रचनातमक मूल्य
Communication	संप्रेषण
Creative	रचनात्मक, क्रियात्मक
Consciousness of self	आत्मचेतना
Creative consciousness of self	आत्मा की रचनात्मक चेतना
Control	नियन्त्रण
Creativity	रचनात्मकता
Craving	लालसा
Conditioned	प्रत्यावर्तित
Cripple psychology	अपंग-मनोविज्ञान
Client Centered Therapy	रोगी-केन्द्रित-चिकित्सा
Conditioning theory	प्रत्यावर्तन का सिद्धान्त
Clinical	नैदानिक
Clairovoyance	दिव्यदृष्टि
Counselling	परामर्श
Concrete attitude	मूर्त मनोवृत्ति
Central factor	केन्द्रीय तत्त्व
Case history method	व्यक्ति इतिहास विधि
Cognition and aesthetic needs	संज्ञान एवं सौन्दर्य बोध की आवश्यकता
Clinician	चिकित्सक
Cognitive structure	संज्ञानात्मक संरचना
Conceptual framework	धारणात्मक रूपरेखा
Consciousness	चेतना
Complex programme	जटिल कार्यक्रम
Cerebral Cortex	बृहन्मस्तिष्कीय वल्क

D

Drive	प्रणोदन
Deductive systematization	निगमनात्मक व्यवस्थापन
Drive Stimuli	प्रणोदन उत्तेजना
Discrimination power	विभेद शक्ति
Data	प्रयोगात्मक प्रदत्त
Discrimination learning	विभेदीकरण सीखना
Deductive method	निगमनात्मक विधि
Descriptive viewpoint	वर्णनात्मक दृष्टिकोण
Drive reduction	प्रणोदन का न्यूनीकरण
Deprivation	वंचन
Deregned Society	परिकलित समाज
Distinguished Scientific Contribution Award.	विशिष्ट वैज्ञानिक योगदान पुरस्कार
Direct experience	प्रत्यक्ष अनुभूति
Dynamic nature	गतिशील स्वभाव
Deficit need	अभाव आवश्यकता
Deficiency	अभाव
Dynamic	गत्यात्मक
Deficiency cognition	अभाव संज्ञान
Data collection	प्रदत-संग्रह
Direct perception	सीधा प्रत्यक्षीकरण
Deterministic heredity	नियतिवादी वंश-परम्परा
Determinist	नियतिवादी
Dimension	आयाम
Defence mechanism	क्रिया-विधि
Dependency	आश्रितता
Devotion	भक्ति
Dream interpretation	स्वप्न व्याख्या
Differentiation	विशिष्टीकरण
Dynamic closed unity	गत्यात्मक रूप में पूर्ण एकत्व
Democratic and authoritarian	जनतांत्रिक तथा सत्तावादी
Devil	शैतान

E

Essential of Behaviour	व्यवहार का मूल तत्त्व
Experimental testing	प्रयोगात्मक परीक्षण
Empty organism approach	रिक्त-प्राणी-दृष्टिकोण
Elicited response	उत्पन्न की गयी प्रतिक्रिया
Emitted response	स्वतः उत्पन्न प्रतिक्रिया
Excessive Extrapolation	अतिरंजित बहिर्वेशन
Environmentalism	वातावरणवाद
Elementistic position	तत्त्ववादी स्थिति
Emergent quality	निर्गत गुण
Electric circuit	विद्युत क्षेत्र
Empirical Science	अनुभवाश्रित विज्ञान
Existence	अस्तित्व
Encounter	परस्पर-संपर्क
Existential vacuum	अस्तित्ववादी शून्यता
Experiential value	अनुभव-जन्य मूल्य
Existential analyst	अस्तित्ववादी विश्लेषक
Existential analysis	अस्तित्ववादी विश्लेषण
East	पूर्व
Each man for himself	प्रत्येक व्यक्ति स्वयं के लिए
Existential foundation of medicine and psychology	चिकित्सा एवं मनोविज्ञान के अस्तित्व-वादी आधार
Evolutionary Process	विकासात्मक प्रक्रिया
Existentialism	अस्तित्ववाद
Egoless	अहं विहीन
Ego	अहं
Encognism passing whole	व्यापक समष्टि
Evolutionary force	विकासात्मक शक्ति
Exploitative orientation	ग्रहणशीलता की प्रवृत्ति
Economy	मितव्ययिता
Erotic Love	रत्यात्मक प्रेम
Empathy	समानुभूति
Enduring Pattern	स्थायी प्रतिमान

Ecology	मनोवैज्ञानिक परिस्थिति
Entity	अस्तित्व, सत्ता
Evolution	विकास
Emotional	सांवेगिक
Exploration	अन्वेषण
Escape	पलायन
Expectancy	प्रत्याशा
Energy	ऊर्जा, शक्ति
Ecstasy	हर्षातिरेक
Extra Censory Perception	इन्द्रिय निरपेक्ष प्रत्यक्षीकरण
Experience Centred	अनुभव केन्द्रित
Equalization of Energy	शक्ति संतुलन
Educational counselling	शैक्षिक परामर्श
Engineering	अभियान्त्रिकी
Engineering Psychology	अभियान्त्रिकी मनोविज्ञान
Equipment	उपकरण

F

False Knowledge	मिथ्या ज्ञान
Fixed Interval Reinforcement	नियत अन्तराल प्रबलन
Fixed Ratio Reinforcement	नियत अनुपात प्रबलन
Functional Relation	क्रियात्मक सम्बन्ध
Field of force	शक्ति क्षेत्र
Functional Whole	क्रियात्मक समष्टि
Force	शक्ति
Field Concept	क्षेत्र धारणा
Fundamental Element	मूल तत्त्व
Familiarity	अभिज्ञता
Figure and ground	आकार और आधारभूमि
Figure	आकार
Functionalistic Behaviourism	प्रकार्यात्मक व्यवहारवाद
Female sexuality	नारी कामुकता
Feminine Psychology	नारी मनोविज्ञान

Factor	तत्त्व
Fantasy	स्वप्न चित्र
Frame of orientation	प्रवृत्ति का प्रारूप
Field Force	क्षेत्र शक्ति
Field Observation	क्षेत्र निरीक्षण
Field Theory	क्षेत्र सिद्धान्त
Figural after Affect	आकृतीय उत्तर प्रभाव
Figural after Ground	आकार आधार भूमि
Faculty	शक्ति
Faculty Psychology	शक्ति मनोविज्ञान
Functionalist	प्रकार्यवादी दृष्टिकोण
Future Goal	भावी लक्ष्य
Foresight	पूर्वदृष्टि
Full State of Equilibrium	पूर्ण साम्यावस्था
Frequency	बारम्बारता
Fourth Force	चतुर्थ शक्ति

G

God	ईश्वर
General and Zonal	सामान्य तथा क्षेत्रीय
Group of Dynamics	समूह गतिकी
Group Mind	समूह मन
Group Dynamic Centre	समूह गतिकी केन्द्र
Goal	लक्ष्य
General life energy	सामान्य जीवन शक्ति
Gregariousness	सामुदायिकता
General Culture	सामान्य संस्कृति
Global Theory	सार्वभौमिक सिद्धान्त
Group technique of Therapy	चिकित्सा के समूह तकनीक
Gesture	संकेत
Gestalt Quality	जेस्टॉल्ट गुण
Gestalt Psychology	जेस्टॉल्ट मनोविज्ञान
Good figure	उत्तम आकार

Gap	रिक्ति
Grouping	समूहीकरण
Good Retention	उत्तम धारणा
Grade	श्रेणी
Gradual	क्रमिक
Guiding Fiction	निर्देश कल्पना

H

Human-engineering	मानव अभियान्त्रिकी
Habit strength	अभ्यास-शक्ति
Hypnosis and suggestibility	सम्मोहन एवं परामर्शग्रहिता
Hypothesis	परिकल्पना
Hypothetico-deductive Method	परिकल्पित निमगनात्मक विधि
Hue	रंग
Humanistic	मानवतावादी
Higher mental process	उच्चतर मानसिक प्रक्रिया
Heuristic Value	शोध-मूल्य
Human Value	मानव-मूल्य
Humanistic Protest	मानवतावादी विरोध
Humanistic Psychology	मानवतावादी मनोविज्ञान
Higher dimension	उच्चतर आयाम
Human Motivation	मानव अनुप्रेरणा
Humanity	मानविकी
Hierarchical organization of activity	क्रिया की श्रेणीबद्ध प्रक्रिया
Hierarchical organization	श्रेणीबद्ध संगठन
Hetero Sexualtiy	इतरलिंग कामुकता
Hereditary	वंशानुक्रमिक
Hereditery Principle	वांशिक सिद्धान्त
Hoarding Orientation	शोषणात्मकता की प्रवृत्ति
Humanism	मानवतावाद
Heterosexual	सामुदायिक
Heterosexual Behaviour	इतरलिंग कामुक व्यवहार
Hodological Space	गति स्थान

Human dynamics	मानव गति
Hodology	गति विज्ञान
Human mind	मानव-मन
Hormic Theory	लक्ष्य का सिद्धान्त
Hedonistic	सुखवादी
Hypothetical Central Structure	परिकल्पित केन्द्रीय संरचना
Humanistic Communitarian Socialism	मानवतावादी सामुदायिक समाजवाद
Holistic Psychology	एकत्ववादी मनोविज्ञान
Here	यहाँ
Hostility	विद्वेष
Holistic	संपूर्णतावादी

I

Inner Antithetic	आन्तरिक विरोध
Intuition	अन्तर्बोध
Irrational	विवेकहीन
Intuitive Student	अन्तर्दर्शी, अन्तर्बोधी छात्र
Inter Human Relation	अन्तर्मानव सम्बन्ध
Inner conflict	आन्तरिक संघर्ष
Idealized self image	आदर्शोन्मुख आत्म-बिम्ब
Individual character	वैयक्तिक चरित्र
Identity	पहचान
I am as you want me to be	आप मुझे जिस रूप में देखना चाहते हैं, मैं वही हूँ।
Ideal typology	आदर्श प्रयास
Infancy	शैशवावस्था
Iorian	आयरनी
Instinct	प्रवृत्ति
Instinct to escape	पलायन की मूल प्रवृत्ति
Instinct : A study of social-Psychology	मूल प्रवृत्ति : समाज मनोविज्ञान का एक अध्ययन
Intervening variable	मध्यवर्ती परिवर्त्य
Image	बिम्ब

Intrinsic Power	आन्तरिक शक्ति
Information Theory	सूचना सिद्धान्त
Industrial Social Psychology	औद्योगिक समाज मनोविज्ञान
Individual Difference&Statistics Method	वैयक्तिक भिन्नता–सांख्यकीय विधि
Illusion	विपर्यय
Id	इदम्
Incentive	उत्प्रेरक
Inhibitory Factor	निरोधक तत्त्व
Intervening Process	मध्यवर्ती प्रतिक्रिया
Interen	अनुमान
Implication	निहितार्थ
Inconsistency	विसंगति
Inductive Method	आगमनात्मक विधि
Intermittent	प्रबलन
Inductive Empiricism	आगमनात्मक प्रयोगवाद
Innate Idea	सहजात, अन्तर्जात विचार
Instinctive Behaviour	प्रवृत्त्यात्मक व्यवहार
Individual sensation	वैयक्तिक संवेदना
Insight	सूझ
Intervening Processes	मध्यवर्त्ती प्रतिक्रिया
Isomorphism	समाकृतिवाद
Implicit behaviour	आंतरिक व्यवहार
Intention	मंशा
Interaction	परस्पर-क्रिया
Individual	वैयक्तिक
Instinctive impulse	प्रवृत्त्यात्मक आवेश
Inconsistency	विसंगति
Itellectual exercise	बौद्धिक अभ्यास
Individuality	वैयक्तिकता
Immediate experience	तात्कालिक अनुभूति
Individual competitiveness	वैयक्तिक प्रतियोगिता
Information Processing	सूचना व्यवस्थापन
Information Processing Model	सूचना व्यवस्थापन मॉडल

Inferred Central Process	अनुमानित केन्द्रीय प्रक्रिया
Instruction	निर्देश
Intro Organic-Process	अन्तर्जैविक व्यवहार
Interactive Research	अन्तर्क्रियात्मक शोध
Industry	उद्योग धन्धा
Incongruence	असंगति
Impulse	मनोवेग
Initiative	उपक्रम

J

Journal of experimental	विश्लेषण के जर्नल
Juvenile Theory	बचकाने सिद्धान्त
Juvenilepra	प्रारम्भिक स्कूल की अवस्था

L

Level	स्तर
Libidinous energy	कामुक शक्ति
Law of Pregnance	अर्थपूर्णता का नियम
Law of Closure	अविच्छिन्नता का नियम
Lust Dynamism	कामुकता का गतिवाद
Life Space	जीवन स्थान
Locomotive or Communication	दूसरा गति अथवा सम्प्रेषण
Life instinct and Death—Instinct	जीवन-धारणा की मूल प्रवृत्ति तथा मृत्यु अथवा विनाश की मूल प्रवृत्ति
Learning	सीखना
Logical deduction	तार्किक निगमन
Law of Effect	प्रभाव नियम
Logical System	तार्किक पद्धति
Learning sequence	व्यवहार अनुक्रम
Law of acquisition	संक्रियात्मक प्रकोष्ठ
Las-tse	लॉस से
Laboratory Equipment	प्रयोगशाला उपकरण
Laboratory Apparatus	प्रयोगशाला यन्त्र
Law of equalization	रूपता का नियम

M

Meta need or growth need	वृद्धि आवश्यकता
Motivation and Presonality	अनुप्रेरणा एवं व्यक्तित्व
Motivational	अनुप्रेरणात्मक
Measuring Device	माप साधन
Mental Health	मानसिक स्वास्थ्य
Molecular Procedure	आणविक क्रिया-विधि
Metaphysical Behaviourism	अभौतिक व्यवहारवाद
Methodological Behaviourism	प्रणाली-विज्ञान व्यवहारवाद
Manipulation	परिचालन
Molar or Molecular viewpoint	समग्र अथवा व्यापक दृष्टिकोण
Molar Theory	समग्र सिद्धान्त
Maze Learning	भूलभूलैया सीखना
Mathematico deductive Method	गणितीय निगमनात्मक विधि
Mathematico deductive Theory	रटकर सीखने का गणितीय सिद्धान्त
Molar viewpoint	समग्रता का दृष्टिकोण
Movement	गति
Mediated	मध्यस्थ
Mixed schedule	मिश्रित सूची
Methodological Bevhviourism	विध्यात्मक व्यवहारवाद
Mental trait	मानसिक गुण
Man of Machine	मानव यन्त्र
Mechanism	पद्धति
Model	प्रतिमान
Mentalist	मानसिकतावादी
Mentalistic Psychology	मानसिकतावादी मनोविज्ञान
Melody	राग
Meaning	अर्थ
Memory	स्मृति
Motor Response	क्रियावाही प्रतिक्रिया
Mental set	मानस वृत्ति
Motive	वृत्ति
Mind	मन

Motivation	अनुप्रेरणा
Mode of Existence	अस्तित्व की रीति
Mental Testing	मानसिक परीक्षण
Maladjustment	कुसमायोजन
Masterpiece	ग्रन्थ रत्न
Mask	मुखावरण
Multiple self	विविध 'स्व'
Mandola Symbol	मंडाला प्रतीक
Magic circle	जादू चक्र
Myres-Briggs type-codicator	मायर्स-ब्रिग्स-प्रकार सूचक
Mass Psychosis	जन समूह मनोविकृति
Mythology	पुराण
Morality of Evolution	विकास की नैतिकता
Miserliness	कंजूसी
Motivational Problem	अनुप्रेरणात्मक समस्या
Mode	रीति
Mining Engineering	खनन-अभियान्त्रिकी
Movement	आन्दोलन
Missile	प्रक्षेपणास्त्र
Multivaries factor analysis	बहुचर तत्त्व विश्लेषण

N

New Alderoam	नव-ऐडलरवादी
New ways in Psychoanalysis	मनोविश्लेषण के नए नियम
Neurotic difficulty	स्नायविक ग्रन्थि
Neurosis and human growth	स्नायुविकृति एवं मानव विकास
Neurotic trend	स्नायुविकृति सम्बन्धी प्रवृत्ति
Negative	नकारात्मक
Need activity relief	आवश्यकता क्रिया मुक्ति
Neurology	तन्त्रिका विज्ञान
Null hypothesis	नल हाइपोथेसिस
Neo-behaviourism	नव-व्यवहारवाद
Neurophysiology	स्नायविक दैहिक विज्ञान

Neurological	स्नायविक
Neurophysical term	स्नायविक दैहिक शब्दावली
Need reduction	आवश्यकता का न्यूनीकरण
Neurophysiological	स्नायविक-दैहिक
Nerve cell	स्नायु कोष
No response	प्रतिक्रिया नहीं
Natural selection	प्राकृतिक चयन
Natural Science	प्राकृतिक विज्ञान
Non-being	अनस्ति
Normal anxiety	सामान्य चिन्ता
Now	अब
Non-directive	अनिर्देशित
Need for Positive regard	सकारात्मक सम्मान की आवश्यकता
Normal behaviour	सामान्य व्यवहार
Need hierarchy	आवश्यकता का अनुक्रम
Need frustration	आवश्यकता नैराश्य
Need satisfaction	आवश्यकता संतृप्ति
Need Priority	आवश्यकता प्राथमिकता
Need Gratification	आवश्यकता संतृप्ति
Need for belongingness	संबद्धता की आवश्यकता
Need for Love	प्रेम की आवश्यकता
Need for esteem need	सम्मान की आवश्यकता
Need for self-actualization	आत्म-बोध की आवश्यकता
Need for cognition	संज्ञान की आवश्यकता
Need for reinforcement	प्रबलन का स्वरूप
Need for achievement	उपलब्धि की आवश्यकता
Nervous Psychology	स्नायु मनोविज्ञान
Neuro Pshysiological-dimension	स्नायु दैहिक आयाम
Need for affilliation	सम्बन्धन की आवश्यकता
Need for Power	शक्ति की आवश्यकता
Need for safety	सुरक्षा की आवश्यकता

O

Optimistic	आशावादी
Opportunism	अवसरवादिता
Organic Nature	जैविक प्रकृति
Objectivist	वस्तुवादी
Observed Psychological fact	अवलोकित मनोवैज्ञानिक तथ्य
Operational behaviour	संक्रियात्मक व्यवहार
Order	व्यवस्था
Organized field	संगठित क्षेत्र
Objective data	वस्तुनिष्ठ प्रदत्त
Organisational factor	संगठनात्मक तत्व
Outer manifestation	बाह्य अभिव्यक्ति
Oneness of human and the world	मानव और विश्व का एकीकरण
Operational definition	क्रियात्मक परिभाषा
Orwellion robot	ओरवेलियन यन्त्र मानव
Operativity	वस्तुनिष्ठता
One the Nature of the	मौखिक क्षेत्र
Physical world oral zone	
Organized organismic theory	संगठित जैविक सिद्धान्त
Operant chamber	संक्रियात्मक प्रकोष्ठ

P

Positive	सकारात्मक
Perceptual	प्रत्यक्षात्मक
Psychical research	घटना विज्ञान
Para Psychology	परा मनोविज्ञान
Pure Psychology	विशुद्ध मनोविज्ञान
Professional Life	व्यावसायिक जीवन
Philosophy	दर्शन
Phenomenal self	दृश्य आत्म
Peack experience	शीर्ष अनुभूति
Perceptual field	प्रत्यक्षात्मक क्षेत्र
Pain avoidacne	पीड़ा परिहार

Physiological need	शारीरिक आवश्यकता
Positive tendency	सकारात्मक प्रवृत्ति
Programme	कार्यक्रम
Pressure	दबाव
Psychological test	मनोवैज्ञानिक परीक्षण
Precision	परिशुद्धता
Propaganda	प्रचार
Public opinion	जनमत
Positive effect	सकारात्मक प्रभाव
Personality	व्यक्तित्व
Programmed instruction	योजनाबद्ध शिक्षा
Phase	अवस्था
Performance	निष्पादन
Postulate	अभिधारणा
Principle of behaviour	व्यवहार का सिद्धान्त
Purpose	अभिप्राय अथवा लक्ष्य
Physico-chemical	दैहिक रासायनिक
Primary Reinforcement	प्रधान प्रबलन
Primary drive	प्रधान प्रणोदन
Physiological molecular	दैहिक आणविक
Precise	सुनिश्चित
Particularistic Viewpoint	विशिष्टतावादी दृष्टिकोण
Principle of Contiguity	समीपता का सिद्धान्त
Positivism	प्रत्यक्षवाद
Physiological process	दैहिक प्रक्रिया
Programmed learning	कार्यक्रम के अनुसार सीखना
Psychodynamic Theory	मनोगत्यात्मक सिद्धान्त
Problem of motivation	अनुप्रेरणा की समस्या
Peripheralism	परिधिवाद
Prompting Method	अनुबोधन विधि
Positivistic era	प्रत्यक्षवादी युग
Phylogen	जातिकृत आधार
Principle of Creative synthesis	रचनात्मक संश्लेषण का सिद्धान्त

Phenomenological Method	घटना-क्रिया वैज्ञानिक विधि
Phenomenological Movement	घटना-क्रिया वैज्ञानिक
Phenomenology	घटना क्रिया विज्ञान
Physiological explanation	दैहिक व्याख्या
Pseudo	मिथ्या
Process	प्रक्रिया
Premature quantitative-programme	अपरिपक्व परिमाणात्मक कार्यक्रम
Principle of Closure	पूर्ति का सिद्धान्त
Principle of Pregnance	अर्थपूर्णता का सिद्धान्त
Proximity or nearness	समीपता
Pregnance	अर्थवत्ता
Peripheral factor	बाह्य तत्त्व
Part	अंश
Pregnant	अर्थपूर्ण
Psycho-analysis	मनोविश्लेषण
Phenomenological analysis	घटनात्मक विश्लेषण
Phenomenologist	घटना क्रिया वैज्ञानिक
Physics	भौतिक विज्ञान
Psychopathology	मनोविकृति
Psychotherapist	मनोचिकित्सक
Participation	सहभागिता
Psychiatry	मनोचिकित्सा
Psychiatrist	मनोविश्लेषक
Prediction	पूर्वकथन
Psychoneurosis	मनोस्नायुविकृति
Psychosis	मनोविकृति
Psychomatric	मनोमिति
Psychological association	मनोवैज्ञानिक संघ
Perceptual Constancy	प्रत्यक्षात्मक स्थिरता
Perception	प्रत्यक्षीकरण
Principle of Causality	कारणत्व के सिद्धान्त
Psychiatric clinic	निदान गृह
Purposivist	प्रयोजनवादी

Psychotherapy	मनश्चिकित्सा
Principle of Synchornicity	समकालिकता का सिद्धान्त
Pre-sexual Phase	पूर्वकामुक अवस्था
Puberty	यौवनारंभ
Psychic structure or structure of Personality	मानसिक संरचना अथवा व्यक्तित्व की संरचना
Psyche	मन
Personal Unconscious	वैयक्तिक अचेतन
Primordial image	आदिकालीन बिम्ब
Personality System	व्यक्तित्व तन्त्र
Persona	मुखावरण
Projection	प्रक्षेपण
Perfection	पूर्णता
Principle of Parsimony	मितव्ययिता सिद्धान्त
Purposivism	प्रयोगवाद
Psychological type	मनोवैज्ञानिक प्रकार
Phychic determinism	मानसिक नियतिवाद
Perspective	संदर्श, परिदृश्य
Purposefulness	प्रयोजनवादिता
Productive character	रचनात्मक चरित्र
Productive orientation	रचनात्मक प्रवृत्ति
Pathological Nature	विकृत स्वरूप
Psychiatric experience	मनश्चिकित्सीय अनुभव
Potentiality	क्षमता
Pre-adolescence	पूर्व किशोरावस्था
Puzzle Box	उलझन बक्सा
Primalo	वानर
Productive thinking	रचनात्मक चिन्तन
Position	स्थिति
Physical space	भौतिक स्थान
Psychological field	मनोवैज्ञानिक क्षेत्र
Prejudice	पूर्वधारणा
Programmed instruction	योजनाबद्ध शिक्षण

Piecemeal Thinking	आंशिक चिन्तन
Preliminary fact finidng	परवर्ती तथ्यान्वेषण
Perceptual Organization	प्रत्यक्षात्मक संगठन
Positive Value	सकारात्मक मूल्य
Purposive Behaviour	अभिप्राययुक्त व्यवहार
Propensity	प्रवणता
Perceptual field	प्रत्यक्षात्मक क्षेत्र
Physiological assumption	दैहिक मान्यता
Pugnacity	कलहप्रियता
Purpose	अभिप्राय
Parental Protection	पैतृक संरक्षण
Purposive Psychology	प्रयोजनवादी मनोविज्ञान
Personalistic Psychology	वैयक्तिकतावादी मनोविज्ञान
Proposed reduction	प्रस्तावित न्यूनीकरण
Pefrect	पूर्ण
Phallic	लैंगिक

Q

Quantitative property	परिमाणात्मक विशेषता
Quantitative result	परिमाणात्मक परिणाम
Quantitative data	परिमाणात्मक प्रदत्त
Quantitive Method	परिमाणात्मक विधि
Quantitive analysis	परिमाणात्मक विश्लेषण
Quantitative law	परिमाणात्मक सिद्धान्त
Quantitative term	परिमाणात्मक शब्दावली
Quantitiveness	परिमाणात्मकता
Quantification	परिमाणन
Quantitative work	परिमाणात्मक कार्य
Qualitative information	गुणात्मक सूचना
Quality	गुण
Quantity	परिमाण
Quantitative organization	परिमाणात्मक संगठन

R

Ritual	कर्मकाण्ड
Rivalry	प्रतिस्पर्धा
Role Playing	भूमिका अदायगी
Rational	विवेकपूर्ण
Repetition Complex	पुनरावृत्ति ग्रन्थि
Repetition-compulsion	पुनरावृत्ति-बाध्यता
Rootedness	नैसर्गिकता
Relatedness	सम्बद्धता
Receptive orientation	ग्रहणशीलता की प्रवृत्ति
Regrouping	समूहीकरण
Racial conflict	जातीय संघर्ष
Repeated cycle	पुनरावृत्त चक्र
Role	भूमिका
Restructuring	पुनःसंरचना
Restriction	प्रतिबंध
Reciprocal Emotion	पारस्परिक मनोविज्ञान
Reduction of need	आवश्यकता का न्यूनीकरण
Receptive Impulse	मात्र ग्रहणशील आवेश
Reinforcement	प्रबलन
Rigidity	अनम्यता
Reductionism	रूपान्तरणवाद
Rigorous systematization	रटकर सीखने की नियमनिष्ठ-क्रम स्थापन परिकल्पना
Research Technique	शोध प्रविधि
Respondent and operant behaviour	प्रतिक्रियात्मक एवं संक्रियात्मक व्यवहार
Ratio scale	अनुपातक्रम
Repression	दमन
Reflex Element	प्रतिक्षेप तत्त्व
Realisitc Viewpoint	वास्तविकतावादी दृष्टिकोण
Racial Prejudice	जातीय पूर्वधारणा
Reliable	विश्वसनीय
Reliability	विश्वसनीयता

Real self	वास्तविक आत्म
Race	जाति
Reflected appraisal	प्रतिबिम्बित मूल्यांकन
Reorganization	पुनर्संगठन
Restructure	पुनःसंरचना
Reward	पुरस्कार
Relationship centred	सम्बन्ध केन्द्रित

S

Sociability	सामाजिकता
Self-concept	आत्म-धारणा
Structure of personality	व्यक्तित्व की संरचना
Sex maturity	काम परिपक्वता
Sexual Satisfaction	काम-तृप्ति
Sexual nature	कामुक स्वरूप
Sensation	संवेदन
Self-actualization	आत्मबोध
Self-realization	आत्मानुभूति
Shadow	प्रतिच्छाया
Social role	सामाजिक भूमिका
Sentiment	भाव
Subliminal source	अवचेतन स्रोत
Second-order trait	द्वितीय श्रेणी की विशेषता
Surface trait	सतही विशेषता
Sociological	समाज वैज्ञानिक
Sociological School	समाज वैज्ञानिक विचारधारा
Sociological group	समाज वैज्ञानिक समूह
Social force	सामाजिक शक्ति
Socialization	समाजीकरण
Social character	सामाजिक चरित्र
Socio psychoanalyst	सामाजिक मनोविश्लेषक
Social Maladjustment	सामाजिक कुसमायोजन
Spontaneity	सहजता

The problem of cognitive Psychology	संज्ञानात्मक मनोविज्ञान की समस्या
Theory of Depression	निराशा का सिद्धान्त
Theory	सिद्धान्त

U

United State	संयुक्त राज्य
Usual serial and sequential	क्रमबद्ध एवं आनुक्रमिक चित्र
Picture of events	घटना परिदृश्य
Unity	एकत्व
Unconscious	अचेतन

V

Value	मूल्य
Visual Zone	दृष्टि-क्षेत्र
Valence	मूल्य
Validity	प्रामाणिकता, सत्यता
Verbal Behaviour	वाचिक व्यवहार
Verbal Report	वाचिक विवरण
Valid Knowledge	यथार्थ ज्ञान

W

Will Power	इच्छा-शक्ति
Westernisation	पश्चिमीकरण

Z

Zonal need	क्षेत्रीय आवश्यकता
Zeigarnik effect	जिगार्निक प्रभाव

❑❑❑